£54.-
net £25.-

Pemsel

Weltgeschichte der Seefahrt

Helmut Pemsel

Weltgeschichte der Seefahrt

Band I
Geschichte der zivilen Schiffahrt
Von den Anfängen der Seefahrt bis zum Ende des Mittelalters

Band II
Geschichte der zivilen Schiffahrt
Vom Beginn der Neuzeit bis zum Jahr 1800
mit der Frühzeit von Asien und Amerika

Band III
Geschichte der zivilen Schiffahrt
Von 1800 bis 2002
Die Zeit der Dampf- und Motorschiffahrt

Band IV
Biographisches Lexikon
Teil I: Admirale, Seehelden, Kapitäne
Teil II: Seefahrer, Reeder, Ingenieure

Band V
Seeherrschaft
Seekriege und Seepolitik von den Anfängen bis 1650

Band VI
Seeherrschaft
Seekriege und Seepolitik von 1650 bis 1914

Band VII
Seeherrschaft
Seekriege und Seepolitik von 1914 bis 2005

Helmut Pemsel

Weltgeschichte der Seefahrt

Band III

Geschichte der zivilen Schiffahrt

Von 1800 bis 2002
Die Zeit der Dampf- und Motorschiffahrt

Koehler

MARINE

Wien · Graz 2002

Bibliografische Information Der Deutschen Bibliothek
Die Deutsche Bibliothek verzeichnet diese Publikation in der Deutschen Nationalbibliographie; detaillierte bibliografische Daten sind im Internet über http://dnb.ddb.de abrufbar.

Gedruckt mit Unterstützung des Bundesministeriums für Bildung, Wissenschaft und Kultur in Wien

Zu der Abbildung auf dem Umschlag:
Willy Stöwer: Kaiser Wilhelm II. in den Narrows vor New York (mit freundlicher Genehmigung von Jörg Hormann)

Alle Rechte vorbehalten.

Veröffentlichung in Deutschland:
ISBN 3-7822-0835-8
Koehlers Verlagsgesellschaft mbH, Hamburg
Internet: www.koehler-mittler.de

Veröffentlichung in Österreich:
ISBN 3-7083-0023-8
Neuer Wissenschaftlicher Verlag GmbH
Argentinierstraße 42/6, A-1040 Wien
Telefon: (++43/1) 535 61 03-0*
Telefax: (++43/1) 535 61 03-25
e-mail: office@nwv.at

Geidorfgürtel 20, A-8010 Graz
e-mail: office@nwv.at

© 2002, NWV Neuer Wissenschaftlicher Verlag, Graz · Wien

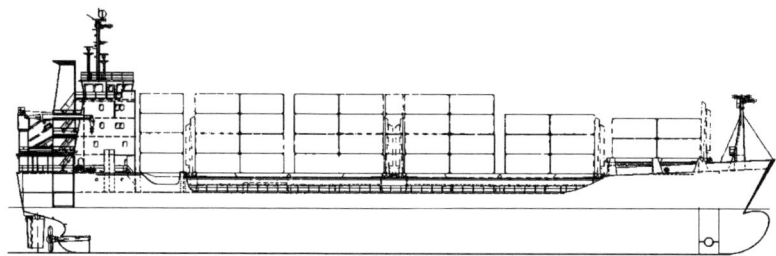

Hinweise für Benutzer

Aufbau der Bände 1, 2, 3, 5 und 6
Jedes Kapitel hat eine allgemeine Einführung, auf die eine Chronik nach absolutem Zeitablauf folgt. Die Einführung ist bei den Bänden 1 bis 3 im allgemeinen in folgende Abschnitte unterteilt: zeitlicher und räumlicher Rahmen, das politische Umfeld, die Seefahrtsbedingungen, die Hochseeschiffahrt, der Personenverkehr, die Binnenschiffahrt, die Fischerei sowie die Schiffe.

Anhang
Um den Text leserlich zu halten, sind lange Zitate und umfangreiche Tabellen in den Anhang des jeweiligen Bandes verlegt worden. Hinweise darauf befinden sich im entsprechenden Text. Es konnten dadurch störende Fußnoten vermieden werden.

Schriftarten
Der allgemeine Text ist in Times New Roman, Zitate sind kursiv gehalten, ebenso die Marginaltexte in den chronikalischen Teilen. Hervorhebungen sind mit „ " versehen, Schiffsnamen mit > < markiert. Nach den Schiffsnamen folgt, wenn nicht anders angegeben, die Größe in Raumtonnen (in Klammer). Bei Kriegsschiffen wird normalerweise die Anzahl der Kanonen angegeben, in Ausnahmefällen die Größe in Gewichtstonnen.

Maßstab der Schiffsskizzen
Schiffe bis zu einer Länge von ca. 130 Metern sind in 1:1000 wiedergegeben, größere Schiffe in 1:2000. Wurde ein anderer Maßstab verwendet, ist er an der Skizze vermerkt.

Literatur
Wegen der Menge der verwendeten Literatur gibt es nach jedem Kapitel der Bände 1 bis 3 ein eigenes Literaturverzeichnis. Im Anhang von Band 3 findet sich ein weiteres Literaturverzeichnis mit den verwendeten Lexika, Weltgeschichten, Atlanten und Werken, die die ganze Zeitspanne überdecken.

Index
Bei den Bänden 1 bis 3 hat jeder seinen eigenen Index, da die Zahl der Stichwörter sehr groß ist. Der allgemeine Index ist in Times New Roman gesetzt, Eigennamen sind in Fettdruck und Schiffsnamen kursiv gesetzt.

Schreibweise von Eigennamen
Siehe Vorwort für die „Geschichte der Zivilen Schiffahrt" in Band I.

Hinweis des Autors

Wenn man als Einzelperson eine so umfassende Arbeit schreibt, in der Quellen und Literatur von der Vorgeschichte bis heute und von Europa bis China verarbeitet worden sind, kann es vorkommen, daß sich Fehler einschleichen. Ich habe mich zwar sorgfältigst bemüht, Unterschiede, vor allem in Zahlen und Daten, die in der Fachliteratur immer wieder zu finden sind, zu recherchieren und möglichst korrekt zu bringen. Obwohl ich vielfach Fachleute von Unterwasserarchäologie über Sinologie bis zur Astronomie zu Rate gezogen habe, können Spezialisten Fehler finden. Sollte dies der Fall sein – es gibt kein fehlerloses Buch – bitte ich um Mitteilung mit Angabe von Quellen an meinen Namen per Adresse: NWV – Neuer Wissenschaftlicher Verlag, Fach Marineliteratur, Argentinierstraße 42/6, A-1040 Wien.

Inhaltsverzeichnis

Hinweise für Benutzer VI

Hinweis des Autors VI

Vorwort für Band III IX

Zeittafel I: Von 3000 vor bis 1500 nach der Zeitenwende X

Zeittafel II: Von 1500 bis 2000 XI

17. Die Anfänge der Dampfschiffahrt 871

18. Passagierdampfer und Frachtensegler 977

19. Luxusliner fahren um die Wette 1091

20. Kreuzfahrtschiffe, Mammuttanker und Container 1171

21. Der Weg in das dritte Jahrtausend 1249

22. Vorschau 1303

Anhang 1311

Literaturverzeichnis für alle Kapitel von Band I, II und III 1389

Nachtrag zu Band I 1392

Index Band III 1393

Inhaltsverzeichnis von Band I

Hinweise für Benutzer VI

Hinweis des Autors VI

Geleitwort IX

Einführung in die gesamte „Weltgeschichte der Seefahrt" XI

Vorwort für die „Geschichte der Zivilen Schiffahrt" XV

Zeittafel I: Von 3000 vor bis 1500 nach der Zeitenwende XVIII

Zeittafel II: Von 1500 bis 2000 XIX

1. Conditio Maritima 1
2. Die prähistorische Seefahrt 7
3. Das Seewesen der frühen Hochkulturen 39
4. Die Zeit der Griechen 73
5. Die Zeit von Rom und seiner Vorgänger 97
6. Die Araber im Mittelmeer 155
7. Die Germanen und Wikinger 175
8. Stadtrepubliken und Kreuzzüge 227
9. Westeuropa im Aufbruch 287
10. Skandinavien und die deutsche Hanse 335
Anhang 391
Index für Band I 409

Inhaltsverzeichnis von Band II

Hinweise für Benutzer VI

Hinweis des Autors VI

Vorwort für Band II IX

Zeittafel I: Von 3000 vor bis 1500 nach der Zeitenwende X

Zeittafel II: Von 1500 bis 2000 XI

11. Indischer Ozean und Ostasien 431
12. Amerika vor Kolumbus 493
13. Portugal und Spanien in Übersee 503
14. Europa zur Zeit der Reformation 575
15. Seefahrt und Kolonisation 627
16. Die Weltmeere erkundet 725
Anhang 821
Index Band II 847

Vorwort für Band III

Nun liegt der dritte Band der „Weltgeschichte der Seefahrt" vor. Er ist zugleich der letzte Band der zivilen Schiffahrt.
Das Jahr 1989/90 war eine derartige Zäsur, daß ich damit ein neues Kapitel begonnen habe. Eigentlich wäre bei dem Umfang des dritten Bandes fast ein eigener Band gerechtfertigt. Ab Kapitel 20 habe ich auch die wichtigsten Ereignisse der Weltraumfahrt einbezogen.
Bei den Einführungen ist im Teil politisches Umfeld zu berücksichtigen, daß die Medien gerne über Kriege und Katastrophen berichten, andere Dinge dagegen oft zu wenig Beachtung finden. Es gab viele friedliche Verhandlungslösungen bei Grenzstreitigkeiten (z.B. Argentinien und Chile), bei Unruhen (Timor u.a.) und vielen anderen Gelegenheiten. Die UNO aber auch die EU und andere Organisationen leisten hier oft stille Arbeit.
Die Probleme beim Verfassen dieses Bandes waren diametral entgegengesetzt zu jenen des ersten Bandes. War bei diesem das absolute Fehlen von statistischem Material zu konstatieren, sind im 20. Jahrhundert eine überwältigende Menge von Statistiken vorhanden. Ich habe mich daher bemüht, eine kurze Auswertung im Text zu bringen und ausgewählte Tabellen in den Anhang zu verlegen. Dieser ist daher sehr umfangreich geworden.
Für einen Überblick über die Art der Schiffe, die heute die Meere befahren, habe ich aus Lloyd's Register die jeweils größten ihrer Art auf ein bis zwei Seiten in Tabellenform im Anhang plaziert.
Solange noch die Statistik Sache jedes einzelnen Landes war und ist, sind unterschiedliche Angaben vorhanden. Die Güter werden in unterschiedliche Gruppen zusammengefaßt, verschiedene Gewichtsangaben werden verwendet (in Deutschland hat noch heute ein Zentner 50 kg, in Österreich 100 kg = centum). Vergleiche müssen daher mit Vorsicht behandelt werden.
Bei den Karten habe ich die verschifften Landesprodukte *kursiv* geschrieben, damit sie sich vom übrigen Text abheben.

Wien, Sommer 2002   Helmut Pemsel

Zeittafel I: Von 3000 vor bis 1500 nach der Zeitenwende

Zeit	Reiche	Seefahrt
3000	Ägypten	Nilbarken
	Sumerer	
	Ägypten	Totenschiff des Pharao – Kanäle in Sumer
	Akkad	Persischer Golf bis Indien
	Ägypten	Schiffe noch gepaddelt, Rahsegel
	Gutäer	Seehandel Ägypten–Libanon (Zedern)
2000	Dynastie von Ur	„Geschichte vom schiffbrüchigen Seemann"
	Ägypten, Babylon	
	China, Ägypten	Hoang Ho-Kultur – Fahrten durch das Rote Meer nach Punt
	Ägypten, Kreta	Obeliskentransporter – Thera-Fresken – Ruder(Riemen)schiffe
	Hethiter, Mykene	Wrack von Gelidonya – Kreta Seemacht – erstes Logbuch
	Ägypten	Seevölkerzüge
1000	Assyrer	Israeliten und Phöniker im Roten Meer
	Phöniker	Fernhändler
	Karthago	Hanno in Westafrika – Himilco bei Britischen Inseln
	Griechen, Perser	Diolkos von Korinth – Skylax von Karyanda
	Athen Seemacht	Pytheas von Massilia – Hafen Piräus
	China, Ptolemäer	Leuchtturm von Alexandria – Kyrenia-Schiff – Hjortspring-Boot
0	Römerreich	Eratosthenes – römische Hafenbauten – Monsunfahrt – Pisa-Schiffe
	China	Periplus des Erythräischen Meeres
	Römerreich	Getreideflotten – Artemon-Spritsegel – Römer in Indien
	Goten	Goten im Mittelmeer – Pisa-Schiffe – Nydam-Schiff
	Vandalen	Angelsachsen in Nordsee – Vandalen im Mittelmeer
	Byzanz	Byzanz erobert Mittelmeer
500	Gupta-Reich	Pilgerfahrten nach Jerusalem
	Langobarden	Dschunkenfresko in Dun-Huang
	Araber, Wikinger	Araber im Mittelmeer – Lateinsegel
	Frankenreich	Wikingerfahrten – Yassi Ada Schiffe
	Venedig	Wikingerschiffe (Oseberg, Gokstad, Tune, Roskilde)
	Byzanz	Astrolabium – Fernhandel Arabien–Indien–China
1000	Deutsche Kaiser	Wikinger nach Grönland und Amerika – Leif Erikson
	Kreuzzüge	Eisenanker – Kompaß in China – Dschunken mit wasserdichten Schotten
	Normannen	Heckruder – Portolane – Besiedelung des Pazifik – Ibn Battuta
	Flandern	Seerecht von Oléron – Araber nach Insulinde – Schonenmessen
	Deutsche Hanse	Bremer Kogge – Schiff von Borobodur – Stecknitz-Kanal
	Osmanen	Osmanen in Mittelmeer und Indischem Ozean
1500	China, Portugal	Fahrten von Zheng He – Kolumbus – Vasco da Gama

Zeittafel II: Von 1500 bis 2000

Zeit	Herrschaften	Seefahrt
1500	Ming-Dynastie	Forschung und Kolonisierung durch Spanien und Portugal
	Osmanen	Segelrouten nach Amerika und in den Indischen Ozean
	Mogulreich	Himmelsnavigation beginnt – Seekarten – Segelhandbücher
	Spanier, Portugiesen	Handelsverkehr mit Westindien, Amerika, Asien, China, Japan
	Reformation	Hochseefischerei – Walfang – Seehundjagd
	Frankreich	Häfen jetzt Sevilla, Lissabon, London, Antwerpen, Amsterdam
	England	Forschungsfahrten nach Nordwesten und Nordosten – Mercator
1600	Niederlande	Schiffbau, Fleuten, Jachten – Seehandel – Schiffskanäle
	Persien	Handelskompanien V.O.C. und E.I.C. in Asien – Seeatlas
	Gegenreformation	Kap Hoorn umsegelt, Kolonisation in Nordamerika, Trekvaarten
	Deutschland zerfällt	Acuña befährt Amazonas, Tasman umfährt Neuholland
	Polen und Litauen	Kanal de Briare – S. Deschnew durchfährt Bering-Straße
	Schweden	Ende der Hanse – Sklavenverschiffung im Großen – Lloyd's
	Habsburger	Binnenschiffahrt nimmt zu – Leuchttürme am Ärmelkanal
1700	Großbritannien	Seehandel mit Kolonien – Fahrten nach Archangelsk
	Mandschu-Dynastie	Tee aus China – Robinsonade A. Selkirk – Steuerrad
	Rußland	St. Petersburg – Board of Longitude – Schiffbruch von Silberflotten
	Preußen	Kaffee aus Arabien – Opium nach China – V. Bering in Alaska
	Großbritannien	J. Lind besiegt Skorbut – Kanalbau in England – Postschiffe
	USA	Reisen von James Cook, La Pérouse und G. Vancouver
	Revolution in Frankreich	erstes Dampfschiff >Pyroscaphe< von J. d'Abbans
1800	Frankreich	Rettungsboote von Geathead – Sträflinge nach Australien
	Großbritannien	Kontinentalsperre – >City of Clermont< – 1. Jachtklub in London
	USA	Dampfer von New Orleans nach Louisville – Cunard-Linie,
	Rußland	Donauschiffahrt 1. DDSG – Schraube gegen Schaufelrad
	Österreich	Auswanderer nach den USA aus ganz Europa – HAPAG
	2. Deutsches Reich	Franklin-Expedition – Goldrausch in Kalifornien und Australien
	Großbritannien	Kohle aus Newcastle und Wales – >Turbinia< – Eisbrecher
1900	Japan–Rußland	Öltanker – drahtloser Funk CQD/SOS – Dieselmotoren
	Entente	>Titanic< † – Katastrophe im Hafen von Halifax – Panamakanal
	Sowjetunion	Eisbrecher um Sibirien – Blaues Band des Atlantik – >Normandie<
	3. Deutsches Reich	KdF Schiffe – Flüchtlingsschiff >St. Louis<
	UNO	Containerschiffe – Supertanker – Atomschiff >Savannah<
	USA, Sowjetunion	Weltraumfahrt – Luftkissenboote – Bohrinseln – LASH-Schiffe
	Ende Sowjetunion	UN-Seerecht – Kreuzfahrtschiffe – neue Piraterie,
2000	USA, EU, Japan	neue Schiffsvermessung BRZ – >Voyager of the Seas< (137.300)

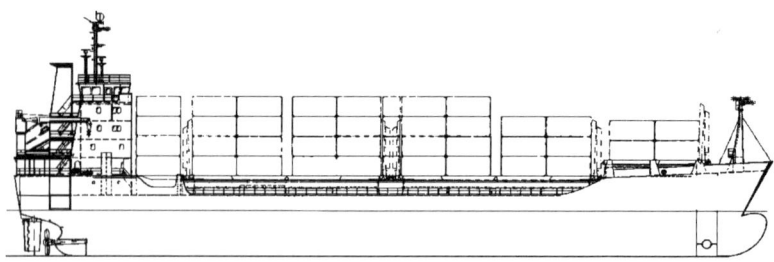

17. Die Anfänge der Dampfschiffahrt

(Die Dampfmaschine lernt schwimmen)

Der zeitliche und räumliche Rahmen

Dieses Kapitel befaßt sich mit der ersten Hälfte des 19. Jahrhunderts. Das Jahr 1800 wurde als Schnittpunkt gewählt, da in diesem Jahr das wichtigste Patent der Firma Boulton & Watt auslief und ab dann die Entwicklung der Dampfmaschine für den Einsatz in der Schiffahrt schnell voranschritt. Aus diesem Grund lautet der Untertitel dieses Kapitels „Die Dampfmaschine lernt schwimmen". Als zeitlicher Endpunkt für diesen Abschnitt wurde das Jahr 1850 gewählt, da die Dampfschiffe in der zweiten Hälfte des Jahrhunderts den Seeverkehr immer mehr an sich zogen und mit diesem Zeitpunkt auch eine Parallele zur „Seeherrschaft" hergestellt wird. In der Einführung werden die Ereignisse in den einzelnen Abschnitten nach geographischen Gesichtspunkten dargestellt, in der Chronik für die ganze Welt nach dem zeitlichen Ablauf berichtet.

Das politische Umfeld

Das herausragende Ereignis zu Beginn dieses Jahrhunderts war der Zweikampf zwischen der Seemacht Großbritannien und der Landmacht Frankreich. **Napoleon** saß ab 1800 als erster Konsul fest im Sattel der französischen Regierung. Er suchte jedoch nun nach einer Atempause, um das Land nach seinen Vorstellungen zu organisieren. Im Frieden von Luneville 1801 mit Österreich wurde der Friede von Campoformio bestätigt, womit Frankreich das linksrheinische Gebiet des Deutschen Reiches behielt. Nach der erzwungenen Räumung von Ägypten konnte auch mit Großbritannien der Friede von Amiens (März 1802) geschlossen werden. Großbritannien gab seine Eroberungen außer Ceylon und Trinidad (beides ehemals niederländisch) zurück.

Napoleon schloß nun ein Konkordat mit der römisch-katholischen Kirche, erklärte die Revolution für beendet, ordnete die Verwaltung und erließ ein modernes Gesetzbuch (code civil), das vorbildhaft war. Mit Volksabstimmung ließ er sich 1804 zum Kaiser der Franzosen erwählen und machte sich zum König von Italien. Es bildete sich jedoch eine neue Koalition gegen seine Machtansprüche. In dieser 3. Koalition standen sich Großbritannien, Rußland, Österreich und Schweden einerseits und Frankreich mit Spanien und den süddeutschen Staaten andererseits gegenüber. Die Briten vernichteten am 21. Oktober 1805 die französisch-spanische Flotte bei Kap Trafalgar (siehe Seeherrschaft) und Napoleon besiegte das österreichisch-russische Heer bei Austerlitz am 2. Dezember 1805 in der Dreikaiserschlacht. Nun beherrschte Großbritannien die See und Napoleon den Kontinent. Kaiser Franz I. von Österreich legte am 6. August 1806 die deutsche Kaiserkrone nieder, wodurch das Heilige Römische Reich sein Ende fand.

Im selben Jahr besiegt Napoleon auch Preußen und verkündete in Berlin die Kontinentalsperre gegen Großbritannien. Im folgenden Jahr erlitt auch Rußland einige Niederlagen und mußte sich deshalb der Seehandelssperre gegen Großbritannien anschließen. Portugal verblieb der einzige Verbündete von Großbritannien am Kontinent. Als Napoleon seinen Bruder Joseph als König in Spanien einsetzte, begann dort ein Aufstand, der nicht zu unterdrücken war. Napoleon griff darauf selbst in Spanien ein, was Österreich benützte, um die letzte Niederlage wettzumachen. Es wurde aber erneut von Napoleon besiegt, der darauf am Höhepunkt seiner Macht stand.

Mittlerweile arbeitete die britische Seeherrschaft unauffällig aber wirksam. Ohne weitere große Seeschlachten wurde der Öresund im Krieg gegen die Dänen geöffnet und dadurch die Verbindung mit Rußland und Schweden hergestellt. Das Mittelmeer wurde wieder von der britischen Flotte kontrolliert und die Küsten von Frankreich genau überwacht und blockiert. Die Aufständischen in Spanien erhielten laufend Unterstützung und kontrollierten von Cadiz aus den Süden des Landes. Portugal konnte sich mit Hilfe der Briten gegen die Franzosen behaupten und Rußland hob seine Teilnahme an der Kontinentalsperre auf. Um die Bedrohung aus dem Osten auszuschalten, unternahm Napoleon 1812 seinen Kriegszug gegen Rußland, der mit dem Brand von Moskau und der Katastrophe an der Beresina endete.

Es folgten die Befreiungskriege auf deutschem und französischem Boden, die mit den beiden Niederlagen Napoleons bei Leipzig (Oktober 1813) und nach seiner Rückkehr aus Elba bei Belle Alliance/Waterloo das Ende der napoleonischen Herrschaft brachten. Im **Wiener Kongreß** (November 1814 bis Juni 1815) wurde Europa neu geordnet. Frankreich behielt die Grenzen von 1790. Österreich gab das heutige Belgien an die Niederlande ab, erhielt aber alle übrigen verlorenen Besitzungen samt Venedig zurück. Preußen trat einige kleinere Gebiete ab, erhielt dafür aber die ganze Rheinprovinz, das nördliche Sachsen und Schwedisch Pommern. Rußland erhielt Kongreßpolen in Personalunion, Großbritannien behielt Malta, Helgoland und die Kapprovinz. Schweden bekam Norwegen in Personalunion. Die alten Herrschaften in Süddeutschland, auf der Iberischen Halbinsel und in Italien wurden wieder eingesetzt.

Das deutsche Kaiserreich wurde nicht mehr ins (schon vorher scheintote) Leben gerufen. Dafür entstand aus 35 souveränen Staaten und vier Hansestädten ein loser Staatenbund mit einer machtlosen Bundesversammlung in Frankfurt am Main. De facto begann in diesem Bund ein Ringen um die Vorherrschaft zwischen Preußen und Österreich, Staaten, deren Territorien zu einem wesentlichen Teil außerhalb des Deutschen Bundes lagen.

Frankreich erholte sich außenpolitisch rasch wieder von seiner Niederlage. Es griff 1823 in Spanien bei den revolutionären Unruhen auf Seite des Königs mit einem Expeditionsheer ein und eroberte ab 1830 Algerien. Innenpolitisch kam 1830 der „Bürgerkönig" Louis Philippe von Orléans auf den Thron, der seinerseits von der Revolution 1848 vertrieben wurde. Der Weg von Louis Napoleon zum Kaiser der Franzosen war frei. Frankreich war an der Vernichtung der türkischen Flotte 1827 im griechischen Befreiungskrieg beteiligt (siehe Seeherrschaft) und unterstützte 1831–32 die Belgier bei ihrer Loslösung von den Niederlanden. An überseeischen Besitzungen verfügte Frankreich um 1850 das noch umkämpfte Algier, Senegal, Madagaskar, einige Inseln und Stützpunkte im Indischen Ozean, die wichtigen Westindischen Inseln und Cayenne in Südamerika.

In **Italien** wurde die Toskana von den Habsburgern mit einer modernen Verfassung gut regiert, dann aber von den Carbonari wie ganz Italien in die Freiheitsbewegung des „Risorgimento" hineingezogen. Ständige Unruhen bremsten die wirtschaftliche Entwicklung. Der Kirchenstaat und das Königreich Neapel litten ebenfalls unter den permanenten Aufständen.

Griechenland erkämpfte zunächst mit inoffizieller Unterstützung durch Rußland und nach der Seeschlacht bei Navarin auch von Großbritannien und Frankreich bis 1830 seine Unabhängigkeit vom Osmanischen Reich.

Großbritannien ging aus den großen Kriegen als erste Weltmacht hervor und beherrschte die Weltmeere. Es ruhte sich aber auf den Lorbeeren aus, ließ die Flotte und deren Offiziere überaltern und sich mit der Liberalisierung des Landes Zeit. Die jüngeren Seeoffiziere wurden bei Forschungsfahrten nach Australien, in den Stillen Ozean, in die Arktis und in die Antarktis beschäftigt. Ab 1824 wurde von Großbritannien der Sklavenhandel verboten und die Sklavenhändler wie Seeräuber behandelt und sofort exekutiert. Wegen der ständigen Vergrößerung des Territoriums der Ostindischen Gesellschaft in Indien wurde deren Handelsmonopol nicht mehr verlängert und der Seehandel mit Indien allen Briten freigegeben. Zwei Jahre später wurde auch das Monopol für den Seehandel mit China aufgehoben. Großbritannien übernahm nun selbst die Herrschaft in Indien. Es hatte dort immer mehr gegen Aufstände zu kämpfen und das Vordringen der Russen zu beobachten. Das weitgespannte britische Kolonialreich war nur noch schwer zu kontrollieren. Es umfaßte um die Mitte des 19. Jahrhunderts in Europa (Helgoland, Gibraltar, Malta) 140.000 Einwohner, in Asien 140,000.000, in Afrika 900.000, in Nordamerika 3,000.000, in Westindien 1,100.000 und in Australien mit Neuseeland 1,300.000 Europäer.

Im **Deutschen Bund** entstand unter der Führung von Preußen eine Zollunion, der die meisten Staaten, ohne Österreich, beitraten. Die Hoffnung der deutschen Jugend auf einen Zusammenschluß der Kleinstaaten zu einem geeinten Reich wurde von den Kabinetten als eine Revolution von unten nach dem Muster von Polen und Italien betrachtet und mit Zensur und Verboten von Veranstaltungen vehement bekämpft. Die Folge war Unterdrückung und Auswanderung nach Amerika, vor allem nach 1848. Im Jahr 1837 erfolgte die Trennung des Königreiches Hannover von der Personalunion mit Großbritannien wegen des unterschiedlichen Erbrechtes.

Rußland konnte nach einem kurzen Krieg gegen Schweden im Frieden von Fredrikshamn Finnland und die Ålandsinseln erwerben. Es unterstützte die Griechen in ihrem Freiheitskampf und erwarb im Krieg gegen die Türkei das Donaudelta und Teile von Armenien. Im Krieg zwischen dem Osmanischen Reich und dem aufständischen Pascha von Ägypten unterstützte es Großbritannien und Österreich bei der Aktion gegen den Pascha. Im Meerengenvertrag 1841 stimmte Rußland mit Großbritannien, Frankreich, Preußen und Österreich zu, daß Bosporus und Dardanellen in Friedenszeiten nur von türkischen Kriegsschiffen passiert werden dürfen. Bei seinen Vorstößen in das Innere von Asien kam es im Interessenskonflikt mit den Briten, die aus Indien vorfühlten. Im Revolutionsjahr 1848 griff das Zarenreich auf seiten der Habsburgermonarchie gegen die aufständischen Ungarn ein.

Die **USA** unterstützten die Aufständischen in Südamerika in Wort und Tat und standen damit im Gegensatz zu Großbritannien. Der Krieg 1812–14 zwischen den beiden blieb aber nur Episode. Im Jahr 1823 erklärte Präsident Monroe die nach ihm benannte Doktrin. Die USA erklärten darin ihre Nichteinmischung in europäische Angelegenheiten, verbaten sich aber auch die Einmischung von europäischen Staaten auf dem ganzen amerikanischen Kontinent. Dies besiegelte die Lösung Lateinamerikas von Spanien und Portugal. Im Krieg gegen Mexiko (1845–48) wurden Texas, Neumexiko und Kalifornien erworben. Die USA reichen seither bis an den Stillen Ozean. Die Goldfunde in Kalifornien 1848 brachten eine ganze Völkerwanderung in Bewegung, wodurch dieses bisher fast menschenleere Gebiet rasch besiedelt wurde.

In **Südamerika** schuf das Beispiel des Unabhängigkeitskampfes der USA und die Schwäche der Mutterländer in den europäischen Kriegen (1792–1815) den Anlaß für die Kolonien, sich für unabhängig zu erklären. Dies erfolgte in Venezuela mit Kolumbien im Jahr 1810, in Paraguay 1811, in Chile 1811/1818, in Uruguay 1811/1828, in Argentinien 1816, in Peru 1821, in Brasilien 1822 und in Bolivien 1825. Mit Ausnahme Brasiliens ging die Loslösung vom Mutterland nicht ohne schwere Kämpfe auch untereinander ab. Dabei wurde die Wirtschaft gänzlich ruiniert, die Pflanzungen waren verlassen und die Bergwerke verfallen.

In **Mittelamerika** sagte sich Mexiko 1820 von Spanien los, verlor aber schon 1823 das Generalkapitanat im Süden, das dann in die jetzigen Kleinstaaten zerfiel. Kuba blieb vorerst noch bei Spanien, es wurde erfolgreich verteidigt.

In **Afrika** wurde der Staat Liberia mit aus der Sklaverei entlassenen Schwarzen gegründet und besiedelt. In Schwarzafrika besaßen die Europäer Kolonien nur in Angola und Mosambique (Portugal), Gambia, Sierra Leone, Goldküste und Kapkolonie (Großbritannien) sowie Algerien und Senegal (Frankreich). Unabhängig waren im Norden noch Marokko, Tunesien und Abbesinien in Ostafrika.

In **Asien** wurden Persien/Iran und Afghanistan von Rußland und Großbritannien bedroht. Das Osmanische Reich hatte nur eine unzureichende Kontrolle über die arabische Halbinsel. Indien und Burma/Myanmar wurden von Großbritannien beherrscht, und die Niederlande bauten ihren Einfluß zwischen Sumatra und den Molukken wieder aus. Australien und Neuseeland wurden britische Kolonien und die Philippinen waren noch spanischer Besitz. In China ging die Herrschaft der Mandschu-Kaiser ihrem Ende entgegen. Im ersten Opiumkrieg gegen die Briten wurde ihre Autorität weiter geschwächt. Japan war noch immer hermetisch von der Außenwelt abgeschlossen.

Die Kriege um die Jahrhundertwende brachten auch bedeutende gesellschaftliche **Umwälzungen**. Die Bevölkerung stieg trotz der Kriegsverluste stark an. Das Handels- und Bildungsbürgertum war im Aufstieg. Ideen der Freiheit waren kaum mehr zu unterdrücken. Die Zunftenge wurde durch eine freie Wirtschaft abgelöst. Industrialisierung und Massenproduktion machten Güter, die sich früher nur wohlhabende Bürger leisten konnten, auch breiten Schichten zugänglich. Die Kehrseite war das ausgebeutete Industrieproletariat, auf das damals nur die wenigsten Rücksicht nahmen. Die Dampfmaschine machte den Land- und Wassertransport schneller und zuverlässiger. Die (heute – 2000 – oft gescholtene) Globalisierung in allen Lebensbereichen nahm ihren Anfang. Die Forschungsreisen wurden auf eine wissenschaftliche Basis gestellt.

Die Seefahrtsbedingungen

An den Voraussetzungen für die Schiffahrt auf den Weltmeeren hatte sich in den letzten hundert Jahren nichts geändert. Was sich weiter gewandelt hatte, war die Kenntnis dieser Bedingungen durch die Seefahrer. In der ersten Hälfte des 19. Jahrhunderts wurden die Forschungsfahrten wieder verstärkt aufgenommen. Die Gewässer um die Arktis und um die Antarktis wurden eingehend erkundet. Die Küsten wurden nun genauer vermessen. Dazu kam der Beginn der Ozeanographie auf wissenschaftlicher Basis. Die Luftströmungen über den Weltmeeren wurden von dem Amerikaner Matthew F. Maury nach den vorhandenen Logbüchern der US-Navy sorgfältig untersucht und ausgewertet. Seine Arbeit ermöglichte den Segelschiffen ihre Fahrzeit über die Hohe See zum Teil bis zu zwanzig Prozent zu verkürzen. Sie konnten dadurch den neuen Dampfschiffen noch einmal für rund fünfzig Jahre Paroli bieten. Gut ausgebildete Navigationsoffiziere mit allen diesen Kenntnissen waren für die Fahrten über die Weltmeere bald unerläßlich.

Die Hochseeschiffahrt

Im 19. Jahrhundert begann die dritte große Revolution im Antrieb der Schiffe. Die erste, der Übergang vom gepaddelten zum geruderten Schiff, vollzog sich in rund zwei Jahrtausenden (2. und 3. Jahrtausend. vor der Zeitwende). Die zweite, der Übergang zum Hochsee-Segelschiff, dauerte auch rund zwei Jahrtausende, vor und nach der Zeitwende. Die Einführung des mechanischen Antriebes (zunächst Dampfmaschine, dann Motor und Turbine) dauerte nur rund einhundert Jahre von etwa 1810 bis 1910.

Den ersten großen Umbruch in der Hochseeschiffahrt in der ersten Hälfte des 19. Jahrhunderts bewirkte aber die Kontinentalsperre und die britische Blockade der Küsten von Europa. Zwischen 1807 und 1813 war der Seehandel in den großen Häfen des Kontinents schwerstens beeinträchtigt. In den Mittelmeerhäfen Triest, Venedig und Genua ging der Umschlag um die Hälfte zurück. In Nordeuropa mußte ein noch stärkerer Rückgang verzeichnet werden und die spanischen Häfen waren praktisch lahmgelegt. Um so mehr blühte daher der Schmuggel. Die nächste Beeinträchtigung erfolgte 1812–15 im Krieg zwischen Großbritannien und den USA, als die Royal Navy die Küsten der Vereinigten Staaten wirkungsvoll blockierte. Nach dem Wiener Kongreß (1814–15) nahm der Seehandel von Europa wieder sprunghaft zu. Er übertraf sofort den Umfang vor dem Beginn der Kriege zu Ende des 18. Jahrhunderts. Auch die Unabhängigkeitskriege in Lateinamerika konnten den Seehandel mit Südamerika nur geringfügig beeinträchtigen.

Einen neuen starken Impuls zur Ausweitung des Seehandels brachte die Dampfmaschine als neues Antriebsmittel. Das Segelschiff hatte und hat einen zwar kostenlosen aber auch unverläßlichen Motor. Das ganze 18. Jahrhundert wurde daher versucht, die von Thomas Savery, Denis Papin und Thomas Newcomen zur Einsatzreife gebrachte atmosphärische Dampfmaschine für die Schiffahrt einzusetzen. Aber erst die doppelt wirkende Dampfmaschine von James Watt war dafür geeignet. Zu Beginn des 19. Jahrhunderts wurden die ersten Dampfschiffe mit Erfolg getestet. Der große Kohleverbrauch erlaubte ihnen aber nur eine geringe Reichweite. Sie wurden daher in den ersten Jahrzehnten nur auf Binnengewässern und entlang der Küsten eingesetzt. Doch Überstellungsfahrten zu anderen Kontinenten wurden bald durchgeführt. Dabei fuhren die Schiffe aber meist unter Segel oder füllten alle Räume mit Kohlen an. Bis in die siebziger Jahre des 19. Jahrhunderts hatten die Dampfschiffe immer noch eine umfangreiche Takelage. Erstens um Kohle zu sparen, und zweitens, um bei Maschinenschaden nicht bewegungsunfähig zu sein.

Erst gegen Mitte des Jahrhunderts war der Kohleverbrauch so weit gesunken, daß regelmäßige Fahrten über die Ozeane in Angriff genommen werden konnten. Die hohen Betriebskosten der Dampfschiffe erlaubten aber zunächst nur Fahrten, die entsprechende Einnahmen garantierten. Dies war zunächst die Personenschiffahrt, denn das Dampfschiff konnte pünktliche Fahrzeiten einhalten. Personen aus Politik, Wirtschaft und Finanz waren an solchen fahrplanmäßigen Fahrten interessiert und ließen sich dies bei entsprechender Unterbringung und Komfort etwas kosten. Weiters waren die Regierungen der Kolonialmächte an einer pünktlichen Beförderung der Post interessiert. Es wurden daher an die Reeder mit Personenschiffen Postverträge für bestimmte Strecken vergeben und dazu Subventionen gewährt. Dadurch war eine Mindesteinnahme garantiert und es konnten auch weniger lukrative Routen befahren werden. Die Reeder mußten dafür den Regierungen Fahrten in bestimmten Intervallen zusagen und dies mit einer entsprechenden Zahl von Schiffen gewährleisten. Vor allem Großbritannien vergab in der Anfangszeit zahlreiche solche Royal Mail-Privilegien.

Diese Passagierschiffe nahmen nach Möglichkeit natürlich auch wertvolle Güter und oft statt Ballast Massengüter mit. Die älteren Dampfschiffe wurden aus dem Postdienst ausgeschieden und im nicht subventionierten Liniendienst eingesetzt, wobei auch Gelegenheitsladungen übernommen wurden. Noch ältere aber noch fahrfähige Schiffe, deren Wert bereits abgeschrieben war und deren Fahrtkosten daher nur mehr zum Teil zu Buch schlugen (sie waren daher viel geringer) wurden dann im Trampverkehr eingesetzt. Das heißt, sie fuhren von Hafen zu Hafen ohne Fahrplan, luden an Gütern, was gerade greifbar war, und transportierten sie zu jedem gewünschten Zielhafen. Diese Tramper wurden immer zahlreicher und hatten auf Grund ihres

Alters auch die höchste Unfallrate. Sie und die Kohletransporter wurden daher „Seelenverkäufer" genannt.

Wegen ihrer Privilegien nannten sich die Linienreedereien mit Post- und Pakettransport oft Paketschiffslinien wie z.B. die „Hamburg Amerikanische Paketfahrt Aktien Gesellschaft", kurz HAPAG. Diese setzten auf ihren Liniendiensten natürlich die neuesten und am besten ausgestatteten Dampfschiffe ein. Bald überzog ein Netz von Dampfschiffslinien den Nordatlantik und dann auch alle anderen Ozeane. Am Nordatlantik suchten sich die Reedereien durch immer schnellere und immer luxuriösere Schiffe zu überbieten.

Die Schiffahrtsgesellschaften hatten auf Grund der hohen Kosten der Dampfschiffe, des Betriebs und der ganzen Logistik am Schiff und im Hafen einen sehr großen Kapitalbedarf, der von einzelnen Personen nicht mehr aufgebracht werden konnte. Die großen Reedereien wurden daher meist als Aktiengesellschaften gegründet, kleinere Reedereien waren sogenannte Partenreedereien, wobei jeder Reeder Anteil an einem Schiff hatte, eine Gesellschaftsform, die schon bei der Hochseeschiffahrt zur Segelschiffszeit bestanden hatte.

Die neuen Dampfschiffe waren in der ersten Hälfte des 19. Jahrhunderts gegenüber den Segelschiffen in der Hochseeschiffahrt nicht nur an Zahl, sondern auch an Ladekapazität weitaus in der Minderheit (Statistik im Anhang). Der ganze Transport von Massengütern, die Verschiffung von Auswanderern, Sträflingen und Sklaven wurde fast ausschließlich von Segelschiffen durchgeführt. In den USA wurden die berühmten Klipperschiffe entwickelt, die dann auch in Großbritannien, Frankreich und Deutschland gebaut wurden. Sie hatten als letzte Segelvollschiffe (ausgenommen Schulschiffe, und seit neuestem auch Kreuzfahrtschiffe) von 1840 bis zum Ende des Jahrhunderts noch einmal eine Blütezeit. Die Teefahrten von China nach Europa, die Baumwollklipper aus den USA und Australien nach England und die Salpeterschiffe von Chile und Peru nach Europa waren der Schwanengesang der Segelschiffahrt. Die Eröffnung des Suezkanals und später des Panamakanals brachte für die Frachtdampfer eine so große Verkürzung der Wegstrecken, daß sie nun die Segelschiffe auch in den Frachtkosten unterbieten konnten.

In der Hochseeschiffahrt begannen nun die ersten Spezialtransporter zu fahren. Nach den Walfangschiffen und den Fischereifahrzeugen mit Wassertanks für lebende Fische wurden die ersten Eistransporter eingerichtet. In Südamerika und in Australien wurde extensiv Viehzucht betrieben. Der große Überschuß konnte aber nicht als Lebendvieh bis Europa transportiert werden und Pökelfleisch gab es in Europa genug. Es wurde nun mit speziell dafür eingerichteten Schiffen (Wärmedämmung) Eis aus Nordamerika und Norwegen nach Argentinien, Indien und Australien transportiert. Von dort wurde dann mit diesen Schiffen Gefrierfleisch nach Europa verschifft. Rund fünfzig Jahre später wurden diese Schiffe allmählich von den ersten Kühlschiffen abgelöst.

Ein weiteres neues Transportgut in großen Mengen war Guano von den Küsten Perus und Chiles. Diese Jahrhunderte alten Ablagerungen von Vogelmist wurden als wertvoller organischer Dünger nach Europa transportiert. Gegen Ende des Jahrhunderts waren die Lager weitgehend erschöpft, Guano wurde durch Fischmehl und Kunstdünger ersetzt.

Der Opiumtransport zwischen Indien und China erreichte in dieser Periode seinen Höhepunkt. Der Widerstand der chinesischen Behörden gegen diese Einfuhr führte zu zwei Kriegen, zur Öffnung von wichtigen chinesischen Häfen für den Welthandel und zum Aufstieg von Schanghai. Der übrige Seehandel der Europäer und US-Amerikaner mit China wurde zunächst nur über Kanton und in geringem Maße über das portugiesische Macao abgewickelt. Auf chinesischer Seite war es reglementierter Staatshandel. Die Europäer gaben den privilegierten chinesischen Kaufleuten (Kohong) zunächst einen Vorschuß. Diese bestachen daraufhin den Zollinspektor (Hoppo) von Kanton und den Vizekönig (Generalgouverneur) der Provinzen, auf deren Gebiet Kanton und Macao lagen. Die Europäer selbst durften nur mit den Kohong verhandeln, Kontakte mit dem Hoppo oder gar dem Vizekönig waren strengstens verboten. Der Hoppo mußte jährlich 855.000 Taels an den kaiserlichen Hof nach Peking abliefern und wurde dann in Ruhe gelassen. Die Europäer waren nur geduldet, wenn sie „Tribute" (Geschenke, Bestechung) ablieferten. Nach der Aufhebung des Handelsmonopols für die E.I.C. wollten die Briten, daß auch China den Freihandel einführte. Das hätte ein völliges Umstoßen der bisherigen Handelspraxis bedeutet. Die Chinesen lehnten das Ansinnen rundweg ab. Die Briten wollten aber den Markt von 400 Millionen Chinesen für die britische Industrie öffnen, die Chinesen dagegen die Opiumeinfuhr unterbinden. Daraus entstanden die Opiumkriege, die den Seehandel auch für China öffneten. Nur Japan stand nun noch abseits.

Die Hauptrouten im Seehandel über die Weltmeere verliefen nun von Westeuropa nach Nordamerika, nach der Karibik und nach Südamerika. Über Brasilien führte eine Route in den Indischen Ozean nach Vorderindien, nach Insulinde und nach China. Zahlreiche Fahrten wurden auch schon nach Australien unternommen. Abseits der großen Verkehrswege lagen noch die Westküste von Nordamerika (Pelztiere waren fast ausgerottet) und fast alle Küsten von Afrika. Die Küste von Kalifornien wurde erst nach den Goldfunden ein Ziel für die Hochseeschiffahrt. Der Schwerpunkt im Gütertransport lag noch immer auf den Bodenschätzen und landwirtschaftlichen Produkten. Immer größeren Raum im Seetransport nahmen aber bald Industrieerzeugnisse ein. Der Eisenbahnbau in Europa, Amerika und Indien bewirkte immer größere Transporte von Dampfmaschinen, Eisenbahnausrüstung wie Schienen und Weichen. Auch Textil- und Werkzeugmaschinen wurden wertvolle Transportgüter.

Fast 200 Jahre waren Drittländer vom Seehandel mit Großbritannien und dessen Kolonien durch die von Oliver Cromwell erlassenen Navigationsakte ausgeschlossen. Nun wurden zur Mitte des Jahrhunderts nach jahrelanger Debatte im Parlament und Anhören von allen betroffenen Wirtschaftszweigen die Navigationsakte per 1. Jänner 1850 aufgehoben. Auch die USA schlossen sich mit der Aufhebung fast aller ihrer Handelsbeschränkungen dem britischen Beispiel an. Dem Freihandel zur See stand außer den zum Teil prohibitiven Zöllen nichts mehr im Wege. Die Küstenschiffahrt innerhalb der Britischen Inseln wurde allerdings erst 1854 in einem umfassenden Seegesetz ebenfalls freigegeben.

Der Personenverkehr

Zu Beginn des in diesem Kapitel geschilderten Zeitraumes waren Gesandte, Soldaten, Wirtschaftstreibende, Forscher und Missionare auf Segelschiffen wie im 18. Jahrhundet unterwegs. Dazu kamen neu die Auswandererschiffe, die Sträflingstransporte und noch immer Sklavenfahrten. Auch der Einsatz der ersten Dampfschiffe änderte daran nur wenig. Diese konnten wegen ihrer geringen Reichweite zunächst nur auf Binnengewässern und entlang der Küsten eingesetzt werden. Erstmals gab es aber schon spezielle Personenschiffe für den nahen Bäderverkehr von London zu den Badeorten an der Küste von Kent. Bald wurden auch die ersten Liniendienste entlang der West- und Ostküste von England nach Schottland betrieben. Es folgten Linienkurse über die Irische See von Schottland nach Belfast und von Wales nach Dublin. Durch die Verbesserung der Dampfmaschine (Oberflächenkondensator), die Erhöhung der Zahl der Pferdestärken und dennoch verringertem Kohleverbrauch konnte man ab den dreißiger Jahren daran denken, auch Hochseefahrten zu unternehmen. Für Geschäftsleute, Politiker, aber auch Künstler war eine bequeme und pünktliche Beförderung von Interesse und ihnen auch einen höheren Passagepreis wert. Das war der Anstoß, um die ersten Dampfschiffe, noch mit Hilfsbesegelung, für den Passagierdienst und die Postbeförderung zu bauen. Diese Schiffe waren mit Luxuskabinen und Speisesälen ausgestattet und hatten daneben nur eine geringe Ladekapazität. Dazu gab es für den einfachen Reisenden große Schlafsäle. Diese Passagiere mußten für ihre Verpflegung selbst sorgen.

Die Fahrten über die Meere wurden schrittweise ausgedehnt. Die ersten gingen über den Ärmelkanal, die Irische See, von London nach Hamburg und nach Le Havre. Dann folgten immer weitere Fahrten. Solche von London nach St. Petersburg, von Plymouth (um die Strecke abzukürzen) in das Mittelmeer bis nach Alexandria, von Plymouth über La Coruña und Madeira nach Westindien, von Marseille über Genua, Livorno und Neapel nach Messina, von Triest über die Ionischen Inseln und Smyrna nach Istanbul [auch wenn die Stadt zu diesem Zeitpunkt noch Kontantinopel hieß, wird in ihrem Zusammenhang der seit 1930 gebräuchliche Name verwendet] und von dort zur Donaumündung und nach Trapezunt.

Über den Nordatlantik fuhren bald mehrere Reedereien von Liverpool nach Boston, New York und Quebec sowie von New York nach Le Havre und Hamburg. Zur Überbrückung der Landenge von Suez hatte die Reederei P & O mit 3000 Kamelen einen Überlanddienst eingerichtet, der die Verlängerung ihrer Route vom Mittelmeer durch das Rote Meer über Aden nach Bombay, Madras und Kalkutta ermöglichte. Nach der Eröffnung des Suezkanals konnten die Schiffe der P & O direkt von England nach Indien fahren. Von Indien wurde nach dem Frieden von Nanking eine Dampfschiffslinie über Singapur und Kanton bis Schanghai eröffnet. Von Singapur gab es eine Zweiglinie entlang der Küste von West- und Südaustralien mit mehreren Zwischenstationen nach Sydney.

Der Massenverkehr wurde noch immer fast ausschließlich von Segelschiffen betrieben. Auswanderer fuhren von Europa nach den USA, von Großbritannien um das Kap der Guten Hoffnung nach Australien und Goldsucher von Europa und der Ostküste von Nordamerika um das Kap Hoorn nach Kalifornien. Andere fuhren nach Panama, überquerten dort die Landenge und fanden am Stillen Ozean Anschluß mit Segelschiffen nach den Goldfeldern. Sträflinge wurden von Großbritannien und Irland um das Kap der Guten Hoffnung nach Australien befördert und Sklavenschiffe fuhren noch immer von Afrika nach Brasilien.

Die Binnenschiffahrt

Bis zum Beginn dieses Jahrhunderts war der Transport von Massengütern innerhalb der Kontinente auf die Wasserwege angewiesen. Schon in der Antike waren Nil, Euphrat, Tigris, Indus, Ganges, Yang-tse-kiang, Hoang Ho und später Rhein und Donau die wichtigsten Verkehrswege für schwere Güter. Diese Flüsse wurden in der Neuzeit durch zahlreiche Kanalbauten ergänzt. An diesen wurden gleich Treppelwege angelegt, damit Pferde als Vorspann verwendet werden konnten. Bei den Flüssen, vor allem jenen mit starker Strömung, war die Bergfahrt immer ein Problem. Bis in die Neuzeit mußten Menschen die Schiffe meist selbst schleppen. Erst ab dem Ende des Mittelalters wurden Pferde eingesetzt und ab der Neuzeit mit der Anlage von Treppelwegen für diese begonnen. Trotzdem war der Wassertransport für Massengüter noch immer kostengünstiger als der Transport zu Lande. Man schätzt den Vorteil bei der Talfahrt auf 10:1 und bei der Bergfahrt auf 2:1 im Kostenvergleich.

Der Einsatz von Dampfschiffen brachte daher auf den Flüssen eine große Umwälzung. Trotz ihrer geringen Größe und Reichweite konnten sie auf den Flüssen sofort ihren Vorteil ausspielen, gegen die Strömung mit eigener Kraft fahren zu können. Dreißig Jahre nach der Fahrt der >Charlotte Dundas< im Jahr 1802 waren auf den Binnengewässern schon Hunderte Dampfschiffe unterwegs, während auf den Ozeanen erst Test- und Überstellungsfahrten unternommen wurden.

Schwieriger war es mit der Dampfschiffahrt auf den zahlreichen Kanälen, die nur für von Pferden gezogene Schuten gebaut worden waren. Sie waren daher fast alle zu schmal und ihre Ufer wurden vom Wellenschlag unterwaschen. Es wurden daher die wichtigsten von ihnen wie jener von Liverpool nach Manchester oder der Welland-Kanal in Nordamerika, der die Großen Seen über den Ontariosee und den St. Lorenz-Strom mit dem Atlantik verbindet, ständig vergrößert und den Ausmaßen der Dampfschiffe angepaßt. Die kleinen Kanäle mit ihren Pferdezügen waren noch bis zum Bau parallel geführter Eisenbahnen in Betrieb und wurden dann bald stillgelegt.

Auf den großen Flüssen wurden zuerst Passagierdampfer eingesetzt, bald folgten Schleppdampfer, die einen oder mehrere Lastkähne auch gegen die Strömung ziehen konnten. An Stellen mit starker Strömung, die von den Schleppern nur schwer zu überwinden waren, wurde eine Zeit lang eine Kettenschiffahrt betrieben. Dazu wurde am Grund des Flusses eine starke Kette verlegt, die am Bug des Schiffes aufgenommen wurde, über mehrere Rollen lief und am Heck wieder im Flußbett abgelegt wurde. So konnte sich das Schiff an der Kette langsam gegen die Strömung hochziehen. Wegen oftmaliger Kettenbrüche und nach der Einführung von leistungsfähigeren Dampfmaschinen wurden die Ketten wieder entfernt. Auf dem Wiener Kongreß 1814–15 wurde vereinbart, daß die Binnenschiffahrt auf den großen Flüssen in Europa für alle Nationen frei sei, und überall wurden Dampfschiffahrtsgesellschaften gegründet.

In Nordamerika verlief die Entwicklung ähnlich wie in Europa. Auf den großen Flüssen übernahmen die Dampfschiffe den Verkehr, die kleinen Flüsse und kleinen Kanäle gaben ihn an die Eisenbahn ab. In den USA hatte die Binnenschiffahrt zu Beginn der Dampfschiffsära eine wesentlich größere Bedeutung als die Hochseeschiffahrt, die vor allem von den Briten bedient wurde. Die Erschließung der riesigen Gebiete im Mittelwesten war lange nur über den Mississippi mit seinen großen Nebenflüssen möglich. Es waren dort daher viel mehr Dampfschiffe im Einsatz als in der Hochseeschiffahrt.

In Asien wurde in diesem Zeitraum mit der Dampfschiffahrt auf Indus und Ganges samt Nebenflüssen begonnen. Es waren dort die Verhältnisse ähnlich wie in den USA; Indien war bis zum Bau der Eisenbahn für den Transport von Massengütern auf seine großen Flüsse angewiesen. In Afrika waren die ersten kleinen Dampfschiffe am Nil, am Niger und am Senegal unterwegs.

Wie bedeutend die Binnenwasserwege noch zu Beginn des 19. Jahrhunderts waren, zeigt folgendes Beispiel. In der Wiener Nationalbibliothek, in der Kartensammlung am Josefsplatz, gibt es eine Landkarte von Mitteleuropa, die aus dieser Zeit stammt. Darin ist das Projekt eines Schiffahrtskanals von Deutschland nach Italien eingezeichnet. Er sollte am Brenner die Alpen überqueren und in der Karte ist eine Schleuse nach der anderen eingezeichnet. Ob die nötige Wasserführung für einen lebhaften Verkehr vorhanden gewesen wäre, sei dahingestellt. Der Bau der Eisenbahn verhinderte jedenfalls solche großen und teuren Bauvorhaben. Daß es diese Planungen gab, zeigt aber, daß der Bedarf für diese Kanäle vorhanden war. In Großbritannien wurden während der Napoleonischen Kriege noch rund 2000 Kilometer Kanäle gebaut, in Frankreich dagegen war der Bau fast gänzlich eingestellt worden, da alles Geld für die Armee gebraucht wurde.

Die Fischerei

In Europa war Norwegen das Land mit dem größten Fischexport. Daneben führten Schottland, die Niederlande und Portugal Fische aus. Alle anderen Länder betrieben Fischfang nur für den Eigenbedarf oder waren Fischimporteure. In Amerika waren Neuschottland, Neufundland und die Neuenglandstaaten der USA Fischexporteure. Walfang wurde in erster Linie von Norwegen, Großbritannien und den Neuenglandstaaten betrieben. Die Walfänger mußten schon in die Gewässer rund um die Antarktis fahren, da die Bestände in den nördlichen Meeren schon weitgehend dezimiert waren. Sie hatten daher Stützpunkte an der Südspitze von Amerika, auf Neuseeland, Tasmanien und kleineren Inseln wie den Kerguelen. Jagd auf Seehunde wurde vor der Küste von Labrador betrieben, im nördlichen Stillen Ozean waren die Pelztiere schon fast ausgerottet.

Die Perlenfischerei im Indischen Ozean und vor den Küsten Chinas war nach wie vor ein wichtiger Erwerbszweig. In Europa erlangte die Austernfischerei und auch schon deren Zucht immer größere Bedeutung. An den Küsten im Ärmelkanal und im westlichen Jütland gab es die ergiebigsten Austernbänke. In den Niederlanden begann man mit deren Zucht an Küstenplätzen und in Seewasserbecken. Die Austern wurden sorgfältig verpackt nach London, Paris, Hamburg und St. Petersburg transportiert.

Die Schiffe

Bis zur Wende vom 18. zum 19. Jahrhundert waren noch die gleichen Segelschiffstypen im Einsatz wie im ganzen 18. Jahrhundert. Für die Fahrt über die Weltmeere wurde der Ostindienfahrer verwendet. Er war praktisch das Gegenstück zur Fregatte der Kriegsflotten, wurde manchmal auch so bezeichnet, hatte aber eine wesentlich geringere Bestückung und Besatzung, dafür aber einen möglichst großen Laderaum. Er mußte bei den weiten Fahrten jederzeit mit dem Auftreten von Gegnern rechnen und sollte sich daher selbst verteidigen können. Die Ostindienfahrer wurden daher in den Seekriegen oft als Hilfskriegsschiffe eingesetzt.

Für die Fahrt in den europäischen Gewässern wurden Schiffe der unterschiedlichsten Typen verwendet. Neben den zahlreichen Briggs gab es Barken, Brigantinen, Schonerbriggs, Schoner u.v.a. Für den Walfang wurden spezielle Fangschiffe mit sechs bis acht Beibooten zur Jagd nach den Walen eingesetzt.

In Asien waren noch immer die Fahrzeuge der Einheimischen im Einsatz, wie die verschiedenen Typen der Dhaus bei den Arabern und die Dschunken bei den Chinesen. Dazu kamen die Lorchas, das waren Schiffe mit einem europäischen Rumpf und der Takelage einer Dschunke. Für den Transport von Opium von Indien nach China wurden eigene kleine und besonders schnelle Klipper gebaut. Sie mußten den chinesischen Regierungsdschunken und den Piraten in der südchinesischen See entkommen können.

Die Naturvölker in Ozeanien und Afrika hatten noch immer ihre Einbäume und Auslegerkanus in Gebrauch. Die Inuit/Eskimos fuhren mit den für ihre Bedürfnisse am besten geeigneten Kajaks.

Das Auftreten des Dampfschiffes ab 1802 brachte die dritte große Revolution im Schiffsantrieb. Das Dampfschiff brauchte rund einhundert Jahre, um das Segelschiff zu ersetzen. Nur als Sportfahrzeug existiert das Segelboot noch heute. Am Beginn waren die Dampfschiffe nur zum Einsatz auf Binnengewässern vorgesehen. Der Kohleverbrauch der frühen Dampfschiffe war außerordentlich hoch. Wenn die Schiffe nicht mit Brennstoff angefüllt werden sollten, mußte immer nach kurzer Fahrt neu gebunkert werden. Dies war nur entlang der Küsten oder auf Binnengewässern möglich. Außerdem war der Antrieb, das Schaufelrad, sehr verletzlich und bei hohem Seegang nicht wirkungsvoll, da die Schaufeln bei der starken Schiffsbewegung einmal zu tief eintauchten oder nicht bis in das Wasser reichten. Auch dies sprach für eine Verwendung in ruhigen Gewässern wie in Buchten, an Seen oder an Flüssen. In diesen Gewässern konnten sie sofort ihren großen Vorteil ausspielen. Sie konnten rein mit mechanischer Kraft gegen Strömung und Wind fahren. Auf den Flüssen war auch das Kohleproblem nicht groß, da die Kessel auch mit Holzscheiten befeuert werden konnten, die fast überall zur Verfügung standen.

Für zwei Aufgaben waren die Dampfschiffe sofort einsetzbar: als Passagierschiffe und als Schlepper. Sie wurden neben dem Binnenverkehr sofort in der Bäderfahrt als Ausflugsschiffe verwendet. Personenschiffe fuhren von London zu den Badeorten an der Küste von Kent, von Hamburg nach Helgoland und von New York nach Long Island. Es folgten Fahrten die Küste entlang wie von London nach Edinburgh und Fahrten über kurze Distanzen wie über den Ärmelkanal und über die Irische See von Glasgow nach Belfast und von Holyhead nach Dublin. Ferner besorgten die Personendampfer den Fährverkehr an den Flußmündungen. Die zweite wichtige Verwendung fanden sie als Schlepper in den großen Häfen. Mit ihrer Hilfe konnten die großen Segelschiffe nun bei jedem Wetter in den Hafen und an ihren Liegeplatz gebracht werden und auch bei Gegenwind aus den Hafen auf die freie See geschleppt werden.

Dampfschiffbau gab es in der Anfangszeit nur in Großbritannien und den USA. Schiffe für den Einsatz in Asien, Australien und Südamerika mußten daher weite Überstellungsfahrten unternehmen. Dies geschah von Europa nach Indien, Australien und Chile. Die Schiffe fuhren dabei die meiste Zeit unter Segel und nahmen erst im Zielgebiet die Dampfmaschine in Betrieb. Bald folgten aber technische Verbesserungen an den Maschinen, die den Schiffen einen größeren Aktionsradius erlaubten. Durch Einführen des Oberflächenkondensators mußten die Kessel nicht mehr alle drei Tage von Salzablagerungen gereinigt werden, weshalb die Dampfmaschine nicht mehr für jeweils zwei Tage stillgelegt werden mußte. Nach der Jahrhundertmitte war die Compoundmaschine betriebsfertig, wodurch der Kohleverbrauch weiter gesenkt wurde. Ab den vierziger Jahren wurden die Schiffsrümpfe aus Eisen, bald danach schon aus Stahl gebaut. Diese Rümpfe sind leichter als ein Holzrumpf, wodurch mehr Platz für Ladegut vorhanden ist. Außerdem konnte nun der Rumpf beliebig groß gebaut werden, was bei einem Rumpf aus Holz nicht der Fall ist. Dazu kam der Schraubenantrieb ab ca. 1835, der eine Reihe von Vorteilen brachte. Er war wirkungsvoller als die Schaufelräder, erst recht bei starkem Wellengang, war durch Geschützkugeln nicht zu treffen und benötigte nicht so breite Radkästen wie die Schaufelräder.

Unter diesen Voraussetzungen konnte man auch an einen Dampfschiffsverkehr über die Weltmeere denken. Beginnend mit dem Seeweg über den Nordatlantik wurden Schiffahrtslinien von Europa nach Westindien, in das Mittelmeer, in die Ostsee und vom Roten Meer über Indien bis China und Australien eingerichtet. Es entstanden die Royal Mail-Linien von Großbritannien und die Paketfahrtgesellschaften der anderen europäischen Staaten und der USA. Einige von ihnen überlebten und wurden zu den großen Reedereien der folgenden hundert Jahre.

Auf Grund von Kesselexplosionen und vielen anderen Mängeln bei den Dampfschiffen der Anfangsjahre wurde begonnen, zahlreiche Sicherheitsbestimmungen zu erlassen, die sowohl den Bau der Schiffe als auch ihren Betrieb betrafen. Erkennungszeichen, Beleuchtung bei Nacht und eine Mindestausstattung mit Rettungsmitteln standen im Vordergrund. Dazu kamen

an den Küsten neue Leuchttürme und Rettungsstationen an jenen Plätzen, wo sich die Unfälle häuften.
Der Schiffbau auf den Werften ist erst im 18. Jahrhundert auf eine wissenschaftliche Basis gestellt worden. Die meisten, vor allem kleineren, Werften sind aber bei ihrer traditionellen Bauweise nach der Erfahrung und dem Augenmaß geblieben. Nun wurde die Umstellung vom Bau hölzerner Schiffe auf den Eisenbau mit Dampfmaschinen, der eine genaue Konstruktion erforderte, von den meisten Werften nicht geschafft. Nur wenige alte Werften konnten sich auf die neuen Bedingungen umstellen. Der Bau von eisernen Hochseeschiffen begann in Großbritannien bei der von der Great Western Steam Ship Company in Bristol eingerichteten Werft mit dem Bau der >Great Britain< (3270). Es folgte die Werft James Hogson in Liverpool mit der >Sarah Sands< (1300) im Jahr 1847 und dann die Werften Tod & McGragor in Glasgow, die bis 1856 acht eiserne Dampfschiffe baute, die Werft William Denny & Bros. in Dumbarton am Clyde mit sieben Schiffen zwischen 1852 und 1856, Robert Napier & Sons in Glasgow mit vier Schiffen, Caird & Co. in Greenock am Clyde mit vier Schiffen, J. & G. Thompson in Glasgow mit drei Schiffen und T. & W. Pim in Hull mit der >Helena Sloman< im Jahr 1850. Der Schwerpunkt des Eisenschiffbaus lag einige Zeit in Schottland am Clyde. Die übrigen Schiffbaunationen folgten mit dem Eisenschiffbau erst in der zweiten Hälfte des 19. Jahrhunderts.
Für die Dampfschiffahrt über die Ozeane war die Kohleversorgung unerläßlich. Um die Mitte des Jahrhunderts gab es außer in Europa und an der Ostküste der USA bereits eine Reihe von Kohlestationen in Übersee. Dies waren die Azoren, die Kanarischen Inseln, Dakar in Westafrika, Lagos, Kapstadt, Jamaika, Recife, Rio de Janeiro, Montevideo, Suez, Aden, Bombay, Madras, Kalkutta, Penang, Singapur, Kanton, Schanghai, Perth, Adelaide und Sydney.
In dem hier geschilderten Zeitraum nahm der **Segelsport** seinen Anfang. In Großbritannien und den USA wurde eine Reihe von Jachtklubs gegründet und von diesen die ersten großen Hochseeregatten organisiert. Von den adeligen Kreisen beginnend drang der Segelsport über das Bürgertum in weitere Kreise vor. Mit dem Beginn der olympischen Spiele der Neuzeit wurde er zu einem Massensport.

1800   **Kanada.** In den Stromschnellen der Flüsse des Landesinneren gehen zahlreiche Boote mit Handelsgütern verloren. Vor allem die Lieferungen an die Indianer sind zum Großteil aus dauerhaftem Material (Metallwaren) und daher erhalten geblieben. In den sechziger Jahren des 20. Jahrhunderts beginnen Unterwasserarchäologen aus den USA (Wheeler) und Kanada (Kenyon) auf Grund alter Dokumente entsprechende Stellen zu untersuchen. In dem genannten Jahr ist nahe dem Winnipegsee ein Handelsboot verloren gegangen. Seine Güter werden 1966 in den Stromschnellen gefunden. Es handelt sich um Äxte, Feilen, Perlen, Feuerwaffen, Messer, Fingerhüte und Zinnschalen. Viele weitere Funde zeigen, daß die Indianer auch hochwertige Waren und Luxusgüter für ihre Felle eingehandelt haben.

ab 1800   **Walfang.** Die Neuenglandstaaten der USA bauen wieder eine Walfangflotte auf, nachdem die alte im Unabhängigkeitskrieg verloren gegangen ist. Die Schiffe sind 250 bis 350 Tonnen groß, haben vier bis sechs Fangboote an Bord und fahren um Kap Hoorn bis in den nördlichen Stillen Ozean. Sie sind pro Fahrt zwei bis vier Jahre unterwegs.

ab 1800   **China.** Opium wird bis 1820 allgemein über Macao eingeführt. Nach dem Einfuhrverbot durch China wird auf der kleinen Insel Lintin in der Mündung

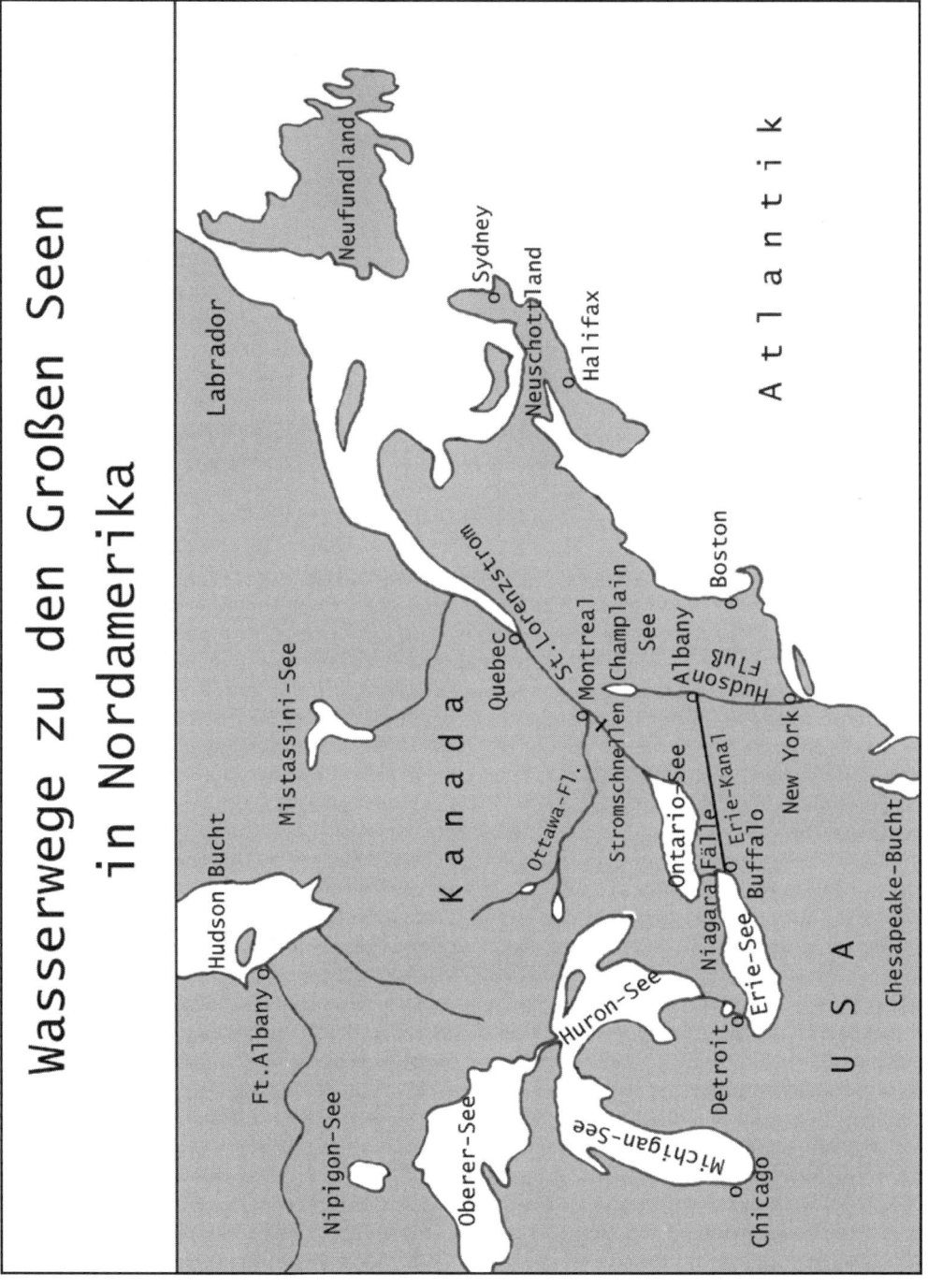

des Perlflusses ein Lager eingerichtet und von dort der Markt versorgt. Der Import steigt von 4000 Kisten (zu je ca. 70 kg) auf 19.000 Kisten im Jahr 1830 und erreicht in kurzer Zeit einen Wert von $ 18 Millionen. Von Lintin im Delta des Perlflusses wird die Ware in starken Ruderbooten abgeholt und mit Gewalt oder Bestechung in die Nähe von Kanton gebracht. Schließlich gehen die Briten dazu über, das Opium mit schnellen kleinen Klippern direkt an die Südküste von China zu bringen und in verschwiegenen Buchten an die chinesischen Händler zu verkaufen.

Oktober 1800– September 1803 **Forschung.** Der Franzose Nicolas Baudin unternimmt mit den Schiffen >Le Géographe< und >Le Naturaliste<, mehreren Naturforschern und einem Astronomen eine Fahrt zur Erkundung der Küsten von Neuholland/Australien. Er läuft von Le Havre aus, ist im März 1801 auf der Île de France/Mauritius, erreicht im Mai die Westküste von Australien und geht dann zur Versorgung nach Timor. Er befindet sich im Jänner 1802 auf Van Diemens-Land/Tasmanien und erkundet von dort einen Teil der Südküste von Australien. Im Mai 1803 ist er wieder auf Timor, erreicht im August Mauritius und stirbt dort am 16. September 1803. Das Schiff ist im März 1804 wieder in Le Havre.

Anfang 19. Jh. **Wirtschaft.** Die Industrieproduktion der größeren Staaten in Europa beträgt in Millionen britischen Pfund Sterling:

Jahr	Großbritannien	Frankreich	Deutschland	Österreich	Rußland
1800	230	190	60	50	15
1820	290	220	85	80	20
1840	387	264	150	142	40

Anfang 19. Jh. **Großbritannien.** Der Verkehr in der Küstenschiffahrt steigt nach den Seekriegen gegen Frankreich stark an. Die Entwicklung seit der Mitte des 18. Jahrhunderts:

Jahr	Tonnage	Jahr	Tonnage	Jahr	Tonnage
1760	154.460	1780	243.744	1824	833.416
1770	211.031	1790	332.962	1830	829.239

Der Umschlag der Küstenschiffahrt in den britischen Häfen übertrifft bei weitem jenen der Hochseeschiffe.

1801 **Spanien.** Nach Beginn des Seekrieges gegen Großbritannien (1796) können kaum mehr Handelsschiffe nach Amerika auslaufen. Aus Cadiz ist es in diesem Jahr nur ein einziges. In den Friedensjahren 1802 bis 1804 laufen aus Cadiz jeweils 30 bis 36 Schiffe nach Amerika aus. Nach dem neuerlichen Kriegsbeginn sind es wieder nur einzelne Schiffe. Mit Beginn des Aufstandes gegen die Franzosen 1808 geht die Zahl wieder hinauf. Nach dem Ende des Krieges 1815 sind es jährlich wieder zehn bis 15 Schiffe. Nach dem Abfall der Kolonien geht die Zahl wieder stark zurück.

1801 **England.** Die Städte, vor allem in den Industriegebieten, erreichen schon beachtliche Einwohnerzahlen. Sie müssen zum Teil durch die Binnenschiffahrt versorgt werden. Hier die größten Städte: London 959.000, Manchester 89.000, Liverpool 83.000, Birmingham 74.000, Bristol 60.000, Leeds 53.000, Sheffield 46.000, Plymouth 43.000, Newcastle 42.000, Norwich 36.000, Portsmouth 33.000 und Hull 30.000.

Großbritannien. Die Verschiffung an Metallen entwickelt sich wie folgt *1. Hälfte 19. Jh.*
(Tonnen im Schnitt von zehn Jahren):

Jahre	Ausfuhr				Einfuhr
	Kupfer	Blei	Zinn	Eisen	Eisen
1810–1819	4.600	15.500	1.700	47.000	18.000
1840–1849	17.600	13.000	1.600	458.000	26.000

Eisen wird aus Schweden und Rußland in Barren eingeführt. Ausgeführt wird es in Produkten der Schwerindustrie wie z.B. Halbzeug.

Australien. In den ersten Jahren leidet die Kolonie Neu Südwales unter ständiger Lebensmittelknappheit. Schon im 18. Jahrhundert haben die Spanier auf Tahiti europäische Schweine angesiedelt. Australien führt nun gesalzenes Schweinefleisch in ausreichenden Mengen aus Tahiti ein.   *1801*

Großbritannien. Folgende Tonnage von Schiffen läuft während der Kriegsjahre aus britischen Häfen aus: *1800–1809*

Jahr	britische Schiffe	fremde Schiffe	Gesamt
1800	1,269.300	654.700	1,924.000
1801	1,190.500	767.800	1,958.300
1802	1,459.700	435.400	1,895.100
1803	1,245.500	543.200	1,788.700
1804	1,248.800	553.200	1,802.000
1805	1,284.700	573.000	1,857.700
1806	1,258.900	538.700	1,897.600
1807	1,190.200	600.800	1,791.000
1808	1,153.500	272.100	1,425.600
1809	1,318.500	674.700	1,993.200

Weder die kurze Friedenszeit (1802–04) noch die Kontinentalsperre ab 1806 hinterlassen nennenswerte Spuren in der Statistik.

Forschung. Der Engländer Matthew Flinders unternimmt eine Fahrt zur Erkundung der Küsten von Neuholland/Australien. Mit dem Schiff >Investigator< (334), Wissenschaftlern und zwei Malern läuft er aus Spithead aus, erreicht im Dezember die Westküste von Australien und beginnt mit einer genauen Vermessung der noch teilweise unbekannten Südküste in Richtung Osten. Am 8. April 1802 begegnet er nahe der heutigen Stadt Adelaide dem französischen Konkurrenten Nicolas Baudin und nennt die Gegend Encounter-Bucht. Er ist im Mai in Port Jackson/Sydney, erkundet dann die Ostküste des Kontinents genauer als James Cook, passiert im Oktober die Torres-Straße und erforscht den großen Golf von Carpentaria an der Nordküste. Über Timor erreicht er im August 1803 wieder Port Jackson. Flinders muß sein leckes Schiff aufgeben und fährt mit der >Cumberland< über den Indischen Ozean. Da auch dieses Schiff Wasser zieht, läuft es die Île de France/Mauritius an. Flinders wird dort wegen des Kriegszustandes mit Großbritannien gefangen gehalten und kann erst im Oktober 1810 nach England zurückkehren. Dadurch kann er seine bedeutenden Forschungsergebnisse erst nach jenen von Baudin veröffentlichen. Flinders nennt den Kontinent als erster statt Neuholland Australien.   *Juli 1801–Oktober 1810*

1802 **Hafenbau.** In London werden die West India Docks eröffnet. Vor allem in Häfen mit größerem Tidenhub sind nasse Docks zum Be- und Entladen der großen Schiffe unerläßlich. Schon im Jahr 1805 folgen die London Docks, wo vor allem Wein, Branntwein, Tabak und Reis umgeschlagen wird. Im Jahr 1806 folgen die East India Docks. Diese Dochs sind mit den besten Umschlagseinrichtungen und Lagerhäusern der damaligen Zeit ausgestattet. Bisher sind zum Entladen eines Schiffes von 1000 Tonnen ca. vier Wochen nötig gewesen, nun genügen zwei bis vier Tage. Nasse Docks werden bei Ebbe durch Tore geschlossen, damit der Wasserstand immer gleich bleibt.

1802 **Schottland.** Der Raddampfer >Charlotte Dundas< des Ingenieurs W. Symington ist das erste erfolgreiche von einer Dampfmaschine angetriebene Schiff. Die Maschine erzeugt zehn PS, das Fahrzeug ist 17 Meter lang und 5,50 Meter breit und verfügt über ein Schaufelrad am Heck. Es schleppt zwei Lastkähne von 70 Tonnen in sechs Stunden über 20 Meilen am Clyde-Kanal. Da die erzeugten Wellen die Ufer des Kanals beschädigen, wird das Schiff nur selten eingesetzt.

1802 **Technik.** In den USA baut Oberst John Stevens ein Boot von fünf Metern Länge, das von einer Schiffsschraube angetrieben wird. Er entdeckt den Seitendrall der Schraube und gleicht dies aus, indem er zwei gegenläufige Schrauben verwendet. Diese Konstruktion hat noch keine praktischen Folgen.

1802 **Literatur.** Der britische Reverend Cooper Willyams, Schiffspfarrer auf dem Linienschiff >Swiftsure< (74), ist mit dem Geschwader unter Nelson im Mittelmeer unterwegs. Er veröffentlicht in London das Buch „A Voyage up the Mediterranean ..." mit einer sehr anschaulichen Beschreibeung der Verhältnisse in dessen Küstenländern und so nebenbei eine der Seeschlacht von Aboukir (1798). Die >Swiftsure< greift allerdings erst spät in den Kampf ein (siehe Seeherrschaft).

1802/03 **Bengalen.** Die E.I.C. hat in Indien das Monopol auf den Handel mit Opium, das in Kalkutta an private Reeder verkauft und von diesen nach China und Insulinde verschifft wird. In diesem Jahr hat der Export von Opium allein nach China einen Wert von 2,710.000 Rupien. Im Jahr 1796/97 sind es noch 540.000 Rupien gewesen, im Jahr 1814/15 erreicht der Wert 7,118.000 Rupien und bleibt in den folgenden Jahren mit manchen Schwankungen auf dieser Höhe.

1803 **Kanalbau.** In Österreich wird der Kanal von Wien nach Wiener Neustadt in Betrieb genommen. Auf ihm wird die Kohle aus dem Revier bei Wiener Neustadt in die Reichshauptstadt transportiert. Der Kanal ist elf Meter breit und hat ein Gefälle von 93 Metern, das auf einer Länge von 56 Kilometern mit 52 Schleusen überwunden wird. Große Teile des Kanals sind noch heute, aber außer Betrieb, erhalten. Eine geplante Verlängerung über die Berge bis zur Adria wird wegen des Baues der Eisenbahn nicht weiter verfolgt.

1803 **Politik.** Napoleon weiß, daß er die Kolonie Louisiana in Nordamerika gegen die britische Flotte nicht verteidigen kann. Außerdem würde ihre Erschließung zu große Mittel binden, die er dringender zum Aufbau seiner Macht in Europa braucht. Er bietet das Land daher den USA für 15 Millionen Dollar zum Kauf an. Die Amerikaner greifen zu und verdoppeln dadurch ihr Staatsgebiet. Louisiana umfaßt das ganze Gebiet westlich des Mississippi, soweit es nicht von Spanien,

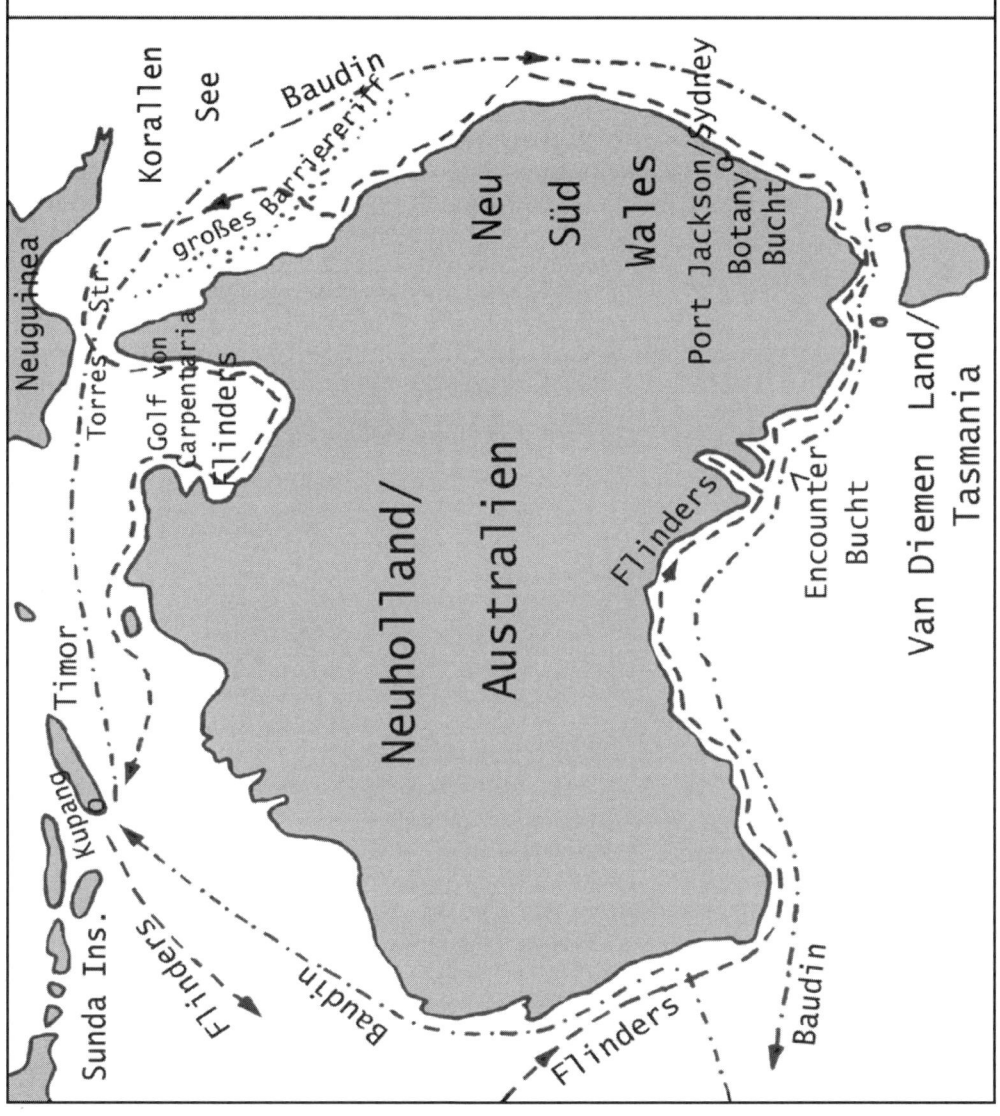

Großbritannien und Rußland beansprucht wird. Durch den Bau von Dampfschiffen ab 1807 (Fulton) beginnt schon nach wenigen Jahren die Erschließung über die großen Nebenflüsse Missouri, Platte, Arkansas und Red River.

1803–1806 **Forschung und Handel.** Der russische Kapitänleutnant Adam J. von Krusenstern (1770–1846) läuft mit den Schiffen >Nadeschda< und >Newa< (Kapitänleutnant Lisianskij) von Kronstadt zu einer Fahrt in den Stillen Ozean aus. Krusenstern ist zusammen mit Wissenschaftlern für die Forschung zuständig, Lisianskij soll aus Alaska Pelze holen. Über Kap Hoorn und Hawaii erreicht die Expedition Petropawlowsk, wo Versorgungsgüter für Kamtschatka gelöscht werden. Krusenstern versucht von September 1804 bis April 1805 von Nagasaki aus vergeblich Kontakt mit der japanischen Staatsführung aufzunehmen. Im November ist er in Kanton, wo auch die >Newa< mit den Pelzen eintrifft. Für diese wird Chinaware im Wert von 263.000 Rubel geladen, über Kapstadt und im Norden um die Britischen Inseln (Seekrieg rund um Frankreich) wird wieder Kronstadt erreicht. Die Verbindung zwischen St. Petersburg und Petropawlowsk dauert zu Lande zwei Jahre, zur See ein halbes Jahr.

1. Hälfte 19. Jh. **Großbritannien.** Das Land wird immer mehr von Lebensmittelimporten abhängig. Die Einfuhr von Getreide steigt im Jahresdurchschnitt 1800–1809 von 179.500 Tonnen auf 735.000 Tonnen im Schnitt von 1840–1849. Diese Entwicklung verstärkt sich noch in der zweiten Hälfte des 19. Jahrhunderts.

ab 1804 **Stiller Ozean.** In China herrscht große Nachfrage nach Sandelholz, das als Räucherwerk verwendet wird. Britische und amerikanische Schiffe holen es von den Fidschi-Inseln und später auch von den Marquesas, Hawaii, Neukaledonien und den Sta. Cruz-Inseln/Vanuatu. Sie liefern dafür den Insulanern Äxte, Scheren, Nägel, Fischhaken und Waffen.

1804 **Tasmanien.** Auf der Insel wird von den Briten die Stadt Hobart gegründet, die ein wichtiger Versorgungsstützpunkt für Fahrten in den Stillen Ozean, für die Walfänger in der Südsee und für die Forschungsfahrten in die Antarktis wird.

1805 **Großbritannien.** Die Ausfuhr steigt in den nächsten 40 Jahren viel schneller als die Einfuhr. Einige Zahlen sollen dies erläutern.

Jahr	Ausfuhr	Einfuhr
1805	£ 31,064.500	£ 28,561.300
1825	£ 56,320.200	£ 44,208.800
1845	£ 150,880.000	£ 85,282.000

1805 **Eistransport.** Erstmals wird aus den USA von der Brigg >Favorite< (130) aus einem Eisteich in Massachusetts Natureis nach Westindien verschifft. Im Jahr 1833 fährt ein Eistransporter sogar bis nach Indien.

1806 **Politik.** Großbritannien erklärt am 8. April die Blockade der europäischen Küste von der Seinemündung bis zur Elbe. Napoleon verkündet daraufhin am 21. November aus dem eroberten Berlin die sogenannte Kontinentalsperre. Im folgenden Jahr verfügt Großbritannien, daß alle neutralen Handelsschiffe, die zwischen europäischen Häfen verkehren, zur Kontrolle einen englischen Hafen anlaufen müssen. Napoleon reagiert am 17. Oktober 1807 in seiner Mailänder Erklärung, daß jedes neutrale Handelsschiff, das einen englischen Hafen anläuft, wie ein Piratenschiff behandelt werde. Solche Beschlüsse sind schnell getroffen, jedoch schwer durchzusetzen. Der Schmuggel hat Hochsaison, die großen Häfen aber veröden.

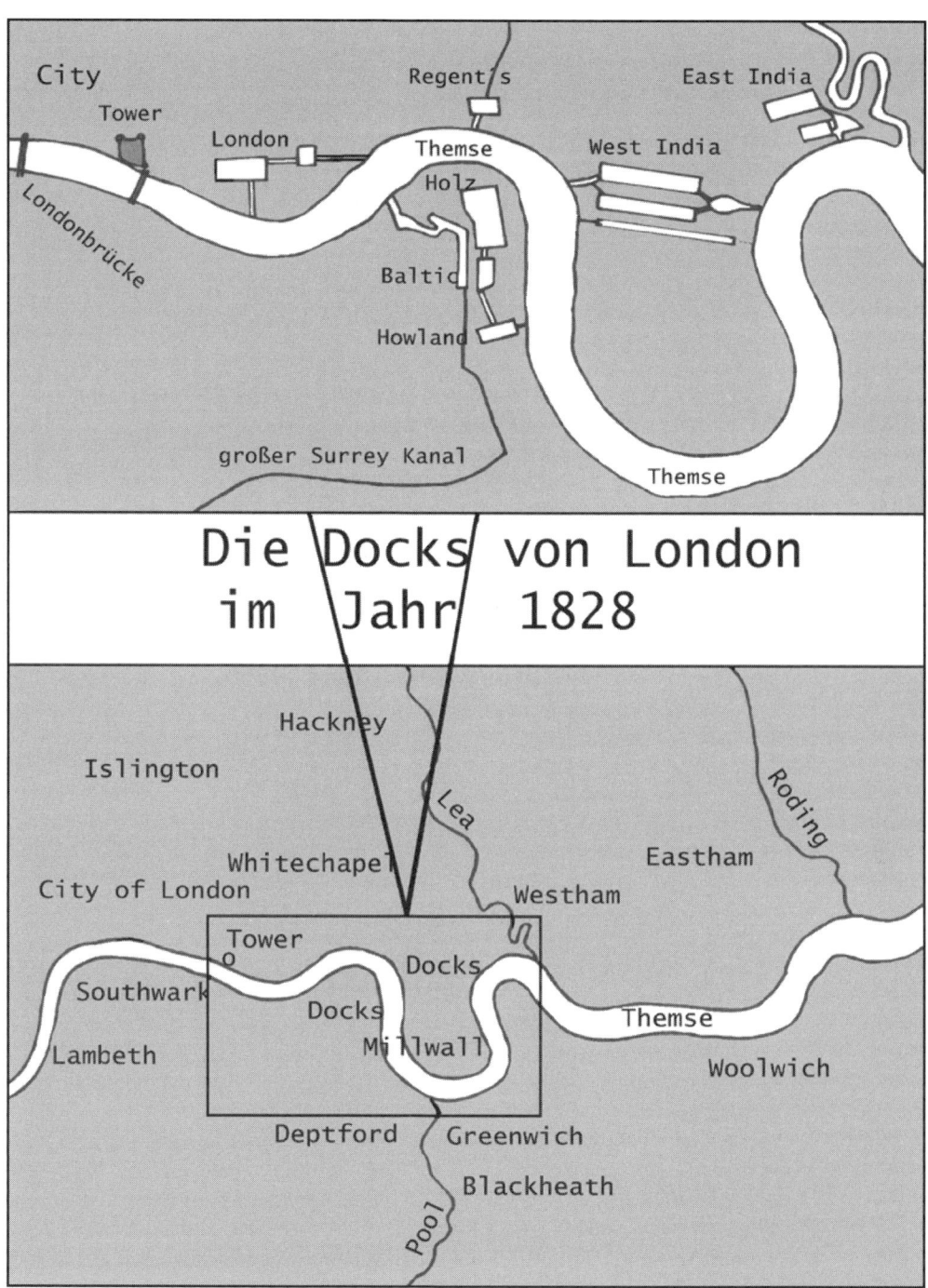

1806–1812　**Großbritannien.** Durch die Kontinentalsperre ergibt sich eine weitgehende Neuorientierung der britischen Exporte. Nach Frankreich und dem nördlichen Europa unter französischer Kontrolle gehen die Verschiffungen dramatisch zurück. Dies wird jedoch weitgehend durch den Anstieg des Seehandels mit Lateinamerika, das vom spanischen Mutterland abgeschnitten ist, ausgeglichen. Im Krieg mit den USA (1812–14) ist auch der Seehandel mit diesen durch die britische Blockade eingestellt. Nähere Zahlen im Anhang.

27. Juni 1807　**USA.** Großbritannien betrachtet alle englisch sprechenden Personen auf amerikanischen Schiffen als Engländer, außer sie können nachweisen, daß sie in den USA geboren sind und deren Staatsbürgerschaft besitzen. Alle Matrosen, die dies nicht können, holen die Briten von den Handelsschiffen der USA und reihen sie in die Royal Navy ein. An diesem Tag zwingt das britische Linienschiff >Leopard< (50) sogar ein Kriegsschiff der Vereinigten Staaten, die Fregatte >Chesapeake< (36) zum Streichen der Flagge und holt vier Matrosen von Bord. Dieser Vorfall und weitere 4000 Matrosen, die von Handelsschiffen geholt werden, bereiten in Amerika eine Stimmung, die 1812 zur Kriegserklärung an Großbritannien führt (siehe Seeherrschaft).

1807　**Schiffbau.** Der Amerikaner Robert Fulton baut den ersten erfolgreichen Personendampfer, die >City of Clermont<. Sie ist 45 Meter lang, 5,50 Meter breit, wird von einer Boulton & Watt-Maschine von 18 PS angetrieben und legt mit zwei Schaufelrädern die 200 Kilometer von New York nach Albany in 32 Stunden zurück. Sie fährt viele Jahre mit wirtschaftlichem Erfolg am Hudson-Fluß, für den Fulton ein Privileg besitzt.

1807–1809　**Forschung.** Der russische Leutnant V. Golownin fährt mit der Sloop >Diana< zu einer Versorgungs- und Forschungsfahrt in den Stillen Ozean. Er läuft am 25. Juli aus Kronstadt aus, dreht vor Kap Hoorn wegen schwerer Stürme um und ist im April in Kapstadt. Golownin läuft im Mai wieder aus, benützt den Westpassat zur Fahrt nach Australien und erreicht über die Marschall Inseln am 25. September 1809 Petropawlowsk. Er passiert die Kurilen, ohne sie zu sichten, wird in Japan, das er unerlaubt anläuft, zwei Jahre lang festgehalten, bevor er wieder freigelassen wird.

1807　**USA.** Das Verhängen der Kontinentalsperre durch Napoleon und die britische Gegenblockade gefährden die Handelsschiffe der USA. Präsident Thomas Jefferson läßt daher im Parlament den „Embargo Act" verabschieden (Dezember 1807). Darin wird allen US-Handelsschiffen verboten, fremde Häfen anzulaufen. Die Exportwirtschaft bricht darauf zusammen. Im „Non Intercourse Act" (März 1909) wird daher die Hochseeschiffahrt allgemein wieder freigegeben. Nur Häfen von Großbritannien und Frankreich dürfen weiterhin nicht angelaufen werden.

1807/08　**Sklaverei.** Sie wird in Großbritannien und den USA verboten. Die Verschiffung von Sklaven ist aber noch nicht zu Ende. Die britische und US-Kriegsmarine haben daher ständig leichte Kriegsschiffe im Atlantik kreuzen, die mit Erfolg die Sklavenschiffe jagen.

Anfang 19. Jh.　**Großbritannien.** Die Ausfuhren beginnen in diesem Jahrhundert mit einem schönen Anstieg. Trotz des Krieges gegen Napoleon und der Kontinentalsperre steigen die Verschiffungen bis 1814 um 3,1%. Daran sind vor allem die Baum-

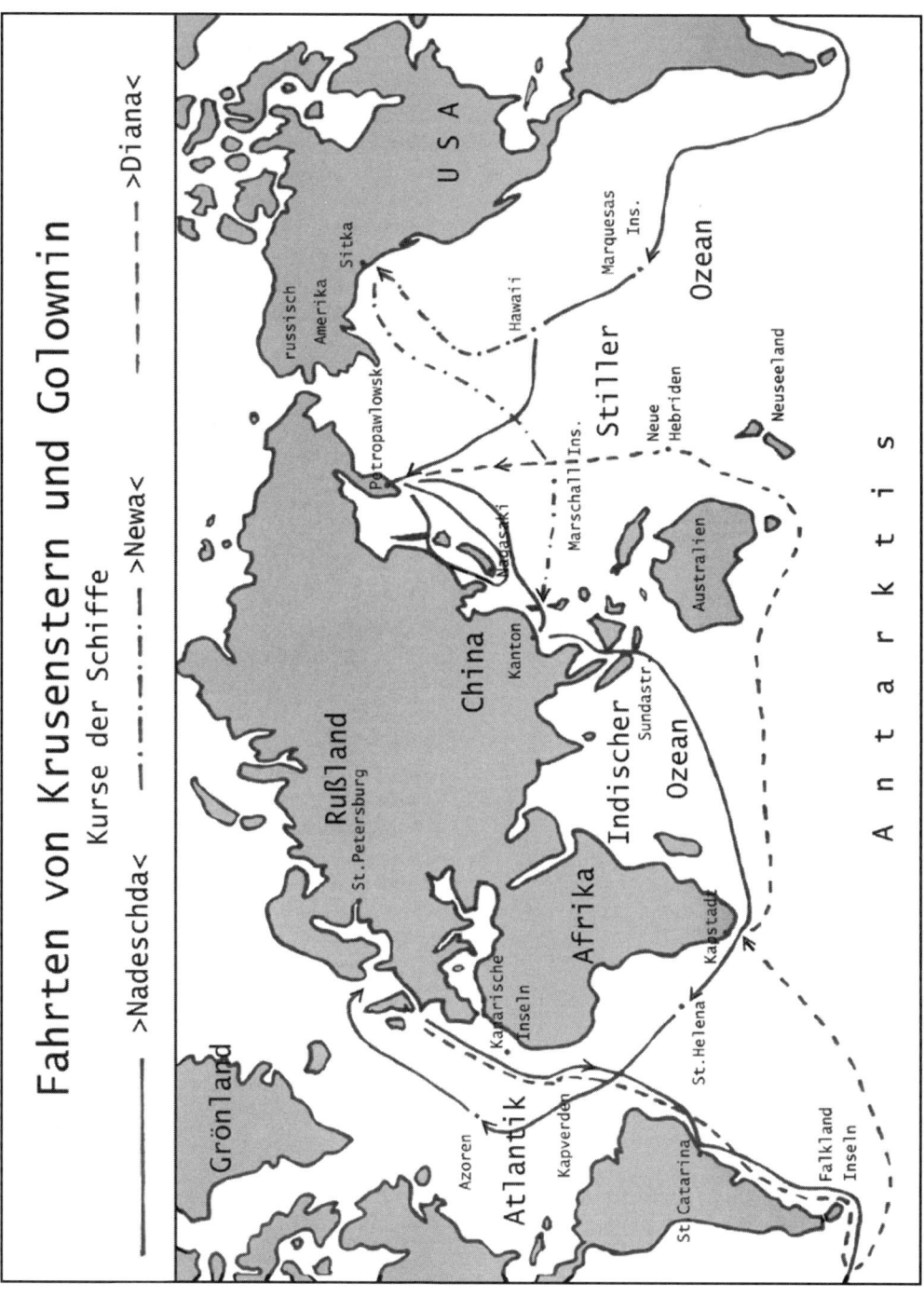

wollindustrie (+ 8,4%), die Leinenweberei (+ 2,6%) und die Schwerindustrie (+ 1,4%) beteiligt. Einen Rückgang gibt es bei der Erzeugung von Nichtmetallen und Manufakturen (- 4,9%). Der Exportanstieg bei Baumwollerzeugnissen wird mit einem Anstieg von nur 1,4 % der Einfuhren an Rohbaumwolle erzielt.

1808 **Straße von Malakka.** Der Stützpunkt Penang liegt für die einheimischen Seehändler aus Insulinde zu weit im Norden (Seeräuber!), sie fahren daher meist nur bis Malakka. Der Sekretär der E.I.C. schlägt daher in einem Memorandum an die Direktionen in London und Kalkutta vor, einen neuen Handelsstützpunkt am Südausgang der Meeresstraße einzurichten.

1808 **Spanien.** Napoleon setzt in dem Land seinen Bruder Joseph als König von Frankreichs Gnaden ein. Die spanischen Kolonien sagen sich von dieser Regierung los und öffnen ihren Markt für die Briten. Die durch die Kontinentalsperre getroffene britische Industrie findet daher neue Absatzmärkte.

1808 **Brasilien.** Der Prinzregent von Portugal, der spätere König Johann VI., flieht mit dem Hof und der Flotte vor Napoleon unter britischem Geleit von Portugal nach Südamerika. Er unternimmt in Brasilien einige Reformen, stellt das Land dem Mutterland gleich und besetzt zum Mißvergnügen der Brasilianer die leitenden Stellen mit Portugiesen. Das Monopol Portugals für den Handel in den Seehäfen von Brasilien wird aufgehoben. Diese Bestimmung kommt vor allem den Briten entgegen.

Juni 1809 **Hochseefahrt.** Der Raddampfer >Phoenix< (95) von John Stevens, USA, ist das erste Dampfschiff, das die Hohe See, wenn auch nur kurz, befährt. Es hat neben seinen Schaufelrädern noch eine Schonertakelung und fährt von seinem Bauplatz New York nach Philadelphia. Da Fulton das Monopol für Fahrten auf dem Hudson-Fluß besitzt, verlegt die >Phoenix< an den Delaware und nimmt dort ihre Fahrten auf.

1809 **Kanada.** Am St. Lorenz-Strom nimmt das erste Dampfschiff, die >Accomodation<, Fahrten zwischen Quebec und Montreal auf. Auf der Strecke von rund 250 Kilometern ist das Schiff noch 36 Stunden unterwegs. Das nächste Dampfschiff, die >Swifture<, braucht 1813 nur mehr 22 Stunden.

Juni 1810 **Frankreich.** Napoleon gibt einen Erlaß heraus, nach dem französische Kaufleute Getreide, Wein und Schnaps nach England verschiffen dürfen. Es werden dazu Lizenzen für französische Schiffe vergeben. Der gesamte Seeverkehr über die Kontinentalsperre hinaus ist für ganz Europa nur französischen Kaufleuten mit französischen Schiffen erlaubt. Diese Bestimmung durchzusetzen wird für Napoleon immer schwieriger.

1810 **Kanalbau.** In Nordfrankreich wird der Kanal fertiggestellt, der die Seine mit der Schelde verbindet. Er führt durch zwei Tunnels mit 5600 und 1100 Metern Länge und dient zur Versorgung von Paris mit Kohle aus dem belgischen Revier.

1. Hälfte 19. Jh. **Großbritannien.** Die bedeutende Textilindustrie ist auf den Import von Rohbaumwolle angewiesen, die nun vorwiegend aus den Südstaaten der USA kommt. Vom Beginn des Jahrhunderts bis zu dessen Mitte steigen die Lieferungen auf das Zehnfache.

1. Hälfte 19. Jh. **USA.** Der größte Posten in der Ausfuhr des Landes ist nun die Baumwolle. Der Wert ihrer Verschiffung macht fast die Hälfte aller Exporte aus. Der Wert der ganzen Ausfuhr beträgt in tausend Dollar (Baumwolle in Klammer):

1815	55,000	(20,000)
1845	110.000	(50,000)
1825	85,000	(35,000)
1855	230,000	(100,000)
1835	120,000	(65,000)

Personenschiffahrt. Die Einwanderung in die USA. beginnt sich von Kaufleuten und Handwerkern zu politischen Flüchtlingen zu wandeln. Zunächst kommen die Einwanderer aus Großbritannien, ab 1848 massiert aus Irland (Hungersnot) und Deutschland (Revolution). Nach der Jahrhundertmitte sind es vorwiegend Menschen aus Osteuropa. Im Jahr 1825 sind es nur rund 15.000 Einwanderer, 1835 schon 55.000, 1845 über 100.000 und 1850 bereits 370.000 Personen. Im Jahr 1848 beginnt auch der Zustrom zu den Goldfeldern in Kalifornien. Diese Transporte werden noch vorwiegend mit Segelschiffen durchgeführt.

1. Hälfte 19. Jh.

USA. Die Handelsflotte umfaßt durch den Krieg in Europa betreits 1,124.000 Tonnen. Die neutrale Flagge verschafft überall Zugang, außer in Frankreich. Großbritannien kann über Irland erreicht werden. Die Hochseeschiffe haben schon Größen bis zu 1000 Tonnen. Den Küstenverkehr besorgen Briggs mit rund 200 Tonnen, alle sind in den USA gebaut worden. Zum Vergleich hat die Handelsflotte von Großbritannien rund 2,200.000 Tonnen, jene von Frankreich nur 200.000 Tonnen.

1810

Indien. Die Briten kontrollieren den ganzen Seehandel aus Indien. Außer nach Europa führen die wichtigsten Handelsrouten von Bombay nach Malakka und Batavia/Djakarta (diese bis 1815), von Madras nach Malakka und von Kalkutta nach Malakka und Kanton. Von Kalkutta werden in diesem Jahr 3600 Kisten Opium nach China verschifft, von Bombay kommen noch weitere 1370 Kisten dazu. Dafür werden aus Kanton 11.650 Tonnen Tee direkt nach Großbritannien transportiert. Am Wert des Exportes aus Indien sind in Prozenten Textilien (33,0%), Opium (23,8%), Indigo (18,5%), Rohseide (8,3%), Rohbaumwolle (4,9%) und Zucker (1,5%) beteiligt.

1810

Westafrika. Die Ausfuhren bestehen noch immer fast zur Hälfte aus Sklaven. Die übrigen Exporte entfallen auf Gummi (21,2%), Gold (16,5%), Farbholz (15,4%), Elfenbein (14,0%) und Palmöl (2,5%). Um die Jahrhundertmitte hört der Sklavenhandel auf, die Ausfuhr von Palmöl erreicht schon 45%. Auch Erdnüsse werden ein wichtiger Exportartikel.

um 1810

China. Amerikanische Reeder aus den Neuenglandstaaten haben bisher Seehund- und Otterfelle aus Nootka an der Westküste von Nordamerika nach Kanton gebracht. Für den Erlös haben sie Seide und Tee eingekauft. Nun sind diese Tiere vor der amerikanischen Westküste fast ganz ausgerottet. Die Amerikaner bringen daher das begehrte Sandelholz aus Hawaii und von den Fidschi-Inseln nach China, bis auch das Mangelware wird. Daraufhin holen sie europäische Güter, verkaufen sie an der Westküste von Südamerika für Silberdollar und kaufen mit diesen in Kanton ein. Sie machen dadurch der britischen E.I.C. eine beträchtliche Konkurrenz. Eine ähnliche Vorgangsweise praktizieren auch die chinesischen Textilhändler aus Schanghai, die mit ihren Dschunken billige

ab 1810

Baumwollstoffe nach Kanton bringen und dort die Preise der indischen Stoffe unterbieten.

September 1811 **Binnenschiffahrt.** In Pittsburgh, USA., wird der Dampfer >New Orleans< (360) gebaut. Er fährt als erstes Dampfschiff unter Nicholas Roosevelt über den Ohio und Mississippi bis nach New Orleans. Entgegen den Erwartungen der Uferbewohner kann das Schiff auch flußaufwärts fahren. Er verkehrt dann drei Jahre zwischen New Orleans und Natchez, rund 400 Kilometer flußaufwärts, bis er im Jahr 1814 sinkt. 1819 wird die Dampfschiffahrt auf dem Mississippi allgemein frei gegeben und nimmt einen gewaltigen Aufschwung.

1811 **Schweden.** Göteborg am Kattegat ist jetzt der größte Hafen des Landes. Durch den Handel mit Großbritannien (von den Franzosen nicht zu verhindern) laufen jährlich 1400 Schiffe den Hafen an. Nach dem Ende der Napoleonischen Kriege geht der Seehandel zwischen Schweden und Großbritannien auf einen Bruchteil zurück. Es kommen nur mehr halb so viele Schiffe nach Göteborg als noch wenige Jahre zuvor.

1811 **Walfang.** Die Wale werden in den nördlichen Gewässern immer seltener. Im Nordatlantik sind sie fast schon ausgerottet, im nördlichen Stillen Ozean werden sie auch schon rar. Die Walfänger unternehmen daher ihre Fahrten in die Gebiete rund um die Antarktis. In diesem Jahr laufen allein aus den USA 57 Schiffe den Hafen von Sydney an, davon sind die meisten Walfänger.

1811–1815 **Java.** Während die Insel in britischen Besitz ist, kommen 78 Schiffe mit 25.000 Tonnen aus Indien direkt nach Java. Sie bringen Opium im Wert von 2,103.000 Rupien sowie Baumwollwaren und Seidenstoffe im Wert von 1,372.000 Rupien nach der Insel. Dem Stützpunkt Penang entgeht der Zwischenhandel dieser Waren.

1812 **Schiffbau.** Der Schotte Henry Bell baut in Glasgow den ersten Personendampfer in Europa. Die >Comet< (~25 t) ist 44 Meter lang und über die Radkästen elf Meter breit. Sie erreicht mit vier PS eine Geschwindigkeit von sechs Knoten. Acht Jahre lang ist sie auf den Binnengewässern und an der Küste des westlichen Schottlands im Einsatz. Am 13. Dezember 1820 strandet sie unterhalb von Glasgow und bricht in zwei Teile. Der Erbauer Henry Bell, die Besatzung und alle Passagiere können sich retten.

1812 **Griechenland.** Zur Zeit der Napoleonischen Kriege fahren die Schiffe der Griechen trotz Kontinentalsperre nach Italien, Spanien und sogar nach Südfrankreich. In diesem Jahr exportieren sie 1340 Tonnen Weizen, 17,6 Tonnen Gerste, 3050 Kilogramm Mais, 1300 Kilogramm Bohnen und 4000 Faß Olivenöl. Drei Jahre später umfaßt die in griechischem Besitz befindliche Handelsflotte 615 Segelschiffe mit 153.600 Tonnen, 37.500 Seeleuten und hat 5870 Kanonen an Bord. Die größten Reeder sind auf Hydra (120 Schiffe, 45.000 Tonnen), Psara (60/25.500), Spetsai (60/19.500) und Kreta (40/15.000) ansässig. Mit dieser Flotte führen sie ab 1821 den Freiheitskampf gegen die Türken (siehe Seeherrschaft).

1813 **Großbritannien.** Das Handelsmonopol der E.I.C. für Indien wird aufgehoben. Der Seehandel von Großbritannien nach Indien ist nun für alle britischen Staatsbürger frei. Nur für China verfügt die E.I.C. noch für kurze Zeit über das britische Handelsmonopol.

frühe Dampfschiffe I
Maßstab 1 : 200

Länge	Breite	Größe
20.0 Meter	2.6 Meter	31 Tonnen

1803 erstes Dampfschiff von Robert Fulton
gebaut auf der Seine in Paris

1829 >Civetta< von Josef Ressel
gebaut von Vincenzo Zanon in Triest

| 19 Meter pp | 3.9 Meter | 47 Tonnen |

Oktober 1813– **Weltreise.** Der russische Leutnant Michael P. Lasarew unternimmt mit der
August 1816 >Suwarow< seine erste Forschungsfahrt. Er besucht Rio de Janeiro und fährt
um das Kap der Guten Hoffnung über Sydney nach Sitka in Alaska. Lasarew
erkundet dessen Küsten, ladet Pelze und fährt über San Francisco nach Callao,
wo er die Pelze verkauft. Um das Kap Hoorn kehrt er nach Kronstadt zurück.

9. Juni 1815 **Politik.** Der fast ein Jahr dauernde Wiener Kongreß geht zu Ende, auf dem
eine territoriale Neuordnung Europas vereinbart wird. Auf völkerrechtlichem
Gebiet wird der Sklavenhandel geächtet und eine Übereinkunft über die Binnenschiffahrt auf den großen Flüssen getroffen. In den Artikeln 109 bis 116
wird den Signatarstaaten empfohlen, Verträge über den Verkehr auf den
schiffbaren Flüssen, die in das Meer münden, abzuschließen. Zölle, Stapelrechte und Abgaben werden aufgehoben, Schiffahrtspolizei, Instandhaltung und
Stromausbau werden vorgeschrieben. Dazu wird für die Donau im Frieden von
Paris 1856 eine internationale, rechtsfähige Donaukommission gegründet.

Schon 1792 hat Dänemark den Sklavenhandel verboten, 1807 ist Großbritannien gefolgt. Nun geht vor allem die Royal Navy gegen die Slavenschiffe im
Atlantik vor. Die Sklavenhaltung selbst wird im britischen Kolonialreich
(1833), von Frankreich (1848), von Dänemark (1848), in den Kolonien der
Niederlande (1863), in den USA 1865), auf Kuba (1870) und in Brasilien (erst
1888) abgeschafft. Die Fahrten der Sklavenschiffe sind im Atlantik zu Ende,
noch nicht aber durch die Araber im Indischen Ozean.

1815 **Sundpassagen.** Die Fahrten durch den Öresund gehen durch die Kriege nur
geringfügig zurück. Nur beim Krieg Schweden gegen Rußland gibt es einen
richtigen Einbruch. Ab 1815 ist der Verkehr wieder voll im Gange.

Jahr	Schiffe	Bemerkung
1750	4.500	
1770	7.736	
1790	9.732	
1793	9.926	Beginn der Seekriege
1796	12.113	Verlagerung der Handelsrouten
1800	9.048	
1801	8.988	Seeschlacht vor Kopenhagen
1807	6.240	Briten beschießen Kopenhagen
1808	121	Krieg Schweden gegen Rußland
1809	379	detto
1812	2.475	
1815	8.816	Ende der Seekriege
1830	13.210	
1848	8.225	Krieg Preußen gegen Dänemark

1815 **Insulinde.** Großbritannien benützt die Kriege in Europa (1793–1815), um die
niederländischen Besitzungen Malakka, die Molukken und Java zu erobern.
Nach dem Friedensvertrag (Wiener Kongreß) müssen diese zurückgegeben
werden, sehr zum Mißfallen der E.I.C., die in dieser Zeit den ganzen Seehandel
in Ostasien beherrscht.

frühe Dampfschiffe II
Maßstab 1 : 200

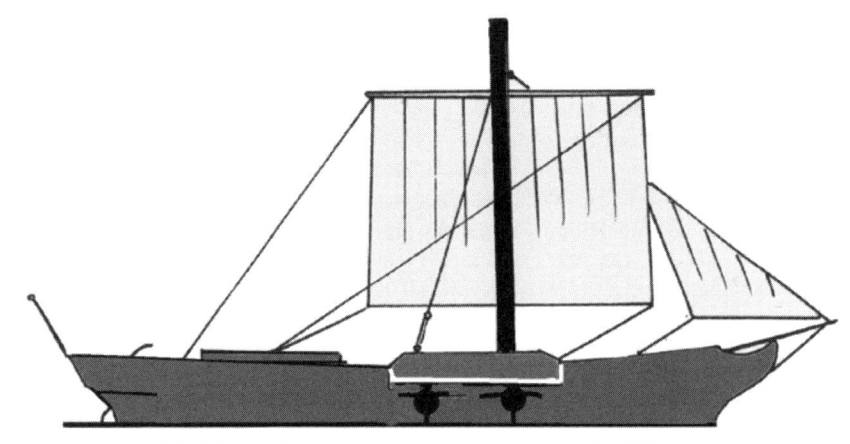

1812 >Comet< von Henry Bell
erstes erfolgreiches Dampfschiff in Europa

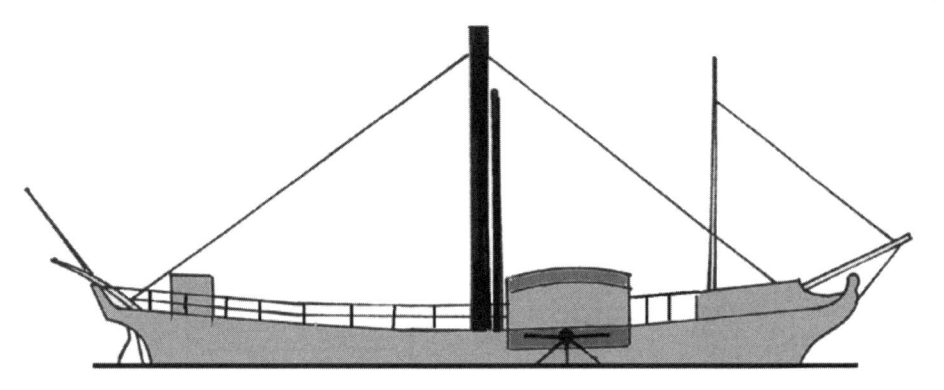

1814 >Margery< ex >Elise<
Erstes Dampfschiff auf der Themse

Die Anfänge der Dampfschiffahrt

1815	**Niederlande.** Nach den Napoleonischen Kriegen werden die Fahrten nach Insulinde wieder aufgenommen. In diesem Jahr laufen acht Handelsschiffe aus, 1817 sind es schon 22 und 1824 bereits 53 Schiffe. Nun treffen sie dort auf heftige Konkurrenz der Briten und auch schon der Amerikaner.
28. Mai– *12. Juni 1815*	**Großbritannien.** Der Raddampfer >Thames< (75) macht die erste Hochseefahrt um die Britischen Inseln. Er läuft aus Glasgow aus, erreicht über Dublin, Kap Lizard und durch den Ärmelkanal London. Er beweist dadurch, daß ein Dampfer auch gegen den Wind aus einem Hafen auslaufen kann und imstande ist, sich bei Sturm von einer Leeküste fernzuhalten.
1815	**Deutscher Bund.** Der wichtigste Handelspartner für die deutsche Schiffahrt ist Großbritannien. In diesem Jahr verkehren rund 2600 Schiffe (ein- und auslaufend) zwischen den Häfen der beiden Gebiete. Im Jahr 1850 sind es bereits 10.700 Fahrten. Eine genauere Statistik befindet sich im Anhang.
1815	**Genua.** Im Wiener Kongreß wird die Stadt mit Piemont vereinigt und ist nun dessen wichtigster Hafen für die Hochseeschiffahrt. Im Jahr 1816 laufen Schiffe aus folgenden Ländern ein: Spanien 50 (davon 14 aus Cadiz), Großbritannien mit Irland 46 (London 15), Portugal 39, Gibraltar 31, Niederlande mit Belgien 12, Schweden 8, Neufundland 6, Kuba 5, Norwegen 4, Labrador 4, Frankreich 3, Dänemark 3, USA 3, Rußland 2, Brasilien 2, Deutscher Bund 1 und St. Thomas in Westindien 1, insgesamt 200 Schiffe.
ab 1815	**Kanada.** Die junge Provinz Neubraunschweig wird zu einem bedeutenden Lieferanten von Schiffbauholz für die britischen Werften. Rohe Stämme und behauene Blöcke werden über die Flüsse an die Küste geflößt und von dort nach den Britischen Inseln verschifft. Um 1825 erreicht die Ausfuhr an behauenen Stämmen rund 400.000 Tonnen, weitere 150.000 Tonnen kommen aus Quebec dazu. Immer häufiger wird das Holz auf in Neubraunschweig gebauten Schiffen verladen und in Großbritannien Schiff und Ladung verkauft. Dadurch wird die Werftindustrie im britischen Amerika angekurbelt. Der Schiffbau in Neubraunschweig erreicht zeitweise 40% dessen von Großbritannien. Im Jahr 1830 gibt es in Kanada bereits 2300 Schiffe mit 164.000 Tonnen, das ist eine durchschnittliche Größe von 70 Tonnen. Es sind meist Fischerfahrzeuge, Küstensegler, und Westindienfahrer. Die Umstellung auf den Bau von eisernen Dampfschiffen versäumt die kanadische Werftindustrie.
1815	**Rußland.** Die >Elisabeth< ist der erste, noch behelfsmäßig mit einer Maschine adaptierte Dampfer, der von St. Petersburg nach Kronstadt fährt. Schon im folgenden Jahr wird der Dampfer >Rapid< auf der Strecke von der Newa nach Kronstadt eingesetzt. Auch für die Flüsse in Sibirien werden bald Dampfschiffe gebaut. Der erste Dampfer am Amur im Fernen Osten fährt im Jahr 1859, er wird zerlegt aus Amerika geliefert.
1815	**USA.** Ein Geschwader unter Commodore Stephen Decatur mit den Fregatten >Guerrière< (44), >Constellation< (38) und >Macedonian< (38) geht zum Handelsschutz in das Mittelmeer. US-Handelsschiffe werden immer wieder von den Barbareskenstaaten angegriffen. Nun wird das algerische Flaggschiff >Mashouda< erobert, wobei Flottenchef Hamidou Reis fällt. Anschließend wird mit Algerien, das sich mit den USA seit 1812 im Kriegszustand befunden hat, ein Friedensvertrag ausgehandelt. Auch mit Tunis und Tripolis werden Verträge zum Schutz der US-Handelsschiffe abgeschlossen.

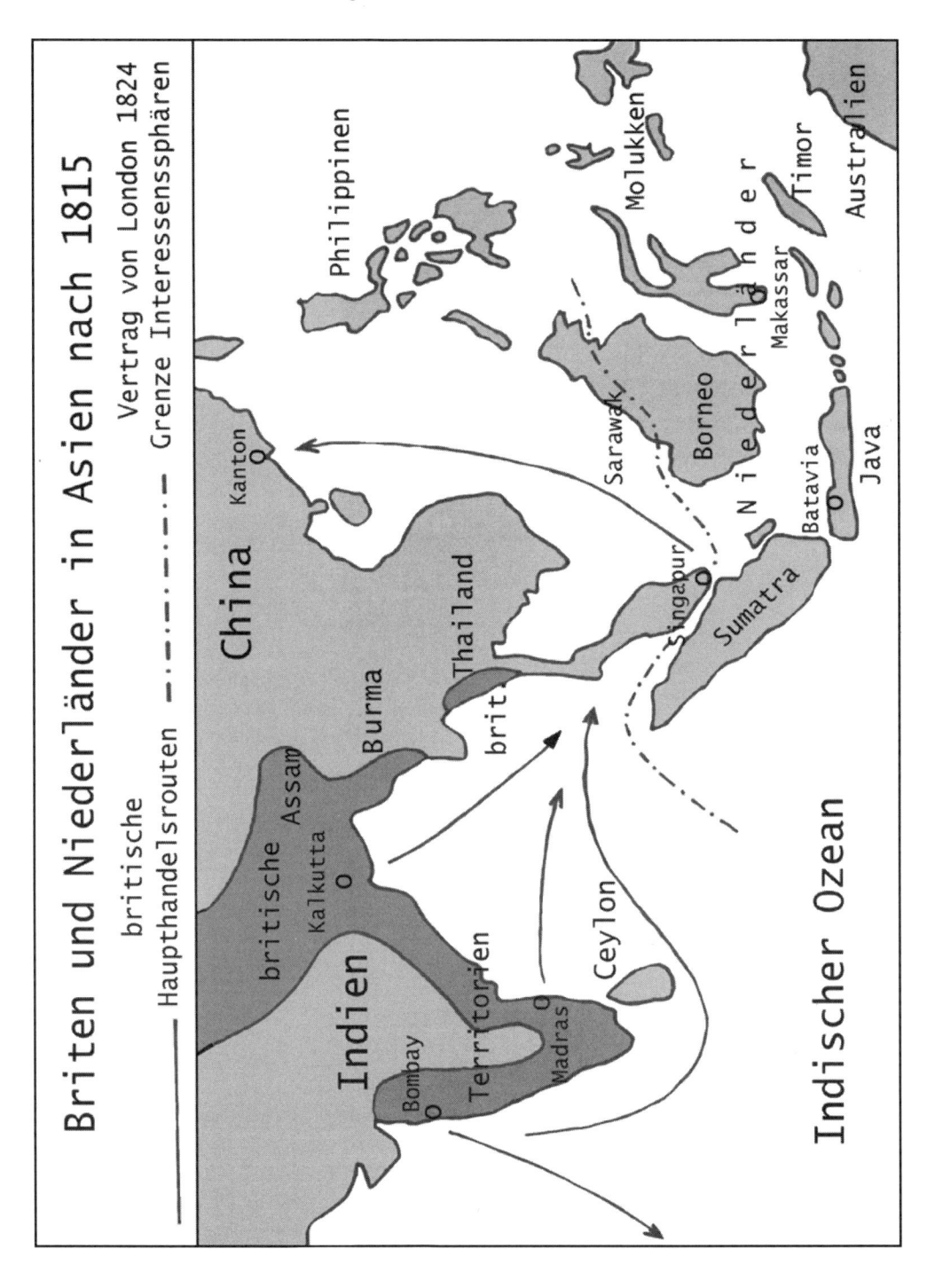

Pemsel, Weltgeschichte der Seefahrt – Zivile Schiffahrt III   899

Juli 1815– August 1818	**Forschung.** Der Russe Otto von Kotzebue, Sohn des deutschen Dramatikers August von Kotzebue, unternimmt mit der Brigg >Rurik< (180) seine erste Weltreise. Mit Naturwissenschaftlern an Bord verläßt er Kronstadt und erreicht über Santa Catarina in Brasilien, rund um Kap Hoorn und Conception in Chile Petropawlowsk. Dort gibt Kotzebue Versorgungsgüter ab, macht einen Vorstoß in die Bering-Straße und kehrt über Hawaii, San Francisco, Guam, Manila, die Sunda Straße und das Kap der Guten Hoffnung zurück.
März 1816	**Personenschiffahrt.** Der britische Raddampfer >Margery<, ehemals erster Themsedampfer >Elise<, ist das erste Dampfschiff, das den Ärmelkanal überquert. Seine neuen französischen Besitzer verlegen ihn nach zwei Jahren in das Mittelmeer, wo er ebenfalls als erster Dampfer fährt. Bald nach der >Margery< fährt noch im selben Jahr der britische Dampfer >Majestic< mit 200 Personen an Bord von Dover nach Calais. Der fahrplanmäßige Personenverkehr zwischen England und Frankreich wird aber erst 1821 aufgenommen.
November 1816	**Deutschland.** Das erste hier gebaute Dampfschiff ist die >Prinzessin Charlotte von Preußen< (235). Das Schiff ist 40 Meter lang und sechs breit und verkehrt im Personendienst zwischen Berlin, Charlottenburg und Potsdam. Schon im nächsten Jahr kommen vier weitere Dampfer in Fahrt, die nach Magdeburg und manchmal bis Hamburg fahren. Dieser Personenverkehr bringt aber finanzielle Verluste, die Schiffe werden daher schon 1824 verkauft oder abgewrackt.
1816	**Großbritannien.** Das Land verschifft 400.000 Tonnen Kohle, das sind aber nur 2,5% der Förderung. Im Jahr 1850 werden bereits 3,300.000 Tonnen verschifft, das sind 6,8% der Förderung. Kohle ist in Zukunft einer der wichtigsten Exportartikel. Die Ausfuhr geht zunächst hauptsächlich nach Norddeutschland und in die Niederlande. An Lieferungen gehen (in caldrons) nach Hamburg 7776, nach Amsterdam 4440, nach Antwerpen 1368, nach Rostock 720, nach Bremen 609, nach Wismar 488, nach Emden 369 und nach Leer 90.
1816	**Niederlande.** Das erste Dampfschiff, die >Prinz von Oranien<, wird im damals noch niederländischen Antwerpen gebaut. Das Schiff unternimmt seine erste Fahrt auf dem Binnenwasserweg nach Brüssel und verkehrt dann zwischen Antwerpen und Amsterdam.
1816	**Binnenschiffahrt.** Das erste Dampfschiff, die britische >Defiance<, nach anderen Meldungen die niederländische >Prinz von Oranien<, erreicht Köln am Rhein. Im folgenden Jahr kommt die britische >Caledonia< unter Kapitän James Watt jr. bis nach Koblenz und beweist dadurch, daß der Mittelrhein von Dampfschiffen flußaufwärts befahren werden kann.
Juni 1816	**Deutschland.** Das erste Dampfschiff, die britische >Lady of the Lake<, trifft aus England in Hamburg ein. Sie fährt dann mehrmals zwischen Hamburg und Helgoland und unternimmt ihre letzte Fahrt von der Elbe nach dem Firth of Forth.
1816	**Binnenschiffahrt.** Der Amerikaner Henry M. Shreve baut den ersten „echten" Mississippidampfer. Er nimmt keinen üblichen Schiffsrumpf, sondern stellt eine Dampfmaschine auf den flachen Boden einer Plätte ohne Kiel. Seine >Washington< (500) hat darüber zwei Decks mit Kabinen und wird von einem Heckrad angetrieben. Mit diesem Schiff kann er fast jede Lände anlaufen und nimmt beim Auflaufen auf eine Sandbank keinen Schaden.

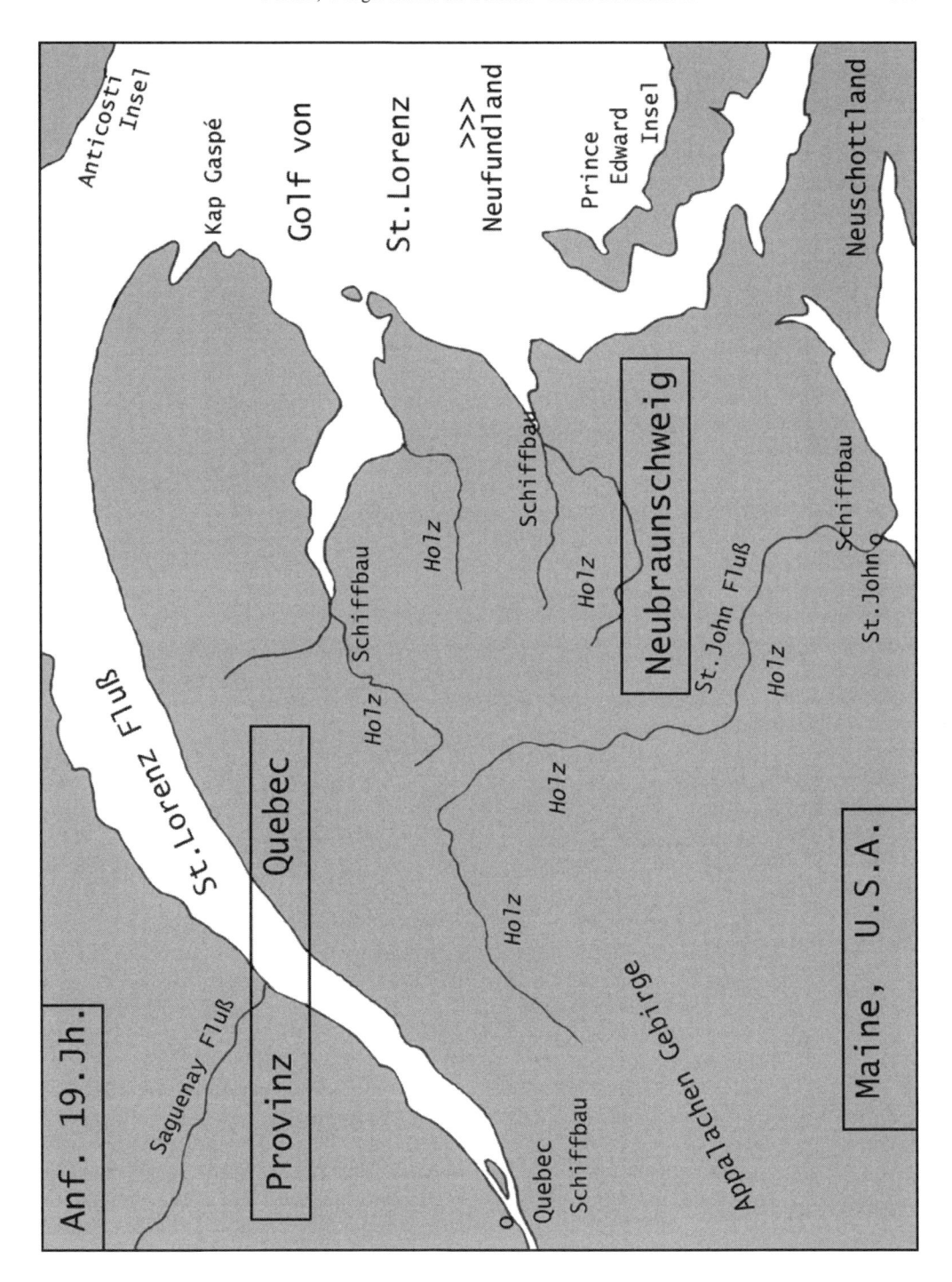

Map: Anf. 19. Jh. — Provinz Quebec, Neubraunschweig, Maine, U.S.A. Features labeled: Anticosti Insel, Kap Gaspé, Golf von St. Lorenz, Neufundland, Prince Edward Insel, Neuschottland, St. Lorenz Fluß, Saguenay Fluß, St. John Fluß, St. John, Appalachen Gebirge, Quebec Schiffbau, Schiffbau, Holz.

1816	**Schweden.** Das erste Dampfschiff des Landes, die >Stockholmhäxan<, macht erste Fahrversuche auf dem Mälarsee. Sie erreicht mit einer Maschine von vier PS eine Geschwindigkeit von vier Knoten.
ab 1816	**Triest.** Während der Kontinentalsperre ist der Schiffsbestand der Hafenstadt von 900 auf 200 Einheiten zurückgegangen. Nun beginnt ein neuer Aufschwung. Die Stadt wird zum wichtigsten Hafen der Habsburgermonarchie. Ausgeführt werden Leinwand, Tücher, Metall- und Glaswaren in die Levante, Quecksilber, Eisen und Bauholz in die Türkei und nach Ägypten. Eingeführt werden aus der Levante und aus Brasilien Baumharz, Baumwolle, Kolonialwaren, Rohseide, Früchte, Wachs, Tabak und Getreide aus Rußland.
1816	**Segelsport.** In den USA. wird in Salem, Massachusetts, eine Jacht nur für Vergnügungsfahrten und Sport gebaut. Die >Cleopatra's Barge< (191) unternimmt unter ihrem Besitzer 1817 eine Fahrt in das Mittelmeer und zurück. In den USA und Großbritannien entstehen zahlreiche Jachtklubs. In letzteren gibt es um 1845 bereits rund 500 Jachten. Die vielen kleinen, verlassenen Fischer- und Frachthäfen werden von den Jachten nun wieder zum Leben erweckt.
1817	**Venedig.** Die Insel San Giorgio wird von Österreich zum Freihafen erklärt. Der Seehandel stagniert aber weiter. Wegen der schwierigen Hafenzufahrt laufen die Hochseeschiffe lieber Triest oder Ancona an. Venedig bleibt nur die Küstenschiffahrt. Im Jahr 1829 wird ganz Venedig zum Freihafen erklärt. Es beginnt wieder etwas Seehandel mit den Ionischen Inseln und ab 1835 mit Griechenland.
1817	**Sicherheit.** Zu Beginn der Dampfschiffahrt kommt es immer wieder zu Kesselexplosionen. Eine Kommission des britischen Parlaments erläßt daher Sicherheitsvorschriften für Dampfmaschinen. Alle Dampfschiffe müssen registriert werden. Die Kessel müssen aus Walzeisen hergestellt werden und den dreifachen Arbeitsdruck aushalten. Sie müssen über zwei Sicherheitsventile verfügen und regelmäßig Kontrollen unterzogen werden. Die Registrierung geht nur schleppend vor sich, die frühesten Angaben über die Zahl der Dampfschiffe sind daher mit Vorsicht zu betrachten.
1817	**Binnenschiffahrt.** Die Dampfschiffe können zwar gegen die Strömung fahren, sind dabei aber nicht sehr schnell. Es fährt ein Dampfschiff am Mississippi und Ohio von New Orleans nach Louisville in Kentucky in 41 Tagen, das sind rund 25 Kilometer pro Tag. Da die Schiffe in der Nacht anlegen, ergibt das bei der Bergfahrt eine Geschwindigkeit von rund zwei Knoten. Noch fahren daher Kielboote mit bis zu 100 Tonnen flußaufwärts und werden dabei gesegelt, gerudert, gestakt, gewarpt und getreidelt. Treidelpfade gibt es nur ganz wenige. Das Dampfschiff zeigt aber nun, daß es auch die Bergfahrt übernehmen kann. Flöße flußabwärts sind aus Kostengründen noch rund einhundert Jahre unterwegs.
1817	**Australien.** Erstmals wird Wolle in größeren Mengen nach England verschifft. Sie gilt dort als die beste neben jener aus Deutschland. Wolle wird zum wichtigsten Exportartikel. Sträflinge werden nur mehr bis 1840 nach Neusüdwales gebracht, dann kommen sie bis 1853 nach Tasmanien. Später folgen nur mehr wenige Fahrten nach Westaustralien.

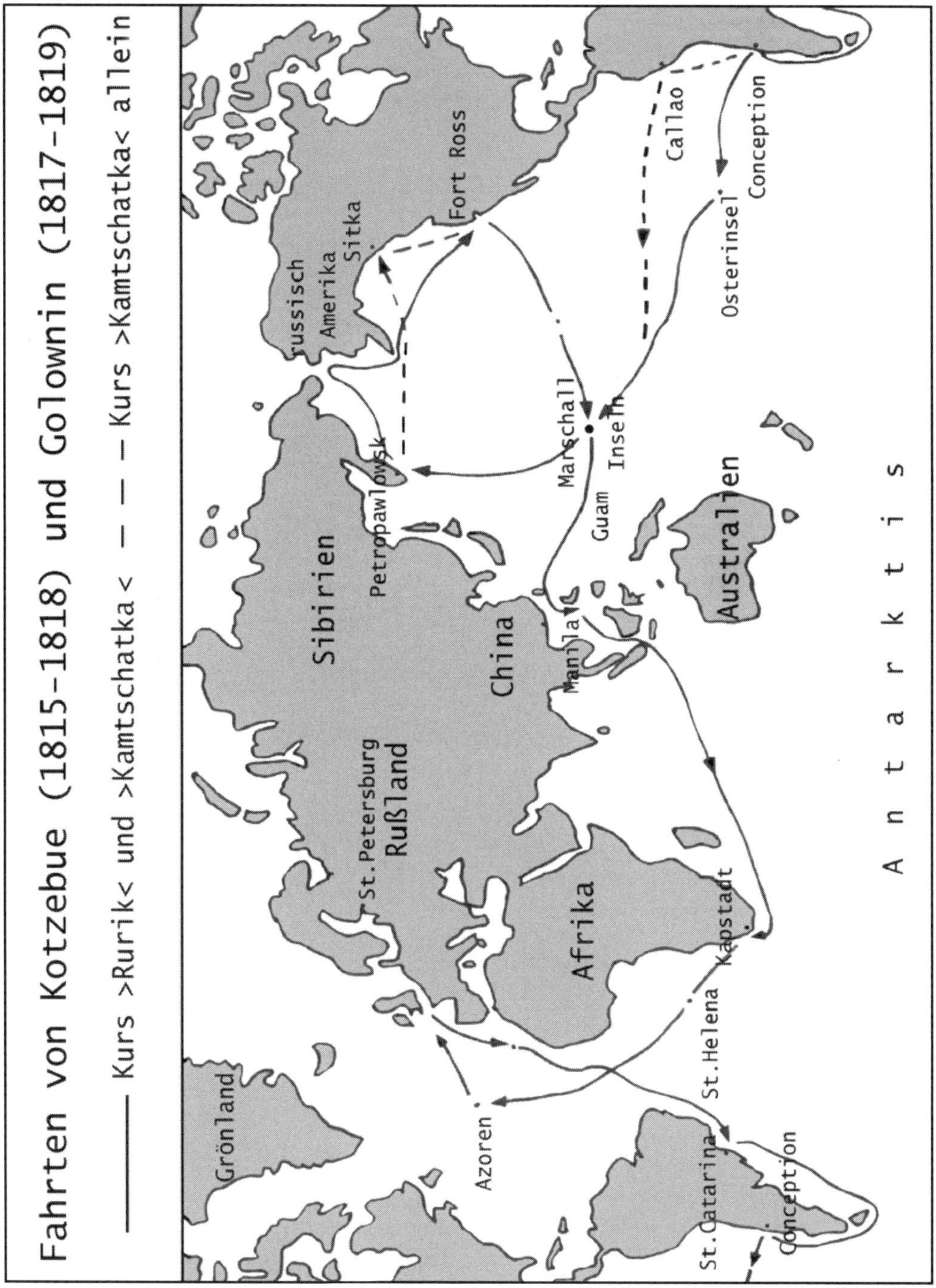
Fahrten von Kotzebue (1815-1818) und Golownin (1817-1819)
—— Kurs >Rurik< und >Kamtschatka<
— — — Kurs >Kamtschatka< allein
Grönland
Azoren
St.Petersburg
Rußland
Sibirien
China
Afrika
Petropawlowsk
Russisch Amerika
Sitka
Fort Ross
Marschall Inseln
Guam
Manila
Australien
Osterinsel
Callao
Conception
Kapstadt
St.Helena
St.Catarina
Conception
A n t a r k t i s

1817	**Binnenschiffahrt.** In Nordamerika wird der erste Dampfer auf dem Ontario-See in Dienst gestellt. Es ist die >Ontario< der USA, kurz darauf stellt Kanada die >Frontenac< am See in Dienst. Auch am Erie-See folgen um diese Zeit die ersten Dampfschiffe.
1817–1819	**Forschung.** Der spätere russische Vizeadmiral W. M. Golownin unternimmt mit der Sloop >Kamtschatka< (900) seine zweite Weltreise. Er besucht Rio de Janeiro, Callao und bringt Versorgungsgüter nach Petropawlowsk. Dann erkundet er die Küsten von Alaska und des westlichen Nordamerika und ladet in Sitka Pelze. Golownin besucht Fort Ross und kehrt über Hawaii, Guam, Manila, die Sundstraße, um das Kap der Guten Hoffnung, Ascention und die Azoren nach St. Petersburg zurück.
1817–1820	**Forschung.** Der Franzose Louis Claude Fraycinet unternimmt mit Wissenschaftlern und der Korvette >Uranie< (350) eine Weltumsegelung. Er läuft von Toulon aus und erreicht über Rio de Janeiro, Kapstadt, Île de France/Mauritius und Île de Bourbon/Réunion im September 1818 die Westküste von Australien. Er besucht dann die Admiralitäts-Inseln, die Karolinen, ist im März 1819 auf den Marianen, von denen er Guam, Tinian und Rota genauer erkundet. Diese drei Inseln spielen im Zweiten Weltkrieg noch eine bedeutende Rolle. Fraycinet ist im Mai auf Hawaii und im November in Sydney. Von dort kehrt er über Feuerland und die Falkland-Inseln im November 1820 nach Frankreich zurück.
1818	**Österreich.** Die Handelsrouten gehen von Triest nach den Ionischen Inseln, Griechenland, Smyrna, Istanbul, an die Donaumündung (Ismail und Sulina), Odessa, Kertsch, Trapezunt, Zypern, Beirut, Alexandria, Malta, Messina, Neapel, Livorno, Marseille und bis Brasilien, Westindien und die USA. Näheres im Anhang.
Jänner 1818	**Personenverkehr.** Die Black Ball-Linie in den USA nimmt den regelmäßigen Verkehr nach Liverpool auf. Die Segelschiffe bemühen sich nach Fahrplan zu fahren und sind daher für Kajütpassagiere interessant. Die Abfahrtszeiten kann man zwar festlegen, die Ankunftszeiten sind aber sehr ungewiß. Gelegentlich werden auch Fahrten nach London und Le Havre unternommen. Die Black Ball-Linie richtet auch einen Paketdienst entlang der Küste der USA ein. Die Häfen Charleston, Savannah, Mobile und New Orleans werden angelaufen. Am Rückweg wird nach Möglichkeit auch Baumwolle geladen.
1818	**Binnenschiffahrt.** Auf dem Bodensee ist das erste Dampfschiff unterwegs. Die >Stephanie< hat ein Textilfabrikant bauen lassen. Für die Dampfmaschine aus England geht ihm das Geld aus. Er läßt deshalb eine kleine Maschine aus seiner Fabrik einbauen. Mit dieser unternimmt das Schiff eine Fahrt von Konstanz nach Meersburg. Auf dem Rückweg gibt die Maschine ihren Geist auf und die Passagiere müssen rudern. Der „Reeder" muß vor seinen Gläubigern fliehen, das Schiff wird 1821 abgebrochen.
1818	**Binnenschiffahrt.** Das erste Dampfschiff auf der Donau ist die >Carolina<. Sie wird bei Wien gebaut und soll Frachtkähne schleppen, bewährt sich aber nicht. Während auf der Donau noch experimentiert wird, sind in Nordamerika auf den Binnengewässern schon fast 150 Dampfschiffe unterwegs.
1818	**Binnenschiffahrt.** Der erste Dampfer auf dem Erie-See, die >Walk in the Water< (bezeichnender Name), nimmt seine Fahrten auf. Er ist das erste Dampf-

frühe Dampfschiffe III
Maßstab 1 : 200

1818 Raddampfer ›Ferdinando Primo‹
erstes Dampfschiff im Mittelmeer

1816 Mississippidampfer ähnlich der ›Washington‹ (500),
aber von zwei Seitenrädern angetrieben

	schiff oberhalb der Niagarafälle. Der Rumpf wird in Buffalo gebaut, die Maschine kommt aus New York auf dem Hudson bis Albany und wird dann von Pferden zum Erie-See transportiert. Die erste Fahrt geht über den ganzen See bis nach Detroit.
1818	**Hochseeschiffahrt.** Der Dampfer >Rob Roy< (909) ist schon seit 1813 an der schottischen Küste unterwegs. Nun nimmt er fahrplanmäßige Fahrten zwischen Glasgow und Belfast auf.
1818	**Mittelmeer.** Das erste Dampfschiff, die >Ferdinando Primo< (115) befährt regelmäßig den Kurs Neapel–Civitavecchia–Livorno–Genua–Marseille. Nur wenige Tage später fährt das erste Dampfschiff, die >Carolina<, von Triest nach Venedig.
1818	**USA.** Das Dampfschiff >Sea Horse< fährt als erstes von New York nach New Orleans. Es braucht für die Reise 13 Tage, findet zunächst aber keine Nachahmer. Die Fahrten über die Hohe See werden aber bereits immer länger.
1818	**Forschung.** In Großbritannien wird ein Preis von 20.000 Pfund für denjenigen ausgesetzt, der als erster eine Nordwestpassage rund um Nordamerika findet, egal in welcher Richtung. Eine solche Durchfahrt zu finden ist zu dieser Zeit nur mehr eine Prestigesache, da jedem bewußt ist, daß sie bei den dortigen Verhältnissen keine wirtschaftliche Bedeutung haben kann.
Jänner 1819	**Singapur.** Großbritannien sucht einen Handelsstützpunkt zwischen Indien und China. Penang liegt zu abseits für die Küstenschiffahrt aus Insulinde. In diesem Jahr erwirbt der Brite Stamford Raffles vom Sultan von Johore die Insel vor der Südspitze der malayischen Halbinsel am Ausgang der Straße von Malakka. Dort entwickelt sich aus einem kleinen Dorf schnell das heutige Handelszentrum Singapur. Es wird außerdem der wichtigste britische Flottenstützpunkt für 157 Jahre.
Mai 1819	**Hochseeschiffahrt.** Die >Savannah< aus den USA ist das erste Schiff mit einer Dampfmaschine, das den Atlantik überquert. Sie soll von den amerikanischen Besitzern in Großbritannien verkauft werden. Die >Savannah< fährt die meiste Zeit unter Segel und nimmt nur in zehn Prozent der Fahrzeit die Dampfmaschine von 90 PS zu Hilfe. Da sie nicht verkauft werden kann, fährt sie wieder zurück und wird in den USA nach Ausbau der Maschine als reines Segelschiff eingesetzt.
1. Hälfte 19. Jh.	**Emigration.** Auswanderer aus Großbritannien und Deutschland nach Nordamerika. Ebenfalls eine große Anzahl wandert aus dem übrigen Europa aus.

Jahr	Großbritannien und Irland	Deutschland
1819	34.000	4.700
1829	29.000	15.000
1839	46.000	28.000
1839	261.000	85.100
1853	265.000	142.000

1819	**Dänemark.** Das erste Dampfschiff des Landes ist die >Caledonia<. Sie ist 34 Meter lang, 5,20 breit und hat 94 Tonnen. Sie ist in Glasgow gebaut worden, 1817 am Rhein und wird 1819 von Dänemark angekauft. Das Schiff fährt auf der Strecke von Kopenhagen nach Kiel und macht dazwischen erste Sommerkreuzfahrten in den dänischen Gewässern.

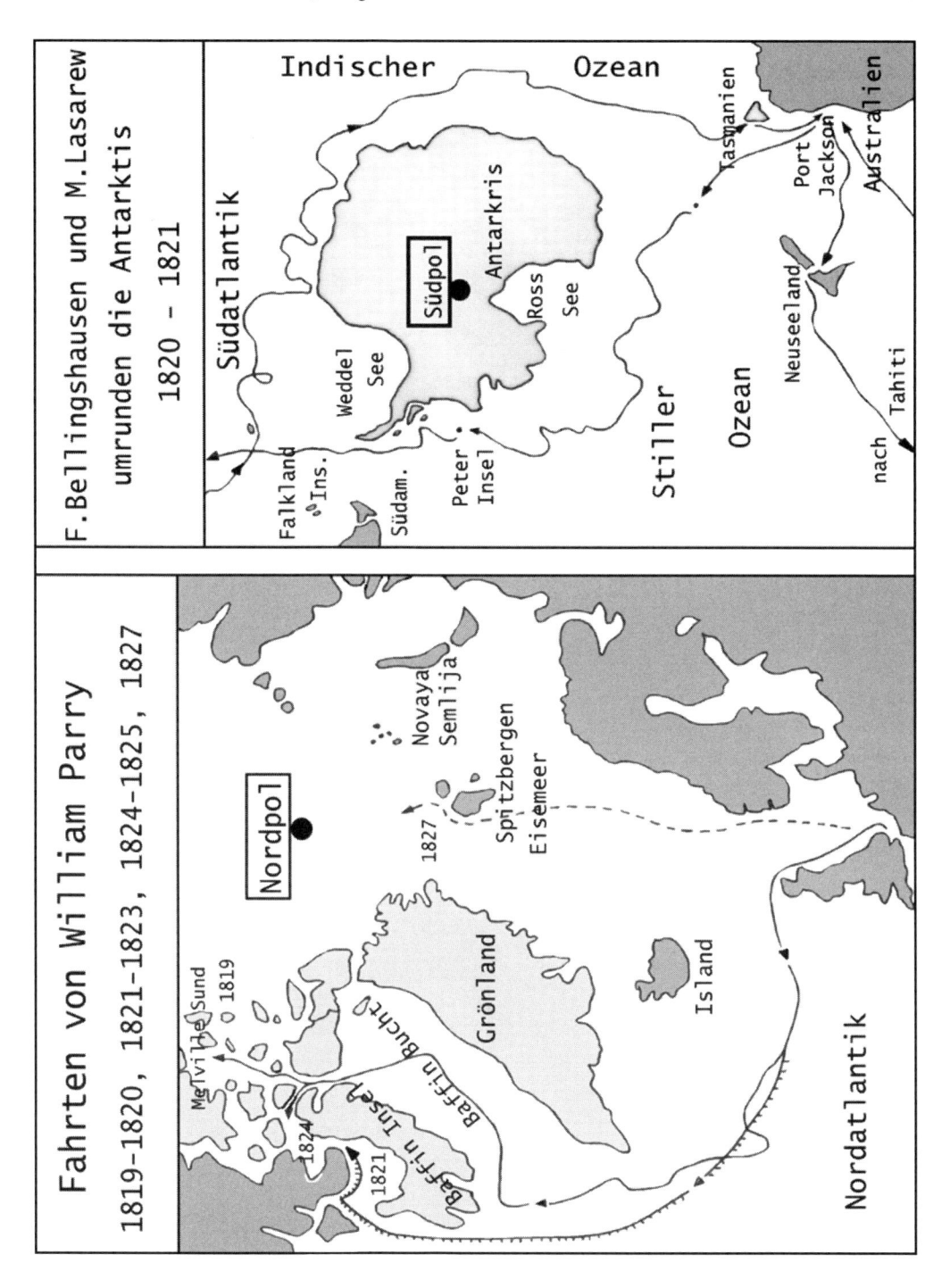

F. Bellingshausen und M. Lasarew umrunden die Antarktis 1820 – 1821

Fahrten von William Parry 1819–1820, 1821–1823, 1824–1825, 1827

1819–1820 **Forschung.** Der Engländer William Parry unternimmt mit den Schiffen >Hecla< (375) und >Griper< (180) eine Fahrt zur Suche nach einer Nordwestpassage in den Stillen Ozean. Er erreicht über den Lancaster-Sund die Melville-Insel, wo er überwintert. Da im folgenden Jahr die Beaufort-See nicht auftaut, muß Parry umkehren. Er legt mit seiner Fahrt bereits die Hälfte der Strecke zur Beringsee zurück.

Juli 1819– **Forschung.** Die Russen Fabian G. Bellingshausen und Michael P. Lasarew
Juli 1821 unternehmen eine Reise zur Erforschung des noch weitgehend unbekannten Südkontinents/Antarktis. Mit den Schiffen >Wostok< und >Mirny< fahren sie nach Rio de Janeiro und erreichen von dort den Eisrand der Antarktis, dem sie in östlicher Richtung folgen. Dabei erreichen sie mit 70° die größte südliche Breite. Die Russen nehmen einen Zwischenaufenthalt in Sydney, besuchen Neuseeland und Tahiti und setzen nach einem weiteren Besuch in Sydney die Umrundung der Antarktis fort. In der heutigen Bellingshausen-See benennen sie die Inseln Alexander I. und Peter I. und kehren über Rio de Janeiro zurück. Erstmals wird die Antarktis genauer umrundet und deren Ausdehnung festgestellt. Weitere russische Weltreisen dieser Zeit unternehmen Wassiljew und Schischmarew mit den Schiffen >Otkrytie< und >Blagonamerennyi< (1819-22), Ponafidin mit der >Borodino< (1819–21), Klochow mit der >Rurik< (1821–22) Kotzebue mit der >Predprijatie< (1823–26), Wrangel mit der >Krotkij< (1825–27), Lütke mit der >Senjawin< (1826–29) und Hagemeister mit der >Krotkij< (1828–29). Die meisten Fahrten dienten auch der Versorgung von Ostsibirien und Alaska.

1820 **Großbritannien.** Die meisten Handelsschiffe sind in folgenden Häfen beheimatet. In London eine Tonnage von 573.000, in Newcastle 202.000 (Kohlenschiffe), in Liverpool 162.000, in Sunderland 108.000 (Kohlenschiffe), Whitehaven 73.000 (Kohlenschiffe), Hull 72.000, alle anderen Häfen haben unter 50.000 Tonnen Schiffsraum. In Schottland entwickelt sich der Clyde von Glasgow bis Greenock zu einem Werftzentrum.

1820 **Öresund.** Die Folgen der französischen Revolutionskriege zeigen sich im Vergleich der Sundpassagen zwischen den Jahren 1790, vor den Kriegen, und 1820, mehrere Jahre danach.

Nation	Schiffe	Nation	Schiffe
Großbritannien	3.771	Großbritannien	3.597
Niederlande	2.009	Preußen	1.554
Dänemark	1.586	Schweden	1.519
Preußen	599	Norwegen	946
Schweden	430	Dänemark	792
Rostock	339	Niederlande	853
Danzig	248	Mecklenburg	517
Bremen	147	Hannover	458
Frankreich	123	Rußland	242

1820 **Binnenschiffahrt.** Einer der ersten Reiseführer für Flußschiffahrt stammt von A. Schreiber: „Handbuch für Reisende auf dem Rhein, die von Schaffhausen bis Holland fahren". Er enthält Pläne von Basel, Straßburg, Frankfurt, Mainz, Koblenz, Bonn, Köln und Düsseldorf.

St. Petersburg um 1830

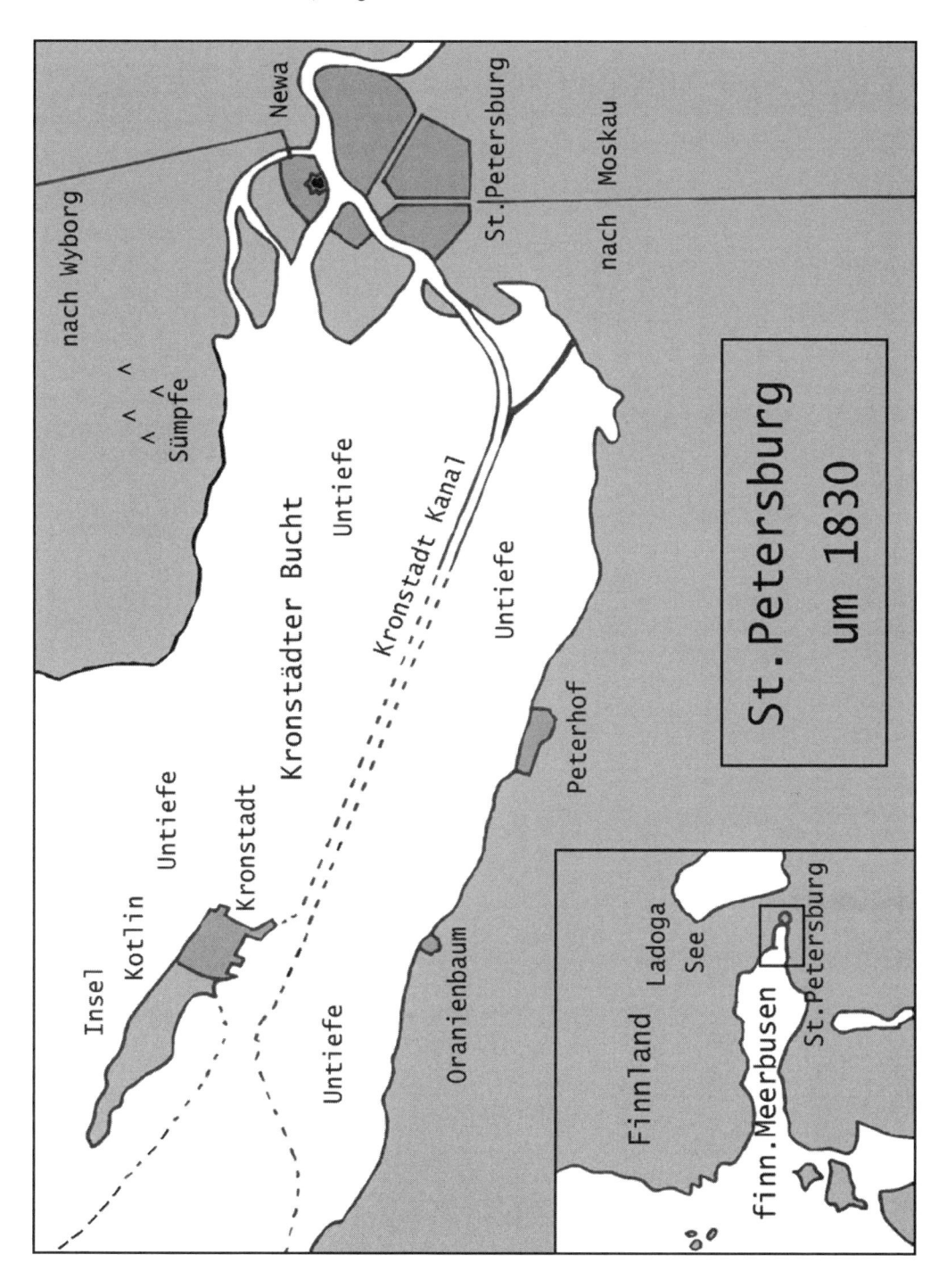

- Newa
- nach Wyborg
- Sümpfe
- nach Moskau
- St. Petersburg
- Kronstädter Bucht
- Untiefe
- Kronstadt Kanal
- Untiefe
- Peterhof
- Insel Kotlin
- Untiefe
- Kronstadt
- Oranienbaum
- Untiefe

Finnland
Ladoga See
finn. Meerbusen
St. Petersburg

1820   **Großbritannien.** Die Flotte der Ostindischen Kompanie (E.I.C.) umfaßt in diesem Jahr 57 eigene und gecharterte Schiffe mit rund 76.200 Tonnen. Die Größe der einzelnen Schiffe reicht von 700 bis zu den 1500 Tonnen der >Lowther Castle<. Sie sind mit zwölf oder 26 Geschützen bewaffnet und haben eine Besatzung von 65 bis 130 Mann. Es muß ein Kompromiß zwischen kostengünstiger Bemannung und genügend Geschützbedienung gefunden werden.

1820   **Liverpool.** Rund 80 Prozent des Importes an Baumwolle läuft über diesen Hafen. Allein in diesem Jahr werden in Liverpool rund 460.000 Ballen (zu rund 227 kg) entladen, davon kommt mehr als die Hälfte aus den USA. In den folgenden 30 Jahren steigt die Einfuhr auf das Dreifache. Genauere Zahlen im Anhang. Weitere Importe aus den USA sind Tabak, Reis, Mehl, Teer, Äpfel, Terpentin, Faßdauben und Asche. Aus Irland werden Getreide und Mehl, aus Kanada Getreide, Mehl, Holz und Asche, aus Westindien Zucker, Melasse, Rum und Häute und aus Südamerika Zucker, Kaffee, Kakao, Häute und erstmals Gummi nach Liverpool eingeführt.

1820   **Deutschland.** An der Weser zwischen Minden und Bremen gibt es noch immer 22 Zollstellen. Um 1800 hat es im ganzen Reich noch an die 2000 Zollstellen gegeben. Napoleon schafft die Rheinzölle ab, der Rheinbund wird ein einheitlicher Wirtschaftsverband. Mit der Restauration werden diese Fortschritte in der Wirtschaft zum Großteil wieder rückgängig gemacht. Friedrich List (1789–1846) aus Württemberg kämpft für eine gesamtdeutsche Zollunion und die Förderung des Eisenbahnbaues. 1818 wird ganz Preußen eine Freihandelszone, 1834 folgt der Zollverein, dem bald fast alle deutschen Staaten außer Österreich beitreten. Der binnendeutsche Handel erhält dadurch einen großen Impuls.

1820   **Irland.** Die Insel verschifft Vieh nach England. In diesem Jahr sind es 2.552 Pferde, 39.014 Rinder, 24.159 Schafe, 99.107 Schweine, in Summe 164.832 Stück Vieh.

um 1820   **USA.** Der Fernhandel im Binnenland hat noch große Schwierigkeiten zu überwinden. Eine Kaufmannstochter aus Clarksville am Columbia-Fluß in Tennessee beschreibt in ihrem Tagebuch eine Handelsreise ihres Vaters. Er kauft aus dem Umland Getreide, Mehl, Tabak und Schinken, bringt die Ware auf Booten über den Cumberland, den Ohio und den Mississippi nach New Orleans. Dort verkauft er die Ware samt den Booten und fährt mit einem Hochseeschiff nach New York, wo er Kleider, Hausrat, Geräte, Glas und alle die Dinge kauft, die von den Farmern im Westen nicht selbst hergestellt werden können. Diese Waren bringt er auf Pferdefuhrwerken nach Pittsburgh. Der Kaufmann verladet sie dort auf Boote, mit denen er am Ohio bis zur Mündung des Cumberland und dann diesen aufwärts bis Clarksville fährt. So eine Reise dauert sechs Monate. Mit dem Aufkommen der Dampfschiffe fallen die Transportkosten gewaltig. Seehändler übernehmen dann die Organisation des Transports.

1820   **Spanien.** Es läuft folgende Zahl an Schiffen in die noch vorhandenen oder ehemaligen Kolonien nach Amerika aus. Nach Vera Cruz (39), Havanna (11), Puerto Cabello bei Caracas (5), Kalifornien (3), Puerto Rico (2) und je eines nach Valparaiso, Cartagena, Maracaibo und Honduras. Den Spaniern entgleitet dieser Seehandel außer jenem nach Mexiko und Kuba.

Handelsfahrt durch die Vereinigten Staaten um 1820

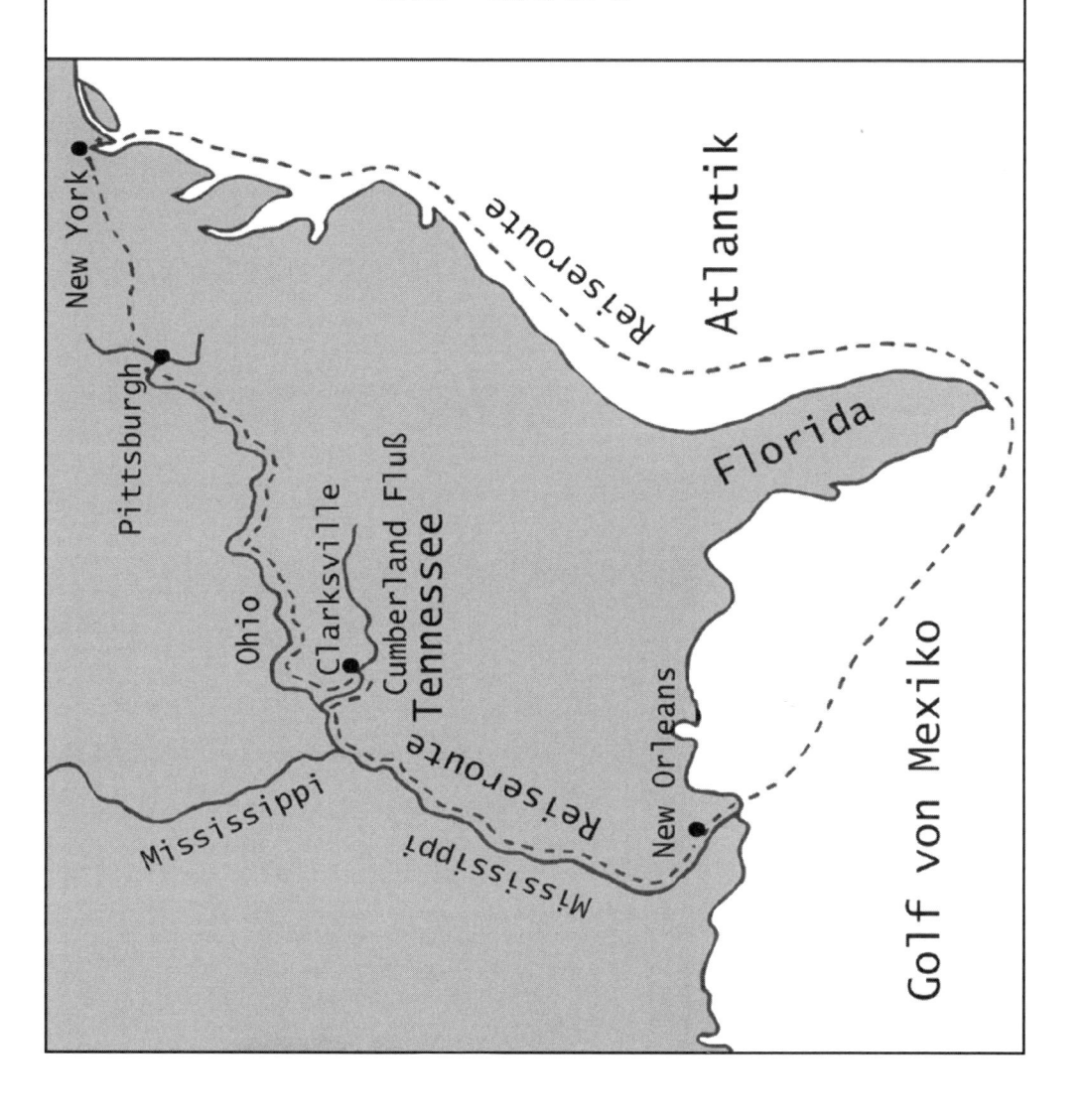

1820	**Binnenschiffahrt.** In Indien wird das erste kleine Dampfschiff für den Einsatz auf dem Indus gebaut. Die >Snake< arbeitet sehr zuverlässig und ist 60 Jahre im Einsatz. Auf dem Ganges nehmen 1829 die ersten vier Dampfer ihren regelmäßigen Dienst auf. Alle diese Schiffe sind für Passagiere und Güter eingerichtet und schleppen meist noch kleine Kähne. Eine Fahrt am Ganges von Kalkutta flußaufwärts bis Allahabad (rund 1200 Flußkilometer) dauert 22 bis 28 Tage je nach Wasserstand.
1820	**Binnenschiffahrt.** Auf dem Po fährt das erste Dampfschiff eines privaten Unternehmers, die >Eridano<. Später betreibt der Österreichische Lloyd die Poschiffahrt und zuletzt ist es die 1. DDSG, bis die Schiffahrt durch die Konkurrenz der Eisenbahn unrentabel wird. Im Jahr 1826 fahren die ersten Dampfer auf dem Langensee/Lago Maggiore und am Comersee. Im folgenden Jahr ist der erste Dampfer, die >Arciduca Ranieri<, am Gardasee im Einsatz.
um 1820	**Großbritannien.** Die Navigationsakte von 1651 sind bereits wesentlich gemildert und spielen für fremde Reeder keine große Rolle mehr. Die rigorosen Schutzzölle, Hafengebühren und Tonnengelder, die fremden Reedern abverlangt werden, sind einem Freihandel weit mehr im Wege.
um 1820	**Niederlande.** Während der Napoleonischen Kriege ist der Hochseefischfang unmöglich gewesen. Nach den Kriegen fahren jetzt wieder bis zu 120 Büsen (mit je 14 Mann Besatzung) jährlich auf die Hohe See. Das ist nur rund ein Drittel der Zahl von der Zeit vor den Kriegen. Die Fischerei der Niederlande erreicht nie mehr die alte Höhe.
um 1820	**Preußen.** Die Einfuhren aus Übersee, vor allem aus Großbritannien, kommen zu rund 60% über die Elbe und von dort über die Binnenwasserwege in den östlichen Reichsteil, zu rund 25% gelangen sie über die Ostseehäfen und zu rund 15% über die Niederlande und den Rhein in den westlichen Reichsteil.
ab 1820	**Rußland.** Es werden immer mehr Maschinen, vor allem aus Großbritannien, eingeführt. Weitere Einfuhrgüter sind Baumwollgarne für die aufstrebende Textilindustrie, Gewürze, Wein, Früchte, Zucker, Kaffee, Tee und Luxuswaren. Ausgeführt werden die Rohstoffe des Landes.
ab 1820	**Wales.** Die stark steigende Verschiffung der guten Waliser Kohle erfordert verbesserte Hafeneinrichtungen. Neue Kais werden angelegt und nasse Docks gebaut. Dies erfolgt in Llanelly (1828), Cardiff (1839), Newport (1844) und Swansea.
1821	**USA.** Rohbaumwolle ist das wichtigste Ausfuhrgut. Es folgen Tabak und Getreide. Eingeführt werden vor allem Wollerzeugnisse, Baumwollstoffe, Kaffee und Zucker. New York wird das Seehandelszentrum der USA. Die Hochseeschiffe entladen dort ihre Güter, die dann mit Küstenschiffen nach Süden und per Binnenschiff ab 1825 über den Hudson und den Erie-See-Kanal bis zu den Großen Seen weiter transportiert werden. Auf dem Rückweg laden die Europäer in New York die Güter aus dem Süden (Baumwolle) und jene aus dem Westen (Getreide). New York wird der größte Güterstapel. Der meiste Seehandel wird mit Großbritannien, Frankreich, Kuba und dem Deutschen Bund abgewickelt. Details des Außenhandels im Anhang.
1821	**Binnenschiffahrt.** In Kanada bilden die Hudson-Bucht-Kompanie und die Pelzhändler aus Montreal eine neue Gesellschaft. Es können dadurch zahlreiche

Hafen von Liverpool um 1840

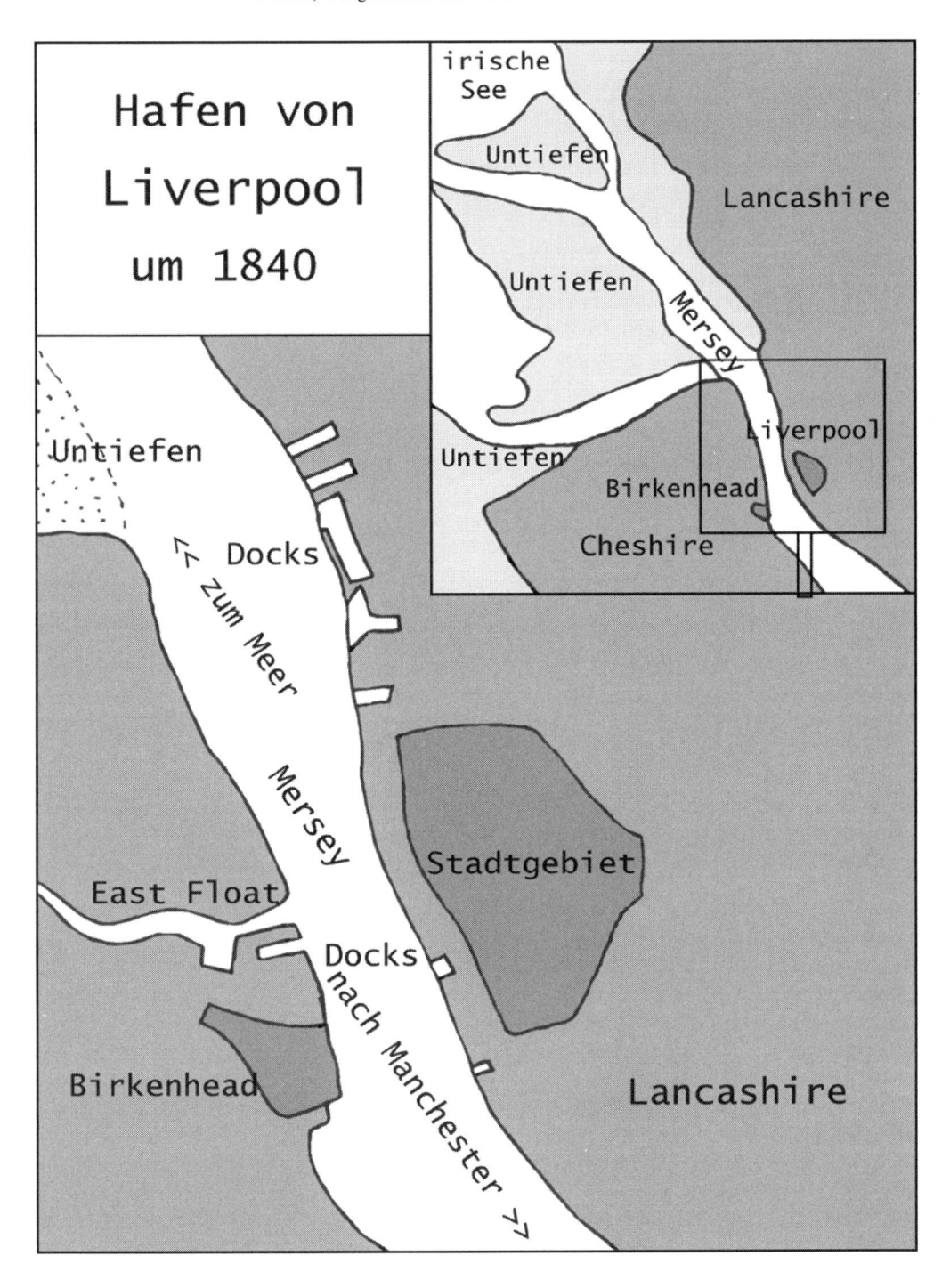

1821 **Chile.** Das Land kauft in Großbritannien den Dampfer >Rising Star< (430). Das Schiff fährt von Gravesend über Portugal und um Kap Hoorn in sechs Monaten nach Valparaiso. Es ist damit das erste Dampfschiff im Stillen Ozean. Aus Mangel an Kohlestationen geht die Entwicklung der Hochseeschiffahrt mit Dampfschiffen noch langsam voran.

Handelsstützpunkte aufgelassen und der ganze Pelzhandel rationalisiert werden. Der Pelztransport läuft nun wieder hauptsächlich über die Binnenwasserwege nach der Hudson-Bucht zu den dortigen Handelsstationen. Von dort transportieren die Hochseeschiffe im Sommer die Ware nach Großbritannien und bringen von dort Versorgungsgüter für das nördliche Kanada.

1821 **Chile.** Das Land kauft in Großbritannien den Dampfer >Rising Star< (430). Das Schiff fährt von Gravesend über Portugal und um Kap Hoorn in sechs Monaten nach Valparaiso. Es ist damit das erste Dampfschiff im Stillen Ozean. Aus Mangel an Kohlestationen geht die Entwicklung der Hochseeschiffahrt mit Dampfschiffen noch langsam voran.

1821 **Großbritannien.** Die britische Post setzt erstmals kleine Dampfschiffe zum regelmäßigen Postdienst über die Irische See von Holyhead an der Westspitze der Insel Anglesey in Wales nach dem gegenüberliegenden Dublin in Irland ein.

1821 **Schiffbau.** Bisher sind die Dampfmaschinen in Schiffe mit hölzernem Rumpf eingebaut worden. Jetzt wird erstmals ein eiserner Rumpf in Sektionen hergestellt und in London zusammengebaut. Daraus entsteht der Seitenraddampfer >Aaron Manby< mit einer 60 PS-Dampfmaschine, die dem Schiff eine Geschwindigkeit von sieben Knoten verleiht. Um die gleiche Zeit wird auch der erste Kohlendampfer mit eisernem Rumpf, die >Vulkan<, gebaut. Allmählich löst der eiserne Rumpf den Holzrumpf ab. Manche Werften haben aber große Schwierigkeiten, sich auf die neue Bauweise umzustellen.

1821 **Großbritannien.** Die erste größere Dampfschiffahrtsgesellschaft, die „London und Edinburgh Steam Packet Company" nimmt ihren Betrieb auf. Ihre Schiffe >City of Edinburgh< (450) und >James Watt< (450) fahren zwischen London und Leith, dem Hafen von Edinburgh. Vorläufig wird nur im Sommer vom 16. März bis 12. November gefahren, ab 1829 folgt auch der Verkehr im Winter.

1821 **Binnenschiffahrt.** In Dresden findet eine Konferenz über die Zukunft der Elbeschiffahrt statt. Sie wird für alle Anrainer freigegeben. Im selben Jahr läuft der erste Raddampfer, die >Bohemia<, von Prag nach Dresden.

1821 **Großbritannien.** In der Küstenschiffahrt besteht die Möglichkeit, nach kurzer Fahrt wieder Kohle zu bunkern. Es verkehren daher um die Britischen Inseln in diesem Jahr bereits 188 Dampfschiffe mit zusammen 20.000 Tonnen. Die Schiffe sind zunächst als Passagierschiffe im Bäderdienst, als Fähren in den Flußmündungen und als Schlepper für die großen Frachtensegler in den Häfen im Einsatz.

19. Jh. **USA.** Baumwolle ist seit der Jahrhundertwende der bei weitem wichtigste Artikel in der Ausfuhr. Hier die Entwicklung der wichtigsten Güter im Seehandel der USA in 40 Jahren (Werte in Millionen Dollar):

Exportgüter	1821	1830	1840	1850	1860
Rohbaumwolle	20,1	29,6	63,8	71,9	191,8
Getreide und Mehl	4,4	6,1	11,7	7,7	19,5
Tabak	5,6	5,5	9,8	9,9	15,9
Holz und Holzwaren	1,5	2,0	2,9	4,8	14,6
Baumwollwaren	–	1,3	3,5	4,7	10,9

Importgüter	1821	1830	1840	1850	1860
Wollwaren	7,2	5,9	10,8	19,6	43,1
Baumwollwaren	7,3	7,8	6,5	20,7	33,2
Kaffee	4,4	4,2	8,5	11,2	21,8
Zucker	3,5	4,6	5,5	7,5	31,0
Häute und Pelze	1,1	2,7	3,1	5,8	12,3

Brasilien. Der Anteil der einzelnen Ausfuhrgüter an der ganzen Verschiffung beträgt in Prozenten: Baumwolle (25,8), Zucker (23,1), Kaffee (18,7), Leder (13,5), Tabak (3,2) und Kakao (0,6). Die Ausfuhr von Kaffee nimmt stark zu, die von Baumwolle ab. In der zweiten Hälfte des 19. Jahrhunderts kommt dann Gummi dazu. *1821–1823*

Ionische Inseln. Die seit 1809 unter britischem Protektorat stehenden selbständigen Inseln erklären sich im griechischen Unabhängigkeitskampf für neutral. Ihre beachtliche Handelsflotte leidet trotz Schutz durch die Royal Navy stark unter den Übergriffen der griechischen und türkischen Kriegsschiffe. *1821–1823*

Hamburg. Die Stadt hat den weitaus größten Umschlag aller Häfen im Deutschen Bund. Im Jahr 1821 beträgt er 71.600 Hamburger Commerzlast (= CL) (zu 6000 Pfund), steigt im Jahr 1832 auf 108.800 CL und erreicht 1838 bereits 126.100 CL. Davon entfallen rund 45% auf den Seeverkehr mit Großbritannien. Einen großen Anteil hat auch der Verkehr mit Brasilien. Aus diesem Land laufen 1820 54 Schiffe ein, aus Westindien kommen 41 Schiffe und weitere 141 kommen aus anderen Überseehäfen. *1821–1838*

Hannover. Der Seeverkehr von Emden und den kleinen Sielhäfen nach England ist nach den letzten großen Kriegen zunächst unbedeutend, steigt dann aber stark an. 1821/23 fahren nur 88 Schiffe mit 7100 Tonnen (Durchschnitt 80 Tonnen) nach England, 1834/37 sind es 198 Schiffe mit 11.400 Tonnen (Durchschnitt 57 t) und 1858/60 bereits 1095 Schiffe mit 109.000 Tonnen (Durchschnitt 100 t). Der Verkehr aus den Häfen von Oldenburg beträgt weniger als die Hälfte. *1821–1860*

Schottland. Der Caledonian-Kanal wird in Betrieb genommen. Er verbindet die Nordostküste bei Inverness über den Loch Ness und andere kleinere Seen mit der Westküste bei Fort William. Die Entfernung beträgt rund 100 Kilometer, der Kanal selbst ist jedoch nicht einmal 40 Kilometer lang. Er hat 28 Schleusen, ist aber für die größeren Dampfschiffe von Anfang an zu schmal. Der Kanal erspart aber den kleinen Küstenfahrern den gefährlichen Umweg im Norden durch den Pentland Firth. *1822*

Großbritannien. Es wird eine erste Gesellschaft für eine Dampfschiffsverbindung von Liverpool nach Glasgow gegründet. Die ersten Schiffe im Einsatz sind die Raddampfer >Robert Burns< (150), >Eclipse< (240) und >Superb< (250). *1822*

Dampfschiff. Das erste seegehende Dampfschiff mit eisernem Rumpf, die >Aaron Manby<, überquert den Ärmelkanal von der Themse zur Seine. *1822*

Schmuggel. Dieser war nicht nur auf die Kontinentalsperre beschränkt. Es gibt immer Versuche, hohe Zölle und Gebühren zu umgehen. In diesem Jahr wird von Großbritannien ein Küstenwachdienst eingerichtet, um dem Schmuggel *1822* entgegenzutreten. Es ist ein erster organisierter Vorläufer der heutigen Küstenwachflotten.

1822 **Schiffsregister.** Als erstes Dampfschiff wird die >James Watt< in Lloyd's Register von London aufgenommen. Zunächst werden nur Binnen- und Küstenschiffe angenommen, da die Dampfschiffe wegen ihres hohen Kohleverbrauchs nur kurze Strecken zurücklegen können, da sie nicht genügend Kohle bunkern können, ohne den ganzen Laderaum zu belegen. An eine Fahrt von Dampfschiffen über die Ozeane ist damals noch nicht zu denken.

1822 **Personenschiffahrt.** In den USA wird eine Dampfschiffahrtslinie über das offene Meer von New York über Newport nach Providence, Rhode Island, in Betrieb genommen. Die Fahrt dauert 28 Stunden und ist damals noch ein Wagnis.

1822 **Großbritannien.** Den Kolonien wird gestattet, ihre Produkte in Drittländer ohne den Umweg über England zu liefern. Drei Jahre später werden auch die hohen Zölle herabgesetzt. Europäische Staaten dürfen die britischen Kolonien direkt beliefern, wenn sie die gleichen Begünstigungen auch den Briten einräumen.

1823 **Seekarten.** Der Arktisforscher William E. Parry wird Leiter des britischen Hydrographic Office der Admiralität. Er gibt die Seekarten der Royal Navy auch zum Verkauf an die Handelsmarine frei. Das Büro ist schon 1795 gegründet worden, sein erster Leiter ist Alexander Dalrymple gewesen. Durch die Weitergabe der Karten an die Handelsschiffe entsteht eine große Nachfrage. Unter Francis Beaufort werden bereits rund 2000 verschiedene Karten in einer Auflage von über 100.000 Stück jährlich gedruckt. Die britischen Admiralitätskarten sind für einhundert Jahre die besten Küstenkarten der Welt. Die Skala der Windstärken von Beaufort wird international angenommen.

1823 **Irland.** Es werden 222.300 Tonnen an Getreide und Fleisch nach England verschifft. Darunter befinden sich auch 200.000 Stück Lebendvieh. Bis 1850 verdreifacht sich die Zahl der Tonnage.

1823 **Forschung.** Der Engländer James Weddell kommt bei einer seine Fahrten in die Antarktis mit 74° 15' auf die größte bis dahin erreichte Breite. Die Weddell-See ist nach ihm benannt.

1823 **Binnenschiffahrt.** Am Genfersee läuft das erste Dampfschiff der Schweiz vom Stapel. Es ist die >Guillaume Tell<, ein Passagierschiff für 200 Personen. Der hölzerne Rumpf kommt aus Bordeaux, Maschine und Kessel stammen aus England.

1823 **Binnenschiffahrt.** Am Main in Deutschland gibt es noch 285 Schiffer mit zusammen 656 Booten, die von Bamberg bis Frankfurt verkehren. Durch das Erscheinen des Dampfschiffes und der Eisenbahn verschwinden sie allmählich, wie auf allen anderen Flüssen und Seen.

Dezember 1823 **USA.** Präsident Monroe erläßt mit britischem Einverständnis die nach ihm genannte Doktrin. Danach werden die USA nicht in europäische Angelegenheiten eingreifen, betrachten aber jeden Eingriff europäischer Staaten in kontinentalamerikanische Angelegenheiten als feindlichen Akt. Dies ist vor allem als Unterstützung für die um Unabhängigkeit kämpfenden lateinamerikanischen Staaten gedacht. Die Monroe-Doktrin wird 1904 von Präsident Theodore Roosevelt noch verschärft.

Kohlereviere in England

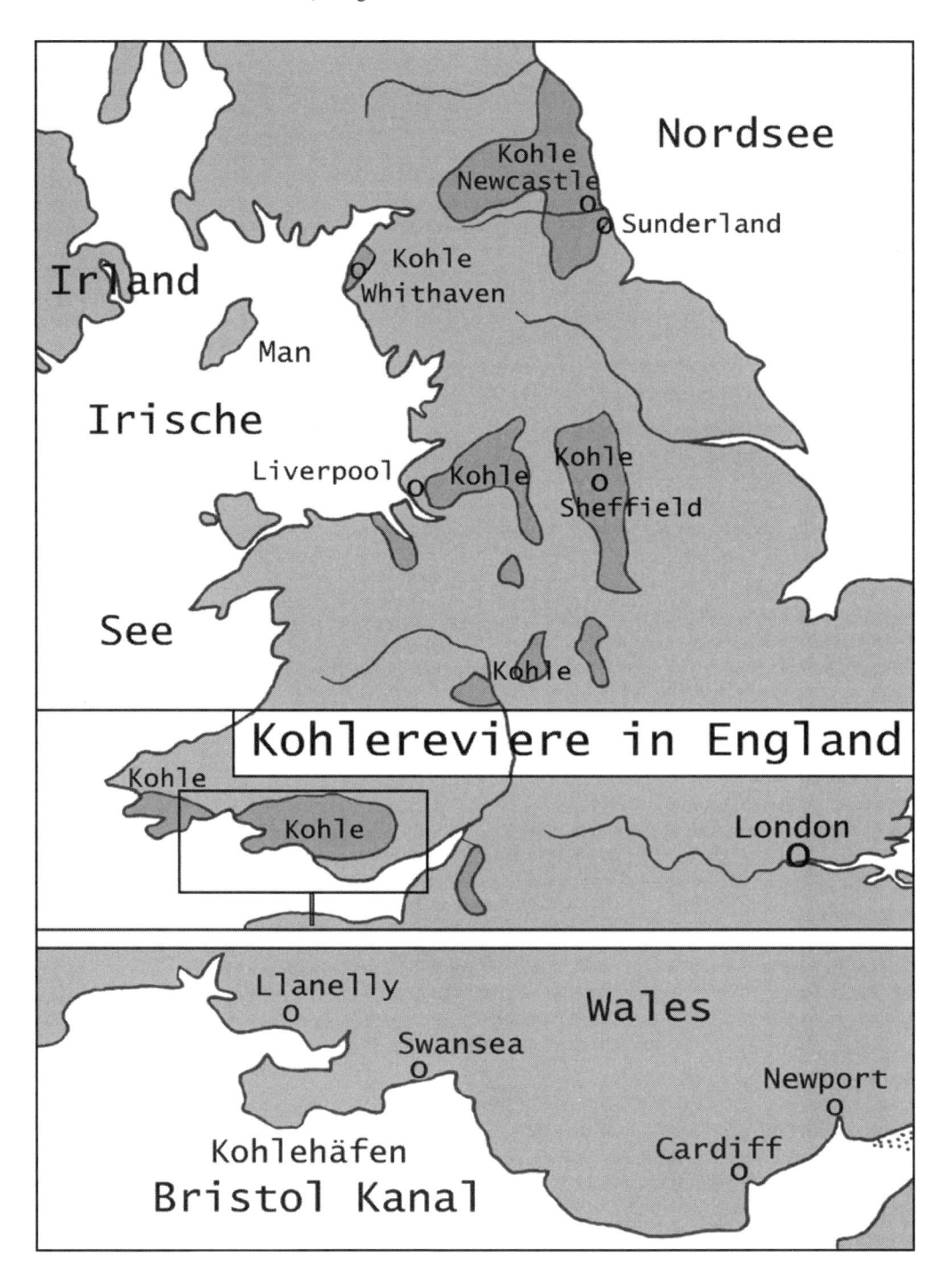

Kohle Newcastle
Sunderland
Kohle Whithaven
Man
Irische See
Irland
Liverpool
Kohle
Kohle Sheffield
Nordsee
Kohle
Kohle
Kohle
London

Kohlehäfen Bristol Kanal

Llanelly
Swansea
Wales
Newport
Cardiff

1824 **Großbritannien.** Die „General Steam Navigation Company" ist die älteste Dampfschiffahrtsgesellschaft mit einem fahrplanmäßigen Dienst nach dem Festland. Ihre Schiffe fahren von London nach Calais, Boulogne, Dieppe, Ostende, Rotterdam und schon bis Lissabon und Hamburg. Auf diesen Linien kann oft Kohle gebunkert werden.

1824 **USA.** Zu Beginn der Dampfschiffsära werden Monopole an die Konstrukteure zum Betreiben der Schiffahrt auf bestimmten Strecken vergeben. Dies behindert die Entwicklung, da jede Konkurrenz ausgeschaltet ist. In diesem Jahr werden nach einem Musterprozeß alle Gewässer in den USA für alle Bürger der Union freigegeben. In den nächsten zehn Jahren werden daher rund 400 Dampfschiffe mit zusammen über 70.000 Tonnen gebaut. Im Jahr 1838 gibt es bereits rund 700 Dampfschiffe, die Mehrzahl auf den Binnengewässern. An Tonnage fahren rund 45% an der Küste des Atlantiks und im Golf von Mexiko (die größeren Schiffe), rund 55% auf den Flüssen, doch nur wenige auf den großen Seen.

1824 **Seenotrettung.** In Großbritannien wird auf Initiative von William Hillary von der Insel Man die „Nationale Stiftung zur Rettung von Schiffbrüchigen", später „Royal National Life-Boat Institution", gegründet. Ihre Hauptaufgabe ist die Koordination und Förderung der Aktivitäten der privaten Rettungsgesellschaften und die Entwicklung von Rettungsbooten, Raketenapparaten, Rettungsringen etc. Mit ähnlichen Einrichtungen folgen Belgien 1838, die USA und Dänemark 1848, Schweden 1856, Frankreich 1865, Türkei 1868, Rußland 1872, Italien 1879, Spanien 1880 und Deutschland 1885.

1824 **Dampfschiffahrt.** In London wird eine Dampfschiffahrtsgesellschaft gegründet, die als erste einen regelmäßigen, vierzehntägigen Passagierdienst von England nach Amerika ins Auge faßt. Große Dampfer sollen von der Insel Valencia, an der Südwestspitze von Irland, mit genügend Kohle nach Halifax in Neuschottland fahren, von wo nach Aufbunkern nach New York weitergefahren werden soll. Von den Häfen London, Glasgow, Liverpool, Bristol, Limerick und Galway sollen kleinere Dampfer den Zubringerdienst nach Valencia besorgen. Ein „Fachmann" erklärt damals in einem Vortrag, daß man genausowenig mit Dampf über den Atlantik fahren kann, wie man mit Dampf zum Mond fliegen könnte. Das Vertrauen in das Projekt fehlt allgemein, es werden daher nur zehn Prozent des benötigten Kapitals gezeichnet. Der Plan entspricht dem Beginn der Luftfahrt über den Atlantik nach dem Zweiten Weltkrieg. Damals sind die Passagiermaschinen mangels Reichweite von London nach Shannon im Westen von Irland geflogen, haben dort aufgetankt und sind damit bis nach Gander auf Neufundland gekommen. Dort wurde ebenfalls aufgetankt und dann nach New York weitergeflogen.

1824 **Niederlande.** König Wilhelm I. (1814–40) fördert die Gründung der „Niederländischen Handels Gesellschaft" (N.H.M.). Diese übernimmt den Seehandel von Europa nach Amerika und über Afrika bis nach China und ist damit der Nachfolger der V.O.C. Der Liniendienst wird nach Batavia aufgenommen. In Surabaja wird das erste Dampfschiff, die >Baron van der Capellen< (220) gebaut.

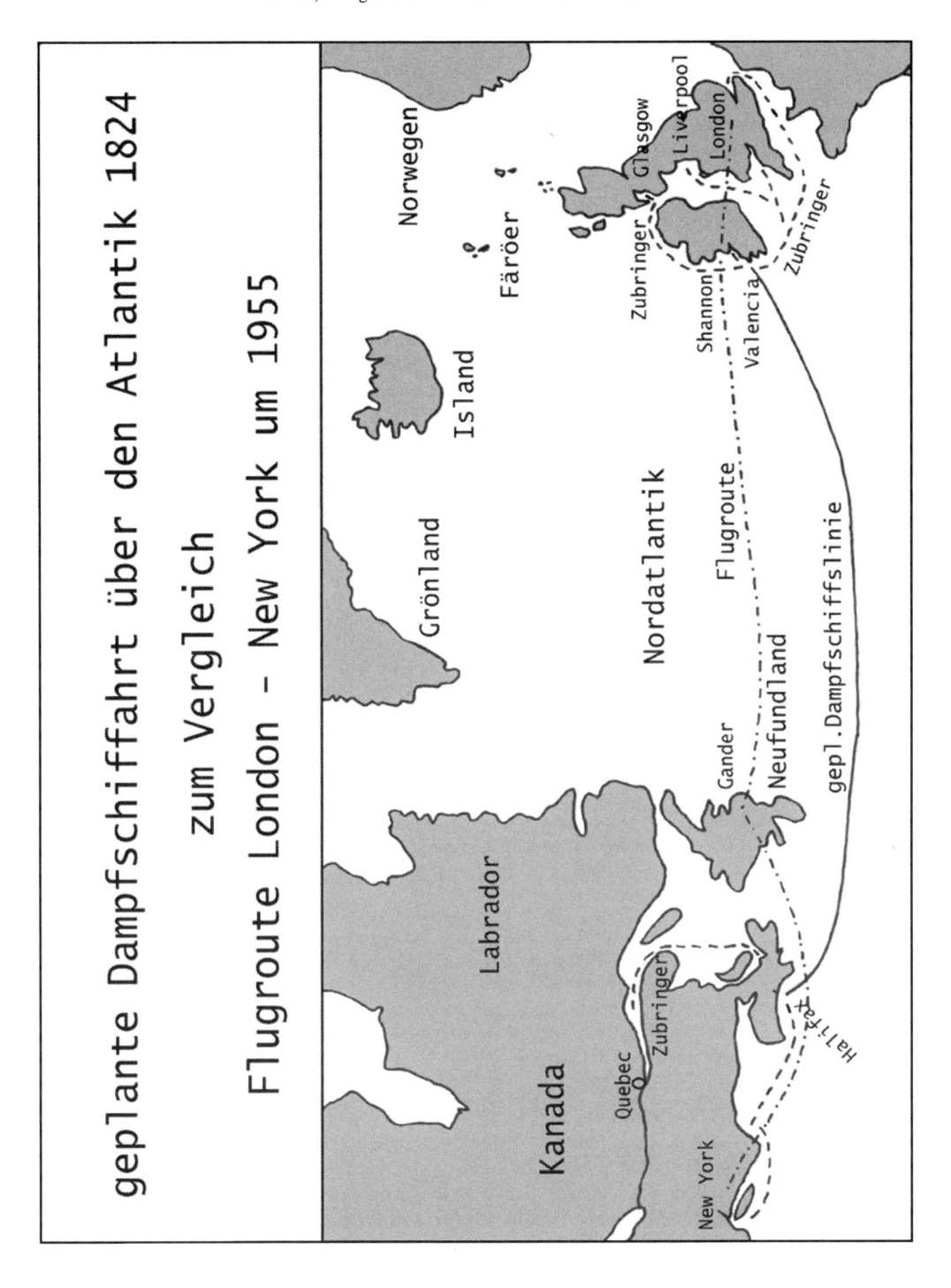

geplante Dampfschiffahrt über den Atlantik 1824
zum Vergleich
Flugroute London – New York um 1955

März 1824 **Ostasien.** Im Vertrag von London vereinbaren Großbritannien und die Niederlande eine Aufteilung der Wirtschaftsinteressen. Alle Gebiete nördlich der Straße von Malakka bleiben britisches Einflußgebiet, die Inselwelt südlich und östlich davon, mit Ausnahme von Nordborneo, ist das Interessensgebiet der Niederländer. Großbritannien tritt seine Stützpunkte auf Sumatra an die Niederländer ab, diese übergeben Malakka an die Briten und erkennen die bisher beeinspruchte Erwerbung von Singapur durch Raffels an. In ganz Insulinde soll Freihandel herrschen, nur in den Molukken behalten die Niederländer ihr Handelsmonopol. Die Niederlande treten auch ihre letzten Stützpunkte in Vorderindien an die Briten ab.

1824 **Singapur.** Nach dem Vertrag von London steigt der Import aus Großbritannien innerhalb von acht Jahren von einer Million auf drei Millionen Pfund pro Jahr im Wert. Dann geht er allerdings wieder etwas zurück. Nach Singapur kommen Hochseeschiffe aus Europa (20%), Indien (40%), Insulinde (25%) und China (15%). Dort erfolgt jetzt der Umschlag auf und von den kleinen Küstenfahrzeugen aus dem Umland. Umschlaggüter sind vor allem Baumwolle, Opium, Zinn, Seide, Tee, Porzellan, Edelhölzer und exotische Güter aus Insulinde. Der Aufschwung ist dem Freihandel ohne Zölle und Abgaben im Hafen zu verdanken.

1824 **Binnenschiffahrt.** Am Bodensee ist der Dampfer >Wilhelm< (ca. 90) das erste Schiff, das die Erwartungen der Aktionäre erfüllt. Mit mehrmaligen Umbauten ist er bis 1846 im Einsatz. Das Schiff gehört der „Friedrichshafener Dampfboot-Gesellschaft" und damit zum Land Württemberg.

1824 **Großbritannien.** Die „General Steam Navigation Company" nimmt den Verkehr von London nach Hamburg mit den Dampfschiffen >Hilton<, >Joliffe< und >Sir Edward Banks< auf. Immer größere Mengen Kohle müssen auch in Hamburg bereitgestellt werden.

1824 **London.** Im Hafen treffen über die Küstenschiffahrt 2.235.000 Tonnen an Gütern aus Großbritannien ein. Davon entfallen 1.870.000 oder 83,7% auf Kohle und 313.000 oder 13,9% auf Lebensmittel. Der geringe Rest geht auf die übrigen Güter. Aus dem Hafen von London werden über die Küstenschiffahrt Textilien, Wein, Tee, Wolle und in geringerem Maße Seide, Baumwolle und Flachs in die Provinzen verschifft.

1824–1826 **Burma.** Im ersten Krieg gegen die Briten wird das Land besiegt und muß die Provinzen Arakan und Assam abtreten. Aus Arakan beginnt die Reisausfuhr nach Bengalen und aus Unterburma holen die Briten bestes Teakholz für den Schiffbau in Kalkutta.

um 1825 **Lateinamerika.** Nach den Unabhängigkeitskriegen zur Loslösung von Spanien ist die Wirtschaft teilweise ruiniert. Die spanischen Minen- und Plantagenbesitzer und die Großhändler sind vertrieben oder enteignet. Die Briten sind die ersten, die schon ab 1808 (Aufstand in Cadiz gegen die Franzosen) wieder enge Handelsbeziehungen aufnehmen. Sind früher die Lieferungen nach Europa größer als die Einfuhren gewesen, so ist es jetzt umgekehrt. Die jungen Staaten verschulden sich daher bei den Briten, da auch Bargeld oder Edelmetall fehlen. In Montevideo ist der Vorort, in dem die spanischen Fernhändler gelebt haben, eine tote Stadt, die gesamte Bevölkerung ist um ein Drittel zurückgegangen.

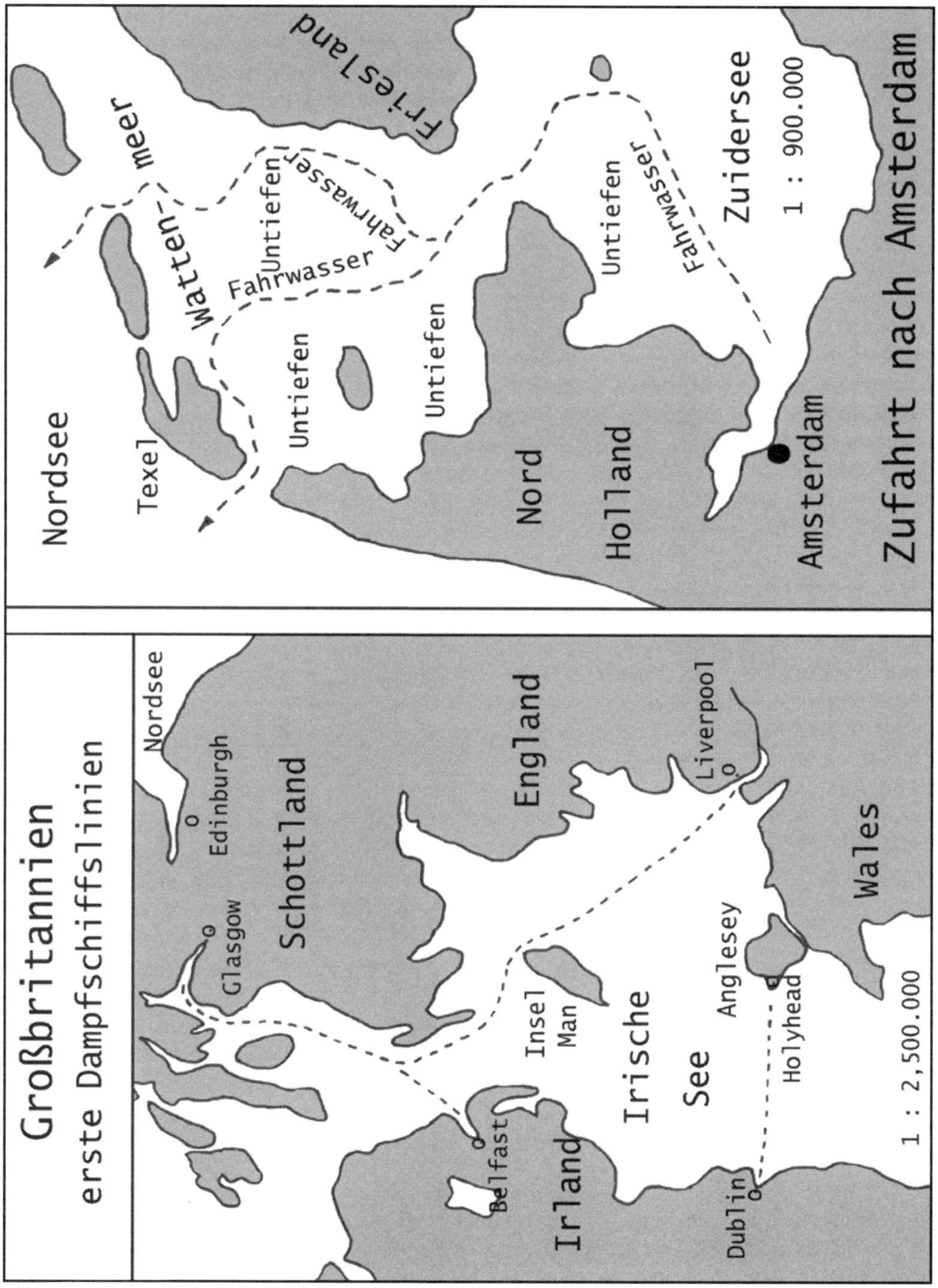
Großbritannien
erste Dampfschiffslinien
Nordsee
Edinburgh
Glasgow
Schottland
England
Liverpool
Wales
Anglesey
Holyhead
Insel
Man
Irische
See
Belfast
Irland
Dublin
1 : 2,500.000
Nordsee
Texel
Watten-
meer
Friesland
Fahrwasser
Untiefen
Fahrwasser
Untiefen
Untiefen
Untiefen
Fahrwasser
Nord
Holland
Amsterdam
Zuidersee
1 : 900.000
Zufahrt nach Amsterdam

1825 **Binnenschiffahrt.** Der Dampfer >Friedrich Wilhelm< unternimmt am Rhein eine erfolgreiche Fahrt von Köln nach Koblenz, wo er nach 5½ Stunden eintrifft. Ein Jahr später wird daher am 11. Juni die „Preußische Rhein-Dampfschiff-Gesellschaft" gegründet. Sie schließt sich 1853 mit der „Düsseldorfer Dampfschiffahrts-Gesellschaft" zur noch heute (2000) bestehenden „Köln-Düsseldorfer-Dampfschiffahrts-Gesellschaft" zusammen. Vom Beginn an werden Fahrten zwischen Köln und Mainz unternommen.

1825 **Binnenschiffahrt.** In den USA sind am Mississippi und Ohio, zwischen Pittsburgh und New Orleans, schon 125 Raddampfer im Einsatz. Sie finden am Flußufer reichlich Brennstoff, Holz oder Kohle. Aber auch die Floßfahrt flußabwärts ist noch voll im Gange. Es gibt reichlich Transportgut und die Flößer können nun mit dem Dampfschiff wieder zurückkehren.

1825 **Binnenschiffahrt.** In den USA brauchen die Städte an der Atlantikküste große Mengen an Kohle aus dem großen Kohlerevier um Pittsburgh. Der Schuykill-Fluß wird daher von Philadelphia durch mehrere Kanalteile mit 92 Schleusen für Schuten von 25 Tonnen Tragkraft bis Port Carbon (sic!) bei Pottsville im Kohlerevier schiffbar gemacht. Der Verkehr ist so groß, daß der Wasserweg schon 1832 für Schuten von 80 Tonnen und 1847 für solche von 170 Tonnen ausgebaut wird. Im Jahr 1836 werden 570.000 Tonnen, davon 432.000 Tonnen Glanzkohle, befördert.
Von Pittsbrugh geht die Kohle auch mit Flußschiffen den Ohio abwärts nach Cincinnati, Louisville und St. Louis.

1825 **Hamburg.** Der Passagierdampfer >Hilton< der britischen „Steam Navigation Company" unternimmt in diesem Jahr sieben Fahrten auf der Elbe. Ab dem nächsten Jahr fahren bereits vier Dampfer auf dem Fluß. Im Jahr 1828 wird eine britische Schiffahrtslinie von Hull nach Hamburg, zunächst mit Segelschiffen, in Betrieb genommen. Auch auf dieser Route wird der Passagierdienst schnell von Segelschiffen auf Dampfschiffe umgestellt, da es dort kein Kohleproblem gibt. Segler unternehmen auf dieser Linie fünf bis sechs Fahrten im Jahr, Dampfer durchschnittlich 20.

August–Dezember 1825 **Fernfahrt.** Der erste Raddampfer, die britische >Enterprise< (470) fährt mit 17 Passagieren von Falmouth nach Indien. Die Fahrt zum Teil unter Segel und zum Teil mit Dampfmaschine dauert noch zu lange (113 Tage). Das Schiff wird daher von den Besitzern an die E.I.C. verkauft und kommt in Bengalen zum Einsatz.

Oktober 1825 **Binnenschiffahrt.** In den USA wird der Erie-Kanal eröffnet. Er ist ca. 850 Kilometer lang, rund 13 m breit, 1,20 m tief, hat 83 Schleusen und einen Treppelweg von 3,50 m Breite. Er reicht von Albany am Hudson-Fluß bis Buffalo am Erie-See und verbindet dadurch New York mit dem Gebiet der Großen Seen. Zum Ontario-See gibt es einen Seitenkanal. Der Kanal ist ein wichtiger Beitrag zur wirtschaftlichen Erschließung des Nordens der USA

20./21. Oktober 1825 **Schiffbruch.** Der neue Raddampfer >Comet< II (94) von Henry Bell befindet sich auf dem Weg von Glasgow nach Greenock. Er stößt mit dem Frachtdampfer >Ayr< zusammen und sinkt rasch. Von den rund 80 Personen an Bord werden nur wenige gerettet. Rettungsmaßnahmen sind noch nicht entwickelt. Es ist die erste Kollision zwischen zwei Dampfern in Fahrt.

Die wichtigsten Flüsse und Kanäle der Vereingten Staaten von Amerika um 1845

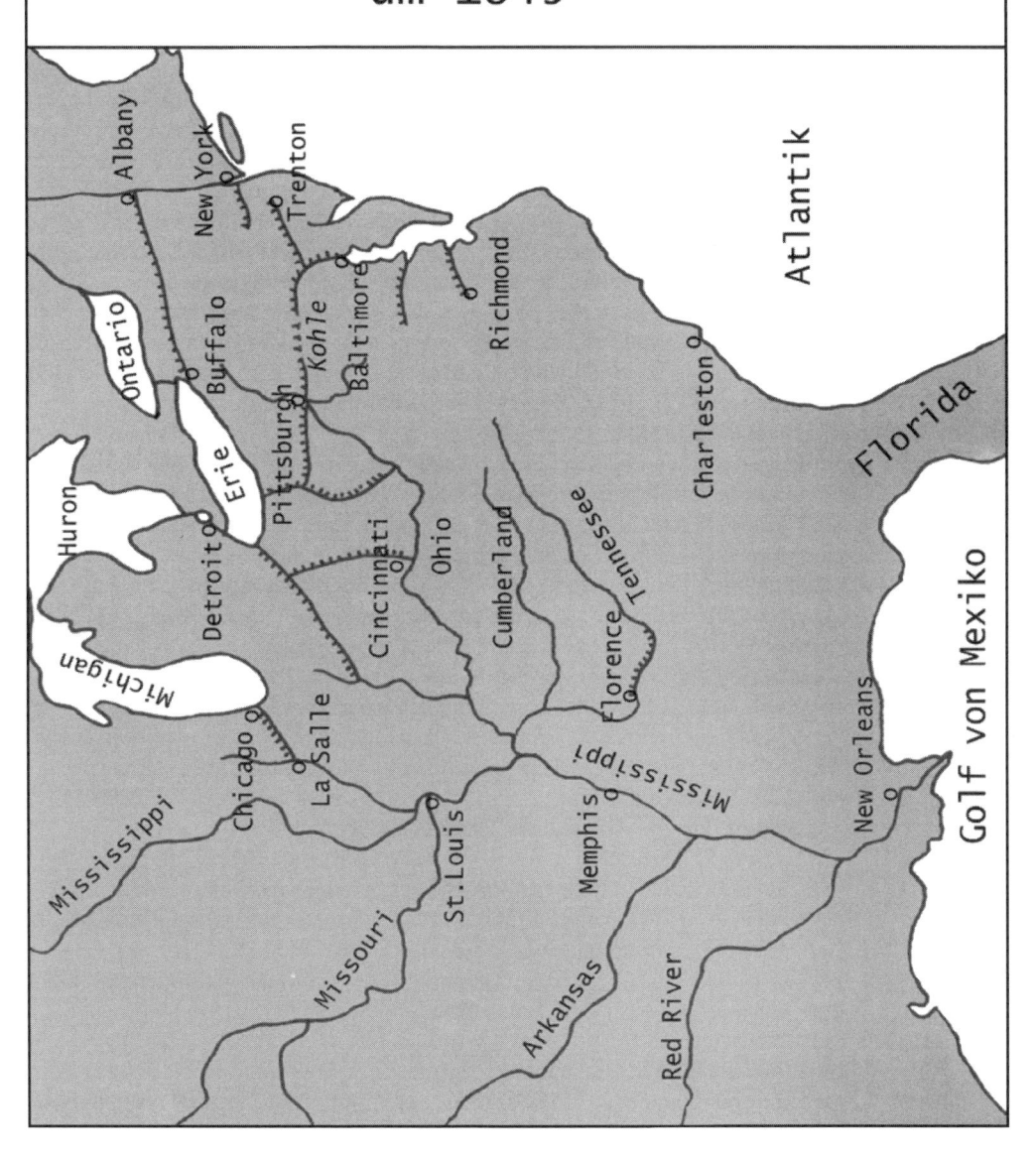

1825–1830 **Großbritannien.** In diesen Jahren laufen Schiffe mit 2,750.000 Tonnen pro Jahr im Hafen von London ein. Davon entfallen rund zwei Millionen Tonnen auf die Küstenschiffahrt (Kohle). Das zweitwichtigste Einfuhrgut ist Holz. Aus Norwegen kommt Kiefernholz, aus Schweden Eiche und Täfelungen, aus Norddeutschland Eiche und Föhre, aus Jamaika Mahagoni und aus Kanada Schiffbauholz.

1825–1844 **Schiffbau.** In Kennebunkport zwischen Boston und Portland in Maine, USA, werden in diesen Jahren 19 vollgetakelte Segelschiffe gebaut. Die Durchschnittsgröße der Schiffe steigt dabei von 300 Tonnen im Jahr 1825 auf 450 Tonnen im Jahr 1844.

1826 **Großbritannien.** Zwei Schiffsagenten in London, Willcox und Anderson, gründen eine Dampfschiffahrtsgesellschaft für die Fahrt nach Portugal. Im Jahr 1837 übernehmen sie den Postdienst nach der Iberischen Halbinsel. Die Firma heißt nun „Peninsular Steam Navigation Company". Im Jahr 1840 erhält sie auch den Postkontrakt für den Orient und für Indien und gibt sich daher den Zusatz „and Oriental". Daraus wird abgekürzt die P&O-Linie. Die erste Fahrt nach Ägypten unternimmt der Raddampfer >Oriental< (1670). 1842 wird der Landweg über die Enge von Suez mit 3000 Kamelen organisiert und der Seeweg vom Roten Meer nach Indien eingerichtet. Für Passagiere und wertvolle Güter lohnt sich das zweimalige Umsteigen und Umladen. Nach der Eröffnung des Suezkanals (1869) können die Schiffe und Passagiere der P&O direkt nach Indien ohne Fahrtunterbrechung fahren.

1826 **Indien.** Der Güter- und Personentransport im Gangesdelta wird fast ausschließlich zu Wasser durchgeführt. In Kalkutta werden jährlich rund 5000 Tonnen an Schiffsraum gebaut. Nicht viel weniger werden in Chittagong hergestellt. Noch sind es ausschließlich Segelschiffe. Diese Schiffe vermitteln den Dienst am unteren Ganges und Brahmaputra sowie an der Küste als Zubringer für die Hochseeschiffahrt. Der erste erfolgreiche Dampfer am Ganges ist 1823 die >Diana<.

1826 **Siam.** Das Land schließt mit Großbritannien einen Handelsvertrag. Der Aufstieg von Singapur macht die Briten zu einem interessanten Handelspartner. Siam liefert vor allem Reis, Indigo, Zucker, Pfeffer, Teakholz und Tabak gegen die europäischen Industrieerzeugnisse. Daneben betreibt Siam auch einen lebhaften Seehandel mit China.

1826–1829 **Forschung.** Der Franzose Jules Dumont D'Urville unternimmt eine Fahrt in die Südsee. Er läuft am 25. April mit der >L'Astrolabe< aus Toulon aus und fährt durch den Südatlantik und den Indischen Ozean nach Australien. Entlang der Südküste kommt er nach Neuseeland und besucht dann die Fidschi-Inseln, Neukaledonien, Neuguinea und Amboina in den Molukken. Er wendet sich wieder nach Osten, ist auf Tasmanien, fährt weiter zu den Karolinen und kehrt über Celebes/Sulawesi und Mauritius nach Marseille zurück, wo er am 25. März eintrifft.

1827 **Passagierschiffahrt.** Ein Liniendienst von London nach St. Petersburg wird eröffnet. Das Dampfschiff >George IV< befördert bei der ersten Fahrt hundert Personen und benötigt für die Strecke im allgemeinen neun bis zehn Tage. Zu

Land ist man ebenso viele Wochen unterwegs. Die Dampfschiffahrten werden immer länger.
Niederlande/Belgien. Die Bedeutung der einzelnen Häfen sieht man an der Anzahl/Tonnage der einlaufenden Schiffe in diesem Jahr und im Jahr 1847.

1827

Hafen	1827		1847	
Amsterdam	2045	233.000	2928	443.000
Rotterdam	1221	135.000	1808	386.000
Antwerpen	761	112.000	1922	325.000
Ostende	435	39.000	979	123.000
Harlingen	447	45.000	438	79.000
Delfzijl	273	12.200	204	13.500
Groningen	241	11.100	507	22.500
Dordrecht	203	21.300	326	46.000
Schiedam	184	25.100	385	55.000
Gent	13	1.300	257	26.400

Amsterdam und Rotterdam haben den weitaus größten Schiffsverkehr, obwohl die Zufahrt von der See umständlich ist. Nach Amsterdam müssen die Schiffe noch immer durch die Westfriesischen Inseln und die Zuidersee fahren. Unterhalb von Rotterdam ist der Lek versandet, die Schiffe müssen einen Seitenarm flußaufwärts in den Waal fahren und über dessen Mündung die Nordsee erreichen. Ein Ausbau direkter Verbindungen von den beiden Häfen zur See wird unumgänglich.

Belgien. Von Gent wird ein neuer Kanal nach Terneuzen an der Schelde in Betrieb genommen. Ein Teil der Trasse folgt dem älteren, kleinen, versandeten Kanal. Gent hat mit dem Vorhafen Terneuzen wieder einen besseren Anschluß an die Nordsee, als es mit dem alten Kanal über Brügge nach Ostende der Fall gewesen ist. Dies spiegelt sich in der obigen Tabelle wider.

1827

Neufundland. Seit der Jahrhundertwende fahren Schiffe zum Seehundfang an die Küste von Labrador. In diesem Jahr sind bereits 290 Schiffe mit 5400 Mann Besatzung in diesem Beruf tätig. Neben den Fellen wird auch das Seehundöl ausgeführt. Im Jahr 1857 sind schon 370 Schiffe mit 13.600 Mann im Einsatz. Der Export von Pökelfisch liegt zu dieser Zeit knapp unter einer Million Quintals im Jahr. Der Export von getrocknetem Fisch nach Südeuropa geht zwar an Norwegen verloren, dafür wird Brasilien ein neuer Abnehmer. Die Fangschiffe haben zwischen 18 und 37 Mann Besatzung.

1827

Kaspisches Meer. Die ersten Dampfschiffe >Kura< und >Predprijatie< nehmen ihre Fahrten auf. Vor allem die Linie von Astrachan an der Wolgamündung nach Baku im Kaukasus ist für Rußland von Bedeutung.

1827

Großbritannien. Das Land dominiert den Handel mit Südamerika. Die jungen Staaten haben aber nur wenige Güter, die sie nach England liefern können. Sie verschulden sich daher bei den Briten immer mehr. In diesem Jahr führt Brasilien Waren für 24,5 Millionen Dollar ein, kann aber nur Waren für zehn Millionen Dollar ausführen. Für die nach Lateinamerika gelieferten Maschinen, Textilien und anderen Güter liefert Brasilien Baumwolle, Zucker und Tabak, Argentinien liefert Fleisch, Häute und Talg.

1828

Großbritannien hat noch immer einen hohen Einfuhrzoll auf Zucker und Kaffee (zum Schutz der eigenen Kolonien), die wichtigsten Ausfuhrgüter Lateinamerikas. Die Fernhändler entwickeln daher einen Dreiecksverkehr. Sie verschiffen diese Güter nach St. Petersburg und Triest, bringen von dort die Güter aus Osteuropa nach Großbritannien und liefern dann dessen Industrieerzeugnisse nach Südamerika.

1828 **Oman.** Sultan Said reist mit seiner Flotte von einem Linienschiff, drei Fregatten und zwei Briggs nach Sansibar, seiner wichtigsten Besitzung in Ostafrika. Im folgenden Jahrzehnt verlegt er seinen Regierungssitz ganz dorthin, da Sansibar wirtschaftlich nun wichtiger ist als Oman.

1828 **Österreich.** Mit Brasilien wird ein Handelsvertrag abgeschlossen. Ein Jahr später erfolgt ein Abschluß mit den USA. Die Direktimporte an Rohbaumwolle und Kolonialwaren verdoppeln sich in kurzer Zeit. Nach Brasilien werden Metallwaren, Baumwollerzeugnisse, Wollwaren, Leinwand, Seidenwaren, Spitzen, Glaswaren, Papier, Kerzen und vieles andere geliefert.

1828 **Indien.** Das Dampfschiff >Hooghly< unternimmt mehrere Probefahrten auf dem Ganges von Kalkutta bis Allahabad. Es erreicht auf den rund 800 Meilen flußaufwärts eine Geschwindigkeit von drei bis vier Knoten, flußabwärts von sieben bis zwölf Knoten, je nach Strömung. Die Befahrbarkeit des Ganges für Dampfschiffe wird dabei festgestellt und zunächst zwei Schlepper bestellt.

1828 **Indien.** Der Wert des Exports verteilt sich in diesem Jahr auf folgende Waren: Indigo (27%), Opium (17%), Rohbaumwolle (15%), Baumwollkleider (11%), Rohseide (10%) und Zucker (4%). Der Rest geht auf Güter wie Kaffee, Tee, Pfeffer und Edelsteine. Zehn Jahre später ist das Verhältnis Indigo (26%), Rohbaumwolle (21%), Opium (10%), Zucker (8%), Rohseide (7%) und Baumwollkleider (5%). Indien verschifft noch immer vorwiegend Rohstoffe. Die Waren gehen 1828 nach Großbritannien (48%), China (25%), Persien und Arabien (7%, zum Teil über Land) sowie nach Penang und Malakka (6%).

1828 **Literatur.** Der britische Kap. John Ross veröffentlicht in London das erste Buch über Navigation mit Dampfschiffen unter dem Titel „A Treatise on Navigation by steam ...", sowohl für Handels- als auch für Kriegsschiffe. Er macht auch erste Vorschläge für eine Flottentaktik, schreibt über die Geschichte der Dampfmaschine und über Handelskrieg.

1828–1831 **Großbritannien.** Das Land liefert nach dem Deutschen Bund Maschinen im Wert von 5117 Pfund, davon sind 29% Dampfmaschinen. Im Jahr 1847 sind es schon 174.900 Pfund, davon Dampfmaschinen für 61.250 Pfund. Der Bau der Eisenbahnen am Kontinent bringt auch einen bedeutenden Export an Schienen und Eisen-Halbfabrikaten.

1829 **Australien.** Großbritannien nimmt mit der Flaggenhissung am Swan-Fluß auch die Westküste des Kontinents in Besitz. An dieser Stelle wird die Stadt Perth gegründet. Noch im selben Jahr trifft der Segler >Carolina< mit einer Ladung von 150 Merinoschafen samt Hirten aus England ein. Daraus entwickelt sich der wichtigste Ausfuhrartikel von Australien. In Neusüdwales beginnt die Schafzucht schon im Jahr 1801, im Jahr 1805 werden Zuchtschafe aus Spanien eingeführt, aber erst ab 1820 setzt die Zucht in größerem Umfang ein.

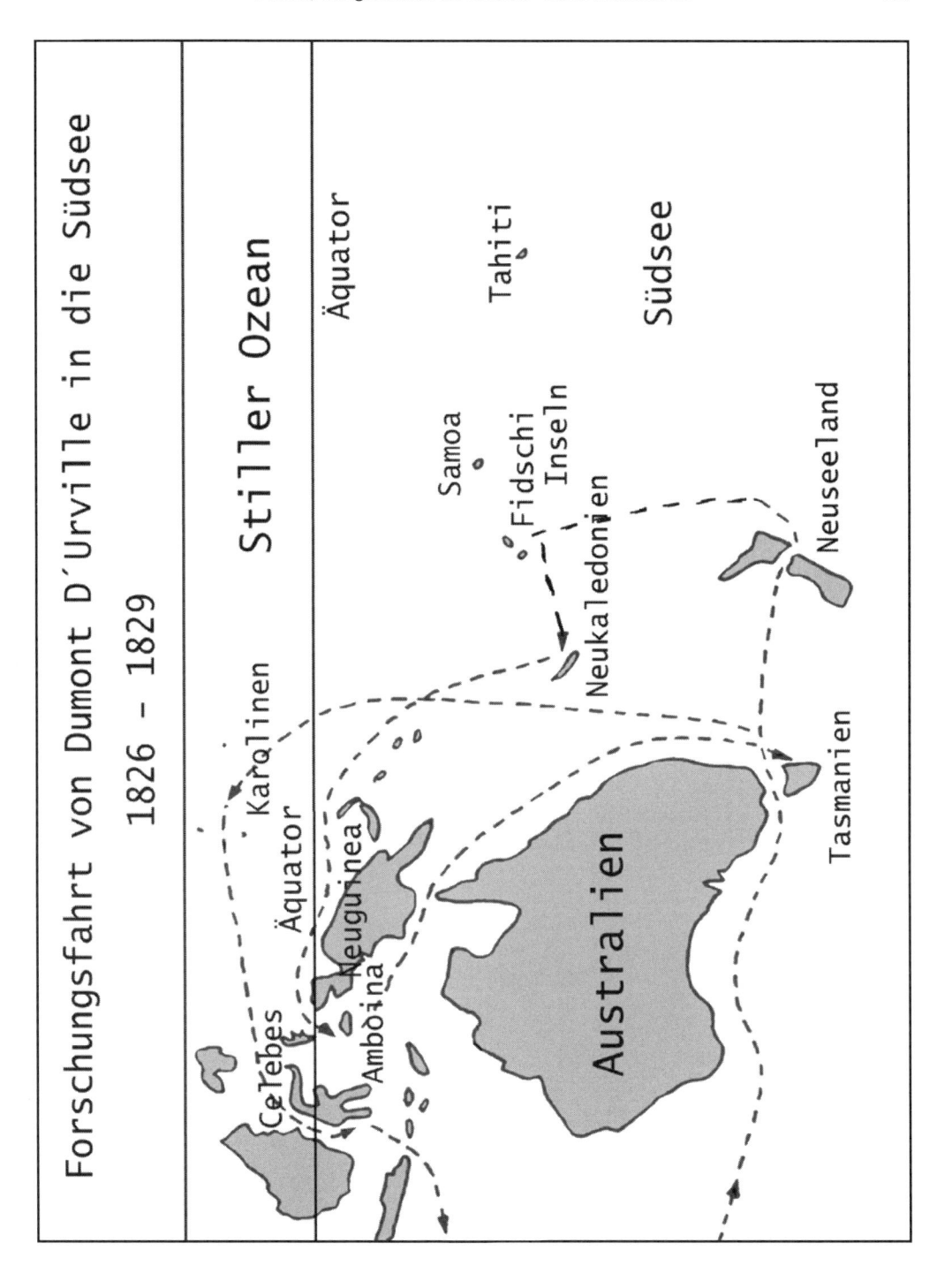

Forschungsfahrt von Dumont D'Urville in die Südsee
1826 – 1829

1829	**Binnenschiffahrt.** In Kanada wird der Welland-Kanal in Betrieb genommen. Er umgeht die Niagarafälle und verbindet den Ontario-See mit dem Erie-See und schafft dadurch einen Schiffahrtsweg vom Atlantik bis zum Oberen See. Auch der St. Lorenz-Strom wird ständig ausgebaut. Der Kanal wird schon drei Jahre später für Dampfschiffe vergrößert. Nach dem Ausbau ist er 40 Kilometer lang und hat 39 Schleusen, um die hundert Höhenmeter zu überwinden.
1829	**Mexiko.** In diesem Jahr laufen Schiffe aus folgenden Ländern in den Häfen ein: USA (143), Frankreich (40), Großbritannien (29), Gibraltar (12), Deutscher Bund (7), Italien (3) und Dänemark (1).
1829	**Binnenschiffahrt.** In Österreich wird die „Erste Donau-Dampfschiffahrts-Gesellschaft", kurz 1. DDSG, mit Sitz in Wien gegründet. Schon im folgenden Jahr wird der Schiffsverkehr mit dem Dampfer >Franz I.< aufgenommen. Er fährt in 14 Stunden nach Budapest, zurück nach Wien gegen den Strom braucht er 48 Stunden. In Budapest wird für die 1. DDSG das erste Passagierschiff mit eisernem Rumpf, die >Samson<, gebaut.
1829	**Niederlande.** Den meisten Schiffsverkehr haben sie mit Großbritannien, dem Deutschen Bund, Skandinavien und Rußland. Rund 40% des Transportes geht auf eigenen Schiffen. Den Anteil am Umschlag haben folgende Häfen (noch mit Belgien): Amsterdam (31%), Rotterdam (17%), Antwerpen (12%), Harlingen (7%) und Ostende (6%). Der Rest entfällt auf andere Häfen. Näheres im Anhang.
1829	**Niederlande.** Das erste Dampfschiff fährt nach Westindien. Die >Curaçao< (440) stammt aus England, ist 40 m lang, 8,20/13,60 m breit und hat 4,00 m Tiefgang. Sie wird von einer Dampfmaschine von 100 PS angetrieben. Mehrere Male unternimmt sie die Fahrt nach Westindien und ist damit das erste Dampfschiff, das regelmäßig den Atlantik überquert.
1829	**Schiffbau.** Der Österreicher Josef Ressel (1793–1857) baut mit der >Civetta< das erste Dampfschiff mit Schraubenantrieb. Bei der Probefahrt platzt ein zu dünnes Dampfrohr aus Kupfer und von der Polizei werden weitere Versuche verboten. Der Schraubenantrieb ist aber keine Erfindung eines einzelnen. Schon 1793 empfiehlt der französische Mathematiker Paucton den Antrieb von Schiffen durch eine archimedische Schraube. Weitere Vorschläge kommen von Lyttleton (1794), Sharter (1800), Dalleroy (1803), der Amerikaner Stevens baut ein Modell mit Schraube (1804). Von Ressel kommt ein Vorschlag (1812), dann von Millington (1816), Deslisle (1823), Perkins (1825) und Church (1829), um nur die wichtigsten summarisch zu nennen. Eine praktische Anwendung erfolgt erst 1836 durch F. Petit-Smith und J. Eriksson.
ab 1829	**Insulinde.** Der Handel der Niederlande im heutigen Indonesien spürt die Konkurrenz von Singapur als Seehandelszentrum. Die Niederländer erklären daher in diesem und den folgenden Jahren die Plätze Riau, Ponianak und Sambas auf Borneo, Succands, Makassar und Menado auf Celebes, Kemar, Ambiona und Ternate ebenfalls zu Freihäfen. Der Hafenumschlag in Singapur geht aber nur geringfügig zurück.
1829–1830	**Großbritannien.** Das Land importiert aus dem Deutschen Bund vor allem Wolle, Getreide und Holz. Der Anteil dieser Güter an der ganzen Einfuhr aus Deutschland liegt bei 90 Prozent. Davon entfallen auf Wolle (44,1%!), auf

Getreide (35,0%) und auf Holz (7,8%). Wolle und etwas Getreide kommen aus den alten Hansestädten Hamburg, Bremen und Lübeck, das meiste Getreide und alles Holz aus den preußischen Häfen an der Ostsee. Der Import von Getreide schwankt je nach der eigenen Ernte, der Wollimport geht bis 1850 stark zurück, dagegen nimmt der zunächst unbedeutende Import von Vieh, Lebensmitteln und Textilien aus Deutschland zu.

Forschung. Der Engländer John Ross unternimmt auf eigene Faust mit dem Dampfschiff >Victory< eine Reise zur Erkundung einer Nordwestpassage. Das Schiff wird vom Eis eingeschlossen und kommt auch im Sommer nicht mehr frei. Ross muß daher dreimal überwintern und wird schließlich von einem Walfänger gerettet. Bei dieser Expedition bestimmt Ross die Position des magnetischen Nordpols.   *1829–1833*

Großbritannien. Die Entwicklung des Seehandels in einigen Zahlen: *1830*

Ausfuhr nach	Wert in Pfund
USA	6,100.000
Deutscher Bund und Niederlande	6,700.000
West- und Südeuropa	7,200.000
Skandinavien und Rußland	1,700.000
Asien	4,100.000
Lateinamerika	5,200.000
Afrika	750.000
Australien	300.000
britische Kolonien	4,700.000

Einfuhrgüter	in Tonnen
Holz	540.000
Baumwolle	100.000
Getreide	~300.000
Eisen	15.000
Kupfer	~10.000

Der Gesamtexport beträgt 37 Millionen Pfund, davon entfallen 26,5 Millionen allein auf Textilien und davon 19,5 Millionen auf Baumwollwaren (Garne, Halbfabrikate und Fertigwaren).

Der Import von Holz steigt in 15 Jahren auf 1,250.000 Tonnen, davon allein 900.000 Tonnen aus Kanada. Der Import von Getreide schwankt je nach Ernte und Preis zwischen 130.000 und 400.000 Tonnen und erreicht während der irischen Hungersnot eine Spitze. Die Einfuhr von Kupfer steigt ab 1825 stark an.

Sicherheit. In Großbritannien gibt es von den Scilly-Inseln über die Kanalküste und Flamborough Head bis zur Einfahrt in den Firth of Forth bereits 35 Leuchttürme. Dazu kommen schon elf Feuerschiffe, darunter so berühmte wie das Nore-Schiff an der Themsemündung oder Goodwin Sands nahe Dover und Galloper.   *1830*

Europa. An der Gesamtausfuhr des Kontinents sind die einzelnen Länder mit folgenden Anteilen beteiligt: Großbritannien (27,5%), Frankreich (15,7%), Deutscher Bund (ca. 15,0%), Rußland (7,9%), Österreich (4,7%), Schweiz (4,0%), Belgien (2,9%), Spanien (2,3%), Portugal (1,6%) und Schweden (1,2%). Zahlen für Italien, Niederlande und Dänemark sind nicht bekannt.   *1830*

1830 **Rotes Meer.** Das erste Dampfschiff in diesen Gewässern ist die >Hugh Lindsay< der E.I.C. Sie fährt von Bombay nach Suez, hat aber zu wenig Bunkerraum für die Kohle. Um die ganze Strecke zurücklegen zu können, muß sie die Kabinen mit Kohlensäcken anfüllen. Kohlestationen zum Nachbunkern gibt es noch nicht.

um 1830 **Bengalen.** Die Briten exportieren jährlich 3000 Kisten Opium, von denen 70 bis 80 Prozent nach China gehen. Es ist der größte Einnahmeposten der Briten in Indien. Ein weiteres wichtiges Ausfuhrgut sind Baumwollstoffe, die über Singapur nach Hinterindien und Insulinde geliefert werden.

um 1830 **Malaiische Halbinsel.** Es gibt nur drei größere Städte: Penang (40.000 Einwohner), Malakka (30.000) und Singapur (20.000). Sie wachsen rasch und haben nach 50 Jahren schon über 100.000 Bewohner. Die ganze übrige Halbinsel südlich von Phuket hat um 1830 insgesamt nur 100.000 Einwohner und ist in ein Dutzend kleine Sultanate aufgeteilt. Deren Herrscher liefern über die zahlreichen kleinen Flüsse Zinn und Produkte des Regenwaldes an die drei genannten Häfen. Nun beginnt die große Einwanderung von Chinesen, Indern und Malayen in die neuen Bergbaugebiete und Großplantagen auf der Halbinsel.

1830 **Binnenschiffahrt.** Die beiden Brüder Lander aus Großbritannien unternehmen eine Forschungsfahrt nach Westafrika. Sie erreichen zu Fuß den oberen Niger und fahren mit Kanus bis zu dessen Mündung. Dadurch wird ein guter Zugang in das Innere von Westafrika entdeckt. Eine Handelsgesellschaft versucht mit den kleinen Dampfern >Quorra< und >Alburkah< Handelskontakte mit der Gegend am Mittellauf des Nigers aufzunehmen. Die Schiffe fahren von England zum Niger und werden dabei von einem Segler mit einer Ladung Kohle begleitet. Von den 48 Teilnehmern der Fahrt auf dem Niger sterben 39 an Seuchen. Ähnlich geht es 1845 einem weiteren Versuch. Die beiden Schiffe aus dem Jahr 1830 sind die ersten Dampfschiffe in Afrika.

1830 **Hafenbau.** Die neuen größeren Segelschiffe und vor allem die Dampfschiffe können Bremen nur mehr schwer anlaufen. Es wird daher auf dem Gebiet von Hannover, kurz vor der Mündung der Weser in die Nordsee, ein Vorhafen in Betrieb genommen. Dieser heißt zunächst Wesermünde und seit 1947 Bremerhaven. Dort können große Auswandererkontingente und die größeren Dampfschiffe abgefertigt werden. Dazu gibt es von Bremen einen Zubringerdienst.

1830 **Indien.** Auf dem Subkontinent können Massengüter nur über eine Entfernung von rund hundert Kilometern zu Land befördert werden, da sonst die Kosten zu hoch sind. Der Transport von Massengütern über größere Entfernungen erfolgt daher nur auf den Wasserwegen. Nur Luxusgüter von hohem Wert und geringem Gewicht können von Trägern zu erträglichen Kosten durch den ganzen Kontinent transportiert werden. Das Flußsystem des Ganges (und des Indus) ist daher der wichtigste Transportweg. Neben Tabak, Opium, Indigo und Salz können auch Massengüter wie Rohbaumwolle, Reis, Getreide oder Salpeter kostengünstig über große Entfernungen transportiert werden. In diesem Jahr gibt es in der kleinen Stadt Anupshar am Ganges östlich von Delhi bei nur 8000 Einwohnern 360 Bootsführer, aber nur 100 Träger. In Benares finden sich unter 200.000 Einwohnern 2000 Bootsleute.

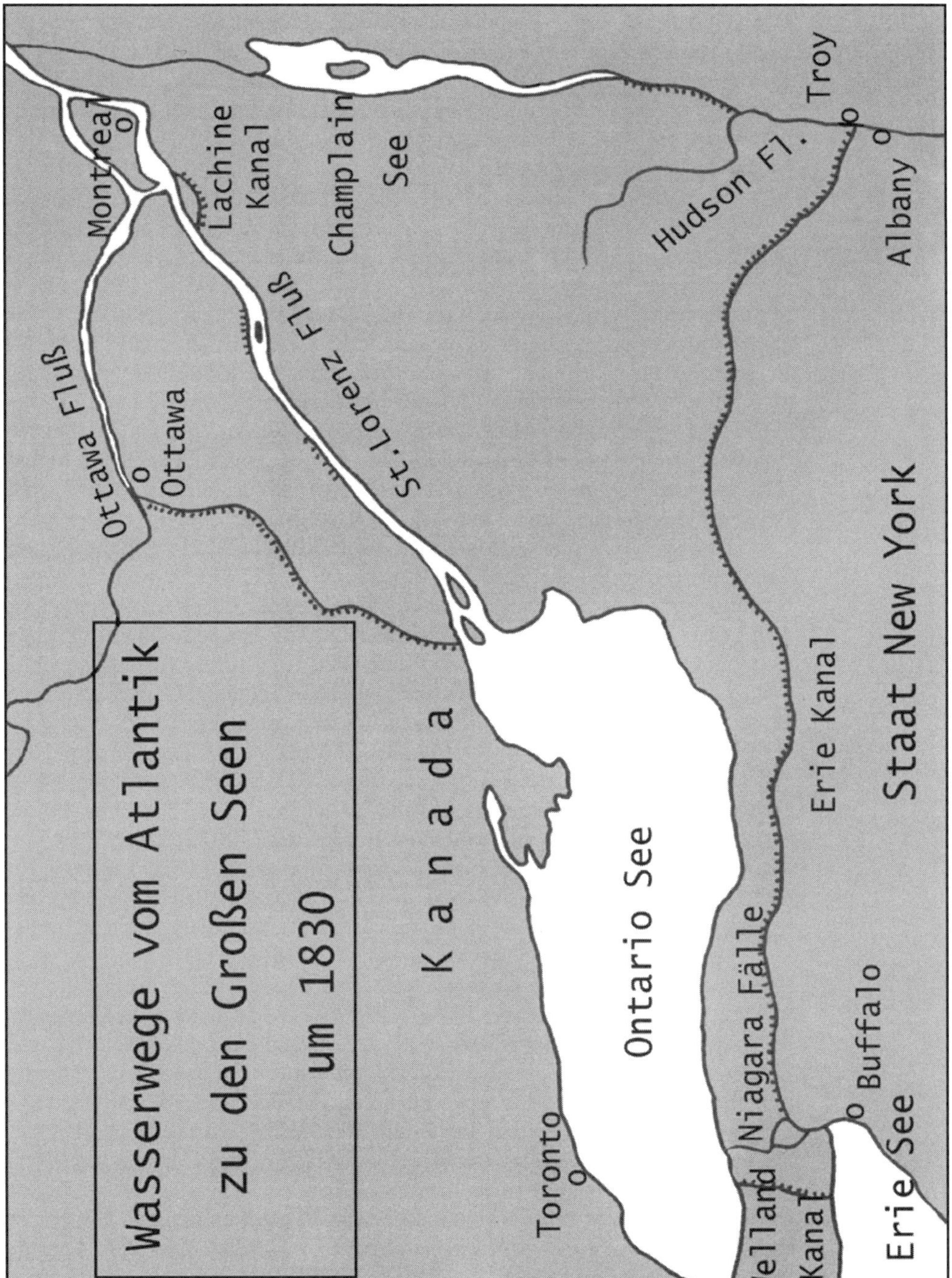
Wasserwege vom Atlantik
zu den Großen Seen
um 1830
Montreal
Lachine Kanal
Champlain See
Troy
Hudson Fl.
Albany
Ottawa Fluß
Ottawa
St. Lorenz Fluß
K a n a d a
Ontario See
Erie Kanal
Staat New York
Niagara Fälle
Buffalo
Toronto
Welland Kanal
Erie See

um 1830	**Deutscher Bund.** Der Seeverkehr der Häfen, noch ohne Preußen und die Hansestädte, nimmt nach den Napoleonischen Kriegen zunächst nur einen langsamen Aufschwung. Dies ist einerseits durch die britischen Handelspolitik, andererseits durch den zunächst nur langsamen Übergang der Industrie in Deutschland auf neue Produktionsformen und weltweiten Vertrieb bedingt. In den letzten 15 Jahren steigt der Seehandel nach Großbritannien um rund 65 Prozent, die Einfuhr von dort um rund 70 Prozent. Die preußischen Häfen liefern nach Großbritannien nur Massengüter wie Getreide und Holz. Die Rückfahrt erfolgt daher oft in Ballast, da die importierten britischen Industriegüter weniger Schiffsraum beanspruchen.
um 1830	**Deutscher Bund.** Die Einfuhren aus Großbritannien umfassen vor allem Textilien (68%), davon die Hälfte Gewebe (Anteil fallend) und Garne (steigend) sowie in England raffinierter Zucker (10%, stark fallend). Der Anteil an Metallwaren und Maschinen ist noch sehr gering wie z.B. Industriewaren (2,0%), Eisen und Stahl (1,4%), Kohle (0,6%) und Maschinen (0,2%). Als Durchgangswaren aus Großbritannien (18,0% vom Ganzen) führt Deutschland Indigo (37,0% stark fallend), Kaffee (16,0% fallend), Rohbaumwolle (6,0% stark steigend) sowie Häute und Felle (4,0% steigend) ein. Die stark wachsende Zuckerrübenindustrie verringert den Bedarf an Rohrzucker, die stark steigende Textilindustrie erhöht den Bedarf an Rohbaumwolle.
ab 1830	**Hamburg.** Bis dahin beherrschen die englischen Reeder den Frachtverkehr nach dem Deutschen Bund. Hamburger Kaufleute beschweren sich über deren hohe Frachtraten. Um diese zu drücken, werden in den deutschen Hafenstädten eigene Reedereien gegründet. Sloman in Bremen hat schon seit einiger Zeit Segelschiffe fahren. Nun kommen in Hamburg Dampfschiffahrtsgesellschaften dazu wie die „Elbe-Humber-DGS" (1846). Sie führt Lebensmittel und Rohstoffe nach Hull und holt von dort Industrieerzeugnisse. Ferner die „Hanseatische DS Companie" (1848) für die Einfuhr von Kohle aus Sunderland. Sobald diese Konkurrenz auftritt fallen die Frachtraten innerhalb von zehn Jahren fast auf die Hälfte.
ab ca. 1830	**Transportgut.** Aus Kanada und Norwegen werden große Mengen an Natureis nach Südamerika verschifft, wo es zum Export von Rindfleisch nach Europa benötigt wird. Nach rund 50 Jahren endet diese Verschiffung durch das Aufkommen der Kühlschiffe.
1830–1833	**Forschung.** Der englische Robbenfänger John Biscoe läuft im Auftrag seines Reeders Ch. Enderby mit der Brigg >Tula< (148) zu einer Erkundung der Fanggebiete um die Antarktis aus. Über die Falkland-Inseln, Südsandwich und Südgeorgien erreicht er seinen südlichsten Punkt am Eisrand in 69°25´. Er sichtet dann Festland und nennt es nach seinem Reeder. Biscoe ist im Mai 1831 in Hobart auf Tasmanien, im Oktober auf Neuseeland, entdeckt die Adelaide-Insel und Grahamland in der Antarktis und kehrt über die Falkland-Inseln zurück. Es ist die dritte Umrundung der Antarktis.
1830	**Binnenschiffahrt.** In den USA wird der Miami-Kanal fertiggestellt. Er beginnt am Ohio bei Cincinnati und erreicht nach über 300 Kilometern den Wabash, von wo über den Erie-Kanal Verbindung zum Erie-See besteht. Zwei Jahre später wird vom Ohio bei Portsmouth ein Kanal von 500 Kilometern Länge nach Cleveland am Erie-See eröffnet.

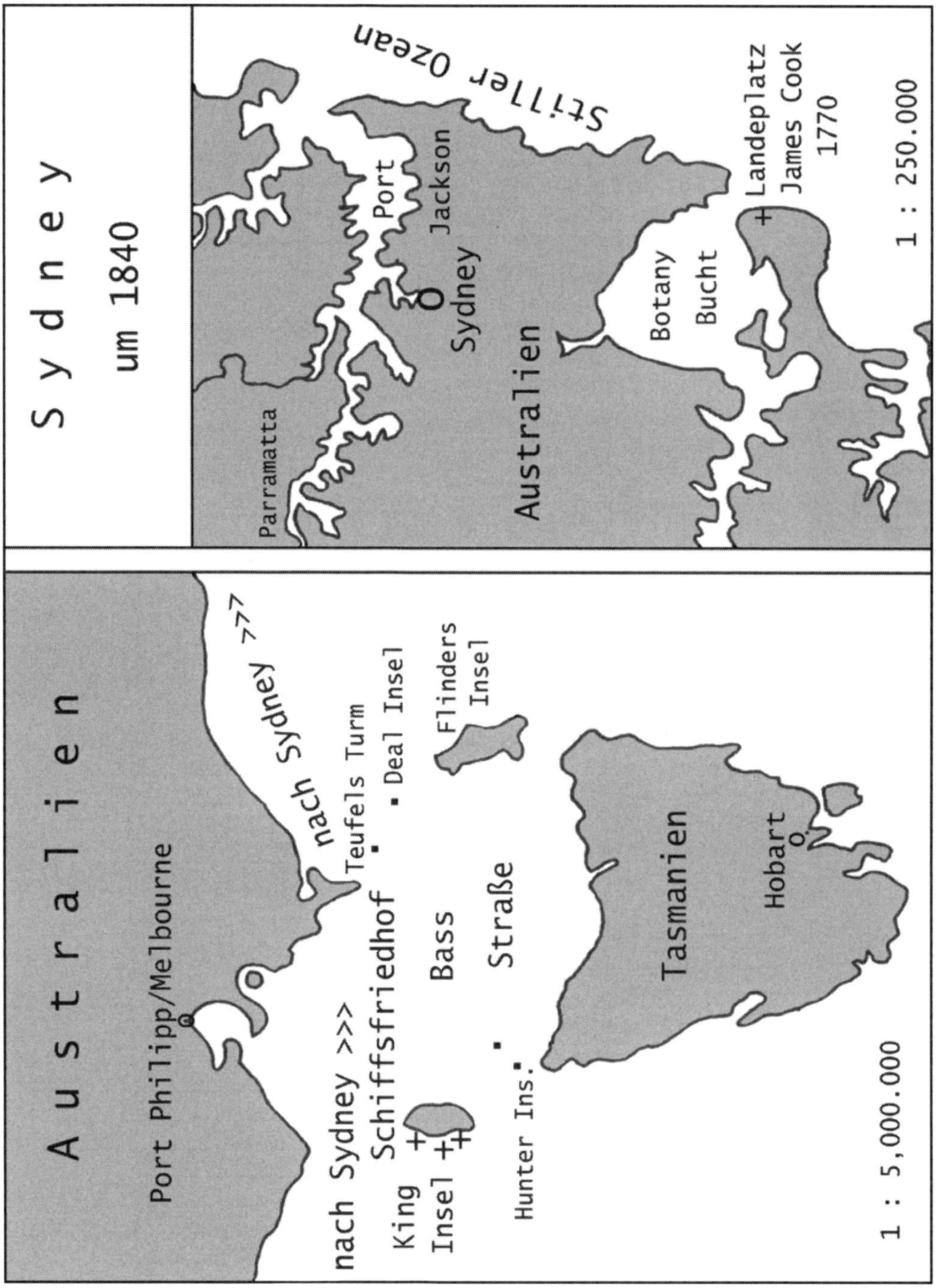
Sydney
um 1840
Stiller Ozean
Port
Jackson
Sydney
Parramatta
Australien
Botany
Bucht
Landeplatz
James Cook
1770
1 : 250.000
Australien
Port Philipp/Melbourne
nach Sydney >>>
Teufels Turm
Deal Insel
Flinders
Insel
nach Sydney >>>
Schiffsfriedhof
Bass
Straße
Tasmanien
Hobart
King
Insel
Hunter Ins.
1 : 5,000.000

1831	**Australien.** Der erste Dampfer, die >Sophia Jane<, trifft am fünften Kontinent ein. Das Schiff legt bei der Überstellung den Großteil der Fahrt unter Segel zurück. Auf diese Weise folgen in den nächsten Jahren weitere Dampfschiffe, die dann den Küstenverkehr rund um Australien aufnehmen, da dort schon Bunkermöglichkeiten (Kohle oder Holz) vorhanden sind. Der Fernverkehr mit Europa mit Gütern und Auswanderern wird noch von reinen Segelschiffen rund um das Kap der Guten Hoffnung durchgeführt.
1831	**Binnenschiffahrt.** Mit der Unterzeichnung der Mainzer Akte nimmt die internationale Rheinkommission ihre Tätigkeit auf. Ihre Bildung ist 1815 auf dem Wiener Kongreß beschlossen worden. Sie ist 1816 zum ersten Mal zusammengetreten, hat aber bis jetzt gebraucht, um sich zu konstituieren. In ihr sind Delegierte aus Deutschland (4), Frankreich (4), den Niederlanden (3), Belgien (2), der Schweiz (2) und je einer aus Großbritannien, Italien und den USA vertreten. Die Delegierten von Italien – erst 1937 ausgeschieden – und den USA – 1964 – scheiden später aus. Die Kommission nimmt Beschwerden und Vorschläge entgegen und fällt verbindliche Entscheidungen. Zölle und Stapelrechte am Rhein sind bereits abgeschafft.
1831	**Binnenschiffahrt.** Auf der Donau nimmt die 1. DDSG den regelmäßigen Verkehr auf der Strecke von Wien nach Budapest auf. Im Jahr 1837 folgt der Kurs von Wien nach Linz. Die „Bayerisch-Württembergische Dampfschiffahrts Gesellschaft" beginnt 1835 den Verkehr auf der Stecke von Regensburg nach Linz. Daneben gibt es auf der Donau noch eine beträchtliche Ruderschiffahrt und Flößerei. Die 1. DDSG transportiert um 1850 rund 10% ihrer Güter auf der Strecke zwischen Linz und Wien, 41% zwischen Wien und Budapest, 35% zwischen Budapest und Orsowa und die restlichen 14% unterhalb des Eisernen Tores, das von Dampfschiffen noch nicht passiert werden kann.
1831	**Australien.** Die Verschiffung von Wolle wird in größerem Umfang aufgenommen. In diesem Jahr werden 1250 Tonnen ausgeführt, 1839 sind es 5050, 1843 schon 8700 und 1850 bereits 19.500 Tonnen. Die Wolle geht fast ausschließlich nach Großbritannien.
1831	**Österreich.** Die österreichische Handelsflotte wird von Triest und Venedig aus immer aktiver. Allein in einem Jahr fahren von 937 in Alexandria einlaufenden Schiffen 373 unter österreichischer Flagge. Aus Odessa wird Getreide, aus Ägypten Baumwolle, aus der Levante Gewürze, aus Saloniki Rohtabak und aus Westindien Zucker und Kakao eingeführt. Bei den zahlreichen noch existierenden Zöllen blüht auch der Schmuggel.
Dezember 1831– Oktober 1836	**Forschung.** Charles Darwin (1809–1882) unternimmt seine große Forschungsfahrt auf der Brigg >Beagle< unter Kapitän Robert Fitzroy. Dieser macht eine genaue Aufnahme der Küsten des südlichen Südamerika und unternimmt auch Landexpeditionen in die Küstenregionen von Argentinien und Chile. Die >Beagle< hält sich einige Zeit bei den Galapagos-Inseln auf und kehrt dann über Neuseeland, Sydney, Mauritius, das Kap der Guten Hoffnung und Brasilien zurück. Der junge Darwin entwickelt auf dieser Fahrt seine Theorie über die Entstehung der Arten. Er veröffentlicht sie 1839 in seinem Buch „The Voyage of the Beagle".

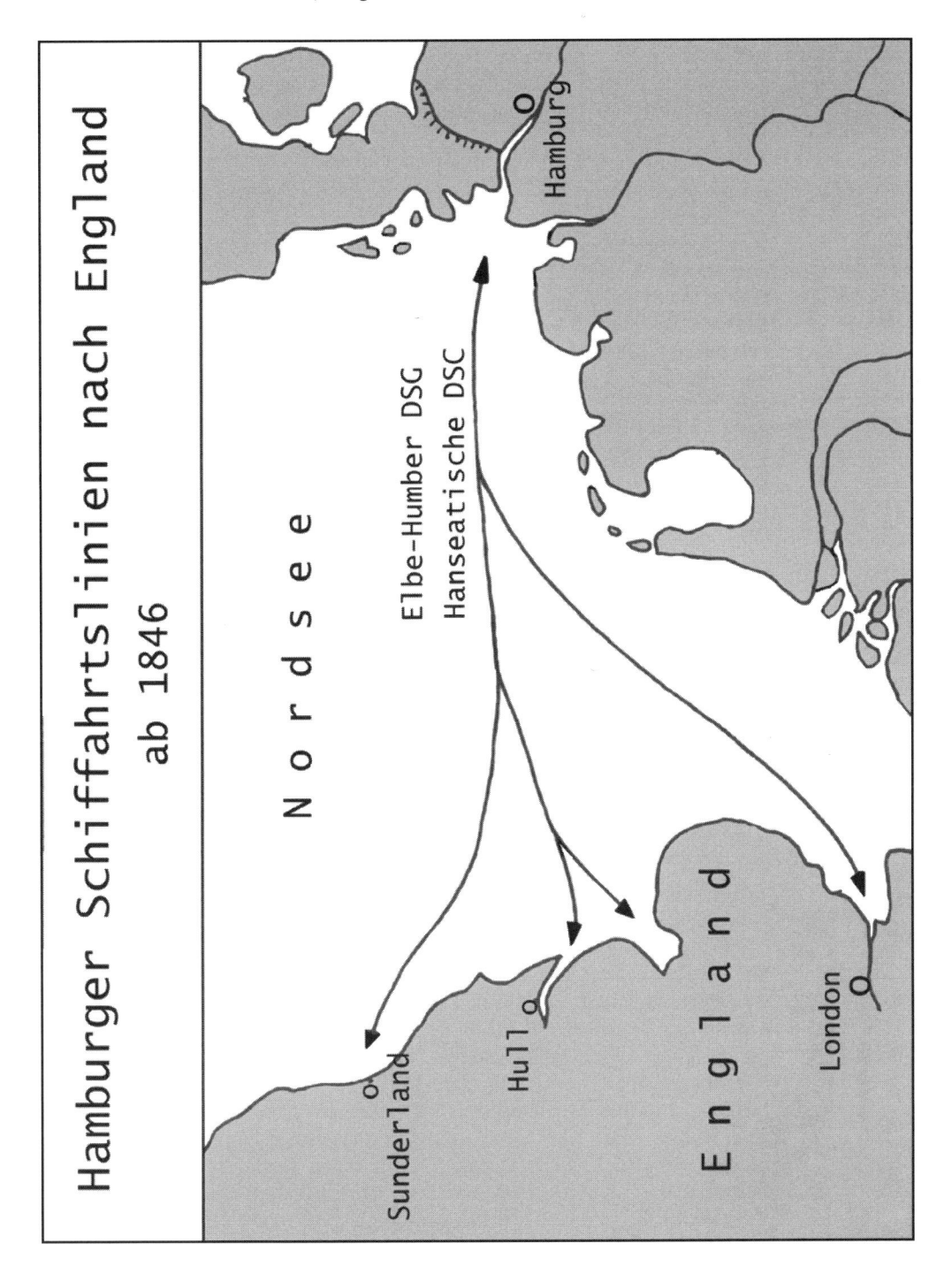

Hamburger Schiffahrtslinien nach England ab 1846

Elbe-Humber DSG
Hanseatische DSC

1832 **Technik.** Für den Transport eines Obelisken von Luxor nach Paris wird ein eigenes Transportschiff, die >Luxor<, gebaut. Sie bringt den Obelisken den Nil abwärts bis zur Mündung und wird von dort zur Seine und diese aufwärts bis Paris geschleppt.

1832 **Binnenschiffahrt.** Als Beispiel für den Gütertransport auf britischen Kanälen sei die Verschiffung am Forth and Clyde-Kanal in diesem Jahr angeführt. Es werden rund 68.000 Tonnen Kohle, 32.000 Tonnen Dünger und 13.000 Tonnen Steine neben wenigen anderen Gütern befördert. Der Personenverkehr ist nach dem Bau der Eisenbahn zu Ende.

1832 **China.** Zwischen Tientsin und Kanton wird die erste chinesische Dampfschiffahrtslinie in Betrieb genommen. Die >King-fa< hat Kühe, einen Wundarzt, eine Musikkapelle und Räume zum Kartenspielen und Opiumrauchen an Bord.

1832 **Seenotrettung.** Vor der Insel Wight im Ärmelkanal strandet das Segelschiff >Bainbridge<. Zu den Schiffbrüchigen wird mit einer Rakete eine Rettungsleine geschossen und die Leute werden geborgen. Es ist der erste erfolgreiche Einsatz einer Congreve-Rakete zur Seerettung.

1832 **Kanalbau.** In Schweden wird der Göta-Kanal eröffnet. Er ist seit 1809 in Bau gewesen. Die Errichtung des Kanals hat während der Napoleonischen Kriege zunächst strategische Gründe gehabt. Nun dient er dem Gütertransport und heute (2000) fahren Ausflugsschiffe mit Urlaubern. Zusammen mit dem Trollhätten-Kanal verbindet er die Ostsee von Söderköping über den Väner-See mit der Nordsee bei Göteborg.

1833 **Dampfschiff.** Die >Cape Breton< (124) ist das erste Dampfschiff, das unter Segel und Dampf von England (Plymouth) nach Amerika (Sydney, Neuschottland) fährt. Es ist die erste Fahrt eines Schiffes mit Dampfmaschine über den Atlantik von Ost nach West nach der >Curaçao<, die aber nicht gegen den Golfstrom gefahren ist.

1833 **Dampfschiff.** Die >Royal William< (364) fährt von Quebec nach Gravesend an der Themse. Sie ist fast die ganze Fahrt unter Dampf unterwegs, ausgenommen die Kesselreinigungen vom Salz alle vier Tage. Sie ist auch das erste Dampfschiff, das von Kanada nach England fährt.

1833 **Triest.** Aus dem Hafen laufen 2500 Schiffe unter österreichischer Flagge aus. Darunter sind vier Nave/Vollschiffe mit 250 bis 550 Tonnen, sechs Polaken mit 170 bis 350 t und 300 Briggs mit 100 bis 300 t, der Rest sind kleine und kleinste Küsten- und Lagunenfahrzeuge.

1833 **Passagierschiffahrt.** Von London aus gibt es schon einige Dampfschiffahrtslinien in die Umgebung im Bäderdienst. Auf der Linie nach Margate (an der Ostspitze von Kent) werden von der „Steam Navigation Comp." in diesem Jahr 390.000 Personen befördert, im Jahr 1821 sind es noch 27.000 gewesen. Nach Gravesend an der Mündung der Themse fahren 290.000 Personen, im Jahr 1842 sind es schon 1,141.000 Ausflügler. Nach Dover fahren 12.000 Passagiere. Von Holyhead an der Westspitze von Wales fahren 54.000 Personen im Jahr 1829 nach Dublin. Und selbst von Bristol fahren 12.000 Leute im Jahr 1836 nach Exeter, obwohl der Landweg bedeutend kürzer ist.

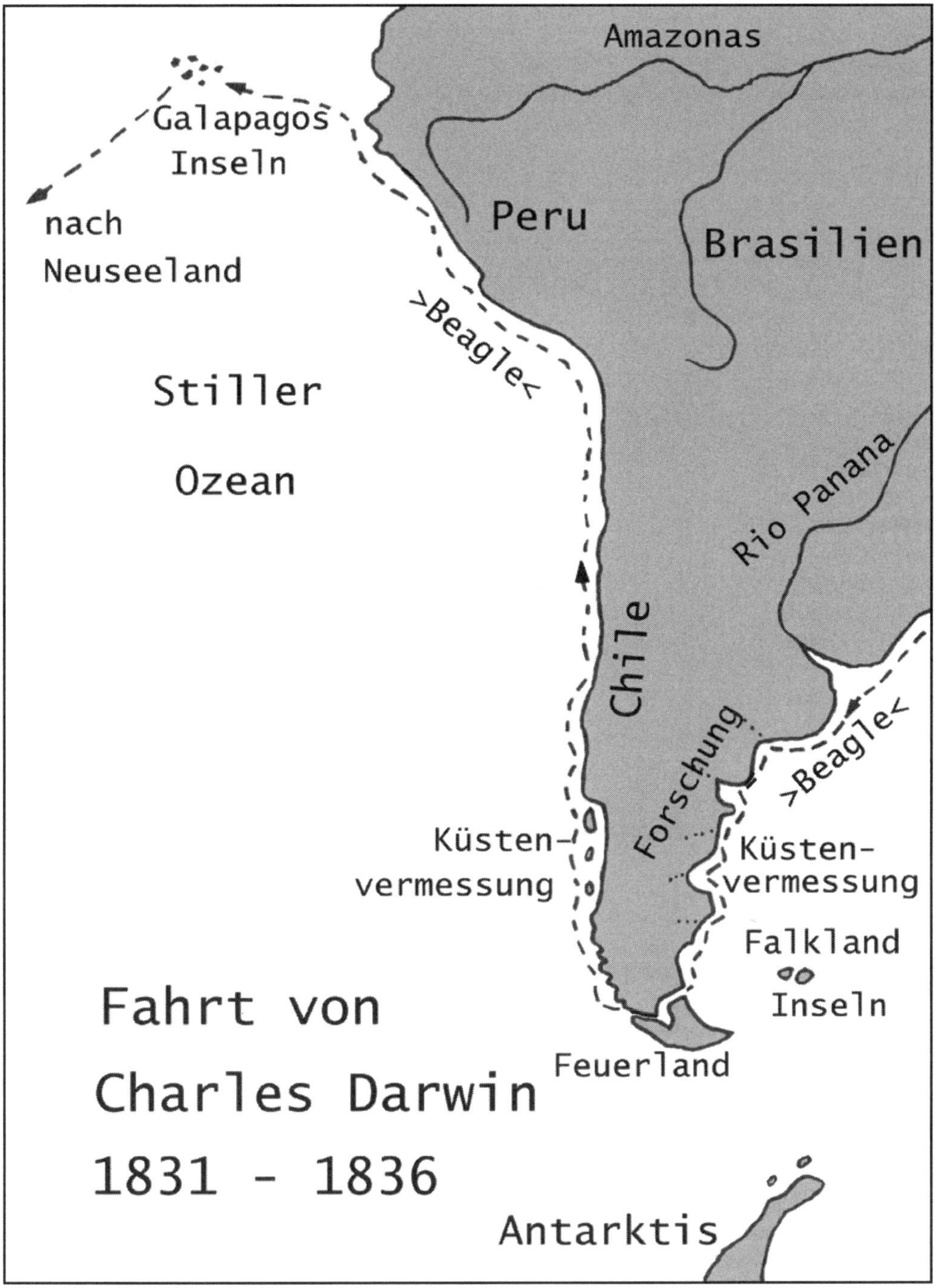
Amazonas
Galapagos
Inseln
nach
Neuseeland
Peru
Brasilien
>Beagle<
Stiller
Ozean
Rio Panana
Chile
Forschung
>Beagle<
Küsten-
vermessung
Küsten-
vermessung
Falkland
Inseln
Fahrt von
Charles Darwin
1831 - 1836
Feuerland
Antarktis

1833 **Binnenschiffahrt.** Auf den Großen Seen haben die USA bereits elf Dampfschiffe im Einsatz, die in diesem Jahr 61.500 Passagiere und Fracht im Wert von $ 230.000 befördern. Schon im folgenden Jahr kommen weitere sieben Dampfschiffe dazu und 1840 sind bereits 48 Dampfer der USA im Einsatz.

1833 **China.** Für die britische E.I.C. läuft das Privileg zum ausschließlichen Handel nun auch für China aus und wird nicht verlängert, da die britische Industrie den großen Markt für ihre Erzeugnisse unbeschränkt erschließen will. Eine ganze Reihe von Unternehmen beginnt nun den direkten Handel mit China. Dazu werden besonders schnelle Segelschiffe, die berühmten Blackwall-Fregatten, gebaut. Bis zum Bau des Suezkanals dominieren sie den Seetransport von Europa nach Asien.

1833 **Österreich.** Die Versicherung „Triester Lloyd" wird gegründet. Schon 1836 wird eine Schiffahrtslinie eingerichtet und die Gesellschaft in „Österreichischer Lloyd Triest" umbenannt. Sie wird die bedeutendste Schiffahrtslinie in der Levante.

1834 **Dampfmaschine.** Der Engländer Samuel Hill läßt sich seinen Oberflächenkondensator patentieren, die es ermöglicht, daß die Kessel ständig in Betrieb gehalten werden können. Bisher hat man immer alle drei bis vier Tage die Feuer löschen und die Kessel von den Salzablagerungen befreien müssen. Die Schiffe sind daher ein bis zwei Tage nur auf ihre Segel angewiesen. Nun wird in einem geschlossenen Kreislauf Kesselspeisewasser (salzfrei) verwendet. Im Nordatlantik verkürzt sich die Fahrzeit dadurch um bis zu zehn Tage. Die ersten Dampfschiffe mit dieser Einrichtung sind die britischen >Sirius<, >British Queen< und >Great Western<.

1834 **Griechenland.** Im Unabhängigkeitskrieg (siehe Seeherrschaft) wird die Wirtschaft ruiniert. Am schnellsten erholt sich der Schiffsbau. In diesem Jahr umfaßt die Handelsflotte wieder 2891 Schiffe mit 75.000 Tonnen (Durchschnitt 26 t!). Im Jahr 1843 sind es 3169 Schiffe mit 137.600 Tonnen (43 t) und 1850 bereits 4016 Schiffe mit 266.200 Tonnen (66 t). Darunter befinden sich aber nur wenige Hochseeschiffe und lediglich fünf Dampfschiffe. Durch das Aufkommen der Dampfschiffe können die kleinen Reeder von Hydra und den anderen Inseln mit ihren Trehandiris (Segelschiffstyp) finanziell nicht mehr Schritt halten und müssen aufgeben. Sie befahren nur mehr die Küstengewässer der Ägäis. Heute stellt noch eine Reihe dieser Kapitänshäuser auf Hydra eine bestens erhaltene Sehenswürdigkeit dar.

1834 **Deutschland.** In Bremerhaven gründet Rickmer Clasen Rickmers eine Bootswerft. Schon 1839 baut er mit der >Maria Franziska< das erste größere Schiff. Er beginnt dann eine eigene Reederei, zunächst mit zwei Briggs, mit denen er Auswanderer nach Amerika bringt. Seine Werft ist bald die größte an der Weser und baut später die besten deutschen Klipperschiffe. Erst 1893 wird mit dem Bau von eisernen Schiffen begonnen.

1834 **Werft.** In Elbing gründet Ferdinand Schichau eine Fabrik, in der zunächst Dampfmaschinen, hydraulische Pressen und Industriemaschinen gebaut werden. Dazu entwickelt er 1841 einen Bagger und erste eiserne Schiffe. Schließlich spezialisiert sich die Werft auf den Bau von Torpedobooten. Die Werft übersiedelt dann auf ein größeres Areal in Danzig, die kaiserliche Marine bestellt dort die meisten ihrer Torpedoboote.

Badeorte rund um London

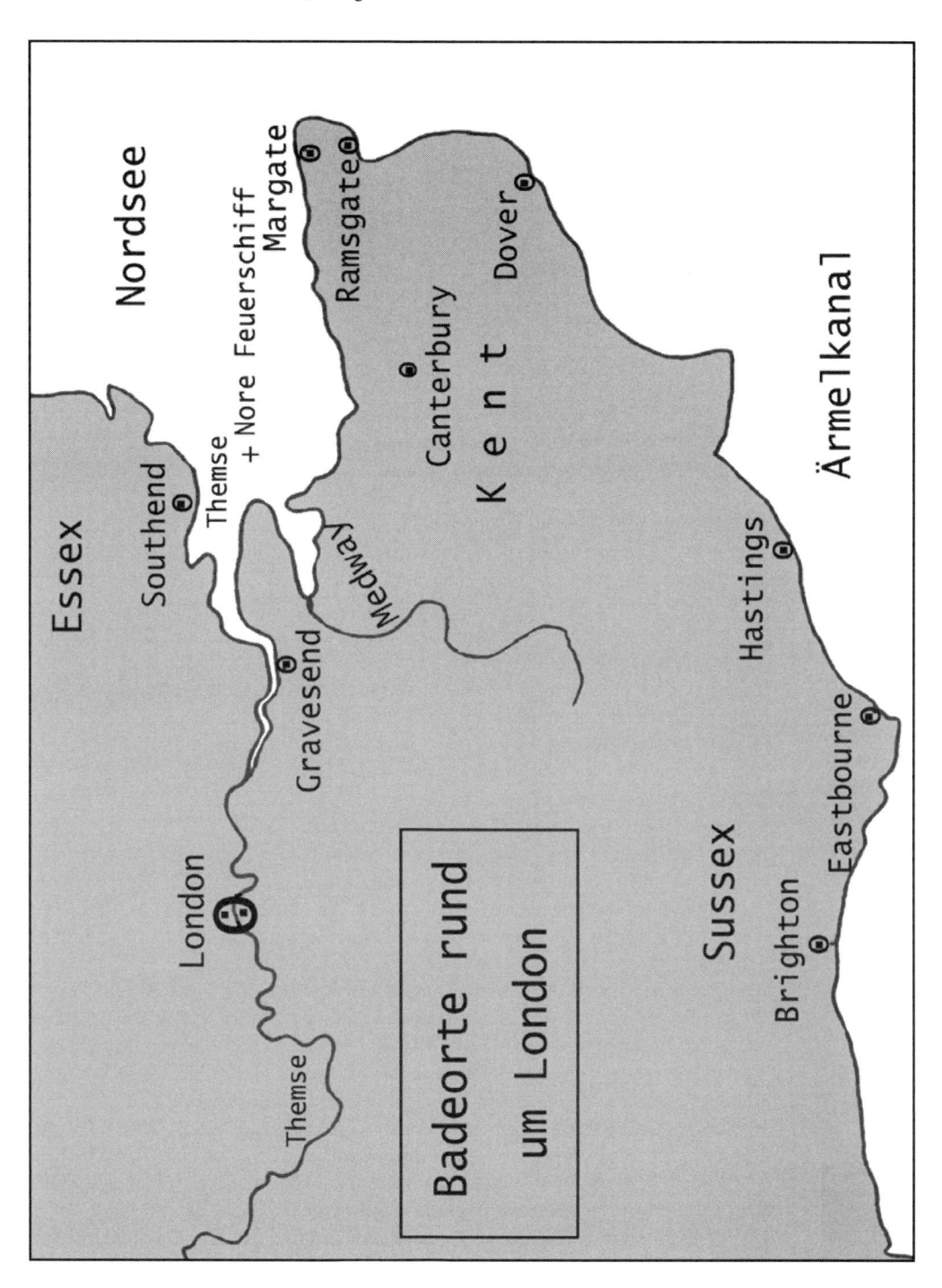

1834	**Kanalbau.** Der Kanal vom Rhein zur Rhone wird fertiggestellt. Er führt von Straßburg durch die oberrheinische Tiefebene und die Burgundische Pforte zur Saône bei St. Symphorien. Der Kanal hat 157 Schleusen, die Bauzeit hat 50 Jahre betragen.
1834	**Binnenschiffahrt.** In den USA sind am Mississippi, Ohio und deren Nebenflüssen 234 Dampfer im Einsatz. Sie werden fast alle in Pittsburgh und Cincinnati gebaut. In den Jahren 1831 bis 1833 gehen auf diesen Flüssen 66 Dampfschiffe verloren. Sie Ursachen sind in 24 Fällen treibende Baumstämme, 15 Strandungen, 15 sind verbrannt, sieben gehen durch Eis verloren und fünf durch Kollision. Eine weitere Unfallursache sind in der Anfangszeit Kesselexplosionen.
November 1834	**Mittelmeer.** Die österreichische 1. DDSG verlängert ihre Fahrten von der Donaumündung nach Istanbul. Die >Maria Dorothea< fährt von dort weiter bis Smyrna. Schon im nächsten Jahr kommt der Dampfer >Zrinyi< dazu. Im Jahr 1837 wird auch ein Kurs nach Trapezunt aufgenommen. Auch zwei britische Dampfer bedienen diese Strecke. Im Jahr 1845 übernimmt der „Lloyd Triest" die Levanteschiffe der 1. DDSG.
um 1835	**Frankreich.** Der Außenhandel überschreitet das Volumen des Handels aus der Zeit vor der französischen Revolution. In der Zwischenzeit ist der Seehandel mit den Kolonien zusammengebrochen. Nun gehen 70% des Außenhandels nach den anderen Staaten von Europa, rund 20% nach Amerika (Nord und Süd) und nur rund zehn Prozent nach Asien und Afrika. Die Differenz zwischen Ausfuhr und Einfuhr ist nur gering. Die Handelsflotte hat 630.000 Tonnen, fast ausschließlich Segelschiffe. Eingeführt wird Baumwolle (für 59 Mio. Francs), Zucker aus Westindien (45), Seide (40), Getreide (23), Holz (23), Wolle (16), Häute und Felle (16), Kupfer (11), Ölprodukte (10), Steinkohle (10), Kaffee (10) und Schlachtvieh (9). Ausgeführt werden Seidenstoffe (121), Baumwollstoffe (54), Wein (47), Wollstoffe (34), Lederwaren (21), Kunsthandwerk (20), Branntwein (19) und Töpferwaren (13).
1835	**Binnenschiffahrt.** Am Zürichsee in der Schweiz wird der erste Dampfer, die >Minerva<, in Dienst gestellt. Sie wird in Manchester gebaut, fährt über die Ouse und den Humber nach Hull, überquert die Nordsee und kommt über den Rhein bis oberhalb Basel. Dort wird sie zerlegt und am See wieder zusammengebaut.
um 1835	**Binnenschiffahrt.** In Schottland werden auf den Kanälen rund 80.000 Personen im Jahr befördert. Vor allem zwischen Glasgow und Edinburgh verkehren bequeme Personenboote von zwei Pferden gezogen, die alle vier Meilen gewechselt werden. Der Bau der Eisenbahn bringt ein Ende für diesen Verkehr, es fahren dann auf den Kanälen Dampfboote für Vergnügungsfahrten.
1835	**Verkehr.** In den USA wird der Pennsylvania Portage-Kanal in Betrieb genommen. Er führt von Philadelphia nach Pittsburgh und ist eine Kombination von Kanal, Eisenbahn und Standseilbahn. Auf fünf schiefen Ebenen werden Schiffe über 230 Höhenmeter über das Gebirge geschleppt.
1835	**Chile.** Eine private Gesellschaft erhält das Privileg für die Dampfschiffahrt zwischen den Häfen des Landes. Den meisten Seehandel unterhält Chile mit Großbritannien. Die Handelsroute führt noch immer nach Panama, dort über

die Landenge zum Golf von Mexiko und dann wieder zu Schiff weiter. Die wichtigsten Ausfuhrgüter sind Metalle, Getreide und Mehl. Aus Großbritannien werden Industriegüter und Textilien, aus Frankreich Seide und Luxusgüter eingeführt. Weitere wichtige Handelspartner sind die USA, Kalifornien, Peru, Ecuador und Hamburg.

Schiffbruch. Das Segelschiff >Neva< (840) verläßt mit rund 200 weiblichen Sträflingen Cork in Irland mit dem Ziel Sydney. Kurz vor Erreichen des Zieles strandet das Schiff am Eingang der Baß-Straße an der King-Insel zwischen Australien und Tasmanien. Von den 240 Personen an Bord können nur 15 gerettet werden. *14. Mai 1835*

Mittelmeer. Frankreich nimmt von Marseille den Liniendienst nach der Levante auf. Von Beginn an sind sechs Dampfschiffe im Einsatz. Aus diesem Dienst wird die große Reederei Messagiers Maritimes. *Juli 1835*

Segelschiffe. Es beginnt die Zeit der berühmten Klipperschiffe. Entworfen in den Neuenglandstaaten fahren Baltimoreklipper auf allen Weltmeeren, Teeklipper segeln um die Wette nach China und zurück sowie Opiumklipper von Bengalen nach Kanton und Umgebung. In diesem Jahr unternimmt die >John O'Gaunt< ihre erste schnelle Chinafahrt. Weitere berühmte Baltimoreklipper sind >Flying Cloud<, >Sovereign of the Seas<, >Westward Ho<, >Golden Gate< und viele andere. *1835*

Malaiische Halbinsel. Chinesische und britische Kaufleute errichten große Pflanzungen für Pfeffer und Zuckerrohr. Ferner erschließen sie neue Zinnminen und brauchen daher viele Arbeitskräfte. Kapitäne chinesischer Dschunken bringen arme Kulis in großer Zahl aus China nach Singapur, Malakka und Penang. Beim Eintreffen in den Häfen kommen die Minen- und Plantagenbesitzer zu den Dschunken, bezahlen die Überfuhr, was die Kulis dann abarbeiten müssen. Dies entspricht der „intendured labour" in Amerika im 18. Jahrhundert. *ab ca. 1835*

Reederei. Die österreichische Versicherungsgesellschaft „Lloyd Triest" gründet eine Dampfschiffsektion „Österreichischer Lloyd Triest". Im folgenden Jahr wird mit der >Arciduca Lodovico> (319) der Verkehr über Ancona, Korfu, Patras, Piräus und Smyrna nach Istanbul aufgenommen. Drei weitere Dampfschiffe werden auf dieser Linie eingesetzt. Im selben Jahr wird mit zwei Dampfschiffen der Verkehr von Triest nach Venedig begonnen. In Triest wird eine Reparaturwerft eingerichtet, die später zum Seearsenal und der Schiffswerft des Österreichischen Lloyd ausgebaut wird. Vom Beginn an hat der Lloyd auch den Postdienst der Monarchie inne und wird von dieser gefördert. *1836*

Reederei. Die Sloman-Linie nimmt die regelmäßigen Fahrten von Hamburg nach New York auf. Zunächst sind drei Segelschiffe unterwegs, 1850 wird mit dem Schraubendampfer >Helena Sloman< (800) das erste Dampfschiff angeschafft. Zusammen mit der HAPAG und „Ocean Steam Navigation Comp." ist die Sloman-Linie vor allem im Transport der Auswanderer tätig. *1836*

Forschung. Eine britische Expedition unternimmt eine Flußfahrt am Euphrat von der heutigen Nordgrenze von Syrien bis zur Mündung in den Persischen Golf. Es wird dabei festgestellt, daß der Fahrt von Dampfschiffen von Basra bis Kleinasien nichts im Wege steht. *1836*

1836	**Schiffbau.** Der Schraubenantrieb wird erstmals erfolgreich eingesetzt. In London fährt die >Francis Smith< des Engländers Francis Petit-Smith auf der Themse. In Liverpool baut der schwedische Ingenieur John Eriksson die >Francis B. Ogden<, die ein voller Erfolg wird.
1836	**Erkundung.** Der Dampfer >Beaver< fährt im Auftrag der Hudson-Bucht-Kompanie in den Stillen Ozean und wird dort zur genauen Vermessung der Westküste des heutigen Kanada eingesetzt. Er ist das erste Dampfschiff im nördlichen Pazifik.
1837	**Schiffbau.** Auch in England wird mit dem Bau von schnellen Segelschiffen begonnen. D. Green baut in seiner Werft an der Themse in Blackwall, heute zu London gehörig, mit der >Seringapatam< den ersten der berühmten Blackwall-Klipper. Der letzte Blackwall-Klipper wird 1875 bereits aus Eisen gebaut. Sonst verwenden die Engländer Eiche oder Teakholz, die Schiffe sind dadurch zwar schwerer aber auch haltbarer als die amerikanischen Klipper, für die Weichholz verarbeitet wird. Weitere Klipperschiffe werden in Aberdeen und Sunderland gebaut.
1837	**Binnenschiffahrt.** Die ersten Dampfer im Einsatz auf der oberen Elbe sind die >Königin Maria< und die >Prinz Albert<. Es sind in erster Linie Personenschiffe von 36 Metern Länge und vier Metern Breite (ohne Radkasten) und luxiriösen Aufbauten.
1837	**Binnenschiffahrt.** In der Schweiz wird mit der >Stadt Luzern< (115) das erste Dampfschiff auf dem Vierwaldstätter See in Dienst gestellt. Der Rumpf wird am See gebaut, die Dampfmaschine in Manchester gekauft und von der schweizer Firma Escher-Wyss eingebaut.
ca. 9. Mai 1837	**Binnenschiffahrt.** Am Mississippi unternehmen einige Dampfschiffe eine Wettfahrt flußaufwärts. Der Maschinist der >Ben Sherrod< (400) überfordert den Kessel und das Schiff gerät in Brand. Über 150 Personen an Bord verbrennen oder ertrinken. Der geringere Teil wird von einem anderen Schiff gerettet.
1837	**Binnenschiffahrt.** Über den genauen Gütertransport auf den Wasserstraßen in Großbritannien gibt es nur Schätzungen. In diesem Jahr dürften es rund 25 Millionen Tonnen gewesen sein. Davon entfallen auf Kohle (62,0%), auf Handelsgüter (15,5%), auf Baumaterial wie Steine und Sand (9,5%), auf Eisen (7,0%), auf Salz (3,0%), auf Holz (2,0%) und auf Düngemittel (1,0%). Kohle ist nicht nur in der Binnenschiffahrt das wichtigste Transportgut, sondern auch in der Küstenschiffahrt. Jährlich kommen rund drei Millionen Tonnen von Newcastle allein nach London.
1837–1840	**Forschung.** Der Franzose Jules Dumont D'Urville unternimmt seine zweite große Weltreise. Er läuft mit den Schiffen >L'Astrolabe< und >La Zélée< von Toulon aus, ist im Jänner 1838 vor der Antarktis, folgt ein Stück dem Eisrand und fährt zur Versorgung nach Talcahuano in Chile. Über Tahiti, die Palau-Inseln, Neuguinea und Borneo fährt er nach Hobart auf Tasmanien. Von dort setzt er die Erkundung der Antarktis fort und kehrt über die Falkland-Inseln nach Toulon zurück.
1838	**Nordatlantik.** Die beiden britischen Schiffahrtsgesellschaften „British & American Steam Navigation Comp." und die „Great Western Steam Ship Comp." sind im Wettstreit, wer die erste regelmäßige Dampfschiffslinie von Großbri-

Halbinsel Malaya

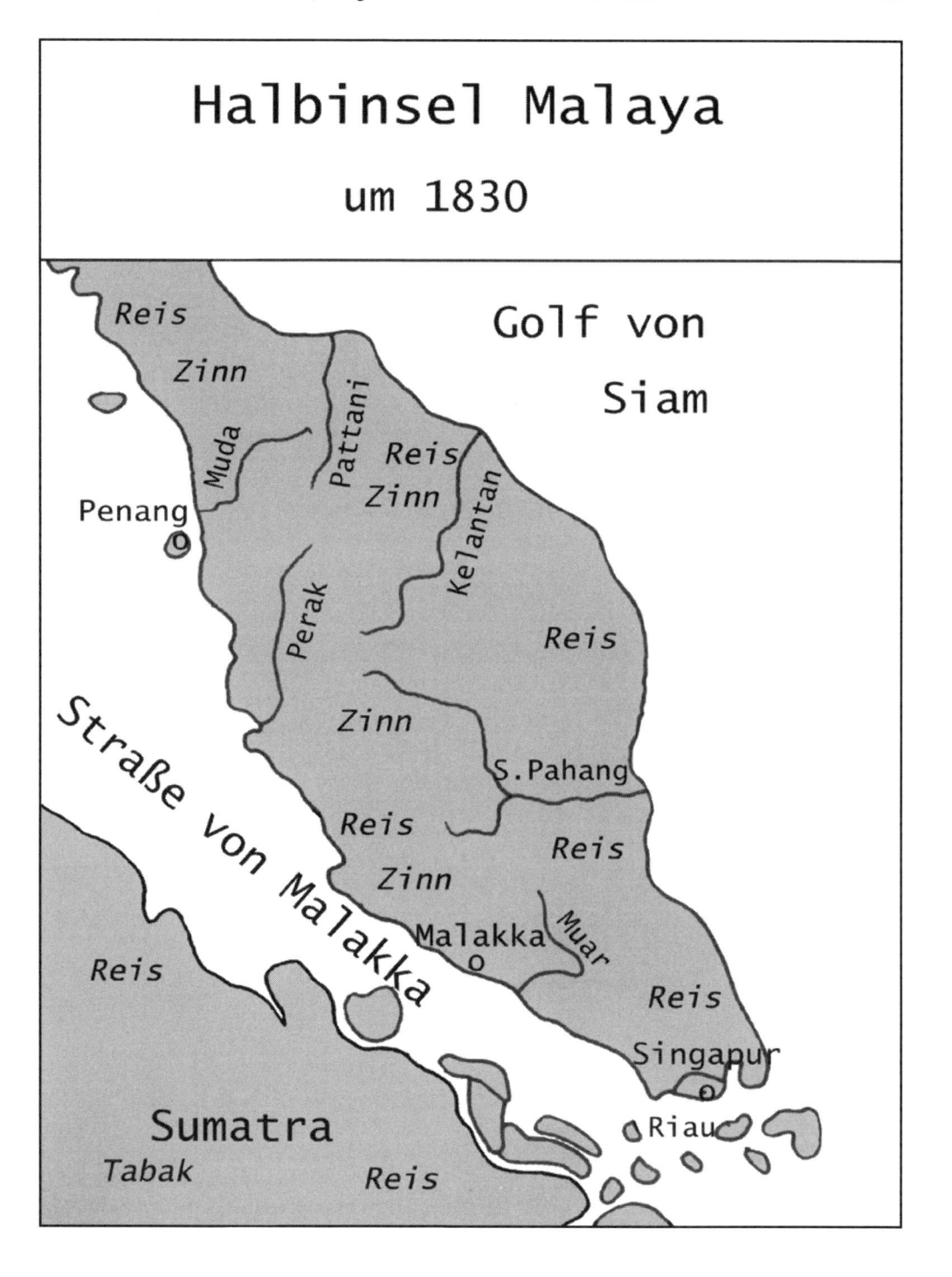

um 1830

tannien nach Amerika eröffnet. Das erste Schiff der British & American wird nicht rechtzeitig fertig, die Gesellschaft chartert daher das Dampfschiff >Sirius< (700), das bisher zwischen London und Cork in Irland gefahren ist. Die >Sirius< verläßt Cork am 4. April mit 94 Passagieren, 450 Tonnen Kohle und 20 Tonnen Kesselspeisewasser, aber ohne Fracht. Sie ankert am Morgen des 23. April vor New York. Am 8. April läuft von Bristol der Raddampfer >Great Western< (1340) der „Great Western Ges." mit nur sieben Passagieren aus und trifft ebenfalls am 23. April, nur wenige Stunden nach der >Sirius<, in New York ein. Die >Great Western< kehrt im Mai mit 68 Passagieren wieder nach Bristol zurück. Die Fahrzeit nach Osten beträgt 14 Tage und zehn Stunden. Beide Gesellschaften betreiben nun diesen Liniendienst. Zum Vergleich brauchen die Segelschiffe von West nach Ost rund 25 Tage, in der Gegenrichtung gegen den Golfstrom aber rund 35 Tage. Die >Great Western< unternimmt bis 1843 weitere 63 Fahrten über den Nordatlantik mit Fahrzeiten von zwölf bis 13 Tagen.

1838 **Schiffbau.** In Birkenhead bei Liverpool wird das Dampfschiff >Robert F. Stockton< mit Schraubenantrieb gebaut. Das Schiff macht zunächst mehrere, nicht sehr befriedigende Fahrten. Erst als das Steuerruder hinter die Schiffsschraube versetzt wird, ist die erfolgreiche, noch heute übliche Anordnung gefunden.

1838 **Dänemark.** In diesem Jahr passieren 13.983 Schiffe den Öresund in beiden Richtungen. Diese Schiffe stammen aus folgenden Ländern:

Flagge von	Anzahl
Großbritannien	4009
Preußen	2491
Norwegen	1497
Schweden	1152
Dänemark	1019
Niederlande	955
Mecklenburg	842
Rußland	759
Hannover	528
Frankreich	268
USA	158
Lübeck	107
Oldenburg	59
Bremen	45

15. April 1838 **Binnenschiffahrt.** Am Ohio soll der Dampfer >Moselle< (200) von Cincinnati nach St. Louis fahren. Er hat rund 250 Personen an Bord. Sein Kapitän will einen Geschwindigkeitsrekord aufstellen. Gleich nach dem Ablegen explodiert der Kessel. Rund 140 Personen werden getötet und die Trümmer des Schiffes fliegen weit in die Stadt.
Sieben Tage später nimmt der Dampfer >Orinoko< am Ufer des Mississippi Passagiere an Bord. Da explodiert der Kessel und rund hundert Personen werden getötet.

Österreich. Die Hochseehandelsflotte umfaßt 16 Nave/Vollschiffe (mit zusammen 7100 Tonnen), zehn Barken (3450 t), 15 Polaken (3400 t). 382 Briggs/Brigantinen (98.500 t), 13 Schonerbriggs (2050 t), elf Schoner (1539 t) und weitere 50 Fahrzeuge (6500 t). Dazu kommen 15 Dampfschiffe mit 5110 Tonnen. Dies ergibt eine Hochseeflotte von 512 Schiffen mit 127.540 Tonnen. *1838*

Vertrag. Großbritannien und Österreich schließen ein Schiffahrtsabkommen. Darin erhalten alle Schiffe von der Donau (1. DDSG) freien Zugang zu allen britischen Häfen, auch wenn sie aus Häfen von Drittstaaten kommen. Dies ist vor allem für die Ionischen Inseln und Malta von Bedeutung. Gleichzeitig ist es eine schwerwiegende Aufweichung der britischen Navigationsakte und der erste Schritt zu deren Aufhebung. Ähnliche Abkomen erfolgen mit Preußen (1841) und Rußland (1843). *Juli 1838*

Binnenschiffahrt. Es wird ein durchgehender Personen- und Güterverkehr zwischen Basel und London mit Dampfschiffen aufgenommen. Die Etappe von Basel nach Mainz wird von einer französischen Firma betreut, jene von Mainz nach Rotterdam von einer deutschen Firma und von Rotterdam nach London von einer britischen Reederei. *1838*

Griechenland. Die Handelsflotte hat weit nicht mehr die Bedeutung als noch 50 Jahre früher. Das Land hat aber über fremde Reeder noch immer einen weiten Seehandel. Dieser beträgt mit den wichtigsten Handelspartnern in Drachmen: Großbritannien (12,690.000), Türkei (9,322.000), Österreich (7,260.000), Ionische Inseln (2,315.000), Frankreich (2,259.000), Rußland (1,120.000), Italien (820.000), Ägypten (794.000), USA (277.000), alle übrigen Länder (2,797.000). *1838*

Forschung. Der US-Marineleutnant Charles Wilkes erkundet Teile der Südsee und Teile des Eisrandes der Antarktis, der er diese Bezeichnung gibt. Dann erkundet er noch die Westküste von Nordamerika und kehrt über die Philippinen und den Indischen Ozean nach New York zurück. *1838–1842*

Schiffbruch. Der Raddampfer >Forfarshire< (270) ist unterwegs von Hull nach Dundee. Bei schwerem Wetter strandet er bei Flamborough Head und bricht in zwei Teile. Von 63 Personen an Bord können nur 18 gerettet werden. *7. September 1838*

Technik. Die Elektromotore mit noch schwachen Leistungen werden bisher nur als Demonstrationsobjekte verwendet. Nun baut der russische Professor Moritz H. von Jacobi in ein Boot für 14 Personen einen Elektromotor mit einer Leistung von einem ¾ PS ein. Die galvanische Batterie treibt das Boot mit zwei Knoten eine kurze Strecke. An eine praktische Anwendung ist noch nicht zu denken. *1838*

Binnenschiffahrt. Am Traunsee wird mit der >Sophie< das erste Dampfschiff auf den Seen des Salzkammergutes, Österreich, in Dienst gestellt. Der Rumpf wird in Ebensee gebaut, die Dampfmaschine von Boulton & Watt aus Birmingham geliefert. Das Schiff ist 38 Meter lang und 9.70 Meter breit über Radkasten. *April 1839*

Mittelmeer. Der Schiffsverkehr hier und im Schwarzen Meer beträgt in den wichtigsten Häfen in diesem Jahr: *1839*

Hafen	Schiffe
Istanbul	5630

Hafen	Schiffe
Livorno	4131
Genua	2839
Messina	2518
Alexandria	1183
Odessa (Getreide)	1066
Smyrna	969
Neapel	336

1839 **China.** Ein Sonderbeauftragter des Kaisers läßt die Faktorei der Briten in Kanton zernieren und gibt die Kaufleute erst frei, nachdem sie alles Opium aus ihren Lagern abgeliefert haben. Es werden 20.283 Kisten abgegeben und der Inhalt von den Chinesen sofort verbrannt. Die Kaufleute ziehen sich daraufhin nach Macao zurück. Als auch dieses von den Chinesen blockiert wird, gehen sie auf britische Schiffe und verlegen nach der unbewohnten Insel Hongkong. Da die Chinesen die Lieferung von Wasser und Verpflegung an die Briten verweigern, greifen diese zur Gewalt, um sich zu versorgen. Daraus entsteht der erste Opiumkrieg.

1839 **Reederei.** In Großbritannien wird für den Postverkehr mit der Karibik die „Royal Mail Steam Packet Company", kurz Westindia Mail, gegründet. Die >Thames< fährt 1842 als erstes Schiff der Westindia Mail von Plymouth nach Mittelamerika. Die Schiffe fahren zunächst zweimal im Monat die Route Plymouth, La Coruña, Madeira, Westindien, Nassau auf den Bahamas und Bermuda zurück nach Southampton.

1839 **Reederei.** In Großbritannien gründet Samuel Cunard mit George Burns und David MacIver die Schiffahrtsgesellschaft „British & North American Royal Mail Steam Packet Company", kurz Cunard-Linie. Der Postdienst wird 1840 von Liverpool nach Halifax und Boston aufgenommen. Die ersten vier Dampfer sind die >Britannia< (1135), >Acadia< (1154), >Caledonia< (1138) und >Columbia< (1175). Die >Britannia< braucht auf der Rückfahrt nur zehn Tage. Im Jahr 1848 hat die Cunard-Linie bereits neun Passagierschiffe im Nordatlantik im Einsatz.

1839 **Antwerpen.** Die Stadt ist wieder ein sehr bedeutender Umschlaghafen in Westeuropa. Der wichtigste Seehandel in einigen Zahlen:

Einfuhr aus	in Francs	Einfuhrgüter	in Francs
Großbritannien	30,000.000	Kaffee	14,745.000
Rußland	14,400.000	Getreide, Saatgut	13,940.000
USA	8,220.000	Zucker	11,430.000
Frankreich	7,630.000	Textilien	11,340.000
		Rohbaumwolle	5,230.000
Einfuhrumschlag	98,000.000	Metalle, Metallwaren	4,870.000

Die ganze Ausfuhr über Antwerpen beträgt dagegen nur 35,630.000 Francs.

1839 **Hamburg.** Die Stadt importiert große Mengen an Farbholz für das Färbergewerbe. Es kommen aus den USA 1283 Tonnen, aus Mexiko 812, aus Haiti 593 und aus Kuba 271 Tonnen. An diesen Transporten sind rund 30 Segelschiffe beteiligt.

Schiffe der ersten Hälfte des 19. Jh.

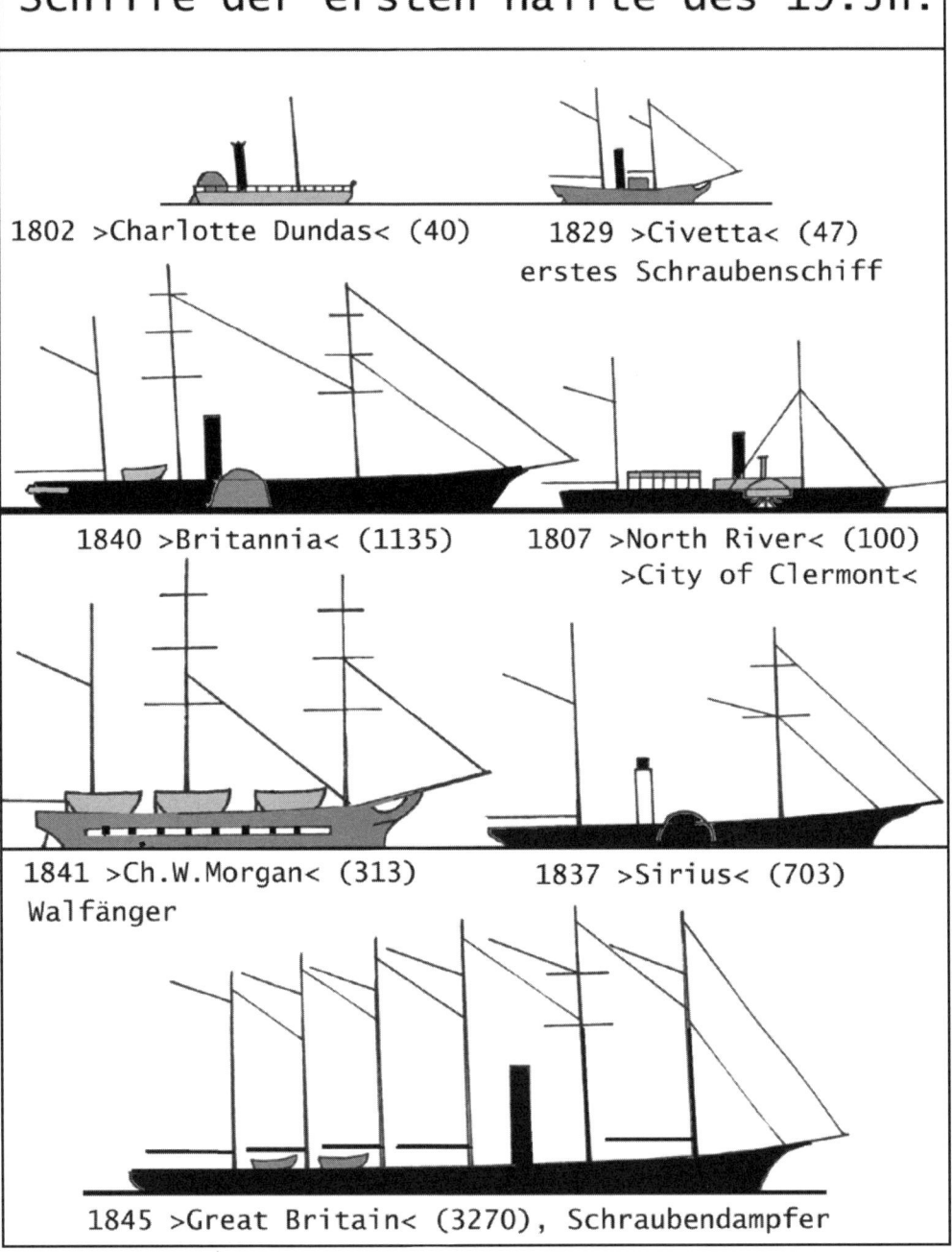

1802 >Charlotte Dundas< (40)

1829 >Civetta< (47)
erstes Schraubenschiff

1840 >Britannia< (1135)

1807 >North River< (100)
>City of Clermont<

1841 >Ch.W.Morgan< (313)
Walfänger

1837 >Sirius< (703)

1845 >Great Britain< (3270), Schraubendampfer

1839   **USA.** Die Binnenschiffahrt leistet einen wesentlichen Beitrag zur Erschließung des Westens. In diesem Jahr werden auf den Flüssen und Seen rund 100.000 Tonnen Güter umgeschlagen, in New Orleans allein 61.500 Tonnen. Der Umschlag der Küstenschiffahrt in den Häfen des Atlantik beträgt dagegen nur 54.000 Tonnen, davon allein in New York 30.350 Tonnen. Der Überseehandel ist nicht in diesen Zahlen enthalten.

1839–1843   **Forschung.** Der britische Arktisforscher James Clark Ross unternimmt mit den eisverstärkten Schiffen >Erebus< (370) und >Terror< (340) eine Fahrt in die Antarktis. Er fährt zunächst nach Hobart in Tasmanien. Von dort läuft er im November 1840 aus und nimmt seine Arbeit auf. Ross nimmt das Victorialand für Großbritannien in Besitz, entdeckt viele weitere Festlandterritorien und kehrt im Südwinter (März 1841) nach Hobart zurück. Im November läuft er wieder aus und erreicht 78°10′ Süd. Über Kap Hoorn kommt er zu den Falkland-Inseln, wo er erneut überwintert. Im folgenden Jahr unternimmt Ross einen weiteren Vorstoß nach Süden, kehrt aber noch im selben Jahr zurück.

1839/40   **Indien.** Die Handelsgüter im Fernhandel haben einen Exportwert von rund 120 Millionen Rupien, der Import jedoch nur von 56 Millionen. Der auszugleichende Überschuß beträgt daher rund 60 Prozent. Dies wird zum Teil durch Edelmetalle ausgeglichen. 60 Jahre früher hat der Überschuß noch 80% betragen. Das Ende des Handelsmonopols der E.I.C., der Bau der Eisenbahnen, die Dampfschiffahrt und der Suezkanal bringen der indischen Wirtschaft aber einen Aufschwung. An der Ausfuhr sind Indigo (26,0%), Rohbaumwolle (20,0%), Opium (10,0%, davor und danach 25,0%), Rohseide (7,0%), Zucker (7,0%) und Textilien (5,0%, 1800 noch 33,0%) beteiligt. Der Rest entfällt auf andere Güter. Die Verarbeitung von Seide und Baumwolle hat England fast ganz an sich gezogen.
Eingeführt werden nach Indien Baumwollstoffe (32,3%), Baumwollgarn (13,3%), Metalle (11,0%), Wein und Spirituosen (5,5%) und Wollwaren (2,1%). Dazu kommen Duftstoffe und Teppiche aus Arabien und Pferde aus Persien. Der Überseehandel geht nach Großbritannien (66,0%), Straße von Malakka (Singapur, Malakka und Penang, 7,5%), China (7,0%), Rotes Meer und Persischer Golf (6,5%), Frankreich (4,5%), der Rest nach dem übrigen Europa und den USA.

1839–1844   **Brasilien.** Die Einfuhr setzt sich aus Textilien (48,0%, Baumwoll- Woll- und Leinenerzeugnissen), Nahrungsmitteln (23,0%, Mehl, Wein, Pökelfleisch, Stockfisch, Butter, Salz, Olivenöl und Bier), Rohstoffen (15,0%, Eisen und Stahl, Münzmetall, Leder, Steinkohle, Schreibwaren und Blattkupfer), Luxuswaren (11,0%, Seidenstoffe, Kurzwaren, Glas, Porzellan, Seife und Waffen) zusammen. Diese Einfuhren kommen vor allem aus Großbritannien, Frankreich, den USA und Portugal. Die wichtigsten Ausfuhrgüter sind Kaffee (46,7%), Zucker (25,2%), Baumwolle (9,2%) und Häute (7,0%).

1840   **Fischfang.** Die USA haben in diesem Jahr 37.000 Personen im Fisch- und Walfang beschäftigt. Diese landen 774.000 Quintals an Räucher- oder Trockenfisch, 472.000 Faß Salzfisch, 4,765.000 Gallonen Fischöl, 7,537.000 Gallonen Tran sowie Wal- und Fischbein im Wert von 1,153.000 Dollar (1 US-Gallone = ca. 3,7 Liter).

James Clark Ross in der Antarktis
1840 – 1843

13. Jänner 1840 **Schiffbruch.** Der amerikanische Raddampfer >Lexington< verkehrt von New York aus entlang der Küste. Gleich nach dem Auslaufen gerät das Schiff in Brand. Das Feuer kann nicht unter Kontrolle gebracht werden. Nur vier Personen werden gerettet, rund 150 verbrennen oder ertrinken. Die genaue Zahl kann nicht ermittelt werden, da die Passagierliste sich auf dem Schiff befindet und damals noch keine Kopien im Hafen zurückgelassen werden.

um 1840 **Norwegen.** Der Export an Stock- und Klippfisch beträgt pro Jahr rund 20.000 Tonnen, die Ausfuhr von Salzhering schwankt stark, beträgt aber im langen Schnitt rund 60.000 Tonnen. Der Hering geht vorwiegend in die Ostseeländer, Stock- und Klippfisch in die Niederlande und die Mittelmeerländer. Holz wird pro Jahr rund 1,300.000 m³ verschifft. Die Handelsflotte umfaßt schon 3000 Schiffe mit 200.000 Tonnen. An der langen und zerklüfteten Küste werden zahlreiche Leuchtfeuer eingerichtet.

um 1840 **Binnenschiffahrt.** In den USA entwickelt sich Chicago schnell von einem Grenzfort zu einer wichtigen Stadt im Westen des Landes. Schon acht Dampfschiffe, neben ungezählten Segelschiffen, verbinden die Stadt mit Buffalo im Osten der Großen Seen. Von dort gibt es über den Erie-Kanal eine Schiffsverbindung nach New York.

1840 **Großbritannien.** Das Land importiert seine Rohbaumwolle aus folgenden Ländern (in Pfund Sterling):

USA	488,000.000
Ägypten	8,326.000
Ostindien	77,000.000
Westindien	866.000
Brasilien	14,800.000
Übrige	3,650.000

Die Einfuhr der Rohbaumwolle erreicht bereits 1,600.000 Ballen. Davon werden allein in Liverpool 1,155.000 Ballen entladen. Tabelle im Anhang.

1840 **Glasgow.** Der Hafenumschlag und der Schiffbau am Clyde wachsen rasch. In diesem Jahr kommen bereits 16.486 Schiffe mit 1,166.000 Tonnen in den Hafen (ein- und auslaufend). Darunter befindet sich schon eine größere Zahl an Dampfschiffen für die Hohe See und die Binnengewässer. Am Clyde wird auch eine bedeutende Werftindustrie für den Eisenschiffbau aufgebaut. Um diese Zeit werden pro Jahr schon zwölf bis 13 Dampfschiffe mit durchschnittlich 400 Tonnen gebaut.

1840 **Binnenschiffahrt.** Nach einer Schätzung beträgt die Tonnage der Fahrzeuge auf den Flüssen und Kanälen in Großbritannien über 30 Millionen Tonnen an Transportkapazität inklusive der Schleppkähne. Davon entfallen auf England 85 Prozent, auf Wales acht und auf Schottland sieben Prozent.

1840 **USA.** Sie sind noch verwiegend ein Agrarland. Dies spiegelt sich im Außenhandel wider. Sie führen in diesem Jahr Güter für 112 Millionen Dollar aus, davon entfallen 64 Millionen auf Rohbaumwolle (57%) und nur elf Millionen auf Industrieerzeugnisse (10%). Sie führen Waren für 98 Millionen Dollar ein, darunter sind Industrieerzeugnisse für 44 Millionen (45%). Vom Gesamtimport kommen allein 33 Millionen (34%) aus Großbritannien.

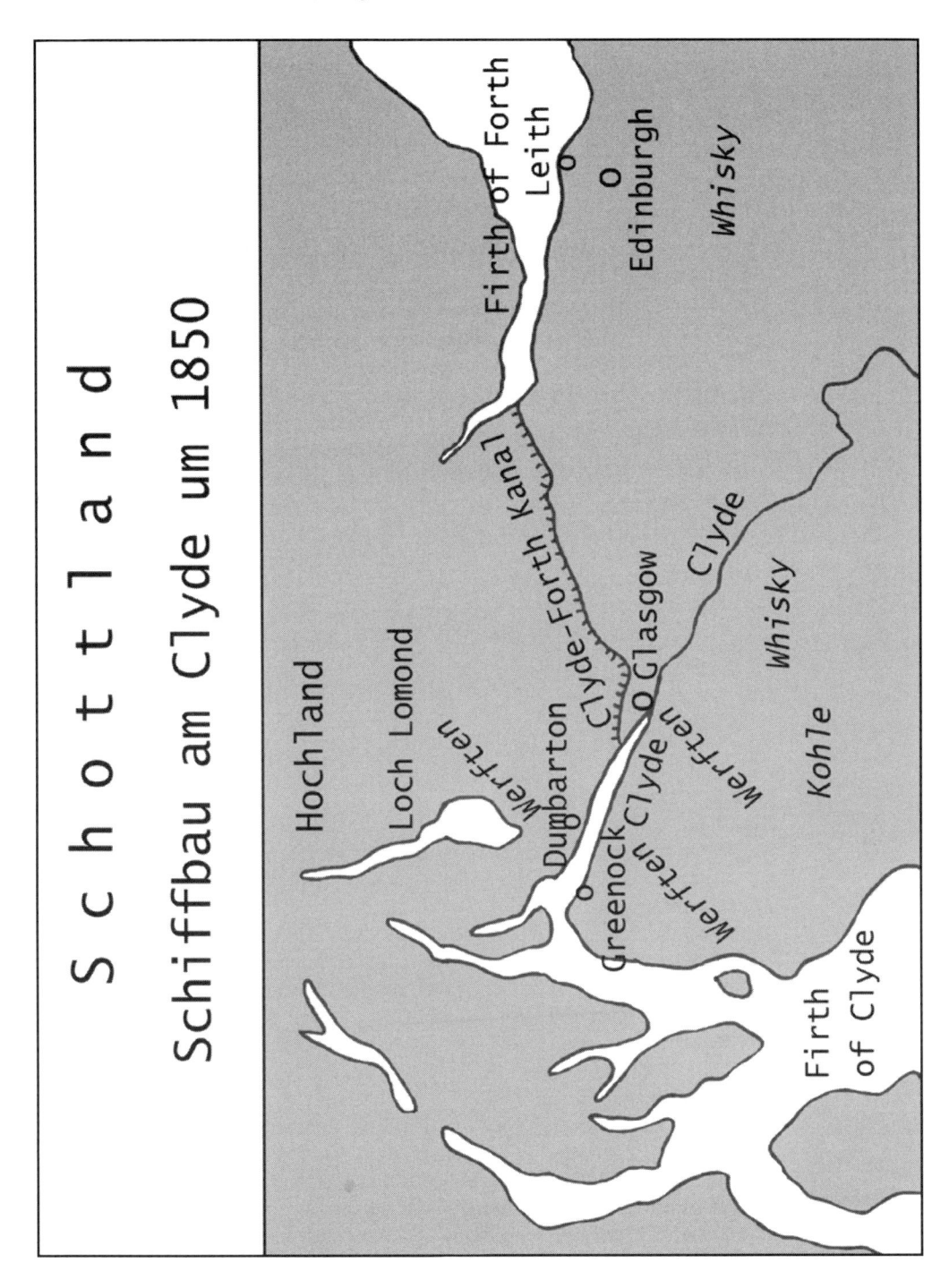

Schottland
Schiffbau am Clyde um 1850

Firth of Forth
Leith
Edinburgh
Whisky
Clyde-Forth Kanal
Hochland
Loch Lomond
Werften
Dumbarton
Glasgow
Clyde
Whisky
Werften
Greenock
Werften
Kohle
Firth of Clyde

1840	**Reederei.** In Großbritannien wird die „Pacific Steam Navigation Company" gegründet. Die ersten Schiffe für den Dienst an der Westküste von Amerika sind die >Chili< (700) und >Peru< (700). Später sollen auch Fahrten nach Ostasien unternommen werden, das Geschäft geht aber schlecht. Mangels an Gewinn erhält die Gesellschaft daher auch die Konzession für Fahrten nach Argentinien und zu den Falkland-Inseln. Sie entwickelt sich darauf besser.
1840	**Binnenschiffahrt.** In den USA ist die wirtschaftliche Entwicklung des Landes zunächst von den Dampfschiffen abhängig. Der Bau der Eisenbahnen bringt erst später eine Ergänzung. In diesem Jahr sind allein am Hudson-Fluß fünf Reedereien mit 39 Dampfschiffen tätig.
1840	**Sunderland/Newcastle.** Für die Kohleverschiffung wird ein neues Dock in Betrieb genommen. Um noch größeren Schiffen die Zufahrt zu gestatten, werden an Tyne- und Wear-Mündung in den nächsten Jahrzehnten gewaltige Baggerarbeiten durchgeführt. Die Kohleverschiffung steigt dadurch von 3,830.000 Tonnen im Jahr 1850 auf 20,300.000 Tonnen im Jahr 1913, dem letzten vollen Exportjahr vor dem Ersten Weltkrieg.
1840	**Binnenschiffahrt.** Neben der Schiffswerft in Budapest wird die neue Werft von Ignaz Mayer, heute Schiffswerft Linz AG, bald zur größten Werft an der Donau. Bis 1909 baut sie rund 500 Einheiten, darunter 120 Dampfschiffe und Schuten, Fähren, Schwimmkräne, Bagger und Militärfahrzeuge.
um 1840	**Südafrika.** Die britische Kapkolonie exportiert Wein, Wolle, Getreide, Häute und Elfenbein. Der Wein geht zum Großteil nach England und in geringem Maße auch nach Australien. Angola führt Wachs und Elfenbein aus, der Kongo Palmöl und Elfenbein. Aus Mosambique werden Sklaven in den Orient verschifft. Ab ca. 1870 beginnt auch der Export von Gummi aus Angola. Ostafrika exportiert bis nach der Jahrhundertmitte Sklaven, Elfenbein, Gewürznelken und Kokos. Bis zum Sezessionskrieg der USA kommen auch von dort Schiffe zum Handel nach Ostafrika.
ab ca. 1840	**Brasilien.** Kaffee wird das wichtigste Ausfuhrgut des Landes. In den zwanziger Jahren beträgt die Verschiffung im Jahresschnitt noch 320.000 Sack (zu je 60 kg), in den vierziger Jahren sind es schon 1,840.000 Sack und in den 80er Jahren 5,160.000 Sack.
11. März 1841	**Schiffbruch.** Der Raddampfer >President< (2360) verläßt New York mit dem Ziel Liverpool. Er hat 136 Personen, darunter den Schauspieler Tyron Power (I) an Bord. Das Schiff verschwindet spurlos. Wochen später wird eine Flaschenpost gefunden mit der Nachricht von Power „President sinkt schnell". Das Schiff ist das erste Dampfpassagierschiff, das im Atlantikdienst verloren geht. Die Besitzer, „British & American Steam Navigation Comp.", stellen daraufhin den Betrieb ein.
April 1841	**Walfang.** Die Walfänger sind oft jahrelang unterwegs, bis sie ihre Bunker gefüllt haben. Zur längsten bekannten Reise läuft die >Pacific< (33 m lang, 8,50 m breit) von Neufundland in den Stillen Ozean aus. Nach fast fünf Jahren Einsatz ist der Rumpf so verbraucht, daß sie im Jänner 1846 Valparaiso anläuft und dort abgewrackt wird. Ihr Fang wird von einem anderen Schiff nach Neufundland gebracht.

Kanada. Die Ausfuhr von Weizen aus den Gebiet der Großen Seen (nordwest- *1841*
liche USA und Kanada) erreicht nach dem Ausbau der Wasserstraße zum Atlantik einen ersten Höhepunkt. In diesem Jahr werden aus Quebec 3,438.000
Bushel (eine Tonne ca. 20 Bushel) an Getreide auf Hochseeschiffe verladen. In
den zwanziger Jahren waren es noch 300.000 Bushel pro Jahr, 1847 sind es
schon 5,750.000 Bushel.
Südamerika. Der Kontinent beginnt sich allmählich wirtschaftlich zu erholen. *1841*
Peru bekommt mit der Verschiffung von Guano einen neuen Ausfuhrartikel zu
seinen Edelmetallen und zur Wolle. Kolumbien exportiert seit neuestem
Münzmetall. Kuba verschifft für kurze Zeit Kupfer. Bolivien kann ohne Was-
serwege zur Küste nur Gold und Silber nach Europa liefern. Aus Chile beginnt
der Export von Kupfer und Salpeter.
Peru. Der bei weitem wichtigste Hafen ist nach wie vor Callao mit der Haupt- *1841*
stadt Lima in der Nähe. In diesem Jahr laufen 494 Schiffe mit rund 100.000
Tonnen aus dem Hafen aus. Sie transportieren neben Guano Edelmetalle,
Münzgeld, Kupfer, Baumwolle, Wolle, Häute und Baumrinde für Gerbereien.
Reederei. In Großbritannien erhält die vor zwei Jahren gegründete Westindia *1841*
Mail nun ihre Subvention für den Postdienst. Sie hat 14 Dampfschiffe im Ein-
satz, mit denen sie alle zwei Wochen eine Rundfahrt beginnt. Die Route führt
von Plymouth über Spanien und Madeira nach Westindien, wo alle wichtigen
britischen Besitzungen angelaufen werden.
Walfang. In New Bedford, Massachusetts, USA, wird das Walfangschiff *1841*
>Charles W. Morgan< (310) gebaut und in Dienst gestellt. Mit sechs Fangboo-
ten und 28 Mann Besatzung macht es in 80 Jahren (!) 37 mehrjährige Fang-
fahrten in alle Weltmeere. Heute liegt es als Museumsschiff in Mystic Seaport,
Connecticut, USA.
Großbritannien. Für die Britischen Inseln ist die Küstenschiffahrt noch immer *1841*
von größerer Bedeutung als die Hochseeschiffahrt. In diesem Jahr laufen in die
rund 400 großen, kleinen und kleinsten Häfen Schiffe mit rund 12,500.000 Tonnen
ein. Davon sind aber nur 4,650.000 von Hochseeschiffen. Dieses Verhältnis ändert
sich auch durch Eisenbahn und Dampfschiff zunächst nur wenig. Erst im 20.
Jahrhundert übertrifft die Hochseeschiffahrt die Küstenschiffahrt an Volumen.
Borneo. Der britische Abenteurer James Brooke erwirbt vom Sultan von Bru- *1841*
nei das Territorium Sarawak und wird zum ersten weißen „Radscha" in Insulinde. Er betreibt mit Unterstützung der E.I.C. Bergbau auf Kohle und Anti-
mon, die er nach China verschifft.
Toskana. Wie in ganz Italien sind Industrie und Exportwirtschaft rückständig. *1841*
Zu den wenigen Verschiffungen gehören Fezhüte in die Levante sowie Stroh-
hüte und Papier. Nach dem Erwerb von Elba wird die Eisenindustrie entwikkelt, in Livorno wird eine Werftindustrie aufgebaut.
Forschung. Der US-Marineoffizier Matthew Fontaine Maury ist Leiter des *1841–1862*
Büros für Karten und Instrumente der US-Navy, später das hydrographische
und meteorologische Büro. Er wertet die dort hinterlegten Logbücher aller
Schiffe nach den günstigsten Segelrouten und Segelzeiten aus. Seine Arbeit
findet weite internationale Anerkennung. Die Segelzeiten auf manchen Routen
verringern sich um ein Drittel. Maury gilt als der „Pfadfinder der Meere".

Durch seine Arbeit können die Segelschiffe noch für rund 50 Jahre mit den Dampfschiffen mithalten.

1841–1843 **Großbritannien.** In den drei Jahren gehen 1833 Schiffe mit 386.100 Tonnen verloren. Die Todesrate beträgt 2298 Seeleute und Passagiere. Das ist bei den Schiffen fast ein Prozent und bei der Tonnage 1½ Prozent der ganzen britischen Handelsflotte. 20 Jahre später sind 3012 Schiffe, 753.000 Tonnen und 3948 Personen betroffen. Das sind in etwa die gleichen Prozentsätze wie früher. Erst später gehen die Verluste allmählich zurück.

29. August 1842 **China.** Der Friede von Nanking wird unterzeichnet. Das Land verpflichtet sich die Häfen Kanton, Schanghai, Fu-chou, Amoy und Ningpo für den allgemeinen Seehandel zu öffnen und dort Vertreter der fremden Seemächte zuzulassen. Die Insel Hongkong ist an die Briten abzutreten. Im folgenden Jahr werden die ratifizierten Urkunden in Hongkong ausgetauscht und die Insel übergeben. Die Opiumfrage wird aus dem Vertragswerk ausgeklammert. Hongkong zieht in der Folge den britischen Chinahandel an sich, Singapur wird auf Hinterindien und Insulinde beschränkt.

1842 **Fernfahrt.** Eine chinesische Dschunke von durchschnittlicher Größe und Bauart macht eine Fahrt durch den Stillen Ozean, rund um Kap Hoorn und durch den Atlantik bis zur Themse. Es erweist sich damit die Standfestigkeit der Dschunken schon zur Ming-Zeit (Fahrten des Zheng He) und die Möglichkeit der Chinesen schon vor den Europäern ihrerseits von China nach Europa zu fahren, eine Chance, die sie nicht ergriffen haben.

1842 **Ostasien.** Nach Ende des ersten Opiumkrieges dehnt die britische Reederei P & O ihren Dampfschiffdienst über Indien hinaus nach Singapur und Hongkong aus. Zehn Jahre später wird eine Zweiglinie von Singapur nach Australien eingerichtet. Dabei werden die Häfen Albany an der Südwestspitze des Kontinents, Adelaide und Melbourne an der Südküste und Sydney angelaufen. Während des Krimkrieges in Europa werden von den Briten alle Dampfschiffe für den Truppentransport eingezogen und die Dampferlinien daher vorübergehend eingestellt.

1842 **Nordatlantik.** Das erste Dampfschiff, das von Amerika in das Mittelmeer fährt, ist die >Bangor< (385) aus den USA. Sie fährt von Boston über Halifax, die Azoren, Gibraltar, Malta und Smyrna nach Istanbul. Dort wird sie an die Türkei verkauft und fährt unter dem Namen >Sudaver< in der Ägäis und im Schwarzen Meer.

1842 **Binnenschiffahrt.** Für den Neckar, einen Nebenfluß des Rheins, wird eine Schiffahrtsordnung erlassen. Der Erhalt des Fahrwassers war bis dahin Sache der Schifferbruderschaft, die seit mindestens 1605 besteht. Nun geht der Unterhalt in die Verantwortung der Landesregierung über.

1843 **Binnenschiffahrt.** Am Baikalsee in Sibirien wird vom ersten Goldsucher (und -finder) in Ostsibirien der erste Dampfer auf dem See gebaut. Der See hat im Sommer (November bis Mai zugefroren) einen starken Schiffsverkehr, sowohl in der Längsrichtung als auch im Übersetzverkehr im südlichen Teil. Über seinen Abfluß, die Angara, ist er in Verbindung mit dem Flußsystem des Jennissei. In Irkutsk, am Südende des Sees, gibt es schon eine Schule für Steuerleute, denn die Fahrt auf dem See ist wegen der Stürme gefährlich.

Kanton und Perl-Fluß-Delta

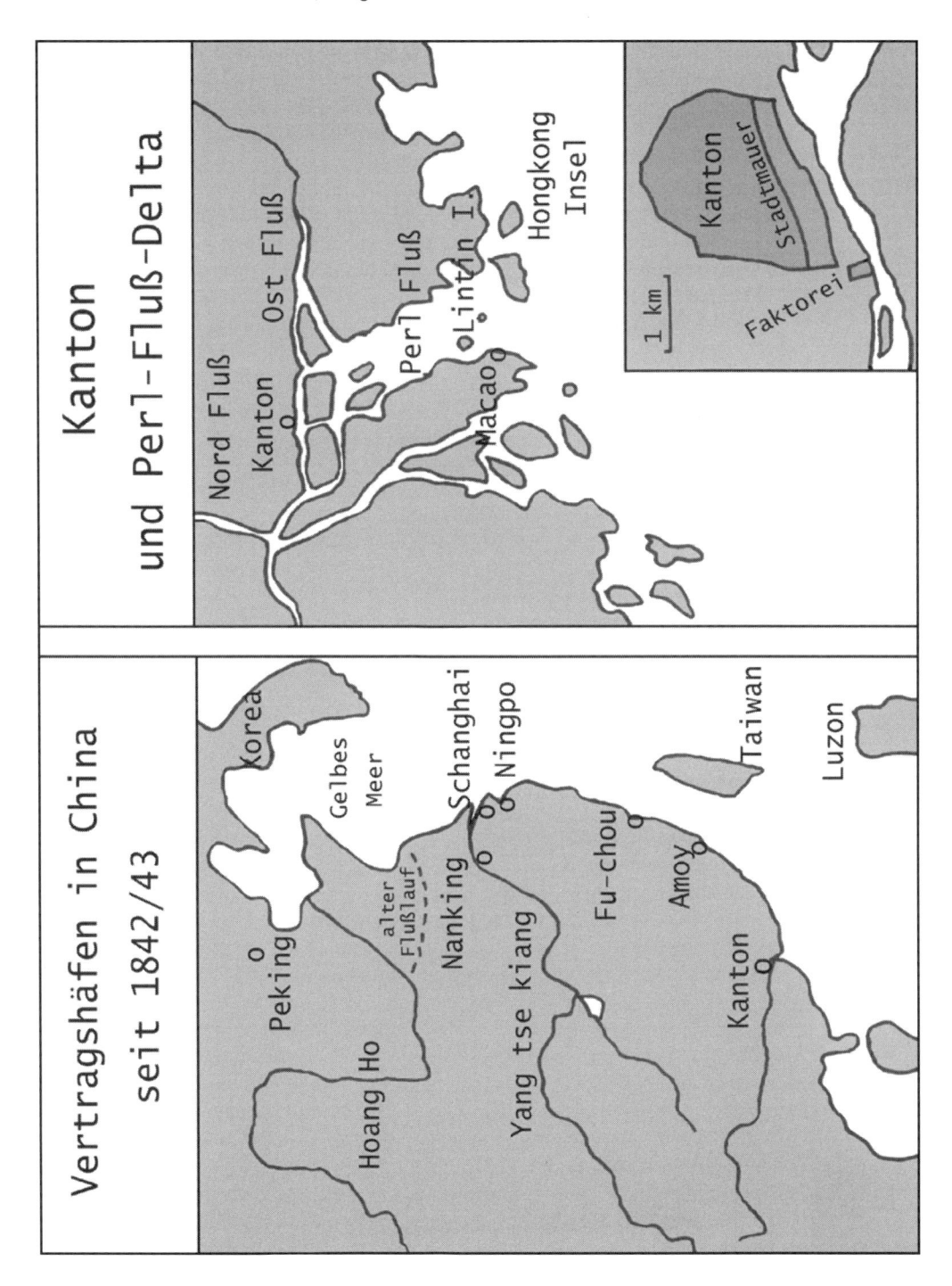

Nord Fluß, Kanton, Ost Fluß, Perl Fluß, Lintin I., Macao, Hongkong Insel, Kanton, Stadtmauer, Faktorei, 1 km

Vertragshäfen in China seit 1842/43

Peking, Korea, Gelbes Meer, Hoang Ho, alter Flußlauf, Nanking, Schanghai, Ningpo, Yang tse kiang, Fu-chou, Amoy, Taiwan, Kanton, Luzon

1843   **Binnenschiffahrt.** In Frankreich hat der Kanalbau seinen Höhepunkt erreicht. In diesem Jahr gibt es rund 4000 Kilometer künstliche Wasserstraßen, dazu kommen rund 7000 Kilometer zumindest für Boote und Flöße schiffbare Flüsse. Von da an beginnt auch in Frankreich die Eisenbahn den Transport von Massengütern von den Wasserstraßen an sich zu ziehen.

1843   **Kanada.** Es beginnt die Zeit der rund 40 Jahre währenden Blüte der kanadischen Segelschiffahrt. Massengüter wie Getreide, Holz und Baumwolle werden in Mengen von Nordamerika nach Europa verschifft. In den Küstenprovinzen Neuschottland, Neubraunschweig und entlang dem St. Lorenz-Strom werden zahlreiche Segelschiffe gebaut. Hier einige Zahlen:

Jahr	Schiffe	Tonnage	Durchschnitt
1843	262	23.600	90 t
1856	388	137.300	354 t
1864	586	191.000	330 t
1890	96	5.500	57 t

Da sich die Werften nicht auf den Bau von eisernen Dampfschiffen umstellen, geht ab ca. 1870 der Schiffbau rasch wieder zurück.

1843   **Binnenschiffahrt.** Die >Conte Mocenigo< ist das erste Dampfschiff, das am Po in Italien im Einsatz ist. Das leer nur 60 cm tief tauchende Schiff ist für den breiten, aber seichten Po extra gebaut worden. Es verkehrt zwischen Venedig und Borgoforte, dem Hafen von Mantua. Drei Jahre später kommt ein zweites Schiff dazu, das die Strecke Borgoforte bis Pavia befährt. Von dort gibt es getreidelte Boote am Kanal nach Mailand. Die Fahrt von Venedig nach Mailand dauert sechs bis acht Tage. Nach dem Revolutionsjahr 1848 übernimmt der österreichische Lloyd die Poschiffahrt, betreibt aber nur mehr den Güterverkehr, denn die Personenschiffahrt kann gegen die Konkurrenz der Bahn nicht bestehen.

1843   **Binnenschiffahrt.** Auf der Wolga wird von einem Engländer die erste Dampfschiffahrtsgesellschaft gegründet. Die wichtigsten Transportgüter sind Getreide vom Süden nach Norden bis St. Petersburg über die Kanäle und Holz aus dem Ural nach Süden und Westen.

1843   **Schiffbau.** Der britische Ingenieur Isambard Brunel baut den Raddampfer >Great Britain< (3270), ex >Archimedes<, zu einem Schraubenschiff um. Er wird später noch mehrmals umgebaut, unternimmt 1845–76 fünf Fahrten nach Amerika und 32 nach Australien. Die folgenden Jahrzehnte liegt das Schiff als Lager für Wolle und Kohle bei den Falkland-Inseln. Im Jahr 1970 wird der Rumpf und das, was von dem Schiff sonst noch übrig ist, auf einen absenkbaren Ponton verladen und von einem Schlepper die 9000 Seemeilen nach Bristol geschleppt. Dort wird sie in dem Baudock, in dem sie gebaut worden ist, aufgelegt. Sie wird allmählich in den ursprünglichen Zustand zurückgebaut und ist schon jetzt als Museumsschiff zu besichtigen.

1844   **Segelschiffe.** Für den Frachtentransport werden die schnellen Baltimore-Klipper verstärkt eingesetzt. Aber auch in New York, Boston und Großbritannien werden diese schnellen Schiffe gebaut. In diesem Jahr unternimmt die >Sea Witch< aus New York ihre Rekordfahrt.

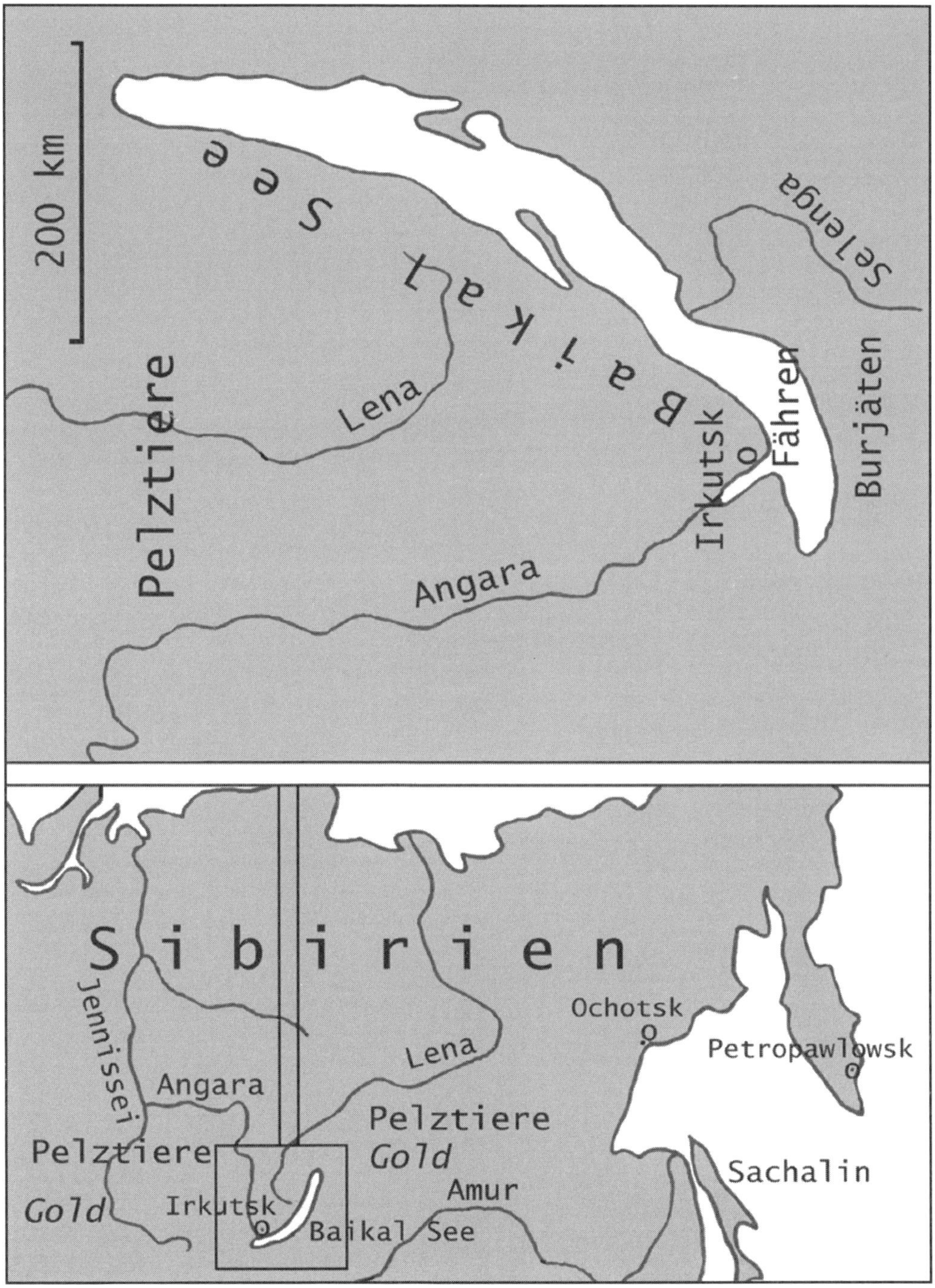
200 km
Baikal See
Selenga
Pelztiere
Lena
Irkutsk
Fähren
Burjäten
Angara
Sibirien
Jennissei
Angara
Lena
Ochotsk
Petropawlowsk
Pelztiere
Gold
Pelztiere
Gold
Irkutsk
Baikal See
Amur
Sachalin

1844 **Neufundland.** Dies ist das erfolgreichste Jahr der Seehundjagd in der ersten Hälfte des 19. Jahrhunderts. Es bringen 121 Schiffe mit 11.088 Tonnen und 3775 Mann Besatzung 685.639 Felle an Land. Im langen Schnitt werden 400.000 Felle pro Jahr erbeutet.

1844 **Großbritannien.** Wichtige Einfuhrgüter in diesem Jahr: An Holz und dessen Halbfabrikaten werden 1,250.000 Tonnen eingeführt, davon kommen schon 922.000 Tonnen aus den eigenen Kolonien (Kanada). Der Import von Baumwolle übersteigt bereits 200.000 Tonnen. Die Einfuhr von Flachs und Hanf aus den Ostseeländern schwankt um 25-30.000 Tonnen. An Kaffee kommen 20.000, an Tee 13.000 Tonnen. Die Einfuhr von Tabak und Wein geht zurück. Es wird bereits mehr Branntwein als Wein importiert (7,1 zu 7,8 Millionen Gallonen). Rum kommt aus Westindien. Dazu kommt eine unbekannte Menge an Schmuggelgütern.

1844/45 **Brasilien.** Das Land ist auf Grund seiner wirtschaftlichen Entwicklung und als Zwischenstation für Fahrten in den Stillen Ozean und in die Antarktis ein wichtiger Anlaufpunkt für die Handelsflotten aus Europa und Nordamerika. Die Tonnage der Schiffe der wichtigsten Handelspartner in den Häfen von Brasilien beträgt:

Land	Tonnage
Großbritannien	226.000
USA	134.000
La Plata-Staaten	119.000
Portugal	108.000
Deutscher Bund	67.000
Spanien	49.000
Frankreich	48.000
Österreich	33.000
Schweden + Norwegen	23.000
Walfänger	26.000

Weitere Nationen mit nennenswertem Schiffsverkehr nach Brasilien sind Belgien, Dänemark, die britischen Besitzungen in Afrika und das Königreich. Sardinien. Die Schiffe von Brasilien sind fast ausschließlich in der Sklavenfahrt nach Afrika beschäftigt.

1845 **Eisenbahn.** Die ersten Eisenbahnen in Europa werden als Ergänzung zur Binnenschiffahrt gebaut. Sie sollen Industrieregionen ohne Wasserwege an das Verkehrsnetz anschließen. Bis zu diesem Zeitpunkt gibt es folgende Bahnlinien: von der Donau bei Wien nach Mähren und Böhmen, von Wien nach Wiener Neustadt, von Linz nach Budweis und von Donauwörth über Augsburg nach München. Von Berlin gehen schon Linien nach Stettin und Frankfurt zur Oder und nach Magdeburg an die Elbe. Von dort führt eine Bahnlinie weiter nach Hannover, mit einer Abzweigung über Halle nach Leipzig und Dresden. Ferner gibt es eine Linie vom Main bei Bamberg nach Nürnberg. Eine weitere Linie geht von der Elbe bei Hamburg nach Kiel an die Ostsee und eine vom Rhein bei Köln nach Lüttich. Im Westen führen Bahnlinien von Namur an der Maas nach Maubeuge, von Paris nach Orleans und von der Rhone bei Lyon

Erste Eisenbahnen im Mitteleuropa bis 1845

```
⊢·········⊣   Eisenbahnen
━━━━━━━━━     für Massengüter schiffbare Flüsse
```

nach Roanne. Nur am Oberrhein existieren schon Bahnlinien entlang dem Flußlauf. Das Bahnnetz beträgt in Großbritannien 3931 Kilometer, in Deutschland 2143, Frankreich 875, Österreich mit Ungarn 728, Belgien 577, Niederlande 153, Italien 152 und Rußland 144 Kilometer.

1845 **Österreich.** Der „Österreichische Lloyd Triest" ist die bei weitem größte Dampfschiffahrtsgesellschaft der österreichischen Monarchie. Er verfügt über 20 Dampfschiffe mit 6300 BRT, die in diesem Jahr auf 704 Fahrten 118.000 Passagiere neben der Post und dem Ladegut befördern.

26. Juli 1845 **Großbritannien.** Der Schraubendampfer >Great Britain< (s.o.) läuft zu seiner ersten Fahrt von Liverpool nach New York aus. Er ist das erste eiserne Schiff für den Atlantikdienst und das erste Schraubenschiff in dieser Größe. Während dieser Fahrt befinden sich 260 Passagiere an Bord.

um 1845 **Binnenschiffahrt.** Am Rhein beginnen die Besitzer von Kohlengruben Mathias Stinnes in Mühlheim an der Ruhr und Franz Haniel in Ruhrort die Kohle mit Lastkähnen und mit eigenen Schleppern auszuliefern. Aus der Firma Stinnes entwickelt sich einer der größten deutschen Industriekonzerne des 20. Jahrhunderts.

1845 **Spanien.** Cadiz ist noch immer einer der wichtigsten Häfen des Landes, obwohl er schon 1778 sein Monopol für die Schiffahrt nach Amerika verloren hat. Behindert wird der Seehandel in Cadiz durch die hohen Zollabgaben. Die Ausfuhr umfaßt den Jerez-Wein aus Andalusien (als Sherry nach England), ferner Quecksilber, Branntwein, Früchte, Olivenöl, Salz, Mehl, Wolle u.a. Importiert werden Zucker, Kaffee (beide aus Kuba), Kakao, Flachs, Hanf, Leinen, Trockenfisch, Häute, Baumwolle etc. Der Schiffsverkehr von Cadiz:

Handelspartner	einlaufend			auslaufend		
	Zahl	Tonnage	Wert (£)	Zahl	Tonnage	Wert (£)
Großbritannien	297	49.600	30.600	307	51.100	847.250
Spanien	234	42.710	471.630	161	36.130	223.220
Preußen	46	15.230	20.280	52	17.120	6.910
Skandinavien	64	13.090	7.630	68	14.370	13.620
USA	33	7.540	12.070	56	8.210	15.680
Frankreich	40	6.220	20.550	37	5.680	14.940

1845 **Frankreich.** Durch das Eingreifen der Politik in Nordafrika verlagert sich der Seehandel immer mehr von den Atlantikhäfen nach Marseille. Im Jahr 1835 wird Marseille von 3360 Schiffen angelaufen, zehn Jahre später sind es schon 4153 Schiffe. Die Hafenanlagen werden immer weiter nach Norden ausgebaut.

1845 **Klipperschiffe.** Die >Rainbow< (750) des Amerikaners John Griffith gehört zu den ersten richtigen großen Klipperschiffen der USA. Weitere berühmte Klipper der USA sind die >Sea Witch< (910), >Flying Cloud< (1780), >Challange< (2010) und die riesige >Great Republic< (4000). Die meisten Klipper baut der Schiffbaumeister Donald MacKay aus Newburyport in Massachusetts.

August 1845 **Kanalbau.** In Bayern wird der Ludwigskanal nach zehnjähriger Bauzeit in Betrieb genommen. Er ist 172 Kilometer lang und verbindet den Main von Bamberg über die kleinen Flüsse Regnitz und Altmühl sowie über die Stadt Nürnberg mit der Donau bei Kehlheim. Da er zu schmal und seine Schleusen

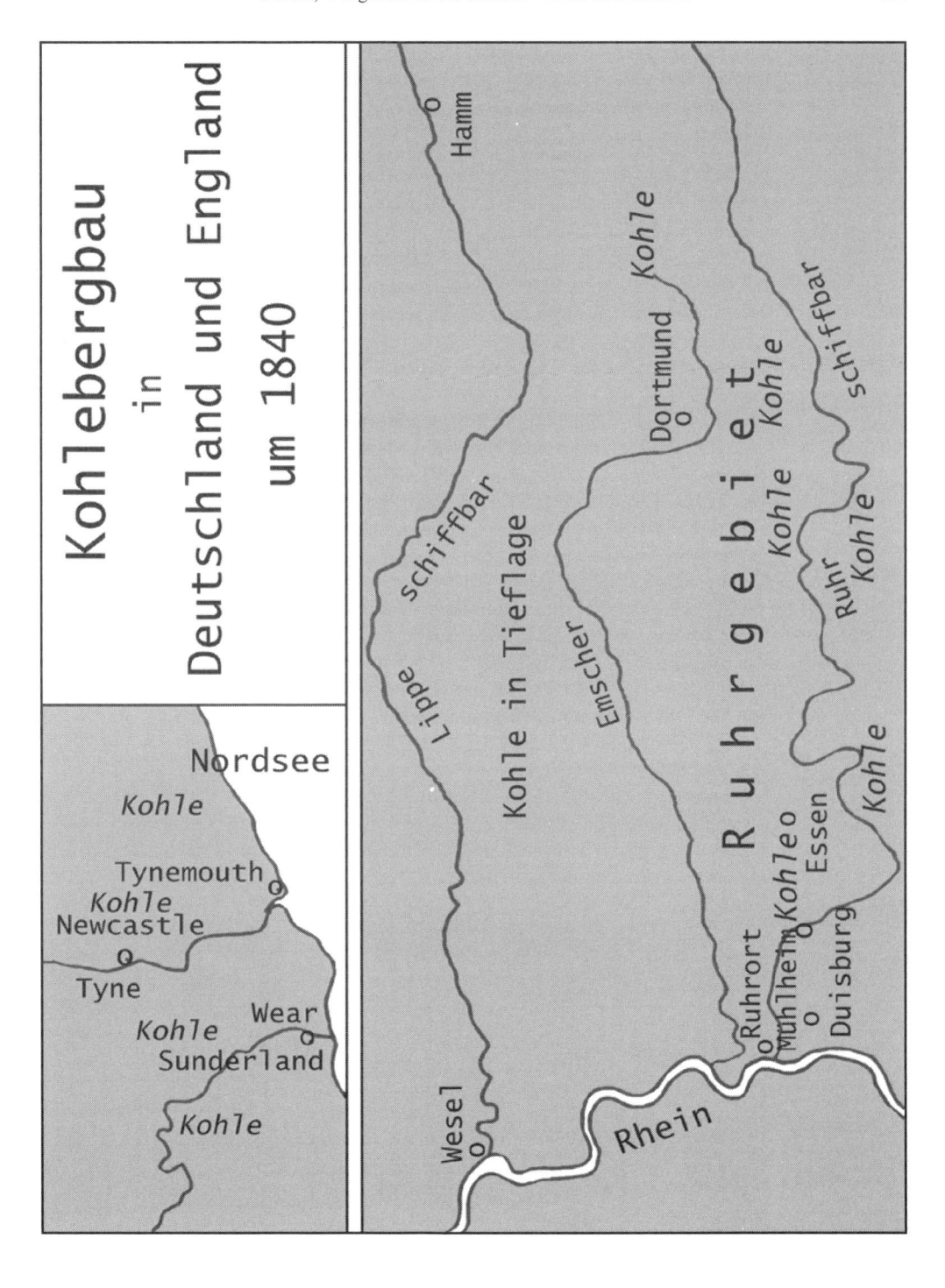

Kohlebergbau in Deutschland und England um 1840

England: Nordsee, Kohle, Tynemouth, Kohle, Newcastle, Tyne, Wear, Kohle, Sunderland, Kohle

Ruhrgebiet: Hamm, Kohle, Dortmund, Kohle, schiffbar, Lippe schiffbar, Kohle in Tieflage, Emscher, Kohle, Ruhr, Kohle, Ruhrort, Mühlheim, Kohle, Essen, Duisburg, Kohle, Wesel, Rhein

zu klein für größere Kähne sind, erliegt er bald der Konkurrenz der Eisenbahn. Einige Teile des Kanals sind noch heute zu sehen. 146 Jahre später wird auf der gleichen Strecke ein neuer und großer Kanal eröffnet.

1845 **Belgien.** Der Schiffsverkehr in den wichtigsten und größten Häfen beträgt:

Hafen	Schiffe	Tonnage	Bemerkung
Antwerpen	1919	280.900	
Ostende	624	62.700	
Gent	224	30.450	Binnenschiffahrt
Nieuwpoort	111	3.580	Fischereihafen

Der allmählich ansteigende Umschlag fällt im Revolutionsjahr 1848 auf rund 60 Prozent dieses Jahres ab.

1845 **Frankreich.** Das Land ist neben Italien der größte Weinexporteur in Europa. Seine Weine werden in die ganze Welt verschifft. Die größten Abnehmer in diesem Jahr sind Algerien (23,0%), Deutschland (13,0%), Schweiz (9,2%), Belgien (7,1%), Südamerika (6,5%), Niederlande (6,4%), USA (5,9%), Königreich Sardinien/Piemont (5,2%), Mauritius (3,4%), Rußland (2,6%) und Großbritannien (2,2%). Erstaunlich ist die geringe Abnahme durch Großbritannien, das im Mittelalter der größte Kunde gewesen ist. Die Lieferungen nach Mauritius sind sicher zum Teil Zwischenstation. In Algerien kämpft seit 1830 noch ein großer Teil des französischen Heeres, die Soldaten wollen den heimischen Wein trinken.

1845–1848 **Forschung.** Der Engländer John Franklin läuft am 26. Mai 1845 mit den Schiffen >Terror< und >Erebus< zur Suche nach einer Nordwestpassage aus. Die Schiffe werden am 26. Juli von einem Walfänger ein letztes Mal gesichtet. Sie sind seitdem verschollen. Bei der King William-Insel frieren die Schiffe fest. Im Jahr 1859 wird von Suchmannschaften das Tagebuch gefunden. Erst Ende des 20. Jahrhunderts können der Todesmarsch und die Ursache des Unterganges der Expedition rekonstruiert werden. Franklin hat erstmals mit Blei verschlossene Lebensmittelkonserven mitgenommen, durch die die Besatzung allmählich vergiftet worden ist.

1845 **China.** Das Land hat nun fünf Häfen für den Handel mit dem Ausland geöffnet. Der Gesamtumschlag in diesen Häfen beträgt nach offiziellen Angaben in britischen Pfund:

Hafen	Umschlag
Kanton	9,669.000
Schanghai	2,571.000
Amoy	302.000
Fu-chou	185.000
Ningpo	37.000

Dazu kommen an Schätzungen rund £ 5,000.000 an Opium und £ 3,000.000 an Perlen, Goldschmuck, Silberwaren und Edelsteinen, die leicht zu verstecken sind.

1845 **Ecuador.** Der Seehandel aus dem einzigen großen Hafen Guayaquil geht fast zur Gänze an sechs Destinationen. Und zwar nach Peru (42,1%), Chile (18,5%), Spanien (13,4%), Hamburg (10,4%), Frankreich (7,3%) und Mexiko (4,4%). In wirtschaftlicher Hinsicht ist die Verbindung mit der alten Herrschaft Spanien noch immer gegeben.

Franklin Expedition 1845 – 1848 +

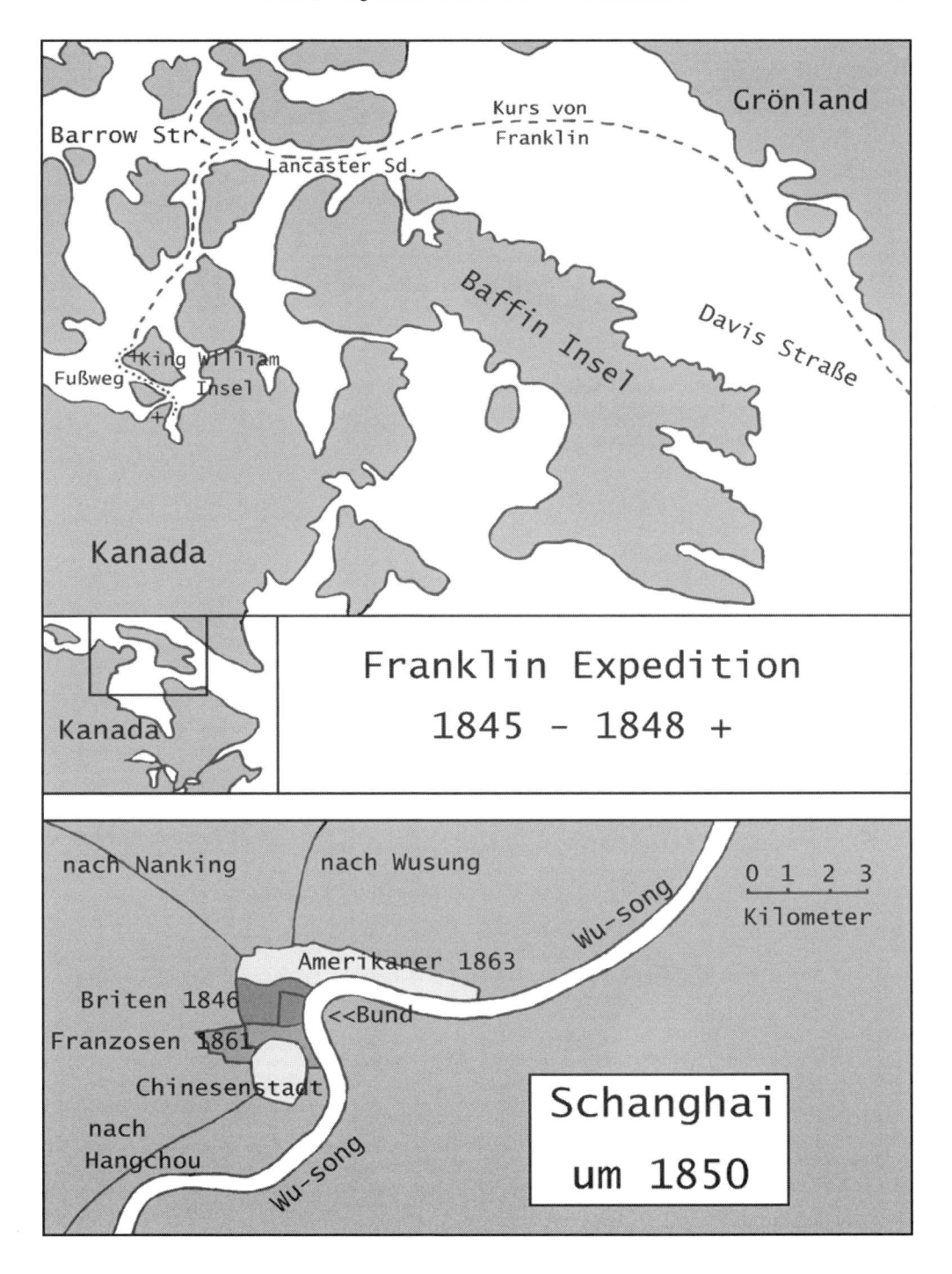

Schanghai um 1850

| 1845 | **Riga.** Der Export besteht aus Holz, Teer und Pech, Güter, die über die Düna aus dem Landesinneren kommen. Eingeführt wird in diesem Jahr im Wert von Rubel: Salz (5,000.000), Zucker (997.000), Hering (548.000), Wein (410.000) und Fertigwaren (394.000). Riga ist für Rußland neben St. Petersburg der wichtigste Hafen an der Ostsee. |

1845 **Technik.** Die britische Marine will feststellen, ob Schraube oder Schaufelrad ein Schiff besser antreiben. Dazu läßt sie den Schraubenschlepper >Rattler< genau nach den Maßen des Schaufelradschleppers >Alecto< nachbauen und mit einer gleich starken Dampfmaschine ausrüsten. Die Schiffe werden dann über Heck verbunden und lassen ihre Maschinen mit voller Kraft laufen. Der >Rattler< kann den Raddampfer mit zwei Knoten Geschwindigkeit abschleppen.

1845–1847 **Österreich.** Der Schiffsverkehr in den Häfen an der Adria nimmt ständig zu. In diesen drei Jahren laufen insgesamt 33.000 Schiffe mit 1,245.000 Tonnen ein und ungefähr ebenso viele aus. Die wichtigsten Häfen sind:

Hafen	Ankünfte		Abfahrten	
	Schiffe	Tonnage	Schiffe	Tonnage
Triest	8677	497.800	8694	505.500
Venedig	4358	315.200	4092	307.100
Fiume	5307	94.700	5367	100.400
Spalato	2614	40.400	2615	40.200

1845–1847 **Irland.** Die Kartoffelernte fällt mehrmals aus und in ganz Europa gibt es eine schlechte Weizenernte. Eine dramatische Hungersnot in Irland ist die Folge. Eine schwerfällige Bürokratie und politische Rücksichten auf das ebenfalls unterversorgte England verzögern die Hilfe. Erst 1847 kommen Schiffsladungen mit Getreide nach Irland. Es fehlen aber Eisenbahnen für eine schnelle Verteilung. Die Emigration steigt daher von 50.000 pro Jahr vor der Hungersnot auf 200.000 in den folgenden Jahren. 25.000 Verhungerte werden registriert. Die Goldfunde in Kalifornien zur selben Zeit verstärken noch die Auswanderung.

1846 **Schiffbau.** Die britische Marine rüstet den Dreidecker >Ajax< mit einer Dampfmaschine von 450 PS und Schraubenantrieb aus. Die >Ajax< ist noch ein reines Vollschiff, der Dampfantrieb nur Hilfe zum Ein- und Auslaufen. Sie ist aber das erste Kriegsschiff erster Ordnung mit Dampfmaschine. Im Jahr 1850 folgt die >Napoleon< des französischen Ingenieurs Dupuy de Lome als erstes mit einer Dampfmaschine gebautes Segellinienschiff.

1846 **Schanghai.** Die Stadt ist schon seit einiger Zeit einer der großen Häfen in China und seit 1842 Vertragshafen für die Europäer und Amerikaner. Sie hat eine geographisch günstige Lage nahe beim Yang-tse-kiang, dem großen Verkehrsweg in das Landesinnere, liegt nahe der Meeresküste und kann auch von großen Schiffen angelaufen werden. Die chinesische Bevölkerung beträgt rund 500.000 Seelen. Nun gründen westliche Nationen Siedlungen, sogenannte „Konzessionen", die Briten in diesem Jahr, die Franzosen 1849/61 und die Amerikaner 1863. Beim Teiping-Aufstand 1850–64 strömen Zehntausende Chinesen, meist Kaufleute, aus Nanking und Umgebung in die Konzessionen und begeben sich unter den Schutz der Europäer. Dies ist der Beginn des Aufstiegs von Schanghai zu einer der größten Hafenstädte der Welt.

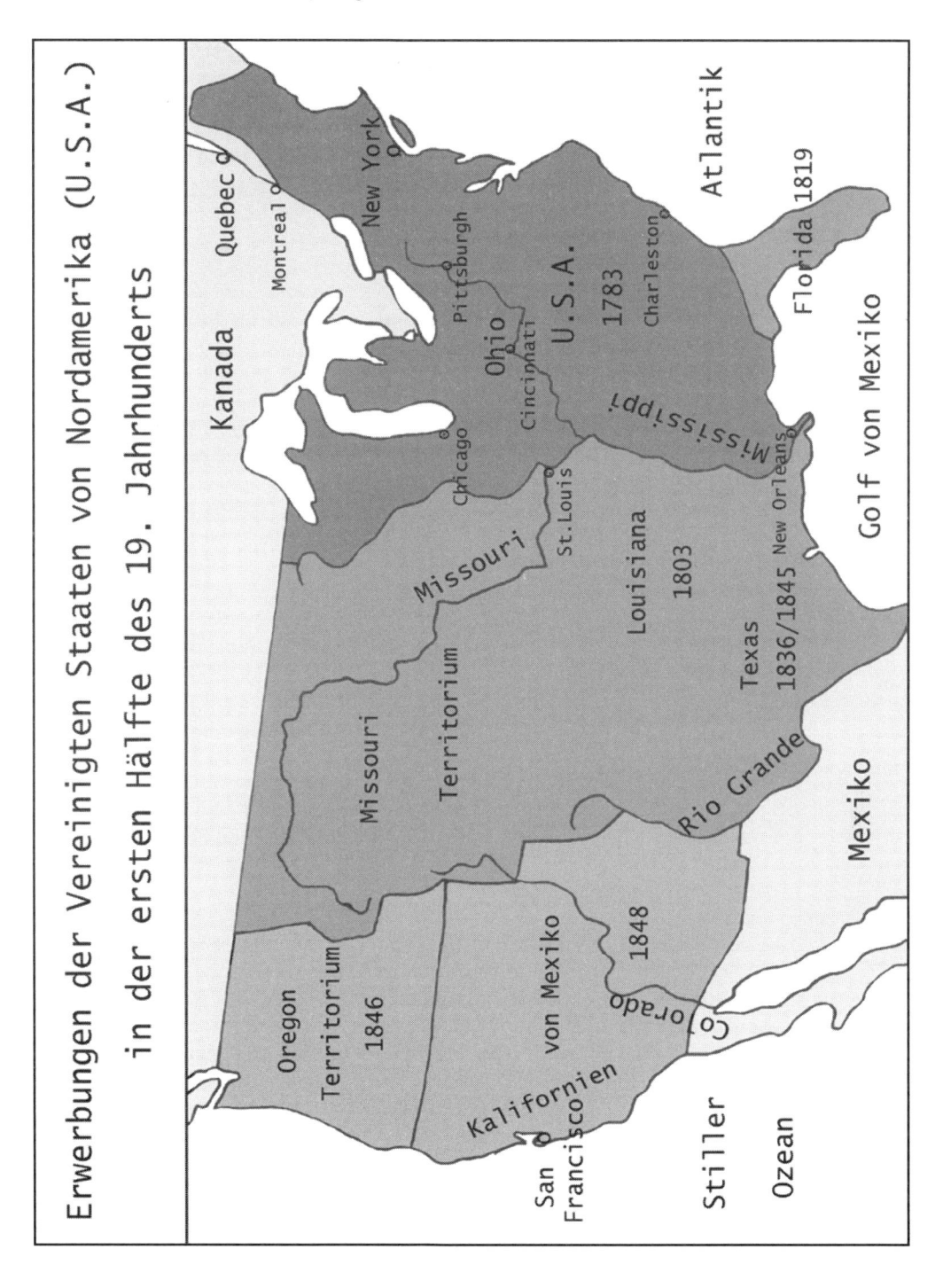

Erwerbungen der Vereinigten Staaten von Nordamerika (U.S.A.) in der ersten Hälfte des 19. Jahrhunderts

1846	**Großbritannien.** Die Roheisen- und Halbzeugerzeugung steigt von 450.0000 Tonnen im Jahr 1823 auf 2,000.000 Tonnen in diesem Jahr. Davon werden 1815 rund 20.000 Tonnen exportiert, 1850 sind es schon 450.000 Tonnen, die verschifft werden. Die Kohleförderung steigt von 21,000.000 Tonnen im Jahrr 1826 auf 44,000.000 Tonnen in diesem Jahr.
4. August 1846	**Schiffbruch.** Das britische Auswandererschiff >Cataraqui< (400) ist mit 423 Personen an Bord unterwegs von Liverpool nach Australien. In der Bass-Straße zwischen Australien und Tasmanien strandet das Schiff an der King-Insel. Bis auf neun Personen ertrinken alle an Bord. Diese Insel ist schon mehreren Schiffen zum Verhängnis geworden.
1846	**USA.** Das Territorium von Oregon kann erworben werden. Es umfaßt die heutigen Staaten Oregon, Washington und Idaho und ist bisher auch von Großbritannien und Rußland beansprucht worden. Schon zwei Jahre später wird nach dem Krieg mit Mexiko Kalifornien gewonnen. Die Entdeckung der dortigen Goldfelder bringt eine rasche wirtschaftliche Entwicklung der Pazifikküste der USA.
1846	**Donau.** Über die Häfen Galatz und Braila knapp vor der Donaumündung werden große Warenmengen aus den Provinzen Moldau und Walachei verschifft. Getreide, Rinder und Unschlitt gehen nach Livorno, Genua und Marseille. In alle Destinationen gehen Wolle, Holz, Häute, Schmalz (nicht in islamische) und luftgetrocknetes Fleisch.
1846–1850	**Auswanderer.** Der Strom von Auswanderern aus Europa nach Amerika erreicht seinen Höhepunkt. In den wichtigsten Häfen am Kontinent wird in diesen Jahren folgende Zahl an Personen eingeschifft: Le Havre (163.800), Bremen (150.400), Antwerpen (56.100), Rotterdam (44.700) und Hamburg (32.100).
1846–1850	**USA.** Der Seetransport nach Europa steigt sprunghaft an. Ursachen sind die Hungersnot in Irland, die Revolutionen in Deutschland und Österreich und der Goldrausch in Kalifornien. Die Schiffe bringen Getreide nach Irland und nehmen auf dem Rückweg Auswanderer aus Europa mit. Die Goldsucher kommen mit Segelschiffen aus Europa um das Kap Hoorn nach Kalifornien. Von der Ostküste der USA wird schnell eine Dampfschifflinie nach Panama und Nikaragua eingerichtet. Nach der Überquerung der Landenge geht es wieder mit Segelschiffen nach Kalifornien.
28. April 1847	**Schiffbruch.** Das britische Auswandererschiff >Exmouth< (320) ist unterwegs von Londonderry nach Quebec. Es ist mit 240 Emigranten weit überladen. In der Nacht läuft das Schiff im Sturm an der Küste von Donegal, Irland, auf. Alle Auswanderer und elf Besatzungsangehörige kommen um, nur drei Matrosen können sich retten. Die Auswanderer waren während des Sturmes unter Deck eingeschlossen und hatten keine Möglichkeit an Deck zu kommen.
Mai 1847	**Reederei.** In Hamburg wird die „Hamburg-Amerikanische Paketfahrt Actien Gesellschaft", kurz HAPAG, gegründet. Sie hat zunächst nur Segelschiffe im Einsatz, erst 1856 fährt ihr erstes Schraubenschiff, die >Borussia< (2030), mit 400 Passagieren in zwei Wochen nach New York. Die HAPAG steigt unter der Leitung von Albert Ballin (seit 1886) zur größten Reederei der Welt auf. Zunächst wird die Linie von Hamburg nach New York mit den Segelschiffen >Deutschland<, >Nordamerika< und >Rhein< betrieben. Der deutsch-dänische Krieg von 1848–49 ist zunächst für die Entwicklung hinderlich. Die ersten

Dampfschiffe der HAPAG, neben der >Borussia< das Schwesterschiff >Hammonia<, werden 1855 ausgeliefert und sofort zum Rücktransport der Truppen aus dem Krimkrieg an Großbritannien und Frankreich verchartert.

Postdienst. Der Dampfer >Washington< der US-amerikanischen „Ocean Steam Navigation Company" aus New York nimmt den Postdienst der USA von New York nach Southampton und Bremen auf. Zehn Jahre später stellt die Gesellschaft ihren Dienst ein, da die deutschen Unternehmen HAPAG und Norddeutscher Lloyd diesen Kurs mit modernen Schiffen betreiben. *Juni 1847*

Genua. Der Schwerpunkt des Seehandels liegt jetzt in der Verbindung mit Großbritannien. Es laufen Schiffe aus folgenden Ländern ein: Großbritannien mit Irland 106 (davon Liverpool 30), Brasilien 45, Spanien 38, USA 33, Uruguay 27, Niederlande und Belgien 24, Gibraltar 23, Kuba 16, Neufundland 10, Portugal 6, St. Thomas 6, Chile und Peru 6, Frankreich 3, Norwegen 3, Schweden 3, Finnland 2, Mexiko 2, Puerto Rico 2, Kolumbien 2 und Labrador 1, insgesamt 360 Schiffe. Die Schiffe aus dem Mittelmeer sind dabei nicht mitgezählt. Ausgeführt wird aus Genua Rohseide, Seidenwaren, Reis, Papier und Luxusgüter aus der Lombardei. Eingeführt werden Fisch, Olivenöl, Orangen und Zitronen aus Süditalien für Mailand. *1847*

Frankreich. In Le Havre wird die Gesellschaft „Companie Générale des Paquebots Transatlentique" für die Dampfschiffahrt nach New York gegründet. Vier Dampffregatten der französischen Kriegsmarine, >Canada< (1500), >Christophe Colomb< (1500), >Ulloa< (1500) und >Darien< (1500), werden umgebaut und auf >Union<, >Philadelphia<, >Missouri< und >New York< umgetauft. Die Schiffe unternehmen nur neun Fahrten, schon im folgenden Jahr wird der Betrieb eingestellt, da die Schiffe ungeeignet sind. *1847*

Reederei. Der Hamburger Großhändler Carl Woermann gründet mit einem Schiff eine eigene Reederei. Sie konzentriert sich von Anfang an auf das Geschäft mit Afrika. Dies erweist sich als richtige Entscheidung, obwohl dies vor der letzten Kolonialisierungswelle nicht leicht zu erkennen gewesen ist. Vor allem in Liberia und Kamerun hat Woermann seine Stützpunkte. Sein Sohn gründet 1890 die „Deutsche Ostafrika Linie". *1847*

Schatt al-Arab. Im Vertrag von Erzerun wird der lange umstrittene Grenzverlauf zwischen Persien und dem Osmanischen Reich festgelegt. Die Insel Abadan an der Mündung des Schatt al-Arab gehört danach ganz zu Persien, der ganze Flußlauf bis zum Ostufer ist dagegen Territorium der Osmanen, die den Persern dafür freie Fahrt am Schatt al-Arab zusagen. Diese Regelung wird im folgenden Jahrhundert große Probleme bringen. *1847*

USA. Das wichtigste Exportgut, die Baumwolle, wird in folgende Länder verschifft (in Tonnen): *1848*

England	273.500
Frankreich	68.150
Schottland	12.550
Österreich	10.250
Spanien	9.650
Hansestädte	8.700
Belgien	7.650
Rußland	5.150

1848	**Binnenschiffahrt.** In den USA ist der Verkehr auf den Wasserstraßen unentbehrlich für die Entwicklung des Landes, bevor die Eisenbahn diese Funktion übernimmt. Vorher wird als Ergänzung zu den großen Flüssen eine Reihe von wichtigen Schiffahrtskanälen gebaut. Es sind dies der Erie-Kanal, der Pittsburgh Portage-Kanal, die Kanäle vom Ohio zum Erie-See, die Verbindung vom Michigan-See über den Illinois-Fluß zum Mississippi und viele kleinere Kanäle und Seitenkanäle, die Industrie und Bergbaugebiete erschließen.
1848	**China.** Das Land muß sich nach den letzten Erfahrungen (1. Opiumkrieg) notgedrungen mehr mit den Völkern der „Barbaren" befassen. Der gelehrte Verhandler mit den Briten beim Friedensschluß und Gouverneur der Provinz Fu-kien, Xu Ji-you/Hsü Chi-yu, schreibt ein geographisches Werk mit europäischen Landkarten unter dem Titel „Ying-huan zhi lüe" (= eine kurze Beschreibung der umliegenden Ozeane).
1848	**Fischfang.** Die Fischereiflotte von Frankreich umfaßt 850 Fahrzeuge. Diese laufen aus St. Malo, Granville und St. Brieuc nach Neufundland und aus Dünkirchen nach Island zum Fang aus. Der Walfang dagegen kann sich von Frankreich aus trotz großer staatlicher Förderung nicht richtig entwickeln. Von den 17 Fangschiffen in diesem Jahr kehren nur sieben wieder nach Frankreich zurück.
1848	**China.** Der Hafen von Kanton verliert etwas von seinem Umschlag an Schanghai, ist aber noch immer der bedeutendste im Land. In diesem Jahr laufen 171 britische Schiffe mit 72.300 Tonnen ein und 176 Schiffe mit 74.000 Tonnen aus. Auch viele Schiffe aus den USA, Frankreich und den Niederlanden kommen nach Kanton. Aus China werden Tee, Rohseide, Seidenstoffe, Seidenkleider und Porzellan ausgeführt. Einfuhrgüter sind Baumwolle, Baumwollwaren, Keramik, Eisen, Stahl u.v.a.
1848	**Stiller Ozean.** Seit Beginn des Goldfiebers in Kalifornien herrscht an der Westküste von Nordamerika ein großes Verkehrsaufkommen. In diesem Jahr nimmt der Dampfer >Columbia< der im Jahr vorher gegründeten „U.S. Pacific Mail Steam Company" die Fahrten von San Francisco nach Panama und nach Portland im Oregon-Territorium auf. Im Jahre 1848–49 (im Sommer der Südhalbkugel) fährt das Dampfschiff >California< der neuen Gesellschaft von New York um Kap Hoorn nach San Francisco. Dort und entlang der ganzen Küste von Amerika muß erst ein Versorgungsdienst mit Kohlestationen für Dampfschiffe aufgebaut werden.
27. April 1849	**Schiffbruch.** Die britische Brigg >Hannah< (290) ist unterwegs von Irland nach Quebec. Sie hat 290 Auswanderer an Bord. Im Nordatlantik kollidiert das Schiff mit einem Eisfeld und beginnt zu sinken. Kapitän und Offiziere flüchten in einem Beiboot, Besatzungsmitglieder retten einen Großteil der Passagiere auf das Eis. Dort werden am nächsten Tag noch 130 Personen von einem anderen Schiff gerettet.
1849	**Kalifornien.** Ein Strom von Goldsuchern kommt aus dem östlichen Teil der USA und aus Europa nach San Francisco. Viele nehmen den gefährlichen Landweg, mehr als die Hälfte reist aber mit dem Schiff. In diesem Jahr laufen allein aus New York 22 Schiffe, fast nur Segler, aus. Die meisten fahren zur Landenge von Panama, wo die Passagiere die Schiffe verlassen und auf dem Fluß Chagres so weit wie möglich aufwärts fahren, um den Rest der Strecke bis zum Stillen

Wege der Goldsucher nach Kalifornien ab 1848

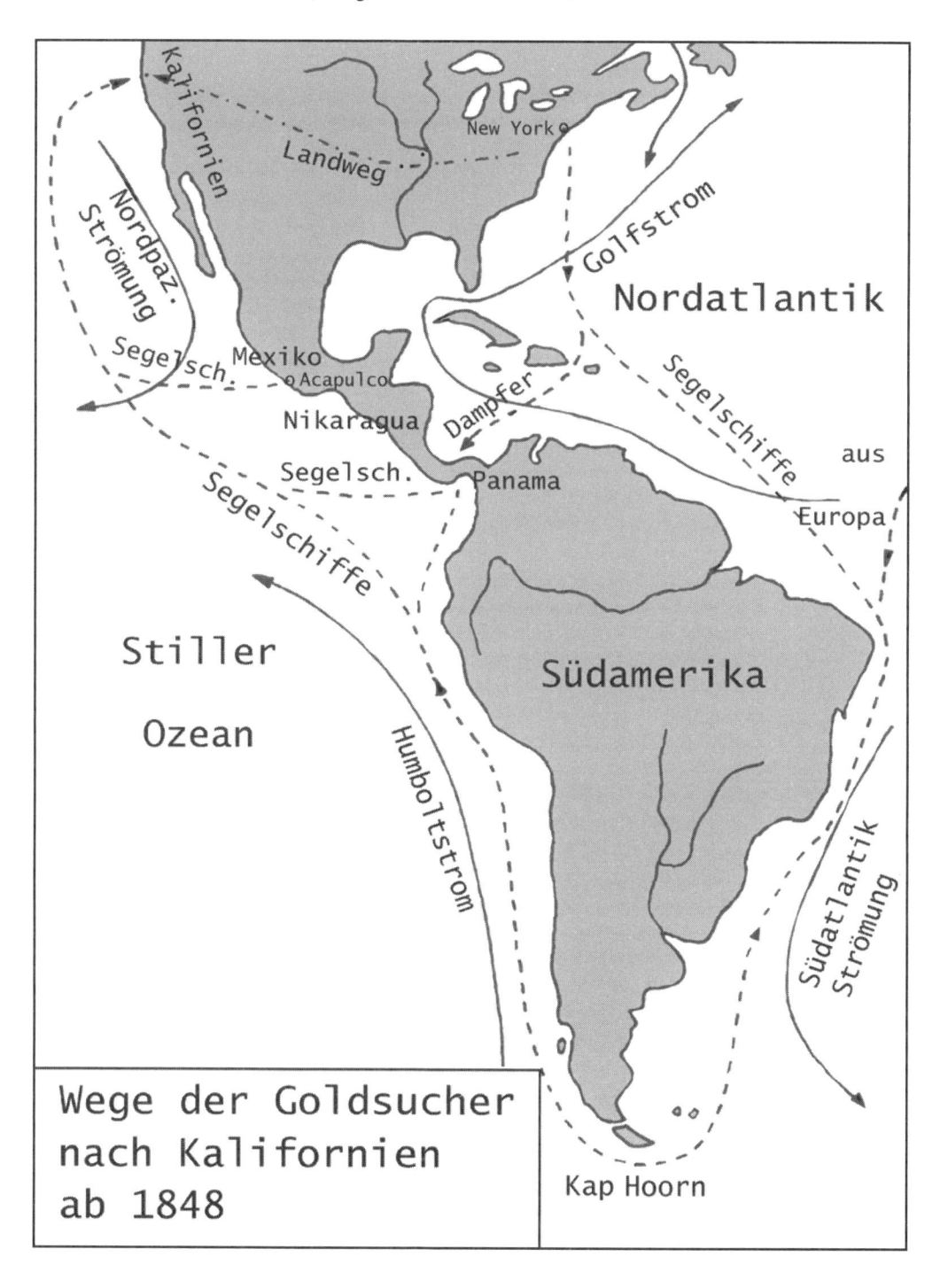

Ozean auf Landwegen zurückzulegen. Dort finden sie wieder Segelschiffe zur Weiterfahrt. Das Umsteigen wird ab 1855, nach Fertigstellung einer Eisenbahn über die Landenge, sehr vereinfacht. Die meisten Goldsucher aus Europa nehmen den Seeweg um das Kap Hoorn. Der Hafen von San Francisco ist bald voll von verlassenen Segelschiffen, deren Besatzungen in die Minen gelaufen sind.

1849 **Rußland.** Nach St. Petersburg, den bedeutendsten Hafen des Landes, kommen in diesem Jahr Schiffe aus folgenden Ländern: Großbritannien (684), Niederlande (234), Dänemark (199), Schweden (136), Preußen (116), Norwegen (97), Lübeck (89), Rußland (88), Mecklenburg (52), Hannover (45), Oldenburg (42), USA (41), Frankreich (41), Neapel (22), Bremen (8), Hamburg (3) und Genua (1). Der ganze Deutsche Bund liegt mit 355 Schiffen an zweiter Stelle.

1849 **Großbritannien.** Nach jahrelangen Debatten im Parlament und Anhören aller Betroffenen wie Kaufleute, Reeder, Werftbesitzer etc. werden die fast 200 Jahre alten Navigationsgesetze per 1. Februar 1850 aufgehoben. Sie sind in den letzten Jahren schon aufgeweicht worden. Ausgenommen wird auch jetzt noch die Küstenschiffahrt rund um die Britischen Inseln. Sie wird 1854 in einem eigenen umfangreichen Seegesetz ebenfalls freigegeben. Den Anstoß zur Aufhebung der Navigationsakte hat der Mangel an eigenem britischen Schiffsraum für die Bedürfnisse der schnell wachsenden britischen Industrie gegeben. Der internationale Seehandel und dessen Wettbewerb erhält dadurch einen neuen Impuls. Schon im folgenden Jahr macht in den Docks von London der US-Klipper >Oriental< mit einer Ladung von 1118 Tonnen Tee aus China fest. Es ist das erste Schiff unter fremder Flagge mit einer Ladung aus einem Drittland, das seit der Zeit der Hanse in London einläuft. Die USA folgen Großbritannien mit der Freigabe des Seehandels in ihrem Häfen, mit Ausnahme der Küstenschiffahrt.

1849 **Eisenbahnfähre.** Als erstes Schiff dieser Art wird von der britischen Eisenbahn die >Leviathan< (417 t) in Dienst gestellt. Sie verbindet die Bahnlinien beiderseits des Firth of Forth. Nach dem Bau der großen Brücke wird sie wieder eingestellt. Es folgen weitere Eisenbahnfähren, so in New York (1878) und in Dänemark für die Verbindung von Seeland nach Fünen.

1849 **Großbritannien.** Eingeführt werden 33.000 Tonnen feine Wolle aus Spanien, Deutschland und Australien. Ausgeführt werden bereits 3,000.000 Tonnen Kohle. Die meiste Kohle geht nach Skandinavien, in das Baltikum, nach Deutschland, in die Niederlande und nach Frankreich.

Mitte 19. Jh. **Niederlande.** Der Fischfang in den traditionellen Fanggebieten geht ständig zurück. Aus den Zollabrechungen am Öresund ist ersichtlich, daß die Fischlieferungen in die Ostseeländer nur mehr zehn Prozent der ganzen Verschiffung aus den Niederlanden betragen. Hundert Jahre früher waren es noch 50 Prozent. Auch der Walfang kann nach den letzten großen Kriegen Mangels an Walen in den nördlichen Gewässern nicht mehr wie früher aufgebaut werden. Der Walfang in der südlichen Hemisphäre ist bereits fest in der Hand der Nordamerikaner und Norweger.

1850 **China.** Nach Aufheben der britischen Navigationsakte kommen immer mehr Klipper aus den USA in die Vertragshäfen und fahren mit den britischen Klippern um die Wette nach Europa. Sie bringen die Waren aus China jetzt auch in die britischen Kolonien.

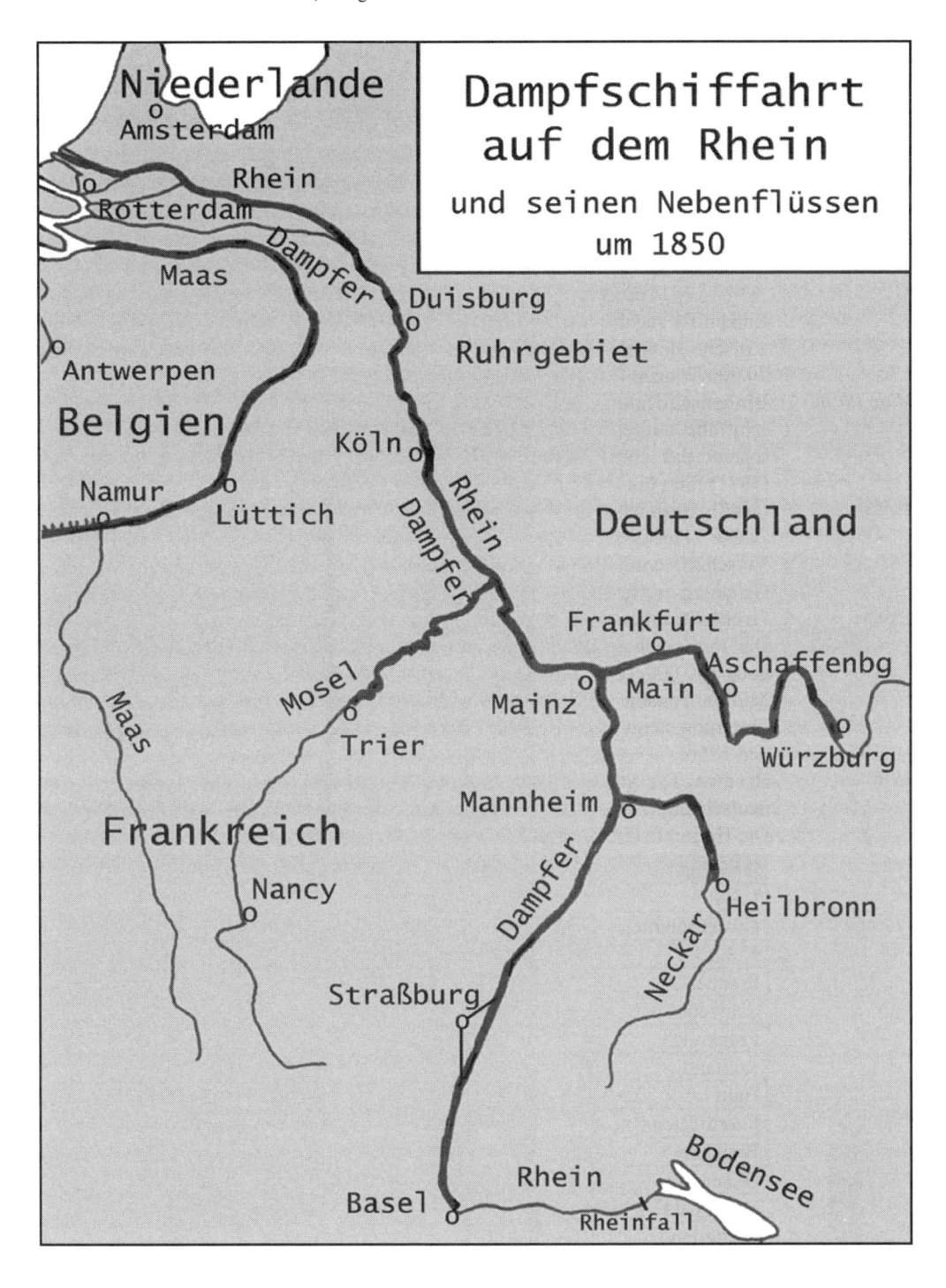

Dampfschiffahrt auf dem Rhein

und seinen Nebenflüssen um 1850

um 1850 **Frankreich.** Die wichtigsten Häfen bei der Einfuhr sind in der Reihenfolge ihrer Bedeutung Marseille, Le Havre, Bordeaux, Nantes/St. Nazaire und Rouen. Bei der Ausfuhr sind es Marseille, Le Havre und Bordeaux. Der Seetransport geht nach folgenden Destinationen:

Fahrtgebiet	Tonnen
Europa	1,100.000
Amerika	500.000
französische Kolonien	400.000
Rest der Welt	70.000

Rund 40% segeln unter französischer, der Rest unter fremder Flagge. Die französische Handelsflotte verfügt über Schiffe mit 750.000 Tonnen, darunter sind 20.000 Tonnen Dampfschifftonnage.

Mitte 19. Jh. **Binnenschiffahrt.** Auch auf den Nebenflüssen des Rheins wird die Dampfschiffahrt aufgenommen. Und zwar auf der Mosel (1840), auf dem Main erscheint das erste Dampfschiff vor Aschaffenburg (1841), und am Neckar (1841) fährt ein Dampfer zwischen Mannheim und Heilbronn.

1850 **Großbritannien.** Die Häfen müssen ständig vergrößert werden. Es gibt bereits „nasse" Docks in London, Liverpool, Lancaster, Grimsby, Hull und Goole. Verschärft wird die Situation in Kriegszeiten. Dann fahren viele Schiffe im Geleitzug, treffen daher zur selben Zeit ein und warten auf rasche Abfertigung.

1850 **Großbritannien.** Der Bedarf der Industrie an Rohstoffen steigt weiter stark an. Der Verbrauch an Rohbaumwolle beträgt bereits 300.000 Tonnen, 1830 sind es noch 100.000 Tonnen gewesen. Die Eisenerzeugung verdoppelt sich von einer Million Tonnen 1835 auf zwei Millionen Tonnen in diesem Jahr. Die Kohleförderung steigt von 23 Millionen Tonnen im Jahr 1830 auf 65 Millionen Tonnen 1856.

1850 **Bremen.** Die Stadt ist nach Hamburg bereits der zweitgrößte Hafen in Norddeutschland. Er wird von Schiffen aus ganz Europa und Amerika angelaufen. Die Herkunftsländer nach Zahl der Schiffe und deren Tonnage:

Herkunft	Zahl	Tonnage
USA	128	62.049
Großbritannien	381	49.239
Kuba	61	13.146
Preußen	133	12.160
Schweden + Norwegen	151	9.958
Frankreich	44	5.649
Rußland	66	7.431
Haiti	18	4.310
Puerto Rico	19	3.515
Brasilien	14	2.873
Dänemark	84	2.531
Venezuela	13	2.485
Niederlande	151	8.313
Mexiko	8	1.301
übrige Länder	20	5.400

USA. Im Westen entstehen an den großen Wasserwegen schnell Städte mit beachtlichen Einwohnerzahlen. Zu nennen sind New Orleans (120.000), Cincinnati (115.000), St. Louis (80.000), Louisville (43.000), Chicago (30.000), Detroit (20.000) und Cleveland (20.000). *um 1850*

Kanada. Die wichtigsten Handelspartner sind Großbritannien (rund 55%), die USA (30%) und das britische Westindien (10%). Der Rest geht an die übrigen Handelspartner. Es werden Holz, aus Neubraunschweig, Lebensmittel aus Quebec und Fischprodukte aus Neuschottland ausgeführt. Eingeführt werden vor allem Industrieerzeugnisse und Stückgut. *um 1850*

Frankreich. Das Land hat sich nach den Napoleonischen Kriegen und den anknüpfenden innenpolitischen Rückschlägen wieder erholt und unterhält weitreichende wirtschaftliche Verbindungen. Am intensivsten ist der Handel mit Großbritannien, Algier, der Türkei, Belgien, der Schweiz, den USA und Sardinien-Piemont. Näheres im Anhang. *1850*

Dampfschiffe. In Großbritannien gibt es bereits 600 Hochseeschiffe und ebenso viele Binnenschiffe. In Frankreich sind es 170 Hochsee- und 250 Binnenschiffe, in Deutschland 77 Hochseeschiffe und 180 Binnenschiffe, in Rußland 56 Seeschiffe und 92 Binnenschiffe. In den USA sind von den rund 2000 Dampfschiffen circa 1500 Binnenschiffe (geschätzt). *1850*

Technik. Der bayerische Artillerieoffizier in preußischen Diensten, Wilhelm Bauer, baut in Kiel seinen >Brandtaucher<. Das Unterseeboot hat Tauschtanks, Schraubenantrieb und verschiebbaren Ballast zur Trimmung und wird mit Handkurbeln angetrieben. Bei der ersten Ausfahrt noch ober Wasser heben die dänischen Kriegsschiffe die Blockade des Hafens von Kiel vorübergehend auf. Beim ersten Tauchversuch am 1. Februar 1851 sinkt das Boot, Bauer und seine beiden Helfer können sich retten, indem Bauer Wasser durch ein Ventil in das Boot dringen läßt, wodurch der Innendruck der Luft erhöht wird und somit die Luke geöffnet werden kann. Es handelt sich um die erste Rettung aus einem Unterseeboot. *1850*

Rußland. Auf 60 Flüssen sind rund 29.000 Kilometer für Binnenschiffe und Flöße befahrbar. Das jährliche Transportvolumen wird auf rund 6,500.000 Millionen Tonnen geschätzt. Einige der hinderlichsten Stromschnellen sind bereits reguliert. Das Treideln der Wolgaschiffer flußaufwärts mit ihren während der Arbeit gesungenen Liedern ist weltbekannt. Ein Mann kann fünf Tonnen ziehen, ein Pferd bis zu 20 Tonnen. Das Schiffsziehen wird gut bezahlt und von den jungen Männern gerne übernommen. Der Landweg durch das straßenlose, unwegsame Rußland ist zwanzigmal so teuer wie der Wasserweg. *um 1850*

Deutschland. Es sind schon große Städte zu versorgen. Zur Schiffahrt kommt jetzt die Eisenbahn. Wien, Berlin, Hamburg, Dresden und Breslau verfügen schon über Bahnverbindungen mit dem Umland. Die Einwohnerzahlen der wichtigsten Städte sind: Wien 431.000, Berlin 378.000 und Hamburg 221.000. Steigende Einwohnerzahlen weisen auch Bremen, Stettin, Frankfurt am Main und München auf. Einen leichten Rückgang verzeichnen Lübeck, Königsberg und Danzig, die von den modernen großen Hochseeschiffen nicht angelaufen werden können. Der Fernhandel nach Westdeutschland läuft jetzt über Rotterdam, Bremen und Hamburg, jener nach Preußen über Stettin. Berlin ist mit *um 1850*

Stettin bereits durch eine Bahnlinie verbunden. Wien hat seine Verbindung mit Übersee über die Donau und das Schwarze Meer sowie per Eisenbahn und Straße nach Triest.

In diesem Kapitel verwendete Literatur
(weitere Nachschlagewerke siehe Anhang in diesem Band):

Aldcroft/Freeman (Hrsg.) Transport in the industrial Revolution, Manchester Uni Press, Manchester 1983
Angerlehner, R., Österreichischer Schiffsverkehr und Seehandel 1815-1838, Diss.Uni Wien, Wien 1968
Bagwell, Ph. S., The Transport Revolution, Routledge, London 1988
Binnenschiffahrt, History of the Great Lakes, 2 Bde., Beers, Chicago 1899
Bonsor, N. R. P., North Atlantic Seaway, 5 Bde., Brookside, Jersey 1975
Bonsor, N. R. P., South Atlantic Seaway, Brookside, Jersey 1983
Burgess, R. F., Ships beneath the Sea, Hale & Co, London 1975
Braudel/Labrousse, Histoire Économique et Sociale de la France, 4 Bde., Presses Unis de France, Paris 1979
Clapham, J. H., An Economic History of modern Britain, 3 Bde., Cambridge Uni Press, Cambridge 1930
Cornwall-Jones, R., The British Merchant Service, Sampson etc., London 1898
Dane, H., Die wirtschaftlichen Beziehungen Deutschlands zu Mexiko und Mittelamerika im 19. Jahrhundert, Böhlau, Köln 1971
Delpar, H. (Hrsg.), The Discoverers, McGraw-Hill, New York 1980
Deppert, W., Mit Dampfmaschine und Schaufelrad, Bodensee 1817-1967, Stadler, Konstanz 1975
Dyos/Aldcroft, British Transport, Leicester Uni Press, Leicester 1969
Engerman, St. L. (Hrsg.), Trade and the Industrial Revolution, 1700-1850, Elgar Reference Collection, Cheltenham 1996
Golownin, V. M., Around the World on the >Kamchatka<, 1817-1819, Hawaii Uni Press, Honolulu 1979
Gwerder/Liechti/Meister, Schiffahrt auf dem Zürichsee, Birkhäuser, Basel 1976
Haek, D., Hamburg-Amerika-Linie und Norddeutscher Lloyd, Simon, Berlin ca. 1905
Haerder, H., Italy in the Age of the Risorgimento 1790-1870, Longman, London 1983
Harris, J. R., Liverpool and Merseyside, Cass & Co, London 1969
Hocking, Ch., Dictionary of Disasters at Sea during the Age of Steam, Lloyd's Register of Shipping, London 1969
Ivaschintsow, N. A., Russian Round-the-World Voyages, 1803-1849, Limestone, Kingston, Kanada 1980
Kirby, D., The Baltic World 1772-1993, Longman, London 1995
Kludas, A., Die Geschichte der deutschen Passagierschiffahrt, 5 Bde., Kabel., Hamburg 1986
Kociumbas, J., The Oxford History of Australia, Bd. 2 (1770-1860), Oxford Uni Press, Oxford 1992
Krawehl, O.-E., Hamburgs Schiffs- und Warenverkehr mit England und den englischen Kolonien 1814-1860, Böhlau, Köln 1977
Liechti, E. et. al., Schiffahrt auf dem Vierwaldstättersee, Vg. Eisenbahn, Villigen 1974
Lutz, H., Zwischen Habsburg und Preußen, Deutschland 1815-1866, Siedler, Berlin 1985
Meister, Gwerder, Liechti, Schiffahrt auf dem Genfersee, Birkhäuser, Basel 1977
Michels, W., Unvergessene Dampfschiffahrt auf Rhein und Donau, Hestra, Darmstadt 1967
Norrie/Owram (Hrsg.), A History of the Canadian Economy, Harcourt Brace, Toronto 1996
Oliver, J. W., History of American Technology, Ronald, New York 1956
Oosten, F. C., Dampfer erobern die Meere, Stalling, Oldenburg 1975
Platt, D. C., Latin America and British Trade 1806-1914, A. & Ch. Black, London 1972
Porter, G. (Hrsg.), Encyclopaedia of American Economic History, Sveibner's, New York 1980

Rabson/O'Donoghue, P&O, a Fleet History , The World Ship Society, Kendal 1988
Scherer, H., Vom Raddampfer zum Schubverband, DDSG, Wien 1974
Schäuffelen, O., Die letzten großen Segelschiffe, Delius Klasing, Bielefeld 1969
Schmitt, K., Robert Fultons erstes Dampfschiff, Koehler, Herford 1986
Smith Homans (Hrsg.), A Cyclopedia of Commerce and Commercial Navigation, 2 Bde., Harper, New York 1858
Tiyambe Zeleza, P. , A Modern Economic History of Africa, the Nineteenth Century, Codesria, Dakar 1993
Webster, A., Gentleman Capitalists, British Imperialism in South East Asia 1770-1890, Tauris, London 1998
Williamson, H. F., The Growth of the American Economy, Prentice-Hall, New York 1953
Winkler, D./*Pawlik*, G., Der Österreichische Lloyd 1836 bis heute, Weishaupt, Graz 1989
Winkler, H., Die Schiffahrt auf dem Traunsee, Hallstätter See, Grundlsee, ARGE für österr. Marinegeschichte, Mistelbach 1978

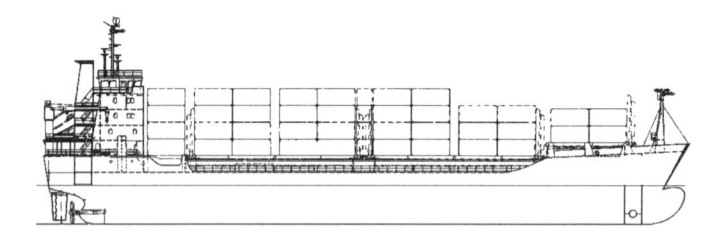

Die Anfänge der Dampfschiffahrt

18. Passagierdampfer und Frachtensegler

(von 1850 bis 1900)

Das politische Umfeld, die Zeit des Imperialismus

In dem hier beschriebenen halben Jahrhundert hat es keinen Weltkrieg gegeben. Es wird daher oft als eine friedliche, gute „alte" Zeit beschrieben. Dem ist aber bei weitem nicht so. Der Krimkrieg, die Kriege von 1866 und 1870–71 in Europa, der Sezessionskrieg der USA, der Paraguaykrieg und der Salpeterkrieg in Südamerika, die beiden Opiumkriege in China, der Krieg Japan gegen China und der Burenkrieg in Südafrika waren blutigste Auseinandersetzungen. Auch der Taiping-Aufstand und der „Boxeraufstand" in China, die Kriege Großbritanniens in und an den Grenzen von Indien und die neue Kolonialisierungswelle haben massenhaft Tod und Verwüstung gebracht.

Deutschland. Mitteleuropa war geprägt durch einen Machtdualismus im Bereich des ehemaligen Heiligen Römischen Reiches Deutscher Nation. Nach dessen Ende in den Napoleonischen Kriegen war nach dem Wiener Kongreß ein loser Staatenbund entstanden. Die Versuche, aus der Bundesversammlung in Frankfurt am Main eine deutsche Bundesregierung zu entwickeln, scheiterten am Widerstand der beiden übermächtigen Teilstaaten Preußen und Österreich. Beide Staaten beanspruchten die Vorherrschaft im ehemaligen Reich. Die Frage einer Kleindeutschen oder Großdeutschen Lösung wurde im Krieg von 1866 zugunsten der ersteren entschieden. Die Länder Deutsch-Österreich, Böhmen und Mähren mit Österreichisch-Schlesien schieden aus dem Deutschen Bund aus und die Habsburgermonarchie wandte sich ihren Aufgaben in Südosteuropa zu.

Schon ein Jahr nach dem Ausscheiden Österreichs entstand der Norddeutsche Bund unter der Führung von Preußen. Nach der Kriegserklärung von Frankreich an Preußen im Jahre 1870 traten auch die süddeutschen Staaten in den Krieg ein. Der Sieg über Frankreich ließ nach geschickter Vorarbeit von Staatskanzler Otto von Bismarck das zweite Deutsche Kaiserreich entstehen. Die Kaiserkrone bekam der König von Preußen, die einzelnen Länder blieben bestehen und wurden in einem Staatenbund unter preußischer Hegemonie vereinigt. Zusammen mit dem von Frankreich abgetretenen Reichsland Elsaß-Lothringen entstanden der stärkste Wirtschaftsraum und die größte Militärmacht in Europa.

Es wurde eine Werftindustrie geschaffen und zunächst eine Handelsflotte gebaut, um nicht von den überhöhten Frachtraten der britischen Reeder abhängig zu sein. Auf neuen staatlichen Werften wurde auch mit dem Bau einer starken Kriegsflotte begonnen. Während des Berliner Kongresses im Juli 1878 konnte Bismarck die Balkanfrage nach dem russisch-türkischen Krieg für einige Zeit lösen. Großbritannien gelang dabei, Zypern für sich zu erwerben. Bismarck war zunächst kein Anhänger des Strebens nach eigenen Kolonien. Auf Drängen der deutschen Industrie und der Reeder, die schon in aller Welt vertreten waren, und nach der neuen Kolonialisierungswelle von Großbritannien und Frankreich schaltete er Deutschland in der Kongo-Konferenz in Berlin 1884/85 in den Wettlauf um überseeische Gebiete ein. In wenigen Jahren wurden Deutsch-Südwestafrika, Kamerun, Togo, Deutsch-Ostafrika, Teile von Neuguinea und die ehemals spanischen Inseln im Stillen Ozean ohne die Philippinen erworben. Dazu kam der Flotten- und Handelsstützpunkt Tsingtau in China. Deutschland stand am Ende des Jahrhunderts auf der Höhe seiner Macht, hatte aber seinen Schöpfer Bismarck 1890 nach Entlassung durch den Kaiser verloren.

Österreich war nach der Niederlage von 1866 gezwungen, mit den starken Ungarn einen Ausgleich zu schließen. Es entstand **Österreich-Ungarn** unter Franz Joseph I. als Kaiser von Österreich und König von Ungarn. Die Klammer der beiden Reichsteile bestand neben dem Monarchen in der gemeinsamen Außenpolitik, Finanzpolitik und dem Heer. Die beiden Reichsteile hatten daneben noch ihre eigene Landwehr (Österreich) und Honved (Ungarn). Über alle wichtigen gemeinsamen Fragen wurden sogenannte Ausgleiche (Vereinbarungen) auf jeweils zehn Jahre abgeschlossen und mußten dann neu verhandelt werden.

Nach dem russisch-türkischen Krieg wurden die Verhältnisse auf dem Balkan 1878 neu geordnet. Serbien, Rumänien und Bulgarien wurden selbständige Königreiche und Österreich-Ungarn erhielt Bosnien-Herzegowina zur Verwaltung. Seine Interessen kamen dadurch in Konflikt mit Rußland. Das Zarenreich wollte an die Warmwassergebiete der Ägäis oder die südliche Adria vordringen, die Donaumonarchie dagegen die Kontrolle über den westlichen Balkan behalten. Serbien erlangte dabei die Rolle des Vorpostens von Rußland. In mehreren Verträgen lehnte sich Österreich-Ungarn daher näher an das neue Deutsche Reich an.

An der (kostspieligen) Kolonisation der europäischen Mächte nahm die Donaumonarchie nicht teil, da es kaum die Modernisierung von Heer und Kriegsflotte finanzieren konnte. Die Handelsmarine erhielt aber immer die größtmögliche Unterstützung, da sie einen wesentlichen Beitrag zur Finanzierung des Staatsbudgets leistete.

Wie in Deutschland vollzog sich auch in **Italien** in diesem Zeitabschnitt die nationale Einigung. Sie wurde vom Ministerpräsidenten Camillo Graf Benseo di Cavour von Sardinien-Piemont geschickt als ein Umsturz von oben betrieben. Mit Unterstützung von Kaiser Napoleon III. von Frankreich wurde im Krieg gegen Österreich 1859 die Lombardei gewonnen, Savoyen und Nizza für die Hilfe an Frankreich abgetreten. Im folgenden Jahr wurde in Süditalien eingegriffen. Giuseppe Garibaldi landete auf Sizilien und förderte dortige Aufstände. Cavour griff daraufhin ein, schlug die Truppen des Papstes bei Castelfidardo und ein Heer aus Neapel am Volturno. Er kam dadurch Garibaldi zuvor und einigte ganz Italien außer Venetien und einem verkleinerten Kirchenstaat, der unter französischem Protektorat stand. Im Krieg gegen Österreich 1866 wurde mit Hilfe Preußens auch Venetien gewonnen. Im Krieg gegen den Deutschen Bund 1870 mußte Frankreich seine Truppen aus dem Kirchenstaat abziehen, der im September 1870 von Italien besetzt wurde. Dem Papst blieb nur die Souveränität über den Vatikan.

Italien trat 1882 dem Bündnis mit Deutschland und Österreich-Ungarn bei, da es ebenfalls ein Interesse hatte, die Russen von der Adria fern zu halten, und Rückendeckung gegen das Vordringen der Franzosen in Nordafrika und der Briten in Ägypten suchte. An der neuen Kolonisierungswelle beteiligte es sich mit Vorstößen nach Eritrea (1885) und Somalia (1889). Die Niederlage gegen die Abessinier bei Adua 1896 verhinderte ein weiteres Ausbreiten der Italiener in Ostafrika. In einem Geheimabkommen mit Frankreich wurde im Jahre 1900 eine Interessensabgrenzung in Nordafrika gefunden. Italien hatte keine Einwände gegen das Vorgehen der Franzosen in Marokko und erhielt dafür freie Hand im osmanischen Libyen.

In **Frankreich** versuchte Kaiser Napoleon III. die alte Weltgeltung des Landes aus der Zeit von Napoleon I. wieder zu erlangen. Große Bauprogramme in Paris und die Förderung von Industrie und Gewerbe ließen den Handel in kurzer Zeit auf die doppelte Höhe ansteigen. Da dieses Programm nur mit einer zwölfstündigen Arbeitszeit möglich war, mußten die Massen mit außenpolitischen Erfolgen still gehalten werden. Napoleon III. mischte sich in die Innenpolitik des Deutschen Bundes und von Spanien ein. Er unterstützte Sardinien-Piemont aktiv an der Einigung von Italien, was Frankreich Savoyen und Nizza einbrachte. Er nahm zur höheren Ehre Frankreichs am Krimkrieg teil und schuf im Pariser Friedenskongreß 1856 ein Gegenstück zum Wiener Kongreß 1814/15. Er nützte den Sezessionskrieg der USA zur Einmischung in Mexiko, mußte aber nach dem Sieg der Nordstaaten die Intervention abbrechen und überließ seinen Schützling Kaiser Maximilian dessen Schicksal. Die Einmischung in den deutschen Einigungsprozeß brachte ihm nicht die gewünschte Kompensation. Der Niedergang seiner Popularität wurde mit verstärkter Wendung nach außen beantwortet. Königgrätz wurde als eine Beleidigung von Frankreich hochgespielt (Rache für Sadowa). Die (bald zurückgezogene) Bewerbung eines Hohenzollernprinzen für den spanischen Thron wurde als Einkreisung von Frankreich durch Preußen angesehen. Napoleon III. spielte mit seiner übertriebenen Reaktion der vorausschauenden Politik von Bismarck nur in die Hände. Die „Emser Depesche" zwang schließlich Frankreich zur Kriegserklärung an Preußen. Die Folge war die Niederlage Frankreichs und das Ende des Kaiserreiches. Die neue Republik führte den Krieg mit einer Kraftanstrengung noch kurze Zeit weiter, mußte dann aber im Frieden von Frankfurt am Main Elsaß-Lothringen abtreten und eine hohe Kriegsentschädigung zahlen.

Die Dritte Republik (ab 1870/1875) wandte sich nun verstärkt der Kolonisation in Übersee zu. Über die Suezkanal-Aktien wurde Einfluß auf Ägypten genommen. Schon 1857 war Dakar gegründet worden, nun wurde die Kolonie Senegal ausgebaut. Nach Indochina wurde mit der Eroberung von Saigon (1862) ausgegriffen. Nach längeren Kämpfen konnte im Vertrag von Huế China aus Annam hinausgedrängt und mit der Bildung der Union von Indochina die Erwerbung weitgehend abgeschlossen werden. Im Stillen Ozean wurde rund um Tahiti und mit Neukaledonien ein Inselreich geschaffen.

In Afrika wurde 1881 Tunesien erobert und in Übereinstimmung mit Großbritannien von den Küstenplätzen aus fast ganz Westafrika vereinnahmt. Ausgenommen waren nur die Küstengebiete der Briten, Deutschen, das spanische Rio de Oro und das portugiesische Guinea. Beim Vorstoß Richtung Nil kam es 1898 bei Faschoda zum Zusammentreffen mit einer britischen Expedition, die den Sudan erkundete. Dieser „Faschoda-Zwischenfall" konnte diplomatisch beigelegt werden. Bis 1896 wurde schließlich auch ganz Madagaskar unterworfen. Frankreich hatte damit nach dem Verlust fast aller Kolonien im 18. Jahrhundert wieder ein großes Kolonialreich aufgebaut.

Großbritannien war in der Victorianischen Zeit (1848–1886) auf dem Höhepunkt seiner Macht. Seine Flotte beherrschte alle Weltmeere. Der Übergang von den Segelschiffen zu den neuen Dampfschiffen schaffte aber ein Problem. Den Fahrten der Segelflotten war nur durch die Verpflegung eine Grenze gesetzt. Vitaminnahrung und Trinkwasser waren unerläßlich. Die Antriebskraft Wind war aber fast immer und überall vorhanden. Die neuen Dampfschiffe hatten aber um 1850 nur eine Reichweite von wenigen hundert Kilometern, dann mußte wieder Kohle gebunkert werden. Diese Kohlestationen galt es nun für die Briten anzulegen. Viele konnten auf eigenem Territorium errichtet werden wie Gibraltar, Malta, Halifax, St. Helena, Kapstadt, Colombo oder Singapur. Neu wurden die Falkland-Inseln (1833), Aden (1839), Zypern (1878), Suez (1882), und Wei hei wei (1898) erworben.

Der britische Ministerpräsident Benjamin Disraeli (1874–80) startete eine neue Kolonialisierungswelle. Königin Victoria wurde 1877 Kaiserin von Indien und unterstützte voll die Politik von Disraeli. Im Jahre 1882 wurden Unruhen in Ägypten benützt, um das Land zu besetzen. Von der Kapkolonie wurde nach Funden von Gold und Diamanten nach Norden vorgestoßen und Betschuana-Land (1885) sowie Rhodesien erworben (1891, Cecil Rhodes). Von Ägypten aus wurde der Sudan von den Mahdisten befreit und im Westen in der Faschoda-Krise mit Frankreich abgegrenzt. Im Helgoland-Abkommen mit Deutschland 1890 wurde Sansibar erworben und der Besitz von Kenya und Uganda gesichert. Zur Jahrhundertwende wurden auch die beiden Burenstaaten Transvaal und Oranjestaat erobert. Dazu kam 1885 Nigeria als eine große Kolonie in Westafrika.

In Asien wurden die Grenzen von Indien erweitert. Oberburma wurde in einem Krieg 1884–85 erobert. Der Persische Golf stand unter der Kontrolle der Royal Navy und die dortigen „Piraten" wurden bekämpft. Die Sultanate auf der Malayischen Halbinsel kamen unter britisches Protektorat. In Ozeanien wuchsen die Kolonien in Australien zu einem einheitlichen Dominium zusammen und Neuseeland wurde eine britische Kolonie. Dazu kamen noch die Fidschi-Inseln (1874), die Salomonen und viele andere kleine Inseln auf allen Weltmeeren.

Dieser Besitz sollte durch eine Kriegsflotte abgesichert werden, die stärker als die beiden nächst großen Kriegsflotten war (Two Power-Standard). Für das britische Weltreich wurde zum Schutz der eigenen Industrie ein Handelsmarken-Gesetz erlassen. Die Herkunft aller Güter mußte für den Konsumenten ersichtlich gekennzeichnet sein. Die Markenbezeichnung „made in Germany" sollte die Produkte aus Deutschland abqualifizieren, hatte aber später den gegenteiligen Erfolg. Gegenüber den beiden außereuropäischen aufstrebenden Mächten USA und Japan wurde der Besitz in Freundschaftsverträgen abgesichert.

Rußland versuchte mehr Einfluß im Osmanischen Reich zu erlangen, wurde aber im Krimkrieg (siehe Seeherrschaft) von den Westmächten Großbritannien, Frankreich und Sardinien zurückgewiesen. Im Friedensvertrag von Paris wurde das Schwarze Meer neutralisiert, Rußland durfte dort keine Kriegsflotte unterhalten. In einer Seerechtsdeklaration wurden in Paris Regeln für eine Seekriegführung festgelegt, die aber durch die technische Entwicklung bald wieder überholt wurden. Die Haltung von Österreich-Ungarn in diesem Krieg brachte eine weitere Verfremdung mit Rußland. Im Berliner Kongreß Juni/Juli 1878 wurde Rußland um die Früchte seines Sieges über die Türken gebracht, es begann auch die Entfremdung vom alten Verbündeten Deutschland.

Rußland wandte sich in der Folge nach dem Mittleren Osten, geriet aber bei seinem Vorstoß über Turkestan hinaus in Gegensatz zu Großbritannien, das seine Stellung in Indien bedroht sah. Im Fernen Osten wurden Verträge mit China abgeschlossen (1858,1860), in denen die Amurgrenze festgelegt wurde. Als neuer Flottenstützpunkt am Stillen Ozean wurde 1860 Wladiwostok gegründet, das günstiger als Petropawlowsk auf Kamtschatka liegt, aber im Winter ebenfalls noch für mehrere Monate zufriert. Alaska wurde in der Erhaltung zu teuer und war militärisch kaum zu verteidigen, es wurde daher 1867 an die USA verkauft.

Zur Erschließung der Gebiete im Osten wurde 1891–1904 die Transsibirische Eisenbahn gebaut. Im Jahre 1898 konnte ein Pachtvertrag mit China für die Überlassung von Port Arthur abgeschlossen werden. Rußland erhielt dadurch einen das ganze Jahr eisfreien Hafen am Stillen Ozean. Anläßlich der Boxerunruhen in China besetzte es zum Schutz des Eisenbahnbaues die Mandschurei. Es schuf sich dadurch in Japan einen Todfeind, denn Port Arthur war von den Japanern 1894/95 erobert worden, mußte dann aber auf Druck der Westmächte wieder herausgegeben werden. Und in Korea und in der Mandschurei stießen die Expansionsinteressen der beiden Länder aufeinander.

Spanien konnte im 19. Jahrhundert nicht zur Ruhe kommen. Zur Ablenkung von den Problemen im Inneren wurde 1859/60 am Krieg gegen Marokko teilgenommen. Nach dem Sturz von Königin Isabella II. (1868) gab es ständige Kriege der Thronprätendenten. Die Lage wurde noch durch soziale Unruhen, Ausrufung einer Republik (1873), Meuterei der Flotte in Cartagena (1873) und Autonomiebestrebungen in Katalonien erschwert. Auf Kuba begann 1895 ein Aufstand, der von den USA verdeckt unterstützt wurde. Nach der Explosion des amerikanischen Linienschiffes >Maine< im Hafen von Havanna kam es zum Krieg gegen die USA Nach der spanischen Niederlage wurde Kuba unabhängig unter Einfluß der USA, Puerto Rico, Guam und die Philippinen wurden an die Vereinigten Staaten abgetreten und der übrige Inselbesitz im Stillen Ozean an Deutschland verkauft. Es war das Ende des einst mächtigen spanischen Kolonialreiches. Geblieben waren nur geringe Reste in Afrika.

Das **Osmanische Reich** konnte im Krimkrieg gegen Rußland seinen Besitzstand mit Hilfe der Westmächte halten. Im Zuge des Berliner Kongresses 1878, nach der Niederlage gegen Rußland, mußte es die Balkanstaaten Rumänien. Bulgarien und Serbien in die Unabhängigkeit entlassen und Zypern an Großbritannien abtreten. Im Jahre 1882 ging das fast schon unabhängige Ägypten an Großbritannien verloren. Das Deutsche Reich lehnte den britischen Plan einer Aufteilung des Osmanischen Reiches ab und erhielt daher die Konzession für den Bau der Bagdadbahn, die Deutschland Einfluß im Reich der Hohen Pforte brachte. Den Angriff von Griechenland auf die Insel Kreta konnte die Türkei noch einmal 1896/97 abwehren. Die Seeherrschaft im Persischen Golf und im Roten Meer war bereits an Großbritannien übergegangen. Die türkische Kriegsflotte existierte nur mehr auf dem Papier.

Indien geriet allmählich vollständig unter die britische Herrschaft. Fürstentümer ohne Nachfolger wurden eingezogen, die Grenzen immer mehr erweitert. Nach dem großen Aufstand 1857/58 wurde die Ostindische Kompanie aufgelöst und Indien zu einem britischen Vizekönigreich gemacht. Zwanzig Jahre später erhielt Königin Victoria von Großbritannien den Titel einer Kaiserin von Indien. Bis 1887 wurde Beludschistan in das Reich eingegliedert. Auch Ceylon war der Kronkolonie angeschlossen worden.

Die Mandschu-Dynastie in **China** lag in Agonie. Kaum war die Taiping-Rebellion halbwegs mehr an eigenen Fehlern zusammengebrochen als daß sie niedergeworfen worden war, begann der zweite Opiumkrieg (Lorcha-Krieg). Im Vertrag von Peking mußten Gesandtschaften, weitere Handelserleichterungen und die christliche Mission erlaubt werden. An Großbritannien wurde das am Festland liegende Gebiet gegenüber von Hongkong abgegeben. Mit Rußland wurde in zwei Verträgen die Amurgrenze festgelegt und die Küstenprovinz östlich des Amur an die Russen abgetreten. An deren Südende wurde Wladiwostok gegründet. Frankreich zwang China nach einem kurzen Krieg, die französische Oberhoheit über Indochina anzuerkennen (1885). Nach der Niederlage im Krieg gegen Japan mußte China 1895 an die Japaner Taiwan/Formosa und die Halbinsel Liao-tung mit Port Arthur abtreten. Auf Druck der Europäer mußte Japan zunächst auf Port Arthur verzichten. Nach der Ermordung europäischer Missionare erpreßten die europäischen Staaten von China die „Verpachtung" von Stützpunkten. Portugal wurde die Hoheit über Macao übertragen (1887), Deutschland pachtete Tsingtau und Umgebung (1897/98), Rußland Port Arthur (1898), Großbritannien den Flottenstützpunkt Wie hei wei auf der Halbinsel Shantung (1898) und Frankreich Guang-zhou-wan/Kuang-chou-wan westlich von Hongkong (1898). Diese Politik schürte den Haß der Chinesen auf die „fremden Teufel".

Japan war zur Mitte des Jahrhunderts noch streng gegen alle Fremden abgeschlossen. Walfänger und Handelsschiffe wünschten aber Kohle- und Versorgungsstationen auf den Inseln. Als Schiffbrüchige von den Japanern festgehalten wurden, begannen Versuche, das Land zu öffnen. Damit waren zuerst die Amerikaner erfolgreich. Im Jahr 1853 erschien der US-Commodore Matthew Perry mit einem Geschwader vor Edo/Tokio und übergab ein Memorandum seiner US-Regierung auf Abschluß eines Vertrages. Mit energischem Auftreten und einem starken Geschwader vor der Küste wurde 1854 ein erster Vertrag (Kanagawa/Jokohama) geschlossen. Ähnliche Verträge gab es dann in schneller Folge mit anderen Seefahrernationen. Nach einigen inneren Kämpfen machte sich Japan das europäische Regierungs- und Wirtschaftssystem zu eigen und baute eine moderne Industrie auf. Japan wurde auch schnell erster asiatischer Teilnehmer am gerade in Gang befindlichen Imperialismus und Kolonialismus. Es verstärkte seinen Einfluß in Korea, drängte dort China hinaus, erwarb nach dem Krieg gegen China (siehe Seeherrschaft) 1895 im Frieden von Shimonoseki Taiwan/Formosa, die Pescadores-Inseln und erlangte wirtschaftlichen Einfluß in China. In Korea und der Mandschurei stieß es auf das sich in Ostasien ausbreitende Rußland.

Die **Vereinigten Staaten von Amerika** hatten Mitte des Jahrhunderts ungefähr ihr heutiges Staatesgebiet in Nordamerika erreicht, noch ohne die Außenbesitzungen. Während der Erschließung des Westens kam der Sezessionskrieg (1861–65, siehe Seeherrschaft), der das Land auf Jahre in seiner Entwicklung zurückwarf. Vor dem Krieg hatte es eine der größten Handelsflotten, im Krieg ging ein Großteil der Hochseeflotte verloren. Bei einem Wachstum der Bevölkerung von 31,3 Mio. (1860) auf 91,9 Mio. (1914) bei 21 Millionen Einwanderern kam die Entwicklung aber schnell wieder in Gang. Alaska wurde im März 1867 um $ 7,200.000 von Rußland angekauft. Nach dem Seekrieg gegen Spanien (1898) erwarben die USA im Frieden von Paris Puerto Rico, Guam und die Philippinen. Im selben Jahr kam auch Hawaii an die USA und 1900 teilten sie sich in einem Vertrag mit Deutschland die Samoa-Inseln.

Lateinamerika begann sich mit Hilfe von Investitionskapital aus Großbritannien und den USA wirtschaftlich zu erholen, wurde dadurch aber von den beiden Staaten immer mehr politisch abhängig. Brasilien war bis 1889 ein Kaiserreich, schaffte dann aber die Monarchie ab und wurde Republik. Im Jahre 1888 wurde endlich auch die Sklaverei abgeschafft. Paraguay verlor in einem äußerst blutigen Krieg gegen Brasilien, Argentinien und Uruguay einige Randgebiete und 70 Prozent seiner Bevölkerung. Die Kämpfe drehten sich vor allem um die Festungen an den Flüssen Paraná und Paraguay. Bolivien verlor im „Salpeterkrieg" seine Küstenprovinz an Chile und damit auch den direkten Zugang zum Meer.

Im Mittelamerika versuchten die Staaten von Guatemala bis Costa Rica sich zusammenzuschließen, blieben dann aber doch weiter getrennt. Sie gerieten dabei unter die finanzielle Abhängigkeit der US-„United Fruit Company" („Bananenrepubliken"). Mexiko war nach dem verlorenen Krieg gegen die USA (1848) in ständige Unruhen verstrickt. Präsident Benito Juarez verstaatlichte den riesigen Kirchenbesitz. In den Bürgerkrieg ab 1858 griffen zunächst Truppen aus Großbritannien, Spanien und Frankreich ein. Die beiden ersteren zogen sich aber bald aus dem Abenteuer zurück. Die Franzosen eroberten Pueblo und Mexiko und setzten Erzherzog Maximilian von Österreich als Kaiser von Mexiko ein. Auf Druck der USA (Monroe-Doktrin) zog es seine Truppen ab. Juarez eroberte Queretaro, wo Maximilian erschossen wurde.

Afrika wurde in der zweiten Kolonialisierungswelle mit wenigen Ausnahmen unter den europäischen Mächten aufgeteilt. Im Osten konnte Abessinien den Angriff der Italiener bei Adua abwehren und im Westen blieb Liberia bestehen, das von den Weißen als Freistaat für vor allem aus den USA entlassene Sklaven gegründet worden war. Das riesige Kongogebiet war ab 1885 Privatbesitz des belgischen Königs und wurde zu dessen Nutzen mehr als alle anderen Kolonien ausgebeutet. Im Gebiet der Südafrikanischen Union hielten die zwei kleinen Territorien Basuto-Land und Swasi-Land ihre Unabhängigkeit, zeitweise unter britischem Protektorat. Britischer Besitz reichte dann von Kairo bis Kapstadt, nur unterbrochen von Deutsch-Ostafrika. Portugal mußte den Versuch, seine Besitzungen Angola und Mosambique durch eine Landbrücke entlang dem Sambesi-Fluß zu verbinden, in einem Vertrag mit Großbritannien 1895 aufgeben.

Die Seefahrtsbedingungen

In einem Punkt erleichterten sie sich für die Schiffahrt ganz besonders. Meerengen und gewundene Meeresstraßen waren nun mit Dampfschiffen viel leichter zu passieren. Segelschiffe mußten vor den Dardanellen oder den dänischen Meerengen oft tage- oder wochenlang auf günstigen Wind warten. Die Dampfschiffe konnten sie nun problemlos durchfahren. Segelschiffe fuhren lieber auf dem stürmischen Umweg rund um Kap Hoorn als durch die gewundene und gefährliche Magellanstraße. Die Dampfschiffe verwendeten nun gerne diese Abkürzung.

Die Suche nach einer Fahrmöglichkeit vom Atlantik in den Stillen Ozean über die Nordwestpassage hatte nach der Katastrophe der Franklin-Expedition mit der Suche nach den Verschollenen einen kurzen Impuls erhalten. Dann wandte man sich aber der Erforschung der Arktis und Antarktis zu.

Die Fahrten in das nördliche Eismeer hatten zu der Erkenntnis geführt, daß das Wetter im Atlantik und in Europa vom Geschehen im Nordpolgebiet beeinflußt wird. Die Wetterkunde untersuchte diese Erkenntnisse mit internationalen Wetterstationen auf Grönland und den Inseln im Eismeer. Bald konnte der Schiffahrt rechtzeitig eine Warnung vor Schlechtwetterfronten und Stürmen gegeben werden. Der Schiffsfunk schuf dafür ab dem Ende des 19. Jahrhunderts die nötige Voraussetzung.

Die Hochseeschiffahrt

Die industrielle Revolution und die neue Kolonialisierungswelle waren im Zeitabschnitt dieses Kapitels (1850–1900) zwei gewaltige Antriebe für die Hochseeschiffahrt. Der Seetransport wuchs innerhalb dieser 50 Jahre auf das Zehnfache. Dadurch sanken die Frachtraten und die Passagekosten auf ein Drittel, wodurch der Transport von Massengütern einen weiteren Auftrieb erhielt. Die europäischen Industrienationen Großbritannien, Frankreich, Deutschland und Belgien lieferten ihre Erzeugnisse in die ganze Welt. Die USA waren zunächst ein Lieferant von Rohstoffen (Baumwolle und Nahrungsmittel), wurden aber noch vor Ende dieser Periode ebenfalls ein Exporteur von Industriewaren. Diese Länder importierten ihre Rohstoffe aus der ganzen Welt. Das Netz der Schiffahrtsrouten überzog bereits den ganzen Erdball. Denn die Kolonialisierungswelle brachte auch für Afrika und die Südsee einen großen Transportbedarf.

Die Einfuhr von Rohbaumwolle nach Großbritannien stieg auf das Dreifache, diejenige von Wolle auf das Zehnfache und die von Eisenerz von praktisch Null auf fast sieben Millionen Tonnen. Die Ausfuhr von Eisen- und Stahlwaren stieg auf das Sechsfache, diejenige von Baumwollerzeugnissen ebenfalls auf das Sechsfache und jene von Kohle auf das Zwanzigfache! Bei den anderen Industrienationen waren die Mengen zwar wesentlich geringer, der Anstieg lag aber in ähnlichem Ausmaß.

Dabei stieg die gesamte Tonnage der Handelsflotten nur von rund 13 Millionen auf rund 18 Millionen Tonnen an. Diese gewaltigen Gütermengen konnten nur durch die Umstellung auf die Dampfschiffahrt bewältigt werden. Zur Mitte des Jahrhunderts gab es noch zehnmal so viel Transportraum auf den Segelschiffen als auf den Dampfschiffen. Zu Ende des Jahrhunderts war der Transportraum bei den Dampfschiffen bereits um 50 Prozent größer als bei den Segelschiffen. Der zehnfach gestiegene Gütertransport konnte von einem nur um 30 Prozent gewachsenen gesamten Transportvolumen nur bewältigt werden, weil die Dampfschiffe auf einer gegebenen Route, auf der Segelschiffe zweimal im Jahr fuhren, mindestens zehn Fahrten unternehmen konnten. Ihr Transportvolumen verfünffachte sich daher allein dadurch gegenüber dem der Segelschiffe.

Bis zur Mitte des Jahrhunderts waren die Dampfschiffe noch vorwiegend auf die Küsten- und Binnenschiffahrt beschränkt. Dank der technischen Entwicklung (Schiffsschraube, Verbundmaschine, Stahlkessel) zogen die Dampfer bald auch den Personentransport, die Postbeförderung und den Transport hochwertiger Güter für Fahrten über die Weltmeere an sich. Im Gütertransport fielen die Frachtraten so stark, daß immer mehr Massengüter von den Dampfschiffen übernommen werden konnten. Es begann der Bau von Schiffen für spezielle Güter. Zunächst wurden ältere ausrangierte eiserne Dampfschiffe für den Kohletransport adaptiert (Seelenverkäufer), daneben aber auch schon richtige Kohletransporter gebaut.

Der Transport von Petroleum und Erdöl wurde zunächst von Segelschiffen und Dampfschiffen in Fässern oder Kanistern vorgenommen. Bald aber mußten für den Transport der großen Mengen an Erdöl spezielle Schiffe gebaut werden. Zwei Erfindungen gegen Ende des Jahrhunderts ließen den Bedarf an Erdölderivaten sprunghaft anschwellen: Erstens die Erfindung des Explosionsmotors (Otto-Motor und bald auch Dieselmotor); zweitens die Einführung der Ölfeuerung bei den Dampfkesseln, wofür bei der Raffinierung des Erdöls das bisher unbrauchbare Schweröl anfiel. Das Erdöl begann mit der Verdrängung der Kohle als Primärenergie. Der Transport von Petroleum setzte schon in der Mitte des Jahrhunderts ein, die speziellen Tankschiffe kamen aber erst gegen Ende des Jahrhunderts in Fahrt.

An der Erdoberfläche vorkommendes Erdöl war schon in den frühen Hochkulturen in Mesopotamien bekannt. Für diese übelriechende, schmierige Flüssigkeit gab es aber lange keine größere Verwendungsmöglichkeit. Nur Teer wurde als Dichtungsmittel verwendet. Durch die Konstruktion der ersten halbwegs sicheren Petroleumlampen war auf einmal ein großer Bedarf vorhanden. Es begann die Verschiffung von Petroleum aus den Lagerstätten am Kaspischen Meer im Kaukasusgebiet und aus Pennsylvania in den USA. Das kaspische Erdöl wurde zunächst in Kanistern ausgeliefert. Bald begann aber auch von dort der Abtransport mit Tankschiffen in das ganze Mittelmeergebiet, in den Indischen Ozean und bis Westeuropa.

Neben den traditionellen Massengütern wie Getreide, Wolle, Baumwolle, Kohle, Erze und nun auch Erdöl kamen noch weitere dazu. Von den Inseln vor der Küste Perus wurde Guano als bester natürlicher Dünger nach Europa verschifft, bis die Lager erschöpft waren. Dann konnte bereits die chemische Industrie mit Kunstdünger einspringen. Ferner war ein wichtiges Massengut nach Europa der natürliche Chile-Salpeter zur Erzeugung von Schwarzpulver und Salpetersäure. Ein weiteres wichtiges Exportgut aus Chile wurde Kupfer.

Beim Transport dieser Massengüter konnten Segelschiffe noch einmal kostengünstig eingesetzt werden. Die schnellen Baltimore-Klipper, von anderen Nationen nachgebaut, mit ihrer Kompositbauweise (Spanten aus Eisen, Planken aus Holz) waren schnell und billig im Betrieb und brachten Tee aus China, Wolle aus Australien, Getreide und Baumwolle aus den USA, Salpeter aus Chile, Guano aus Peru nach Europa und Opium aus Indien nach China.

Um einen ruinösen Wettbewerb zu verhindern, kamen die Reedereien in Schiffahrtskonferenzen zusammen, um Routen, Transportmengen und Tarife abzusprechen. Für den Güterverkehr war die Kalkuttakonferenz (1875), Chinakonferenz (1879), Australienkonferenz (1884), Südafrikakonferenz (1886), Westafrika und Brasilienkonferenz (1895) und die La Plata-Konferenz (1896) abgehalten worden. Solche Absprachen waren nur für die Linienfahrten sinnvoll. Wurden die Frachtraten zu hoch gehalten, fanden sich schnell kleine Tramper, die die Preise unterboten und dadurch dafür sorgten, daß die Raten wieder ins Gleichgewicht kamen. Bei den Frachtkonferenzen hatten die britischen Reeder die Initiative ergriffen, bei der Passagierschiffahrt waren es die deutschen Reedereien.

Bei der Dampfschiffahrt erfolgte bald eine Trennung in die Linienschiffahrt der Passagierdampfer mit Postdienst, in die Linienfahrt der Frachtschiffe und in die Trampschiffahrt. In letzterer kamen üblicherweise die aus der Linienfahrt ausgeschiedenen älteren Schiffe zum Einsatz. Die Linienschiffahrt konnte nicht alle Häfen auf ihren Routen anlaufen, da sonst zu viel Zeit verloren gegangen wäre. Die Linienschiffe fuhren vergleichbar mit den Schnellzügen auf der Eisenbahn. Für die Haupthäfen wurde daher ein Zubringerdienst geschaffen. Kleinere oder ältere Dampfschiffe liefen die kleinen Häfen oder offenen Reeden an und stellten die Verbindung mit den Stationen der Linienfahrt her.

Gegen Ende des Jahrhunderts brachten Dreifach-Expansionsmaschine, Hochdruckkessel aus Stahl und die zahlreichen Sicherheitsvorschriften für den Schiffbau und den Betrieb der Schiffe (Registrierung, Kontrolle, Ladevorschriften etc.) mehr Sicherheit und eine weitere Verminderung des Kohleverbrauchs. Die Takelage konnte daher ab den achtziger Jahren aufgegeben werden und die Besatzung auf Schiffsführung und Maschinenpersonal beschränkt werden. Die Dampfschiffe fuhren daher nun kostengünstiger als die Segelschiffe und konnten Fahrpläne im Liniendienst genau einhalten.

Die Niederlande hatten nach dem Vertrag von London mit Großbritannien (1824) praktisch ein Monopol für den Seehandel mit ihren Kolonien in Insulinde. Ohne Konkurrenz konnte die Niederländische Handels-Gesellschaft die Güter auch zu hohen Raten befördern. Als sich die Niederländer nach dem Beispiel von Großbritannien ebenfalls 1868 dem Freihandel anschlossen, hatte die Handelsflotte einen schweren Stand. Erst mit dem Ausbau der Dampfschiffahrt und der Einrichtung von Schiffahrtslinien nach Insulinde, Ostasien, Amerika, dem Mittelmeer und in die Ostsee ab 1880 nahm die Handelsschiffahrt wieder einen großen Aufschwung.

Dem gewaltig angestiegenen Verkehr in der zweiten Hälfte des 19. Jahrhunderts mußten die **Häfen** angepaßt werden. Der Hafen von London war im Jahre 1820 von Schiffen mit 780.000 Tonnen angelaufen worden. 1870 waren es schon 4,100.000 und 1901 gar 10,000.000 Tonnen. Ähnlich verlief die Entwicklung in New York, in den Kohlehäfen Newcastle und Cardiff und in den meisten anderen großen Häfen. Außerdem war die Größe der Schiffe außerordentlich angestiegen. Die größten Passagierschiffe hatten um 1850 rund 2000 Tonnen, zur Jahrhundertwende erreichten sie fast 20.000 BRT. Aber auch die Größe der Frachtschiffe stieg von rund 500 Tonnen auf rund 5000 BRT. Dazu mußten in den größeren Häfen Piers für die Abfertigung von Passagierschiffen und Einrichtungen für das Laden und Löschen von Gütern wie Getreide (Elevatoren), Kohle, Erdöl (Tankanlagen), Vieh (Pferche), Lebensmittel (Lagerhallen und Kühlhäuser) und Erze geschaffen werden. Man konzentrierte sich daher auf die großen Häfen, die sich am ehesten das alles schaffen konnten. Der Hafen von London stieß dabei bald an seine Grenzen.

Ein nicht auszurottendes Übel in der Hochseeschiffahrt ist dabei auch heute (2000) noch die **Piraterie**. In dem hier beschriebenen Zeitraum wurde allerdings energisch dagegen vorgegangen. Auf frischer Tat ertappte Seeräuber waren vogelfrei und konnten sofort aufgehängt werden. In schwierigen Gewässern und in kleinen Häfen wurden Schiffe aber noch immer überfallen und ausgeraubt. Vor allem die Küsten rund um das asiatisch-australische Mittelmeer waren gefährdet. Gegen die chinesischen Piraten führte die britische Marine einen ständigen Kleinkrieg.

Die Personenschiffahrt

Die Hochseeschiffahrt der Dampfschiffe setzte erst zur Mitte des Jahrhunderts richtig ein. Bisher waren reine Passagierschiffe nur im Küsten- und Bäderverkehr und im Fährdienst im Einsatz. Nun begannen die Fahrten der Dampf-Passagierschiffe zunächst nach Westindien (auf der alten Segelroute) und dann über den Nordatlantik von Liverpool nach New York über Halifax, wo gebunkert wurde. Es folgten dann Kurse entlang der Küsten von Südamerika und nach der Eröffnung des Suezkanals nach Indien und Ostasien. Die Goldfunde in Kalifornien (1848), Australien (1851) und Alaska-Kanada (1896) banden auch den Stillen Ozean in das Netz der Dampfschiffslinien ein.

Der bei weitem größte Personenverkehr entwickelte sich am Nordatlantik zwischen Europa einerseits und der Ostküste der USA und Kanadas andererseits. Die Ausgangshäfen in Europa waren Liverpool, Glasgow, Le Havre, Antwerpen, Rotterdam, Bremen, Hamburg, Marseille, Genua und Neapel. Auf der anderen Seite des Atlantik wurden hauptsächlich New York, Philadelphia, Baltimore, Halifax, Portland, Quebec und Montreal angelaufen.

Im Winter gab es am Nordatlantik wegen des schlechten Wetters einen deutlich geringeren Passagierverkehr. Der NDL Bremen begann daher als erster einige seiner dort unbeschäftigten Passagierdampfer in die südliche Hemisphäre zu schicken. Sie konnten im dortigen Sommer den gestiegenen Personenverkehr aufnehmen. Die Passagierschiffe waren dadurch ganzjährig beschäftigt und vermochten dadurch kostengünstiger fahren.

Die Personenschiffahrt zerfiel rasch in den Liniendienst mit fixem Fahrplan für reine Passagierschiffe mit Postbeförderung. Ferner in den Liniendienst der Kombischiffe mit fixen Abfahrten von Schiffen für Passagiere und Güterbeförderung. Auf dem Liniendienst mit fixem Fahrplan wurden die modernsten Passagierschiffe eingesetzt, im Nordatlantik fuhren dann die Schnelldampfer. Die gemischten Passagier- und Frachtschiffe fuhren je nach Reederei meist ein- bis viermal im Monat von Europa nach Südamerika, durch den Suezkanal nach Indien, Ostasien und Australien und gegen Ende des Jahrhunderts nach Afrika. Diese Schiffe brachten meist hochwertige Massengüter wie Tee aus China oder Kaffee aus Brasilien und luden bei der Ausfahrt von Europa dessen Industriegüter. Die Trampschiffe in der Frachtfahrt hatten oft einige Kabinen für gelegentliche Passagiere auf kaum befahrenen Routen.

Die Masse der Personen wurde aber von den großen Passagierschiffen befördert. Auf der Route über den Nordatlantik gab es schon eine so große Nachfrage, daß sich immer neue Gesellschaften in diesem Geschäft versuchten. Nur wenige konnten aber dazu auch das Kapital für die hohen Kosten der modernen Dampfschiffe und deren Betrieb aufbringen. Auf lange Sicht dominierten daher nur einige Reedereien diesen Personenverkehr. Im Chronikteil sind die wichtigsten Gesellschaften und deren Liniendienst angeführt. Um die Konkurrenten aus dem Feld zu schlagen, wurden immer größere, immer schnellere und immer luxuriösere Schiffe angeschafft. Die Entwicklung der Passagierschiffe innerhalb von 70 Jahren soll die Tabelle auf folgender Seite erläutern.

Ab den achtziger Jahren wurde die Takelage abgeschafft und ab den neunziger Jahren gab es die Schnelldampfer, die den Atlantik in rund fünf Tagen überquerten. Neben der Luxusklasse oder ersten Klasse verfügten diese Schiffe über eine etwas einfachere zweite Klasse. Im untersten Passagierdeck befanden es die Quartiere für die Zwischendeckpassagiere, die meist für Auswanderer vergeben wurden.

Jahr	1838	1871	1907
Name des Schiffes	>Sirius<	>Oceanic<	>Mauretania<
Tonnage in BRT	700	3.808	31.938
Länge in Metern	69,30	140,00	254,00
Pferdestärken	320	3.000	70.000
Geschwindigkeit	7,50 kn	14,75 kn	25,00 kn
Baumaterial	Holz	Eisen	Stahl
Maschine	Einfach-Dampfmaschine	Verbundmaschine	Dampfturbinen
Antrieb	Schaufelrad	Schraube	vier Schrauben
Zeit für Atlantiküberquerung	16 Tage	9 Tage, 10 Stunden, 45 Minuten	4 Tage, 10 Stunden, 41 Minuten

Die Auswanderer machten in diesem halben Jahrhundert den größten Teil, rund 70 Prozent, des Personentransportes aus. Politische und wirtschaftliche Probleme führten dazu, daß Millionen Europäer den Kontinent verließen. Engländer, Schotten und Iren fuhren in die USA, nach Kanada, Südafrika, Australien und Neuseeland. Franzosen fuhren nach Kanada, Deutsche in die USA, nach Kanada, Brasilien und Chile, Italiener in die USA und nach Argentinien und die Osteuropäer in die USA. Für diese große Menge an Personen wurden vorwiegend noch ältere Passagierschiffe und Segelschiffe eingesetzt.

Die Entdeckung von Goldlagerstätten in Australien 1851 brachte einen Strom von Goldsuchern und Einwanderern aus Europa und Kalifornien in den fünften Kontinent. Viele Prospektoren in den Minen von Kalifornien hatten dort keinen Erfolg und versuchten nun ihr Glück an anderer Stelle. Zu Ende des Jahrhunderts wurde auch in Alaska und knapp jenseits der Grenze am Klondike-Fluß Gold gefunden und wieder strömten die Glücksritter in großer Zahl über See in das Land.

Die Zeit der Sklavenschiffe ging nun zu Ende. Auf dem Wiener Kongreß 1814–15 wurde der Sklavenhandel geächtet. Brasilien war das letzte Land, das die Sklaverei abschaffte. Man schätzt daß von 1500 bis 1850 rund zehn Millionen Menschen als Sklaven von Afrika nach Amerika verschifft worden waren. Dazu kommt noch die unbekannte Zahl, die über das Mittelmeer und den Indischen Ozean von den Arabern verschifft worden waren. Und ganz ist die Sklaverei auch heute (2000) noch nicht zu Ende. Die UNO hatte 1948 die Sklaverei zwar geächtet, aber in neuen Formen ist sie noch immer vorhanden. Ganze Sklavenschiffe gibt es aber keine mehr.

Die Binnenschiffahrt

Das Auftreten der Dampfschiffe brachte der Binnenschiffahrt eine große Umwälzung. Große Flüsse ohne hinderliche Stromschnellen konnten nun nicht nur in der Tal-, sondern auch in der Bergfahrt unbehindert befahren werden. Personenschiffe und Schlepper mit einem Anhang von einem bis zu sechs Kähnen bewältigten nun einen stark gestiegenen Fernverkehr durch die einzelnen Kontinente. Anders war es bei den kleinen Flüssen und Kanälen. Sie waren fast alle für die Dampfschiffe nicht befahrbar. Es wurden daher bald in ihrer Nähe Eisenbahnen gebaut, die den Lokalverkehr übernahmen.

Für den Aufschwung von Industrie und Transport innerhalb der Kontinente waren in Europa Seine, Rhein, Elbe, Oder, Weichsel, Donau und Wolga, in Asien Ganges, Indus, Irrawaddy,

Yang-tse-kiang, Hoang Ho, Ob, Jenissei, Lena und Amur, in Afrika Nil, Senegal, Niger und Kongo und in Amerika der St. Lorenz-Strom, das riesige Flußgebiet des Mississippi, das ebenso große des Amazonas und die Flüsse Paraná und Paraguay unverzichtbar. Zum Überwinden der Stromschnellen der Donau am „Eisernen Tor", dem Durchbruch durch die Karpaten, wurde neben dem Fluß eine kurze Bahnstrecke angelegt. Auf ihr gaben starke Lokomotiven den Schiffen bei der Bergfahrt Vorspann (mechanisches Treideln). Die unpassierbaren Stromschnellen des Kongo bei Kongolo am Oberlauf, bei Kisangani am Mittellauf und jene rund hundert Kilometer vor der Mündung wurden durch kurze Bahnlinien umgangen, wo auch heute noch umgeladen werden muß. Alle anderen Ströme waren weit in das Innere des jeweiligen Kontinents von Dampfschiffen ungehindert zu befahren, von Vereisung, treibenden Baumstämmen und manchen Riffen abgesehen.

Zu Beginn waren Personen- und Schleppschiffe unterwegs. Die Personenschiffe wurden auf den meisten Flüssen durch die Eisenbahn abgelöst, da diese ja viel schneller war. An manchen Strömen wie dem Yang-tse-kiang und dem Amazonas sind noch heute Passagierschiffe unterwegs. Als Ausflugsschiffe sind sie gegenwärtig überall wieder im Kommen. In diesem Zeitabschnitt war aber der Schleppverkehr für Massengüter unverzichtbar. Die von den Schleppzügen bewältigten Mengen an Erzen, Getreide, Kohle, Bausteinen, Baumwolle, Tee, Kaffee, Erdöl, Kautschuk oder Jute wären von der Eisenbahn und schon gar nicht auf den (meist nicht) vorhandenen Straßen zu transportieren gewesen.

Mit dem Fortschreiten des Baues der Eisenbahnen wurden viele kleine Kanäle stillgelegt. Nur Kanalbauten für die Hochseeschiffahrt wie der Suezkanal, der Nord-Ostseekanal, der Kanal von Korinth und die Verbindungen von Rotterdam und Amsterdam zur Nordsee wurden neu gebaut und ständig vergrößert, um sie an die wachsenden Schiffsgrößen anzupassen. Neue Stichkanäle von den Flüssen oder von Küsten zu Kohlenminen oder zu Hochöfen wurden ebenfalls errichtet.

Die im vorhergehenden Kapitel beschriebene Kettenschiffahrt auf einigen Flüssen in Europa wurde wieder aufgegeben, da sie zu störanfällig und im Betrieb daher zu kostspielig war.

Auf allen größeren Seen der Welt begann nun ebenfalls das Zeitalter der Dampfschiffahrt. In Europa wandelte sich die Passagierschiffahrt auf den Seen bald zur Ausflugsschiffahrt, da es hier in kurzer Zeit ein dichtes Eisenbahnnetz gab. Auf den großen Seen in Nordamerika sind Frachtschiffe und Fährschiffe noch heute im Einsatz. Am Titicaca-See in Südamerika, auf den großen Seen in Afrika und Asien gab es lange eine Personen- und Frachtschiffahrt. In Nordamerika ist der Wasserweg vom Oberen See über die anderen Seen und Kanäle und den St. Lorenz-Strom noch immer der wichtigste Weg für Massengüter wie Erze und Getreide zum Atlantik.

Das Transportvolumen wuchs zu dieser Zeit in manchen Länder stärker als auf der Eisenbahn. Kohle, Holz, Sand, Baumaterial und Getreide konnte von den Binnenschiffern preisgünstiger als auf der Bahn über große Entfernungen transportiert werden. Vor allem in Deutschland, Großbritannien und Rußland gab es ein weites Netz an Binnenwasserstraßen, das allmählich wieder durch Kanalbauten für größere Binnenschiffe mit bis zu 1000 Tonnen Tragkraft ergänzt wurde. In Deutschland stieg die geschätzte Transportleistung der Binnenschiffahrt in Tonnenkilometer von rund 900 Millionen im Jahr 1850 bis zur Jahrhundertwende fast auf das Zwanzigfache.

Auf den meisten Flüssen waren außer den Dampfschiffen bald nur mehr Kähne und Flöße unterwegs, die ihre Güter mit der Strömung transportierten und die vor allem billiges Bau- und

Brennholz in die schnell wachsenden Städte brachten. Im Holztransport war die Konkurrenz der Eisenbahn noch nicht zu spüren.
Zur Schiffbarkeit von Binnenwasserstraßen muß festgehalten werden, daß hier die Angaben besonders stark auseinandergehen. Die Länge der Wasserstraßen nimmt in dem hier geschilderten Zeitraum stark ab, der Gütertransport dagegen stark zu. Kleine Flüsse können von der Dampfschiffahrt nicht befahren werden, die einzelnen Schiffseinheiten erreichen aber eine viel größere Transportleistung. Die Berechnung der „schiffbaren" Wasserstraßen erfolgt in jedem Land nach anderen Kriterien, ein Vergleich ist daher schwierig.

Die Fischerei

In diesem Zeitabschnitt gab es einige Neuerungen in der Hochseefischerei. Die neuen Dampftrawler konnten größere Schleppnetze benützen und der größere Fang mit Hilfe von Eis aus Norwegen oder Kanada sofort konserviert werden. Der nun frisch gelandete Fisch wurde mit der Eisenbahn nun schnell in die Großstädte und anderen Verbrauchergebiete (Industriezentren) geliefert. Der Verbrauch an Frischfisch stieg daher deutlich gegenüber Salzfisch, Pökelfisch oder Stockfisch. Die größten Exporteure an Fisch waren Norwegen, Schottland und Kanada. Die größten Importeure Deutschland, Österreich-Ungarn und Brasilien. Die wichtigsten Fische im Fernhandel waren Hering aus der Nordsee, Kabeljau von der Neufundlandbank und dem Seegebiet um Island, Lachs aus Schottland, Norwegen, Kanada und dem Mündungsgebiet von Rhein und Maas; ferner Dorsch von der Neufundlandbank und aus dem nördlichen Norwegen, Sprotte, Makrele und Hummer aus Norwegen und Kanada, Sardinen aus der Biskaya, Thunfisch aus dem Mittelmeer und von der marokkanischen Küste.
Im Walfang wurde die Harpunenkanone eingeführt, was zu einem sprunghaften Anstieg der erlegten Wale führte. Es begannen Verhandlungen über eine Reduzierung des Walfanges bis zur Diskussion über ein gänzliches Fangverbot. Die Jagd auf Seehunde und deren verwandte Arten wurde um Labrador und im Stillen Ozean weiter betrieben.
Das Tauchen nach Muscheln und deren Perlen war weiterhin ein wichtiger Einkommenszweig der Küstenbewohner im Indischen Ozean und im südchinesischen Meer. Das Tauchen nach Schwämmen und Korallen verlagerte sich vom Mittelmeer in die Gewässer um die arabische Halbinsel.

Die Schiffe

In den drei Jahrhunderten von ca. 1500 bis 1800, die Zeit, die in Band 2 beschrieben worden ist, erfolgte die Entwicklung der Schiffe ganz langsam und in kleinen Schritten. Das 19. Jahrhundert dagegen war eine gewaltige Zeit des Umbruchs. Neue Techniken kamen zum Tragen und eine Vielfalt von Schiffstypen entstand.
Der Titel dieses Kapitels soll dies ausdrücken. „Passagierdampfer und Frachtensegler" macht auf die hauptsächlichen Transportarten aufmerksam. Zu Beginn der hier beschriebenen Periode beförderten Dampfschiffe rund die Hälfte der Passagiere, aber höchstens zehn Prozent der Fracht. Zu Ende dieser Periode fuhren die Passagiere fast ausschließlich mit Dampfschiffen. Die Segelschiffe dagegen transportierten um 1850 noch gut 90 Prozent der Güter, gegen Ende der Periode um 1900 aber waren es noch immer gut 20 Prozent. Da es dafür keine genauen Zahlen gibt, mußte ich mich auf eine Schätzung der einzelnen vorhandenen Unterlagen be-

schränken. Faktum ist, daß in dieser Zeit das Dampfschiff die Personenbeförderung und das Segelschiff den Gütertransport dominierten.

Dabei erreichte das **Segelschiff** gerade in dieser Zeit seine höchste Entwicklungsstufe. Die Klipperschiffe wurden vervollkommnet, sie wurden schneller und leistungsfähiger. Um eine ausreichende seemännische Besatzung kamen sie aber nicht herum. Und die Heuer für die Matrosen war ein großer und nicht zu rationalisierender Posten in den Betriebskosten des Schiffes. Die ständige Senkung der Betriebskosten der Dampfschiffe ließ diese bald die Frachtraten der Segelschiffe unterbieten. Der einzige Vorteil gegenüber den schnelleren und pünktlichen Dampfschiffen ging dadurch den Segelschiffen verloren. Die zur Jahrhundertwende noch fahrenden Segelschiffe wurden in der Folge aufgebraucht, neue kaum mehr gebaut. Ein großer Teil der noch in Fahrt befindlichen Segelschiffe fiel dem Kreuzerkrieg im Ersten Weltkrieg zum Opfer. Das Segelschiff überlebte jedoch als Sportboot in den zahlreichen Jachtklubs und seit neuestem als Kreuzfahrtschiff in überschaubaren Gewässern wie dem Mittelmeer und der Karibik.

Das **Dampfschiff** trat zu Beginn der hier beschriebenen Zeit erst so richtig die Herrschaft auf den Weltmeeren an. In den Küsten- und Binnengewässern war es schon das fast ausschließliche Transportmittel, kleine Segelboote und Flöße auf Flüssen ausgenommen. In der Hochseeschiffahrt hatte es den Passagiertransport und den Postdienst bald an sich gebracht. Nun drang es ab der Mitte dieser Zeit auch in die Güterbeförderung ein. Dazu bedurfte es zunächst einiger technischer Neuerungen. Der Holzrumpf wurde vom leichteren Eisen- und später Stahlrumpf ersetzt. Die sichere Schiffsschraube löste das störanfällige Schaufelrad ab. Kessel aus Stahl erlaubten höheren Dampfdruck und dadurch konnten Verbundmaschinen den Kohleverbrauch halbieren. Die Dreifach-Expansionsmaschine senkte den Kohleverbrauch noch einmal um rund 40 Prozent. All das ermöglichte es, daß bei den Dampfschiffen die Takelage aufgegeben wurde. Die Reeder konnten sich daraufhin den Großteil des seemännischen Personals ersparen. Die Frachtraten fielen daher in dieser Periode durch diese Maßnahmen und durch den zunehmenden Konkurrenzdruck der anderen Reedereien auf ein Drittel. Das Maschinenpersonal auf einem Dampfschiff war zahlenmäßig wesentlich geringer als das seemännische Personal auf einem Segelschiff mit gleicher Lademöglichkeit. Die reinen Frachtdampfer unterboten daher die Frachtraten der Segelschiffe. Nach den zahlreichen Dampfschiffreedereien für den Passagierdienst entstanden daher um die achtziger Jahre viele Reederein für den Betrieb von Frachtdampfern und manche Segelschiffe wurden zu Dampfschiffen umgebaut.

Ein Handikap der frühen Dampfschiffe war die Anfälligkeit für Kesselexplosionen, Strandungen und spurloses Verschwinden. Dagegen wurden bald energische Maßnahmen gesetzt. Im am meisten betroffenen Großbritannien erließ daher das Parlament ein umfangreiches Gesetzeswerk, das die Rechte und Pflichten der Schiffsbesitzer und Besatzungen festlegte und die Ausstattung mit Sicherheitseinrichtungen am Schiff und zu Land vorschrieb. Näheres im Chronikteil unter 1854.

Auf Grund dieser Vorschriften mußten die Schiffe auch vermessen werden. Bisher wurde meist angegeben, wie viele Tonnen (engl. ton = Faß) ein Schiff transportieren konnte. Nun wurde der vorhandene Lade**raum** vermessen. Zusammen mit dem zum Betrieb des Schiffes nötigen **Raum** (NRT = netto Register Tonne) als BRT (= brutto Register Tonne) angegeben. In den offiziellen Statistiken wurden bis knapp vor dem Ersten Weltkrieg die Tonnagen meist als NRT angegeben. Die Größe der einzelnen Schiffe wird seitdem fast immer mit BRT bezeichnet. Die NRT sind für die Abgaben an Hafengebühren etc. wichtig, die BRT dagegen sagen dem Reeder, wieviel ein Schiff laden kann. Seit einigen Jahren gibt es eine neue internationale

Regel für eine einheitliche Schiffsvermessung. Sie bringt gegenüber den bisherigen nationalen Vermessungen nur geringe Abweichungen. Zur Vermeidung von einer Verwechslung mit Gewichtstonnen (bei fast jedem Laien üblich) wird nun die Bezeichnung von BRT auf BRZ (= brutto Register **Zahl**) abgeändert.

Für die Handelsschiffe ist es zur Gebührenverrechnung wichtig zu wissen, wie groß die Aufnahmefähigkeit für Passagiere und Güter ist. Bei den Kriegsschiffen ist dies unnötig, deren Größe wird daher nach der Wasserverdrängung, das ist das Gewicht des Schiffes, angegeben. Dabei werden metrische Tonnen (t) oder britische tons (ts) verwendet, die aber nur ganz geringfügig voneinander abweichen. Die Bezeichnung (t) ist daher eine Gewichtsangabe, die (BRT) sind ein Raummaß.

Bei den Dampfschiffen begann in diesem Zeitraum eine umfangreiche **Spezialisierung**. Vor allem für die Fahrt im Nordatlantik wurden die großen Schnelldampfer gebaut. Diese überschritten schon vor der Jahrhundertwende die Größengrenze von 20.000 BRT und fuhren über den Nordatlantik um das imaginäre „Blaue Band", die Bezeichnung für das schnellste Schiff auf dieser Route (Näheres im Anhang). Die Bezeichnung „Blaues Band" ist allerdings erst eine Schöpfung des 20. Jahrhunderts. Das Streben nach dem schnellsten Schiff im Nordatlantik war wegen des großen Passagieraufkommens ein wichtiges Werbeargument für die Reedereien.

Die Schnelldampfer waren gegen Ende des Jahrhunderts bereits mit einer umfangreichen elektrischen Beleuchtung, Luxuskabinen, feinen großen Speisesälen, Rauchsalons und Friseurläden ausgestattet. Die besten Köche wurden für eine exquisite Verpflegung angeworben. Dieser Luxus galt aber nicht für die Zwischendeckpassagiere, die zu den obersten Decks keinen Zutritt hatten.

Eine weitere Spezialisierung waren die Kombischiffe für Passagiere und Frachten. Sie befuhren jene Linienkurse, auf denen das Passagieraufkommen nicht so groß oder zu unregelmäßig war. Daneben wurden Güter geladen, die schnell an ihr Ziel gelangen sollten. Dies galt zum Beispiel für Tee, der bei langer Lagerung von seinem Aroma verliert. Die Reeder mit den schnellsten Transportern erzielten daher den höchsten Preis für ihre Ladung.

Daneben wurden nun reine Frachtdampfer in großer Zahl für die Trampschiffahrt gebaut. Diese drangen nun auch in den Massentransport der Segelschiffe ein (Baumwoll- und Salpeterfahrt). Weitere neue Spezialschiffe waren die Transporter für lebendes Vieh (Rinder, Pferde, Maulesel), die Kühlschiffe (für Fleisch und Bananen), Getreideschiffe (Schüttgut im allgemeinen) und vor allem die Tankschiffe.

Der Transport von Petroleum und Erdöl (Rohöl) erfolgte zunächst in Fässern oder Kanistern. Bei dem gewaltig steigenden Bedarf war der Transport auf diese Weise nicht mehr zu bewältigen und zu umständlich. Es wurden daher zunächst in vorhandene Schiffe Tanks eingebaut und das Öl mit Pumpen ein- oder ausgeschifft. Bald wurden die ersten speziellen **Tanker** gebaut, bei denen Maschinenraum und Brücke ins Achterschiff verlegt wurden und das ganze übrige Schiff eine Serie von Tanks enthielt.

Die Bestrebungen, sich mit Schiffen unter Wasser fortzubewegen, reichen weit in die Vergangenheit zurück. Ab dem Ende des 18. Jahrhunderts wurden erste erfolgreiche Versuche durchgeführt (Turtle, Nautilus, Brandtaucher). Aber erst in der hier geschilderten Zeit wurden die Erfindungen gemacht (Dieselmotor, Elektromotor, Sehrohr, Tauchtanks, Preßluft), mit denen man echte Unterseeboote bauen konnte. Die Bezeichnung Unterseeboot hat sich zwar eingebürgert, gilt aber erst für die atomgetriebenen U-Schiffe des 20. Jahrhunderts, denn nur sie können fast unbeschränkt unter Wasser operieren. Die Fahrzeuge des 19. Jahrhunderts und im 20. Jahrhundert bis zum Zweiten Weltkrieg waren **Tauchboote**, die ober Wasser fuhren und nur für kurze Zeit tauchen konnten, in der Anfangszeit für wenige Stunden, später für einige Tage. Diese „Tauchboote" waren meist für den Kriegseinsatz gedacht, es gab aber schon welche, die für die Unterwasserforschung eingesetzt wurden. Ihre Entwicklung hat daher in der „zivilen Schiffahrt" ihren Platz.

Schiffbau. Segelschiffe konnten früher überall an einer flachen Küste oder am Flußufer gebaut werden, wenn nur genügend Baumaterial vorhanden war. Nun entstand durch den Bau von Schiffen aus Stahl, mit Dampfmaschinen, einer komplizierteren Technik und einem wesentlich größeren Aufwand ein großer Kapitalbedarf. Es wurden daher richtige Werftkomplexe gebildet, z.B. am Clyde in Schottland, bei Liverpool in England und in der Nähe der meisten großen Häfen für die Handels- und Kriegsflotten. (Werften für Handelsschiffe in der Chronik unter 1858).

Um 1860 begann der Bau von Panzerschiffen für die Kriegsmarinen. In fast allen größeren Ländern mit Kriegsflotte wurden eigene Marinewerften für deren Bau eingerichtet, um von den britischen Werften möglichst unabhängig zu sein. So entstand Kriegsschiffbau in Frankreich, Deutschland, den USA, Rußland und Italien. Diese Werften exportierten auch an die kleineren Marinen in Südamerika und Asien.

Nachrichtenwesen. Bis zum Ende des 19. Jahrhunderts konnten sich Schiffe untereinander oder mit Küstenstationen nur durch Flaggenzeichen bei Tag oder mit Leuchtsignalen bei Nacht verständigen. Dazu war ein ganzes Alphabet entwickelt worden, mit dessen Hilfe ganze Sätze übermittelt werden konnten. Für schnelle Übermittlung und sich wiederholende Nachrichten gab es Kurzzeichen. Trotzdem dauerte die Nachrichtenübermittlung einige Zeit und war nur in Sichtweite möglich. Für Signale über größere Entfernungen waren Signalwiederholer im Einsatz, Schiffe in einer Entfernung, aus der die Flaggen- oder Lichtzeichen zumindest mit dem Fernglas zu erkennen waren. Zur Jahrhundertwende wurde nun die vom Italiener G. Marconi entwickelte drahtlose Telegraphie auf Schiffen und in Küstenstationen installiert. Mit ihrer Hilfe konnten Nachrichten auf immer größere Entfernung übermittelt werden. Zur vollen Reife kam die Funktelegraphie aber erst in den ersten Jahrzehnten des 20. Jahrhunderts.

Ozeanographie. In den siebziger Jahren des 19. Jahrhunderts wurde mit der wissenschaftlichen Erforschung der Meere in allen Aspekten begonnen (M. F. Maury). Zunächst stichprobenartig, ab dem folgenden Jahrhundert systematisch, wurden und werden die Meere erforscht. Diese Meereskunde hat durchaus praktische Ergebnisse. Fischfang, Nautik, Schiffbau, Routenwahl und Meteorologie erhalten dadurch neue Erkenntnisse. Die wichtigsten meereskundlichen Forschungsfahrten sind im Anhang aufgelistet.

1850   **Reederei.** In England wird die „Liverpool & Philadelphia Steam Ship Company", bekannt als Inman-Linie nach ihrem Gründer, ins Leben gerufen. Die >City of Glasgow< (1610) wird angekauft und unternimmt noch im selben Jahr die erste Reise eines Dampfschiffes der Gesellschaft nach Philadelphia. Ihr Schraubenschiff >City of Brussels< (3080) ist der erste prominente Halter des „Blauen Bandes" im Nordatlantik.

1850   **Großbritannien.** Der Seehandel mit Lateinamerika entwickelt sich ab der Mitte des Jahrhunderts wie folgt (Werte in Millionen britischen Pfund 1850 und in Klammer von 1880):
Ausfuhren nach Brasilien 2,5 (6,7), Chile 1,2 (1,9), Argentinien 0,8 (2,5), Kuba und Puerto Rico 0,9 (1,5), Mexiko 0,5 (1,2), Uruguay 0,1 (1,4), Peru 0,8 (0,3) und Kolumbien 0,3 (1,0).

Einfuhren aus Kuba und Puerto Rico 3,4 (1,6), Brasilien 2,1 (5,3), Uruguay 3,1 (0,7), Peru 3,1 (2,7), Chile 1,4 (3,5), Argentinien 1,3 (0,9), Kolumbien 0,4 (0,8) und Mittelamerika 0,1 (1,3). Bei den Einfuhren ist die steigende Bedeutung von Guano aus Peru, Salpeter aus Chile und Kaffee aus Brasilien zu erkennen.

Binnenschiffahrt. Am Rhein gibt es zu dieser Zeit internationale Schiffahrtsunternehmen mit zusammen 20 Dampfschiffen und 154 Schleppkähnen. Sie haben eine Tragfähigkeit von 47.000 Tonnen. Die Dampfer fahren von Rotterdam bis Straßburg, später bis Basel. *1850*

Welthandel. Das Volumen des Welthandels steigt von einem Wert von 800 Millionen britischen Pfund auf 8360 Millionen in der Zeit vor dem Ersten Weltkrieg. Allein die Verschiffung von und nach den Britischen Inseln steigt von 200 Millionen auf 1400 Millionen Pfund. Der gesamte Welthandel steigt daher auf das Zehnfache, der britische Seehandel auf das Siebenfache. *ab 1850*

Segelschiffe. Nach der Entdeckung von Gold in Kalifornien werden extra Segelschiffe für die Fahrt um Kap Hoorn gebaut. Sie bringen Auswanderer und Goldsucher von Europa und von der Ostküste von Nordamerika in die Goldminen. Eine Rekordfahrt unternimmt noch 1850 der Klipper >Sea Witch<, der von New York auf der von Matthew F. Maury empfohlenen Route nur 97 Tage braucht. Die von Donald MacKay gebaute >Sea Cloud< schafft 1851 die Fahrt sogar in nur 89 Tagen. Nach dem Bau der Eisenbahn über den Isthmus von Panama fahren diese Schiffe von Europa nach Chile um Salpeter und Kupfer und eine kurze Zeit auch um Guano nach Peru, bis dessen Lager erschöpft sind. Diese Fahrten enden nach 1914 nach der Eröffnung des Panamakanals. Die Besatzungen dieser Schiffe werden „Kap Hoorner" genannt, heute nennt man so jeden Segler, der das Kap Hoorn rundet. *ab 1850*

Großbritannien. Die britische Handelsflotte ist die bei weitem größte der Welt. Im Jahr 1850 fahren 39,5% aller Handelsschiffe unter britischer Flagge. Dieser Anteil sinkt bis 1870 auf 33,9% und erreicht 1900 noch einmal 35,5%. Bei den Dampfschiffen allein ist der Anteil noch größer. Solange die Schiffsrümpfe der Dampfer aus Holz gebaut werden, halten die USA noch mit. Beim Eisenschiffbau ziehen die britischen Werften aber davon. Im Jahre 1850 haben die Briten bei den Dampfschiffen einen Anteil von 23,0%, im Jahr 1870 sind es 42,3% und 1900 schon 44,5 Prozent. Der größte Anteil liegt im Jahr 1880 mit 50,0%. *ab 1850*

Schiffbruch. Der britische Raddampfer >Amazon< (2250) ist mit voller Besegelung unterwegs nach Westindien. An Bord sind bei dieser Jungfernfahrt des Schiffes 110 Mann Besatzung und 51 Passagiere. Südwestlich der Scilly-Inseln bricht im Laderaum Feuer aus, das schnell das ganze Schiff erfaßt. Eine in der Nähe befindliche Bark wagt nicht zu helfen, aus Angst selbst Feuer zu fangen. Im ganzen können 59 Personen in zwei Beibooten und von einem niederländischen Schiff gerettet werden. *4. Jänner 1851*

Schiffbau. Beim Bau von schnellen Segelschiffen setzt sich für einige Zeit der Kompositbau durch. Der erste bei Lloyd's registrierte Klipper nach dieser Bauweise ist die >Tubal Cain<. Dabei wird ein Eisenrahmen mit Holzplanken belegt und diese mit Kupferplatten gegen den Bohrwurm geschützt. So wird auch die berühmte >Cutty Sark< von William Denny & Bros. in Dumbarton am Clyde gebaut. Sie liegt heute als Museumsschiff auf der Themse in London. *1851*

1851	**Wasserbau.** In Nordamerika wird der erste künstliche St. Lorenz-Seeweg eröffnet. Er hat eine Mindesttiefe von drei Metern und verbindet den Atlantik mit den Großen Seen. In den Jahren 1951–54 wird er weiter ausgebaut und ist dann für Hochseeschiffe mit einer Breite von 23 Metern und 7,70 m Tiefgang befahrbar. Haupttransportgüter sind Agrarprodukte, Eisenerz, Kohle, Mineralstoffe und Industriegüter.
1851	**Reederei.** In Frankreich wird für den Postdienst im Mittelmeer eine Dampfschiffahrtslinie gegründet. Die „Compagnie des Messagieres Maritimes", gegründet im Februar, nimmt im September mit dem Dampfschiff >Hellespont< die Fahrt nach Civita Vecchia auf. Fahrplanmäßige Linien werden 1852 von Marseille nach mehreren Häfen Italiens, nach Malta, Alexandria und Istanbul, ab 1853 auch nach Griechenland eingerichtet. 1855 beginnen Kurse nach Algier und Tunis. Die Reederei verfügt bereits über 58 Schiffe und nimmt ab 1860 Fahrten von Bordeaux nach Südamerika auf. Fahrten in den Indischen Ozean und nach Ostasien folgen in Kürze.
10./11. Juni 1851	**Schiffbruch.** Das indische Segelschiff >Atiet Rohoman< (ca. 500) ist auf dem Weg von Jeddah im Roten Meer nach Indien. Es hat rund 400 heimkehrende Pilger aus Mekka und eine Ladung Kaffee und Salz an Bord. Nahe Bombay strandet es in der Nacht und wird auf eine kleine Insel geschwemmt. Etwas mehr als die Hälfte der Pilger kann gerettet werden.
1851	**Südamerika.** Die britische >Virago< ist eines der ersten Dampfschiffe, das die Magellanstraße passiert. In der Folge nehmen die Dampfer fast immer diesen Weg und vermeiden das stürmische Kap Hoorn. Für die Segelschiffe ist die gewundene Meeresstraße mit ihren unvorhersehbaren Böen nur schwer zu befahren, sie nehmen daher lieber weiter den Seeweg um Kap Hoorn.
1851	**Australien.** In Neusüdwales und Victoria werden bedeutende Goldlager entdeckt. Im folgenden Jahr beginnt der Zustrom von Glücksrittern aus Europa und Amerika. Viele enttäuschte Goldsucher kommen aus Kalifornien, rund 15.000 treffen aus Mitteleuropa ein (meist politische Flüchtlinge). Aber rund 200.000 Goldsucher und Siedler kommen in den folgenden Jahren aus Großbritannien.
1851	**Binnenschiffahrt.** In der ersten Hälfte des 19. Jahrhunderts wird der Verkehr am Bodensee durch die Dampfschiffe der deutschen Gesellschaften in Baden, Württemberg und Bayern ausreichend bedient. Nun gründet die Schweiz ihre erste Reederei für die Dampfschiffahrt am Bodensee und Oberrhein und stellt in Schaffhausen die >Stadt Schaffhausen< in Dienst. Erst 1884 folgt Österreich mit der >Austria<.
1851	**Sport.** Erstes Rennen für Hochseejachten. Der „America's Cup" wird vom Royal Yacht Club London veranstaltet und geht rund um die Insel Wight. Erster Sieger ist die US-Jacht >America<, daher heute der Name des Rennens.
1851	**Passagierschiffahrt.** Die britische Bibby-Linie schickt die Schraubendampfer >Tiber< und >Arno< in das Mittelmeer. Die beiden sind dort die ersten Schiffe mit Propellerantrieb.
1851	**Donau.** Aus den Häfen Galatz und Braila an der Mündung des Stromes laufen zahlreiche Schiffe, vorwiegend mit Getreide, aus. Davon haben 666 als Zielhafen Istanbul, 616 England, 275 Triest und Venedig und 70 Schiffe Häfen im westlichen Mittelmeer.

Donaumündung um 1860

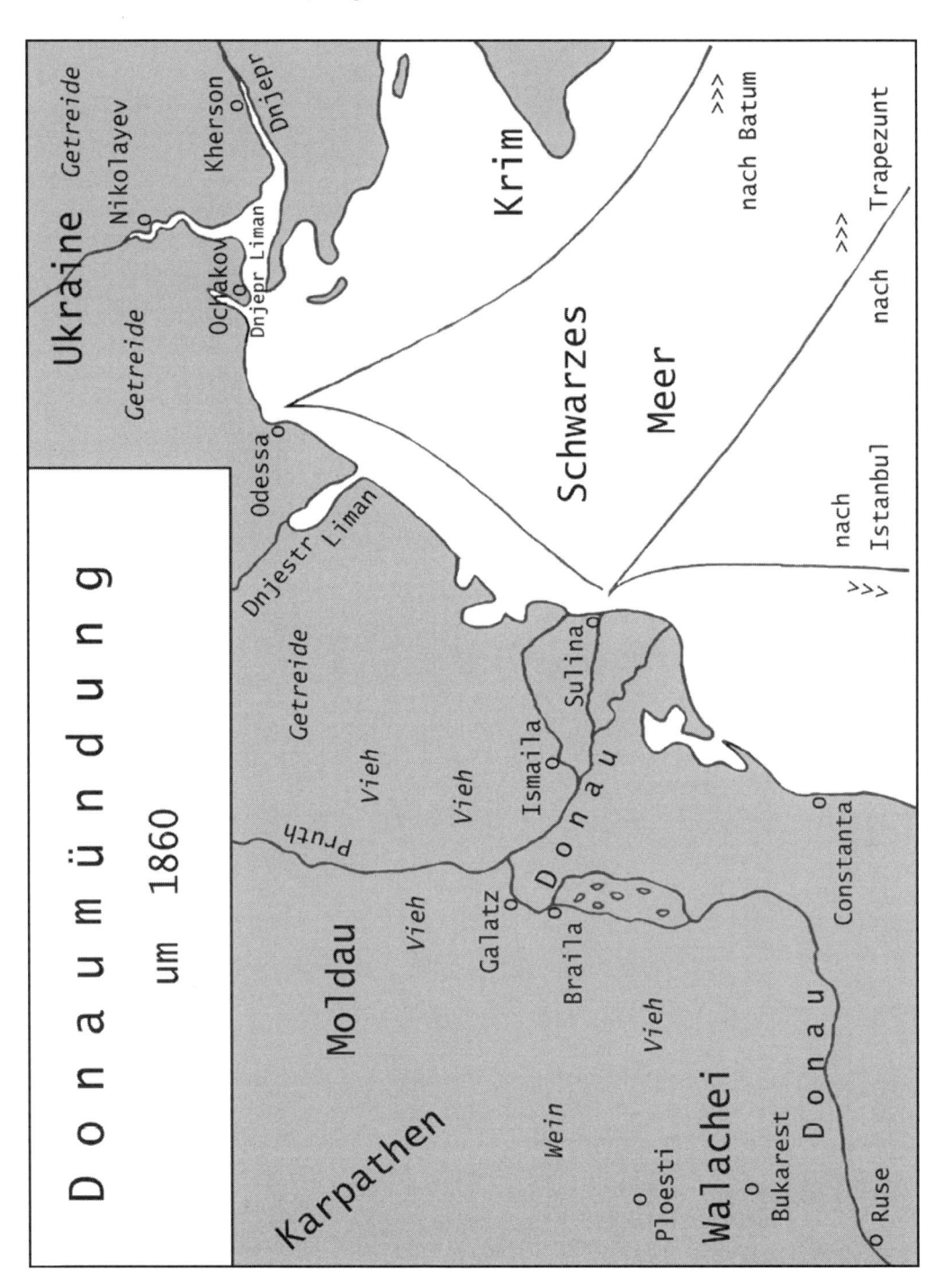

Ukraine — Getreide
Nikolayev — Getreide
Kherson
Dnjepr
Dnjepr Liman
Ochakov
Odessa — Getreide
Dnjestr Liman

Krim
Schwarzes Meer

>>> nach Batum
>>> nach Trapezunt
>>> nach Istanbul

Moldau
Pruth
Getreide
Vieh
Vieh
Ismaila
Sulina
Donau
Galatz
Braila
Vieh
Constanta

Karpathen
Walachei
Wein
Ploesti
Bukarest
Donau
Ruse

1851/52 **Indien.** Die Briten exportieren aus Kalkutta folgende Waren im Wert von britischen Pfund:

Opium	3,137.800
Indigo	1,821.700
Zucker	1,513.900
Leinöl	825.400
Rohseide	778.500
Baumwolle	495.900
Salpeter	411.000
Reis	353.800
Häute	276.200
Seidenwaren	274.800
Jute	181.000

Das Opium geht zu 90% nach China, der Rest wird über Singapur nach Insulinde gehandelt. Am Ganges sind als Zubringer durch die Binnenschiffahrt bereits zehn Dampfschiffe mit neun Frachtkähnen registriert.

1851–1852 **Burma.** Nach dem zweiten Krieg gegen die Briten muß das Land den südlichen Teil an die Europäer abtreten. Die Briten beherrschen nun die ganze Küste von Bengalen bis nach Singapur, mit Ausnahme eines kleinen Gebietes von Siam. Der ganze Seehandel im Golf von Bengalen wird nun von ihr kontrolliert.

1851–1853 **Forschung.** Die schwedische Fregatte >Eugenie< unternimmt eine Erdumsegelung und besucht dabei Rio de Janeiro, Buenos Aires, Valparaiso, Panama, San Francisco, Honolulu, Tahiti, Guam, Sydney, die Philippinen, Indien und Südafrika.

1851–1860 **Großbritannien.** In diesen zehn Jahren wandern 2,287.000 Personen aus. Davon gehen 1,495.000 (65,4%) nach den USA, 507.000 (22,1%) nach Australien und Neuseeland und 235.000 (10,3%) nach Kanada. In den folgenden zehn Jahren sind die Zahlen ähnlich, nur die Auswanderung nach Australien geht vorübergehend zurück.

1852 **Reederei.** In Glasgow wird von zwei Kaufleuten und einem Segelschiffskapitän die später „Anker-Linie" genannte Firma gegründet. Als erstes Schiff fährt das eiserne Segelschiff >Phantom< (423) nach Bombay. Weitere Segelschiffe gehen nach Kalkutta und an die Westküste Südamerikas. Im Jahre 1854 fährt der erste Schraubendampfer, die >Vasco da Gama<, nach Gibraltar. Im Oktober 1856 nimmt die Reederei mit dem Schraubenschiff >Tempest< (860) die Fahrten nach Nordamerika auf. Auf dem Rückweg von der zweiten Fahrt verschwindet das Schiff spurlos. In den nächsten Jahren fahren Schraubenschiffe von über 1000 Tonnen regelmäßig nach New York und Quebec, kleinere Schiffe nach Lissabon. Die Segelschiffe der Reederei werden ebenfalls mit einer Dampfmaschine ausgerüstet.

1852 **Südamerika.** Der Hafen Rosario am Rio Paraná wird zur Stadt erhoben, Manaos an der Mündung des Rio Negro in den Amazonas wird die Hauptstadt der Provinz Amazonas. Diese beiden und mehrere andere Häfen wie Corumbá am Rio Paraguay verdanken ihren Aufstieg der Dampfschiffahrt. Durch das Auftreten der Dampfer auf den großen Flüssen erfährt die Binnenschiffahrt einen großen Aufschwung.

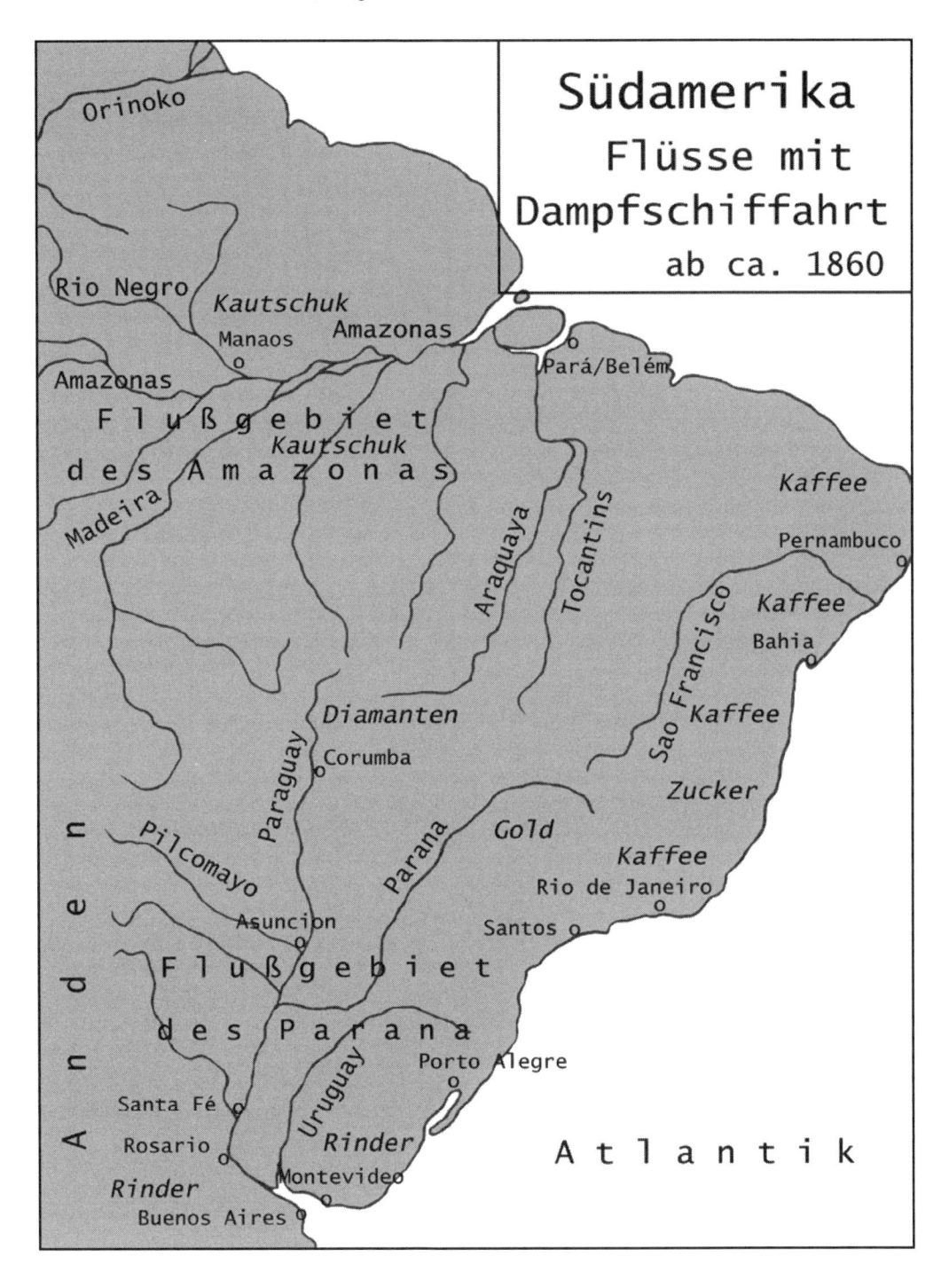

Südamerika
Flüsse mit Dampfschiffahrt ab ca. 1860

Orinoko

Rio Negro
Kautschuk
Manaos
Amazonas
Pará/Belém
Amazonas

Flußgebiet des Amazonas
Kautschuk
Madeira
Araguaya
Tocantins

Kaffee
Pernambuco

Sao Francisco
Kaffee
Bahia

Diamanten
Corumba
Kaffee

Paraguay
Pilcomayo
Parana
Gold
Zucker
Kaffee
Rio de Janeiro

Asuncion
Santos

Flußgebiet des Parana

Anden

Uruguay
Porto Alegre

Santa Fé
Rosario
Rinder
Montevideo
Rinder
Buenos Aires

Atlantik

1853	**Reederei.** In Liverpool wird die „African Steam Ship Company" gegründet. Als erstes Schiff fährt die >Forerunner< (400) (sic!) nach Afrika. Fahrziele sind Fernando Po, Cape Coast Castle, Sierra Leone, Bathurst, Teneriffa und Madeira. Es wird Palmöl, Gummiarabikum, Ingwer, Rotholz, Pfefferersatz, Elfenbein, Bienenwachs, Kochenille, Goldstaub und anderes importiert.
1853	**Reederei.** In England wird die „Union Steam Collier Company" zur Fahrt nach Kapstadt gegründet. Sie beginnt die Fahrten mit fünf Dampfern. Ab 1876 teilt sie sich den Postdienst mit der Castle-Linie. Ihre >Briton< (12.250) ist das größte Schiff ihrer Zeit auf der Kaproute.
Februar–April 1853	**Stiller Ozean.** Die amerikanische >Monumental City< (1000) ist das erste Schiff, das unter Dampf den Pazifik von Sydney nach San Francisco überquert. Schon im Mai läuft das Schiff auf einen Felsen nahe der Küste von Kalifornien und wird ein Totalverlust.
7. Juni 1853	**Schiffbruch.** Das britische Segelschiff >Nessree< (500) ist mit rund 400 Pilgern unterwegs von Arabien nach Indien. In einem Sturm strandet das Schiff nahe Bombay. Von den 450 Personen an Bord (mit Besatzung) können nur 94 von dem Wrack geborgen werden. Die Zahlen der Pilger auf den Schiffen sind selten genau festzustellen.
28. September 1853	**Schiffbruch.** Das Auswanderer-Segelschiff >Annie Jane< (1300) verläßt Liverpool mit 450 Menschen an Bord. Bei den Hebriden wird es in schwerem Wetter von einer riesigen Welle regelrecht zertrümmert. Mit einem Teil des Decks werden 102 Personen an die nahe Küste geschwemmt, der Rest wird erschlagen oder ertrinkt.
1853	**Hamburg.** Der Hafen ist der größte im Deutschen Bund, obwohl Hamburg noch nicht dem deutschen Zollgebiet angehört. Sein Export geht nach Großbritannien (15,0%), über Altona (10,9%), nach Südamerika (5,9%), Nordeuropa (4,6%), Nordamerika (3,7%), Südeuropa (2,0%), Westindien (1,7%), Australien (1,5%), Asien (0,5%) und Afrika (0,1%). Der Rest ist Binnenschiffahrt und Landverkehr. Die Einfuhr kommt aus Großbritannien (31,2%), über Altona (9,6%), aus Afrika (4,9%), Nordeuropa (3,0%), Südeuropa (2,9%), Südamerika (2,1%), Nordamerika (2,1%), Westindien (2,1%), Asien (0,2%) und Australien (0,1%). Der Rest ist wieder Binnenschiffahrt und Landverkehr. Es fällt der geringe Verkehr mit dem Mittelmeergebiet auf, das bis 1869 vom Welthandel weitgehend umgangen wird.
1853	**Kanalbau.** In Frankreich wird der Kanal vom Rhein zur Marne fertiggestellt, der zwei wichtige Wasserwege miteinander verbindet. Der Kanal ist 310 Kilometer lang, rund zwei Meter tief und hat 171 Schleusen von 30 mal fünf Metern.
2. Hälfte 19. Jh.	**Binnenschiffahrt.** Die Zunahme der Hochseeschiffahrt bewirkt auch eine starke Zunahme der Binnenschiffahrt. Der jährliche Schiffsverkehr auf der Elbe, von Hamburg elbeaufwärts fahrende Binnenschiffe, entwickelt sich im Schnitt von jeweils zehn Jahren wie folgt:

Ø 1851–1860		Ø 1871–1880		Ø 1891–1900	
Schiffe	Tonnen	Schiffe	Tonnen	Schiffe	Tonnen
4224	363.500	5983	759.700	15.793	3,580.200

Elbemündung und Hamburg um 1870

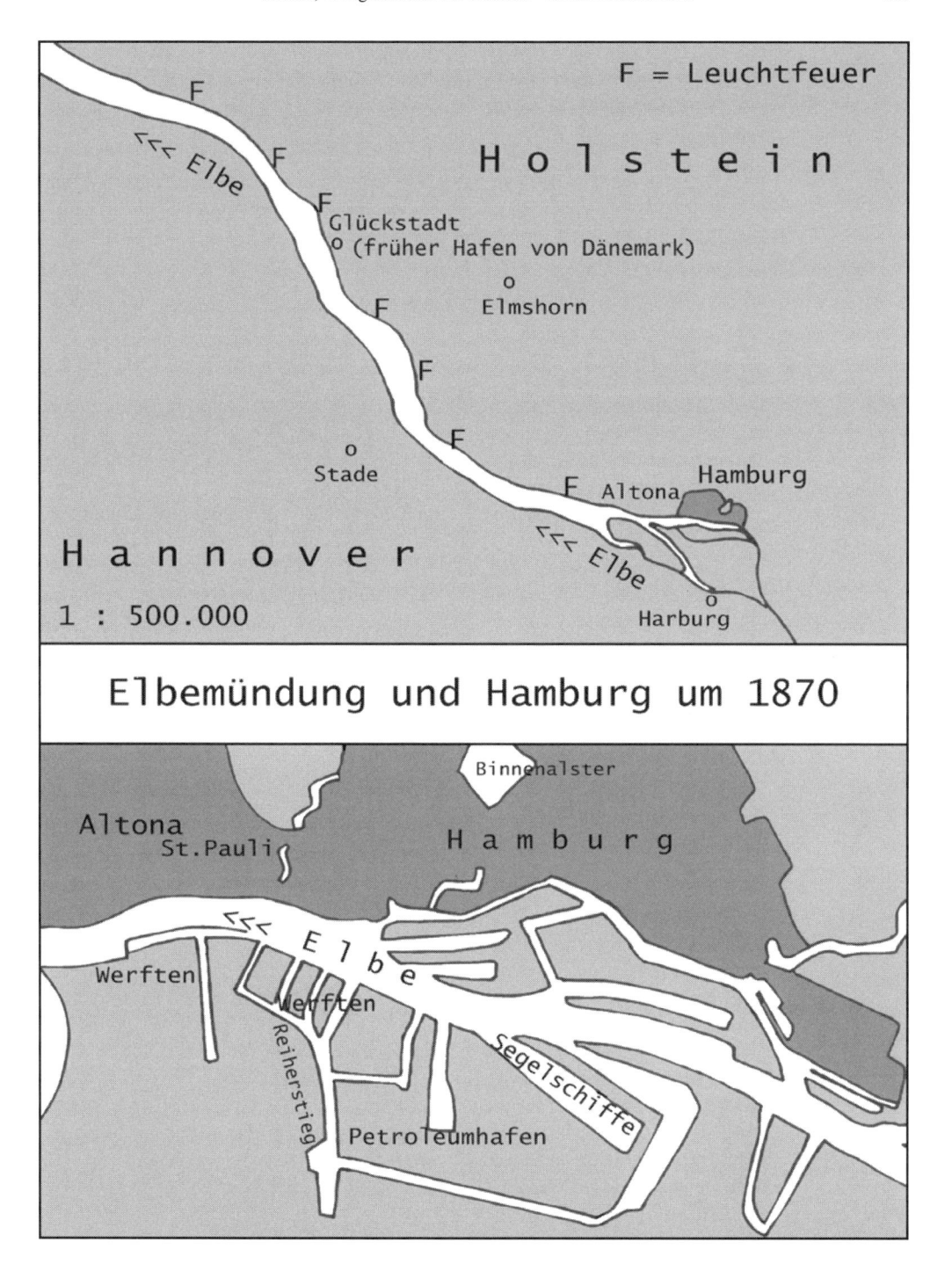

F = Leuchtfeuer

Holstein — Glückstadt (früher Hafen von Dänemark), Elmshorn, Stade, Altona, Hamburg, Harburg

Hannover

1 : 500.000

Altona, St. Pauli, Hamburg, Binnenalster, Werften, Reiherstieg, Petroleumhafen, Segelschiffe

Die Zahl der von der Oberelbe in Hamburg ankommenden und jene der von Hamburg flußaufwärts abgehenden Binnenschiffe ist ungefähr gleich. Ungefähr 20% der nach Hamburg kommenden Schiffe sind ohne Ladung, aber nur zehn Prozent der flußaufwärts fahrenden Binnenschiffe. Von Hamburg werden die meisten von Übersee kommenden Güter über die Elbe Richtung Berlin weiter verschifft. Auf der Weser ist die Binnenschiffahrt von Bremen aufwärts bis um 1880 rückläufig, steigt dann aber wieder an. Der Verkehr auf der Elbe ist allerdings rund viermal so groß wie jener auf der Weser.

21. Jänner 1854 **Schiffbruch.** Das Segelschiff >Tayleur< (1980) ist mit 652 Menschen an Bord auf dem Weg von Liverpool nach Australien. Bei schwerer See und dichtem Nebel läuft es schon in der Irischen See auf die felsige Küste. Ein Passagier schwimmt mit einer Leine an Land. Dadurch können fast 300 Personen gerettet werden, rund 380 ertrinken.

1854 **Großbritannien.** Das Parlament erläßt den „Merchant Shipping Act". Er besteht aus 548 Paragraphen in folgenden elf Hauptkapiteln.
1) Die Funktion des „Board of Trade". 2) Bestimmungen über Schiffsbesitzer, Registrierung, Schiffsvermessung. 3) Pflichten der Schiffsoffiziere und Seeleute. 4) Sicherheitsbestimmungen (rules of the sea, Beleuchtung, Nebelhorn, wasserdichte Schotten etc.). 5) Rechte und Pflichten der Lotsen. 6) Leuchttürme, Leuchtfeuer, Betonnung (Trinity House), Untersuchung bei Unfällen (Wracks, Kollision, Untergang). 8) Strandungen (Bergung von Personen und Gütern). 9) Verantwortung der Schiffsbesitzer bei Unfällen. 10) und 11) sind diverse gemischte Bestimmungen, die nicht zu den oben genannten gehören.
Außerdem wird nun auch der Küstenverkehr für fremde Schiffe freigegeben, ein Beispiel dem andere Staaten nur zögernd folgen.

1. März 1854 **Politik.** Der Vertrag von Kanagawa (heute zu Jokohama gehörend) wird abgeschlossen. Als Gesandter der USA erscheint im Juni 1853 Commodore Matthew C. Parry mit einem Geschwader in der Bucht von Edo/Tokio und überreicht ein Memorandum zum Abschluß eines Handels- und Seefahrtsvertrages. Nach einem Winteraufenthalt in Hongkong trifft er im Februar 1854 erneut ein und erreicht durch sein imponierendes Auftreten mit den Kriegsschiffen hinter sich den Abschluß eines Vertrages. Es werden zunächst zwei Häfen für den Handel geöffnet. Die USA erhalten das Recht, Vertreter im Land zu ernennen, in Notfällen dürfen auch andere Häfen zur Versorgung angelaufen werden und schiffbrüchige Seeleute der USA an den Küsten Japans stehen unter Schutz. Noch im selben Jahr folgt ein ähnliches Abkommen von Japan mit Großbritannien und im folgenden Jahr mit Rußland. In den nächsten zehn Jahren werden folgende Häfen für den Handel freigegeben: Shimada (1854), Hakodate (1854), Yokohama (1859), Niigata (1860), Edo/Tokio (1862), Kobe (1863) und Osaka (1863).

1. März 1854 **Schiffbruch.** Der Dampfer >City of Glasgow< (1610) der Inman-Linie, gebaut 1850 von Tod & McGregor in Glasgow, ist eines der ersten verläßlichen Schraubenschiffe im Atlantik. Er verläßt an diesem Tag Liverpool mit 480 Menschen samt Besatzung an Bord und ist seitdem verschollen.

Mai 1854 **Schiffbau.** Das Passagierschiff >Great Eastern< (18.900) des Konstrukteurs Isambard Brunel wird auf der Werft von Scott Russell in London auf Stapel gelegt. Wegen ihrer Länge von 207 Metern wird sie auf einem Querstapel ge-

Japan
Vertrags-
häfen
ab 1854

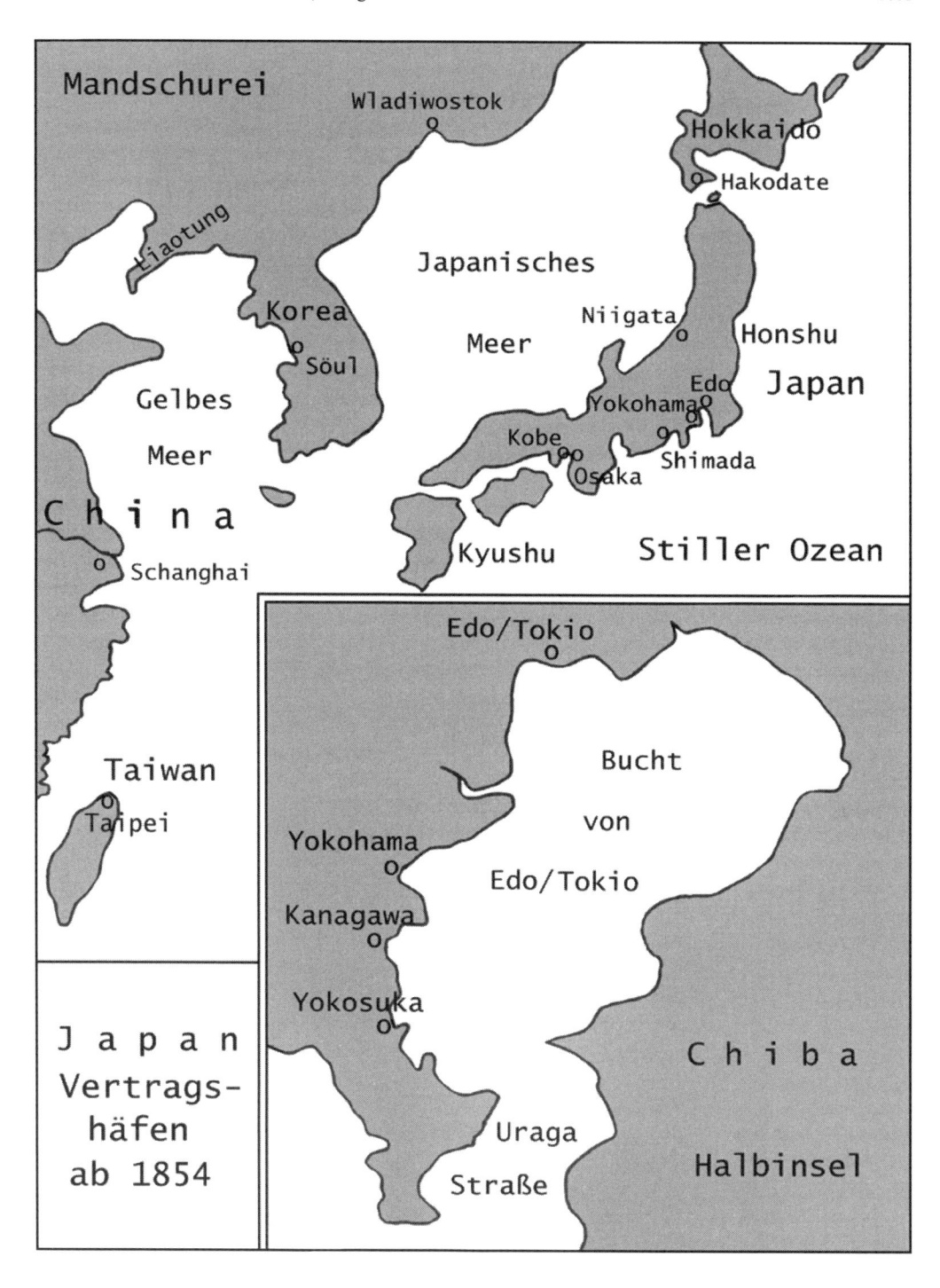

baut. Sie ist zunächst für die Fahrt nach Ostasien gedacht und soll daher ausreichend Kohle laden können. Das Schiff ist sechsmal so groß wie die größten zeitgenössischen. Mehrfach scheitert sein Stapellauf und erst im September 1859 wird es fertiggestellt. Es besitzt fünf Schornsteine, reichlich Takelage, zwei riesige Schaufelräder und dazu Schiffsschrauben. Es gibt kein Trockendock für seine Größe, weshalb sein Boden daher nicht gereinigt werden kann und die Geschwindigkeit bald nicht mehr die vorgesehenen 15 Knoten erreicht. Das Schiff fährt zunächst auf der Atlantikroute nur Verluste ein und muß verkauft werden. Es wird zum Kabelleger umgebaut und legt im Juli 1866 das erste dauerhafte Kabel im Atlantik von England nach Nordamerika. Die >Great Eastern< wird dann als Ausstellungsschiff verwendet und bald danach abgebrochen.

1854 **Großbritannien.** Verschiffung von Kohle aus den großen Kohlehäfen (Ein Zehntel davon geht bereits in das Ausland): Newcastle 2,067.000 Tonnen, Sunderland 1,900.000, Hartlepool 1,138.000, Cardiff 501.000, Newport 451.000, Swansea 352.000, Stockton 388.000, Whitehaven 226.000, Irvine 224.000, Llanelly 219.000, Shields 215.000 und Maryport 202.000. Die Verschiffung der Kohle aus Wales (Cardiff, Swansea, Newport und Llanelly) ist gerade im Anlaufen.

1854 **Reederei.** Das Handelshaus C. Woermann in Hamburg errichtet in Westafrika Handelsstützpunkte. Der Sohn des Firmenchefs, Adolph Woermann, gründet die „C. Woermann's Deutsche Dampfschiffahrt" und steigt voll in das Reedereigeschäft ein. Im Jahr 1882 wird mit dem Deutschen Reich ein Postvertrag für Westafrika abgeschlossen. Als Deutschland Kolonien in Afrika erwirbt, verfügt es mit der Woermann-Reederei bereits eine eingeführte Versorgungslinie. Im Jahr 1885 wird die private Firma in die „Afrikanische Dampfschiffs-Actiengesellschaft, Woermann Linie" umgewandelt. Sie betreibt Hauptlinien nach Kamerun und Südwestafrika und von dort Zubringerdienste in alle wichtigen Häfen an der afrikanischen Atlantikküste. Um die Jahrhundertwende verfügt die Reederei über 30 Handelsschiffe mit 70.000 BRT, die pro Jahr rund 700.000 Tonnen Güter umschlagen. Die wichtigsten Häfen sind Lagos, Duala, Swakopmund und Lüderitzbucht.

27. September 1854 **Schiffbruch.** Der Passagier-Raddampfer >Arctic< (2850) ist eines der vier modernen Schiffe mit Baderäumen, Raucherzimmer und Frisiersalon der US-amerikanischen Collins-Linie. Auf der Fahrt von Liverpool nach New York mit 246 Passagieren und 135 Mann Besatzung kollidiert er vor Neufundland im Nebel mit dem französischen Dampfer >Vestal<. Dieser kann gehalten werden, die >Arctic< sinkt aber mit 322 Personen, darunter der Frau und zwei Kinder von E. K. Collins, dem Besitzer der Gesellschaft.

September 1854 **Reederei.** Das erste Dampfschiff der „Allan-Linie", die >Canadian< (1760), läuft von Liverpool nach Quebec aus. Die Gesellschaft wird schon 1819 von Alexander Allan gegründet, der selbst als Kapitän mit seinem ersten Segelschiff >Jean< von Schottland nach Quebec fährt. Bald sind mehrere Segelschiffe unterwegs und seine fünf Söhne steigen in das Geschäft ein. Nach dem Bau der Eisenbahn von Montreal nach Portland in Maine können die Schiffe im Sommer zum St. Lorenz-Strom und im Winter zum eisfreien Portland fahren. Die kanadische Filiale von Allan gründet darauf die „Montreal Ocean Steam

Dampfschiffslinien rund um Amerika um 1880

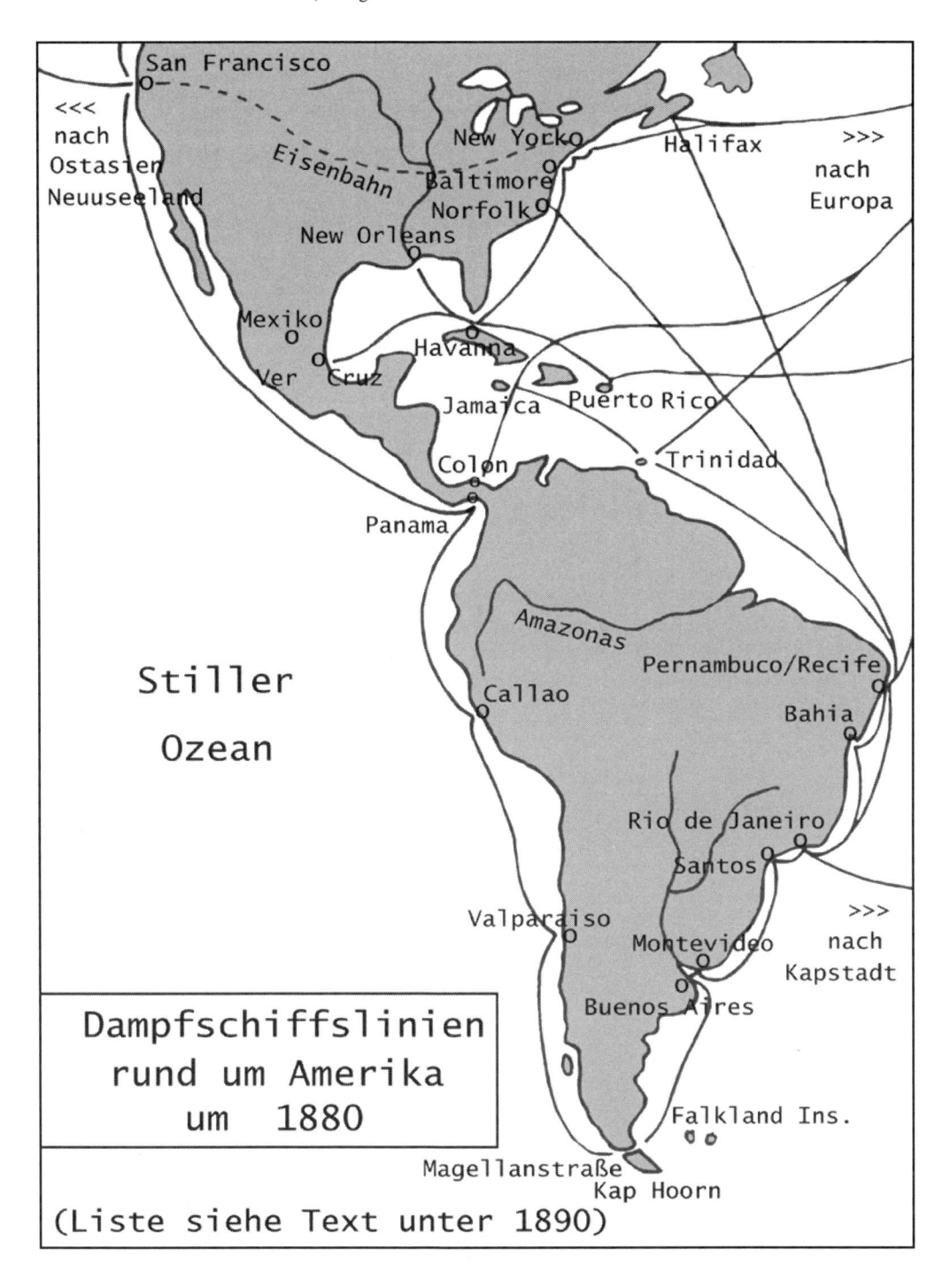

(Liste siehe Text unter 1890)

	Ship Company", sie wird aber nur Allan-Linie genannt. Im Jahr 1865 hat die Reederei bereits elf Dampfschiffe zwischen Glasgow und Liverpool einerseits und Kanada und den USA andererseits in Fahrt. Von den ersten 15 Dampfschiffen gehen neun (!) durch Strandung verloren.
11. November 1854	**Schiffbruch.** Das amerikanische Auswandererschiff >New Era< (1080) bringt rund 400 deutsche Auswanderer nach Amerika. Knapp nördlich von New York strandet das Schiff in einem Sturm und geht mit 255 Menschen unter. 20 Leute können mit einer Leine an Land gerettet werden, der Rest wird von Booten geborgen.
1854	**USA.** In diesem Jahr werden 253 Dampfschiffe, 261 Segel-Vollschiffe, 126 Briggs, 605 Schoner und 669 Sloops gebaut, insgesamt 2014 Fahrzeuge mit 583.000 Tonnen. Im Jahr 1861, vor dem Beginn des Sezessionskrieges, ist die Handelsflotte 5,539.000 Tonnen groß.
Februar 1855	**Reederei.** In Frankreich wird die „Compagnie Générale Maritime" (CGM) gegründet. Sie beginnt ihre Aktivitäten mit 27 Segelschiffen und zwei kleinen Dampfern. Ende Mai verfügt sie bereits über 76 Segler und acht Dampfschiffe. Die letzteren fahren im Küstenverkehr nach Portugal, Antwerpen und Hamburg. Die Segelschiffe fahren nach Südamerika, Westindien, Kalifornien, Réunion und Australien. Im Jahr 1860 wird die Firma umgewandelt und heißt dann „Compagnie Générale Transatlantique". Die Küstenschiffahrt wird aufgegeben und die Segelflotte allmählich bis 1873 aufgelassen. Da der CGT die Preise der britischen Werften für neue Dampfschiffe zu hoch sind, wird in St. Nazaire die Werft Penhoët gegründet. Die Gesellschaft konzentriert sich dann auf Fahrten nach den USA und nach Westindien.
1855	**Handelsflotten.** Die Dampfschiffe sind in den Handelsflotten noch bei weitem in der Minderzahl. Das Verhältnis der Tonnage zwischen Dampfschiffen und Segelschiffen in den einzelnen Handelsmarinen ist wie folgt:

Flagge	Segelschiffe, Tonnage	Dampfschiffe, Tonnage
Großbritannien	4,800.000	410.000
USA	4,400.000	770.000
Frankreich	830.000	45.000
Deutscher Bund	800.000	20.000
Niederlande	550.000	6.000
Italien	700.000	10.000
Österreich	300.000	20.000
Rußland	200.000	1.000

	Mehr als die Hälfte der Segelschifftonnage der USA verkehrt in den Küstengewässern und auf den Großen Seen. Bei den Dampfschiffen fahren nicht einmal 20% auf der Hohen See, alle anderen sind auf den Binnengewässern unterwegs.
1855	**Kanada.** Ungefähr die Hälfte des Außenhandels wird mit den USA abgewickelt. Der gesamte Export hat einen Wert von 25 Millionen Dollar, der Import von 36 Millionen. Der Handel mit den USA wird zu 50% über den Atlantik, zu 40% über die Binnengewässer und nur zu zehn Prozent über Land abgewickelt. Die Provinz Neuschottland exportiert vorwiegend Fischprodukte, Neubraunschweig Holz und Holzprodukte, das eigentliche Kanada verschifft Getreide und Holz. Eingeführt werden hauptsächlich Industrieerzeugnisse.

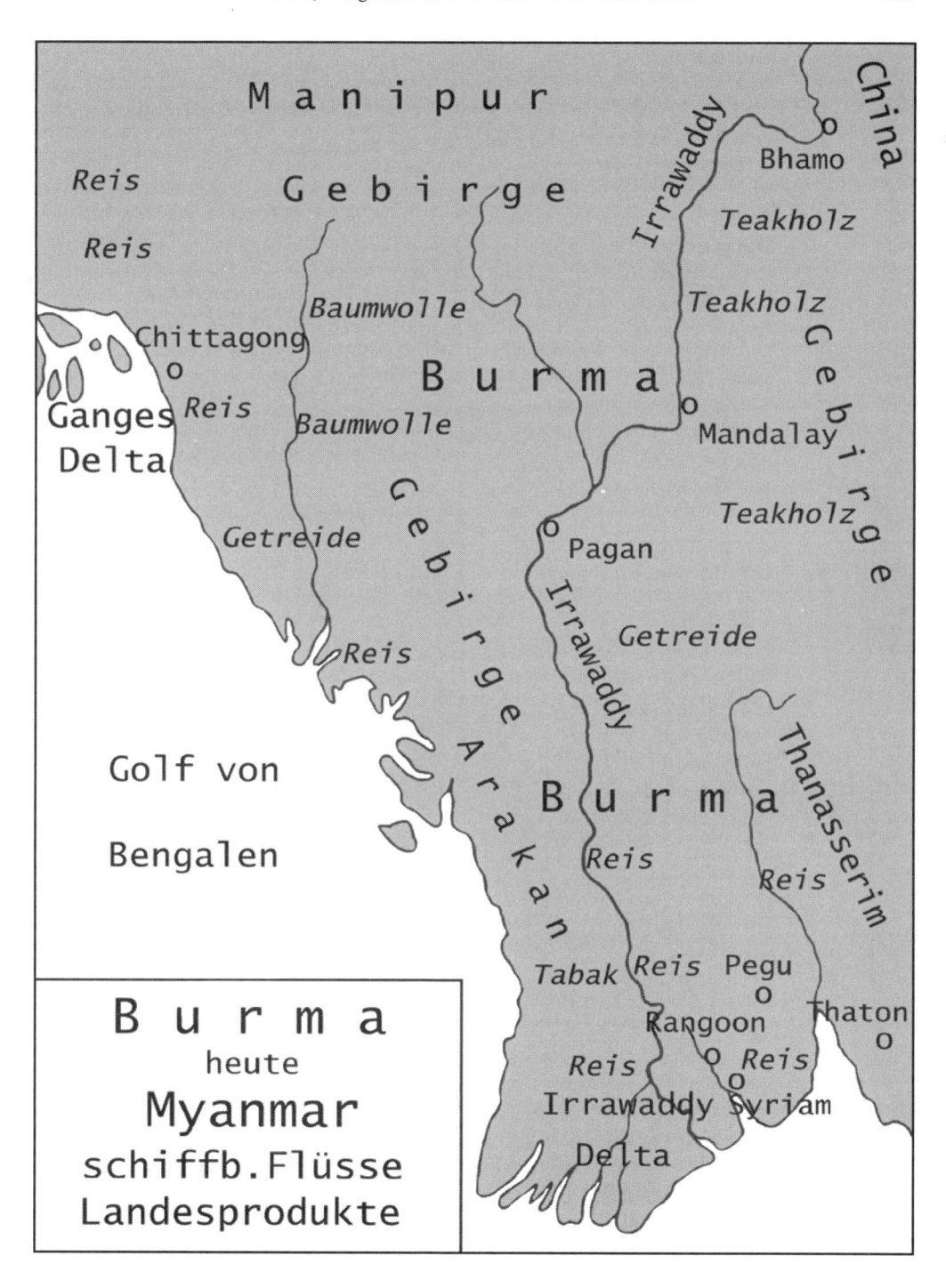

Burma
heute
Myanmar
schiffb. Flüsse
Landesprodukte

1855	**Australien.** Während des Krimkrieges (1853–55) sind alle in Australien stationierten Dampfschiffe in Europa als Truppentransporter im Einsatz. James Baines, der Besitzer einer Flotte von schnellen Klippern, erhält daher die Konzession und Subvention für den Postdienst von Australien. Nach dem Krieg kommt die >Great Britain< mit ihrer großen Reichweite für 20 Jahre zum Einsatz auf der Route von Großbritannien nach Ostasien. Im Jahre 1859 nimmt die P & O die Fahrten von Indien nach Australien wieder auf.
1855	**Burma.** Die E.I.C. und später die „Burmese Steam Navigation Company" betreiben die Dampfschiffahrt auf dem Irrawaddy von dessen Mündung bis nach Mandalay. Ab 1868 fahren die Dampfer dann weiter bis Bhamo, kurz vor der Grenze zum westlichen China, mit dem Handelsverkehr besteht. 1875 hat die Gesellschaft 15 Dampfer und 25 Kähne auf dem Strom im Einsatz.
1855	**Siam.** Seit 1851 gibt es wieder eine stabile Regierung, die sich um den Aufbau des Landes bemüht. Es werden Handelsverträge mit Großbrinannien (1855), Frankreich (1856), dem Deutschen Bund (1862) und Österreich-Ungarn (1868) abgeschlossen. Der Seehandel geht hauptsächlich nach Hongkong und Singapur. Die wichtigsten Ausfuhrgüter sind Reis (fast 50%) und Teakholz.
1855	**USA.** Im Gebiet des Oberen Sees werden riesige Eisenerzlager erschlossen. In diesem Jahr wird der Soo-Kanal zwischen Oberen See und Huron-See eröffnet. Das Erz wird nun mit speziellen Erzdampfern über die Seen und Kanäle in die Eisenwerke nach Pittsburgh verschifft. Dort gibt es reichlich Kohle für die Verhüttung.
1855	**Hafenbau.** Die nassen Docks an der Themse in London sind für die neuen großen Frachtdampfer mit rund 3000 und mehr Tonnen nicht mehr oder nur schwer anzulaufen. Für diese Schiffe werden daher die neuen Victoria Docks in Betrieb genomen.
1.–6. Oktober 1855	**Binnenschiffahrt.** In Bregenz am Bodensee findet eine Konferenz aller Anliegerstaaten statt. Es wird eine einheitliche Schiffahrts- und Hafenordnung erarbeitet, die jedoch von Baden nicht ratifiziert wird, weshalb sie noch nicht in Kraft tritt. Erst am 22. September 1867 wird ein Staatsvertrag über die „Internationale Schiffahrts- und Hafenordnung für den Bodensee" von allen Anliegerstaaten angenommen. Es geht dabei um freie Schiffahrt, Schifferpatente, Eichung der Schiffe, Erhaltung, Ladebeschränkung etc.
1855–1859	**Großbritannien.** Die Verschiffung von Kohle erreicht im Durchschnitt dieser Jahre sechs Millionen Tonnen pro Jahr, das sind neun Prozent der gesamten Förderung von 66 Millionen Tonnen. Im Schnitt der Jahre 1885–89 sind es schon 24 Millionen Tonnen oder 15% der Förderung von 165 Millionen Tonnen. Die britischen Kohlefrachter sind dann schon ein bekanntes Bild auf allen Weltmeeren und in allen großen Häfen.
30. März 1856	**Schiffbruch.** Der Dampfer der chilenischen Regierung >Cazador< (350) ist mit 358 Personen an Bord unterwegs von Talcahuano nach Valparaiso. Bei Constitution strandet das Schiff auf einem Riff. Nur 43 Menschen können sich durch die Brandung retten.
1856	**Pariser Deklaration.** Zum Ausgleich von Unstimmigkeiten, die im Krimkrieg aufgetreten sind, verhandeln Großbritannien und Frankreich folgendes Übereinkommen aus: 1) Handelskrieg durch Freibeuter ist verboten. 2) Die neutrale

Kurse der Brit. India Steam – Handelsgüter

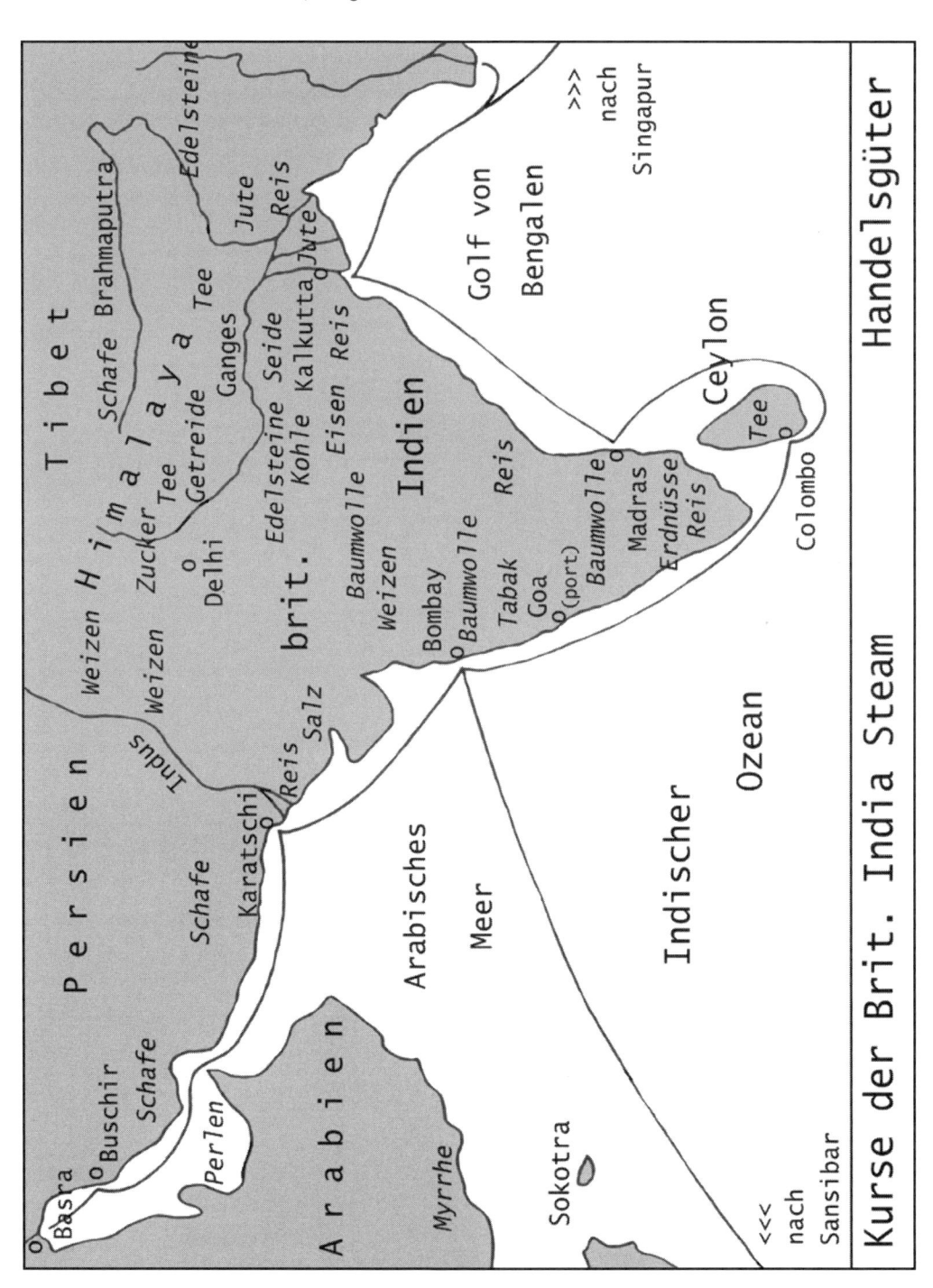

Flagge schützt feindliches Gut, ausgenommen Kontrabande. 3) Neutrales Gut ist auf feindlichen Schiffen sicher, ausgenommen Kontrabande. 4) Eine Blockade ist nur rechtskräftig, wenn sie angekündigt wird und „effektiv" ist. Dieses Abkommen wird auch von Österreich, Preußen, Rußland, Sardinien und der Türkei unterzeichnet, die meisten anderen Nationen außer den USA treten ihm bei.

Februar 1857 **Reederei.** In Bremen wird von Hermann H. Meier der „Norddeutsche Lloyd", kurz NDL, gegründet. Seine Schiffe laufen bald alle größeren Häfen an der nordamerikanischen Ostküste an. Die Dampfschiffe müssen allerdings von Bremerhaven auslaufen, da die Weser für sie bis Bremen nicht zu befahren ist. Passagiere und Güter werden von Bremen mit Schuten nach Bremerhaven gebracht. Im Oktober 1857 wird der Passagier- und Frachtdienst zwischen Bremen und London mit sechs eisernen Schraubenschiffen zu je 500 Tonnen aufgenommen. Als erstes fährt das Dampfschiff >Bremen< (2674) im Juni 1858 nach New York. Noch im selben Jahr folgen die >New York< (2672), >Hudson< (2266) und >Weser< (2266).

1. April 1857 **Dänemark.** Der seit fünfhundert Jahren bestehende **Zoll am Öresund** wird aufgehoben. Die Meerenge zwischen Nord- und Ostsee kann nun ungehindert passiert werden. Die seefahrenden Nationen zahlen an Dänemark eine einmalige Abfindung von 30,5 Millionen Reichstalern für diese Maßnahme.

1857 **Binnenschiffahrt.** In Frankreich nimmt trotz des Baues der Eisenbahnen der Schiffstransport auf Flüssen und Kanälen noch zu. In diesem Jahr werden auf der Seine und ihren Nebenflüssen 5,376.000 Tonnen befördert. Auf der Rhone sind es 3,608.000 und auf der Loire 2,111.000 Tonnen. Die Passagierfahrt nach festen Fahrplänen und zu fixen Tarifen mit den „Wasserkutschen" wird aber schon eingestellt.

12. September 1857 **Schiffbruch.** Das US-Postschiff >Central America< (1200) ist von Havanna nach New York unterwegs. An Bord sind 587 Menschen an Passagieren und Besatzung. Unter den ersteren sind viele erfolgreiche Goldsucher aus Kalifornien mit ihren Goldschätzen. In einem Sturm wird das Schiff leck und sinkt mit 427 Personen. Die meisten Frauen und Kinder können noch rechtzeitig von einem anderen Schiff an Bord genommen werden. In den neunziger Jahren des 20. Jahrhunderts wird das Wrack gefunden und der Großteil des Goldes geborgen.

1857 **Glasgow.** 50 Jahre lang wird am Clyde gebaggert. Nun können endlich auch die größeren Schiffe bis zur Stadt fahren. Der Clyde wird von Greenock bis Glasgow ein großer Schiffahrtskomplex. Kais, Docks und Werften werden in Glasgow errichtet.

1857 **Indien.** Es wird die lokale „Kalkutta und Burma Schiffahrtsgesellschaft" gegründet, aus der die „British India Steam Navigation Company" hervorgeht. Sie richtet Kurse nach Westen bis Sansibar und nach Osten bis Singapur ein. Im Jahr 1875 verfügt sie über 42 Dampfschiffe von 350 bis 2000 Tonnen mit einer gesamten Größe von 57.000 Tonnen.

1857 **Japan.** Eine neue Schiffswerft in Nagasaki baut nur drei Jahre nach der Öffnung des Landes das erste Dampfschiff in Japan. Eine weitere Werft ist in Yokosuka im Aufbau begriffen. Darüber hinaus wird mit der Anlage von Eisenwerken und Munitionsfabriken begonnen. Die nächsten dreißig Jahre werden aber die meisten Kriegsschiffe noch aus dem Ausland bezogen. Für deren Bau müssen in Japan erst Ingenieure und Facharbeiter herangebildet werden.

Massengüter aus dem Gebiet der Großen Seen

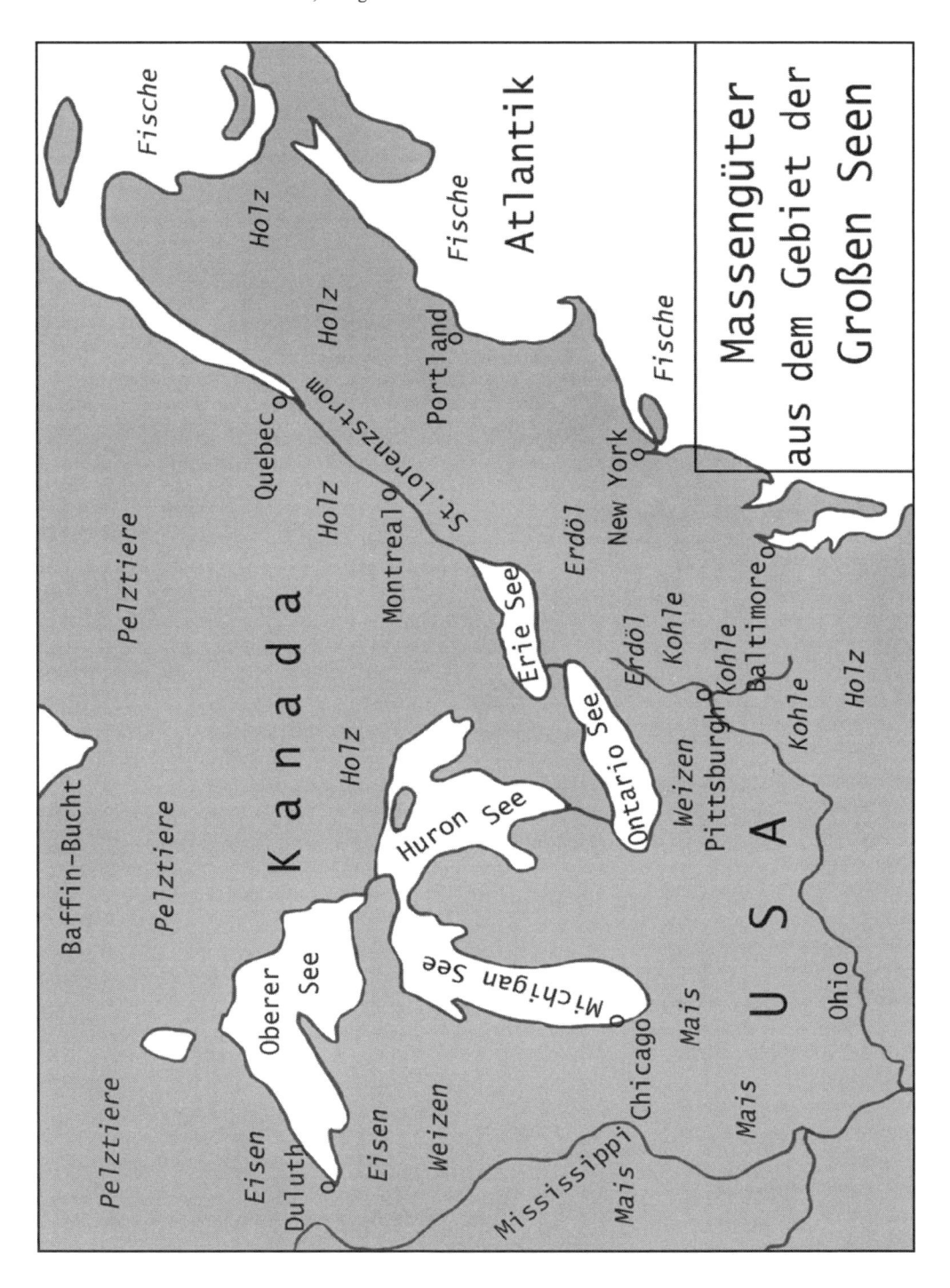

1857	**Literatur.** In London erscheinen frühe Bücher über die Flottentaktik mit Dampfschiffen. George Biddlecombe schreibt „Steam Fleet Tactics" und im folgenden Jahr erscheint „On Naval Warfare with Steam" von General Howard Douglas. Dieses Buch enthält auch eine Liste aller Kriegsschiffe mit Dampfmaschine.
1857	**Fährschiff.** Für den Erie-See in Nordamerika wird von der Buffalo & Huron-See-Eisenbahngesellschaft die >International< (1121 t) in Dienst gestellt. Sie ist die erste Eisenbahnfähre auf den Großen Seen und kann auf zwei Geleisen acht Personenwagen befördern. Das hölzerne Schiff brennt im Jahr 1874 bei Fort Erie aus.
1858	**Technik.** Es wird das erste unterseeische Telegraphenkabel durch den Atlantik von Irland nach Neufundland verlegt. Die >Agamemnon< beginnt in Valentia in Irland und die >Niagara< von der Trinity-Bucht auf Neufundland aus mit der Verlegung. Die beiden Schiffe treffen sich auf halbem Weg. Das erste Gespräch führen Königin Victoria und US-Präsident Buchanan. Da dieses Kabel bald ausfällt, wird mit einer zweiten Verlegung durch die >Great Eastern< die Verbindung 1866 endgültig hergestellt. Auf diese Weise wird ein weltweites Nachrichtennetz aufgebaut.
April 1857– August 1859	**Forschung.** Die österreichische Fregatte >Novara< (2650), Kapitän Wüllerstorf-Urbair, unternimmt eine Weltumsegelung. Es werden dabei geographische, meereskundliche, völkerkundliche und wirtschaftspolitische Untersuchungen angestellt. Die >Novara< läuft aus Triest aus, ist im August in Rio de Janeiro, geht um das Kap der Guten Hoffnung nach Ceylon, zu den Nikobaren (März 1858), und besucht Singapur, Java, Manila, Hongkong, Schanghai (August 1858), Sydney, Auckland, Tahiti, Valparaiso, die Magellanstraße und kehrt durch den Atlantik nach Triest zurück. Österreich liegt zu dieser Zeit mit Frankreich im Kriege. Napoleon III. befiehlt, die >Novara< wegen des wissenschaftlichen Charakters ihrer Reise nicht anzugreifen.
1858	**Werften.** In Großbritannien und weltweit ist die größte Werft für den Bau von Handelsschiffen seit diesem Jahr Harland & Wolff in Belfast. Bis zum Beginn des Ersten Weltkrieges werden rund 200 Schiffe gebaut, darunter so berühmte wie die >Titanic< (46.300). Weitere große Werften für Handelsschiffe sind Wm. Denny & Bros. in Glasgow, J. u. G. Thompson in Glasgow, Caird & Co. in Greenock (baut vor allem Schiffe für HAPAG und NDL), Laird & Bros. in Birkenhead (ab 1861 auch Panzerschiffe, darunter >Captain< und >Huascar<), Tod & McGregor in Glasgow, Earle & Co. in Hull (auch Panzerschiffe für Chile), Stephen & Sons in Glasgow und Scott Russell in London (>Great Eastern<). Die Panzerschiffe für die Royal Navy bauen vor allem die Marinewerften in Portsmouth ab 1859, in Chatham ab 1860, die Milford Haven Shipbuilding Co. in Pembroke in Wales ab 1860, die Thames Iron Works ab 1865 und für den Export Samuda Bros. in Poplar, London ab 1863, Napier & Sons in Glasgow ab 1867 und Armstrong Whitworth &Co. in Elswick ab 1894.
1858	**Werften.** Auch in Frankreich wird mit dem Bau von Panzerschiffen begonnen, sogar schon ein Jahr vor Großbritannien. Dazu werden mehrere Staatswerften eingerichtet. Und zwar in Cherbourg ab 1858, Brest ab 1859, Lorient ab 1859 und im alten Arsenal von Toulon ab 1858, wo das erste Panzerschiff der Welt,

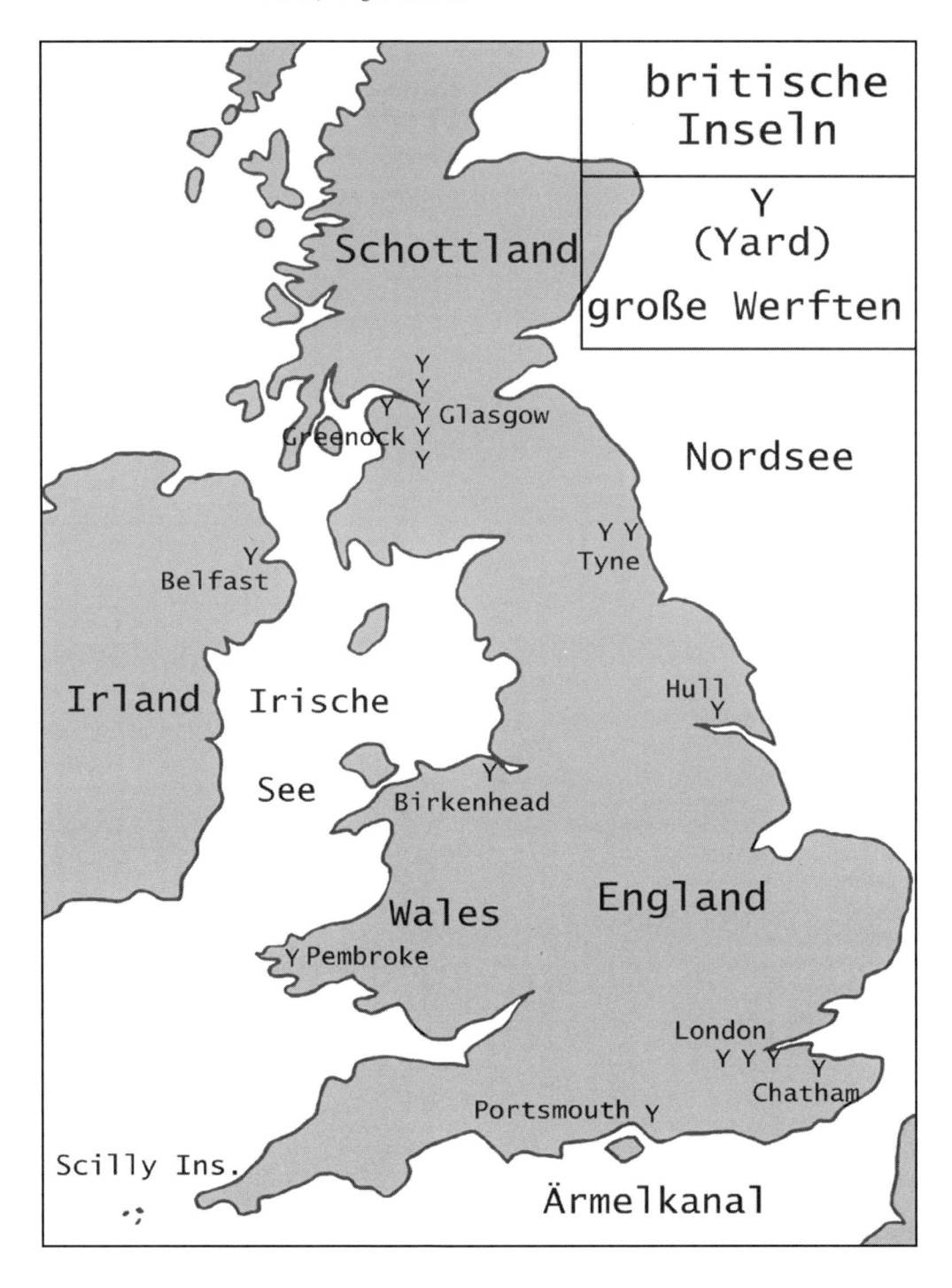

britische Inseln

Y (Yard) große Werften

Schottland

Y Y Y Y Glasgow
Greenock Y
Y

Nordsee

Y Belfast

Y Y Tyne

Irland

Irische See

Hull Y

Y Birkenhead

Wales

England

Y Pembroke

London
Y Y Y Y
       Chatham
Portsmouth Y

Scilly Ins.

Ärmelkanal

die >Gloire<, gebaut wird. Die Privatwerften Forge & Chantiers in La Seyne bei Toulon und L'Árman Fréres in Bordeaux bauen Panzerschiffe für den Export. Die französischen Handelsschiffe werden zum großen Teil in St. Nazaire gebaut.

13. September 1858 **Schiffbruch.** Das Passagierschiff >Austria< (2400) der HAPAG ist mit 538 Personen an Bord unterwegs von Hamburg über Southampton nach den USA. Die meisten Passagiere sind Auswanderer. Mitten im Atlantik gerät das Schiff in Brand und sinkt nach wenigen Stunden. Zwei Segelschiffe können nur 67 Personen retten.

28./29. April 1859 **Schiffbruch.** Das britische Auswandererschiff >Pomona< (1180) ist mit 39 Mann Besatzung und 372 Emigranten unterwegs von Liverpool nach New York. Es strandet an der Küste von Irland und sinkt mit 388 Menschen.

1859 **Italien.** Die Größe der Handelsflotten der einzelnen Staaten beträgt: Königreich Sardinien-Piemont 200.000 Tonnen, Königreich Neapel 250.000 und Stadt Venedig (noch bei Österreich) 50.000 Tonnen. Es befinden sich erst wenige Dampfschiffe für die Hohe See darunter.

1859 **Transportgut.** Um die Jahrhundertmitte gewinnt Petroleum als Lampenbrennstoff immer größere Bedeutung. Zunächst wird es auf Binnenwasserwegen in Kanistern von den Ölquellen am Kaspischen Meer (Baku) nach Europa gebracht (Wolga-Ostsee). In diesem Jahr wird in Pennsylvania in den USA die erste Bohrung nach Rohöl fündig. Schon bald wird Petroleum in Fässern nach Europa verschifft.

22./23. Oktober 1859 **Schiffbruch.** Der britische Dampfer >Royal Charter< (2720) ist am Weg von Australien nach England. Er hat 112 Mann Besatzung und 388 Passagiere an Bord. Dazu kommt reichlich Gold aus den Minen in Australien. Kurz vor dem Erreichen von Liverpool strandet er im Sturm nahe der Hafenzufahrt (immer eine gefährliche Stelle) und bricht auseinander. Nur 39 Personen können gerettet werden. Ein Teil des Goldes wird in den folgenden Jahren geborgen.

1859–1860 **Sklaverei.** Innerhalb von 14 Monaten erobern die US-Kriegsschiffe >Marion<, >Portsmouth<, >Mohawk<, >Constellation<, >Saratoga<, >Wyandot<, >Crusader< und >San Jacinto< 16 Sklavenschiffe im Seegebiet zwischen der Kongomündung und Kuba. Ein schwerer Schlag gegen die Sklavenhändler.

19./20. Februar 1860 **Schiffbruch.** Das britische Postschiff >Hungarian< (2190) ist von Liverpool nach Portland in Maine unterwegs. Es hat neben der Post 205 Passagiere an Bord. Das wichtige Berrington-Leuchtfeuer an der Südspitze von Neuschottland brennt nicht. Das Schiff strandet daher auf den Sable-Inseln und geht mit allen Personen an Bord verloren.

1860 **Hochseeschiffahrt.** Der Anteil der Tonnage der Dampfschiffe am gesamten Schiffsraum der Handelsflotten liegt erst bei zehn Prozent. Im Jahr 1870 erreicht er 20%, 1880 sind es schon 35%, im Jahr 1890 45% und zur Jahrhundertwende übertrifft die Tonnage jene der Segelschiffe. Durch die häufigeren Fahrten sind die Dampfschiffe in den Häfen noch viel öfter registriert. Die Segelschiffe fahren nur mehr als Transporter von billigen Massengütern, bei denen die Fahrzeit keine große Rolle spielt.

1860 **Segelschiffe.** Es sind noch immer zahlreiche Schiffstypen unterwegs. In der niederländischen Handelsflotte gibt es in der Reihenfolge ihrer Anzahl (in

Klammer) folgende Segelschiffe: Koffen (564), Barken (387), Schoner (357), Galioten (303), Tjalken (258), Fregatten (149), Schonerbriggs (81), Briggs (68), Smacks (26) und Klipper (7). Insgesamt verfügen die Niederlande noch über 2319 Segelschiffe in der Handelsmarine.

Binnenschiffahrt. In den USA wäre die rasche Erschließung des Westens ohne die Dampfschiffe nicht möglich gewesen. Seit ihrem Auftreten fallen die Frachtraten bei der Bergfahrt auf zehn Prozent und bei der Talfahrt noch immer auf 20% in der Zeit vorher. Der Transport von Massengütern, Landesprodukten und Personen ist nun allgemein möglich. In diesem Jahr gibt es bereits 817 Flußdampfer mit rund 195.000 Tonnen Tragkraft im Flußgebiet des Mississippi. *1860*

Kanada. Neben Getreide ist Holz das wichtigste Gut bei der Verschiffung nach Großbritannien. In diesem Jahr erreicht es einen Wert von 13 Millionen Dollar. Davon entfallen je ein Drittel auf Pfosten, Dielen sowie Planken und Bretter. Der Transport des Holzes aus dem Gebiet der Großen Seen geht zum Teil über den St. Lorenz-Strom nach Quebec und zum Teil über den Erie-Kanal nach New York zur Verschiffung nach Europa. *1860*

Vertrag. Großbritannien und Frankreich vereinbaren die Zurücknahme ihrer Importzölle. Anstoß dazu ist die Weltausstellung im Kristallpalast von London im Jahre 1851. Sie zeigt die Notwendigkeit des Freihandels für die Entwicklung der eigenen Industrie. *1860*

China. Der Yang-tse-kiang wird für den internationalen Schiffsverkehr geöffnet. Als erstes Dampfschiff fährt die britische >Scotland< (1100) mit einer gemischten Ladung von Schanghai nach Hankow und kehrt von dort mit einer Ladung Tee für Großbritannien zurück. Eine Fahrt dauert zehn Tage, in der Nacht muß geankert werden. *1860*

Schiffbruch. Am Michigan-See verläßt das Ausflugsschiff, der Raddampfer >Lady Elgin< (1000), mit 393 Personen an Bord Chicago. Noch beim Auslaufen wird es vom Schoner >Augusta< gerammt und sinkt in kurzer Zeit. Nur 114 Personen können gerettet werden. *7./8. September 1860*

Schiffbau. Die Verbundmaschine ist nun technisch ausgereift und wird in die meisten Schiffsneubauten installiert. Bessere Kessel können den nötigen Dampfdruck für die doppelten Zylinder liefern. In Verbindung mit Stahlrumpf und Schiffsschraube wird der Kohleverbrauch mehr als halbiert. Die Betriebskosten eines Dampfschiffes, die bisher rund 50% höher als bei einem Segelschiff waren, überschreiten sie jetzt noch kaum. *nach 1860*

Reederei. Die spanische Schiffahrtslinie, später „Compañía Transatlántica Española", wird in Alicante gegründet. Sie unternimmt Fahrten von Marseille über Barcelona, Alicante, Cartagena und Malaga nach Cadiz und beginnt bald mit Fahrten nach Havanna. In den folgenden Jahren werden zahlreiche Häfen in Westindien angelaufen. Ab 1886 gibt es auch Fahrten von Havanna nach New York. Beim Aufstand in Kuba bringen die Schiffe der Gesellschaft rund 200.000 Soldaten von Spanien nach der Insel. *1861*

Werften. In Österreich beginnt das „Stabilimento Tecnico" in Triest mit dem Bau von Panzerschiffen für die österreichische Kriegsmarine. Einige Schiffe werden auch für den Export gebaut. Als zweite Werft fängt 1865 die Marine- *1861* werft in Pola mit dem Bau von Panzerschiffen an. Seine Handelsschiffe baut der Österreichische Lloyd im eigenen Arsenal in Triest.

1861 **Rußland.** Am Stillen Ozean wird am südlichsten Punkt des Landes der Hafen und Flottenstützpunkt Wladiwostok gegründet. Er liegt zwar weit südlicher als Petropawlowsk auf Kamtschatka, friert aber im Winter trotzdem auf rund drei Monate zu.

November 1861 **Petroleum.** Die Brigg >Elisabeth Watts< (224) wird mit 1329 Fässern Petroleum aus den neuen Funden in Pennsylvania beladen und fährt als erstes Schiff nur mit einer Ölfracht nach Europa.

ab 1861 **Werften.** Italien baut seine Panzerschiffe in Genua, La Spezia und Castellamare. Einige läßt es auch von La Seyne bei Toulon liefern. Die Niederlande bauen ihre Küstenpanzerschiffe in Amsterdam und Rotterdam. Spanien besitzt seine Marinewerften in Ferrol und Cartagena. Dänemark hat Eisenschiffbau in Kopenhagen (Burmeister & Wain) und Schweden baut in Nörrköping.

1861–1865 **USA.** Im Sezessionskrieg wird die Küste der Südstaaten von der Flotte der Nordstaaten immer enger blockiert. (siehe Seeherrschaft). Der Export von Baumwolle nach Großbritannien kommt daher zum Erliegen und erzeugt eine große Spannung zwischen den Briten und den Nordstaaten. Die Preise für Rohbaumwolle steigen auf dem Weltmarkt auf über das Doppelte und belasten die britische Baumwollindustrie und deren Abnehmer. Erst nach Kriegsende wird die Verschiffung von Rohbaumwolle rasch wieder aufgenommen

1862 **Walfang.** Der norwegische Kapitän eines Walfangschiffes Sven Foyn konstruiert eine Kanone zum Abschießen von Harpunen. Er montiert sie auf dem kleinen Dampfer >Spes & Fides< und beginnt damit die Jagd auf die großen Finnwale, die bisher von den offenen Jagdbooten nicht erlegt werden konnten. Dadurch setzt eine neue Ära im Walfang ein. Mit dieser Methode wird auch der Bestand an Finnwalen so dezimiert, daß sie schließlich unter Schutz gestellt werden müssen.

17. Juli 1862 **Schiffbruch.** Der Raddampfer >Golden Gate< ist unterwegs von San Francisco nach New York. An Bord sind 337 Personen und Gold aus den Minen im Wert von 1,400.000 Dollar. Vor Manzanillo an der Küste von Mexiko fängt das Schiff Feuer und wird auf den Strand gesetzt. Nur rund 80 Personen können gerettet werden. Später wird ein kleiner Teil des Goldes geborgen.

1862 **Werften.** In Rußland beginnt die neue Admiralitätswerft in St. Petersburg mit dem Bau von Panzerschiffen. Zwei Jahre später nehmen auch die Baltischen Werke den Bau von Panzern auf. Die Handelsschiffe werden meist im Ausland oder von ausländischen Firmen in St. Petersburg gebaut.

1862 **Reederei.** In Frankreich besitzen die Brüder Èmile und Isaak Periére eine Schiffahrtslinie mit dem Postdienst von Frankreich nach den USA und nach Westindien. In diesem Jahr erhält die Reederei von Kaiser Napoleon III. den Namen „Companie Générale Transatlantique", kurz C.G.T., die sich zu einer der größten Reedereien der Welt entwickelt.

1862 **Deutschland.** Um unnötige Konkurrenz zu vermeiden und den steigenden Verkehrsstrom besser zu bewältigen, schließen die Hamburger HAPAG und der Bremer Lloyd ein Abkommen. Die Abfahrten werden so geregelt, daß die Schiffe der Gesellschaften nicht an den selben Tagen auslaufen.

typische Schiffe der sechziger Jahre

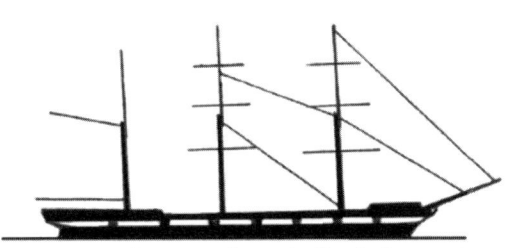

1864 Klipper >City of Adelaide< (791 BRT)
heute Klubschiff in Glasgow

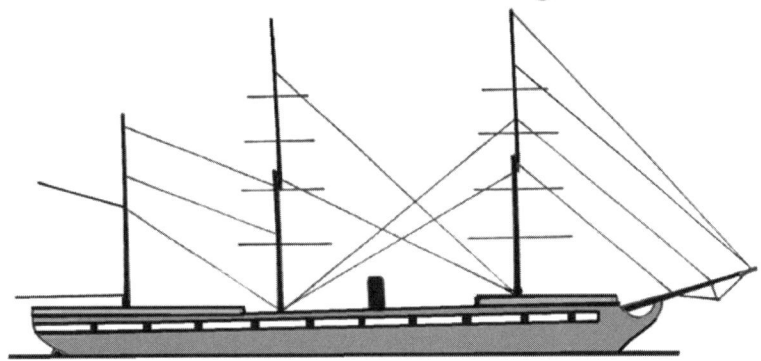

1864 >Northumberland< (2000) ex Vollschiff
mit Hilfsmaschine zur Fahrt nach Australien

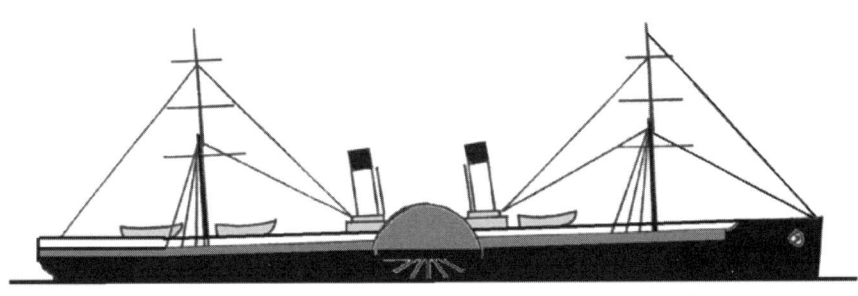

1864 >Washington< (3408), vor Umbau
zum Schraubendampfer

1862	**Triest.** Die Stadt wird 1857 durch die Fertigstellung der Südbahn mit Wien verbunden, was erneut einen gesteigerten Hafenumschlag bewirkt. Um ihn zu bewältigen, wird die offene Reede zu einem Hafen mit vier großen Molen und einem Wellenbrecher davor ausgebaut. Die Arbeiten beginnen in diesem Jahr.
1862	**Werften.** In den USA wird schon 1830 in Philadelphia die Werft Cramp & Sons gegründet. Sie baut in diesem Jahr Panzerschiffe (>New Ironsides<). Im Jahre 1891 wird mit dem Bau von Linienschiffen für die neue US-Marine begonnen. Cramp produziert auch Dampfschiffe für die Handelsmarine. Linienschiffe werden auch von den Marinewerften in New York und Newport News gebaut.
27. April 1863	**Schiffbruch.** Das britische Passagierschiff >Anglo Saxon< (1700) befindet sich mit 445 Personen auf der Fahrt von Liverpool nach Quebec. Die meisten der Passagiere sind Auswanderer. An der Küste von Neufundland läuft das Schiff im dichten Nebel auf einen Felsen und sinkt binnen einer Stunde. Es kommen 227 Personen um. Ein Teil der Ladung kann später mit Hilfe einer Taucherglocke geborgen werden.
1.August 1863	**Antwerpen.** Der Scheldezoll, den die Niederländer bisher eingehoben haben, wird abgeschafft. Dieses Ereignis und die Aufhebung der britischen Navigationsakte (1850) bringen dem Scheldehafen einen gewaltigen Aufschwung. Bis 1870 steigt die Tonnage der einlaufenden Schiffe auf das Dreifache. In den nächsten 20 Jahren werden 3,5 Kilometer neue Kais und dazu Hafenbecken und eine neue Schleuse zur Schelde gebaut.
1864	**Reederei.** Die „National Line" nimmt den Verkehr zwischen Liverpool und New York auf. Sie schafft kombinierte Passagier- und Frachtschiffe an und ist mit diesem Konzept zunächst erfolgreich. 1889 zerstört ein Brand ihren Pier in New York, im folgenden Jahr verschwindet die >Erin< (3325) spurlos und die >Egypt< (4670) geht durch Brand auf See verloren, wobei 600 Rinder umkommen. Die Gesellschaft konzentriert sich dann nur mehr auf das Frachtgeschäft.
22./23.April 1865	**Binnenschiffahrt.** Am Mississippi ist der Dampfer >Sultana< (1720), zugelassen für 276 Passagiere, mit 2240 entlassenen Kriegsgefangenen der Nordstaaten unterwegs. Nördlich von Memphis explodieren die Kessel und das Schiff steht innerhalb weniger Minuten in Flammen. Durch die Explosion, das Feuer und das Wasser kommen über 1600 Menschen um, 741 können gerettet werden.
1865	**Binnenschiffahrt.** Am Rhein werden an Massengütern Kohle, Getreide, Eisenerz und ab 1867 auch schon Petroleum in größeren Mengen von den Dampfschiffen transportiert. Seit dem Auftreten der Dampfschiffe sind die Frachtraten auf dem Fluß schon unter die Hälfte gefallen, sehr zum Mißvergnügen der Schiffer- und Treidlerzünfte.
1865	**Technik.** Ein Frachtdampfer der Holt-Linie legt die Strecke von Liverpool bis zur Insel Mauritius im Indischen Ozean – 8500 Seemeilen – ohne Aufenthalt zur Ergänzung von Kohle zurück. Dank des nun geringeren Kohleverbrauchs können nun auch Frachtdampfer große Entfernungen rationell zurücklegen.
1865	**Hamburg.** Der Schiffsverkehr ist mit Großbritannien besonders intensiv. Er verteilt sich auf folgende britische Häfen: Die Kohlehäfen (41,2%), Hull und Grimsby (19,0%), London (16,0%), Firth of Forth (10,1%) und die übrigen Häfen (13,7%). Seit 1848 kommen regelmäßig Kohlendampfer nach Hamburg.

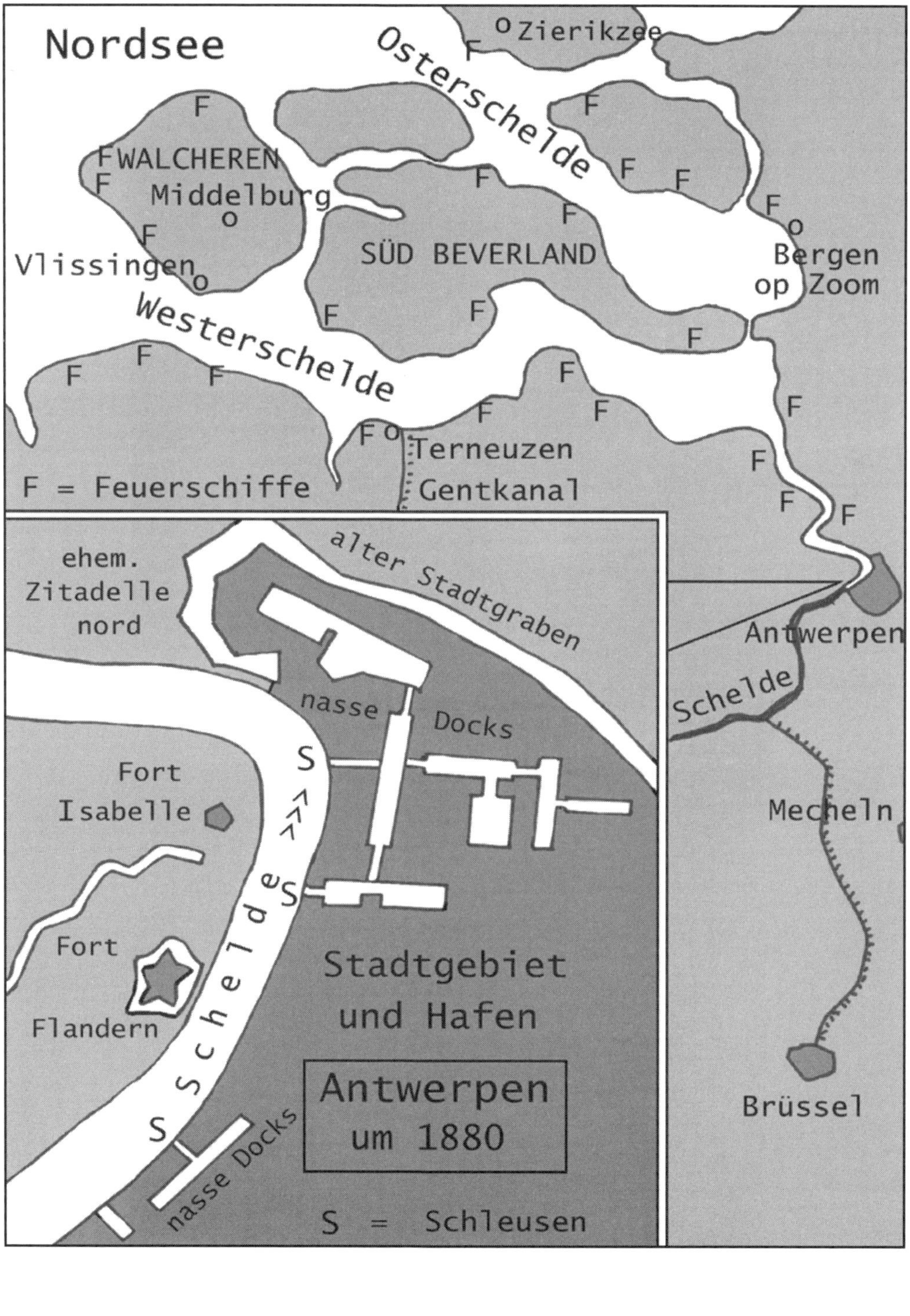
Nordsee
Zierikzee
Osterschelde
WALCHEREN
Middelburg
Vlissingen
SÜD BEVERLAND
Bergen op Zoom
Westerschelde
Terneuzen
Gentkanal
F = Feuerschiffe
ehem. Zitadelle nord
alter Stadtgraben
nasse Docks
Fort Isabelle
Fort Flandern
Schelde
Stadtgebiet und Hafen
Antwerpen um 1880
nasse Docks
S = Schleusen
Antwerpen
Schelde
Mecheln
Brüssel

1865	**Reederei.** Die amerikanische Eisenbahngesellschaft „Baltimore & Ohio Railroad" kauft vier hölzerne Schraubenschiffe und startet eine Schiffahrtslinie von Baltimore nach Liverpool als Zubringer für ihre Bahnlinien. Da diese Schiffe für das oft schwere Wetter im Nordatlantik wenig geeignet sind, wird die Schiffahrt schon nach drei Jahren aufgegeben. Dafür beteiligt sich die Gesellschaft finanziell an dem Kurs des NDL von Bremen nach Baltimore, damit der Zubringer erhalten bleibt.
1865	**Ägypten.** Während des amerikanischen Sezessionskriegs herrscht Mangel an Baumwolle in Europa. Die Verschiffung aus Ägypten erreicht daher einen Höhepunkt. In diesem Jahr beträgt die Ausfuhr 2,500.000 Kantars (levantinische Gewichtseinheit je nach Region 24 bis 256 kg) im Wert von 15,400.000 Pfund. Zehn Jahre später werden 2,200.000 Kantars exportiert, die aber nur mehr einen Preis von 8,400.000 Pfund erzielen. Die Konkurrenz aus den Südstaaten der USA macht sich wieder bemerkbar.
1865	**Binnenschiffahrt.** Der Amerikaner Jacob J. Vandergrift baut in Pittsburgh den Kohlendampfer >Red Fox< für den Transport von Ölfässern um. Er bringt das Erdöl von den Ölquellen am Oil Creek im westlichen Pennsylvanien über den Allegheny-Fluß nach Pittsburgh. Im allgemeinen wird es noch mit Karren zur nächsten Bahnstation geführt oder im Winter mit Booten den Allegheny hinunter geschwemmt, da der Fluß im Sommer wenig Wasser führt.
1865	**Tankschiffahrt.** Die Sloop >Elisabeth Watts< transportiert bisher Ölfässer von den USA nach Europa. Nun werden acht Tanks zur Aufnahme des Erdöls eingebaut. Sie ist das erste Schiff dieser Art, die Bezeichnung „Öltanker" leitet sich von diesem Schiff ab.
ab 1865	**Fischfang.** In Großbritannien kommen die ersten Trawler mit Dampfmaschine zum Einsatz. Mit dem Eis aus Norwegen können die Fische frisch angelandet werden. Die neuen Bahnlinien bringen den Fang rasch nach London und in die Industriegebiete. Der Fischfang nimmt dadurch wieder einen Aufschwung. Im Jahr 1878 werden in den Häfen Grimsby, Hull, Yarmouth und Lowestoft 124.000 Tonnen Fisch gelandet.
3. Jänner 1866	**Schiffbruch.** Das britische Dampfschiff >London< (1750) läuft aus Plymouth mit 263 Personen und Baumaterial für die Eisenbahn nach Australien aus. In der Biskaya gerät das Schiff in einen schweren Sturm und sinkt. Nur 19 Menschen können sich in einem Beiboot retten.
1866	**Werften.** In Deutschland beginnt die Werft „Vulkan" in Stettin mit dem Bau von Handelsschiffen für die deutschen Reedereien. Sie ist im Jahre 1856 als Lokomotivfabrik gegründet worden. 1875 beginnt sie auch mit dem Bau von Panzerschiffen für die deutsche Kriegsmarine und für den Export. Für den Bau der deutschen Kriegflotte werden königliche/kaiserliche Werften in Danzig (1868), Wilhelmshaven (1868) und Kiel (1869) eingerichtet. Die Schiffe für die deutsche Handelsmarine werden zunächst in Großbritannien, dann im Inland bei Blohm & Voss in Hamburg, bei Reiherstieg in Hamburg, bei Tecklenborg in Geestemünde/Bremerhaven, bei Schichau in Danzig, bei Vulkan in Stettin, bei Vulkan in Bremen und beim Flensburger Schiffbau produziert.
1866	**China.** Nach den zwei verlorenen Opiumkriegen und dem Vertrag von Peking (1860) bemüht sich das Land Modernisierungen nach europäischem Vorbild in

Schiffswerften in Deutschland

Ostsee · Flensburg W · Kiel W · Rügen · Danzig W W · Wilhelmsh. W · W W Hamburg · Stettin W · Bremen · Deutsches Reich · Hannover o · Berlin o

W = Werften

China · Min-Fluß · Fu-zhou/Fu-chou · Stiller Ozean · Taipeh · Taiwan/Formosa

erste moderne Werft in China

<<< Stadt Fu-zhou · Pagoden Insel · Min-Fluß >>> · X chin. Forts · Werft und Arsenal o · Min-Fluß >>>

	Angriff zu nehmen. In Fu-zhou/Fu-chou wird eine erste moderne Schiffswerft für die Südflotte gebaut. Es fehlt aber an Ingenieuren und Facharbeitern.
1866	**Sport.** Der Engländer John MacGregor befährt mit seinem Paddelboot die englischen Binnengewässer, den Ärmelkanal und überquert den Atlantik (!). Der Bericht von seinen Fahrten macht den Paddelsport populär.
7. September 1867	**Brasilien.** Die Schiffahrt auf dem Amazonas wird für alle Nationen freigegeben. In der Folge wird eine kartographische Aufnahme des Stromes und seiner Nebenflüsse vorgenommen. Mit Peru wird schon 1851 die Bildung einer gemeinsamen Dampfschiffahrtsgesellschaft auf dem Amazonas vereinbart. Es beginnt nun die Ausfuhr von Kautschuk nach Europa. Die Hochseeschiffe fahren dabei bis Manaos, das sich zu einer modernen Stadt entwickelt.
1867	**Binnenschiffahrt.** Die Mosel ist nun durch Regulierungen und einige Schleusen bis oberhalb von Metz mit Dampfschiffen bis zu 300 Tonnen Größe befahrbar.
Mai 1868– Juli 1872	**Segelschiffe.** In diesen vier Jahren unternehmen zahlreiche Teeklipper Rekordfahrten von China nach Großbritannien. Die schnellste Fahrt von Fu-zhou unternimmt die >Sir Lancelot< in 90 Tagen. Von Schanghai ist die >Titania< mit 98 Tagen am schnellsten. Drei bis fünf Fahrten in diesen Jahren mit Fahrzeiten von 95 bis 120 Tagen machen noch die >Taeping<, die >Forward Ho<, die >Undine< (fünfmal), die >Thermophylae< und die >Cutty Sark<, die jetzt in London auf der Themse als Museumsschiff liegt. Schnelle Fahrten der Teeklipper erweisen sich als notwendig, da der Tee bei der Lagerung im Schiff allmählich an Aroma verliert. Die schnellsten Schiffe erzielen daher den besten Preis für ihre Ladung.
1869	**Frankreich.** Der Außenhandel ist auf viele Länder aufgeteilt. Im Seetransport kommen die meisten Waren aus Großbritannien (13,8%), Italien (8,0%), Deutschland (6,4%), USA (4,4%) und Rußland (2,6%). Verschifft wird nach Großbritannien (22,8%), Deutschland (7,6%), Italien (5,8%), USA (4,8%) und Rußland (0,8%). Die Einfuhren haben 1857–66 einen Wert in Millionen Francs: Seide (255), Baumwolle (238), Wolle (179), Holz (125), pflanzliche Öle (102), Lebensmittel (91) sowie Häute und Felle (88). Ausgeführt werden Seidenfabrikate (414) Wollstoffe (241), Wein (219), Tischzeug (143), Lederwaren (129) und Kleider (96).
1869	**Reederei.** Die britische Anker-Linie beginnt mit der Verschiffung von Früchten und Wein aus Sizilien nach New York. Die Schiffe sind kombinierte Passagier- und Frachtdampfer, haben bei diesen Fahrten aber kaum Passagiere an Bord. Die Gesellschaft läßt als Reaktion auf die geringe Personenauslastung die Schiffe auf dem Dreieckskurs Glasgow–Mittelmeer–New York–Glasgow fahren, dabei sind nun auch die Kabinen ausgelastet.
September 1869	**Reederei.** Der Besitzer einer Flotte von Segelschiffen, die bisher Fahrten an die Westküste von Südamerika und nach Australien unternommen haben, Thomas Henry Ismay aus Liverpool, gründet mit Unterstützung der Werft Harland & Wolff die Firma „Oceanic Steam Navigation Company Ltd.", weltbekannt unter dem Namen „White Star-Linie". Harland & Wolff baut für die White Star die vier modernen eisernen Schraubenschiffe >Oceanic< (3700)

Schiffe der siebziger Jahre
noch mit Takelage

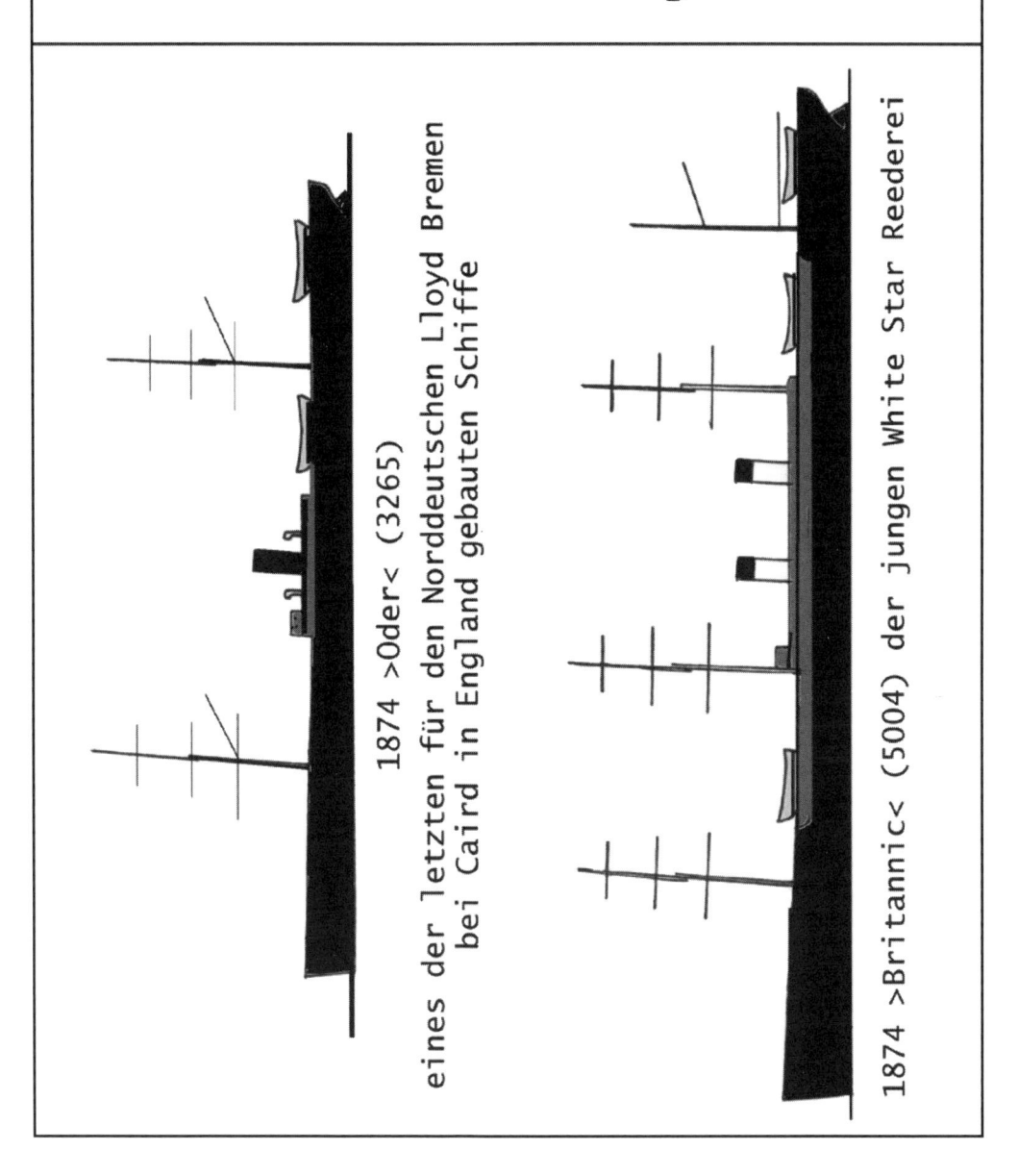

1874 >Oder< (3265) eines der letzten für den Norddeutschen Lloyd Bremen bei Caird in England gebauten Schiffe

1874 >Britannic< (5004) der jungen White Star Reederei

und die Schwesterschiffe >Atlantic<, >Baltic< und >Republic<. Die Schiffe haben mit ihren Verbundmaschinen nur den halben Kohleverbrauch von vergleichbaren älteren Schiffen und setzen neue Maßstäbe. Die >Oceanic< unternimmt im März 1871 die erste Fahrt der Gesellschaft von Liverpool nach New York. Schon im folgenden Jahr werden zwei weitere Schiffe angeschafft. Im Jahr 1899 beginnt die >Medic< (12.000) den Dienst als Passagier- und Frachtschiff von Liverpool über Südafrika nach Australien und zurück.

1869 **Amerika.** Die erste Bahnlinie durch Nordamerika vom Atlantik zum Pazifik wird fertiggestellt. Viele Reeder, die bisher Passagiere um Kap Hoorn nach Kalifornien gebracht und auf der Rückfahrt Getreide und Holz aus dem Westen geladen haben, rüsten ihre Schiffe nun für den boomenden Erdöltransport um.

1869 **Reederei.** Die Briten John Dempster und Alexander Elder haben die „British and African Steam Navigation Company" gegründet und treten mit dieser in Konkurrenz zur „African Steam Ship Company". Die Frachtraten fallen daher gewaltig. Bevor beide Firmen in Konkurs gehen, verschmelzen sie zur „Elder Dempster Linie". Sie betreibt weiter die Fahrt nach Westafrika und konkurriert dabei mit der deutschen Woermann-Linie. 1890 nimmt die Elder Dempster auch eine Linie von Liverpool nach New York auf. Sie arbeitet dabei mit der US-amerikanischen „Atlantic Transport Line" zusammen.

17. November 1869 **Kanalbau.** An diesem Tag wird der Suezkanal nach zehnjähriger Bauzeit eröffnet. Diese wichtige Wasserstraße ist von dem österreichischen Ingenieur Alois Negrelli geplant und nach dessen Tod unter der Leitung des Franzosen Ferdinand Lesseps gebaut worden. Der 171 Kilometer lange Kanal hat keine Schleusen, ist 22 Meter breit, hat in den Bitterseen natürliche und dazu noch künstliche Ausweichstellen. Der Seeweg von Europa nach Indien wird gewaltig verkürzt (Tabelle im Anhang). Die Eröffnungsfahrt, an der auch Kaiser Franz Joseph I. von Österreich-Ungarn beteiligt ist, nimmt die französische Kaiserin Eugénie auf der Jacht >Aigle< vor. Der Kanal wird ständig verbreitet und vertieft. 1886 unternimmt der P & O-Dampfer >Carthage< die erste Nachtpassage durch den nun mit Leuchtbojen und Scheinwerfern ausgestatteten Kanal. Statistik im Anhang.

1869 **Australien.** Der Suezkanal und die Eisenbahn quer durch die USA werden im selben Jahr eröffnet. Eine Reise nach Europa dauert nun auf beiden Routen ungefähr die gleiche Zeit. Der Personenverkehr geht nun zum Teil durch den Stillen Ozean und die USA. Die Massengüter werden aber weiterhin durch den Suezkanal oder um das Kap der Guten Hoffnung nach Europa verschifft.

1870 **Handelsflotten.** Die Tonnage (Laderaum) der Segelschiffe steigt zwar noch an, die Dampfschifftonnage holt aber schnell auf. Die ganze Tonnage von Großbritannien ist in den letzten 15 Jahren um über 30% gestiegen, die der Dampfschiffe allein aber auf das Dreifache. Auch in den USA übersteigt die Tonnage der Dampfschiffe die erste Million, die der Segelschiffe ist sogar etwas kleiner als 15 Jahre vorher (Krieg 1861–65). In Frankreich stehen 920.000 Tonnen an Segelschiffen 155.000 Tonnen an Dampfschiffen gegenüber. Die Niederlande haben nur 26.000 Tonnen an Dampfschiffen, aber noch immer 500.000 Tonnen an Segelschiffen, nicht viel weniger als vor 15 Jahren.

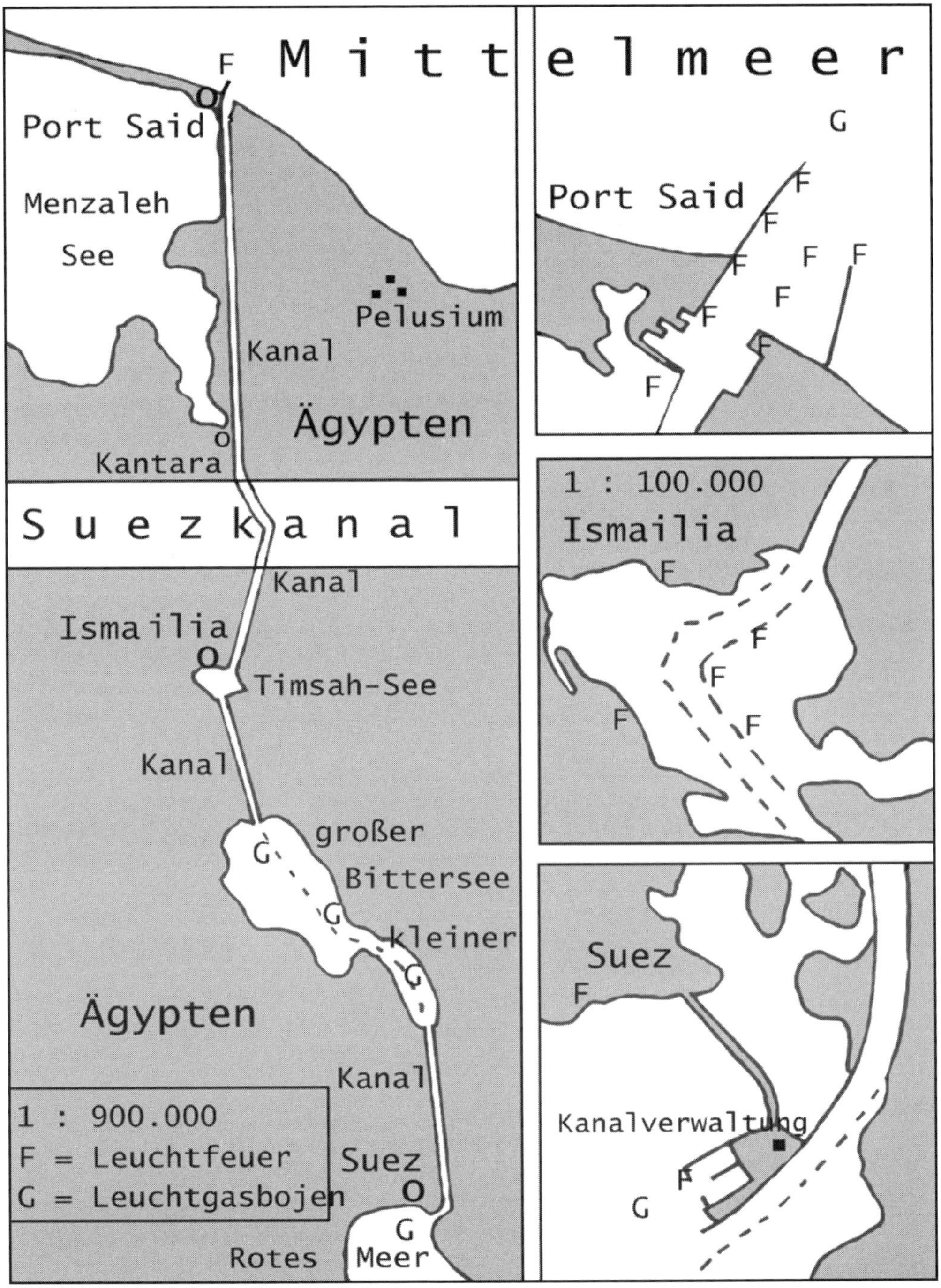
Mittelmeer
Port Said
Menzaleh See
Pelusium
Kanal
Ägypten
Kantara
Suezkanal
Kanal
Ismailia
Timsah-See
Kanal
großer Bittersee
kleiner
Ägypten
Kanal
1 : 900.000
F = Leuchtfeuer
G = Leuchtgasbojen
Suez
Rotes Meer
Port Said
1 : 100.000
Ismailia
Suez
Kanalverwaltung

1870	**Reederei.** Die „Donaldson-Linie" hat seit 1858 Segelschiffe in Fahrt vom Clyde nach Südamerika. In diesem Jahr werden die ersten beiden Dampfschiffe der Reederei auf dieser Strecke eingesetzt. Ab 1878 werden auch Fahrten von Glasgow nach Quebec und Montreal unternommen. 1889 werden die Fahrten nach Südamerika eingestellt und 1892 die letzten Segelschiffe außer Dienst gestellt. 1883 werden drei Pferde- und Rindertransporter angeschafft.
1870	**Reederei.** Die britische „Dominion-Linie" nimmt den Betrieb auf. Sie firmiert unter verschiedenen langen Namen, ist aber nur unter dieser Kurzbezeichnung bekannt. Zuerst wird der Kurs Liverpool nach New Orleans befahren. 1872 werden Fahrten nach Kanada begonnen (Auswanderer). Die Schiffe nach Kanada laufen im Winter, wenn der St. Lorenz-Strom zugefroren ist, Boston, Philadelphia oder Portland an.
Juli 1870	**Binnenschiffahrt.** Auf dem Mississippi unternehmen die Dampfer >Robert E. Lee< und >Natchez< eine Wettfahrt von St. Louis nach New Orleans. Die >Robert E. Lee< gewinnt das Rennen mit einer Fahrzeit von drei Tagen, 18 Stunden und 14 Minuten über eine Strecke von 1219 Seemeilen.
6./7.September 1870	**Schiffbruch.** Das britische Panzerschiff >Captain< (4300), gebaut bei Lairds & Co., ist bei Manövern in der Biskaya unterwegs. Kurz nach Mitternacht wird es bei gesetzten Segeln von einer Windbö getroffen und kentert. Mit dem Schiff gehen 483 Mann unter, nur 18 können gerettet werden. Das Schiff war mit seinen schweren Geschütztürmen und umfangreicher Takelage toplastig.
19. Oktober 1870	**Schiffbruch.** Das eiserne Dampfschiff >Cambria< (2000) befindet sich auf der Fahrt von New York nach Glasgow mit 170 Personen an Bord. Es strandet in der Nacht an der Küste von Donegal, Irland. Nur ein Passagier kann noch in derselben Nacht von einem anderen Schiff aus einem sonst leeren Rettungsboot geborgen werden.
1870–1871	**Reederei.** Die Schiffe des NDL Bremen werden bei Beginn des Krieges gegen Frankreich in Bremen, Southampton, New York und Baltimore aufgelegt. Ab Oktober 1870 werden die Fahrten wieder aufgenommen, zur Sicherheit aber zunächst im Norden um Schottland gefahren. Ab Februar 1871 wird wieder der Kurs durch den Ärmelkanal mit Stopp in Southampton gefahren. Nach dem Krieg wird der schon vorher gelegentlich frequentierte Kurs nach New Orleans und in die Karibik einmal im Monat befahren. 1871 werden allein nach New York 50.800 Passagiere befördert.
1870–1912	**Seenotrettung.** Sehr erfolgreich sind die Raketenapparate zum Verschießen von Rettungsleinen bei der Bergung von Schiffbrüchigen. Allein in Großbritannien werden in den genannten Jahren über 9000 Personen mit ihrer Hilfe aus Seenot gerettet.
1870–1879	**Großbritannien.** Der Seetransport der wichtigsten Handelsgüter im Jahresdurchschnitt dieser zehn Jahre beträgt im Wert von Millionen Pfund Sterling: Einfuhren: textile Rohstoffe 96 (27%), Getreide und Mehl 52 (14%), Kolonialwaren 50 (14%), Rohstoffe ohne textile 44 (12%), Fleisch und Milchprodukte 23 (7%). Ausfuhren: Stoffe und Kleider 118 (43%), Weiterverschiffung von Baumwolle 71 (26%), Eisen und Stahl 34 (12%), Maschinen 8 (3%) und Kohle 8 (3%).
1871	**Frankreich.** Die Republik geht vom Liberalismus im Welthandel ab, beginnt die eigene Schiffahrt und Werftindustrie massiv zu fördern und fremde Flaggen zu

diskriminieren. Die Tonnage der Handelsflotte verdoppelt sich gegenüber der Zeit um 1860 und bringt sie wieder an die zweite Stelle hinter Großbritannien. Da aber die französischen Werften zu teuer sind und auch die Betriebskosten der französischen Handelsschiffe mit den niedrigeren Tarifen der Skandinavier, aber auch mit denen der Briten und Deutschen nicht mithalten können, veraltet die französische Handelsflotte wieder, mit allen dazu gehörenden Konsequenzen.

Japan. Es wird bereits die erste staatliche Dampfschiffahrtsgesellschaft gegründet. Da diese nur Verluste einfährt (wie die meisten staatlichen Unternehmungen), wird sie schon nach vier Jahren liquidiert. Die Schiffe übernimmt die neue private Reederei des Unternehmers Iwasaki Yataro, die „Mitsubishi Kaisha" (nach ihrer Flagge „Drei Diamanten-Gesellschaft"). Die Reederei verfügt 1880 bereits über 32 Dampfer mit 25.600 Tonnen. Ihre Schiffe sind die ersten Dampfer unter japanischer Flagge, die fremde Häfen anlaufen. *1871*

Brasilien. Die Zusammensetzung der Ausfuhren unterscheidet sich deutlich von jener vor fünfzig Jahren. Jetzt steht an erster Stelle Kaffee (50,2%), dann folgen Rohbaumwolle (16,6% stark rückläufig), Zucker (12,3% rückläufig), Leder (6,4%), Kautschuk (5,3% steigend), Tabak (3,2% gleichbleibend), Maté (1,6%) und Kakao (0,8%). *1871*

Eisbrecher. Das erste Schiff, das speziell zum Eisbrechen konstruiert und gebaut wird, die >Eisbrecher I<, wird in Deutschland fertiggestellt. Es wird nach der Idee des russischen Reeders Britneff gebaut. Der Eisbrecher schiebt sich mit seinem ausladenden Bug auf die Eisfläche und bricht diese durch sein Gewicht. Die ersten richtigen Eisbrecher kommen in der Ostsee und am St. Lorenz-Strom in Kanada zum Einsatz. *1871*

Reederei. Die „Hamburg-Südamerikanische Dampfschiffgesellschaft AG" wird gegründet. Sie beginnt mit drei Dampfschiffen den Passagier- und Frachtverkehr mit Brasilien. Das erste Schiff ist die >Rio< (1550) und schon 1873 wird von der Werft Reiherstieg in Hamburg die >Valparaiso< (2250) für die Gesellschaft gebaut. Damals werden die Schiffe meist noch von britischen Werften bezogen. Bald werden die Fahrten zum La Plata und bis Feuerland ausgedehnt. Im Jahr 1913 ist die >Cap Trafalgar< (18.000 BRT) das größte Schiff der Gesellschaft. *1871*

Passagierschiffahrt. Die vier modernen Schiffe der 1869 gegründeten White Star-Linie nehmen die Fahrten von Liverpool nach New York auf. Sie haben eine für ihre Zeit besonders luxuriöse Ausstattung, besitzen ein Promenadendeck, große Kabinen und einen Speisesaal über die ganze Schiffsbreite mit Ausblick in beide Richtungen und dadurch natürlicher Helligkeit (es gibt noch keine elektrische Beleuchtung!). *1871*

Reederei. In Hamburg wird für die Fahrt nach China eine Schiffahrtslinie gegründet, die als die „Kingsin-Linie" bekannt wird. Die Gesellschaft entwikkelt sich nur langsam, aber 1886 fahren alle 20 Tage Dampfschiffe von Hamburg über Port Said, Penang, Singapur und Hongkong nach Jokohama. Auf dem Rückweg werden abwechselnd Le Havre und London angelaufen. 1898 wird die Kingsin-Linie von der HAPAG übernommen. *1871*

Reederei. In Bristol wird erneut eine „Great Western Steam Line" gegründet. Es wird rund ein halbes Dutzend übertragene Dampfer gekauft. Damit wird *1871* zunächst erfolgreich der Kurs von Bristol nach New York befahren. Bald aber wirkt sich die Konkurrenz der großen Gesellschaften mit ihren modernen Schiffen aus. Außerdem ist das Frachtgeschäft in der Hand der ebenfalls in Bristol beheimateten „Bristol City Line". Die Reederei verkauft daher vier Schiffe an die Türkei und stellt 1887 den Betrieb ein.

April 1871 **Reederei.** In Philadelphia wird die „International Navigation Company" gegründet. Im nächsten Jahr erfolgt in Antwerpen und in Kooperation mit der „International" die Gründung der „Société Anonyme de Navigation Belge-Américaine". Die Schiffe beider Gesellschaften fahren unter der Flagge mit einem roten Stern und sind in der Folge nur als „Red Star-Linie" bekannt. Die Red Star arbeitet mit der Pennsylvania Railroad zusammen, die für die Verladung von Getreide und Erdöl im Hafen von Philadelphia Einrichtungen schafft. Das erste Schiff nimmt die Fahrt nach Antwerpen im Jänner 1873 auf. Es hat 105 Passagiere an Bord sowie Baumrinde, Häute, Schmalz, Talg, Tabak und Schinken geladen. Man kann sich vorstellen, daß es einige Geruchsbelästigung für die Passagiere gegeben hat.

1871 **Binnenschiffahrt.** Der Titicacasee in Südamerika ist der am höchsten gelegene See (3800 Meter Seehöhe) mit einer ständigen Dampfschiffahrt. Durch ihn verläuft die Grenze zwischen Peru und Bolivien. In diesem Jahr stellt Peru den in England gebauten eisernen Dampfer >Yavari< (500) in Dienst, dem schon im nächsten Jahr die >Yapura< (500) folgt. Beide Schiffe unterstehen der Kriegsmarine, sind aber im Güterverkehr und bei der Küstenvermessung eingesetzt.

1872 **Reederei.** Die britische „Wilson Line" gibt es in Kingston upon Hull schon seit 1825. Sie betreibt die Küstenschiffahrt mit Segelschiffen. Später werden Dampfschiffe angeschafft und damit nach St. Petersburg und in das Mittelmeer gefahren. Nach der Eröffnung des Suezkanals wird in diesem Jahr eine Linie nach Indien eröffnet und 1875 der Verkehr von Hull nach New York aufgenommen.

1872 **Reederei.** In Hamburg wird die „Deutsche Dampfschiffahrtsgesellschaft Kosmos" gegründet. Mit dem Dampfschiff >Karnak< die Gesellschaft gibt allen ihren Schiffen ägyptische Namen – wird der Verkehr aufgenommen. Die Schiffe fahren von Hamburg über Le Havre, Montevideo, Buenos Aires, durch die Magellanstraße nach Valparaiso und Arica bis Callao. Später kommt noch die Westküste von Nordamerika und eine Linie in das Mittelmeer dazu.

Juni 1872– **Forschung.** Eine österreichisch-ungarische Expedition unter Schiffsleutnant
September 1874 Carl Weyprecht und Oberlieutnant Julius Payer unternimmt mit der >Tegetthoff< (220) eine Fahrt in das nördliche Eismeer. Dabei wird das Franz-Josephs-Land entdeckt und dort überwintert. Die >Tegetthoff< geht durch Eispressung verloren. Die Besatzung kann nach Erforschung der Inseln auf dem Rückweg ab Mai 1874 unter Mitnahme der Beiboote die offene See erreichen, wird von einem russischen Schiff geborgen und kehrt nach Norwegen zurück. Für den Notfall wird eine Botschaft unter einer Steinpyramide hinterlassen. Diese wird im August 1978, 105 Jahre nach der Hinterlegung, von einem russischen Polarforscher entdeckt und geborgen.

Dampfschiffslinie am Titicaca See

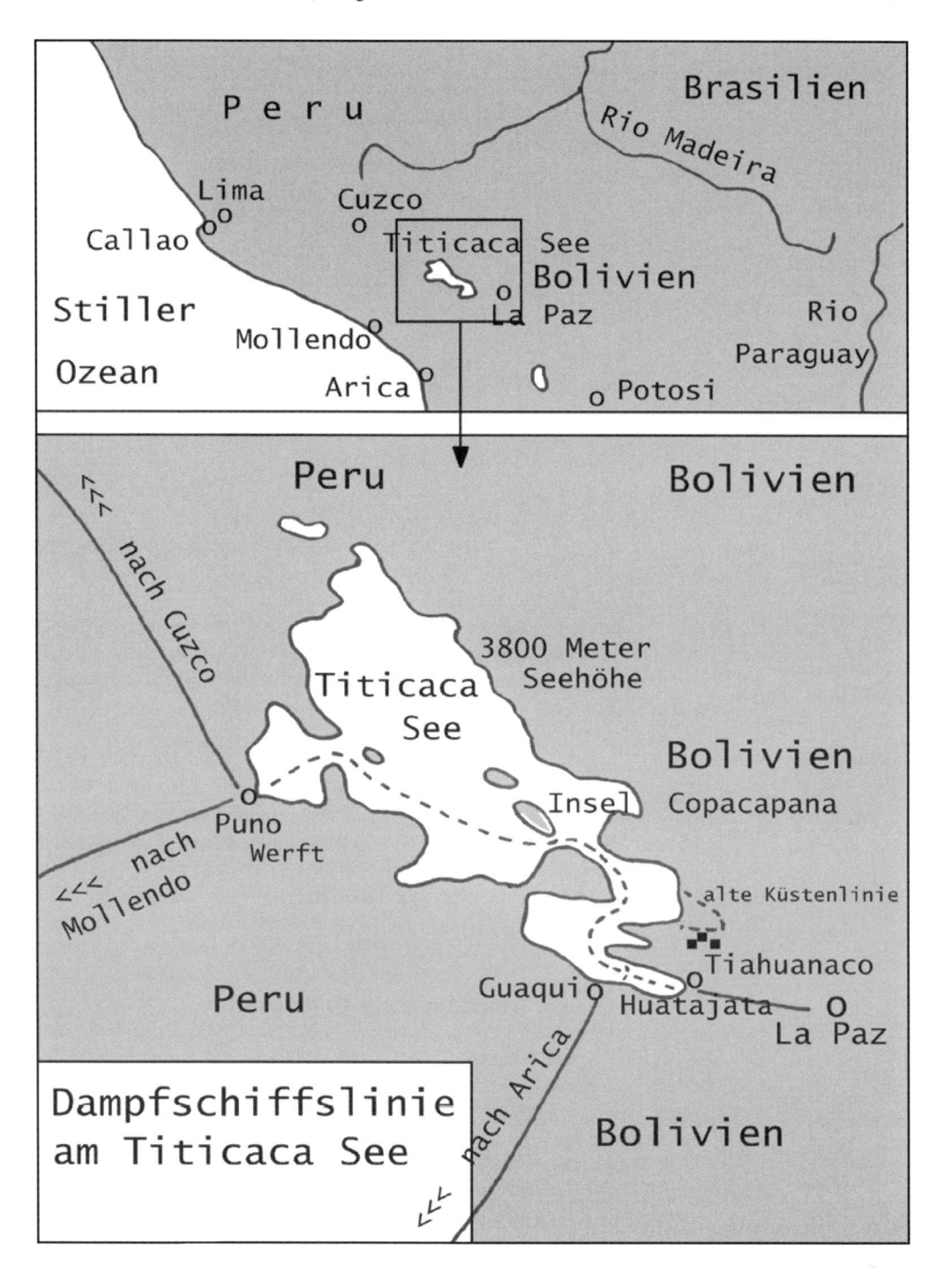

	Weyprecht schlägt im folgenden Jahr die Errichtung eines Rings von internationalen Beobachtungsstationen rund um die Arktis vor, von denen meteorologische und magnetische Forschungen unternommen werden können. Dies ist der Beginn der systematischen Arktisforschung.
Dezember 1872–Mai 1876	**Forschung.** Die britische Korvette >Challenger< (2300 t) unter Kapitän George Nares unternimmt eine große ozeanographische Fahrt durch Atlantik, Indischen Ozean und Stillen Ozean. Die Gruppe der Wissenschaftler leitet Prof. C. W. Thompson. Im Jänner 1874 werden die Kerguelen-Inseln erreicht und dann ein Vorstoß in die Antarktis unternommen, wobei der Polarkreis überschritten wird. Die Fahrt geht dann rund um Australien weiter, durch die Torresstraße wird Hongkong erreicht. Von dort wird der Küste von Ostasien bis Jokohama gefolgt. Bei den Marianen wird eine Tiefe von 9500 Metern gelotet. Die weitere Fahrt führt über Hawaii, Tahiti, Valparaiso, durch die Magellanstraße und über Ascension und die Azoren zurück nach Sheerness. Es ist die längste Forschungsfahrt des 19. Jahrhunderts. Die Forschungsergebnisse werden in 50 Bänden publiziert.
22./23. Jänner 1873	**Schiffbruch.** Das Segelschiff >Northfleet< (950) liegt vor Dungeness am Ärmelkanal vor Anker. Es hat Baumaterial und Eisenbahnarbeiter für den Bahnbau auf Tasmanien an Bord. Vor Mitternacht wird es vom spanischen Dampfer >Murillo< (390) gerammt und beginnt zu sinken. Mit dem Schiff gehen der Kapitän und 320 Menschen unter.
Jänner 1873	**Reederei.** Die Leyland-Linie wird gegründet und übernimmt die 20 Frachtdampfer der in Schwierigkeiten geratenen Bibby-Linie. Die Schiffe haben eine Größe von 520 bis 2960 Tonnen und sind zunächst im Mittelmeer unterwegs. Bald wird auch der Kurs von Liverpool nach Boston befahren. Ab 1882 werden auch Passagierschiffe eingesetzt.
1. April 1873	**Schiffbruch.** Das britische Passagierschiff >Atlantic< (3700) der White Star-Linie läuft im schweren Wetter bei Halifax auf die felsige Küste und wird von der See in Stücke geschlagen. Von den 1038 Personen an Bord – auf dem Weg von Liverpool nach Amerika – können 453 mit Leinen an die Küste gerettet werden, die übrigen werden erschlagen oder ertrinken.
April 1873	**Reederei.** In Rotterdam wird die „Holland-Amerika-Linie" gegründet. Zunächst wird von Rotterdam die Route im Nordatlantik befahren, später kommt auch die Linie nach Südamerika dazu. Bald wird auch durch den Suezkanal nach Indien und bis an die nordamerikanische Westküste gefahren. Ab 1882 werden auch Fahrten von Amsterdam aus aufgenommen.
1873	**Reederei.** In Hamburg wird die „Adler-Linie" gegründet. Mit sechs modernen Schiffen beginnt sie die Fahrten nach New York. Sie macht dadurch der HAPAG schwere Konkurrenz. Dieser Preiskampf bringt die Adler-Linie in wenigen Jahren in finanzielle Schwierigkeiten. Die HAPAG kauft daher Schiffe und Firma auf und verfügt nun über 27 Passagierschiffe, mehr als sie finanzieren kann. Durch Verkauf wird die Flotte auf elf Ozeandampfer verkleinert.
1873	**Literatur.** Der Franzose M. P. Dislere publiziert unter dem Titel „La Marine Cuirassée" über die Entwicklung der gepanzerten, maschinengetriebenen Schiffe.

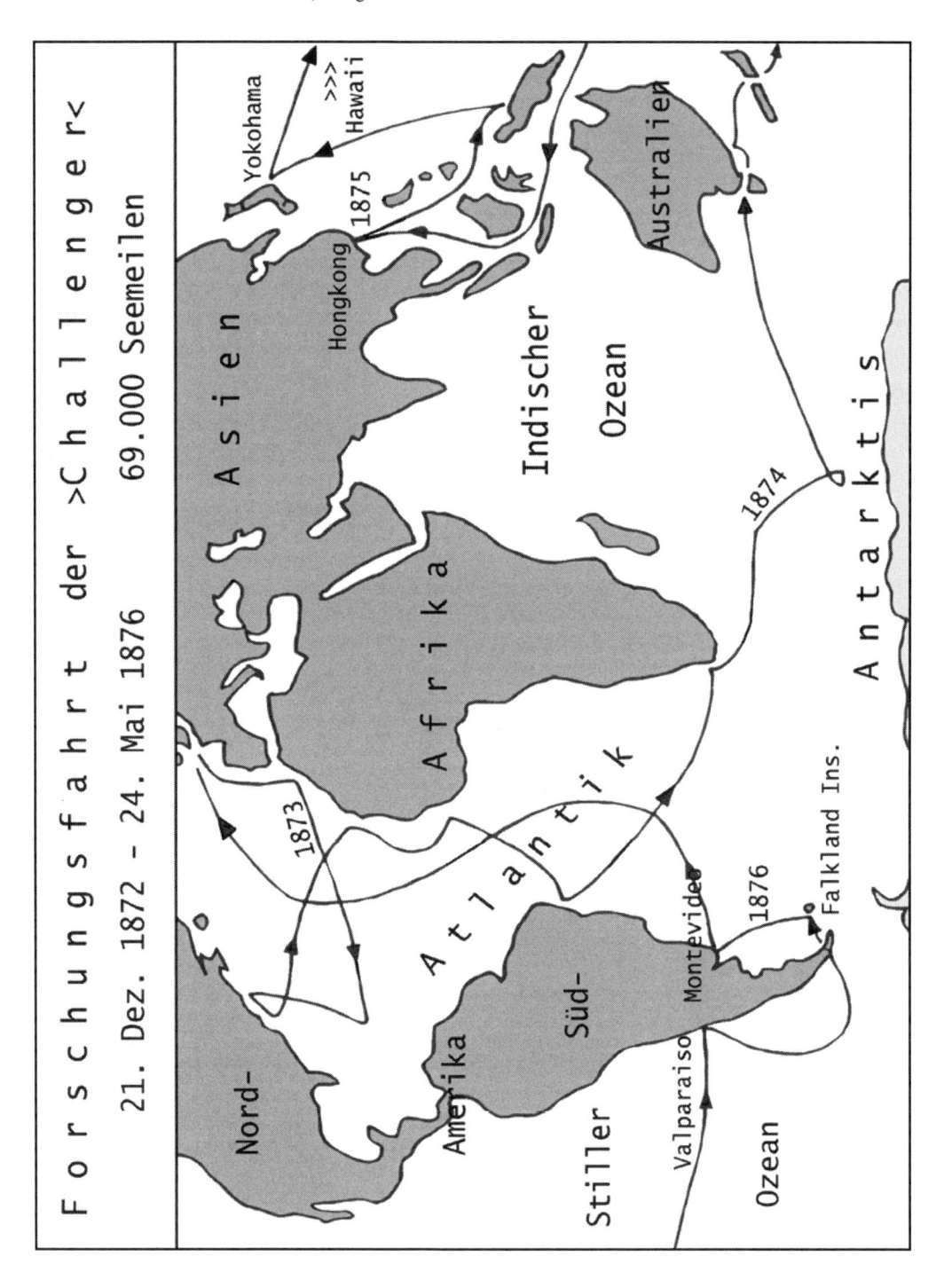

Forschungsfahrt der >Challenger<
21. Dez. 1872 – 24. Mai 1876   69.000 Seemeilen

1873/74	**Unfälle.** In einem Jahr gehen rund um die Britischen Inseln über 1000 Schiffe und Boote aller Größen verloren. Die Schwerpunkte sind Hafenzufahrten, die Küstengewässer bei Flamborough Head, jene vor Great Yarmouth, vor Kent, vor Cornwall, im Bristolkanal und die Süd- und Nordküste von Irland.
1873–1874	**Unfälle.** Schweren Verlust erleidet die Anker-Linie. In diesen beiden Jahren verschwinden die Schiffe >Ismailia< (1630), >Britannia< (1390) und >Trojan< (750) spurlos. Trotzdem beginnt die Gesellschaft 1874 Liniendienste von Triest und Genua mit Zwischenstationen nach New York. Dazu kommt eine Linie von Bordeaux nach New York und von Glasgow über Liverpool nach Bombay.
1874	**Handelsflotten.** Die Segelschiffsflotten sind sowohl nach Zahl der Schiffe als auch nach der Tonnage noch wesentlich größer als die Dampfschiffsflotten. Es gibt noch mehr als zehnmal so viele Segelschiffe wie Dampfschiffe, ihre Tonnage ist noch viermal so groß. 30 Jahre später stehen bei den NRT 70 Prozent Dampfschiffe nur mehr 30 Prozent Segler gegenüber. Die durchschnittliche Größe der Dampfschiffe liegt bei 650 NRT, die der Segelschiffe bei 260 NRT. Im Anhang eine Tabelle mit den zehn großen Seefahrernationen und ihren Dampf- und Segelschiffen.
1874	**Dampfschiffe.** In der ersten Hälfte dieses Jahrhunderts haben die Dampfschiffe einen derartig hohen Kohleverbrauch, daß sie auf längere Strecken mit Segelschiffen nicht konkurrieren können. Eine Tabelle der Cunard-Linie über die Entwicklung ihrer Schiffe zeigt, wie die Dampfmaschinen leistungsfähiger und sparsamer geworden sind.

Schiff, Baujahr	B.R.T.	I.H.P.	Ø Ges. in kn	Kohle/p/Tag	Bunkerraum/t	Frachtraum/t	Passagiere
>Britannia< 1840	1.139	740	8,3	38 t	640	225	90
>Persia< 1855	3.300	3.600	12,9	150 t	1.640	1.100	180
>Java< 1865	2.697	2.440	12,8	85 t	1.100	1.100	160
>Bothnia< 1874	4.556	2.780	13,0	63 t	940	3.000	340

Noch 1840 ist der Bunkerraum fast dreimal so groß wie der Frachtraum, 35 Jahre später ist es umgekehrt. Die >Bothnia< kann außerdem noch 800 Passagiere dritter Klasse (Massenquartier), also insgesamt 1140 Personen aufnehmen. Die übrigen Zahlen sind für Kabinenpassagiere. Die Betriebskosten für Dampfschiffe sinken daher dramatisch.

Juni 1874–April 1876	**Forschung.** Die deutsche Schraubenfregatte >Gazelle< (2390 t) unter Kapitän Freiherr von Schleinitz unternimmt eine Fahrt durch alle drei großen Ozeane. Die Meeresströmungen im Atlantik werden untersucht, die Kerguelen-Inseln erforscht und dort ein Venusdurchgang beobachtet. Ferner werden ozeanographische Untersuchungen auf der Fahrt nach Mauritius, Australien, dem Bismarck-Archipel, den Fidschi-Inseln und Samoa durchgeführt. Die Rückfahrt erfolgt um Kap Hoorn. Das reiche wissenschaftliche Ergebnis wird in fünf Bänden vom Reichs-Marineamt publiziert.

Entdeckung Franz Joseph Land 1873

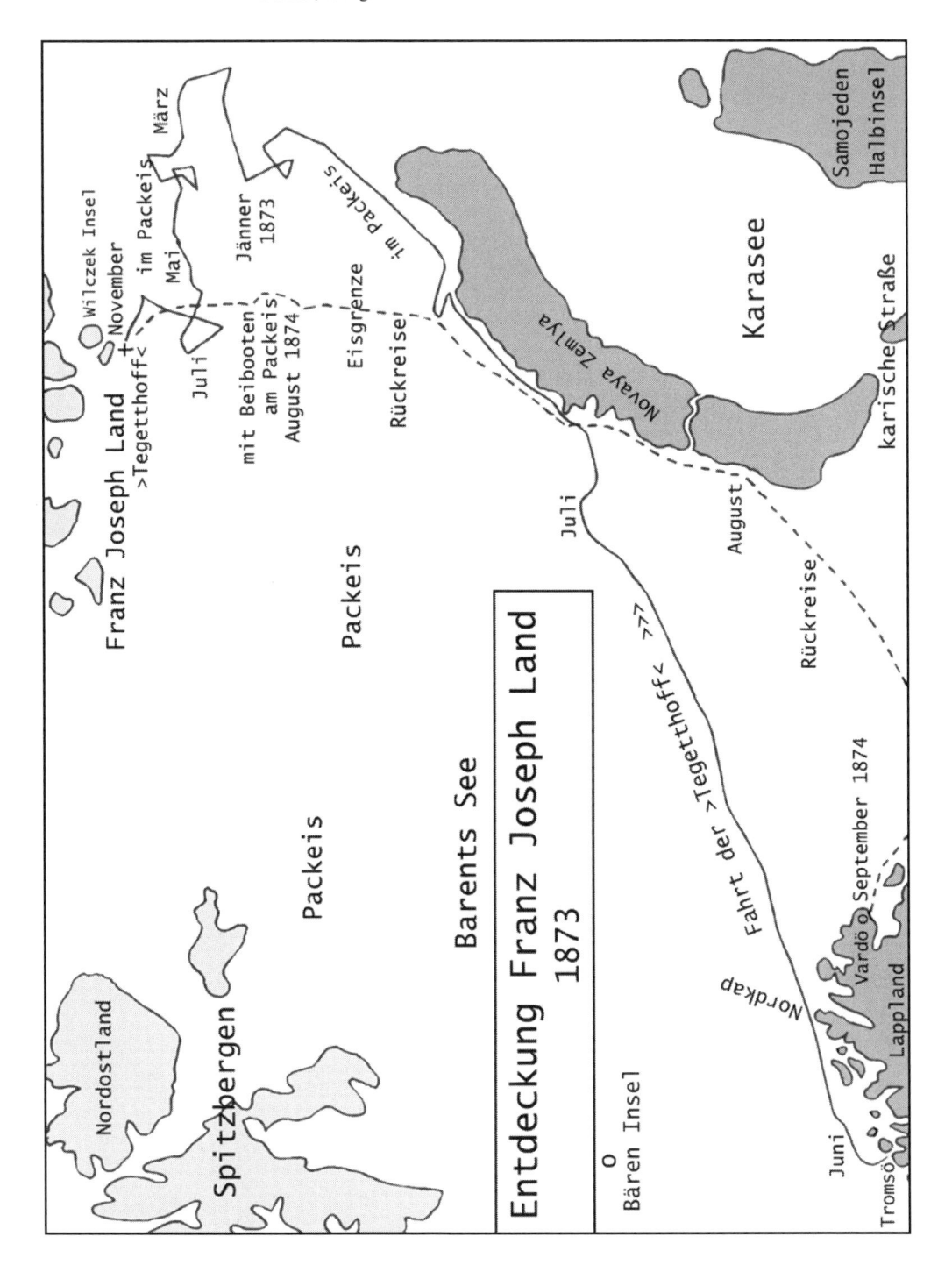

Map labels:
- Nordostland
- Spitzbergen
- Bären Insel
- Barents See
- Packeis
- Franz Joseph Land >Tegetthoff<
- Wilczek Insel
- November
- im Packeis
- März
- Mai
- Juli
- Jänner 1873
- im Packeis
- mit Beibooten am Packeis August 1874
- Eisgrenze
- Rückreise
- Novaya Zemlya
- Karasee
- Samojeden Halbinsel
- karische Straße
- Juli
- August
- Rückreise
- Fahrt der >Tegetthoff<
- Nordkap
- Vardö September 1874
- Lappland
- Juni
- Tromsö

1874	**Stiller Ozean.** Drei Dampfschiffe der White Star-Linie gehen in den Pazifik und verkehren dort zwischen San Francisco, Japan und Hongkong. Seit 1869, der Fertigstellung der Eisenbahn von Ozean zu Ozean in den USA herrscht ein Wettbewerb um Passagiere und Fracht von Ostasien nach New York. Die eine Route verläuft von Ostasien zu Schiff nach San Francisco und dann weiter per Bahn, die andere geht zu Schiff nach Panama, mit der Bahn über die Landenge und dann wieder zu Schiff nach New York.
1874	**England.** Die Segelschiffe haben zwar einen kostenlosen Antrieb, er macht sie aber von Wetterlagen abhängig. In diesem Jahr weht um Kent für viele Wochen ein ungünstiger Wind. In den Downs nördlich von Dover warten schließlich 800 Segelschiffe auf günstigen Wind zum Auslaufen. Nach Zeitzeugen ist es ein unvergeßlicher Anblick gewesen, der unwiederholbar ist.
1874	**China.** Eine Getreideflotte von 670 Dschunken bringt 1,360.000 Pikuls Getreide (96.000 Tonnen, 7 Tonnen = 100 Pikul) aus dem Süden des Reiches nach Peking. Das sind 143 Tonnen pro Dschunke und entspricht in etwa der Größe der Schiffe von Zheng-He/Cheng-Ho zur Zeit der Ming-Dynastie.
1874	**Rotterdam.** Für den Umschlag von Petroleum wird ein eigener Hafen mit sechs Öltanks von je zehn Meter Höhe und 19 Metern Durchmesser in Betrieb genommen. Seit 1866 wird die „Neue Maas", später „Neuer Wasserweg", zur Nordsee ausgebaut und ständig vergrößert. Rotterdam wird auf Grund seiner Lage an Rhein- und Maasmündung der bedeutendste Umschlaghafen von der Hochseeschiffahrt zur Binnenschiffahrt und Eisenbahn im Rheingebiet. Die Industrialisierung im Ruhrgebiet trägt dazu wesentlich bei. Die Stadt hat 1890 bereits 200.000 Einwohner. Die wichtigsten Einfuhrgüter sind Kaffee, Tee, Tabak, Gewürze, Drogen/Arzneien, Getreide, Pflanzenöle, Flachs und Hanf, Düngemittel, Steinkohle, Petroleum, Salz und Eisenerz aus Spanien. Ausfuhrgüter sind Kolonialwaren über den Rhein, Käse, Fische, Schlachtvieh nach England, Spirituosen nach Übersee, Petroleum nach Deutschland sowie Metalle und Halbfabrikate.
17. November 1874	**Schiffbruch.** Das britische Auswandererschiff >Cospatrick< (1220) befindet sich mit 433 Passagieren und 42 Mann Besatzung auf dem Weg von England nach Australien. Südwestlich vom Kap der Guten Hoffnung gerät es in Brand. Das schlecht ausgerüstete und inkompetent geführte Schiff brennt gänzlich aus und sinkt. Nur 60 Personen können sich in zwei leere Beiboote ohne jede Ausrüstung retten. Das eine verschwindet spurlos, das andere wird nach zwei Wochen von einem Segelschiff aufgenommen. Es sind nur mehr fünf Menschen am Leben, von denen noch zwei sterben.
1875	**Binnenschiffahrt.** Die größten Binnenhäfen in Deutschland sind nach dem Hafenumschlag in 1000 Tonnen: Berlin (3,239), Duisburg-Ruhrort (2,935), Ludwigshafen (865), Magdeburg (676) und Frankfurt am Main (201). Der weitaus größte Verkehr ist auf Rhein, Elbe und Oder festzustellen.
7. Mai 1875	**Schiffbruch.** Das deutsche Postschiff >Schiller< (3420) ist von New York über England nach Hamburg unterwegs. Im dichten Nebel läuft es auf die Riffe der Scilly-Inseln. Von den 335 Personen an Bord können nur 41 gerettet werden.

Amsterdam um 1880

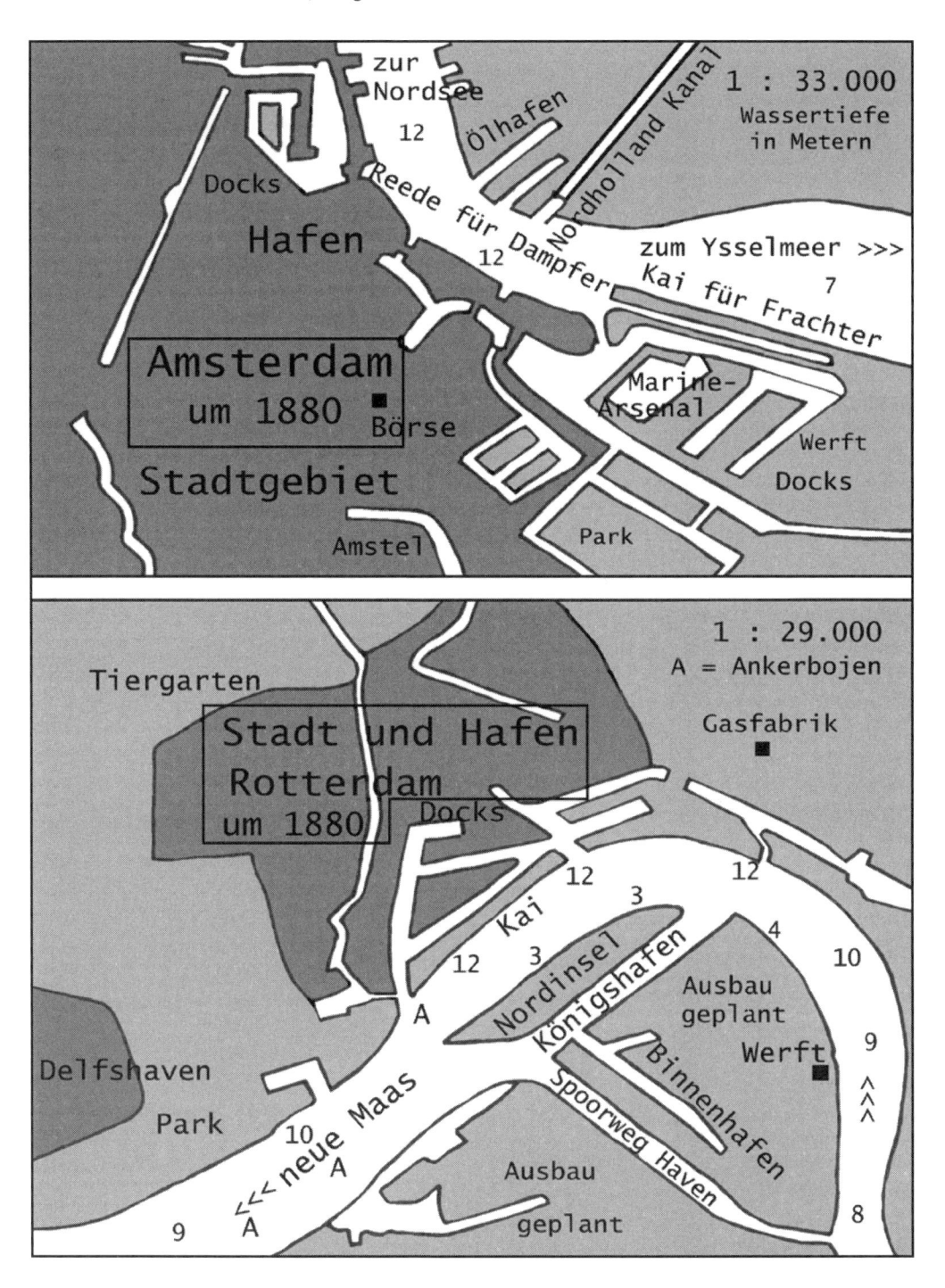

1 : 33.000
Wassertiefe in Metern

zur Nordsee · Ölhafen · Nordholland Kanal · Docks · Reede für Dampfer · zum Ysselmeer >>> · Hafen · Kai für Frachter · Marine-Arsenal · Börse · Werft · Docks · Stadtgebiet · Amstel · Park

Stadt und Hafen Rotterdam um 1880

1 : 29.000
A = Ankerbojen

Tiergarten · Gasfabrik · Docks · Kai · Nordinsel · Königshafen · Ausbau geplant · Binnenhafen · Werft · Delfshaven · Park · neue Maas · Spoorweg Haven · Ausbau geplant

1871–1880
1891–1900

Hamburg. Der Schiffsverkehr mit Übersee ist aus den Durchschnittszahlen von jeweils zwei Jahrzehnten ersichtlich.

Herkunft	1871–1880		1891–1900	
	Zahl	NRT	Zahl	NRT
Deutschland	1254	124.330	3401	579.170
Großbritannien	2454	1,268.400	3497	2,250.200
übriges Europa	962	275.630	2165	1,240.200
Amerika	692	463.600	1059	1,844.200
Afrika	45	14.000	163	227.700
Asien	62	40.200	305	796.300
Australien	33	20.100	53	141.100
Summe	5502	2,206.300	10523	6,608.200

Während sich die Zahl der Schiffe verdoppelt, verdreifacht sich deren gesamte Größe. Der Anteil der britischen Schiffe geht zurück, jener aus Amerika nimmt stark zu. Der Anteil von Bremen–Bremerhaven am internationalen Schiffsverkehr liegt um 1875 bei der Hälfte und um 1895 bei einem Drittel des Hamburger Seeverkehrs.

Juni 1875 **Australien.** Neusüdwales und Neuseeland vergeben gemeinsam eine Subvention auf zehn Jahre an die US-amerikanische „Pacific Mail Steam Company" für einen monatlichen Liniendienst von Sydney über Auckland nach San Francisco mit dortigem Anschluß an die Bahnlinie nach New York. Die Reise von Sydney nach Großbritannien auf diesem Weg ist mit etwas mehr als 40 Tagen gleich lang wie mit dem Dampfschiff der P & O durch den Suezkanal. Nach San Francisco werden die Dampfer >Zealandia< (2700) und >Australia< (2700) eingesetzt.

1875 **Großbritannien.** Die Verschiffung von Eisen und Stahl beträgt rund 2,500.000 Tonnen im Jahr. Diesen Ausfuhren stehen Einfuhren von rund 250.000 Tonnen gegenüber. Allein die Stahlproduktion beträgt schon ca. 500.000 Tonnen und steigt in den nächsten 25 Jahren auf des Zehnfache.

1875 **Griechenland.** Die Flotte der Segelschiffe erreicht ihre größte Zahl mit rund 5000 Schiffen, während es erst 27 Dampfschiffe gibt. Bis zum Beginn des Ersten Weltkrieges (1914) fällt die Zahl der Segelschiffe auf 880, jene Zahl der Dampfschiffe steigt auf 474 Einheiten.

1875 **Schiffbau.** Die Panzerschiffe der Kriegsflotten werden von der Takelage am meisten behindert. Das britische Panzerschiff >Devastation< (9400 t) ist das erste Hochsee-Schlachtschiff, das schon beim Bau keine Takelage mehr bekommt, sondern nur Signalmasten erhält. Im nächsten Jahrzehnt folgen die Handelsschiffe diesem Beispiel.

1875 **Hamburg.** Kohle bringen jährlich rund 900 Segel- und Dampfschiffe mit 500.000 NRT nach Hamburg. Davon entfallen 75% auf britische und 25% auf deutsche Schiffe. In den nächsten 30 Jahren verdreifacht sich die Kohleneinfuhr. Der Anteil der britischen Schiffe geht aber auf 50% zurück. Dies dürfte auf zusätzliche Einfuhr aus dem Ruhrgebiet über den 1892–96 erbauten Dortmund-Ems-Kanal und dann von Emden nach Hamburg zurückzuführen sein.

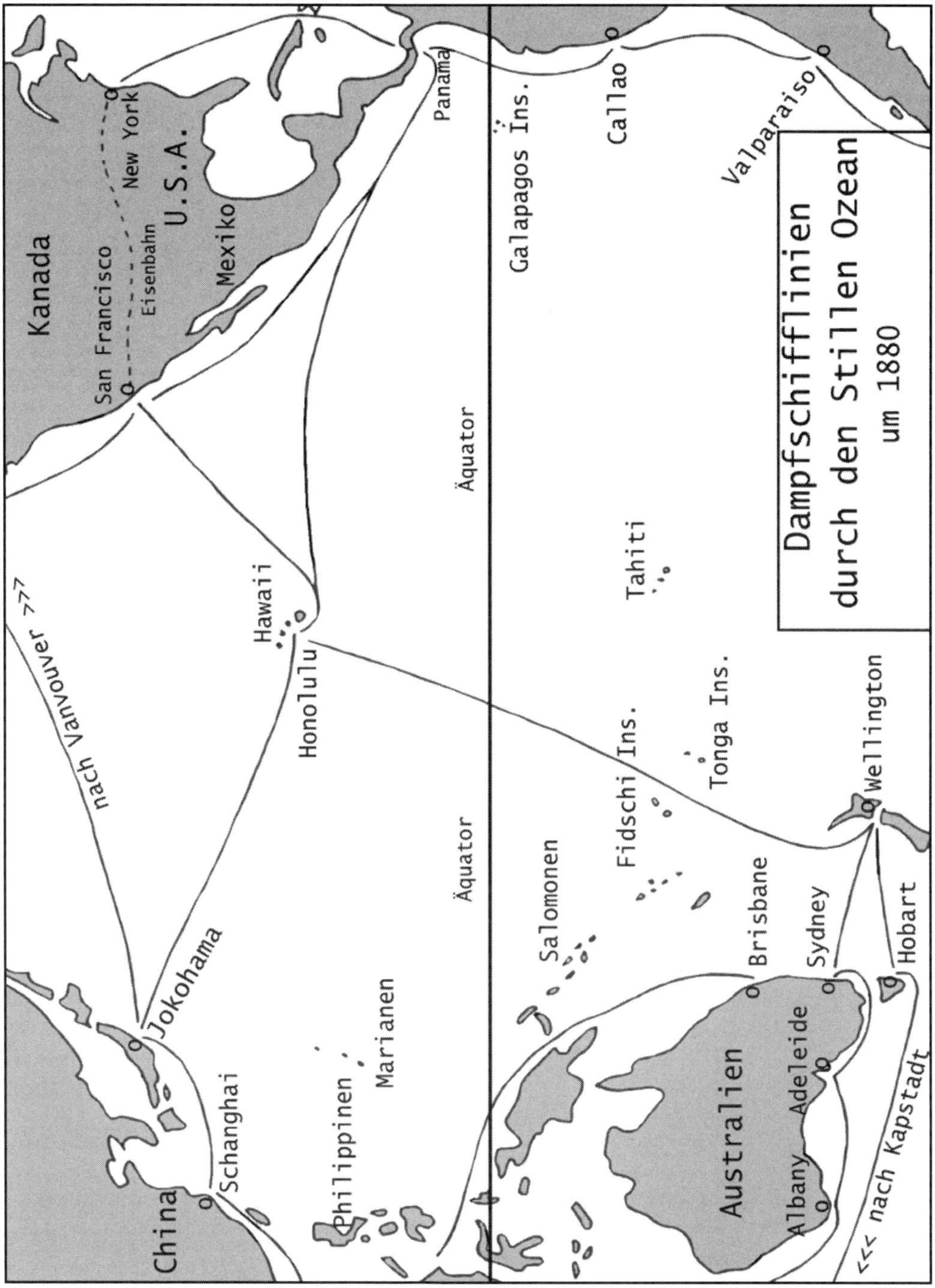
Dampfschifflinien
durch den Stillen Ozean
um 1880
Kanada
San Francisco
Eisenbahn
New York
U.S.A.
Mexiko
Panama
Galapagos Ins.
Callao
Valparaiso
Äquator
Hawaii
Honolulu
nach Vanvouver >>>
Tahiti
Tonga Ins.
Fidschi Ins.
Wellington
Salomonen
Brisbane
Sydney
Hobart
Jokohama
Schanghai
China
Philippinen
Marianen
Äquator
Australien
Adeleide
Albany
<<< nach Kapstadt

1875	**Binnenschiffahrt.** Das erste Dampfschiff auf dem Nyassasee in Afrika ist die >Ilala<. Sie wird in England gebaut, fährt nach Afrika zur Sambesimündung und den Fluß aufwärts bis zu den ersten Stromschnellen. Dort wird es zerlegt und in Traglasten zum See gebracht. Das Schiff wird dort zur Bekämpfung der Sklavenjäger eingesetzt.
um 1875	**Riga.** Der Hafen im Baltikum ist noch immer der wichtigste Platz für die Ausfuhr von vorbearbeitetem Holz, Getreide, Hanf und Flachs aus Rußland. Die Güter gehen nach Großbritannien, Schweden und Deutschland. Bisher sind sie über die Düna gekommen. Der Bau der Eisenbahn lenkt aber manche auf andere Häfen ab und die mangelhaften Verladeeinrichtungen lassen den Umschlag ebenfalls zurückgehen.
1876	**Schiffssicherheit.** Die Plimsoll-Linie wird in Großbritannien eingeführt, die anderen Seefahrtnationen folgen rasch. Da alte überladene Schiffe oft zu Katastrophen führten, wird auf Betreiben des Parlamentariers Plimsoll eine Ladelinie außen am Rumpf des Schiffes vorgeschrieben, die nicht überschritten werden darf und leicht zu kontrollieren ist. Schon die Hanse hat im 13. Jahrhundert eine Lademarke vorgeschrieben. Im 15. Jahrhundert mußten die Schiffe in Venedig den Nachweis einer Maximalladung erbringen, um eine Versicherung zu erhalten.
1876	**Kühlschiff.** Aus Argentinien wird vom französischen Schiff >Frigorique< erstmals Gefrierfleisch mit einem Spezialschiff nach Europa transportiert.
1876	**Sicherheit.** Der Schraubendampfer >Amérique< (4600) der französischen CGT ist das erste Schiff, das mit einer elektrischen Beleuchtung ausgestattet ist. Sie wird allerdings zunächst nur an der Außenseite angebracht, damit man das Schiff in der Nacht sehen kann. Bald folgt aber auch Innenbeleuchtung und elektrische Klingeln in den Kabinen, damit die Passagiere im Notfall rechtzeitig gewarnt werden können.
November 1876	**Amsterdam.** Die Zufahrt zum Hafen über die Zuidersee ist nur für Segelschiffe bis 1500 Tonnen möglich. Dampfschiffe meiden diesen Seeweg gänzlich. Der Hafenumschlag stagniert daher, während jener von Rotterdam und Antwerpen stark ansteigt. Nun wird nach elfjähriger Bauzeit ein Kanal direkt nach Westen zur Nordsee eröffnet. Er ist 27 Kilometer lang und mündet bei Ymuiden durch eine Schleuse gesichert in die Nordsee. Jetzt können alle Hochseeschiffe direkt vom Westen ohne Umweg den Hafen anlaufen. Auch die Verbindung zum Rhein wird durch Wasserbauten und neue Kanäle verbessert. Der Hafen erreicht aber trotzdem nie mehr seine alte Bedeutung und bleibt hinter Rotterdam zurück. Nach Amsterdam kommen Kolonialwaren aus Ostindien, Rohrzucker für die Raffinerien und Schiffbauholz. Die meisten Importgüter gehen unmittelbar oder bearbeitet weiter.
April 1877	**Werft.** In Hamburg gründen Hermann Blohm und Ernst Voss die Schiffswerft und Maschinenfabrik Blohm & Voss. Auf der Insel Kuhwerder in der Elbe, bisher Weide für Schlachtvieh, werden auf 15.000 m² drei Helgen angelegt. Noch ohne festen Auftrag wird als erstes Schiff die Bark >Flora< gebaut. Im Jahr 1879 folgt der Raddampfer >Elbe<.
1877	**Deutschland.** Der NDL aus Bremen nimmt auch einen Dienst nach Südamerika auf. Trotzdem hält die Konjunktur für die Hamburg Süd an. Die Abfahrten

Hochseeschiffe um 1860

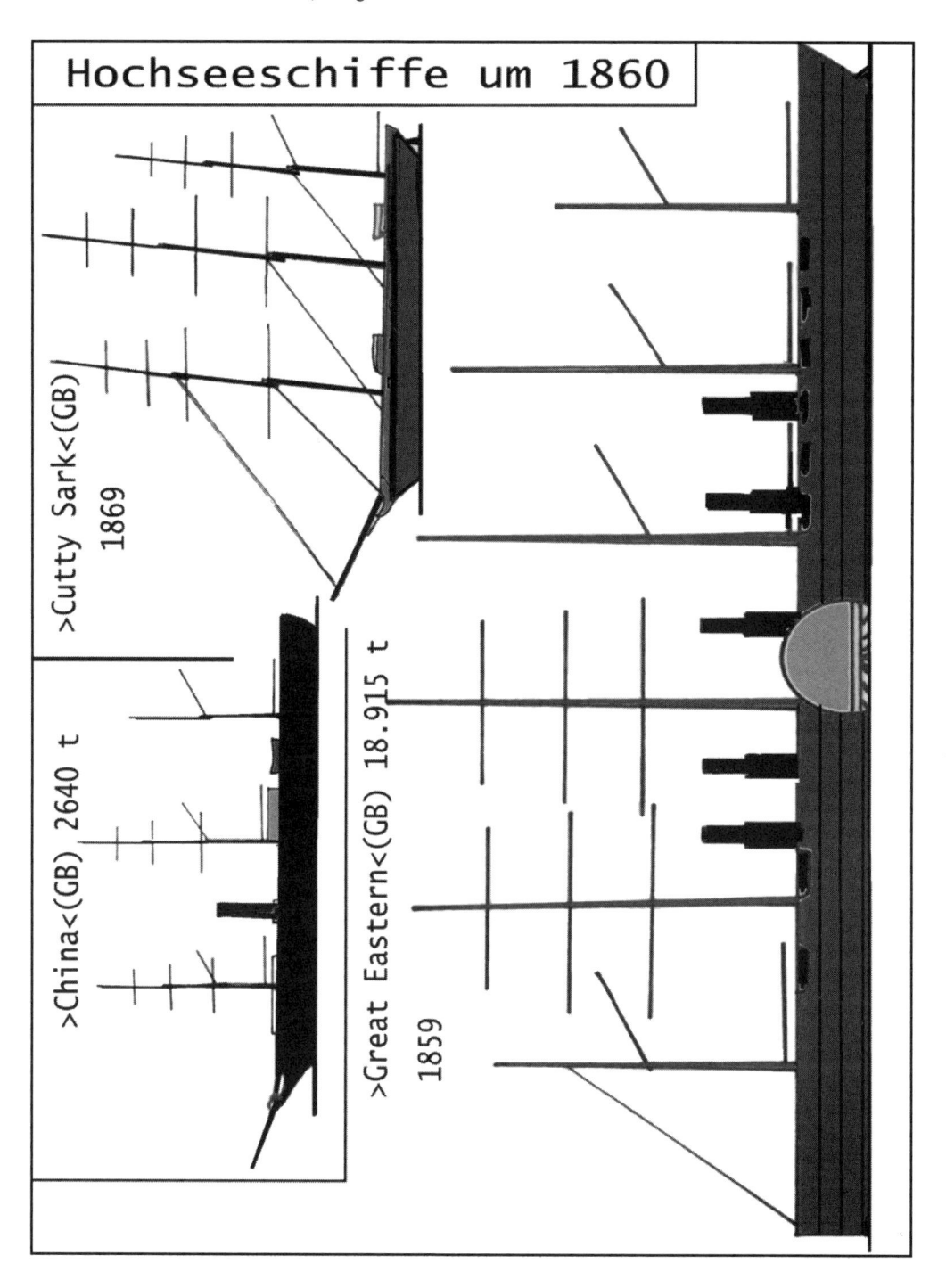

›Cutty Sark‹ (GB) 1869

›China‹ (GB) 2640 t

›Great Eastern‹ (GB) 18.915 t 1859

1038   Passagierdampfer und Frachtensegler

werden von drei auf vier pro Monat erhöht. Unter ihren neuen Schiffen befindet sich auch die >Rosario< (1824). Sie wird von der neuen Werft Blohm & Voss in Hamburg auf eigene Rechnung gebaut, um die Leistungsfähigkeit der Werft zu beweisen.

1877 **Reederei.** In England gründen Makler aus London, die schon Segelschiffe nach Australien laufen haben, die „Orient Steam Navigation Company", kurz Orient Line, genannt. Als erstes Schiff nimmt die >Garonne< (3850) die Fahrten auf. Wenige Jahre später folgt die >Orient< (5385) mit 3000 Tonnen Bunkerkohle, 3600 Tonnen Ladekapazität und Raum für 560 Passagiere. Die Wasserverdrängung des Schiffes beträgt 9500 Tonnen. 1895 verfügt die Reederei über neun Schiffe mit zusammen 28.000 Tonnen. Sie fahren den Kurs Liverpool–Plymouth–Gibraltar–Neapel–Colombo–Albany in Australien–Sydney. Die Fahrt nach Albany dauert 39 Tage, die Segler haben 90 Tage gebraucht. Die Reedereien OSN und P&O transportieren nun wieder verstärkt Passagiere nach Australien und Neuseeland, da der Verkehr über San Francisco zurückgeht. Auf dem Rückweg bringen die Schiffe neben wenigen Passagieren Wolle, Gefrierfleisch und Molkereiprodukte nach England.

1877–1878 **Sondertransport.** Zur Verschiffung des Obelisken von Thutmosis III. nach London wird ein Eisenzylinder gebaut, in dem der Obelisk verstaut wird. Das Gefährt wird >Cleopatra< genannt. Zu Wasser gelassen werden Schlingerkiele angebracht, einfache Aufbauten montiert und das ganze mit Ballast stabilisiert. Der Schlepper >Olga< bringt dieses Fahrzeug bis in die Biskaya, wo sich das Anhängsel in einem Sturm selbständig macht. Schließlich wird es vom Schlepper >Anglia< wieder eingefangen und erreicht im Jänner die Themse.

letztes Drittel 19. Jh. **Häfen.** Umschlagsentwicklung in den wichtigsten Häfen der Niederlande und Belgiens (Zahlen in NRT):

Jahr	Amsterdam	Antwerpen	Gent	Rotterdam
1870	319.000	1,317.000	62.000	1,026.000
1880	759.000	2,650.000	179.000	1,682.000
1890	992.000	3,840.000	363.000	2,939.000
1900	1,536.000	5,688.000	593.000	6,360.000

1878 **Technik.** Fast alle frühen Konstruktionen von Tauchbooten/Unterseebooten sind als Kriegsmaschinen gedacht gewesen. Nun baut der britische Reverend George Garrett ein Unterseeboot, die >Resurgam<, zur Erkundung der Unterwasserwelt. Das Boot ist 15 Meter lang und wird von einer Dampfmaschine angetrieben. Vor dem Tauchen wird das Feuer gelöscht und der Schornstein verschlossen. Mit dem restlichen Dampfdruck im Kessel kann das Boot noch mehrere Meilen unter Wasser zurücklegen. Das Hauptproblem ist die große Hitze im Boot, solange es sich unter Wasser befindet.

3. September 1878 **Binnenschiffahrt.** Der Raddampfer >Prinzess Alice< (259) ist ein Ausflugsschiff auf der Themse. Auf der Fahrt von Sheerness nach London mit rund 900 Personen an Bord wird er von einem Kohlendampfer gerammt und sinkt in wenigen Minuten. Nur etwas über 200 Menschen können gerettet werden.

Juni 1878– Juli 1879 **Forschung.** Der Schwede Adolf E. Nordenskiöld (1832–1901) läuft mit dem eisverstärkten Forschungsschiff >Vega< (357), Kapitän L. Palander, aus Norwegen aus, passiert im August Kap Tscheljuskin, friert aber vor Erreichen der

Beringstraße bei der Tschuktschen-Halbinsel fest. Am 18. Juli kommt das Schiff wieder frei und erreicht nach zwei Tagen die Beringstraße. Nordenskiöld erschließt dadurch die lange gesuchte Nordostpassage vom Atlantik zum Stillen Ozean. Sie bleibt jedoch nur mit Eisbrecherhilfe befahrbar.

Technik. Das Passagierschiff >Buenos Ayrean< (4005) der Allan-Linie ist das erste Schiff mit einem Rumpf aus Stahl, das auf der Nordatlantikroute fährt. Die Jungfernfahrt unternimmt es allerdings nach seiner Patenstadt Buenos Aires und nach Montevideo. *1879*

Technik. Die Firma Nobel in Schweden baut erste Tankdampfer für den Transport von Erdöl aus dem Kaukasus die Wolga aufwärts. Bisher ist das Öl in Kanistern transportiert worden. Der Transport von Öl in Dampfschiffen ist wegen der Feuergefahr noch sehr umstritten. *1879*

Spezialtransport. Erstmals wird Gefrierfleisch aus den USA nach Großbritannien verschifft. Die Anker-Linie spezialisiert sich auf diese Transporte und läßt einige Schiffe mit Kühlanlagen ausrüsten. *1879*

Europa. Am Welthandel sind die europäischen Länder mit folgenden Anteilen beteiligt (Länder mit mindestens einem Prozent Anteil). Großbritannien (26,0%), Deutschland (18,2%), Frankreich (16,3%), Österreich-Ungarn (7,4%), Rußland (6,7%), Belgien (5,9%), Italien (5,3%), Schweiz (3,6%), Spanien (2,9%), Niederlande (2,1%), Schweden (1,4%), Dänemark (1,1%) und Rumänien (1,1%). *1880*

Norwegen. Das Land hat bereits die zweitgrößte Handelsflotte nach Großbritannien. Es baut in diesem Zeitraum zunächst noch die Segelschiffflotte aus, geht mit der Wende zum 20. Jahrhundert aber schnell auf die Dampf- und Motorschiffahrt über, die Segelschifftonnage sinkt schnell wieder. Die Entwicklung der Handelsflotte in einigen Zahlen, Angabe in NRT, in Klammer die Dampfschifftonnage in Prozenten der ganzen Flotte: *1880*

1870	1880	1890	1900	1910
974.000	1,519.000	1,706.000	1,508.000	1,767.000
(1%)	(4%)	(12%)	(33%)	(66%)!!

Italien. Die Küstenschiffahrt hat noch einen großen Anteil am Güter- und Personentransport innerhalb des Landes. Die wichtigsten Häfen sind Genua, Livorno, Neapel, Messina, Palermo, Bari, Ancona und Venedig. Nach Schätzungen leistet die Küstenschiffahrt mehr als doppelt so viele Tonnenkilometer wie die Eisenbahn. *1880*

Schiffsfunde. In Norwegen wird zunächst das Gokstad-Schiff und bald darauf das Oseberg-Schiff gefunden (siehe Band I). Nach der Bergung dieser prächtigen Wikingerschiffe erwacht das Interesse für alte Schiffe. Man beginnt systematisch alte erhaltene Schiffe zu restaurieren und als Museumsschiffe dem Publikum zugänglich zu machen. Sowohl Schiffe mit einer bedeutenden Vergangenheit wie das britische Linienschiff >Victory< als auch Neufunde wie die Bremer Kogge oder die schwedische >Wasa< werden für die Nachwelt erhalten. Von den unzähligen Museumsschiffen auf der ganzen Welt sind die ältesten in einer Tabelle im Anhang angeführt. *1880*

Korea. Es werden 90% des Außenhandels bereits über Japan abgewickelt, das europäische Waren liefert und Reis und Soja kauft. Das Land gerät immer mehr *1880*

	unter wirtschaftlichen und politischen Einfluß von Japan, obwohl es nominell China untersteht. In diesem Jahr vereinbaren China und Japan im Vertrag von Tientsin ihre Truppen bedingungslos aus Korea abzuziehen.
1880	**Fernfahrt.** Noch immer bedienen große Segelschiffe wie die >Francia< (5900) den Transport von Massengütern über die Weltmeere. Sie holen aus Chile Salpeter und bringen dafür Kohle aus Wales. Sie nehmen noch die Route rund um Kap Hoorn und vermeiden die gewundene Magellanstraße.
1880	**Australien.** Der Frachter >Strathleven< bringt aus Melbourne die erste Ladung von 40 Tonnen Frischfleisch und Butter, in Eis verpackt, nach England.
ab 1880	**Sicherheit.** Die Passagierschiffe werden in zunehmendem Maße mit elektrischer Beleuchtung ausgerüstet. Die Feuergefahr wird dadurch wesentlich verringert.
1880/81	**Indien.** Die Exporte verteilen sich zu dieser Zeit auf die folgenden Güter. Opium (18,2%), Rohbaumwolle (17,8%), Getreide (17,1%, aus Burma), Ölsaaten (8,6%), Jute (6,7%), Häute und Felle (5,0%), Indigo (4,8%), Baumwollwaren (4,2%) und Tee (4,2%). Diese Waren gehen in folgende Länder: Großbritannien (41,6%), China (20,0%), Kontinentaleuropa (12,9%), Malaya (3,7%) und USA (3,5%). Die Importe kommen aus Großbritannien (82,9%), China (3,7%), Malaya (2,8%), Kontinentaleuropa (2,5%) und USA (0,9%). Nähere Angaben über Wert und Entwicklung des Außenhandels von Indien in Tabellen im Anhang.
1880–1884	**Großbritannien.** Der Wert des Gesamtexportes im Schnitt dieser Jahre beträgt in Pfund Sterling 234,0 Millionen. Davon entfallen auf Stoffe und Garne (108,0!), Kohle, Eisen und Stahl (38,0), Maschinen (15,0), Kleider und Mode (10,5), Nahrungsmittel (10,0) und Chemikalien und Salz (6,2). Eingeführt werden Rohbaumwolle (44,5), andere textile Rohstoffe (39,5), Holz (16), Metalle und Erze (15), Häute (4) und Kautschuk (3). Die Einfuhr der wichtigsten Rohstoffe entwickelt sich in den letzten 30 Jahren im Jahresschnitt wie folgt, Angabe in Millionen £.

Jahres Ø	Baumwolle	Wolle	Flachs	Hanf	Jute
1850–54	825,6	95,2	175,5	107,6	48,4
1860–64	946,4	167,2	176,2	102,9	132,9
1870–74	1524,3	307,0	265,0	132,8	420,3
1880–84	1719,4	485,0	215,7	150,6	616,3

	Die Baumwolle kommt hauptsächlich aus den USA, die Wolle aus Australien, Argentinien, Spanien und Deutschland, die Jute aus Bengalen.
1880–1890	**Technik.** Die Takelage wird bei den Dampfschiffen allmählich abgeschafft. Bei den Hochseeschiffen mit den ersten Dampfmaschinen sind diese nur Hilfsantrieb bei ungünstigem Wind gewesen. Nach der Verbesserung der Dampfmaschinen hat man die Takelage für den Fall des Versagens der Maschine und als zusätzlichen Antrieb bei günstigem Wind beibehalten, weil dadurch Kohle gespart werden kann. Nun sind die Maschinen bereits so sicher und sparsam, daß man sich die zusätzliche seemännische Mannschaft neben dem Maschinenpersonal ersparen kann. Die Betriebskosten eines Dampfschiffes sind daher nicht mehr höher als jene eines Segelschiffes. Die Dampfschiffe können aber pünktlich jeden Hafen der Welt anlaufen.

Museums-Segelschiffe
im Jahr 2000 (einige von vielen)

1380 Hansekogge in Bremen
Original und Nachbau

1797 Fregatte >Constellation< (1960t) in Baltimore

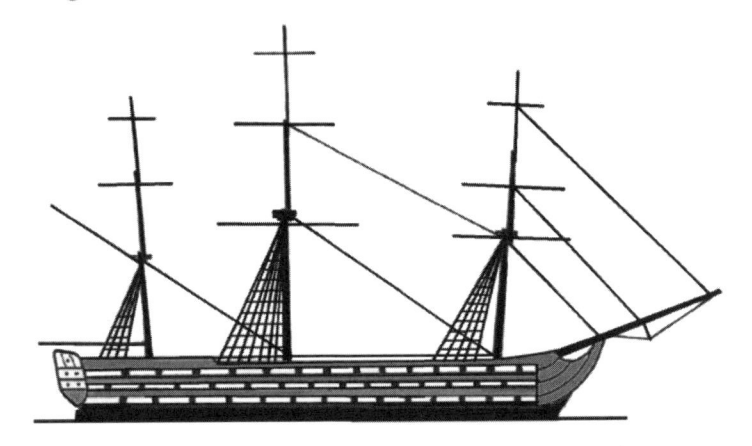

1759 Linienschiff >Victory< (3500t) in Portsmouth

1880–1900 **Frankreich.** Der Handel mit Übersee steigt im Vergleich mit anderen Staaten nur moderat an. Die Einfuhren steigen von 4000 Goldfrancs im Jahr 1880 auf 4600 im Jahr 1891, fallen dann aber innerhalb von zwei Jahren auf 3700 Goldfrancs. Erst 1900 erreichen sie wieder 4650 Goldfrancs. Die Ausfuhr hat 1880 einen Wert von 2700 Goldfrancs, steigt bis 1890 auf 3700, geht dann in zwei Jahren auf 3100 zurück und erreicht 1900 etwas über 4000 Goldfrancs. Von den Einfuhren entfällt rund die Hälfte auf Rohstoffe, der Rest teilt sich gleich auf Nahrungsmittel und Manufakturen. Die Ausfuhren bestehen zur Hälfte aus Fertigwaren, darunter Luxusgüter, der Rest zu gleichen Teilen auf Halbfabrikate und Lebensmittel, darunter Wein. Der Außenhandel wird mit den fünf Nachbarländern (25%, nur zum Teil zur See), mit Großbritannien (20%) und den USA (8%) abgewickelt. Der Rest entfällt auf die übrigen Staaten.

Juli 1881 **Reederei.** In Italien entsteht aus zwei Gesellschaften die „Navigatione Generale Italiana". Ihre Flotte besteht aus 81 Dampfschiffen mit 59.100 Tonnen. Die Schiffe fahren durch das ganze Mittelmeer, die größeren auch von Marseille, Genua und Neapel nach Bombay, Batavia und Hongkong. Nach dem Zusammenschluß wird auch eine Linie nach New York befahren. 1885 werden Fahrten nach Südamerika aufgenommen, indem 17 Frachter einer italienischen Reederei übernommen werden.

1881 **Deutschland.** In Hamburg wird die „Dampfschiff-Rhederei Hansa" gegründet. Zwei Jahre später wird mit der >Grasbrook< (1935) der Verkehr mit Kanada aufgenommen. Fahrten nach Montreal, Quebec, jedoch auch nach Boston und New York entwickeln sich günstig. Aber auch die HAPAG will ihren Liniendienst nach Kanada ausdehnen. Als sie daher 1892 der Hansa ein günstiges Übernahmeangebot macht, möchte sich diese auf keinen Konkurrenzkampf einlassen und nimmt das Angebot an. Die HAPAG wirtschaftet so günstig, daß sie jede Konkurrenz aufkaufen kann.

1881 **Reederei.** Die Firma Rob. M. Sloman & Co. in Hamburg beschäftigt schon Segelschiffe in der Fahrt nach Australien. Nun beginnt sie mit dem Dampfschiff >Barcelona< (1359) auch die Linienfahrt dorthin. Die Schiffe fahren den Kurs Antwerpen, London, Kapstadt, Port Elisabeth, Mauritius, Melbourne nach Sydney. Bereits ab dem folgenden Jahr wird der kürzere Weg durch den Suezkanal genommen.

1881 **Indischer Ozean.** Die britische „India Steam Navigation Company" beherrscht den Seeverkehr rund um den Subkontinent und in den Persischen Golf, nach Ostafrika und nach Insulinde. Nun richtet sie auch eine Linie nach Brisbane im Osten Australiens ein.

1881 **Venedig.** Die Gondeln bekommen Konkurrenz. Das erste Vaporetto, damals noch mit Dampfmaschine, die >Regina Margherita<, nimmt ihre Fahrten durch die Kanäle der Stadt auf.

1881 **Reederei.** In Bremen wird die „Deutsche Dampfschiffahrts-Gesellschaft Hansa AG" gegründet. Sie besorgt den Frachtdienst von Bremen-Bremerhaven nach Argentinien, Südafrika, Ostindien und Ostasien.

1881 **Technik.** Der aus Irland stammende Amerikaner John Holland baut sein zweites Unterseeboot, die >Fenian Ram<. Es ist nur etwas über zehn Meter lang, wird bereits von einem Petroleummotor angetrieben und kann unter Wasser gut Kurs und Tiefe halten, das große Problem der frühen Unterseeboote. Es ist heute in New Jersey in den USA ausgestellt.

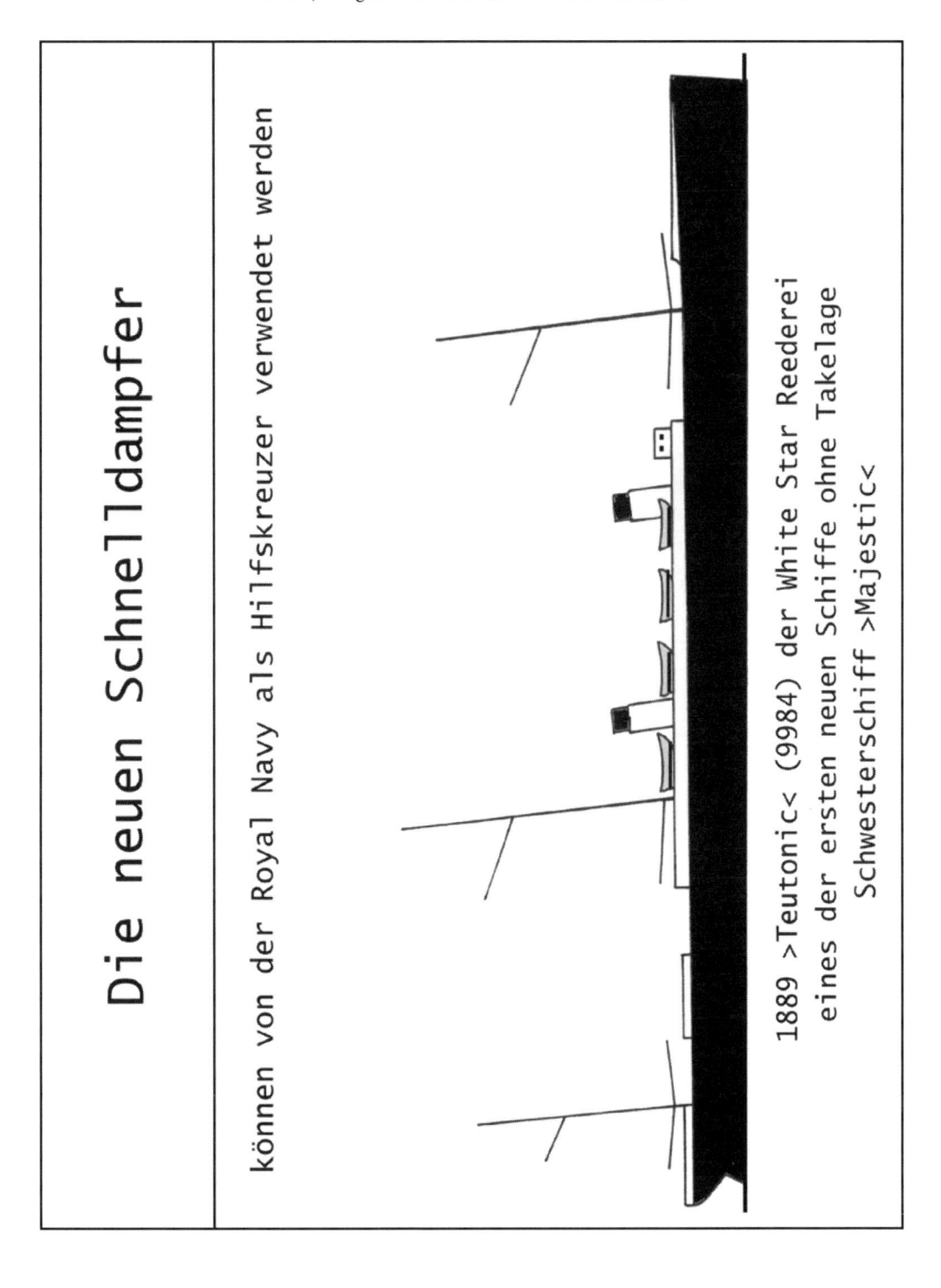

Die neuen Schnelldampfer

können von der Royal Navy als Hilfskreuzer verwendet werden

1889 >Teutonic< (9984) der White Star Reederei eines der ersten neuen Schiffe ohne Takelage Schwesterschiff >Majestic<

1881–1883   **Schiffbruch.** Die britischen Kohlendampfer werden oft schnell und schlampig beladen, die Ladung kann daher bei schwerer See manchmal verrutschen. Allein in diesen drei Jahren stranden oder verschwinden spurlos 314 Kohlendampfer und mit ihnen 1849 Mann der Besatzungen. Nicht umsonst werden diese Schiffe „Seelenverkäufer" genannt.

1881–1884   **Reederei.** Der NDL in Bremen stellt in kurzer Folge die neuen Schnelldampfer der Flüsseklasse in Dienst. Mit diesen hofft Direktor J. G. Lohmann die Flaute im Passagiergeschäft zu überwinden. Die Schiffe kommen gerade rechtzeitig in Dienst, um den wieder zunehmenden Verkehr zu bewältigen. Zwischen Bremen und New York fahren 1879 nur 27.300 Passagiere, 1881 sind es 86.600 und 1885 schon 108.200 Personen. Im Jahr 1886 wird mit dem Dampfer >Oder< eine Linie durch den Suezkanal nach Ostasien und mit der >Salier< eine zweite nach Australien eröffnet. Im Jahr 1887 besitzt der NDL 39 Hochseeschiffe, zehn Küstendampfer, 16 Flußdampfer und 67 eiserne Schleppkähne. In Bremerhaven hat er eigene Werkstätten und ein Trockendock, in New York eine eigene Pier.

1881–1891   **Nordatlantik.** In diesen elf Jahren werden von den Passagierschiffen 4,892.000 Menschen in New York an Land gebracht. Darunter sind 817.000 Kabinenpassagiere, der Rest kommt im Zwischendeck oder in der dritten Klasse. Der Anteil der einzelnen Reedereien an diesem Transport beträgt: NDL Bremen (16,7%), HAPAG (12,4%), White Star (8,3%), Inman-Linie (7,6%) und Cunard-Linie (7,1%). Der Rest entfällt auf zahlreiche kleinere Reedereien.

1882   **Personenschiffahrt.** In diesem Jahr wandern aus Europa 788.000 Menschen in die Vereinigten Staaten von Amerika aus. Davon kommen 250.000 aus Deutschland, 32.000 aus Italien, 29.000 aus Österreich-Ungarn, 21.000 aus Rußland, der Großteil des Restes von den Britischen Inseln.

1882   **Seerecht.** Für den Fischfang in der Nordsee wird ein internationaler Vertrag abgeschlossen. Daran sind die Küstenländer Großbritannien, Frankreich, Belgien, die Niederlande, Deutschland und Dänemark beteiligt. Es werden eine Regelung der Fanggebiete und eine Abgrenzung in den Küstengewässern wie bei der Emsmündung vereinbart.

1882   **Neuseeland.** Für eine bessere Verbindung mit Großbritannien wird eine eigene Schiffahrtslinie gegründet. Die Schiffe fahren mit einem Aufenthalt in Hobart, Tasmanien, um das Kap der Guten Hoffnung nach England und kommen um das Kap Hoorn zurück. Zunächst fahren Klipperschiffe, aber bald werden die ersten Dampfschiffe eingesetzt.

1882   **Australien.** In diesem Jahr kommt das erste Dampfschiff mit einer Dreifach-Expansionsmaschine, die >Aberdeen< (3700), von Großbritannien nach Australien. Solche Schiffe mit geringem Kohleverbrauch übernehmen nun auch den Transport von Auswanderern und Massengütern nach dem fünften Kontinent. Noch können aber die Klipperschiffe auf dieser Route einen Teil des Gütertransportes behalten.

1882   **Segelschiffe.** Im westlichen Nordamerika gibt es eine Rekordernte an Getreide. Es bringen daher 550 Segelschiffe, meist britische und amerikanische, 1,3 Millionen Tonnen Getreide aus den Häfen von Kalifornien und Oregon zum Großteil nach Europa. Dort fällt der Getreidepreis, die Bauern in Europa spüren als erste Berufsgruppe die negative Seite der Globalisierung, die Konsumenten die positive.

frühe Tauchboote/Unterseeboote
18. und 19. Jahrhundert

1 : 200

>Turtle< von Bushnell
1776

>Brandtaucher< von Bauer
1850

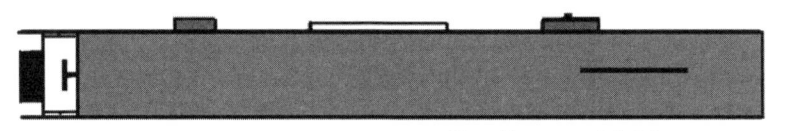

>Hunley< II   von Hunley   1863

>Resurgam< von Garrett
1879

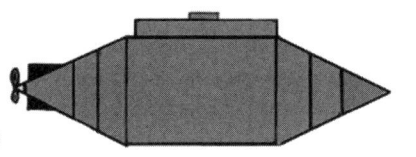

Resurgam = Wiederauftauchen

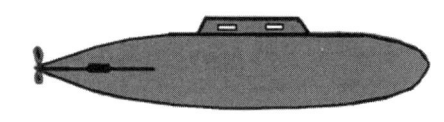

>Fenian Ram< von Holland
1881

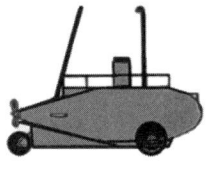

>Argonaut< II von Lake
1893
Zur Erkundung des Meeresbodens rund um New York
Schnorchel zum An- und Absaugen von Luft

1882 **Argentinien.** Der Seehandel des Landes wird mit folgenden Ländern abgewickelt.

Staat	Einfuhr in Mio. Pesos	Ausfuhr in Mio. Pesos
Großbritannien	30,700.000	5,900.000
Frankreich	15,400.000	21,000.000
Belgien	3,300.000	12,100.000
Deutschland	7,000.000	4,800.000
USA	4,900.000	3,500.000
Italien	3,500.000	1,600.000
Spanien	3,800.000	1,300.000

Seeverkehr gibt es auch mit Brasilien, Uruguay, Paraguay, Chile und den Antillen. Der Seetransport ist in den letzten 20 Jahren auf des Fünffache gestiegen. Eine wichtige Rolle im Binnenverkehr spielen die Flußdampfer auf dem Paraná, Paraguay und deren Nebenflüssen. Mit den Schleppkähnen sind in Argentinien bereits 44.000 Flußfahrzeuge mit 3,629.000 Tonnen registriert.

1882 **Reederei.** Die britische Allan-Linie erreicht den Höhepunkt ihrer Entwicklung. Sie hat im Atlantik 22 Dampfschiffe mit 70.500 NRT laufen und transportiert 55.200 Passagiere von Großbritannien nach Amerika. Das größte Schiff ihrer Flotte ist die >Parisien< (5360). Es kann 150 Personen in der ersten Klasse, 100 in der zweiten Klasse und 1000 im Zwischendeck unterbringen.

November 1882 **Reederei.** Australien wird nun auch von einer Schiffahrtslinie aus Frankreich angelaufen. Die >Natal< der Messageries Maritimes ist das erste Schiff auf dieser Route. Die Schiffe laufen Port Said, Réunion, Mauritius und neben australischen Häfen auch Noumea auf Neukaledonien im Pazifik an.

um 1882 **Fischfang.** Es gibt teilweise sehr unterschiedliche Angaben über den europäischen und amerikanischen Fischfang, die hier zu interpretieren versucht werden. Über Asien liegen keine derartigen Angaben vor. Die Zahlen beinhalten nicht die Binnenfischerei. Der Ertrag ist in Millionen Mark zum Wert von 1890 angegeben.

Land	Fahrzeuge	Beschäftigte	Ertrag	hauptsächlich gefangene Fischsorten
USA	50.000	130.000	420	Kabeljau, Hering, Makrele
Schottland	20.000	100.000	140	Hering, Lachs
Rußland	?	?	140 davon 112 aus dem Kaspischen Meer	
Kanada	?	60.000	100	Dorsch, Hering, Makrele
England	35.000	110.000	100	Hering
Frankreich	20.000	90.000	60	Kabeljau, Hering

Land	Fahrzeuge	Beschäftigte	Ertrag	hauptsächlich gefangene Fischsorten
Norwegen	15.000	60.000	25	Dorsch, Hering, Sprotte, Lachs, Makrele, Hummer
Niederlande	2.000	20.000	12	Hering, Lachs
Schweden	?	?	10	Dorsch, Hering
Italien	10.000	30.000	5	Thunfisch
Dänemark	?	?	4	Kabeljau aus Island
Spanien	?	?	4	Sardinen
Belgien	300	2.000	2	Hering
Deutschland	350	3.000	?	Import

Von den Fischereifahrzeugen der USA sind 6600 für die hohe See geeignet, der Rest sind Boote für die Küstenfischerei. Der englische Fang geht zum Großteil nach London, der französische nach Paris. Exportländer sind Schottland, Norwegen und Kanada. In Norwegen und Deutschland nimmt der Fischfang stark zu. Deutschland hat 15 Jahre später rund 1000 Fischereifahrzeuge mit 7000 Beschäftigten.

Brasilien. Der Großteil des Außenhandels wird über See abgewickelt. Ausfuhrgüter sind Kaffee, Zucker, Kautschuk (schon an dritter Stelle), Häute, Tabak, Baumwolle, Tee, Paranüsse, Diamanten, Kakao und Edelhölzer. Eingeführt werden Industriegüter aus Europa und den USA sowie Fisch aus Kanada. Auch der Binnenverkehr spielt sich zu einem großen Teil auf den Flüssen ab. Das Dampfschiff erschließt Zehntausende Kilometer Wasserwege. Im Jahr 1868 fährt ein Dampfschiff den Madeira, einen Nebenfluß des Amazonas, 1200 Kilometer aufwärts. Im Amazonasbecken allein sind bald 43.000 Kilometer von Dampfern befahrbar. *1882/83*

Schiffbruch. Die >Cimbria< (3040) der HAPAG ist von Hamburg nach Amerika unterwegs. Sie hat 402 Passagiere, meist Auswanderer, und eine Gruppe Chippewa-Indianer, die von einer Ausstellung kommen, an Bord. Dazu kommt die Besatzung von 120 Mann. Vor Borkum wird sie in dichtem Nebel vom Frachter >Sultan< gerammt. Dieser kann nur mit Mühe gehalten werden, die >Cimbria< sinkt aber in kurzer Zeit. Nur 65 Menschen können sich in drei Rettungsbooten retten. Erschwert wird die Katastrophe durch die herrschende Kälte. *19. Jänner 1883*

Kanalbau. Die Fahrrinne von Kronstadt nach St. Petersburg wird fertiggestellt. Nun können auch größere Hochseeschiffe die Großstadt am finnischen Meerbusen anlaufen. *1883*

Dänemark. Im Überseeverkehr wird das Land von rund 25.000 Schiffen angelaufen und verlassen. Darunter ist rund ein Drittel Dampfschiffe. Die wichtigsten Importartikel sind Kolonialwaren, Getränke, Manufakturen, Metalle, Holz und Steinkohle. Die Ausfuhren bestehen aus Rindern (meist zu Land nach Deutschland), Fetten und Getreide. Die wichtigsten Handelspartner sind Deutschland, Großbritannien und Schweden. *1883*

Chile. Durch die Landesnatur bedingt wird der größte Teil auch des Binnenverkehrs über die Küstenschiffahrt abgewickelt. Es entfallen auf die Einfuhr 54 Millionen Pesos, auf den Durchgangsverkehr 8,5 Millionen, aber auf die eigene *1883*

Küstenschiffahrt 140 Millionen Pesos. Die Ausfuhr besteht zu 40% aus Salpeter und zu 20% aus Kupfer.

1884 **Siam.** Der Seehandel des Landes wird zu 70% mit Großbritannien abgewickelt. Die Hochseeschiffe im Hafen von Bangkok führen zu 80% die britische Flagge. Die Reedereien „Holt-Linie" und „Schottische Orientalische Dampfschiffahrts Gesellschaft" unterhalten Linien zwischen Bangkok, Singapur und den wichtigsten anderen asiatischen Häfen. Siam führt vor allem Reis, Zucker und Teakholz aus und importiert Industrieerzeugnisse und Baumwollkleider.

1884 **Reederei.** Alfred Lewis Jones übernimmt die Geschäftsführung der „Elder Dempster-Linie". Sie erreicht praktisch ein britisches Monopol für die Fahrt nach Westafrika. Einziger Konkurrent ist die deutsche Woermann-Linie. Unter der Leitung von Jones steigt im Jahre 1909 die Zahl der Schiffe von 35 auf 101 und die Tonnage von 53.000 auf 301.000 Tonnen. In Westafrika gibt es noch keine Häfen mit Lademöglichkeiten. Es muß daher auf Leichter umgeladen werden, deren Gesellschaften von Jones kontrolliert und geleitet werden. Ferner besitzt die Reederei in Afrika Flußfahrzeuge, Reparaturwerkstätten, Hotels, eine Bergbaugesellschaft und ein Bankhaus. Dies alles leitet A. L. Jones von Liverpool aus.

1884 **Spezialschiff.** Das erste extra für den Transport von Fleisch gebaute Kühlschiff ist die britische >Elderslie< (2761 NRT). Der Fleischtransport vor allem aus Argentinien und Uruguay nimmt einen großen Aufschwung.

1.Oktober 1884 **Geographie.** In Washington, D. C., tritt die internationale Meridian-Konferenz zusammen. Bei ihr wird als Nullmeridian jener bestimmt, der durch die Sternwarte von Greenwich bei London verläuft. Er wird schließlich allgemein anerkannt. Von diesem Längengrad werden jeweils 180 Grad nach West und Ost bis zur Datumslinie gezählt.

1885 **Italien.** Der Außenhandel wird zu rund 55 Prozent zur See und zu 45 Prozent zu Land abgewickelt. Die Zunahme das Landverkehrs ist den neuen Eisenbahnen über die Alpen zu verdanken. Einfuhrgüter in Millionen Lire sind Metalle und Metallwaren (282,2), Nahrungsmittel (202,7), Baumwolle und Baumwollwaren (176,5), Kolonialwaren mit Tabak (126,1), Tiere und Tierprodukte (116,0), Kohle, Steine und Erden (104,2), Wolle und Wollwaren (103,5) usw. Ausfuhrgüter sind Seide und Seidenwaren (277,0), Metalle und Erze (215,7), Tiere und Tierprodukte (126,3), Wein und Pflanzenöl (113,5), andere Landesprodukte (111,3) usw. Die eigene Handelsflotte hat 953.000 Tonnen, darunter sind 225 Dampfschiffe mit 124.600 Tonnen. Der Marineminister Bendetto Brin läßt eine Werftindustrie aufbauen und wird der Schöpfer der modernen italienischen Kriegs- und Handelsflotte.

1885 **Portugal.** Das Land verschifft Wein, Kork, Korkwaren, Meersalz und Feigen. Eingeführt wird Weizen aus den USA, Zucker, Tee, Bauholz aus Skandinavien, Stockfisch aus England und Skandinavien, Roheisen und Maschinen aus England, Deutschland, Belgien und Frankreich. Lissabon ist der bei weitem wichtigste Hafen. Rund 3,800.000 Tonnen Schiffsraum laufen aus oder ein, davon sind rund 15 Prozent Segelschifftonnage. Nur der Hafen von Porto mit 650.000 Tonnen ein- und auslaufenden Schiffen ist noch von einiger Bedeutung. Lissabon ist auch Kohlenstation für zahlreiche Dampfschiffahrtslinien mit Kursen nach Westindien, Asien und Südamerika.

Fischfang in Nordatlantik um 1880

um 1885	**USA.** Von den Häfen des Landes hat New York die weitaus größte Bedeutung. Sein Hafenumschlag ist größer als der aller anderen Häfen zusammen. Es ist nach London und noch vor Liverpool der zweitgrößte Hafen der Welt. Weitere wichtige Häfen sind Boston, Philadelphia, Baltimore, Savannah, New Orleans und San Francisco. Eine Statistik über den Schiffsverkehr und die wichtigsten Ausfuhren zu dieser Zeit befindet sich im Anhang.
1885	**Niederlande.** Der Außenhandel des Landes geht zu 46 Prozent über die Hohe See, zu 40 Prozent über die Küsten- und Binnenschiffahrt und nur zu 14 Prozent über Land. Die Niederlande sind in erster Linie ein Durchgangsland für den Fernhandel. Dies ist aus dem Güterumschlag der großen Häfen Rotterdam und Amsterdam ersichtlich. Das wichtigste Ausfuhrgut aus dem eigenen Land stellt noch immer der Nordseehering dar. Dazu kommen dann die Erzeugnisse der Landwirtschaft wie Käse.
1885	**Schweden.** Der Außenhandel wird fast zur Gänze über See mit dem Deutschen Reich, Großbritannien, Dänemark, Rußland und Norwegen abgewickelt. Einfuhrgüter sind in Millionen Kronen Textilien (69,9), Kolonialwaren (45,7), Getreide und Mehl (30,8), Mineralstoffe (24,2), Metallwaren (13,3), Häute (12,3) sowie Fahrzeuge und Maschinen (11,9). Ausfuhrgüter sind Holz und Holzwaren (92,1), Metalle (32,1), Getreide und Mehl (30,0), andere Nahrungsmittel (27,4), Papier (12,3) und lebende Tiere (6,6). Das Land besitzt 922 Dampfschiffe mit 117.700 NRT, im Durchschnitt 127 NRT, da viele kleine Dampfer auf den Binnenseen im Einsatz sind.
1885	**Norwegen.** Der größte Aktivposten des Landes ist der Fischfang. In diesem Jahr werden folgende Fische ausgeführt: Klippfisch für 11,8 Millionen Kronen, Salzheringe für 8,1 Mio., Stockfisch für 5,1 Mio., frischer Fisch in Eis verpackt für 2,0 Mio., weitere Salzfische für 0,5 Mio. und Hummer für 0,4 Millionen. Der zweite wichtige Posten für das Einkommen ist die Hochseeschiffahrt. Norwegische Schiffe sind für fremde Rechnung in der ganzen Welt unterwegs. Die Handelsflotte hat 7640 Fahrzeuge mit 1,563.000 Tonnen und 58.600 Mann Besatzung. Darunter sind aber erst 317 Dampfschiffe mit 109.200 Tonnen.
1885	**Australien.** Der Kontinent zerfällt noch immer in eine Reihe von britischen Kolonien, wobei jede ihre eigene Verwaltung hat. Gemeinsam wird in erster Linie Schafwolle, dann auch Talk, Häute, Fleisch, Gold, Zinn, Kupfer, Kohle, Weizen, Mehl, Pferde nach Indien, Harz und Gerberrinde ausgeführt. Einfuhrgüter sind Manufakturen aus Großbritannien, dazu Eisen, Spirituosen, Bier, Bauholz, Zucker aus Mauritius, Tee aus China u.a. Der Kontinent ist durch vier Schiffahrtslinien durch den Suezkanal, eine um das Kap der Guten Hoffnung, alle nach Europa, und eine über Neuseeland nach Nordamerika mit der übrigen Welt verbunden. Die eigene Handelsflotte verfügt über 1850 Segelschiffe mit 220.000 Tonnen und 680 Dampfschiffe mit 95.000 Tonnen. Auf dem Murray-Fluß, der eine gute Verbindung von Südaustralien nach den östlichen Kolonien ist, gibt es 80 Dampfer und zahlreiche Kähne.
1885	**Reederei.** In Japan entsteht aus dem Zusammenschluß der Reedereien „Nippon Yusen Kaisha" und „Kyodo Unyu Kaisha" die größte Reederei Japans und ganz Ostasiens. Sie unterhält Schiffahrtslinien in ganz Ostasien und beginnt nach zehn Jahren mit regelmäßigen Fahrten von Japan über Manila nach Austra-

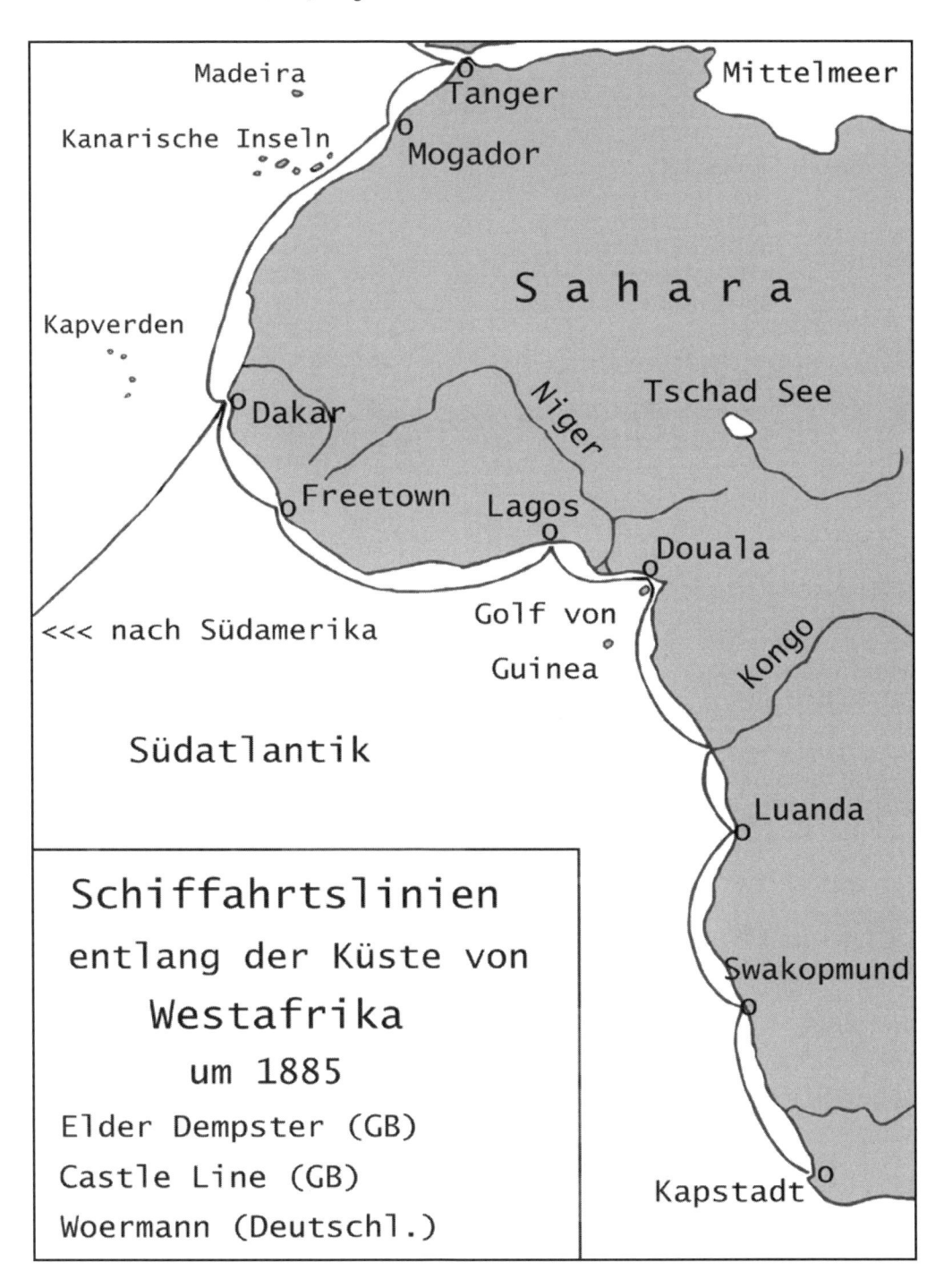

Schiffahrtslinien entlang der Küste von Westafrika um 1885

Elder Dempster (GB)
Castle Line (GB)
Woermann (Deutschl.)

lien, von Hongkong über Japan nach Seattle und von Japan über London nach Amsterdam. Die Handelsflotte besteht 1905 aus 73 Dampfschiffen mit 250.000 BRT.

1885 **Tankschiff.** Die ersten wirtschaftlich ergiebigen Überseefahrten mit Petroleum in Tankladung werden von dem deutschen Tanksegelschiff >Andromeda< unternommen. Die Fahrten werden dann schnell ausgeweitet.

1885 **Binnenschiffahrt.** Deutschland hat nach Rußland und mit Frankreich das größte Netz an Binnenwasserstraßen in Europa. Es umfaßt zu dieser Zeit 12.400 Kilometer, von denen 2140 Kilometer für Fahrzeuge mit einem Tiefgang von 1,50 m befahrbar sind. Trotz der Stillegung von kleineren Kanälen und der Konkurrenz der Eisenbahn nimmt der Transport auf den Binnenwasserstraßen noch immer zu. Es stehen 830 Dampfschiffe und rund 18.000 Kähne, Schuten, Leichter und Ruderfahrzeuge zur Verfügung. Die großen Flüsse und Kanäle werden ständig ausgebaut.

um 1885 **Großbritannien.** Im Jahresschnitt werden 736.500 Tonnen Rohbaumwolle eingeführt und zum Großteil im Land verarbeitet. Wieviel von dieser Rohbaumwolle weiterexportiert wird, ist nicht vermerkt. Von der im Land verarbeiteten Baumwolle werden 4,575 Millionen Yards an Stoffen und 267 Millionen Pfund an Garnen ausgeführt.

ab 1885 **Rußland.** Die Ausfuhr von Petroleum aus dem Gebiet um Baku am Kaspischen Meer steigt sprunghaft an. Bisher ist das Öl in Fässern über die Wolga nach Rußland und bis in die Ostsee verschifft worden. Nun wollen die Brüder Rothschild in Paris mit einer eigenen Firma dem Erdöl aus den USA Konkurrenz machen. Sie liefern Ölwaggons für die Eisenbahn von Baku nach Batum am Schwarzen Meer. Von dort lassen sie das Erdöl mit neuen Tankschiffen nach dem ganzen Mittelmeergebiet und bis Westeuropa liefern. Die Verschiffung steigt von vier Millionen Meterzentner innerhalb von drei Jahren auf 16 Millionen. Und dies ist nur der Anfang. Eine Ölleitung vom Kaspischen zum Schwarzen Meer zu bauen wird noch nicht geplant, da das Kaspische Meer 25 Meter unter dem Meeresspiegel der Weltmeere liegt.

Juli 1886 **Tankschiff.** Der erste speziell als solcher gebaute Tanker ist die deutsche >Glückauf< (2145 BRT, 300 tdw). Er ist mit seiner Konstruktion der Prototyp aller folgenden Tanker. Noch im selben Jahr wird die schwedische >Petrolea< (1066 tdw) fertiggestellt.

1886 **Reederei.** Die HAPAG übernimmt die vier Schiffe der „Hamburger Union-Linie" und stellt deren Manager Albert Ballin als Direktor für das Passagiergeschäft ein. Ballin organisiert das Unternehmen sofort neu und eröffnet einen Liniendienst vom Baltikum nach New York. Dazu übernimmt er den insolventen Stettiner Lloyd, der diese Strecke schon bedient hat.

1886/87 **Osmanisches Reich.** Die Einfuhr in Millionen Piastern kommt aus Großbritannien (894,0), Österreich-Ungarn (417,6), Frankreich (250,0), Rußland (178,6), Italien (63,5) und Griechenland (41,2). Die Ausfuhr geht nach Frankreich (473,8), Großbritannien (434,9), Österreich-Ungarn (111,7), Ägypten (90,5), Griechenland (46,5), Italien (37,4) und Rußland (30,7). Die Einfuhr aus Deutschland geht nun zum Großteil über Triest und Marseille und ist daher in der Statistik dieser Länder enthalten. Die Hochseeschiffahrt befindet sich ganz in den Händen von fremden Flaggen. Die türkische Seefahrt, auch im Persischen Golf und im Roten Meer, ist völlig unbedeutend.

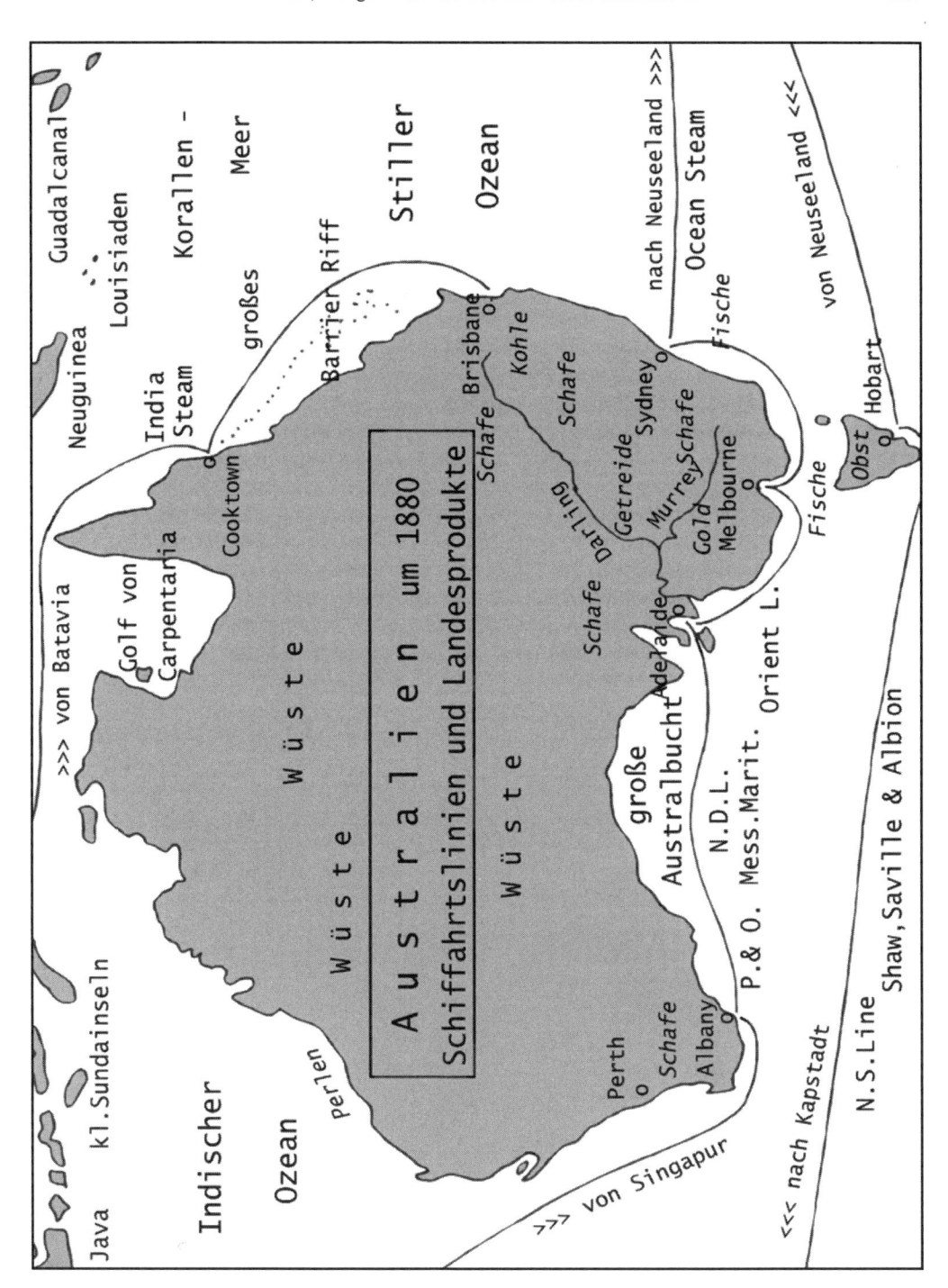

Australien um 1880
Schiffahrtslinien und Landesprodukte

1886/87 **Kanada.** Noch sind nur die Häfen an der Küste des Atlantik von Bedeutung für den Seeverkehr des Landes. Folgende Schiffe laufen in diesem Jahr ein und aus:

Hafen	Seeschiffe	Küstenschiffe	Binnenschiffe	Summe
Montreal	762	6187	1385	8334
	1,187.000 t	2,164.000 t	239.000 t	3,590.000 t
Quebec	979	6204	136	7319
	1,067.000 t	1,300.000 t	15.000 t	2,384.000 t
Halifax	2247	5768	–	8025
	1,176.000 t	454.000 t	–	1,630.000 t
St. John	4588	5120	–	9708
	1,002.000 t	437.000 t	–	1,439.000 t

Ungefähr die Hälfte der Schiffe und 80% der Tonnage entfallen auf Dampfschiffe. Montreal ist der Umschlaghafen von der Binnenschiffahrt aus dem Gebiet der Großen Seen auf die Hochsee- und Küstenschiffe. Halifax ist ein wichtiger Zwischenstopp der Schiffe aus Europa auf dem Weg in die USA. Eingeführt werden Reis, Kaffee, Tee, Tabak, Zucker und Industrieerzeugnisse. Ausgeführt werden Weizen, Vieh, Holz und Fisch.

Die Häfen am St. Lorenz-Strom, Quebec und Montreal, sind im Winter meist von November bis März wegen des Eises geschlossen. Die Schiffe weichen dann auf Häfen in Neuengland, meist Portland, aus, von wo eine Bahnverbindung nach Montreal existiert.

1886–1898 **Segelsport.** Der berühmte amerikanische Einhandsegler Joshua Slocum startet mit seinem selbst gebauten Boot zu seiner zwölf Jahre dauernden Weltumsegelung.

1887 **Spanien.** Der Außenhandel des Landes wird zu 84% zur See und nur zu 16% über Land (Portugal und Frankreich) abgewickelt. Rund die Hälfte des Seehandels wird mit Frankreich und Großbritannien getätigt. Ausfuhrgüter in Millionen Pesetas sind Wein (281,7), Erze (86,7), Olivenöl (40,0 im Jahr 1885), Rosinen (22,2), Blei (22,0), Kork (16,8) und Schafwolle (14,1). Einfuhrgüter sind Weizen (62,8), Baumwolle (62,7), Spiritus (45,0), Holz (35,3), Tabak (30,3), Fisch (29,8), Zucker (29,7), Steinkohle (25,6), Wollwaren (24,9), Maschinen (20,1), Eisen und Eisenwaren (16,9), Chemikalien (15,9) und Kakao (13,6). Die spanische Handelsflotte, die einmal eine der größten der Welt gewesen ist, ist für die Größe des Landes unbedeutend. Auch die Binnenschiffahrt ist nur am Ebro bis Saragossa und am Guadalquivir bis Sevilla in Betrieb.

1887/88 **USA.** Der Seehandel wird fast zur Hälfte noch mit Großbritannien abgewickelt. Daneben sind Deutschland, Frankreich, Kanada und Belgien wichtige Handelspartner. Auch mit Kanada geht der Gütertransport weitgehend über See (Atlantik und Große Seen). Das wichtigste Exportgut sind landwirtschaftliche Erzeugnisse (Baumwolle), aber auch Industriewaren erlangen einen immer größeren Anteil. Die Einfuhren bestehen vor allem aus Nahrungsmitteln, Industrieerzeugnissen, Rohstoffen und Luxuswaren. Die Handelsflotte verteilt sich folgendermaßen: Häfen am Atlantik 2,638.000 Tonnen, Pazifik 357.000, Große Seen 784.000, Flüsse und Kanäle 327.000, Fischereifahrzeuge 80.000 und Walfangschiffe 26.000 Tonnen. Die Eisenbahn hat schon viele Binnenschiffe auf den Wasserwegen abgelöst. Von rund 7200 Kilometern Kanälen um 1850 sind bereits 3150 Kilometer stillgelegt. Tabellen im Anhang.

Stadt und Hafen Bombay um 1880

1:92.000

Sumpf
Eisenbahn
Bahnhof
Stadt
Reede
Docks
O Insel
Untiefen
Reede
Bucht von Bombay
Untiefen
Leuchtfeuer
Leuchtfeuer

Bassain
Ind.
Bombay
Ozean

1887/88	**Indien.** In Britisch Vorderindien, mit Ceylon, gibt es vier große Häfen, die beinahe den ganzen Überseehandel beherrschen. Es sind dies nach ein- und auslaufenden Schiffen:

Hafen	Schiffe	Tonnage	Ausfuhrgüter
Bombay	4660	3,158.000 t	Baumwolle, Garne, Getreide, Opium
Colombo	2311	2,515.000 t	Tee, Chinarinde
Kalkutta	1332	1,905.000 t	Jute, Indigo, Opium, Tee, Reis
Madras	5311	1,418.000 t	Baumwolle, Häute und Leder, Kaffee

Im Hafen von Bombay werden auch 45.000 kleine Fahrzeuge der Inder mit 800.000 Tonnen registriert. Bei Kalkutta ist die Binnenschiffahrt, die wahrscheinlich die Hochseeschiffahrt übertrifft, nicht registriert. Bei Colombo sind 1501 europäische Dampfschiffe enthalten, die den Hafen als Kohlestation auf dem Weg nach Ostasien und Australien anlaufen. Zu diesem Zweck werden im Berichtsjahr 232.000 Tonnen Kohle eingeführt. Bei Colombo ist nur die Zahl der einlaufenden, nicht der auslaufenden Schiffe registriert, weil sich der Großteil nur auf der Durchfahrt befindet. Von den Colombo anlaufenden europäischen Dampfschiffen stammen aus Großbritannien (1166), Deutschland (98), Frankreich (90), Niederlande (53), Österreich-Ungarn (41), Spanien (20), Rußland (14), Norwegen (13) und Italien (1).

1888 **Welthäfen.** Unter den sechs größten Häfen der Welt befinden sich neben London, New York, Liverpool und Istanbul auch Newcastle und Cardiff durch ihren großen Kohleexport. La Valetta auf Malta und Colombo auf Ceylon verdanken ihren großen Schiffsverkehr den Dampfschiffen, die auf ihrer Fahrt nach Ostasien dort Kohle bunkern. Auf der Liste der großen Häfen fehlen jetzt früher so bedeutende wie Venedig, Ragusa, Hormus oder Goa. Sie liegen jetzt abseits der großen Schiffahrtsrouten. Tabelle im Anhang.

1888 **Großbritannien.** Die Britischen Inseln sind noch immer das Land mit dem größten Schiffsverkehr. Dies beruht auf dem internationalen Seehandel und der noch größeren Küstenschiffahrt. Diese gibt allerdings schon einiges von ihrem Transportvolumen an die Eisenbahn ab. Der weitaus größte Hafen der Welt ist noch immer London. In diesem Jahr gibt es 108.000 ein- und auslaufende Schiffe mit 25,800.000 Tonnen. Eine Statistik über den Schiffsverkehr in den 15 größten Häfen ist im Anhang.

1888 **Deutschland.** Das Gewicht der Häfen des Landes hat sich seit der Zeit der Hanse gänzlich verschoben. Die damals dominierenden Häfen Lübeck und Danzig sind stark zurückgefallen. Die wichtigsten deutschen Häfen nach der Zahl der ein- und auslaufenden Schiffe und deren Tonnage im Jahr 1888, ohne Binnenschiffahrt, sind (bei Pillau/Königsberg nur m³):

Hafen	Dampfschiffe	Segelschiffe	Summe
Hamburg *	10.429/7,438.000 t	4612/1,265.000 t	15.041/8,703.000 t
Kiel	3549/2,243.000 t	7752/723.400 t	11.301/2,966.400 t
Bremen **	2141/2,350.000 t	3425/602.500 t	4576/2,952.500 t
Stettin	4419/1,795.000 t	2888/340.800 t	7317/2,135.800 t
Danzig	2491/1,007.200 t	1483/247.500 t	3974/1,254.700 t
Lübeck	2736/734.700 t	20.62/243.400 t	4818/978.100 t

Hafen	Dampfschiffe	Segelschiffe	Summe
Memel	862/346.200 t	1160/174.600 t	2022/520.800 t
Rostock	1295/308.000 t	951/67.200 t	2246/375.200 t
Pillau und Königsberg	2929/3,471.400 m³	1724/449.100 m³	4653/3,920.500 m³

* Unter den in Hamburg verkehrenden Segelschiffen sind viele Großsegler, die nach Südamerika und Ostasien fahren.
** Bei den Zahlen von Bremen ist schon der Anteil des Schiffsverkehrs im Vorhafen Bremerhaven, wo der größere Umschlag stattfindet, inbegriffen.

Warenverkehr der wichtigsten Güter: Bremen ist Einfuhrhafen für Reis, Tabak, Baumwolle, Indigo, Schafwolle und Petroleum. Wichtige Ausfuhrgüter sind Rübenzucker, Hopfen und Bücher. Hamburg importiert Kaffee (größter Kaffeemarkt in Europa), Tee, Kakao, Tabak, Südfrüchte, Wein, Fische, Kohle, Petroleum, Chilesalpeter, Kopra, Indigo, Schafwolle, Baumwolle, Garne, Kupfer aus Chile, Nähmaschinen aus den USA. Ausgeführt werden Lebensmittel, Möbel, Papier, Bücher, Musikinstrumente, Porzellan, Metallwaren, Nähmaschinen und Sprengmittel. Lübeck importiert aus Schweden Eisen und Zündhölzer und liefert dafür Manufakturen und Kurzwaren. Nach Stettin kommen Getreide aus Rußland, Heringe aus Skandinavien, Eisen aus Schweden und Eisenwaren aus Großbritannien. Das Stettiner Haff wird von drei Eisbrechern im Winter eisfrei gehalten. Aus Danzig werden Getreide, Hülsenfrüchte und Spirituosen ausgeführt.

Spanien. Mit Ausnahme von Bilbao und Huelva stagniert die Wirtschaft in den Häfen des Landes. Bei Bilbao werden große Hüttenwerke errichtet und Huelva wird mit der Sierra Morena durch eine Bahnlinie verbunden und der Ausfuhrhafen für die Erze des Hinterlandes. Die Häfen mit dem größten Schiffsverkehr des Landes sind (Schiffe/Tonnage):

1888

Hafen	Dampfschiffe	Segelschiffe	Summe
Bilbao	7025/4,326.000	2409/134.400	9434/4,460.400
Barcelona	3327/3,521.000	3333/422.000	6660/3,943.000
Cadiz	3572/2,703.000	5827/382.000	9401/3,085.000
Valencia	2910/2,201.000	2581/156.500	5491/2,357.500
Malaga	2565/1,878.000	1536/79.700	4101/1,957.700
Alicante	2588/1,765.000	764/75.700	3352/1,840.700
Huelva	2240/1,708.000	2928/41.500	5168/1,749.500
Santander	2511/1,436.000	511/35.300	3022/1,471.300
Sevilla	1402/824.000	1322/64.900	2724/888.900

Bilbao führt Metalle (Eisen u.a.) und zum Teil noch Erze aus. Santander ist der Einfuhrhafen für die Güter aus Nordeuropa und Nordamerika. Huelva exportiert Erze, die Schiffe kommen meist in Ballast.

Frankreich. In den Häfen wird die Hochseeschiffahrt schon zum großen Teil von Dampfschiffen abgewickelt. Nur im Küstenverkehr und Zubringerdienst sind noch zahlreiche kleine Segler unterwegs. In einem Fährhafen, wo meist Personenschiffe verkehren, sind sie schon fast ganz verschwunden. Der überragende Hafen des Landes ist seit der Besetzung von Algier Marseille. Der alte Hafen wird rasch zu klein und ab 1853 wird an der Küste in Richtung Nordwe-

1888

sten ein Hafenbecken nach dem anderen dazugebaut. Dieser neue Hafen ist von einem über drei Kilometer langen Wellenbrecher geschützt. Die Häfen mit dem größten Schiffsverkehr des Landes im Jahr 1888 sind (Schiffe/Tonnage):

Hafen	Dampfschiffe	Segelschiffe	Summe
Marseille	10.258/8,660.000	6062/1,005.000	16,320/9,665.000
Le Havre	7774/4,506.000	4271/858.000	12.045/5,365.000
Bordeaux	4480/2,819.000	20.057/1,048.300	24.537/3,867.300
Dünkirchen	3348/1,989.000	2444/602.200	5792/2,591.200
Algier	?	?	4725/2,482.000
Séte/Cette	3864/1,985.000	1677/437.300	5541/2,422.300
Rouen	3666/1,597.000	1776/427.000	5442/2,024.000
St. Nazaire	1727/1,189.000	784/120.000	2511/1,309.000
Boulogne	2688/829.000	1764/222.500	4452/1,051.500
Calais	3826/880.000	503/103.000	4329/983.000

In Algier sind die vielen französischen Truppen zu versorgen. Der früher so bedeutende Hafen Nantes an der Loire ist von St. Nazaire abgelöst worden. Er verzeichnet fast nur mehr Binnenverkehr und Küstenschiffahrt mit 2936 Schiffen und 355.100 Tonnen, Dampfer auf der Loire und Segler im Küstenverkehr. Séte löst die früher bedeutenden Häfen Narbonne, Béziers und Montpellier ab, die versandet sind. Le Havre ist der Umschlaghafen zwischen der Hochseeschiffahrt und der Binnenschiffahrt auf der Seine nach Paris.

Die wichtigsten Einfuhrgüter sind in Marseille Getreide, Reis, Kaffee, Gewürze, Rohzucker, Drogeriewaren, Seide für Lyon, Stockfisch, Roheisen, Schwefel und Kohle. Bordeaux führt Wein ein (Reblausschäden!), ferner Kolonialwaren aus Westindien und Südamerika, Indigo, Holz, Farbhölzer, Schaffelle aus Argentinien. Nach St. Nazaire kommen Getreide und Mehl, Jute und Bauholz. Le Havre führt Kaffee, Kakao, Getreide und Mehl aus Nordamerika, Pflanzenöle, Baumwolle aus den USA und Indien, Metalle, Kohle und Petroleum aus den USA ein. Ausgeführt werden Kleider und Luxusgüter aus dem Raum Paris. Nach Dünkirchen kommen Schafwolle aus den La Plata-Staaten, Baumwolle, Flachs, Jute und Petroleum aus den USA.

1888 **Istanbul.** Die Stadt wird zwar erst 1930 von Konstantinopel auf den türkischen Namen umgetauft, hier wird aber ab 1453 der gebräuchliche Name der Eroberer verwendet. Der Seehandel der Stadt hat unter dem Balkankrieg und dessen Folgen gelitten. Der Umschlag ist aber auch durch die offene Reede behindert. Alle Schiffe müssen auf Leichter umladen und die Organisation der Hamals (Lastträger) verbietet die Verwendung von Kränen. Es dominiert daher der Durchgangsverkehr vom Schwarzen Meer zum Mittelmeer. Den Hafen passieren und laufen 9140 Hochseeschiffe, 1330 Küstendampfer und 8940 Segelschiffe an. Einfuhrgüter sind Getreide, Zucker, Kaffee, Reis, Textilien, Metalle und Fertigwaren.

1888 **Odessa.** Die Stadt wird erst 1794 von Kaiserin Katharina II. gegründet. Sie entwickelt sich rasch zum größten russischen Hafen am Schwarzen Meer. Sie besorgt vor allem den Export von Getreide aus dem Schwarzerdegebiet der Ukraine. In diesem Jahr werden 1,942.000 Tonnen verschifft, der größte Teil

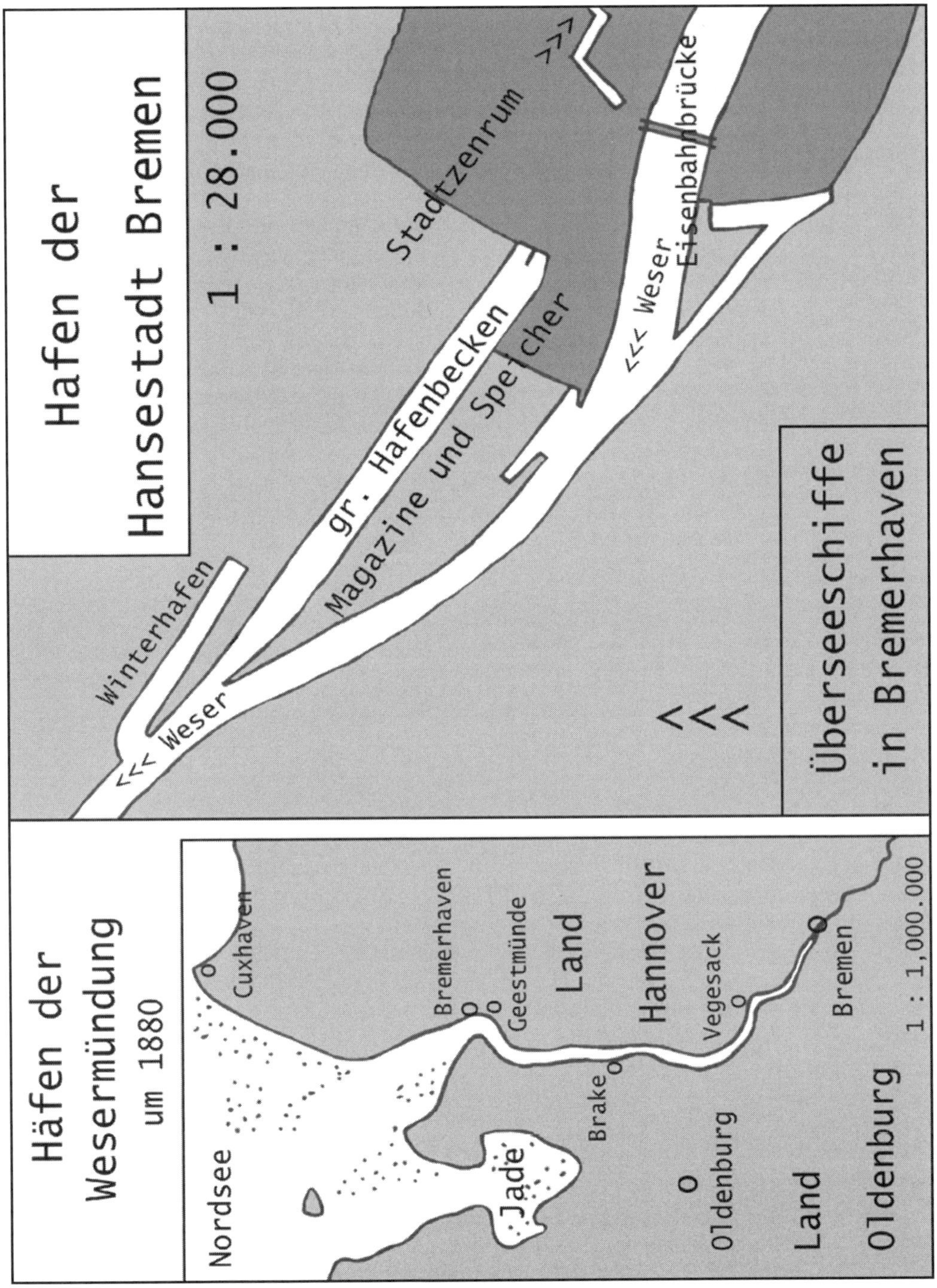
Hafen der
Hansestadt Bremen
1 : 28.000
Winterhafen
Weser
<<< Weser
gr. Hafenbecken
Magazine und Speicher
Stadtzenrum
<<< Weser
Eisenbahnbrücke
>>>
<<<
Überseeschiffe
in Bremerhaven
Häfen der
Wesermündung
um 1880
Nordsee
Cuxhaven
Jade
Bremerhaven
Geestmünde
Land
Hannover
Brake
Vegesack
Bremen
Oldenburg
Land
Oldenburg
1 : 1.000.000

davon ist Weizen. Dazu kommen noch Mehl, Rübenzucker, Holz, Vieh und als Durchgangsfracht Rohöl aus dem Kaukasus, das die Donau aufwärts und in das östliche Mittelmeer verschifft wird. Der Wert der ganzen Ausfuhr beträgt 162 Millionen Rubel, jener der Einfuhr aber nur 30 Millionen. Die russische „Dampfschiffahrts- und Handelsgesellschaft" unterhält Linienverkehr von Odessa im Schwarzen Meer und nach Istanbul, Smyrna, Syra, Beirut und Alexandria.

1888 **Ägypten.** Alexandria ist noch immer der größte Hafen des Landes, obwohl er seit der Eröffnung des Suezkanals an Bedeutung eingebüßt hat. In diesem Jahr sind 2200 Dampfschiffe und 2100 Segelschiffe (Küstenverkehr) im Hafen registriert. Sie haben zusammen eine Größe von 3,150.000 Tonnen. Ausfuhrgüter sind Baumwolle, Getreide, Zucker und Gummiarabikum. Einfuhren sind Kleider, Wäsche, Papier, Gewürze, Tabak, Holz und Manufakturen. Die wichtigsten Handelspartner sind Großbritannien, Frankreich, Österreich-Ungarn, Italien und die Türkei. Die seit 1882 im Land stehenden britischen Truppen werden vom Mutterland aus versorgt.

1888 **Italien.** Der Hafen von Genua nimmt nach der Eröffnung der Bahnlinie in die Lombardei (1853) und des Suezkanals (1869) einen großen Aufschwung und ist nun der größte Italiens. Die wichtigsten Häfen des Landes und ihr Schiffsverkehr nach Zahl der Schiffe und deren Tonnage in 1000 Tonnen:

Hafen	Dampfschiffe		Segelschiffe		Summe	
Genua	6040	5,705	8705	730	14.745	6,435
Livorno	3737	2,360	4405	232	8.142	2,593
Neapel	4080	3,222	3963	281	8.043	3,503
Palermo	3438	2,567	3584	209	7.022	2,776
Brindisi	2025	2,338	534	37	2.559	2,375
Messina	3163	1,924	3325	224	6.488	2,248
Ancona	846	783	1346	60	2.192	842

Nur rund 20% der Dampfschiffe sind Hochseeschiffe in Fahrt über die Weltmeere, die meisten sind in der Küstenschiffahrt rund um die italienische Halbinsel tätig, wie auch fast alle Segelschiffe.

1888 **Schweden.** Der Großteil des Seehandels wird von den Häfen im Südwesten des Landes abgewickelt. Die Frequenz der drei größten Häfen beträgt in diesem Jahr an Schiffen und 1000 Tonnen:

Hafen	Dampfschiffe		Segelschiffe		Summe	
Malmö	6136	1,178	462	134	10.662	2,312
Göteborg	3295	1,501	1179	177	4.474	1,678
Stockholm	1537	760	1519	161	3.076	921

1888 **Norwegen.** Der Seehandel des Landes spielt sich praktisch nur über zwei Häfen ab. In Christiania/Oslo werden die meisten Waren des Landes eingeführt. Dies sind in erster Linie Lebensmittel, Wein, Branntwein, Steinkohle, Salz und Metalle. Bergen ist der Ausfuhrhafen für Fisch. Die Schiffsbewegungen in den beiden Häfen:

Marseille

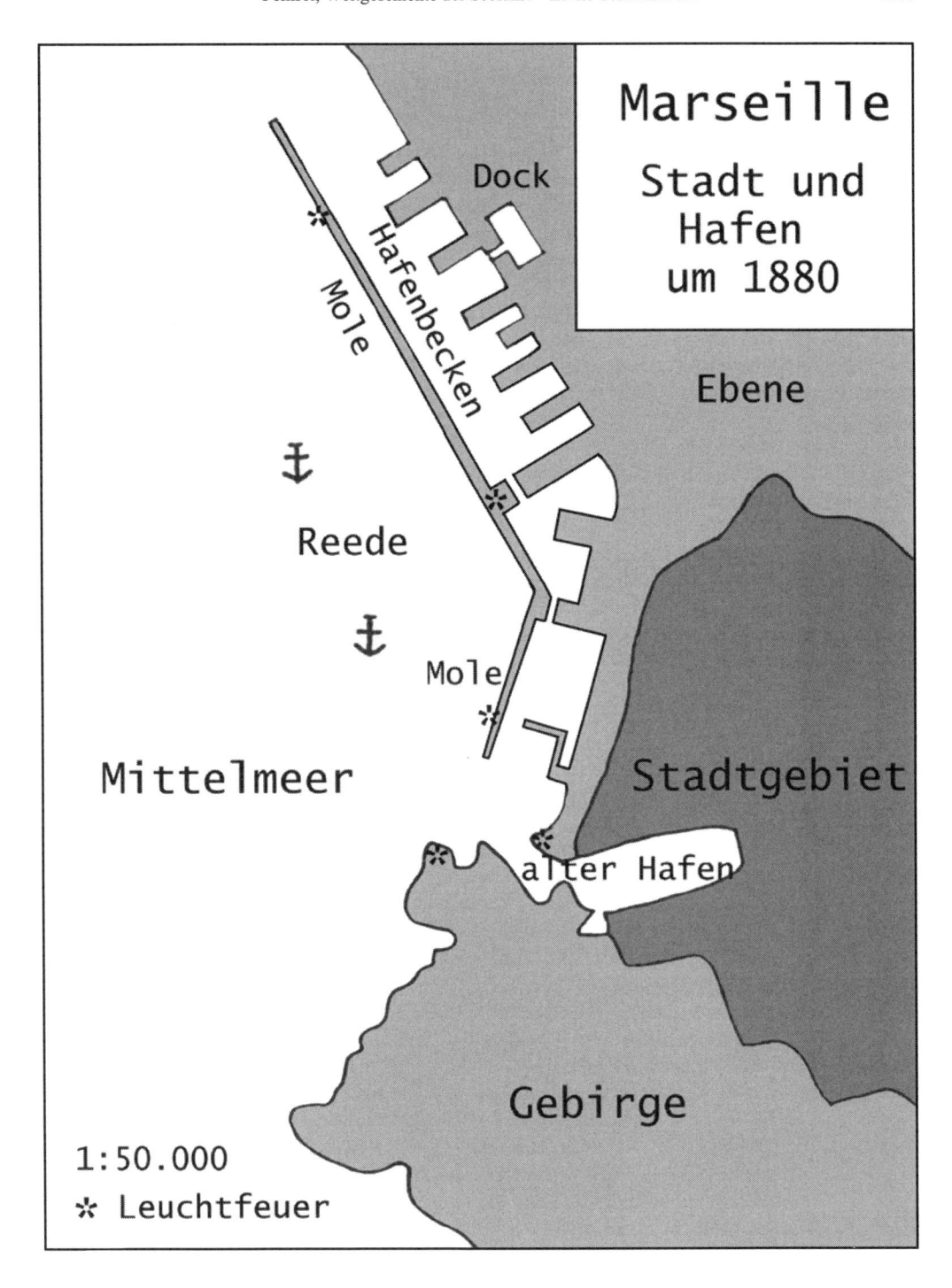

Stadt und Hafen um 1880

Dock
Hafenbecken
Mole
Ebene
Reede
Mole
Mittelmeer
Stadtgebiet
alter Hafen
Gebirge

1:50.000
✱ Leuchtfeuer

Hafen	Dampfschiffe	Segelschiffe	Summe
Christiania/Oslo	1865/1,055.000	1625/277.600	3490/1,332.600
Bergen	946/495.000	249/36.300	1195/531.300

1888 **Schiffbau.** Nach dem Fehlschlag mit der >Great Eastern< dauert es rund 30 Jahre, bis die ersten Schiffe mit über 10.000 BRT gebaut werden. Es sind dies die Passagierschiffe >City of New York> und >City of Paris< (10.500), die in Großbritannien bei J. & G. Thompson für die Inman-Linie gebaut werden.

1888 **Kuba.** Fast der ganze Hochseeverkehr der Insel läuft über den Hafen Havanna. In diesem Jahr sind es 2179 Schiffe mit 2,596.500 Tonnen, zwei Drittel davon Dampfschiffe. Es werden Zucker und Tabak in die USA und Havannazigarren in die ganze Welt verschifft. Industrieerzeugnisse und Nahrungsmittel werden eingeführt. Aus Santiago de Kuba werden Tabak, Zedernholz und Eisenerz in die USA geliefert und von Baracoa an der Ostspitze der Insel werden Bananen verschifft.

1888 **Tunesien.** Das Land steht seit 1882 unter französischem Protektorat. Seehandel gibt es außer mit Frankreich auch mit Großbritannien, Österreich-Ungarn, Italien, Deutschland und Rußland. In die Häfen laufen Schiffe in folgender Zahl ein:

Hafen	Schiffe	Tonnage	
Goletta-Tunis	1020	468.000	Hochseeschiffe
Sfax	1624	237.000	Küstensegler
Susa	985	216.800	Küstensegler
Djerba	779	202.200	Küstensegler

Weitere Häfen sind Monastir, Mehedia, Gabes und Bizerta.

1888 **Uruguay.** Das Land lebt ausschließlich von der Viehzucht. Ausgeführt werden Schafwolle, Schaffelle, Rindfleisch, Rinderhäute und Fleischextrakt aus den Fabriken in Fray-Bentos am Rio Uruguay. Die Hauptstadt Montevideo hat einen beachtlichen Seehandel, wobei ein Drittel auf die Hochseeschiffahrt und der Rest auf den Zubringerdienst vom Rio Parana und dem Rio Uruguay entfällt. Der gesamte Schiffsverkehr in Montevideo beträgt 9787 Schiffe mit 6,355.000 Tonnen.

1888 **Chile.** Haupthafen des Landes ist Valparaiso mit der Hauptstadt Santiago de Chile im Hinterland. Es ist noch immer der bedeutendste Hafen für die Einfuhr, der Schwerpunkt der Ausfuhr hat sich aber in den Norden des Landes verlagert. Die wichtigsten Handelspartner sind Großbritannien, Deutschland und Frankreich. Der Schiffsverkehr im Hafen von Valparaiso beträgt 2522 Schiffe mit 2,203.000 Tonnen. Fast die Hälfte der Schiffe sind noch Segler. Die wichtigsten Ausfuhren, Salpeter und Kupfer, werden aus den Häfen Antofagasta und Iquique im Norden des Landes abgewickelt.

1888 **Reederei.** In Hamburg wird die „Deutsch-Australische Dampfschiffsgesellschaft AG" gegründet. Sie spezialisiert sich auf den Frachtverkehr mit dem fünften Kontinent.

1888 **Technik.** In Frankreich baut der Schiffbauingenieur Gustave Zédé das Unterseeboot >Gymnote<. Es ist 20 Meter lang und wird von einem Elektromotor von 50 PS angetrieben. Zédé stirbt bei einem Unfall, nach seinen Plänen wird die ebenfalls elektrisch angetriebene >Gustave Zédé< gebaut.

Aden. Seit der Eröffnung des Suezkanals nimmt der Hafen, der für rund 200 Jahre völlig unbedeutend gewesen ist, wieder einen Aufschwung. Die meisten Dampfschiffe am Weg nach Ostasien oder Australien laufen ihn zum Kohlen an. Dazu werden in diesem Jahr 7211 Tonnen Kohle importiert. Exportgüter von Aden sind Kaffee, Perlmutter, Elfenbein und Straußenfedern. *1888*

Malta. Die Insel ist Flottenstützpunkt der britischen Kriegsmarine und Kohlestation der meisten Dampferlinien mit Fahrten nach dem Osten. Sie führt daher große Mengen an Kohle aus Cardiff und Newcastle ein. Zur Versorgung der britischen Garnison kommen Rinder aus Cattaro/Kotor und Schafe aus der Levante. *1888*

Seerecht. In einem internationalen Abkommen in Istanbul wird vereinbart, daß der Suezkanal zu jeder Zeit allen Handels- und Kriegsschiffen jedweder Flagge offen stehen muß. Nach diesem Vorbild wird später auch die Freiheit der Schiffahrt auf dem Panama-Kanal geregelt. *Oktober 1888*

Kopenhagen. Die Stadt ist der Haupthafen Dänemarks, über den 70% der Einfuhren und über 50% der Ausfuhren des Landes gehen. Den Hafen frequentieren in diesem Jahr 18.550 Dampfschiffe mit 4,339.000 Tonnen und 15.400 Segelschiffe mit 592.700 Tonnen samt Durchgangsverkehr. Einfuhrgüter sind Düngemittel für die Landwirtschaft, Sämereien, Zucker roh und raffiniert, Wein, Fisch aus Norwegen, Island und Schweden, Steine aus Deutschland, Metalle und Eisenwaren, Arzneien u.v.a. Ausgeführt werden in erster Linie Lebensmittel. Die ganze Handelsflotte von Dänemark umfaßt 270.000 NRT, davon entfallen rund 80 Prozent auf Dampfschiffe. *1888*

Jamaika. Der Schiffsverkehr in der Hauptstadt Kingston beträgt in diesem Rechnungsjahr 1,080.000 Tonnen ohne den Küstenverkehr. Rund 80% des Seeverkehrs wird von Dampfschiffen abgewickelt. Ausfuhrgüter sind Edelholz, Kaffee, Zucker, Rum und Bananen nach den USA, Großbritannien und Kanada. *1888/89*

Puerto Rico. Die Hauptstadt San Juan hat einen Schiffsverkehr von 2547 Schiffen mit 2,317.400 Tonnen. Ausfuhrgüter sind Kaffee, Zucker, Melasse und Tabak. Nahrungsmittel, Baumwollstoffe und Metallwaren werden eingeführt. *1889*

Brasilien. Das große Land pflegt schon intensive Handelsbeziehungen mit Europa und Nordamerika. Durch seine Größe verteilt sich der Seehandel auf mehrere bedeutende Häfen, von denen Rio de Janeiro eine Sonderstellung einnimmt. Die ein- und auslaufenden Schiffe in diesem Jahr: *1889*

Hafen	Schiffe	Tonnage	Ausfuhrgüter
Rio de Janeiro	4790	4,500.000 t	90% des Kaffees aus Brasilien
Pernambuco	2054	1,798.000 t	Zucker, Baumwolle
Santos	1836	1,483.500 t	Kaffee
Bahia	724	1,004.000 t	Tabak, Zucker, Kakao, Häute
Pará/Belem	705	782.000 t	Kakao, Kautschuk

Zwei Drittel des Kaffees aus Rio de Janeiro gehen in die USA. Santos ist der Hafen für das nur 40 Kilometer entfernte aufstrebende São Paulo. Aus dem Amazonasgebiet beginnt die Ausfuhr von Kautschuk in größeren Mengen.

	Dieser wird zum großen Teil in Manaos verladen, denn bis dorthin können die größten Hochseeschiffe fahren.
1889	**Argentinien.** Das Land ist ganz auf die Viehzucht spezialisiert. Verschifft werden Schafwolle, Schaffelle, Rindfleisch und Rinderhäute. Für den Fleischexport sind schon zahlreiche Kühlschiffe im Einsatz. Fast der ganze Seehandel des Landes läuft über die Hauptstadt Buenos Aires, obwohl der Hafen nur eine Wassertiefe von sechs Metern hat und die größeren Schiffe daher auf der Reede in mehreren Kilometern Entfernung ankern müssen. Für diese gibt es einen umfangreichen Leichterdienst. Der Schiffsverkehr in Buenos Aires zählt 9811 Schiffe mit 4,060.000 Tonnen, zwei Drittel der Schiffe sind noch Segler.
1889	**Spezialtransporter.** Die britische White Star-Linie stellt zwei spezielle Rindertransporter in Dienst. Die >Cufic< (4640) und die >Runic< (4830) sind für den Transport von lebenden Rindern aus New York nach Großbritannien bestimmt. Ihre neuen Dreifach-Expansionsmaschinen sollen bei diesen Fahrten getestet werden. Drei Jahre später kommen vier weitere Rindertransporter dazu. Die >Naronic< (6630) läuft im Februar 1893 aus Liverpool aus und verschwindet spurlos. Im Jahr 1889 werden von der White Star auch die Schnelldampfer >Teutonic< (9980) und das Schwesterschiff >Majestic< in Dienst gestellt. Sie sind mit 20 Knoten die schnellsten Schiffe im Nordatlantik und mit Unterstützung der Royal Navy so gebaut worden, daß sie im Kriegsfall als Hilfskreuzer verwendet werden können.
1889	**Japan.** Schon 35 Jahre nach der Öffnung des Landes hat es einen bedeutenden Anteil am Welthandel. Die meisten Schiffe verkehren in folgenden Häfen:

Hafen	Schiffe	Tonnage	Ausfuhrgüter
Kobe	1370	2,241.000 t	Reis, Tee, Schwämme
Yokohama	2796	2,207.000 t	Seide, Tee, Lackwaren
Nagasaki	932	1,015.000 t	Kohle, Kampfer
Schimonoseki	3903	737.000 t	Seekraut

	Bei Schimonoseki sind offensichtlich die kleinen japanischen Küstensegler mitgezählt, was bei den übrigen Häfen nicht der Fall sein dürfte. Die Verschiebung kann aber in der Tonnage nicht wesentlich sein. Die Hochseeschiffahrt geht nach China, Indien, Großbritannien und den USA.
1889	**Mexiko.** Im Osten ist Vera Cruz der einzige nennenswerte Hafen. Er hat vor allem Einfuhr von Baumwollwaren, Metallwaren aus Großbritannien, Frankreich und Deutschland, Galanteriewaren und Chemikalien. Von der Ausfuhr ist nur Kaffee nennenswert. Die Schiffe müssen oft in Ballast auslaufen. Der Schiffsverkehr beträgt 1154 Schiffe mit 828.000 Tonnen. Die Küstenschiffahrt ist ein mexikanisches Monopol. Vera Cruz ist noch immer eine offene Reede, von der vorgelagerten Insel San Juan d'Ulloa nur unzulänglich geschützt.
1889	**Südafrika.** Die beiden wichtigsten Häfen der Kapkolonie sind Kapstadt und Port Elisabeth. Kapstadt hat noch eine offene Reede, der Ausbau des Hafens hat erst begonnen. Der Schiffsverkehr beträgt 693 Dampfschiffe mit 918.400 Tonnen. Die Hälfte der Schiffe sind Dampfer. Port Elisabeth zählt 618 Schiffe mit 1,078.400 Tonnen, davon drei Viertel Dampfer. Ausgeführt werden aus Südafrika Wolle, Ziegenhaar, Straußenfedern, Diamanten und Gold.

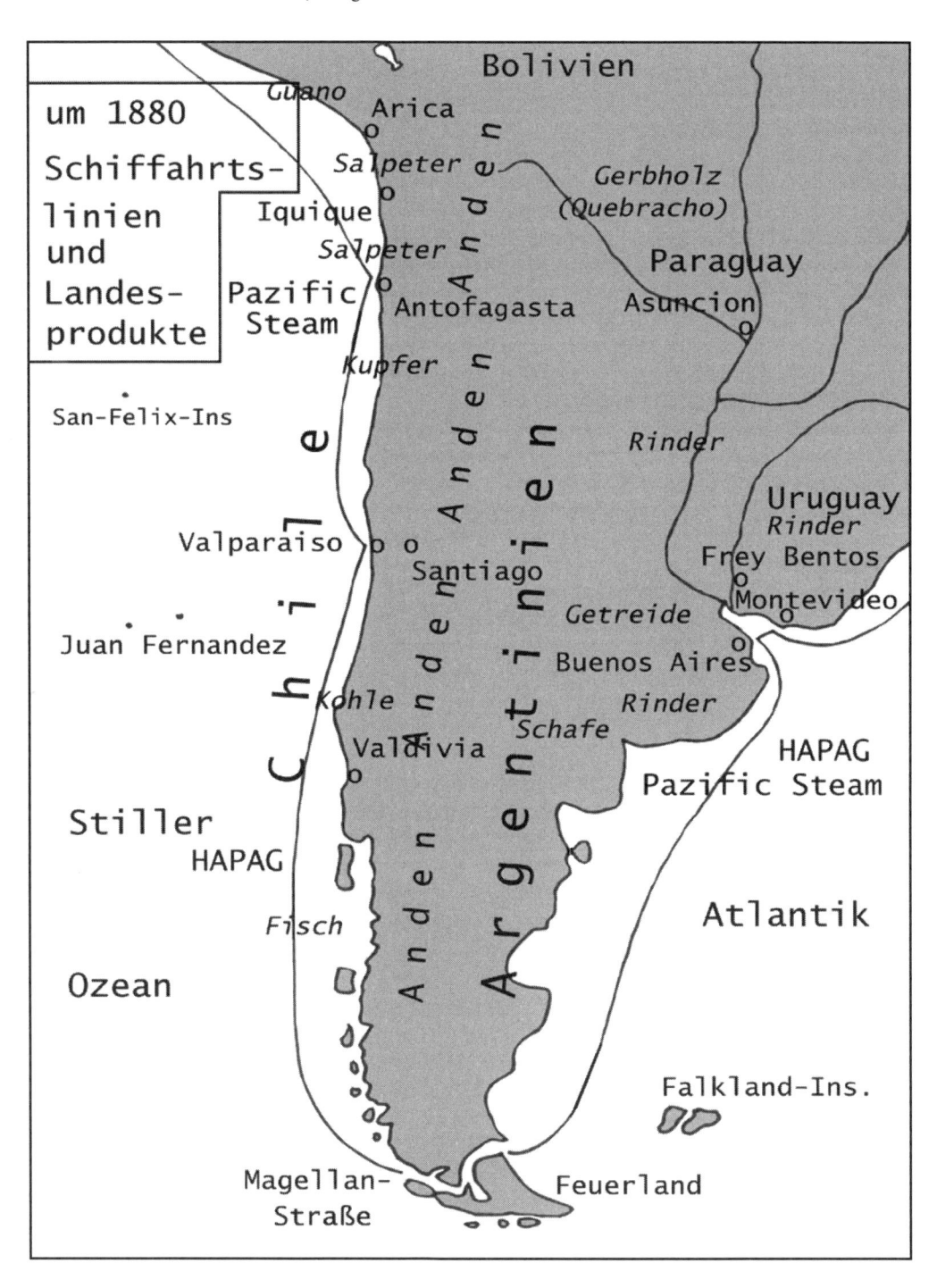

um 1880 Schiffahrtslinien und Landesprodukte

Bolivien
Guano
Arica
Salpeter
Iquique
Salpeter
Pazific Steam
Antofagasta
Gerbholz (Quebracho)
Paraguay
Asuncion
Kupfer
Anden
San-Felix-Ins
Rinder
Uruguay
Rinder
Valparaiso
Santiago
Frey Bentos
Montevideo
Juan Fernandez
Getreide
Buenos Aires
Kohle
Rinder
Schafe
Valdivia
HAPAG
Pazific Steam
Chile
Anden
Argentinien
Stiller
HAPAG
Fisch
Atlantik
Ozean
Anden
Falkland-Ins.
Magellan-Straße
Feuerland

1889 China. Zu den ursprünglichen fünf Vertragshäfen ist später noch rund ein Dutzend weitere dazu gekommen. Nicht alle haben sich aber zu Welthäfen entwickelt. Über den umfangreichen Küsten- und Binnenverkehr der chinesischen Dschunken liegen keine Unterlagen vor. Der Schiffsverkehr in den wichtigsten Vertragshäfen beträgt:

Hafen	Schiffe	Tonnage	Ausfuhrgüter
Schanghai	5787	5,277.000 t	Seide, Tee, Hanf, Strohhüte
Kanton-Whampoa	2977	2,745.000 t	Seide, Seidenwaren, Tee
Tschinkiang	4067	2,533.000 t	Reis
Wuhu	3179	2,158.000 t	Reis
Amoy	1826	1,700.000 t	
Kiukiang	2101	1,664.000 t	
Hankou	1894	1,227.000 t	Tee, Rohseide
Tientsin	1164	915.000 t	
Ningpo	1126	772.000 t	Tee
Fu-chou	645	520.000 t	Tee

Tschinkiang, heute Zhen-jiang, Wuhu, Kiukiang, heute Jiu-jiang und Hankou sind Flußhäfen am Yang-tse-kiang, von Hochseeschiffen jedoch erreichbar. Der Flußhafen von Kanton ist für Hochseeschiffe zu seicht, die Stadt hat daher ihre Hochseeschiffahrt an Hongkong abgeben müssen.

1889 Hongkong. Die britische Kronkolonie hat sich in 45 Jahren von der noch unbewohnten Insel gleichen Namens zum größten Hafen in Ostasien entwickelt. Die Reede ist geschützt und faßt die größte Anzahl von Schiffen. Sechs Docks dienen bereits der Royal Navy und der Handelsschiffahrt. Eine beachtliche Industrie und solides Gewerbe bieten eine weitere gute wirtschaftliche Basis. Der Schiffsverkehr beträgt:

Britische Schiffe	5212	6,501.000 BRT	Ø 1250 t
Schiffe fremder Nationen	2376	2,471.000 BRT	Ø 1030 t
Dschunken im Küstenverkehr	45368	3,417.000 BRT	Ø 75 t
Dschunken im Lokalverkehr	8332	283.400 BRT	Ø 38 t
Gesamtverkehr	61388	12,673.000 BRT	

Von diesen Fahrzeugen sind rund zehn Prozent Dampfschiffe, nur einige wenige sind europäische Segelschiffe, die Masse sind Dschunken.

1889 Java. Die Insel ist das Zentrum des niederländischen Besitzes in Insulinde. Von dort wird auch der meiste Überseehandel abgewickelt. Ausgeführt werden Zucker, Kaffee, Tabak, Pfeffer, Tee, Indigo, Chinarinde, Zinn aus Sumatra und Vogelnester. Den Überseehandel bewältigen Batavia/Djakarta mit 804 Schiffen von 773.500 Tonnen, Samarang mit 553 Schiffen mit 572.000 Tonnen und Soerabaya mit 748 Schiffen von 537.000 Tonnen. Der meiste Transport wird von niederländischen Schiffen abgewickelt, aber auch viele Schiffe mit britischer Flagge sind vertreten.

1889 Singapur. Der britische Stützpunkt ist der bei weitem größte Hafen an der Straße von Malakka. Er ist in erster Linie Umschlagplatz für die Güter aus Europa und Indien mit jenen aus Hinterindien und Insulinde. In diesem Jahr

Schiffahrtslinien Landesprodukte um 1880

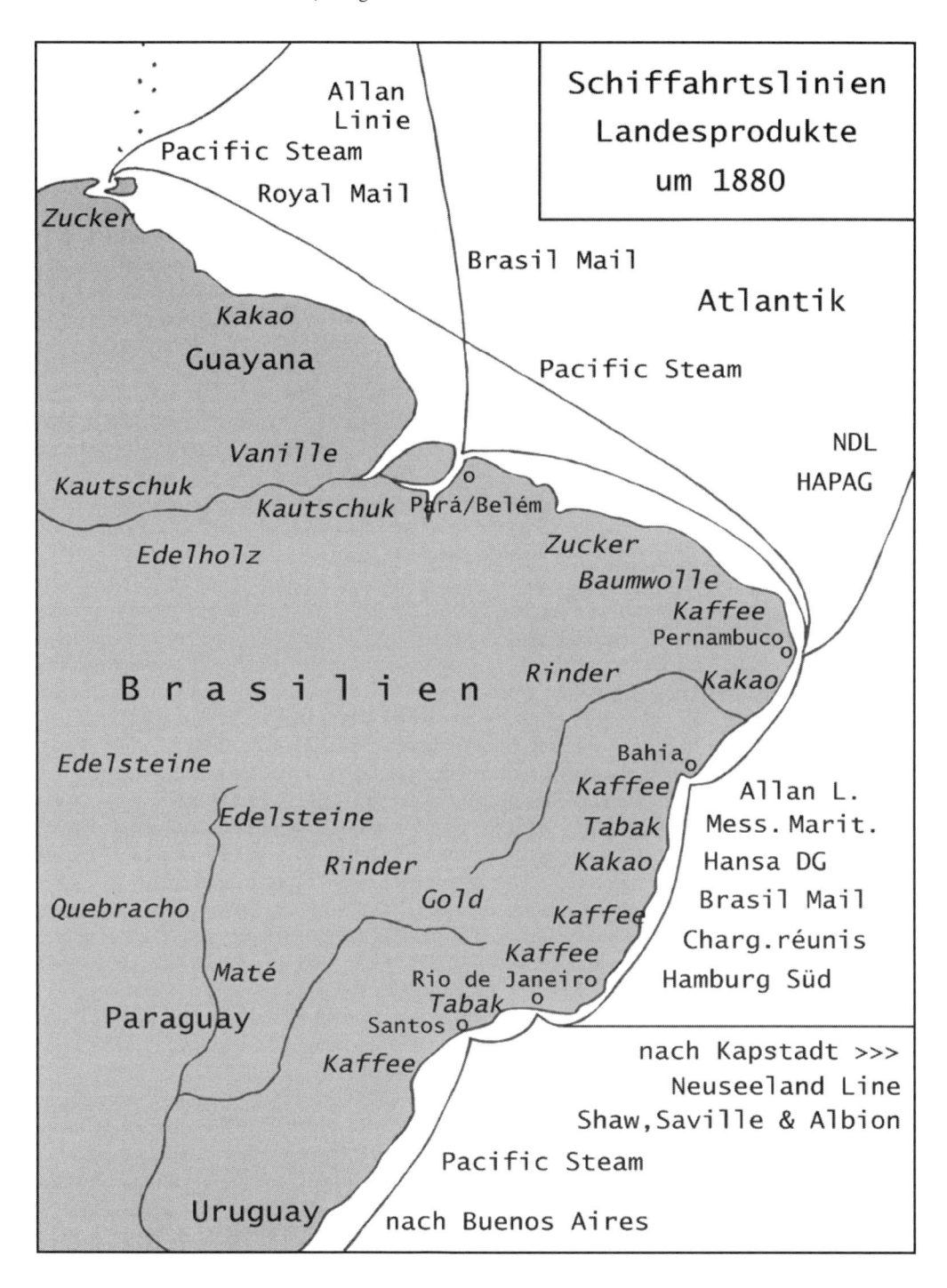

laufen 20.879 Schiffe mit 6,622.000 Tonnen in den Hafen ein oder aus. Die einlaufenden Schiffe verteilen sich auf folgende Flaggen:

Nation	Schiffe	Tonnage
Großbritannien	2504	2,031.000
Niederlande	637	165.000
Deutschland	329	375.000
Frankreich	129	203.000
Spanien	56	82.600
Sarawak in Nordborneo	44	12.000
Italien	40	56.600
Siam	28	4.100
Schweden und Norwegen	25	31.200
Vereinigte Staaten von Amerika	21	16.500
Österreich-Ungarn	20	44.900
Rußland	16	27.400
Britisch Nordborneo	10	1.500
Andere	8	8.200
Fahrzeuge der Chinesen, Malayen und Inder	6500	250.000

Die Vorgängerin von Singapur an der Straße von Malakka, Georgetown auf der Insel Penang, hat noch immer einen Schiffsverkehr von 5867 Fahrzeugen mit 3,232.000 Tonnen. Ausgeführt wird Zinn aus Malaya und Pfeffer aus Sumatra.

1889 **Rotterdam.** Der Hafen wird von 4547 Hochseeschiffen angelaufen. Der gesamte Schiffsverkehr ohne Binnenschiffe beträgt 7900 Dampfschiffe und 960 Segelschiffe. Die meisten Schiffe fahren unter britischer Flagge, dann folgen niederländische, deutsche, dänische, norwegische und spanische Schiffe. Die Schiffe der „Niederländisch-Amerikanische DSG" laufen nach New York, Brasilien, Montevideo und Buenos Aires an. Jene des „Rotterdamschen Lloyd" fahren über Southampton und Marseille nach Java. In diesem Jahr werden 15.250 Auswanderer in die USA und nach Argentinien transportiert.

1889 **Österreich-Ungarn.** Es verfügt über 163 Dampfschiffe von 94.400 Tonnen, davon kommen allein auf den österreichisch-ungarischen Lloyd 79 Dampfer mit 81.000 Tonnen, darunter fast alle Hochseeschiffe. Den Hafen von Triest laufen rund 3500 Dampfschiffe mit 1,200.000 Tonnen (ø 340 t) und 4200 Segelschiffe mit 190.000 Tonnen (ø 45 t) an. Seeverbindungen bestehen mit Italien, der Levante, dem Schwarzen Meer, Griechenland, Ostindien, Großbritannien und Brasilien.

1889 **Seerecht.** In der internationalen Marinekonferenz in Washington werden wichtige Fragen des Seerechts bearbeitet. Es werden Vorschriften über einheitliche Schiffssignale, die Seetüchtigkeit von Hochseeschiffen, die Rettung von Schiffbrüchigen und die Beseitigung von Hindernissen erlassen und von den einzelnen Staaten ratifiziert.

1890 **Handelsflotten.** In Großbritannien übersteigt die Tonnage der Dampfschiffe jene der Segelschiffe schon bei weitem (5:3 Millionen Tonnen). Die vier Millionen Tonnen der USA gewichten sich zu gleichen Teilen auf Dampfschiffe

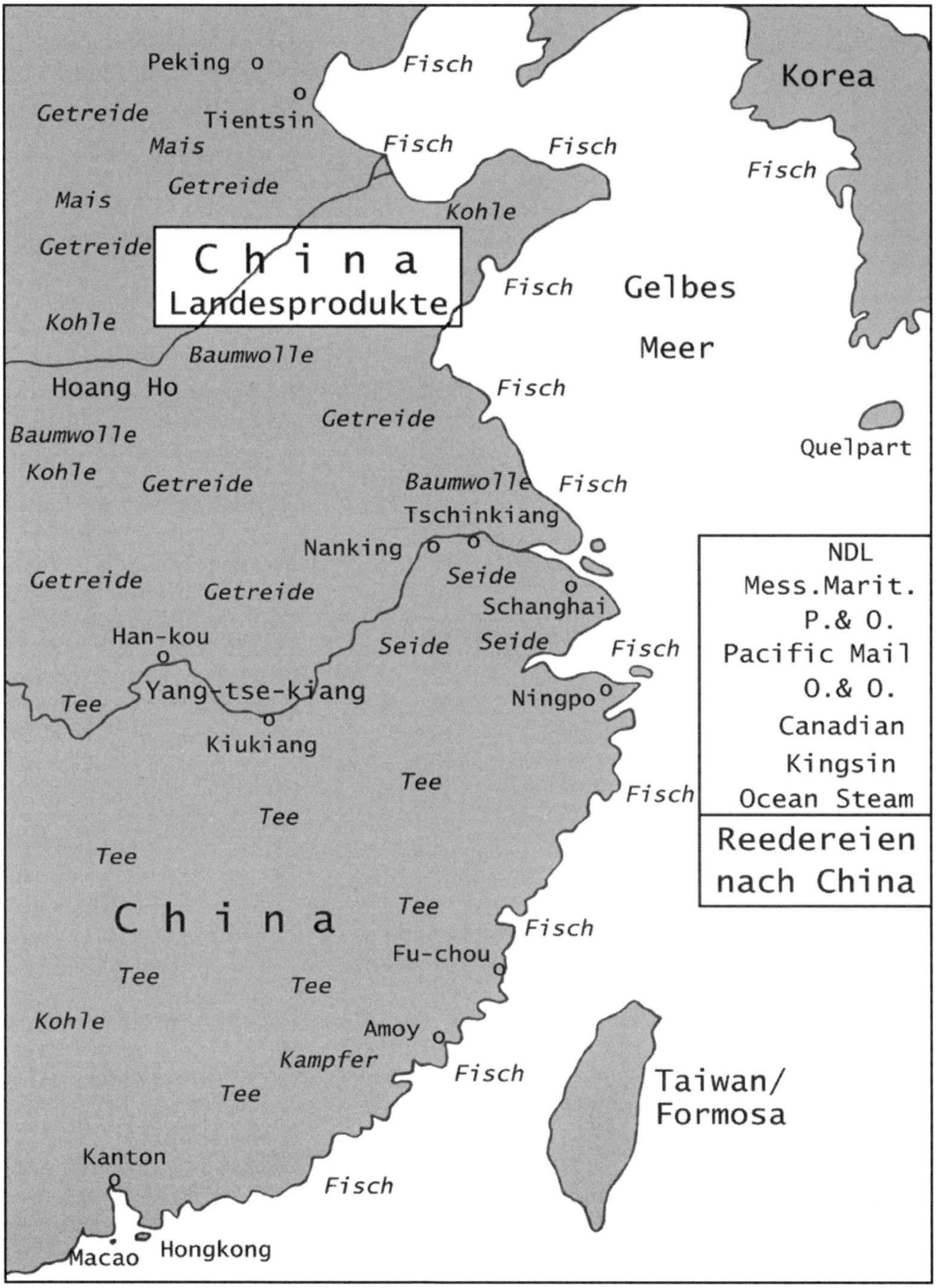
China
Landesprodukte
Peking
Tientsin
Getreide
Mais
Mais
Getreide
Getreide
Kohle
Fisch
Fisch
Fisch
Fisch
Kohle
Korea
Gelbes
Meer
Fisch
Baumwolle
Hoang Ho
Fisch
Getreide
Baumwolle
Kohle
Getreide
Baumwolle
Fisch
Quelpart
Tschinkiang
Nanking
Getreide
Getreide
Seide
Schanghai
Han-kou
Seide
Seide
Fisch
Tee
Yang-tse-kiang
Ningpo
Kiukiang
Tee
Fisch
Tee
Tee
China
Tee
Fisch
Fu-chou
Tee
Tee
Kohle
Amoy
Kampfer
Fisch
Tee
Taiwan/
Formosa
Kanton
Fisch
Macao
Hongkong
NDL
Mess.Marit.
P.& O.
Pacific Mail
O.& O.
Canadian
Kingsin
Ocean Steam
Reedereien
nach China

und Segelschiffe. In Frankreich ist das Verhältnis 500.000 Tonnen Dampfschiffe zu 400.000 Tonnen Segelschiffe. In Deutschland ist das Verhältnis 600.000 zu 700.000, in Österreich-Ungarn 100.000 zu 200.000, bei Italien sind es 200.000 zu 600.000 und bei Rußland 200.000 zu 300.000. Im Bau von Dampfschiffen liegt Großbritannien weit voran. Näheres in einer Tabelle im Anhang.

31. Juli 1890 **Schiffbruch.** Der Österreicher Johann Orth (Pseudonym für Erzherzog Johann Salvator) legt seine Hofämter zurück und kauft sich in England das eiserne Segelschiff >St. Margaret< (1230). Damit unternimmt er als sein eigener Kapitän eine Fahrt nach Argentinien. Er will dann um das Kap Hoorn nach Valparaiso segeln, gerät aber kurz nach dem Auslaufen aus Buenos Aires in einen schweren Sturm und ist seither verschollen.

1890 **Reederei.** In diesem Jahr nimmt die neu gegründete „Deutsche Ostafrika-Linie" den vom Deutschen Reich subventionierten Verkehr mit Ostafrika auf. Als erstes Schiff fährt der Postdampfer >Reichstag< von Hamburg über Rotterdam, Lissabon, Neapel, Port Said, Suez und Aden nach Dar-es-Salam. Von dort bedienen Küstendampfer die kleinen Häfen.

1890 **Chile.** Die Ausfuhren gehen nach Großbritannien (46 Millionen Pesos), USA (8,5), Deutschland (6,4), Frankreich (2,3) und Peru (2,2). Im Jahr 1900 wird Salpeter für 110 Millionen Pesos, meist nach Deutschland, Kupfer für 22 Mio., Jod für vier Mio., Kohle für 3,9 Mio., Gold für 2,9 Mio. und Guano für 1,4 Mio. Pesos ausgeführt. Es laufen 1890 14.400 Schiffe mit 19,700.000 Tonnen ein und aus. Der größere Teil davon ist im Küstenverkehr tätig.

1890 **Persischer Golf.** Der Seeverkehr ist mit dem Mittelalter nicht zu vergleichen. Es gibt zu dieser Zeit nur zwei Häfen, die an die internationale Schiffahrt angeschlossen sind. Basra hat eine Schiffsbewegung von 146 Dampfern und 780 Seglern mit zusammen 160.000 Tonnen und führt Datteln und Getreide aus. Buschir hat Seeverkehr von 224 Dampfern und 299 Seglern und liefert Opium nach China. Maskat und Bander Abbas haben nur lokalen Küstenverkehr.

1890 **Australien.** Der Schiffsverkehr des Kontinents wird vor allem über vier Häfen abgewickelt. Sydney hat 3500 ein- und auslaufende Schiffe mit 4,748.000 Tonnen, Melbourne 2700 Schiffe mit 2,200.000 Tonnen, Adelaide 2000 Schiffe mit 1,950.000 Tonnen und Brisbane 1500 Schiffe mit 1,000.000 Tonnen. Der bei weitem wichtigste Exportartikel ist Wolle, daneben noch Häute und Felle, Gefrierfleisch, Kohle und Gold. Von der Wolle geht eine Menge im Wert von Millionen Pfund an Großbritannien (18,8), Belgien (1,4) und Deutschland (0,7).

Die Kolonie **Neuseeland** ist erst im Aufbau begriffen. Der Schiffsverkehr im einzigen bedeutenderen Hafen Auckland beträgt 250 Schiffe mit 169.100 Tonnen. Ausfuhrartikel ist Wolle.

1890 **Literatur.** Der US-Marineoffizier Alfred Thayer Mahan veröffentlicht sein Buch „The Influence of Sea Power upon History 1660-1783". Mit dieser und seinen übrigen Arbeiten zeigt er die Bedeutung der Seeherrschaft für den Gang der Weltgeschichte auf. Das Buch hat aber auch zum Beginn des Wettrüstens der Kriegsflotten vor dem Ersten Weltkrieg beigetragen.

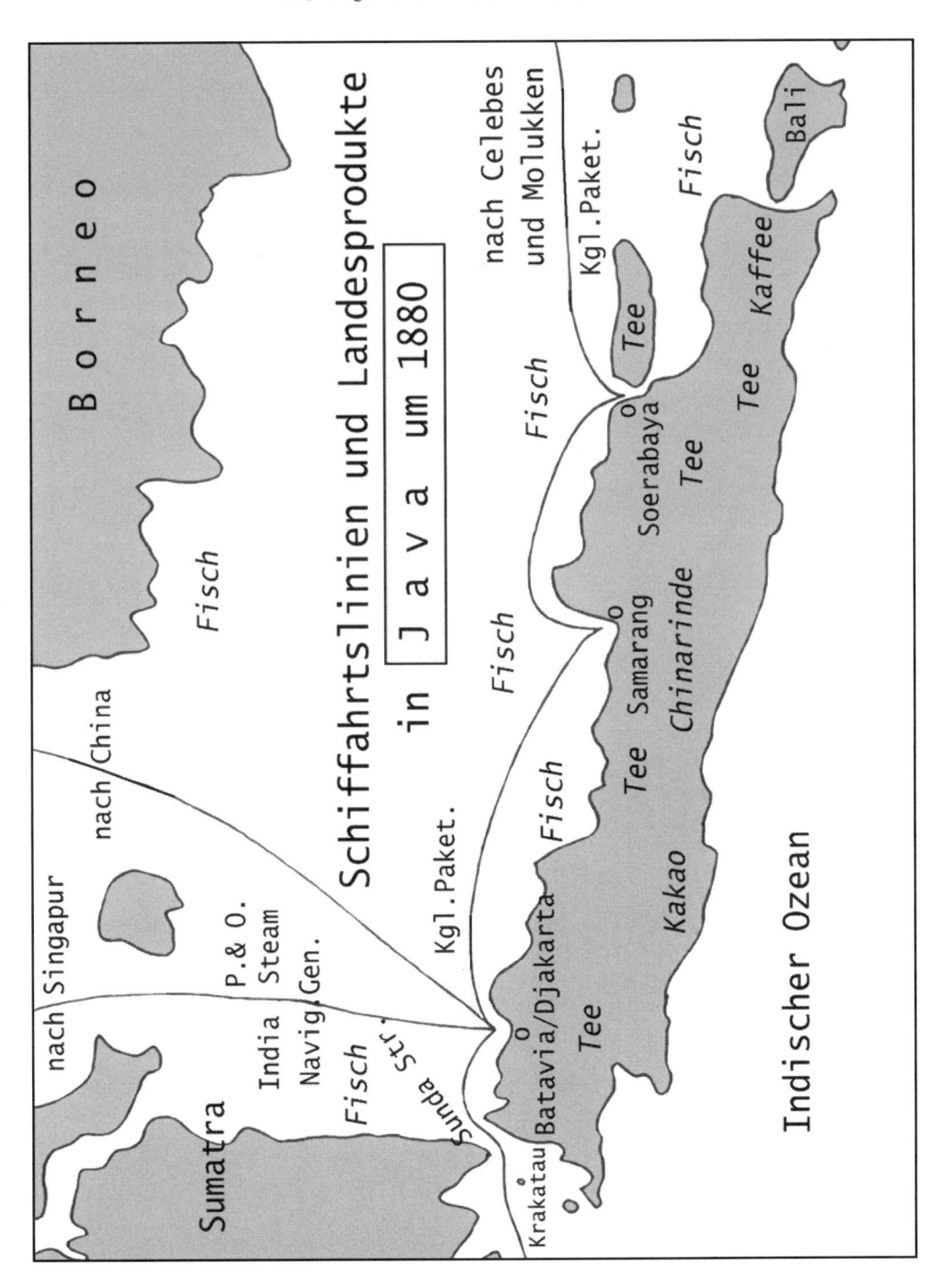

Schiffahrtslinien und Landesprodukte in Java um 1880

um 1890 **Frankreich.** Die größten Häfen in der Reihenfolge ihrer Bedeutung sind Marseille, Le Havre, Bordeaux, Dünkirchen, Rouen und Nantes-St. Nazaire. Der Seehandel geht zu 60 Prozent nach Europa, zu 18 Prozent nach Amerika (Nord und Süd), zu 16 Prozent in die französischen Kolonien und der Rest in das übrige Asien, Afrika und Ozeanien.

um 1890 **Rußland.** Das Hafengebiet St. Petersburg-Kronstadt im innersten finnischen Meerbusen hat zwei große Handikaps zu tragen. Erstens ist die Wassertiefe für große Schiffe trotz des Kronstadt-Kanals noch unzureichend. Zweitens friert der Meerbusen im Winter für mehrere Monate zu. Die Schiffe müssen dann nach Reval ausweichen. Wenn auch dieser Hafen zufriert, was manchmal vorkommt, fahren sie nach dem noch weiter westlich gelegenen Baltischport. Es gibt daher bisher in St. Petersburg nur rund 2000 Schiffsbewegungen pro Jahr mit rund einer Million Tonnen. Passagierdampfer fahren im Liniendienst, außer im Winter, nach Stockholm und Lübeck mit weiteren Zwischenstationen.

um 1890 **Schiffbau.** Die Dreifach-Expansionsmaschine ist einsetzbar, seit Dampfkessel aus Stahl gebaut werden können, die den dreifachen Druck aushalten. Der Kohleverbrauch wird dadurch noch einmal fast halbiert. Bei der Niederdruck-Dampfmaschine werden vor 1850 noch ca. 9 kg Kohle pro PS per Stunde verbraucht, bei der Compound-Maschine um 1870 sind es zwei bis drei Kilogramm, die Dreifach-Expansionsmaschine kommt mit rund einem Kilogramm pro PS aus. Die Geschwindigkeit steigert sich in dieser Zeit von rund neun Knoten auf mehr als das Doppelte. Tabelle im Anhang.

1890–1900 **Großbritannien.** Der Import von Getreide (Weizen, Gerste, Hafer und Mehl) erreicht bereits 121,247.000 hundredweight (cwt) zu je rund 50 Kilogramm, das sind 6,062.000 Tonnen im Durchschnitt dieser Jahre. Dies ist zehnmal so viel wie zu Beginn der Jahrhunderts. Der Getreideimport schwankt allerdings stark, je nach der Ernte im eigenen Land.

um 1890 **Schiffahrtslinien.** Die ganze Welt ist bereits mit einem Netz von Dampfschiffahrtslinien überzogen. Hier sollen die wichtigsten Reedereien mit ihrem Liniennetz aufgeführt werden. Daneben existieren viele periodische Linien, die nur zur jeweiligen Saison (Kaffeeernte, Teeernte etc.) befahren werden.
Reederei/Flagge – Fahrziele:
Norddeutscher Lloyd/Deutschland – New York, Baltimore, Bahia – Rio de Janeiro – Santos – Montevideo – Buenos Aires, Mittelmeer – Suez – Aden – Colombo – Singapur – Saigon – Hongkong – Schanghai – Nagasaki – Kobe – Yokohama, Adelaide – Melbourne – Sydney.
HAPAG/Deutschland – New York, Baltimore – Port au Prince – Havanna – Colon – Vera Cruz, Pernambuco – Bahia – Rio de Janeiro – Buenos Aires – Valparaiso – Callao – Panama.
Messagieres Maritimes/Frankreich – Tanger – Dakar – Pernambuco – Bahia – Rio de Janeiro – Montevideo – Buenos Aires, Mittelmeer – Suez – Aden – Karatschi – Bombay – Madras – Singapur – Java – Manila – Saigon – Hongkong – Schanghai – Kobe – Yokohama, Aden – Sansibar – Mauritius, Singapur – Adelaide – Melbourne – Sydney.

Lloyd Triest/Österreich-Ungarn – Mittelmeer – Pernambuco – Bahia – Rio de Janeiro, Suez – Aden – Bombay – Colombo – Madras – Kalkutta – Singapur – Hongkong.
P & O/Großbritannien – Mittelmeer – Suez – Aden – Bombay – Colombo – Madras – Kalkutta – Singapur – Java – Saigon – Hongkong – Amoy – Schanghai – Nagasaki – Kobe – Yokohama, Colombo – Adelaide – Melbourne – Sydney.
India Steam Nav./Großbritannien – Mittelmeer – Suez – Aden – Mauritius – Sansibar – Mosambique, Aden – Maskat – Bandar Abbas – Basra, Aden – Karachi – Bombay – Colombo – Madras– Kalkutta – Chittagong – Rangoon – Penang – Singapur – Batavia – Cooktown – Brisbane.
Orient–Linie/Großbritannien, Liverpool – Plymouth – Gibraltar – Neapel – Suez – Aden – Colombo – Albany – Sydney.
Navigatione Generale/Italien – Montevideo – Buenos Aires, Suez – Aden – Bombay – Colombo – Singapur– Java – Hongkong.
Pacific Mail/USA, San Francisco – Yokohama – Kobe – Hongkong, Alaska, Panama.
Occidental & Oriental/Großbritannien, San Francisco – Yokohama – Kobe – Schanghai – Hongkong.
Canadian Pacific/Kanada, Vancouver – Yokohama – Kobe – Nagasaki – Schanghai – Fu-chou – Amoy – Hongkong.
Kingsin-Linie/Deutschland – Mittelmeer – Suez – Aden – Singapur – Java – Hongkong – Amoy – Schanghai – Yokohama.
Pacific Steam/Großbritannien – Trinidad – Pernambuco – Bahia – Rio de Janeiro – Montevideo – Valparaiso – Callao.
Royal Mail/Großbritannien – Kingston – Colon, Trinidad – Pernambuco – Bahia – Rio de Janeiro – Santos – Montevideo – Buenos Aires.
Ocean Steam Ship/USA – San Francisco – Honolulu – Auckland – Sydney, Kobe – Fu-chou – Amoy – Hongkong – Bangkok.
Compania Transatlantica/Spanien – Cadiz – Martinique – San Juan – Havanna – Colon.
Königl. Paketfahrt Ges./Niederlande – Mittelmeer – Aden – Java – Celebes – Borneo – Molukken.
Hansa DG/Deutschland – Rio de Janeiro – Buenos Aires, Mittelmeer – Aden – Bombay – Colombo – Madras.
Castle Line/Großbritannien – Kapstadt – Port Elisabeth – Durban – Schanghai – Yokohama.
Brasil Mail/USA, Norfolk – Pará/Belem – Pernambuco – Bahia – Rio de Janeiro – Buenos Aires.
Chargeurs réunis/Frankreich – Dakar – Pernambuco – Bahia – Rio de Janeiro – Santos – Montevideo – Buenos Aires.
Hamburg Süd/Deutschland – Rio de Janeiro – Santos – Montevideo – Buenos Aires.
Ostafrika-Linie/Deutschland – Aden – Sansibar – Mosambique.
Woermann-Linie/Deutschland – Tanger – Mogador – Dakar – Lagos – Kamerun – Kongo – Luanda.
West Africa Steam/Großbritannien – Dakar – Freetown – Lagos – Kamerun – Luanda – Kapstadt.

Neuseeland-Linie, Auckland – Hobart – Kapstadt – Rio de Janeiro – London.
Shaw, Saville & Albion/Neuseeland, Auckland – Hobart – Kapstadt – Rio de Janeiro – London.
Anker-Linie/Großbritannien – New York, Mittelmeer – Aden – Bombay – Kalkutta.
Allan-Linie/Großbritannien – Halifax – Montevideo – Buenos Aires, Großbritannien – New York – Baltimore.
White Star/Großbritannien – New York.
Cunard-Linie/Großbritannien – New York.
Guion-Linie/Großbritannien – New York.
Inman-Linie/Großbritannien – New York.
Comp. Gen. Transatlantique/Frankreich – New York.

17./18. März 1891 **Schiffbruch.** Das britische Passagierschiff >Utopia< (2730) der Anker-Linie ist mit 815 Auswanderern und 60 Mann Besatzung von Neapel unterwegs nach New York. In einem schweren Sturm sucht es Zuflucht in der Bucht von Gibraltar und gerät dort in der stockdunklen Nacht mitten in die britische Mittelmeerflotte. Es wird an den Rammbug des Linienschiffes >Anson< (10.600t) gedrückt und sinkt in kurzer Zeit. Trotz der Hilfeleistung der britischen Matrosen gehen 513 Personen mit dem Schiff unter. Es wird kurz darauf gehoben, da es den Ankerplatz der britischen Flotte behindert.

1891 **Reederei.** Der NDL Bremen verfügt bereits über zwölf Schnelldampfer für den Dienst im Nordatlantik. Die Schiffe fahren daher statt zweimal ab nun dreimal die Woche von Bremen über Southampton nach New York.

1891 **Kreuzfahrten.** Die HAPAG startet mit der Mittelmeerkreuzfahrt der >Auguste Victoria< (7660) das Zeitalter der Vergnügungs-Seereisen. Schon früher haben kleinere oder ältere Schiffe mehrtägige Fahrten in die norwegischen Fjorde oder in das Mittelmeer unternommen. Nun fahren aber modernste und speziell dafür ausgerüstete Schiffe für ein bis zwei Monate mit den Passagieren zur Besichtigung in interessante Gebiete wie die Ägäis oder Ägypten. Im Jahre 1894 unternimmt die >Auguste Victoria< die erste größere Nordlandreise bis nach Spitzbergen. Schon zwei Jahre später folgt die erste Fahrt der >Columbia< (7240) von Genua über New York nach der Karibik und wieder zurück über New York nach Hamburg. Diese Fahrt kann auch in Teilstrecken gebucht werden und ist der Beginn der Karibikkreuzfahrten von den USA aus.

1891 **Reederei.** Die britische Allan-Linie verfügt über eine Flotte von 37 Passagierschiffen aller Größen mit zusammen 120.000 NRT. Damit werden folgende Linien befahren: Liverpool–Quebec–Montreal (wöchentlich), Liverpool–Halifax–Baltimore (vierzehntägig), Glasgow–New York (wöchentlich), Glasgow–Montevideo–Buenos Aires (monatlich) und London–Quebec–Montreal (vierzehntägig). Die Passagierschiffe sind schon reichlich überaltert. Die letzten Segelschiffe werden ausgeschieden.

1891 **Werft.** Die wenige Jahre vorher gegründete Werft Newport News Shipbuilding stellt als erstes Schiff den Schlepper >Dorothy< fertig. Bis 1897 werden für die Kriegsmarine bereits die ungeschützten Kreuzer >Nashville<, >Wilmington< und >Helena< (je 1400) gebaut. Die Werft wird zu einer der größten im Bau von Kriegsschiffen.

Schiffahrtslinien um 1890

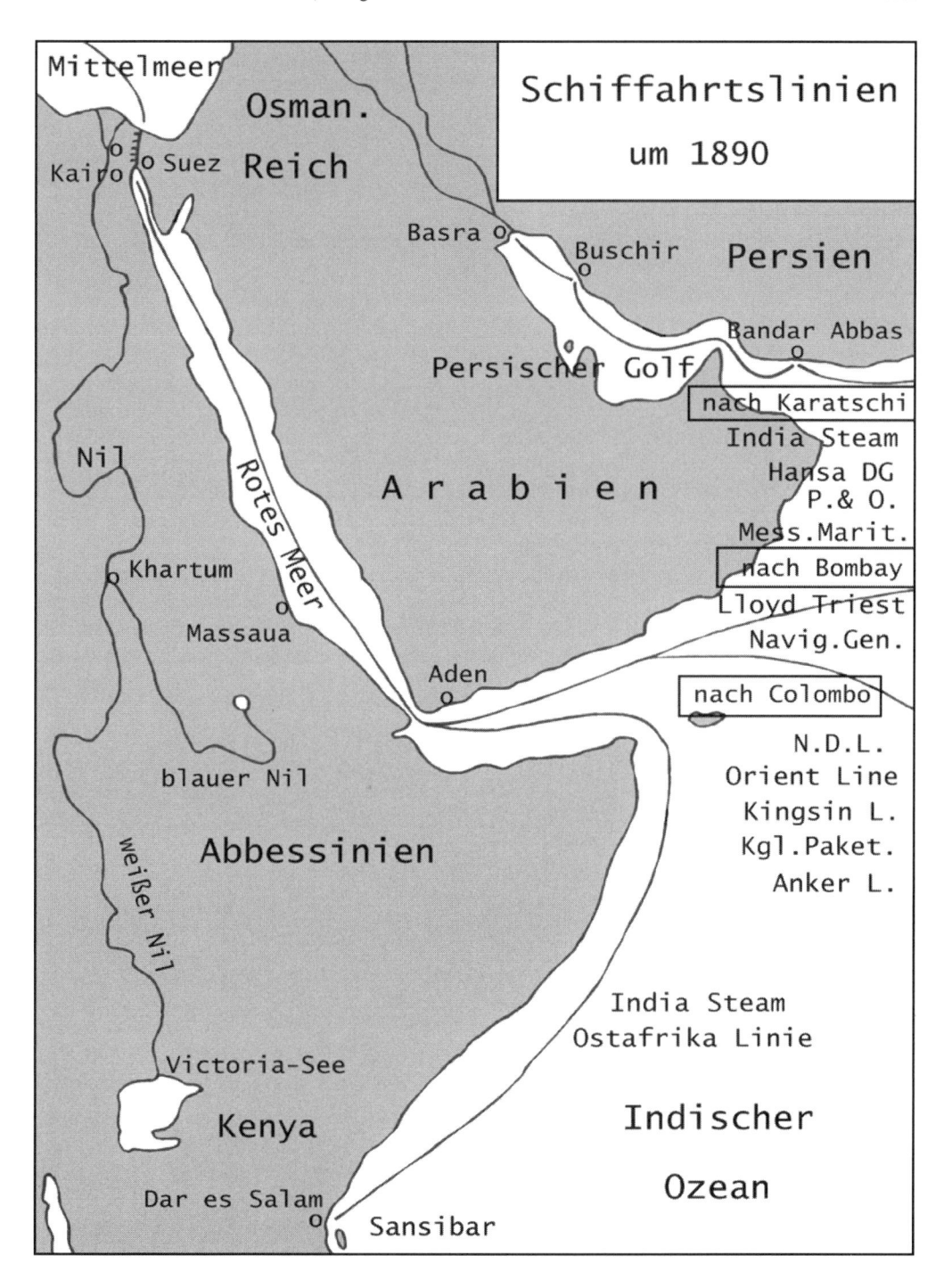

Mittelmeer
Osman. Reich
Kairo
Suez
Basra
Buschir
Persien
Bandar Abbas
Persischer Golf
nach Karatschi
India Steam
Hansa DG
P. & O.
Mess. Marit.
Nil
Arabien
nach Bombay
Lloyd Triest
Navig. Gen.
Rotes Meer
Khartum
Massaua
Aden
nach Colombo
N.D.L.
Orient Line
Kingsin L.
Kgl. Paket.
Anker L.
blauer Nil
Abbessinien
weißer Nil
India Steam
Ostafrika Linie
Victoria-See
Kenya
Indischer Ozean
Dar es Salam
Sansibar

1891   **Literatur.** Der britische Marineoffizier Philip Howard Colomb veröffentlicht sein Buch „Naval Warfare". Colomb erarbeitet die erste gute Arbeit über Taktik mit Dampfkriegsschiffen und entwickelt dazu ein neues Signalsystem. Wie der Amerikaner A. Th. Mahan weist er auf die Bedeutung einer starken Kriegsflotte für den Lauf der Weltgeschichte hin.

1891–1900   **Großbritannien.** Die Auswanderung von den Britischen Inseln schwankt in der zweiten Hälfte des 19. Jahrhunderts immer um die 250.000 Personen im Jahr. In diesen zehn Jahren wandern 2,660.000 Menschen aus. Davon fahren 1,814.000 (68,2%) nach den USA, 328.000 (12,3%) nach Kanada, 215.000 (8,1%) nach Südafrika und 132.000 (4,9%) nach Australien und Neuseeland.

1892   **Reederei.** Mit der Übernahme der Hansa-Reederei und deren Schiffen wird die Flotte der HAPAG auf 54 Schiffe mit 165.000 NRT vergrößert. Die schon früher befahrene Linie nach New Orleans wird nun wieder aufgenommen. Im Jahr 1893 wird ein Kurs von New York über Genua nach Neapel begonnen.

1892   **Nordatlantik.** Die lose „Gemeinschaft der Nordatlantischen Dampfschiffahrtslinien" wird in Hamburg vereinbart. Daran sind die Reedereien HAPAG, NDL Bremen, Holland-Amerika-Linie und Red Star-Linie vertreten. Es gibt Absprachen über die Anteile am Auswanderergeschäft, über die Tarife und weitere regelmäßige Besprechungen.

1892   **Italien.** Die Größe der Handelsflotte erreicht einen Tiefstand. Die ganze Tonnage beträgt 811.000 NRT, davon sind erst 201.000 NRT oder 24,8% Dampfschiffe. Erst als ab 1896 eine großzügige Förderung des Schiffbaues auf den eigenen Werften beginnt, steigt die Tonnage wieder deutlich an. Ab 1900 geht der Schiffbau wieder zurück und die Handelsflotte veraltert. Vom ganzen Bestand an Dampfschiffen sind 1900 nur 27,4 Prozent jünger als zehn Jahre. Dazu kommt, daß 1881 die „Navigatione Generale Italiana" gegründet wird, hinter der die große Bank „Banca Commerciale Italiana" steht. Diese Reederei erringt fast ein Monopol bei den Dampfschiffen und im Auswanderergeschäft. Sie besitzt zu dieser Zeit zwei Drittel der italienischen Dampferflotte und läßt die Konkurrenz im eigenen Land nicht aufkommen.

1892   **Finnland.** Die Handelsflotte des Landes erreicht einen vorläufigen Tiefstand. Mit seinem billigen und reichlichen Holz hat es sich hauptsächlich auf den Bau von hölzernen Segelschiffen gestützt. Im Unterschied zu Norwegen versäumt es aber zunächst den Umstieg auf den Bau von eisernen Dampfschiffen. In diesem Jahr verfügt es über 1585 Segelschiffe mit 228.000 NRT, aber nur 173 Dampfschiffe mit 23.000 NRT. Dies ergibt bei den Dampfschiffen eine Durchschnittsgröße von nur 133 NRT.

1892   **Binnenschiffahrt.** In den USA werden seit 1854 nahe dem Oberen See immer neue Eisenerzminen erschlossen. In diesem Jahr wird jene von Mesabi in Minnesota in Betrieb genommen. Sie erweist sich in der Folge als die bei weitem ergiebigste. Bis zum Ersten Weltkrieg werden jährlich rund 30 Millionen Tonnen Eisenerz gewonnen, das vom Verschiffungshafen Duluth mit Erzfrachtern über die Großen Seen und die Wasserstraßen zu den Eisenwerken der USA verschifft wird. Diese Erzlager decken bald den ganzen Eisenbedarf des Landes.

Schiffahrtslinien durch Insulinde um 1890

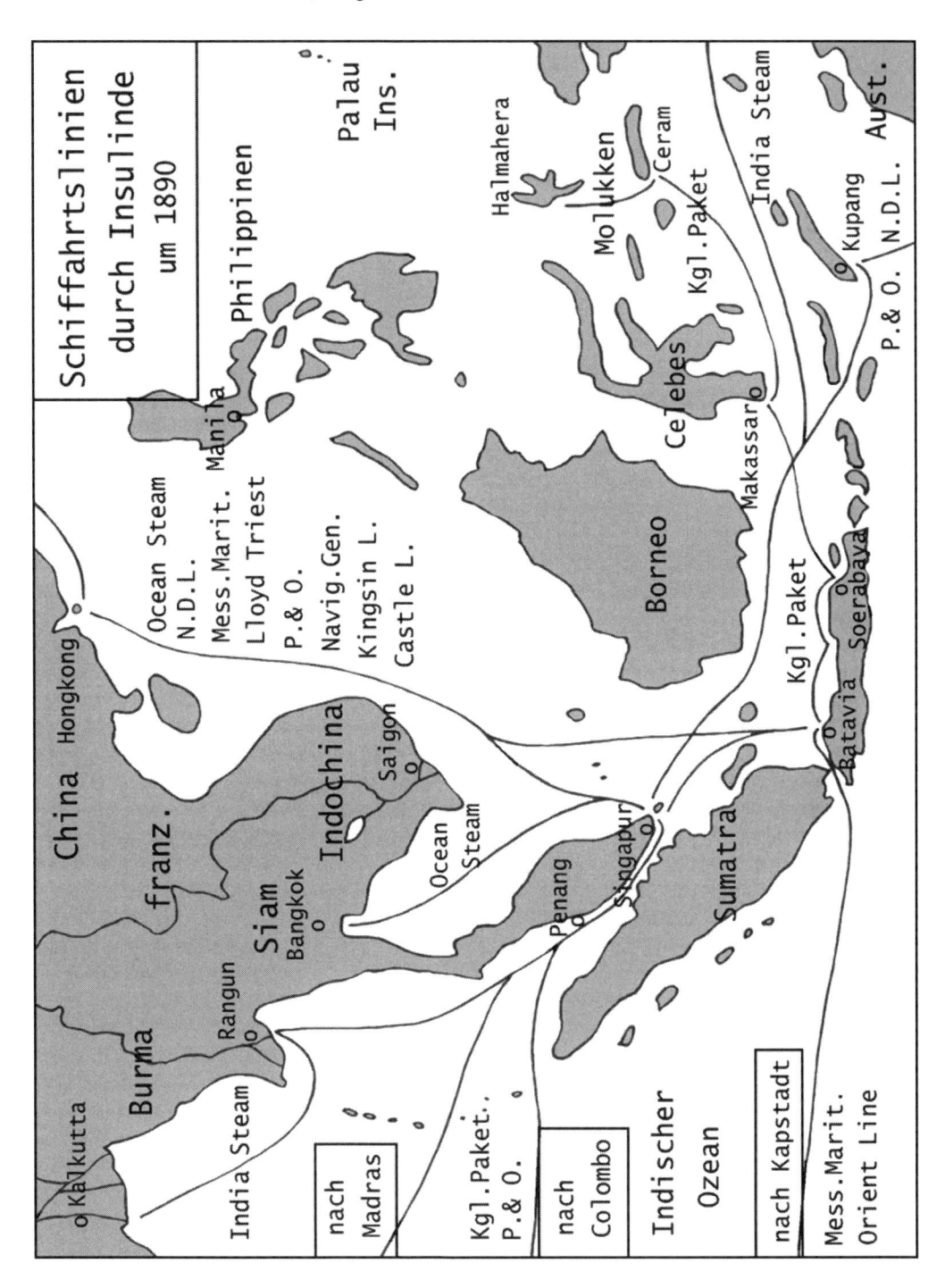

11. Februar 1893	**Schiffbruch.** Der britische Frachter >Naronik< (6600) verläßt Liverpool mit Kurs New York. Seither ist das Schiff verschwunden. Am 3. März wird nahe von New York eine Flaschenpost angetrieben mit der Nachricht „*>Narodnik< sinkt mit ganzer Besatzung, L. Winsel*". Eine zweite Flaschenpost besagt, daß das Schiff im dichten Nebel einen Eisberg gerammt habe.
1893	**Reederei.** Die Cunard-Linie stellt die Schwesterschiffe >Campania< (12.950) und >Lucania< in Dienst. Es sind die ersten Schiffe der Gesellschaft mit Doppelschrauben und deren erste Passagierschiffe ohne jede Takelage. Es sind reine Passagierschiffe mit Einzel- und Doppelkabinen, Suiten und Luxusausstattung. Zur selben Zeit werden auch mehrere kombinierte Personen- und Frachtschiffe, auch solche für den Viehtransport, in Dienst gestellt.
6. August 1893	**Kanal von Korinth.** Nach elfjähriger Bauzeit wird dieser Kanal von der Jacht des Königs als erstes Schiff befahren und in Betrieb genommen. Der Kanal ist 6300 Meter lang und 25 Meter breit mit steilen Wänden von bis zu 250 Metern Höhe. Wegen einer leichten Strömung ist er nicht einfach zu befahren. Die größeren Schiffe werden von einem Schlepper gezogen.
1893	**Technik.** In den USA baut Simon Lake ein kleines primitives Tauchboot. Die >Argonaut< kann mit Rädern am Meeresboden fahren (wenn er eben ist) und Lake erkundet die Unterwasserwelt rund um New York. Er baut 1897 ein verbessertes Boot, bei dem er erstmals eine doppelte Hülle verwendet. Die innere, zigarrenförmige Hülle ist der Druckkörper, die äußere, bootsförmige sorgt für eine bessere Seeeigenschaft bei der Fahrt auf dem Wasser. Dazwischen sind die flutbaren Wassertanks. Frischluft bekommt er über einen langen frühen Schnorchel.
1893–1896	**Forschung.** Der Norweger Fritjof Nansen unternimmt mit der >Fram< (300 t) eine Fahrt in die Arktis. Er kommt bis zu den Neusibirischen Inseln, dort friert die >Fram< im Eis fest. Sie triftet mit dem Packeis am Nordpol vorbei. Nansen verläßt mit F. H. Johansen auf Skiern das Schiff und erreicht mit 86°14′ die größte nördliche Breite. Auf dem Rückweg überwintert er am Franz-Josephs-Land und kehrt von dort mit einem anderen Forschungsschiff zurück. Die >Fram< kommt im August 1896 bei Spitzbergen vom Eis frei, sie liegt heute im Schiffahrtsmuseum von Oslo.
1894	**Frankreich.** Der Außenhandel wird mit sehr vielen Staaten über den Seetransport abgewickelt. Der meiste erfolgt mit Großbritannien (12,5%), mit den USA (8,5%), Deutschland (8,1%), Rußland (7,3%) und Italien (3,2%). Die Ausfuhren gehen nach Großbritannien (29,7%), Deutschland (10,5%), USA (6,0%). Der Rest verteilt sich auf viele kleine Positionen. Bei Deutschland gehen die Transporte zum Teil auch per Binnenschiffahrt. Die wichtigsten Güter bei der Einfuhr zwischen 1887 und 1896 sind in Millionen Francs: Wolle (334), Lebensmittel (337), Rohseide (234), Baumwolle (187), Pflanzenöl (178), Früchte (178), Wein (176!), Holz (156), Häute und Felle (155), Kaffee (150) und Schlachtvieh. Ausfuhrgüter sind Wollstoffe (319), Seidenstoffe (243), Wein (234), Lederwaren (212), Tischzeug (149), Wolle (131), Rohseide (120), Baumwollstoffe (111), Kleider (110) und Milchprodukte (99). Interessant ist, daß nicht viel weniger Wein ein- als ausgeführt wird.

Golf von Korinth

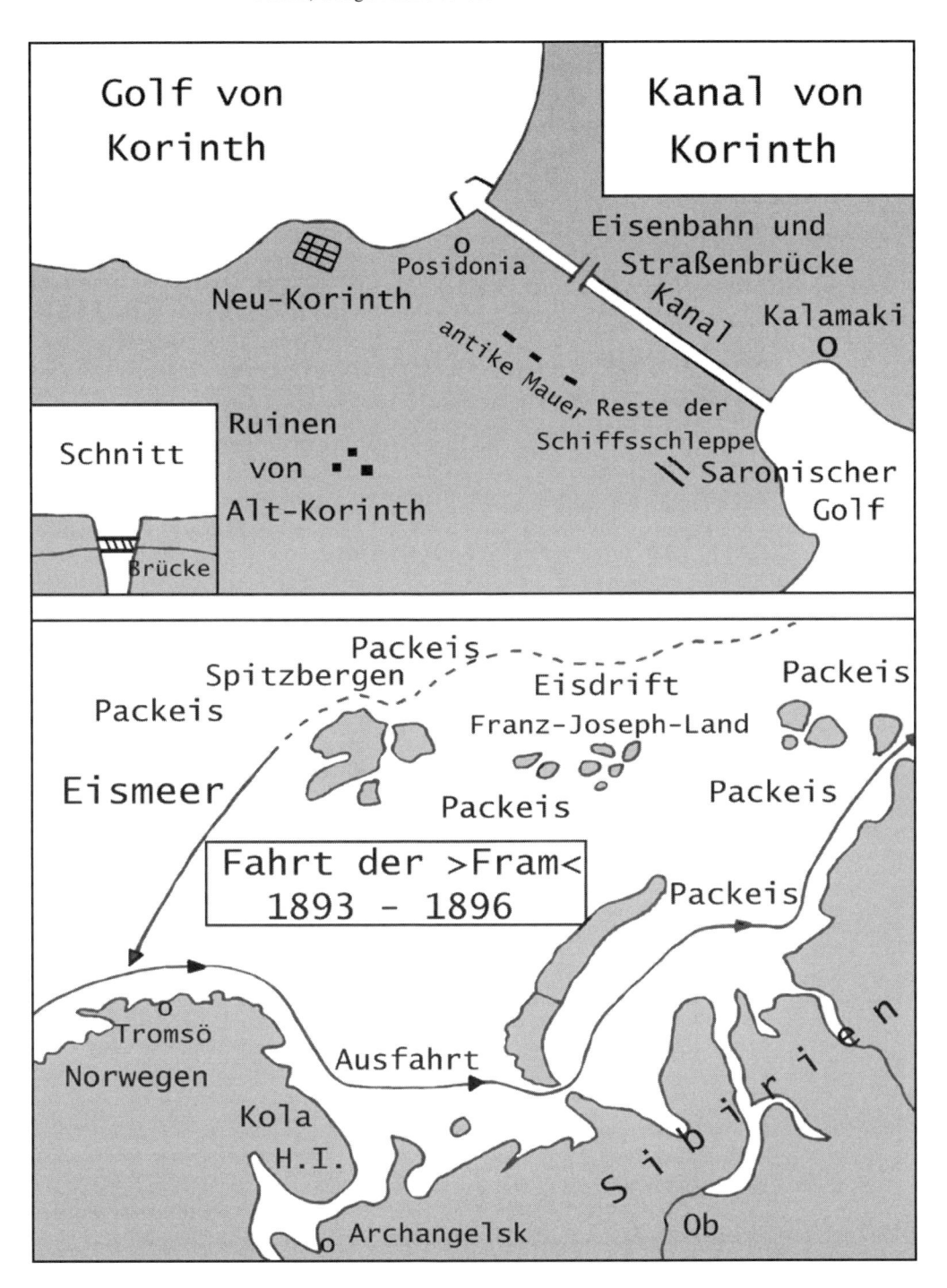

Kanal von Korinth

Neu-Korinth
Posidonia
Eisenbahn und Straßenbrücke
Kalamaki

antike Mauer
Reste der Schiffsschleppe

Schnitt

Ruinen von Alt-Korinth

Saronischer Golf

Brücke

Fahrt der ›Fram‹ 1893 – 1896

Packeis
Spitzbergen
Eisdrift
Packeis
Packeis
Franz-Joseph-Land
Eismeer
Packeis
Packeis
Packeis

Tromsö
Norwegen
Ausfahrt
Kola H.I.
Sibirien
Archangelsk
Ob

1894	**Kanalbau.** In Großbritannien wird ein neuer Kanal von Liverpool nach Manchester fertiggestellt. Auf diesem können nun Hochseeschiffe bis in das Industriezentrum fahren. Die „Manchester Lines Ltd." läßt nun Frachtschiffe, deren Name mit „Manchester" beginnt, nach der Ostküste von Nordamerika fahren. Die Schiffe haben rund 3000 Tonnen und können auch zwölf Passagiere mitnehmen.
1894/95	**Australienfahrt.** Es werden immer größere Schiffe eingesetzt. Die >Gothic< (7750) transportiert neben Fracht auch 104 Passagiere erster und 114 dritter Klasse. Die >Delphic< verfügt über eine Einrichtung für 1000 Auswanderer. Der NDL Bremen setzt als erster Schiffe mit über 10.000 BRT vom Typ >Friedrich der Große< (10.530) ein. Im europäischen Winter, wenn am Nordatlantik wenig Verkehr ist, läßt der NDL einige seiner Schiffe in der südlichen Hemisphäre fahren und nimmt im dortigen Sommer den zusätzlichen Verkehr auf.
30. Jänner 1895	**Schiffbruch.** Der Dampfer >Elbe< (4510) des NDL ist mit 354 Passagieren und 155 Mann Besatzung von Deutschland unterwegs nach New York. In der Nordsee wird er vom Dampfer >Crathie< (475) in finsterer Nacht gerammt und sinkt binnen 20 Minuten. Nur ein Boot mit 20 Personen kann geborgen werden. Die >Crathie< erreicht ohne Verluste Rotterdam.
20. Juni 1895	**Nord-Ostseekanal.** Diese damals Kaiser-Wilhelm-Kanal genannte Wasserstraße wird eröffnet. Der Kanal ist 99 Kilometer lang und verbindet die Elbemündung mit der Ostsee bei der Kieler Förde. An beiden Enden ist je eine große Schleuse wegen der unterschiedlichen Gezeiten. Der Kanal folgt zum Teil dem alten Eiderkanal und ersetzt den alten und unzureichenden Elbe-Trave-Kanal. Seine strategische Bedeutung hat er für Deutschland, indem die Kriegsflotte nun leicht ohne das eigene Staatsgebiet zu verlassen zwischen Kiel und Wilhelmshaven verschoben werden kann.
1895	**Japan.** Im Frieden von Shimonoseki wird Korea von China unabhängig, Taiwan/Formosa und die Liaotung-Halbinsel muß China an Japan abtreten. Es muß auch Kriegsentschädigung zahlen, vier weitere Häfen öffnen und auch Japan das Recht zur Schiffahrt auf dem Yang-tse-kiang einräumen (siehe Seeherrschaft). Zu dieser Zeit übertrifft die Ausfuhr von Baumwollgarn aus Japan bereits jene der Einfuhr. Es beginnt auch die Auswanderung aus Japan wegen Übervölkerung.
1895	**Südamerika.** Den Passagierdienst aus Europa dominiert die britische „Royal Mail-Linie". Ihre Schiffe der >Danube<-Klasse sind 5900 BRT groß und können 600 Passagiere, davon 215 in der ersten Klasse befördern. Wieteren Liniendienst gibt es von sechs britischen, drei französischen, drei italienischen, zwei deutschen und einer spanischen Reederei.
1895–1898	**Deutschland.** Die Privatwerften bauen in diesen Jahren 46 Kriegsschiffe und Torpedofahrzeuge für fremde Regierungen. Diese gehen nach China (11), Japan (10), Rußland (7), Italien (4), Norwegen (4), Brasilien (3), Österreich-Ungarn (2), Schweden (1) und die Türkei (1). Neben den kaiserlichen Werften widmen sich nun auch die Privatwerften neben dem Handelsschiff– auch dem Kriegsschiffbau.

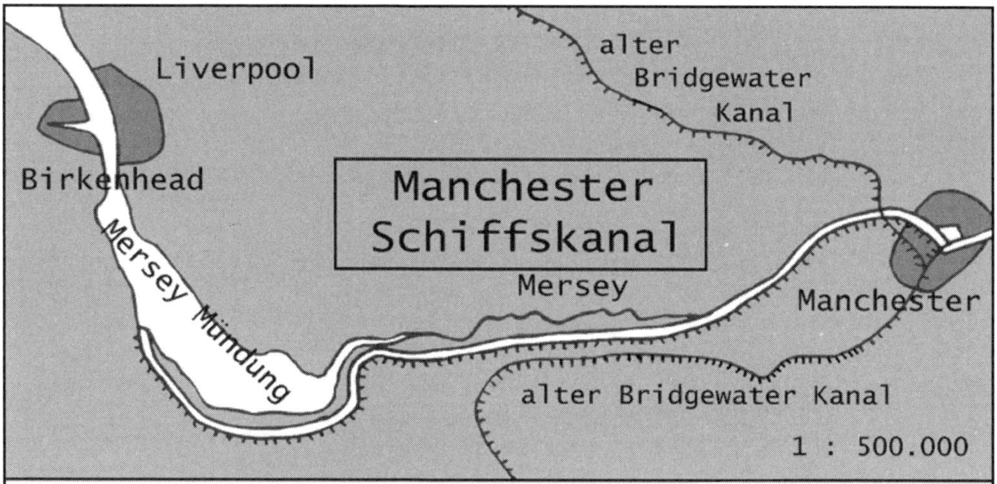
Liverpool
Birkenhead
alter Bridgewater Kanal
Manchester Schiffskanal
Mersey Mündung
Mersey
Manchester
alter Bridgewater Kanal
1 : 500.000

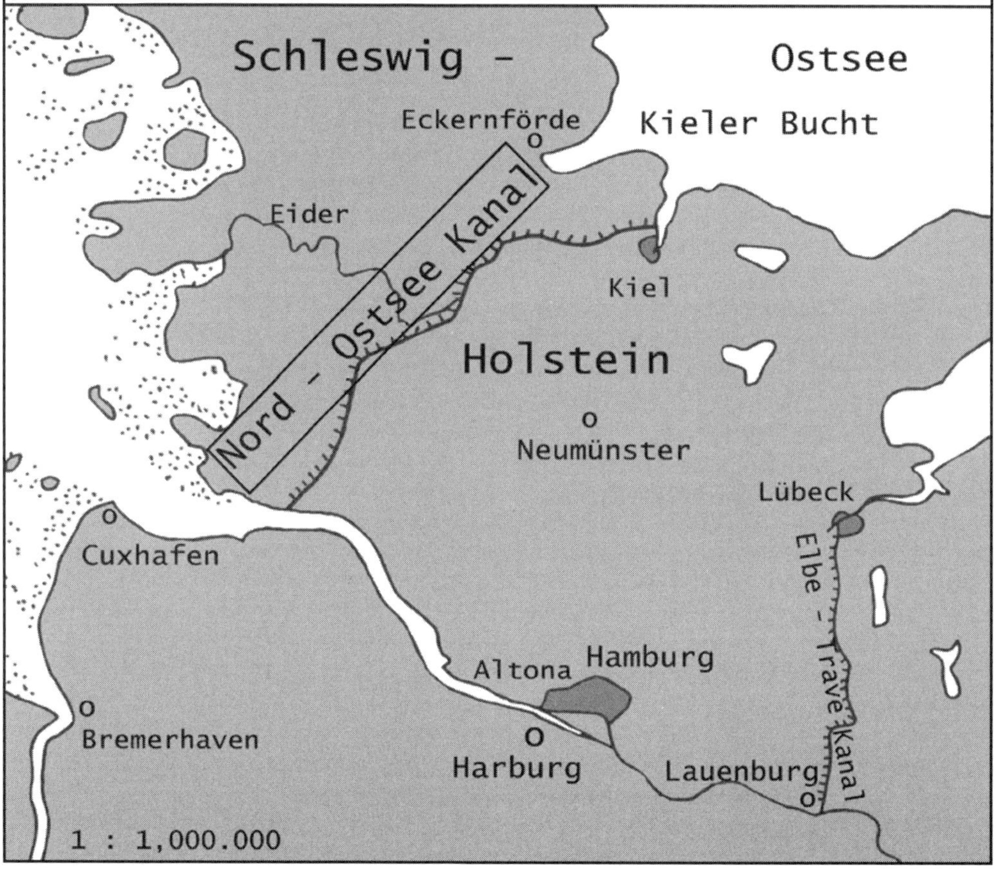
Schleswig -
Ostsee
Eckernförde
Kieler Bucht
Eider
Nord - Ostsee Kanal
Kiel
Holstein
Neumünster
Lübeck
Cuxhafen
Elbe - Trave Kanal
Altona
Hamburg
Bremerhaven
Harburg
Lauenburg
1 : 1,000.000

1896   **Kanada.** Nahe der Grenze zu Alaska werden am Klondike-Fluß Goldlager entdeckt. Die Goldsucher kommen zu Schiff von Kalifornien über Alaska in das Land. Weitere Funde in Alaska selbst verstärken noch den Zustrom.

1896   **Italien.** Es wird ein Schiffahrtsgesetz erlassen, das die Subventionen für Schiffsbauten auf italienischen Werften verstärkt. Bisher sind die meisten Handelsschiffe aus dem Ausland bezogen worden. Nun werden sie auch vermehrt auf den ligurischen Werften gebaut. Bauten für die Kriegsmarine sollen Engpässe in den Auftragsbüchern der Werften überbrücken.

Die größten Außenhandelspartner sind Großbritannien (19,5%), Deutschland (14,2%), Frankreich (11,4%), Österreich-Ungarn (11,0%), Schweiz (9,9%) und die USA (9,8%). In die Schweiz überwiegt die Ausfuhr, aus Großbritannien die Einfuhr.

1897   **Deutschland.** Die Rohstoffeinfuhr über See hat einen Wert von 1575 Millionen Mark. Davon entfallen (in Millionen Mark) auf Rohstoffe für die Textilindustrie (Rohbaumwolle aus den USA, Ostindien und Ägypten, Schafwolle aus Australien und Argentinien, Rohseide aus Italien, Jute aus Ostindien, Hanf und Flachs aus Rußland) 630, Kolonialwaren (Kaffee, Tee, Reis, Kakao und Gewürze) 300, Rohstoffe für die Holzindustrie (aus Schweden, Rußland und den Tropen) 200, Rauchwaren (Zigaretten, Zigarren und Tabak) 110, Chilesalpeter 70, Seefische und Meeresfrüchte 60, Rohgummi 31 und Indigo 14. Ferner werden Leder, Pflanzenöl, Erdöl, Eisen, Marmor, Schildpatt und Tausende andere Dinge in unterschiedlichen Mengen importiert. Ausfuhrgüter sind drei Viertel der Erzeugung der Textilindustrie, die Masse der chemischen Industrie, ein großer Teil des Rübenzuckers und vier Fünftel der Fabrikate der Metall-, Maschinen- und Werkzeugindustrie. Von den Ausfuhren geht rund die Hälfte über See.

September 1897   **Reederei.** Der neueste Schnelldampfer des NDL Bremen, die bei Vulkan in Stettin gebaute >Kaiser Wilhelm der Große< (14.350), läuft zu seiner Jungfernfahrt nach New York aus. Das Schiff ist zu dieser Zeit das größte und schnellste Passagierschiff der Welt. Im Laufe des folgenden Jahres bringt es 17.900 Kajüt- und 53.220 Zwischendeckpassagiere nach New York.

1897   **Reederei.** Die HAPAG nimmt unter der Führung von Albert Ballin in den letzten Jahren des Jahrhunderts einen steilen Aufstieg. Die Entwicklung in den ersten 50 Jahren wird von den folgenden Zahlen verdeutlicht:

Jahr	Seeschiffe	Hilfsschiffe	BRT	Passagiere	Güter in m³
1847	3	–	1.600	–	?
1857	13	9	13.500	12.362	?
1867	12	14	28.400	30.293	40.000
1877	19	27	52.000	23.688	210.000
1887	29	23	83.020	41.620	520.000
1897	66	59	335.740	73.090	2.300.000

Bei der Tonnage sind auch die in Bau befindlichen Schiffe enthalten. Bekannt ist die HAPAG durch ihre Schnelldampfer auf dem Nordatlantik. Noch stärker als der Passagiertransport steigt aber das Frachtgeschäft. Das Aktienkapital steigt vom Gründungsjahr 1847 mit 460.000 Mark bis zum Jahr 1897 auf 45,000.000 Mark.

Schnelldampfer werden zu Luxusschiffen

erste Schiffe der Cunard Reederei ohne Takelage

Rekordhalter im Atlantik bis zum Auftreten von >Kaiser Wilhelm der Große<

1893 >Campania< und >Lucania< (12.950)

Für die Cunard Reederei gebaut von Fairfield Shipbuilding & Engineering Co.

1897 **Unfall.** Die britische >Edenmoor< ist mit 450.000 Gallonen Erdöl in Kanistern auf dem Weg von Batum am Schwarzen Meer nach Karatschi in Indien/Pakistan. Im Roten Meer gerät das Schiff in Brand. Der in der Nähe befindliche britische große Kreuzer >Edgar< (7800 t) versucht vergeblich, das Feuer zu löschen und das Schiff abzuschleppen. Er versenkt es schließlich mit 72 Schüssen seiner Artillerie.

1897 **Technik.** In den USA baut John Holland das Tauchboot >Holland<. Es ist 16,3 m lang und wird als erstes derartiges Fahrzeug bei der Überwasserfahrt von einem Dieselmotor und bei der Tauchfahrt von einem von Batterien gespeisten Elektromotor angetrieben. Das Unterseeboot manövriert außerdem gut.

1897 **Technik.** Bei der Flottenrevue in Spithead wird das erste Schiff mit einem Antrieb durch eine Dampfturbine vorgeführt. Die >Turbinia< erreicht zur allgemeinen Überraschung der Zuseher die Geschwindigkeit von über 30 Knoten. Seit 1884 hat der Ingenieur Charles Parsons an der Entwicklung gearbeitet. Nun ist die Dampfturbine der ideale Antrieb für kleine schnelle Kriegsschiffe und bald auch für zivile Schiffe.

1898 **Handelsflotten.** Die Tonnage der Dampfschiffe hat jene der Segelschiffe schon bei weitem überholt. Die größten Handelsflotten in 1000 NRT sind:

Land	Dampfschiffe		Segelschiffe		Gesamt	
	Zahl	NRT	Zahl	NRT	Zahl	NRT
1. Großbritannien	8.559	6,358	11.669	2,566	20.228	8,924
2. Deutschland	1.171	969	2.522	585	3.693	1,555
3. Norwegen	1.004	383	6.143	1,169	7.147	1,552
4. Frankreich	1.212	499	14.352	421	15.564	920
5. Rußland	1.152	343	4.314	530	5.466	873
6. Italien	384	277	5.764	537	6.148	815
7. USA *	312	294	824	443	1.136	737
8. Spanien	562	499	1.125	158	1.687	657
9. Schweden	817	265	2.004	291	2.821	557
10. Japan	1.032	438	715	48	1.747	486
11. Dänemark	436	180	2.996	162	3.432	343
12. Niederlande	171	200	441	95	612	296
13. Österreich-Ungarn	183	142	4.791	54	4.974	197

* ohne Große Seen und ohne Binnenschiffahrt

Die USA haben die größte Dampfschiffflotte der Welt auf Binnengewässern. Japan taucht erstmals in dieser Statistik auf. Es baut gleich neben einer großen Kriegsflotte auch eine bedeutende Dampfschiffsflotte für die Handelsmarine auf. Überraschend ist der starke Rückgang der Größe der Handelsflotte der Niederlande bei den Segelschiffen. Außer bei Italien, Spanien, den Niederlanden und Österreich-Ungarn fährt die größere Zahl der Dampfschiffe auf den Binnengewässern (Durchschnittsgröße für alle Dampfschiffe bei nur 500 Tonnen).

1898 **Rußland.** In England wird der erste Eisbrecher für Rußland fertiggestellt. Es ist die >Yermak< von 10.000 Tonnen Verdrängung. Sie wird auf Anregung des späteren russischen Admirals Stepan O. Makarow (siehe Biographisches Lexikon) gebaut und ist über sechzig Jahre im Einsatz, wobei sie den Weg um Sibirien im Sommer befahrbar hält.

Schiffbruch. Das französische Passagierschiff >La Bourgogne< (7400) ist mit 711 Personen an Bord auf dem Weg von New York nach Le Havre. Südlich von Neuschottland wird es vom Frachter >Cromartyshire< (1460) gerammt und beginnt schnell zu sinken. Für die vielen Nichtschwimmer gibt es keine Schwimmwesten. Die meisten Rettungsboote sind durch den Zusammenstoß unbrauchbar geworden. Es können daher von der >Cromartyshire< nur 165 Menschen gerettet werden. *3./4. Juli 1898*

Reederei. In Dänemark entsteht die „Skandinavien-Amerika-Linie" durch den Zusammenschluß der „Vereinigten Dampfschiff Kompanie" und der „Thingvalla-Linie". Die neue Gesellschaft betreibt Passagier- und Frachtfahrt nach New York und Fährdienst in der Nordsee, der Ostsee und dem Mittelmeer. Ferner werden Frachtfahrten nach den Häfen der USA am Golf von Mexiko unternommen. Sie verfügt von Beginn an über 15 kombinierte Fracht- und Passagierschiffe. *1898*

Sondertransport. Auf dem Dampfschiff >Manitobian< (1810) wird eine Herde von Rentieren befördert. Am Alten Fjord in Norwegen werden 537 Tiere, 418 Schlitten, 500 Geschirre, Hirten und Führer sowie reichlich Futter verladen und nach New York verschifft. Von dort geht es per Bahn nach Seattle und dann wieder zu Schiff nach Alaska für die Aufzucht. *1898*

Werft. Nach dem Beschluß des Flottengesetzes durch die deutsche Reichsregierung und den Reichstag erhalten die Werften Aufträge zum Bau von Kriegsschiffen. Bei Blohm & Voss in Hamburg läuft 1899 als erstes das Linienschiff >Kaiser Karl der Große< (11.150) vom Stapel. Die Werft beschäftigt bereits 4500 Mitarbeiter. *1898*

Binnenschiffahrt. Zur Überwindung des Eisernen Tores, einer Felsenenge zwischen mittlerer und unterer Donau, in der Bergfahrt werden schwere Lokomotiven auf einer extra dafür angelegten parallelen Schienenstrecke als Vorspann eingesetzt. Ein mechanisches Treideln. *ab 1898*

Forschung. Der Norweger Carsten E. Borchgrevink erreicht das Südpolgebiet bei Kap Adare. Er überwintert dort und wird im folgenden Jahr von seinem nach Neuseeland zurückgeschickten Schiff in die Ross-Bucht übergesetzt. Im Zuge seiner Expeditionen kommt er zu der Überzeugung, daß die Antarktis ein sechster Kontinent ist, da sie weitgehend aus Festland besteht. Im März 1900 wird die Expedition wieder abgeholt. *1898–1900*

Forschung. Der Amerikaner Robert E. Peary unternimmt mit der >Windward< eine Nordpolexpedition, die ihn bis auf eine Breite von 83°39′ führt. Er stellt dabei fest, daß Grönland eine Insel ist. *1898–1900*

Ostasien. Der NDL Bremen übernimmt zwei britische Ostasienlinien und dehnt dadurch sein Liniennetz weiter aus. Seine Hauptlinie wird von Schanghai nach Yokohama verlängert. Nebenlinien gehen von Penang nach Ostsumatra, von Singapur nach Nordborneo, von Singapur nach Bangkok, von Hongkong nach Bangkok und von Hongkong nach Swatow. Die Australienlinie wird ausgebaut und führt nun von Singapur über Neuguinea nach Sydney. Dabei werden unter anderem auch Brisbane, Finschhafen, Makassar und Batavia angelaufen. An diesem Zubringerdienst sind ab 1903 schon 25 Küstendampfer von 700 bis 3000 BRT eingesetzt. *1899*

1899	**Reederei.** Die französische CGT unterhält mit vier Dampfschiffen ein florierendes Frachtgeschäft mit den USA. Im Passagiergeschäft machen ihr die neuen Schnelldampfer der US-amerikanischen „American Line" mit ihrer Fahrt nach Cherbourg große Konkurrenz.
1899	**Reederei.** Die britische White Star-Linie startet mit der >Medic< (12.000 BRT) und vier weiteren Dampfschiffen einen Kurs nach Australien auf der alten Route rund um das Kap der Guten Hoffnung. Dabei werden die Häfen in Südafrika angelaufen. Im selben Jahr nimmt am Nordatlantik ihre >Oceanic< (17.270 BRT) die Fahrten auf. Das Schiff hat Unterkünfte für 410 Passagiere erster, 300 zweiter Klasse und 1000 im Zwischendeck.
August 1899	**Reederei.** Die >Batavian< (10.400 BRT) ist das erste Schiff der Allan-Linie mit über 10.000 BRT und ihr erstes mit Doppelschrauben. Nach zwei Fahrten über den Nordatlantik wird es von der Regierung übernommen und als Truppentransporter im Burenkrieg eingesetzt. Im Oktober 1902 wird das Schiff wieder der Allan-Linie zurückgestellt.
1899	**Drahtlose Telegraphie.** In diesem Jahr erfolgt die erste praktische Anwendung. Die britische Kriegsmarine läßt für die Flottenmanöver dieses Jahres vom Italiener Guglielmo Marconi in dem alten Schlachtschiff >Alexandra< (9490 t) und den Kreuzern >Juno< (5600 t) und >Europa< (11.000) drei Apparate installieren. Die Kreuzer senden bei diesen Manövern über eine Entfernung von über hundert Kilometern Nachrichten über ihre Aufklärung an das Schlachtschiff. Im selben Jahr führt Marconi in den USA seinen Apparat vor. Auf dem Heimweg im November nimmt er im Ärmelkanal vom Passagierschiff aus Kontakt mit der Royal Navy auf. Auf dem Schnelldampfer wird daraufhin die „The Transatlantic Times" mit den neuesten Nachrichten gedruckt. Die britische Marine installiert in den Kreuzern >Thetis< (3400 t), >Magicienne< (2950 t) und >Forte< (4360 t) Anlagen, die im Burenkrieg bei der Blockade der Küste von Mosambique gute Dienste leisten. Sie kauft daher von der Firma Marconi im folgenden Jahr 32 Anlagen und beginnt Schiffe und Küstenstationen damit auszurüsten.
1899–1902	**Großbritannien.** Während des Burenkrieges fahren 18 Schiffe der Elder Dempster-Linie als Transporter für das Heer in Südafrika. Sie unternehmen hundert Fahrten, die Hälfte davon von New Orleans mit Pferden und Maultieren für die Truppen.
30. Juni 1900	**Feuersbrunst.** An ihren Piers in New York liegen fünf Passagierschiffe des NDL Bremen. Ein Ballen Baumwolle entzündet sich und der Wind bringt das Feuer zu einem Whiskylager. In kürzester Zeit stehen die Kaianlagen und Schiffe in Brand. Die >Saale<, >Main< und >Bremen< brennen aus, nur die >Kaiser Wilhelm der Große< und die >Phoenizia< können rechtzeitig ablegen. Der Schaden an den Piers und den Schiffen ist enorm, derjenige an Menschenleben mit 190 Toten in Anbetracht der Umstände moderat.
1900	**Großbritannien.** Die Eisenbahn hat bereits den ganzen Binnenverkehr im Personentransport und den meisten Gütertransport an sich gezogen. Bei Massengütern ist die Binnen- und Küstenschiffahrt aber noch immer konkurrenzfähig. In diesem Jahr werden je acht Millionen Tonnen an Kohle von Eisenbahn und Küstenschiffen nach London gebracht.

Schiffahrtslinien nach Nordamerika um 1890

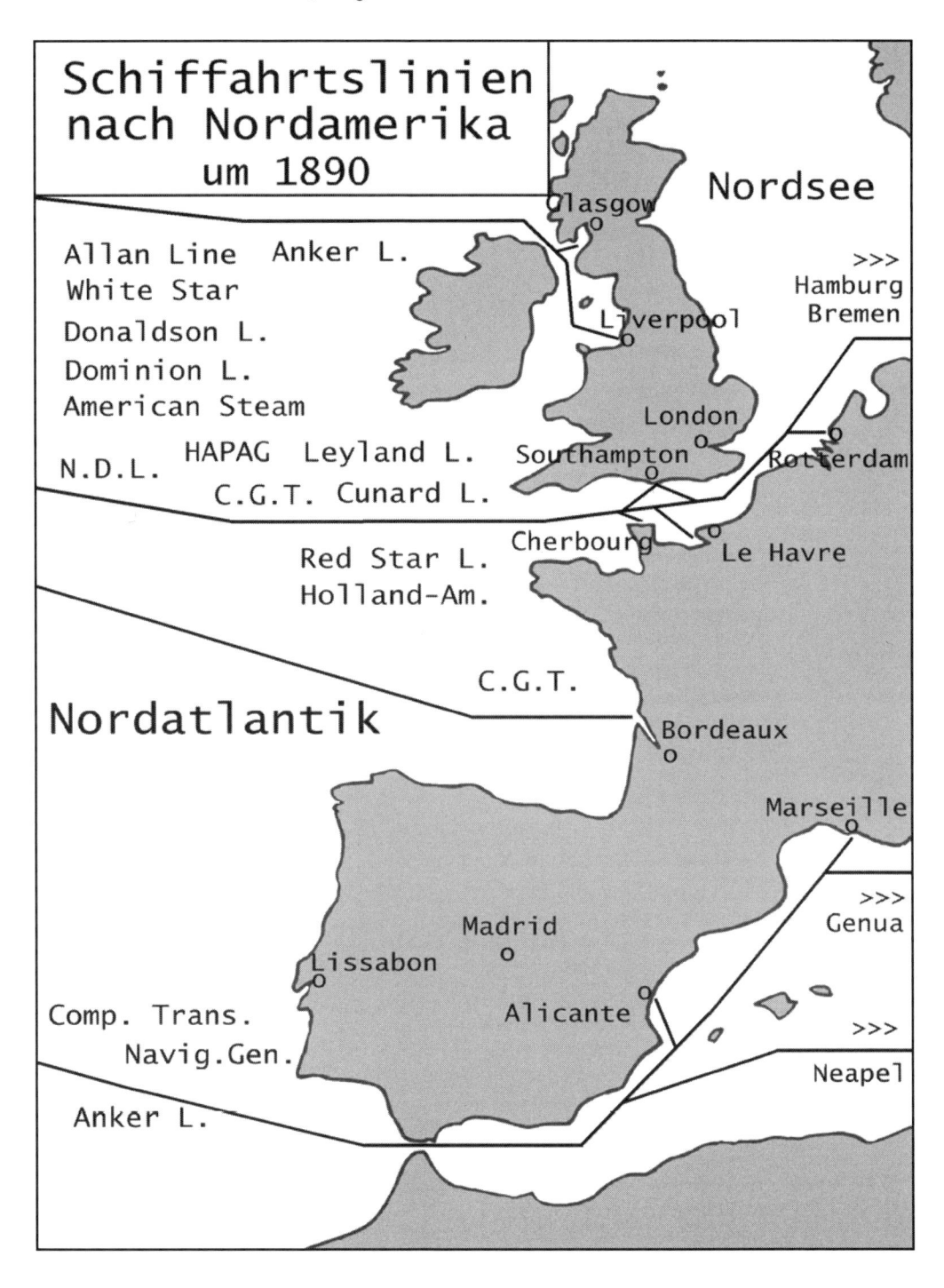

Allan Line   Anker L.
White Star
Donaldson L.
Dominion L.
American Steam

N.D.L.   HAPAG   Leyland L.
C.G.T.   Cunard L.

Red Star L.
Holland-Am.

C.G.T.

Nordatlantik

Comp. Trans.
Navig. Gen.

Anker L.

Glasgow
Liverpool
London
Southampton
Cherbourg
Le Havre
Rotterdam
Bordeaux
Lissabon
Madrid
Alicante
Marseille

Nordsee

>>> Hamburg
    Bremen

>>> Genua

>>> Neapel

1900

Häfen. Die größten Häfen in Nordeuropa nach der Nettotonnage aller ankommenden Schiffe sind nach dem statistischen Jahrbuch für das Deutsche Reich:

Hafen	Tonnage
London	15,553.000
Cardiff	9,480.000
Liverpool	9,316.000
Antwerpen *	ca. 9,000.000
Newcastle	8,325.000
Rotterdam *	ca. 8,000.000
Hamburg	7,900.000
Glasgow	3,584.000
Hull	3,418.000
Kopenhagen	3,327.000
Le Havre	2,873.000
Southampton	2,805.000
Bremerhaven **	2,168.000
Cherbourg	1,823.000

*Umschlag geschätzt. ** alle Bremer Häfen.

Cardiff und Newcastle sind Kohlehäfen.

1900
Binnenschiffahrt. Ein Reisender aus England fährt mit Binnenschiffen (Dampfern und geschleppten Personenkähnen) von Ostasien durch ganz Sibirien nach Europa. Er berichtet, daß er in der Gegenrichtung russische Emigranten auf dem Weg in das östliche Sibirien auf den Schiffen sieht. Am Amur wird der Fluß in der Nacht von Öllampen auf Stangen am Ufer erleuchtet und die Personenschiffe werden von Kanus mit Öllampen begleitet.

In diesem Kapitel verwendete Literatur
(weitere Nachschlagewerke siehe Anhang in diesem Band):

Beyhaut, G. (Hrsg.), Süd- und Mittelamerika, Fischer Weltgeschichte Bd. 23, Fischer, Frankfurt/Main 1980
Binnenschiffahrt, History of the Great Lakes, 2 Bde., Beers, Chicago 1899
Bonsor, N. R. P., North Atlantic Seaway, 5 Bde., Brookside, Jersey 1975
Brackmann, K., Fünfzig Jahre deutsche Afrikaschiffahrt, Reimer, Berlin 1935
Braudel/Labrousse, Histoire Économique et Sociale de la France, Bd. 3 (1789-1880), Presses Universitaires de France, Paris 1976
Brenneke, J., Tanker, Koehler, Herford 1975
Clapham, J. H., An Economic History of modern Britain, Cambridge Uni Press, Cambridge 1930
Colomb, P. H., Navak Warfare, Allen, London 1891
Cooney, D. M., A Chronology of the U.S. Navy 1775 – 1965, Watts, New York 1965
Cornewell-Jones, R., The British Merchant Service, Sampson Low & M., London 1898
Dorn, A. (Hrsg.), Die Seehäfen des Weltverkehrs, 2 Bde., Volkswirtsch. Verlag, Wien 1891
Dreyer-Eimbecke, O., Auf den Spuren der Entdecker am südlichsten Ende der Welt, J. Perthes, Gotha 1996
Dyos/Aldcroft, British Transport, Leicester Uni Press, Leicester 1969
Fayle, C. E., World's Shipping Industry, Allen & Unwin, London 1933

Hochseeschiffe Ende 19. Jahrhundert

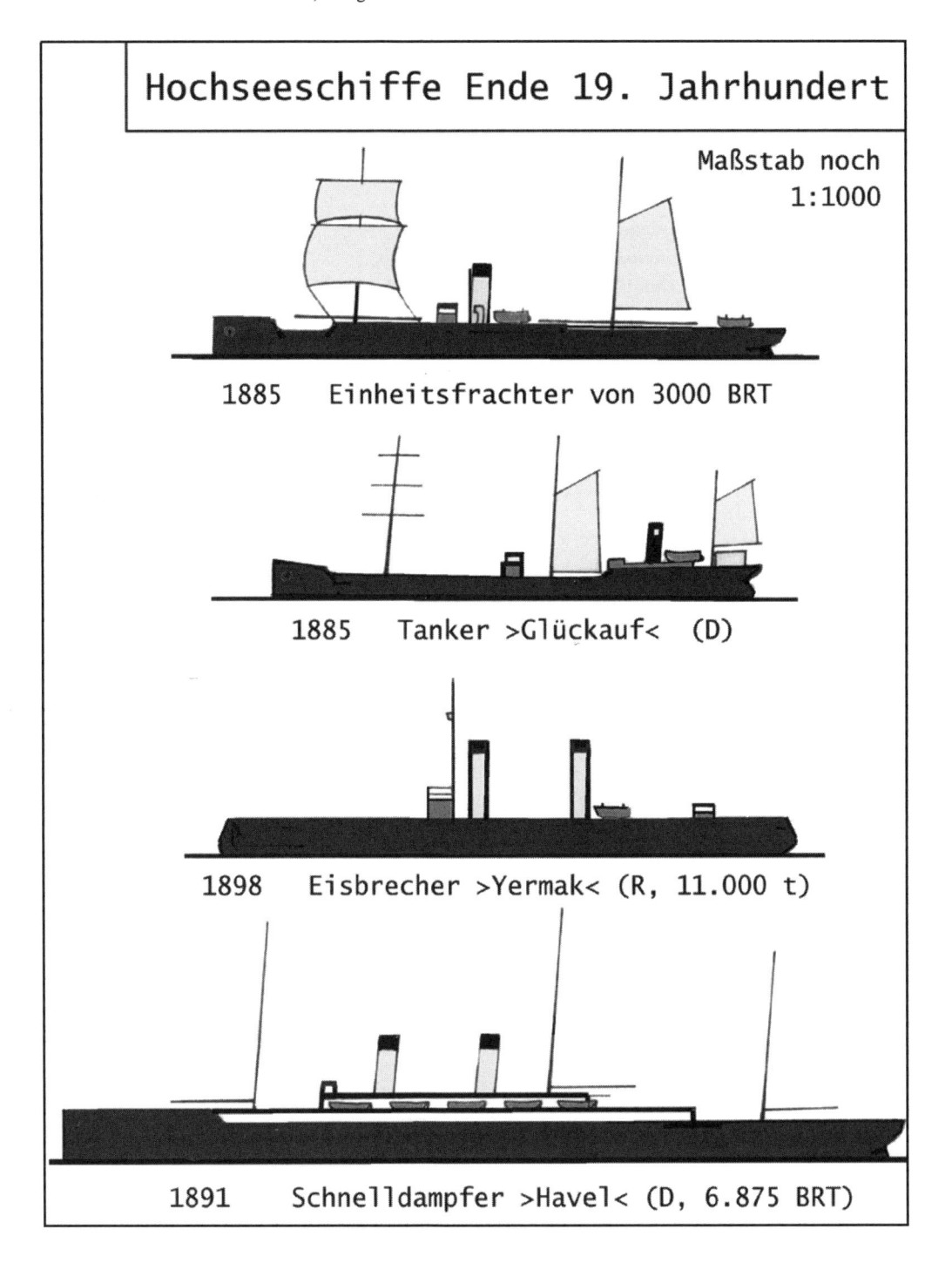

Maßstab noch 1:1000

1885   Einheitsfrachter von 3000 BRT

1885   Tanker >Glückauf< (D)

1898   Eisbrecher >Yermak< (R, 11.000 t)

1891   Schnelldampfer >Havel< (D, 6.875 BRT)

Fieldhouse, D. (Hrsg.), Die Kolonialreiche seit dem 18. Jahrhundert, Fischer Weltgeschichte Bd. 29, Fischer Taschenbuch Verlag, Frankfurt am Main 1979
Fischer, W. (Hrsg.), Europäische Wirtschafts- und Sozialgeschichte von der Mitte des 19. Jh. bis zum Ersten Weltkrieg, Klett-Cotta, Stuttgart 1985
Flüger, H., Die deutschen Welthäfen Hamburg und Bremen, Fischer, Jena 1914
Franke/Trauzettel, Das Chinesische Kaiserreich, Fischer Weltgeschichte Bd. 19, Fischer Taschenbuch Verlag, Frankfurt am Main 1976
Haws, D., Schiffe und Meer, Delius, Klasing & Co, Bielefeld 1975
Hilton, The Great Lakes Car Ferries, Howell-North, Berkely 1962
Hocking, Ch., Dictionary of Disasters at Sea during the Age of Steam, 2 Bde., Lloyd's Register of Shipping, London 1969
Horton, E., The illustrated History of the Submarine, Sidgwick & Jackson, London 1974
Jansen, M. B., The Cambridge History of Japan, Bd. 5, The Nineteenth Century, Cambridge Uni Press, Cambridge 1989
Kludas, A., Die großen Passagierschiffe der Welt, 5 Bde., Stalling, Oldenburg 1972
Kludas, A., Die Geschichte der deutschen Passagierschiffahrt, 5 Bde., Kabel, Hamburg 1986
Leidenfrost, J., Die Lastsegelschiffe des Bodensees, Thorbeke, Sigmaringen 1975
Mahan, A. Th., Der Einfluß der Seemacht auf die Geschichte, dte. Übersetzung, Koehler, Herford 1967
Oliver, J. W., Geschichte der amerikanischen Technik, Econ, Düsseldorf 1959
Payer, J., Die österreichisch-ungarische Nordpol-Expedition 1872-1874, Hölder, Wien 1876
Platt, D. C. M., Latin America and British Trade, Adam & Charles, London 1972
Rabson/O'Donohue, P&O, a Fleet History, The World Shipping Society Kendal 1988
Röhr, A., Deutsche Marinechronik, Stalling, Oldenburg 1974
Ronan, C. A., The Shorter Science and Civilisation in China, Kurzfassung von Needeham's Originaltext, Bd. 3, Cambridge Uni Press, Cambridge 1986
Schram, A., Railways and the Formation of the Italian State in the Nineteeth Cent., Cambridge Uni Press, Cambridge 1997
Smith Homans (Hrsg.), A Cyclopedia of Commerce and Commercial Navigation, 2 Bde., Harper, New York 1858
Tiyambe Zeleza, P., A Modern Economic History of Africa, the Nineteenth Century, Codesria, Dakar 1993
Tomlinson, B. R., The Economy of Modern India, 1860–1970, Cambridge Uni Press, Cambridge 1993
Weyer, B., Taschenbuch der Kriegsflotten, Lehmann, München 1900
Wüllerstorf-Urbair, Reise der österreichischen Fregatte >Novara< um die Erde, Gerold, Wien 1861

19. Luxusliner fahren um die Wette
Die Zeit von 1900 bis 1950 weltweit

Das politische Umfeld. Die Zeit der beiden Weltkriege

Europa. Die Zeit nach dem deutsch-französischen Krieg 1870–71 bis zum Beginn des Ersten Weltkriegs war von einer relativen politischen Stabilität geprägt und ermöglichte einen gewaltigen wirtschaftlichen Aufschwung. Der deutsche Reichskanzler Otto von Bismarck konnte mit einer geschickten Politik des Ausgleichs die französischen Revanchegelüste im Zaum halten, die Spannungen am Balkan mildern (Berliner Kongreß 1878) und den Differenzen bei der letzten Kolonialisierungswelle die Spitze nehmen (Kongo-Konferenz 1884–85 in Berlin). Nach seinem Sturz 1890 geriet die Außenpolitik in Europa aus dem Gleichgewicht.
Die Überschätzung der Stellung und der Stärke Deutschlands durch Kaiser Wilhelm II. (1888–1918) verleitete diesen zu einer Politik, die andere Mächte vor den Kopf stoßen mußte. Seine Haltung im Burenkrieg der Briten 1899–1902 (Krüger-Depesche) führte diese zu einer Annäherung an Frankreich. Der Aufbau der deutschen Kriegsflotte beunruhigte die Briten noch mehr und das Verhalten Wilhelms in der Marokkofrage (Panthersprung) besiegelte die Entente Cordiale zwischen Frankreich und Großbritannien. Rußland, schon in einem Bündnis mit Frankreich, wandte sich nach der Niederlage gegen Japan 1904–05 wieder stärker dem Westen zu und verstärkte nach dem Interessenausgleich mit Großbritannien über die Probleme in Persien und Zentralasien die Entente.
Der seit 1882 bestehende Dreibundvertrag zwischen Deutschland, Österreich-Ungarn und Italien wurde durch die Einigung über Nordafrika zwischen Frankreich und Italien im Jahr 1902 (Marokko für Frankreich und Libyen für Italien) sowie durch den Geheimvertrag zwischen Italien und Rußland über die Balkaninteressen 1909 untergraben. Bei Ausbruch des Ersten Weltkrieges standen daher Deutschland und Österreich-Ungarn allein gegen die Entente. Im Mai 1915 trat auch Italien auf deren Seite gegen die ehemaligen Verbündeten in den Krieg ein, da die Entente den Italienern im Falle eines Sieges mehr zu bieten hatte als die Mittelmächte.
Norwegen war seit 1814 mit Schweden in Personalunion verbunden. Durch seine große Handelsflotte hatte es weltweite internationale Kontakte. Es forderte daher von Schweden eigene konsularische Behörden im Ausland. Da ihm dies verweigert wurde, löste es 1905 die Union und proklamierte ein eigenes Königreich, das bis 1907 allgemein anerkannt wurde.
Spanien sicherte sich 1904 in einem Vertrag mit Frankreich den Nordteil von Marokko, mußte diesen aber in mehreren Feldzügen gegen die Rif-Kabylen erobern, wobei die Flotte mehrfach zum Einsatz kam.
Belgien übernahm 1908 das bisher als Privatbesitz vom König verwaltete riesige Kongogebiet in Zentralafrika in staatliche Verwaltung. Die bisherige Verwaltung war wegen der rücksichtslosen Ausbeutung des Landes (Kongogreuel) ständig international kritisiert worden.
In der Levante schritt der Zerfall des Osmanischen Reiches weiter fort. Gegen die schlechte Regierung begann 1908 in Saloniki ein Aufstand der „Jungtürken" unter Enver Pascha und in Damaskus leitete Mustafa Kemal „Atatürk" einen Geheimbund von Offizieren zur Erneuerung des Landes. Dies benützte Italien 1911–12 zur Eroberung von Libyen und der Dodekanes und die Balkanstaaten zur Vertreibung der Türken im Balkankrieg 1912–13 fast aus deren ganzen Besitz in Europa. Die Türkei, mit Deutschland schon in enger wirtschaftlicher Verbindung

(Bau der Bagdadbahn), suchte nun auch militärischen Anschluß an die Mittelmächte, sehr zum Mißfallen von Großbritannien. Die Übergabe der Schiffe der deutschen Mittelmeerdivision, Schlachtkreuzer >Goeben< und Kreuzer >Breslau<, an die Türkei brachte die Hohe Pforte an die Seite der Mittelmächte in den Ersten Weltkrieg.

Asien. Im Vertrag von Sankt Petersburg 1907 teilten Großbritannien und Rußland Persien in Interessensphären auf und versprachen, Afghanistan und Tibet aus ihrer Expansion auszuklammern. Da Persien dieses Abkommen nicht anerkannte, wurde der Süden des Landes von Großbritannien und der Norden von Rußland besetzt.

Der Sieg Japans über Rußland 1905 gab dem Streben nach Unabhängigkeit in Indien neuen Auftrieb. Im Pakt von Luknow verlangten Hindus und Moslems mehr Autonomie.

Die Niederlage von China gegen Japan 1895 beschleunigte das Ende der Mandschu-Dynastie. Boxeraufstand und die Gründung der Kuomintang (nationale Volkspartei) durch Sun Yat-sen 1905 führten 1912 zur Abdankung des letzten Kaisers. China wurde Republik.

Japan stieg durch die Siege über China und Rußland in den Kreis der Großmächte auf. Schon seit 1902 war es mit Großbritannien durch ein Militärbündnis verbunden. Im Frieden von Portsmouth (USA) gewann es 1905 Süd-Sachalin und Port Arthur. Es erhielt auch das Protektorat über Korea, das es 1911 ganz annektierte. Japan schloß 1907 Freundschaftsverträge mit Frankreich und Rußland, wodurch es freie Hand in der Mandschurei erhielt.

Amerika. Um die Jahrhundertwende reihten sich die USA in die Reihe der imperialistischen Mächte ein. Ein Aufstand in Kuba führte zum Seekrieg gegen Spanien (siehe Seeherrschaft). Im folgenden Friedensvertrag 1898 erhielten sie Puerto Rico, Guam und die Philippinen. Unmittelbar danach wurde Hawaii annektiert. In Mittelamerika wurde 1903 die Loslösung von Panama von Kolumbien unterstützt. Die Staaten in Mittelamerika kamen immer mehr in die finanzielle Abhängigkeit der USA (Bananenrepubliken). In der Europapolitik schwenkten die USA ganz auf die Seite von Großbritannien, das ihnen dafür freie Hand in ganz Amerika überließ. Die Grenzziehung zwischen den USA und Kanada wurde endgültig genau festgelegt, auch zwischen Alaska und Kanada (Gebiet der Goldfunde).

Die USA blieben im Ersten Weltkrieg zunächst neutral. Der im Februar 1917 beginnende uneingeschränkte Unterseebootkrieg führte im April zur Kriegserklärung der USA an Deutschland. Japan benützte die Gelegenheit der Bindung der Europäer im Weltkrieg, weiteren Einfluß in China zu erlangen. Es erklärte 1914 an Deutschland den Krieg und eroberte dessen „Schutzgebiet" Kiao Zhou/Kiao chou mit Tsing-dao/Tsingtau. Danach reichte sein Einfluß in China bis zum Yang-tse-kiang.

Ende des Ersten Weltkrieges. Am 6. November 1917 fand in Petrograd/Sankt Petersburg die russische Oktoberrevolution statt (nach orthodoxem Kalender 24. Oktober). Dies führte am 3. März 1918 zum Ausscheiden Rußlands aus dem Ersten Weltkrieg.

Dem Zusammenbruch der Türkei, Waffenstillstand am 30. Oktober 1918, folgte jener von Österreich-Ungarn am 3. November 1918. Deutschland schloß daraufhin ebenfalls am 11. November 1918 einen Waffenstillstand auf Basis der 14 Punkte des US-Präsidenten Woodrow Wilson für einen Frieden. Die im folgenden Jahr in den Pariser Vororten abgeschlossenen Verträge waren allerdings reine Diktate. Die Delegierten Deutschlands, Österreichs und Ungarns durften an den Verhandlungen nicht teilnehmen und mußten die vorgelegten Verträge ultimativ binnen einer Woche unterschreiben. Schriftliche Gegenvorschläge wurden nur marginal berücksichtigt. In Versailles mußte Deutschland am 28. Juni 1919 Ostgebiete an Polen, Elsaß-Lothringen an Frankreich, Eupen-Malmedy an Belgien und Nordschleswig an Dänemark abtreten. Die Kolonien mußten dem Völkerbund übergeben werden, der sie als Mandate an

Großbritannien und Frankreich weitergab. Es mußte Reparationszahlungen in zunächst unbestimmter Höhe übernehmen, die Rüstung beschränken und neben der Kriegsflotte auch 90 Prozent der Handelsflotte ausliefern. Die Flüsse Donau, Rhein, Elbe, Oder und Memel/Njemen wurden internationalisiert. Das Memelland wurde 1924 von Litauen annektiert. Die USA beteiligten sich nicht an diesem Diktatfrieden und schlossen mit Deutschland am 25. August 1921 einen Sonderfrieden.

Die Monarchie der Habsburger wurde in St. Germain am 10. September 1919 in eine Reihe von Nachfolgestaaten zerschlagen (Ende der ersten vereinigten Staaten von Europa). Deutsch-Österreich verlor neben Südtirol sein ganzes Küstengebiet und mit diesem auch seine Handelsflotte. Ungarn mußte im Frieden von Trianon am 4. Juni 1920 die Slowakei, Kroatien, das Banat und Siebenbürgen abtreten und wurde ebenfalls ein Binnenland.

Der in Sèvres den Türken aufgezwungenen Vertrag wurde von diesen nicht ratifiziert. Die Jungtürken unter Mustafa Kemal „Aratürk" riskierten ein militärisches Eingreifen der Siegermächte. Sie sicherten zunächst die Grenze im Osten durch eine Teilung von Armenien mit der Sowjetunion. Dann warfen sie die im Westen von Kleinasien vorrückenden Griechen aus dem Land. In Lausanne gelang ihnen 1923 der Abschluß eines wesentlich günstigeren Vertrages. Der Türkei verblieben ganz Kleinasien und der Brückenkopf um Adrianopel in Europa sowie die Kontrolle über die Meerengen von Bosporus und Dardanellen.

Das Verbot des Anschlusses von Deutsch-Österreich an Deutschland, den damals alle Österreicher wollten, und die Art und Weise, wie diese Diktatfriedensschlüsse zustande gekommen waren, trugen den Keim für einen nächsten Weltkrieg in sich. Denn die radikalen Elemente in Deutschland, Nationalisten und Kommunisten, fanden darin reiches Material für ihre Hetzpropaganda.

In der Sowjetunion wurde auch nach 1918 noch zwischen den roten Bolschewiken und den weißen Konterrevolutionären gekämpft, schließlich siegten die ersteren. Die Sowjetunion mußte jedoch große Gebiete an Polen und Bessarabien an Rumänien abtreten. Die Unabhängigkeit von Finnland und der baltischen Staaten mußte sie anerkennen. Daraus entstand auch in der Sowjetunion der Dang, die Friedensordnung der Westmächte zu Fall zu bringen und sich erneut ein Vorfeld im Westen zu schaffen (Hitler-Stalin-Pakt 1939).

Der Weltkrieg forderte nicht nur große Menschenverluste, sondern verschlang auch riesige Vermögenswerte. US-Präsident Woodrow Wilson berief daher 1921 eine Abrüstungskonferenz in Washington ein, um die riesigen Rüstungsprogramme aus der Zeit des Krieges zu reduzieren. In Washington wurden in überraschend kurzer Zeit eine Rüstungsbeschränkung bei den Kriegsflotten (siehe Seeherrschaft) und ein Abkommen über den Besitzstand im Stillen Ozean erzielt. Außerdem wurde China die Unabhängigkeit garantiert und Japan zur Rückgabe der Halbinsel Shantung mit Kiau Zhou an China veranlaßt.

Zwischenkriegszeit. Für die Siegermächte Frankreich, Großbritannien und Italien ergaben sich bald neue Probleme. Großbritannien und Frankreich hatten sich in der Levante vom Völkerbund die von der Türkei abgetretenen Gebiete als Mandate zuteilen lassen. Syrien und der Libanon kamen an Frankreich, Palästina und den Irak übernahm Großbritannien. Diese Gebiete waren durch die Öllager für die Weltwirtschaft ein riesiges Kapital. Aus dem Irak flossen die Ölströme in immer größeren Mengen und Frankreich wollte daran teilhaben. Im Vertrag von Mossul 1926 einigten sich die Länder in der Aufteilung der Anteile an der irakischen Erdölgesellschaft. Es bekamen britische Firmen 52,50%, amerikanische 21,25%, französische 21,25% und der armenische Ölmagnat Calouste Gulbenkian 5,00% für seine Vermittlertätigkeit („Mister fünf Prozent").

In der unmittelbaren Nachkriegszeit hatte die Wirtschaft durch Kriegsschäden und Inflation gelitten. Dann kam es zu einem Aufschwung der bis zu einer Überhitzung führte. Die Folge war der „Schwarze Freitag" am 24. Oktober 1929 an der New Yorker Börse. Die Aktien fielen ins Bodenlose, die meisten Bürger des Mittelstandes verloren ihr Vermögen. Die Industrieproduktion in den USA sank innerhalb von drei Jahren auf die Hälfte. Aus dem „Schwarzen Freitag" entwickelte sich schnell eine Weltwirtschaftskrise, die Vermögen verschlang und Millionen von Arbeitslosen auf die Straße setzte. Diese waren die Basis für Demagogen und Nationalisten, die aus dem Heer der Arbeitsuchenden ihre Gefolgschaft rekrutierten. Die Nationalsozialisten und Faschisten bauten mit ihnen ihre Privatarmeen auf, die Kommunisten sahen darin die Gelegenheit ihre Weltrevolution voranzutreiben.

In **Italien** hatten die Faschisten schon die Krise nach dem Ersten Weltkrieg im Jahr 1922 zur Machtübernahme ausgenützt. Als Siegermacht im Weltkrieg begann es sofort unter dem „Duce" Benito Mussolini mit einer imperialistischen Außenpolitik. Die Dodekanes und Fiume wurden annektiert. Schließlich wurde mit Rückendeckung von Deutschland (Kohlelieferungen für die Schiffstransporte) Abbessinien erobert.

In **Deutschland** kam im Jänner 1933 nach dem Wahlsieg der NSDAP Adolf Hitler an die Macht und begann sofort mit der Gleichschaltung des Reiches unter seiner Führung. Dazu hatte er das Glück, daß gerade zu dieser Zeit wieder ein Wirtschaftsaufschwung in der ganzen Welt begann. Verstärkt durch die Aufrüstung und Arbeitsprogramme (Autobahn, Winterhilfswerk etc.) konnte dadurch die Arbeitslosigkeit rasch abgebaut werden. Dies brachte dem System neue Sympathien ein. Das deutsch-britische Flottenabkommen von 1935 machte das Reich der Nationalsozialisten in Europa paktfähig. Nach diesem Übereinkommen durfte Deutschland seine Kriegsflotte bis auf 35 Prozent der Stärke der britischen Flotte ausbauen.

Die Besetzung des Rheinlandes ohne Reaktion aus dem Westen, der Anschluß von Österreich im März 1938 und die Einverleibung des rein deutschen Sudetenlandes im September 1938 (Münchner Abkommen) ohne Krieg ließen den „Führer" als großen Politiker in den Augen der meisten Deutschen dastehen.

Spanien. Bei den Wahlen im Jahr 1931 siegten die Republikaner, König Alfons XIII. verließ, ohne abzudanken, das Land. Es wurde die zweite Republik gegründet, die vom liberalen Bürgertum und von den Sozialisten eine fortschrittliche Verfassung erhielt. Fünf Jahre später siegte bei den Wahlen eine Volksfront aus Sozialisten, Kommunisten und Syndikalisten/Anarchisten. Es kam zu ständigen Unruhen, das Land wurde unregierbar. Als der monarchistische Abgeordnete Calvo Sotelo ermordet wurde (die Tat wurde von den Kommunisten im Parlament angekündigt), griff die Armee ein. Der Bürgerkrieg dauerte drei Jahre. Die Nationalisten wurden von Deutschland und Italien mehr oder minder offen, die Volksfront von der Sowjetunion und europäischen Linkssozialisten, meist aus Frankreich, offen unterstützt. Großbritannien und die USA versuchten vergeblich den Krieg einzudämmen. Das faschistische Deutschland (Legion Kondor) und die UdSSR konnten dort ihre neuen Waffen und ihre Kriegsführung praktisch erproben. Schließlich siegten die Nationalen unter General Francisco Franco, der für den Wiederaufbau von Land und Wirtschaft sorgte und Spanien aus dem Zweiten Weltkrieg heraushielt. Franco führte nach dem Zweiten Weltkrieg eine ordnungsgemäße Übergabe der Macht an eine konstitutionelle Monarchie herbei.

Irland, ohne die nördliche Provinz Ulster, wurde zwischen den Weltkriegen in mehreren Stufen (1922, 1932, 1937) unabhängig und beteiligte sich nicht am Zweiten Weltkrieg. Kanada war in der Zwischenkriegszeit noch fest an Großbritannien gebunden. Es schloß aber 1923 mit den

USA ein Fischereiabkommen über den Fang im nördlichen Stillen Ozean und begann damit eine eigenständige Politik zu betreiben.

Asien. Der Irak erhielt 1930 von Großbritannien gegen die Überlassung von Militärstützpunkten die Unabhängigkeit. Persien nennt sich seit 1935 Iran, im Jahr 1941 wurde es von britischen und sowjetischen Truppen besetzt. In Indien begann 1919 nach dem Blutbad von Amritsar (1000 Tote durch Feuer der britischen Truppen in eine Menschenmenge) „Mahatma" Ghandi den gewaltlosen Widerstand gegen die britische Besatzung. Im Jahr 1935 erhielt Indien eine beschränkte Selbstverwaltung, der Widerstand von Ghandi ging aber weiter. Burma wurde 1937 von Indien getrennt und erhielt Kolonialstatus.

China versank ab 1916 in einem ständigen Krieg der regionalen Befehlshaber („Warlords"), wie schon oft in seiner Geschichte. Ab 1927 konnte die Kuomintang unter General Tschiang Kai-schek fast ganz China einen. Die junge kommunistische Partei unter Mao-ze-dong/Maotse-tung wich im „Langen Marsch" nach Nordchina aus. Der herbeigeführte Zwischenfall von Mukden führte zur Besetzung der Mandschurei durch die Japaner. Der Zwischenfall an der Marco-Polo-Brücke in Peking, eine Schießerei zwischen chinesischen und japanischen Soldaten, war der Anlaß für den Beginn des Krieges zwischen China und Japan. Dies war bereits ein Vorspiel für den Zweiten Weltkrieg. Nach der Verurteilung von Japan durch den Völkerbund wegen dessen Vorgehen in der Mandschurei trat Japan aus dem Völkerbund aus, kündigte seine Verträge über die Beschränkungen im Kriegsschiffbau und schloß sich 1936 dem Antikomintern-Pakt von Deutschland und Italien an.

Japan proklamierte 1938 eine Neuorientierung in Ostasien („Ostasiatische Wohlstandssphäre"). Die USA kündigten daraufhin das Handelsabkommen von 1911 und sperrten die Lieferungen von kriegswichtigen Rohstoffen wie Erdöl und Schrott. Japan blieb nur die Wahl zwischen Rücknahme seiner Expansion oder Krieg.

Nach zwei Jahren Krieg in Ostasien, Japan hatte auch schon Französisch Indochina besetzt, begann der Krieg auch in Europa 1939 mit dem Überfall von Deutschland auf Polen. Der europäische Krieg wurde mit dem japanischen Überfall auf Pearl Harbour am 7. Dezember 1941 Ortszeit zum **Zweiten Weltkrieg** (siehe Seeherrschaft). Das Ergebnis dieses blutigsten Krieges aller Zeiten war verheerend. Ganz Deutschland, Polen, Japan und Teile von Frankreich, Rußland, Italien und China lagen in Trümmern. Es waren rund 55 Millionen Tote zu beklagen, darunter 4,5 Millionen von den Nazis ermordete Juden und 20 bis 30 Millionen Zivilisten, die im Zuge der Vertreibung (China und Osteuropa) und durch Hunger umgekommen waren. Die größten Einzelkatastrophen wurden durch die Atombombenabwürfe auf Hiroshima und Nagasaki und durch den Bombenangriff mit Feuersturm auf Dresden mit offiziell 137.000 und geschätzten 250.000 Toten herbeigeführt.

Die **Weltwirtschaft** erholte sich allerdings dank des technischen Fortschritts und der Globalisierung rasch wieder und erreichte schon 1948 das Vorkriegsvolumen. Sogar Deutschland und Osteuropa erreichten diese Marke schon 1950.

Für die Regelung zukünftiger internationaler Probleme wurde am 26. Juni 1945 in San Francisco die Organisation der Vereinten Nationen (**UNO**) gegründet. Ihre Statuten wurden an diesem Tag schon von 50 Nationen unterzeichnet. Die Nachkriegsordnung wurde nur zum Teil in Friedensverträgen geregelt. Die Grundzüge wurden in der Konferenz von Potsdam 1945 festgelegt. In Paris wurden 1947 mit Finnland, Italien, Ungarn, Rumänien und Bulgarien Verträge unterzeichnet.

Deutschland und Österreich wurden in je vier Besatzungszonen geteilt und von den vier Großmächten UdSSR, USA, Großbritannien und Frankreich verwaltet. China wurde von den

Truppen der UdSSR und der USA geräumt. Korea wurde in eine nördliche (sowjetische) und eine südliche (USA) Besatzungszone geteilt, obwohl es als selbständiger Staat wieder erstehen sollte. Japan wurde von den USA besetzt und sollte zu einer Demokratie umerzogen werden.
Die **Sowjetunion** gliederte sich 1945 die baltischen Staaten, Ostpolen, Süd-Sachalin und die japanischen Kurilen ein. Ferner förderte sie mit Hilfe ihrer Besatzungstruppen Umstürze in Europa (Polen, Tschechoslowakei, Ungarn, Albanien, Rumänien und Bulgarien) und schuf sich dadurch einen Kordon von Satellitenstaaten. Die von den Sowjets geförderte DDR stand von Anfang an unter ihrer Kontrolle. In Griechenland scheiterte der kommunistische Umsturz durch die Hilfe der Westmächte. Jugoslawien unter Josip Broz Tito entzog sich der Vormundschaft der Sowjetunion.
In **China** eroberten die Kommunisten unter Mao-ze-dong mit Unterstützung der Sowjetunion 1949 das ganze Land. Die Regierung der Kuomintang unter Tschiang Kai-schek zog sich auf die Insel Taiwan zurück und etablierte dort eine zweite chinesische Herrschaft.
In Indochina führten die Franzosen einen erfolglosen und verlustreichen Krieg zur Rückgewinnung ihrer alten Besitzungen. Auch die Niederländer konnten in Ostasien ihre alten Kolonien nicht zurückerobern und mußten sich aus Indonesien zurückziehen. Die Entkolonialisierung war voll im Gange.
Trotz aller gegenteiligen Bemühungen (UNO) zerfiel die Welt nach dem Zweiten Weltkrieg erneut in zwei Machtblöcke. Die westlichen Länder standen unter dem Schutz der USA (siehe Griechenland), die Kommunisten unter der Sowjetunion erhoben den Anspruch auf die Weltherrschaft. Dazu unterstützten sie in allen Staaten, die nicht unter ihrer Kontrolle standen, Demonstrationen bis hin zu Aufständen (Stadtguerillas, Tupamaros, Leuchtender Pfad, Rote Armee Fraktion etc.). Denn im Zeichen der Atombombe war die Weltherrschaft mit einem neuen Weltkrieg nicht mehr zu erringen. Es mußten daher Stellvertreter gefunden werden, die mit lokalen Kriegen unterhalb der Atomschwelle bei der Ausbreitung des Kommunismus halfen (Nordkorea, Nordvietnam). Da auch die Sowjetunion bald die Atombombe besaß, hätte ein neuer großer Krieg das Ende der Welt bedeutet. Die Auseinandersetzungen wurden daher in Verhandlungen und als Wirtschaftskrieg geführt. Dazu schuf der Westen 1949 die NATO (North Atlantic Treaty Organization). Als Antwort darauf wurde 1955 der Warschauer Pakt unter Führung der Sowjetunion gegründet. Die Satellitenstaaten sollten darin das Gefühl bekommen, ein Mitspracherecht zu haben.
Zur wirtschaftlichen Aufrüstung des Westens wurde 1948 vom US-Außenminister George C. Marshall (1880–1959) der nach ihm benannte Plan ins Leben gerufen. Zum Aufbau der westlichen Demokratien in Europa wurden Lebensmittel, Rohstoffe und Kapital zur Verfügung gestellt. Zur Vermeidung des westlichen Einflusses mußten Polen und die Tschechoslowakei diese Hilfe ablehnen. Der Wirtschaftskrieg begann. Für den Wiederaufbau der westlichen Staaten war der Marshall-Plan ein entscheidender Beitrag.
In Deutschland wurden die meisten Industrieanlagen abmontiert und soweit noch brauchbar an die UdSSR als Reparation geliefert. Die Spannungen zwischen den beiden Machtblöcken ließen 1949 aus den drei westlichen Besatzungszonen die Bundesrepublik Deutschland entstehen, die sich mit freien Wahlen dem Westen anschloß. In der Sowjetzone entstand als Reaktion unter Aufsicht der UdSSR ein zweiter deutscher Staat, der sich Deutsche Demokratische Republik (DDR) nannte. In der Bundesrepublik wurde mit Hilfe des Marshall-Plans eine neue und moderne Industrie aufgebaut. Zusammen mit den Millionen fleißigen Flüchtlingen aus Ostpreußen, Pommern, Schlesien und dem Sudetenland trug dies zum raschen wirtschaftlichen

Aufstieg der Bundesrepublik Deutschland bei. Die DDR war mittlerweile mit der politischen Gleichschaltung des Landes beschäftigt.
Im Nahen Osten entstand in Palästina eine neue Krisenzone. Nach dem Krieg kamen trotz britischem Einreiseverbot ganze Schiffsladungen von jüdischen Flüchtlingen in das Land. Die britische Mandatsmacht wurde der Probleme nicht Herr und zog sich 1948 zurück. Weder die Juden noch die Araber waren mit dem Teilungsplan der UNO aus dem Jahr 1947 einverstanden. Es kam zum Krieg. Die Juden konnten diesen erfolgreich überstehen. Ihr Staatsgebiet war nach dem Waffenstillstand sogar größer als vorher. Aus dem neuen Staat Israel gingen fast eine Million Palästinenser als Flüchtlinge nach Jordanien, dem Libanon und in die anderen arabischen Staaten. Rund 700.000 Juden kamen dafür aus ganz Europa und den arabischen Ländern allein in den Jahren 1948 bis 1951 nach Israel.
Asien. Indien erhielt von Großbritannien 1947 die Unabhängigkeit und zerfiel in das hinduistische Vorderindien und das islamische Pakistan mit einem Landesteil in Bengalen. Die Philippinen erhielten 1946 von den USA die vereinbarte Unabhängigkeit gegen Überlassung einiger Militärstützpunkte. Burma wurde 1948 unabhängig und nannte sich eine sozialistische Republik. Auch in Asien war die kommunistische Weltbewegung nach dem Zweiten Weltkrieg im Vormarsch. Die Aufrüstung des Ostblocks brachte die Abrüstung der USA und Großbritanniens (mit Zahlen belegbar, siehe Seeherrschaft) zum Stillstand. Das Wettrüsten nahm seinen Anfang. Immer größere Werte der Volksvermögen wurden in die Rüstung gepumpt. Im Westen nahm die Wirtschaft trotzdem einen großen Aufschwung.

Die Hochseeschiffahrt

Vor dem Ersten Weltkrieg begann die Zeit der großen Schnelldampfer. Großbritannien und des Deutschen Reiches versuchten sich gegenseitig zu übertrumpfen. Immer größere, luxuriösere und schnellere Schiffe wurden gebaut. Es war ein nationales Prestige, wer das schnellste Passagierschiff in der Atlantikfahrt besaß. Die Flottenrivalität gab es nicht nur bei den Kriegsmarinen, sondern auch bei den Passagierschiffen. Von diesen hing allerdings nicht die Sicherheit des Landes ab. Der Wettbewerb wurde hier von den Reedereien getragen, für die das schnellste Schiff das beste Argument in der Werbung war.
Die Masse der Schiffe im Weltverkehr waren aber die Kombischiffe für Güter- und Passagierbeförderung. Auf fast allen Routen waren diese Schiffe im Liniendienst im Einsatz. Daneben gab es die reinen Frachtschiffe, die meist als Tramper fuhren. Dazu entstanden immer mehr Spezialschiffe für einzelne Güter. Die ersten richtigen Tankschiffe wurden für den Petroleumtransport gebaut. Später kamen die Tanker für Erdöl und dessen Produkte, noch später auch für das explosive Benzin. Dann gab es Schwergutschiffe und Kühlschiffe für Fleisch und schnellere Kühlschiffe für Bananen. Immer mehr Feuerschiffe sicherten in der Nacht Hafenzufahrten. Eisenbahnfähren transportierten Personen- oder Güterzüge über Meeresstraßen wie den Ärmelkanal, die zu breit für eine Brücke waren, bei denen sich das zweimalige Umladen aber als unrentabel erwies. In der Zwischenkriegszeit wurden erste spezielle Autotransporter gebaut. Schwimmende Walkochereien ermöglichten den Walfang auch fern von Küstenstationen und Katapultschiffe den Flugbooten erste fahrplanmäßige Flüge über den Atlantik.
Zwei Erfindungen brachten gegen Ende des 19. Jahrhunderts einen riesigen Anstieg des Bedarfes an Erdöl. Einmal die Erfindung des Ottomotors und bald darauf jene des Dieselmotors, beide von Erdölprodukten betrieben; und zum anderen die Einführung der Ölfeuerung für Dampfkessel. Dafür fiel bei der Erdölraffinierung das nötige Schweröl an. Es begann die Ver-

drängung der Kohle als Primärenergie. Die Vorteile der Ölfeuerung bei den Dampfschiffen sind ein geringerer Bedarf an Bunkerraum, größere Sauberkeit, schnelleres Dampfaufmachen, keine schwere Heizerarbeit und leichtere Treibstoffübernahme durch einen Schlauch, statt der schmutzigen Kohlensäcke mit Winden. Der Transport von Petroleum nahm in der Tankschifffahrt rasch ab, da die Petroleumlampe vom elektrischen Licht verdrängt wurde. Dieser Rückgang wurde aber bei weitem übertroffen durch den Anstieg im Transport von Rohöl, Heizöl und Motorenbrennstoffen.

Im Ersten Weltkrieg stagnierten die Förderung und der Verbrauch von Erdöl. Die Mittelmächte waren aus Mangel an Öllagerstätten noch ganz auf die Kohlefeuerung angewiesen. Die kleineren Staaten konnten sich für ihre Flotten das noch immer teure Heizöl nicht leisten. Und die Handelsschiffe waren erst zu rund drei Prozent auf Ölfeuerung umgerüstet. Der Bedarf an Rüstungsgütern ließ der Industrie auch nur wenige Kapazitäten für die Ausweitung der kosten- und materialintensiven Erdölsuche- und förderung. Die Mittelmächte hatten mit Schwierigkeiten zu kämpfen, den Treibstoff für ihre dieselgetriebenen U-Boote bereitzustellen.

Die Kriegsflotte von Großbritannien war schon zu einem großen Teil auf Ölfeuerung umgestellt. In den Kriegsflotten von Deutschland und Österreich-Ungarn war die schwere Arbeit an den kohlegefeuerten Kesseln neben der schlechten Verpflegung und dem eintönigen Dienst sicher ebenfalls eine der Ursachen für die Meutereien gegen Ende des Ersten Weltkrieges. Die große Zahl der im Krieg in den USA gebauten Handelsschiffe wurde fast ausschließlich mit Ölfeuerung ausgerüstet. Die Mehrheit der Schiffe der US-Handelsflotte hatte daher nach dem Krieg bereits Ölfeuerung.

Der Bedarf an Erdöl mit seinen Produkten Benzin, Schweröl, Heizöl und andere (Chemie) nahm in der Zwischenkriegszeit so zu, daß die noch bescheidene Tankerflotte die Transporte kaum bewältigen konnte. Erschwert wurde die Situation noch dadurch, daß die neu erschlossenen Erdölvorkommen, außer jenen in den USA, in solchen Ländern lagen, die damals noch keinen Bedarf hatten, während der größte Verbraucher Europa außer in Rumänien über keine nennenswerten eigenen Lagerstätten verfügte und verfügt.

Neben den alten Erdölvorkommen im Kaukasus (Kaspisches Meer) und den seit 50 Jahren genützten im US-amerikanischen Pennsylvania kamen in der Zwischenkriegszeit folgende Fördergebiete dazu: Kalifornien, Texas, Mexiko, Venezuela, Trinidad, Argentinien, Iran, Irak und das heutige Indonesien. Von fast allen diesen Vorkommen mußten Tankschiffe das Rohöl zu den Raffinerien in Europa und Japan bringen. Die Tankschiffe überschritten nun die Größe von 10.000 tdw. Neben den Kriegs- und Handelsflotten, den Kraftfahrzeugen und der Schwerindustrie ist auch für die chemische Industrie das Rohöl ein wichtiger Grundstoff für ihre Erzeugnisse.

Zunächst waren die Ölkonzerne die Besitzer der Tankschiffe, bald aber entstanden eigene Reedereien für den Transport von flüssigen Gütern (neben Rohöl und dessen Derivate auch Melasse und Asphalt).

Diese Entwicklung ließ den Bedarf an Kohle immer schneller zurückgehen. Großbritannien verschiffte 1913 noch 76,7 Millionen Tonnen Kohle, 1938 war es fast genau nur die Hälfte. Dies brachte der britischen Frachtschiffahrt große Schwierigkeiten. Das Transportangebot der Kohleverschiffer war ständig zu groß, die Frachtraten fielen daher in den Keller. Es gab ein Überangebot an Schiffsraum.

Großbritannien war im Ersten Weltkrieg in hohem Maße für seine Versorgung auf die Hochseeschiffahrt angewiesen. Gegen diesen Schiffsverkehr hatten die deutschen U-Boote große Versenkungserfolge aufzuweisen (siehe Seeherrschaft, Anhang). Nach allen Historikern waren diese Erfolge so groß, daß Großbritannien im Sommer 1917 vor dem Zusammenbruch stand. Aussagen von Winston Churchill nach dem Krieg und die Klagen vieler Briten während des Kriegs scheinen dies zu bestätigen (Mangel an Fish and Chips). Der Fischfang ging auch zeitweise auf 50 Prozent des Fanges in Friedensjahren zurück. Wenn man aber von der versenkten Tonnage im April 1917, den größten Erfolgen der U-Boote absieht, und die Ausladungen in den britischen Häfen im Frieden und im Krieg vergleicht, erhält man ein anderes Bild. Die Einfuhr von Mehl und Getreide der verschiedensten Art ging in den Kriegsjahren nur um rund zehn Prozent zurück (vgl. Dyos/Aldcroft, British Transport, Leicester Uni Press 1969). Außerdem hatte die Eigenversorgung in den letzten Vorkriegsjahren und im Krieg selbst wieder zugenommen. Bis zum April 1917 gab es nicht einmal eine Lebensmittelrationierung. Die Lebensmittelpreise, von denen man annehmen sollte, daß sie auf Grund eines Mangels gestiegen seien, sind aber bis 1916 gefallen (vgl. Lewis A. B., World Produktion, Prices and Trade 1870-1960, Manchester School... 20(2) Mai 105-138, Seite 125). Eine mögliche Erklärung ist, daß die Handelsschiffe im Krieg im Unterschied zu Friedenszeiten immer voll beladen gefahren sind, und daß zum Beispiel Fleisch nicht mehr aus dem preiswerten Argentinien, sondern aus den USA eingeführt wurde. Ein und dasselbe Schiff konnte daher zwei- bis dreimal so oft fahren und seine Ladung löschen. Beim Seetransport gilt es immer, nicht so sehr die Tonnage, sondern die geleisteten Tonnenkilometer bzw. den Hafenumschlag zu beachten.

Bis die Handelsschiffahrt nach dem Krieg wieder ungehindert fahren konnte, waren unzählige Minen in den Gewässern um die Britischen Inseln, zwischen Schottland und Norwegen, in der deutschen Bucht, in der Ostsee und in Teilen des Mittelmeeres zu räumen.

Der **Erste Weltkrieg** mit seinen großen Schiffsverlusten brachte den Werften in Europa einen Boom an Schiffsneubauten. Nur die USA hatten einen großen Überschuß an Handelsschiffen. Die Segelschiffe verschwanden allerdings jetzt endgültig aus den Handelsflotten. Einige Zeit gab es an den Liegeplätzen für unbeschäftigte Schiffe ganze Wälder von Schiffsmasten der aufgelegten Segelschiffe, bis sie endgültig abgebrochen wurden.

Die deutsche Handelsflotte war durch die Ablieferungen auf Grund des Vertrages von Versailles auf eine Größe von unter 500.000 BRT abgesunken. Sie stieg dann bis 1929 wieder auf 2,5 Millionen BRT an, um in der Weltwirtschafskrise auf 2,2 Millionen BRT zu fallen. Ähnlich erging es allen anderen Handelsflotten. Da Schiffbau und Schiffahrt Schlüsselindustrien bzw. wichtige Arbeitgeber und Wirtschaftsfaktoren sind, wurden beide in ihren Ländern stark gefördert, um von fremden Flaggen unabhängig zu sein und zu bleiben. Staatliche und regionale Zuschüsse für Schiffsneubauten, Zinsenzuschüsse und Steuerbegünstigungen sollten Werften und Reeder unterstützen. Die britischen und französischen Ozeanriesen der Zwischenkriegszeit konnten nur mit staatlicher Förderung gebaut werden.

Der Börsenkrach 1929 in New York hatte die größte **Weltwirtschaftskrise** zur Folge. Die Reedereien in Großbritannien, Deutschland und Italien wurden veranlaßt zu fusionieren oder zumindest zusammenzuarbeiten. Denn stilliegende Schiffe konnten sich die Reedereien nicht leisten, bei Neubauten mußte rationalisiert werden. Die Umstellung auf Kohlefeuerung ging aber trotzdem oder erst recht weiter. Vor Beginn des Zweiten Weltkrieges waren alle größeren Kriegsflotten und die meisten Handelsschiffe entweder mit ölgefeuerten Kesseln oder mit Dieselmotoren ausgerüstet.

Da Öltanker meist keinen Rücktransport hatten, wurden erste Öl-/Erztransporter gebaut. Sie konnten zum Beispiel Erdöl nach Schweden und von dort Erz nach Westeuropa transportieren. Es kamen auch erste Schwefelsäuretransporter in Fahrt. Mit dem Ende der Wirtschaftskrise um 1934 erhielt der Bau von Tankern einen neuen Auftrieb. Die Schiffe wurden immer größer, zu kleine Tanker wurden in der Mitte auseinandergeschnitten und mit einem neuen Mittelstück vergrößert (jumboisiert). Zu Beginn des Zweiten Weltkrieges betrug die Tonnage der Tanker 19 Millionen tdw.

In der Frachtschiffahrt gab es für die Reeder in den Staaten mit hohem Lohnniveau immer größere Probleme, um vertretbare Frachtraten anbieten zu können. Der Gütertransport ging daher allmählich immer stärker auf Niedriglohnländer wie Griechenland oder Japan über. Vereinzelt begann man schon, Schiffe aus Hochlohnländern in exotischen Ländern registrieren zu lassen. Die Besatzungen unterstanden dann den Sozialgesetzen dieser Staaten. Matrosen aus Lateinamerika oder Asien konnten dann unbeschränkt beschäftigt werden.

Im **Zweiten Weltkrieg** kam der Tankschiffahrt eine entscheidende Bedeutung zu. Die Kriegsflotten der ganzen Welt waren mit ganz geringen Ausnahmen bereits auf Ölfeuerung umgestellt. Der Dieselmotor wurde auch für Schiffe bis zu der Größe der deutschen Panzerschiffe verwendet. Die Landheere waren schon zu einem beträchtlichen Teil motorisiert. Die Luftwaffen benötigten große Mengen an Flugbenzin. Auch die Industrien und der zivile Verkehr brauchten schon viel flüssigen Treibstoff. Die Ablösung der Kohle als primärer Energieträger war schon weit fortgeschritten.

Den Westmächten standen die meisten Erdölfördergebiete zur Verfügung, es mußte nur für den Seetransport gesorgt werden. Dazu gab es in den USA und auch in Großbritannien große Kriegsbauprogramme für Tanker. Diese wurden in den USA in Serie und teilweise mit vorgefertigten Sektionen gebaut. In den USA war der bedeutendste Tanker in der Serienfertigung der Typ „T 2". Die USA konnten die Bauzeit eines Tankers während des Krieges von acht auf einen (!) Monat herabsetzen. Ähnlich war es mit dem Bau von Frachtschiffen. Die „Liberty"-Schiffe wurden zu Hunderten in Serie gebaut.

Bei den Achsenmächten herrschte dagegen größter Ölmangel. Die Wirtschaft wurde soweit als möglich auf Kohle umgestellt. Die Förderung der etwas größeren Ölvorkommen in Rumänien und in Niederösterreich wurden für die Wehrmacht reserviert. Auch die Herstellung von synthetischen Ölen konnte den Engpaß nur wenig lindern. Die wenigen vorhandenen Tanker wurden zur Versorgung der U-Boote auf den Weltmeeren eingesetzt. Kriegswichtig war für das nationalsozialistische Deutschland auch die Erzzufuhr aus Nordschweden, den Minen von Kiruna und Gällivare. Im Sommer konnte das Erz über den Bottnischen Meerbusen relativ sicher importiert werden. Im Winter, wenn dieser zugefroren war, mußte das Erz vom norwegischen Verschiffungshafen Narvik geholt werden. Diese Erzfahrt war ein ständiges Angriffsziel der britischen Luftwaffe und Flotte.

Auf der anderen Seite griffen die deutschen U-Boote die Geleite der Tanker von der Karibik nach Großbritannien und Nordafrika an. Im Jänner 1943 schossen sie im Atlantik aus einem Tankergeleit von neun Schiffen sieben Tanker heraus.

In Ostasien eroberten die Japaner nach Kriegsbeginn sofort die Ölfördergebiete in Niederländisch Indien, die für ihre Kriegführung unerläßlich waren. Die Erdöltransporte von dort (Borneo, Sumatra) nach Japan waren ebenfalls rasch das Angriffsziel der U-Boote der USA, von Großbritannien und der Niederlande. In den letzten beiden Kriegsjahren war dieser Öltransport fast ganz abgeschnürt. Japan mußte seine Schlachtflotte nahe bei den Raffinerien von Borneo stationieren, damit sie überhaupt noch eingesetzt werden konnte.

Nach dem Zweiten Weltkrieg war wieder das Minenräumen in den Seekriegsgewässern eine vordringliche Aufgabe, damit die Handelsschiffe wieder unbehindert fahren konnten. Denn während des Krieges wurden nur die wichtigsten Hafenzufahrten frei gehalten. Für dieses Minenräumen wurden Teile der deutschen Minensuchflottillen auch nach der Kapitulation für mehrere Jahre unter dem Kommando der Alliierten in Dienst gehalten.

Die Transportrouten hatten sich nach der Eröffnung des Panamakanals 1914 um einiges verlagert. Es fuhren kaum mehr Schiffe um das Kap Hoorn, die Westküste von Amerika war für Europa und vor allem für die Atlantikküsten von Nord- und Mittelamerika um ein Vielfaches näher gerückt. Die wichtigsten Schiffahrtslinien bei Massengütern waren nun bei Erdöl von den USA nach Europa, von Venezuela nach den USA und dessen Raffinerien, von Venezuela nach Europa, vom Persischen Golf durch den Suezkanal nach Europa und von Niederländisch Indien nach Japan. Eisenerz kam von Schweden über den norwegischen Verschiffungshafen Narvik nach Deutschland, Kaffee aus Brasilien und Kolumbien nach den USA und Europa, Gefrierfleisch aus Argentinien, Uruguay, Südafrika und Australien mit Kühlschiffen nach Europa, Rohrzucker aus der Karibik nach den USA, Kanada und Europa, Getreide aus den USA und Kanada nach Europa, Holz aus Skandinavien nach Westeuropa und in das Mittelmeergebiet, Getreide aus der Ukraine nach Westeuropa, Jute aus Indien nach Europa, Schrott und Erdöl aus den USA nach Japan, Rohbaumwolle aus Indien nach Europa und Japan (die USA verarbeiteten die ihre zum Großteil jetzt selbst), Tee aus Indien, Ceylon und China nach Europa und in die USA.

Seerecht. Die Schiffahrt auf der Hohen See ist seit langem allgemein frei. Für Küstengewässer und Meerengen gab es aber noch keine international anerkannte Regeln. In Den Haag in den Niederlanden fand 1930 eine Konferenz von 31 Staaten zur Regelung dieser Fragen statt. Es konnten aber keine international verbindlichen Beschlüsse gefaßt werden. Es wurden jedoch einige grundsätzliche Begriffe definiert. **Binnengewässer** sind jene Meeresteile die innerhalb der Grundlinie des Küstenmeeres eines Landes liegen. Das sind jene Gewässer innerhalb der Hoheitsgewässer eines Staates, die keinen Verkehrsweg zwischen zwei Teilen der Hohen See bilden. Binnengewässer sind daher Flußmündungen, Reeden und Meeresbuchten, deren Ufer nur einem Staat gehören und deren Öffnungen eine gewisse Breite nicht überschreiten bzw. enger sind als das Innere der Bucht (z.B. Jadebusen, Golf von Pylos etc.). Diese Binnengewässer wurden auch als Eigengewässer bezeichnet, da sie der fast ausschließlichen Staatshoheit des Küstenlandes unterstehen. Das **Küstenmeer** ist die Zone zwischen dem Niedrigwasser der Küste und einer Linie parallel dazu. Dies ist die nach Gewohnheitsrecht anerkannte Zone von drei Seemeilen. Die meisten Staaten sprachen sich in Den Haag für die Beibehaltung der Breite dieser Zone aus. Für eine Breite von vier bis sechs Seemeilen stimmten jene Staaten, die stark vom Fischfang in ihren Küstengewässern abhängig waren und meist noch sind. Dazu zählten Island, Portugal und Chile. Auch Schweden war für eine breitere Hoheitszone, da im Kriegsfall neutrale Schiffe kaum entlang der zahlreichen Schären fahren konnten, ohne zeitweise aus der Hoheitszone hinaus zu kommen. Alle Staaten waren sich einig, daß eine Hoheitszone nie breiter als zwölf Seemeilen sein sollte.

Dazu wurde eine **Außenzone** besprochen, für die es aber noch keine endgültige Bestimmung gab. Einzelne Staaten konnten aber in bilateralen Verträgen sich gewisse Rechte in so einer Außenzone vor der Hoheitszone einräumen (Fischereirechte).

In der Hoheitszone/Küstenmeer war die Staatshoheit des Küstenlandes durch die „harmlose" Durchfahrt eingeschränkt. Unter diesem Begriff verstand man das Recht der Durchfahrt fremder Handelsschiffe in Krieg und Frieden. Kriegsschiffen waren Handlungen, die neutrales

Recht des Küstenlandes beeinträchtigten, verboten. In jedem Fall unterstanden Kriegs- und Handelsschiffe in einer Hoheitszone der Jurisdiktion des Küstenlandes.

Am **Meeresboden** unter den Binnengewässern und der Hoheitszone hat der Küstenstaat die vollen Hoheitsrechte und das alleinige Recht der wirtschaftlichen Nutzung.

Meerengen, bei denen beide Ufer zu ein und demselben Staat gehören, sind im allgemeinen dessen Territorialgebiet, wenn sich die beiden Hoheitszonen überschneiden, das heißt, wenn sie schmäler als sechs Seemeilen sind. Ausgenommen sind solche Meeresengen, die zwei Seegebiete als wichtige Verkehrsstraße verbinden. Es sei denn, es wurden gesonderte, international verbindliche Vereinbarungen getroffen (türkische Meerengen). Sind die Ufer im Besitz von verschiedenen Staaten und handelt es sich um Wege des internationalen Seeverkehrs (Öresund), hat jeder Staat seine eigene Hoheitszone. Dazwischen bleibt aber ein schmaler Streifen für den internationalen Seeverkehr.

Inseln hatten schon ihre eigenen Hoheitsgewässer. Wenn sie näher als sechs Seemeilen vom eigenen Festland liegen, haben sie Anschluß an die Territorialgewässer des Festlandes. Ganze Inselgruppen können ein eigenes Küstengewässer haben.

Zur Vermeidung von Streitfällen wurde in Den Haag empfohlen, die eigenen Küstengewässer/Hoheitsgewässer in die eigenen Seekarten einzuzeichnen. Eine völlige Übereinstimmung kam durch unterschiedliche Auslegung der Definitionen trotzdem nicht zustande.

Zu mehr Sicherheit bei der **Navigation** auf den Weltmeeren gab es einige neue Hilfsmittel. Der drahtlose Funk bot die Möglichkeit, Signale von Landstationen, deren genaue Lage in den Seekarten eingetragen war, anzupeilen. Bei mehreren Peilungen ergab der Schnittpunkt der Peillinien den genauen Standort des Schiffes. Weiters wurde an Hafenzufahrten und engen Meeresstraßen ein Leitsystem eingeführt. Dazu wurde am Boden des Gewässers oder entlang der Küste ein Kabel verlegt, von dem Impulse ausgingen. Diese konnten von einem einfachen Empfänger aufgenommen und dadurch die eigene Position auch bei dichtem Nebel sehr genau bestimmt werden. Eine weitere neue Hilfe, aus der U-Boot-Jagd im Ersten Weltkrieg entwickelt, war das Echolot. Die auf der Karte vermerkte Wassertiefe konnte damit in der Natur überprüft werden. Die nötige Apparatur war allerdings nicht billig und konnte daher nicht in alle Handelsschiffe eingebaut werden.

Der Personenverkehr

Bald nach dem Ersten Weltkrieg wurde der Bau von Passagierschiffen wieder aufgenommen. Immer mehr Leute konnten sich seit Beginn des 20. Jahrhunderts die Fahrt über den Atlantik mit einem Schnelldampfer leisten. Die Reedereien nahmen daher den Wettbewerb um diese Passagiere wieder auf. Das beste Werbemittel dazu war, die schnellste Überfahrt über den Nordatlantik verkünden zu können. Dafür verlieh die Presse die Auszeichnung des „Blauen Bandes". Aber auch mit immer größeren und luxuriöseren Schiffen warben die Reedereien um Fahrgäste. Speisesäle, Wintergärten, Spiel- und Rauchzimmer, Musikkapellen und exquisite Speisen der besten Köche wurden geboten. Großbritannien, Deutschland, Frankreich und Italien beteiligten sich an diesem Konkurrenzkampf. Nicht einmal die Weltwirtschaftskrise konnte diesen Wettlauf entscheidend hemmen. Dank Zuschüssen der Staaten erlebten diese luxuriösen Schnelldampfer in der Zwischenkriegszeit den letzten und größten Höhepunkt der Personen- Linienschiffahrt. Das Flugzeug als zukünftiger Konkurrent unternahm bereits die ersten „Hüpfer" über den Atlantik.

Auf den übrigen Hauptrouten der Weltmeere kamen kleinere Passagierschiffe und teilweise Kombischiffe für Fracht und Passagiere zum Einsatz. Nach Südamerika fuhren schon Schiffe mit bis zu 30.000 BRT, nach Asien und Australien Schiffe mit bis zu 10.000 BRT. Aus der Linienschiffahrt wurden die Kombischiffe allmählich herausgezogen, denn Passagiere wünschen die Einhaltung des Fahrplanes, was bei der Verladung von Gütern nicht immer möglich war. Dafür erhielten die neuen Frachtschiffe auf den Fracht-Liniendiensten meist mehrere Kabinen, damit auch auf Kursen, die sich für reine Passagierschiffe nicht rentierten, Reisende befördert werden konnten.

Passagierschiffe wurden außer auf den Liniendiensten immer häufiger für Urlaubs- und Kreuzfahrten eingesetzt. Diese Kreuzfahrtschiffe hatten schon allen Komfort, und die von wenigen Tagen bis mehrere Wochen dauernden Fahrten waren nicht billig. Trotzdem gab es schon Reisen entlang der Küste von Norwegen bis zum Nordkap und nach Spitzbergen, Fahrten durch das Mittelmeer mit Besichtigung der antiken Sehenswürdigkeiten, Fahrten von Europa und Nordamerika in die Karibik und von Buenos Aires durch die Magellan-Straße und rund um Feuerland. Die Einzelgänger unter den Reisenden konnten in einer Kabine auf einem Frachtschiff Fahrten entlang Küste Afrikas unternehmen.

In Deutschland wurden nach der Machtübernahme der Nationalsozialisten für die ärmeren Schichten, die sich keine Luxuskreuzfahrt leisten konnten, sogenannte KdF-Schiffe (Kraft durch Freude) gebaut. Sie waren ohne Luxus aber mit zeitgemäßem Komfort ausgestattet. Auf diesen unternahmen in den wenigen Jahren ihres Einsatzes (1937–39) rund 750.000 Personen, meist Arbeiter, Angestellte und Handwerker mit ihren Ehefrauen, preisgünstige Urlaubsfahrten auf See.

Für kurze Entfernungen setzte sich immer mehr der **Fährverkehr** durch. Auf diesen Linien gab es einen fast täglichen größeren Bedarf. Personenfähren fuhren daher mehrmals die Woche zwischen zwei gegenüberliegenden Häfen hin und her. Solche Fährdienste gab es im Ärmelkanal zwischen Dover und Calais und zwischen Ostende und der Themsemündung. Ferner gab es sie über die Irische See, über die Ostsee, im Mittelmeer und in Insulinde. Mit Eisenbahnfährschiffen konnten ganze Schnellzüge samt Passagieren über die Ostsee transportiert werden. Es gab auch schon Fähren für Güterzüge und Fähren für Automobilisten mit ihren Fahrzeugen (erste Autofähren).

Ein eher unfreiwilliger Personentransport waren die Truppentransporte. Mehrere Millionen Soldaten wurden in diesen 50 Jahren transportiert; im Burenkrieg von Großbritannien nach Südafrika und zurück, im Ersten Weltkrieg von Australien, Indien, Südafrika und den USA nach Europa und wieder zurück; im Zweiten Weltkrieg von den USA, Kanada und Australien nach Europa und von den USA durch die Südsee nach Japan, Korea und China und zurück. Diese Rückreise unternahmen leider viel zu viele in Särgen.

Der größte Transport von Menschen ereignete sich 1945 in der Ostsee. Vor den in Polen vorrückenden Truppen der Roten Armee flohen Millionen Zivilisten nach dem Westen. Von Ende Jänner bis zum Kriegsende wurden von allen noch fahrfähigen Schiffen der deutschen Kriegs- und Handelsmarine über 1,5 Millionen Zivilisten, Verwundete und Soldaten aus Ostpreußen, Pommern und Kurland nach Schleswig-Holstein und Dänemark evakuiert. Rund ein Prozent der beförderten Personen verlor durch Angriffe sowjetischer U-Boote sein Leben (siehe Seeherrschaft).

Die Binnenschiffahrt

Sie erhielt durch den Ausbau des Eisenbahnnetzes eine immer größere Konkurrenz. Die meisten kleinen Kanäle wurden unrentabel und daher stillgelegt. Die großen Flüsse wurden dagegen weiter ausgebaut und Großwasserstraßen den immer größer werdenden Handelsschiffen durch Ausbau angepaßt (Zufahrt Rotterdam u.a.). Auch wichtige Verbindungen für den Transport von Massengütern wie der Mittellandkanal in Deutschland wurden neu gebaut und konnten von Binnenschiffen mit bis zu 2000 Tonnen Tragkraft befahren werden. Die Höhenunterschiede wurden durch Schleusenanlagen und Schiffshebewerke überbrückt. Neben der Eisenbahn machte sich aber in der Zwischenkriegszeit auch der Straßenverkehr mit Kraftfahrzeugen bemerkbar. Trotzdem stieg der Transport auf den Binnenwasserstraßen in Europa und in der ganzen Welt weiter an und erreichte vor dem Zweiten Weltkrieg das Doppelte des Transportes vor dem Ersten Weltkrieg. Nur zur Zeit der Weltwirtschaftskrise gab es einen kurzen Rückgang. Der Gütertransport auf den Binnenwasserstraßen stieg in der Zwischenkriegszeit stärker als jener der Hochseeschiffahrt.

Da der Transport per Schiene oder Straße wesentlich schneller ist als jener zu Schiff, beschränkte sich die Binnenschiffahrt bald nur mehr auf schwere, umfangreiche Güter, die es nicht eilig haben. Dazu gehören Kohle, Rohöl, Baumaterial, Getreide und Schrott. Einen deutlichen Anstieg zeigte auch der Verkehr von Dampf- und Motorschiffen auf den Flüssen in der Sowjetunion, sowohl im europäischen Teil als auch in Sibirien.

In Deutschland nahm in der Zwischenkriegszeit auch die Tonnage der Binnenschiffe wieder zu. Sie war nach dem Ersten Weltkrieg von rund acht Millionen Tonnen in der Zeit vorher auf vier Millionen Tonnen danach zurückgegangen, erreichte aber vor dem Zweiten Weltkrieg wieder rund sieben Millionen Tonnen.

Die Personenschiffahrt war schon vor dem Ersten Weltkrieg in Europa auf fast allen Binnengewässern aus Rentabilitätsgründen eingestellt worden. Nur auf den ganz großen Seen in Nordamerika, Afrika und dem Titicaca-See in Südamerika gab es noch Personenschiffahrt. In der Zwischenkriegszeit begann aber in Europa wieder eine Personenschiffahrt für Ausflugsfahrten. Dadurch wurden zahlreiche Dampfschiffe aus dem 19. Jahrhundert für Nostalgiefahrten erhalten. Solche Dampfschiffsveteranen gibt es vor allem auf den Schweizer Seen, auf der Elbe und die >Gisela< am österreichischen Traunsee. Auf fast allen Seen und Flüssen mit hübschen Ufern in Europa fuhren bald Ausflugsschiffe an den Wochenenden in der Urlaubszeit.

In China war der Yang-tse-kiang nach wie vor der wichtigste Verkehrsweg in das Landesinnere. Neben den Dampf- und Motorschiffen, die bis weit in den Oberlauf des Flusses fahren konnten, waren noch zehntausende Dschunken und Sampans im Lokalverkehr unterwegs. Zahlen über die transportierten Gütermengen liegen leider nicht vor.

Die Fischerei

Der Dieselmotor wurde das ideale Antriebsmittel für die Trawler. Er löste bei ihnen die alten, kohlegefeuerten Dampfmaschinen ab. Diese Fahrzeuge fischten mit dem um die Jahrhundertwende entwickelten Grundschleppnetz mit Scherbrettern und wurden in der Zwischenkriegszeit die wichtigsten Fahrzeuge im Fischfang. Ferner gab es die Heringslogger, die mit einem an Bojen befestigten Treibnetz vorwiegend Heringe fischten. Dann gab es die Fischkutter für die Hohe See, die mit Schleppnetz oder langen Leinen fischten. Neben diesen Hochseefahrzeugen

stand für die Küstenfischerei eine große Zahl von verschiedenen Fischerbooten zur Verfügung, die an den flachen Küsten und Flußmündungen tätig waren. Der Wal ist zwar ein Säugetier, seine Jagd wurde aber ebenfalls zum Fischfang gerechnet, da ähnliche seemännische Mittel eingesetzt wurden.
In den nördlichen Gewässern wurden zu 50 Prozent Heringe gefangen, der Rest waren Kabeljau, Seelachs, Scholle und Rotbarsch. Im Mittelatlantik, dem Mittelmeer und dem Stillen Ozean überwog der Fang von Sardine, Sardelle, Thunfisch und Delphin. Dazu kam noch der Fang von Krabben, Austern etc. Die besten Fischgründe sind jene Meeresteile, wo kalte und warme Meeresströmungen zusammentreffen. Das sind die Neufundlandbank, die norwegische See, die Westküste von Südamerika, die Barentssee und die Gewässer um Japan und vor Südwestafrika.

Zur Erforschung der Bedingungen für die Hochseefischerei gründeten die Fischfangländer Fischereiinstitute und setzten spezielle Fischerei-Forschungsschiffe ein. Rechtlich ist die Hochseefischerei auf allen Meeren frei, nur die Hoheitsgewässer der Küstenländer durften von Fremden nicht befischt werden.
Die meisten Anlandungen aus der Hochseefischerei hatten Japan, die Sowjetunion, die USA, Norwegen und Großbritannien (Tabelle im Anhang). Es waren geschätzte 950.000 Fahrzeuge und Boote in der Hochsee- und Küstenfischerei im Einsatz.
Der Fisch wurde bereits als Konserve, tiefgefroren oder noch immer als Stock- oder Klippfisch sowie als Salzhering in den Handel gebracht. Der Walfang bediente sich schon der großen Walfang-Mutterschiffe. Das waren schwimmende Walkochereien, die den für die Margarine und die Seifenerzeugung wichtigen Waltran gewannen.
Die Einkünfte Norwegens aus der Fischerei kamen zu 60% aus dem Fischfang, zu 38% aus dem Walfang und zu 2% aus der Seehundjagd. Norwegen allein erlegte pro Jahr rund 190.000 Seehunde. In diesem Geschäft waren auch die USA und Kanada tätig.
Eine Überfischung machte sich bereits in der Nordsee, Ostsee, der Adria und dem Asowschen Meer (Teil des Schwarzen Meeres) bemerkbar. Versuche, die Hochseefischerei durch internationale Abkommen zu beschränken, führten noch zu keinem Erfolg.
Zum Ertrag der Meere gehörte und gehört auch das Tauchen nach Muscheln (Perlenfischerei) sowie nach Korallen und Schwämmen. Beides brachte wie eh und je in den warmen Gewässern der Äquatorgebiete einen guten Ertrag.

Die Schiffe

In der ersten Hälfte des 20. Jahrhunderts hatte die Technik bereits weitgehend den wirtschaftlichen Anforderungen angepaßte Schiffe und Schiffstypen entstehen lassen. Die Dampfmaschine war mit der Ölfeuerung der Hochdruck-Heißdampfkessel weitgehend perfektioniert worden. Die Dampfturbine war voll einsatzbereit und der Dieselmotor bestens geeignet für kleine bis mittelgroße Schiffe. Zwei- bis Vierschraubenschiffe hatten einen guten Vortrieb, Voith-Schneider-Propeller gaben kleinen Schiffen eine bisher ungeahnte Manövrierfähigkeit. Nach der Katastrophe mit der >Titanic< 1912 wurden die Sicherheitsvorkehrungen verbessert und alle Schiffe mit modernen Funkanlagen ausgerüstet.
Im Kriegsschiffbau waren aus den frühen Panzerschiffen die modernen Linienschiffe entstanden. Bei den Kriegsschiffen war Sinksicherheit eine unerläßliche Forderung. Dies kam dann auch den Handelsschiffen mit Unterteilung in wasserdicht verschließbare Abteilungen und

doppelten Schiffsboden zugute. Ein ausgeklügeltes System an Feuerlöscheinrichtungen und die Vermeidung von brennbaren Baumaterialien wo immer möglich gaben weitere Sicherheit.
Ein weiterer großer Fortschritt war die steigende Verwendung von flüssigen Brennstoffen wie Schweröl und Dieseltreibstoff. Ihre Verwendung stieg von 18% nach dem Ersten Weltkrieg (inklusive Kriegsschiffe) auf 53% vor dem Zweiten Weltkrieg. Für die gleiche Leistung in Pferdestärken brauchte man im Dieselmotor eine Tonne Treibstoff, in der Dampfmaschine mit Ölfeuerung zwei Tonnen Schweröl und in der Dampfmaschine mit Kohlefeuerung drei Tonnen Kohle. Ein Dieselmotor war darüber hinaus jederzeit einsatzbereit, eine ölgefeuerte Dampfmaschine brauchte wenige Stunden und eine kohlegefeuerte Dampfmaschine einen halben Tag zum Anheizen.
Die Ölverschiffung stieg daher in der Zwischenkriegszeit von 14 Millionen auf 84 Millionen Tonnen. Vor dem Zweiten Weltkrieg machte der Öltransport bereits ein Viertel aller Seetransporte aus. Trotz Weltwirtschaftskrise stieg daher die Größe der weltweiten Tankerflotte von 1,5 Millionen tdw im Jahr 1914 auf 10,7 Millionen tdw im Jahr 1938.
Die Größe der **Passagierschiffe** stieg in den hier geschilderten 50 Jahren von rund 20.000 BRT (>Celtic<, 1901) auf rund 80.000 BRT (>Queen Elisabeth<, 1940). Die Fahrzeit über den Nordatlantik verringerte sich für die Schnelldampfer von fünf Tagen und 15 Stunden auf drei Tage und 22 Stunden (1938). Von der >Celtic< wurden bei voller Auslastung 2850 Passagiere befördert. Die >Queen< hatte Kabinen für 2280 Passagiere. Bei der >Queen Elisabeth< gab es kein Zwischendeck mehr, in dem die >Celtic< allein schon 2400 Personen verstauen konnte. Personen, die sich in der Zwischenkriegszeit die Passage auf den modernen Schnelldampfern nicht leisten konnten, fuhren auf älteren Schiffen, die in den Bilanzen der Reeder schon abgeschrieben waren und daher niedrigste Tarife anbieten konnten. Nur die deutschen KdF-Passagierschiffe konnten durch hohe staatliche und politisch motivierte Subventionen bei niedrigsten Preisen einen einfachen Komfort bieten. Die übrigen Urlaubsschiffe für Fahrten in das Mittelmeer oder die Karibik boten höchsten Luxus und dadurch auch entsprechende Preise.
Bei den **Frachtschiffen** verzeichnete man bereits eine große Zahl von Spezialschiffen für die verschiedensten Aufgaben. Das klassische Frachtschiff hatte in der Zwischenkriegszeit oft noch eine kohlegefeuerte Dampfmaschine. Der Übergang auf Ölfeuerung war aber auch hier schon voll im Gang. Die modernen Frachter für allgemeines Stückgut hatten eine Größe von rund 5000 BRT und erreichten schon eine Geschwindigkeit von 15 Knoten. Sie wurden im Liniendienst rund um die Welt eingesetzt. Die älteren und langsamen Frachter besorgten die Trampschiffahrt ohne festes Ziel und nahmen in jedem Hafen jedes für sie transportierbare Gut für jeden gewünschten Hafen auf.
In den beiden letzten Jahren des Ersten Weltkrieges mußten die USA auf schnellstem Wege möglichst viele Frachtschiffe für die Entente herstellen. Stahl wurde bald knapp und in kurzer Zeit stand nur mehr „grünes" und daher unbrauchbares Holz zur Verfügung. Es wurden daher auch Schiffe mit einem Rumpf aus Eisenbeton hergestellt. Im Krieg spielte der überschwere Rumpf keine große Rolle. Wichtig war, daß die Schiffe schnell fertig gestellt werden konnten. Nach dem Krieg fanden sie keine Beschäftigung mehr.
Für den Transport von flüssigen Treibstoffen waren spezielle **Tankschiffe** nötig. Für sie mußten wegen der großen Brandgefahr besondere Sicherheitsvorkehrungen getroffen werden. Der Bunkerraum mußte in möglichst viele getrennte Tanks unterteilt werden. Diese mußten jeder einzeln gefüllt und entladen werden können. Die Schiffe brauchten besonders umfangreiche Feuerlösch- und Fluteinrichtungen. Diese Sicherheitseinrichtungen waren in den zwanziger

Jahren schon so weit fortgeschritten, daß auch bereits Tankschiffe für das hochexplosive Benzin für Ottomotoren gebaut wurden.

In der Zwischenkriegszeit wurden auch die ersten **Öl-/Erzfrachter** gebaut. In Brasilien wurden die reichen Erzlager nördlich von Rio de Janeiro erschlossen. Die Schiffe brachten daher Erdöl aus der Karibik nach Brasilien und luden für die Rückfahrt das hochwertige Erz (66% Eisengehalt) im Hafen von Victória, nördlich von Rio. Die Schiffe waren so gebaut, daß sie in der Mitte die Laderäume für das Erz hatten, an den Außenseiten befanden sich die Tanks für das Erdöl. Längs- und Querschotte versteiften den langen Schiffsrumpf. Die meisten neuen Tankschiffe wurden nun ebenfalls mit Dieselmotoren ausgerüstet.

Neben dem Transport von Erdöl und dessen Produkten gab es Tanker auch für andere Flüssigkeiten. Tanker transportierten Melasse (zähflüssiger Rückstand der Zuckerraffinerie, für Spiritusherstellung) und Asphalt. Dazu mußten in die Schiffe Heizvorrichtungen eingebaut werden, damit das Transportgut bei größerer Kälte nicht erstarrte. Ein weiteres Transportgut für die Tankschiffe waren die verschiedensten Schmiermittel. Für jede Art von Schmiermittel mußten eigene Tanks vorhanden sein. Es gab daher Schiffe mit bis zu 20 verschiedenen Spezialtanks. Im Jahr 1935 wurde der erste Schwefelsäuretanker mit zehn zylindrischen Tanks gebaut.

Nach dem Zweiten Weltkrieg begann der rasche Neuaufbau der Tankerflotte für den weiter steigenden Bedarf. Dazu wurden zunächst die zahlreichen unfertig auf amerikanischen Werften liegenden Tanker vom Typ „T 2" fertiggestellt.

Erste **Schwergut-Frachter** für den Transport von Industrieanlagen, Großmaschinen oder Lokomotiven hatten Ladebäume mit einer Tragkraft bis zu 100 Tonnen. Sie besorgten den Transport eines großen Teiles der Exporte der Maschinenbauindustrie von Europa und den USA nach Südamerika, Afrika und Asien.

Erste kleine **Eisenbahnfähren** waren schon im 19. Jahrhundert über kurze Entfernungen, vor allem bei Flußmündungen, im Einsatz. Sie wurden aber bald durch Brückenbauten ersetzt (z.B. Firth of Forth-Brücke). Nun bestand in den Ländern rund um die Ostsee, Nordsee, dem Mittelmeer und auf den großen Seen in Nordamerika in vielen Häfen Bedarf für den fast täglichen Transport von Menschen und Gütern in nahe Häfen an der anderen Seite des Gewässers. Dazu wurden Fährschiffe gebaut, die oft schon tägliche Abfahrten anboten. Für den reinen Personenverkehr fand man noch mit kleinen Passagierschiffen das Auslangen. Daneben gab es aber schon eigene Eisenbahnfähren. Diese hatten einen aufklappbaren Bug oder ein solches Heck oder beides, mit Eisenbahnschienen im Schiffsrumpf. Die Fernzüge konnten mit ihren Passagieren direkt auf das Schiff fahren und es ebenso wieder verlassen. Wichtige Linien für Eisenbahnfähren gab es über den Ärmelkanal von Dover nach Calais und von Ostende nach Harwich, in der Ostsee von Warnemünde (D) nach Gjedser (Dk) und von Sassnitz (D) nach Trälleborg (S) sowie auf den großen amerikanischen Seen. Dazu kamen eigene Eisenbahnfähren für Güterzüge.

Erste **Kühlschiffe** waren schon gegen Ende des 19. Jahrhunderts im Einsatz. Nun wurden sie immer mehr verbessert. Die Fleischtransporter waren vor allem für die Exporte aus Argentinien, Uruguay und Australien unerläßlich. Die Schiffe hatten mehrere isolierte und gekühlte Laderäume. In deren Boden wurde von einer zentralen Kühlanlage Luft mit einer Temperatur von rund minus 20 Grad Celsius geblasen. Die Luft stieg durch das Ladegut langsam an die Decke und wurde von dort wieder zum Kühlraum zurückgeführt. Kühlschiffe für Frischobst, vor allem Bananenschiffe, mußten und müssen besonders schnell sein (um die 20 Knoten), da die Frucht während des Transportes ausreift.

Für den Transport von Fahrzeugen aus den großen Fabriken in den USA gab es schon **Autotransporter**, in denen die Fahrzeuge ohne eigene Verpackung (wie am Anfang üblich) befördert werden konnten. Sie wurden aber noch mit Ladebäumen in die großen Laderäume gehievt. Vorerst deckte die europäische Autoindustrie nur den Bedarf von Europa. Die US-Autos gingen dagegen schon in die ganze Welt, vor allem nach Argentinien und Brasilien.

Der **Walfang** wurde früher nur von einigen speziellen Walfangschiffen mit Beibooten auf Hoher See betrieben. Die meisten Wale wurden aber entlang der Küsten gejagt. Denn dort konnten die offenen Fangboote die erlegten Wale leicht zu den nächsten Fangstationen an der Küste bringen, wo sie verarbeitet wurden.

Durch die Einführung der dampf- oder motorgetriebenen größeren Fangboote mit Harpunenkanone wurde die Reichweite auf 50 bis 100 Seemeilen in die offene See hinaus vergrößert. In der Zwischenkriegszeit waren aber die Wale auch aus diesen Gebieten bald vertrieben. Die Walfangreedereien legten daher auf den Inseln im Südpolarmeer neue Stationen an (Grytviken auf Süd-Georgien spielte im Falklandkrieg 1982 eine Rolle, siehe Seeherrschaft).

Dabei entdeckten die Walfänger, daß die Hohe See in größerer Entfernung von den Fangstationen noch voll von Walen war. Die erlegten Tiere konnten aber auch von den größeren Fangbooten nicht so weit geschleppt werden. Die Lösung waren Walfang-Mutterschiffe, von denen jedes acht bis zehn Fangboote betreute. Das Mutterschiff war zugleich auch eine Walkocherei, wo die Tiere verarbeitet wurden. Der Tran der Wale war ein wichtiger Grundstoff zur Herstellung von Seife und Margarine und wurde nach Europa, die USA und Japan verschifft. Um die Wale an Deck der Kochereien zu bringen, wurde an deren Heck eine Schleppbahn mit Winden angebracht, über die auch die größten Wale aufgezogen werden konnten.

In der Zwischenkriegszeit begann Deutschland die Versuche, mit Luftfahrzeugen, zunächst Flugbooten und Zeppelinen, den Atlantik zu überqueren. Die Schnelldampfer >Bremen< und >Europa< wurden mit einem Katapult ausgerüstet, mit dem ein Postflugzeug schon einen Tag vor Ankunft des Schiffes am Zielort starten konnte und dadurch die Eilpost schon fast 24 Stunden früher am Ziel war.

Die deutsche Fluglinie Lufthansa ließ zur Überbrückung des Atlantik-**Katapultschiffe** bauen. Mit ihrer Hilfe wurden die Strecken, die für die Flugboote noch zu lang waren, um ohne Zwischenstopp überflogen zu werden, überbrückt. Diese Katapultschiffe schleppten ein Landesegel nach, auf dem das Flugboot auch bei etwas rauherer See problemlos landen konnte. Mit einem Kran wurde es dann an Bord gehievt. Nach dem Auftanken setzte es dann mit einem Katapultstart seinen Flug wieder fort. Diese Katapultschiffe wurden vor allem auf der Flugroute von Europa nach Südamerika eingesetzt, wo meist geringerer Seegang ist, aber die offene See von Afrika nach Brasilien überbrückt werden mußte. Beim Flug nach Nordamerika benützten die Flugboote die Azoren neben den Katapultschiffen für eine Zwischenlandung auf dem Weg von Portugal nach Nordamerika.

Für den Dienst in und um die großen Häfen gab es ebenfalls schon eine Reihe von **Spezialschiffen**. Schiffe mit einem aufgesetzten Leuchtturm (Feuerschiffe) sicherten die Hafenzufahrten auch in der Nacht oder erleichterten die Ansteuerung. Schlepper hatten die großen Schiffe an oder von ihren Liegeplätzen zu bugsieren. Für den Hafendienst gab es Feuerlöschboote, Dienstboote, Bojenleger, Polizeiboote und Fährboote.

Werften und Häfen benötigen auch **Schwimmkräne**. Berühmt wurden die im Zweiten Weltkrieg von der DEMAG in Bremerhaven gebauten Riesenkräne. Sie fielen bis auf einen zerbombten den Alliierten in die Hände. Einer wurde zerlegt in die UdSSR gebracht, seitdem hat man von ihm nichts mehr gehört. Einen schleppten die Briten Richtung England, er kenterte aber unterwegs in einem Sturm und sank. Der den USA zugesprochene Schwimmkran wurde von den Amerikanern zum Teil zerlegt und nach Long Beach verfrachtet. Dort wurde er mit Hilfe des bis dahin stärksten Kranschiffes der US-Navy, dem ehemaligen Linienschiff >Kearsage<, wieder zusammengebaut und war seit 1948 wieder im Einsatz. Dieser „Herrman the German", wie ihn die Matrosen nannten, hat einen Ponton von 5000 Tonnen Verdrängung, welcher durch 1700 Tonnen Schotter stabilisiert wird, erreicht mit drei Voith-Schneider-Propellern eine Geschwindigkeit von vier Knoten (wenn er sprintet sechs Knoten) und seine Hebekraft beträgt über 400 Tonnen.

Ein weiteres wichtiges Spezialfahrzeug ist das **Schwimmdock**. Dies sind U-förmige Pontons in deren Boden und Seitenwänden Flutzellen eingebaut sind, die geflutet (gefüllt) und gelenzt (geleert) werden können. Ein Schiff, dessen Boden und Unterwasserteile untersucht, repariert oder gereinigt werden müssen, schwimmt in das geflutete Dock ein und wird dort stabilisiert. Dann werden die Flutzellen gelenzt und das Schiff dadurch aus dem Wasser gehoben. Das Schwimmdock verfügt über die nötigen eigenen Pumpen, eigene Kräne und ein Steuerhaus. Es hat im allgemeinen einen eigenen Antrieb, um ohne fremde Hilfe seinen Standort wechseln zu können.

Eine Kuriosität in den zwanziger Jahren war das Flettner **Rotorschiff**. Nach dem Magnus-Effekt erzeugt ein in einer Luftströmung rotierender Zylinder einen Vortrieb quer zur Luftströmung. Danach baute der deutsche Ingenieur und Erfinder Anton Flettner (1885–1961) Schiffe mit masthohen rotierenden Türmen aus leichtem Blech, die die Funkion der Segel übernahmen. Der Rotorantrieb wurde ab 1922 auf mehreren Schiffen eingeführt, konnte sich aber nicht durchsetzen.

Zu Beginn des 20.Jahrhunderts wurden rund 60% der Schiffe in Großbritannien gebaut. In der Zwischenkriegszeit holten aber die **Werften** auf dem europäischen Kontinent, in den USA und in Japan stark auf. Modernere Werften, bessere Schiffbaumethoden (Schweißen etc.) und günstigere Preise ließen andere Nationen die Briten als Schiffbauer überholen. Vor allem beim Bau von Motorschiffen waren die kontinentaleuropäischen Werften führend. Die Briten waren noch immer auf den Bau von Dampfschiffen spezialisiert.

Kriegsschiffe wurden meistens auf Staatswerften gebaut. Die größten Werften für den Bau von Handelsschiffen, die aber zum Teil auch Kriegsschiffe bauten, mit (K) gekennzeichnet, waren in Großbritannien Harland & Wulff in Belfast und Greenock, Brown in Clydebank (K), Vikkers Armstrong in Barrow und Newcastle (K), Fairfield in Glasgow (K), Cammel Laird in Birkenhead (K) und Swan Hunter in Newcastle (K). In Deutschland waren es Blohm und Voss in Hamburg (K), die Weser AG in Bremen, die Vulkan in Bremen und Howaldt in Hamburg. Frankreich hatte die Werften Loire und Penhoët in St. Nazaire (K) und La Ciotat bei Toulon. In den USA sind Newport News (K), Bethlehem Steel in Quincy (K), New York Camden (K) und Cramp in Philadelphia (K) zu nennen. Dazu kamen in Italien die Werften von Triest und Monfalcone (K), Ansaldo in Genua und Sestri Ponente (K), in Japan Mitsubishi in Nagasaki (K), Jokohama Dock Ges., in den Niederlanden die Schiffbaugesellschaft in Amsterdam, Wilton Fijenoord in Rotterdam und in Dänemark Burmeister & Wain in Kopenhagen.

Noch ein Hinweis: Wenn nichts anderes angegeben ist, sind die Zahlen nach den Schiffsnamen der Handelsschiffe die Größe in BRT, bei Kriegsschiffen die Wasserverdrängung in Tonnen. Die Größe der Tanker wird meistens in tdw (tons dead weight) angegeben. Ist bei einem Schiff nur die Tragkraft bekannt, wird bei dem Schiff nach der Zahl ein t für metrische Tonne gesetzt. In einigen Fällen, wo nur die Zahl aber nichts Näheres bekannt ist, wird auch nur diese ohne Zusatz angeführt.

1900   **Erdöl.** Die Förderung ist im Anlaufen. Zum bereits rückläufigen Transport von Petroleum kommt nun immer mehr Rohöl sowie Schweröl für Dampfmaschinen und bald auch Dieseltreibstoff für die Motoren der Kraftfahrzeuge. Noch sind es nur drei Regionen, die diesen Bedarf decken: die USA, die Karibik und Europa. In diesem Jahr werden 213 Millionen Faß (zu 159 dm³/~Liter) auf der ganzen Welt gefördert. Davon kommen allein 64 Millionen Faß oder 43 Prozent aus den USA Der Rest verteilt sich auf das Kaukasusgebiet und Venezuela (Bucht von Maracaibo), Rumänien fördert erst 300.000 Faß.

1900   **Reederei.** Die deutsche Ostafrika-Linie mit Sitz in Hamburg weitet ihre Fahrten aus. Mit schließlich zehn Kombischiffen, Frachtdampfern mit Passagiereinrichtung, von 3000 bis 8000 BRT Größe bedient sie die Route rund um Afrika in beiden Richtungen. Dazu kommt eine Linie durch den Suezkanal nach Bombay.

Juli 1900   **Reederei.** Der neue Schnelldampfer >Deutschland< (16.500) der HAPAG erreicht bei seiner Jungfernfahrt von Hamburg nach New York eine Geschwindigkeit von 23 Knoten. Er erringt damit das imaginäre „Blaue Band". Das Schiff ist bei „Vulkan" in Stettin gebaut worden, hat sich aber wegen ständiger Vibrationen als Luxusdampfer nicht bewährt.

Im selben Jahr wird von der HAPAG die Reederei de Freitas aus Hamburg übernommen, die mit ihren 14 Schiffen einen Liniendienst an die Ostküste von Südamerika unterhält. Die Flotte der HAPAG wächst dadurch auf 95 Hochseeschiffe mit über 500.000 BRT. Im Jahr vorher wird Albert Ballin Generaldirektor der HAPAG.

Ebenfalls 1900 transportieren zehn Schiffe der HAPAG das deutsche Expeditionskorps zur Bekämpfung des Boxeraufstandes nach China. Einige der Schiffe bleiben im Ostasiendienst der HAPAG.

Anfang 20. Jh.   **Großbritannien.** Die Ausfuhr von Eisen und Stahl verdeutlicht gut die wirtschaftliche Entwicklung in diesem Zeitraum in Tonnen im Jahresschnitt:

Jahresgruppe	Ausfuhr	Einfuhr	Anmerkung
1900–1904	3,430.000	1,090.000	
1905–1909	4,502.000	1,164.000	
1910–1914	4,579.000	1,793.000	
1915–1919	2,540.000	658.000	Erster Weltkrieg
1920–1924	3,303.000	1,476.000	
1925–1929	3,911.000	3,317.000	
1930–1934	2,240.000	1,922.000	Wirtschaftskrise
1935–1938	* 2,293.000	1,503.000	

* Die in diesen Jahren hohe eigene Stahlerzeugung geht in die Rüstungsindustrie. Sind zu Beginn des Jahrhunderts jährlich rund sieben Mio. Tonnen Stahl erzeugt worden, sind es in diesen Jahren 11,5 Mio. Tonnen oder um 50% mehr.

1901   **Schiffbau.** Die britischen Passagierschiffe der White Star-Linie >Celtic< und >Cedric< (je 20.900), gebaut bei Harland & Wolff in Belfast, sind die ersten Schiffe mit mehr als 20.000 BRT und damit auch die ersten, die die >Great Eastern< aus dem Jahr 1860 (40 Jahre früher!) an Größe übertreffen.

# Schiffswerften um 1912
St.W. = Staatswerft

- Brown Clydebank
- Fairfield
- Harland&Wulff
- Vickers Armstrong
- Swan Hunter
- Barrow
- Cammal Laird
- St.W. Großbritannien
- Thames Ironworks
- St.W. Devonport
- St.W. Portsmouth
- Burmeistre&Wain
- St.W. Kiel
- Germania
- St.W. Wilhemlsh.
- Howald
- "Weser" Blohm&Voss
- "Vulkan"
- Weser
- Elbe
- Amsterdam
- Fijenoord
- Ndl
- Belgien
- Maas
- Deutschland
- Rhein
- St.W. Brest
- "Loire" Penhoet
- Loire
- Frankreich
- Bodensee
- Schweiz
- Österr.
- Genfersee
- Monfalcone
- Italien
- Triest
- Rhone
- Ansaldo
- Ansaldo
- Adria
- Spanien
- St.W. Toulon
- La Ciotat

Nordsee

1901	**Reederei.** Die beiden großen deutschen Reedereien sind auf dem Weg, die größten der Welt zu werden. Die HAPAG transportiert in diesem Jahr 211.600 Passagiere und befördert 4,252.000 Tonnen Fracht. Der Norddeutsche Lloyd Bremen bringt es bereits auf 305.500 Passagiere und 3,420.000 m³ Fracht. Der Kubikmeter Fracht weicht im großen Durchschnitt nicht wesentlch von einer Tonne ab.
1901	**Reederei.** Durch die Übernahme der Reederei de Freitas gerät die HAPAG in Konkurrenz zur Hamburg Süd, die auf dem Kurs nach der Ostküste von Südamerika bereits über große Erfahrung verfügt. Die beiden Reedereien treffen daher ein Abkommen, nach dem die Fahrpläne aufeinander abgestimmt werden und die Hamburg Süd zwei Drittel des Verkehrsaufkommens behält.
1901	**Technik.** Das neue Passagierschiff >Lucania< (12.950) der britischen Cunard-Linie wird als erster Schnelldampfer mit drahtlosem Funk ausgestattet. Zwei Jahre später bringt die Reederei bei jeder Fahrt eine eigene Bordzeitung, das „Cunard Bulletin" heraus. Die Passagiere sind dadurch ständig über das Weltgeschehen informiert. Das wichtigste an der Einrichtung ist jedoch, daß bei Seenot schnell um Hilfe gefunkt werden kann.
1901–1914	**Großbritannien.** Die Auswanderung erreicht in diesen Jahren ihren Höhepunkt. In 14 Jahren wandern 6,764.000 Briten aus, das sind 483.000 im Jahr. Davon gehen 3,449.000 oder 51,0% in die USA, 1,866.000 (27,6%) nach Kanada, 541.000 (8,0%) nach Australien und Neuseeland sowie 447.000 (6,6%) in die Kap-Provinz und nach Natal in Südafrika. Der Rest geht in anderssprachige Länder.
1902	**Reederei.** Die „International Mercantile Marine Company" (früher American Line) wird vom amerikanischen Bankier Pierpont Morgan neu organisiert. Er erhöht das Firmenkapital von drei auf 24 Millionen britische Pfund und erwirbt die Aktien der britischen White Star-Linie, der britischen Dominion-Linie, der Atlantic Transport-Linie und der Leyland-Linie. Mit dem NDL Bremen und der HAPAG arbeitet er eng zusammen. Die Briten sind besorgt über den Ausverkauf ihrer Reedereien an Amerika.
8. Mai 1902	**Katastrophe.** Auf der französischen Insel Martinique in Westindien bricht der Vulkan Mont Pelé aus. Er tötet rund 30.000 Bewohner der Stadt St. Pierre und vernichtet 16 Schiffe auf der Reede. Die Stadt wird fast ganz von der Lava begraben.
1902	**Ägypten.** Der erste Assuan-Staudamm wird fertiggestellt. Der erste Nilkatarakt wird durch den Rückstau überspült und ist dadurch zu überfahren. Die Schleusen beim Damm können von den Dampfern für die Touristen befahren werden.
1903	**Schiffbau.** Die neue >Narragansett< (9200 BRT/12.500 tdw) ist jetzt der größte Tanker. Mit Ladebäumen ausgerüstet kann er auch Trockengut transportieren. Bald sind die Tanker aber nur noch zum Transport von Erdöl und dessen Produkten eingerichtet.
1903	**Schiffbau.** Die kleine >Wandal< ist das erste Schiff, das von einem Motor angetrieben wird. Es ist aber ein dieselelektrischer Antrieb. Drei Jahre später fährt die >Venoge< (72 NRT) am Genfersee mit einem Dieselmotor. Das erste größere Schiff mit einem Dieselmotor ist der Tanker >Vulkanus< (1179 tdw). Richtig setzt sich der Schiffsdieselmotor aber erst nach dem Ersten Weltkrieg durch.

Auswanderung aus Großbritannien 1901-1914

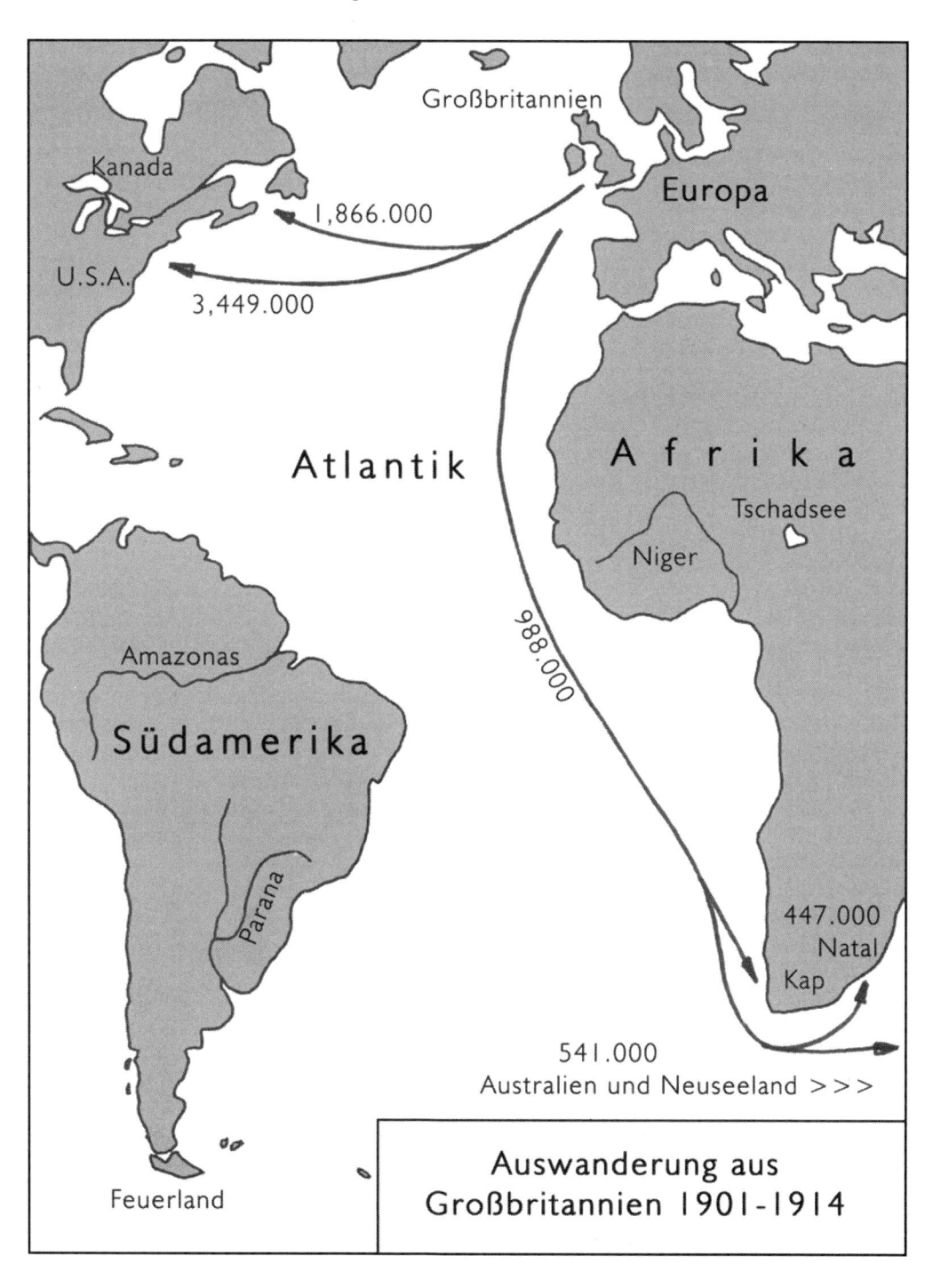

- Kanada: 1.866.000
- U.S.A.: 3.449.000
- Afrika (Kap, Natal): 447.000
- Australien und Neuseeland: 541.000
- (Route um Afrika): 988.000

1903–1906	**Forschung.** Erstmals wird die Nordwestpassage von einem Seefahrer auf ein und demselben Schiff in der ganzen Länge befahren. Der Norweger Roald Amundsen (1872-1928) bricht mit dem umgebauten Fischkutter >Gjøa< und sechs Begleitern nach dem Norden auf. Er überwintert zweimal auf King William-Land im Norden von Kanada und macht geomagnetische Beobachtungen. Schließlich kann er zum Unterschied von seinen Vorgängern im Sommer die Fahrt nach Westen fortsetzen und erreicht die Beringstraße. Die >Gjøa< liegt heute als Museumsschiff in Oslo.
Jänner 1904	**Seenotrettung.** Für den drahtlosen Funk wird international das Notrufsignal CQD eingeführt. CQ heißt „An alle Stationen" und D (für distress) heißt „Notfall". Die oft angegebene Interpretation „come quick, danger" ist falsch, ebenso wie „save our souls" für SOS. Wenige Jahre später wird CQD durch das einfachere SOS ersetzt. Später, zur Zeit des Sprechfunks, wird MAYDAY als Notsignal eingeführt.
15. Juni 1904	**Schiffbruch.** Am Hudson-Fluß in New York legt das hölzerne Ausflugsschiff >General Slocum< (1284) mit 30 Mann Besatzung und 1358 Passagieren, meist Frauen und Kindern, von der Pier ab. Schon kurz danach gerät es in Brand und wird auf eine Untiefe gesetzt. Das Feuer greift so schnell um sich, daß die meisten Passagiere ins Wasser springen. Trotz sofortiger Rettungsaktion verlieren 957 Menschen ihr Leben, 180 werden verletzt.
1904	**Technik.** Die Firma Cockerill in Belgien baut am Kontinent das erste Schiff mit einer Dampfturbine. Dieses Passagierschiff >Princess Elisabeth< (2005) ist mit einer Geschwindigkeit von 24 Knoten für ein Jahr das schnellste Dampfschiff. Es macht Dienst im Ärmelkanal zwischen Dover und Ostende.
1904	**Reederei.** Die HAPAG verkauft drei alte Schnelldampfer und fünf Kombischiffe an die russische Regierung. Für die Fahrt des zweiten Pazifischen Geschwaders von der Ostsee nach Ostasien zum Kampf gegen Japan (siehe Seeherrschaft) richtet die HAPAG an allen wichtigen Punkten Kohlestationen zur Versorgung der russischen Schiffe bei ihrer Fahrt um die halbe Welt ein.
1904–1906	**Südwestafrika.** Beim großen Aufstand der Hereros gegen die deutsche Kolonialherrschaft transportiert die Reederei Woermann 15.000 Soldaten mit Pferden und Ausrüstung von Deutschland in die Kolonie und bewältigt neben ihrem regulären Liniendienst auch die Ablösungstransporte.
1905	**Binnenschiffahrt.** In Großbritannien erreicht der Gütertransport auf Flüssen und Kanälen im Binnenland mit 40 Millionen Tonnen seinen Höhepunkt. Im Jahr 1888 sind rund 35 Millionen Tonnen befördert worden, im Jahr 1927 sind es trotz Konkurrenz der Eisenbahn noch immer 15 Millionen Tonnen. Zu diesen Transporten im Binnenland kommen 1905 noch rund 60 Millionen Tonnen mit der Küstenschiffahrt.
1905	**Walfang.** Auch die Finnwale werden im nördlichen Eismeer schon selten. Der Walfang wird daher in zunehmendem Maße in die Antarktis verlegt. Dazu werden zunächst auf den Inseln in diesem Gebiet Stationen zur Verarbeitung der erlegten Wale eingerichtet. In diesem Jahr verlegt der norwegische Reeder Ch. Christensen seine Walkocherei >Admiralen< in die Antarktis. Diese ist zwar eine schwimmende aber noch stationäre Verarbeitungsstation ohne Rampe zum Aufschleppen der Wale.

Segelsport. Das erste Rennen von zehn Hochseejachten über den Atlantik führt von New York nach England. Sieger wird der Dreimastschoner >Atlantic< mit 70 Mann Besatzung. *1905*

Australienfahrt. In diesem Jahr sind aus Großbritannien 120 Frachtdampfer und aus New York 31 Dampfer auf der Fahrt nach Australien und Neuseeland im Einsatz. Dazu kommen noch 52 Fahrten der Postdampfer. Darüber hinaus werden noch 54 Segelschiffe aus Großbritannien und zwölf aus den USA eingesetzt. Die Segler befördern noch rund 15 Prozent der Massengüter. *1906*

Schiffsfunk. In Berlin geht am 2. November die internationale Konferenz über den Schiffsfunk zu Ende. Nach einigem Zögern entschließt sich auch das wichtige Großbritannien (von Marconi gebremst) zu unterzeichnen. Der „Internationale Vertrag zur Regelung der Funkentelegraphie" tritt am 1. Juli 1908 in Kraft. Darin werden unter anderem alle Küstenfunkstationen, egal welcher Gesellschaft, verpflichtet, Notrufe von Schiffen mit Vorrang zu behandeln. Für den Notruf wird das einfache SOS festgelegt. *Oktober/ November 1906*

Persischer Golf. Großbritannien erlangt immer größeren Einfluß im Gebiet des Persischen Golfes. Das nördliche Persien wird den Russen als Einflußgebiet überlassen. Im Süden von Persien werden von Großbritannien Eisenbahnkonzessionen erworben. In den Häfen Bandar Abbas und Buschir sowie im türkischen Bagdad, Basra, Kuwait, Bahrein und Maskat werden Botschaften oder Handelsvertretungen unterhalten oder neu errichtet. Der Seeverkehr im Persischen Golf befindet sich zu 60% in britischer Hand, 30% sind Lokalverkehr, der Rest entfällt auf andere Flaggen. Die neuen Erdölfunde in dieser Region erwecken das Interesse Großbritanniens. *1907*

Schiffbau. In Großbritannien wird von der Werft Brown in Clydebank das Passagierschiff >Lusitania< (31.500) in Dienst gestellt. Sie ist das erste Schiff mit einer Größe von über 30.000 BRT. Nur wenige Monate jünger ist ihr bei Swan Hunter in Newcastle gebautes Schwesterschiff >Mauretania<, die auf ihrer Jungfernfahrt über den Atlantik mit 26 Knoten das Blaue Band erobert. Diese Auszeichnung wird zwar erst 1935 offiziell geschaffen, sie wird aber von der Presse schon seit langem dem schnellsten Schiff über den Nordatlantik zugesprochen. Der Geschwindigkeitsrekord der >Mauretania< bleibt für 20 Jahre bestehen. *1907*

Rußland. Das Land hat in Europa Wasserläufe mit einer Länge von rund 200.000 Kilometern. Davon sind über 50.000 von Flößen zu benützen. Rund 40.000 Kilometer können von Schiffen und Booten in beiden Richtungen befahren werden. Dampfschiffe fahren auf fast 30.000 Kilometern. Dazu gibt es 1860 Kilometer Kanäle oder kanalisierte Wasserläufe. Auf diesen Wasserstraßen werden über 50 Millionen Tonnen Güter und acht Millionen Passagiere befördert. *1907*

Technik. Die Firma Telefunken erzielt die bisher größte Reichweite im Funkverkehr. Von der Großfunkstation Nauen bei Berlin wird Kontakt mit dem Passagier-Frachtschiff >Cap Blanco< vor Teneriffa aufgenommen. Die Entfernung beträgt rund 3700 Kilometer. *1908*

Seenotrettung. In der Nähe der Insel Nantuket vor Rhode Island kollidieren das Passagierschiff >Republic<, ex >Columbus<, (15.400) und das italienische *23. Jänner 1909*

Auswandererschiff >Florida< (5020). Beide Schiffe haben zusammen rund 1600 Personen an Bord. Die >Republic> droht zu sinken. Auf den Funknotruf CQD kommen mehrere Schiffe zu Hilfe und bergen fast alle Personen beider Schiffe. Die >Republic< sinkt kurz darauf, die >Florida< kann gehalten werden. Es ist die erste große Rettungsaktion, die durch den drahtlosen Funk zustande kommt.

1909 **Binnenschiffahrt.** Die USA und Großbritannien schließen für Nordamerika den sogenannten „Boundery Waters Treaty". Darin wird festgelegt, daß alle Gewässer zwischen den USA und Kanada, vor allem die Großen Seen, von den Staatsbürgern beider Länder frei und unbehindert befahren werden dürfen. Eine Kommission von je drei Delegierten überwacht die Schiffahrt auf den Seen, Flüssen und Kanälen zwischen den beiden Staaten.

1910 **Großbritannien.** Lateinamerika ist ein wichtiger Handelspartner für die britische Wirtschaft. Das bei weitem größte Transportvolumen wird mit Argentinien (Gefrierfleisch) und Brasilien (Kaffee) abgewickelt. Andere nennenswerte Handelspartner sind Chile, Uruguay, Mexiko, Kuba, Peru und Kolumbien. Zu den wichtigen Ausfuhrgütern von Großbritannien in diese Staaten gehören auch Handels- und Kriegsschiffe.

1910 **Frankreich.** Der Außenhandel des Landes wird noch immer fast zu drei Viertel mit Seeschiffen und auf Binnenwasserstraßen abgewickelt. Die gesamten Einfuhren haben einen Wert von 7000 Millionen Francs, denen Ausfuhren im Wert von 5500 Millionen Francs gegenüberstehen. Verschifft werden vor allem Erzeugnisse der Textil- und Luxusindustrie, Einfuhren sind vor allem Rohstoffe und in geringerem Maße Lebensmittel.

1910 **Passagierschiffahrt.** Der Großteil der Passagiere wird von den Auswanderern gestellt. Diese fahren entweder im Zwischendeck der Schnelldampfer, so noch eines vorhanden, oder auf den älteren Passagier- und Kombischiffen, zum geringen Teil auch noch auf Segelschiffen. Die wichtigsten Häfen für die Einschiffung von Auswanderern sind Bremen (157.000), Hamburg (118.100), Antwerpen (71.700) und Rotterdam (60.900) in diesem Jahr. Die Auswanderung von deutschen Bürgern geht von 250.000 im Jahr 1882 auf 37.000 im Jahr 1907 zurück. Der Großteil der Auswanderer kommt jetzt aus Rußland, Österreich-Ungarn, Italien und aus Großbritannien, letztere aber aus den britischen Häfen. Mehr als die Hälfte der Auswanderer geht in New York an Land. Tabelle im Anhang.

1910 **Europa.** Der Anteil der wichtigsten Staaten am Außenhandel von Europa beträgt in Prozenten: Großbritannien (23,7%), Deutschland (20,4%), Frankreich (13,4%), Rußland (8,9%), Belgien (7,3%), Österreich-Ungarn (5,6%), Italien (4,5%), Niederlande (4,0%), Schweiz (2,6%), Spanien (2,2%), Schweden (1,8%), Dänemark (1,5%), Rumänien (1,3%) und Norwegen (0,8%). Bei Großbritannien ist es reiner Seetransport, bei der Schweiz fast nur Landtransport, außer etwas Binnenschiffahrt am Rhein, Bodensee und Genfersee.

1910 **Erdöl.** In Abadan an der Mündung des Schatt al-Arab in Persien wird die erste noch kleine Erdölraffinerie errichtet. Sie ist der Beginn des weltweit größten Erdölzentrums. Bald werden neben Rohöl auch dessen Produkte aus dem Persischen Golf verschifft.

Persien 1907
unter britisch-russischem Einfluß

- Schw. Meer
- Rußland
- Kasp. Meer
- Baku
- Erdöl
- Amu Darja
- Rußland
- Erdöl
- Osman. Reich
- Teheran
- russische Einflußzone (1907)
- Bagdad
- Afghanistan
- Jezd
- Persien
- Erdöl
- Basra
- Abadan
- Kuwait
- Buschir
- Pers. Golf
- brit. Einflußzone (1907)
- Bander Abbas
- Bahrein
- Perlen
- arabische Wüste
- Vertrags Emirate
- Maskat
- Oman

1910	**Hamburg.** Die wichtigsten Einfuhrgüter aus dem Ausland sind in der Reihenfolge ihres Wertes (in Klammer in Millionen Mark): Getreide (286) aus Rußland, Argentinien und den USA, Schafwolle (224) aus Argentinien, Australien und Großbritannien, Ölnüsse und Kopra (199) aus Westafrika und Ostindien, Gummi (191) aus Großbritannien, Brasilien und Westafrika, Kaffee (163) aus Brasilien, Guatemala und Venezuela, Rinderhäute (158) aus Ostindien, Argentinien und Brasilien, Baumwolle (140) aus Ostindien und den USA, Kupfer (121) aus den USA und Australien und Salpeter (120) aus Chile.
1910/11	**Indien.** An der Ausfuhr sind folgende Güter in Prozenten beteiligt: Getreide (18,4%), Rohbaumwolle (17,2%), Ölsaaten (12,0%), Juteerzeugnisse (8,1%), Jute (7,4%), Häute und Felle (6,2%), Opium (6,1%), Baumwollwaren (6,0%) und Tee (5,9%). Die Ausfuhr von Indigo (0,2%) ist durch den Einsatz von künstlichem Farbstoff bereits unbedeutend. Die Waren gehen nach Großbritannien (24,9%), Kontinentaleuropa (20,8%), China (9,2%), Japan (6,4%), die USA (6,4%) und Malaya (3,7%). Die Einfuhren kommen noch immer zum großen Teil aus Großbritannien (62,2%), ferner aus Kontinentaleuropa (6,6%), USA (2,6%), Japan (2,5%), Malaya (2,3%) und China (1,8%). Nähere Zahlen im Anhang.
1910–1914	**Großbritannien.** In den Jahren vor dem Ersten Weltkrieg erreicht die Kohleförderung ihren Höhepunkt. Von den jährlich gewonnenen 270,000.000 Tonnen werden 62,710.000 Tonnen oder 23% verschifft. Beides sind Spitzenwerte. Während und nach dem Ersten Weltkrieg beginnt die Förderung leicht, die Verschiffung stärker zu fallen. Die Konkurrenz des Erdöls als primärer Energieträger wirkt sich aus. Auch die Einfuhr von Rohbaumwolle (932.000 Tonnen oder 19% der ganzen Einfuhr) und die Ausfuhr von Baumwollwaren erreicht in dieser Zeit ihren Höhepunkt. Der Anteil der übrigen Güter an der ganzen Einfuhr betrifft: weitere Rohstoffe (16%), Lebensmittel (12%), Getreide und Mehl (11%), Kolonialwaren (8%) und Industrieerzeugnisse (6%). Am Wert der Ausfuhr sind Baumwollwaren (25%), andere Textilerzeugnisse (40%), Eisen- und Stahlwaren (14%), Maschinen (7%) und Kohle (10%) beteiligt.
1911	**Technik.** In Kopenhagen baut die Werft Burmeister & Wain für die dänische Ostasiatische Kompanie den Frachter >Seelandia< (9800). Er ist mit zwei Dieselmotoren ausgerüstet, die sich voll bewähren und die Zeit der Schiffsdiesel begründen. Die Motorschiffe treten bei vielen Schiffstypen in Konkurrenz zu den Schiffen mit den ebenfalls neuen Dampfturbinen. Die >Seelandia< hat ohne Schornstein, nur mit einem dünnen Abgasrohr, ein ungewöhnliches Aussehen. Spätere Motorschiffe erhalten um das Abgasrohr eine Ummantelung, die als Lagerraum oder für andere Zwecke verwendet wird.
November 1911	**Segelschiffe.** Die deutsche Reederei F. Laeisz läßt noch eine Reihe von Frachtenseglern bauen. Die >Passat< (3180 BRT) wird für die Fahrt nach Chile um Salpeter in Dienst gestellt. Sie wird nach dem Zweiten Weltkrieg Schulschiff und geht im Jahr 1960 in Lübeck endgültig vor Anker. Insgesamt läßt Laeisz vor dem Ersten Weltkrieg acht große Segelschiffe bauen, deren Namen mit >P< beginnen, darunter die unglückliche >Pamir<. Die >Padua< fährt nach dem Zweiten Weltkrieg als sowjetisches Schulschiff >Krusenstern< (2000 t).

Verschiffungshäfen für Auswanderer 1910

- Belfast
- Liverpool
- Großbritannien
- Southampton
- Cherbourg
- Nordsee
- Hamburg 118.100
- Bremen 175.000
- Rotterdam 60.900
- Antwerpen 71.700
- Weser
- Elbe
- Maas
- Deutschland
- Frankreich
- Rhein
- Loire
- Bodensee
- Schweiz
- Österreich
- Rhone
- Triest
- Italien
- Genua
- Po
- Spanien

1911–1913	**Großbritannien.** Die Auslandsinvestitionen gehen in diesen Jahren zu rund 30 Prozent in die Dominien, zu 20% nach Lateinamerika, zu 15% in die USA, zu 8% nach Europa, zu 5% in britische Territorien, zu 4% nach Afrika und zu 8% in übrige Länder. Großbritannien verlagert seine Investitionen immer mehr in die Dominien und zieht sich aus dem übrigen Europa, aus den USA und auch aus Indien zurück. Damit geht Hand in Hand auch eine Verlagerung der Frachtschiffahrt (Anhang Indienhandel).
Jänner 1912	**Technik.** Von Spezialschiffen gelegte Unterseekabel verbinden bereits alle Kontinente. Das Kabelnetz ist nunmehr 501.428 Kilometer lang. Davon besitzen Großbritannien 276.457 km, die USA 95.220, Frankreich 41.754, Deutschland 41.128, Dänemark 15.944, Japan ~7000, Spanien 5810, der Rest entfällt auf andere Länder.
14./15. April 1912	**Untergang der >Titanic< (46.300).** Das Schwesterschiff der >Olympic< und >Britannic< und größte Schiff seiner Zeit soll auf der Jungfernfahrt das Blaue Band für Passagierschiffe im Nordatlantik erringen. Die >Titanic< läuft am 10. April aus Southampton aus, fährt trotz Eiswarnung mit voller Kraft und streift nahe Neufundland in der Nacht einen Eisberg, der ihr unter Wasser die Seite aufschlitzt. Sechs an sich wasserdichte Abteilungen sind betroffen, das Schiff ist nicht zu halten. Trotz sofortigen Funknotrufs kommen die ersten Schiffe zur Rettung erst nach dem Untergang des Schiffes. Nur 710 der an Bord befindlichen Personen können gerettet werden, 1500 kommen um. Der Untergang der >Titanic< gibt Anlaß, die Rettungseinrichtungen zu verbessern. Das Ereignis wird mehrmals verfilmt.
1912	**Reedereien.** Deutschland besitzt zwar mit der HAPAG die bei weitem größte Reederei der Welt, Großbritannien verfügt aber über die größte Handelsflotte mit den meisten Schiffahrtsgesellschaften. Die größten 20 Reedereien mit Firmensitz, ihrer Zahl der Schiffe, der Gesamttonnage in BRT und dem wichtigsten Fahrtgebiet sind hier aufgelistet: P & O, London, 60, 475.950, Indien, Ostasien, Australien, Neuseeland White Star, Liverpool, 37, 474.620, Nordamerika, Mittelmeer, Ozeanien British India Steam, London, 110, 470.980, Indien, Ostafrika, Australien Lamport and Holt, Liverpool, 43, 349.560, Nord- und Südamerika Union Castle, London, 42, 301.700, Mittelmeer, Ost- und Südafrika Cunard, Liverpool, 24, 265.830, Nordamerika, Mittelmeer Leyland, Liverpool, 44, 257.570, Nordamerika, Westindien Royal Mail, London, 47, 232.020, Amerika, Asien, Australien, Neuseeland Bucknall-Linien, London, 30, 222.410, Südafrika Prince Line, Newcastle, 41, 211.560, Amerika, Mittelmeer, Ostasien Pacific Steam, Liverpool, 41, 185.690, Ost- und Westküste Südamerika Ellerman-Linie, Liverpool, 28, 171.590, Ostindien Allan Line, Liverpool, 22, 151.760, Kanada Shaw, Savill & Albion, London, 16, 146.300, Neuseeland Anchor Line, Glasgow, 22, 123.520, Nordamerika, Indien Orient Royal Mail Line, London, 10, 114.860, Australien Hall/Warren Line, Liverpool, 25, 108.420, Portugal The Booth Steamship Co., Liverpool, 25, 106.400, Brasilien

Indien um 1910
Exportgüter und Bodenschätze

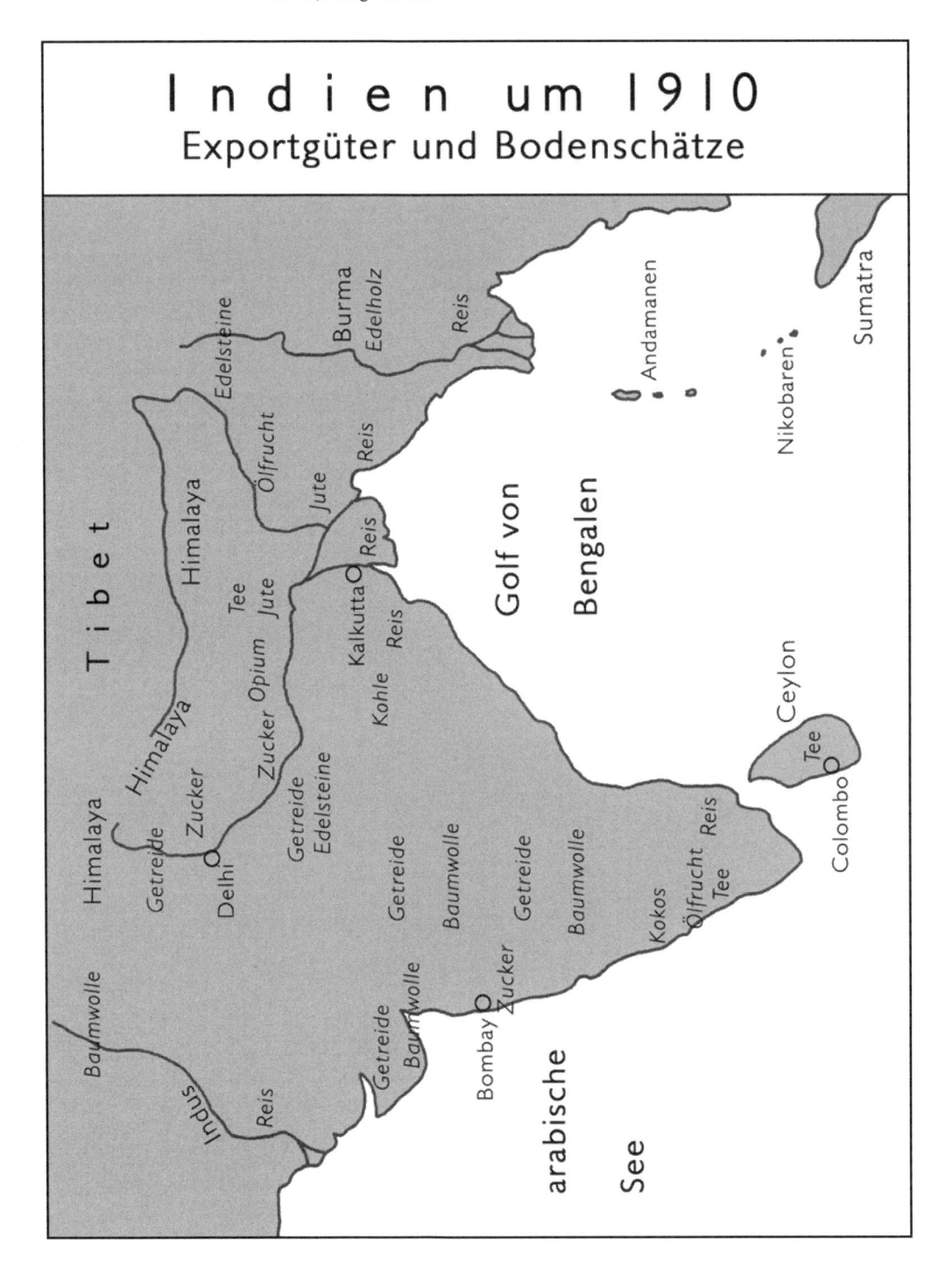

British and African Steam Co., Liverpool, 39, 102.320, Afrika, Indien, Singapur
Elder, Dempster & Co., Liverpool, 27, 81.000, Hamburg, West- und Südafrika

1912 **Großbritannien.** Der ganze Seehandel hat einen Wert von rund 25.000 Millionen deutsche Mark. Davon entfallen 60 Prozent auf die Einfuhr und 40 Prozent auf die Ausfuhr. Die wichtigsten Importgüter sind Getreide und Mehl, Fleisch und Vieh, Rohbaumwolle, tierische Wolle, Ölfrüchte, Holz, Metallwaren und Gewebe. Exportiert werden Kohle, Baumwollwaren, Metallwaren, Wollwaren und Maschinen. Die Einfuhr kommt in der Reihenfolge der Bedeutung der Handelspartner aus den USA, Deutschland, Indien, Frankreich, Argentinien, Rußland, Australien und Kanada. Die Ausfuhr geht nach Indien, Deutschland, Australien, USA, Frankreich, Kanada und Argentinien. Man sieht, daß sich die Ausfuhr auf die eigenen Dominien ausrichtet.

1912 **USA.** Der ganze Seehandel hat einen Wert von 18.000 Millionen deutsche Mark. Davon entfallen zwei Drittel auf den Export. Einfuhrgüter sind Kaffee, Zucker, Häute und Felle, Kautschuk und Erzeugnisse der Chemieindustrie. Ausgeführt werden Baumwolle, Eisenwaren, Getreide und Mehl, Fleisch und Vieh, Maschinen, Kupfer und Rohöl. Die Waren gehen nach Großbritannien, Deutschland, Frankreich, Niederlande und Westindien. Die USA werden immer mehr zu Selbstversorgern und zum Ausfuhrland auch für Maschinen, Autos und andere Fertigwaren.

1912 **Deutschland.** Der ganze Außenhandel, der 1900 noch 10.800 Millionen Reichsmark betragen hat, ist bereits auf 19.700 Millionen gestiegen. Davon werden 13.200 Millionen mit Hochsee- und Binnenschiffen befördert, die restlichen 6500 mit Bahn und Straße. Der reine Seehandel wird mit folgenden Partnern abgewickelt: Ganz Amerika (33,7%), ganz Asien (10,9%), ganz Afrika (5,1%), Großbritannien (15,3%), Rußland (11,3%), Schweden (3,1%), Australien (3,1%), Italien (2,7%), Spanien (2,3%), Dänemark (2,3%), Belgien (2,2%), Norwegen (1,6%) und Frankreich (1,6%). Die restlichen fünf Prozent verteilen sich auf mehrere Länder. Der Außenhandel mit Frankreich ist zu Lande fünfmal größer als jener über See. Nach Österreich-Ungarn und in die Schweiz läuft der Außenhandel fast nur über Land, mit einer geringen Ausnahme auf dem Rhein nach der Schweiz und auf der Donau nach Österreich.

1912 **Österreich-Ungarn.** Der Seehandel geht in die Levante, nach Großbritannien und in die USA. Einfuhrgüter sind Baumwolle, Kohle, Garne, Maschinen und Eisenwaren. Ausgeführt werden Holz, Zucker, Baumwollwaren, Eisenwaren, Glaswaren, Konfektion, Kurzwaren und Hunderte andere Dinge.

1912 **Binnenschiffahrt.** In Deutschland werden auf Flüssen und Kanälen 110,0 Millionen Tonnen an Gütern umgeschlagen. Dies wird fast ausschließlich von der Schleppschiffahrt bewältigt. Dazu kommen noch 1,6 Millionen Tonnen an Schwemmholz. Der weitaus größte Güterverkehr findet sich am Rhein mit seinen Nebenflüssen (63,7 Mio. Tonnen), gefolgt vom Elbegebiet (19,3), den Wasserwegen der Mark Brandenburg (11,8), dem Odergebiet (6,1), dem Emsgebiet (5,6), Ost- und Westpreußen (2,6) und dem Wesergebiet (1,3 Mio. Tonnen). Der hohe Umschlag der Mark wird von Berlin verursacht. Das Schwemmholz kommt fast zur Gänze über Rhein und Weichsel. Der Güterverkehr auf der oberen Donau oberhalb von Passau fällt nicht ins Gewicht.

Untergang der >Titanic<
Schiff unter Wasser aufgeschlitzt
Sechs wasserdichte Abteilungen betroffen

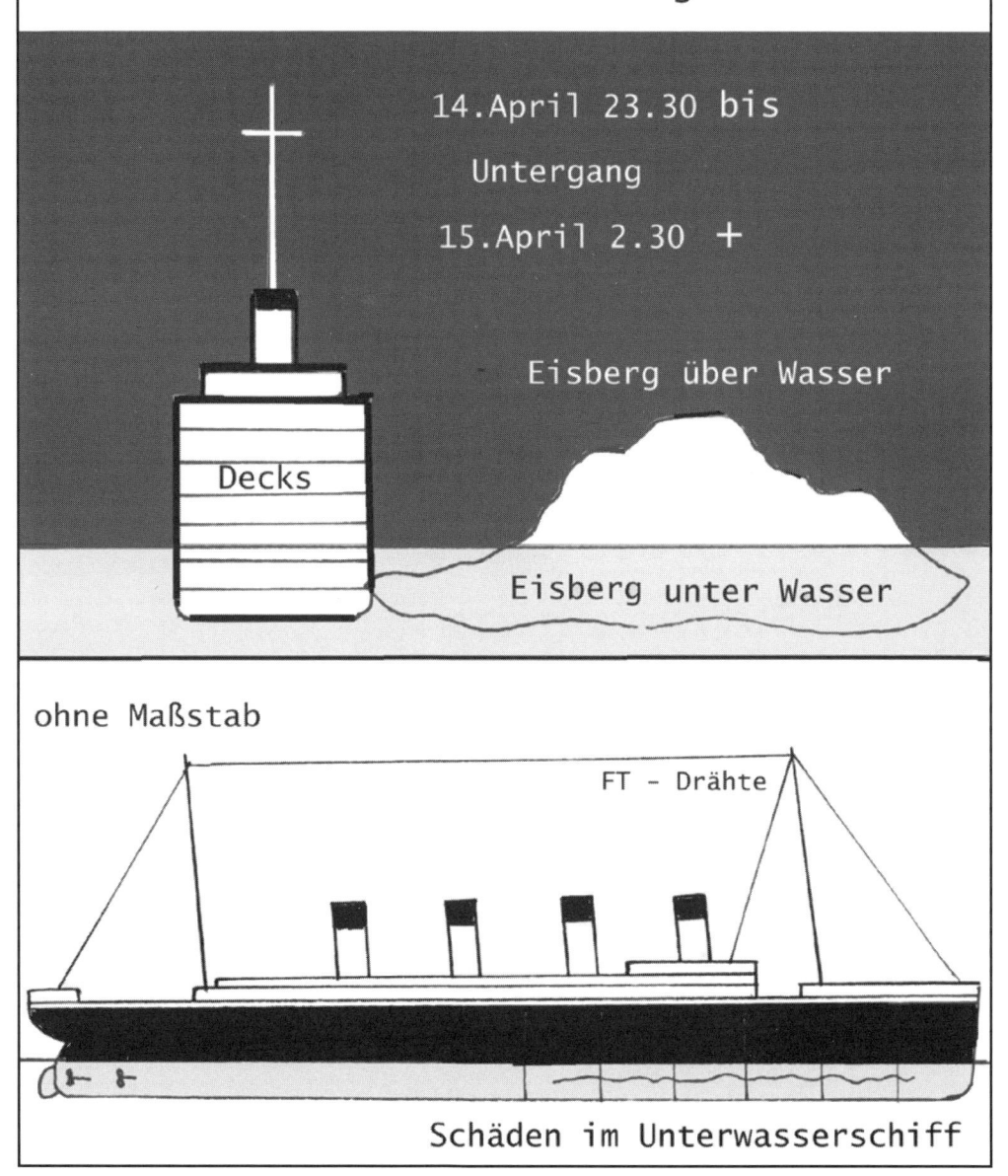

14. April 23.30 bis

Untergang

15. April 2.30 †

Eisberg über Wasser

Decks

Eisberg unter Wasser

ohne Maßstab

FT - Drähte

Schäden im Unterwasserschiff

Neben Berlin werden Duisburg-Ruhrort, Hamburg und im Ausland Manchester, Antwerpen, Rouen und Rotterdam wichtige Binnenhäfen.

1912 **Bremen.** Die Häfen der Hansestadt werden von 6355 Seeschiffen (Hochsee und Küste) mit 4,952.500 NRT angelaufen. Davon fahren bereits 67 Prozent der Tonnage unter deutscher Flagge, 23 Prozent unter britischer und der Rest unter anderen Flaggen. Der Schiffverkehr von Bremen und Bremerhaven und den keineren Häfen an der Wesermündung ist in den letzten 50 Jahren auf das Zwanzigfache gestiegen. Ähnlich ist die Entwicklung in Hamburg.

1912 **Binnenschiffahrt.** Auf der Elbe kommen jährlich rund 20.000 Binnenfahrzeuge mit einer Tragfähigkeit von zehn Millionen Tonnen aus dem Landesinneren nach Hamburg und laufen wieder flußaufwärts aus. Bei der Bergfahrt sind sie stärker (90%) beladen als bei der Talfahrt (65%). Das heißt, daß Hamburg mehr in das Landesinnere liefert, als es von dort für den Export bezieht. Die Flußschiffahrt auf der Elbe (und vielen anderen Flüssen) ist trotz Konkurrenz der Eisenbahn in den letzten 50 Jahren auf das Zwanzigfache gestiegen.

1912–1914 **Brasilien.** Das wichtigste Ausfuhrgut über See ist bei weitem der Kaffee. Die Exporte setzen sich folgendermaßen zusammen: Kaffee (60,4%), Kautschuk (17,3%), Leder (4,7%), Maté (3,3%), Baumwolle (2,9%), Kakao (2,9%) und Tabak (2,6%). Zucker hat nur noch einen Anteil von 0,6%, er wird für den Eigenverbrauch benötigt. Der Export von Kautschuk über den Amazonas erreicht zu dieser Zeit seinen Höhepunkt.

18. Juni 1913 **Schnelldampfer.** Das Passagierschiff >Imperator< (52.000), gebaut bei „Vulkan" in Hamburg für die Reederei HAPAG, verläßt Hamburg zu seiner Jungfernfahrt nach New York über Southampton und Cherbourg. Es ist das erste Schiff mit über 50.000 BRT, ist 1918 Kriegsbeute der Entente und fährt danach für die britische Cunard-Linie als >Berengaria<. Ein Jahr später wird für die HAPAG von Blohm & Voss in Hamburg das Schwesterschiff >Vaterland< (54.300) abgeliefert. Sie fährt nach dem Krieg als >Leviathan< für die USA. Das dritte Schiff der Serie, die >Bismarck< (56.500), wird erst 1922 fertiggestellt und fährt als >Majestic< für die britische White Star-Linie.

1913 **Großbritannien.** Die Abhängigkeit von Einfuhren zeigt sich daran, wieviel Prozent des eigenen Verbrauches importiert werden müssen: Kupfer (100%), Rohbaumwolle (100%), Blei (90%), Zinn (90%), Weizen (80%), tierische Wolle (80%), Eisen(erz) (60%), Fleisch (45%) und Molkereiprodukte (45%). Zinn und Schafwolle sind einmal die wichtigsten Ausfuhrgüter gewesen.

1913 **Rußland.** Der Güterverkehr verteilt sich auf die einzelnen Verkehrsträger wie folgt: Eisenbahn (57,4%), Binnenschiffahrt (24,9%), Seeschiffahrt (17,4%), Rohrleitungen (0,3%) und Kraftfahrzeuge der Straße (0,1%). Es existieren bereits rund 64.000 Kilometer schiffbarer Wasserwege. Im Personenverkehr entfallen auf die Eisenbahn (92,7%), die Binnenschiffahrt (4,3%) und die Seeschiffahrt (3,1%). Der Straßenverkehr wird noch zu Pferd oder zu Fuß abgewickelt.

Das Land hat den regesten Handelsverkehr mit Deutschland, gefolgt von Großbritannien, Frankreich, Niederlande und USA. Ausgeführt werden Eisenerz, Erdöl, Flachs, Pelze und Getreide. Einfuhren sind Industrieerzeugnisse, Kohle, Koks, Baumwolle, Elektrogeräte und Spirituosen.

Binnenwasserstraßen im Mitteleuropa um 1912

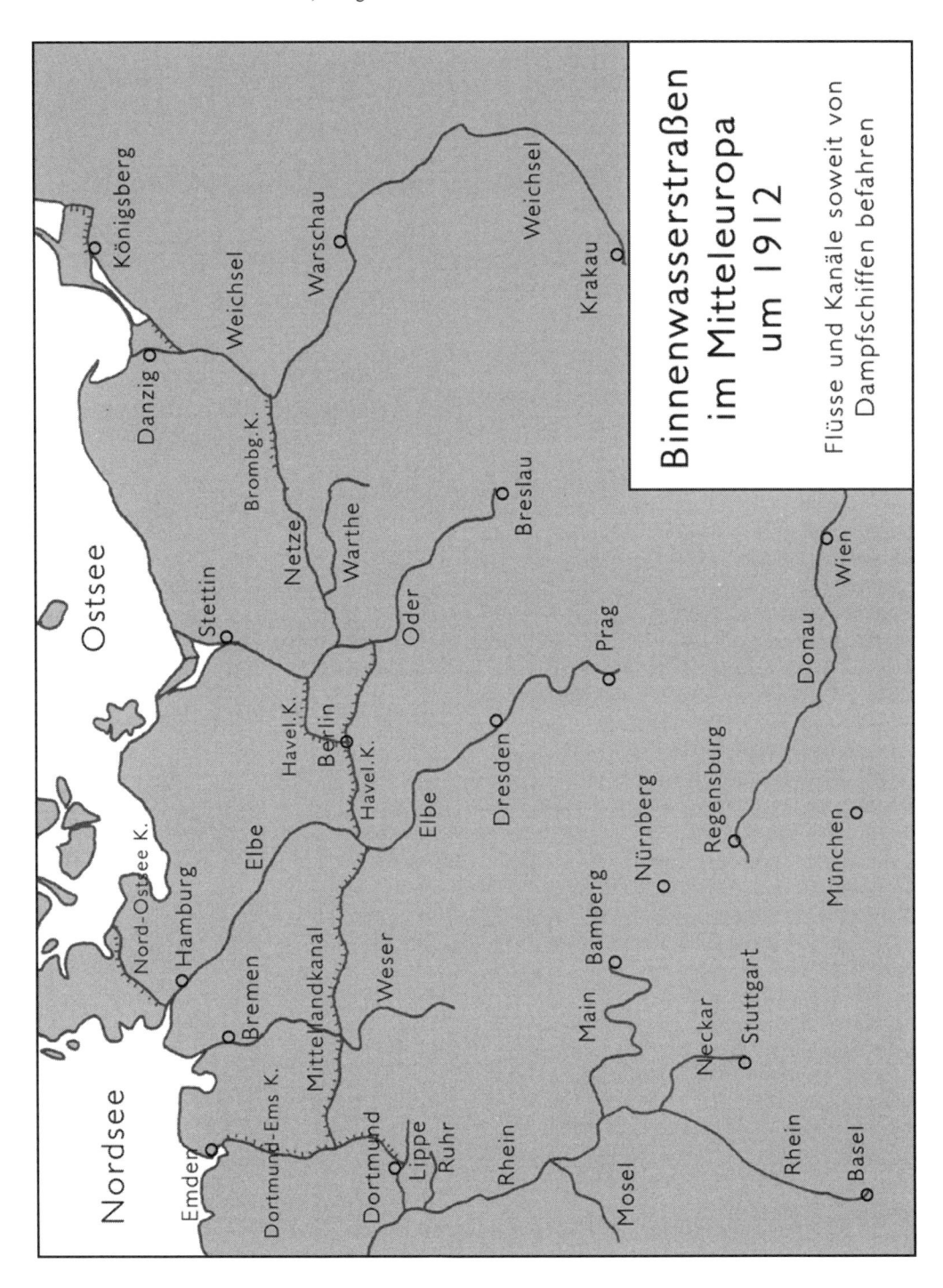

Flüsse und Kanäle soweit von Dampfschiffen befahren

1913 **Reederei.** Der Norddeutsche Lloyd Bremen verfügt über eine Flotte von 130 Hochseeschiffen und rund 300 Binnenschiffen und Hilfsschiffen mit insgesamt rund 800.000 BRT. Außerdem sind 27 Hochseeschiffe in Bau, darunter der Schnelldampfer >Columbus< (34.000) und ein Schwesterschiff noch ohne Namen. Das größte in Fahrt befindliche Schiff ist die >George Washington< (25.570). Die neuen Schnelldampfer fahren auf der Linie Bremen–Cherbourg–Southampton–New York und zurück. Die übrigen Schiffe bedienen die Linien Mittelmeer–New York, Bremen–Baltimore, Bremen–Philadelphia–Galveston, Bremen–Quebec–Montreal (im Sommer), Bremen–Kuba, Bremen–Brasilien–Rio de la Plata, Bremen–China–Japan, Bremen–Australien sowohl durch den Suezkanal als auch rund um Afrika. Dazu kommen Zubringerdienst, Nahverkehrslinien in Europa, der Seebäderdienst und die Binnenschiffahrt auf der Weser. In diesem Jahr werden auf allen Linien 662.385 Passagiere befördert. Auch der Gütertransport ist beträchtlich. Bei Ausbruch des Ersten Weltkrieges im folgenden Jahr werden in den USA 14 Schnelldampfer und Kombischiffe interniert und 1917 von den USA übernommen.

1913 **Binnenschiffahrt.** Je nach der geographischen Beschaffenheit haben die einzelnen Länder ein unterschiedliches Netz an Wasserstraßen, die auch unterschiedlich genutzt werden. Das längste Netz hat das europäische Rußland, das dichteste die Niederlande und das dünnste Spanien. Hier die Zahlen für die wichtigsten europäischen Staaten:

Land	Länge der Wasserstraßen in km	1 km Wasserstraße auf den km² des Landes
Europäisches Rußland	56.700	95
Deutschland	15.300	35
Frankreich	13.800	39
Großbritannien	9.500	33
Schweden	6.700	67
Niederlande	4.500	7
ungar. Reichshälfte von Ö-U.	3.100	105
Italien	3.000	96
österr. Reichshälfte von Ö-U.	2.800	107
Belgien	2.100	14
Rumänien	1.000	131
Norwegen	700	460
Spanien	500	1.000

1913 **Passagiere.** Im letzten Friedensjahr nehmen in New York die Zahlen von gelandeten Passagieren folgende Dimensionen an: NDL Bremen 218.000, HAPAG 185.000 und Cunard 125.000. Genauere Zahlen im Anhang.

Insgesamt befördert die HAPAG in diesem Jahr 463.600 Passagiere und 8,300.000 Tonnen Fracht, der NDL Bremen 463.600 Passagiere und 4,178.000 m³ Fracht.

1913 **Deutschland.** Die Transportleistung der deutschen Hochsee-Handelsflotte wird zu 52% auf der Route über den Atlantik nach Nord- und Südamerika, zu 24% bei der Fahrt nach Asien und Australien, zu 11% in Europa und zu 8% auf der

Liniennetz der großen deutschen Reedereien 1913
NDL - Nordd. Lloyd Bremen, HAPAG - Hamburger Paketfahrte AG

Fahrt nach Afrika erbracht. Fahrten zwischen außereuropäischen Ländern ergeben die restlichen fünf Prozent. Das errechnete Transportvolumen beträgt 310 Milliarden Tonnenkilometer und damit eine Steigerung innerhalb von zwölf Jahren auf das Zehnfache. Diese Steigerung im Gütertransport ist um 40% größer als jene der Eisenbahn im gleichen Zeitraum. Von der ganzen Handelsflotte von rund fünf Millionen BRT sind 2,761.000 oder mehr als die Hälfte in Hamburg beheimatet. Auf Bremen entfallen 1,354.000, auf Stettin 137.000, auf Flensburg 115.000, auf Lübeck 85.000 und auf Bremerhaven 68.000 BRT. Die Größe der Flotte von Hamburg hat sich in den letzten vier Jahrzehnten verzehnfacht.

1913 **Hochseeschiffahrt.** Trotz des Aufstieges der USA dominiert Europa noch immer den Seetransport auf den Weltmeeren. Bei den Flottengrößen liegt nach wie vor Großbritannien an der Spitze, gefolgt von Deutschland, Norwegen und Frankreich. Ganz Europa verfügt über rund 80% der Dampfschiffstonnage und 60% der Segelschiffstonnage der Welt. Tabellen im Anhang.

1913 **Reederei.** Die deutsche HAPAG hat ein weltumspannendes Liniennetz. Außer Australien werden alle Kontinente angelaufen. Zwölf Linien verlaufen von Europa nach Nordamerika, 16 von Europa nach Mittelamerika und innerhalb der Karibik, elf gehen von Europa und Nordamerika nach Südamerika, fünf entlang der Westküste von Amerika, sieben bedienen Ostasien, vier die Arabische See und 15 gehen nach Westafrika. Dazu kommen noch der Seebäderdienst und die Fahrten im Winter an die Riviera. Insgesamt werden 74 Liniendienste unterhalten. Die Flotte umfaßt 201 Hochseeschiffe und 241 Hilfs- und Küstenfahrzeuge mit zusammen 1,422.000 BRT.

1913 **Japan.** Der Außenhandel über die Hohe See hat einen Wert von rund 2850 Millionen deutsche Mark. Eingeführt werden Rohbaumwolle, Reis und Ölkuchen. Ausfuhren sind Rohseide, Garne und Stoffe. Die wichtigsten Handelspartner sind die USA, China, Großbritannien, Indien und Deutschland. Japan baut jetzt seine Kriegsschiffe in den eigenen Werften, früher sind sie zum Teil in England gekauft worden.

1913 **Frankreich.** Der Überseeverkehr geht nach den USA, Großbritannien, Rußland, Algerien, Argentinien und zum Teil nach Deutschland. Bei der Ausfuhr rangiert Wein jetzt erst nach zahlreichen anderen Waren wie Seidenstoffen, anderen Textilwaren und Luxusgütern. Der Schwerpunkt der Einfuhr liegt bei Lebensmitteln, Rohstoffen, Kohle, Erdöl und Wein.

1913 **Binnenschiffahrt.** Deutschland hat nicht nur das längste Netz an Wasserwegen in Europa hinter Rußland, sondern auch den meisten Gütertransport in der Binnenschiffahrt. In Millionen Tonnenkilometern werden von Deutschland 17.888, von Frankreich 6185, von Österreich-Ungarn 2311 und von Belgien 1636 an Gütern transportiert.

1913 **Museumsschiff.** Auf dem Weg zum Verschrotten sinkt bei Plymouth das erste fahrtüchtige Unterseeboot der britischen Kriegsmarine, die >Holland 1<, erbaut 1901–02. Es wird 80 Jahre später entdeckt, geborgen und bleibt als Museumsschiff erhalten.

1913–1914 **Schiffssicherheit.** Der Untergang der >Titanic< ist Anlaß für die Konferenz der 14 wichtigsten Seefahrernationen in London. Es gibt zwar keine verbindlichen Beschlüsse, aber es werden Empfehlungen an die Reeder herausgegeben.

Nord-Ostsee Kanal
damals Kaiser Wilhelm Kanal

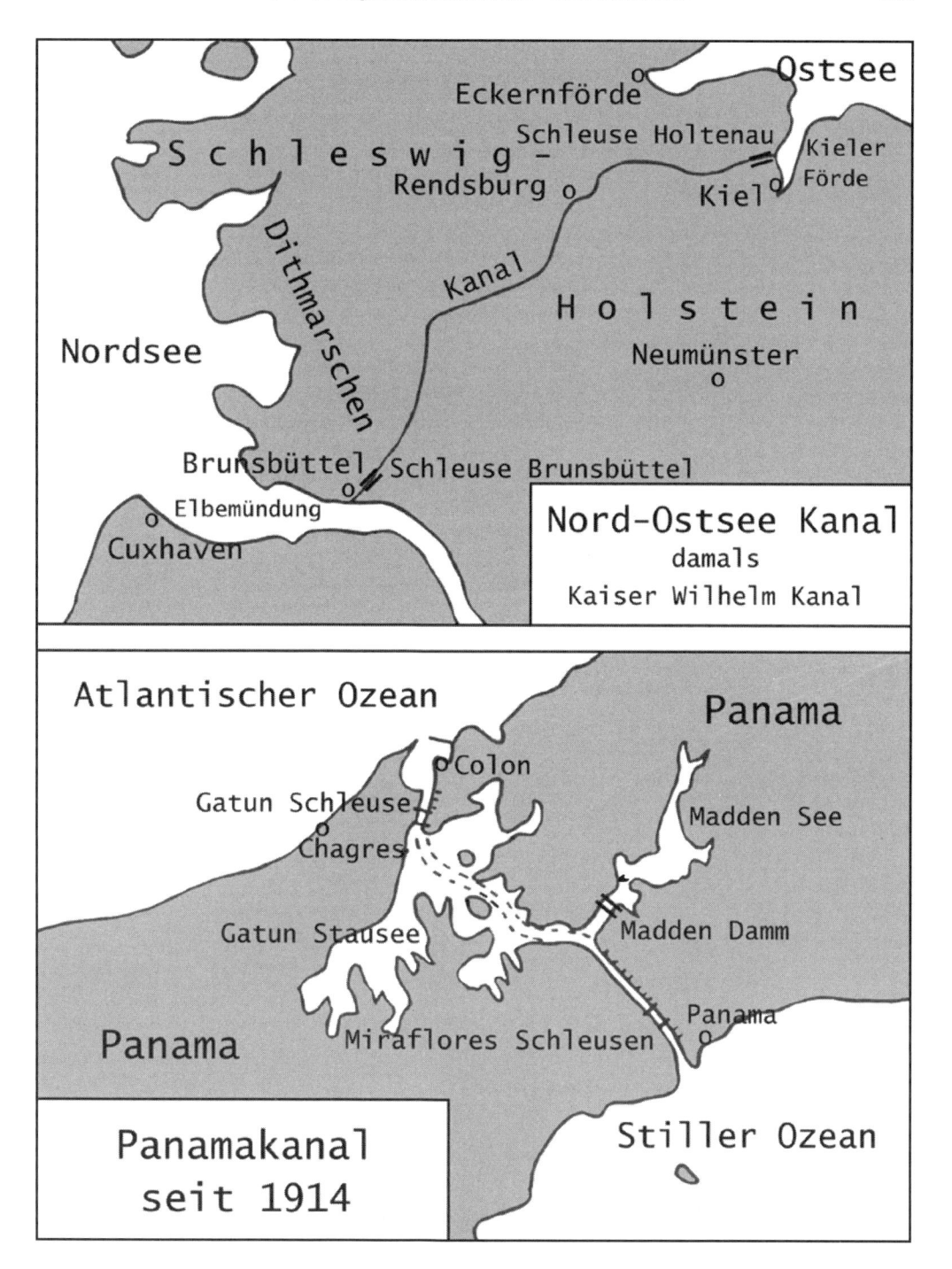

Labels on map: Ostsee, Eckernförde, Schleuse Holtenau, Kieler Förde, Schleswig-, Rendsburg, Kiel, Dithmarschen, Kanal, Holstein, Nordsee, Neumünster, Brunsbüttel, Schleuse Brunsbüttel, Elbemündung, Cuxhaven

Panamakanal seit 1914

Labels on map: Atlantischer Ozean, Panama, Colon, Gatun Schleuse, Chagres, Madden See, Gatun Stausee, Madden Damm, Panama, Miraflores Schleusen, Panama, Stiller Ozean

Ihre Schiffe sollen sich an bestimmte Kurse im Nordatlantik halten. Wenn ein Schiff einen abweichenden Kurs nimmt, soll es dies rechtzeitig ankündigen. Im Jahr 1924 übernehmen die Reedereien verbindlich diese Empfehlungen. Die Routen erhalten die Bezeichnungen A, B, C, D und G. Im Sommer werden nördlichere (kürzere) und im Winter südlichere (sicherere) Kurse gefahren.

28./29. Mai 1914 **Schiffbruch.** An der Mündung des St. Lorenz-Stromes stoßen der kanadische Passagierdampfer >Empress of Ireland< (14.190) und der norwegische Frachter >Storestad< (6030) im dichten Nebel zusammen. Das kanadische Schiff sinkt innerhalb einer Viertelstunde. Da fast alle Passagiere schlafen, gehen von den fast 1500 Menschen an Bord 840 Passagiere und 170 Besatzungsmitglieder unter.

Frühjahr 1914 **Kanalbau.** Die Erweiterung des Nord-Ostseekanals wird fertiggestellt. Neben den neuen großen Passagierschiffen können nun auch die Großkampfschiffe der deutschen Flotte jederzeit sicher von der Nordsee zur Ostsee und umgekehrt verlegt werden.

15. August 1914 **Eröffnung des Panamakanals.** Er verbindet den Atlantik mit dem Pazifik und verkürzt den Weg um das Kap Hoorn gewaltig. Der Kanal ist rund 60 Kilometer lang und hat zwei große Schleusenanlagen. Zur Zeit seiner Eröffnung ist er groß genug für die größten existierenden Schiffe. Die heutigen (2000) Riesenschiffe, Flugzeugträger und Supertanker sind zu groß für die Schleusen, die die Schiffe auf die 26 Meter Meereshöhe der Wasserstraße heben. Beiderseits gibt es eine Kanalzone, die bis 1999 in der Verwaltung und unter Kontrolle der USA steht.

1914 **Technik.** Zu Beginn des Ersten Weltkrieges haben die Handelsschiffe noch fast ausschließlich Kohlefeuerung. Danach treten Ölfeuerung, Turbine und Schiffsdiesel ihren Siegeszug an. Im Juni 1914 haben die Handelsschiffe folgenden Antrieb: Dampfmaschine mit Kohlefeuerung (89,0%), reine Segelschiffe (8,0%), Dampfmaschine mit Ölfeuerung (2,6%) und Dieselmotor (0,4%). (Quelle: Komitee für Industrie und Handel des britischen Parlaments).

1914 **Österreich-Ungarn.** Zu Beginn des Ersten Weltkrieges hat die Handelsflotte eine Größe von rund einer Million BRT, die 1. DDSG inbegriffen. Davon entfallen auf den Österreichischen Lloyd 350.000 BRT, auf die Austro-Amerikana rund 240.000 BRT und auf die ungarische „Adria"-Reederei 130.000 BRT. Der Lloyd bedient in erster Linie die Levante und den Kurs durch den Suezkanal nach Indien. Die Schiffe der Austro-Amerikana fahren an die Ostküste von Nord- und Südamerika. Die „Adria" ist vorwiegend im Mittelmeer tätig.

1914 **Tankschiffahrt.** Zu Beginn des Ersten Weltkrieges beträgt die Tonnage der Öltanker für die Hochseeschiffahrt 1,500.000 tdw. Dazu kommen schon kleine Küstentanker und Tankschiffe für die Binnengewässer. Die Hochseetanker transportieren hauptsächlich Rohöl von den Förderländern zu den Raffinerien in den Industriestaaten. Die kleinen Partikulierer (Verteiler) bringen die Raffinerieprodukte zu den Verbrauchern. Der größte Tanker in diesem Jahr ist die deutsche >Jupiter< mit 10.073 BRT/17.280 tdw.

1914 **Reederei.** Nachdem die britische P&O schon andere Reedereien wie die Orient-Linie übernommen hat, schließt sie sich nun mit der „British India Steam Navigation Company", kurz India Steam, zusammen. Die P&O bringt dabei

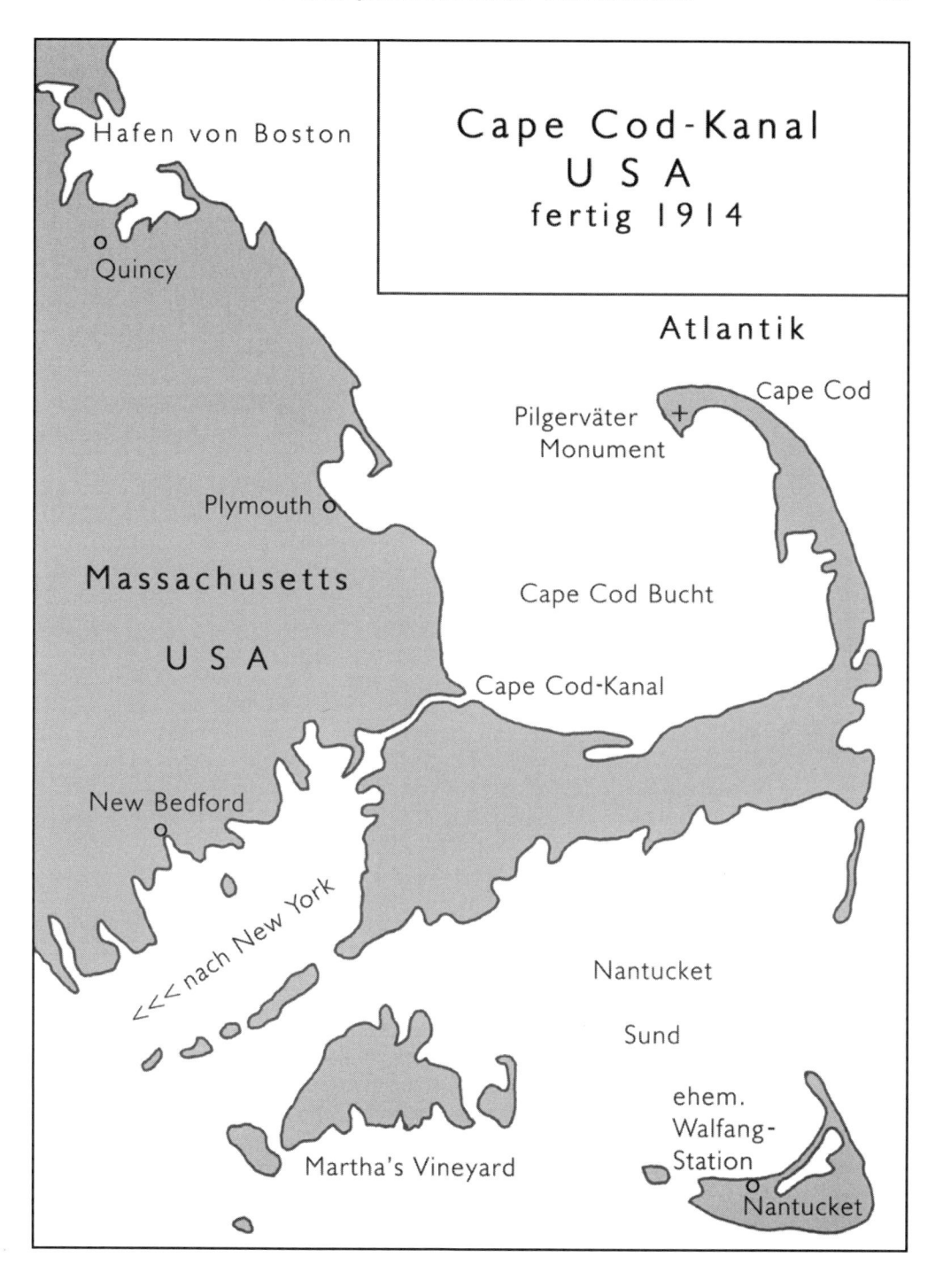

Cape Cod-Kanal USA
fertig 1914

Hafen von Boston
Quincy
Atlantik
Cape Cod
Pilgerväter Monument
Plymouth
Massachusetts USA
Cape Cod Bucht
Cape Cod-Kanal
New Bedford
<<< nach New York
Nantucket Sund
Martha's Vineyard
ehem. Walfang-Station
Nantucket

die Fernlinien ein, die India Steam die zahlreichen Zubringerdienste im Indischen Ozean. Während des Krieges kommen noch einige andere kleinere Reedereien dazu. Die P&O wird dadurch mit rund zwei Millionen Tonnen Schiffsraum die größte Reederei neben dem Morgan Trust, zu dem die White Star und andere Gesellschaften gehören. Weitere bedeutende Reedereien nach dem Krieg sind die Cunard-, die Holt-Linie und Messagieres Maritimes.

1914 **USA.** Der Cape Cod-Kanal wird fertiggestellt. Er ist 15 Kilometer lang, hat eine Tiefe von acht Metern und führt auf Meeresniveau ohne Schleusen. Er verbindet die Cape Cod-Bucht mit dem Rhode Island-Sund und verkürzt die Strecke von Boston nach New York für die Küstenfahrer um 80 Seemeilen. Das Umfahren der gefährlichen Gegend um die Nantucket-Insel auf Hoher See wird dadurch vermieden.

1914 **Eisenbahnfähre.** Das größte Schiff dieses Typs ist die >Contra Costa< (4483 t) in Kalifornien. Die erste etwas längere Route einer Eisenbahnfähre in Europa geht von Zeebrügge nach Harwich zum Transport von Güterwagen mit frischen Früchten vom Kontinent nach England.

September–November 1914 **Handelskrieg.** Der deutsche kleine Kreuzer >Emden< (3600) führt im Indischen Ozean Handelskrieg und bringt dabei 101.000 BRT an Handelsschiffsraum auf. Deutschland versucht mit Überwasserkriegsschiffen und vor allem mit U-Booten die Zufuhr zu den Britischen Inseln zu unterbinden. Den Unterseebooten gelingt es zwar, 12,5 Millionen Tonnen an Handelschiffsraum zu versenken, die Ausladungen an Gütern in den britischen Häfen gehen aber nicht entsprechend zurück. Nur der April 1917 ist ein Krisenmonat. Erst danach beginnt die Rationierung der Lebensmittel in Großbritannien. Offensichtlich fahren die noch vorhandenen Schiffe nun wieder voll beladen und bringen Güter wie Fleisch nicht mehr aus dem fernen aber preiswerten Argentinien, sondern aus den nahen USA und können daher öfter fahren. Der Einkaufspreis ist jetzt nicht so vorrangig. Die These, daß Großbritannien 1917 knapp vor dem Zusammenbruch gestanden hat, ist daher in Frage zu stellen. Die Anlandung von Fischen geht zwar auf die Hälfte der Friedensjahre zurück und führt zu einem Mangel an Fish and Chips, was die Bevölkerung sicher empört, ruft aber noch keine Hungersnot hervor. Vor der Arbeit an der Geschichte der zivilen Schiffahrt habe ich die erwähnte These in der Chronik zur Seekriegsgeschichte ebenfalls vertreten (siehe Seeherrschaft), bin mir aber heute nicht mehr so sicher, ob es stimmt.

24. Juli 1915 **Schiffbruch.** Das Ausflugsschiff >Eastland< (1960) liegt am Kai von Chicago für eine Fahrt auf dem Michigan-See. Es hat insgesamt 2500 Personen an Bord. Beim Ablegen kentert das überladene Schiff. Trotz sofortiger Rettungsmaßnahmen von in der Nähe befindlichen Schiffe ertrinken dabei 812 Menschen.

1915 **Passagierschiff.** Die britische >Britannic<, Schwesterschiff der >Titanic<, wird nach der Fertigstellung von der Royal Navy als Lazarettschiff in Dienst gestellt. Am 21. November 1916 läuft das Schiff in der Ägäis auf eine Mine und sinkt schnell. Glücklicherweise waren keine Verwundeten an Bord. Der Menschenverlust beträgt daher nur 21 Personen der Besatzung und des medizinischen Personals.

1915 **Eisenbahnfähre.** Am Ontario-See in Nordamerika wird die >Ontario 2< (5568 BRT) in Dienst gestellt. Sie ist mit vier Geleisen für 28 Personenwagen die bis dahin größte Eisenbahnfähre auf den Großen Seen. Sie wird 1951 außer Dienst gestellt und im folgenden Jahr abgebrochen.

Haiti. Im Land herrschen Anarchie und Chaos. Nun landet Marineinfanterie der USA, die das Land bis 1934 verwalten. Dann werden die Truppen wieder eingeschifft. Im Jahr 1916 besetzen die USA auch die Dominikanische Republik im Ostteil der Insel. Dort übergeben sie 1924 die Macht wieder den lokalen Behörden. Die Insel Haiti ist ein ständiger Unruheherd in der Karibik. *1915*

Schiffbruch. Das spanische Passagierschiff >Principe de Asturias< (8370) ist unterwegs nach Brasilien. Es hat 395 Fahrgäste und 193 Besatzungsmitglieder an Bord. Im dichten Nebel läuft es mit so einer Wucht auf ein Riff, daß einige Kessel explodieren. Mit dem Schiff gehen 445 Personen unter. *5./6. März 1916*

Deutschland. Durch die Seeblockade der Briten sind die Mittelmächte fast zur Gänze von der Hochseeschiffahrt abgeschnitten. Deutschland richtet daher das große Unterseeboot >Deutschland< (1870 t) zum Handelsschiff ein. Dieses unternimmt eine erfolgreiche Handelsfahrt nach Baltimore in den USA. Das zweite Handelsunterseeboot, die >Bremen<, ist nach ihrem Auslaufen verschollen. Die Handelsfahrten mit Unterseebooten werden wieder eingestellt. *1916*

Binnenschiffahrt. In Deutschland wird der Mittellandkanal im wesentlichen fertiggestellt. Er führt am Rand des norddeutschen Tieflandes entlang und verbindet das Industriegebiet an der Ruhr über den Rhein und den Dortmund-Ems-Kanal mit Hannover. *1916*

Binnenschiffahrt. In Schweden wird der Trollhättankanal fertiggestellt. Er verbindet das Skagerrak mit dem Väner-See und schafft dadurch eine Verbindung auf schwedischem Hoheitsgebiet von der Nordsee zur Ostsee. Die Fälle des Götaälf werden mit mehreren Schleusen umgangen. *1916*

Katastrophe. Das Munitionsschiff >Mont Blanc< (3120) trifft im Hafen von Halifax ein. In der Einfahrt kollidiert es mit dem norwegischen Frachter >Imo< (5040). Die >Mont Blanc< gerät in Brand und fliegt in einer riesigen Explosion in die Luft. Die beiden Schiffe werden gänzlich vernichtet. In der Stadt gibt es 1500 Tote (davon die Hälfte Kinder in Schulen), 2000 Vermißte und 8000 Verletzte. Rund 3000 Häuser sind zerstört. *6. Dezember 1917*

Forschung. Der Norweger Roald Amundsen unternimmt mit dem Schiff >Maud< eine Fahrt in die Arktis. Er legt die ganze Nordostpassage zurück und führt eingehende geophysikalische Untersuchungen an der ganzen Nordküste von Sibirien durch. Amundsen verläßt 1920 die >Maud<, die dann bis 1925 die Eisdrift von Nansen wiederholt. *1918–1920*

Friedensvertrag von Versailles. Deutschland muß neben der Kriegsflotte 90% der Handelsflotte abliefern. Es muß den Handelsschiffen der Entente freien Zugang in den deutschen Häfen und auf den Binnengewässern gewähren. Die abgelieferten Schiffe dürfen zunächst nicht zurückgekauft werden. Diese Beschränkungen für den Wiederaufbau einer deutschen Handelsflotte werden aber bald gelockert und schließlich ganz aufgehoben. *Juni 1919*

Friedensvertrag von St. Germain. Österreich verliert jeden Anteil an seinen Küstenländern. Mit Triest geht auch seine Handelsflotte an Italien. Die Schiffe des Lloyd Triest und der Austro-Amerikana fahren nun unter italienischer *September 1919*

Flagge. Österreich bleibt als Binnenland in der Schiffahrt nur mehr die 1. DDSG auf der Donau.

1919 **Welthandelsflotten.** Nach dem Ersten Weltkrieg gibt es einige große Veränderungen in den Tonnagegrößen. Großbritannien kann trotz großer Verluste seinen Bestand aus der Vorkriegszeit fast halten. Deutschland verbleiben nur zehn Prozent seiner Vorkriegstonnage. Die Tonnage der USA ist durch das riesige Bauprogramm während des Krieges verdreifacht. Die Tonnage von Frankreich wächst durch die Übernahme deutscher Schiffe um 50%. Japan, das nur am Rande am Krieg beteiligt gewesen ist, verdoppelt die Größe seiner Handelsflotte. Italien fallen die Handelsschiffe von Österreich-Ungarn zu, seine Handelsflotte wächst daher trotz großer Kriegsverluste um 50%. Griechenland verliert durch Kriegshandlungen und Beschlagnahme rund 60% seiner Tonnage und verfügt noch über keine eigenen Werften für rasche Nachbauten. Österreich und Ungarn scheiden als Binnenländer aus dem Kreis der seefahrenden Nationen aus. Tabelle im Anhang.

1919 **Niederlande.** Die wichtigsten Reedereien des Landes mit ihren Schiffen/Tonnage in BRT nach dem Ersten Weltkrieg sind: „Dampfschiffahrtsgesellschaft der Niederlande" (39/251.600), „Rotterdamscher Lloyd" (31/183.599), „Holland-Amerika-Linie" (23/183.000) und „Königliche Paketfahrt Gesellschaft" (92/161.400). Die letztere ist mit ihrer durchschnittlichen Schiffsgröße von 1720 BRT in der Fahrt rund um Europa tätig.

1919 **Passagierschiffe.** Die britische „Cunard-Linie" verliert im Krieg mehr als die Hälfte ihrer Flotte, nämlich 22 Schiffe. Nach dem Krieg beginnt sie daher das größte Bauprogramm in der Handelsschiffahrt. Es werden gleichzeitig 13 Passagierschiffe in Bau gegeben. Dazu werden noch von der Regierung deutsche Beuteschiffe übernommen, darunter die riesige >Berengaria<, ex >Imperator<.

12. Jänner 1920 **Schiffbruch.** Das französische Passagierschiff >Afrique< (5400) strandet vor La Rochelle an der französischen Küste. Obwohl mehrere Schiffe auf den Notruf zu Hilfe eilen, können diese bei dem schweren Wetter nicht eingreifen, ohne sich selbst zu gefährden. Von 595 Personen an Bord können sich nur 32 retten.

1920 **Werft.** Blohm & Voss in Hamburg beginnt wieder mit dem Bau von Handelsschiffen. Erstes Schiff nach dem Weltkrieg ist die Baunummer 385, der Turbinenfrachter >Urundi<. Im Jahr 1923 folgt mit der >Albert Ballin< (20.600) das erste kombinierte Passagier- und Frachtschiff für den Nordatlantikdienst.

1921 **Norwegen.** Die Handelsflotte des Landes hat trotz einiger Kriegsverluste ihre Vorkriegsgröße von rund zwei Millionen BRT gehalten. Der Anteil der Segelschiffe ist aber entscheidend zurückgegangen. Das wichtigste Exportgut sind noch immer Fische, die jetzt schon zum Teil in Konserven verschifft werden. Weiters kommen Holz und Holzprodukte zur Verschiffung. Seit 1902 wird aus dem Hafen Narvik in Nordnorwegen schwedisches Eisenerz aus den nahen Gruben von Kiruna und Gällivare verschifft. Dazu werden in Narvik spezielle Erzverladeanlagen zum direkten Entladen der Güterwaggons der Erzbahn in die Erzfrachter errichtet.

September 1921 **Reederei.** Nach dem Krieg haben die großen deutschen Reedereien NDL Bremen und HAPAG alle ihre Schiffe verloren. Nun wird von den beiden gemein-

Karte oben: norddeutsche Tiefebene mit Emden, Hamburg, Bremen, Elbe, Ems, Kanalbrücke, Havel, Mittellandkanal, Kanal, Dortmund-Ems-Kanal, Rhein, Ems, Weser, Elbe, Ruhrgebiet, Lippe, Saale.

Karte unten: Norwegen, Schweden, Oslo, Stockholm, Hjalmar-See, Väner-See, Göta-Kanal, Trollhättankanal, Norrköping, Ostsee, Trollhättan, Vätter-See, Göta-Älf, Göteborg, Gotland, Götaland, Kattegat, Kalmar, Öland.

| | sam in Zusammenarbeit mit den britischen Reedereien Alfred Holt & Co. in Liverpool und Ellerman & Bucknall in London die alte Schiffahrtslinie nach Ostasien wieder aufgenommen. Als erstes Schiff läuft der Frachter >Havelland< (6334) unter deutscher Flagge aus Hamburg aus. Im nächsten Jahr folgen schon drei weitere Schiffe. |

1921 **Öltanker.** Die Werft Newport News in den USA baut den für mehrere Jahre größten Tanker, die >William Rockefeller< (22.600 tdw), der bald ein Schwesterschiff folgt. Die >Rockefeller< wird im Zweiten Weltkrieg vor Kap Hatteras am 28. Juni 1942 vom >U 203< mit Torpedo versenkt.

1921 **Reederei.** In den USA wird die „United States Line" gegründet. Sie ist die bedeutendste US-Schiffahrtslinie im Nordatlantik, solange Passagierschiffe im Liniendienst fahren. Ihre bekanntesten Schiffe sind die erste >America< (22.260), die >Leviathan<, ex >Vaterland< (59.990, dann 48.900) und die 1952 fertiggestellte >United States< (53.399), mit 35 Knoten das schnellste Passagierschiff der Welt.

1921 **Reederei.** Schon vor dem Ersten Weltkrieg fahren die Schiffe von zwei deutschen Gesellschaften nach Australien. Diese schließen sich nun zur „Deutsch-Austral- und Kosmos Reederei" zusammen. Sie nehmen nun wieder Fahrten von Hamburg über Bremen, Rotterdam, Antwerpen, den Suezkanal und Ceylon nach Insulinde auf.

1921–1930 **Passagierschiffahrt.** Die Zahl der Passagiere auf der Fahrt über den Nordatlantik erreicht nicht mehr ganz die Höhe der Jahre vor dem Ersten Weltkrieg, hält sich aber auf einem hohen Niveau. Hier die Beförderung der in der Nordatlantik-Konferenz zusammengeschlossenen Reedereien mit dem Anteil der beiden deutschen Reedereien in Prozenten

Jahr	Passagierzahl	Anteil HAPAG	Anteil NDL
1921	925.000	0,25%	–
1922	806.300	1,78%	0,99%
1923	978.300	2,12%	4,60%
1924	785.100	2,48%	4,06%
1925	869.000	3,45%	6,29%
1926	946.300	5,44%	7,41%
1927	1,035.650	4,69%	7,52%
1928	1,060.750	7,05%	8,72%
1929	1,069.100	7,21%	9,78%
1930	1.002.350	6,98%	14,47%

Im Jahr 1930 macht sich beim NDL sofort der Einsatz des neuen Schnelldampfers >Europa< bemerkbar. (Zahlen nach Kludas, „Die Geschichte der deutschen Passagierschiffahrt").

1922 **Bergung.** Bei der Insel Quessant vor der Westspitze der Bretagne sinkt der britische Passagierdampfer >Egypt< (7940) mit einer Million Pfund Sterling in Gold an Bord. Die Passagiere können zum Großteil gerettet werden. Eine italienische Bergungsfirma kann das Gold aus dem in 135 Metern Tiefe liegenden Schiff heben. Die Arbeiten dauern von 1929 bis 1935 und sind ein Tauchereinsatz in die bis dahin größte Meerestiefe.

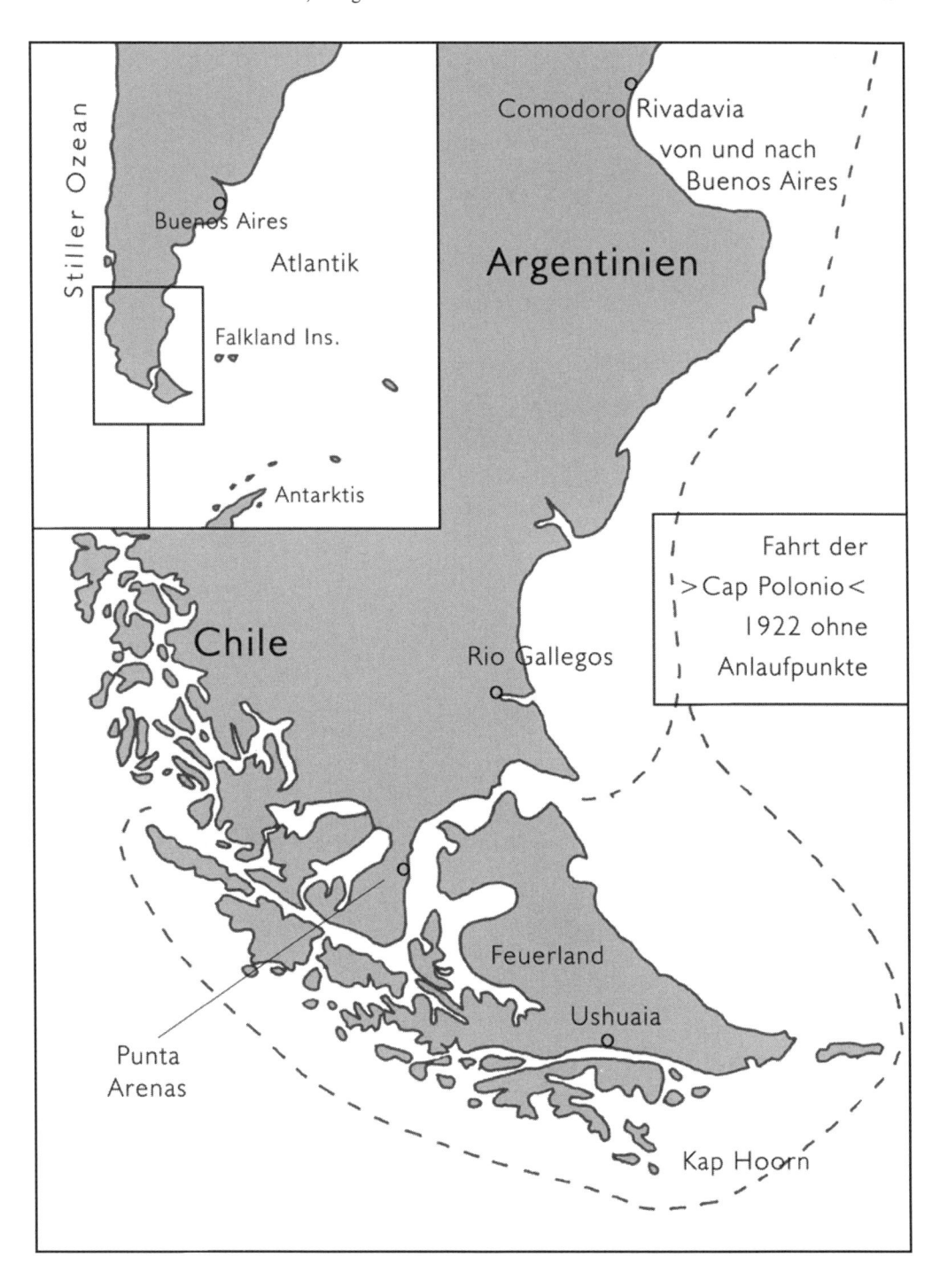

Stiller Ozean
Buenos Aires
Atlantik
Falkland Ins.
Antarktis

Comodoro Rivadavia
von und nach
Buenos Aires

Argentinien

Chile

Rio Gallegos

Fahrt der
>Cap Polonio<
1922 ohne
Anlaufpunkte

Punta Arenas

Feuerland
Ushuaia

Kap Hoorn

1922 **Island.** Die Insel hat bereits eine eigene Fischereiflotte, bestehend aus Trawlern und Motorbooten mit zusammen 13.000 BRT. Es wird vor allem Kabeljau und dessen verwandte Arten gefangen. Außer Fisch und dessen Produkte werden Schafwolle, Schafe und Islandponnies ausgeführt.

Dezember 1922 **Kreuzfahrt.** Die deutsche Reederei Hamburg-Süd nimmt von Buenos Aires aus Kreuzfahrten nach Feuerland auf. Als erstes Schiff läuft die nach dem Krieg bei Blohm & Voss in Hamburg gebaute >Cap Polonio< (20.600) drei Wochen lang um die Südspitze Südamerikas. Die Reise wird ein voller Erfolg, sowohl für die Reisenden als auch für die Reederei. Diese Fahrten werden in das ständige Programm der Hamburg-Süd aufgenommen.

4. Juni 1923 **Schiffbruch.** Der Frachter >Trevessa< (5000) ist mit 43 Mann Besatzung und einer Ladung von Zinkkonzentraten unterwegs von Australien nach Antwerpen. Elf Tage nach Verlassen von Freemantle sinkt er in einem schweren Sturm. Die Besatzung kann mit zwei Rettungsbooten das Schiff noch rechtzeitig verlassen. Eines der Boote fährt quer über den Indischen Ozean bis zur Insel Rodrigues, 340 Seemeilen östlich von Mauritius. Das zweite Boot erreicht nach 25 Tagen und 1730 Seemeilen Fahrt Mauritius. In beiden Booten zusammen sterben elf Mann an Erschöpfung und Wassermangel. Die Fahrt der Boote ist ein Musterbeispiel für genaue Navigation mit einfachsten Mitteln, denn sie haben die Inseln gezielt angesteuert.

1923 **Schiffsvermessung.** Die drei deutschen Riesenschiffe mit über 50.000 BRT >Imperator<, >Vaterland< und >Bismarck< gehen nach dem Krieg als Reparation an Großbritannien und die USA. Die Schiffsvermessung ist zu dieser Zeit noch eine Sache der nationalen Behörden. Die USA wollen das größte Schiff der Welt besitzen und lassen daher ihre >Leviathan<, ex >Vaterland<, mit 59.900 BRT vermessen. Bei der Weltwirtschaftskrise ab 1929 sind allen Reedereien die Gebühren, die nach den BRT bemessen werden, zu hoch. Die >Leviathan< wird daher neu vermessen und hat dann nur mehr 48.900 BRT.

1923 **Chile.** Der Außenhandel geht fast zu 100% über See, wie auch ein großer Teil des Binnenhandels. Dieser Seehandel befindet sich weitgehend in den Händen ausländischer Reeder. Bei der Ausfuhr entfallen rund 55% auf Salpeter, 20% auf Kupfer und der Rest auf etwas Kohle, Schafwolle und bei guter Ernte Getreide. Landwirtschaftliche Produkte und Handarbeiten haben den größten Anteil in der innerstaatlichen Küstenschiffahrt.

1923 **Paraguay.** Das Land ist als Binnenstaat gänzlich auf die Flußschiffahrt angewiesen. Die beiden großen Flüsse Parana und Paraguay können aber von Dampfschiffen bis weit in das Innere von Südamerika befahren werden. Selbst Hochseeschiffe mit 5000 BRT können bis Asuncion, der Hauptstadt von Paraguay, fahren. In diesem Jahr wird der Hafen von 2046 Dampfschiffen mit 221.500 NRT angelaufen. Dies ist eine Durchschnittsgröße von 110 NRT oder rund 200 BRT. Die Masse dieser Dampfschiffe sind kleine Flußfahrzeuge mit rund 50-100 BRT.

1923 **Kreuzfahrt.** Die Reedereien HAPAG und NDL Bremen sind mit dem Aufbau ihrer Linienschiffahrt voll ausgelastet. Daher steigt die „Stinnes Reederei" in das Geschäft mit den Kreuzfahrten ein. Als erstes deutsches Schiff nach dem Krieg nimmt die >General San Martin< (1535) Fahrten nach Norwegen, bis Spitzbergen und in das Mittelmeer auf.

Untergang der ›Trevessa‹ 1923

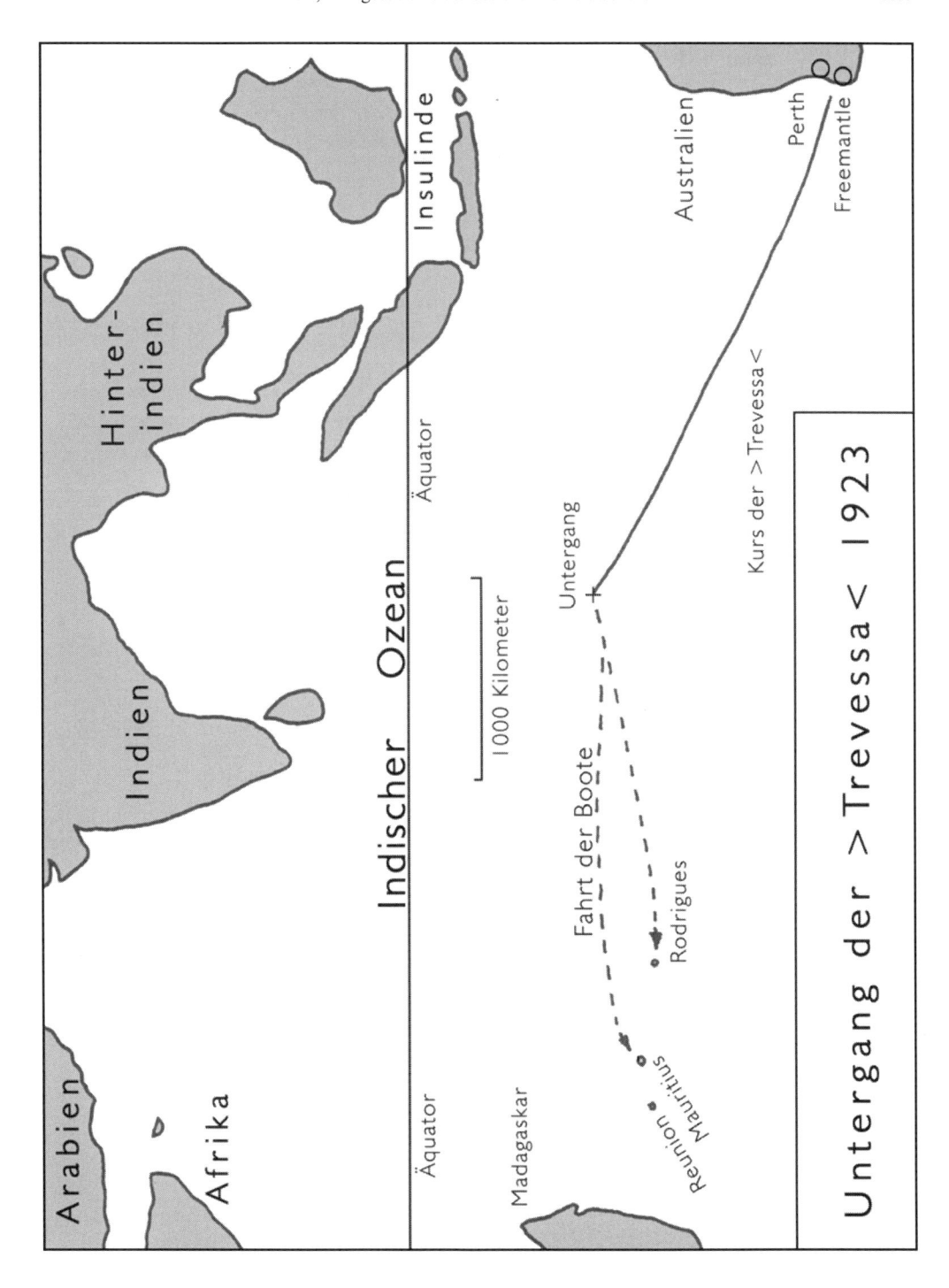

1923   **Binnenschiffahrt.** Für Seen und Flüsse haben Dampfschiffe mit Schaufelrädern an den Schiffsseiten noch immer eine Verwendung, da sie bei flachen Ufern auch noch kleine Bootsstege anlaufen können. Sie werden erst durch die leichteren Motorschiffe verdrängt. Auf den Großen Seen in Nordamerika werden mit der >Greater Buffalo< und der >Greater Detroit< (je 7800) die größten jemals gebauten Raddampfer in Dienst gestellt.

1924   **Türkei.** Der internationale Seetransport ist zum Großteil in der Hand von ausländischen Reedereien. Nur die Küstenschiffahrt ist im Vertrag von Lausanne der Türkei vorbehalten worden. Dies ist aus dem Schiffsverkehr in den wichtigsten Häfen ersichtlich.

Hafen	Schiffe türkischer Flagge		Schiffe fremder Flagge	
	Schiffe	Tonnage	Schiffe	Tonnage
Istanbul	30.146	1,834.000	4.019	5,445.000
Smyrna	8.451	616.400	2.330	1,356.500
Samsun	19.949	3,541.000	493	856.000
Mersin	5.802	257.400	2.112	736.500
Summe	64.348	6,248.800	8.954	8,394.000

Das ergibt bei den Schiffen unter türkischer Flagge eine Durchschnittsgröße von 100 BRT, bei den fremden Schiffen von 938 BRT. Die wichtigsten Ausfuhrgüter sind Tabak, Trockenfrüchte, Baumwolle, Schafwolle, Mohair, Haselnüsse und Opium.

1924   **Uruguay.** Das wichtigste Exportgut ist Gefrierfleisch. In diesem Jahr werden im Land 8,5 Millionen Rinder und 14,5 Millionen Schafe gezählt. Gefrierfleisch und Fleischextrakt gehen nach den USA, Großbritannien, Deutschland und Frankreich. Daneben gibt es noch Ausfuhr von Schafwolle. Der Überseehandel liegt ganz in den Händen ausländischer Reeder.

1924   **Schiffsantrieb.** Die Reeder bauen ihre Schiffe schrittweise auf Ölfeuerung um, neue Schiffe werden damit ausgerüstet oder erhalten Dieselmotoren. In diesem Jahr fahren noch 69% der Dampfschiffe mit Kohlefeuerung, 1935 sind es nur noch 51%. Schiffe mit Ölfeuerung gibt es 1924 28%, 1935 sind es 31%. Motorschiffe gibt es 1924 erst drei Prozent, 1935 sind es bereits 18%. Die Zukunft ist bei den großen Schiffen die Turbine mit Ölfeuerung, bei den kleineren und Spezialschiffen der Dieselmotor.

1924   **Frachtschiff.** In Norwegen wird der erste Frachter zum Transport von schweren Gütern in Dienst gestellt. Die >Beltis< hat einen Ladebaum mit 40 Tonnen und einen mit 100 Tonnen Tragkraft. Die Spezialisierung der Handelsschiffe schreitet fort.

1925   **Polen.** Die wichtigsten Exportartikel sind Kohle, Holz, Rübenzucker und andere Lebensmittel. Rund zehn Prozent werden davon über Danzig und den neuen Hafen Gdingen/Gdansk nach Großbritannien und in einige andere Staaten verschifft. Polen hat bis zum Ersten Weltkrieg zu Rußland, Deutschland und Österreich gehört. Die Wirtschaft war daher auf diese Länder ausgerichtet. Sie muß sich nun erst neu orientieren. Auch eine eigene Handelsflotte muß erst aufgebaut werden.

Flußgebiet des Rio Parana

Edelsteine

Brasilien

Gerbholz (Quebracho)

Corumba

Rio Paraguay

Pilcomayo

Bermejo

Paraguay

Rio Parana
Kohle
Kaffee

Brasilien

Kaffee
Sao Paulo

Asuncion

Maté

Iguassu Fälle

Kaffee Santos

Schafe

Rinder

Tabak

Wein

Salado

Rio Parana

Maté

Rio Uruguay

Weizen

Argentinien

Rosario

Schafe

Fray Bentos

Mais

Rinder **Uruguay**

Rinder

Montevideo

Buenos Aires

Argentinien

Rinder

1925 **Brasilien.** Die Ausfuhren des Landes verteilen sich auf folgende Warengruppen im Wert von Pfund Sterling: Kaffee 74,020.000, Kautschuk 5,058.000, Rohbaumwolle 3,307.000, Maté 2,875.000, Kakao 2,626.000, Tabak 2,342.000 und Gefrierfleisch 1,716.000. Die Einfuhren sind: Maschinen und Werkzeuge 11,880.000, Weizen und Mehl 10,935.000, Eisen und Stahl 6,317.000, Baumwollwaren 5,158.000, Autos 4,329.000, Kohle und Koks 3,553.000 und Raffinerieprodukte (Benzin) 2,338.000. Die wichtigsten Handelspartner sind die USA, Großbritannien, Deutschland, Frankreich, Argentinien und Italien. Mit allen Ländern geht der Verkehr über die See, mit Argentinien auch über den Parana-Fluß.

1925 **Japan.** Schon die Kriege gegen China 1894–95 und Rußland 1904–05 (siehe Seeherrschaft) veranlassen die Regierung, eine Transportkapazität für den Einsatz des Heeres auf dem Festland aufzubauen. Die Handelsmarine wird daher kräftig gefördert. Im Ersten Weltkrieg, an dem Japan nur am Rande beteiligt ist, kann es große Teile des Gütertransportes in Ostasien an sich ziehen. Die Handelsflotte verfügt 1905 erst über 1088 Dampfer mit 939.750 BRT, nun sind es schon 7323 Dampfschiffe mit 3,547.000 BRT. Dazu kommen noch 1,369.000 BRT an Segelschiffen. Die größte Reederei ist die „Nippon Yusen Kaisha" mit 605.000 BRT vor der „Osaka Shosen Kaisha" mit 459.600 BRT. Die Kriegsschiffe werden hauptsächlich auf staatlichen Werften, die Handelsschiffe auf Privatwerften gebaut. Die wichtigsten Handelspartner in der Reihenfolge ihrer Bedeutung sind die USA, China und Britisch Indien.

1925 **Walfang.** Die Wale werden in den Küstengegenden schon selten. Man muß daher zum pelagischen Fang von schwimmenden Walkochereien aus übergehen. Dazu ist es nötig, eine „Aufschleppe" zu konstruieren, auf der die Wale an Bord gebracht werden können. Das erste Walfang-Mutterschiff mit so einer Schleppe ist die >Lancing<, die ein Jahr lang im Südatlantik erfolgreich die von den Fangbooten erlegten Wale verarbeitet. Auf diese Weise erreicht der Walfang in den Zwischenkriegsjahren einen Höhepunkt. Eine einzige Kocherei kann mit ihren Jagdbooten im Jahr mehr Wale erlegen und verarbeiten als alle Walfänger der Welt zu Beginn des 19. Jahrhunderts zusammen. Im Jahr 1931 gibt es bereits 41 Walfang-Mutterschiffe mit 232 Fangbooten.

1925 **Kaspisches Meer.** Auf dem Gewässer gibt es 81 Motorschiffe mit 112.000 Tonnen Tragkraft, 75 Frachter mit 38.400 Tonnen, 63 Hilfsschiffe und Schlepper sowie 162 Ölkähne mit 246.000 Tonnen. Wichtigstes Transportgut sind Rohöl und Erdölprodukte (353.000 t), daneben wird noch Getreide (15.000 t), Salz (6200 t), Fisch und Kaviar (4600 t) und Holz (3500 t) verschifft.

1925/26 **Persien.** Das bei weitem wichtigste Gut in der Ausfuhr ist bereits Erdöl und dessen Derivate. Daneben sind nur Perserteppiche ein wichtiger Exportartikel. Der Außenhandel wird zu 80% zu Schiff über den Persischen Golf hauptsächlich von Großbritannien besorgt. Rund 18% gehen über das Kaspische Meer ebenfalls per Schiff in die Sowjetunion. Die wichtigsten Häfen sind Abadan mit 3,834.000 Tonnen Umschlag (Erdöl), Bandar-e-Pahlewi/Endeli am Kaspischen Meer mit 134.000 Tonnen, Mohammerah mit 66.000 und Buschir mit 52.000 Tonnen.

Brasilien

Landesprodukte, deren Verschiffung um 1925

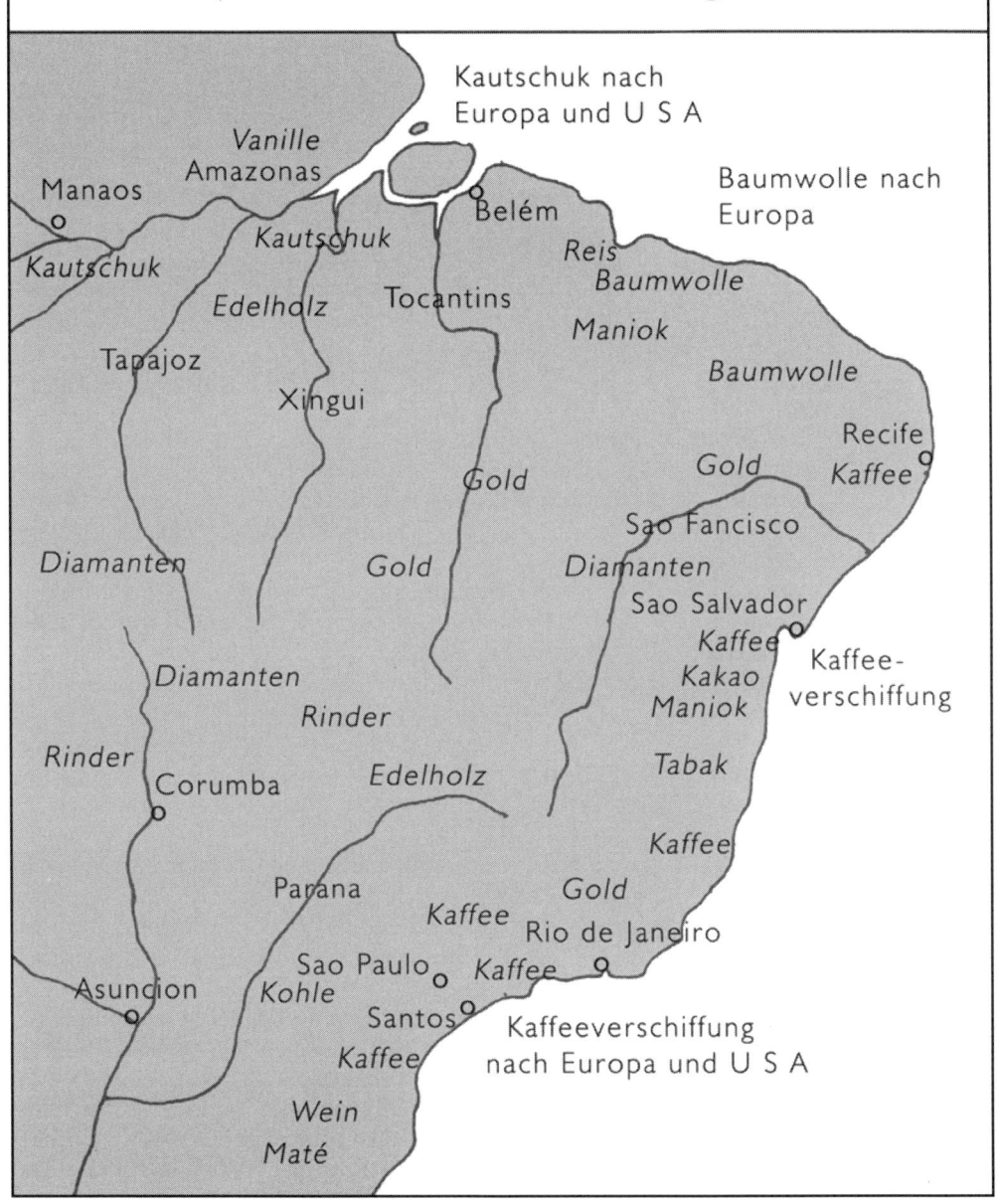

Kautschuk nach Europa und USA

Vanille
Amazonas

Manaos

Kautschuk

Kautschuk

Edelholz

Belém

Tocantins

Reis
Baumwolle
Maniok

Baumwolle nach Europa

Baumwolle

Tapajoz

Xingui

Recife
Kaffee

Diamanten

Gold

Gold

Sao Fancisco

Gold

Diamanten

Sao Salvador
Kaffee

Diamanten

Rinder

Edelholz

Kakao
Maniok

Kaffee-
verschiffung

Rinder

Corumba

Tabak

Kaffee

Parana

Kaffee

Gold
Rio de Janeiro

Asuncion

Sao Paulo
Kohle

Kaffee

Santos
Kaffee

Kaffeeverschiffung
nach Europa und USA

Wein
Maté

April 1925– Juni 1927	**Forschung.** Das deutsche Vermessungsschiff >Meteor< (1200 t) unter Korvettenkapitän Spieß, wissenschaftlicher Leiter Prof. Dr. Merz, unternimmt eine Forschungsfahrt in den Südatlantik. Es werden physikalische, chemische, biologische, geologische, hydrologische und meteorologische Untersuchungen vorgenommen. Dazu wird der Atlantik vierzehnmal überquert und 67.000 Tiefenlotungen mit Probenentnahme durchgeführt.
1926	**Schiffbau.** Nach jahrelangen Versuchen wird die Hochdruck-Heißdampfmaschine erstmals erfolgreich eingesetzt. Am Clyde baut die Werft Denny & Bros. in Zusammenarbeit mit dem Kesselhersteller Yarrow und der Turbinenfirma Parsons das Passagierschiff >King George V< (791) für den Dienst auf dem Clyde.
1926	**China.** Durch politische Unruhen ist der Handel mit Übersee beeinträchtigt. Es werden Bohnen (20,3%), Rohseide (18,4%), Eier und deren Produkte (4,4%), Seidenstoffe (3,6%), Erdnüsse (3,5%) und tausend andere Dinge – aber in kleinen Mengen – ausgeführt. Die wichtigsten Handelspartner sind Japan (26%), die USA (17%), Hongkong (11%) und Großbritannien (8%). Den Gütertransport besorgen britische (35,4%), japanische (28,9%), chinesische (21,1%) und amerikanische Schiffe (4,8%). Der Rest entfällt auf die anderen Flaggen. Rund 24.000 Kilometer Binnenwasserwege können von kleinen Dampfern benützt werden. Für Hochseeschiffe sind rund 3000 Kilometer zu befahren, davon mehr als die Hälfte am Yang-tse-kiang. Sogar dessen Stromschnellen in den Schluchten werden von kleinen Flußdampfern bergauf befahren. Daneben werden aber noch immer Dschunken getreidelt.
1926	**Australien.** Der wichtigste Handelspartner ist noch immer Großbritannien. Doch auch nach den USA, Japan, Insulinde und Neuseeland gibt es regen Schiffsverkehr. Die Hochseeschiffahrt ist in den Händen von Reedern aus Großbritannien, Japan und Norwegen. Die Küstenschiffahrt nimmt einen hohen Bedeutungsgrad für das weitläufige Land ein und befindet sich ganz in der eigenen Hand. Für die Verbindung mit dem Landesinneren ist das Flußsystem von Murray und Darling trotz schwankender Wasserführung weiter von Bedeutung. Dort verkehren flachbödige Flußdampfer mit zwei Deckes, ähnlich jenen am Mississippi.
1926	**Segelschiff.** Für die deutsche Reederei F. Laeisz wird der letzte großen Frachtensegler, die >Padua<, gebaut. Das Schiff fährt auf der Route von Europa nach Chile, bringt meist Kohle und Koks und holt aus Chile Salpeter. Auch auf den Ålands-Inseln in der Ostsee gibt es noch einige Reeder, die Segelschiffe in der Frachtfahrt beschäftigen.
1926	**Frankreich.** Die wichtigsten Ausfuhrgüter sind noch immer Luxuswaren, vor allem im Textilbereich (Seidenstoffe etc.). Dazu kommen auch Schmuck, Parfum und Spielwaren. Weitere Ausfuhrwaren sind Branntwein, Wein, Früchte und erstmals auch Automobile. Die Waren gehen über See nach Großbritannien (20%), Algerien (7%), USA (7%), Italien (4%), Spanien (3%), Indochina (2%), Tunis (1,5%) und je ein Prozent nach Brasilien, Kanada und Westafrika. Die übrige Ausfuhr, vor allem nach Deutschland, Belgien und der Schweiz, wird zu Land abgewickelt.

Forschungsfahrt der ›Meteor‹ 1925 – 1927

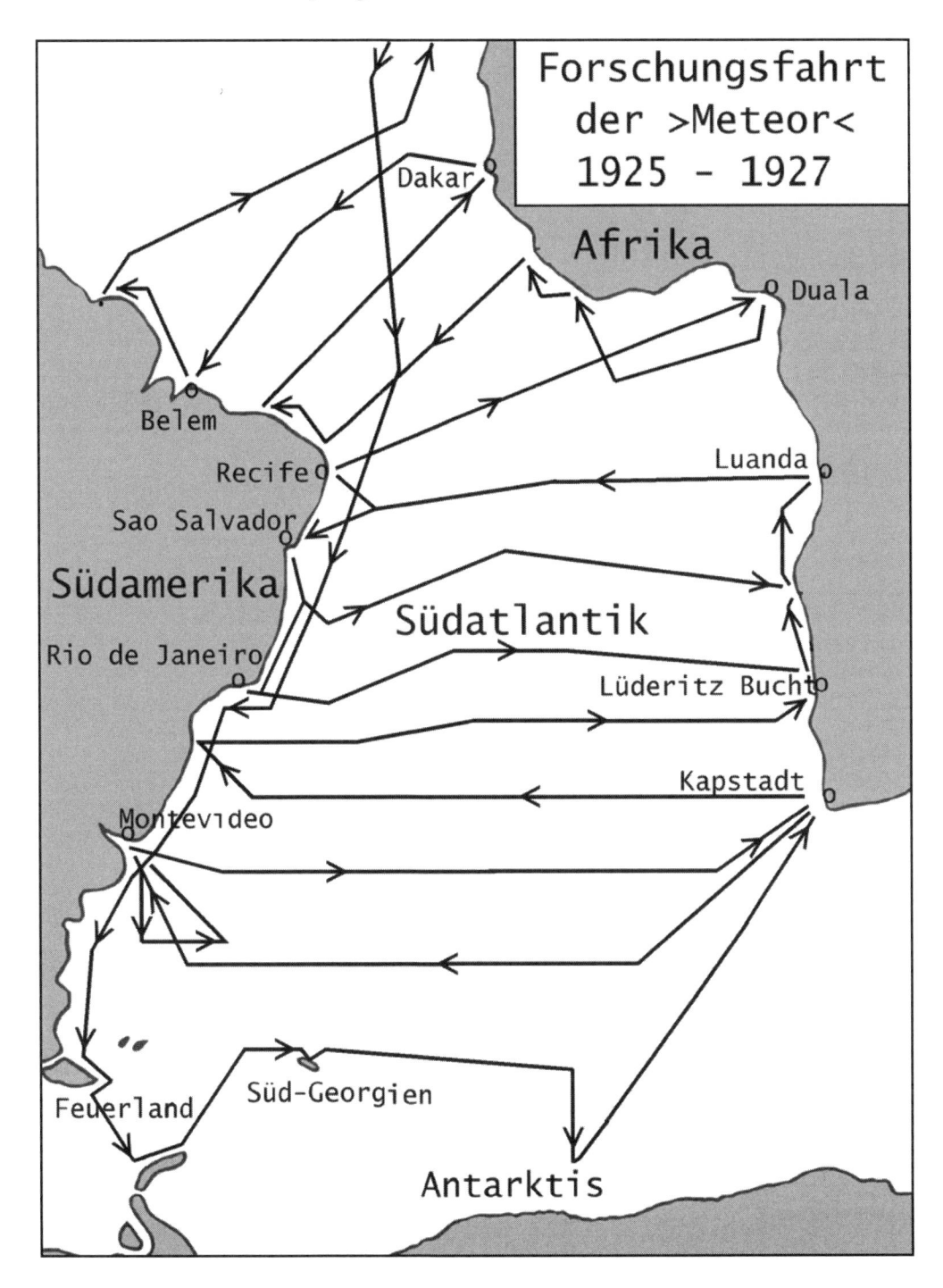

1926 **Belgien.** Dank seiner Kohle- und Eisenlager ist es eines der wichtigsten Länder in der Metallindustrie. Die Erzeugung von Eisen und Stahl wird bereits von der eigenen Maschinenindustrie weiter bearbeitet. Ihre Erzeugnisse werden schon in die ganze Welt verschifft. Daneben ist auch die Ausfuhr von Textilwaren (Gobelins) und Glas von Bedeutung.

1926 **Peru.** Die wichtigsten Handelspartner sind die USA, Großbritannien, Argentinien, Deutschland, Chile und Kanada. Es wird Erdöl (1,199.000 Tonnen), Zukker (330.000), Baumwolle (50.000) und Kupfer (44.800) verschifft. Der früher bedeutende Kautschukexport aus dem peruanischen Teil des Amazonasbeckens ist jetzt unbedeutend. Die Einfuhren bestehen aus Industrieerzeugnissen aus Europa und den USA einerseits, andererseits aus argentinischem Vieh und Fleisch.

1926 **Argentinien.** Das Land importiert im Wert von Goldpesos Textilwaren (183,266.000), Metallwaren (147,090.000), Lebensmittel (92,810.000), Öle, Fette und Petroleum (63,570.000), Steine, Glas, Keramik und Kohle (61,106.000), Forstprodukte (49,496.000), Chemikalien und Arzneien (31,934.000), Landmaschinen (30,172.000), Papier und Papierwaren (24,066.000), Elektrogeräte (23,375.000) sowie Manufakturwaren (22,931.000). Die wichtigsten Ausfuhrgüter sind Landesprodukte (444,666.000), Fleisch (386,385.000), Forsterzeugnisse (21,269.000) und andere Güter (13,250.000). Der Seehandel wird hauptsächlich von Reedern aus Großbritannien, den USA, Deutschland und Italien betrieben.

1926 **Technik.** Der deutsche Ingenieur und Erfinder Anton Flettner entwickelt einen Schiffsantrieb nach dem Rotorprinzip. Masthohe runde Türme aus leichtem Blech erzeugen durch Drehung einen Vortrieb. Die ersten damit ausgerüsteten Schiffe >Bückau< und >Barbara< haben neben den Rotortürmen auch noch einen Hilfsantrieb wie Segelschiffe mit Hilfsmotor. Zwar bewährt sich der Rotorantrieb, er kann sich aber trotzdem nicht durchsetzen.

1926 **Walfang.** Das erste große Walfang-Mutterschiff >C. A. Larsen< wird für eine norwegische Reederei in Dienst gestellt. Das Schiff ist aus dem Öltanker >San Giorgio< zu einer Walkocherei umgebaut worden. Das Schiff bewährt sich so gut, daß die Werft Swan Hunter drei Jahre später die erste für diesen Zweck speziell gebaute Kocherei >Vikingen< (14.500) ebenfalls für norwegische Eigner baut.

1927 **Erdöl.** Die Erdölförderung der ganzen Welt wird für dieses Jahr auf 1254 Millionen Faß zu 159 Liter berechnet. Allein die USA fördern aus ihren Lagerstätten in Pennsylvania und Umgebung, aus Oklahoma im Mittelwesten und aus Kalifornien 906 Millionen Faß oder 72,2% der Weltförderung. Die weitere Weltförderung kommt aus der Sowjetunion (5,8%), Venezuela (5,1%), Mexiko (5,1%), Persien (2,9%), Insulinde (2,1%), Rumänien (2,1%), Kolumbien (1,2%), Peru (0,8%), Argentinien (0,7%), Britisch Indien (0,6%), Polen (0,5%) und Trinidad (0,4%). Die USA verbrauchen ihre Erdölprodukte fast restlos selbst. Im übrigen liegt die große Nachfrage nach Schweröl für die Dampfmaschinen und Heizwerke und nach Treibstoff für Kraftfahrzeuge in Europa und Japan. Die Fördergebiete liegen davon weit entfernt. Es besteht daher ein großer Bedarf an Öltankern, der nur durch die Wirtschaftskrise gebremst wird.

Spezialschiffe der Zwischenkriegszeit
Maßstab ab hier 1:2000

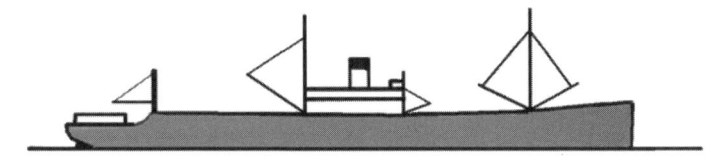

1939 Walfangmutterschiff ›Jan Wellem‹ (11.780)
Als Nachschubtanker 13.4.1940 vor Narvik versenkt

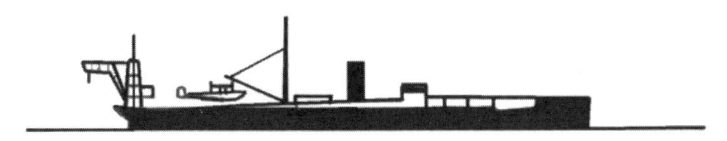

1933 Katapultschiff ›Westfalen‹ (5370)
im Atlantikdienst für deutsche Lufthansa AG

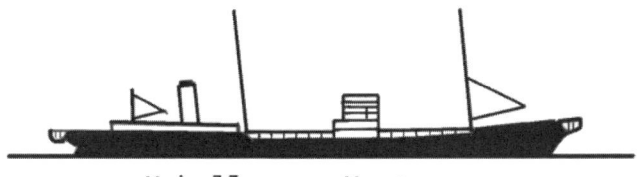

Kabelleger ›Neptun‹

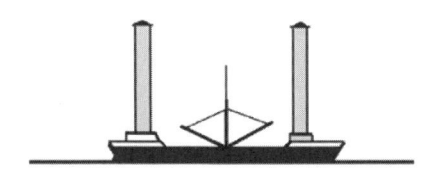

1926 Flettner Rotorschiff ›Bückau‹ (496 BRT)

1927 **USA.** Von der jeweils ganzen Produktion eines Handelsgutes werden folgende Anteile ausgeführt: Rohbaumwolle (60%), Roggen (50%), Motorräder (50%), Terpentin (50%), Schreibmaschinen (40%), Maschinen für Sägewerke (25%), Kolophonium (50%), Maschinen für die Landwirtschaft (20%), Kupfer (40%), Schmalz (40%), Rohöl (20%), Erdölprodukte (40%). Der Ausfuhrwert in Millionen Dollar für die wichtigsten Güter beträgt: Baumwolle (820), Erdöl und dessen Derivate (485), Maschinen (435), Automobile (390), Weizen und Weizenmehl (330), Kupfer (150) und Tabak (140). Der Wert der wichtigsten Einfuhrgüter beträgt: Rohseide (390), Kautschuk (340), Kaffee (265), Rohrzucker (260), Papier und Papierwaren (150) sowie Pelze und Pelzwaren (135).

1927 **Binnenschiffahrt.** Der Verkehr auf dem Erie-Kanal in den USA geht zurück. Im Jahr 1890 sind noch rund 500.000 Tonnen befördert worden, 1920 sind es nur noch 200.000 Tonnen. Der Kanal wird daher in den folgenden Jahren ausgebaut. Der Treidelpfad wird aufgelassen, nur noch Selbstfahrer dürfen den Kanal benützen. Trotzdem steigt der Transport nur geringfügig auf 250.000 Tonnen. Weitere wichtige Wasserwege in den USA sind der teilkanalisierte Ohio-Fluß. Auf diesem werden pro Jahr rund 20 Millionen Tonnen an Kohle, Koks und Schotter transportiert. Der Mississippi hat auf seinem Oberlauf bis St. Louis eine Schiffstonnage von rund einer Million Tonnen unterwegs (hier Tonnage, am Ohio Güter!) Im Unterlauf bis New Orleans sind rund elf Millionen Tonnen Schiffsraum unterwegs. Die meisten Güter, 90 Millionen Tonnen, passieren die Verbindung zwischen dem Oberen See und dem Huron-See, die kanalisierten „Soo"-Stromschnellen. Davon sind 58 Millionen Tonnen Eisenerz aus den Gruben um den Oberen See, 14 Millionen Tonnen Kohle und zehn Millionen Tonnen landwirtschaftliche Güter. Es handelt sich dabei um die am stärksten frequentierte Wasserstraße.

1927 **Italien.** Die Handelsflotte hat eine Tonnage von 1,913.000 BRT, davon sind 162.000 BRT Motorschiffe. Die wichtigsten Häfen mit ihrem Umschlag in Millionen Tonnen sind: Genua (7,7), Triest (2,5), Venedig (2,5), Neapel (2,3), Livorno (2,2), Savona (1,4) und Palermo (0,8). Die wirtschaftliche Bedeutung Siziliens und Süditaliens geht immer mehr zurück, wie man aus diesen Zahlen sieht.

1927 **Finnland.** Die Handelsflotte umfaßt 4930 Schiffe mit 477.300 NRT, das ist ein Schnitt von unter 100 NRT. Mitgerechnet ist offenbar eine große Zahl von Binnenschiffen und kleinen Küstenfahrzeugen, die den Verkehr auf den Tausenden Seen unterhalten. Diese Seen sind durch natürliche und einige künstliche Wasserläufe miteinander verbunden und bewältigen einen großen Teil des Binnenverkehrs, im Sommer mit Schiffen, im Winter mit Schlitten. Die wichtigsten Handelspartner sind Deutschland, Schweden und Großbritannien. Wichtigstes Ausfuhrgut ist Holz und dessen Produkte.

1927 **Schweden.** Das Land verschifft Eisen- und Eisenwaren, Holz und Papier. Die Exporte gehen fast alle über See nach Deutschland, Großbritannien und in die USA. Die meisten Einfuhren kommen aus Deutschland. Die Hälfte der Güter wird von Schiffen unter schwedischer Flagge transportiert. Die schwedische Handelsflotte von 1,500.000 BRT besteht fast nur aus Dampf- und Motorschiffen.

Welt-Erdförderung

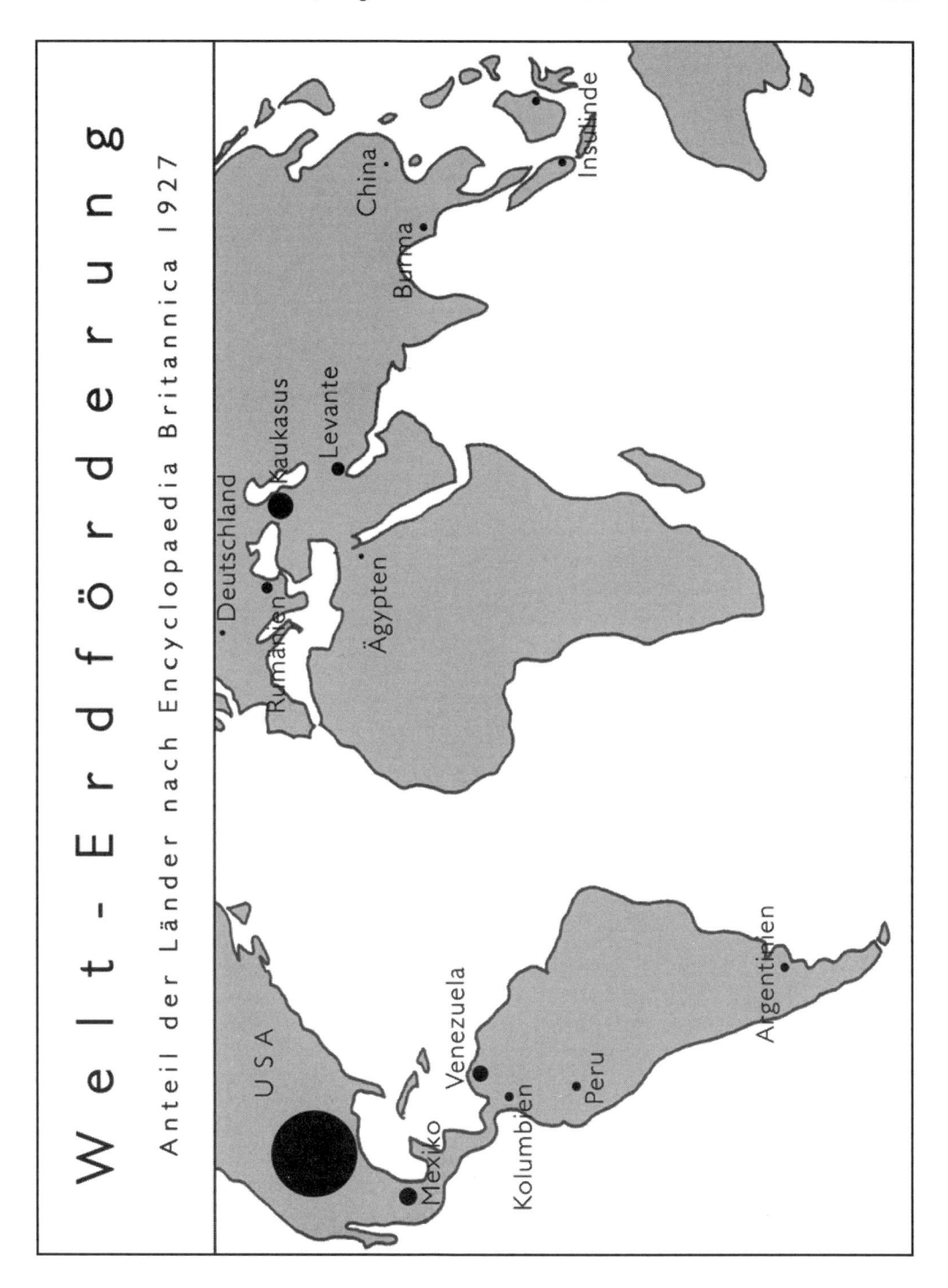

Anteil der Länder nach Encyclopaedia Britannica 1927

- USA
- Mexiko
- Venezuela
- Kolumbien
- Peru
- Argentinien
- Deutschland
- Rumänien
- Kaukasus
- Levante
- Ägypten
- China
- Burma
- Insulinde

8. Oktober 1927	**Schiffbruch.** Das italienische Passagierschiff >Principessa Mafalda< (9210) ist von den Kap Verden nach Rio de Janeiro unterwegs. Es hat eine Besatzung von 288 Mann und 971 Passagiere an Bord. Vor der Abrolhos-Bank bricht eine Schraubenwelle, worauf die Kessel explodieren. Es sind schnell Schiffe zur Hilfe am Ort, trotzdem gehen 314 Menschen mit dem Schiff unter.
1927	**Kolumbien.** Der Außenhandel nimmt seit dem Ersten Weltkrieg einen großen Aufschwung. Das ist vor allem auf den stark steigenden Export von Kaffee zurückzuführen. Weitere Ausfuhrartikel sind Bananen, Zucker und Kautschuk. Kühlschiffe mit Bananen und Kaffeeschiffe fahren regelmäßig nach New York und Europa. Der wichtigste Hafen ist Barranquilla, nahe der Mündung des Magdalenen-Stromes. Die Binnenschiffahrt auf diesem ist der wichtigste Verkehrsweg in das Landesinnere. Der Strom ist auf fast 1000 Kilometern befahrbar, die Dampfschiffahrt muß allerdings wegen ungleichmäßiger Wasserführung zeitweise eingestellt werden. Im Mittellauf gibt es eine Strecke von knapp 50 Kilometern, die nicht passierbar ist. Dort muß zweimal umgeladen werden. Ein kurze Verbindungsbahn erleichtert den Verkehr.
1927	**Venezuela.** Das Land ist der zweitgrößte Exporteur von Erdöl nach den USA und noch vor der Sowjetunion. Die riesigen Lager befinden sich im Westen des Landes am See von Maracaibo. Neben Erdöl besitzen nur Rohrzucker und die Perlenfischerei rund um die Insel Margerita einige Bedeutung für die Ausfuhr. Die wichtigsten Häfen des Landes sind La Guaira für die Hauptstadt Caracas, Puerto Cabello, Ciudad Bolivar und Maracaibo an der Einfahrt zum gleichnamigen See. Dampfschiffahrt gibt es auch am Orinoko und dessen Nebenflüssen.
1928	**Öltanker.** Der vom Bremer „Vulkan" erbaute Tanker >C. O. Stillmann< (14.064 BRT/22.600 tdw) ist nun der größte Motortanker und größte Tanker überhaupt. Er hält diesen Rekord für zehn Jahre. Bis zum Beginn des Zweiten Weltkrieges wachsen die Größen der Tanker nur allmählich an. Die Weltwirtschaftskrise bremst die Entwicklung.
November 1928	**Güterbeförderung.** In Kanada gibt es die „Seatrain-Linie", die Eisenbahnfähren über kurze Strecken betreibt. Nun richtet sie einen Dienst zwischen New Orleans und Havanna ein. Die Güterwagen werden bei der Beladung versiegelt, mit Bahn und Schiff an ihr Ziel gebracht und erst beim Empfänger wieder entsiegelt. Dies ist ein Vorläufer der späteren Containerdienste.
16. Jänner 1929	**Schiffbruch.** Der chinesische Dampfer >Hsin Wah< (1940) ist mit 429 Menschen an Bord unterwegs von Schanghai nach Hongkong. Das Schiff läuft auf einer vorgelagerten Insel bei Hongkong auf und sinkt, bevor Hilfe eintreffen kann. Nur 28 Personen können gerettet werden.
Juni 1929	**Passagierschiff.** Die Deschimag AG in Bremen stellt für den NDL Bremen das Passagierschiff >Bremen< (51.656) fertig. Auf der Jungfernfahrt nach New York erringt das Schiff mit seinem Turbinenantrieb mit 27,8 Knoten das „Blaue Band" für die schnellste Atlantiküberquerung. Am 16. März 1941 wird das Schiff durch Brandstiftung vernichtet. Das von Blohm & Voss in Hamburg gebaute Schwesterschiff >Europa< (49.746) fährt nach dem Zweiten Weltkrieg als die französische >Liberté<.

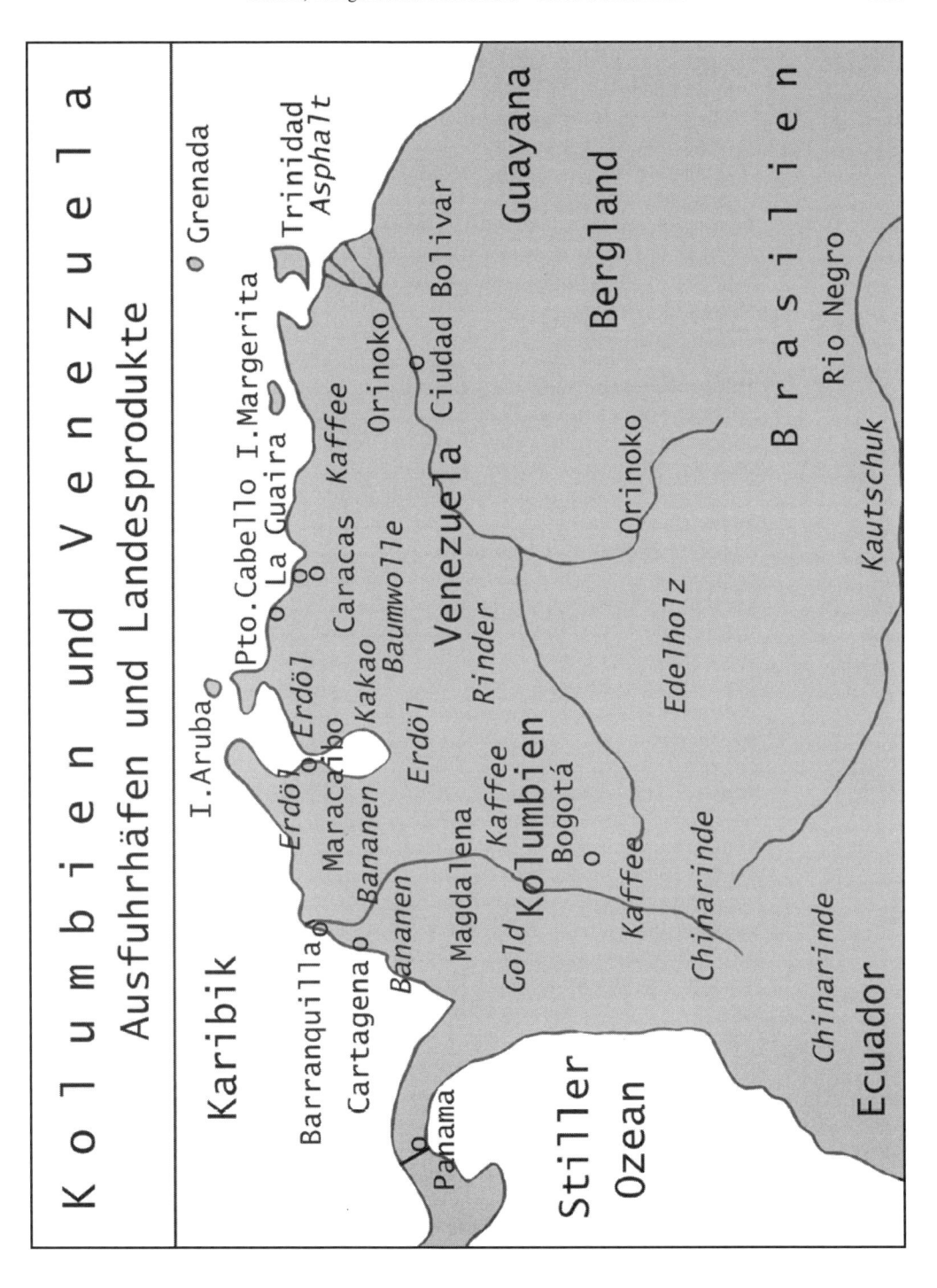

Kolumbien und Venezuela
Ausfuhrhäfen und Landesprodukte

- Karibik
- Grenada
- Trinidad — *Asphalt*
- I. Aruba
- Pto. Cabello
- I. Margerita
- La Guaira
- *Kaffee*
- Orinoko
- Erdöl
- Maracaibo
- *Kakao*
- Caracas
- *Baumwolle*
- Venezuela
- Ciudad Bolivar
- Guayana Bergland
- Erdöl
- *Rinder*
- Bananen
- Magdalena
- *Kaffee*
- Kolumbien
- Bogotá
- *Gold*
- Barranquilla
- Cartagena
- *Bananen*
- *Kaffee*
- *Edelholz*
- Orinoko
- Brasilien
- Rio Negro
- *Kautschuk*
- Panama
- *Chinarinde*
- *Chinarinde*
- Ecuador
- Stiller Ozean

1929 **Sicherheit.** Die zweite internationale Konferenz für Sicherheit auf See wird in London abgehalten. Die erste Konferenz war 1914 wegen des Ausbruchs des Ersten Weltkrieges abgebrochen worden. Nun werden Bestimmungen für die Sicherheit auf Passagierschiffen erlassen.

1929 **Schnelldampfer.** Nach dem Ersten Weltkrieg sind die Reedereien mit dem Wiederaufbau ihrer Handelsflotten beschäftigt. Dann aber tritt wieder der Ehrgeiz hervor, mit den schnellsten Schiffen um Passagiere zu werben. Es beginnt der NDL Bremen mit seinen beiden großen Schnelldampfern >Europa< und >Bremen<. Dann folgt in Italien die Reederei Italia mit der >Rex< von 29 Knoten (1933), die >Normandie< der französischen CGT mit 30 Knoten (1935) und die britische >Queen Mary< der Cunard/White Star mit 31,7 Knoten (1938). Die Schnelldampfer fahren um die Wette.

1929 **Autotransporter.** Autos werden bisher in Kisten verpackt auf allgemeinen Frachtern verschifft. Der Hamburger Reeder Arnold Bernstein läßt die Schiffe >Ilsenstein< (8100) und >Geroldstein< (7700) mit einem großen freien Laderaum versehen und versendet darin die Autos unverpackt. Dies erspart den Versendern eine Menge Kosten. Er zieht dadurch den Großteil des Autotransportes von den USA nach Europa an sich. Im Jahr 1933 läßt er in die Schiffe auch Passagiereinrichtungen einbauen, um auch Autofahrer mit ihrem Wagen transportieren zu können. Die Autofähre ist geboren.

1930 **Verkehrstechnik.** Die neuen Schnelldampfer des NDL Bremen, >Bremen< und >Europa<, sind mit Katapulten ausgerüstet. Von diesen starten Postflugzeuge einen Tag, bevor die Schiffe New York erreichen, und bringen Eilpost lange vor dem Einlaufen des Schiffes. Dieser Dienst wird bis 1936 unterhalten. Dann eröffnet die Lufthansa einen Flugdienst mit Radflugzeugen und Flugbooten von Berlin über Frankfurt/Main, Marseille, Lissabon und die Azoren nach Amerika.

1930 **Reederei.** Die beiden großen Konkurrenten HAPAG und NDL Bremen bilden die HAPAG-Lloyd Union. Jede Firma bleibt für sich unabhängig, aber alle Aktivitäten werden koordiniert, um möglichst große Einsparungseffekte zu erzielen (Weltwirtschafskrise!). Die „Union" ist die Vorstufe zur Verschmelzung der beiden Gesellschaften nach dem Zweiten Weltkrieg.

1930 **Seerecht.** In Den Haag in den Niederlanden findet eine Konferenz der wichtigsten Seefahrernationen über die Fragen der Küstengewässer und der Meerengen statt. Es kommt zwar zu keinen verbindlichen Beschlüssen. Aber über Definitionen wird Einigung erzielt. Binnengewässer und Küstengewässer mit einer 3-Seemeilen-Hoheitszone werden beschrieben und sollen von jedem Land in seine Seekarten eingetragen werden.

1930–1938 **Großbritannien.** Am gesamten Wert des Außenhandels haben die einzelnen Warengruppen folgenden Anteil: Textilien (24%), Baumwollwaren allein (14%), Eisen- und Stahlwaren (12%), Maschinen (10%), Kohle (9%) und Fahrzeuge (5%). Der Wert der Einfuhren beträgt: Rohstoffe wie Öle, Kautschuk, Häute, Holz etc.(18%), Lebensmittel und Tiere (13%), Garne und Farbstoffe (11%), Getreide und Mehl (8%), Kolonialwaren wie Kaffee, Zucker, Tee, Wein, Tabak etc. (8%) sowie Erzeugnisse der Metallindustrie (7%).

Standardschiffe der Zwischenkriegszeit

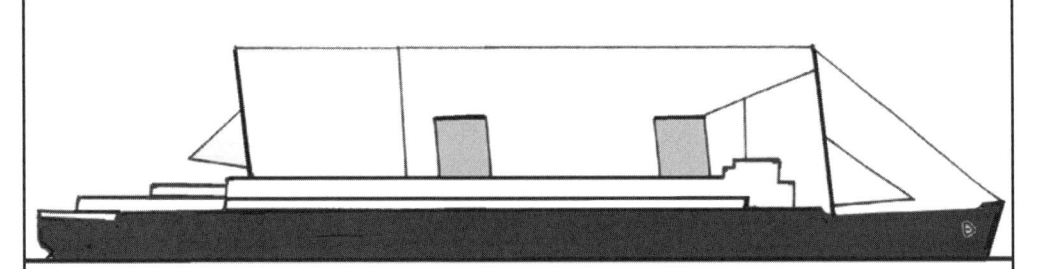

Personenschiff Schnelldampfer >Bremen> (51.650) 286 Meter

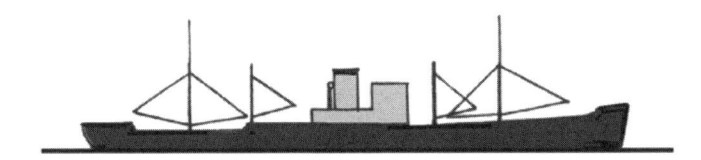

Frachtschiff >Steiermark< (8740) 164 Meter
1941 Hilfskreuzer >Kormoran<

Öltanker >Uckermark< (11.115 BRT) 175 Meter
1938 Troßschiff >Altmark<

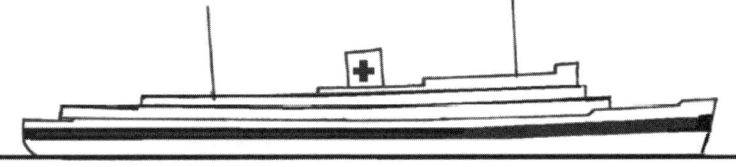

K.d.F.Schiff   >Wilhelm Gustloff< (25.480), 208 Meter
1939 Lazarettschiff

1930–1938	**Großbritannien.** Im Schnitt dieser Jahre beträgt die Einfuhr von Getreide (Weizen, Gerste, Hafer und Mehl) 131 Millionen cwt (hundredweight) oder 6,550.000 Tonnen. Die Abhängigkeit von diesen Einfuhren ist daher nicht mehr ganz so groß wie vor dem Ersten Weltkrieg, als die Bevölkerungszahl noch etwas geringer gewesen ist. Damals haben fast sieben Millionen Tonnen Getreide eingeführt werden müssen. Die Eigenproduktion an Lebensmitteln steigt seit dem Ersten Weltkrieg in Großbritannien wieder an.
1931	**Schiffsantrieb.** Erstmals wird ein Schiff mit dem neuen Voith-Schneider-Propeller ausgerüstet. Dieser um 360° drehbare Antrieb ist besonders für kleine Schiffe geeignet, gibt eine große Wendigkeit und erlaubt sogar das Manövrieren auf der Stelle.
1931	**Schleppzug.** Die niederländischen Schlepper >Zwarte Zee< und >Witte Zee< schleppen ein Schwimmdock von 7000 Tonnen von England nach Neuseeland. Mit 166 Tagen und 12.000 Seemeilen ist es der bis dahin weiteste Schiffsschlepp.
Jänner 1932	**Italien.** Auf Grund der Weltwirtschaftskrise schließen sich die Reedereien Cosulich-Linie, Lloyd Sabaudo und Navigatione Generale Italiana zur „Riunite Italiana" zusammen. Die Gesellschaft verfügt nun über 22 Schiffe mit 400.000 BRT, für die sie Beschäftigung suchen muß. Die Synergieeffekte des Zusammenschlusses erleichtern aber die finanzielle Situation. Die zehn Schnelldampfer sind im Einsatz auf der Fahrt vom Mittelmeer nach Nordamerika. Die bei der Werft Ansaldo in Sestri Ponente gebaute und im September 1932 abgelieferte >Rex< (51.060) wird im folgenden Jahr das Paradeschiff der Italia.
1932	**Niederlande.** Der große Abschlußdeich, der die Zuidersee von der Nordsee trennt, wird fertiggestellt. Er macht die Gegend flutsicher und erlaubt eine großzügige neue Landgewinnung. Dadurch hat Amsterdam nur noch die Zufahrt über den Kanal zur Nordsee. Von der Zuidersee kann die Stadt nur mehr von Binnenschiffen angelaufen werden.
1932	**Griechenland.** Die Handelsflotte hat im Ersten Weltkrieg schwere Verluste erlitten. Sie ist danach aber rasch wieder aufgebaut worden. Nun verfügt sie über 558 Dampf- und Motorschiffe mit 1,430.000 BRT. Daneben gibt es nur mehr kleine und kleinste Segelschiffe für den Küstenverkehr und für den Fischfang.
1932	**Arktis.** Der sowjetische Eisbrecher >Sibirjakov< umfährt als erstes Schiff den Norden von Sibirien, die Nordostpassage, in einem Sommer. Es ist der erste Schritt für den Ausbau des nordsibirischen Seeweges vom Atlantik in den Pazifik. Mit Hilfe starker Eisbrecher benützen diesen Weg später bis zu 200 Schiffe im Jahr.
1932	**Schiffsfund.** Im Nemi-See in den Albaner Bergen bei Rom werden zwei große Schiffe aus der Zeit von Kaiser Caligula (37–41) geborgen. Sie waren für Seespiele gebaut worden und haben deutlich die Bauweise der römischen Schiffe gezeigt. Beide sind im Zweiten Weltkrieg durch Feuer zerstört worden. Es gibt noch Zeichnungen und Photos von ihnen.
1932–1936	**Japan.** Das Land unternimmt große Anstrengungen, um die Handelsflotte zu modernisieren. Mehrere Erneuerungsprogramme werden von der Regierung verabschiedet. Trotz der großen Weltwirtschaftskrise werden 500.000 BRT

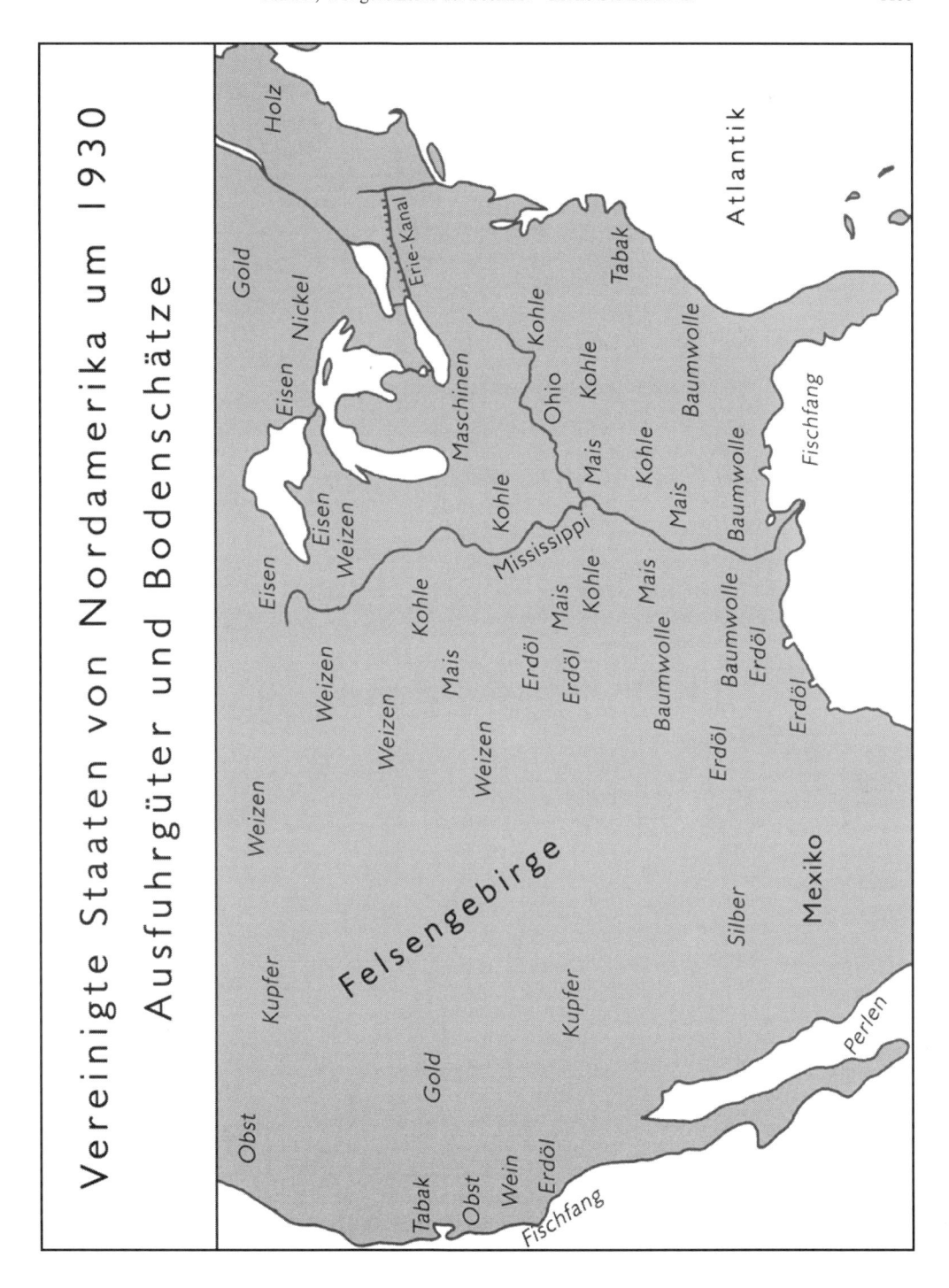

Vereinigte Staaten von Nordamerika um 1930 — Ausfuhrgüter und Bodenschätze

alter Schiffe verschrottet und dafür 400.000 BRT neu gebaut. Darunter sind 48 schnelle Frachter modernster Konstruktion. Im Jahr 1939 hat Japan bereits einen großen Teil des Seehandels von Ostasien in der Hand, der früher fast ein Monopol der Briten gewesen ist.

1933 **Weltwirtschaft.** Die große Depression erreicht ihren Höhepunkt. Von der Welthandelsflotte sind 12,600.000 BRT aufgelegt (fast 20% der Welttonnage!), weil es keine Beschäftigung dafür gibt. Allein von der britischen Handelsflotte sind drei Millionen Tonnen stillgelegt. Der ganze Welthandel geht um 25% auf das Niveau von 1914 zurück.

um 1933 **Weltwirtschaftskrise.** Die Auswirkungen des Wirtschaftsniederganges von Oktober 1929 bis um das Jahr 1934 spiegelt sich im Schiffbau der großen Handelsnationen wider. Dies wird durch einige Zahlen aus vier Jahren gut ersichtlich. Bau von Handelsschiffen mit 100 BRT und darüber:

Staat	1913	1929	1933	1937
Großbritannien	1,932.000	1,523.000	133.000	921.000
Deutschland	465.000	249.000	42.000	436.000
Japan	65.000	164.000	74.000	451.000
Frankreich	176.000	82.000	34.000	27.000
USA	228.000	101.000	11.000	196.000
USA – Große Seen	48.000	25.000	0	44.000
ganzer Weltschiffbau	3,333.000	2,793.000	489.000	2,691.000

Der geringe Schiffbau in den Jahren 1931 bis 1933 geht meist auf Beschaffungsprogramme der Regierungen zurück. Der wieder anlaufende Kriegsschiffbau bringt den Werften ebenfalls eine geringe Erleichterung bei der Auftragsvergabe.

1933 **Technik.** Die deutsche Fluglinie Lufthansa AG stellt ein Katapultschiff zur Flugunterstützung in Dienst. Die >Westfalen< ermöglicht Flugbooten auf Hoher See an einem am Heck befestigten Schleppsegel zu landen. Von dort wird es mit einem Kran an Bord gehievt. Nach dem Auftanken setzt das Flugboot mit Katapultstart seine Reise fort. Auf diese Weise sind Flüge über die Weltmeere möglich. Die ersten Postdienste werden von der Lufthansa nach Südamerika und später über die Azoren nach Nordamerika aufgenommen.

Februar 1934 **Reederei.** Während der großen Wirtschaftskrise lassen die britischen Reedereien den Bau ihrer großen Schiffe einstellen. Nach langen Verhandlungen fusionieren die beiden Reedereien Cunard und White Star zur „Cunard-White Star"-Reederei. Um amerikanisches Kapital zu vermeiden, wird mit Regierungsunterstützung der Bau der Schiffe fortgesetzt. Darunter befindet sich auch jener der späteren >Queen Mary<.

1934 **Forschung.** Der amerikanische Zoologe Charles Beebe erreicht mit seiner Bathysphäre in Kugelform bei den Bermuda-Inseln die Rekordtiefe von fast 1000 Metern. Die Bathysphäre wird an einem Kabel in die Tiefe gelassen, sie ist noch kein selbständig manövrierendes Fahrzeug. Beebe entdeckt, daß das Sonnenlicht nur bis zu einer Tiefe von rund 400 Metern durchdringt und in größeren Tiefen völlige Finsternis herrscht.

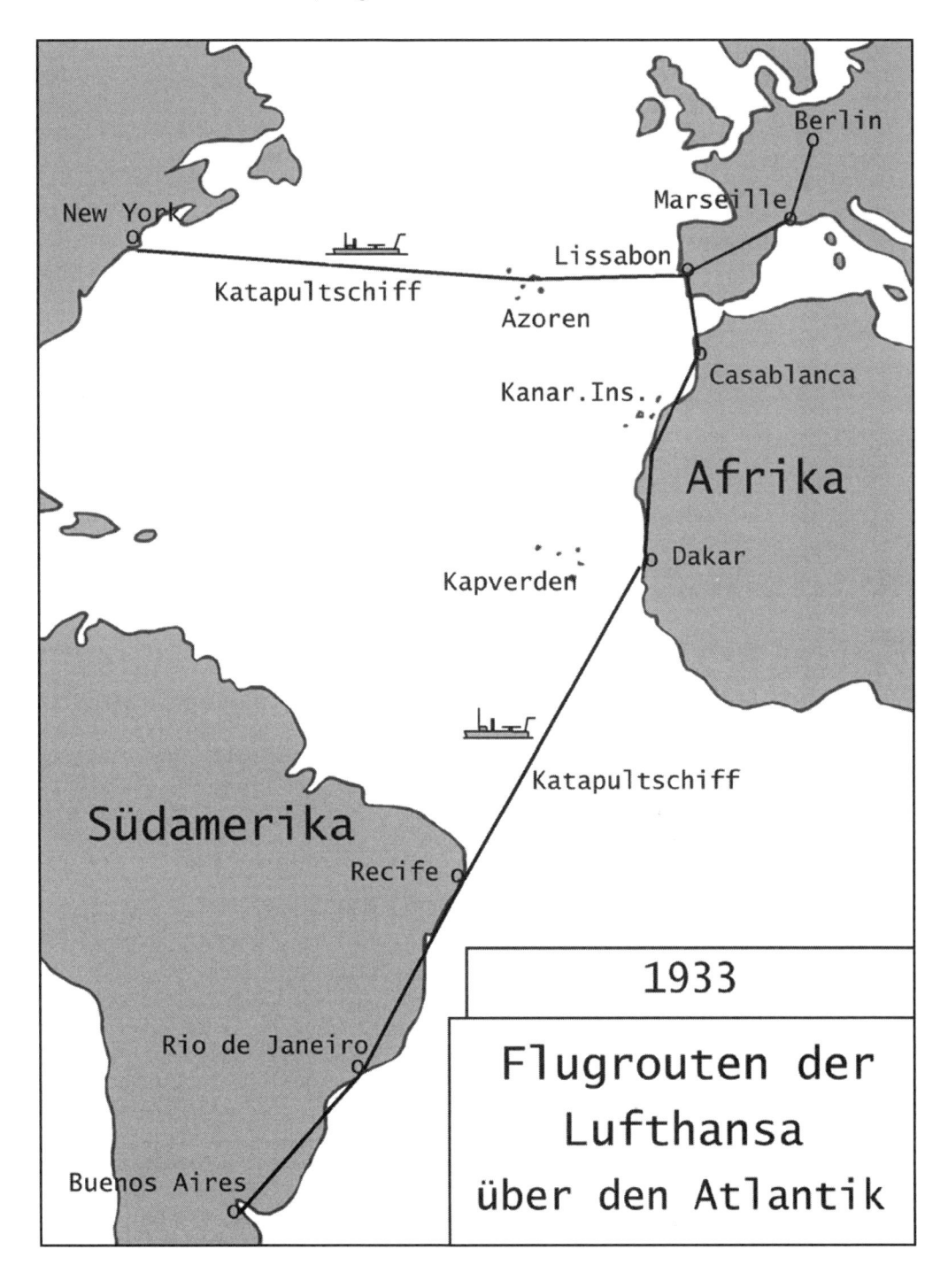

1933

Flugrouten der Lufthansa über den Atlantik

1934 **Schiffbau.** Bei der „Deutschen Werft" in Hamburg wird der Tanker >Swithiod< (10.000 tdw) umgebaut. Der Mittelteil des Schiffes ist schon verbraucht und soll ersetzt werden. Während das Schiff noch in Fahrt ist, wird nach den vorhandenen Plänen ein neues Mittelstück gebaut. Nach Eintreffen in der Werft werden Vorschiff und Achterschiff im Dock abgeschnitten und an den neuen Mittelteil angefügt. Dies stellt den Anstoß dar, um große Tanker bei zu kleiner Dockmöglichkeit in zwei Teilen zu bauen und dann zusammenzufügen.

1934/35 **Katastrophe.** Der sowjetische Dampfer >Dschurma< soll 12.000 Gefangene nach Ambarchik an der Mündung des Flusses Kolyma in Ostsibirien bringen. Das Schiff friert jedoch im Norden Sibiriens im Eis fest und muß überwintern. Im nächsten Jahr lebt keiner der Gefangenen mehr. Es handelt sich um den größte Menschenverlust auf einem einzelnen Schiff, der damals streng geheim gehalten worden ist.

1935 **Fischfang.** Den ganzen Fang aller Fischereiflotten der Welt kann man auf 15 Millionen Tonnen schätzen. Genauere Zahlen sind nur von einigen Staaten bekannt, bei den meisten muß man sie aus der Zahl der Fischereifahrzeuge (wenn bekannt), der in der Fischerei Beschäftigten oder anderen Hinweisen errechnen. Als sicher gilt, daß Groß-Japan (mit Korea, Sachalin, Formosa/Taiwan und der Halbinsel Guandong/Kwantung) rund 40% des Weltfischertrages einbringt. Die Japaner als Inselvolk ernähren sich schon immer weitgehend vom Ertrag des Meeres. Für Südafrika und Südamerika liegen leider fast gar keine Zahlen vor. Eine Statistik des Weltfischfanges befindet sich im Anhang.

1935 **Norwegen.** Das Einkommen des Landes geht zum Großteil auf die Leistung seiner Reeder zurück. Die Handelsschiffe sind Frächter auf allen Weltmeeren. Für das Einkommen des Landes leistet die Ausfuhr folgenden Beitrag in Prozenten: Dienstleistung der Handelsflotte (38,2%!), Erze, Metalle und Chemie (17,2%), Holz und Holzprodukte (13,8%), diverse Industriewaren (10,6%), Fisch und Fischprodukte (9,9%) und Sonstiges (10,3%). Der früher so wichtige Fischfang liegt in dieser Aufstellung bereits an letzter Stelle. Die Handelsflotte besteht zu dieser Zeit aus Dampfschiffen (48,8%), Motorschiffen (51,0%) und Segelschiffen (0,2%).

1935/36 **Indien.** Die wichtigsten Ausfuhrgüter sind in Prozenten des Gesamtexportes: Rohbaumwolle (21,0%), Juteerzeugnisse (14,5%), Tee (12,3%), Jute (8,5%), und Baumwollwaren (1,3%). Nicht mehr in der Statistik befindet sich Getreide (kommt meist aus Burma), Ölsaaten und Opium. Letzteres muß zu den von der Statistik nicht erfaßten Schmuggelgütern gezählt werden. Im Rechnungsjahr 1930/31 gehen die Ausfuhren nach Großbritannien (23,5%), Kontinentaleuropa (15,1%), Japan (10,8%), USA (9,4%), China (6,0%) und Malaya (2,8%). Die Einfuhren kommen aus Großbritannien (37,2%), Kontinentaleuropa (11,9%), USA (9,2%), Japan (8,8%), Malaya (2,4%) und China (2,0%). Die Importe aus Großbritannien sind in der letzten Zeit stark zurückgegangen. In der Zwischenkriegszeit nimmt die Zuckerausfuhr stark zu (fehlt in der Statistik) und für den Eigenbedarf wird eine Eisen- und Zementindustrie aufgebaut. Diese ganzen Transporte entgleiten langsam der britischen Handelsflotte. Norwegische, französische, deutsche, japanische und amerikanische Schiffe erringen einen immer größeren Anteil am Seetransport von und nach Indien.

Massengüter im Atlantik um 1935

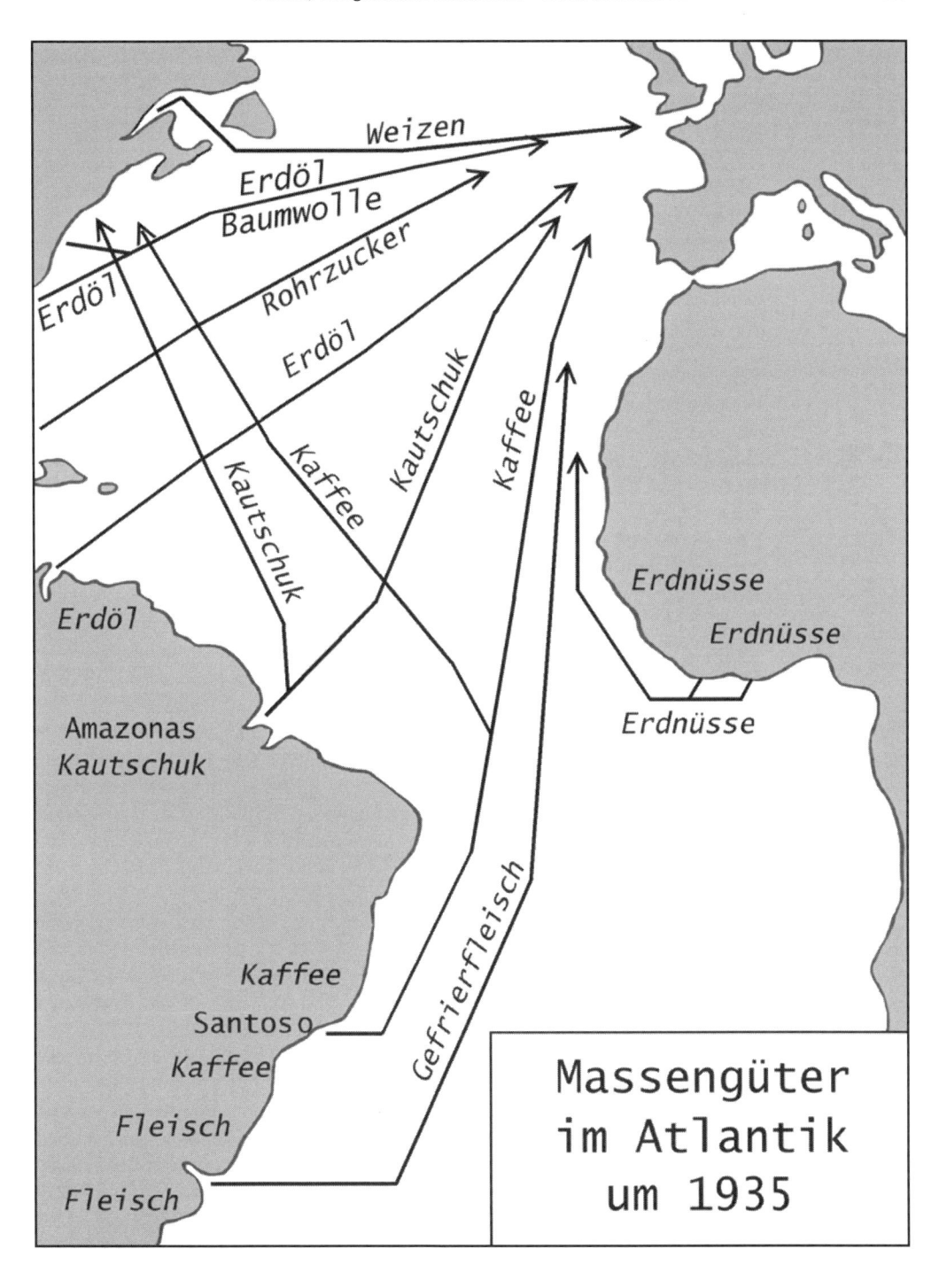

1935–1938 **Großbritannien.** Vor dem Zweiten Weltkrieg erreicht die Kohleförderung noch einmal einen Höhepunkt mit 229,600.000 Tonnen, von denen 38,110.000 Tonnen oder 17% in das Ausland verschifft werden. Vom Rest werden rund hundert Millionen Tonnen mit Küstenschiffen über die Britischen Inseln verteilt. Die Einfuhr von Rohbaumwolle beträgt noch 680.000 Tonnen, die Ausfuhr von deren Fertigwaren ist aber schon auf ein Viertel von der Zeit vor dem Ersten Weltkrieg zurückgegangen.

1936 **Binnenschiffahrt.** Es gibt keine vollständigen Daten über den Verkehr auf den ganzen Binnengewässern der Welt. Aus Europa und den USA sind aber doch einige aufschlußreiche Zahlen vorhanden. Den bei weitem größten Seetransport gibt es auf den Großen Seen in Nordamerika. Bei Flüssen stehen der Mississippi mit Nebenflüssen und der Rhein an der Spitze, dazu gehören sicher Yang-tse-kiang und Amazonas, für beide gibt es aber keine Zahlen. Weitere wichtige Flüsse für die Binnenschiffahrt sind Elbe, Hudson und Seine. Der meiste Verkehr auf Binnenkanälen ist zwischen den Großen Seen in Nordamerika, am Dortmund-Ems-Kanal, am Kanal entlang der Küste des Golfes von Mexiko und den Kanälen Rhein-Herne, Spree-Oder, Welland-Kanal und St. Lorenz-Kanal.

Mai 1936 **Passagierschiff.** Die Werft Brown in Clydebank liefert für die Cunard White Star-Reederei die >Queen Mary< (80.770) ab. Sie ist das erste Schiff mit über 80.000 BRT und erringt bei ihrer Jungfernfahrt über den Nordatlantik für kurze Zeit mit 30,6 Knoten das „Blaue Band". Ab August 1938 ist sie mit 31,7 Knoten bis 1952 das schnellste Passagierschiff. Im Zweiten Weltkrieg dient sie als Truppentransporter. Heute (2001) fungiert sie als stationäres Hotelschiff in Long Beach/Los Angeles.

1936 **Welthäfen.** Die sich ständig ändernden Wirtschaftsverhältnisse bringen auch eine Verschiebung im Seeverkehr. Ehemals bedeutende Häfen wie Danzig, Amsterdam, Bordeaux, Cadiz, Venedig, Beirut, Kalkutta oder Kanton verlieren an Bedeutung. Neue Häfen wie Gdingen/Gdansk, Cherbourg, Constanza, Vancouver, Los Angeles, Algier oder die japanischen Häfen kommen zu den Welthäfen dazu. Auch Baku am Kaspischen Meer wird durch den Ölumschlag ein wichtiger Hafen. Tabelle im Anhang.

20. Juli 1936 **Meerengenabkommen.** Im Frieden von Lausanne 1923 sind die türkischen Meerengen internationalisiert worden. Nun erhält die Türkei das Recht, im Falle eines Krieges oder einer kriegerischen Bedrohung Bosporus und Dardanellen für fremde Kriegsschiffe zu sperren. Außerdem darf sie die Küsten der Meerengen wieder befestigen. Signatarmächte sind Bulgarien, Frankreich, Griechenland, Großbritannien, Japan, Jugoslawien, Rumänien, die Türkei, die UdSSR und ab 1938 Italien.

November 1936 **Binnenschiffahrt.** Die im Frieden von Versailles 1919 internationalisierten Flüsse Donau, Rhein, Elbe und Oder werden von Deutschland auf eigenem Staatsgebiet wieder unter deutsche Kontrolle genommen. Schiffe fremder Staaten dürfen diese Flüsse nur befahren, wenn diese Staaten auch deutschen Schiffen die gleichen Rechte einräumen.

2. Jänner 1937 **Italien.** Nach einer Entscheidung von „Duce" Benito Mussolini wird die Hochseeschiffahrt auf vier Gesellschaften aufgeteilt. Eine ist für die Fahrten nach

Massengüter in Süd- und Ostasien um 1935

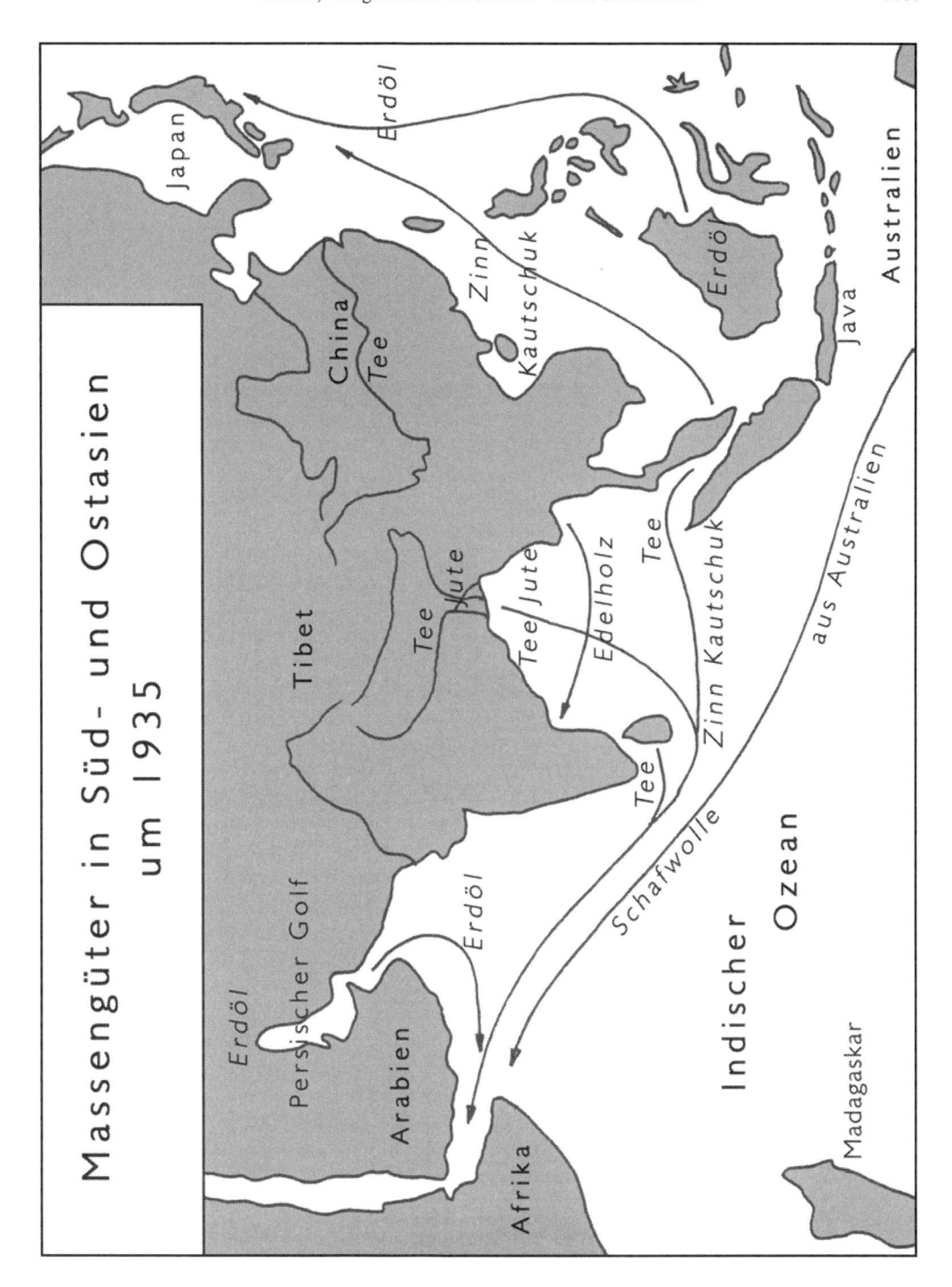

Amerika, eine für Afrika, Asien und Australien und zwei sind für das Mittelmeer zuständig. Die Schiffe werden entsprechend dem Bedarf auf die einzelnen Gesellschaften aufgeteilt.

1937 **Welthandel.** Der ganze Welthandel wird auf einen Wert von 130.000 Millionen Reichsmark berechnet. Davon wird ein großer Teil zur See und ein kleiner per Binnenschiff transportiert. Am ganzen Welthandel haben in der Reihenfolge ihrer Bedeutung folgende Staaten größten Anteil: Großbritannien, USA, Deutschland, Frankreich und Japan. Statistik im Anhang.

1937 **Erdöl.** Von den rund 1500 Tankern der Welthandelsflotte besitzt Großbritannien fast 500 mit drei Millionen BRT (Mittel 6000 BRT), die USA 400 mit 2,5 Millionen BRT (6250 BRT) und Norwegen 250 Tanker mit zwei Millionen BRT (8000 BRT). Deutschland besitzt erst 27 Tanker mit 160.000 BRT (5900). Die USA sind der bei weitem größte Ölproduzent, verbrauchen aber rund 90% davon im eigenen Land. Die zehn Prozent, die in den Export gehen, sind immerhin 19 Millionen Tonnen. Der größte Lieferant an Rohöl ist Venezuela mit 23 Millionen Tonnen. Dann folgen Rumänien und Persien mit je sieben Millionen und der Irak mit vier Millionen Tonnen. Die Sowjetunion mit der zweitgrößten Förderung (27 Millionen Tonnen) verbraucht ihr Erdöl zum größten Teil selbst. Die größten Erdölbezieher sind Großbritannien mit zehn Millionen Tonnen, Frankreich mit sieben, Kanada, Deutschland und Japan mit je vier und Italien mit zwei Millionen Tonnen.

1937 **Deutschland.** Neben HAPAG und NDL gibt es noch eine Reihe von wichtigen Reedereien. Hier die Zahl der Schiffe und die Tonnage der größten: HAPAG Hamburg (104/700.500), NDL Bremen (129/587.000), Hamburg-Südamerikanische DSG (46/322.700), DSG Hansa Bremen (42/289.000), Deutsche Ostafrika-Linie, Hamburg (15/77.600), Woermann-Linie AG, Hamburg (10/71.500), DSG Neptun, Bremen (69/71.700), Deutsche Levante-Linie AG, Hamburg (18/53.800), John Eßberger, Hamburg (23/51.800), Robert Sloman Jr., Hamburg (21/50.300).

1937 **Sowjetunion.** Der Gütertransport im Inland wird durch folgende Verkehrsträger bewältigt: Eisenbahn (81,7%), Seeschiffahrt (8,5%), Binnenschiffahrt (7,7%), Straße (1,4%) und Rohrleitungen (0,8%). Im Unterschied zu Westeuropa spielt der Lastkraftwagen noch keine große Rolle. Den Personentransport bewältigen die Eisenbahn (93,4%), Binnenschiffahrt (3,2%), Autobus (2,3%), Seeschiffahrt (0,9%) und Flugzeug (0,1%).

März 1938 **Passagierschiffahrt.** In Deutschland wird von der Werft Blohm & Voss in Hamburg die >Wilhelm Gustloff< (25.484) als KdF-Schiff fertiggestellt. Sie ist das erste große nicht für den Liniendienst, sondern rein für Vergnügungsfahrten gebaute Passagierschiff für 1465 Touristen, ein einfacher Vorläufer der heutigen Kreuzfahrtschiffe. Im Jänner 1945 sinkt das Schiff nach Torpedotreffer eines sowjetischen U-Bootes mit 6100 Flüchtlingen aus dem Osten an Bord. Es können nur 900 Menschen gerettet werden. Eine der größten Schiffskatastrophen.

1938 **Deutschland.** Es erfolgt der Anschluß von Österreich an das nationalsozialistische Deutschland. Die Donaustrecke bis Hainburg mit den Häfen Wien,

Krems und Linz kommt an das Deutsche Reich und dazu mit der Ersten Donaudampfschiffahrtsgesellschaft die größte Reederei auf diesem Fluß.
Binnenschiffahrt. In Deutschland erreicht der Bau des Mittellandkanals die *1938*
Elbe. Er ist nun 323 Kilometer lang und verbindet das Ruhrgebiet mit Ostdeutschland. Durch das Schiffshebewerk Rothensee (fertig 1939) können die Binnenschiffe quer durch das ganze Deutsche Reich fahren. Der neue Kanal ist für Schiffe bis zu 1000 Tonnen ausgelegt und verbindet mit kurzen Stichkanälen die in der Nähe liegenden Industriebetriebe mit der Wasserstraße. Haupttransportgüter sind Ruhrkohle nach Osten sowie Getreide und Holz nach Westen.
Odyssee. Aus Hamburg läuft das Passagierschiff >St. Louis< (16.700) mit über *31. Mai 1938*
900 jüdischen Emigranten nach Kuba aus. Weder dort noch in den USA dürfen die Flüchtlinge an Land gehen. Nach wochenlanger Kreuzfahrt erklären sich Großbritannien, Frankreich, Belgien und die Niederlande einverstanden, Flüchtlinge aufzunehmen. Sie dürfen schließlich in Antwerpen von Bord gehen.
Walfang. Die Jagd auf Wale hat auch auf der Hohen See ihren Höhepunkt *1938/39*
erreicht. Von den Mutterschiffen mit ihren Jagdbooten mit Kanonen zum Abschuß der Harpunen werden jährlich um die 50.000 Wale erlegt. Das Öl der Wale ist ein wichtiger Bestandteil bei der Herstellung von Seife und Margarine. In dieser Saison gewinnt Großbritannien 31,6% des Öles der erlegten Wale, Norwegen 29,9%, Japan 17,1% und Deutschland 13,3%.
Passagierschiffe. Die zehn größten Schiffe mit ihren Besitzern sind: *1939*

Name, Land	BRT	Kn	Reederei
>Queen Mary< (GB)	80.770	32	Cunard White-Star, Liverpool
>Normandie< (Fr)	79.280	32	C.G.T., le Havre
>Bremen< (Dt)	51.660	28	NDL, Bremen
>Rex< (It)	51.060	29	Riunite Italia, Genua
>Europa< (Dt)	49.740	28	NDL, Bremen
>Conte die Savoia< (It)	48.500	29	Riunite Italia, Genua
>Aquitania< (GB)	45.650	24	Cunard White-Star, Liverpool
>Ile de France< (Fr)	43.150	24	C.G.T., Le Havre
>Empress of Britain< (GB)	42.350	25	Canadian Pacific, London
>Nieuw Amsterdam< (Nd)	36.290	23	H.A.L., Rotterdam

Spanien. Am Ende des Bürgerkrieges (1936–1939) hat die Handelsflotte des *März 1939*
Landes 157 Schiffe verloren. Dazu gehen 87 Schiffe unter anderen Flaggen, vor allem von Großbritannien, Frankreich, Griechenland und der UdSSR, verloren.
Die meisten Schiffe werden von Flugzeugen in Häfen versenkt, können zum Teil aber wieder gehoben werden. Allein elf Handelsschiffe werden vom Kreuzer >Canarias< aufgebracht oder versenkt, zehn fallen U-Booten zum Opfer, die restlichen gehen auf das Konto von anderen Kriegsschiffen, Hilfskreuzern und anderen Überwasserschiffen. Einige gehen durch Minen verloren.
Niederlande. Die ganze Handelsflotte des Landes umfaßt 628 Hochseeschiffe *1939*
mit 2,638.400 BRT. Davon entfallen auf die zehn größten Reedereien:

Reederei	Schiffe	Tonnage in BRT
Batavische Petroleum Gesellschaft	97	447.500
Königliche Paketfahrt Gesellschaft	129	307.800
Dampfschiffahrts Gesellschaft der Niederlande	31	275.200
Holland-Amerika-Linie	22	263.750
Rotterdamscher Lloyd	29	244.550
Kgl. Niederländische Dampfschiffahrts Ges.	79	194.000
Vereinigte Niederl. Schiffahrtsgesellschaft	22	143.600
Java-China-Japan-Linie	12	94.900
Van Nievelt Goudriaan & Comp.	18	92.000
Halcyon-Linie	12	60.300

Die Niederlande verfügen zu dieser Zeit über 49 Passagierschiffe mit 565.000 BRT, 435 Frachter mit 1,630.000 BRT und bereits über 109 Öltanker mit 530.000 BRT.

Februar 1940 **Passagierschiff.** Die bei Brown in Clydebank fast fertiggestellte >Queen Elisabeth< (83.670), das größte Schiff ihrer Zeit, verläßt wegen der Gefahr eines Luftangriffes noch unfertig die Werft und verlegt in die USA. Sie wird im Zweiten Weltkrieg als Truppentransporter eingesetzt, fährt nach dem Krieg einige Zeit im Nordatlantikdienst und brennt im Jänner 1972 bei Umbauarbeiten in Hongkong aus.

1940 **Belgien.** Der neue Albert-Kanal verbindet die Maas bei Lüttich mit der Schelde bei Antwerpen. Das belgische Industriegebiet hat dadurch direkten Zugang zu diesem Hafen, ohne den Umweg über die Niederlande.

Juni 1940 **USA.** Der Kanal entlang der Ostküste wird ausgebaut und ist nun auch für Hochseeschiffe befahrbar. Gerade im Krieg erlangt er größte Bedeutung, da die Frachter nun die Bedrohung durch die Unterseeboote bei der Fahrt vor der Küste vermeiden können. Die Transportleistung steigt von einer Million Tonnen im Jahr 1931 über neun Millionen Tonnen 1940 auf 19 Millionen Tonnen im Jahr 1944.

17.–20. Oktober 1940 **Handelskrieg.** In diesen Tagen findet die erste große Geleitschlacht zwischen den deutschen U-Booten und den britischen Geleitzügen SC 7 und HX 79 statt. Es werden 32 Schiffe mit 155.000 BRT versenkt. Wie im Ersten Weltkrieg versucht Deutschland wieder den Schiffstransport nach England zu unterbinden. Trotz Versenkung von 15,6 Millionen Tonnen Handelsschiffsraum geht der Blockadekrieg für Deutschland erneut verloren. Die Versorgung von Großbritannien ist nie in Frage gestellt (Über den Blockadekrieg siehe Seeherrschaft).

16. Dezember 1941 **Schiffbau.** In Japan wird auf der Marinewerft in Kure das größte und stärkste jemals gebaute Schlachtschiff in Dienst gestellt. Die >Yamato< (67.100) ist mit neun 45,7 cm-Geschützen Kaliber 45 bewaffnet und hat eine stärkste Panzerung an den Geschütztürmen von 650 mm. Die Maschinenanlage von 150.000 PS/110.000 KW gibt dem Schiff eine Geschwindigkeit von 27 Knoten. Das Schwesterschiff >Musashi< wird auf der Werft Mitsubishi in Nagasaki gebaut.

Juni 1940– Oktober 1942 **Erkundung.** Die kanadische berittene Polizei besitzt das hölzerne Segelschulschiff >St. Roch< (320 t), Baujahr 1928, mit neun Mann Besatzung. Es ist eisverstärkt und hat einen Hilfsdieselmotor von 150 PS. In 28 Monaten fährt es

Walfangstationen im Südatlantik — Ⓦ

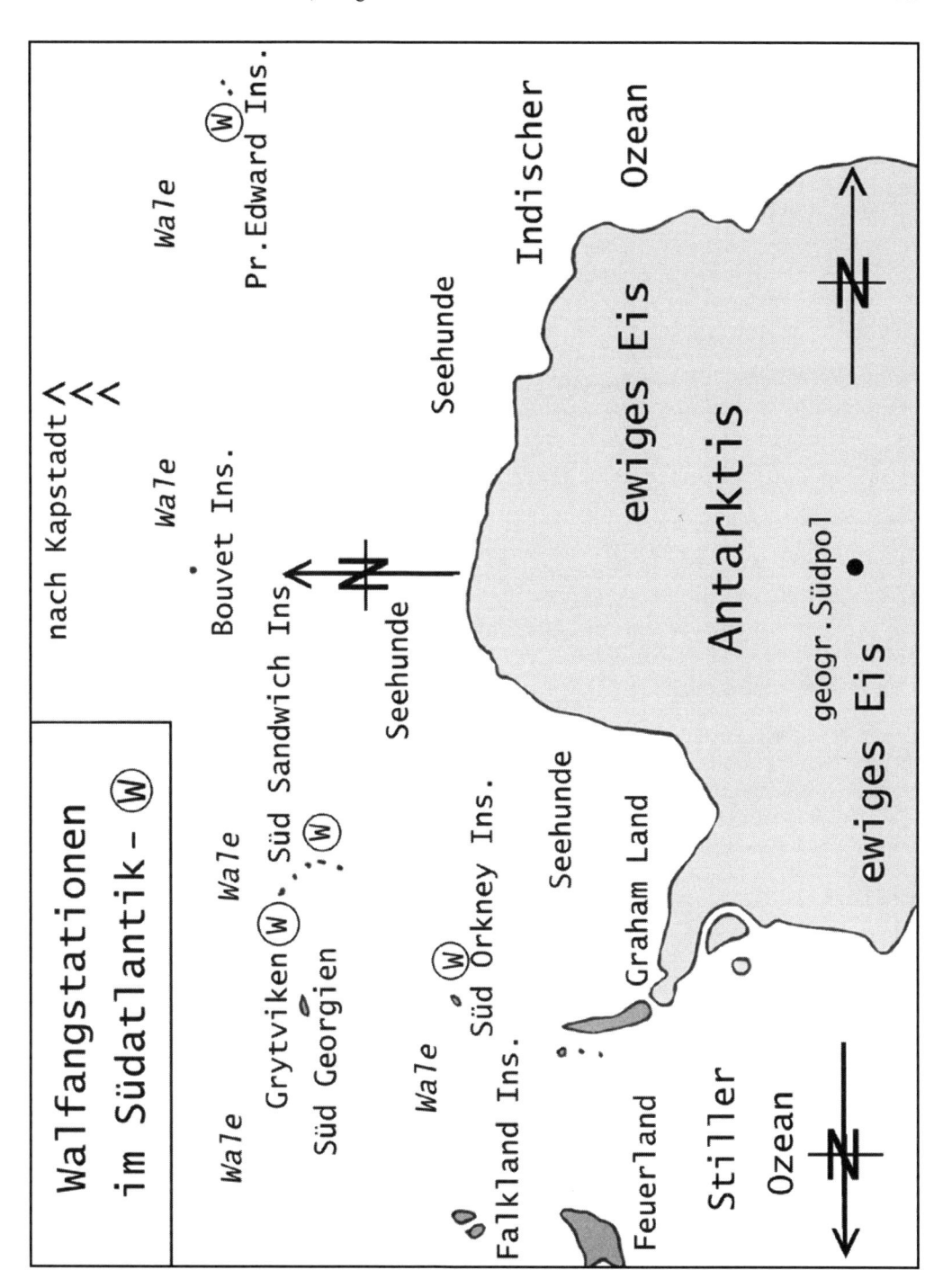

nach Kapstadt ←←

Wale — Pr. Edward Ins. Ⓦ

Indischer Ozean

Wale — Bouvet Ins.

Seehunde

Grytviken Ⓦ — Süd Sandwich Ins. Ⓦ
Wale
Süd Georgien

ewiges Eis

Antarktis

geogr. Südpol •

ewiges Eis

Seehunde

Wale — Süd Orkney Ins. Ⓦ

Seehunde

Graham Land

Wale — Falkland Ins.

Feuerland

Stiller Ozean

von Vancouver an der Pazifikküste durch die Beringstraße und die Nordwestpassage im Norden um Kanada bis nach Neuschottland. Im Jahr 1944 kehrt es auf dem gleichen Weg wieder zurück. Es ist das erste Schiff, das die Nordwestpassage in beiden Richtungen durchfährt. Im Jahr 1954 wird es in Vancouver als Museumsschiff unter einem hölzernen Zeltdach ausgestellt.

1940–1945 **Truppentransport.** Die beiden britischen Riesenschiffe >Queen Mary< und >Queen Elisabeth< sind im Krieg zunächst als Transporter von Truppen von Australien nach Suez eingesetzt. Ab 1942 bringen sie Truppen von Amerika nach England, wobei sie jeweils 15.000 Mann an Bord nehmen. Insgesamt transportieren die beiden Schiffe 1,622.000 Soldaten und deren Angehörige. Am 2. Oktober 1942 rammt die >Queen Mary< den begleitenden Kreuzer >Curaçao< und schneidet ihn in der Mitte auseinander. Dieser sinkt mit 338 Mann seiner Besatzung, nur 26 können gerettet werden.

9. Jänner 1942 **Schiffbruch.** Das französische Passagierschiff >Lamoricière< (4719) ist unterwegs von Algier nach Marseille mit 272 Passagieren und 100 Mann Besatzung an Bord. Bei Menorka gerät es in einen schweren Sturm und beginnt zu sinken. Zu Hilfe gerufene französische Schiffe können nur 95 Personen retten.

9. Februar 1942 **Schiffbruch.** Das Passagierschiff >Lafayette< (80.000), ex >Normandie< gerät bei Umbauarbeiten zum Truppentransporter im Hafen von New York in Brand und kentert. Das Schiff wird im folgenden Jahr aufgerichtet, aber nicht mehr repariert.

Juni 1942–
August 1943 **Segelsport.** Der Argentinier Vito Dumas ist der erste Einhandsegler, der die Welt in Ost-Westrichtung umfährt.

14. April 1944 **Katastrophe.** Im Hafen von Bombay gerät das Munitionsschiff >Fort Stikine< (7140) in Brand und fliegt in die Luft. Zwei Kriegsschiffe und 15 Handelsschiffe werden vernichtet und große Teile der Hafenanlagen zerstört. Der Verlust an Menschenleben ist mit 336 Toten und rund 1000 Verletzten in Anbetracht des Ausmaßes der Schäden moderat.

August 1944 **Technik.** Radarstrahlen sind immer geradlinig wie Lichtstrahlen und können daher Objekte unterhalb der Erdkrümmung nicht erfassen. Durch Reflexion von anderen Objekten (Eisbergen, Felswänden etc.) und von der Ionospäre in großer Höhe kann es aber Überreichweiten geben. Wahrscheinlich zum erstenmal ist dies festgestellt worden, als eine deutsche Empfangsstation an der holländischen Küste die Radaremissionen von einem bei Jan Mayen fahrenden Geleitzug der Alliierten empfängt. Die Entfernung beträgt rund 1200 Seemeilen. Ähnlich ist es in der Nacht vom 25./26. Juli 1943 bei den Aleuten. Ein US-Kampfverband von zwei Schlachtschiffen, fünf Kreuzern und neun Zerstörern nimmt Radarsignale aus rund 150 Seemeilen Entfernung auf, nähert sich dem vermeintlichen Ziel und eröffnet mit der schweren Artillerie das Feuer. Am Morgen stellt sich heraus, daß sich kein feindliches Schiff im Umkreis von 200 Seemeilen befunden hat. Echos von Inseln der Aleuten oder der Ionosphäre (?) haben zur „Battle of the Pips" geführt.

30. Jänner 1945 **Flüchtlinge.** Das deutsche Lazarettschiff >Wilhelm Gustloff< (25.480) ist in der Ostsee mit Flüchtlingen und Verwundeten an Bord auf dem Weg nach Westen. Nach Torpedotreffern durch ein sowjetisches Unterseeboot sinkt das Schiff schnell. Von den 6100 Personen an Bord ertrinken 5200 Männer, Frauen

Norwegen

1946

Oslo

Arendal

Kristiansand

Kap Lindesnes

600m

550m

300m

500m
Wassertiefe

Gasmunition des 2. Weltkrieges
von Alliierten versenkt

Skagen

Skagerrak

400m

400m

300m

Lim-Fjord

Aarhus

Lim-Fjord

Nordsee

Dänemark

Ebeltoft

Jütland

und Kinder. Nur einen Monat später versenkt ein sowjetisches Unterseeboot den Passagierdampfer >Steuben< (13.320), mit dem 3000 Flüchtlinge untergehen. Am 16. April wird noch das Flüchtlingsschiff >Goya< (5230) versenkt, mit dem 6220 Menschen untergehen. Es ist der größte Menschenverlust bei einem einzelnen Schiffsuntergang.

1945 **Werft.** In Deutschland werden nach dem Krieg alle Industrieanlagen demontiert oder vernichtet. Am 3. Mai müssen alle Beschäftigten der Werft Blohm & Voss in Hamburg das Werftgelände binnen einer Stunde verlassen. Am 31. Dezember wird die Werft für geschlossen erklärt und im folgenden Jahr mit der Sprengung begonnen. Bis 1948 ist alles brauchbare Material abtransportiert und das Gelände dem Erdboden gleichgemacht.

Im Jahr 1950 kann die Arbeit unter der Firma Steinwerder AG wieder mit 175 Beschäftigten aufgenommen werden. Ab 1953 dürfen wieder Schiffe repariert werden, ab 1954 dürfen Küstenschiffe gebaut werden und 1955 erfolgt die Neugründung der Blohm & Voss AG.

1945 **Schiffbau.** Die Newport News Shipbuilding, eine der größten Werften in den USA, baut während des Krieges neben zahlreichen Schlachtschiffen und Kreuzern auch zehn große Flugzeugträger und 239 „Liberty"-Frachter.

1946 **Welthandelsflotte.** Großbritannien kann trotz großer Verluste im Zweiten Weltkrieg seinen Tonnagebestand fast halten, dank Hilfe der USA. Die Handelsflotte der USA ist nach dem Krieg durch das riesige Bauprogramm fast dreimal so groß wie vorher. Die überschüssigen Schiffe sind nur schwer anzubringen und werden zum Teil eingemottet. Japan verfügt nur mehr über ein Drittel seiner Vorkriegs-Handelsflotte, das dem Land belassen wird, damit die Bevölkerung ernährt werden kann. Deutschland muß neben den Kriegsschiffen auch alle Handelsschiffe abliefern und kann erst ab 1948 allmählich wieder eine eigene Handelsflotte aufbauen. Die Sowjetunion kann ihre Handelsflotte mit Beuteschiffen vergrößern. Statistik im Anhang.

1946 **Schiffbau.** In den USA bauen die sieben Werften Marinewerft New York, New York Shb. Camden, Marinewerft Philadelphia, Cramp Philadelphia, Marinewerft Norfolk, Newport New Shb. und Bethlehem Steel Quincy in den Jahren 1940 bis 1946 zusammen 35 Flottenflugzeugträger, zwölf Schlachtschiffe und 46 schwere und leichte Kreuzer für die US-Navy. Mit dem Bau der Frachter und Tanker, von Hunderten Zerstörer und anderen Kriegsschiffe ist dies der größte Werftenausstoß eines Landes in der Geschichte der Seefahrt gewesen.

13. Juni 1946 **Skagerrak.** Das ehemalige Passagierschiff der HAPAG >Hessen< (8116) wird von den Alliierten mit Gasmunition beladen und vor Arendal auf 500 Meter Wassertiefe versenkt. Am 13. Juli 1946 folgt mit der gleichen Ladung das Passagierschiff >Freiburg< (5165) und am 6. Dezember des gleichen Jahres der Kreuzer >Leipzig< (6300 t) sowie der Zerstörer >Z 34< (2400 t).

April–August 1947 **Forschung.** Der Norweger Thor Heyerdahl fährt mit seinem Balsafloß >Kon Tiki< von der Küste von Südamerika (Callao, Peru) in die Südsee und gelangt bis Tahiti. Seine These von der Besiedelung Polynesiens von Südamerika aus, die er damit beweisen will, wird von Archäologie und Ethnologie widerlegt.

Einzelne Verschlagungsfahrten und Erkundungsfahrten sind jedoch nicht auszuschließen. Die Leistung von Heyerdahl als Seefahrer ist unbestritten.

Katastrophe. Bei den chemischen Werken in Texas City bei Houston ladet der französische Frachter >Grandchamp< den Kunstdünger Ammoniumnitrat. Das Schiff gerät dabei in Brand und fliegt in die Luft. Die entstehenden Brände setzen zwei weitere Schiffe in Brand, die ebenfalls explodieren und die umliegende Gegend verwüsten. Es gibt über 500 (!) Tote und Tausende Verletzte. *16. April 1947*

Katastrophe. Im Hafen von Brest gerät das norwegische Frachtschiff >Ocean Liberty<, ex US-amerikanische >Park Holland< beim Entladen von Ammoniumnitrat in Brand. Das Feuer greift auch auf Öltanks und Gasbehälter an Land über. Schließlich fliegt das Schiff in einer gewaltigen Explosion in die Luft. Große Teile von Brest, nach den schweren Luftangriffen im Krieg noch immer nicht ganz aufgebaut, werden erneut zerstört. Die Opfer an Menschenleben sind glücklicherweise verhältnismäßig gering. *27. Juli 1947*

Niederlande. Beim Gütertransport innerhalb des Landes liegt die Binnenschiffahrt noch immer an erster Stelle. Der Transport auf der Straße liegt noch an dritter Stelle hinter der Eisenbahn. Dies ändert sich aber schon ab dem nächsten Jahrzehnt. In Tonnenkilometern bewältigt die Binnenschiffahrt 3,480.000 (52%), die Eisenbahn 2,230.000 (33%) und die Straße um 1,000.000 (15%). *1948*

Häfen. In den Benelux-Staaten ist wieder der volle Betrieb wie vor dem Krieg in Gang. Der Güterumschlag beträgt in Rotterdam 20,4 Millionen Tonnen, in Antwerpen 18,1, in Amsterdam 4,7 und in Gent noch immer 1,1 Millionen Tonnen. Von da an nimmt der Hafen von Rotterdam durch den Umschlag von Erdöl und dessen Produkten noch einmal einen weiteren großen Aufschwung. Die Niederlande verfügen bereits wieder über 28 Passagierschiffe mit 320.000 BRT, 436 Frachter mit 1,935.000 BRT und 104 Öltanker mit 520.000 BRT. Die Handelsflotte ist damit fast genau so groß wie vor dem Zweiten Weltkrieg. *1950*

In diesem Kapitel verwendete Literatur
(weitere Nachschlagewerke siehe Anhang in diesem Band):

Aldcroft/Freeman (Hrsg.) Transport in the industrial Revolution, Manchester Uni Press, Manchester 1983
Angerlehner, R., Österreichischer Schiffsverkehr und Seehandel 1815-1838, Diss.Uni Wien, Wien 1968
Bagwell, Ph. S., The Transport Revolution, Routledge, London 1988
Binnenschiffahrt, History of the Great Lakes, 2 Bde., Beers, Chicago 1899
Bonsor, N. R. P., North Atlantic Seaway, 5 Bde., Brookside, Jersey 1975
Bonsor, N. R. P., South Atlantic Seaway, Brookside, Jersey 1983
Burgess, R. F., Ships beneath the Sea, Hale & Co, London 1975
Braudel/Labrousse, Histoire Économique et Sociale de la France, 4 Bde., Presses Unis de France, Paris 1979
Clapham, J. H., An Economic History of modern Britain, 3 Bde., Cambridge Uni Press, Cambridge 1930
Cornwall-Jones, R., The British Merchant Service, Sampson etc., London 1898
Dane, H., Die wirtschaftlichen Beziehungen Deutschlands zu Mexiko und Mittelamerika im 19. Jahrhundert, Böhlau, Köln 1971
Delpar, H. (Hrsg.), The Discoverers, McGraw-Hill, New York 1980
Deppert, W., Mit Dampfmaschine und Schaufelrad, Bodensee 1817-1967, Stadler, Konstanz 1975
Dyos/Aldcroft, British Transport, Leicester Uni Press, Leicester 1969

Engerman, St. L. (Hrsg.), Trade and the Industrial Revolution, 1700-1850, Elgar Reference Collection, Cheltenham 1996
Golownin, V. M., Around the World on the >Kamchatka<, 1817-1819, Hawaii Uni Press, Honolulu 1979
Gwerder/Liechti/Meister, Schiffahrt auf dem Zürichsee, Birkhäuser, Basel 1976
Haek, D., Hamburg-Amerika-Linie und Norddeutscher Lloyd, Simon, Berlin ca. 1905
Haerder, H., Italy in the Age of the Risorgimento 1790-1870, Longman, London 1983
Harris, J. R., Liverpool and Merseyside, Cass & Co, London 1969
Hocking, Ch., Dictionary of Disasters at Sea during the Age of Steam, Lloyd's Register of Shipping, London 1969
Ivaschintsow, N. A., Russian Round-the-World Voyages, 1803-1849, Limestone, Kingston, Kanada 1980
Kirby, D., The Baltic World 1772-1993, Longman, London 1995
Kludas, A., Die Geschichte der deutschen Passagierschiffahrt, 5 Bde., Kabel., Hamburg 1986
Kociumbas, J., The Oxford History of Australia, Bd. 2 (1770-1860), Oxford Uni Press, Oxford 1992
Krawehl, O.-E., Hamburgs Schiffs- und Warenverkehr mit England und den englischen Kolonien 1814-1860, Böhlau, Köln 1977
Liechti, E. et. al., Schiffahrt auf dem Vierwaldstättersee, Vg. Eisenbahn, Villigen 1974
Lutz, H., Zwischen Habsburg und Preußen, Deutschland 1815-1866, Siedler, Berlin 1985
Meister, Gwerder, Liechti, Schiffahrt auf dem Genfersee, Birkhäuser, Basel 1977
Michels, W., Unvergessene Dampfschiffahrt auf Rhein und Donau, Hestra, Darmstadt 1967
Norrie/Owram (Hrsg.), A History of the Canadian Economy, Harcourt Brace, Toronto 1996
Oliver, J. W., History of American Technology, Ronald, New York 1956
Oosten, F. C., Dampfer erobern die Meere, Stalling, Oldenburg 1975
Platt, D. C., Latin America and British Trade 1806-1914, A. & Ch. Black, London 1972
Porter, G. (Hrsg.), Encyclopaedia of American Economic History, Sveibner's, New York 1980
Rabson/O'Donoghue, P&O, A Fleet History , The World Ship Society, Kendal 1988
Scherer, H., Vom Raddampfer zum Schubverband, DDSG, Wien 1974
Schäuffelen, O., Die letzten großen Segelschiffe, Delius Klasing, Bielefeld 1969
Schmitt, K., Robert Fultons erstes Dampfschiff, Koehler, Herford 1986
Smith Homans (Hrsg.), A Cyclopedia of Commerce and Commercial Navigation, 2 Bde., Harper, New York 1858
Tiyambe Zeleza, P. , A Modern Economic History of Africa, the Nineteenth Century, Codesria, Dakar 1993
Webster, A., Gentleman Capitalists, British Imperialism in South East Asia 1770-1890, Tauris, London 1998
Williamson, H. F., The Growth of the American Economy, Prentice-Hall, New York 1953
Winkler, D./*Pawlik*, G., Der Österreichische Lloyd 1836 bis heute, Weishaupt, Graz 1989
Winkler, H., Die Schiffahrt auf dem Traunsee, Hallstätter See, Grundlsee, ARGE für österr. Marinegeschichte, Mistelbach 1978

20. Kreuzfahrtschiffe, Mammuttanker und Container
Die Jahre von 1950 bis 1990

Das politische Umfeld

Die **UNO** konnte, im Gegensatz zum Völkerbund in der Zwischenkriegszeit, einige Autorität erlangen. Erste Erfolge waren die Räumung des Iran durch die sowjetischen und britischen Besatzungstruppen (1946), die Regelung der Frage von Triest (1947), der Teilungsplan für Palästina zwischen Juden und Arabern (1947) und der Einsatz einer Friedenstruppe gegen den Überfall von Nordkorea (1950). Das „Nein" der Sowjetunion im Sicherheitsrat verhinderte weitere Erfolge, wenn sie gegen die Interessen der Kommunisten gerichtet waren.
In Genf wurde 1956 eine Konvention gegen die Sklaverei beschlossen und im Suez- und Ungarnkonflikt mäßigend eingewirkt. Es wurde die Aufstellung einer ständigen UN-Friedenstruppe beschlossen, die ab 1964 auf Zypern, im Kongo und in Palästina zum Einsatz kam.
Im Dezember 1971 wurde bei der 26. Generalversammlung der UNO die Volksrepublik China als Mitglied aufgenommen und dafür Taiwan ausgeschlossen, das bisher China vertreten hatte. Im Dezember 1973 begann in New York die 3. UN-Seerechtskonferenz mit weiteren Sessionen in Genf, Caracas und New York. Schließlich wurde im April 1982 eine Einigung erzielt. Die Unterzeichnung fand im Dezember 1982 in Montego Bay auf Jamaika statt. Die Hoheitszone wurde auf zwölf Seemeilen ausgedehnt, an die weitere 188 Seemeilen als Wirtschaftszone anschließen. Der Meeresboden der Hohen See fällt unter die Aufsicht der UNO.
In der **Sowjetunion** erfolgte nach dem Tod von Josef Stalin im März 1953 ein Machtkampf, aus dem Nikita Chruschtschow als Sieger hervorging. Dieser schränkte den Personenkult etwas ein und säuberte das Zentralkomitee der KPdSU von alten Stalinisten. Die alte imperialistische Politik der UdSSR wurde jedoch fortgesetzt, aber durch die Politik der „friedlichen Koexistenz" verdeckt. Diese „Friedensoffensive" brachte 1955 den Abzug der Sowjets aus dem finnischen Porkkala, aus Port Arthur in China und für Österreich den Staatsvertrag mit Abzug der Truppen der Siegermächte. Dies kostete der Sowjetunion keine Aufgabe von Machtpositionen, verbesserte aber ihr Ansehen in der Welt. Die Erhöhung des Druckes auf Westberlin und die Stationierung von Mittelstreckenraketen auf Kuba, vor der Haustüre der USA, führte zur Kubakrise (siehe Seeherrschaft) und an den Rand eines Weltkrieges. Der Sturz von Chruschtschow im Oktober 1964 führte zu einer neuen Führungskrise in der Sowjetunion.
Der neue starke Mann wurde Leonid Breschnew. Er verkündete die nach ihm genannte Doktrin, nach der die Souveränität der einzelnen kommunistischen Staaten dort endet, wo die Interessen der kommunistischen Weltgemeinschaft betroffen sind. Unter diesem Vorwand wurde im August 1968 der „Prager Frühling" von den Truppen des Warschauer Paktes niedergeworfen. Erst Jahre später, 1979, marschierten sowjetische Truppen in Afghanistan ein. Nach dem Tod von Breschnew folgte wieder für einige Zeit ein Machtvakuum.
Im Jahr 1985 wurde Michail Gorbatschow Generalsekretär der KPdSU und verkündete am XXVIII. Parteitag die Umgestaltung (Perestrojka) und Transparenz (Glasnost) der neuen Sowjetunion. Die Reaktion auf den Reaktorunfall in Tschernobyl und der Abzug der Truppen aus Afghanistan zeigten, daß in der UdSSR eine neue Politik gemacht wurde. Im Juli 1990 erfolgten die Wiederwahl von Gorbatschow, die Öffnung zur Marktwirtschaft und im folgenden Jahr die Loslösung von Georgien und der baltischen Staaten. Es wurde die Gemeinschaft der unab-

hängigen Staaten (GUS) gegründet und die Sowjetunion hörte mit 31. Dezember 1991 auf zu bestehen.

Im **Nahen Osten** wurde nach dem Abzug der Briten und Sowjets aus Persien von dessen Ministerpräsident Mossadegh die Erdölwirtschaft verstaatlicht. Nach dem Sturz von Mossadegh wurden die westlichen Ölfirmen entschädigt und die USA leisteten dafür Aufbauhilfe.

Eine weitere Krise war und ist (2001) noch immer der fast ständige Kriegszustand zwischen Israel und den Palästinensern, hervorgerufen durch die Errichtung von immer neuen Siedlungen der Israelis in der Westbank und im Gazastreifen, jenem Gebiet, das nach dem Teilungsplan der UNO den Palästinensern gehört.

Im Juli 1956 verstaatlichte Ägypten den Suezkanal und entschädigte die britischen und französischen Aktionäre. Im Irak wurde nach einem Militärputsch 1958 König Feisal II. ermordet und eine Diktatur errichtet.

Der vierte Nahostkrieg zwischen Israel und den Arabern führte zur Ölkrise, denn die OPEC (Organisation Erdöl exportierender Staaten) erhöhte die Rohölpreise auf das Dreifache. Die Wirtschaft der ganzen Welt mußte sich erst auf diese neue Situation einstellen.

Am Persischen Golf entstand 1968 eine Föderation der kleinen, bisher selbständigen Emirate, aus der dann 1972 Bahrein und Katar austraten. Heute sind die VAR (Vereinigten Arabischen Emirate) durch ihren Ölreichtum ein bedeutender Wirtschaftsfaktor.

Im Iran wurde 1979 Schah Reza Pahlewi aus dem Land vertrieben und von Ayatollah Khomeini ein islamischer Gottesstaat errichtet. Bald darauf begann der erste Golfkrieg (siehe Seeherrschaft) zwischen dem Irak und dem Iran, der acht Jahre dauerte. Ein Jahr nach dessen Ende überfiel der Irak unter Saddam Hussein das Emirat Kuwait und löste dadurch den zweiten Golfkrieg aus. Seither haben die USA ständig ihre 5. Flotte mit meist einem Flugzeugträger in der Arabischen See stationiert. Diese wird bei Bedarf von der 6. Flotte im Mittelmeer und/oder der 7. Flotte im westlichen Pazifik unterstützt.

Im Jahr 1956 wurde von den Staatschefs Josip Broz „Tito" (Jugoslawien), Jawaharal „Pandit" Nehru (Indien) und Gamal Abd el Nasser (Ägypten) bei einer Konferenz auf Brioni in Istrien eine dritte politische Kraft neben den beiden großen Machtblöcken ins Leben gerufen.

In **Ostasien** überwarf sich die KP-Führung Chinas mit der Sowjetunion wegen ideologischer Meinungsverschiedenheiten und Grenzstreitigkeiten. Die UdSSR zog daher ihre Militärberater und Techniker aus China ab. Schon 1950 wurde Tibet von China besetzt, der Dalai Lama mußte nach einem Aufstand der Tibeter gegen die Besatzungsmacht 1959 das Land verlassen und lebt seither im Exil.

Die Spannung zwischen Ost und West brachte Japan 1951 den Friedensvertrag mit den USA und dadurch die Eingliederung in das westliche Verteidigungsbündnis. Japan begann in der Folge mit dem Aufbau seiner „Selbstverteidigungsstreitkräfte". In Korea führte der Überfall von Nordkorea auf den Süden (siehe Seeherrschaft) zur endgültigen Teilung des Landes, die heute (2001) noch besteht. Südkorea wurde nach dem Krieg gegen den Norden von den USA beim Wiederaufbau unterstützt und entwickelte sich zu einer Wirtschaftsmacht.

Die Franzosen wurden von den Kommunisten aus Vietnam vertrieben. In der Konferenz von Genf 1954 wurde das Gebiet in die Staaten Vietnam, Laos und Kambodscha unter einheimischen Herrschern geteilt. Die Herrschaft der Franzosen in Indochina hatte ein Ende.

Indonesien hatte nach der Erlangung der Unabhängigkeit ständig mit Aufständen von Minderheiten zu kämpfen. Die Südmolukken waren sogar einige Zeit eine eigene Republik. Der Norden von Sumatra, das ehemalige Sultanat Atjeh/Acheh, strebte ebenfalls die Erlangung seiner Jahrhunderte alten Selbständigkeit an. Im westlichen Neuguinea, erst seit 1962 besetzt, gab es

immer Widerstand. Das 1976 besetzte westliche Timor, bis dahin zu Portugal gehörig, konnte im Jahr 2000 seine Unabhängigkeit erkämpfen.
Auf der Malayischen Halbinsel entstand 1963 der Bundesstaat Malaya, bestehend aus den ehemaligen kleinen Sultanaten auf der Halbinsel sowie Sarawak und Sabah auf Nordborneo. Singapur und Brunei in Nordborneo blieben nach dem Abzug der Briten selbständig.
In den **USA** erließ Präsident Dwight D. Eisenhower eine Doktrin, nach der alle von den Kommunisten angegriffenen Staaten Unterstützung erhalten sollten. Mit Chruschtschow wurde 1959 in Gesprächen in Camp David versucht, einen Modus Vivendi zwischen den Machtblökken zu finden. Nach der Kubakrise 1962 wurden weitere Versuche zu einer Entspannung unternommen (Heißer Draht = Fernschreiber zwischen Moskau und Washington). Präsident Jimmy Carter versuchte den Konflikt zwischen Israel und den Arabern zu entschärfen. Er erzielte 1978 das Abkommen von Camp David, das aber zu keinem entscheidenden Durchbruch führte. Präsident Ronald Reagan setzte gegenüber dem Ostblock wieder auf eine Politik der Stärke. Nach einem kommunistischen Umsturz auf der Insel Grenada in der Karibik griffen die USA mit den anderen Staaten der amerikanischen Einheit dort ein und stellten wieder demokratische Verhältnisse her.
Zur weiteren Entspannung im **Kalten Krieg** sollte 1968 der Vertrag über die Nichtverbreitung von Atomwaffen beitragen, der von den USA, der Sowjetunion, Großbritannien und einigen anderen Staaten unterzeichnet wurde. Ferner wurden Gespräche über eine Beschränkung strategischer Waffen aufgenommen (SALT I und SALT II). Im Kontrast zu diesen Bemühungen marschierten im August 1968 Truppen des Warschauer Paktes auf Grund der „Breschnew-Doktrin" in der Tschechoslowakei ein. In einer Konferenz in Helsinki wurden 1973 Gespräche über eine Sicherheit und Zusammenarbeit in Europa (KSZE) begonnen. Sie wurden in Genf fortgesetzt und nach der Einigung 1975 in Helsinki unterzeichnet. Nach einer weiteren Konferenz der KSZE in Wien wurde im November 1990 mit der „Charta von Paris" die Spaltung von Europa beendet.
In **Europa** begannen in den fünfziger Jahren die ersten Bestrebungen, einen Zusammenschluß oder zumindest eine Zusammenarbeit bei den nichtkommunistischen Staaten zu erzielen. Nach zwei verheerenden Weltkriegen fand der Europa-Gedanke immer mehr Anhänger. Vorkämpfer für ein vereintes Europa waren Otto von Habsburg, Robert Schumann, Konrad Adenauer, Paul Henry Spaak und viele andere. Wichtige Schritte in diese Richtung wurden mit der Gründung der Montanunion (1951), den Römischen Verträge (1957) über die Nutzung der Atomenergie und über eine Europäische Wirtschaftsgemeinschaft (EWG) gesetzt. Im Gegensatz dazu löste Island 1951 die Personalunion mit Dänemark und stellte sich durch ein Militärbündnis unter den Schutz der USA.
Großbritannien zog sich 1964 aus der Suezkanalzone und dem Sudan zurück. Es konnte sich wegen seiner schlechten Wirtschaftslage kostspielige Außenbesitzungen nicht mehr leisten. Frankreich mußte sich schon ab 1954 aus Indochina, Tunesien und Marokko zurückziehen. Nach einem blutigen und grausamen Krieg von 1959 bis 1962 wurde auch Algerien aufgegeben. Großbritannien, Dänemark und Irland traten 1972 der EWG bei, die von einer reinen Wirtschaftsgemeinschaft zur Europäischen Gemeinschaft (EG) umgewandelt wurde. Im Jahr 1981 trat Griechenland als zehntes Mitglied bei. Fünf Jahre später wurden auch Spanien und Portugal in die nunmehrige EU aufgenommen.
Im **Ostblock** war schon 1949 als Gegengewicht zu den Einigungsbestrebungen in Westeuropa der Rat für wirtschaftliche Zusammenarbeit (COMECON) gegründet worden. Im Westen war allerdings die Vormacht USA im Marshallplan der gebende Teil, im COMECON dagegen die

politische Vormacht UdSSR der nehmende Teil. Durch die langsame wirtschaftliche Entwicklung und den großen Bedarf an Kapital für Rüstung und Weltraumfahrt konnte sich der COMECON nie richtig entwickeln und wurde beim Zusammenbruch des Sowjetsystems 1990/91 aufgelöst.

In **Deutschland** wurde die Trennung in zwei Staaten durch die Errichtung der Berliner Mauer zementiert. Dieser „Eiserne Vorhang" zog sich schließlich durch ganz Mitteleuropa. Mit einer Todeszone auf der Seite der „Volksdemokratien", einem planierten Streifen mit Minenfeldern und Selbstschußanlagen, kontrolliert von Wachtürmen, sollte die Abwanderung nach dem Westen gestoppt werden. „Volkspolizisten" erhielten Orden für jeden erlegten Flüchtling. Nach offizieller Darstellung sollte mit diesen Sperren ein Überfall der NATO verhindert werden.

Im Jahr 1970 wurde im Zuge der Normalisierung der staatlichen Beziehungen von der Bundesrepublik Deutschland mit der Sowjetunion und mit Polen eine Gewaltverzichtserklärung unterzeichnet und die bestehenden Grenzen wurden anerkannt.

Die Wirtschaftsentwicklung der beiden deutschen Staaten ging so unterschiedlich voran, daß nach wenigen Jahrzehnten ein großes Wohlstandsgefälle bestand. Dies konnte den Bewohnern der DDR auf Dauer nicht vorenthalten werden. Der Druck zur Abwanderung wurde so groß, daß zu Beginn des Tauwetters zwischen Ost und West die Dämme brachen. Am 9. November 1989 wurde die innerdeutsche Grenze geöffnet und die Berliner Mauer fiel. Am 12. September 1990 wurde in Moskau der Deutschlandvertrag unterzeichnet. Am 3. Oktober erfolgte die Wiedervereinigung der beiden deutschen Staaten, indem die ehemalige DDR der Bundesrepublik beitrat. Das vereinigte Deutschland erkannte ebenfalls die Oder-Neiße-Grenze zu Polen an.

In **Osteuropa** konnte sich Polen nach einem Aufstand in Posen im Juni 1956 gegen das kommunistische Regime einen kleinen Spielraum gegenüber der Sowjetunion verschaffen, blieb aber im allgemeinen linientreu. In Ungarn dagegen hatte der Aufstand vom Oktober 1956 Erfolg, führte zur Bildung einer demokratischen Regierung unter Ministerpräsident Imre Nagy, wurde aber von den sowjetischen Panzern niedergeworfen. Obwohl die Regierung Nagy von der UNO anerkannt wurde, ließen die Sowjets Nagy hinrichten.

Polen begann sich mit der Anerkennung der unabhängigen Gewerkschaft „Solidarität" im Oktober 1980 einen weiteren Schritt von der Sowjetunion zu lösen. Im Jahr 1989 führten die polnischen Gespräche am „Runden Tisch" zu den ersten freien Wahlen und der Gründung der demokratischen Republik Polen. In der Tschechoslowakei bedingten Massendemonstrationen den Rücktritt der KP-Führung, die im Unterschied zum „Prager Frühling" nun ohne Rückhalt in Rußland war. Es wurde die CSFR unter dem Schriftsteller Václav Havel als Präsidenten und dem Führer des Prager Frühlings Alexander Dubcek als Regierungschef gegründet. Ungarn war das erste Land der kommunistischen Hemisphäre, das sich mit seinem „Gulaschkommunismus" vom Ostblock löste. Es ließ noch vor dem Fall der Berliner Mauer Flüchtlinge aus der DDR über die österreichische Grenze nach dem Westen ziehen und war das erste Land, das den Eisernen Vorhang niederlegte.

In **Westeuropa** mußte Großbritannien im Zuge seiner Sparmaßnahmen alle Besitzungen und Stützpunkte „östlich von Suez" aufgeben und hörte dadurch auf, eine Großmacht zu sein. Ein wirtschaftlicher Aufschwung stellte sich erst wieder ein, als das Erdöl aus den neuen Fördergebieten in der Nordsee zu fließen begann. Um die gleiche Zeit wurden der Streit und die Scharmützel mit Island um die Fischereirechte in der Norwegischen See beendet (Kabeljaukrieg). Island war eines der ersten Länder, das noch vor dem Ende der 3. UN-Seerechtskonferenz seine Fischereigewässer auf 200 Seemeilen rund um die Insel ausdehnte.

In Spanien wurde Juan Carlos von Staatschef General Franco zum Nachfolger bestimmt und auf seine Aufgabe als zukünftiger König vorbereitet. Nach dem Tod Francos im November 1975 bestieg er den spanischen Thron und das Land wurde ohne Blutvergießen eine demokratische, parlamentarische Monarchie.
In Portugal wurde die dort schon lange bestehende Diktatur 1974 durch einen Militärputsch unter General Spinola beseitigt und eine Republik eingerichtet. Die Überseebesitzungen wurden, mit Ausnahme von Osttimor, in die Unabhängigkeit entlassen. In Afrika war damit die Kolonialzeit zu Ende.
In Zypern wurde im Juli 1974 Präsident Bischof Makarios von der griechisch-zypriotischen Garde gestürzt, die dadurch den Weg für einen Anschluß Zyperns an Griechenland bereiten wollte. Die Türkei besetzte daraufhin den Norden der Insel und führte durch Umsiedlung eine Trennung der Volksgruppen durch. Seither ist die Insel in einen griechischen Süden und einen türkischen Norden geteilt.
In **Afrika** war in der hier geschilderten Zeitspanne die Entkolonialisierung voll im Gange. Die Unabhängigkeit erhielten 1957 Ghana, 1960 Kamerun, Kongo-Brazzaville, Gabun, Tschad und die Zentralafrikanische Republik, 1961 Sierra Leone und Tanganjika, das sich mit Sansibar zu Tansania zusammenschloß. In der Konferenz von Addis Abeba, Hauptstadt von Abessinien/Äthiopien, wurde 1963 die Organisation für die Einheit Afrikas (OUA) gegründet. König Mohammed V. erklärte für Marokko schon 1956 die Unabhängigkeit von Frankreich und Spanien. Im selben Jahr wurde auch Tunesien unabhängig und nach vier Jahren Krieg erreichte auch Algerien das gleiche Ziel. Libyen stand die ersten Jahre nach Abzug der Italiener und deren Verwaltung unter der Treuhandschaft der UNO und erhielt 1951 seine Unabhängigkeit. Nach Unruhen in Leopoldville/Kinshasa 1959 mußten sich die Belgier aus dem Kongo zurückziehen. Die reiche Bergbauprovinz Katanga erklärte sich daraufhin für unabhängig von Kinshasa. Im Kongo kam es zum Krieg, der erst durch das Eingreifen von Truppen der UNO beendet werden konnte. Katanga kehrte wieder in den Staatsverband zurück.
In **Amerika** kam es in Kuba nach dem Sieg von Fidel Castro im Bürgerkrieg zu einem sozialistischen Regime mit der Unterstützung durch die UdSSR. Im Oktober 1962 folgte durch die Aufstellung sowjetischer Mittelstreckenraketen jene Krise, die erst nach dem Abzug der Raketen bereinigt wurde. Von 1975 bis 1989 griffen Kampfverbände aus Kuba als Stellvertreter für die Sowjetunion massiv auf der Seite der Kommunisten in den Bürgerkrieg in Angola ein. Die Rote Flotte sicherte dabei die Truppentransporte. In Nikaragua begann 1983 ein Bürgerkrieg zwischen den linken Sandinisten und den von den USA unterstützten „Contras", der erst 1988 endete. In Kolumbien herrschte ein ständiger Kriegszustand zwischen der Regierung und der Drogenmafia („Kartell von Medellín"). In Chile bildete Salvador Allende 1970 eine Volksfrontregierung, die im September 1973 durch einen Militärputsch gestürzt wurde, wobei Allende ums Leben kam. Auch in Argentinien kam 1976 eine Militärregierung an die Macht, die 1982 die Falkland-Inseln (Islas Malvinas) besetzen ließ. Dadurch kam es mit Großbritannien zum Krieg und zur Rückeroberung der Inseln durch die Briten (siehe Seeherrschaft). Der britische Teil von Guyana, zwischen Brasilien und Venezuela, erhielt 1966 die Unabhängigkeit und 1975 gaben auch die Niederlande ihrem Anteil die Selbständigkeit. Nur Frankreich behielt seinen Anteil von Guyana.
In **Afrika** eignete sich Marokko 1976 und 1979 die spanische Sahara gegen den Widerstand der Einheimischen an. Seither gab es sporadisch Kämpfe der Unabhängigkeitsbewegung Polisario, unterstützt von Algerien, gegen Marokko. In Libyen brachte 1969 ein Militärputsch den Revolutionsführer Ghaddafi an die Macht. Dieser erklärte die ganze Syrte entgegen dem inter-

nationalen Seerecht zum libyschen Hoheitsgebiet. Damit dies kein Gewohnheitsrecht wird, hielt die im Mittelmeer stationierte 6. US-Flotte periodische Seemanöver in diesem Seegebiet ab. Dabei kam es mehrfach zu Zusammenstößen mit libyschen Flugzeugen und Schnellbooten. In Ägypten wies Präsident Anwar As Sadat 1972 die sowjetischen Militärberater aus dem Land. Da die in ägyptischen Häfen stationierten sowjetischen Kriegsschiffe Ägypten im Oktober 1973 im Kampf gegen Israel nicht unterstützten, wurde der Freundschaftsvertrag mit der UdSSR gekündigt und den Schiffen der Roten Flotte die Hafenrechte entzogen. Im Jahr 1975 wurde der seit 1967 blockierte Suezkanal wieder für den Verkehr frei gegeben.

Im Jahr 1989 begann in Südafrika Präsident de Klerk mit dem Abbau der Apartheid. Im folgenden Jahr wurde der inhaftierte Führer des Afrikanischen Nationalkongresses (ANC) Nelson Mandela aus der Haft entlassen und 1991 das Ende der Apartheid verkündet. Im März 1990 wurde auch das ehemalige deutsche Südwestafrika als Namibia in die Unabhängigkeit entlassen. In Nigeria versuchte die im Südosten gelegene Provinz Biafra die Unabhängigkeit vom übrigen Nigeria zu erlangen. Nach fast vier Jahren blutigen Bürgerkriegs mußte sie diese Bestrebungen aufgeben.

In **Asien** scheiterte in Afghanistan die Machtübernahme durch eine kommunistische Regierung. Darauf rückte die Rote Armee in das Land ein. Die Sowjets mußten einen jahrelangen, verlustreichen Guerillakrieg führen und sich schließlich 1988 wieder zurückziehen. Im zweigeteilten Pakistan begann 1971 ein Aufstand in Bengalen, dem östlichen Reichsteil. In diesen Bürgerkrieg griff Indien ein. Nach dem dritten Krieg zwischen Indien und Pakistan mußte letzteres auf seinen östlichen Reichsteil verzichten, der als Bangladesch einen eigenen Staat bildete. Auf Ceylon, dem Staat Sri Lanka, begann ein Bürgerkrieg zwischen den im Westen und Süden wohnenden Singhalesen und den im Norden und Osten lebenden Tamilen. Letztere wollen einen eigenen Staat, um den sie mit vollem Einsatz kämpfen. Dieser Kampf ist mit kurzen Unterbrechungen noch 2001 im Gange.

In China begann 1966 die „Große Proletarische Kulturrevolution" mit der Schreckensherrschaft der „Roten Garden". Nach einem Jahr wurden diese wieder aufgelöst. In Peking kam es 1989 zu Studentendemonstrationen für mehr Demokratie auf dem Platz des „Himmlischen Friedens". Diese wurden am 4. Juni 1989 von den Panzern der Armee blutig niedergewalzt. Dies zeigte am besten den Unterschied zwischen Sprache und Realität in der kommunistischen Diktatur. In Kambodscha herrschte von 1973 bis 1976 die Schreckensherrschaft der „Roten Khmer", ehemalige Studenten der Pariser Sorbonne und Angehörige der 1968er Bewegung. Sie ermordeten rund zehn Prozent (stark unterschiedliche Angaben) der eigenen Bevölkerung von sieben Millionen Einwohnern im Interesse der „Umerziehung". Schließlich konnten Truppen aus Vietnam die Roten Khmer aus Kambodscha vertreiben. In schweren Kämpfen besiegten die Kommunisten aus Nordvietnam den Südteil des Landes und zwangen die Truppen der USA zum Abzug aus Südvietnam. Seit 1975 ist Vietnam wieder ein einheitlicher Staat.

Die Staaten Thailand, Indonesien, Singapur und die Philippinen gründeten 1967 die Wirtschaftsgemeinschaft ASEAN. Gegen das Vordringen der Kommunisten bildeten 1971 Großbritannien, Australien, Neuseeland, Malaysia und Singapur das Bündnis ANZUK (**A**ustralia, **N**ew **Z**ealand, **U**nited **K**ingdom) als Nachfolge von ANZUS (Australia, New Zealand, United States) aus dem Zweiten Weltkrieg.

Die Hochseeschiffahrt

Nach dem Zweiten Weltkrieg wurde die Handelsschiffahrt zunächst wieder in den alten Bahnen wie vor dem Krieg aufgenommen. Die Linienfahrt von Passagierschiffen und Frachtern nahm die alten Routen wieder auf. Zunächst gab es einen großen Überschuß an „Liberty"-Frachtern, von denen wurden während des Krieges unter verschiedenen Typenbezeichnungen in den USA, in Kanada und in Großbritannien fast 3400 Schiffe mit 24 Millionen BRT gebaut worden waren, davon allein 2600 Schiffe der Standardausführung in den USA. Aber auch Hunderte überzählige „T 2"-Tanker waren aufgelegt.

Schon bald aber änderten sich die Schiffahrtsrouten über die Weltmeere. Neue Rohstoffquellen und Industriezentren führten zur Verlagerung von Verkehrswegen. Das Passagierflugzeug beeinflußte den Einsatz der Passagierschiffe. Den größten Anstieg und die größte Veränderung gab es beim **Transport von Erdöl** und dessen Produkten. Erdöl wurde nach dem Krieg rasch zum primären Energieträger vor Kohle, Wasserkraft und Kernenergie. Es kamen in kurzer Folge mehrere große Lieferanten von Erdöl zu den bisherigen dazu. Es waren dies Saudi-Arabien, Kuwait, Bahrain, Katar, die arabischen Emirate und Oman. Weitere große Versender wurden etwas später noch Libyen, Algerien, Alaska, Kanada und die Ölfelder von Großbritannien und Norwegen in der Nordsee. Neben dem Rohöl wurden ab den siebziger Jahren auch Heizöl, Benzin, Dieselöl, Schwefelsäure, Kunststoffe, Kunstfasern, Benzol, Produkte der pharmazeutischen Industrie und schließlich verflüssigtes Erdgas verschifft.

Die Größe der Tanker für Erdöl wuchs nun stark an. Im Jahr 1957 wurde die Grenze von 100.000 dwt überschritten. Nach dem dritten Nahostkrieg (Sechstagekrieg 1967) war der Suezkanal für rund acht Jahre geschlossen. Das Erdöl mußte daher aus dem Persischen Golf rund um das Kap der Guten Hoffnung nach Europa und auch in die USA transportiert werden. Es wurden daher Riesentanker mit bis zu 500.000 dwt gebaut. Außerdem wurde Erdöl über Fernleitungen vom Irak zum Mittelmeer gepumpt und dort mit kleineren Tankern nach Triest, Genua und Marseille verschifft. Von diesen Häfen gab es schon Ölleitungen nach Mitteleuropa.

Der Ölschock (Preiserhöhung für Rohöl durch die OPEC auf das Dreifache) als Folge des vierten Nahostkrieges und die Wiedereröffnung des Suezkanals 1975 durch Ägypten führte zu einer gewaltigen Überkapazität an Riesentankern. Die meisten unbeschäftigten Schiffe wurden zunächst aufgelegt oder als Standschiffe bei den Verladestellen (Lagerreserve) aufgebraucht. Statt der Riesentanker wurden ab 1975 Spezialtanker für Erdölprodukte, Flüssiggas, Chemikalien und sogar Wein (für Kenner trinkbar?) gebaut.

Das unbegrenzte Größenwachstum der Schiffe hatte aber noch ein anderes Hindernis. Und zwar war dies der Mangel an Häfen, vor allem in Europa, die noch von Schiffen mit einem Tiefgang von 20 und mehr Metern angelaufen werden konnten. In Europa wurden für die Riesentanker eigene Löschhäfen in Rotterdam, an der Themsemündung, in Milford Haven in Wales und in der Bantry Bay in Irland angelegt. Für mittelgroße Tanker wurde durch die südliche Nordsee ein Schiffahrtsweg ausgebaggert, damit auch größere Schiffe die Tiefwasserhäfen Wilhelmshaven, Emden, Bremerhaven und Hamburg anlaufen können.

Durch die schnelle Wirtschaftsentwicklung, auch in den Ländern der Dritten Welt, stieg der Bedarf an Rohöl kontinuierlich an. Auf der anderen Seite waren die Rohölvorräte in den schon länger ausgebeuteten Fördergebieten im Abnehmen. In den USA blieb die Förderung schon hinter dem Verbrauch zurück. Nur um den Persischen Golf sind gegenwärtig bekannte Reserven, die für mehrere Jahrzehnte vorhalten werden. Dies erklärt auch die politische und strategische Bedeutung dieser Region.

Man begann daher in der siebziger Jahren auch im Kontinentalsockel der Weltmeere nach Ölvorräten zu suchen. Bereits ab der Zwischenkriegszeit gab es einfache Ölbohrplattformen in den flachen Gewässern des Kaspischen Meeres, im Golf von Mexiko, in Venezuela und vor Kalifornien. Nun baute man massive Plattformen mit höhenverstellbaren Beinen für Wassertiefen zunächst bis zu 200 Metern. Sie werden am Boden aufgesetzt und mit Ankern in alle Richtungen stabilisiert. Diese Bohr- und Versorgungsinseln wurden und werden in Werften an der nächsten Küste gebaut und von mehreren Schleppern an ihren Bestimmungsort gebracht. Sie verfügen über Unterkünfte für die Beschäftigten, den Bohrturm, einen Kran, das Bohrgerät und einen Landeplatz für Hubschrauber. Dazu gibt es eigene Versorgungsinseln. Zur Versorgung der Bohrfelder wurde eine Reihe von Spezialschiffen entwickelt. Sie besorgen den Röhrentransport, die Materialzufuhr und den Personentransport. Dazu gibt es Ankerziehschiffe, Kranschiffe und Unterseeboote zur Kontrolle der Unterwasserteile der künstlichen Inseln.

Ein wichtiger neuer Schiffstyp entstand in den sechziger Jahren. Schon mehrfach wurden in große Kisten verpackte Stückgüter zu Schiff transportiert. Zum rationellen Versenden der in rasch steigendem Maße anfallenden Stückgüter fehlte aber zunächst eine genormte Verpakkung, um rationell stauen zu können. In den USA wurde begonnen, die Oberteile (Güterbehälter) von Lastwagen auf der Eisenbahn mit Niederbordwagen oder auch zu Schiff zu transportieren, wenn am Zielort ein passender Untersatz zu Verfügung stand. Es war der US-amerikanische Spediteur Malcolm McLean, der die Pan Atlantic Steamship Company kaufte und mit deren Schiffen als erster seine Transportbehälter beförderte. Er verschickte seine Container/Transportbehälter nun nicht mehr auf der Straße quer durch ganz Amerika, wo es fast in jedem Bundesstaat andere Transportvorschriften gab, sondern zur See von New York bis Houston, ohne auf Probleme mit den Behörden zu stoßen.
Schon 1957 begann McLean mit einem Liniendienst für Container entlang der Ostküste der USA. Ab 1960 nannte er seine Firma Sea-Land Service und baute immer mehr Stückgutfrachter für den Transport seiner Behälter um. Er ließ dann statt der LKW-Oberteile genormte und stapelbare spezielle Container für seine Transportfirma bauen.
Bald nahmen auch andere Reeder der USA den Containerdienst auf. Ab 1964 gab es die erste Linie von der US-amerikanischen Ostküste durch den Panamakanal bis Alaska. Im Jahr 1966 fuhr das erste Schiff mit Containern über den Atlantik nach Europa. Auf diesen Linien war der Containerverkehr schon nach kurzer Zeit rentabel und wurde auf alle großen und bedeutenden Häfen in Europa ausgeweitet. Die nächste für den Containerverkehr gut geeignete Strecke war jene von den USA nach Ostasien (Japan und Taiwan) und bald auch von Europa nach Ostasien. Bei diesen Routen gab es den größten Anfall an für Container geeigneten Stückgütern (technische Geräte, elektrische und elektronische Erzeugnisse, Industriewaren im allgemeinen in beiden Fahrtrichtungen. Dadurch fanden die Containerschiffe immer Ladung.
Im Jahr 1964 wurde von der internationalen Organisation zur Standardisierung (ISO) die Größe der Container vereinheitlicht und auf eine Länge von 20 oder 40 Fuß genormt, das entspricht (6 m 35 mm oder 12 m 190 mm). Die Breite und Höhe wurde für jeweils acht Fuß (2 m 435 mm) bestimmt. Dadurch wurde der weltweite Austausch der Container ermöglicht und ihr Einsatz in allen Fahrtgebieten zu Schiff, Eisenbahn und LKW gesichert.
Durch den Containerverkehr wurden die Liegezeiten in den Häfen wesentlich verkürzt. Zunächst führten die Schiffe eigene Portalkräne an Deck, mit denen geladen und gelöscht werden konnte. Schon bald wurde in den großen Häfen eine eigene Organisation mit Liegekais, Lagerplätzen, fahrbaren Portalkränen und Ladegeleisen für den Bahn- und Straßentransport aufge-

baut. Dazu gehörte eine präzise logistische Organisation, nach der jeder Container genau verfolgt (genaue Beschriftung) und nach Bestimmungsort gelagert werden konnte. Dies war nur mit der gleichzeitig entstehenden elektronischen Datenverarbeitung (Computer) möglich. Das mühsame Laden und Löschen der Frachter durch die Scheuerleute wurde dadurch hinfällig. Die Gewerkschaften der Hafenarbeiter leisteten daher der neuen Containertechnik energischen Widerstand, konnten die Entwicklung aber nicht aufhalten. Containerhäfen haben durch ihre Organisation einen sehr großen Platzbedarf (Statistik im Anhang). In Japan, Hongkong und anderen Häfen war dieser meist nicht vorhanden. Es wurden daher ganze Berge abgetragen und künstliche Inseln aufgeschüttet, um die Umschlagplätze unterzubringen.

Um die gleiche Zeit, in welcher der Containerverkehr aufgebaut wurde, wurden auch die ersten Bargenschiffe gebaut. Diese LASH-Schiffe (**L**ighter **A**board **Sh**ip) oder Barge-Carrier waren den Landungsschiffen des Zweiten Weltkrieges nachgebildet. Sie hatten einen großen, flutbaren Dockraum, in dem Leichter der Binnenschiffahrt eingeschwommen werden konnten. Die Leichter konnten daher vom Binnenhafen des einen Kontinents mit den LASH-Schiffen zum nächsten Kontinent verschifft werden und dort wieder über Binnenwasserwege zum Zielhafen fahren. Dieses Konzept konnte sich aber gegenüber dem Containerverkehr nicht durchsetzen. Denn die Leichter sind ganz auf Wasserwege angewiesen, der Container kann aber zu Wasser, per Eisenbahn und per Straße vom Sender zum Empfänger befördert werden. Das letzte größere LASH-Schiff, die >Willem< (37.500), wurde 1987 in Dienst gestellt.

Der Transport von Gütern, die gekühlt werden müssen (Fleisch, Obst, Fische etc.), hatte seit dem letzten Weltkrieg ebenfalls einen gewaltigen Anstieg genommen. Es wurden daher zahlreiche und immer größere Kühlschiffe gebaut. Auf vielen Containerschiffen wurden aber bald Anschlüsse für Kühlcontainer geschaffen. Es konnten deshalb Kühlgüter auch in kleineren Mengen zusammen mit anderen Gütern verschifft werden, weswegen nur mehr große Kühlschiffe für gekühlte Massengüter (Fleisch, Bananen) gebaut werden. Für Fische und Krustentiere gibt es dagegen eine große Anzahl von kleineren, speziell dafür eingerichteten Kühlschiffen.

Neben den Containerschiffen, Chemikalientransportern, Kühlschiffen und LASH-Schiffen entstanden nach dem Zweiten Weltkrieg eine Reihe von weiteren Spezialfrachtern. Die wichtigsten davon sind Massengutschiffe, Autotransporter, RoRo-Schiffe, Getreidetransporter, Erztransporter, Schwergutfrachter, Fischfabrikschiffe, Lebendviehtransporter, halbtauchende Schwerstgutfrachter, Kranschiffe, Rohrleger, Bohrschiffe und viele andere. Daneben gab es Kombischiffe für Leichter im Dock und Container am Deck, Mehrzweckschiffe für den Transport von Containern, Schwergut, Autos und Getreide, alles zugleich. Ferner Massengutschiffe mit Containern als Deckladung sowie umgebaute Frachter mit Stückgut im Laderaum und Containern an Deck. Dazu kamen schon die vielen Spezialschiffe für die Versorgung von Bohrinseln, Hafendienstschiffe, Schiffe für die Meeresforschung, Schiffe zum Schutz vor Ölverschmutzung, Bergefahrzeuge und Hunderte andere (Auflistung aus Lloyd's Register im Anhang).

Der rasant ansteigende Verkehr auch in den Häfen der Dritten Welt brachte eine Überforderung von deren Hafenorganisation. Es gab bald Wartezeiten von sechs Monaten und darüber. Aber auch der Hafenumschlag in London und Australien wurde durch Streiks immer wieder behindert. In dieser Hinsicht verschlimmerte der neue Containerverkehr die Situation noch. Der Seeverkehr verlagerte sich daher zu jenen Häfen, die rechtzeitig modernisierten und Containerterminals aufbauten wie New York, Rotterdam oder Hamburg. Durch den Rückgang der

Linienschiffahrt bei den Passagierschiffen wurden immer mehr Piers in Manhattan/New York und in anderen großen Häfen stillgelegt und anderen Verwendungen zugeführt.

Der Seeweg nördlich um den eurasischen Doppelkontinent war und ist vor allem für die Sowjetunion/Rußland von größter Bedeutung. Schon das alte Rußland setzte ab der Wende vom 19. zum 20. Jahrhundert spezielle Eisbrecher auf diesem Seeweg ein. Nach dem Ende des Zweiten Weltkrieges wurde die Flotte der Eisbrecher von der UdSSR systematisch weiter ausgebaut. Nach der Indienststellung der Eisbrecher mit Atomantrieb >Lenin< (13.400 BRT), >Arktika< (20.700) und >Sibir< (20.700) ab 1960 war es sogar möglich, Geleitzüge auch in manchen Wintermonaten über den sibirischen Seeweg zu führen. Für die Rote Flotte war die Benützung dieses Seeweges von besonderer strategischer Bedeutung.

Eine Verunsicherung für die Handelsschiffahrt der freien Welt gab es vom Ende des Zweiten Weltkrieges bis 1990. Der Ostblock betrachtete seine Handelsflotte als ein politisches Instrument. Immer häufiger wurden durch die Staatsflotten die Preise der freien Schiffahrt massiv unterboten, um in das Transportgeschäft der westlichen Welt einzudringen. Durch diese Dumpingpreise wurden immer wieder Reeder im Westen finanziell ruiniert. Bei den Flotten der Ostblockstaaten spielte es zunächst keine Rolle, ob sie mit Verlust oder Gewinn fuhren. Auf lange Sicht trug diese Politik aber zum Staatsbankrott der Ostblockländer bei. Zunächst aber brachte diese Handelspolitik der Sowjetunion Einfluß in den Ländern der Dritten Welt und dadurch auch wirtschaftliche und politische Einflußnahme.

In den hier geschilderten vier Jahrzehnten hat der Güterverkehr zur See so zugenommen, daß bald alle wichtigen Häfen der Welt durch Liniendienste miteinander verbunden waren. Auch Teile von Afrika und Ozeanien mit geringerem Güteraufkommen wurden durch kleine Containerschiffe oder Kombischiffe in den Linienverkehr eingebunden. Die Trampschiffahrt hatte es daher immer schwerer, Ladung zu finden, und ging daher stark zurück.

Der Großteil der wichtigsten Güter wurde auf folgenden Routen befördert: Industriegüter von Europa, Nordamerika, Japan, Südkorea und später auch Brasilien und Australien in die ganze Welt; Getreide aus den USA und Kanada in die Sowjetunion; Kaffee aus Brasilien, Mittelamerika und Indonesien in die Industrieländer; Tee aus Indien, Ceylon und China nach Europa und Nordamerika; Bananen aus Mittelamerika nach Europa und Nordamerika; Gefrierfleisch aus Argentinien, Uruguay und Australien in die Industrieländer; Datteln und Feigen aus dem Nahen Osten, Erdnüsse aus Afrika, Fisch aus Chile, Peru und Südafrika in die Industriestaaten. An Rohstoffen kamen Eisenerz aus Brasilien, Südafrika und Australien, Kupfer aus Chile, Brasilien und dem Kongo, Zinn aus Malaysia, Kautschuk aus Malaysia und Indonesien und das wichtige Erdöl aus dem Persischen Golf, Nordafrika, Alaska, Indonesien und der Karibik. Die anderen wichtigen Förderländer der Welt wie die USA, Kanada, Sowjetunion, Großbritannien und Norwegen verbrauchten ihr Erdöl selbst. Statt ein Exportland zu sein, waren die USA nun selbst auf die Einfuhr von Erdöl aus Venezuela und dem Persischen Golf angewiesen. Auch die neuen Ölquellen in Alaska konnten den steigenden Bedarf nicht abdecken.

Noch deutlicher als der Anstieg der Schiffstonnage der Welthandelsflotte (Tabelle im Anhang) zeigt der Umschlag in den Häfen den Anstieg des Weltgüterverkehrs. Der Umschlag der allgemeinen Güter ist in den Häfen von Europa innerhalb von 30 Jahren seit 1950 auf das Sechsfache gestiegen. Der Umschlag von Erdöl ist sogar auf das Zehnfache angewachsen. Der ganze Erdöltransport inklusive der Rohrleitungen ist von sieben Millionen Tonnen auf 171 Millionen oder das 24fache gestiegen. Auch der Güterumschlag in den Häfen des Ostblocks stieg ab den siebziger Jahren durch die Dumpingpolitik stark an.

Der Personenverkehr

Nach dem Zweiten Weltkrieg wurde der Linienverkehr in der Personenschiffahrt allmählich nach dem Muster der Zwischenkriegszeit wieder aufgenommen. Mitte der fünfziger Jahre waren im Nordatlantik wieder 16 Schnelldampfer mit jeweils über 20.000 BRT in der Linienfahrt unterwegs. Von Europa nach Südamerika fuhren wieder fünf Schiffe mit über 20.000 BRT nach Fahrplan. Nach Ostasien waren elf Schiffe dieser Größe unterwegs. Zehn Jahre später waren die Vergleichszahlen 23 Schnelldampfer mit über 20.000 BRT im Nordatlantik, vier nach Südamerika und elf nach Ostasien. Wieder zehn Jahre später fuhr kein Schnelldampfer mehr in der Linie im Nordatlantik, nur zwei italienische Schiffe fuhren noch nach Ostasien und drei waren noch im Liniendienst nach Südafrika. Alle übrigen Schnelldampfer hatten schon dem Verkehrsflugzeug weichen müssen. Die neueren Passagierschiffe wurden für Kreuzfahrten umgerüstet, die übrigen als Ausstellungsschiffe, Hotelschiffe oder für andere Zwecke aufgebraucht, die älteren Passagierdampfer wurden verschrottet.

Bald begann aber wieder der Bau von großen Luxus-Passagierschiffen, die extra für Kreuzfahrten ausgerüstet wurden. Durch den Wirtschaftsaufschwung und den zunehmenden Wohlstand in der westlichen Welt stieg die Nachfrage nach Urlaubsfahrten durch das Mittelmeer, die Karibik, den Stillen Ozean und rund um die Welt. Bis 1990 überschritt die Größe der neuen Kreuzfahrtschiffe bereits die Grenze von 70.000 BRT. Sie waren damit in Größe und Ausstattung mit den größten Passagierschiffen der Zwischenkriegszeit vergleichbar. Zur Beschäftigung der Urlauber auf See verfügten sie über eine Reihe von Freizeiteinrichtungen wie Schwimmbad an Deck, Kino, Fernsehen in allen Kabinen, Tontaubenschießen, Shuffleboard und oft eigene Animatoren wie in Ferienklubs.

Eine weitere Sparte der Passagierschiffe waren und sind die Fährschiffe, die mit zahlreichen Fahrten nach Fahrplan gegenüberliegende Küsten von begrenzten Meeresgebieten (Ostsee, Nordsee, Mittelmeer, Karibik) sowie große Inseln in passender Entfernung vom Festland (Mittelmeer, Karibik, Insulinde etc.) verbinden. Es gibt reine Personenfähren, manchmal auch mit Kabinen für Fahrten in der Nacht. Viele Fähren verfügen über ein eigenes Parkdeck zum Transport von PKWs der Passagiere. Außerdem gibt es kombinierte Personen- und Frachtfähren. Sie haben ein größeres Parkdeck für Lastkraftwagen und schwenkbare Rampen, über welche die LKW an Bord fahren können (Roll on, Roll off/RoRo).

Klassische Fährlinien sind Holyhead–Dublin, Glasgow–Belfast, Sassnitz (Deutschland)–Trelleborg (Schweden), Warnemünde (Deutschland)–Gjedser (Dänemark), Oslo–Kopenhagen–Kiel, Stockholm–Helsinki, Dover–Calais, Ostende–Sheerness, Marseille–Korsika, Ancona–Patras, Reggio–Messina, Piräus–Kreta und Neuschottland–Neufundland. Die dänischen Fähren über Belte und Öresund werden schrittweise durch Brücken ersetzt. Gegen Ende dieses Zeitabschnittes fuhren Fährschiffe schon von Helsinki bis Kiel, der Länge nach durch die Ostsee. Diese Schiffe erreichten schon Größen von bis zu 50.000 BRT.

Ferner gab es nun Urlauberschiffe mit gläsernem Boden zur Besichtigung der Korallenbänke und der Unterwasserwelt im Roten Meer, der Karibik, am großen Barriereriff vor Australien und um Okinawa. Diese Schiffe können rund hundert Personen für eine Exkursion an Bord nehmen. Auch erste Unterseeboote mit Glaswänden wurden für diese Fahrten eingesetzt.

Für Kreuzfahrten wurden bereits wieder Segelschiffe mit Hilfsmotor gebaut, die sich immer größerer Beliebtheit bei Leuten erfreuen, die den Massenbetrieb der großen Kreuzfahrtschiffe aus dem Wege gehen wollen und nostalgische Romantik lieben.

Für die küstennahen Gebiete gibt es wie schon seit langem Ausflugsschiffe für Tagesfahrten zu vorgelagerten Inseln (Helgoland, Kanalinseln, Nantucket-Insel/USA, Martha's Vineyard/USA, Fort Sumter/USA) oder entlang interessanter Küstenstriche.

Die Binnenschiffahrt

Neben der Eisenbahn machte nun auch der Autoverkehr der Binnenschiffahrt große Konkurrenz. Nur mehr der Güterverkehr auf den großen Wasserstraßen, geeignet für den Europakahn, konnte sich behaupten. Auf diesen Wasserstraßen wurden und werden Massengüter wie Kohle, Erze, Schrott, Baumaterial, Autos, Erdöl oder Getreide befördert. Die großen Wasserstraßen für diese Güter werden sogar noch weiter ausgebaut, manche alten Kanäle für den Europakahn vergrößert. In dieser Zeit erfolgte auch der Übergang vom Schlepper mit angehängten Schuten zum handlicheren Schubverband oder zum Selbstfahrer. Die Schubschiffe können in ruhigem Gewässer bis zu acht Kähne befördern. Bei stärkerer Strömung werden diese Verbände auf kleinere Einheiten geteilt. Diese Schubverbände und Selbstfahrer sind jetzt auf Flüssen und Kanälen in der ganzen Welt im Einsatz.

Die Selbstfahrer sind Kähne mit einem Dieselmotor im Heck, einer Standardgröße von 1350 Tonnen (Europakahn) und oft einem Bug mit Schubnase, wodurch sie einen zweiten Kahn schieben können. Auf den großen Flüssen gibt es solche Selbstfahrer schon mit Größen bis zu 3000 Tonnen. In den achtziger Jahren sind die Container auch auf den Binnengewässern ein wichtiges Transportgut geworden.

Der Personenverkehr erlebte in der Binnenschiffahrt eine Wiedergeburt. Alte noch erhaltene Raddampfer wurden für Nostalgiefahrten hergerichtet und eine Reihe von modernen Ausflugsschiffen für die Urlaubszeit gebaut. Urlaubsreisen mit modernen, komfortablen Kabinenschiffen in Europa auf Rhein, Elbe, Donau und Wolga, am Mississippi und Amazonas in Amerika und am Yang-tse-kiang wurden von Reiseveranstaltern immer öfters in ihre Reiseangebote aufgenommen. In Europa gibt es kaum mehr einen See, und ist er noch so klein, auf dem nicht mindestens ein Ausflugsschiff im Sommer unterwegs ist.

Auf den vielen kleinen Kanälen und Flüssen ohne Güterverkehr wurden Hausboote, die ohne Schiffahrtspatent gesteuert werden dürfen, für gemütliche Urlaubsfahrten angeboten. Besonders beliebt sind solche Fahrten am Shannon in Irland, auf den Kanälen in den Niederlanden und in Frankreich und auf der Mecklenburgischen Seenplatte.

In den Stauräumen der Kraftwerke an den großen Flüssen hat sich ein lebhafter Segel- und Motorbootbetrieb entwickelt. Der Wassersport auf Flüssen und Seen wurde immer mehr in die Freizeitaktivitäten der Bevölkerung aufgenommen.

Die Fischerei

Der Weltfischfang lag in der hier geschilderten Zeit bei rund 70 Millionen Tonnen im Jahr. Den größten Fang von der Hohen See brachten die Staaten Japan, Volksrepublik China, Peru, Sowjetunion, Norwegen, Chile und die USA ein.

Die Fische in den traditionellen und küstennahen Fanggebieten wurden schon allmählich seltener. Die im Eis eingelegten Frischfische mußten aber spätestens nach zwei Wochen angelandet werden. Der Fang mit dem Heringslogger/Seitenfänger warf daher immer weniger Ertrag ab. Es wurden daher größere Trawler als Heckfänger gebaut, die auch mit einer Einrichtung zum Verarbeiten und Tieffrieren des Fisches ausgestattet wurden. Diese Hochseetrawler, halbe

Fabrikschiffe, konnten nun beliebig lange auf See bleiben und waren meist zwei bis drei Monate im Einsatz, bis ihr Laderaum voll war und sie anlanden mußten.
Die UdSSR setzte darüber hinaus große Fischfabrikschiffe ein, bei denen die Trawler ihren Fang zur Verarbeitung ablieferten. Diese Fischereiflotten waren wie die Walfangflotten der Zwischenkriegszeit unbeschränkt in allen Weltmeeren einzusetzen. Ungefähr zehn Prozent der Anlandungen aus der Hochsee- und Küstenfischerei entfielen auf Krabben, Krebse und Muscheln aller Art.
Wie zur Zeit der Römer wurde wieder mit der Hochsee-Fischzucht begonnen. Austernbänke gab es schon seit rund hundert Jahren. Nun wurde in Fjorden und Schärengewässern von Norwegen, Schweden, Schottland und Kanada vor allem mit der Zucht von Lachsen begonnen. Ganze Lachsfarmen müssen den ständig steigenden Bedarf an Räucherlachs zu befriedigen suchen.
Durch die übermäßige Jagd auf Wale ging deren Bestand drastisch zurück. Nach dem Zweiten Weltkrieg wurde daher die Internationale Walfangkommission (IWC) ins Leben gerufen. Diese stufte die Fangquoten jedes Jahr weiter zurück. Japan und die Sowjetunion hielten sich aber selten an die Vorgaben und jagten weiter im Stillen Ozean und rund um die Antarktis. Die Fänge gingen aber trotzdem immer weiter zurück, denn die Erträge wurden bei den ständig steigenden Kosten immer geringer. Schließlich wurde auch vom IWC ein Moratorium für den Walfang verfügt, da einige Arten schon fast ausgestorben waren. Japan begann trotzdem zeitweise wieder mit dem Walfang zu „wissenschaftlichen" Zwecken.

Die Schiffe

Die ersten Schnelldampfer nach dem Krieg wurden nach dem bewährten Muster der Zwischenkriegszeit gebaut. Die wichtigste Neuerung für die Schiffsführung war das RADAR, das mehr Sicherheit beim Fahren in Nacht und Nebel gab. Trotzdem konnte der Untergang der italienischen >Andrea Doria< nach Kollision mit der schwedischen >Stockholm< nicht verhindert werden. Durch das Ende der Linienschiffahrt in den sechziger Jahren war ein komplett neues Konzept für den Bau von Passagierschiffen nötig.
Sie hatten nun die Aufgabe, ihre Passagiere auf den **Kreuzfahrten** ständig zu beschäftigen. Neben bequemen Kabinen, luxuriösen Speisesälen, Spiel- und Rauchzimmern waren nun auch Bars, Kino- und Vortragsäle, Turnsäle, Schwimmbad an Deck, Kasinos, Minigolf, Eislaufplätze, Kletterwände und viele andere Möglichkeiten, die Freizeit am Schiff zu verbringen, nötig. Ab den achtziger Jahren wurden solche reinen Kreuzfahrtschiffe völlig neu entworfen und gebaut. Dazu gab es auch einige bauliche Veränderungen. Schlingerkiele sollten das Schiff auch in rauher See ruhig im Wasser liegen lassen. Die Abgasleitungen mußten so verlegt werden, daß die Passagiere möglichst wenig belästigt wurden. Von den Speisesälen und Aufenthaltsräumen sollte man einen möglichst guten Ausblick haben. Und schließlich hatte jeder Urlaubsreisende gerne eine Außenkabine. Die Architekten und Planer hatten die Quadratur des Kreises zu lösen.
Die Reedereien suchten sich wieder mit Angeboten an die Passagiere zu übertreffen. Bis 1990 erreichte die Größe der Kreuzfahrtschiffe bereits wieder 70.000 BRT (>Crown Princess< u.a.) und das Ende des Größenwachstums war noch nicht abzusehen.
Auch die Fährschiffe wurden immer größer. Sie mußten für Fahrten durch die ganze Ostsee, das Mittelmeer oder die Karibik bereits mit Kabinen ausgestattet werden. Für die Mitnahme von PKWs wurden RoRo-Decks eingerichtet. Dazu mußten die Schiffe Bug-, Heck- und meist

auch Seitentore aufweisen. Kombifähren erhielten außerdem ein eigenes LKW-Deck. Bei Fährschiffen spielte und spielt auch die Geschwindigkeit eine große Rolle. Sie erhielten daher immer stärkere Maschinenanlagen und erreichten Geschwindigkeiten von 25 Knoten. All dies ließ die Größen der Fährschiffe auch schon auf rund 60.000 BRT (>Silja Europa< u.a.) ansteigen. Da eine weitere Geschwindigkeitssteigerung bei großen Fährschiffen wirtschaftlich nicht möglich ist, wurden auch andere Wege beschritten.
In der Zeit von ca. 1960 bis 1990 waren über den Ärmelkanal Luftkissenfahrzeuge (Hovercraft) im Einsatz. Für diese Fahrzeuge genügten flugplatzähnliche Landebahnen an der Küste mit Abfertigungsgebäuden und einer Rampe zum Verladen von PKWs. Der Hauptvorteil dieser Fahrzeuge war, daß sie mehr als doppelt so schnell als Verdrängungsfahrzeuge waren. Bei diesen Fahrzeugen erzeugten große Propeller einen Luftstrom nach unten, der durch große bewegliche Schürzen aufgefangen wurde und dadurch einen Luftpolster unter dem Fahrzeug erzeugte. Auf diesem konnte das Hovercraft gleichermaßen über Land und Wasser gleiten und auch kleine Hindernisse überwinden. Luftkissenfahrzeuge sind allerdings nur bei verhältnismäßig ruhiger See einsetzbar. Nach der Inbetriebnahme des Tunnels unter dem Ärmelkanal fiel der Vorteil der größeren Geschwindigkeit für die Hovercraft wieder weg. Der Betrieb der Luftkissenfahrzeuge für Fahrten über dem Ärmelkanal wurde eingestellt.
Als weitere schnelle Fährschiffe für den küstennahen Bereich bewährten sich die Tragflügelboote. Diese kippen nach dem Auslaufen aus dem Hafen Gleitflügel nach unten und bei hoher Geschwindigkeit hebt sich der Rumpf aus dem Wasser. Das Fahrzeug gleitet auf den Flügeln wie auf Wasserskiern über die See. Der Wasserwiderstand des Rumpfes fällt weg und ohne wesentlich größeren Treibstoffverbrauch erreicht es mehr als die doppelte Geschwindigkeit als Verdrängungsfahrzeuge. Diese Tragflügelboote sind aber ebenfalls nur bei ruhiger Wasserfläche einsetzbar und werden daher nur in küstennahen Gewässern verwendet.
Für die Hochseekreuzfahrten erleben auch die Segelschiffe wieder eine Auferstehung. Es werden wieder neue Segelschiffe mit Hilfsmotor für Urlaubsfahrten gebaut und mit allem Komfort ausgestattet. Mußte wegen ungünstigem Wind der Dieselmotor verwendet werden, so war er möglichst geräuscharm isoliert, um die Passagiere nicht zu belästigen.
Für den **Gütertransport** wurde eine Vielzahl an verschiedenen Arten von Frachtern entwickelt. Da sind zunächst einmal die Transporter für flüssiges Gut. Die Rohöltanker erreichten in den siebziger Jahren Größen bis zu 500.000 dwt. Nach der Öffnung des seit 1967 blockierten Suezkanals im Jahr 1975 wurde der Kanal für die Benützung durch mittelgroße Tanker vergrößert. Für die Riesentanker gab es daher bald keinen Bedarf mehr. Diese hatten zwar den Vorteil, mit der gleichen Besatzung wie die halb so großen Tanker doppelt so viel Erdöl transportieren zu können, bei der Fahrt rund um Afrika verbrauchten sie aber doch wieder zu viel Treibstoff und waren vom Persischen Golf nach Europa die dreifache Zeit unterwegs. Dazu kam noch die Gefahr des Auseinanderbrechens mit riesiger Umweltverschmutzung. Die hohen Versicherungsraten machten allein die Einsparung bei der Besatzung wett. Die mittelgroßen Tanker erhielten nach zahlreichen Unfällen neue Sicherheitsvorschriften. Die Rumpfkonstruktion mußte verstärkt werden und eine doppelte Schiffshülle sollte vor kleineren Lecks Schutz geben. Außerdem wurden den Tankern vor gefährdeten Küstenstrichen Zwangswege vorgeschrieben. Um die Einhaltung dieser Vorschriften zu kontrollieren, ließen die meisten Kriegsmarinen spezielle Korvetten (Schiffe von 800 bis 1500 t Größe) für die Seeüberwachung bauen. Dazu kam noch Überwachung aus der Luft durch Hubschrauber.
Ferner wurden für die Handelsflotten spezielle Tanker für Flüssiggas, Benzin, Dieselöl, Chemikalien und pharmazeutische Produkte gebaut. Alle diese Schiffe haben besondere Sicher-

heitsvorschriften und für jedes Produkt gesonderte Tanks. Das Erdgas, das bisher abgefackelt wurde, wird jetzt entweder in Rohrleitungen versendet oder bei minus 150° Celsius verflüssigt und in meist kugelförmigen Behältern der Gastanker verschifft. Bis 1980 waren schon rund 500 Erdgastanker im Einsatz.

Für Schüttgut gab es ebenfalls schon verschiedene Schiffstypen. Über Schiffe für den Transport von zähflüssigem Bitumen wurde schon im vorherigem Kapitel berichtet. Aber auch Getreide, Erze, Sande, Zement, Schleifholz für die Papierindustrie und sogar rohe Kaffeebohnen können in Behältern ohne eigene Verpackung transportiert werden. Für Kaffee stehen jetzt die Container zur Verfügung. Für die anderen Güter gibt es aber spezielle Massengutschiffe. Jedes dieser Spezialschiffe hier genau zu beschreiben, würde den Rahmen dieses Bandes sprengen. Sie seien daher nur summarisch erwähnt. Für Rohöl, Erze und Getreide gibt es Kombischiffe und Spezialschiffe für nur eines dieser Güter. Dann gibt es Massengutfrachter mit einem Ladegeschirr für zusätzliche schwere Lasten. Zu den Massengutschiffen kann man auch die Autotransporter zur Auslieferung fabrikneuer Wagen und die Kühlschiffe zählen, da sie jeweils ein Gut vom Erzeuger zum Verbraucher bringen.

Eine noch viel größere Vielfalt gibt es bei den Stückgütern. Der klassische Frachter wurde in diesem Zeitraum immer seltener, denn er wurde vom Containerschiff verdrängt. Im Container ist diese Vielfalt der Güter unterzubringen (jeder Fabrik ihre eigenen Container). Nur für die großen und sperrigen Stücke wie Lokomotiven oder Industrieanlagen gibt es eigene Schwergutschiffe. Der Bau von speziellen Containerschiffen oder Halbcontainerschiffen für die genormten und stapelbaren Behälter, dazu ein ausgeklügeltes Umschlags- und Verteilersystem vom Schiff zum Land und umgekehrt und ein einheitliches Transportsystem im Binnenland zu Wasser, per Eisenbahn und Straße zog fast den ganzen Stückgutverkehr an sich. Die Containerschiffe sind nur mehr schwimmende Behälter, die mit Portalkränen von der Landseite gestaut und gelöscht werden. Zum Nachteil für Europa sind die Container nach den US-amerikanischen Transportnormen vereinheitlicht worden, die Europapalette paßt nicht ideal in die Behälter. Die Transportmenge wird in den Statistiken immer in 20 Fuß-Containern (TEU) angegeben, obwohl es auch 40 Fuß-Container und einige andere Maße gibt.

Die wichtigsten Liniendienste wie jene von Europa nach Nordamerika, von Nordamerika nach Ostasien und von Europa nach Ostasien werden meist von Vollcontainerschiffen befahren. Für die übrigen Fahrtgebiete gibt es Kombischiffe für Container, Schwergut, Autos, Getreide und andere Spezialgüter.

Ein weiterer wichtiger Schiffstyp sind die RoRo-Schiffe (Roll on, Roll off). Sie haben mehrere Parkdecks, auf welche die Lastautos (oft mit Containern beladen) über Rampen einfahren können. Am Zielort wird das Schiff ebenso wieder verlassen. Viele RoRo-Schiffe haben ihre eigenen, ausschwenkbaren Rampen, wodurch sie von entsprechenden Hafeneinrichtungen unabhängig sind. Diese Schiffe werden meist in Seegebieten wie den Randmeeren eingesetzt, wo wegen der kurzen Fahrzeit ein Umladen nicht rentabel ist.

Reine Stückgutfrachter gibt es zwar noch in großer Zahl. Es sind aber eher kleinere Schiffe für die kleinen und kleinsten Häfen in der Dritten Welt, wo sie als Zubringer zu den größeren Häfen mit Containerterminals fahren. In Europa, Nordamerika und Ostasien werden immer häufiger Container-KÜMOS (Küstenmotorschiffe) als Zubringer für die großen Häfen eingesetzt.

Im Jahr 1969 nahm der LASH-Frachter >Acadia Forest< als ein weiterer Spezialtransporter seine Fahrten auf. Diese LASH-Schiffe (**L**ighter **A**board **Sh**ip) waren den Docklandungsschiffen des Zweiten Weltkrieges nachgebildet. Sie konnten ihren Dockraum fluten, in dem dann

Leichter der Binnenschiffahrt einschwimmen konnten. Der Dockraum wurde dann gelenzt und im Zielhafen wieder geflutet. Die Binnenwasserfahrzeuge konnten dann ohne Umladen die nächsten Binnenwasserwege anfahren. Der Nachteil gegenüber dem Container besteht darin, das der Container per Schiff, Eisenbahn oder Straße direkt von der Fabrik zum Käufer befördert werden kann, während der Leichter/Barge auf Wasserwege angewiesen ist. Es wurden daher seit 1989 keine neuen, großen LASH-Schiffe mehr gebaut.

Zu den weiteren großen Spezialfrachtern gehören die Fischfabrikschiffe, ferner Fischtransporter mit Tiefkühlanlage, Schwergutschiffe mit Ladegeschirr für ganze Industrieanlagen, Lebendviehtransporter (von denen seit 1985 auch kein großer mehr gebaut wurde), Baggerschiffe, die das Gut über Öffnungen im Schiffsboden entladen können, halbtauchende Schwerstgutfrachter, die ganze Schiffe an Bord nehmen können, Eisenbahnfährschiffe, Kran- und Rohrlegeschiffe, Kabelleger, Tiefwasser-Bohrschiffe, die bis zu Meerestiefen von 5000 Metern arbeiten können, Zementtransporter- und Manipulationsschiffe (bei langen Liegezeiten in Häfen der Dritten Welt hat der Zement in den klassischen Frachtern abgebunden und war unbrauchbar).

Ferner sind Eisbrecher, Kalksteintransporter, Schlammtransporter der Hafenverwaltungen, Steinwurfschiffe zum Bau von Wellenbrechern, Palettentransporter und die vielen Arten von Forschungsschiffen zu nennen. Von den Hunderten kleineren Spezialschiffen sind die wichtigsten im Anhang aufgeführt. Dort sind auch die größten Schiffe der hier genannten Schiffstypen mit Name, Baujahr und Größe per Bestand 1999 (Lloyd's Register of Shipping) aufgeführt.

Die Schiffe der Welthandelsflotten werden in folgenden Staaten nach Ablieferung der Werften im Jahr 1976 gebaut: Japan (46,8% vom Weltschiffbau) dann in großem Anstand Schweden (7,1%), Bundesrepublik Deutschland (5,5%), Frankreich, Großbritannien, Spanien, Dänemark, USA, Südkorea, Norwegen, Italien und UdSSR. Im Jahr 1982 lauten die Prozentzahlen: Japan (48,8%), Südkorea (9,0%), Bundesrepublik Deutschland (3,0%) und weiter Spanien, Großbritannien, Brasilien, Dänemark, Jugoslawien, Frankreich, Norwegen, Polen und die USA (1,6%).

Die **Schiffsführung** wurde durch RADAR, Satellitennavigation, Automation und elektronische Datenverarbeitung gewaltig umgekrempelt. Wie bei Industrie, Handel und Dienstleistungen an Land sind auch zu Schiff mit einzelnen Ausnahmen nur mehr in allen diesen Bereichen geschulte Fachkräfte einzusetzen. Die Besatzungszahlen haben sich daher auf rund ein Drittel der Zeit vor 40 Jahren verringert.

Auch der **Hubschrauber** kommt in der Handelsmarine immer häufiger zum Einsatz. In der Seenotrettung lösen Hubschrauber teilweise die Seenotkreuzer ab. Lotsen werden immer öfter mit Hubschraubern auf die Schiffe versetzt und wieder abgeholt. Fast jede Bohrplattform hat einen Hubschrauber-Landeplatz. In der Küstenüberwachung sind sie bereits unverzichtbare Helfer der Korvetten.

Wassersport wird ebenfalls immer mehr auf den Weltmeeren betrieben. Die großen Segelschulschiffe der Kriegs- und Handelsmarinen unternehmen jedes zweite Jahr eine große Hochseeregatta. Bei den Olympischen Spielen steht eine Reihe von Segelwettbewerben auf dem Programm. Traditionelle Segelsportveranstaltungen wie der „America's Cup", der „Admiral's Cup", die Wettfahrt Sydney–Hobart oder die Kieler Woche finden wieder immer mehr Teilnehmer. Dazu sind immer öfter Einhandsegler auf den Weltmeeren unterwegs.

Sowohl in Binnengewässern als auch an geeigneten Küstengebieten gibt es Motorbootsrennen, Wasserski- und Surfwettbewerbe.

In den hier geschilderten Zeitraum fällt der Beginn der **Weltraumfahrt**. Die wichtigsten Stationen ihrer Entwicklung wurden in die Chronik aufgenommen. Raumschiffe haben nicht nur dem Namen nach eine Verbindung mit der Schiffahrt zur See. Satelliten- und Astronavigation, Reisedauer, Ausstattung und Forschungsziele sind mit der Seeschiffahrt durchaus zu vergleichen, wenn sie auch in einer anderen Sphäre liegen. Außerdem sind die Eckdaten der Weltraumfahrt vom Umfang her in diesem Band unterzubringen. Sie setzen die Ereignisse der Forschungsfahrten zur See in einer neuen Dimension fort. Die viel umfangreicheren Daten der Fliegerei sind einer noch zu schreibenden Geschichte der Luftfahrt überlassen, die ja bis in die Antike zurückreicht.

Neben dem Wettlauf um die erste Landung auf dem Mond wurden unbemannte Forschungssatelliten zum Mond, zur Sonne, zur Venus, zum Mars und zu den sonnenfernen Planeten gestartet. Dazu kamen viele Forschungssatelliten in einer Erdumlaufbahn für Navigation, Erdkunde, Nachrichten und Spionage. Ferner begann man mit dem Bau von Weltraumstationen in einer Erdumlaufbahn. Dort wurden und werden medizinische, astronomische, metallurgische und viele andere Projekte in Angriff genommen.

Welthandelsflotte. Sie entwickelt sich in den folgenden 40 Jahren nach der Tonnage auf das Fünffache und nach der Schiffsgröße auf das Doppelte.   *1950*

Jahr	Schiffe	Tonnage in BRT	Durchschnittsgröße	
1950	30.852	84,583.000		2.740 BRT
1955	32.492	100,569.000		3.090 BRT
1960	36.311	129,770.000		3.590 BRT
1965	41.865	160,392.000		3.830 BRT
1970	52.444	227,490.000	Suezkanal blockiert	4.340 BRT
1975	63.724	342,162.000	Ölkrise	5.370 BRT
1980	73.832	419,911.000	Suezkanal offen	5.700 BRT
1985	76.395	416,269.000		5.450 BRT

Als Spätwirkung der Erdölkrise der siebziger Jahre gibt es wieder einen kleinen Rückgang der Gesamttonnage. Um 1985 werden die nun wieder überschüssigen Mammuttanker zum Teil verschrottet oder als Erdöllager verwendet. Dadurch auch der Rückgang der durchschnittlichen Schiffsgröße.

Sowjetunion. Der Güterverkehr im Binnenland wird von folgenden Verkehrsträgern in Anteilen an Tonnenkilometern wahrgenommen: Eisenbahn (84,4%), Binnenschiffahrt (6,5%), Seeschiffahrt von Küste zu Küste der SU (5,6%), Lastkraftwagen (2,8%) und Fernleitungen (0,7%). Der Personenverkehr geht per Eisenbahn (89,5%), Autobus (5,3%), Binnenschiffahrt (2,7 %), Seeschiffahrt (1,2%) und Flugzeug (1,2%). Privaten Autoverkehr gibt es nur für die Parteifunktionäre.   *1950*

Forschung. Eine dänische Expedition unter Anton Bruun unternimmt mit der >Galathea< eine Fahrt in den Stillen Ozean. Es werden aus einer Meerestiefe von 11.000 Metern bisher unbekannte Lebewesen aus dem Meer geholt. Der Nachweis, daß auch die Tiefsee belebt ist, wird dadurch erbracht.   *1950*

Binnenschiffahrt. Gütertransport in Europa auf den Binnenwasserstraßen in Tonnenkilometern (Zahlen im Schnitt von zehn Jahren):   *1950–1982*

Land	1950–1959	1970–1979
Sowjetunion	67,060.000	209,140.000
BRD + DDR	28,962.000	50,425.000
Niederlande	14,249.000	31,630.000
Frankreich	8,509.000	12,846.000
Jugoslawien	1,977.000	7,279.000
Großbritannien	11,000.000	6,500.000
Belgien	4,076.000	6,237.000

Die hier angeführten Staaten sind jene mit den besten geographischen Voraussetzungen für Wasserwege im Binnenland, auch in der Zeit von Eisenbahn und Autobahn.

1950 **Binnenschiffahrt.** Auf den britischen Wasserwegen ist der Gütertransport auf 13 Millionen Tonnen im Jahr zurückgegangen. Er fällt bis 1968 weiter auf acht Millionen Tonnen. Der Ausbau der kurzen Wasserwege für die großen neuen Frachter rentiert sich, mit ganz wenigen Ausnahmen, nicht mehr. Die Tonnage der Küstenschiffahrt (nicht der transportierten Tonnen!) fällt ebenfalls im gleichen Zeitraum von 1,120.000 BRT auf 757.000 BRT. Die Zahl der Schiffe geht von 1215 auf 587 zurück.

1951 **Österreich.** Rund ein Fünftel des Außenhandels dieses Binnenlandes wird über die See abgewickelt. In diesem Jahr sind es 2,297.100 Tonnen, die in 18 Seehäfen und an der Donau umgeschlagen werden. Im Jahr 1956, dem ersten nach dem Staatsvertrag, sind es 5,095.500 Tonnen, bis 1966 fällt die Verschiffung im Fernhandel wieder auf 3,433.200 Tonnen. Die Einfuhren über die See sind fast doppelt so groß wie die Ausfuhren.

1951 **Suezkanal.** Der Kanal wird in diesem Jahr von Schiffen mit 80,356.000 NRT passiert. Davon entfallen auf beladene Frachter 38,8%, auf Tanker 30,9%, auf Schiffe in Ballast 29,9% und auf Kriegsschiffe 0,4%. Im Jahr 1962 ist das Verhältnis Frachter 26,8%, Tanker 37,6%, Schiffe in Ballast 36,1% und Kriegsschiffe 0,02%.

3. Juni 1952 **Passagierschiff.** In den USA läuft der Schnelldampfer >United States< (53.300) zu seiner Jungfernfahrt nach Southampton aus. Das Schiff ist von der Werft Newport News für die United States Line gebaut worden. Es erringt auf Anhieb mit einer Geschwindigkeit von 35,6 Knoten (max. 40 kn!) zum letzten Mal das „Blaue Band" für das schnellste Passagierschiff im Nordatlantik. Sie soll im Kriegsfall der US-Navy als Truppentransporter dienen. Das Schiff kann nie gewinnbringend gefahren werden und wird bald wieder aus dem Verkehr gezogen.

1952 **Binnenschiffahrt.** In der Sowjetunion wird der wichtige Kanal von der Wolga bei Stalingrad/Wolgograd zum Don bei Kalack in Betrieb genommen. Er ist 101 Kilometer lang und hat 13 große Schleusen. Es gibt nun einen Wasserweg vom Schwarzen zum Kaspischen Meer.

1952 **Großbritannien.** Der Binnentransport des Landes verteilt sich auf die einzelnen Verkehrsträger wie folgt. Straße (47%), Eisenbahn (43%) und Küstenschiffahrt (10%). Im Jahr 1970 ist das Verhältnis Straße (84%), Eisenbahn (11%), Küstenschiffahrt (3%), Rohrleitungen (2%) und Binnenschiffahrt (0,3%). Im übrigen Europa ist die Verschiebung ähnlich.

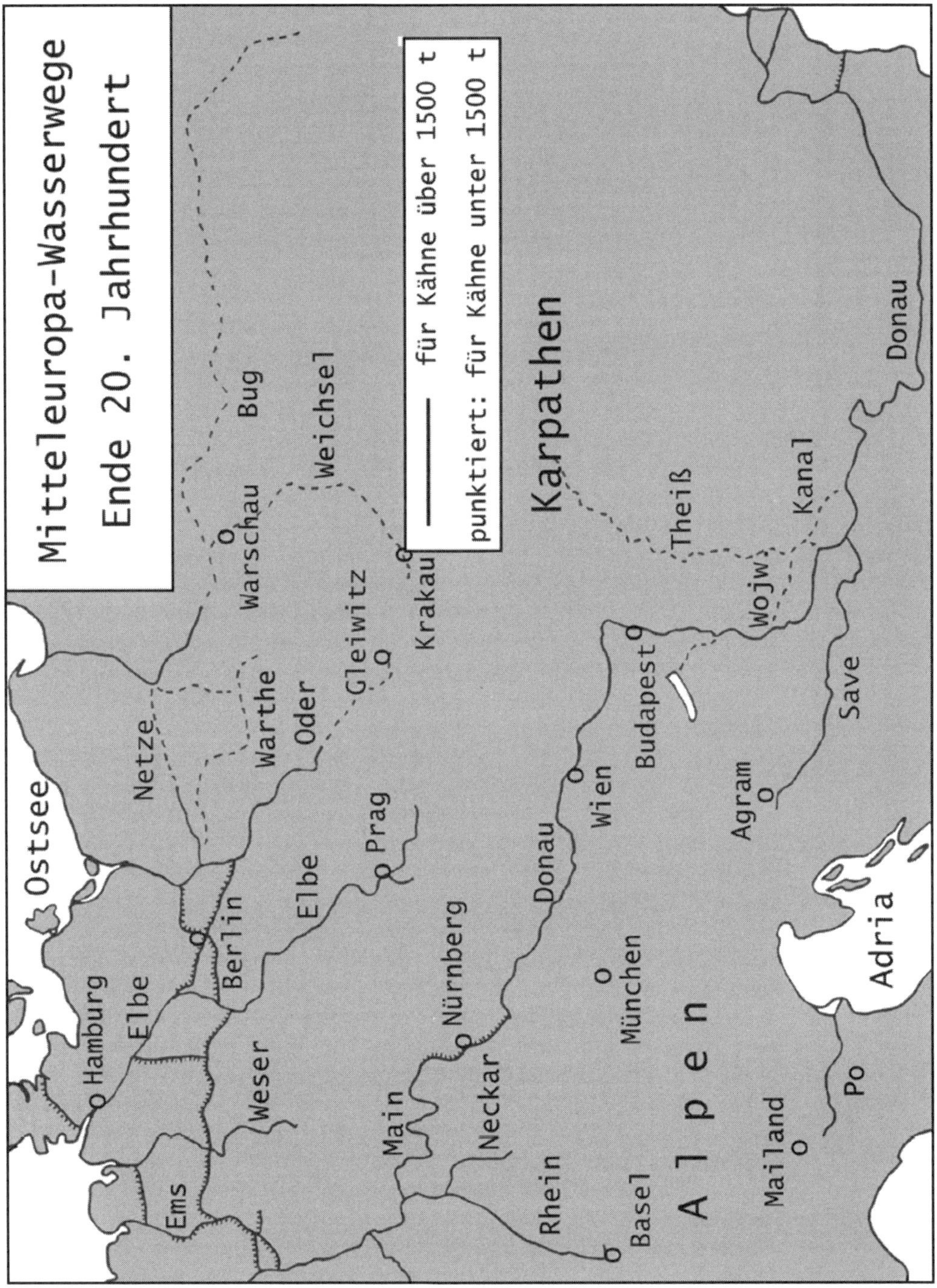
Mitteleuropa-Wasserwege
Ende 20. Jahrhundert
für Kähne über 1500 t
punktiert: für Kähne unter 1500 t
Ostsee
Netze
Bug
Warschau
Weichsel
Warthe
Oder
Gleiwitz
Krakau
Karpathen
Theiß
Kanal
Wojw.
Donau
Hamburg
Elbe
Berlin
Elbe
Prag
Budapest
Wien
Save
Agram
Adria
Donau
Nürnberg
München
Weser
Main
Neckar
Ems
Rhein
Basel
Alpen
Mailand
Po

Oktober 1953 **Öltanker.** Bei den Howaldt-Werken in Hamburg wird der Tanker >Tina Onassis< (42.230 dwt/23.100 BRT) in Dienst gestellt. Das Schiff ist der erste beachtliche Neubau in Deutschland nach dem Zweiten Weltkrieg und gleichzeitig der größte Tanker seiner Zeit. Er wird aber schon im folgenden Jahr an Größe übertroffen. Die >Tina Onassis< wird nicht im Heimatland Griechenland, sondern in Panama (Billigflagge) registriert.

September 1953 **Forschung.** Die Schweizer Auguste und Jacques Piccard, Vater und Sohn, bauen ein Forschungs-U-Boot für große Tiefen. Bei der Insel Ponza im Mittelmeer erreichen sie mit der >Trieste< eine Tiefe von 3050 Metern. Das Fahrzeug ist nach dieser Stadt benannt, weil sie von dort finanzielle Unterstützung erhalten haben.

1954 **Welthandelstonnage.** Sie überschreitet erstmals die Marke von 100 Millionen BRT. Diese verteilt sich wie folgt auf die einzelnen Schiffstypen:

Frachtschiffe für Trockenladung	66,000.000 BRT
Tankschiffe für Rohöl und dessen Produkte	26,000.000 BRT
Fahrgastschiffe für Linie und Kreuzfahrt	700.000 BRT
Fischereifahrzeuge und Spezialschiffe	4,300.000 BRT
Schiffe auf den Großen Seen in Nordamerika	3,500.000 BRT

Juli 1954 **Technik.** Das Luftkissenfahrzeug >Sounders-Roe SR Nr.1< fährt als erstes Schiff dieser Art über den Ärmelkanal von Dover nach Calais. Nach dieser Probefahrt dauert es aber noch ein Jahrzehnt, bis die Fahrzeuge so weit ausgereift sind, daß der kommerzielle Verkehr über den Kanal aufgenommen werden kann. Im Jahr 1967 werden in 1500 Fahrten 20.000 Passagiere befördert. Später können mit größeren Hovercrafts auch PKWs transportiert werden.

September 1954 **Technik.** Die Werft General Dynamics in Groton, USA, stellt das U-Schiff >Nautilus< (3180/3500) mit dem Antrieb durch einen Kernreaktor in Dienst. Es ist das erste Kriegsschiff und das erste Schiff überhaupt mit „Atomantrieb", dem noch zahlreiche U-Schiffe und Flugzeugträger folgen werden. Für andere Überwasserkriegsschiffe wird die Dampferzeugung durch Kernreaktor bald wieder aufgegeben. Die Sowjetunion stellt 1959 den Eisbrecher >Lenin< in Dienst. Bei diesem Schiff bewährt sich das hohe Gewicht der Reaktoranlage und es werden weitere solche Eisbrecher gebaut. Das erste Frachtschiff mit Kernreaktor/Atomantrieb ist die US-amerikanische >Savannah< (13.560 BRT). Deutschland baut als Versuchsfrachter die >Otto Hahn< (16.900) und Japan die >Mutsu<. Bei Handelsschiffen setzt sich der Atomantrieb aber nicht durch.

1954 **Schiffsfund.** In Ägypten wird neben der Cheops-Pyramide in einer Kammer das in Teile zerlegte Totenschiff des Pharaos gefunden. Es ist das älteste, gänzlich erhaltene Schiff. Nach dem Zusammenbau wird es in einem eigenen Museum neben der Pyramide ausgestellt.

April 1956 **Beginn des Containerverkehrs.** Der umgebaute T 2-Tanker >Ideal X< fährt als erstes Schiff mit 60 Containern/Behältern an Deck von New York nach Houston in Texas. Zum Abstellen der Container ist eine eigene Deckskonstruktion eingebaut worden. Daneben wird von dem Schiff auch noch Erdöl gefahren. In diesem ersten Seetransport von Containern haben die Behälter nach Houston Textilien und nach New York Tabak und Zigarren geladen.

Untergang der >Andrea Doria<. Der italienische Schnelldampfer von 29.000 BRT wird in dichtem Nebel im Nordatlantik vom schwedischen Passagierschiff >Stockholm< (11.700) gerammt und beginnt zu sinken. Das nur drei Jahre alte Schiff kann nicht gehalten werden. Auf der >Andrea Doria< kommen durch den Rammstoß 47 Personen ums Leben, auf der >Stockholm< sterben fünf Leute. Passagiere und Besatzung des sinkenden Schiffes werden von anderen Schiffen geborgen. Die >Stockholm< kann aus eigener Kraft New York anlaufen. Das Unglück passiert trotz moderner Radarausrüstung beider Schiffe. *26. Juli 1956*

Passagierschiffahrt. Über die Straße von Messina nimmt das erste Tragflügelboot seine Fahrten auf. Diese Fahrzeuge haben unter Wasser Flügel, durch die sie bei schneller Fahrt aus dem Wasser gehoben werden und dadurch den Fahrtwiderstand verringern. Sie erreichen Geschwindigkeiten von rund 50 Knoten. *1956*

Schiffbau. Die US-Werft Newport News Shipbuilding läßt den Flugzeugträger >Ranger< (60.000) zu Wasser. Das Schiff erhält die bis dahin stärkste und nicht mehr übertroffene Maschinenanlage. Ihre 205.900 Kilowatt/280.000 PS verleihen dem Riesenschiff eine Geschwindigkeit von 35 Knoten. Da so eine hohe Geschwindigkeit taktisch bald nicht mehr notwendig ist (siehe Seeherrschaft, Taktik) werden auch in den folgenden 50 Jahren keine stärkeren Schiffsmaschinen mehr gebaut. *September 1956*

Schiffsfund. Die im Roskildefjord in Dänemark gefundenen Reste von Wikingerschiffen werden sorgfältig geborgen, konserviert und in einem eigenen Museum ausgestellt. Diese Schiffe geben einen guten Einblick in den Schiffbau im Norden im 11. Jahrhundert. *1956*

Europa. Von den Ländern Frankreich, Italien, Bundesrepublik Deutschland, Niederlande, Belgien und Luxemburg werden die „Römischen Verträge" unterzeichnet. Mit ihnen wird in Rom die Europäische Wirtschaftsgemeinschaft (EWG) gegründet. Aus dieser geht schließlich die Europäische Gemeinschaft (EG) hervor, die dann zur Europäischen Union (EU) erweitert wird. Mit ihr entsteht schließlich eine Wirtschaftsmacht, die den USA und Japan gleichwertig ist. *25. März 1957*

Schiffbruch. Das deutsche Segelschulschiff für die Handelsmarine >Pamir< (3100 BRT/6550 t) ist unterwegs von Buenos Aires nach Hamburg. Es hat eine Besatzung von 35 Mann und 51 Seekadetten an Bord. Das Schiff gerät 600 Seemeilen südwestlich der Azoren in einen Wirbelsturm und beginnt zu sinken. Sein Notruf setzt eine der größten Rettungsaktionen in Gang. Obwohl einige Schiffe nicht weit entfernt sind, können nur sechs Mann gerettet werden. Die >Pamir< ist eines der berühmten Segelschiffe an der Wende vom 19. zum 20. Jahrhundert gewesen. *21. September 1957*

Containerschiffe. In den USA wird mit dem umgebauten Frachter >Gate City< ein Liniendienst für Container von New York in den Golf von Mexiko aufgenommen. Dabei werden bis zu zehn Häfen entlang der Ostküste der USA und im Golf angelaufen. Dieser Dienst wird von der ab 1960 „Sea-Land Service" genannten Reederei durchgeführt. Die Reederei ist der Pionier der weltweiten Containerdienste. Sie bringt in schneller Folge eine Reihe von umgebauten „C 2"-Frachtern und „T 2"-Tankern aus dem Zweiten Weltkrieg in Fahrt. *Oktober 1957*

Oktober 1957	**Öltanker.** Neues größtes Schiff dieser Art ist die in achtmonatiger Bauzeit fertiggestellte >Universe Leader< (84.750 dwt). Schon im Jänner 1959 folgt mit der >Universe Apollo< (106.200 dwt) der erste Tanker mit mehr als 100.000 dwt.	
1957	**Segelsport.** Vom Ocean Racing Club London wird der „Admiral's Cup" ins Leben gerufen. Die Wettfahrt ist heute eines der bedeutendsten Rennen für Hochseejachten und wird alle zwei Jahre ausgetragen.	
Oktober 1957	**Raumfahrt.** Die Sowjetunion sendet mit dem >Sputnik< den ersten künstlichen Satelliten in eine Erdumlaufbahn. Im folgenden Jahr wird in den USA die NASA (National Aeronautics and Space Agency/später Administration) gegründet. Sie soll die Erforschung des Weltraumes vorantreiben und den Vorsprung der UdSSR einholen.	
1958	**Seerecht.** Die UNO beruft die 1. Seerechtskonferenz nach Genf ein. Es nehmen fast alle Mitglieder teil. Eine gewisse Einigung wird über den Festlandsockel, den Fischfang und das Küstenmeer erzielt. An der Breite der Hoheitsgewässer scheitert aber die erste Session. Zwei Jahre später wird eine weitere Seerechtskonferenz einberufen, die ebenfalls kein zusätzliches Ergebnis bringt. Auch die Frage des Meeresbodens kann nicht gelöst werden. Im Jahr 1973 wird daher die 3. Seerechtskonferenz nach New York einberufen, die bis 1982 an verschiedenen Orten weitergeführt wird.	
30. Jänner 1959	**Schiffbruch.** Das Motorschiff >Hans Hedtoft< (2875) der grönländischen Handelsgesellschaft in Dänemark ist mit 94 Passagieren und Besatzungsmitgliedern auf der Fahrt von Julianehab nach Kopenhagen. Südlich von Kap Farewell, Grönland, rammt es in Sturm und Nebel einen Eisberg mit solcher Wucht, daß es trotz spezieller Ausrüstung für die Eisfahrt in kurzer Zeit sinkt. Durch den Notruf alarmierte Schiffe treffen wenige Stunden später ein, finden aber keine Überlebenden mehr.	
1959	**Technik.** Die US-Regierung stellt das erste Handelsschiff mit Atomantrieb, die >Savannah< (13.569), in Dienst. Nach wenigen Einsatzfahrten wird sie wieder aus dem Verkehr genommen und später abgebrochen. Immer mehr Häfen versagen Schiffen mit Kernreaktoren das Einlaufen.	
1959	**Handelsflotten.** Die Änderung der Tonnage in den Staaten von Europa variiert innerhalb von 25 Jahren von minus 25% (Großbritannien) bis zu plus dem Fünfzehnfachen (Griechenland) (Angabe in BRT):	

Land	Handelsschiffe gesamt		davon Tanker	
	1959	1984	1959	1984
Griechenland	2,151.000	35,059.000	1,405.000	10,895.000
Sowjetunion	3,155.000	24,492.000	693.000	4,662.000
Norwegen	10,444.000	17,663.000	5,929.000	8,780.000
Großbritannien	20,757.000	15,874.000	6,389.000	6,653.000
Italien	5,119.000	9,158.000	1,606.000	3,498.000
Frankreich	4,538.000	8,945.000	1,679.000	4,800.000
BRD + DDR	4,535.000	7,664.000	544.000	1,611.000
Spanien	1,712.000	7,005.000	385.000	3,650.000
Dänemark	2,204.000	5,211.000	807.000	2,407.000

Kanada

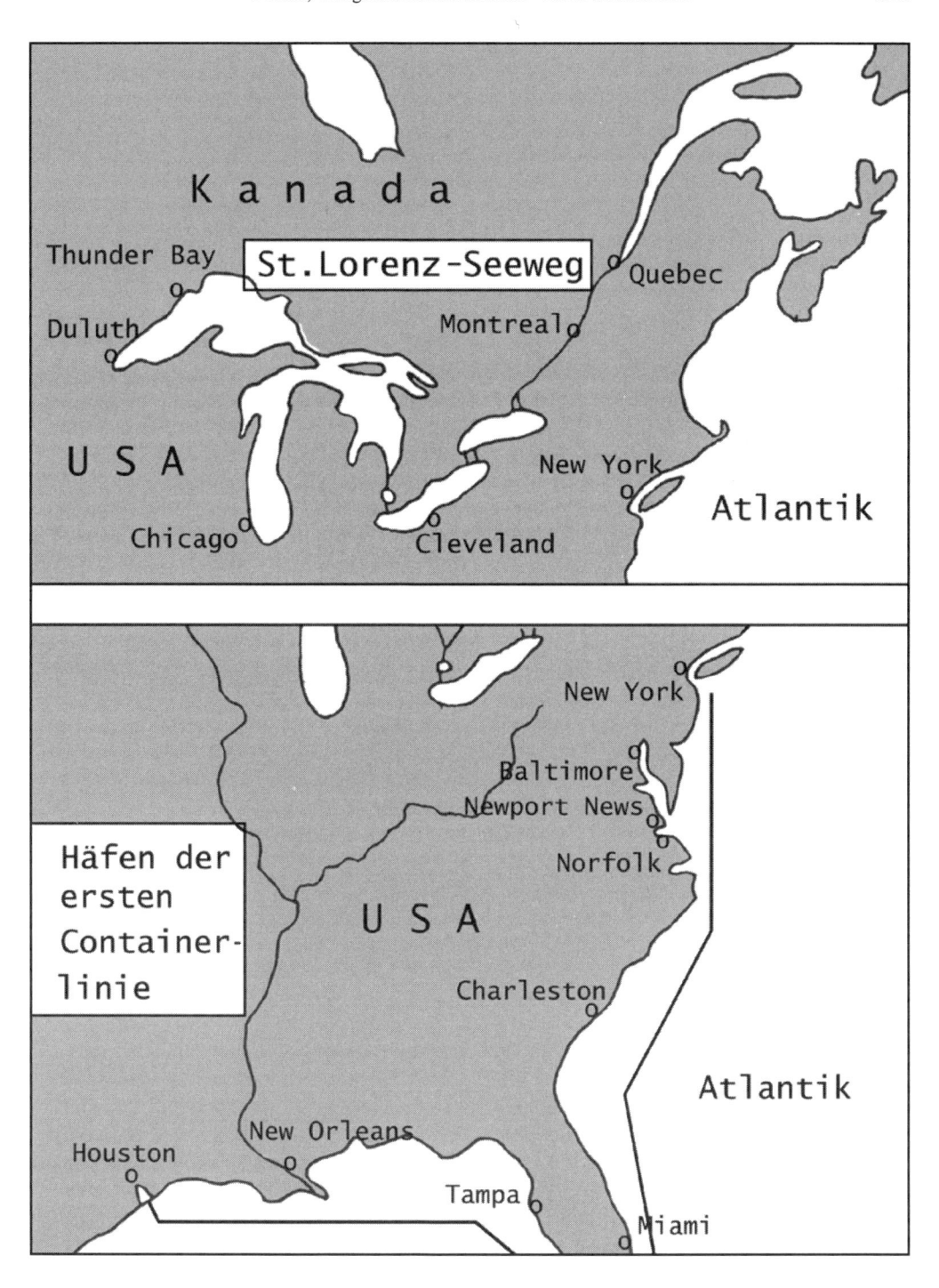

Thunder Bay
Duluth
St. Lorenz-Seeweg
Quebec
Montreal
USA
Chicago
Cleveland
New York
Atlantik

Häfen der ersten Containerlinie

USA
New York
Baltimore
Newport News
Norfolk
Charleston
Houston
New Orleans
Tampa
Miami
Atlantik

1194   Kreuzfahrtschiffe, Mammuttanker und Container

1959   **Werft.** Nach dem Suezfeldzug von 1956 (siehe Seeherrschaft) ist der Suezkanal für rund ein Jahr gesperrt. Dies ist der erste Anstoß zum Bau von Riesentankern. Die >Universe Apollo< (s.o.) wird auf der Werft von Mitsubishi in Nagasaki gebaut, wo auch schon im letzten Weltkrieg das Riesenschlachtschiff >Musashi< (67.100) gebaut worden ist.

1959   **Schiffsfund.** In den Schären von Stockholm wird das Wrack der Galeone >Wasa< aus dem Jahr 1628 gefunden. Das Schiff ist noch gut erhalten, wird in einer aufwendigen Aktion ab 1961 geborgen, konserviert und in einem eigenen Museum in Stockholm ausgestellt.

September 1959   **Raumfahrt.** Die Sowjetunion startet den Satelliten >Luna 2<. Dieser fliegt zum Mond und ist damit das erste künstliche Gebilde, das von der Erde den Mond erreicht.

1959–1964   **Binnenschiffahrt.** Der St. Lorenz-Seeweg in Nordamerika wird für Hochseeschiffe ausgebaut. Die Schleusen werden 255 mal 27 Meter groß und zehn Meter tief. Die Staudämme erzeugen umweltfreundlich reichlich elektrische Energie für Kanada und die USA. Die Frachter aus Europa fahren jetzt direkt zu den Häfen an den Großen Seen. Die Verbindungen zwischen diesen, wie der Welland-Kanal und der Soo-Kanal haben schon länger die Größe für Hochseeschiffe, da sie von den großen Erzfrachtern der USA und Kanadas befahren werden.

1960   **Segelschiff.** Für die Kriegs- und Handelsmarinen werden noch immer Segelschiffe als Schulschiffe gebaut. In diesem Jahr stellt die Kriegsmarine von Argentinien eines der größten dieser Schulschiffe in Dienst. Die >Libertad< ist ein Vollschiff mit Stahlrumpf und 2740 Tonnen Verdrängung, voll ausgerüstet mit 3765 Tonnen. Sie hat 2640 m² Segelfläche und als Hilfsantrieb zwei Dieselmotoren von je 1200 PS. Sie kann neben der Stammbesatzung 90 Kadetten zur Ausbildung einschiffen.

September 1960   **Werft.** Die Newport News Shipbuilding-Werft läßt den ersten Flugzeugträger mit Atomantrieb aufschwimmen. Die >Enterprise II< (75.700) wird 1961 fertiggestellt und ist noch zu Beginn des 21. Jahrhunderts in Dienst. Neben Flugzeugträgern baut die Werft auch atomgetriebene U-Schiffe. Der Bau von Riesentankern wird nach der Ölkrise wieder eingestellt. Die Werft baut dann alle großen Flugzeugträger mit Kernreaktoren für die US-Navy bis heute (2002).

1960   **Forschung.** Der Bathyscaph >Trieste< II (85 t) mit Jacques Piccard und Leutnant Don Walsh erreicht im Challengertief südwestlich von Guam im Stillen Ozean die größte Wassertiefe von 10.863 Metern. Heute liegt die >Trieste< als Museumsschiff in Keyport bei Seattle.

1960 und 1966   **Segelsport.** Der Brite Francis Chichester (1901–72) gewinnt als erster Einhandsegler mit der >Gibsy Moth III< das Jachtrennen über den Nordatlantik. Sechs Jahre später umrundet er mit der >Gibsy Moth IV< als erster Einhandsegler die Erde in 226 Tagen reiner Segelzeit. Schon 1929 ist er der zweite Flieger gewesen, der mit seinem Flugzeug >Gibsy Moth< allein von England nach Australien geflogen ist.

1961   **Walfang.** In der Sowjetunion wird das Walfang-Fabrikschiff >Sowjetskaja Rossia< (32.000 BRT) in Dienst gestellt. Es ist das größte Schiff seiner Art und zu gleicher Zeit das größte Handelsschiff der UdSSR.

Japan
die größten Werften Ende des 20. Jahrhunderts

Hokkaido

Japanisches Meer

Korea

Honshu

Tsushima

Maizuru

Tokio
Yokosuka
Ichihara
Uraga

Kobe
Tamano
Kure

Sakaide

Nagasu
Nagasaki

Kyushu

Stiller Ozean

8. April 1961	**Schiffbruch.** Der britische Dampfer >Sara< (5030) liegt vor dem Hafen Dubai im Persischen Golf, als das Schiff von einer schweren Explosion erschüttert wird. Es gerät in Brand und in der folgenden Panik kommen 238 Personen durch Feuer oder Ertrinken um. Beim Versuch, das ausgebrannte Schiff abzuschleppen, sinkt es.
12. April 1961	**Raumfahrt.** Der Russe Juri Gagarin fliegt mit dem Raumschiff >Wostok I< als erster Mensch in den Weltraum und umrundet einmal die Erde. Am 20. Februar 1962 umkreist der Amerikaner John Glenn mit der >Mercury VI< dreimal die Erde. Der Wettlauf in den Weltraum ist im Gange. Zunächst hat die Sowjetunion die Raumschiffe mit den stärkeren Triebwerken.
1962	**Passagierschiffahrt.** Einer der letzten Ozeanriesen, der für die Linienfahrt über den Nordatlantik gebaut wird, ist die vom französischen Staat subventionierte >France< (66.300). Sie fährt nur wenige Male von Le Havre nach New York und wird dann für Kreuzfahrten eingesetzt. Das gleiche gilt 1965 für die italienischen Schiffe >Raffaello< und >Michelangelo< und 1968 für die britische >Queen Elisabeth II<.
August 1962	**Raumfahrt.** Die USA schicken mit der >Mariner 2< den ersten Forschungssatelliten erfolgreich zur Venus. Drei Jahre später folgt mit >Mariner 4< die erste Marssonde.
22. Dezember 1963	**Schiffbruch.** Das griechische Passagierschiff >Lakonia< (20.130), ex >Johan Oldenbarnevelt< unternimmt mit 651 Passagieren und 385 Mann Besatzung eine Kreuzfahrt von Southampton Richtung Süden. Vor Madeira gerät das Schiff in Brand, das Feuer kann nicht eingedämmt werden. In einer internationalen Rettungsaktion kann der Großteil der an Bord befindlichen Personen gerettet werden. Es kommen 95 Passagiere und 33 Mann der Besatzung um. Das ausgebrannte Schiff sinkt beim Abschleppen.
1964	**Containerverkehr.** Die ersten Schiffe, noch umgebaute ehemalige „T 2"-Tanker und „C 2"-Frachter, fahren rund um die USA, durch den Panamakanal bis nach Alaska und Hawaii. Fahrten nach Südamerika scheitern noch am Widerstand der dortigen Gewerkschaften der Hafenarbeiter. In den USA gibt es bereits 177 Containerschiffe. In rund 25 Häfen sind schon geeignete Abstellplätze bereitgestellt.
1964	**Spezialschiffe.** Für die Bohrinseln über den Ölfeldern in den Flachwassergebieten wie im Persischen Golf, dem Kaspischen Meer, der Karibik und später der Nordsee sind Versorgungsschiffe notwendig. Diese Versorger, Röhrentransporter, Ankerzieher und Schlepper sind ein unverzichtbarer Anteil an den Off-Shore-Aktivitäten. In der deutschen Bucht ist das erste derartige Schiff das noch behelfsmäßig aus einem ehemaligen britischen Schnellboot umgebaute >NVG-S 1<, das eine Bohrplattform vor der Emsmündung betreut. Nach nur wenigen Jahren sind schon Hunderte solche Schiffe, extra dafür entworfen und gebaut, in der ganzen Welt im Einsatz. Für die Schiffbauindustrie entsteht ein ganz neuer Zweig.
1964	**Binnenschiffahrt.** Der Schweizer Jacques Piccard baut ein Unterseeboot für mittlere Tiefen. Dieses Mesoscaph hat eine Wasserverdrängung von 220 Tonnen, ist 28,5 Meter lang, hat eine Tauchtiefe von rund 1200 Metern und kann 40 Personen an Bord nehmen. Anläßlich der Weltausstellung in Lausanne

Bathyscaph/Tiefseetauchgerät >Trieste< II

mit Leichtbenzin gefüllter Tragkörper

Druckkörper/hohle Stahlkugel

Maßstab 1 : 200

Raumfahrt 1975 Dockmanöver

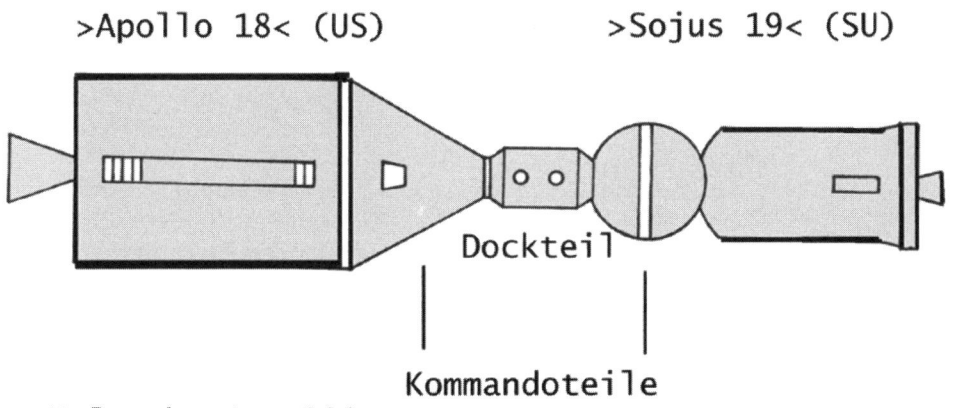

>Apollo 18< (US) >Sojus 19< (SU)

Dockteil

Kommandoteile

Maßstab 1 : 200

	unternimmt es im Genfer See 700 Tauchfahrten und befördert 20.000 Personen. Es ist das erste einsatzfähige Unterseeboote für Touristen.
12. Dezember 1964	**Raumfahrt.** Das sowjetische Raumschiff >Woschod I< umkreist als erstes mit drei Astronauten an Bord die Erde. In einem Tag werden 16 Umrundungen durchgeführt.
1. Jänner 1965	**Handelsschiffahrt.** Vergleich der Handelsschiffstonnage zwischen der Sowjetunion und der Bundesrepublik Deutschland:

Schiffstypen	Sowjetunion		Deutschland	
	Schiffe	BRT	Schiffe	BRT
Fahrgastschiffe	157	460.000	114	143.000
Frachtschiffe	1286	3,980.000	2159	4,416.000
Tankschiffe	298	2,044.000	114	832.000
Fischereiflotte	2370	1,790.000	226	132.000

März 1965	**Raumfahrt.** Mit dem sowjetischen Raumschiff >Woschod II< fliegen die zwei Astronauten Alexej Leonow und Pavel Beljajew in eine Erdumlaufbahn. Leonow unternimmt dabei als erster Mensch einen Ausstieg aus dem Raumschiff und macht einen „Weltraumspaziergang".
1965	**Containerverkehr.** Das erste speziell für Großbritannien gebaute Containerschiff, die >Frank H. Brown<, wird in Dienst gestellt. Großbritannien nimmt rasch den Containerdienst in die Staaten des Commonwealth auf.
1965	**Argentinien.** Die Handelsflotte des Landes hat eine Größe von 1,300.000 BRT. Sie ist zu rund 60% im Besitz des Staates. Die Zufahrt zum größten Hafen des Landes, Buenos Aires, muß ständig ausgebaggert werden, da die Wassertiefe des Rio de la Plata in dieser Gegend nur wenige Meter beträgt. Der Rio Paraná dagegen ist bis Asuncion für Hochseeschiffe befahrbar. An diesem Fluß ist der wichtigste Hafen von Argentinien Rosario, für Patagonien ist es Bahia Blanca. Es werden neben anderen Landesprodukten Gefrierfleisch und Häute ausgeführt.
1965	**Kartographie.** Die Yale-Universität in den USA publiziert die umstrittene Vinlandkarte. Diese ist von einem amerikanischen Buchhändler in Europa erworben worden. Angeblich hat er sich dabei verpflichten müssen, den Vorbesitzer geheim zu halten. Die Karte zeigt Europa, Asien, Afrika, Island, Grönland und Vinland (!). Ihre Echtheit ist umstritten. Sollte sie echt sein, muß sie um 1440 angefertigt worden sein.
1965	**Schiffbau.** In diesem Jahr liefern die acht größten Werften in der BRD folgende Zahl an Schiffen/Tonnage in BRT ab: Kieler Howaldtswerke AG 7/181.600, Rheinstahl Nordseewerke GmBH in Emden 6/127.450, Deutsche Werft AG in Hamburg 5/117.430, AG Weser in Bremen/Bremerhaven 13/99.520, Bremer Vulkan in Vegesack 4/85.840, Howaldtswerke Hamburg AG 4/84,140, Blohm & Voss AG in Hamburg 6/80.110 und Lübecker Flenderwerke AG 8/72.640.
15. Dezember 1965	**Raumfahrt.** Erstmals gelingt den Amerikanern mit den >Gemini<-Raumschiffen 6 und 7 ein Rendezvousmanöver im Weltraum. >Gemini 10< mit den Astronauten J. W. Young und M. Collins vollzieht im Juli 1966 das erste Andockmanöver, eine Voraussetzung für einen Flug zum Mond.

Bohrinsel um 1970
Maßstab ca. 1:1000

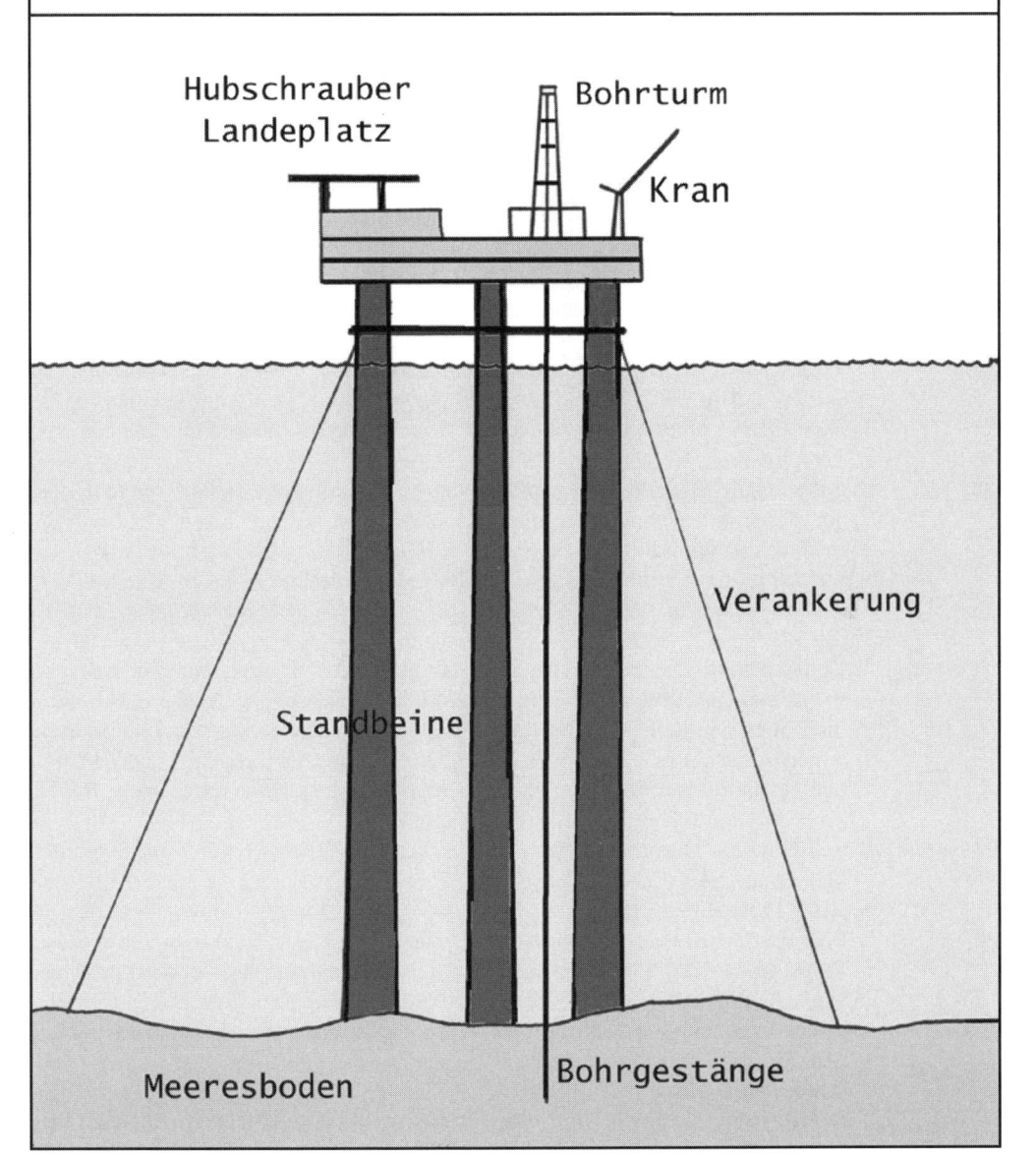

- Hubschrauber Landeplatz
- Bohrturm
- Kran
- Verankerung
- Standbeine
- Meeresboden
- Bohrgestänge

Jänner 1966	**Schiffbau.** Das bisher größte Frachtschiff der Welt wird in Jokohama fertiggestellt. Es ist der Tanker >Tokyo Maru< (150.000 dwt). Das Schiff ist 306 Meter lang, 47,5 Meter breit und hat einen Tiefgang von 16 Metern. Mit dieser Größe kann es den Suezkanal nicht passieren. Dafür kommt das Schiff aber mit einer Besatzung von nur 29 Mann aus.
1966	**Brasilien.** Der Güterumschlag in allen Häfen beträgt 57,2 Millionen Tonnen. Davon entfallen je ein Drittel auf die Einfuhr, die Ausfuhr und die Küstenschiffahrt. Die Binnenschiffahrt ist außer im Amazonasgebiet durch zahlreiche Stromschnellen und den Lauf der meisten Flüsse in das Innere des Kontinents behindert. Die Häfen Santos und Rio de Janeiro bewältigen zusammen rund die Hälfte des Umschlags. Weitere wichtige Häfen sind Vitória (Erzausfuhr), Porto Alegre, Recife, Paranagua (größter Kaffee-Exporthafen), Belém, San Salvador, Imbituba (Kohleexport) und Santana an der Amazonasmündung (Manganexport). Manaos am Mittellauf des Amazonas wird in diesem Jahr von 1269 Schiffen mit 559.000 BRT angelaufen. Aus Brasilien werden Kaffee (41,0%), Rohbaumwolle (7,2%), Eisenerz (5,5%), Rohrzucker (5,4%), Schnittholz (3,9%) und Kakao (3,8%) ausgeführt.
April 1966	**Containerverkehr.** Als erstes Containerschiff kommt die >Fairland<, ein Vollcontainerschiff, von den USA nach Europa. Aus New York kommend läuft sie Rotterdam, Bremerhaven und Grangemouth bei Edinburgh an. Sie hat in allen Häfen nur eine Liegezeit von je zwei Tagen. Bald folgen ihre drei Schwesterschiffe.
1966	**Schwergut.** Die 1881 gegründete deutsche Reederei „Hansa" ist auf den Transport von schwersten Lasten spezialisiert. Sie verfügt dazu über 27 Schiffe mit Schwergutgeschirren von jeweils 120 bis 260 Tonnen Tragkraft. Verschifft werden ganze Eisenbahnzüge, Transformatoren, fertige Bohrtürme und kleine Schiffe bis zu 250 Tonnen Gewicht. Die Frachter haben Größen um die 10.000 dwt.
Oktober 1966	**Deutschland.** Die Reedereien HAPAG und NDL Bremen gründen eine gemeinsame Gesellschaft für den Containerverkehr. Am 25. Oktober 1968 fährt die >Weser Expreß< (13.380) als erstes Vollcontainerschiff von Europa nach Amerika. In Europa werden Hamburg, Bremerhaven, Rotterdam und Antwerpen, in Nordamerika New York, Baltimore und Norfolk angelaufen. Schon zwei Wochen später folgt die >Elbe Expreß<.
8. Dezember 1966	**Schiffbruch.** Die griechische Fähre >Iraklion< (8900) verkehrt auf der Linie von Piräus nach Chandia auf Kreta. An diesem Tag geht das Schiff und mit ihm 234 Personen unter.
Anfang 1967	**Passagierschiffahrt.** Die britische Cunard-Reederei nimmt das zweitgrößte Passagierschiff, die >Queen Mary<, aus der Linienfahrt und verkauft es in die USA. Dort geht es als Hotelschiff in Long Beach endgültig vor Anker. Ein Jahr später wird auch die noch größere >Queen Elisabeth< aus dem Verkehr gezogen. In der Linienfahrt können diese großen Schnelldampfer nicht mehr kostendeckend fahren.
18. März 1967	**Schiffbruch.** Auf dem Weg von Kuwait nach Milford Haven, dem großen Ölterminal in Wales, strandet der Supertanker >Torrey Canyon< (115.000 dwt) an den Riffen der Scilly-Inseln. Die Ladung an Rohöl fließt aus und ver-

Brasilien
wichtige Ausfuhren
um 1970

schmutzt die Strände von Cornwall und bis zur Bretagne. Das Wrack wird schließlich von der britischen Luftwaffe mit Bomben versenkt. Es ist die erste große Umweltkatastrophe durch den Unfall eines Supertankers.

1967 **Seeverkehr.** Als Folge des dritten Nahostkrieges bleibt der Suezkanal für acht Jahre geschlossen. Das Erdöl aus dem Persischen Golf, dem Gebiet der größten Erdöllieferungen, muß daher rund um Afrika nach Europa und in die USA gebracht werden. Die Reeder lassen daher Riesentanker mit bis zu 500.000 dwt bauen, die den Suezkanal nicht passieren können. Für diese Schiffe werden im Persischen Golf eigene Verladeinseln gebaut und in Europa Tiefwasserhäfen wie Milford Haven in Wales, die Bantry-Bucht in Irland oder an der Themsemündung angelegt, wo diese Riesenschiffe löschen können. Dazu gibt es etwas kleinere Häfen wie Fos bei Marseille, Genua, Triest, Rotterdam und Wilhelmshaven. Die gesamte Tonnage der Tanker übertrifft bald jene der Trockenfrachter. Der Öltransport steigt von sieben Millionen Tonnen im Jahr 1950 auf 171 Millionen Tonnen 1974, um dann bei der Erdölkrise wieder leicht abzufallen.

1967 **Häfen.** Die wichtigsten Häfen der EWG (Europäische Wirtschaftsgemeinschaft) haben folgenden Güterumschlag in Millionen metrischen Tonnen (in Klammer die Veränderung gegenüber dem Vorjahr): Rotterdam 141,4 (+8%), Marseille 62,5 (-2%), Antwerpen 60,6 (+2%), Genua 45,5 (+16%), Le Havre 37,5 (+22%), Hamburg 35,5 (-6%), Wilhelmshaven 19,9 (-2%), Bremen mit Bremerhaven 17,4 (+1%), Dünkirchen 17,0 (+3%), Amsterdam 14,3 (-2%), Rouen 11,4 (-2%), Emden 10,4 (+5%), Bordeaux 7,7 (-1%). Genua, Le Havre und Rotterdam haben den stärksten Zuwachs im Güterumschlag.

1967 **Chile.** Die Ausfuhr des Landes, fast zur Gänze über See, besteht aus Kupfer (66%), Salpeter und Jod (17%), Papier und Zellulose (14%), chemischen Produkten (2%) und etwas Fischmehl. Handelspartner sind die USA, Deutschland, Großbritannien, Japan, Niederlande und Argentinien. Die wichtigsten Häfen für die Ausfuhr sind Coquimbo (Mineralstoffe), Antofagasta (Mineralien) und Punta Arenas. Die Einfuhr geht zum Großteil über Valparaiso. Die Handelsflotte von Chile ist unbedeutend.

September 1967 **Containerverkehr.** Im nördlichen Stillen Ozean beginnt das Containerzeitalter. Zunächst eröffnen zwei umgebaute Frachter mit je 465 TEU (Twenty Foot Equivalent Unit) Stauplatz in zweiwöchigen Fahrten den Verkehr zwischen Kalifornien und Japan. Schon im folgenden Jahr nimmt auch die japanische >Hakone Maru< ihre Fahrten auf. Von Kanada aus beginnt im Oktober 1968 der Containerverkehr nach Japan. Der Verkehr von Nordamerika nach Ostasien (Japan, Südkorea und Taiwan) wird nach den Fahrtgebieten Nordamerika–Europa und Europa–Ostasien zum dritten Seegebiet, wo die Container den Stückgutverkehr rasch an sich ziehen.

1967 **Nord-Ostseekanal.** Den Kanal passieren in diesem Jahr 62.271 Schiffe mit 65,285.000 BRT. Darunter sind 38.850 Schiffe mit 19,718.000 BRT unter der bundesdeutschen Flagge. Die deutschen Schiffe haben rund 500 BRT, die fremden Schiffe rund 2000 BRT mittlere Tonnage. Unter der deutschen Flagge fahren viele Schiffe im Küstenverkehr zwischen Ost und West.

1967 **St. Lorenz-Seeweg.** Von Montreal fahren 6921 Schiffe mit 44,028.600 Tonnen an Gütern zum Ontario-See. Dies ergibt einen Durchschnitt von 6362 Tonnen

Bantery Bay

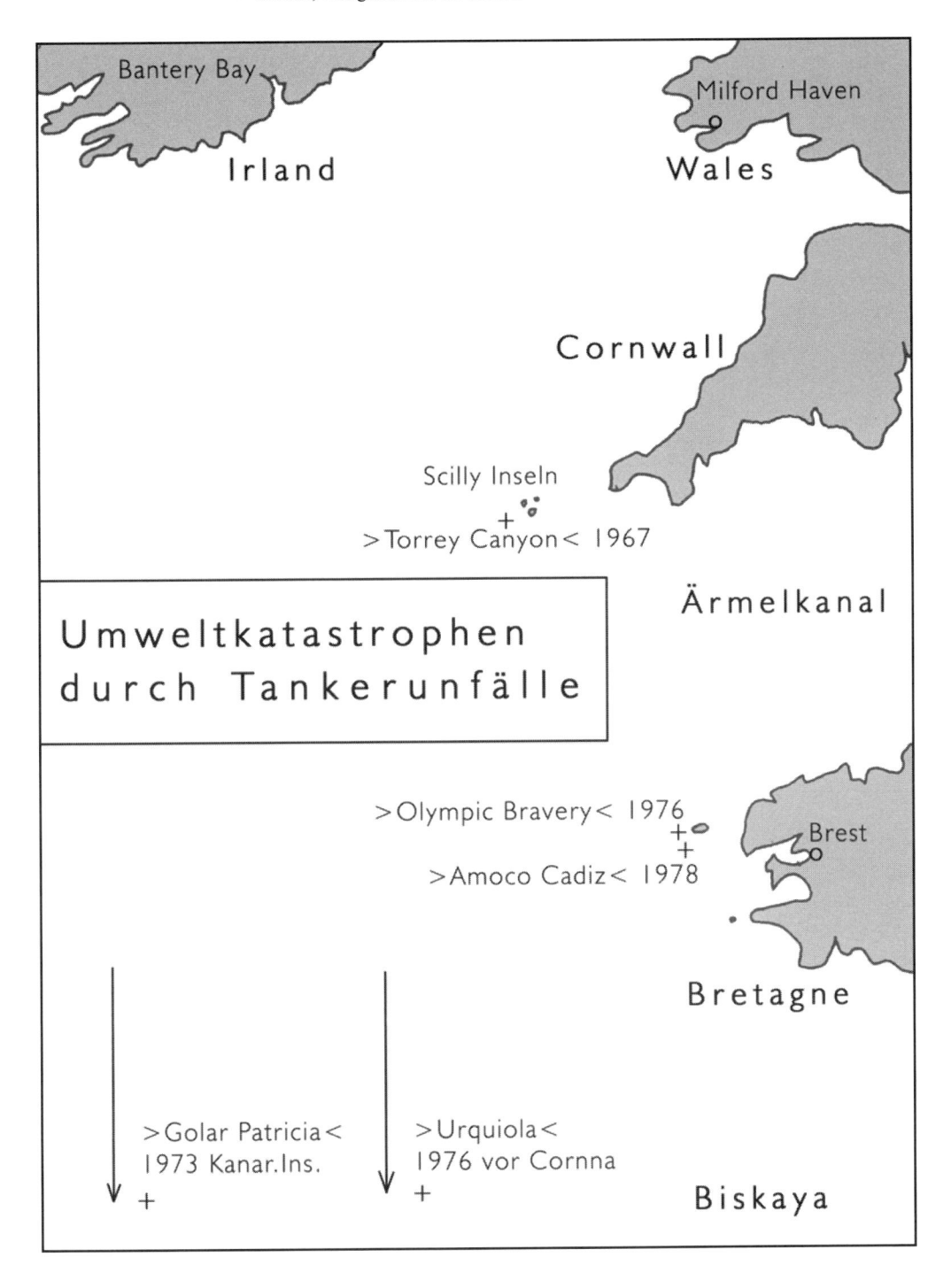

Irland

Milford Haven

Wales

Cornwall

Scilly Inseln
\>Torrey Canyon< 1967

Ärmelkanal

Umweltkatastrophen durch Tankerunfälle

\>Olympic Bravery< 1976
\>Amoco Cadiz< 1978

Brest

Bretagne

\>Golar Patricia<
1973 Kanar.Ins.

\>Urquiola<
1976 vor Cornna

Biskaya

	pro Schiff. Gegenüber dem Vorjahr geht die Zahl der Schiffe um 5,7% und das Gewicht der Güter um 10,6% zurück.
1967	**Containerverkehr.** Die Reedereien HAPAG und NDL Bremen bestellen für ihre Containerfirma bei den Werften Blohm & Voss in Hamburg und Bremer Vulkan je zwei Vollcontainerschiffe mit 14.000 BRT, 19,5 Knoten Geschwindigkeit und Stellflächen für je 750 TEU für die Fahrt nach Nordamerika. Schon zwei Jahre später folgen zwei Schiffe mit je 27.000 BRT, 21,5 Knoten und 1500 TEU. Im Jahr 1970, dem Jahr des Zusammenschlusses der beiden Reedereien zur HAPAG-Lloyd AG folgen Schiffe mit 55.000 BRT, 27 Knoten und 3000 TEU für die Fahrt nach Ostasien. Im Jahr 1969 hat Großbritannien 38 Containerschiffe mit 716.000 BRT in den Orderbüchern der Werften stehen, die USA 31 Schiffe mit 619.000 BRT und Deutschland 37 Schiffe mit 302.000 BRT. Der Siegeszug des Containers ist voll im Gange.
Dezember 1967	**Schiffbau.** Einen neuen Größenrekord bei den Riesentankern stellt die japanische >Idemitsu Maru< mit 208.280 dwt/108.500 BRT auf. Das Schiff ist auf der Werft Ishikawashima Heavy Industries in Jokohama gebaut worden.
1. Jänner 1968	**Schiffbau.** Von den Howaldt-Werken in Kiel wird das erste (und einzige) deutsche Schiff mit Antrieb durch einen Kernreaktor abgeliefert. Die >Otto Hahn< (16.870) ist ein Frachtschiff für Test- und Versuchsfahrten. Wegen mangelnder Rentabilität und aus Umweltschutzgründen wird der Bau von zivilen Atomschiffen nicht fortgesetzt. Einzige Ausnahme sind die Atomeisbrecher für den Seeweg im Norden rund um Sibirien.
1968	**Technik.** In England nimmt das erste Hovercraft den Betrieb auf. Nach jahrelangen Vorarbeiten wird dieses Luftkissenfahrzeug, konstruiert vom Ingenieur Christopher Cockrell, fertiggestellt. Es wiegt 135 Tonnen, ist 40 Meter lang und 23,5 Meter breit und kann 610 Passagiere oder 260 Personen und 30 PKW befördern. Es wird von vier Gasturbinen angetrieben und erreicht eine Geschwindigkeit von 60 Knoten.
1968	**Handelsflotten.** Die Industrienationen gehen immer mehr dazu über, ihre Handelsschiffe in Staaten mit geringen Sicherheitsvorschriften und niedrigeren sozialen Standards registrieren zu lassen. Sie entgehen dadurch den teilweise extremen Vorschriften und hohen Sozialgesetzen ihrer Länder und können dadurch niedrigere Frachtraten anbieten. Die ersten Staaten dieser „Billigflaggen" (Flags of Convenience) sind Liberia und Panama. Liberia hat auf diese Weise bereits die größte Handelsflotte der Welt unter seiner Flagge laufen. Tabelle über die Größe der Handelsflotten im Anhang.
1968	**Binnenschiffahrt.** Von den finnischen Binnenseen wird ein Kanal nach dem nun sowjetischen Viborg eröffnet. Er ist 56 Kilometer lang und hat acht Schleusen, mit denen ein Höhenunterschied von 76 Metern überwunden wird. Kähne mit bis zu 1600 Tonnen fahren nun direkt vom Finnischen Meerbusen zur Holz- und Papierindustrie am Saimaa-See. Mit Eisbrechern wird der Kanal auch in Wintermonaten frei gehalten und kann daher rund zehn Monate im Jahr befahren werden.
1968	**Schiffbau.** Das gegenwärtig größte Schiff der Welt ist der Riesentanker >Universe Ireland< (375.000 dwt), der Rohöl von Kuwait um das Kap der Guten Hoffnung zur Bantry-Bucht in Irland bringt. Das Schiff ist für die Fahrt durch

Containerschiffe

Größenwachstum 1967–1975

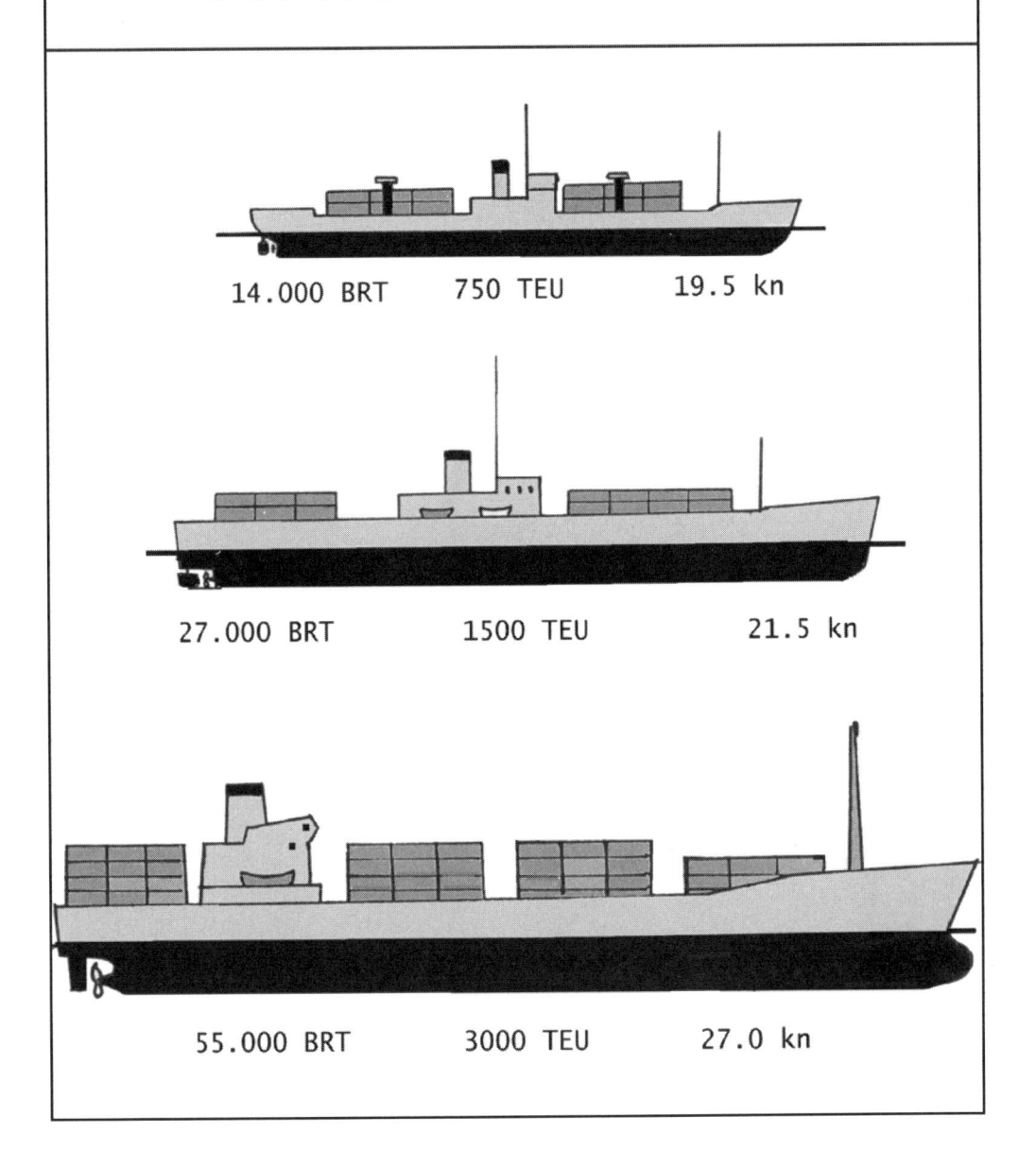

14.000 BRT 750 TEU 19.5 kn

27.000 BRT 1500 TEU 21.5 kn

55.000 BRT 3000 TEU 27.0 kn

die Straße von Malakka schon zu groß. Tanker dieser Größe müssen am Weg vom Persischen Golf nach Japan durch die Lombok-Straße fahren. Auch die Ostsee kann von ihnen nicht angelaufen werden.

1968 **Forschung.** Schon oft sind Proben des Meeresbodens zur Untersuchung an die Oberfläche gebracht worden. Nun wird ein Bohrschiff gebaut, das auch von größeren Meerestiefen mit seinem Bohrer möglichst weit in die Erde eindringen kann und von dort Bohrkerne als Bodenproben fördert. Die >Glomar Challenger< (10.400 t) ist mit dieser Tätigkeit jahrelang beschäftigt. Sie hat an Deck einen Bohrturm von 58 Metern Höhe, der von einer Meerestiefe von 6000 Metern noch 750 Meter in den Meeresboden eindringen kann.

1968 **Binnenschiffahrt.** Am Rhein passieren die Grenzstelle von Emmerich zwischen Deutschland und den Niederlanden in diesem Jahr Schiffe mit 110 Millionen Tonnen an Gütern. Das ist fast das Doppelte, als im gleichen Jahr am Nord-Ostseekanal transportiert wird.

25. Oktober 1968 **Containerverkehr.** Die >Weser Expreß< (14.000) der HAPAG-Lloyd-Container-Linie startet zu ihrer ersten Fahrt nach den USA. Sie ist das erste europäische Vollcontainerschiff. Mit drei weiteren Schiffen wird ein wöchentlicher Liniendienst in die USA, die diesen Verkehr bisher dominiert haben, aufgenommen.

Dezember 1968 **Passagierschiff.** In Großbritannien wird von der Werft Brown in Clydebank als letztes großes Linienschiff die >Queen Elisabeth II< (65.800) an die Cunard-Reederei abgeliefert. Sie wird nur mehr drei Jahre im Liniendienst eingesetzt und unternimmt dann Kreuzfahrten.

Dezember 1968 **Raumfahrt.** Die USA bereiten mit ihren >Apollo<-Raumschiffen eine Landung auf dem Mond vor. Diese Schiffe mit drei Astronauten bestehen aus einem Kommandoteil, einer Mondfähre und dem Versorgungsteil. >Apollo 8< fliegt mit der Besatzung F. Bormann, J. A. Lovell und W. Anders zur Erprobung als erstes bemanntes Fahrzeug zum Mond und umrundet den Erdtrabanten. Die drei sind die ersten Menschen, die den Mond an seiner Rückseite sehen.

1968/69 **Australien.** Der Kontinent exportiert Wolle (24% der Ausfuhr), Getreide (10%), Erze (10%), Fleisch (8%) und Industrieerzeugnisse (11%). Die wichtigsten Handelspartner sind Japan, die USA, Großbritannien und China. Die Häfen mit dem größten Güterumschlag sind Sydney mit Botany Bay (12,7 Millionen Tonnen), Newcastle (9,7), Port Kembla südlich von Sydney (8,9), Melbourne (6,7), Geelong bei Melbourne (6,7), Whyalla bei Adelaide (5,0 Erzausfuhr), Kwinana bei Perth (4,2), Brisbane (4,0) und Freemantle bei Perth (3,7).

1969 **Containerverkehr.** Im Nordatlantik sind schon acht Halbcontainerschiffe und 23 Vollcontainerschiffe mit einer Kapazität von zusammen rund 20.000 TEU in Fahrt. An der Ostküste der USA gibt es schon 15 Häfen mit 30 Liegeplätzen für die Containerschiffe und dazu landseitige Verladebrücken. Reeder, die sich nicht rechtzeitig auf das neue Transportmittel umstellen, verschwinden aus dem Frachtverkehr im Nordatlantik. Die wichtigsten Containerhäfen in Nordamerika sind Halifax, New York, New Orleans, Houston, Long Beach und Oakland.

Luftkissenfahrzeug um 1970

1 : 400

britisches Hovercraft für 600 Personen

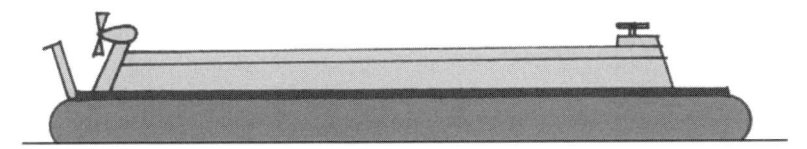

Binnenschiffahrt in Südfinnland

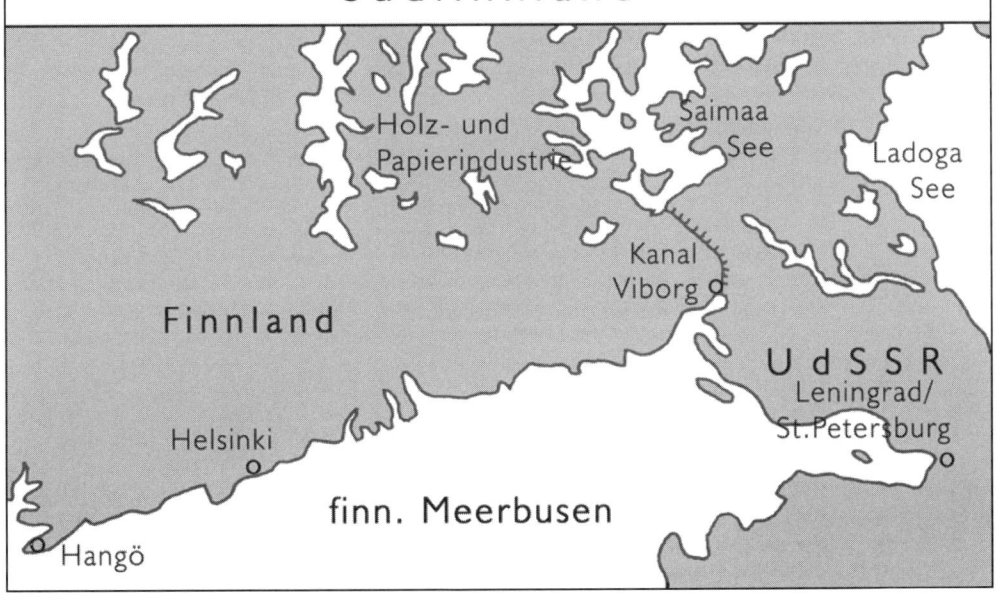

Holz- und Papierindustrie

Saimaa See

Ladoga See

Kanal Viborg

Finnland

UdSSR
Leningrad/St.Petersburg

Helsinki

Hangö

finn. Meerbusen

1969 **Handelsschiffbau.** In diesem Jahr wird von den großen Schiffbaunationen folgende Menge an Tonnage abgeliefert:

Land	Tonnage in BRT
Japan	9,300.000
BRD	1,600.000
Schweden	1,300.000
Großbritannien	1,000.000
Frankreich	800.000
Norwegen	700.000

1969 **Containerverkehr.** Eine britische Reedereigruppe nimmt mit sechs Vollcontainerschiffen den Verkehr mit Australien auf. Durch die kürzere Fahrzeit (23 statt 35 Tage) und die kurzen Liegezeiten (zwei Tage statt einer Woche) können die Reeder rund 50 alte Stückgutfrachter ausmustern. In Australien werden in Sydney, Melbourne und Freemantle Containerterminals eingerichtet, von denen die kleineren Häfen bedient werden. Ab 1977 beginnt auch die deutsche Reederei Hamburg-Süd einen Containerdienst mit der Route Hamburg–Bremen–Rotterdam–Antwerpen–Dünkirchen–Le Havre–La Pallice nach Australien, Neuseeland und bis Tahiti. Der Umschlag der Massenguthäfen ist von diesem Containerverkehr nicht betroffen.

1969 **Unfälle.** Das Waschen der leeren Tanks der Erdöltransporter ist im Hafen eine kostspielige Angelegenheit. Viele Kapitäne säubern daher die Öltanks ihrer Schiffe bei der Ballastfahrt auf Hoher See. Dabei explodieren innerhalb kurzer Zeit drei Supertanker. Das Reinigen der Tanks auf Hoher See wird daher verboten (auch aus Gründen des Umweltschutzes), ist aber schwer zu kontrollieren. Für solche Aufgaben schaffen die meisten Kriegsmarinen Korvetten zur Überwachung der Küstenzone an.

1969 **Schiffbau.** Die >Acadia Forest< (36.020 BRT/49.060 dwt) wird als erstes LASH-Schiff in Dienst gestellt. LASH steht für Lighter Abord Ship. Es kann 80 Leichter mit je 370 Tonnen Tragkraft an Bord nehmen. Dazu muß das Schiff fluten und die Leichter in seinen Dockraum einschwimmen lassen. Die Güter können so auf allen Wasserwegen der Binnen- und Hochseeschiffahrt befördert werden.

1969 **Schiffbruch.** In diesem Jahr gehen durch Feuer, Kollision, Strandung und andere Ursachen 252 Schiffe mit 757.000 BRT in der Hochseeschiffahrt verloren (Lloyd's Register of Shipping).

1969 **Deutschland.** Die Häfen der Bundesrepublik schlagen in diesem Jahr 116 Millionen Tonnen an Gütern um. Davon entfallen allein 48 Millionen Tonnen auf Erdöl. Die vier größten Häfen mit ihrem Güterumschlag sind:

Hamburg	40,900.000
Wilhelmshaven (Erdöl)	21,100.000
Bremen/Bremerhaven	20,700.000
Emden	13,900.000

1969 **Binnenschiffahrt.** Bei Lüneburg in Deutschland wird das größte Schiffshebewerk der Welt in Betrieb genommen. Es hebt Binnenschiffe bis zu 1350 Tonnen 38 Meter hoch. Dadurch wird eine direkte Verbindung über den Elbe-Seitenkanal zum Mittellandkanal hergestellt.

Australien
die wichtigsten Häfen

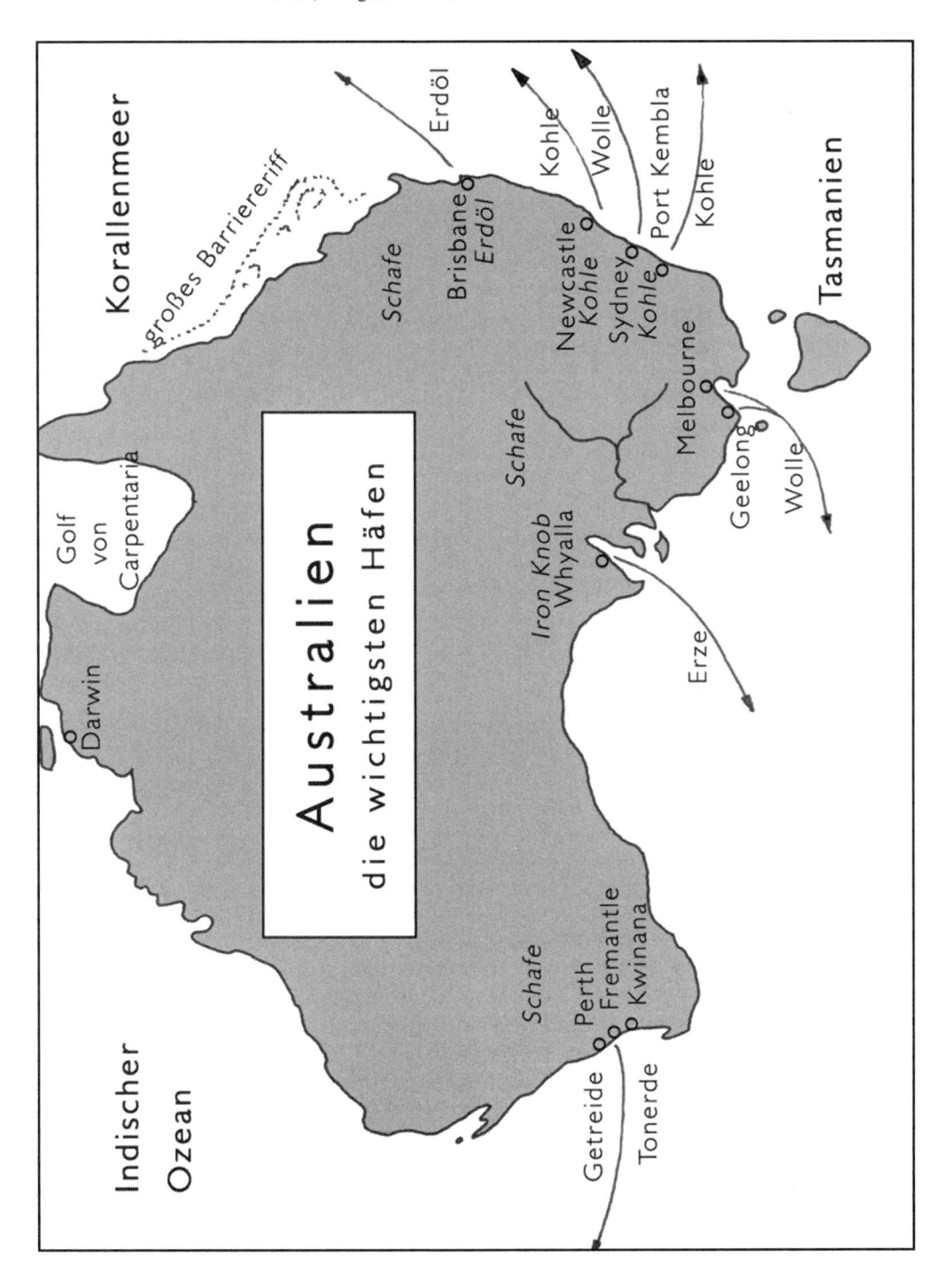

Korallenmeer · großes Barriereriff · Erdöl · Kohle · Wolle · Port Kembla · Kohle · **Tasmanien**

Schafe · Brisbane Erdöl · Newcastle Kohle · Sydney Kohle · Melbourne · Geelong · Wolle

Schafe · Iron Knob Whyalla · Erze

Golf von Carpentaria

Darwin

Schafe · Perth · Fremantle · Kwinana · Getreide · Tonerde

Indischer Ozean

1969 **Forschung.** Die Oberflächenströmung des Golfstroms ist schon weitgehend bekannt. Zur Erforschung der Tiefenströmung konstruiert Jacques Piccard, der Sohn des Schweizer Physikers und Forschers Auguste Piccard, das Mesoscaph (U-Boot für mittlere Tiefen) >Ben Franklin<. Mit diesem und fünf Begleitern fährt er auf rund 700 Meter Meerestiefe von Florida in einem Monat bis vor Neuschottland. Strömung, Wasserzustand und Lebewesen werden untersucht. Dazu wird für die NASA das Verhalten von mehreren Personen auf engem Raum über eine längere Zeit dokumentiert.

21. Juli 1969 **Mondlandung.** Das US-Raumschiff >Apollo 11< startet am 16. Juli mit den Astronauten Neil A. Armstrong, Edwin E. Aldrin jr. und M. Collins zu seiner Fahrt zum Mond. Armstrong und Aldrin landen am 21. Juli mit der Mondfähre und Armstrong betritt als erster Mensch den Erdtrabanten. Collins steuert unterdessen die Kommandoeinheit in einer Mondumlaufbahn. Am 24. Juli landen die drei Astronauten wieder auf der Erde (im Pazifik). Diese Leistung übertrifft noch die Fahrt von Kolumbus nach Amerika oder den ersten Flug eines einzelnen Piloten über den Atlantik durch Ch. Lindbergh. Nach mehreren weiteren Mondlandungen stellt die NASA die bemannten Flüge zum Mond ein und konzentriert sich auf den Bau einer Weltraumstation in einer Erdumlaufbahn.

24. August– **Testfahrt.** Der zur Eisfahrt verstärkte amerikanische Tanker >Manhattan<
19. September (108.400 dwt) bewältigt die Fahrt durch die Nordwestpassage vom Atlantik zu
1969 den Ölfeldern im Norden von Alaska. Wegen der großen Schwierigkeiten auf diesem Wege werden die Fahrten nicht mehr fortgesetzt. Man entscheidet sich zum Bau einer Ölleitung quer durch Alaska durch den Boden des Permafrostes an den Stillen Ozean. Von dort wird das Rohöl dann von den Tankern abgeholt.

Ende 1969 **Welthandelsflotte.** Immer häufiger lassen die Reeder ihre Schiffe in Staaten der Dritten Welt registrieren. Dadurch entgehen sie den kostspieligen Sicherheitsvorschriften und den Sozialbestimmungen der eigenen Länder. Das typische Land einer „Billigflagge" ist Liberia in Afrika. Die meisten Schiffe sind nun in folgenden Staaten registriert:

Rang	Land	Tonnage in BRT	Anteil an Welttonnage
1)	Liberia	29,200.000	13,8%
2)	Japan	24,000.000	11,3%
3)	Großbritannien	23,800.000	11,2%
4)	Norwegen	19,700.000	9,3%
5)	USA	19,500.000	9,2%
6)	Sowjetunion	13,700.000	6,5%

Jänner 1970 **Schiffbau.** Die Werft Blohm & Voss in Hamburg liefert die bisher größte Autofähre der Welt ab. Die >Laurita< ist praktisch ein schwimmendes Parkhaus für rund 3000 PKW und gehört der norwegischen Reederei Ugland.

März 1970 **Containerverkehr.** Das Containerzeitalter beginnt im Mittelmeer mit den Fahrten der beiden Schiffe >Goldenfels< und >Gutenfels< der DDG Hansa. Sie fahren von Neapel, Livorno, Genua und Marseille nach Nordamerika. Behindert wird die Entwicklung dadurch, daß der Suezkanal noch immer geschlossen ist. Das Mittelmeer ist daher eine Sackgasse.

Tiefseefahrt von Jaques Piccard 1969

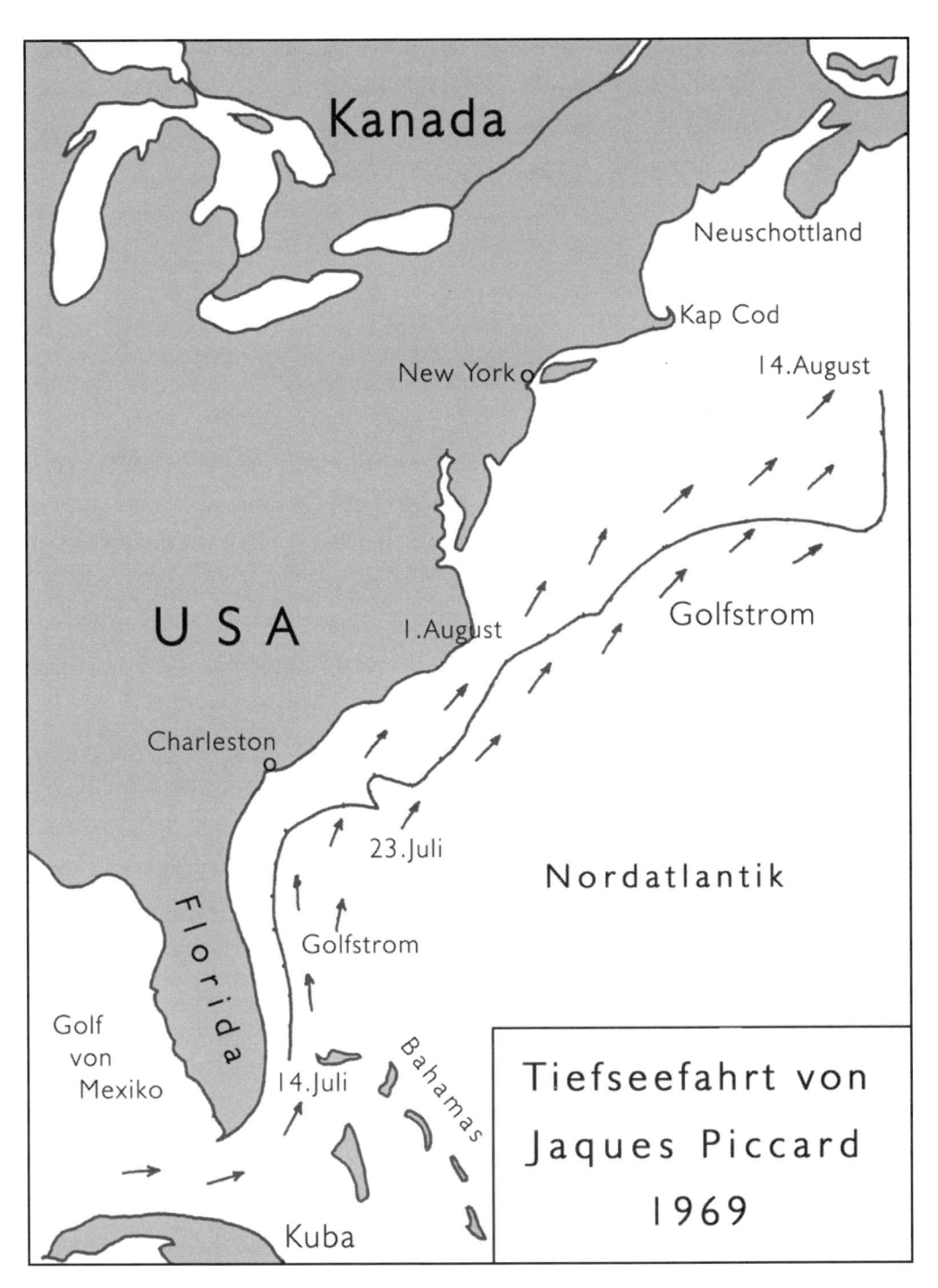

April 1970 **Deutschland.** Die größten Reedereien des Landes nach BRT sind: HAPAG (464.815), E. Oldendorff (434.355), NDL Bremen (395.702), Deutsche Shell Tanker (379.751), Hamburg-Süd (358.765), Esso Tankschiff-Reederei (335.384), Schulte & Bruns (280.397), DDG Hansa (271.439), Frigga-Reederei (241.180), J. T. Essberger (238.960), Ernst Russ (182.491), Deutsche Afrika-Linien (131.271), Leonhardt & Blumberg (128.685), Unterweser-Reederei (120.377) und Schlüsselreederei (104.141). Dazu gibt es 160 weitere kleinere Reedereien. Noch im selben Jahr schließen sich HAPAG und Norddeutscher Lloyd zur HAPAG-Lloyd AG zusammen. Diese Reederei hat dann etwas über 100 Schiffe mit rund 900.000 BRT.

Mai–Juli 1970 **Forschung.** Der Norweger Thor Heyerdahl fährt mit dem Papyrusboot >Ra II< in 57 Tagen von Marokko nach Westindien. Er demonstriert dabei den Wert der in dieser Richtung führenden Meeresströmung. Wie ein ägyptisches Papyrusboot in der Frühgeschichte von Ägypten in den Atlantik kommt, ist jedoch nicht bewiesen. Ein erster Versuch, mit der >Ra I< im Jahr 1969 nach Amerika zu gelangen, scheitert, da sich das Schilfboot vorher auflöst. Bei späteren Fahrten in den Atlantik werden Verdrängungsboote mit Spanten und Planken verwendet.

September 1970 **Forschung.** Das US-Schiff >Ocean Miner< fördert rund 270 Kilometer vor der Küste von Florida am Rand des Kontinentalschelfs aus 900 Metern Tiefe Erze für wissenschaftliche Untersuchungen. Eine wirtschaftliche Ausbeute ist noch nicht möglich.

1970 **Segelsport.** Für Segelschulschiffe wird ein Hochseerennen von Plymouth zu den Kanarischen Inseln veranstaltet. In der Klasse A (Großsegler) gewinnt die norwegische >Christian Radich< vor der deutschen >Gorch Fock<.

1970 **Frankreich.** Die größten Häfen des Landes sind Marseille (74,1 Millionen Tonnen Umschlag), Le Havre (58,0), Dünkirchen (25,4), Rouen (12,8), Bordeaux (11,1) und St. Nazaire mit Nantes (10,7). Der Umschlag von allen 90 Hochseehäfen liegt deutlich über 200 Millionen Tonnen. Von den Binnenwasserwegen haben noch Rhein, Rhone, Seine, Loire und Gironde einige Bedeutung. Ein Kanal für den Europakahn (1350 Tonnen) ist von der mittleren Seine bis in das nördliche Industriegebiet 1966 eröffnet worden und soll bis Dünkirchen verlängert werden.

1970 **Deutschland.** Der ganze Güterumschlag der Hochseeschiffahrt in der Bundesrepublik beträgt 140 Millionen Tonnen. Davon entfallen nur 16 Millionen auf die wenigen verbliebenen Ostseehäfen. Im Binnenland gibt es 4000 Kilometer schiffbare Flüsse und 1800 Kilometer Kanäle. Die größten Binnenhäfen sind Duisburg-Ruhrort (41,2 Millionen Tonnen Umschlag), Hamburg (10,3, nur Binnenschiffahrt), Mannheim (9,4), Ludwigshafen am Rhein (9,3) und Köln (8,5). Vom ganzen Binnenverkehr werden von der Eisenbahn (44,8%), der Binnenschiffahrt (27,2%), dem Fern-LKW (18,7%) und durch Rohrleitungen (9,3%) befördert.

1970 **Großbritannien.** Die Handelsflotte des Landes besteht aus 25.830.000 BRT Schiffsraum (ohne Küsten- und Binnenschiffe), wovon fast die halbe Tonnage auf Tanker entfällt. In der Hochseeschiffahrt werden 219 Millionen Tonnen an Gütern umgeschlagen. Davon entfallen auf London (56,5 Millionen Tonnen),

Liverpool (31,0) und dann folgen die Ölhäfen Milford Haven und Medway an der Themsemündung. Weitere wichtige Häfen sind Southampton, der Clyde, Hull, Bristol, die Tynemündung, Belfast und Swansea. Das Kanalnetz ist auf rund 3000 Kilometer geschrumpft. Der ganze Binnentransport zu Schiff von sieben Millionen Tonnen besteht zu drei Viertel aus Kohle. Der Manchester Schiffskanal kann von Frachtern bis zu 13.000 BRT befahren werden. Manchester hat einen Güterumschlag von 16,4 Millionen Tonnen.

Binnenschiffahrt. Peru unterhält am Titicaca-See eine kleine Handelsflotte, darunter auch die Eisenbahnfähre >Manco Capac< (1100). In diesem Jahr werden 5350 Personen und 176.500 Tonnen an Gütern befördert. *1970/71*

Rätsel. Am 23. verläßt der portugiesische Frachter >Angoche< (1690) mit einer Ladung Flugbenzin den Hafen Nacala in Mosambique mit dem Ziel Porto Amelia, 130 Kilometer weiter im Norden. Am 26. findet ein Tanker das Schiff von den 24 Mann der Besatzung verlassen. Die >Angoche< zeigt zwar leichte Beschädigungen, die Rettungsboote sind aber an Bord. Die Besatzung bleibt spurlos verschwunden. *April 1971*

Containerverkehr. In Melbourne, Australien, trifft die >Columbus Australia< als erstes Containerschiff von der nordamerikanischen Ostküste ein. Die Reederei „Columbus", eine Tochtergesellschaft der Hamburg-Süd, nimmt diesen Verkehr mit vier Schiffen auf. Sie bedient in Amerika die Häfen Halifax, Boston, New York, Philadelphia, Hampton Roads und Charleston. In Neuseeland wird Wellington und in Australien Brisbane, Sydney und Melbourne angelaufen. Schon bald folgen auch Fahrten von der Westküste von Nordamerika, und zwar von Tacoma, Vancouver, San Francisco und Long Beach nach Australien. *Juni 1971*

Vertrag. In Anwesenheit von Staatspräsident Salvador Allende wird in Santiago de Chile ein Fischereiabkommen zwischen der Sowjetunion und Chile abgeschlossen. Die UdSSR übernimmt danach die Unterstützung von Chile beim Ausbau eines neuen Fischereihafens, beim Ausbau der Fischereiflotte und bei der Ausbildung von Seeleuten für den Fischfang. *7. September 1971*

Schiffbau. Von der Werft Ishikawashima in Kure in Japan wird das neue größte Handelsschiff der Welt abgeliefert. Es ist der Supertanker >Nisseki Maru< mit 372.000 dwt und 347 Metern Länge. *September 1971*

Italien. Die Einfuhr über See ist wesentlich größer als die Ausfuhr. Beim Hafenumschlag von Genua entfallen 96% (!) auf das Löschen von Gütern (Erdöl). Der ganze Umschlag beträgt in Genua (45,9 Millionen Tonnen), Triest (31,0, meist Erdöl), Augusta (27,8, Erdöl), Venedig (15,0) und Neapel (9,8 Millionen Tonnen). Von Genua und Triest geht das Erdöl über Rohrleitungen nach Mitteleuropa, in Augusta auf Sizilien stehen große Raffinerien. Die Handelsmarine hat eine Größe von 8,780.000 BRT. *1971*

Kanada. Für den Binnenverkehr hat nur mehr der Seeweg des St. Lorenz-Stromes zu den Großen Seen eine – allerdings überragende – Bedeutung. In diesem Jahr werden 70,8 Millionen Tonnen Güter befördert. Davon entfallen 53% auf Bergbauprodukte, 25% auf landwirtschaftliche Erzeugnisse und 19% auf Industriegüter. Die größten Seehäfen nach dem Umschlag sind Vancouver am Stillen Ozean mit 27,1 Millionen Tonnen, Montreal mit 18,5 und der Getreidehafen Thunder Bay am Oberen See mit 20,8 Millionen Tonnen. *1971*

1971	**Japan.** Das Land ist auf die Einfuhr fast aller Rohstoffe angewiesen. Ausfuhren in der Reihenfolge ihres Wertes sind Halbzeuge in Eisen und Stahl, Kraftfahrzeuge, nichtelektrische Maschinen, Textilerzeugnisse und Garne, Schiffe, Nachrichtenapparate und chemische Produkte. Am Binnenverkehr ist die Küstenschiffahrt mit 42,4%, der Straßenverkehr mit 40,5% und die Eisenbahn mit 17,1% beteiligt. Die Häfen mit dem größten Umschlag sind Kobe (114,3 Millionen Tonnen), Jokohama (112,0), Nagoya (69,7) und Osaka (55,0).
1971	**Raumfahrt.** Die Sowjetunion sendet die erste Weltraumstation >Sojus< in eine Erdumlaufbahn. Diese Orbitalstationen geben mehreren Astronauten/Kosmonauten einen Lebensraum für einen längeren Aufenthalt im Weltraum. Im Jahr 1973 folgt das >Skylab< der NASA, 1983 das europäische >Spacelab< und 1986 die russische >Mir<.
ab 1971	**Containerverkehr.** Als erste Reedereigruppe, eine einzelne könnte allein die riesigen Investitionen nicht schaffen, nimmt die „Triogruppe" den Verkehr von Europa nach Japan auf. An ihr sind von Europa die HAPAG-Lloyd AG, die britische O.C.L. und die britische Ben-Linie als eine Gruppe, sowie aus Japan die „Nippon Yusen Kaisha" und die „Mitsui O.S.K." beteiligt. Am 31. Dezember verläßt die >Kamarura Maru< als erstes Containerschiff der Gruppe Tokio und ist am 27. Jänner in Hamburg. Die Schiffe von 55.000 BRT haben eine Kapazität von 3000 TEU und fahren entweder durch den Suezkanal oder durch den Panamakanal in 21 bis 23 Tagen von Europa nach Fernost. Eine Rundreise dauert mit Liegezeiten 60 bis 65 Tage gegenüber 110 Tagen der konventionellen Frachter. Es werden die Häfen Hamburg, Rotterdam und Southampton sowie Tokio und Kobe angelaufen. Ab 1973 kommen noch Singapur, Hongkong, Bremerhaven und Kaohsiung auf Taiwan dazu. Die Ostasienfahrt wird nach dem Nordatlantik das wichtigste Fahrtgebiet für Containerschiffe.
1971/72	**Indonesien.** Die wichtigsten Ausfuhrgüter sind Erdöl (574 Millionen $), Kautschuk (223), Edelhölzer (173) und Zinn (60). Die Handelsflotte ist veraltet und schlecht gewartet. Der Verkehr zwischen den vielen Inseln wird daher zum Teil noch mit kleinen Segelschiffen betrieben. Auf den Molukken und in Nordsumatra gibt es Unabhängigkeitsbestrebungen.
1971/72	**Indien.** Das Land exportiert vor allem Textilerzeugnisse, Garne, Tee, Gewürze und Erze. Diese Ausfuhren gehen in die USA (16,7%), die UdSSR (13,3%), nach Japan (11,6%) und Großbritannien (10,7%). Die Einfuhren kommen aus den USA (22,9%), Großbritannien (12,0%), Japan (8,9%), Iran (6,9%) und Deutschland (6,8%). Die UdSSR liefert vor allem Kriegsschiffe und anderes Kriegsmaterial. Die wichtigsten Hochseehäfen sind Bombay, Kalkutta, Madras und Kotschin.
9. Jänner 1972	**Passagierschiff.** Die britische >Queen Elisabeth< (83.700) wird bereits 1968 außer Dienst gestellt und später nach Hongkong verkauft. Dort soll sie als schwimmende Universität eingesetzt werden. Beim Umbau fängt das Schiff Feuer, brennt aus und kentert. Sie ist ein Totalverlust.
Jänner 1972	**Handelsschiffe.** Zum Jahreswechsel übersteigt die Tonnage der Tanker erstmals die Grenze von 100 Millionen BRT (175 Millionen dwt). Das bedeutet im vergangenen Jahr eine Zunahme von zehn Prozent. Der Anteil der Tankertonnage an der Welthandelsflotte erhöht sich von 41 auf 42,5%.

wichtige deutsche Kanäle

- Ostsee
- Holstein
- Lübeck
- Wismar
- Mecklenburg
- Hamburg
- Elbe Trave Kanal
- Schwerin
- Harburg
- Lauenburg
- Lüneburg
- Schiffs-Hebewerk
- Elbe
- Elbe-Seitenkanal
- kanal. Havel
- Hannover
- Mittellandkanal
- Braunschweig
- Hildesheim
- Salzgitter
- Magdeburg
- Elbe

3. März 1972	**Raumfahrt.** Der Forschungssatellit ›Pioneer 10‹ der NASA verläßt als erstes künstliches Gebilde der Menschheit unser Sonnensystem und verschwindet im Weltraum.
März 1972	**Schiffbau.** In Hamburg wird das bisher größte Containerschiff, die ›Tokyo Bay‹ (60.000 BRT/48.500 dwt), fertiggestellt. Das Schiff hat ein Fassungsvermögen von 3000 TEU und erreicht eine Geschwindigkeit von 30 Knoten.
Sommer 1972	**Schiffbau.** In Frankreich wird das in den Niederlanden gebaute Bohrschiff ›Pélican‹ (15.000 dwt) in Dienst gestellt. Neben den Verstellpropellern sollen fünf Paar Querstrahlruder das Schiff genau auf Position halten können. Das Bohrgestänge reicht aus, um Bohrungen bis zu 4500 Meter Tiefe durchführen zu können.
November– Dezember 1972	**Container.** Von der UNO wird in Genf eine Konferenz über einheitliche Normen und Standards für Container abgehalten. In kurzer Zeit werden allgemeine Bestimmungen über die Sicherheit in der Arbeit mit Containern, die Zollbehandlung, die Containernormen, die Kodifizierung, die Gesundheitskontrollen und den grenzüberschreitenden Verkehr getroffen.
Jänner 1973	**Schiffbau.** Bei Ishikawashima in Kure, Japan, wird das weltgrößte Schiff, der britische Riesentanker ›Globtik Maru‹ (238.230 BRT/484.000 dwt), fertiggestellt. Das Schiff ist 379 Meter lang, 62 Meter breit und hat eine Seitenhöhe von 36 Metern.
12.–19. Jänner 1973	**Eisfahrt.** Erstmals gelingt es einem Konvoi von fünf Frachtern mit fünf Eisbrechern im Winter von der Mündung des Jennisei nach Murmansk zu fahren. Bei einer Kälte von minus 50 Grad Celsius muß bis zu sechs Meter dickes Eis gebrochen werden.
1973	**Passagierschiffahrt.** Die HAPAG-Lloyd AG stellt den Liniendienst mit Passagierschiffen über den Nordatlantik ein. Über hundert Jahre Linienfahrt von Deutschland nach Amerika gehen damit zu Ende.
1973	**Handelsflotten.** Der Ostblock wird in der Handelsschiffahrt immer stärker aktiv. Die größten Handelsflotten besitzen die Sowjetunion (12,7 Millionen Tonnen), Polen (2,2), DDR (1,5) und Bulgarien (1,0).
1973	**USA.** Es werden mit Einschluß der Großen Seen über die Hochseeschiffahrt 250 Millionen Tonnen Güter ausgeführt und 409 Millionen Tonnen gelöscht. Bei der Einfuhr liegen die Häfen an der Küste des Atlantik weit an der Spitze, die Ausfuhr verteilt sich auf die Seegebiete Atlantik, Golfküste, Pazifik und Große Seen. Die größten Häfen nach dem Umschlag in Tonnen sind New York (135,4 Millionen), New Orleans (111,6), Houston (77,3), Philadelphia (62,3), Baton Rouge (61,8), Baltimore (51,6), Norfolk (49,2), Tampa (36,9), Duluth (36,6), Beaumont (32,0) und Corpus Christi (31,5). In der Binnenschiffahrt gibt es rund 50.000 Kilometer an Wasserwegen. Vom Gütertransport entfallen 43,4% auf das Flußgebiet des Mississippi und 35,2% auf die Großen Seen (ohne Hochseeschiffe). Eisenerz kommt aus dem Gebiet des Oberen Sees in die USA, nun aber auch den St. Lorenz-Seeweg aufwärts aus den neu in Labrador erschlossenen Minen zur Schwerindustrie an den Großen Seen. Die Güter im Binnenverkehr werden von der Eisenbahn (40%), dem LKW (22%), in Rohrleitungen (21%!), mit der Binnenschiffahrt (16%) und dem Flugzeug (0,2%) transportiert.

Eisfahrt Winter 1972/73

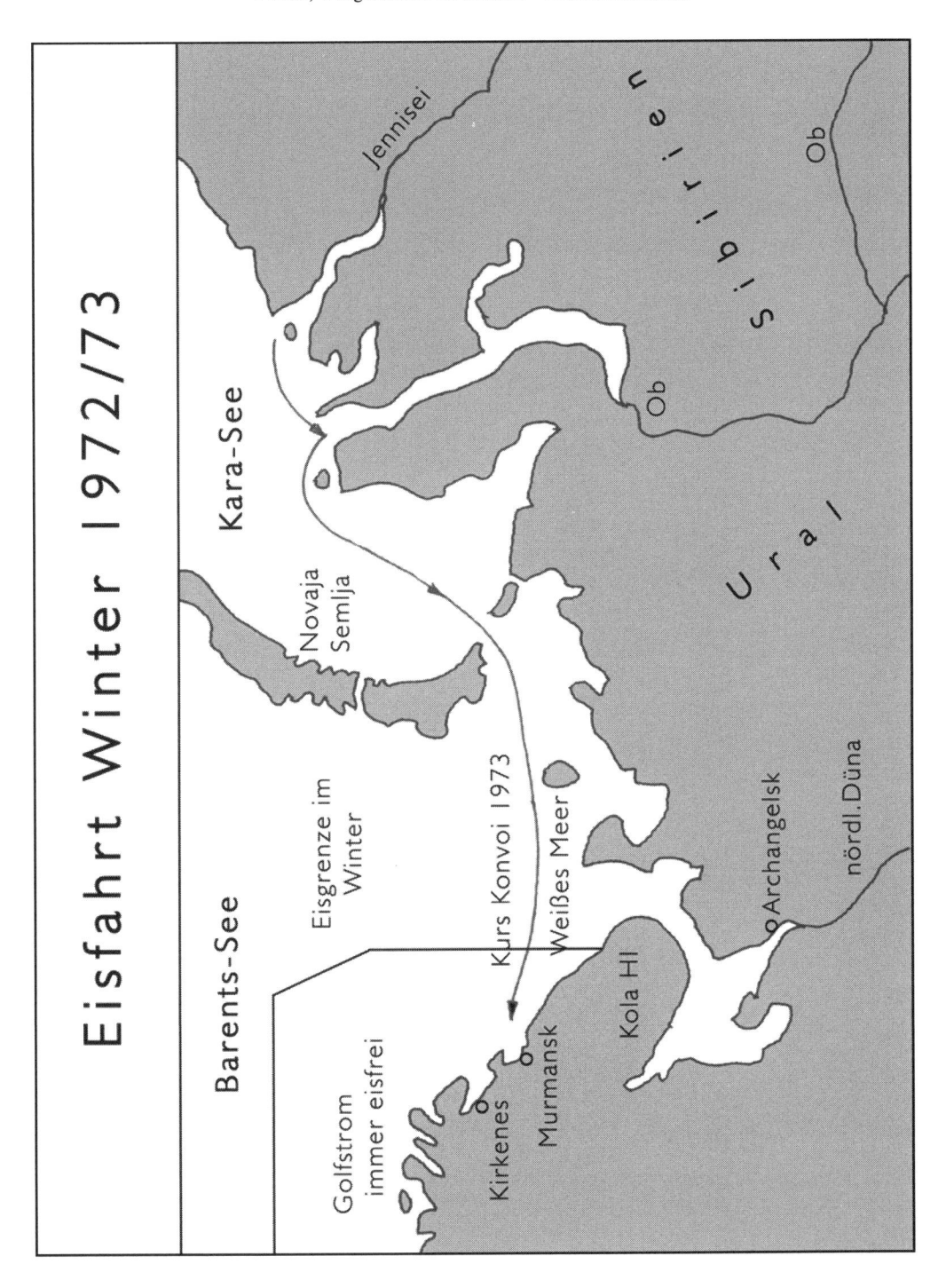

Barents-See

Kara-See

Jennisei

Sibirien

Ob

Ob

Ural

Novaja Semlja

Eisgrenze im Winter

Kurs Konvoi 1973

Weißes Meer

Archangelsk

nördl. Düna

Kola Hl

Golfstrom immer eisfrei

Kirkenes

Murmansk

1973	**Norwegen.** Die wichtigsten Ausfuhrgüter sind Fischprodukte, Holz, Holzwaren, Wasserfahrzeuge und das schwedische Erz aus Narvik. Die Erdölförderung aus der Nordsee ist im Anlaufen und deckt zunächst den Eigenbedarf. Es entstehen Werften zum Bau von Bohrinseln und deren Versorgungsfahrzeuge. Die Küstenschiffahrt hat durch die geographischen Verhältnisse einen wichtigen Anteil am Binnenverkehr. Die Häfen werden von 12.500 Seeschiffen angelaufen und löschen um die 20 Millionen Tonnen an Gütern. Der Großteil der norwegischen Handelsflotte verkehrt zwischen Drittländern im Chartergeschäft und gleicht dadurch die noch passive Handelsbilanz aus.
1973	**Schiffbau.** In Göteborg wird der bisher größte Trockenfrachter in Dienst gestellt. Es ist der Erz-Ölfrachter >Svealand< für eine schwedische Reederei. Das Schiff ist 282.500 dwt groß und kann 330.000 m³ laden.
1973	**Nordsee.** Der südliche Teil ist für die Supertanker und Riesenfrachter stellenweise zu seicht. Es wird daher ein Fahrweg von fünf Seemeilen Breite und mindestens 30 Meter Tiefe ausgebaggert und nun fertiggestellt.
1973	**Binnenschiffahrt.** Die Mosel wird für Schiffe bis zu einer Größe von 1500 Tonnen ausgebaut. Der Ausbau ist nun von der Mündung in den Rhein bei Koblenz bis Frouard bei Nancy fertig und soll bald Toul erreichen. Das Industriegebiet von Lothringen bekommt dadurch Anschluß an die großen Binnenwasserstraßen.
14. Mai 1973	**Raumfahrt.** Die USA senden das >Skylab< (Himmelslaboratorium) in eine Erdumlaufbahn. Am 25. Mai starten die Astronauten Ch. Conrad, J. P. Kerwin und P. J. Weitz zum Skylab und machen darin 600 Erdumrundungen. Schon am 28. Juli trifft eine weitere Besatzung zur Ablösung ein.
September 1973	**Schiffbau.** In der Koyagi-Werft des Mitsubishi-Konzerns in Japan wird ein Riesendock zum Bau der neuen Mammuttanker in Betrieb genommen. Es ist 990 Meter lang, 100 Meter breit und kann in der Mitte durch ein Schleusentor in zwei Baudocks geteilt werden.
Oktober 1973	**Weltwirtschaft.** Ein Nebeneffekt des vierten Nahostkrieges (Yom Kippur-Krieg) ist der Ölschock in der ganzen Welt. Die OPEC (Gesellschaft Erdöl exportierender Länder) erhöht in kurzer Zeit den Preis für Rohöl auf das Dreifache. Dies bringt die Wirtschaft fast aller Staaten zunächst in große Schwierigkeiten.
5. November 1973	**Schiffbruch.** Nordwestlich der Kanarischen Inseln sinkt nach einer Explosion der norwegische Tanker >Golar Patricia< (216.000 dwt). Es ist das größte Schiff, das bis dahin gesunken ist. Ein Besatzungsmitglied kommt ums Leben.
Dezember 1973	**Schiffbau.** In Großbritannien wird das erste Kühlcontainerschiff in Dienst gestellt. Die >Remura< (42.000 BRT) kann unter Deck 1150 Container bei Temperaturen bis minus 30° Celsius transportieren. An Deck können noch 550 weitere Container gefahren werden.
Mai 1974	**Bangladesh.** Der Haupthafen des Landes Chittagong ist wieder voll benützbar. Im Krieg Indien gegen Pakistan im Dezember 1971 sind dort vom indischen Flugzeugträger >Vikrant< zahlreiche Schiffe versenkt worden. Ein sowjetisches Bergungskommando hat in den letzten zwei Jahren 21 Schiffswracks entfernt.

Wasserwege in den USA
Kanäle und schiffbare Flüsse

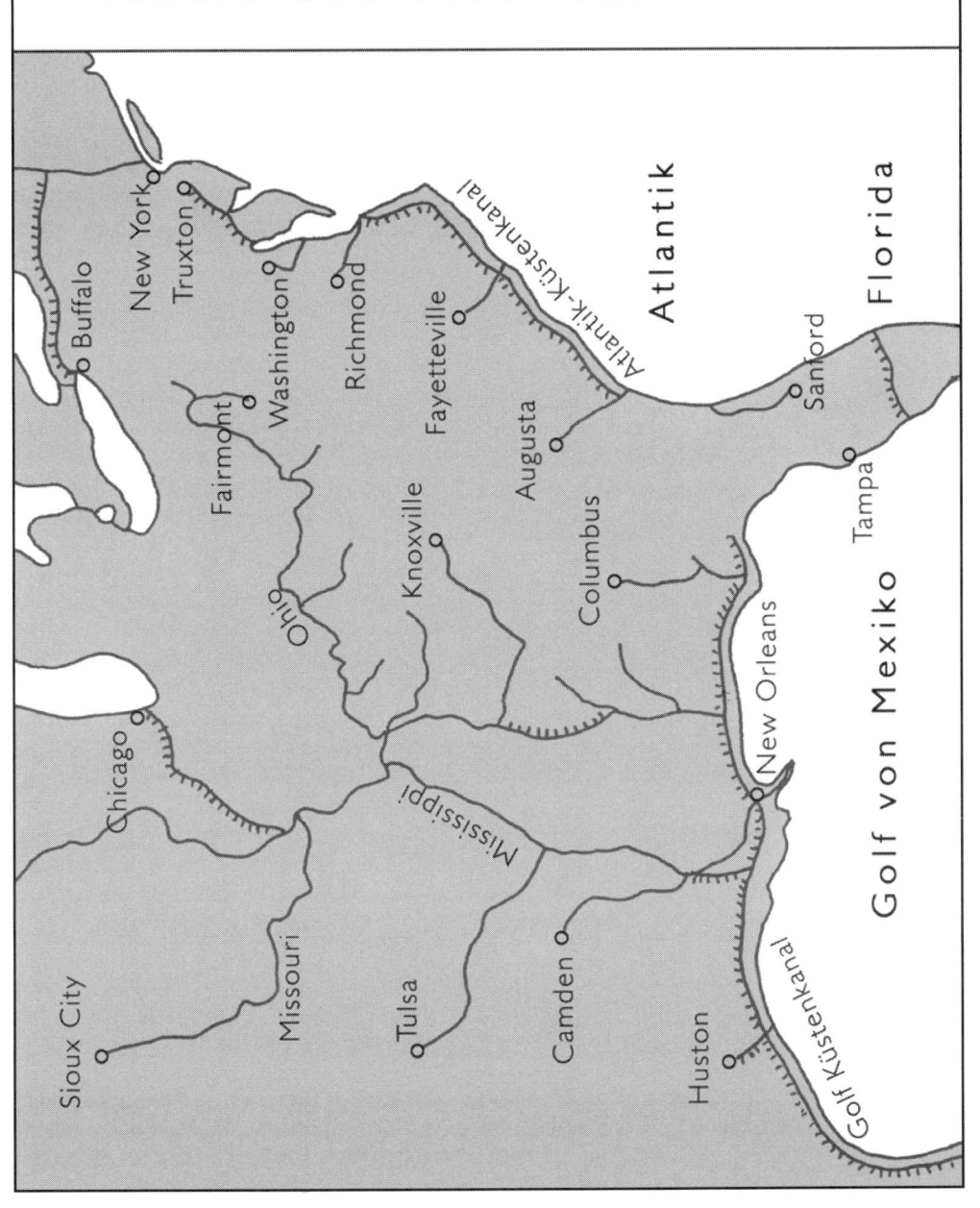

1974 **Containerverkehr.** Nicht einmal 20 Jahre nach den Fahrten der ersten behelfsmäßig hergerichteten Frachter für den Transport von Containern befahren bereits fast 400 eigens für diesen Transport gebaute Containerschiffe die Weltmeere. Davon entfallen auf:

Land	Containerschiffe	BRT
USA	110	1,872.400
Großbritannien mit Nordirland	90	1,352.000
Japan	42	1,026.100
Bundesrepublik Deutschland	46	625.700
Liberia (Billigflagge)	19	208.800
Niederlande	13	153.200
Schweden	7	154.000

Eine Tabelle über den Hafenumschlag an Containern befindet sich im Anhang.

1974 **Forschung.** Im Jahr 1968 war ein sowjetisches U-Schiff nördlich der Hawaii-Inseln gesunken. Die US-Navy kann das Wrack in 5000 Metern Tiefe orten. Es wird versucht, das Schiff mit dem Forschungsschiff >Glomar Explorer<, einem Tiefsee-Bergungsschiff, zu heben. Dabei bricht das U-Schiff auseinander und der größere Teil versinkt wieder auf den Meeresgrund. Weitere Bergungsversuche werden eingestellt, da das U-Schiff zu dieser Zeit schon veraltet ist.

1974 **Sicherheit.** In London wird die dritte internationale Konferenz über die Sicherheit zur See abgehalten. Sie wird von 67 Nationen, die an der Seefahrt interessiert sind, beschickt.

1974 **Spanien.** In allen Häfen werden zusammen rund 160 Millionen Tonnen an Gütern umgeschlagen. Davon entfallen rund 70 Millionen Tonnen auf die Küstenschiffahrt. Dieser dient auch vorwiegend die eigene Handelsflotte von 2000 Schiffen mit knapp fünf Millionen BRT. Die durchschnittliche Schiffsgröße beträgt nur 2500 BRT. Die wichtigsten Häfen sind Bilbao, Cartagena, Santa Cruz de Teneriffa, Gijon und Barcelona. Es werden Wein, Zitrusfrüchte, Olivenöl und Fischprodukte ausgeführt. Die Hälfte der Einfuhren kommt aus den USA (15%), Saudi-Arabien (12,5, Erdöl), Deutschland (11%) und Frankreich (9%).

30. Oktober 1974 **Passagierschiff.** Das letzte noch existierende große Linienschiff, die >France<, wird in Le Havre von der Reederei CGT außer Dienst gestellt. Vor allem durch die gestiegenen Treibstoffpreise fährt sie in den letzten Jahren immer größere Verluste ein. Außerdem streicht Frankreich die jährliche Subvention für die CGT.

15. April 1975 **Raumfahrt.** In Brüssel wird die Europäische Raumfahrtbehörde ESA (European Space Agency) gegründet. Sie nimmt ihren Sitz in Paris. Die Arbeitsprogramme sind Weltraumraketen (Ariane), Raumfähren (Eureca und Hermes) und eine größere Raumstation (Columbus).

Juni 1975 **Großbritannien.** Das erste in der Nordsee vor der schottischen Küste geförderte Erdöl wird von einem Tanker zur Themse gebracht. Großbritannien gehört dadurch ebenfalls zu den Erdöl fördernden Ländern. Zunächst geht alles Erdöl in den Eigenverbrauch.

Wasserwege im deutsch-franz. Industriegebiet

| | | Kreuzfahrtschiffe, Mammuttanker und Container |

1975 **Welthandelsflotte.** Die Tonnage der ganzen Flotte beträgt 342,100.000 BRT. Davon entfallen auf:

Tanker für alle Flüssigtransporte	150,100.000 BRT	43,0%
Massengutschiffe und Erztransporter	61,800.000 BRT	18,1%
Erz-/Erdöltransporter	23,700.000 BRT	7,0%
Containerschiffe und Semicontainerschiffe	5,500.000 BRT	1,5%
alle übrigen Schiffe	101,000.000 BRT	29,5%

Die Tonnage der Containerschiffe hat sich in den vorhergehenden zehn Jahren verdoppelt.

1975 **Seetransport.** Insgesamt werden 3.047,000.000 Tonnen Güter transportiert, was nach dem Beginn der Ölkrise einen Rückgang von 6,2% gegenüber dem Vorjahr bedeutet. Folgende Massengüter sind daran beteiligt. Rohöl (41,8%), Ölprodukte (7,3%), Eisenerz (9,3%), Kohle (4,2%), Getreide (4,4%) und die übrigen Güter (32,8%). Erst ab 1984 gibt es wieder einen deutlichen Anstieg im Seetransport.

1975 **Sowjetunion.** Die Handelsflotte hat eine Größe von 19,2 Millionen BRT. Davon sind 3,7 Millionen BRT Tanker. Die wichtigsten Häfen sind Leningrad/St. Petersburg, Riga, Königsberg/Kaliningrad, Odessa, Batum (Erdöl), Noworossisk (Erdöl), Baku (Erdöl), Archangelsk, Murmansk, Wladiwostok und Petropawlowsk auf Kamtschatka. Von den Binnengewässern sind 145.000 Kilometer schiffbar, viele aber mehrere Monate im Winter zugefroren. Wichtige Kanäle, insgesamt 19.600 Kilometer, gehen von der Wolga zur Ostsee, zum Eismeer und zum Don. In der Hochseeschiffahrt werden 736 Milliarden, in der Binnenschiffahrt 221 Milliarden Tonnenkilometer geleistet.

1975 **Ölbohrung.** Die Bohrtätigkeit nach Erdöl in Gewässern bis zu einer Meerestiefe von 200 Metern nimmt immer mehr zu. In den letzten fünf Jahren sind 173 neue große Bohrinseln verankert worden. Für das folgende Jahr sind weitere 71 Inseln vorgesehen. Auch die Werften für den Bau von Versorgungsschiffen sind voll ausgelastet. Hier entsteht ein völlig neuer Zweig für Schiffbau und Schiffahrt.

1975 **Schiffbau.** Als Folge der Ölkrise liegt der Schwerpunkt im Schiffbau bei den Mammuttankern. Vom gesamten Schiffbau von 34 Millionen Tonnen sind 66,4% Öltanker. Auch erste Flüssiggastanker und schon viele Containerschiffe scheinen in der Statistik auf. Rund die Hälfte aller Schiffe sind auf japanischen Werften in Bau. Der Weltschiffbau erreicht in diesen Jahren durch den Bau der Riesentanker seinen Höhepunkt. Danach geht er unter 20 Millionen Tonnen zurück und überschreitet diese Marke erst wieder ab 1995 und in den folgenden Jahren. Tabelle im Anhang.

5. Juni 1975 **Suezkanal.** Nach einer Sperre von acht Jahren als Folge des dritten Nahostkrieges wird der Kanal wieder feierlich eröffnet. An der Feier nimmt Staatspräsident Sadat auf einem Zerstörer teil. Im Konvoi befindet sich auch die alte Jacht >Al Horreya<, die schon bei der ersten Eröffnung vor mehr als hundert Jahren dabei war. Der Kanal kann jetzt von beladenen Schiffen bis zu 70.000 BRT oder von Schiffen in Ballast bis zu 150.000 BRT befahren werden. Die Supertanker müssen weiterhin rund um Afrika fahren. Der Suezkanal wird für noch größere Schiffe weiter ausgebaut.

Nordseeöl

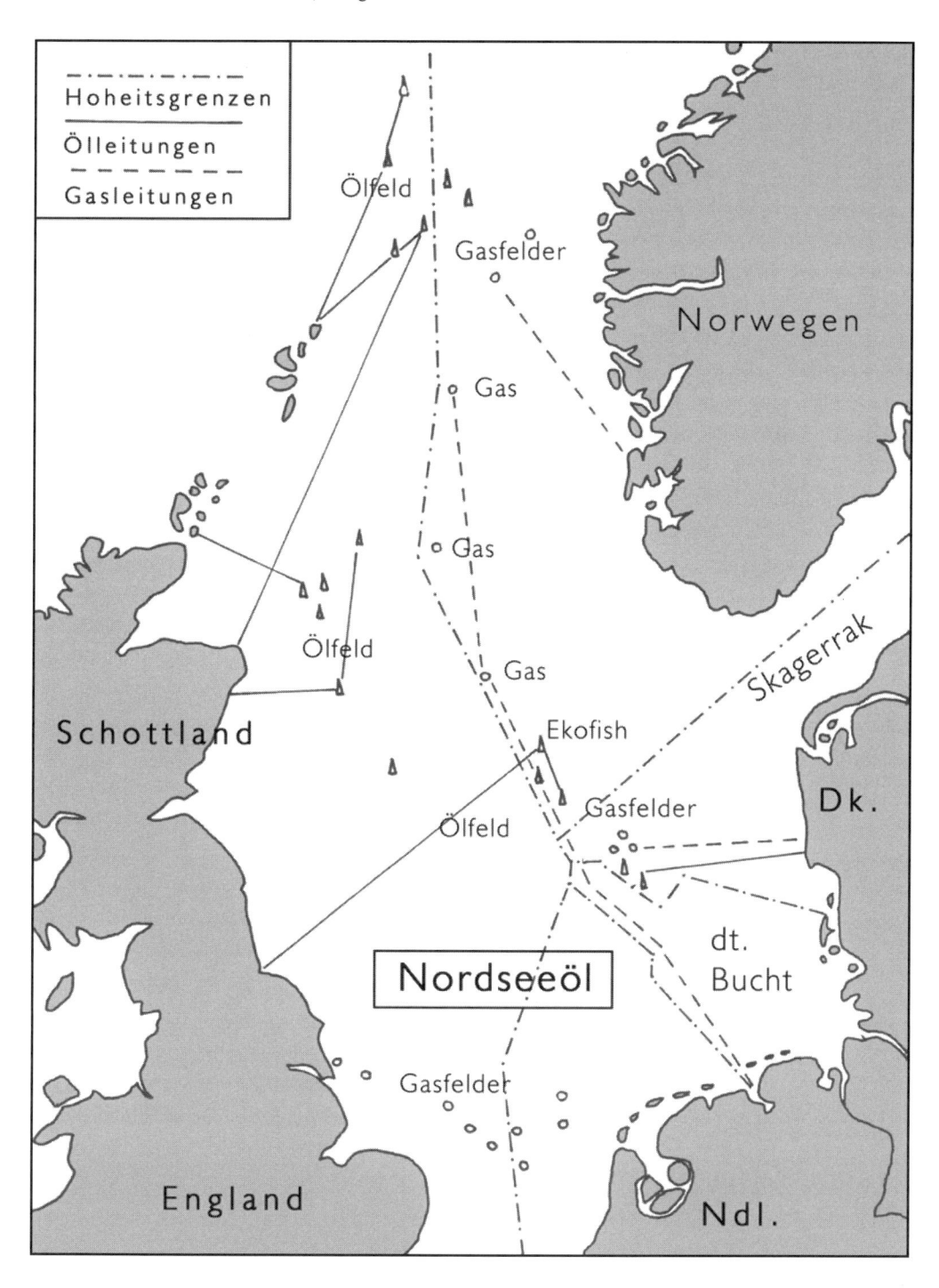

Legende:
- Hoheitsgrenzen
- Ölleitungen
- Gasleitungen

August 1975	**Forschung.** Nordwestlich von Helgoland wird in der Nordsee eine Forschungsplattform errichtet. Sie hat Unterkünfte und Labors für 28 Wissenschaftler. Diese nehmen dort meteorologische, ozeanographische und hydrologische Untersuchungen vor.
Oktober 1975	**Forschung.** Aus Deutschland laufen das Fischerei-Forschungsschiff >Walter Herwig< und das Fischerei-Fabrikschiff >Weser< in die Antarktis aus. Dort soll der Bestand an Plankton und davon besonders dessen Abart Krill, ein Kleinkrebs, wissenschaftlich untersucht werden. Für den eiweißreichen Krill ist eine wirtschaftliche Verwertung ins Auge gefaßt.
1975	**Großbritannien.** Der Warenumschlag in den britischen Häfen ist rückläufig. Vor zehn Jahren hat er noch 377 Millionen, dieses Jahr nur mehr 316 Millionen Tonnen betragen. Den größten Umschlag gibt es in Milford Haven (45 Millionen Tonnen Erdöl), London (41,5), Southampton (24,5) und Liverpool (24).
1975	**Welthäfen.** Durch die gewaltige Zunahme im Seetransport von Erdöl und dessen Produkten, verschiebt sich die Reihenfolge der größten Häfen. Es liegen jene Häfen an der Spitze, die vor allem Erdöl verladen oder löschen. Dazu werden eigene Verladestellen für die Supertanker angelegt, die diese auch mit ihrem großen Tiefgang anlaufen können. Zu den Verladehäfen für Riesentanker bis zu 500.000 dwt zählen Ras Tanura in Saudi-Arabien mit 390 Mio. Tonnen Verschiffung, die Inseln Kharg von Iran im Persischen Golf (198), Curaçao mit Aruba in Westindien (87) und Bonny in Nigeria (55). Löschhäfen sind Rotterdam (269 gesamt), Kobe/Osaka (134 gesamt), Fos mit Marseille (109 gesamt), Houston (73 gesamt), London mit Medway an der Themse (72 gesamt), Okinawa, Milford Haven (60), Genua (51 gesamt), Bantry Bay und Wilhelmshaven. Statistik im Anhang.
17. Juli 1975	**Raumfahrt.** Erstes Dockmanöver zwischen einem amerikanischen und einem sowjetischen Raumschiff. >Apollo 18< koppelt an >Sojus 19< an und die Besatzungen besuchen sich gegenseitig. Rettungsmöglichkeiten für einen Notfall werden dabei untersucht. >Sojus< landet am 21. und >Apollo< am 24. Juli wieder sicher.
November 1975	**Nigeria.** Dank des Ölreichtums werden von der Regierung Unmengen an Gütern in aller Welt eingekauft. Der Hafen von Lagos ist nicht im Stande diese Mengen zu bewältigen. Ende 1975 liegen 312 Frachter mit fast zwei Millionen Tonnen Ladung auf der Reede. Sie müssen bis zu drei Jahren auf die Abfertigung warten. Ein großer Teil der Ladung ist Zement, der unterdessen unbrauchbar wird.
Dezember 1975	**Schiffbruch.** Der Erzfrachter >Berge Istra< (118.000 BRT/223.900 dwt) ist mit einer Ladung von 185.000 Tonnen Eisenerz aus Brasilien unterwegs nach Japan. In der Gegend von Mindanao verschwindet er zunächst spurlos. Drei Wochen später werden zwei Mann der Besatzung aus einem Schlauchboot gerettet. Das gleiche passiert dem Schwesterschiff >Berge Vanga< vier Jahre später nahe dem Kap der Guten Hoffnung. Beide Schiffe verschwinden in Gegenden, wo schwere Stürme auftreten. (Ist die Ladung nicht gesichert gewesen?).
Jänner 1976	**Öltanker.** Die Eröffnung des Suezkanals im Jahr vorher verursacht eine riesige Überkapazität an Tankertonnage. Die kleineren und mittelgroßen Tanker fahren jetzt wieder den kurzen Weg vom Persischen Golf durch das Rote Meer

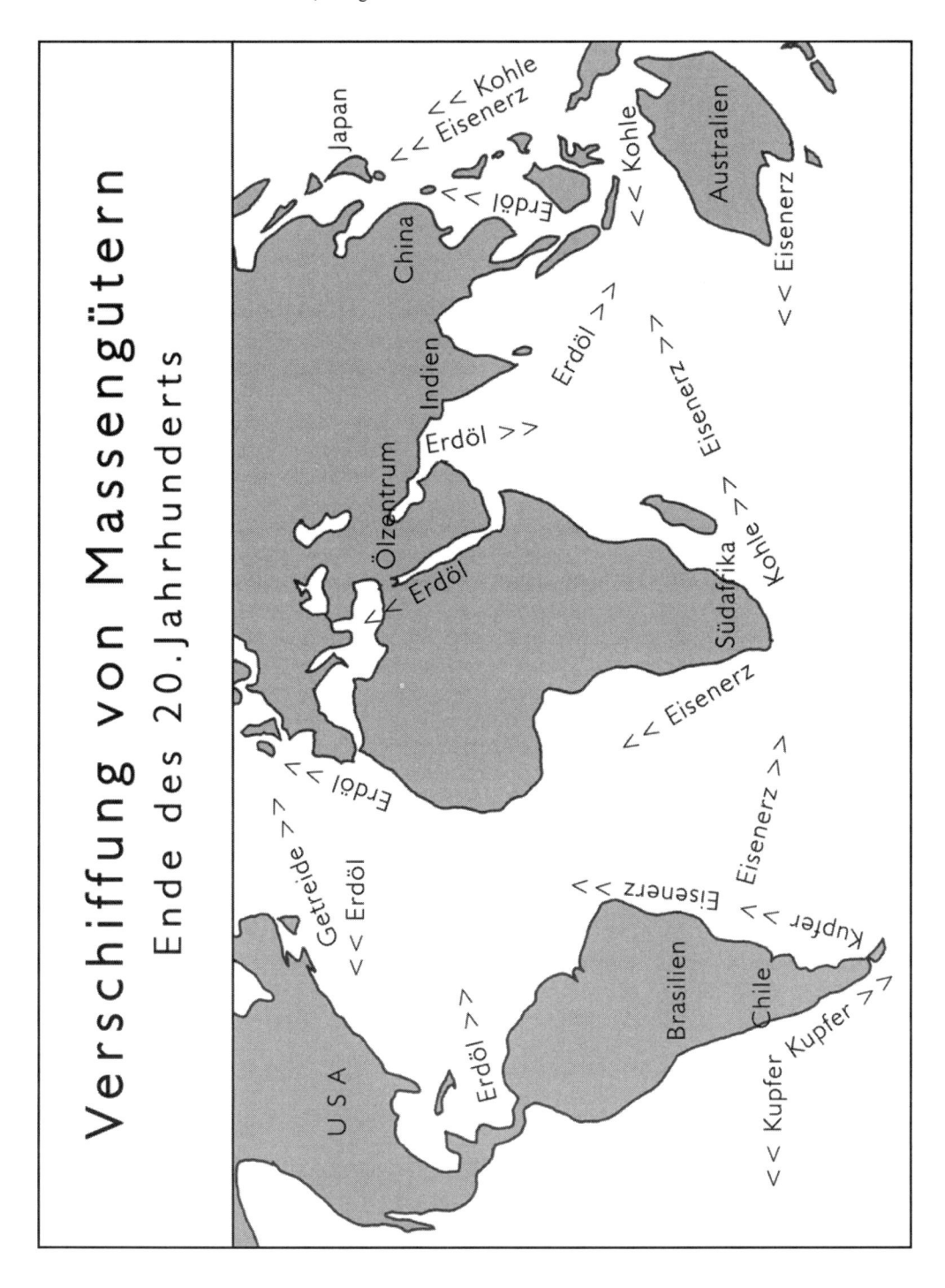

Verschiffung von Massengütern
Ende des 20. Jahrhunderts

nach Europa und Nordamerika. Mit Jahresbeginn sind über 40 Millionen Tonnen Tankertonnage, meist Riesentanker, aufgelegt. Der Bau von Supertankern kommt mit wenigen Ausnahmen zum Erliegen. Manche Tanker werden an den Verladeinseln als Standschiffe/Reservelager eingesetzt. Allein 1976 werden 313 Tanker mit 10,8 Millionen dwt verschrottet.

28. Jänner 1976 **Schiffbruch.** Bei Quessant strandet der Supertanker >Olympic Bravery< (275.000 dwt). Obwohl er in Ballast gefahren ist, verschmutzt sein eigenes Treiböl die Küsten der Bretagne und der Normandie. Das Schiff wird ein Totalverlust.

12. Mai 1976 **Schiffbruch.** Vor Coruña im Nordwesten Spaniens strandet der Supertanker >Urquiola<. Seine Ladung von 110.000 Tonnen Rohöl verschmutzt die Küsten des spanischen Galizien.

25. Juli 1976 **Schiffbau.** Auf der Werft Chantiere de l'Atlantique in St. Nazaire wird das nunmehr größte Schiff der Welt in Dienst gestellt. Der Riesentanker >Batillus< (554.000 dwt) ist 414 Meter lang und 63 Meter breit. Der Tiefgang beträgt 28,5 Meter. Drei weitere solche Schiffe sollten folgen. Wegen der Krise im Tankergeschäft wurde nur das eine schon im Bau fortgeschrittene Schiff fertig gestellt.

1976 **Mittelmeer.** Nach der Eröffnung des Suezkanals steigt der Verkehr von Containerschiffen sprunghaft an. Das Angebot an Containern ist zunächst aber auf viele Häfen aufgesplittert. Es zahlt sich daher für die großen Vollcontainerschiffe der dritten Generation nicht aus, alle diese Häfen anzulaufen. Deshalb werden einige große Umschlagplätze für Zubringerdienste eingerichtet. Diese großen Containerterminals entstehen in Algeçiras bei Gibraltar, in Marsaxlokk an der Ostspitze von Malta, in Damietta in Ägypten und in Gioia Tauro in Kalabrien vor der Nordeinfahrt in die Straße von Messina.

1976 **Containerverkehr.** Die Reedereigruppe CAROL (Caribean Overseas Lines), an der die HAPAG-Lloyd AG, Harrison (brit.), K.N.S.M. (ndl.) und die CGT (frz.) beteiligt sind, nimmt den Dienst mit Vollcontainerschiffen von Europa nach Westindien auf. Als erstes Schiff fährt die >Caribia Express< zu den wichtigsten Häfen in der Karibik. Die Schiffe können 1160 TEU stauen, von denen ein Teil über Anschlüsse für Kühlcontainer verfügt. Neben mehreren kleineren Plätzen entwickelt sich Kingston auf Jamaika zu einem zentralen Umschlagplatz für Container.

1976 **Containerverkehr.** Nach der Öffnung des Suezkanals wird das Gebiet um den Persischen Golf in den Containerverkehr einbezogen. Dieser hat dort aber mit zwei Handikaps zu kämpfen. Erstens gibt es für die gelieferten Industriegüter keine geeignete Rückfracht (nur Erdöl in Tankern) und zweitens werden die Häfen zwar ausgebaut, es fehlt aber im Hinterland zunächst die Infrastruktur zum Weitertransport der Container. Trotzdem hätte der Verkehr sich noch besser entwickelt, wäre er nicht durch den Krieg Irak gegen Iran 1980–88 und den zweiten Golfkrieg August 1990 bis Februar 1991 behindert worden.

1976 **Nordsee.** Die bis dahin größte Bohrplattform wird 180 Kilometer nordöstlich der Shetlandinseln verankert. In Stavanger, Norwegen, gebaut, wiegt sie 349.000 Tonnen, ist 243 Meter hoch, von denen 33 Meter aus dem Wasser ragen. Sie wird von sieben Schleppern an ihren Standort gebracht.

Erdöl im Nahen Osten 2000

1976	**Südafrika.** Das Land exportiert Gold in Barren (42% Wert der ganzen Ausfuhr), Diamanten (7,4%), landwirtschaftliche Erzeugnisse (18,5%), Erze und Mineralstoffe (14,6%) und Industrieerzeugnisse (11,8%). Der größte Hafen ist Durban mit 60% des gesamten Umschlags (Erdöl). Dazu kommen noch Port Elisabeth, Kapstadt und der neue Erzverladehafen Saldanha Bay.
Ende 1976	**Schiffbau.** Bei der Werft Apama in Yokosuka, Japan, wird das nun größte Schiff der Welt in Dienst gestellt. Es ist der Riesentanker >Seawise Giant< (565.000 dwt) mit 485 Meter Länge, 69 Meter Breite und 24,6 Meter Tiefgang. Der Bau dieser Riesentanker geht nun zu Ende.
Dezember 1976	**Passagierschiffe.** Die beiden italienischen Linienschiffe >Michelangelo< und >Raffaello< (je 46.000) werden an den Iran verkauft. Dort werden sie als stationäre Wohnschiffe im Persischen Golf verwendet.
1976–1977	**Forschung.** Der Ire Tim Severin unternimmt eine Fahrt auf dem sagenhaften Seeweg des irischen Heiligen Brendan. Mit dem Nachbau eines Korakel startet er von Irland, erreicht über die Färöer-Inseln Island, wo er überwintert. Im folgenden Jahr gelangt er nach Neufundland.
April 1977	**Viehtransporter.** In Deutschland werden drei spezielle Transporter für je 35.000 Schafe gebaut. Die Schiffe sollen bis 1979 in Fahrt kommen. Bisher sind zu diesem Zweck Frachter, Kühlschiffe und sogar ältere Passagierschiffe umgebaut worden. Auch auf der Donau fährt ein großer Schaftransporter von Wien nach Bulgarien.
13. Mai 1977	**Fährschiff.** In der Ostsee tritt mit der >Finnjet< (24.600) die größte und schnellste Fähre ihre Jungfernfahrt von Helsinki nach Travemünde an. Sie kann mit 30 Knoten 1500 Passagiere, 200 PKW und 20 LKW befördern. Die Fahrzeit in einer Richtung beträgt einen Tag.
Juni 1977	**Flüchtlinge.** 66 vor den Kommunisten aus Südvietnam geflohene Menschen treiben wochenlang ohne Treibstoff in einem kleinen Fischerboot in der Südchinesischen See. Das israelische Containerschiff >Yuvali< nimmt sie schließlich halb verhungert an Bord, darunter sind 32 Frauen und Kinder. Weder Hongkong, Taiwan oder Japan wollen diese „Boatpeople", die zu Tausenden vor den Kommunisten fliehen, aufnehmen. Die meisten Schiffe weigern sich daher, die in der See treibenden Flüchtlinge an Bord zu lassen.
Mai 1977	**Bohrinsel.** Von fünf Schleppern mit zusammen 70.000 PS wird eine der größten Plattformen von der Werft Stord in Norwegen an ihren Standort geschleppt. Auf dem Weg von 180 Seemeilen hat sie einen Tiefgang von 119 Metern.
1977	**Welthandelsflotte.** Eine Zuteilung in der Statistik der Handelsschiffe an die jeweils seefahrenden Staaten ist bereits fast unmöglich. Große Teile der nationalen Flotten sind in Ländern mit Billigflaggen registriert. Ferner sind die wahren Besitzverhältnisse der Reedereien, meist Aktiengesellschaften, schwer zu durchschauen. Man kann sich daher nur an die offiziellen Angaben halten. Danach hat Liberia die weitaus größte Handelsflotte, gefolgt von Japan, Großbritannien, Norwegen und Griechenland. Als nächstes käme erneut ein Land mit einer „Fluchtflagge", nämlich Panama. Insgesamt sind in der Weltstatistik 31.650 Seeschiffe von über 500 BRT mit zusammen 351 Millionen BRT registriert. Tabelle im Anhang.

Stückguttransport. Trotz modernster spezialisierter Schiffe wie Containerschiffe, RoRo-Schiffe und Fährschiffe ist der klassische Stückgutfrachter noch nicht ausgestorben. Vor allem zwischen kleineren Häfen, die noch nicht auf Containerverladung eingerichtet sind, sind sie noch zahlreich im Einsatz. Die rund 6200 Frachter für Trockengut (auch ohne Schüttgutschiffe) mit rund 79 Millionen dwt verteilen sich auf folgende Typen:

1977

Schiffstyp	Schiffe	dwt	Anteil
klassischer Stückgutfrachter	4663	54,800.000	69,7%
RoRo-Schiffe	612	9,200.000	11,7%
Containerschiffe	377	6,000.000	7,6%
Mehrzweckschiffe	325	5,000.000	6,4%
Semicontainerschiffe	199	2,600.000	3,3%
LASH-Schiffe	28	1,000.000	1,3%

Es wird aber bereits wesentlich mehr Tonnage an Containerschiffen und RoRo-Schiffen als an Stückgutfrachtern gebaut.

Containerverkehr. Südafrika wird in den weltweiten Containerdienst einbezogen. Als erstes Schiff kommt die italienische >Afrika< nach Kapstadt. Die Frequenz entwickelt sich aber nur langsam. Neben Kapstadt werden die Häfen Durban und Port Elisabeth angelaufen. Durban ist der Hafen für das Industriegebiet um Johannesburg im Landesinneren. Die Zeit für eine Rundfahrt von Europa nach Durban verkürzt sich durch die Containerschiffe von 104 auf nur mehr 50 Tage.

1977

Luftkissenfahrzeuge. Die britischen Hovercraft transportieren in diesem Jahr 1,100.000 Passagiere und 210.000 PKW über den Ärmelkanal. An beiden Ufern befinden sich einfache Landebahnen zum Aufgleiten sowie Abfertigungsgebäude wie auf einem Flughafen. Die PKW fahren über eine Verladerampe auf das Hovercraft. Die Überfahrt dauert rund eine halbe Stunde.

1977

Hafenbetrieb. In den Häfen am Persischen Golf gibt es für die Frachter Wartezeiten bis zu einem halben Jahr, bis ein Platz zum Löschen frei wird. Durch Hafenausbau, verbesserte Organisation und den Einsatz von RoRo- und Containerschiffen wird die Wartezeit in wenigen Jahren auf ein bis zwei Wochen verkürzt.

1977

Piraterie. Die Zahl der vor Lagos, Nigeria, wartenden Frachter hat sich endlich auf unter hundert Schiffe verringert. Die Piraterie nimmt aber in den letzten Monaten beängstigend zu. Fast jede Woche wird ein Schiff auf der Reede überfallen. Dabei gibt es manchmal auch Tote oder Verletzte. Die Behörden von Nigeria sind nicht im Stande (oder bestochen?) dem Unwesen ein Ende zu bereiten.

1977

Forschung. Der sowjetische Eisbrecher mit Atomantrieb >Arktika< (20.660 BRT) erreicht als erstes Überwasserschiff den geographischen Nordpol. Er muß dazu bis zu vier Meter dickes Eis aufbrechen.

16. August 1977

Panama-Kanal. In Washington wird für die USA von Präsident Jimmy Carter und für Panama von Präsident Herrera ein Vertrag unterzeichnet, nach dem die Souveränität der Kanalzone bis zum 31. Dezember 1999 an Panama übergeht.

7. September 1977

	Panama soll auch schrittweise die Verwaltung übernehmen. Ab dem Jahr 2000 garantieren beide Staaten gemeinsam die Neutralität des Kanals.
21. September und 1. Oktober 1977	**Seerecht.** Viele Nationen beanspruchen schon vor Abschluß der 3. UN-Seerechtskonferenz eine Wirtschaftszone von 200 Seemeilen. Ein brasilianisches Aufklärungsflugzeug sichtet eine ganze fremde Fischereiflotte innerhalb dieser Zone. Der Kreuzer >General Belgrano< und vier Zerstörer müssen ihre Artillerie einsetzen, um die bulgarischen Fischereifahrzeuge zu beschlagnahmen. Fünf können entkommen, die restlichen acht werden in einen Hafen eskortiert.
November 1977 bis März 1978	**Forschung.** Der Norweger Thor Heyerdahl fährt mit dem Nachbau eines Schilfbootes, wie es die Mesopotamier um 2000 Jahre vor der Zeitenwende verwendet haben, der >Tigris< (33), vom Nordende des Persischen Golfes über Bahrein nach Karatschi an der Indusmündung. Von dort fährt er durch die Arabische See bis Djibouti in Ostafrika. Er beweist die Möglichkeit, mit Schilfbooten die Gewässer im Nahen Osten zu befahren.
1977/78	**Binnenschiffahrt.** Der Irrawaddy in Myanmar/Burma ist noch immer der wichtigste Verkehrsweg des Landes. Jedes Jahr transportieren 170 Motor- und Dampfschiffe über elf Millionen Passagiere und reichlich Güter auf dem 2100 Kilometer langen Wasserweg und seinen Nebenflüssen.
Dezember 1977 bis April 1978	**Drogenfahndung.** Die US-Küstenwache, zeitweise unterstützt von Schiffen der Kriegsmarine, hat ständig ihre Schiffe auf der Jagd nach Drogenschmugglern im Einsatz. Bei der „Operation Topgap" bringt sie in der genannten Zeit mit Hilfe der Aufklärungssatelliten der Kriegsmarine 40 Schiffe und Boote auf, die versucht haben, Rauschgift im Wert von $ 400 Millionen in die USA zu schaffen.
18. März 1978	**Schiffbruch.** Auf dem Weg vom Persischen Golf nach England strandet der Supertanker >Amoco Cadiz< (234.000 dwt) bei der Insel Quessant und bricht in zwei Teile. Seine Ladung Rohöl von 220.000 Tonnen verschmutzt die Küsten der Bretagne und verursacht eine der größten Umweltkatastrophen. Vor der Bretagne werden daraufhin Zwangswege für die Tanker vorgeschrieben und von der Kriegsmarine überwacht.
April 1978	**Lotsen.** In der deutschen Bucht wird 1975 dazu übergegangen, probeweise Lotsen mit Hubschraubern auf großen einlaufenden Schiffen abzusetzen. Nach dreijährigem Probebetrieb wird nun fix dazu übergegangen. Man rechnet mit 60 bis 80 Einsätzen im Monat.
1978	**Frachtschiffe.** Hafenliegezeiten kosten Geld. Ein schnelles Laden und Löschen ist daher eine große Kostenfrage. Dazu läßt sich die Industrie einiges einfallen. Japan baut einen Erzfrachter, bei dem das zu ladende Erz vorher aufgeschlemmt und dann über eine Schlauchleitung geladen wird. In Deutschland wird ein Ladesystem für Schüttgutschiffe entwickelt, das ein Kümo mit 2500 m³ Ladung in einer Stunde löschen kann. Es geschieht dies mit einem rotierenden Greifer und Förderbändern.
1978	**Schiffbau.** Immer öfter werden ganze LKW-Züge auf Frachtern transportiert. Dazu werden spezielle RoRo-Frachter gebaut. Die Lastzüge können über schwenkbare Rampen direkt auf das Schiff fahren und dort über fixe Rampen im Schiffsinneren die einzelnen Decks anfahren. Eines der ersten Schiffe dieser

Fahrt von Tim Severin 1976/77

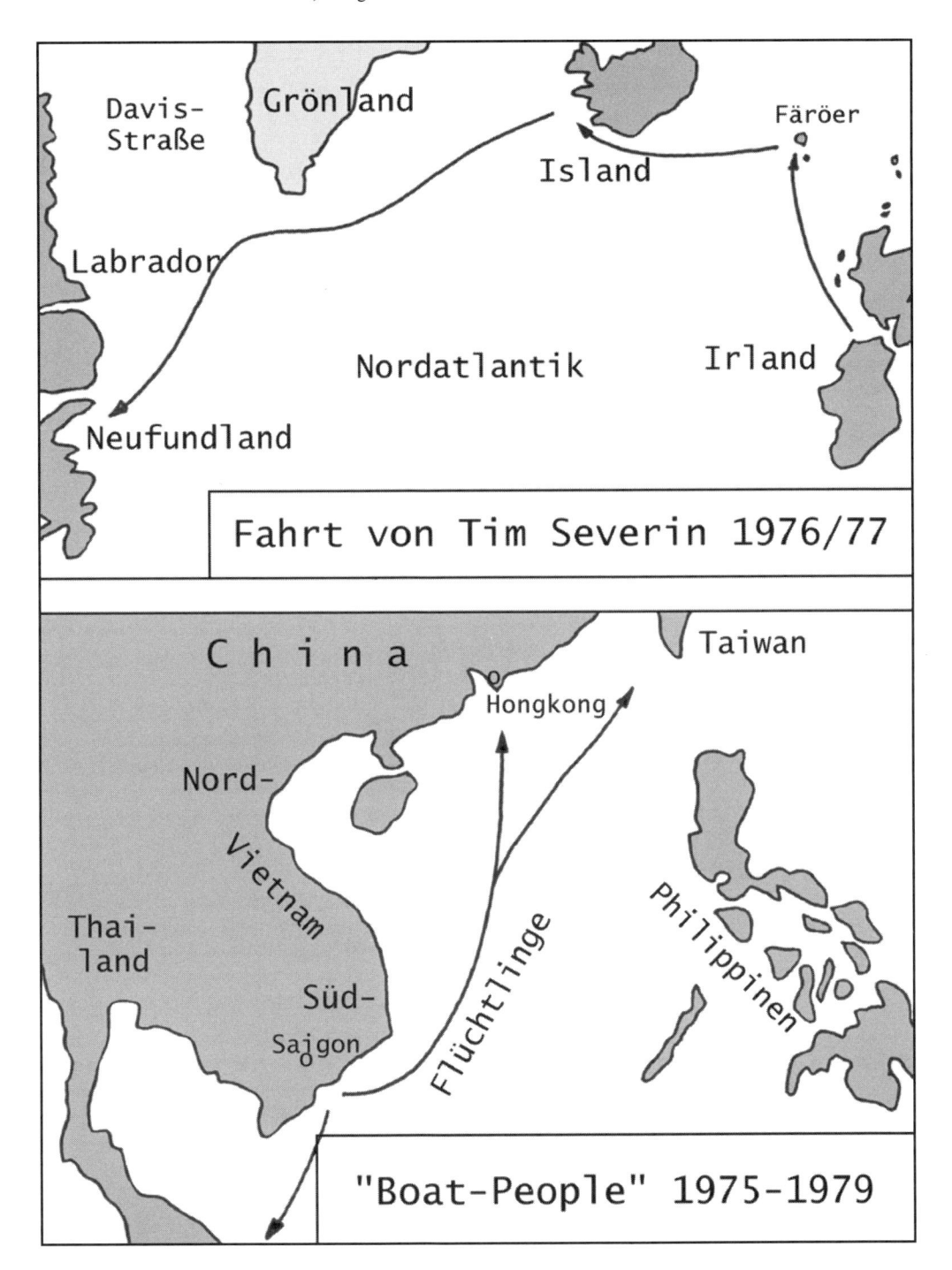

"Boat-People" 1975-1979

	Art ist die >Aniara< (45.040 BRT). Sie ist bei Nippon Kokan K. K. in Tsu gebaut worden, hat Seitentore und kann als PKW-Transporter 5900 Autos laden.
1978	**Forschung.** Die USA beginnen mit dem Fördern von Manganknollen vom Meeresboden. Dazu verwenden sie das Forschungsschiff >Sedco< und das Bergungsschiff >Glomar Explorer< (40.340 dwt). Die >Sedco< kann mit einem flexiblen Rohr bis zu einer Tiefe von 5000 Metern arbeiten. Die >Glomar Explorer< ist nach dem gescheiterten Bergungsversuch an einem sowjetischen U-Schiff aufgelegt gewesen und kommt jetzt wieder zum Einsatz.
1. Juli 1978	**Welthandelsflotte.** Sie besteht zu diesem Zeitpunkt aus 69.020 Seeschiffen von über 100 BRT mit zusammen 406 Millionen BRT/620 Millionen dwt. Darunter sind 6882 Tankschiffe mit 175 Millionen BRT oder bereits 43% der Welthandelsflotte. Die Durchschnittsgröße der Tanker beträgt 25.430 BRT, die Kümos mitgerechnet.
5. Juli 1978	**Schiffbau.** Das bisher größte Luftkissenfahrzeug, die französische >Ingenieur Bertin<, beginnt ihren Einsatz als Kanalfähre zwischen Boulogne und Dover. Das Fahrzeug ist 50 Meter lang, 18 Meter breit und kann 400 Passagiere und 55 PKW mit einer Geschwindigkeit von 54 Knoten befördern.
12. Dezember 1978	**Schiffbruch.** Auf dem Weg nach Amerika sinkt das deutsche Leichterschiff >München< (37.100 BRT). Es kann nur kurz einen Notruf mit Position absetzen. Alle 28 Mann der Besatzung bleiben verschollen. Als Ursache des Unterganges wird ein Verrutschen der Ladung vermutet. Es war der Untergang des größten Schiffes durch Sturmeinwirkung.
25. April 1979	**Binnenschiffahrt.** Die älteste und im 19. Jahrhundert größte Binnenreederei der Welt mit Sitz in Wien, die Erste Donaudampfschiffahrtsgesellschaft (1. DDSG) feiert ihr hundertfünfzigjähriges Jubiläum.
5. Mai 1979	**Flüchtlinge.** Die Flucht von Bewohnern aus Südvietnam vor den Kommunisten hält nach wie vor an. Im Südchinesischen Meer rettet die US-Fregatte >Robert E. Peary< (3010) aus einem kleinen Fahrzeug von angeblich nur 16 Metern Länge 448 (!) Menschen.
20. Juni 1979	**Atomhandelsschiff.** Das einzige Schiff mit Antrieb durch einen Kernreaktor, das neben den Eisbrechern noch in Fahrt gewesen ist, die deutsche >Otto Hahn<, wird außer Dienst gestellt. Die US-amerikanische >Savannah< liegt schon lange auf, die japanische >Mutsu< hat sich nie im Einsatz befunden. Dem Schiffsantrieb durch Kernreaktoren stehen im zivilen Bereich zu große Hindernisse entgegen, die durch keine ausreichenden Vorteile aufgewogen werden.
26. Juni 1979	**Auktion.** Das seit fünf Jahren in Le Havre aufgelegte Passagierschiff >France< (66.300) wird von dem Auktionshaus Sotheby's an einen norwegischen Reeder versteigert. Dieser läßt das Schiff umbauen und bringt es als Kreuzfahrtschiff >Norway< wieder in Fahrt.
Oktober 1979	**Schiffbruch.** Südlich von Kapstadt verschwindet der Erz-Ölfrachter >Berge Vanga< (118.000 BRT). Mit dem unter der Flagge von Liberia fahrenden norwegischen Schiff geht die Besatzung von 40 Mann unter. Das Schiff hat Eisenerz von Brasilien nach Japan und auf dem Rückweg Erdöl von Indonesien nach Brasilien gebracht.

Wasserwege in Frankreich

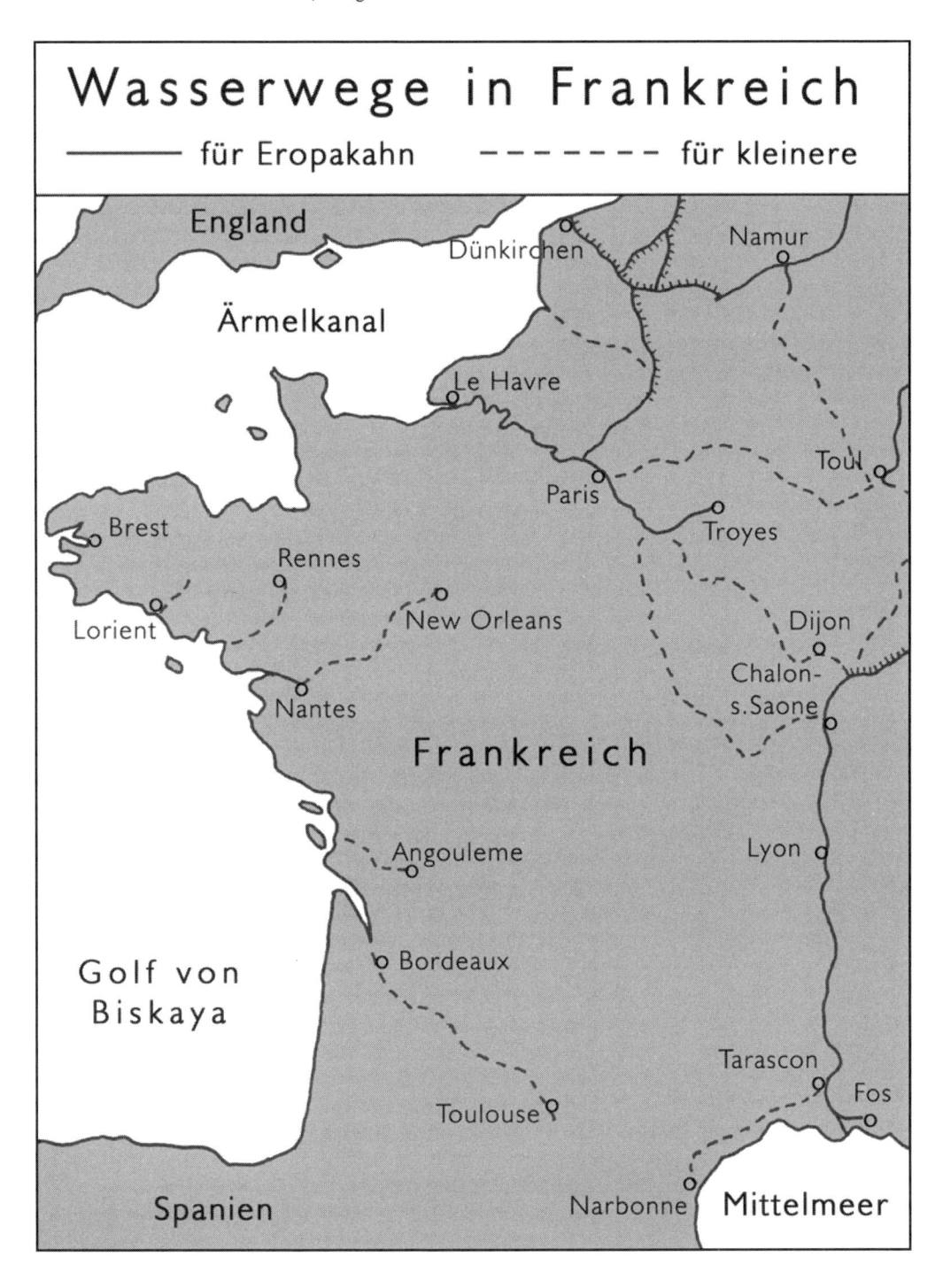

— für Eropakahn   ------ für kleinere

1979	**Frankreich.** Der Transport im Binnenland geht über den Straßenverkehr (45,1%), die Eisenbahn (33,7%), über Pipelines (15,5%) und die Binnenschiffahrt (5,7%). 20 Jahre früher hat die letztere noch einen Anteil von zehn Prozent gehabt. Die größten Häfen für die Hochseeschiffahrt nach Umschlag in Tonnen sind:	

Hafen	1958	1979
Marseille	14,996.000	92,142.000
Le Havre	13,602.000	69,311.000
Dünkirchen	5,125.000	32,682.000
St. Nazaire	4,775.000	13,454.000

15. November 1979 **Schiffbruch.** Der rumänische Öltanker >Independentia< (150.000 dwt) befindet sich mit voller Ladung auf dem Weg von Libyen nach Rumänien. Vor Istanbul wird er von dem aus dem Bosporus kommenden griechischen Frachter >Evirali< gerammt. Am Tanker ereignet sich eine Explosion und in kurzer Zeit stehen das Schiff und die umliegende Wasserfläche in Flammen. Im Umkreis von sechs Kilometern bersten die Fensterscheiben, das Schiff brennt mehrere Tage. Der Großteil der Besatzung des Tankers kommt ums Leben.

1979–1982 **Atomschiff.** Es erfolgt der Ausbau des Atomreaktors aus der >Otto Hahn<. Nach elfjährigem störungsfreien Betrieb ist aus Umweltschutzgründen kein Betrieb mit Atomanlagen mehr ratsam. Außerdem ist das Schiff trotz der gestiegenen Rohölpreise (Ölschock) nicht gewinnbringend zu führen.

6. Jänner 1980 **Navigation.** Mit diesem Tag wird das GPS (Global Positioning System) eingeführt. Es ist ursprünglich für den militärischen Gebrauch entwickelt worden, nun aber auch für zivile Anwender zugänglich. Grundlage sind die schon zahlreichen Navigationssatelliten. Mit der Peilung von mindestens drei dieser Himmelskörper kann jeder Punkt auf der Erdoberfläche genau bestimmt werden. Auf See ist permanent fast die Hälfte der Satelliten zu empfangen.

27. März 1980 **Unglück.** Im Erdölfeld Ekofisk in der Nordsee bricht die Versorgungsplattform >Alexander Kielland< zusammen. Von den an Bord befindlichen 212 Ingenieuren, Arbeitern und Angestellten können nur 89 gerettet werden.

September 1980 **Schiffbruch.** Vor Okinawa im westlichen Stillen Ozean geht der Erzfrachter >Derbyshire< (90.000 dwt) auf dem Weg von Kanada nach Japan verloren. Unglücksursache ist wahrscheinlich ein Taifun.

September 1980 **Schatzsuche.** Nahe der Insel Tsuschima birgt ein japanisches Tauchunternehmen aus dem in der Seeschlacht von 1905 (siehe Seeherrschaft) gesunkenen russischen Panzerkreuzer >Admiral Nachimow< aus rund 150 Meter Wassertiefe Platinbarren, Goldbarren und Goldmünzen. Das Edelmetall war zur Finanzierung des Krieges gegen Japan bestimmt. Die Sowjetunion erhebt Anspruch auf den Schatz, wird von Japan aber mit dem Argument abgewiesen, daß das Schiff vor dem Untergang von den Japanern geentert und die japanische Flagge gehißt worden sei.

1980 **Gütertransport.** Hauptlieferanten für Kohle sind nun Nordamerika und Australien. Im ganzen werden in diesem Jahr 188 Millionen Tonnen verschifft. Davon kommen aus Nordamerika 42,6%, Australien 27,8%, Südafrika 14,3%, Osteuropa 11,2% und dem übrigen Europa 4,3%. Diese Kohle geht nach Japan

(36,8%), Westeuropa (28,6%, früher Kohlelieferant), in den Mittelmeerraum (10,0%), in das übrige Europa (13,3%) und nach Südamerika (3,6%).

Containerverkehr. Südamerika wird etwas verspätet in die Containerdienste einbezogen. Container kommen zwar schon vorher in geringen Mengen als Deckladung oder in den Laderäumen der Standardfrachter nach Brasilien, Argentinien, Chile und Ecuador. Nun aber beginnt die Reederei Hamburg-Süd mit ihren Containerschiffen >Monte Sarmiento< und >Monte Olivia< einen Liniendienst nach der Ostküste des Kontinents. Fast gleichzeitig starten die Schiffe >Friesenstein<, >Holstenstein< und >Schwabenstein< der Reederei HAPAG-Lloyd AG nach der Westküste von Südamerika. *1980*

Griechenland. Die Reeder des Landes (Aristoteles Onassis, Stavros Niarchos) bauen eine der größten Handelsflotten der Nachkriegszeit auf. Das Anwachsen zeigt folgende Tabelle: *1980*

Jahr	Zahl der Schiffe	Tonnage in BRT	Durchschnittsgröße
1950	337	1,304.000	3.870
1960	1043	5,384.000	5.300
1970	2319	13,539.000	5.830
1980	3942	41,229.000	10.460

Belgien. Die Binnenschiffahrt hat noch immer einen großen Anteil am Gütertransport des Landes. In Millionen Tonnenkilometern transportieren: *1980*

Jahr	Straßenverkehr absolut (in %)	Eisenbahn absolut (in %)	Binnenschiffahrt absolut (in %)
1965	8.534 (40,0%)	6.698 (31,4%)	6.087 (28,6%)
1980	16.738 (54,7%)	7.999 (26,2%)	5.853 (19,1%)

Der Hafen von Antwerpen stößt dabei schon an die Grenze seiner Möglichkeiten. Die neuen großen Hochseeschiffe können die Scheldemündung nur mehr schwer befahren. Der Umschlag vom Hochseeschiff zum Binnenschiff geht daher zum Teil auf den Hafen Zeebrügge über.

Forschung. Sechs Japaner fahren mit dem Segelkatamaran >Yasei Go< (wildes Abenteuer) von Japan über die Nordroute nach der Westküste von Amerika und diese entlang nach Süden bis Valparaiso in Chile. Sie wollen damit nachweisen, daß es schon in prähistorischer Zeit möglich gewesen sei mit dem Schiff von Ostasien nach Amerika zu fahren. *1980*

Binnenschiffahrt. In der Sowjetunion wird der Binnenverkehr von Gütern mit folgenden Verkehrsträgern durchgeführt: Eisenbahn (55,6%), Erdölleitungen (19,7%), Seeschiffahrt (13,7%), LKW (7,0%) und Binnenschiffahrt (4,0%). Der Personenverkehr wird mit Autobus (43,2%), Eisenbahn (38,0%), Flugzeug (17,8%), Binnenschiffahrt (0,7%) und Seeschiffahrt (0,3%) bewältigt. Wie in Westeuropa ist die Binnenschiffahrt nur mehr mit dem Transport von billigen Massengütern beschäftigt. *1980*

Binnenschiffahrt. In Frankreich wird der Ausbau der Rhone für Schiffe mit einem Tiefgang von bis zu drei Metern abgeschlossen. Zwölf Staudämme dienen der Stromerzeugung und der Kanalisierung des Flusses. *1980*

Weltschiffbau. In diesem Jahr werden ohne Kriegsschiffe 2270 Seeschiffe mit 17 Millionen BRT fertiggestellt. Die größten Schiffbaustaaten sind: *1981*

Land	Tonnage	Anteil am Weltschiffbau
Japan	8,400.000 BRT	49,0%
Südkorea	929.000 BRT	5,4%
Spanien	780.000 BRT	4,6%
Brasilien	716.000 BRT	4,2%
Bundesrepublik Deutschland	702.000 BRT	4,1%

Südkorea beginnt das führende Land im Bau von Handelsschiffen zu werden. Den europäischen Staaten bleibt fast nur mehr der Bau von Spezial- und Luxusschiffen.

12. April 1981 **Raumfahrt.** Die NASA startet ihre erste Raumfähre >Columbia< zum Spaceshuttle >Skylab<. Diese Raumfähren können an die Weltraumstation andocken und auf dem Rückweg wie ein Flugzeug auf der Erde landen. Damit werden die Besatzungen in der Weltraumstation abgelöst. Die NASA baut noch drei weitere Raumfähren, die >Challenger<, >Discovery< und >Atlantis<.

1981 **China VR.** Es gibt geschätzte 100.000 Kilometer an Binnenwasserwegen, auf denen laut offiziellen Angaben jährlich 330 Millionen Tonnen an Gütern transportiert werden. Diese Zahl betrifft sicher nur die größeren Häfen, nicht aber den kleinen Lokalverkehr. Es gibt im Land rund hundert Binnenhäfen mit einem Umschlag von jeweils mehr als einer Millionen Tonnen. Die Hauptverkehrsader ist nach wie vor der Yang-tse-kiang.

1981 **Piraterie.** Sie wird wieder zu einer immer größeren Plage auf den Weltmeeren. Die oft langen Liegezeiten in den Häfen der Dritten Welt und die Zwangswege in Meerengen (Straße von Malakka etc.) geben den Piraten Gelegenheit, Schiffe zu überfallen. Die Seeräuber sind manchmal mit modernen Waffen ausgerüstet und kommen in der Nacht mit kleinen Schnellbooten an ihre Opfer heran. In diesem Jahr sind in Westafrika 102 und bei Singapur 42 Überfälle bekannt geworden. Auf der ganzen Welt waren es hundert größere und mehrere hundert kleinere Zwischenfälle.

24. Juni 1981 **Containerschiff.** Das bisher größte Schiff dieser Art, die deutsche >Frankfurt Expreß< (58.400 BRT) läuft zu seiner Jungfernfahrt nach Ostasien aus. Es hat eine Dienstgeschwindigkeit von 23 Knoten, 29 Mann Besatzung und kann 3045 TEU an Bord nehmen.

1981 **Schiffsfund.** In Mainz werden die Reste von neun römischen Rheinschiffen gefunden. Sie stammen aus dem 1. bis 4. Jahrhundert nach der Zeitenwende. Die besser erhaltenen Schiffe sind nun im Museum für antike Schiffahrt im Mainz ausgestellt.

5. Dezember 1981 **Passagierschiffahrt.** Die Bremer Werft Vulkan liefert für den HAPAG-Lloyd das neue Kreuzfahrtschiff >Europa< (37.000) ab. Es ist der größte Passagierschiffneubau auf einer deutschen Werft nach dem Zweiten Weltkrieg.

Jänner–März 1982 **Öltanker.** Die Überkapazität bei den Erdöltankern bringt immer mehr von ihnen in die Abbruchwerften, vor allem nach Taiwan. Allein in diesen drei Monaten wandern 30 Tanker mit zusammen 3,500.000 dwt in Richtung Schneidbrenner.

März 1982 **Ölbohrung.** Ohne die Ostblockstaaten (Mangel an Statistik) mitzurechnen sind bereits 659 Bohrinseln im Einsatz. Außer in Amerika, wo die Zahl bereits rückläufig ist, wächst sie vor allem in Europa und Afrika.

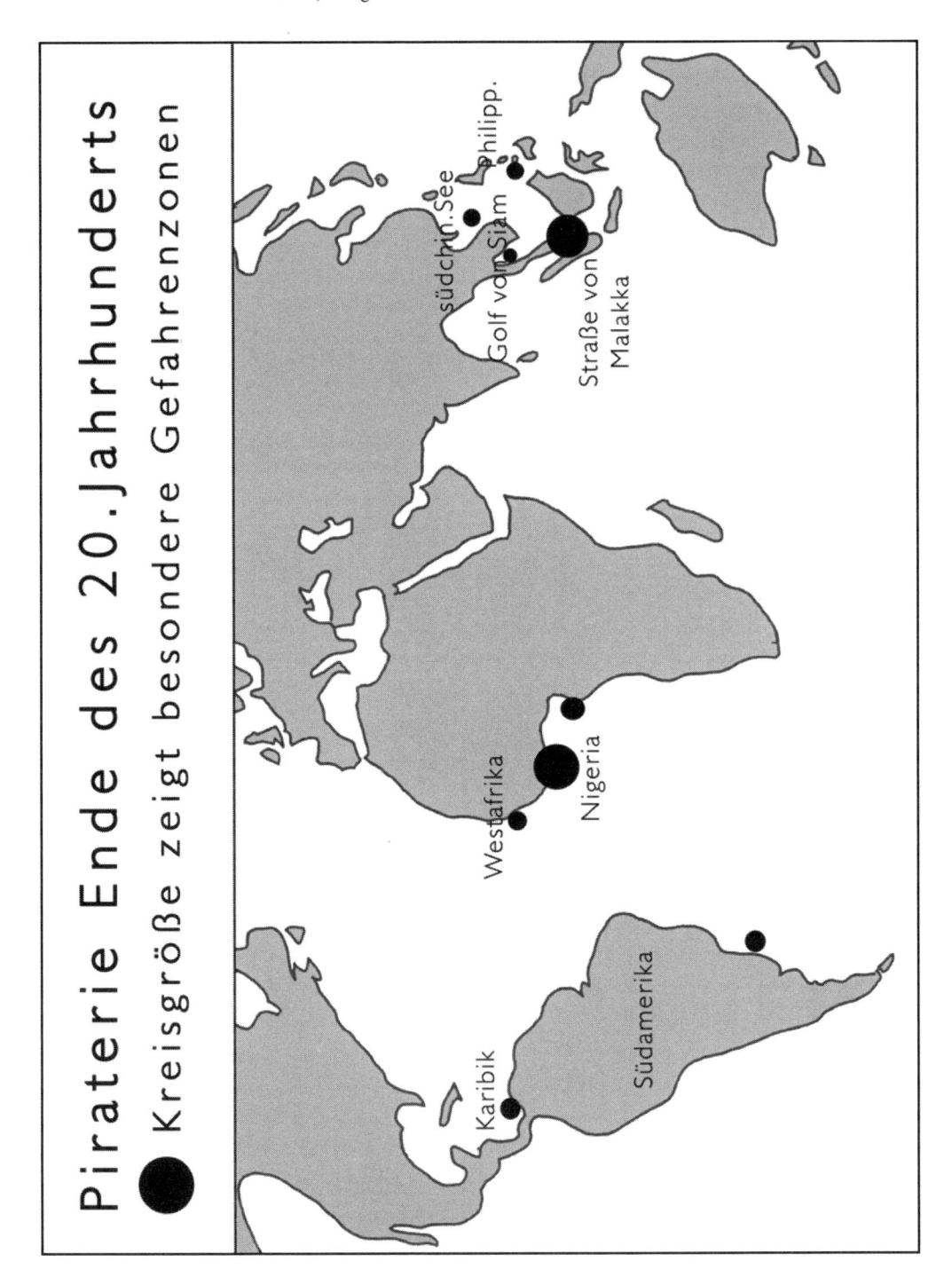

Piraterie Ende des 20. Jahrhunderts
● Kreisgröße zeigt besondere Gefahrenzonen

- südchin. See
- Philipp.
- Golf von Siam
- Straße von Malakka
- Westafrika
- Nigeria
- Karibik
- Südamerika

1982	**Weltfischfang.** An Seefischen werden rund 75 Millionen Tonnen angelandet. Dazu kommen 7,7 Millionen Tonnen Erträge der Binnenfischerei. Den weitaus größten Fischfang und auch Verbrauch haben Japan, VR China und die USA. Tabelle über die Entwicklung seit 1921 im Anhang.
1982	**Niederlande.** Die Binnenschiffahrt hat nach wie vor einen beachtlichen Anteil am Gütertransport. Der Straßentransport hält aber schon seit 1960 die Spitzenposition. In Tonnenkilometern transportiert die Straße 17.821 Millionen (71,3%), die Binnenschiffahrt 6.127 Millionen (24,5%) und die Eisenbahn 1.056 Millionen (4,2%). In den Niederlanden hat der Bahntransport bei Gütern nie eine sehr große Rolle gespielt.
10. Dezember 1982	**Seerecht.** Die Ergebnisse der **3. UN-Seerechtskonferenz** werden in Montego Bay auf Jamaika von den Vertretern von 119 Nationen unterzeichnet. Die Verhandlungen haben rund acht Jahre gedauert, bis in den Sitzungen in mehreren Städten von 2000 Beamten und 4000 Fachleuten im April 1982 ein für alle tragbarer Kompromiß gefunden wird. Die wichtigsten Bestimmungen sind eine Ausdehnung der Hoheitsgewässer von drei auf zwölf Seemeilen, eine Wirtschaftszone von insgesamt 200 Seemeilen, freie Passage in Meerengen und in der Zwölfmeilenzone, freie Forschung in den Wirtschaftszonen (200 minus 12 = 188 Seemeilen) und eine Regelung über den Bergbau am Meeresboden. Die USA, Großbritannien und die Bundesrepublik Deutschland zögern noch mit der Unterschrift.
1983	**Schiffbau.** In Japan wird das größte Massengutschiff auf der Werft Ishikawashima H. I. in Kure fertiggestellt. Die >Elbe Ore< (113.340 BRT/224.220 dwt) ist 312 Meter lang und 50 Meter breit und hat eine Dienstgeschwindigkeit von 13 Knoten.
6. August 1983	**Schiffbruch.** Vor der Atlantikküste von Südafrika gerät der Supertanker >Castillo de Bellever< in Brand und bricht auseinander. Rund 250.000 Tonnen Rohöl ergießen sich in das Meer.
1983	**Binnenschiffahrt.** Bei Emmerich am Rhein passieren die Grenze zwischen Deutschland und den Niederlanden 180.000 Fahrzeuge mit 127 Millionen Tonnen. Der Durchschnitt pro Kahn beträgt 705 Tonnen. Es wird meist Eisenerz, Sand, Schotter, Kohle, Erdöl und Schrott befördert.
1983	**Häfen.** Erze, Erdöl, Getreide, Chemikalien und andere Massengüter werden in eigenen Terminals umgeschlagen. Aber auch die Zeit des Stückgutverkehrs ist vorbei. Heute werden alle die Dinge, die früher in Kisten, Säcken oder Ballen verladen worden sind, in Containern transportiert. Die Zeit der großen Lagerhäuser an den Kais ist damit zu Ende. Diese werden heute für Luxushotels (z.B. in Kopenhagen oder Wien) oder Kunsthallen (Hamburg) verwendet. Die großen Verschiebebahnhöfe nahe den Häfen sind fast unbenützt (Bremen), denn die Güterzüge mit den Containern fahren direkt zu den Verladeplätzen. Dort werden die Container gestapelt und dann mit großen Ladeportalen direkt auf die Schiffe verladen. Die teure Liegezeit der Frachter verkürzt sich dadurch von einer Woche auf einen Tag. In diesem Jahr gibt es die größten Containerterminals in den Häfen Rotterdam, Rashid in den Vereinigten Arabischen Emiraten, Damman in Saudi-Arabien am Persischen Golf, London, Oakland, Port Kelang in Malaysia und Hamburg. Nähere Zahlen im Anhang.

Schiffstypen I
Ende 20. Jahrhundert

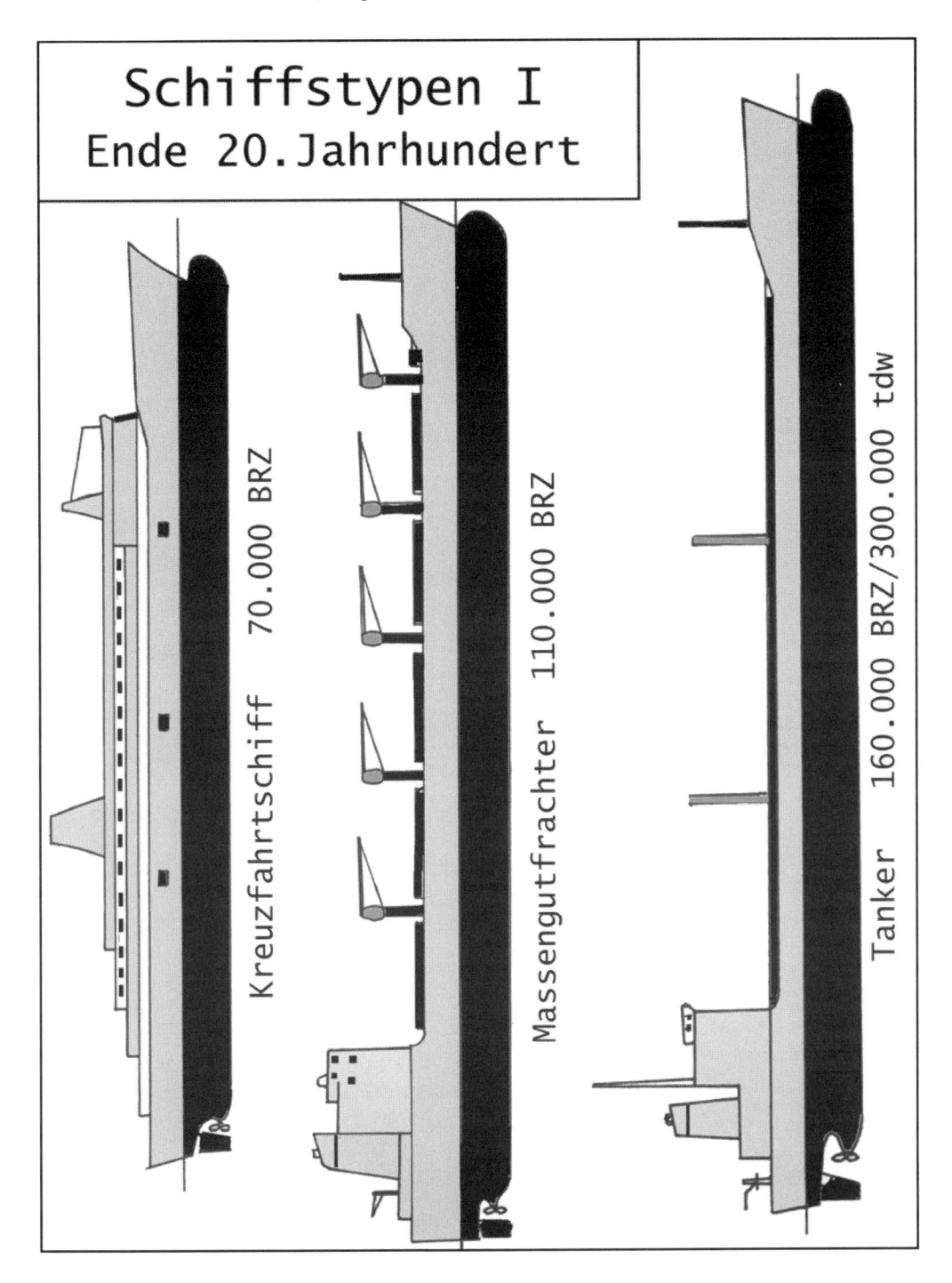

Kreuzfahrtschiff 70.000 BRZ

Massengutfrachter 110.000 BRZ

Tanker 160.000 BRZ/300.000 tdw

26. März 1984	**Suezkanal.** An diesem einen Tag passieren 82 Schiffe mit zusammen 1,952.000 NRT den Kanal, die größte Passageleistung bis dahin für einen Tag. Die Einnahmen von 1,75 Millionen Dollar sind ebenfalls ein Rekord.
März 1984	**Schiffbau.** Die Wartsilä-Werft in Turku, Finnland, stellt das bis dahin größte Personen- und Autofährschiff, die >Finlandia< (25.700 BRT) fertig. Die Fähre kann 2000 Passagiere und 480 PKW befördern. Mit 22 Knoten Dienstgeschwindigkeit wird sie zwischen Helsinki und Stockholm eingesetzt.
26. Mai 1984	**Rumänien.** Von der Donau bei Cernavoda wird ein Kanal durch die Dobrudscha nach Constanza am Schwarzen Meer eröffnet. Dadurch kann bei Fahrten zum Bosporus der große Umweg durch das Donaudelta vermieden werden. Der Kanal ist 64 Kilometer lang, 3,80 Meter tief und kann von Schiffen bis 5000 dwt befahren werden. Für einen gleichmäßigen Wasserstand sorgen Schleusen von 310 mal 25 Metern an beiden Enden des Kanals.
2. Mai–21. Juli 1984	**Forschung.** Der Ire Tim Severin begibt sich auf die Spuren der Argonauten. Mit dem Nachbau eines Schiffes aus dem späten 13. Jahrhundert vor der Zeitenwende fährt er mit 20 bis 30 Begleitern (Besatzung wechselt) von Volos in Thessalien durch das Schwarze Meer bis Poti in Georgien. Er beweist damit, daß es schwierig aber möglich ist, mit einem Ruderschiff durch die türkischen Meerengen Dardanellen und Bosporus von der Ägäis in das Schwarze Meer zu fahren. Segelschiffe müssen auf achterlichen Wind warten.
1984	**Containerverkehr.** Die Reedereien „United States Lines" und „Evergreen" (Taiwan) starten einen Dienst mit Containerschiffen rund um die Welt. Im Jahr 1987 kommt noch die deutsche „Senator"-Linie dazu. Die Schiffe fahren sowohl in West-Ostrichtung als auch umgekehrt und laufen in bestimmtem Rhythmus die wichtigsten Häfen an. Die United States Line muß wegen der hohen Anlaufkosten schon bald den Betrieb einstellen. Auch die Senator-Linie kommt nicht aus den roten Zahlen und wird von der Hanjin-Reederei in Korea übernommen. Nur die „Evergreen" scheint Erfolg zu haben.
1984	**Passagierschiffahrt.** Das speziell für die Arktisfahrt ausgerüstete schwedische Kreuzfahrtschiff >Lindblad Explorer< durchfährt am Weg von St. Johns in Neufundland nach Tokio die Nordwestpassage in nur 42 Tagen. Es nehmen 92 Passagiere an dieser Abenteuerkreuzfahrt teil.
Jänner 1985	**Schiffbau.** Die finnische Wartsilä-Werft in Turku liefert für die Sowjetunion das Katamaran-Kranschiff >Titan< (3000 dwt) ab. Das Schiff ist 141 Meter lang und 54 Meter breit. Der Kran hat eine Hebeleistung von 600 Tonnen. Es hat eine Eigengeschwindigkeit von elf Knoten und Unterkünfte für 100 Personen.
April 1985	**Schiffbau.** In Japan wird einer der größten Flüssiggastanker, die >Wakama Maru< (102.500 BRT), abgeliefert. Das Schiff ist 283 Meter lang, 45 Meter breit und verfügt über fünf Drucktanks mit je 25.000 m³ Fassungsraum.
September 1985	**Tiefseeforschung.** Der Amerikaner Robert D. Ballard unternimmt eine Suchaktion nach der 1912 im Nordatlantik gesunkenen >Titanic<. Mit Unterstützung der US-Marine und deren Tauchermutterschiff >Atlantis< II taucht er mit dem Tiefsee-Forschungsschiff >Alvin< auf 4000 Meter Wassertiefe, findet und photographiert die >Titanic<. Anschließend taucht er mit dem gleichen Erfolg nach dem im zweiten Weltkrieg im Atlantik gesunkenen Schlachtschiff >Bismark< und im Stillen Ozean nach dem bei Midway gesunkenen Flugzeugträger

Donaumündung
Ende 20. Jahrhunderts

- Besarabien
- Moldau
- Prut
- Galatz
- Izmail
- Donaudelta
- Sulina
- Erdöl
- Ploestie
- Rumänien
- Sumpfgebiet
- Dobrudscha
- Cernavoda
- Bukarest
- Constanta
- Donau
- Ruse
- Erdöl
- Schwarzes Meer
- Varna
- Kap Kaliakra
- Bulgarien

>Yorktown< und im „Iron Bottom Sound" bei Guadalcanal und in der Lagune von Truk nach gesunkenen Kriegsschiffen.

1985 **Schiffbau.** In Japan wird der Frachter >Usuki Maru< (26.000 dwt) in Dienst gestellt. Er hat neben dem üblichen Maschinenantrieb zwei computergesteuerte Segel, die bis zu 50% Treibstoffersparnis bringen sollen.

1985 **Binnenschiffahrt.** In Frankreich wird der Ausbau des alten Kanals von der Rhone bei Lyon über die Saone zum Rhein in Angriff genommen. Nach der Fertigstellung soll er für den Europakahn von 1350 Tonnen befahrbar sein.

28. Jänner 1986 **Raumfahrt.** Beim Start in Cape Canaveral explodiert die US-Raumfähre >Challanger< nach 73 Sekunden. Die fünf Astronauten und zwei Astronautinnen an Bord kommen dabei um. Der Einsatz der Raumfähren erleidet dadurch einen mehrjährigen Rückschlag.

15. Februar 1986 **Schiffbruch.** Vor Neuseeland läuft das sowjetische Kreuzfahrtschiff >Mikhail Lermontow< (20.000) auf einen Felsen auf und beginnt zu sinken. Passagiere und Besatzung können gerettet werden, das Schiff ist ein Totalverlust.

20. Februar 1986 **Raumfahrt.** Die Sowjetunion startet vom Weltraumbahnhof Baikonur in Kasachstan die Raumstation >Mir< (Friede). Drei Wochen später kommt die erste Besatzung an Bord. Die >Mir< wird in den nächsten drei Jahren mit zusätzlichen Modulen zu einem Forschungslabor ausgebaut und ist von wechselnden Besatzungen ständig besetzt.

31. August/ 1. September 1986 **Schiffbruch.** Vor Noworossisk im Schwarzen Meer wird das sowjetische Kreuzfahrtschiff >Admiral Nachimow< (17.000 BRT, ex >Berlin<) von dem Frachter >Petr Vasev< gerammt und beginnt zu sinken. Von den über 1200 Personen an Bord können rund 800 gerettet werden, 398 kommen ums Leben.

1986 **Schiffbau.** Die Werft Hyundai H. I. in Ulsan, Südkorea, stellt das bisher größte Schiff für Trockenfracht in Dienst. Die >Berge Stahl< (175.720 BRT/364.770 dwt) ist ein Erzfrachter von 343 Metern Länge und 13,5 Knoten Dienstgeschwindigkeit. Das Schiff transportiert Eisenerz aus Brasilien für das Ruhrgebiet nach Rotterdam.

1986 **Wasserbau.** In den Niederlanden wird nach der Flutkatastrophe in der Nacht vom 31. Jänner zum 1. März 1953 mit 1800 Toten der Deltaplan beschlossen. In mehr als dreißigjähriger Bauzeit wird das Mündungsgebiet von Rhein, Maas und Schelde hochwassersicher gemacht. Dazu werden alle Mündungsarme bis auf die Westerschelde mit fünf Abschlußdämmen mit Schleusen abgeriegelt. Teilweise entstehen dadurch Süßwasserseen, die Osterschelde wird bei Normalwasser durch geöffnete Tore Flut und Ebbe zugänglich gemacht und behält dadurch ihr Salzwasser. Nebendämme regulieren den Wasserstand für Binnenschiffahrt und Wassersport. Neue Brücken und Straßen erschließen diesen Teil der Niederlande.

6. März 1987 **Schiffbruch.** Beim Auslaufen aus dem Hafen von Zeebrügge rammt die Kanalfähre >Herald of free Enterprise< eine Mole, beginnt zu sinken und kentert bald danach im flachen Wasser. Von 573 Personen an Bord kommen 135 ums Leben. Nach vier Wochen wird das Schiff mit schweren Schwimmkränen aufgerichtet und mit der Bergung der Leichen begonnen.

Niederlande
Flutschutz Deltawerke 1950-1986

— Sturmflutdämme   ⌒⌒⌒ Kanäle

Nordsee

Niederlande

Maas

Schelde

Rhein

Nordsee

Den Haag

Hoek van Holland

Rotterdam

Europort

1971

Hafen Dordrecht

1972 Salzwasser

Süßwasser

Zierikzee 1965

1986 Brücke

Niederlande

Walcheren

Middelburg

Osterschelde

Bergen op Zoom

Vlissingen

Westerschelde

Terneuzen

Niederlande

Hafen

Antwerpen

Belgien

Belgien

25. Juni 1987	**Binnenschiffahrt.** Die 1. DDSG stellt für die Donau das größte Flußkreuzfahrtschiff der Welt in Dienst. Die >Mozart< wird in der bayerischen Werft von Deggendorf gebaut, hat einen Doppelrumpf von 120 Meter Länge und knapp 23 Meter Breite und kann die Schleusen an den Donaukraftwerken gerade noch passieren.
1987	**Sibirien.** Mit Hilfe von vier atomgetriebenen Eisbrechern kann die UdSSR den nördlichen Seeweg um Sibirien bereits für neun Monate im Jahr befahrbar halten. Der westliche Teil dieses Seeweges wird schon das ganze Jahr befahren. Für diesen Seeweg stellt die Sowjetunion im folgenden Jahr den eisverstärkten LASH-Frachter mit Atomantrieb >Sevmorput< (38.239 BRT/33.980 dwt) in Dienst. Das Schiff ist 260 Meter lang, 32 Meter breit, nimmt 74 Leichter oder 1320 TEU in sein Dock auf und kann Eis bis zu einer Stärke von einem Meter brechen. Es ist nach längerem wieder das erste Frachtschiff mit Kernreaktor.
1987	**Rohöltransport.** Insgesamt werden fast tausend Millionen Tonnen verschifft. Diese kommen aus dem Persischen Golf (43,2%), aus der Karibik (12,1%), aus dem Nahen Osten über Ölleitungen (5,6%), aus Nordafrika (10,8%), aus Westafrika (9,6%), aus Südostasien (7,6%) und aus anderen Fördergebieten (11,1%). Dieses Rohöl geht nach Nordamerika (26,0%), in das Mittelmeer (19,5%), nach Japan (15,9%), nach West- und Nordeuropa (15,5%) nach Südamerika (5,9%) und in übrige Gebiete (17,2%).
1987	**Eisenerzverschiffung.** Eisenerz kommt aus Südamerika, Atlantikküste (35,1%), aus Australien (26,4%), Asien (10,9%), Nordamerika (8,0%), Westafrika (7,9%), Skandinavien (5,4%), Südamerika, Pazifikküste (3,1%), übriges Afrika (2,8%) und übriges Europa (1,3%). Es geht nach Japan (35,1%), Westeuropa (30,7%), Fernost neben Japan (11,7%), übriges Europa (7,6%), Mittelmeergebiet (5,5%) und in die USA (4,3%).
1987	**Spezialtransporte.** Die Schiffe der niederländischen Wijsmuller Transport B. V. sind auf schwerste Güter spezialisiert. In diesem Jahr transportiert die >Mighty Servant 2< (21.160 BRT) ein in Singapur gebautes schwimmendes Hotel von 7000 Tonnen auf seiner absenkbaren Plattform über 3500 Seemeilen nach Australien zum großen Barriereriff, wo das Hotel verankert wird. Die >Mighty Servant 3< (22.390 BRT) bringt im selben Jahr drei Bohrinseln mit zusammen 18.000 Tonnen in einer Fahrt vom Golf von Suez in den Golf von Mexiko.
1987	**Schiffbau.** Bei der China Schiffbaugesellschaft in Kaohsiung in Taiwan wird der bisher größte Erz-/Ölfrachter in Dienst gestellt. Die >Ruhr Ore< (171.924 BRZ/305.836 dwt) ist 340 Meter lang, 57 Meter breit und hat einen Tiefgang von 22 Metern. Das Schiff fährt unter der Flagge von Liberia.
Dezember 1987	**Schiffskatastrophe.** Auf dem Weg von Manila stößt das Fährschiff >Dona Paz< (2324 BRT) mit dem Tanker >Victor< zusammen. Beide Schiffe geraten in Brand und sinken nach kurzer Zeit in den von Haifischen verseuchten Gewässern vor der Insel Mindoro. Von beiden Schiffen können nur 39 Personen gerettet werden. Nach offiziellen Angaben hatte die Fähre 1543 Personen an Bord (Tankerbesatzung 13 Mann), nach Zeugenaussagen ist die Fähre aber gänzlich überladen gewesen. Die Schätzungen der Zahl der Opfer gehen von

Schiffstypen II
Ende 20. Jahrhundert

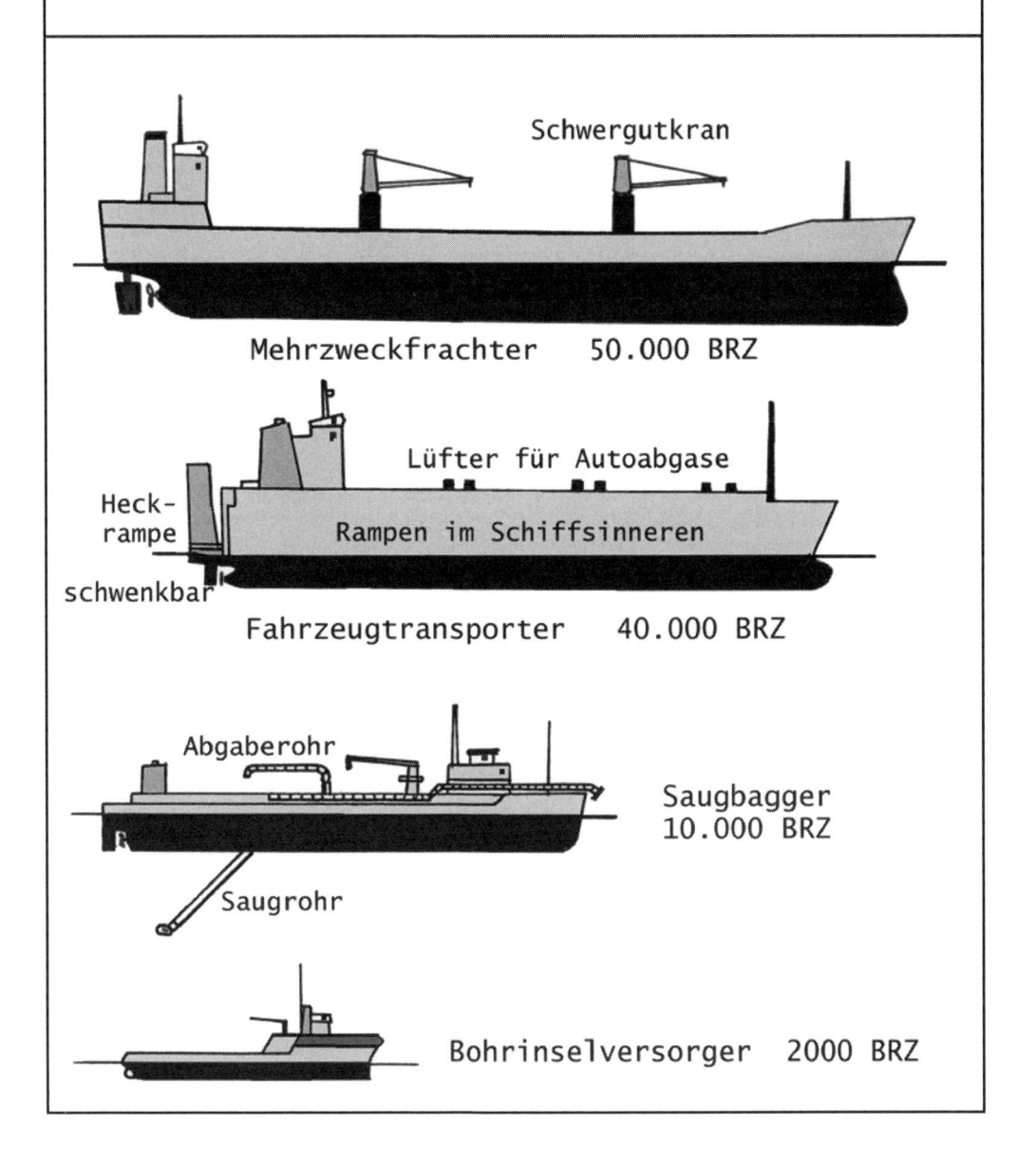

Schwergutkran

Mehrzweckfrachter 50.000 BRZ

Lüfter für Autoabgase

Heck-rampe

Rampen im Schiffsinneren

schwenkbar

Fahrzeugtransporter 40.000 BRZ

Abgaberohr

Saugbagger 10.000 BRZ

Saugrohr

Bohrinselversorger 2000 BRZ

	plus 1500 bis 4000 Personen. Es ist das größte Schiffsunglück in Friedenszeiten, weit über der >Titanic<.
16. Jänner 1988	**Schiffbau.** Das größte derzeitige Kreuzfahrtschiff der Welt wird von Rosalynn Carter, der Gattin des Ex-Präsidenten der USA auf den Namen >Sovereign of the Seas< (73.200) getauft. Das in St. Nazaire gebaute Schiff kommt in der Karibik zum Einsatz.
1988	**Getreideverschiffung.** Es liefern die USA (58,8%), Kanada (12,3%), Südamerika (7,7%) und Australien (8,7%) Getreide nach dem Fernen Osten (20,1%), Japan (15,5%), Osteuropa (14,5%, früher selber Lieferant), Indien (10,5%), Mittel- und Südamerika (10,0%), Afrika (8,9%), Westeuropa (6,2%), in das Mittelmeergebiet (3,7%) und in den Nahen Osten (2,0%). Dazu zählt Weizen, Mais, Gerste, Hafer, Roggen und Sojabohnen.
1988	**Hochseefischerei.** Für die Sowjetunion wird von einer finnischen Werft das bisher größte Fischfabrikschiff für den Einsatz im Stillen Ozean gebaut. Die >Sodrushestvo< (32.100 BRT) ist 165 Meter lang, 28 Meter breit und für die Verarbeitung von Krabben in Konserven eingerichtet.
Jänner 1989	**Welthandelsflotte.** Es sind 33.130 Hochseeschiffe mit zusammen 376,663.000 BRT/615,333.000 dwt registriert. Gerechnet in dwt entfallen auf Tanker 39,2%, Massengutfrachter 30,1%, Standardfrachter 12,3%, OBO-Frachter 6,1%, Containerschiffe 3,9%, Flüssiggastanker 1,7%, RoRo-Schiffe 1,6%, Chemikalientanker 1,0% und auf Passagier- und Kombischiffe 0,2%. Der Rest entfällt auf Spezialschiffe.
1989	**Schiffsfund.** In der Straße von Malakka wird das im August 1511 gesunkene Flaggschiff >Flor de la Mar< des portugiesischen Admirals Afonso de Albuquerque gefunden und zwei Jahre später geborgen. An Bord haben sich reiche Kunstschätze befunden, die bei der Eroberung von Malakka erbeutet worden sind.
September 1989	**Unterseeboot.** Der japanische Mitsubishi-Konzern stellt der Presse sein U-Boot für Touristen vor. Das Boot soll mit 40 Passagieren zu den Korallenbänken um die Insel Okinawa tauchen.
10. September 1989	**Binnenschiffahrt.** Auf der unteren Donau rammt ein bulgarischer Schlepper das rumänische Passagierschiff >Mogosaja<. Mit diesem gehen rund 200 Personen unter.

In diesem Kapitel verwendete Literatur
(weitere Nachschlagewerke siehe Anhang in diesem Band):

Bagwell, Ph. S., The Transport Revolution, Routledge, London 1974
Bremen, Statistik der Schiffahrt, Jahrgänge 1962, 1968 und 1999, Institut für Seeverkehrswirtschaft in Bremen 2000
Brenneke, J., Tanker, Koehler, Herford 1975
Forschung, Norwegian Maritime Explorers and Expeditions, Index Publ. AS, Oslo 1999
Hafen, Container Terminals in the World, Japan Cont. Association, Tokio 1984
Jahrbuch, Fischer Weltalmanach 1962 – 1991, Fischer Tb.Vg., Frankfurt/M.1961ff
Moscow, A., Der Untergang der >Andrea Doria<, DBG, Berlin 1962
Murphy, M. u. L., The Ocean Ferryliners of Europe, 2 Bde., Hippocrene, New York 1987
Rabson/O'Donoghue, P&O, a Fleet History, The World Ship Society, Kendal 1988

Raumfahrt, Jane's Spaceflight Directory, Jane's, London 1984ff
Roberts, G., Atlas of Discovery, Aldus/Jupiter, London 1973
Kludas, A., Die Geschichte der deutschen Passagierschiffahrt, 5 Bde., Kabel, Hamburg 1986
Mordhorst, J., Versorger auf See, Koehler, Hamburg 1996
Schäuffelen, O., Die letzten großen Segelschiffe, Delius & Klasing, Bielefeld 1969
Severin, T., Auf den Spuren der Argonauten, Econ, Düsseldorf 1985
Villar, R., Piracy Today, Conway, London 1985
Williams, D. (Hrsg.), The World Shipping, Ashgate, Aldershot 1997
Witthöft, H. J., Container: Eine Kiste macht Revolution, Koehler, Hamburg 2000
Witthöft, H. J., Entwicklungstendenzen in der Weltseeschiffahrt, in: Marinerundschau 1984, Bernard & Graefe, Koblenz 1984

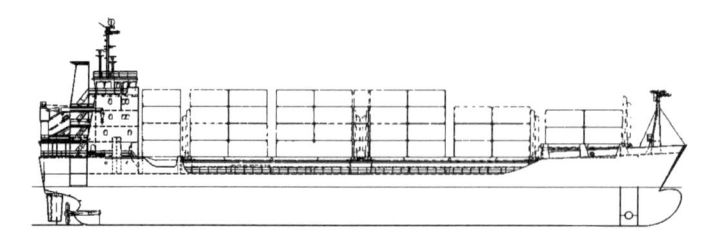

Kreuzfahrtschiffe, Mammuttanker und Container

21. Der Weg in das dritte Jahrtausend
Die Jahre von 1990 bis 2002

Das politische Umfeld

Der Beginn dieses Zeitabschnittes war von der größten politischen Umwälzung seit dem Zweiten Weltkrieg gekennzeichnet. Sie übertraf noch die Machtübernahme der Kommunisten in China und die Unabhängigkeit des indischen Subkontinents. Es handelte sich um den Zusammenbruch des kommunistischen Machtblocks und in der Folge dem Ausscheren der Staaten der Dritten Welt aus dem kommunistischen Einflußbereich. Die Sowjetunion und Jugoslawien zerfielen in Teilstaaten und Deutschland erlangte die Wiedervereinigung. Kommunistische Diktaturen verblieben nur Kuba, Nordkorea und die VR China, letztere mit der Einschränkung einer sozialen Marktwirtschaft. Ob dieses Experiment Zukunft hat, wird sich erst erweisen.
Die Entspannung in der Weltpolitik begann im Dezember 1989 mit dem Treffen der Staatschefs der USA, George Bush, und der Sowjetunion, Michail Gorbatschow, auf dem Kreuzfahrtschiff >Maxim Gorki< im Hafen von Malta. Beide Präsidenten einigten sich, die Abrüstung verstärkt voranzutreiben und erklärten den Kalten Krieg für beendet.
Um die Fischereirechte auf der Neufundlandbank entstand 1995 ein Streit zwischen Kanada und der Europäischen Union. Die Kanadier beschlagnahmten ein spanisches Fischerboot, das sich nicht an die internationalen Vorschriften über den Heilbuttfang gehalten hatte. Da die Beschlagnahme 250 Seemeilen vor der Küste, also in internationalen Gewässern, erfolgte, stellte sich die EU hinter ihr Mitgliedsland Spanien. Erst nach der Vereinbarung von neuen Fangquoten in der kanadischen Wirtschaftszone und der Freilassung des Fischerbootes konnte der Streit beigelegt werden. Zwei Jahre später begann im Nordpazifik der „Lachskrieg" zwischen Kanada und den USA. Er konnte nach längeren Verhandlungen und Kompromissen beendet werden.
Im Februar 1990 nahmen Großbritannien und Argentinien die seit dem Falklandkrieg 1982 unterbrochenen diplomatischen Beziehungen wieder auf. Der Streit um die Falkland-/Malvinas-Inseln blieb aber weiter ausgeklammert.

In **Europa** zogen im Februar 1990 die Truppen der UdSSR aus der Tschechoslowakei ab, im März räumten sie Ungarn. Litauen erklärte seine Unabhängigkeit, im Mai folgten damit Lettland und Estland.
Anfang 1990 sagte sich Bulgarien vom Kommunismus los, im Juni fand die ersten freien Wahlen eines Mehrparteiensystems statt. Schon im Oktober 1989 begann die Flucht von Bürgern der DDR über Ungarn, die CSSR und Polen nach dem Westen. Am 9. November wurde die Grenze der DDR geöffnet und im folgenden Frühjahr begann der Abbruch der Berliner Mauer. In Bonn wurde in den 2 + 4-Gesprächen mit den beiden deutschen Staaten und den vier Siegermächten des Zweiten Weltkrieges der Weg für die deutsche Einheit freigegeben. Im Juli wurde eine Wirtschafts-, Währungs- und Sozialunion der beiden deutschen Staaten beschlossen.
In Slowenien und Kroatien fanden 1990 die ersten freien Wahlen nach dem Zweiten Weltkrieg statt. Slowenien erklärte im Juli seine Unabhängigkeit von Jugoslawien, im August folgte damit auch Bosnien-Herzegowina. Im November fanden in Makedonien und Bosnien-Herzegowina die ersten freien Wahlen statt. In beiden Staaten kamen antikommunistische

Kräfte an die Macht. Jugoslawien begann zu zerfallen. Jugoslawien versuchte vergeblich die Abtrünnigen zurückzuerobern. In Bosnien-Herzegowina kam es zu einer Volksabstimmung über die Unabhängigkeit, die von den serbischen Bewohnern boykottiert wurde. Von den abgegebenen 63% der Stimmen der Bosniaken und Kroaten im Land waren 99% für die Unabhängigkeit. Die Serben des Landes betrachteten dies als Kriegserklärung und begannen mit Unterstützung aus Serbien mit dem Bürgerkrieg. Die EU und die USA erkannten das Abstimmungsergebnis an und verurteilten die Aggression. Mit einem Mandat der UNO begannen 1994 Luftstreitkräfte der NATO in die Kämpfe in Bosnien-Herzegowina einzugreifen.

Auch im Kosovo kam es gegen die Autonomiebestrebungen der Albaner zu Menschenrechtsverletzungen der serbischen Streitkräfte. Die NATO griff auch dort mit Luftstreitkräften ein und dehnte die Angriffe auf serbisches Staatsgebiet aus. Der Krieg endete mit der Vertreibung der serbischen Truppen aus dem Kosovo. Nach dem Krieg übernahmen die internationalen Streitkräfte (KFOR) die Kontrolle über das Land.

In Moskau wurden die 2 + 4-Gespräche über die deutsche Wiedervereinigung am 12. September 1990 abgeschlossen. Die Minister Hans-Dietrich Genscher (BRD), Lothar de Maizière (DDR), Eduard Schewardnadze (UdSSR), James Baker (USA), Douglas Hurd (GB) und Roland Dumas (Fr) unterzeichneten im Beisein von Michail Gorbatschow (UdSSR) den *„Vertrag über die abschließenden Regelungen im Bezug auf Deutschland"*, der einem Friedensvertrag gleichkommt. Er beendete de jure den Kriegszustand der Siegermächte aus dem Zweiten Weltkrieg mit Deutschland. Am 3. Oktober 1990 trat die DDR der BRD bei, alle Behörden der DDR wurden aufgelöst und die Siegermächte verzichteten auf alle Rechte aus der Nachkriegszeit gegenüber Deutschland.

In Rumänien wurde Präsident Ceausescu mit seiner Frau auf der Flucht von Aufständischen verhaftet, zum Tode verurteilt und sofort erschossen. Rumänien wandte sich ebenfalls vom Kommunismus ab. Nach anhaltenden Demonstrationen in Prag löste sich auch die CSSR aus dem Kommunismus und bildete als CSFR die erste demokratische Regierung seit 1948. In Ungarn wurde am 23. Oktober 1989 die Republik ausgerufen, ein Mehrparteiensystem errichtet und der Kommunismus abgeschafft. Im März 1990 zogen die Truppen der UdSSR aus Ungarn ab, im Juni erfolgte der Austritt aus dem Warschauer Pakt. Das bisher orthodox kommunistische Albanien sagte sich 1990 vom Stalinismus los und schrieb freie Wahlen aus.

In Rußland wurde 1991 das Ende der Sowjetunion beschlossen und dafür die „Gemeinschaft unabhängiger Staaten" gegründet. Jene Republiken, die es wünschten, wurden in die Unabhängigkeit entlassen. Rußland trat die Rechtsnachfolge der ehemaligen Sowjetunion an. Es folgte die freie Wahl der Parteien und die Kommunisten wurden aus Ämtern und Betrieben verwiesen. Rußland wurde eine Präsidialrepublik. Im November 1991 wurde die alte sowjetische Verfassung außer Kraft gesetzt. Michail Gorbatschow trat als Präsident der UdSSR zurück. Im folgenden Jahr wurde in Alma Ata der Vertrag der elf Mitglieder der „Unabhängigen Staaten" (GUS) unterzeichnet. Dadurch war das Kapitel Sowjetunion abgeschlossen. Die GUS sind weder ein Staat noch ein Staatenbund, sondern eine lose Interessensgemeinschaft.

Im Streit um die Zugehörigkeit der Halbinsel Krim einigten sich 1992 Rußland und die Ukraine, daß diese weitgehend autonomen Status erhalte, aber im Staatsverband der Ukraine bleibe. Die russische Schwarzmeerflotte behielt ihre Hafenrechte auf der Krim. Im September 1993 verständigten sich die beiden Staaten über die Aufteilung der Schwarzmeerflotte. Jedes Land erhielt die Hälfte der Schiffe, die Ukraine behielt aber nur rund 15%, der Rest wurde ihr von Rußland abgekauft. Über die Nutzung des Kriegshafens Sewastopol erfolgte später ebenfalls

eine Einigung. Von den sechs Flugzeugträgern der ehemaligen Roten Flotte wurden vier nach China zum Verschrotten verkauft.
Im August 1994 verließen die letzten russischen Truppen Ostdeutschland. In einer Feierstunde in Berlin wurden am 8. September 1994 die letzten Soldaten der Siegermächte verabschiedet.
Am 1. November 1993 trat der Vertrag von Maastricht in Kraft. Darin wurde die EG in die „**Europäische Union**" (EU) umgewandelt. Am 1. Jänner 1995 kamen zu den bisherigen zwölf Mitgliedern noch Österreich, Finnland und Schweden dazu.

In **Amerika** begannen die USA auf Grund der Entspannung 1990 mit einer Teilabrüstung. Im Zweiten Golfkrieg waren die USA die Führungsmacht bei der Blockade der Küste des Irak. In Chile fanden im Jänner 1990 wieder freie Wahlen statt. Die Militärdiktatur wurde freiwillig und unblutig beendet. Der alte Wirtschaftskurs wurde auch von der neuen Regierung beibehalten.
Für Nordamerika wurde im August 1992 ein Freihandelsabkommen zwischen den USA, Kanada und Mexiko unterzeichnet. Mit dem „*North American Free Trade Agreement*" (NAFTA) wurde ein Markt von 360 Millionen Bürgern geschaffen.
Die Ureinwohner von Amerika, Indianer und Inuit/Eskimos, pochen immer mehr auf ihre Rechte. Im Jahr 1997 fand der erste Kongreß der Indianer aus Mittelamerika in Tegucigalpa, der Hauptstadt von Honduras, statt. In Kanada erhielten die Bewohner des Nordens ein eigenes Territorium namens Nunavut. Es umfaßt fast die Hälfte der Nordprovinzen von der Hudson-Bucht bis vor Nordgrönland. In Mexiko kämpfen die Indianer der Provinz Chiapas für mehr Rechte.
Der Senat der USA lehnte 1999 den schon ausverhandelten Atomteststoppvertrag mit dem Hinweis auf die Raketenrüstung in Nordkorea, dem Irak und dem Iran ab. Dies und der geplante Aufbau eines Raketenabwehrsystems rund um Nordamerika führten zu einem Ende der Abrüstungsphase der Großmächte, die in den letzten zehn Jahren im Gange war.

Asien. Am 2. August 1990 marschierten Truppen des Irak in Kuwait ein und besetzten das ganze Land. Es folgten eine Verurteilung durch die UNO und die Aufforderung zum Rückzug. Die Ausfuhr von Erdöl wurde unterbunden und ein strenges Wirtschaftsembargo verhängt. Um Rückenfreiheit zu bekommen, erkannte Präsident Saddam Hussein vom Irak die 1975 mit dem Iran ausgehandelte Grenze in der Mitte des Schatt al-Arab an, um die der 1. Golfkrieg geführt worden war. Der Tod von fast einer Million Soldaten und Zivilisten war daher sinnlos.
Die UNO stellte dem Irak ein Ultimatum, sich bis zum Jänner 1991 aus Kuwait zurückzuziehen. Nach dessen Ablauf am 17. Jänner 1991 begann der Angriff einer internationalen Streitmacht unter der Führung der USA (siehe Seeherrschaft). Nach sechs Wochen Krieg waren die Streitkräfte des Irak geschlagen und aus Kuwait vertrieben. Die Erdölquellen Kuwaits wurden von den Irakern in Brand gesteckt. Der Persische Golf blieb ein ständiger Unruheherd, da sich der Irak nicht an die Resolutionen der UNO hielt. Die USA halten daher ständig ihre 5. Flotte mit mindestens einem Flugzeugträger in der Region stationiert.
Im Mai 1990 schlossen sich Nord- und Südjemen zu einem einheitlichen Staat, der Republik Jemen, zusammen. Der Südjemen hatte die Unterstützung des ehemaligen Ostblocks verloren.
Im April 1991 übernahmen in Afghanistan die Mujaheddin die Macht. Wenige Jahre später wurden sie von den radikal-islamischen Taliban-Streitkräften vertrieben, die einen erzkonservativen islamischen Gottesstaat errichteten. Alle vorislamischen Kulturgüter wie die berühmten Buddhastatuen im Tal Bamyan wurden vernichtet.

Im September 1991 löste sich die KP in Armenien auf und das Land erklärte seine Unabhängigkeit von der ehemaligen UdSSR. Das gleiche geschah noch im selben Jahr im benachbarten Aserbaidschan.
In der VR China wurde bei einer Sitzung des Zentralkomitee der kommunistischen Partei im November 1993 der Aufbau einer sozialen Marktwirtschaft beschlossen. In der Politik wurden aber die Zügel der Partei nicht gelockert.

In **Afrika** wandte sich Äthiopien im März 1990 vom Kommunismus ab. Die Sowjetunion zog daraufhin ihre Militärberater und Kuba seine Soldaten aus dem Land ab. In Liberia begann ein nicht enden wollender Bürgerkrieg. Namibia erhielt im März 1990 von Südafrika die Unabhängigkeit. Es war das letzte unfreie Land in Afrika, wenn man von den Diktaturen absieht.
In Südafrika wurde von Präsident de Klerk die Apartheid abgeschafft und der Weg für eine Regierung mit schwarzer Mehrheit freigegeben. Das Land kam dadurch aus seiner internationalen Isolierung heraus.
In der ehemaligen portugiesischen Kolonie Mosambik/Mosambique wurde das kommunistische Regime abgeschafft und im November 1990 ein Mehrparteiensystem eingeführt. Der Bürgerkrieg im Land kam zu einem Ende. Einen Monat später wandte sich auch Angola, nun ohne Unterstützung aus dem ehemaligen Ostblock, vom Kommunismus ab und ließ auch andere Parteien zu. Der schon 16 Jahre dauernde Bürgerkrieg flaute allmählich ab. Im Jahr 1999 flammten die Kämpfe wieder auf, da die revolutionäre UNITA im Norden des Landes die Diamantenminen kontrolliert und mit deren Erträgen den Kampf finanziert.
Im Mai 1993 schied Eriträa endgültig aus dem Staatsverband von Äthiopien aus. Der Befreiungskrieg war damit zu Ende. Äthiopien verlor seinen direkten Zugang zum Meer und wurde ein Binnenstaat. In den folgenden Jahren gab es noch zum Teil schwere Kämpfe um die genaue Grenzziehung.
Die Entwicklungsgemeinschaft für Südafrika (SADC) beschloß in Windhoek, der Hauptstadt von Namibia, im August 2000 die Bildung einer Zollunion, an der elf Staaten, nämlich Botswana, Lesotho, Malawi, Mauritius, Mosambik, Namibia, Seychellen, Simbabwe, Südafrika, Swasiland und Tansania, teilnehmen. Bis 2008 soll durch Abbau fast aller Zölle eine Freihandelszone mit einem Markt für rund 200 Millionen Menschen geschaffen werden.
Die politische Geschichte von Schwarzafrika ist geprägt von ständigen Bürgerkriegen, Umstürzen und Morden. Dies alles hier zu schildern, würde viele Seiten brauchen. Weitere ständige Unruheherde in der Welt sind Palästina, Nordirland, das Baskenland, Indonesien, Kaschmir, Sri Lanka und die Drogenmafia in Kolumbien, Ecuador, Peru, Afghanistan und Myanmar.

Die Hochseeschiffahrt

Der **Containerverkehr** übernahm bereits mehr als die Hälfte des Stückguttransportes. Zu Land waren mit Containern alle Ziele durch Binnenschiffe, spezielle Eisenbahnwaggons und oder LKW erreichbar. Zur See gab es einen Schnellverkehr über Liniendienste, die zentrale Umschlagplätze anliefen. Sie wurden von den größten (6000 TEU) und schnellsten (25 kn) Schiffen befahren. Daneben gab es einen mittleren Verteilerdienst, auf dem ältere oder kleinere Schiffe (500-3000 TEU) fuhren und die alle Häfen mit Containerumschlag anliefen. Als dritte Stufe folgten die Küstenfahrer (100-500 TEU), die in jedem kleinen Hafen mit eigenem Geschirr laden und löschen konnten. Die großen Containerschiffe mit einer Breite von über 40 Metern vermochten den Panamakanal nicht mehr zu passieren.
Zentrale Umschlagplätze für Container waren unter anderen in Asien Singapur, Hongkong, Pusan, Kaohsiung, Tokio und Port Kelang, in Europa Rotterdam, Hamburg, Antwerpen, Felix-

stowe, Gioia Tauro und Algeciras, in Amerika Long Beach/Los Angeles, New York und San Juan und für Australien Melbourne (näheres im Anhang).
Seit der Wiedereröffnung des Suezkanals 1975 ging das **Erdöl** aus dem Nahen Osten wieder durch das Rote Meer und Mittelmeer nach Europa und in die USA. Auf dem Weg nach Japan, Südkorea und China fuhren die großen Tanker weiter durch die Sundastraße, da die Straße von Malakka zu viele Inseln und Untiefen aufwies und vom Schiffsverkehr bereits überlastet war. Das Erdöl aus Venezuela und Kolumbien ging fast ausschließlich nach Nordamerika, jenes aus Westafrika, vor allem Nigeria, nach den USA und Westeuropa. Europa bezog sein Erdöl außer aus dem Persischen Golf aus dem Kaukasusgebiet und aus Nordafrika durch das Mittelmeer.
Eisenerz kam mit Erztransportern und Erz-/Öl-Kombischiffen aus Brasilien nach Europa, Japan und Südkorea, aus Australien nach Japan, Südkorea und die VR China. Indien verschiffte Eisenerz nach Japan und Südkorea. Aus dem Gebiet der Großen Seen in Nordamerika und aus Labrador gelangte Eisenerz nach Europa.
Kohle, noch immer ein wichtiger Energieträger, lieferte Australien nach Japan und in den ganzen Fernen Osten sowie nach Europa. Außerdem kam Kohle aus Südafrika nach Europa und aus Kanada nach Ostasien.
Als weiteres Massengut ging **Getreide** aus Nordamerika nach Ostasien, nach Südamerika und nach Afrika. Auch die GUS mußte gelegentlich Getreide in Nordamerika einkaufen. Australien lieferte Getreide nach Ostasien und Indien, Argentinien verschiffte Weizen nach Europa, in das Mittelmeergebiet und nach Ostasien.
Ebenfalls als Massengut war die **Autoverschiffung** zu sehen. Schwimmende Garagen mit bis zu 6000 Stellplätzen für PKW brachten die Fahrzeuge von Japan und Südkorea sowie jene aus Europa in die ganze Welt. Neben diesen Spezialtransporten gab es natürlich eine ganze Zahl von Mischformen wie Fährschiffe mit Personen-, Auto- und Containertransport, Kombifrachter für mehrere der genannten Güter und viele andere.
Alle Meere waren schon von einem dichten Netz an Schiffahrtslinien für den Gütertransport überzogen. Nicht nur die Industriestaaten lieferten ihre Erzeugnisse in die ganze Welt und bezogen von dort Rohstoffe, sondern auch die Entwicklungsländer bauten eigene Industrien auf und verschifften deren Produkte weithin.
Dieser anschwellende **Seeverkehr** führte zu einer Überlastung an einigen Punkten der Weltmeere. Im Ärmelkanal, in den türkischen Meerengen, in der Straße von Bab el Mandeb und in der Straße von Malakka waren bereits Verkehrsregelungen notwendig geworden, um Unfälle zu vermeiden. Der Panamakanal konnte von den größten Schiffen, 30% der Welthandelsflotte, schon nicht mehr passiert werden. Seine Schleusen begrenzten die Durchfahrt auf Schiffe mit maximal 290 x 32 x 12 Metern und 40.000 BRZ. Als Ersatz für die großen Tanker ist schon eine Erdölleitung parallel zum Kanal verlegt. Trotz der Vergrößerung vor rund 30 Jahren waren weitere Ausbaupläne im Gespräch. Ob die Übernahme des Kanals und der Kanalzone durch Panama für diese förderlich waren, sei dahingestellt.
Zur Hochseeschiffahrt mußte auch die Ausbeutung des Meeresbodens gerechnet werden. Für die Erdölgewinnung gab es Bohrplattformen, Förderplattformen, schwimmende Förderinseln und viele Typen an Versorgungsschiffen, die den Betrieb aufrecht erhielten. Die ganze Nordsee, das ganze Kaspische Meer, der ganze Persische Golf, große Teile der Karibik und die Küstengebiete von Brasilien, Nigeria sowie Insulinde (das asiatische Mittelmeer) waren mit künstlichen Inseln, die auch schwimmfähig waren, besetzt. Die Förderinseln drangen in immer größere Meerestiefen vor. Es wurde überdies die Erzgewinnung aus Meerestiefen von mehreren tausend Metern vorbereitet.

Die Hunderte Schiffstypen, von denen die Weltmeere befahren werden, sind im Anhang aufgelistet.

Die Personenschiffahrt

Die klassische **Linienschiffahrt** der großen Schnelldampfer gehört seit 1977 der Vergangenheit an. Auf der am meisten befahrenen Route über den Nordatlantik wurde die fahrplanmäßige Linienfahrt im Jahr 1974 eingestellt. Die letzten Schnelldampfer im Liniendienst von Europa nach Amerika und zurück waren die französische >France< und die italienischen >Michelangelo< und >Raffaello<. Im selben Jahr fuhr als letzter Schnelldampfer die italienische >Augustus< von Europa nach Südamerika. Von Europa nach Ostasien fuhren bis 1977 die italienischen >Galileo Galilei< und >Guglielmo Marconi<. Im selben Jahr wurde auch die Linienfahrt von Europa nach Südafrika eingestellt. Das Verkehrsflugzeug hatte endgültig über den Schnelldampfer gesiegt.

Auf zwei anderen Gebieten erlebten aber die großen Passagierschiffe eine Wiedergeburt: und zwar als Kreuzfahrtschiffe und als Fährschiffe. Der zunehmende Wohlstand in Westeuropa, Nordamerika und Teilen von Asien ließ den Wunsch nach geruhsamen Urlaubsfahrten (Kreuzfahrten) und Urlaubsreisen mit dem eigenen PKW auch über kurze Meeresstrecken immer mehr anwachsen und immer mehr Personen konnten ihn sich erfüllen.

Die kurzen Fährstrecken wurden und werden immer mehr durch Brücken oder Tunnels ersetzt, wie beim Ärmelkanal, dem Öresund und zahlreichen Punkten in den USA. Dafür bestand immer mehr Bedarf für Fährlinien über die Nordsee, die Ostsee, im Mittelmeer, in der Karibik und im asiatischen Mittelmeer. Viele Reisende wollen dabei ihren eigenen PKW mitnehmen. Die neuen großen **Fährschiffe** verfügten daher über ein Parkdeck und oft auch über Platz für Gütertransport. Mittelmeerfähren wie die >Repubblica di Pisa< (48.700) und ihre Schwesterschiffe konnten neben den Passagieren bis zu 4000 PKW oder entsprechend auch LKW über eigene Rampen an Bord nehmen und hatten Stauraum für 1000 TEU. Die meisten Fähren verfügten über eine bequeme Einrichtung mit Restaurant, aber nur selten Kabinen, da sie nur selten über eine ganze Nacht unterwegs waren.

Die neuen großen **Kreuzfahrtschiffe** übertrafen die größten Schnelldampfer der Zwischenkriegszeit schon bei weitem. Diese erreichten 80.000 BRT, die neue >Voyager of the Seas< aus dem Jahr 2000 hatte bereits 137.300 BRZ.

Die bei weitem größte Reederei für Kreuzfahrten war die „Royal Caribbean Cruises", die das Kreuzfahrtgeschäft von neun Reederein besorgte und über die meisten und größten Schiffe verfügte. Ihre Reisen gingen meist von der Ostküste der USA in die Karibik, in das Mittelmeer, nach Nordeuropa und durch den Panamakanal bis Alaska und Hawaii. Fallweise wurden auch Fahrten rund um die Welt durchgeführt. Für Kreuzfahrten von Japan und Hongkong aus in den westlichen Pazifik und den Indischen Ozean war die Reederei „Star Cruises" spezialisiert. Kreuzfahrten gingen aber in alle Weltmeere wie rund um Südamerika oder in die Arktis und Antarktis. Immer mehr wurden auch Kreuzfahrten auf modernen Segelschiffen gebucht. Sie hatten den Vorteil der begrenzten Anzahl von Passagieren und gaben das Gefühl des Windjammers des 19. Jahrhunderts ohne dessen Unannehmlichkeiten.

Die Binnenschiffahrt

Sie war im letzten Jahrzehnt des 20. Jahrhunderts ein Abbild im kleinen zur Hochseeschiffahrt. Massengüter und Container wurden auf allen Wasserwegen, die für Fahrzeuge von mindestens 1000 BRZ Größe befahrbar waren, transportiert. Die kleineren Kanäle und Flüsse wurden nicht mehr befahren. Wichtige Wasserstraßen wurden für diese Schiffsgröße weiter ausgebaut, neue Kanäle noch immer angelegt. Besondere Bedeutung hatte die Binnenschiffahrt noch immer in Europa, den USA und China. Tanker für Erdöl und dessen Produkte, Spezialschiffe für den Transport von Schüttgut, Schrott und Container wie auch Kabinenschiffe für Urlaubsfahrten auf den großen Flüssen waren unterwegs. Dazu kamen auf den Seen, auch auf den kleinsten in landschaftlich schöner Lage, Ausflugsschiffe vom kleinen Motorboot für 30 Personen bis zu eleganten Schiffen, die 300 Menschen an Bord nehmen konnten, und eine Reihe von alten Dampfschiffen für Nostalgiefreunde. In den Stauräumen der Kraftwerke war der Segelsport wieder im Zunehmen. Motorboote konnten auf allen Flüssen und Surfer auf allen Gewässern gefunden werden.

Die Fischerei

Für die Hochseefischerei veränderten sich die Verhältnisse seit 1982 deutlich. Erstens war der Fischfang durch die technische Entwicklung auch in größeren Wassertiefen möglich. Zweitens fielen die besten Fischgründe seit dem Abschluß der 3. Seerechtskonferenz der UNO 1982 mit der Wirtschaftszone über 200 Seemeilen vor der Küste unter die Hoheit einiger Küstenstaaten. Große Teile der Fischgründe auf der Neufundlandbank und im nördlichen Pazifik befanden sich in die Wirtschaftszone Kanadas. An der Westküste von Südamerika gehörten sie nun zu Chile, Peru und Ecuador; vor Südwestafrika zu Südafrika, Namibia und Angola; vor der Straße von Gibraltar zu Marokko und Portugal. Im Pazifik lagen sie vor China, Japan, Korea und dem östlichen Sibirien. Staaten mit großem Fischverbrauch wie Japan, China, Südkorea, Deutschland oder Großbritannien mußten daher mit ihrem Fischfang auch in weniger ertragreiche Gewässer ausweichen, mit den oben genannten Staaten mit reichen Fischgründen vor ihrer Küste Abkommen über Fangquoten treffen oder den Fisch für gute Devisen importieren.
Mehr als die Hälfte der auf den Meeren gefangenen Fische und die Abfälle bei ihrer Verarbeitung wurden zu Fischmehl verarbeitet, das als eiweißreiches Zufutter für Schweine und Geflügel verwendet wurde. Vor allem die genannten Staaten in Südamerika exportierten große Mengen an Fischmehl.
Fische für den menschlichen Verzehr wurden entweder mit Tiefkühlschiffen als Frischfisch angelandet oder in Konservenfabriken verarbeitet. Stockfisch kam noch in geringen Mengen aus Nordnorwegen und tropischen Gegenden mit geeignetem Klima. Große Mengen an Lachsen und Forellen wurden bereits in Meeresfischfarmen an den Küsten Norwegens und Kanadas gezüchtet. Die Fischzucht in den Weltmeeren hat noch eine große Zukunft vor sich.
Viele Staaten hatten in ihrem Verbrauch bereits einen großen Anteil an Austern, anderen Muscheln, Krebsen und Weichtieren. Die Austernbänke rund um die Bretagne waren allerdings immer wieder von Ölverschmutzung bedroht.
Für den Walfang gab es zwar ein internationales Moratorium, es wurde aber von Norwegen und Japan immer wieder unterlaufen.
Der Meeresfischfang konnte und kann in drei Kategorien eingeteilt werden: der Fang mit größeren Heckfängern, die über Tiefkühlanlagen und zum Teil auch über Verarbeitungseinrich-

tungen verfügten und daher mehrere Monate in See bleiben konnten (große Fischfabrikschiffe im Anhang); dann die Fahrzeuge für die Wirtschaftszonen vor der eigenen Küste mit Kühleinrichtungen, die es ihnen ermöglichten, zwei bis drei Wochen auf See zu bleiben; zuletzt der Fischfang mit kleinen und kleinsten Fischerbooten in den unmittelbaren Küstengewässern, die den Fisch noch am selben Tag frisch auf den nächsten Markt brachten.

Der Fischfang auf Binnengewässern, Seen, Flüssen und Zuchtteichen hatte überall nur lokale Bedeutung.

Die Schiffe

Die Flotte der zivilen Schiffahrt erreichte eine Größe, die noch vor wenigen Jahrzehnten unvorstellbar war. Zu Beginn des 20. Jahrhunderts umfaßte die Welthandelsflotte rund 30 Millionen BRT, zu Ende des gleichen Jahrhunderts waren es bereits 500 Millionen BRZ. Erdöltanker, Massengutfrachter, Standardfrachter, Containerschiffe, Autotransporter, Flüssiggastanker, Chemikalientanker, Passagierschiffe, Kombischiffe und viele Arten von Spezialschiffen belebten die Weltmeere.

Bei den Passagierschiffen waren die **Kreuzfahrtschiffe** am besten bekannt, denn sie hatten die beste Medienpräsenz. Sie waren mit bis zu 140.000 BRZ deutlich größer als die größten Ozeanriesen der Zwischenkriegszeit. Sie waren mit einem unserer Zeit entsprechenden Luxus ausgestattet. Neben den Allzweckschiffen gab es Kreuzfahrtschiffe mit bestimmten Schwerpunkten: Nichtraucherschiffe, Seniorenschiffe, Managerschiffe und Sportlerschiffe mit Eislaufplatz und Kletterwänden neben den bekannten Sporteinrichtungen.

Die Schiffe waren und sind mit modernster Navigationsausrüstung, Stabilisatoren, geräuscharmen Motorenanlagen, seit neuestem auch Gasturbinen und Restaurants und Aufenthaltsräumen mit bester Aussicht ausgestattet.

Die **Fährschiffe,** die durch die ganze Ostsee, das Mittelmeer, in Westindien und Ostasien fuhren, erreichten schon Größen von 50.000 BRZ. Jene, die einen vollen Tag unterwegs waren, verfügten über eine Anzahl Kabinen. Fast alle hatten Parkdecks für PKWs. Und viele fuhren als Kombischiffe und nahmen auch LKW-Züge in einem weiteren Parkdeck und Container an Bord.

Eine neue Entwicklung der letzten Jahrzehnte waren die sogenannten **Bodeneffekt-Fahrzeuge (BEF)**. Es waren dies flugzeugähnliche Fahrzeuge, die bei hoher Geschwindigkeit knapp über die Meeresoberfläche gleitend den Luftpolster zwischen Fahrzeug und Boden ausnützten. Sie erreichten mit geringem Energieverbrauch hohe Geschwindigkeiten. Für den Fährdienst in Inselgebieten werden sie bald zum Einsatz kommen. Derzeit werden Fahrzeuge für bis zu 40 Personen gebaut.

Seit der Wiedereröffnung des Suezkanals 1975 wurden keine **Öltanker** mit mehr als 200.000 BRZ/350.000 dwt gebaut. Der größte Bau eines Tankers seit 1990 war die >Atlantic Prosperity< mit 164.373 BRZ/310.000 dwt. Flüssiggastanker werden bis zu 120.000 BRZ gebaut. Früher wurde das Erdgas abgefackelt. Heute wird es in eigenen Anlagen an der Küste verflüssigt und in Schiffen, die ihre Ladung bis zu minus 163° Celsius kühlen können, verschifft.

Es wurde und wird nun bei den Öltankern mehr auf die Sicherheit als auf die Größe Wert gelegt, damit Umweltkatastrophen wie in den letzten Jahrzehnten möglichst vermieden werden. Immer mehr Länder schrieben daher Tankern, die ihre Häfen anliefen, einen doppelten Rumpf vor. Darüber hinaus mußten sie mit besonderen Feuerlöscheinrichtungen versehen sein. Die

Rohrleitungen mußten bei Brand sofort mit feuerlöschendem Gas gefüllt werden können. Die neuesten Schiffe waren und sind schon so ausgerüstet.
Die **Erztransporter** erreichten nunmehr Größen bis zu 170.000 BRZ/370.000 dwt. Da dieses Transportgut meist nur in eine Richtung verschifft wurde, gab es auch kombinierte Erz-/Erdölfrachter, die in der Gegenrichtung Erdöl oder dessen Produkte transportierten. Diese Schiffe erreichten in etwa die gleichen Größen.
Wie die anderen großen Schiffe konnten auch die größten **Containerschiffe** den Panamakanal nicht mehr passieren. Sie erreichten mit 90.000 BRZ/100.000 dwt schon eine Breite von über 40 Metern. Die größten Schiffe nahmen bis zu 6500 TEU an Bord, Schiffe mit bis zu 10.000 TEU sind im Gespräch. Das Verstauen von mehr als der Hälfte der Container an Deck brachte und bringt immer häufiger Probleme (Ladungsverluste) mit sich. Da die BRZ, nach der die Hafengebühren berechnet wurden, aber nur vom umbauten Raum des Schiffes vermessen wurde, ließen die Reeder lieber den Großteil der Ladung an Deck fahren. Eine Lösung wären Schiffe mit erhöhtem Freibord ohne Oberdeck und ohne Lukendeckel. Dadurch wäre die Sicherheit vergrößert, ohne die BRZ zu erhöhen. Eine andere – umstrittene – Lösung wäre die Gebühren nach der Zahl der zu transportierenden Container zu berechnen.
Frachter für Fahrten über keine allzu große Distanzen wurden meist als **RoRo-Schiffe** gebaut. Diese Roll-on-Roll-off-Schiffe verfügten über eigene Heck- und/oder Seitenrampen, über die Fahrzeuge mit eigener Kraft an Bord fuhren und im Schiffsinneren über weitere Rampen auf die einzelnen Decks verteilt wurden. Die Abgase entwichen über große Lüfter an Deck, woran diese Schiffe gut zu erkennen waren. Viele dieser Schiffe hatten verstellbare Decks und konnten auch Container befördern. Die großen Schiffe verfügten über Stauraum für bis zu 6000 PKW oder eine entsprechende Zahl LKW-Züge und für meist bis zu 1000 TEU.
Auffallend oft fand man in Lloyd's Schiffsregister Transporter für Schnittholz und Schleifholz. Sie hatten Größen bis zu 50.000 BRZ und belieferten die Papierindustrie mit Rohmaterial für den erhöhten Bedarf an Papier.
Kühlschiffe erreichten die Größe von rund 15.000 BRZ/15.000 dwt und nahmen auch Kühlcontainer und manche auch Kühl-LKW an Bord. Sie waren meist auf bestimmte Güter wie Bananen spezialisiert.
LASH-Frachter waren vom Containerverkehr weitgehend von den Weltmeeren verdrängt worden. Seit 1989 wurde kein größeres Schiff dieser Art mehr in Dienst gestellt worden.
Neben den klassischen **Schwergutfrachtern** mit Ladegeschirr für bis zu 200 Tonnen schwere Güter gab es seit 1975 auch halbtauchende Schiffe für nicht nur schwerste, sondern auch große Objekte. Diese Schiffe konnten wie Unterseeboote geflutet werden, bis ihr Deck überspült war. Dann wurde das zu transportierende Gut an Bord genommen und der Transporter wieder gelenzt, bis der richtige metazentrische Punkt erreicht wurde. Dies war jene Höhe, die dem Transporter samt Ladung die nötige Stabilität gab. Auf dieses Geschäft war eine niederländische Reederei spezialisiert, deren Schiffe in Willemstad in den niederländischen Antillen registriert wurden. Sie hatten schon ganze Bohrplattformen und einen Kreuzer der US-Navy mit 8000 Tonnen auf diese Weise befördert.
Eine umfangreiche Liste aller Arten von Handelsschiffen mit näheren Angaben ist im Anhang zu finden.
Im **Schiffbau** war der deutlichste Unterschied zu der Zeit, die in den vorhergehenden Kapiteln geschildert worden ist, die Änderung im Schiffsantrieb. Kriegsschiffe wurden fast ausschließlich mit einer Kombination von Gasturbinen für hohe Geschwindigkeiten und mit Dieselmotoren für ökonomische Fahrt ausgerüstet. Nur die großen Unterwasserschiffe (nicht U-Boote!)

und die großen Flugzeugträger erhielten noch Dampfturbinen mit Atomantrieb. Handelsschiffe, die schon immer ökonomisch fahren mußten, hatten fast immer Dieselmotoren, oft als dieselelektrischen Antrieb. Passagierschiffe hatten meist einen TD-E, turbo-diesel-elektrischen, Antrieb. Seit neuestem wurden in Kreuzfahrtschiffen wieder die umweltschonenden Gasturbinen eingebaut, obwohl das Gasöl wesentlich teurer als das Schweröl für Dieselmotoren war. Kolbendampfmaschinen waren nur mehr bei Museumsschiffen im Einsatz
Der Schiffbau war in den letzten Jahrzehnten zum Großteil in die Niedriglohnländer im Fernen Osten abgewandert. Die größten Passagierschiffe wurden aber noch in Italien, Frankreich, Deutschland und Finnland gebaut.
Japan und Südkorea haben heute (2002) Schwierigkeiten mit ihrem schnellen Wirtschaftswachstum, China steht aber schon bereit, um seine Chance zu ergreifen.
Die größten **Schiffswerften** sind im Anhang zu finden.
Beim **Güterumschlag** in den großen Welthäfen sieht man deutlich, wie sich der Schwerpunkt des Welthandels von Europa und auch von Nordamerika nach Ostasien, vor allem Japan, Südkorea und China, verlagert hat. Eine weitere Verschiebung in der Rangliste der größten Häfen ergab sich durch die Anlage von speziellen Terminals für die Verladung und das Löschen von Tankern und den Bau von zentralen Containerterminals. Zu den ersteren gehörten Ras Tanura, die Insel Kharg, Milford Haven oder Wilhelmshaven, zu den letzteren Algeçiras oder Gioia Tauro.
Wenn sich Niedersachsen, Hamburg und Bremen nicht bald auf die Position eines neuen deutschen Zenralhafens im Mündungsgebiet zwischen Elbe und Weser einigen, werden sie beim Bau von immer größeren Schiffen und dem ständig steigenden Transportvolumen gegenüber Rotterdam und Antwerpen zurückfallen. Im März 2001 ist vorläufig eine politische Entscheidung für Wilhelmshaven gefallen.

Die wichtigsten Daten der **Weltraumfahrt** wurden in diesem Kapitel ebenfalls aufgenommen.

1990 **Norwegen.** Die Handelsflotte hat eine Größe von 23,4 Millionen BRZ, oder sechs Prozent der Welttonnage, ohne die ausgeflaggten Schiffe. Darunter sind Erdöltanker (44,0%), Flüssiggas- und Chemikalientanker (13,0%), Massengutschiffe (11,5%) und allgemeine Frachter (18,0%). Außerdem gibt es eine Flotte von 50 Forschungsschiffen mit 150.000 BRZ. Es werden 75,8 Millionen Tonnen an Gütern verschifft und 19,6 Millionen gelöscht. Ein Teil der Handelsflotte ist in der Offshore-Schiffahrt beschäftigt. Exportgüter sind Erdöl und dessen Produkte (49%), Holz, Metalle, Metallwaren und Fisch. Handelspartner sind Großbritannien (16,8%), Schweden (14,7%) und Deutschland (13,0%). Das Nordseeöl kommt aus den Feldern Ekofisk und Statfjord, das Erdgas aus den Feldern Frigg und Troll. Die Rohölförderung beträgt 82 Millionen Tonnen. Der Fischfang liefert Gefrierfisch und Fischmehl, ist aber rückläufig. Stark steigt die Fischzucht auf Lachse und Forellen in 800 Fischfarmen. Der Fährverkehr im Inland und nach Großbritannien, Dänemark, Deutschland und Schweden befördert vier Millionen Passagiere, 450.000 PKW und 120.000 LKW. Überseehäfen sind Narvik, Tönsberg, Oslo, Pargrunn, Stavanger, Kirkenes und Bergen.

1990 **Dänemark.** Die Handelsflotte ist zum großen Teil ausgeflaggt. Dank der Aktivitäten der A. P. Møller-Gruppe wächst sie rasch. Zur Verbindung der einzelnen Landesteile spielt der Fährverkehr eine wichtige Rolle. Der Haupthafen

Skandinavien
Häfen und *Rohstoffe*

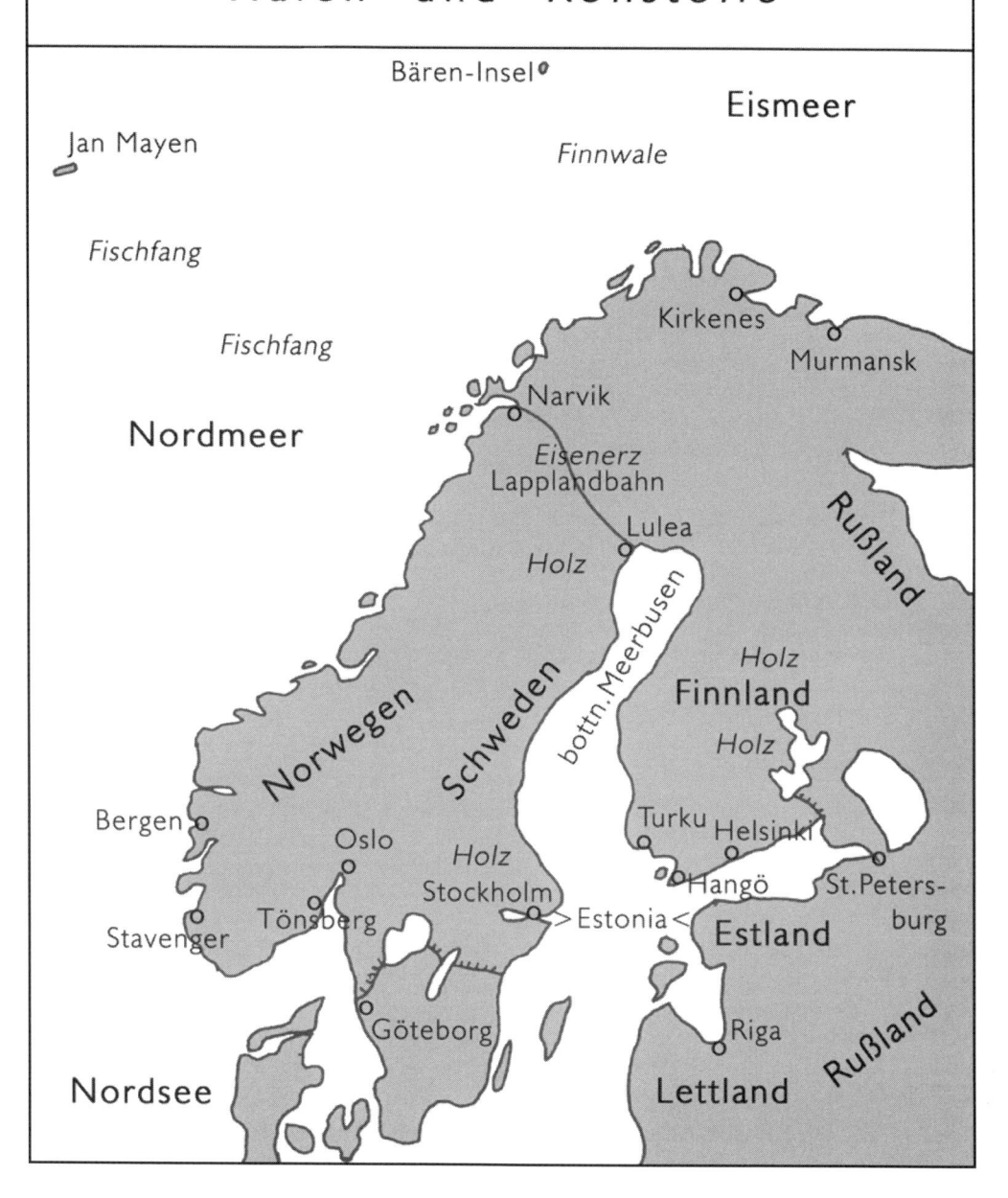

Bären-Insel

Eismeer

Jan Mayen

Finnwale

Fischfang

Kirkenes

Murmansk

Fischfang

Narvik

Eisenerz
Lapplandbahn

Nordmeer

Lulea

Holz

Rußland

Holz

Finnland

bottn. Meerbusen

Holz

Norwegen

Schweden

Bergen

Turku Helsinki

Oslo

Holz

Hangö

St. Petersburg

Tönsberg

Stockholm

Stavenger

Estonia

Estland

Göteborg

Riga

Rußland

Nordsee

Lettland

Kopenhagen hat 1993 einen Schiffsverkehr (einlaufend und auslaufend) von 82 Millionen BRZ. Auf der „Vogelfluglinie" von Fehmarn (D) nach Lolland (Dk) werden jährlich rund sechs Millionen Passagiere und 800.000 PKW mit Eisenbahn- und Autofähren befördert.

1990 **Schweden.** Das Land exportiert Kraftfahrzeuge (13,5%), Papiererzeugnisse (10,8%), Chemieerzeugnisse (7,3%) sowie Eisen und Stahl (6,6%). Das Eisenerz aus Nordschweden geht mit der Lapplandbahn nach Narvik und im Sommer auch nach Lulea am Bottnischen Meerbusen zur Verschiffung. Es sind vier Eisenbahn- und 40 Autofährlinien in Betrieb. Überseehäfen sind Helsingborg, Göteborg, Stockholm, Malmö und der Fährhafen Trälleborg. Für die Binnenschiffahrt gibt es 640 Kilometer an Wasserstraßen sowie 4000 Kilometer für die Holzschwemme. Die Handelsflotte ist modern und zum großen Teil ausgeflaggt.

1990 **Finnland.** Wichtige Ausfuhrgüter sind Schiffe (25%), Erzeugnisse der Papierindustrie (25%), Holz und Holzwaren (10%) und seit neuestem Kupfer. Es gibt eine Eisenbahnfähre quer durch die Ostsee von Hangö nach Travemünde/Lübeck und mehrere Autofährlinien nach Schweden, Dänemark und Deutschland. Überseehäfen sind Helsinki (50 Mio. BRZ Schiffsverkehr) und Turku (30 Mio. Tonnen). Das Land hat eine große Flotte von Eisbrechern, um die Häfen möglichst lang offen zu halten. Es gibt 6500 Kilometer Wasserstraßen und dazu 9200 Kilometer für die Holzflößerei. Große Schiffswerften befinden sich in Helsinki und Turku.

1990 **Polen.** Das Land exportiert Maschinen und Schiffe (39,2%), Schwefel (10,0%), Steinkohle (10,0%) und Textilien (6,6%). In Gdansk/Danzig, Gdynia/Gdingen und Stettin sind große Schiffswerften. Es gibt 4000 Kilometer Wasserstraßen auf der Oder, Weichsel, Warthe und dem Gleiwitzkanal (Kohle).

1990 **Deutschland.** Als einer der größten Wirtschaftsstaaten hat es Ein- und Ausfuhr von fast allen Wirtschaftsgütern. Verschifft werden Kraftfahrzeuge, Schiffe, Industrieanlagen, Erzeugnisse der chemischen und pharmazeutischen Industrie und alle Industriegüter. Die wichtigsten Massengüter in der Einfuhr sind Erdöl und Eisenerz. Die Handelsflotte ist an der sechsten Stelle der Weltrangliste, ist aber zu einem großen Teil ausgeflaggt. Deutschland besitzt 43 Forschungsschiffe mit 42.400 BRZ. Überseehäfen sind Hamburg, Bremen mit Bremerhaven, Wilhelmshaven (Öleinfuhr), Lübeck und Rostock. Große Werften sind in und um Emden, Bremerhaven und Hamburg. Im Binnenverkehr werden Güter per Straße (58%), Eisenbahn (19%), Binnenschiffahrt (19%) und Rohrleitungen (4%) befördert.

1990 **Niederlande.** Es ist ein Durchgangsland von der Hochseeschiffahrt zur Binnenschiffahrt, Eisenbahn und Straße auf dem Weg nach Mitteleuropa. Die Umschlaghäfen sind Rotterdam und Amsterdam. Die Binnenschiffahrt benützt die Wasserstraßen Rhein, Maas, den Kanal von Amsterdam zum Rhein, den Emskanal und den Rhein-Schelde-Kanal. Die Hochseeschiffe gelangen über den Nieuwe Waterweg zum Europort nach Rotterdam und über den Nordseekanal nach Amsterdam. Die Fischerflotte zählt 435 Fahrzeuge mit 143.600 BRZ und landet 435.000 Tonnen Fisch und Krustentiere.

Deutschland und Polen

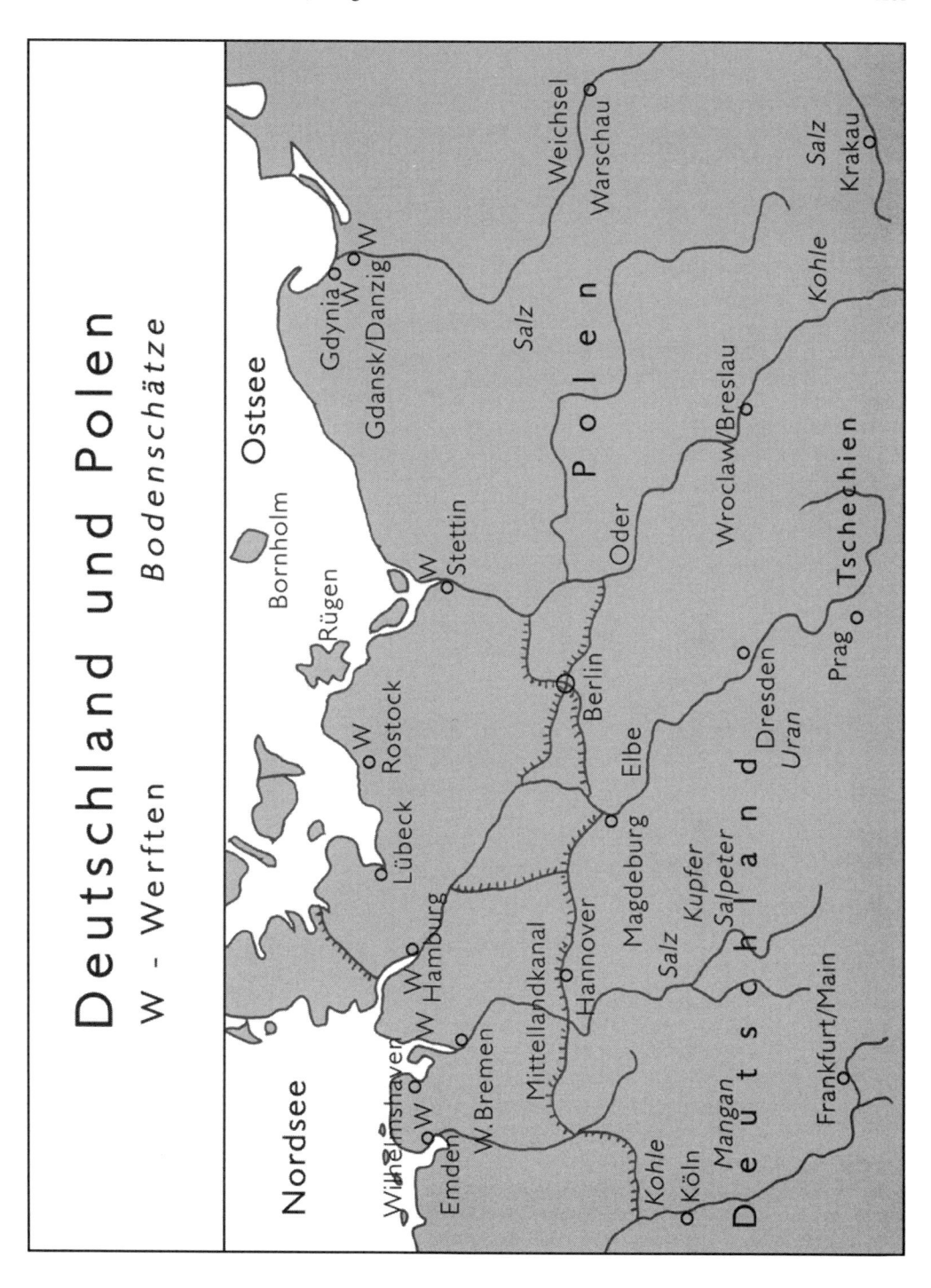

W - Werften   *Bodenschätze*

1990   **Großbritannien.** Unter seiner Flagge fährt eine Flotte von 450 Schiffen mit 300 BRZ und darüber mit zusammen sieben Millionen BRZ. Darunter sind Öltanker mit 2,8 Mio. BRZ, Containerschiffe mit 1,4 Mio. BRZ und Passagierschiffe, Kombischiffe und RoRo-Fähren mit 1,2 Mio. BRZ. Ferner verfügt es 1999 über 30 Forschungsschiffe mit 52.160 BRZ. Die Fischereiflotte verfügt über 7460 Fahrzeuge mit 130.000 BRZ und landet 1986 947.800 Tonnen Fisch. Die Ausfuhr besteht vorwiegend aus Erzeugnissen des Maschinenbaus, der Elektrotechnik sowie Fahrzeugen (41%), Chemikalien (13%), Erdöl und Erdölprodukte (8%). Von den 4000 Kilometern an alten Wasserstraßen haben nur mehr die Themsemündung und der Manchesterkanal wirtschaftliche Bedeutung. Es gibt 40 Fährschiffverbindungen nach Irland und zum Kontinent. Die bevorstehende Fertigstellung des Tunnels unter dem Ärmelkanal (50 Kilometer lang und 40 Meter unter dem Meeresboden) wird den Kanalfähren Konkurrenz machen. Überseehäfen sind Felixstowe, Medway (Erdöl), Southampton, der Fährhafen Dover, der Fährhafen Harwich, Hull, die Clydemündung, Liverpool, Grangemouth (Container) und Sunderland (Kohle).

1990   **Frankreich.** Es fahren rund fünf Millionen BRZ. Handelsschiffe unter der eigenen Flagge, darunter sind die Hälfte Tanker. Dazu verfügt das Land 1999 über 27 Forschungsschiffe mit 43.700 BRZ. Überseehäfen in der Reihe der Größe ihres Umschlags sind Marseille mit dem Ölhafen Fos, Le Havre, Dünkirchen, Rouen, Cherbourg, Bordeaux und Sete. Große Werften befinden sich in St. Nazaire (Handelsschiffe) sowie die Staatswerften in Brest, Cherbourg und Lorient (alle Kriegsschiffbau). Es gibt 6500 Kilometer Wasserstraßen, Bedeutung haben aber nur die Seine bis Paris (größter Binnenhafen), die Rhone bis Lyon und die neuen Kanäle für den Europakahn.

1990   **Portugal.** Das Land verschifft Bekleidung (29%), Wein, Olivenöl, Fischkonserven, Lederwaren, Kork und keramische Erzeugnisse. Die Hochseefischerei wird mit Hilfe der EU modernisiert und landet 400.000 Tonnen Fisch, darunter ein Viertel Sardinen.

1990   **Italien.** Unter der Flagge des Landes fährt eine Handelsflotte von rund 650 Schiffen mit 5,5 Millionen BRZ. Darunter ist neben großen Tankern und Massengutschiffen eine der größten Flotten von RoRo-Fährschiffen zur Verbindung der einzelnen Landesteile. Ausgeführt werden Maschinen, KFZ und Schiffe (42%), Textilien und Bekleidung (17%), Holz, Kork und Papier (11%), chemische Erzeugnisse (10%) und Lebensmittel wie Wein und Schinken (5%). Überseehäfen sind Genua (im Jahr 1996 105 Mio. BRZ Schiffsverkehr), Venedig-Marghera (36 Mio. BRZ), Triest (20 Mio. BRZ, Erdöl), Ravenna (12 Mio. BRZ), Augusta (Erdöl) und Neapel. Große Schiffswerften befinden sich in Monfalcone, Venedig-Marghera und an der ligurischen Küste.

1990   **Griechenland.** Die Reeder und Finanziers des Landes kontrollieren die größte Handelsflotte aller seefahrenden Staaten. Sie ist nach dem Fremdenverkehr der größte Devisenbringer des Landes. Unter der eigenen Flagge fahren rund 1200 Schiffe mit 25 Millionen BRZ. Den größten Anteil daran haben die Tanker (50%) und die Massengutschiffe (30%). Für die eigenen Aus- und Einfuhren

westl. Mittelmeer

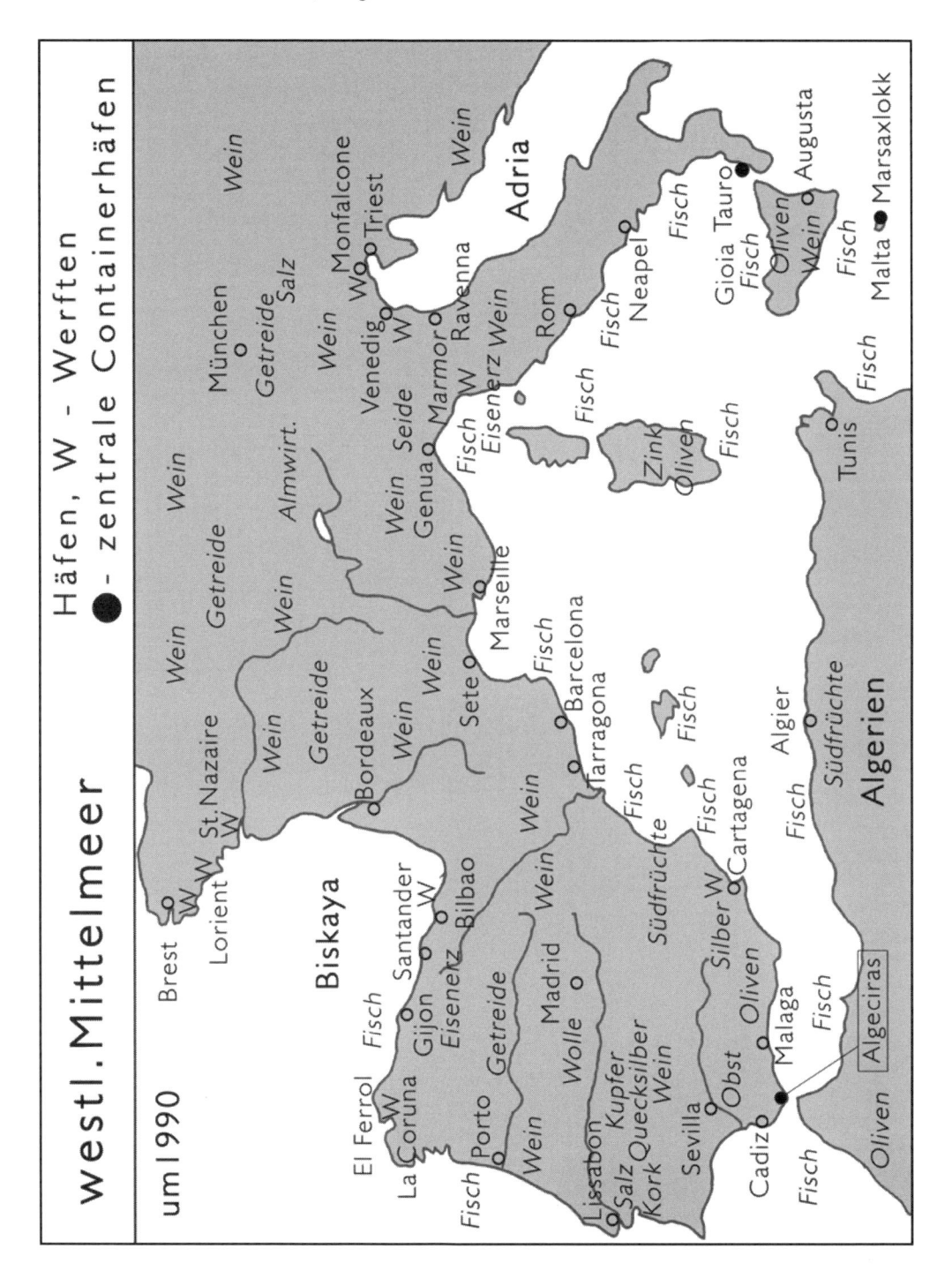

Häfen, W - Werften
● - zentrale Containerhäfen

um 1990

wird nur ein kleiner Teil dieser Schiffe gebraucht. Es wird Bekleidung (21%), Agrarprodukte wie Wein und Ölivenöl (11%), Erdölprodukte (6%), Textilgarne (4%), Bauxit und Nickelerz ausgeführt. Der einzige Überseehafen ist Piräus mit einer Schiffsbewegung von 55,5 Millionen BRZ im Jahr 1993.

1990 **Ägypten.** Seit der Wiedereröffnung des Suezkanals im Juni 1975 erlangt es wieder seine alte Bedeutung. Der Kanal wird allmählich so weit ausgebaut, daß Tanker mit einer Ladung bis 300.000 Tonnen passieren können. Aus dem eigenen Land werden Erdöl und dessen Produkte (40%), Baumwolle und dessen Garne (13%), Metalle (8%) und Chemikalien ausgeführt. Bei Damietta entsteht ein großer Umschlaghafen für Container.

1990 **Marokko.** Die Fischerflotte landet 600.000 Tonnen Fisch, die Hälfte davon Sardinen. Es werden Phosphate (größter Exporteur), Düngemittel, Textilien, Fischkonserven und Südfrüchte verschifft. Überseehäfen sind Casablanca, Tanger, Agadir und Safi (Phosphatverschiffung).

1990 **Nigeria.** Das Land ist ein bedeutender Exporteur von Erdöl und dessen Produkten. Sie machen 94% der Ausfuhren aus. Daneben werden noch Kakao und Holz verschifft. Im Land gibt es im Nigerdelta, am Niger und Benuë 6400 Kilometer an Wasserstraßen. Das Rohöl geht zur Hälfte in die USA. Überseehäfen sind Lagos, Port Harcourt, Calabar, die Ölverladestellen am Nigerdelta und der Hafen Bonny für Flüssiggas.

1990 **Südafrika.** Das Land hat eine große Fischerflotte. Es werden jährlich 900.000 Tonnen Fisch gelandet, die Hälfte davon Sardinen. Von den reichen Bodenschätzen und Landesprodukten werden Erze, vor allem Eisenerz (15%), Gold und Mineralstoffe (12%), Edelsteine und andere Edelmetalle (10%), Wein (3%) und Blumen ausgeführt. Handelspartner sind die USA, Großbritannien, Deutschland, Japan und Italien. Überseehäfen sind Richards Bay (52,4 Mio. BRZ Schiffsverkehr, Erze), Durban (24,7 Mio. BRZ, Container), Saldanha Bay (Eisenerz), Port Elisabeth (Früchte und Wolle), Kapstadt (Wein, Obst) und East London (Getreide).

1990 **Kuwait.** Das Land exportiert Erdöl und dessen Produkte (85%), Düngemittel sowie Garnelen und Krabben in die USA. Die Hälfte des Erdöls wird von der eigenen Tankerflotte transportiert. Nach dem Überfall des Irak auf Kuwait am 2. August ändern sich die Parameter radikal.

1990 **Irak.** Das Land ist bisher einer der größten Erdöllieferanten. Nach der Besetzung von Kuwait kommt es im Jänner 1991 zum 2. Golfkrieg. Danach verhängt die UNO ein Wirtschaftsembargo, das heute (2002) noch in Kraft ist. Schon während des 1. Golfkrieges gegen den Iran (siehe Seeherrschaft) ist der Persische Golf für den Ölexport blockiert gewesen. Nun sind aber auch die Ölleitungen durch Syrien und die Türkei gesperrt.

1990 **Iran.** Nach dem 1. Golfkrieg (1980–88) liefert das Land sein Erdöl wieder über die Häfen Abadan, Bandar Khomeini und die Insel Kharg. Während des Krieges wurde von den Inseln Sirri und Kharg verschifft. Der Export von Erdöl und Erdgas macht 93% der Ausfuhren aus. Der Rest sind Teppiche, Datteln und Rosinen sowie Kaviar aus dem Kaspischen Meer. Überseehäfen sind außerdem Bandar Abbas und Bandar a Lengeh im Persischen Golf sowie Bandar Ansali und Bandar Nowschar am Kaspischen Meer.

Afrika um 2000
Häfen und *Ausfuhrgüter*

- *Fisch* — Casablanca
- *Datteln* — Tripolis
- *Datteln* — Bengasi
- Damietta — *Suezkanal*
- Safi — *Phosphate*
- *Datteln*
- *Datteln*
- *Erdöl*
- *Wasser*
- *Baumwolle*
- *Phosphate*
- Wüste
- Wüste
- Arabien
- Wüste
- *Viehzucht*
- Dakar
- *Kaffee*
- *Erdnüsse*
- *Erdöl*
- *Kaffee*
- *Kakao* — Lagos
- *Erdöl*
- Port Harcourt — *Piraterie*
- *Urwaldprodukte*
- *Baumwolle*
- *Kautschuk*
- *Gold*
- *Sisal* — Sansibar
- *Diamanten*
- Luanda
- *Uran*
- *Kupfer*
- *Harz*
- *Diamanten*
- St. Helena
- *Wüste*
- *Fisch*
- Südatlantik
- Swakopmund — *Fisch*
- *Kupfer*
- *Kohle*
- *Diamanten*
- *Eisenerz*
- Saldanha Bay — *Eisenerz*
- *Gold*
- Richards Bay
- Kapstadt — *Wein*
- Durban
- *Fisch* — Port Elisabeth
- Madagaskar

1990   **Pakistan.** Die Ausfuhr besteht aus Baumwollgarn (19%), Bekleidung (18%), Baumwollstoffe (11%), Rohbaumwolle (8%), Reis (6%) und Lederwaren (5%). Handelspartner sind die USA, Japan, Deutschland und Großbritannien. Der Fischfang von 428.000 Tonnen deckt den Eigenbedarf. Haupthafen ist Karatschi mit 15 Mio. BRZ Schiffsverkehr. Zum Entladen von Erzen und Kohle ist östlich von Karatschi der neue Hafen Port Mohammed bin Qasim seit 1980 in Betrieb.

1990   **Indien.** Unter der eigenen Flagge fahren Handelsschiffe mit rund sieben Millionen BRZ. Darunter sind drei Millionen BRZ Tanker und ebenso viele Massengutschiffe. Die Fischerei landet 2,9 Millionen Tonnen, darunter sind zwei Drittel Krebse und Weichtiere. Es werden Textilien und Bekleidung (20%), Perlen, Edelsteine und Schmuck (16%), Maschinen und Transportgüter (12%), Lederwaren (8%), Tee (3%) und Eisenerz (3%) ausgeführt. Die wichtigsten Handelspartner sind die USA (16%), Japan (15%), die GUS-Staaten (13%), Deutschland (9%) und Großbritannien (9%). Im Binnenland stehen 10.000 Kilometer nur wenig genutzte Wasserwege zur Verfügung. Der Schiffsverkehr in den Überseehäfen beträgt im Jahr 1993 bei Bombay 35 Mio. BRZ, Marmagao/Goa 27, Madras 26 und Kalkutta 22 Mio. BRZ.

1990   **Myanmar/Burma.** Das Land exportiert Reis (36%), Teakholz (30%), Metalle und Erze (14%), Ölsaaten, Kautschuk und Opium, letzteres meist illegal. Dem Binnenverkehr stehen 5000 Kilometer Wasserstraßen am Irrawaddy und seinen Nebenflüssen zur Verfügung. Auch die Küstenschiffahrt ist zur Verbindung der Landesteile von Bedeutung. Der einzige Überseehafen ist Rangun.

1990   **Malaysia.** Für das aus zwei Teilen bestehende Land ist die Küstenschiffahrt von besonderer Bedeutung. Die Fischerflotte landet 600.000 Tonnen Meerestiere. Ausgeführt werden Investitionsgüter (50%), Industrieerzeugnisse (20%), Erdöl und dessen Produkte (8%), Chemikalien (7%), Nahrungsmittel (5%), Kautschuk, Edelholz und Palmöl. Überseehafen ist Port Kelang bei Kuala Lumpur (66 Mio. BRZ. Schiffsverkehr). Als Zubringerhäfen für Singapur fungieren George Town auf Penang, Johore Baharu, und Kuantan auf der malayischen Halbinsel sowie Kota Kinbalu, Tawan, Sandakan und Bintulu auf Nordborneo.

1990   **Südkorea.** Das Land steht an der 15. Stelle im Welthandel. Seine Werften haben 25% des Weltschiffbaues in ihren Auftragsbüchern. Die Ausfuhr liefert Schiffe, KFZ, Elektronik, Textilien, Schuhe und Chemikalien. Größte Handelspartner sind die USA (30%), Japan (20%), Hongkong, Deutschland und Australien (Rohstofflieferant). Die Küstenschiffahrt transportiert fünf Millionen Passagiere und 34 Millionen Tonnen an Gütern. Der Schiffsverkehr in den Überseehäfen beträgt rund 90 Mio. BRZ, davon entfallen auf Pusan (40%), Ulsan (20%), Pohang (13%) und Inchon (12%). Die eigene Handelsflotte hat sieben Millionen BRZ. Große Werften sind in Inchon, Mokpo, Pusan und Ulsan. Es werden 1987 rund 3,7 Millionen Tonnen Meerestiere gelandet, darunter sind 98% Seefische. Die Fischerflotte ist auf allen Meeren tätig.

1990   **Indonesien.** Erdöl wird auf Sumatra, Ostborneo und Westneuguinea gewonnen, davon schon 30% aus dem Meer durch Bohrinseln. Ausgeführt werden Erdöl und dessen Produkte (40%), verflüssigtes Erdgas (24%), landwirtschaft-

Malaysia um 2000
Häfen, Ausfuhren

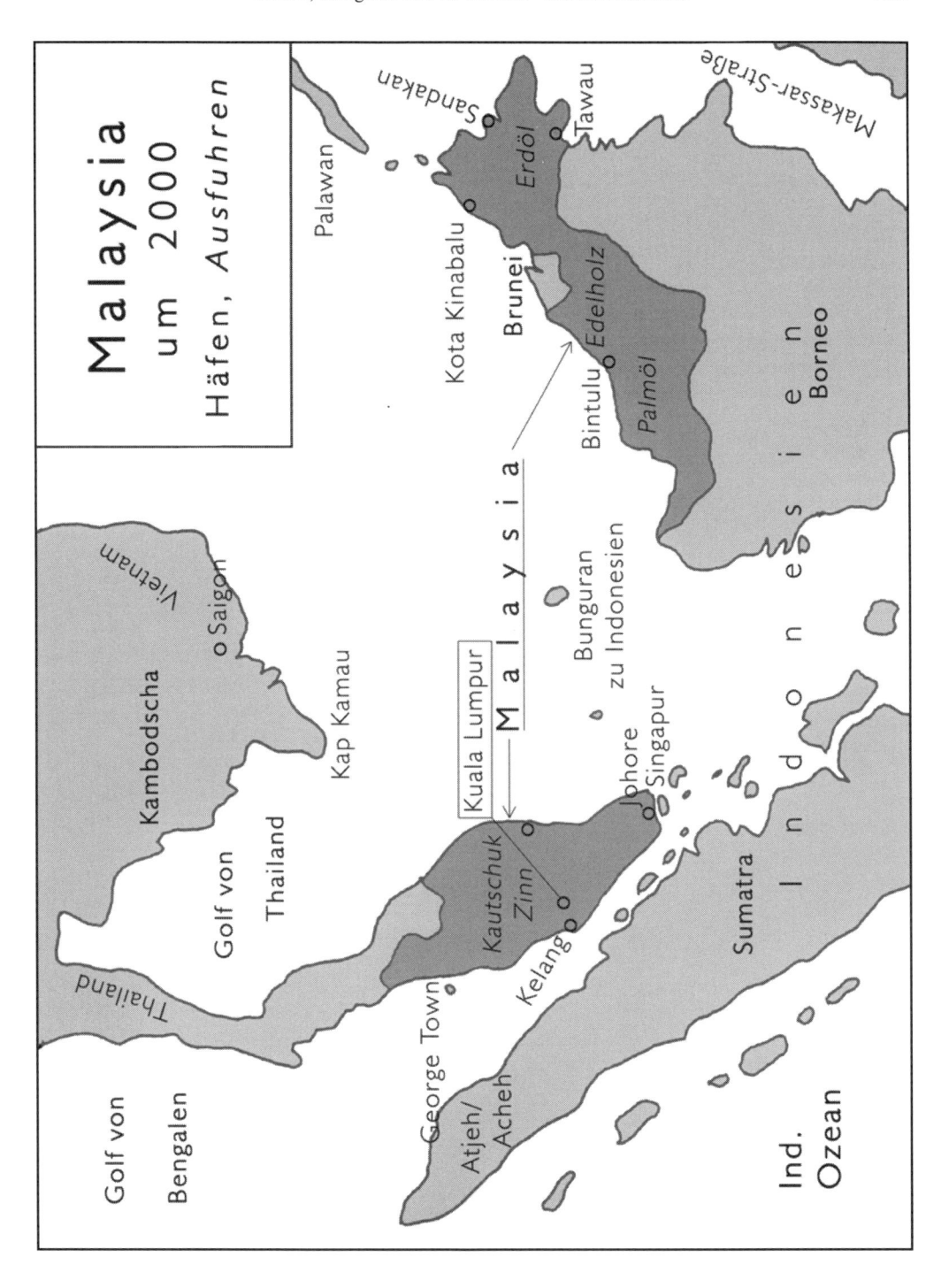

liche Produkte (9%) sowie Zinn, Edelholz, Kautschuk, Kaffee, Tabak und Gewürze. Haupthandelspartner sind die USA, Japan und Singapur, über das der meiste Welthandel läuft. Weitere wichtige Häfen sind Tanjung Priok-Djakarta, Surabaya, Semarang, Belawan, Palembang und Ujung Padang.

1990 **Australien.** Ausfuhrgüter sind Industrieerzeugnisse (25%), Kohle aus dem Osten (12%), Gold (7%), Erdöl und dessen Produkte (6%), Wolle (5%), Bauxit (5%) und Eisenerz (5%). Handelspartner sind Japan (26%), die USA (11%) und Neuseeland. Als Überseehäfen fungieren Sydney, Newcastle, Port Kembla, Melbourne, Geelong, Whyalla, Kwinana, Brisbane und Fremantle. Der neue Erzhafen Port Hedland im Nordwesten weist mit dem Eisenerz aus der Umgebung bereits den größten Umschlag auf.

1990 **Neuseeland.** Es exportiert Landesprodukte wie Fleisch und Wolle (16%), Molkereiprodukte (13%), forstwirtschaftliche Erzeugnisse (10%) sowie Obst und Gemüse (7%). Sehr bedeutend ist bei dem Inselstaat die Küstenschiffahrt. Handelspartner sind Australien (19%), Japan (16%), die USA (13%), Großbritannien (7%), Südkorea (5%) und die Inselstaaten im Stillen Ozean. Überseehäfen sind Auckland, Wellington, Lyttelton und Port Chalmers.

1990 **Kanada.** Das Land liegt an der 8. Stelle des Welthandels. Mehr als die Hälfte davon wird mit den USA abgewickelt. Hochseeschiffahrt geht hauptsächlich nach Japan und Großbritannien. Verschifft werden KFZ, Maschinen, Forsterzeugnisse, Getreide, Eisenerz und Fischprodukte. Die Fischerflotte landet 1,5 Millionen Tonnen Seefische, meist Kabeljau und Hering, sowie 130.000 Tonnen Süßwasserfische. Seit der Ausdehnung der Wirtschaftszone nach der Seerechtskonferenz der UNO auf 200 Seemeilen ist mit mehreren Nationen ein bilateraler Vertrag über den Fischgang auf der nun kanadischen Neufundlandbank abgeschlossen worden. Die Großen Seen und der St. Lorenz-Seeweg werden mit Eisbrechern und eisverstärkten Schiffen über das ganze Jahr befahrbar gehalten. Ausnahmen sind bei extrem kalten Wintern möglich. Der Schiffsverkehr in den Überseehäfen beträgt 1993 in Vancouver 65 Mio. BRZ, in Halifax 24, in Montreal 24, im Erdölhafen Saint John 22 und in Quebec 14 Mio BRZ. Haupthäfen am St. Lorenz-Seeweg und auf den Großen Seen sind Sept-Îles (Erze), Thunder Bay (Getreide), Port Noire (Erze) und Hamilton (Eisenwerke).

1990 **Mexiko.** Das Land exportiert Erdöl und Erdölprodukte (27%), Kraftfahrzeuge (20%) sowie Textilien, Obst, Gemüse und Kaffee. Handelspartner sind die USA (68%), Japan (6%), Deutschland (4%) und Spanien (3%). Die Ausfuhren in die USA gehen zum geringeren Teil über Land, zum größeren Teil über See. Die Küstenschiffahrt ist unbedeutend. Überseehäfen sind Manzanillo, Acapulco, Vera Cruz, Tampico (Erdölverschiffung), Tupan (Erdöl) und Dos Bocas (Erdöl). Eine Eisenbahnlinie für den Containerverkehr überquert die Landenge von Tehuantepec vom Hafen Salina Cruz am Pazifik zum Hafen Coatzacoalcos am Golf von Mexiko. Die Fischerflotte landet jährlich rund 1,5 Millionen Tonnen Meerestiere.

1990 **Kolumbien.** Ausfuhrgüter sind Erdöl und Erdölprodukte (27%), Kaffee (21%), Kohle (8%), Gold (5%), Bekleidung (5%), Bananen (4%), Smaragde, Blumen und illegal Coca. Überseehäfen am Pazifik sind Buenaventura und Tumaco, an

Südamerika

Ausfuhrgüter um 1995

der Karibik Baranquilla, Cartagena und Santa Maria. Binnenschiffahrt gibt es am Rio Magdalena (1500 km), an den Nebenflüssen des Orinoko (2500 km) und im Amazonasgebiet (3500 km).

1990 **Ecuador.** Das Land exportiert Rohöl (47%), Bananen (17%, größter Versender), Garnelen (13%), Erdölprodukte (6%), Kaffee (5%), Fischereiprodukte, Balsaholz und Kakao. Es hat reichlich Fischfang vor der Küste und um die Galapagos-Inseln und betreibt Krabbenzucht. Überseehäfen sind Guayaquil, Puerto Bolivar und El Balao (Erdölverschiffung).

1990 **Brasilien.** Die wichtigsten Güter in der Ausfuhr sind Zucker (11%), Maschinen und Fahrzeuge (8%), Erze (8%), Transportmittel wie KFZ (7%), Kaffee (7%), andere Lebensmittel (7%) sowie Eisen- und Stahlwaren (5%). Das Eisenerz aus den neuen Minen der Serra Carajás wird von Ponte de Madeira bei Saõ Luis verschifft. Die Ausfuhr geht zu 90% über die Hochseeschiffahrt. Die Binnenschiffahrt ist unterentwickelt. Die wichtigsten Überseehäfen sind Santos, Rio de Janeiro, Vitória, Paraná und Porto Alegre. Der Fischfang ist verglichen mit den Möglichkeiten unbedeutend.

1990 **Argentinien.** Das Land exportiert Getreide (11%), Futtermittel (10%), Fette und Öle (10%), Erdöl und Kohle (8%), Metalle und Industriewaren (7%) und Fleisch 6%). Der Fischfang ist gering, da wenig Inlandsbedarf besteht. Auf den großen Flüssen gibt es eine bedeutende Binnenschiffahrt. Überseehäfen sind Buenos Aires (12 Mio. BRZ Schiffsbewegungen), Rosario am Rio Paraná, La Plata, Commodoro Rivadavia (Erdölverschiffung) und Rio Gallegos (Kohle).

1990 **Paraguay.** Das Land exportiert über den Rio Paraguay und den Paraná Baumwolle (35%), Sojabohnen (28%), Rindfleisch (14%) und Schnittholz. Umfangreich ist der Schmuggel nach Argentinien und Brasilien. Bis zur Hauptstadt Asuncion können mittlere Hochseeschiffe fahren. Paraguay hat eine Flußflotte von 35 Schiffen, Frachtern, Tankern und Passagierschiffe. Einige davon befahren auch die Hohe See. In Santos (Bras.), Paranaguá (Bras.), Buenos Aires (Arg.) und Antofagasta (Chile) hat Paraguay Freihafenrechte.

1990 **Peru.** Dank des Humboldtstromes beträgt die Anlandung der Fischerflotte sechs Millionen Tonnen. Die Hälfte davon ist der Heringsfisch Anchoveta, eine Abart der Sardelle. Der Ertrag wird durch El Niño stark beeinflußt. Peru exportiert Kupfer (22%), Zink (13%), Textilien (11%), Fischmehl (10%), Erdöl aus dem Amazonasgebiet (8%) sowie Fischkonserven, Silber und Blei. Der illegale Export von Coca wird auf 20% geschätzt. Haupthandelspartner sind die USA (24%), Japan (18%), Deutschland (8%), Italien (7%), Kanada (4%) und Belgien (4%). Binnenschiffahrt gibt es am oberen Amazonas mit dem Haupthafen Iquitos und am Titicacasee. Eine Ölleitung verläuft vom Rio Tigre über den Marañon nach Bavóvar am Stillen Ozean. Der einzige große Überseehafen ist Callao mit 18 Mio. BRZ Schiffsbewegungen.

1991 **Schiffbau.** Auf einer spanischen Werft in Ferrol wird der Bohrponton >Svanen< (13.608 BRZ/4080 tdw) für eine schwedische Firma gebaut. Das Fahrzeug hat einen Doppelrumpf, ist 98 Meter lang, 65 Meter breit, hat einen geringen Eigenantrieb und darf nur in einem Umkreis von 15 Seemeilen um Malmö operieren. Ab einer Windstärke von Beaufort 4 oder mehr als einem Meter Wellenhöhe muß es die Arbeit einstellen (Lloyd-Vorschrift).

Chile. Das Land ist dank des Humboldtstromes mit 4,5 Millionen Tonnen *1991* eines der größten Länder im Fang von Seefischen. Ausgeführt werden Kupfer (46%), Nahrungsmittel (15%), Getreide je nach Ernte (±8%), Fischmehl, Papier und Zelluloseerzeugnisse, Holz und Obst. Handelspartner sind die USA (17%), Japan (15%), Deutschland (11%), Brasilien (7%) und Großbritannien (7%). Überseehäfen sind Valparaiso, San Antonio, Punta Arenas, Iquique, Arica, Antofagasta und Talcahuano/San Vicente.
Uruguay. Das Land führt Wolle und Textilien (29%), Fleisch (25%), Felle, *1991* Lederwaren und Schuhe (14%), Reis (6%) und Fisch aus. Von letzterem werden 140.000 Tonnen angelandet und zum Großteil exportiert. Als Überseehafen fungiert Montevideo, als Flußhäfen Fray Bentos (Fleisch), Paysandu und Salto am Rio Uruguay.
Spanien. Die Küstenschiffahrt hat für das Land große Bedeutung, da Eisen- *1991* bahn und Straße nicht entsprechend ausgebaut sind. Vom gesamten Hafenumschlag entfallen 160 Millionen Tonnen auf den Auslandsverkehr und 70 Mio. t auf den Küsten-/Binnenverkehr. Die wichtigsten Häfen sind Bilbao, Tarragona, Barcelona, Sta. Cruz de Teneriffa, Cartagena, Gijon, Santander, Sevilla, Malaga und Cadiz. Die Fischerflotte verfügt über 1660 Fahrzeuge mit 583.000 BRZ und landet 1,4 Millionen Tonnen Meerestiere. Darunter sind ein Drittel Krusten- und Weichtiere. Ausgeführt werden Fahrzeuge, Schiffe und Maschinen (38,6%), Halbfertigwaren (20,1%), Nahrungsmittel wie Wein und Obst (11,7%), Schuhe und Textilien (3,6%) sowie Quecksilber. Schiffswerften befinden sich in La Coruña, Bilbao und Cartagena.
Türkei. Unter der Flagge des Landes fahren rund 900 Handelsschiffe mit sechs *1991* Millionen BRZ. Den größten Anteil haben die Massengutfrachter mit fast vier Mio. BRZ. Die Küstenschiffahrt ist für das Land mit seinen langen Küsten von großer Bedeutung. Seit 1988 gibt es bereits zwei Brücken über den Bosporus. Der Fischfang, meist im Schwarzen Meer, bringt 450.000 Tonnen Anlandungen. In den Export gehen Textilien (34%), Eisen und Stahl (11%), Chromerz, Tabak, Obst, Weizen und Haselnüsse.
Thailand. Der bedeutende Fischfang landet 2,6 Millionen Tonnen Meerestiere *1991* und Süßwasserfische. Ausgeführt werden Industrieerzeugnisse (24%), Textilien und Bekleidung (16,5%), Nahrungsmittel wie Reis, Maniok, Mais, Zucker und Tapioka (25,0%), Elektronik (16,0%) und Rohstoffe wie Zinn, Kautschuk, Jute und Teakholz (14,0%). Wichtig für den Verkehr im Landesinneren ist die Binnenschiffahrt. Überseehäfen sind Bangkok (20 Mio. BRZ Schiffsverkehr) und der neue Hafen Laem Chabang, 100 Kilometer weiter südlich.
Taiwan. Das kleine Land gehört zu den dynamischsten Wirtschaftsnationen *1991* der Erde. Es exportiert Elektronik (11%), Maschinen (9%), Fasern, Garne und Gewebe (9%), Metallwaren (8%), Informationstechnik (7%), und Waren aus Kunststoff (7%). Handelspartner sind die USA (29%), Hongkong (16%), Japan (12%) und Deutschland (5%). Der Schiffsverkehr in den Überseehäfen beträgt 1993 bei Kaohsiung (211 Mio. BRZ), Keelong (104) und Taichung (40 Mio. BRZ).
Bolivien. In einem Vertrag mit Peru erhält das Land für 50 Jahre eine Freihan- *24. Jänner 1992* delszone im Pazifikhafen Ilo. Es gibt damit nach 110 Jahren (Pazifikkrieg)

	erstmals wieder einen freien Zugang zu den Weltmeeren. Peru darf dafür den Hafen Puerto Suarez am Rio Paraguay benützen. Zwischen den beiden Häfen wird über 1400 Kilometer ein Transitkorridor für Güter- und Personenverkehr eingerichtet.
6. März 1992	**Ostsee.** In Kopenhagen wird der Ostseerat gegründet. Ihm gehören alle elf Anrainerstaaten an. Später kommt noch Island dazu. Ziel ist die Zusammenarbeit in allen Bereichen der Entwicklung, der Wirtschaft, des Umweltschutzes und der Bekämpfung der organisierten Kriminalität. Einmal im Jahr tagt der Rat der Außenminister, die EU entsendet einen stimmberechtigten Vertreter.
1992	**Schiffbau.** Bei der Schiffswerft Hyundai H. I. in Ulsan, Korea, wird der erste Erzfrachter mit mehr als 150.000 BRZ/300.000 dwt fertiggestellt. Die >Bergeland< (154.030 BRZ/322.940 dwt) ist 339 Meter lang, 55 Meter breit und fährt für eine norwegische Reederei.
1992	**Venezuela.** Hauptausfuhrgüter sind Erdöl und dessen Produkte (80%). Daneben werden Eisenerz aus den neuen Minen am Cerro Bolivar, Aluminium, Stahlwaren, Kaffee, Kakao, Südfrüchte und Rum verschifft. Überseehäfen sind La Guaira für die Hauptstadt Caracas, Puerto Cabello, Puerto Ordaz (Eisenerz) und Maracaibo (Erdöl). Die Fischerflotte landet 250.000 Tonnen Seefische. Binnenschiffahrt gibt es am Rio Orinoko.
1992	**Saudi-Arabien.** Das Land ist der größte Erdölexporteur mit 92% der eigenen Ausfuhr. Andere Ausfuhrgüter sind Datteln, Häute, Wolle, Perlen und Krabben. Für die Versorgung mit Süßwasser gibt es 28 Meerwasser-Entsalzungsanlagen. Überseehäfen sind Jedda (60 Mio. BRZ Schiffsverkehr), Damman (20) und die Ölverladehäfen Janbu al-Bahr, Ras Tanura und Ras al-Khafdji.
1992	**Deutschland.** Die wichtigsten Binnenhäfen mit ihrem Güterumschlag sind:

Hafen	Umschlag in t
Duisburg	44,863.000
Karlsruhe	11,049.000
Köln	9,462.000
Hamburg-Elbe	9,116.000
Ludwigshafen	8,331.000
Mannheim	7,539.000
Berlin	7,531.000
Heilbronn-Neckar	5,807.000

	Bei weitem der größte Binnenverkehr wird auf dem Rhein abgewickelt. Haupttransportgüter sind Schüttgut wie Sand, Heizöl, Treibstoffe, Eisenerz, Steinkohle, chemische Grundstoffe, Getreide, Steine, Erden und Schrott.
25. September 1992	**Binnenschiffahrt.** Der Rhein-Main-Donau-Kanal wird dem Verkehr übergeben. Sein Bau ist schon 1921 beschlossen, aber vor allem durch den Zweiten Weltkrieg lange hinausgeschoben worden. Er löst den stillgelegten Ludwigskanal ab. Er ist für den Europakahn geeignet und schafft die längste Wasserstraße von der Nordsee zum Schwarzen Meer. Seit seiner Inbetriebnahme kommen immer mehr große Kabinenschiffe aus ganz Europa zu Kreuzfahrten an die Donau.

Ostasien um 2000
Plätze der großen Werften

3. Dezember 1992	**Schiffbruch.** Beim Einlaufen in den Hafen von La Coruña an der spanischen Nordwestküste gerät der griechische Tanker >Aegean Sea< auf Grund, bricht auseinander und gerät in Brand. Die Ladung von 80.000 Tonnen Rohöl verursacht eine Umweltkatastrophe.
Jänner 1993	**Schiffbruch.** Der unter der Flagge von Liberia fahrende Öltanker >Breaer< (45.000 BRT) strandet im Sturm im Norden der Britischen Inseln auf den Klippen der Shetland-Inseln. Die Besatzung kann gerettet werden, das auslaufende Rohöl des voll beladenen Schiffes erzeugt eine weitere Umweltkatastrophe.
1993	**Walfang.** Norwegen erlaubt wieder die Jagd auf Finnwale im Nordmeer. Diese wird jährlich auf eine vorgeschriebene Anzahl beschränkt. Das Land hält sich dabei aber nicht an das internationale Walfang-Moratorium aus dem Jahr 1986. Auch Japan läßt Wale immer wieder zu „wissenschaftlichen Zwecken" jagen.
1993	**Schiffsfund.** Bei Skanör am Südausgang des Öresunds wird das Wrack einer Kogge gefunden. Das Schiff ist 20 bis 25 Meter lang gewesen und stammt nach der Dendrochronologie aus dem Jahr 1396.
6. Mai 1994	**Kanaltunnel.** In feierlichen Zeremonien bei Calais und Folkstone wird die Verbindung unter dem Ärmelkanal zwischen Frankreich und England in Betrieb genommen. Der Tunnel ist 50 Kilometer lang, die Fahrzeit beträgt 35 Minuten. Er stellt in Zukunft eine schwere Konkurrenz für die Fährschiffe dar.
1994	**Vereinigte Arabische Emirate.** Es werden neben Erdöl und dessen Produkten (90%) etwas Aluminium, das mit Bauxit aus Australien hergestellt wird, Datteln, Vieh, Perlen und Fische ausgeführt. Für die Süßwasserversorgung gibt es einige Meerwasser-Entsalzungsanlagen. Überseehäfen sind Port Raschid, Djebel Ali, Port Saijid/Abu Dhabi, Port Chalid/Sharja und die Insel Däs im Persischen Golf.
1994	**Schiffsgröße.** Nach einer Übergangsfrist von zwölf Jahren tritt die neue internationale Schiffsvermessung in Kraft. Die BRT (Brutto Register Tonne) wird von der BRZ (Brutto Register Zahl) abgelöst. Sie ist wie ihre Vorgängerin eine Raumzahl und **keine** Gewichtsangabe. Der Unterschied zur BRT besteht darin, daß nun das Schiff mit allen Aufbauten nach Außenmaßen vermessen wird. Bei Passagierschiffen, Tankern und Massengutfrachtern ist die Änderung nur minimal. Bei Frachtern kann die Größe durch die neue Vermessung auf nahezu das Doppelte wachsen, bei Autotransportern geht es bis zum Dreifachen. Der Zweck der Umstellung ist eine gerechtere Gebührenerfassung bei Kanalpassagen und Hafengebühren.
5. April 1994	**Binnenschiffahrt.** Die Anrainerstaaten am unteren Mekong, Thailand, Kambodscha, Laos und Vietnam, treffen ein Übereinkommen über den Ausbau der Flußschiffahrt, der Fischerei, der Energieerzeugung und einer freien Schiffahrt auf dem ganzen Fluß. Projekte eines Landes müssen den anderen Unterzeichnern rechtzeitig angekündigt werden.
28. September 1994	**Schiffbruch.** In der Ostsee sinkt die Fähre >Estonia< auf dem Weg von Estland nach Schweden. Da das Unglück in der Nacht geschieht, gehen von 989 Personen an Bord 851 mit dem Schiff unter. Die Ursache wird einer fehlerhaften Bugklappe zugeschrieben.

Rhein-Main-Donaukanal
fertig seit 1992

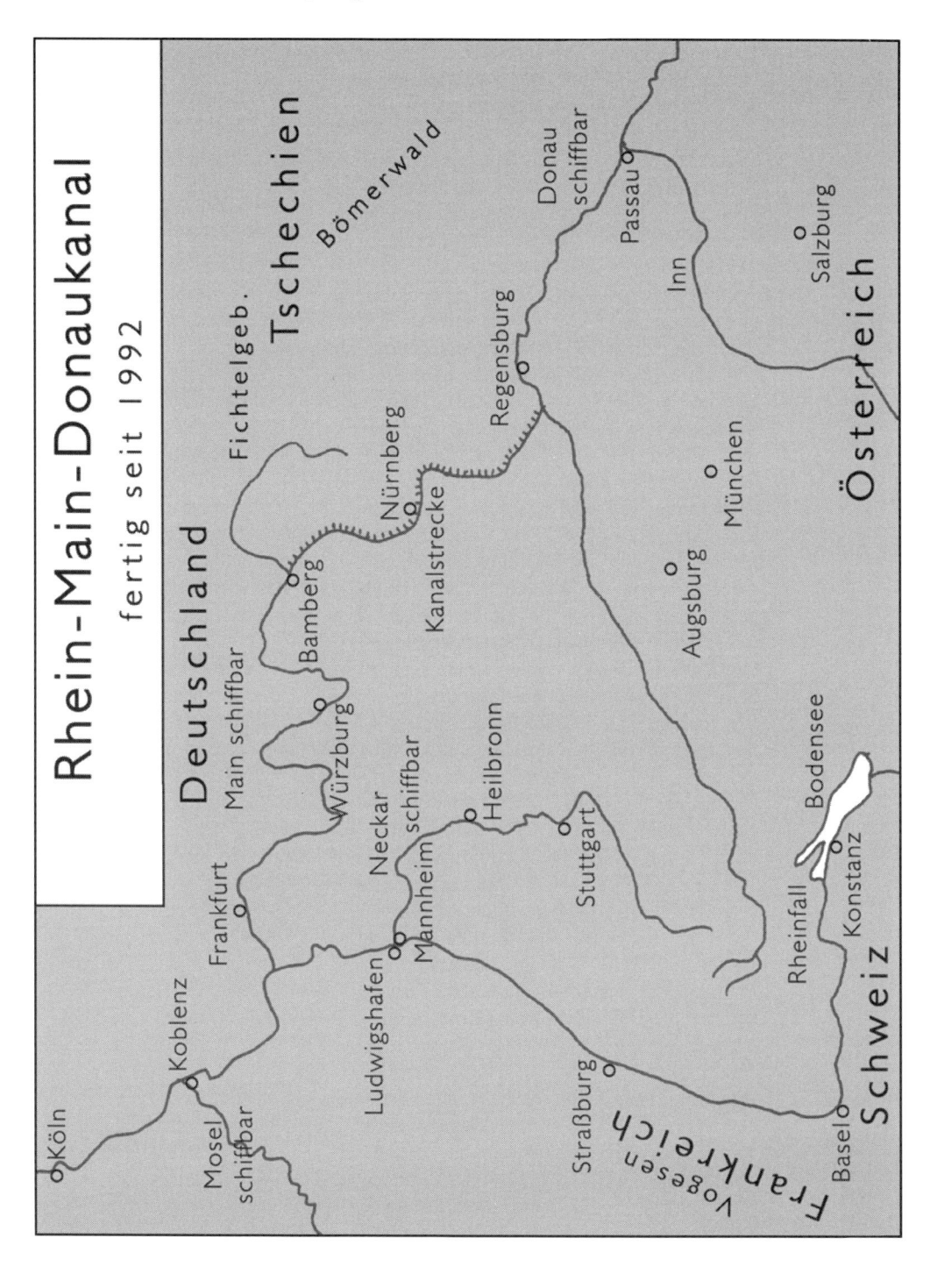

Oktober 1994	**Übereinkommen.** Der Inselstaat Bahrain und das Emirat Katar am Persischen Golf kommen überein, den Streit um die zwischen den beiden Staaten liegenden Hawar-Inseln dem internationalen Gerichtshof in Den Haag zur Entscheidung zu übergeben.
16. November 1994	**Seerecht.** Das in der dritten UN-Seerechtskonferenz erarbeitete umfangreiche Gesetzeswerk tritt endgültig in Kraft. Ihm sind bereits 168 Vertragsstaaten beigetreten. Dazu wird in Hamburg ein internationaler Seegerichtshof der UNO eingerichtet.
30. November 1994	**Schiffbruch.** In der Arabischen See gerät das italienische Kreuzfahrtschiff >Achille Lauro< (23.500 BRZ) in Brand und sinkt drei Tage später. Alle 1000 Personen an Bord können von anderen Schiffen gerettet werden. Das Schiff ist schon 1985 bekannt geworden, als es von Terroristen gekapert worden ist, die dabei einen Passagier erschossen haben.
17. Jänner 1995	**Erdbeben.** Die japanische Stadt Kobe und das umliegende Industriegebiet werden vom schwersten Erdbeben in Japan seit 1923 heimgesucht. Es sterben rund 5400 Personen, 26.000 werden verletzt. Wie am Hafenumschlag ersichtlich, ist die Wirtschaft ebenfalls schwer getroffen.
9. März 1995	**Fischfang.** Die kanadische Küstenwache beschlagnahmt den spanischen Trawler >Estai<, da er sich nicht an die internationalen Abmachungen über den Heilbuttfang auf der Neufundlandbank hält. Da die Beschlagnahme außerhalb der 200 Seemeilen-Wirtschaftszone erfolgt, stellt sich die EU hinter Spanien und fordert die Freigabe des Fahrzeuges. Erst nachdem dies erfolgt ist, wird mit neuen Fangquoten der Streit beigelegt.
1995	**Westindien.** Der Containerverkehr bringt eine Verlagerung der traditionellen Schiffahrtsrouten im Gütertransport. Zu zentralen Umschlagplätzen haben sich San Juan auf Puerto Rico (64,9 Mio. BRZ Schiffsbewegungen), Willemstad in den niederländischen Antillen (31,8 Mio. BRZ) und Kingston auf Jamaika (10,5 Mio. BRZ) entwickelt.
1995	**Hamburg.** Der Hafen verfügt über 300 Liegeplätze und 46 Kilometer an Kaimauern allein für Seeschiffe und 200 zum Teil computergesteuerte Containerbrücken und Kräne. Dazu kommen Brücken für Greifergut und Saugheber für Getreide und Futtermittel. Der ganze Hafenumschlag beträgt 72,100.000 Tonnen an Gütern. Auf Massengüter entfallen 36,200.000 t (darunter Flüssigladung Erdöl und Chemie 13,100.000 t, Sauggut 6,700.000 t und Greifergut 16,500.000 t), auf Stückgut 35,900.000 t und auf Containergut 30 Millionen Tonnen oder 1,969.000 Container. Im Containerumschlag ist Hamburg der zweitgrößte Hafen in Europa. Er ist auch ein bedeutender Binnenhafen. 12.300 Binnenschiffe mit 13,200.000 Tonnen Tragkraft schlagen 9,600.000 Tonnen an Gütern um.
1995	**Werften.** Die größten Schiffswerften befinden sich derzeit in Ostasien. Japan und Südkorea bauen zusammen rund die Hälfte aller Handelsschiffe. Die früher so berühmten Werften in Großbritannien, den USA und Rußland halten sich nur mit dem Bau von Kriegsschiffen über Wasser. Die Werften in den USA haben sich auf bestimmte Schiffstypen spezialisiert. Newport News baut Flugzeugträger, Ingalls baut Kreuzer und General Dynamics ist Spezialist im U-Schiffbau. (Tabelle im Anhang).

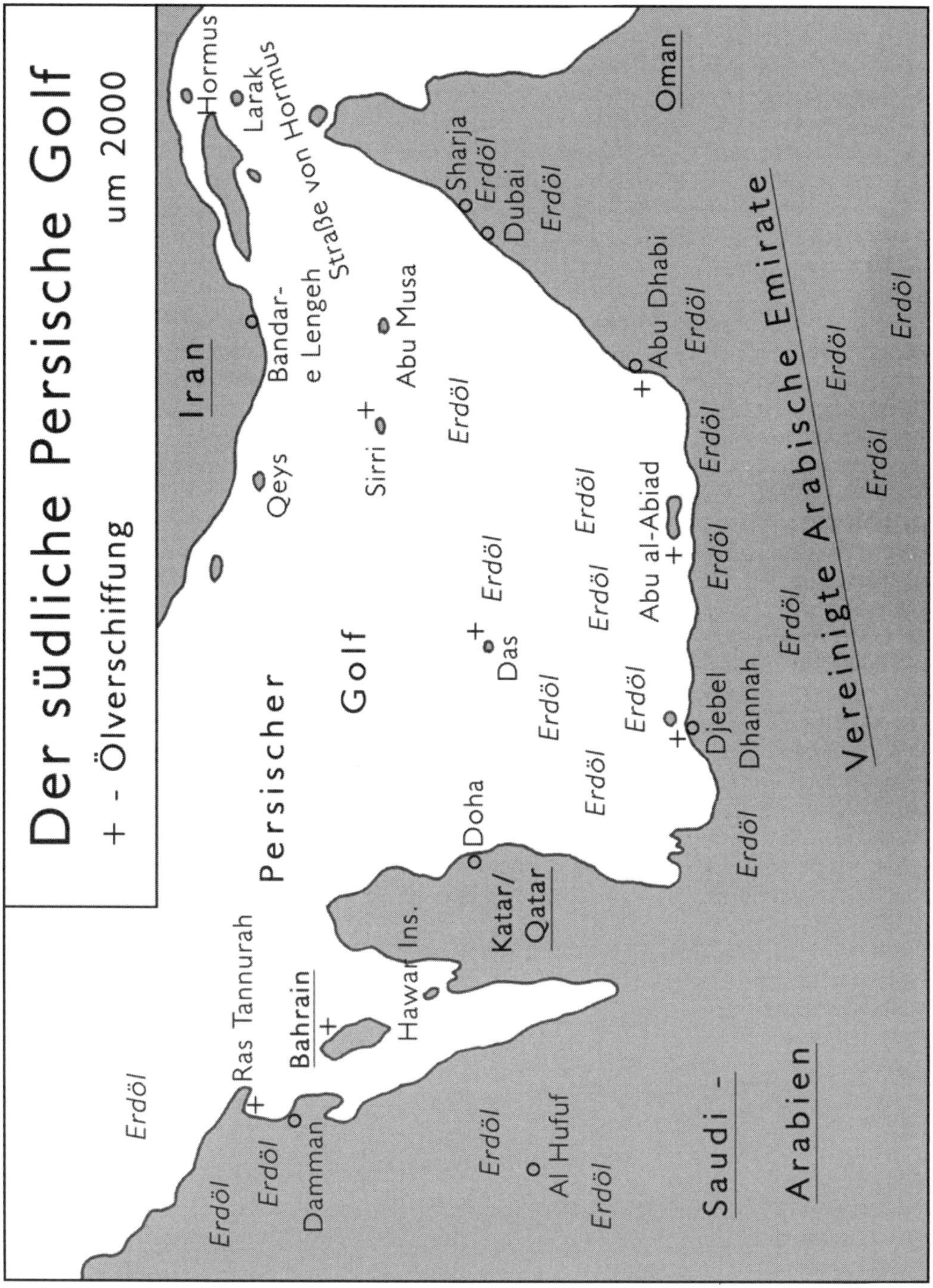
Der südliche Persische Golf
+ - Ölverschiffung
um 2000
Iran
Persischer
Golf
Hormus
Larak
Straße von Hormus
Bandar-
e Lengeh
Abu Musa
Qeys
Sirri
Das
Sharja
Dubai
Oman
Abu Dhabi
Abu al-Abiad
Djebel
Dhannah
Vereinigte Arabische Emirate
Doha
Katar/
Qatar
Hawar Ins.
Bahrain
Ras Tannurah
Damman
Al Hufuf
Saudi -
Arabien
Erdöl

1995	**Schiffsfund.** Im Hafen von Charleston wird das Wrack des U-Bootes >Hunley< der Südstaaten aus dem Jahr 1864 gefunden. Es ist nach der Versenkung der >Housatonic< ebenfalls gesunken. Das U-Boot ist im Schlamm des Hafens fast unversehrt erhalten geblieben und soll nach der Bergung im Museum von Charleston ausgestellt werden.
1995	**USA.** Es fahren 370 Hochseeschiffe mit 9,5 Millionen BRZ/12,5 Mio. dwt unter der Flagge des Landes. Darunter sind Öltanker (36%), Containerschiffe (26%), Frachter (15%), Flüssiggastanker (10%) und Passagierschiffe (2%). Vom ganzen Transport der Handelsflotte fallen rund 56% auf die Hochseeschiffahrt und 44% auf die Küsten- und Binnenschiffahrt. Bei der Hochseeschiffahrt haben Erdöl und dessen Produkte 43,8%, Lebensmittel und landwirtschaftliche Erzeugnisse 17,4 %, Rohstoffe 13,5%, Steinkohle 8,8% und chemische Erzeugnisse 6,4% Anteil. Bei der Küsten- und Binnenschiffahrt ist die Reihenfolge Erdöl und dessen Produkte, Rohmaterialien, Steinkohle, landwirtschaftliche Produkte und Chemieerzeugnisse. Die Flotte der USA verfügt auch über 123 Forschungsschiffe mit 172.300 BRZ. Die wichtigsten Überseehäfen sind South Louisiana/New Orleans, Houston, Los Angeles mit Long Beach, New York mit New Jersey, Oakland, Corpus Christi, Port of Virginia, Tampa und Port Everglades.
1995	**Japan.** Der Schiffsverkehr in Millionen BRZ der wichtigsten Überseehäfen inklusive Küstenschiffahrt beträgt bei Jokohama 250, Nagoja 201, Osaka 189, Kobe 173, Chiba 139, Tokio 134 und Shimizu 43. Werften im Anhang. Unter japanischer Flagge fährt 1997/98 eine Handelsflotte von 3510 Schiffen mit 16,9 Mio. BRZ/24,4 Mio.dwt. Davon sind nach BRZ 32,2% Tanker, 26,0% Massengutschiffe, 12,7% allgemeine Frachter, 12,0% Flüssiggastanker, 9,0% Passagierschiffe und Fähren sowie 5,9% Containerschiffe. Außerdem hat Japan eine Forschungsflotte von 73 Schiffen mit 75.580 BRZ. Das Land ist einer der größten Exporteure von spezialisierten Industrieerzeugnissen, darunter auch Autos und Schiffe.
1995	**Philippinen.** Das Land hat sich fast unbemerkt von Europa zu einem modernen Industriestaat entwickelt. Der Schiffsverkehr in Mio. BRZ in den Überseehäfen beträgt bei Manila 63, Cebu auf Cebu 32, Cagayan de Oro auf Mindanao 21, Iloilo auf Panay 19 und Davao auf Mindanao 13. Wichtigste Ausfuhrgüter sind elektronische Geräte, Bekleidung und Nahrungsmittel. Das Land mit seinen Tausenden Inseln hat einen großen Fährverkehr. Im Jahr 1997/98 hat die philippinische Hochseeflotte 935 Schiffe mit 8,7 Mio. BRZ/13,3 Mio. dwt. Darunter sind Massengutschiffe (65%) und allgemeine Frachter (20%).
20. Juni 1995	**Nordsee.** Die ausgediente Verladeplattform >Brent Spar< der Royal Dutch Shell soll nach Genehmigung durch Großbritannien im Atlantik versenkt werden. Proteste von Greenpeace und anderen Organisationen verhindern dies. Shell gibt die Absicht auf und vereinbart eine Entsorgung an Land in Norwegen. Die Angaben von Greenpeace, daß noch 5000 Tonnen Rohöl an Bord sind, erweisen sich als unrichtig.
1996	**Schiffbau.** Die Werft Kwaerner Masa in Turku stellt das bis dahin größte Tankschiff für Flüssiggas in Dienst. Die >Mraweh< (116.700 BRZ/72.950 dwt)

Schiffstransport von Rohöl 1998

Verschiffung und Einfuhr in Millionen Tonnen nach Fearnleys, Oslo

Ostasien << 456
456 >>
pers. Golf <<771 >>
Nahost <<79
Europa
Nordafrika 97 ^^
Westafrika <<160
101 ^^
<<178
<< 83
^^ 101
Nordamerika 443 ^^
Karibik ^^ 183
Antarktis

kleine Transporte unberücksichtigt

	fährt unter der Flagge von Liberia. Das Schiff ist 290 Meter lang, 48 Meter breit und kann das Gas bis zu minus 163° C kühlen und dadurch flüssig halten.
Mai 1996	**Flüchtlinge.** Vor dem Bürgerkrieg in Liberia flüchten rund 3500 Personen auf den Frachter >Bulk Challange< (1200). Das völlig überladene Schiff sticht in See, bekommt aber nirgends die Erlaubnis, die Flüchtlinge an Land zu setzen. Schließlich legt es am 13. Mai im Hafen Takoradi in Ghana ohne Erlaubnis an, da das Trinkwasser aufgebraucht ist und Seuchen ausbrechen.
1. Oktober 1996	**Arktis.** An diesem Tag wird der Arktische Rat mit Büro in Ottawa, Kanada, ins Leben gerufen. Ihm gehören die Länder Dänemark, Finnland, Island, Kanada, Norwegen, Rußland, Schweden und die USA sowie Vertreter von drei Organisationen der Ureinwohner an. Es wird ein Katalog über die Zusammenarbeit in der Erschließung mit Schutz des ökologischen Systems erarbeitet. Seit 1959 gibt es einen Vertrag zum Schutz der Antarktis, dem 43 Staaten beigetreten sind. Souveränitätsrechte südlich des 60. Breitengrades sind ausgesetzt. Seit 1982 ist für die Antarktis ein Vertrag über den Schutz und die Nutzung von Fischen und Krill in Kraft.
Oktober 1996	**Schiffbau.** Auf der Werft Fincantieri in Monfalcone wird das bisher größte Passagierschiff der Welt fertiggestellt. Die >Carnival Destiny< (101.350 BRZ) ist 272 Meter lang, 35,5 Meter breit, hat eine Geschwindigkeit von 18 Knoten und verfügt über eine Besatzung von 1100 Mann und kann 2600 Passagiere versorgen.
1. Juli 1997	**Hongkong.** Großbritannien gibt die ehemalige Kronkolonie an die VR China zurück. Es bleibt aber eine eigene Wirtschaftszone mit beschränkter Selbstverwaltung. Unter der Flagge von Hongkong fahren 270 Handelsschiffe mit 5,8 Mio. BRZ/9,5 Mio. dwt, vorwiegend Massengutfrachter. Die Region exportiert Bekleidung (32%), andere Textilien (8%), Uhren (7%), Computerteile und Zubehör (5%) und Informationstechnik (5%). Wichtige Handelspartner sind die VR China (27%), die USA (22%), Deutschland (7%), Japan (5%) und Großbritannien (4%).
1997	**Rohölverschiffung.** Insgesamt werden 1535 Millionen Tonnen verschifft. Sie kommen aus dem Persischen Golf (51,0%), aus der Karibik (14,9%), aus Westafrika (10,9%), Nordafrika (6,1%), Südostasien (4,4%), dem Nahen Osten (1,3%) und aus anderen Fördergebieten (11,4%). Das Rohöl geht nach Nordamerika (27,9%), in das Mittelmeer (15,6%), nach Japan (14,8%), nach Nordwesteuropa (10,9%), nach Südamerika (4,4%) und in die übrigen Regionen (26,5%).
1997	**Eisenerzverschiffung.** Es werden insgesamt 430 Millionen Tonnen Eisenerz verschifft. Diese kommen von der Atlantikküste in Südamerika (35,5%), aus Australien (34,3%), Asien (9,0%), Nordamerika (5,9%), Südafrika (4,9%), Skandinavien (4,1%), Südamerika, Pazifikküste (2,8%), Westafrika (2,6%), Europa ohne Skandinavien (0,9%). Das Erz geht nach Japan (29,4%), übriges Ostasien (26,3%, meist Südkorea), Westeuropa (25,1%), Mittelmeer (4,8%), übriges Europa (3,9%), USA (3,6%) und übrige Regionen (6,8%).
1997	**Kohleverschiffung.** In diesem Jahr werden 460 Millionen Tonnen Kohle verschifft. Sie kommen aus Australien (34,1%), Nordamerika (20,8%), Südafrika (13,9%), Osteuropa (6,4%) und dem übrigen Europa (0,5%). Sie gehen nach

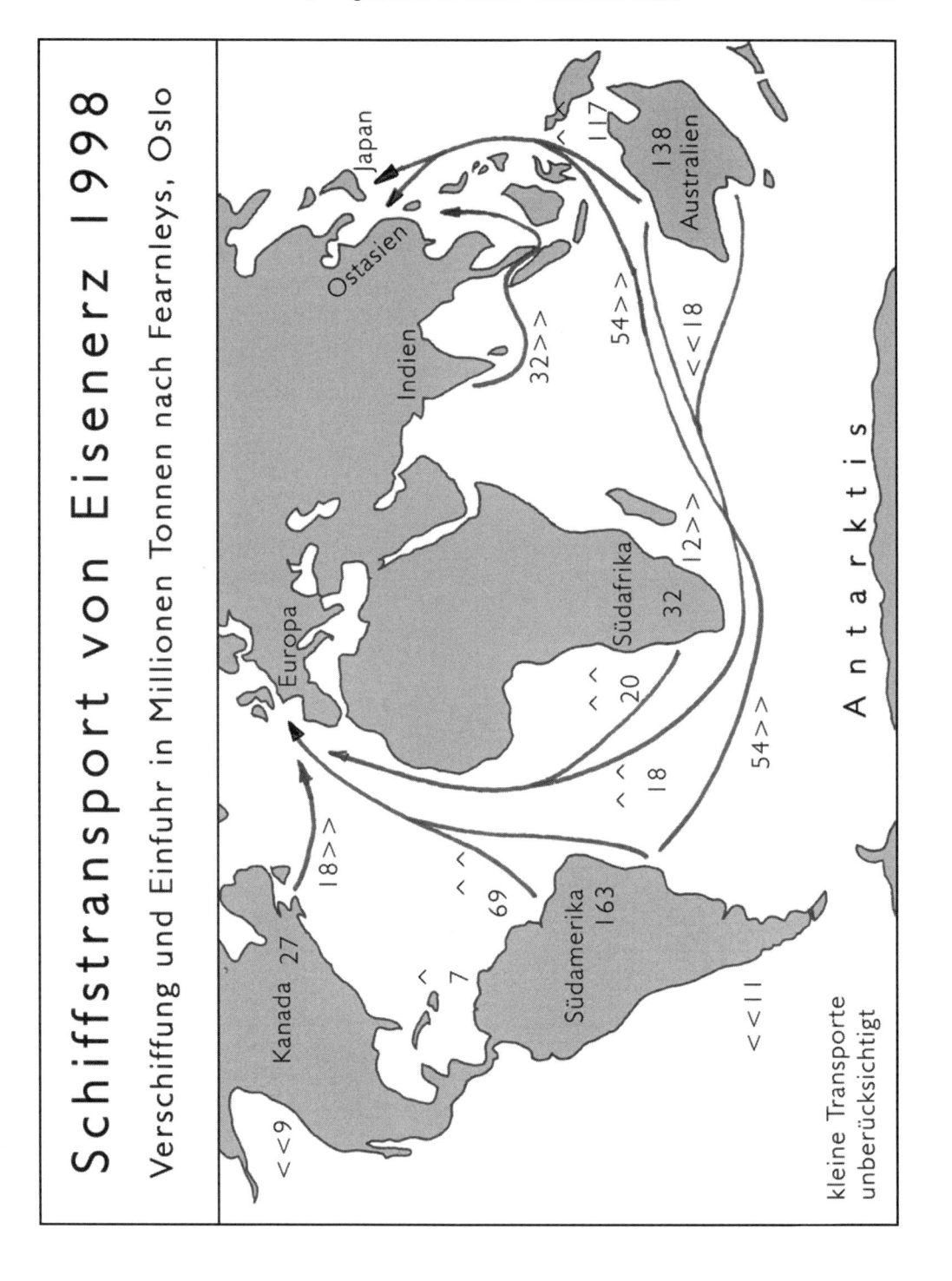

Schiffstransport von Eisenerz 1998

Verschiffung und Einfuhr in Millionen Tonnen nach Fearnleys, Oslo

Japan
Ostasien
117
138 Australien
Indien
32 >>
54 >>
<< 18
Europa
Südafrika
32 12 >>
<< 20
<< 18
54 >>
Antarktis
Kanada 27
18 >>
<< 69
<< 7
Südamerika 163
<< 9
<< 11

kleine Transporte unberücksichtigt

Japan (29,1%), dem übrigen Fernen Osten (22,8%), Westeuropa (18,1%), in das übrige Europa (11,1%), in das Mittelmeergebiet (5,9%), nach Südamerika (4,6%) und in andere Länder (8,4%).

1997 **Getreideverschiffung.** Insgesamt werden knapp über 200 Millionen Tonnen transportiert. Sie kommen aus den USA (49,5%), Südamerika (14,8%), Australien (11,3%), Kanada (11,1%) und anderen Ländern (13,3%). Das Getreide geht nach dem Fernen Osten ohne Japan (22,8%), nach Japan (15,7%), nach Mittel- und Südamerika (15,7%), in den Indischen Ozean (14,3%), nach Afrika (13,7%), Westeuropa (6,2%), Mittelmeer (6,0%), dem Nahen Osten (2,9%), Osteuropa (1,4%), das restliche Europa (1,1%) und übrige Länder (0,3%).

1997 **Schiffbau.** In der Schiffswerft von Odense auf der Insel Fünen in Dänemark wird das bis dahin größte Containerschiff fertiggestellt. Die >Sovereign Maersk< (91.560 BRZ/104.700 dwt kann 6400 TEU befördern und hat eine Geschwindigkeit von 24,6 Knoten. Für die dänische Reederei Maersk folgen bis Ende 2000 noch 13 weitere Schiffe der gleichen Klasse. Sie haben eine Länge von 347 Metern, eine Breite von 43 Metern und 14.5 Meter Tiefgang.

1997 **Binnenschiffahrt.** In diesem Jahr werden folgende Massengüter auf den Großen Seen von Nordamerika und auf dem St. Lorenz-Seeweg befördert:

Güter (in Tonnen)	auf den Großen Seen	am St. Lorenz-Seeweg
Eisenerz	72,000.000	10,121.000
Kohle und Koks	40,600.000	1,311.000
Steine und Gips	39,017.800	868.000
Salz	8,400.000	1,227.000
Getreide	13,360.000	13,411.000
Zement	233.000	233.000

Eisenerz und Kohle gehen vorwiegend in die großen, seenahen Stahlwerke der USA. Die wichtigsten Häfen mit ihrem Umschlag in Tonnen an den großen Seen sind:

Hafen	Lage	Land	Hauptgüter	Umschlag
Duluth/Superior	Oberer See	USA	Kohle, Erz, Getreide	37,706.000
Sept-Îles	St. Lorenz	Kanada	Eisenerz	24,474.000
Montreal	St. Lorenz	Kanada	Container, Getreide	20,700.000
Quebec	St. Lorenz	Kanada	Getreide, Erze	15,561.000
Cleveland	Erie-See	USA	Eisenerz, Steine	15,110.000
Lorain	Erie-See	USA	Eisenerz	13,540.000
Thunder Bay	Oberer See	Kanada	Getreide	12,850.000
Toledo	Erie-See	USA	Kohle, Eisenerz	12,142.000
Hamilton	Ontario-See	Kanada	Stahlhalbzeug	11,582.000

1997 **China VR.** Das Land verfügt über 2000 Hochseeschiffe mit 14,5 Millionen BRZ/22,0 Mio. dwt unter der eigenen Flagge. Davon sind 44% Massengutfrachter, 40% übrige Frachter und 14% Öltanker. Der Rest sind Passagierschiffe und 58 Forschungsschiffe mit 100.000 BRZ. Küstenschiffahrt und Binnenschiffahrt auf den 110.000 Kilometern Wasserstraßen haben größte Bedeutung. Der Fischfang landet 4,5 Mio. Tonnen Seefische und 3,5 Mio. Tonnen Süß-

Schiffstransport von Kohle 1998

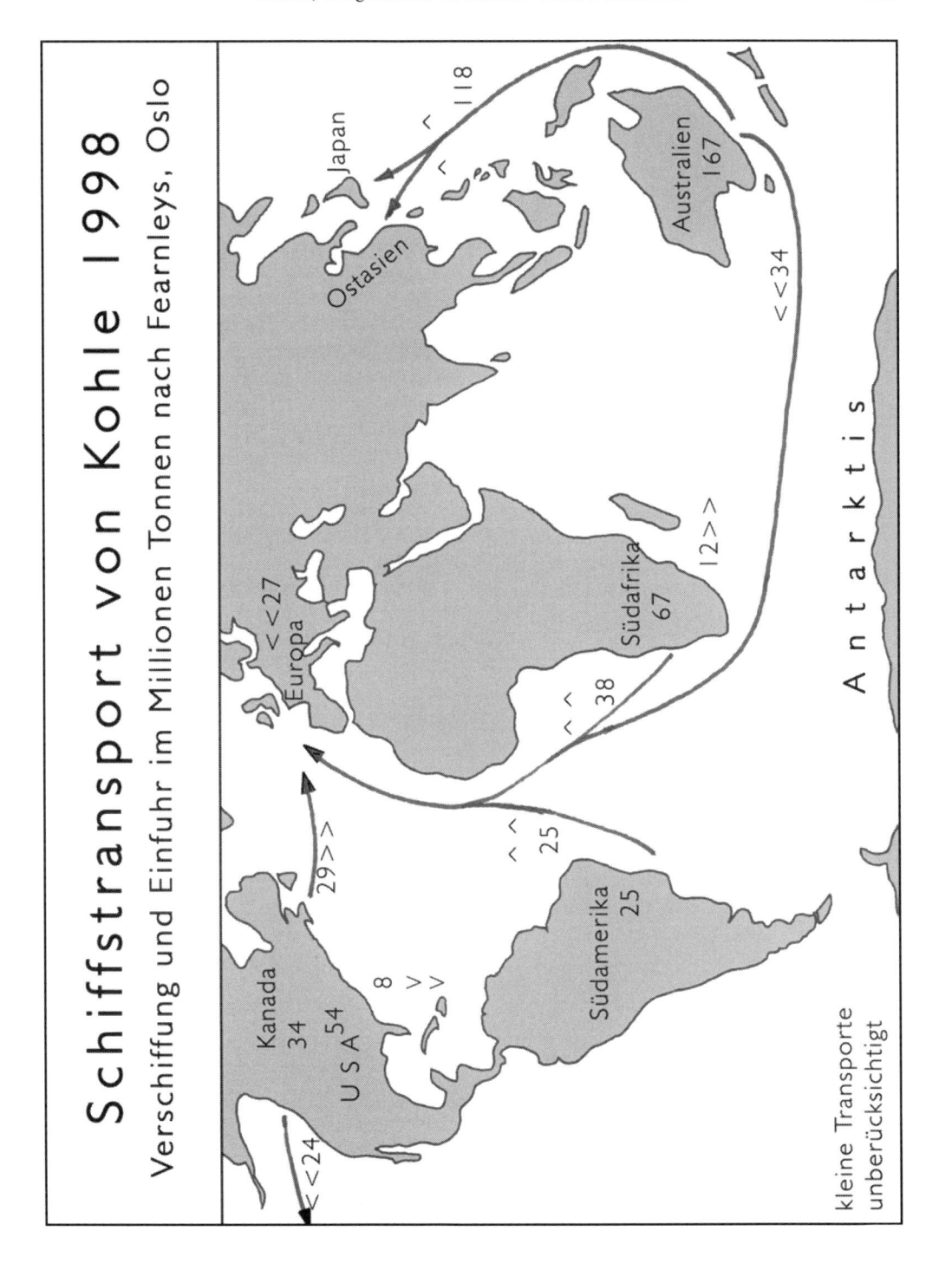

Verschiffung und Einfuhr im Millionen Tonnen nach Fearnleys, Oslo

- Japan <118
- Ostasien
- Australien 167 <<34
- Europa <<27
- Südafrika 67 12>>
- <<38
- <<25
- Südamerika 25
- Kanada 34
- USA 54 8>>
- 29>>
- <<24
- Antarktis
- kleine Transporte unberücksichtigt

wasserfische. Die wichtigsten Überseehäfen sind Schanghai, Hongkong und Ch'in-huang-dao nördlich von Tientsin. Die wichtigsten Ausfuhrgüter sind Maschinen und elektronische Waren (31,9%), Bekleidung und Textilien (16,5%), Garne und Stoffe (8,0%), Schuhe (4,4%), Stahl (2,8%) und Spielwaren (2,6%).

Juli 1998 **Blaues Band.** Der in Hobart in Tasmanien gebaute Katamaran >Cat-Link V< (5620 BRZ) durchläuft die Strecke von New York zu den Scilly-Inseln in zwei Tagen, 20 Stunden und neun Minuten. Das ist eine Durchschnittsgeschwindigkeit von 41,2 Knoten. Das Schiff ist eine Personen-Frachtfähre und hat eine Höchstgeschwindigkeit von 43 Knoten. Der Katamaran ist 91 Meter lang, über beide Rümpfe 26 Meter breit und kann 800 Passagiere befördern.

1998 **Rußland.** Das Land verfügt über eine Hochseeflotte von 1750 Schiffen mit 7,8 Mio. BRZ/9,6 dwt. Darunter sind Frachter (55%), Tanker (21%) und Massengutschiffe (14%). Rußland verfügt außerdem über die größte Forschungsflotte von 169 Schiffen mit 310.000 BRZ, über die größte Fischereiflotte, die meisten Eisbrecher und eisverstärkte Schiffe für den Seeweg um Sibirien. Ausgeführt werden die Energieträger Kohle, Erdöl und Erdgas (44,4%), Metalle und Metallwaren (22,1%), Maschinen und Anlagen (11,0%), chemische Erzeugnisse (8,4%) sowie Holzwaren, Zellstoff und Papier (5,1%). Überseehäfen sind St. Petersburg, Königsberg/Kaliningrad, Murmansk, Archangelsk, Rostov am Don, Noworossisk, Batum und Wladiwostok.

1998 **Singapur.** Der Stadtstaat kontrolliert mit rund 1000 Handelsschiffen mit 18,5 Mio. BRZ/29 Mio. dwt eine der größten Handelsflotten der Erde. Der Hafen ist mit einem Schiffsverkehr von 86 Mio. BRZ und einem Umschlag von 315 Millionen Tonnen an Gütern der größte der Erde. Singapur ist der Durchgangshafen für die Güter der umliegenden Länder im Transport nach Europa, Ostasien und Amerika und umgekehrt. Er gleicht damit Malakka im 15. bis 18. Jahrhundert. Der höhere Tonnageverkehr in den japanischen Häfen ist auf die vielen Fahrten der Fährschiffe zurückzuführen.

1998 **Gütertransport.** Viele Güter, die früher als Stückgut transportiert worden sind, werden heute mit Containern befördert. Nur mehr Massengüter wie Öle, Erze, Getreide oder Chemikalien werden von Spezialschiffen transportiert. Auf den Containerversand haben sich zahlreiche Firmen spezialisiert. Die 15 größten sind in diesem Jahr nach Anzahl der TEU-Einheiten:

Firma	TEU
Maersk/Sea Land	617.100
Evergreen	315.100
P & O Nedlloyd	273.300
Hanjin/DSR Senator	231.700
Medite Shg Co (MSC)	220.550
NOL/APL	208.250
COSCO Container	200.700
NYK	165.500
CP Ships-Americana	140.500

Große Seen und St. Lorenzstrom

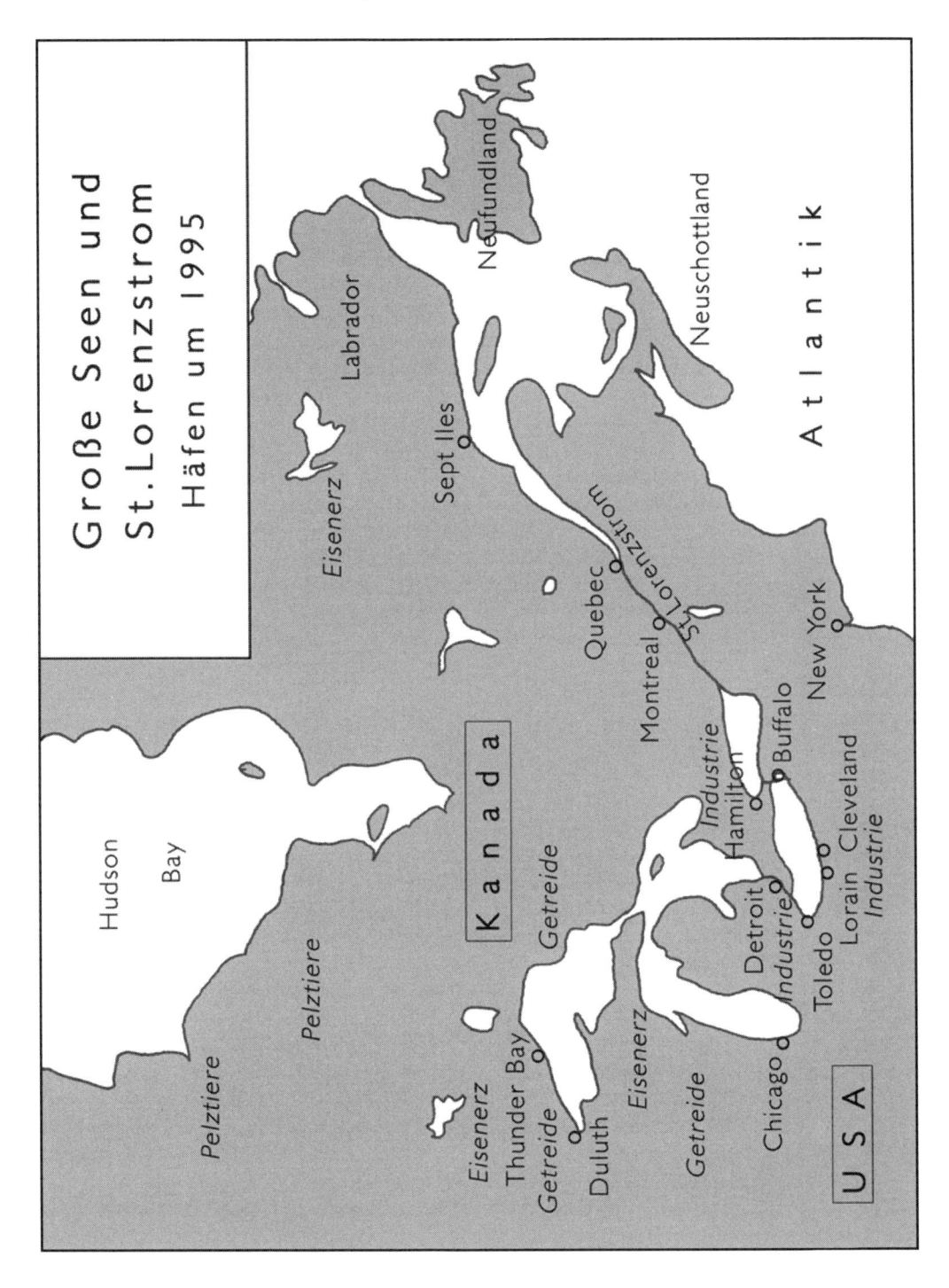

Häfen um 1995

Firma	TEU
Zim	135.500
Mitsui-OSK	135.100
CMA/CGM	123.300
„K" Line	104.800
Hyundai	102.300
HAPAG/Lloyd-Gruppe	99.200

1998 **Massengüter.** Neben den oben genannten Massengütern im Seetransport sind noch andere zu nennen: Phosphate liefern Marokko und das Gebiet um das Rote Meer; Schrott die USA; Kupfer Chile; Nickel Neukaledonien; Quarz und Sande Australien; Salz Mexiko und Australien; Zement Japan, Griechenland und Spanien; Kalkstein Japan; Gips Mexiko; Schwefel und Pottasche Kanada.

1998 **Schiffbau.** Seit 1990 stagniert die Anzahl der neu gebauten Schiffe von 100 und mehr BRZ bei rund 1700 Fahrzeugen jährlich. Die Tonnage steigt aber um 50% an. Einen Anstieg auf das Vierfache gibt es bei den Containerschiffen. Auch Erz-/Massengutfrachter und Flüssiggastanker werden vermehrt gebaut. Bei Erz-/Ölfrachtern und Fischereifahrzeugen gibt es einen Rückgang. Erz-/Ölfrachter wird in diesem Jahr kein einziger fertiggestellt. Der Bau von Spezialschiffen verdoppelt sich. Die Ablieferung 1998 der Schiffstypen nach Hauptgruppen im Einzelnen nach ISL/Lloyd's Register:

Schiffstyp	Schiffe	BRZ	%
Erdöltanker	140	6,599.000	26,0
Massengut- und Erzfrachter	206	6,039.000	23,8
Container und Semicontainerschiffe	256	6,034.000	23,8
Standardfrachter mit Schwergut	289	2,929.000	11,6
Flüssiggas- und Chemikalienschiffe	150	1,759.000	6,9
Fischereifahrzeuge	164	74.000	0,3
Spezialschiffe	524	1,900.000	7,5
Summe	1729	25,334.000	100,0

Die größten Schiffbauländer sind Japan (41,1%), Südkorea (29,7%), Deutschland (4,2%), Italien (3,2%), Polen (2,8%) und Spanien (1,7%). Die restlichen 17,3% entfallen auf alle übrigen Staaten.

1998 **Binnenschiffahrt.** Den St. Lorenz-Seeweg in Nordamerika passieren 4366 Seeschiffe mit 53,358.000 BRZ. Je die Hälfte fällt auf die Berg- und Talfahrt. Von der Tonnage kommen 88,8% auf Frachter aller Art, auf Tanker 5,8%, auf Schleppzüge 4,6% und auf den Rest auf Schiffe ohne Fracht. Der St. Lorenz-Seeweg ist im allgemeinen von Ende Dezember bis Ende März wegen Vereisung geschlossen.

14. Juli 1998 **Syrien.** Entgegen den Sanktionsbestimmungen der UNO schließt das Land mit dem Irak einen Vertrag zur Wiedereröffnung der Erdölleitung vom irakischen Kirkuk zum syrischen Hafen Banias.

1998 **Schiffsfund.** In Italien werden bei Bauarbeiten auf dem Bahnhofsgelände von Pisa die Reste von Schiffen aus der Antike gefunden. Sie sind in einem bisher unbekannten Hafenbecken des antiken Pisa erhalten geblieben. Es handelt sich um ehemalige Hochseeschiffe und Binnenschiffe aus der Zeit vom 5. Jahrhun-

Schiffstransport von Getreide 1998

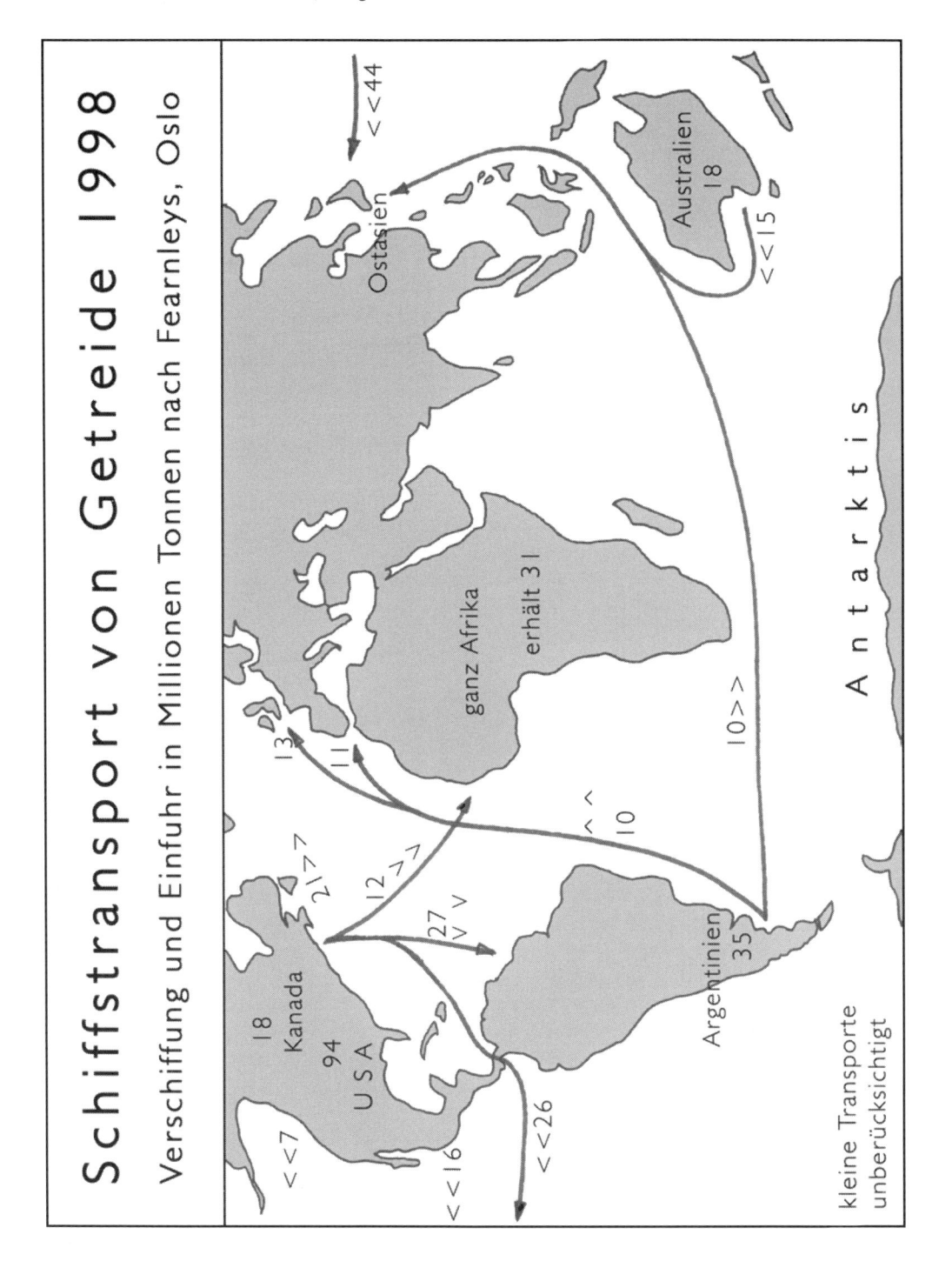

Verschiffung und Einfuhr in Millionen Tonnen nach Fearnleys, Oslo

<<44 Ostasien

Australien 18
<<15

ganz Afrika erhält 31

10>>

<<
10

13
11
21>>
12>>
27 vv

Kanada 18
USA 94

Argentinien 35

<<7
<<16
<<26

Antarktis

kleine Transporte unberücksichtigt

dert vor bis zum 5. Jahrhundert nach der Zeitenwende. Bis zur Mitte des Jahres 2001 sind bereits 14 Wracks identifiziert. Die Ausgrabungen sind im Gange. Wie sich in ein und demselben Hafenbecken Schiffe aus einer Zeitperiode von fast eintausend Jahren erhalten haben, ist noch nicht geklärt.

Juli/August 1998 **China VR.** Das Hochwasser des Yang-tse-kiang verursacht die größte Überschwemmung seit 44 Jahren. Mindestens 3000 Menschen sind ertrunken, das Wohngebiet von 233 Millionen Bewohnern ist betroffen. Der seit einigen Jahren in Bau befindliche riesige Drei-Schluchten-Staudamm mit im Endausbau 2,3 Kilometer langer und 185 Meter hoher Staumauer soll diese Gefahr ab 2009 mildern.

28. Oktober 1998 **Südchinesisches Meer.** Der Konflikt um die Zugehörigkeit der Spratly-Inseln flammt wieder auf. Chinesische Schiffe setzen 100 Arbeiter auf einer der Inseln ab. Die Marine der Philippinen schickt daher Patrouillenboote in die Region, die im Juli 1999 ein chinesisches Fischerboot versenken. Neben der VR China und den Philippinen beanspruchen auch Taiwan, Vietnam, Malaysia und Brunei alle oder einen Teil der Inseln. Es werden in dem flachen Meer große Rohstoffvorräte vermutet.

20. November 1998 **Weltraumfahrt.** Rußland startet das erste Modul für die große internationale Weltraumstation des 21. Jahrhunderts. Der Bauteil >Sarja< (Morgenröte) geht vom Weltraumbahnhof Baikonur in eine Umlaufbahn. Im folgenden Monat kommt die US-Raumfähre >Endeavour< mit sechs Mann Besatzung zur künftigen ISS und bringt den Verbindungsteil der USA >Unitiy< zum Anbau an >Sarja<.

Dezember 1998 **Fischereiflotten.** Die bei weitem größte Fischereiflotte besitzt Rußland. An Fangschiffen und Fabrikschiffen zusammen fahren 2237 Schiffe mit 3,524.000 BRZ unter seiner Flagge. Es folgen die USA (3207/807.200), Japan (2002/604.500), Südkorea (1250/505.800), Ukraine (256/377.700), Spanien (1113/374.600), Panama (374/337.200), Norwegen (578/336.800) Zypern (61/267.700), Belize (249/239.200) und Argentinien (415/225.800). Von den großen Fischereiflotten Chiles, Perus und Südafrikas fehlen leider die Zahlen. Die Flotten aller übrigen Länder haben weniger als 200.000 BRZ. Gerechnet wurden vom ISL aus Lloyd's Register alle Fischereifahrzeuge mit 100 und mehr BRZ.

Dezember 1998 **Forschung.** Mit dem Bambusfloß >Nale Tasih< II fahren fünf Personen vom Hafen Kupang auf Timor nach Australien. Das Floß von 18 Metern Länge und einem Gewicht von drei Tonnen ist ein Nachbau eines prähistorischen Wasserfahrzeuges. Das Floß startet am 17. Dezember und ist sechs Tage später bei der Melville-Insel vor Darwin im Nordwesten von Australien. Das Floß war mit der Strömung allein 1,5 bis zwei Knoten schnell, mit dem Segel zwei bis vier Knoten. Gegen den Hunger haben die Seefahrer Kokosnüsse, Bananen und Melonen mitgenommen.

1. Jänner 1999 **Welthandelsflotte.** Es sind 38.567 Handelsschiffe mit zusammen 496,210.000 BRT/ 750,900.000 dwt registriert. Gerechnet in dwt entfallen auf Tanker 38,5%, Massengutfrachter 33,7%, Standardfrachter 10,2%, Containerschiffe 8,1%), OBO-Frachter 2,4%, Flüssiggastanker 2,2%, RoRo-Schiffe 1,4%, Che-

Forschungsfahrt der >Nele Tasih< II 1998

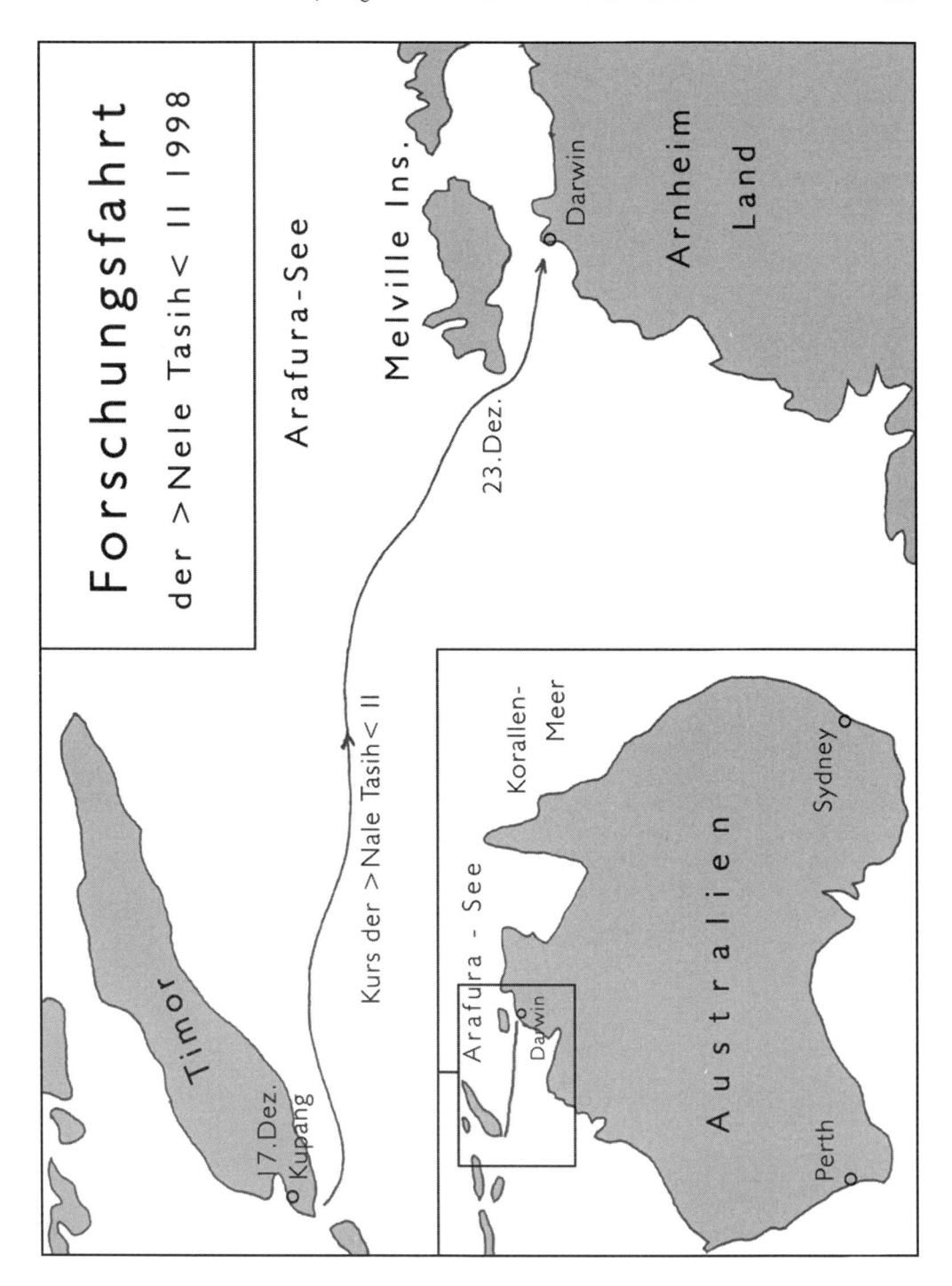

mikalientanker 1,1% und Passagier- und Kombischiffe 0,2%. Der Rest entfällt auf Spezialschiffe.

1. Jänner 1999 **Welthandelsflotte.** Das ISL (Institut für Seeverkehrswirtschaft und Logistik) in Bremen hat mühevoll die Welthandelsflotte analysiert. Danach gibt es 29.469 Hochseeschiffe mit jeweils 1000 BRZ und darüber. Davon fährt nur ein Drittel unter der Flagge des eigenen Landes. Zwei Drittel sind in Ländern mit Billigflaggen registriert. Bei Japan fahren nur knapp 20% der Schiffe unter der eigenen Flagge, bei Norwegen sind es knapp mehr als die Hälfte. Die meisten Handelsschiffe werden von griechischen Reedern kontrolliert. Statistik im Anhang.

Jänner 1999 **Passagierschiffe.** Die größte Zahl der Kreuzfahrtschiffe und Kombischiffe fährt unter der Flagge von Liberia, Panama und den Bahamas. Unter der nationalen Flagge fahren (Schiffe/BRZ): bei Japan 402/1.525.000, Italien 220/1.335.000, Griechenland 247/1.282.000, Großbritannien 103/1.211.000, Norwegen 247/1.099.000, Finnland (42/628.000, Dänemark 95/554.000, Frankreich 74/541.000 und den Niederlanden 31/524.000. Unter den hier genannten zwölf Flaggen fahren 194 Kreuzfahrtschiffe, die anderen Passagierschiffe sind Fährschiffe (Finnland, Italien, Japan) und Kombischiffe für Passagiere und Fracht.

25. März 1999 **Binnenschiffahrt.** Die NATO beginnt mit den Luftangriffen auf die serbischen Truppen im Kosovo und auf Ziele in Serbien. Dabei wird am 1. April die Donaubrücke bei Novisad zerstört. Die Donau ist weit über den Krieg hinaus für die Schiffahrt unpassierbar.

1. April 1999 **Kanada.** Die Inuit/Eskimos erhalten ein eigenes Territorium zur Selbstverwaltung und alle Bergbau- und Fischereirechte. Dieses Nunavut-Territorium umfaßt rund die Hälfte des Nordens von Kanada und reicht von der Hudson-Bucht bis zur Küste des Nordmeeres.

17. April 1999 **Aserbaidschan.** Von Baku wird eine neue Ölfernleitung nach dem georgischen Schwarzmeerhafen Supsa in Betrieb genommen. Die Erdölleitung, die durch Rußland geht, passiert auch Tschetschenien und ist daher immer wieder unterbrochen. Nun kann das Öl aus dem Kaspischen Meer von Supsa mit Tankern nach Westeuropa befördert werden.

8. Juni 1999 **Piraterie.** Indonesische Seeräuber überfallen mit einem Schnellboot den thailändischen Gasöltanker >Siam Xanxai< (1250 BRZ), der sich auf dem Weg von Singapur nach Thailand befindet. Die Besatzung von 16 Mann wird auf einer Insel ausgesetzt.

Die Regierung Thailands ersucht die VR China um Hilfe bei der Suche. Das Schiff wird Ende Oktober im Südchinesischen Meer von den Chinesen aufgefunden. Die Schiffspapiere sind vernichtet und der Schiffsname geändert worden.

17. Juni 1999 **Erdbeben.** Der Nordwesten der Türkei wird von einem verheerenden Erdbeben erschüttert. Die Hafenstadt Izmit, Stützpunkt der türkischen Marine im Marmarameer, liegt im Epizentrum. Sie wird mit dem Hafen und den Ölraffinerien zerstört, letztere brennen tagelang. Es werden 14.095 Tote und fast 30.000 Verletzte registriert.

Südchinesisches Meer
die umstrittenen Inselgruppen

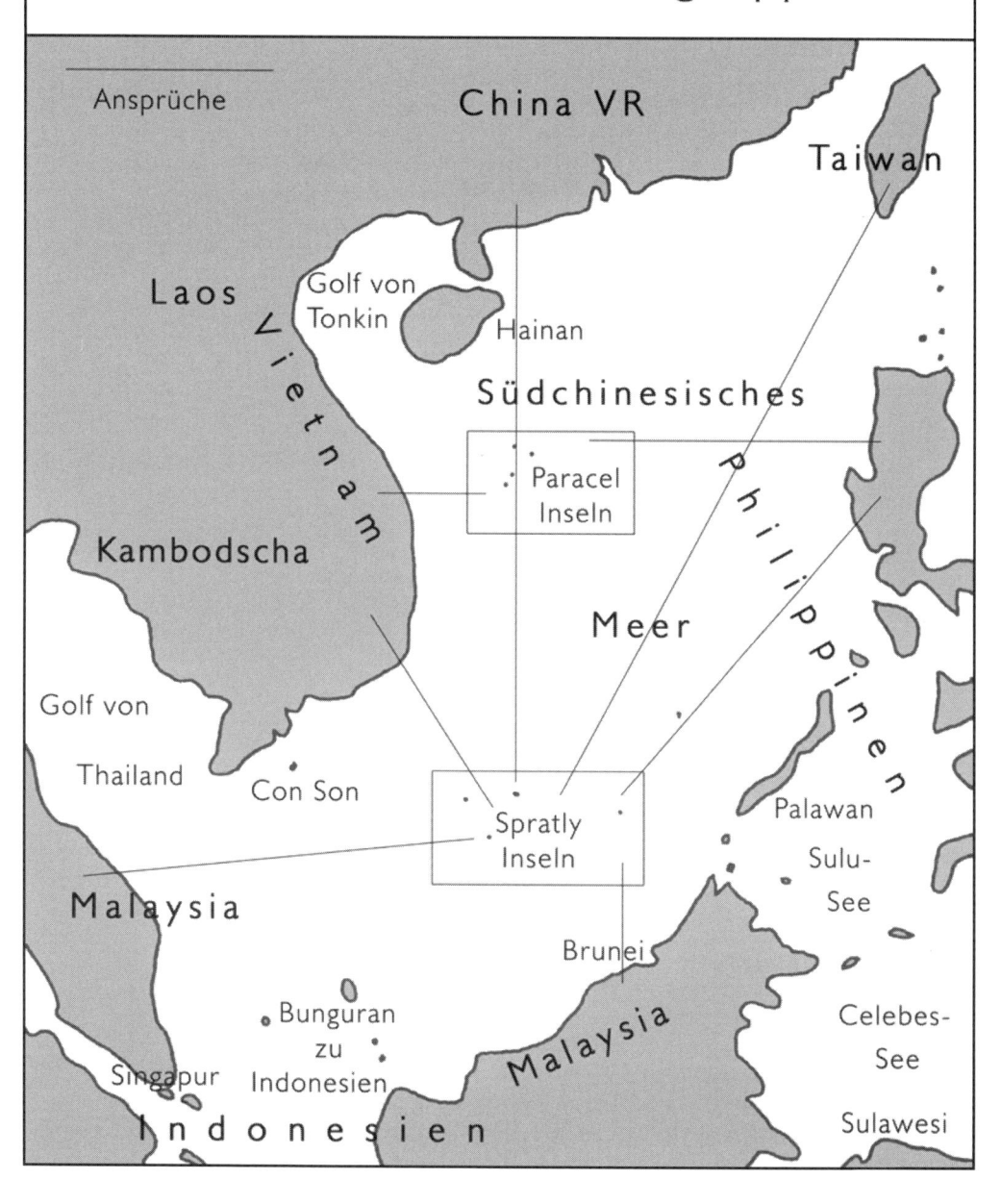

Ansprüche

China VR

Taiwan

Laos

Golf von Tonkin

Hainan

Vietnam

Südchinesisches

Paracel Inseln

Kambodscha

Meer

Philippinen

Golf von Thailand

Con Son

Spratly Inseln

Palawan

Sulu-See

Malaysia

Brunei

Bunguran zu Indonesien

Malaysia

Celebes-See

Singapur

Sulawesi

Indonesien

Juni 1999	**Schiffsfund.** Im Jänner 1822 sinkt auf dem Weg von Amoy nach Java die Dschunke >Tek Sing< (wahrer Stern, 900 t) mit angeblich 2000 Personen an Bord, von denen nur 200 gerettet werden. Ihr Wrack wird mit der größten Ladung Gebrauchsprozellan an Bord, die je gefunden worden ist, entdeckt. Im November 2000 kommen in Stuttgart 350.000 Stück dieses Porzellans zur Versteigerung.
Oktober 1999	**Schiffbau.** Von der Werft Kwaerner Masa in Turku wird das bis dahin größte Passagierschiff der Welt fertiggestellt. Die >Voyager of the Seas< (137.300 BRZ) ist 311 Meter lang und 48 Meter breit und hat eine Höhe von der Wasserlinie von 68 Metern. Sie hat 1176 Mann Besatzung, kann 3800 Passagiere versorgen und fährt für die Reederei Royal Caribeean International.
November 1999	**Piraterie.** Indische Marineeinheiten erobern vor Goa nach längerer Jagd den Frachter >Alondra Rainbow< (7760 BRZ). Das Schiff ist von Seeräubern auf dem Weg von Indonesien nach Japan gekapert worden. Die Besatzung hat man auf einem Floß ausgesetzt. Sie wird später von Fischern gerettet.
1999	**Schiffbau.** Die größten Werften befinden sich zur Zeit in Japan, Südkorea, Italien, Deutschland, Frankreich, China, Finnland und Dänemark. Die großen Werften in den USA und in Großbritannien bauen fast nur mehr Kriegsschiffe. Statistik im Anhang.
20. Dezember 1999	**Macao.** Portugal übergibt seinen letzten Besitz in Asien an die VR China. Die ehemalige Kolonie wird nach dem Muster von Hongkong nach dem Prinzip „Ein Land – Zwei Systeme" verwaltet.
31. Dezember 1999	**Panama.** Die USA übergeben die Hoheit über den Panamakanal an die Regierung dieses Landes. Delegationsleiter der USA ist Ex-Präsident Jimmy Carter. Der Kanal ist am 15. August 1914 fertig gestellt und seither von 825.000 Schiffen passiert worden. Die Schleusen von 305 x 33,5 Metern sind für die großen Flugzeugträger der US-Marine und die größten Frachter und Kreuzfahrtschiffe bereits zu klein.
28. Jänner 2000	**Bergung.** Das Kreuzfahrtschiff >Clipper Adventurer< (4380) bricht von Ushuaia auf Feuerland mit 105 Passagieren zu einer Sommerkreuzfahrt in die Antarktis auf. Es wird vom Treibeis eingeschlossen und muß vom argentinischen Eisbrecher >Almirante Izar< (14.900 t) freigekämpft werden.
März 2000	**Schiffbau.** In Emden wird das größte Baggerschiff der Welt fertiggestellt. Die >Vasco da Gama< hat eine Tragfähigkeit von 50.500 Tonnen, ist 200 Meter lang und 36 Meter breit. Der Tiefgang beträgt leer drei Meter und beladen 6,50 Meter. Das Baggergut kann über Bodenklappen oder Rohrleitungen entleert werden. Mit zwei Saugleitungen kann bis zu einer Wassertiefe von 125 Metern gebaggert werden.
23. Juni 2000	**Türkei.** Mit Israel wird ein Vertrag geschlossen, nach dem die Türkei Süßwasser aus den Stauseen im Osten von Anatolien mit Tankschiffen nach Israel transportiert. Dort wird es über eine Wasserleitung in das landesweite Versorgungssystem eingespeist.
1. Juli 2000	**Brücke.** Über den Öresund wird eine feste Verbindung von Kopenhagen nach Malmö dem Verkehr übergeben. Die Brücke hat zwei Ebenen, die Straße oben und die Eisenbahn unten. Sie ist fast acht Kilometer lang und hat eine lichte Höhe von 60 Metern über dem Meeresspiegel. Der Fährverkehr zwischen Dä-

Kanada 1999

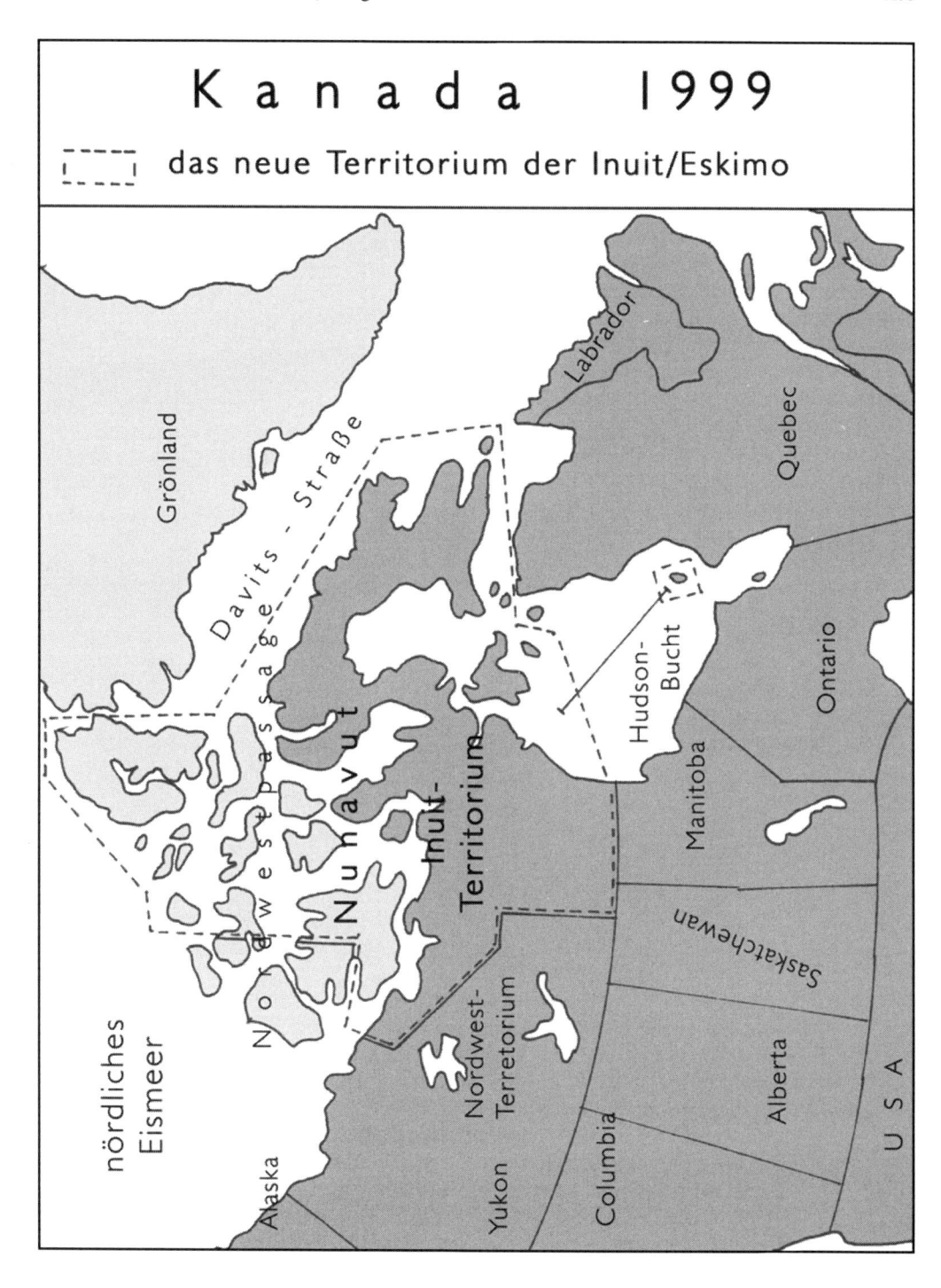

`- - -` das neue Territorium der Inuit/Eskimo

	nemark und Schweden wird aber nicht aufgegeben, da vielen Autofahrern die Brückenmaut zu hoch ist. Nur die Eisenbahnfähren werden außer Dienst gestellt.
2000	**Reederei.** Zu den größten Schiffahrtsgesellschaften gehört derzeit die dänische Reederei Maersk, die zur A. P. Møller-Gruppe gehört. Ihre Flotte umfaßt rund 200 Schiffe mit über zehn Mio. dwt. Darunter sind 72 Containerschiffe mit 1100 bis 6400 TEU Fassungsvermögen, ferner 14 Rohöltanker, 30 Gas- und Chemikalientanker, 18 Frachter aller Art, 47 Bohrinselversorger, sieben Kabelleger, neun Bohrinseln und sechs Bohrschiffe. Allein in den letzten drei Jahren sind in der konzerneigenen Werft in Odense in Dänemark 30 Containerschiffe der größten Klassen gebaut worden.
2000	**Kreuzfahrten.** Die größte Gesellschaft in dieser Branche sind die „Royal Caribbean Cruises". Die Firma vertritt neun Reedereien, die zusammen 55 Kreuzfahrtschiffe mit 3,560.000 BRZ zum Einsatz bringen. Darunter sind die beiden größten Passagierschiffe der Erde, die >Voyager of the Seas< (Baujahr 1999) und >Explorer of the Seas< (2000) mit je 137.300 BRZ. Die neueren Schiffe haben jeden erdenklichen Luxus, neben den bekannten Attraktionen auch Golfplätze, Eislaufplätze in Hallen und Kletterwände. Die einzelnen Gesellschaften sind:

Reederei	Schiffe	Tonnage in BRZ
Royal Caribbean International	13	1,030.000
Carnival Cruise Line	14	940.000
Princess Cruises	11	710.000
Norwegian Cruise Line	10	430.000
Celebrity Cruises	5	350.000
Cunard Line	2	100.000

	Dazu kommt noch die Vertretung für die Holland-Amerika-Linie, die Disney Cruise Line und die Windstar Cruises. Die Schiffe der Royal Caribbean fahren rund um Amerika bis in das Mittelmeer, nach Nordeuropa, nach Alaska und nach Hawaii.
2000	**Kreuzfahrten.** Die bedeutendste Reederei im Geschäft von Ostasien sind die „Star Cruises". Die Gesellschaft hat sechs Kreuzfahrtschiffe mit zusammen 300.000 BRZ im Einsatz. Darunter sind die >Super Star Leo< und die >Super Star Virgo< mit je 76.800 BRZ.
September 2000	**Schiffbau.** Ein neuer Schiffstyp wird auf Stapel gelegt. Von einer Firma in Nassau auf den Bahamas wird ein Luxus-Appartmentschiff bestellt. Es soll 40.000 dwt groß werden und über 110 Appartments und 88 Luxussuiten verfügen. Die >The World ResidenSea< soll allmählich von einem schönen Liegeplatz zum anderen wechseln.
2000	**Technik.** Die genaue Feststellung der Geschwindigkeit eines Schiffes erfolgt nicht mehr mit der Meilenfahrt sondern über das Satelliten-Navigations-System. Seit diesem Jahr geben die USA die genaueren Unterlagen ihres „Global Positioning Satellite System" (GPS) ohne Einschränkung frei. Danach kann nach einer Studie im deutschen Forschungsschiff >Gauss< (1960 t) die Ge-

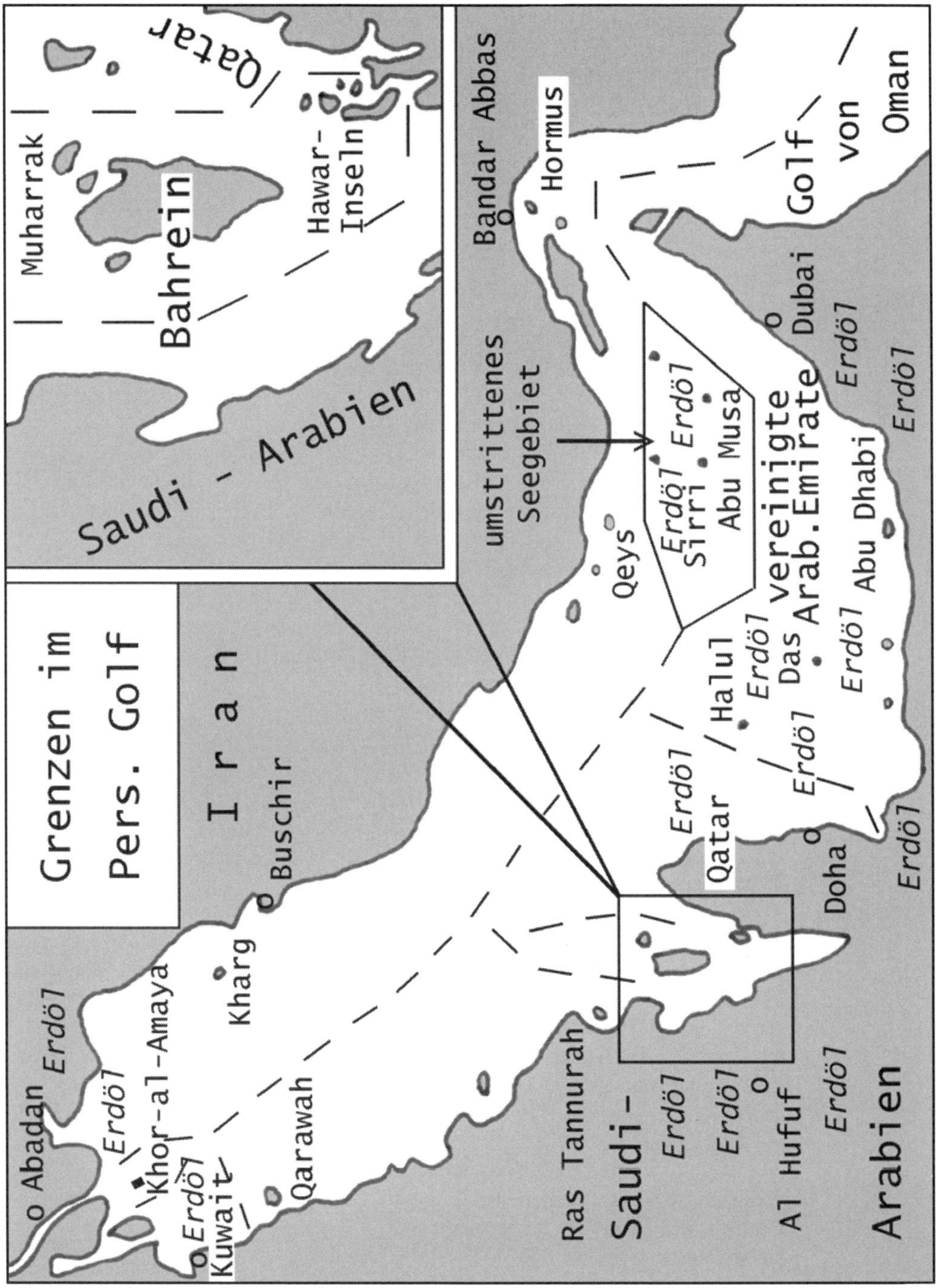
Grenzen im Pers. Golf
Iran
Buschir
Kharg
Abadan
Erdöl
Khor-al-Amaya
Kuwait
Qarawah
Ras Tannurah
Saudi-Arabien
Al Hufuf
Doha
Qatar
Halul
Das
Qeys
Sirri
Abu Musa
umstrittenes Seegebiet
Bandar Abbas
Hormus
Golf von Oman
Dubai
Abu Dhabi
vereinigte Arab. Emirate
Muharrak
Bahrein
Hawar-Inseln
Saudi - Arabien
Qatar

	schwindigkeit eines Schiffes genau ermittelt werden. Dabei werden Einflüsse wie Strömung, Drift und Schiffsbewegung berücksichtigt.
2000	**Segelschiff.** Der Schwede Mikael Krafft betreibt Kreuzfahrten mit Segelschiffsneubauten. Dieses Jahr stellt er mit der >Royal Clipper< einen der größten neuen Segler in Dienst. Sie fährt auf fünf rahgetakelten Masten 26 Rah- und 18 Stagsegel, hat 5200 m² Segelfläche und bietet ihren 228 Passagieren in 112 Kabinen jeden Luxus. Das Schiff ist der berühmten >Preußen< nachempfunden.
2000	**Schwertransport.** Der US-Kreuzer >Cole< (6400 t) wird im Hafen von Aden durch einen Bombenanschlag schwer beschädigt. Er kann weder mit eigener Kraft heimfahren noch an Ort und Stelle repariert werden. Der norwegische halbtauchende Schwerstgutfrachter >Blue Marlin< nimmt den Kreuzer an Deck, wobei dieser schräg verstaut werden muß, damit der Radardom nicht aufliegt. Rund um das Kap der Guten Hoffnung wird die >Cole< zur Werft Ingalls nach Pascagoula gebracht.
1. Oktober 2000	**Luftkissenfahrzeuge.** Die britischen Hovercraft überqueren zum letzten Mal den Ärmelkanal. Der Passagierdienst wird wegen der Konkurrenz des Eurotunnels und der verbesserten Fährschiffe eingestellt. Luftkissenfahrzeuge fahren noch über die Straße von Otranto und in einigen Kriegsmarinen.
2. November 2000	**Raumfahrt.** Die internationale Raumstation ISS (International Space Station) wird zum ersten Mal von einem amerikanischen und zwei russischen Astronauten besiedelt. Sie ist in den letzten Jahren Schritt für Schritt aufgebaut worden und wird weiter zu einer großen Forschungsstation ausgebaut. Die ISS kreist in 400 Kilometer Höhe rund um die Erde.
2000	**Schiffbau.** Die Gasturbine hat viele Vorteile gegenüber den Dieselmotoren. Sie ist platzsparender, leichter und hat einen geringeren Schadstoffausstoß. Wegen der höheren Treibstoffkosten wird sie allerdings vorerst nur in den Kriegsmarinen eingesetzt. Nun werden auch die ersten großen Kreuzfahrtschiffe wie die >Millenium< (90.230) und die >Radiance of the Sea< (90.090) mit Gasturbinen ausgerüstet. Erstes Passagierschiff mit Gasturbinen war im Jahr 1977 die Ostseefähre >Finnjet<.
17. Februar 2001	**Flüchtlinge.** In Saint Raphael an der französischen Mittelmeerküste strandet der Frachter >East End< mit 894 Kurden an Bord. Menschenschmuggler haben das Schiff organisiert, mit den Flüchtlingen aus der Türkei nach Frankreich gebracht, vor der Küste das Schiff mit Schnellbooten verlassen und die Flüchtlinge sich selbst überlassen.
2001	**Piraterie.** In den letzten zwölf Monaten wurden 470 Fälle von Piraterie gemeldet, das ist eine Zunahme von mehr als 50% gegenüber dem Vorjahreszeitraum. Im einzelnen werden zwei Schiffe entführt, eines wird zerstört und drei sind verschwunden. 71 Besatzungsmitglieder werden getötet, 129 verletzt. Vor der Westküste Afrikas ist ein leichter Rückgang der Piraterie zu verzeichnen. Dagegen nimmt sie in der Straße von Malakka, im Indischen Ozean, im Südchinesischen Meer, vor Südamerika und in der Karibik zu. Es sind gut organisierte Banden am Werk.
16. März 2001	**Internationaler Gerichtshof.** Im Streit zwischen den Emiraten Bahrain und Katar im Persischen Golf wird entschieden, daß die Hawar-Inseln weiter zu

ungefähre Route des Schwertransportes mit dem Kreuzer >Cole< im Jahr 2000

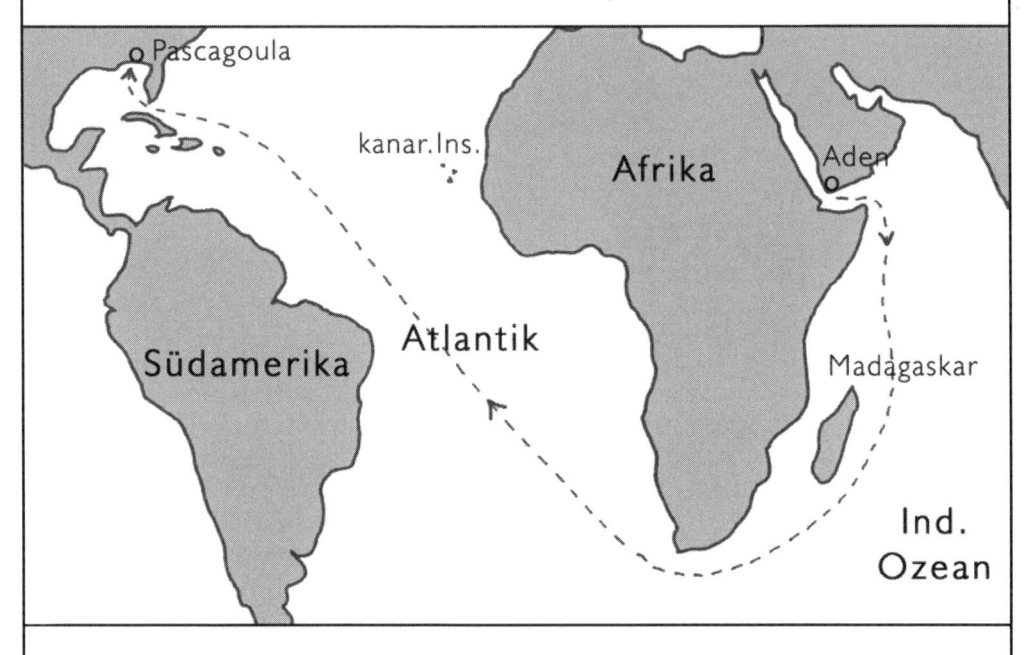

ungefähre Route des Flüchtlingsschiffes >East End< im Jahr 2001

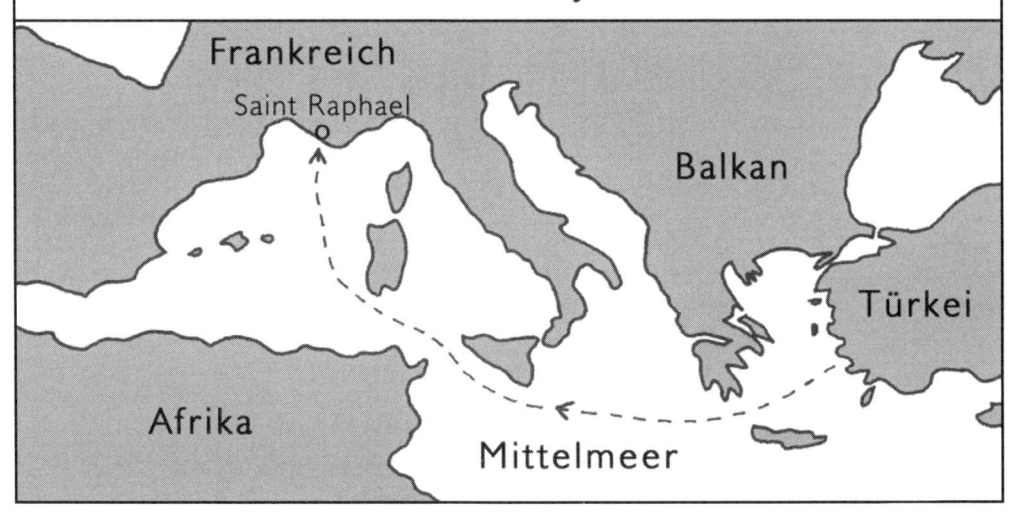

Bahrain gehören. Erstmals wird der Schiedsspruch des IGH über eine Grenzziehung zur See von beiden Parteien angenommen. Im Persischen Golf ist nun nur mehr der Besitz einiger Inseln zwischen dem Iran und den Vereinigten Arabischen Emiraten umstritten.

20. März 2001 **Unglück.** Vor der Küste von Brasilien sinkt die größte Bohrplattform der Erde, die brasilianische >P 36<. Nach drei Explosionen vier Tage vorher kentert der Koloß von 31.400 Tonnen und nimmt 175 Besatzungsangehörige mit in die Tiefe. Die Bohrinsel ist 200 Kilometer vor der Küste schwimmend verankert gewesen und hat 75% des brasilianischen Rohölbedarfes gedeckt.

März 2001 **Raumfahrt.** Die im Februar 1986 gestartete russische Raumstation >Mir< ist aufgebraucht und wird im Pazifik zum Absturz gebracht. In 15 Jahren hat sie 86.331 Erdumrundungen durchgeführt und als Forschungslabor für Astronauten/Kosmonauten aus mehreren Ländern fungiert.

April 2001 **Fährschiff.** In den Niederlanden wird mit der >Pride of Rotterdam< (59.900) das größte Fährschiff der Welt in Dienst gestellt. Noch im selben Jahr folgt ihr Schwesterschiff >Pride of Hull<. Die von der P&O bereederten Schiffe fahren mit Gütern, PKW und Personen zwischen Hoek van Holland und Hull an der Humbermündung über die Nordsee. Sie können mit 22 Knoten 400 LKW, 250 PKW und 1360 Passagiere befördern, wofür auch 546 Kabinen zur Verfügung stehen.

Juli 2001 **Walfang.** In London findet die Jahrestagung der internationalen Walfangkommission statt. Es sollen spezielle Walfangschutzgebiete geschaffen werden. Ferner soll der wissenschaftliche Walfang definiert werden, die Überwachung der Fangbeschränkungen wird genauer festgelegt und der Einfluß der Umwelt auf die Bestände (Meeresverschmutzung) soll untersucht werden.

2001 **Schiffsfund.** Bei Untersuchungen in der Lagune von Venedig werden bei einer versunkenen Insel die gut erhaltenen Reste von einer Galeere und einem Flußschiff gefunden und in diesem Jahr zunächst an Ort und Stelle gesichert, bis die Finanzierung einer Konservierung und ein Ausstellungsplatz gefunden wird. Es handelt sich um die erste gut erhaltene Galeere aus dem 14. Jahrhundert.

11. September 2001 **Personenschiffahrt.** Das Kreuzfahrtgeschäft ist in diesem Jahr durch Überkapazitäten in eine kleine Krise geraten. Nach dem Terroranschlag in New York hat sich diese aber rasch zu einer großen Krise entwickelt. Noch im selben Monat muß die Reederei „Renaissance Cruises" in Fort Lauderdale Konkurs anmelden und ihre Schiffe sofort stillegen. Die Zukunft der acht Schiffe der R-Klasse ist ungewiß. Dagegen wird die Holland-Amerika-Linie mit Sitz in Seattle ihre elf Schiffe auch im nächsten Jahr wieder auf Kreuzfahrt in alle Weltmeere senden.

Oktober 2001 **Bergung.** Im Juli wird mit der Bergung des im Vorjahr in der Barents-See gesunkenen russischen Atom-U-Schiffes >Kursk< begonnen. Vom norwegischen Bergungsschiff >Mayo< bereiten Taucher die Hebung vor. Dann wird die >Kursk< an den niederländischen Bergeponton >Giant 4< gehängt und hochgezogen. Unter dem Ponton hängend trifft sie im Oktober in Murmansk ein. Dort wird das Wrack der >Kursk< eingedockt und mit der Bergung der Leichen und später der Marschflugkörper begonnen.

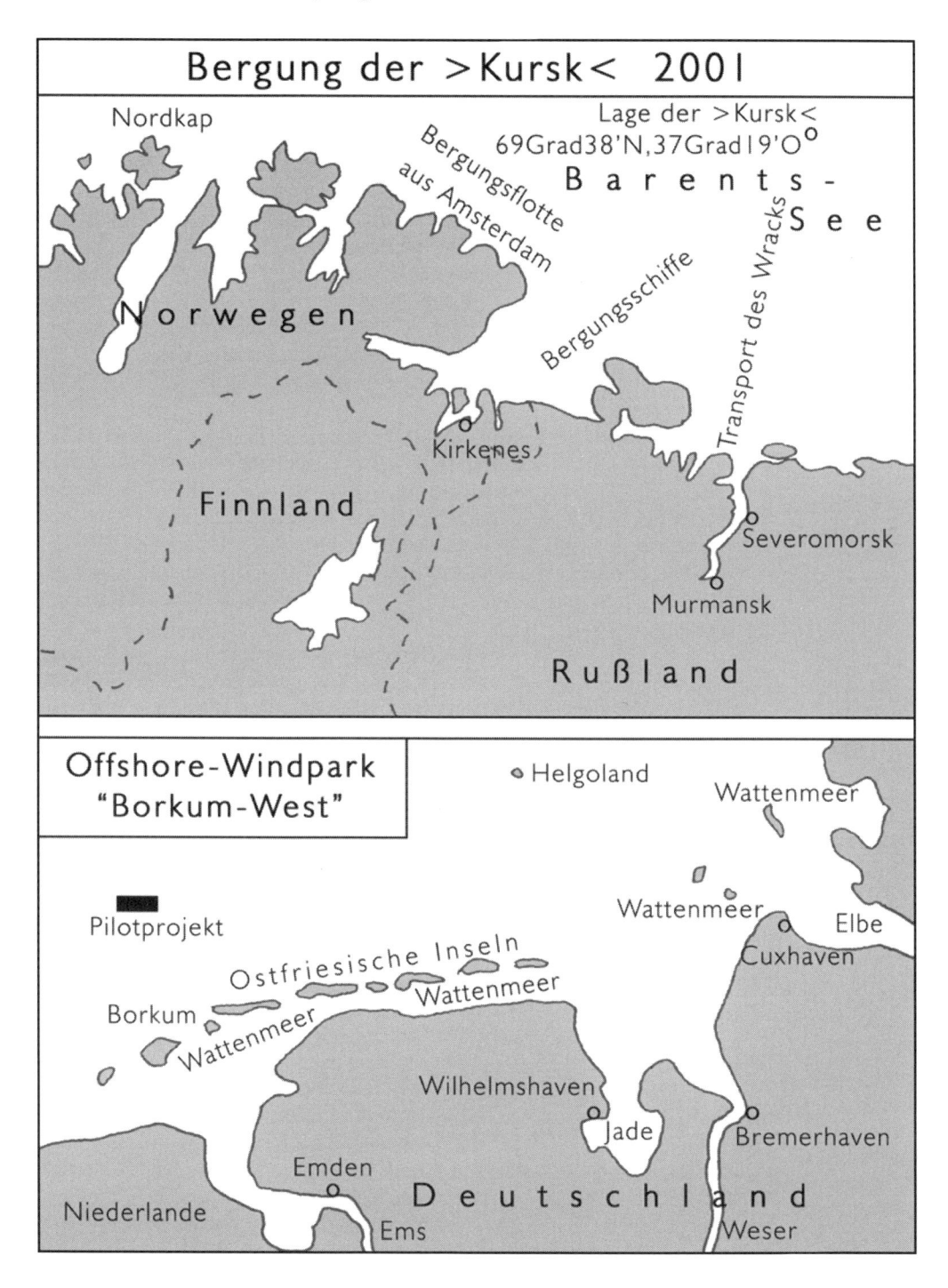

Bergung der >Kursk< 2001

Nordkap
Lage der >Kursk<
69Grad38'N, 37Grad19'O°
Bergungsflotte aus Amsterdam
B a r e n t s - S e e
N o r w e g e n
Bergungsschiffe
Transport des Wracks
Kirkenes
Finnland
Severomorsk
Murmansk
R u ß l a n d

Offshore-Windpark "Borkum-West"

Helgoland
Wattenmeer
Pilotprojekt
Wattenmeer
Elbe
Cuxhaven
Ostfriesische Inseln
Borkum
Wattenmeer
Wattenmeer
Wilhelmshaven
Jade
Bremerhaven
Emden
Niederlande
Ems
D e u t s c h l a n d
Weser

Oktober 2001 **Schwertransport.** Der Flugzeugträger >Varjag< (55.000) der ehemaligen Sowjetunion ist bisher unfertig im Baudock der Werft in Nikolajew gelegen. Er ist dann in den Besitz der Ukraine übergegangen und nun an eine Firma in der VR China verkauft worden. Zum Transport des riesigen Schiffes, noch ohne eigenen Antrieb, werden Hochseeschlepper eingesetzt. Die türkischen Meerengen müssen während der Passage für andere Schiffe gesperrt werden.

Mitte November 2001 **Passagierschiffahrt.** Zwei der größten Reedereien, die sich mit dem Kreuzfahrtgeschäft befassen, die „Royal Caribbean Cruises" und die „P&O Princess Cruises", beschließen, sich zu einer Firma zu vereinigen. Die Verhandlungen sind schon lange im Gange gewesen, durch die Ereignisse des 11. September aber noch beschleunigt worden. Der Zusammenschluß erfolgt durch den gegenseitigen Tausch von Aktien im Wert von 3,28 Milliarden Euro. Man rechnet mit einer Einsparung an Kosten in der Höhe von rund 100 Millionen Dollar jährlich.

November 2001 **Binnenschiffahrt.** Die Donaukommission, an der derzeit elf Anrainerstaaten beteiligt sind, beschließt die Freimachung der Donau bei Novisad, wo die Passage im Kosovokrieg durch den Einsturz einer Brücke unterbrochen worden ist. Die als Ersatz errichtete Pontonbrücke wird zwar einmal die Woche für den Schiffsverkehr geöffnet. Nun wird aber der Auftrag zum Entfernen aller Hindernisse und Blindgänger erteilt. Ab 1. Jänner 2002 soll die Pontonbrücke dann zweimal die Woche geöffnet und der Bau einer neuen Brücke zu 95% von der EU finanziert werden.

November 2001 **Technik.** In Deutschland wird die Genehmigung zur Errichtung eines ersten Parks für Windräder im Küstengebiet erteilt. Zunächst sollen in einer Testphase rund 50 Kilometer vor Borkum zwölf Windräder von 100 Meter Höhe mit einer Leistung von zusammen 60 MW errichtet werden. Der Strom aus den auf 400 Tonnen schweren Stahl-Dreibeinfundamenten stehenden Windrädern wird mit einem Unterwasserkabel zum Umspannwerk nach Emden geleitet. Baubeginn soll noch im Jahr 2003 sein.

3. Dezember 2001 **Panamakanal.** Das Kreuzfahrtschiff >Norwegian Star< (91.000 BRZ) hat die bisher höchste Passagegebühr für die Durchfahrt zu entrichten. Sie beträgt 234.495 Euro. Die Gebühr wird bei Kreuzfahrtschiffen nach der Größe des Schiffes und der Anzahl der Passagiere berechnet.

Dezember 2001 **Technik.** Bodeneffekt-Fahrzeuge (BEF) erreichen allmählich ihre wirtschaftliche Einsatzreife. Es sind dies Fahrzeuge halb Schiff, halb Flugzeug, eine Weiterentwicklung der bekannten Tragflügelboote. Sie nutzen den Effekt, den die Seevögel beim Fliegen knapp über der Wasserfläche benutzen, aus. Einem Flugboot ähnlich können sie mit einer Geschwindigkeit von bis zu 200 km/h knapp über die Wasseroberfläche gleiten. Vor allem die ehemalige Sowjetunion hat streng geheim mit deren Entwicklung Pionierarbeit geleistet. Die ersten Prototypen sind ab 1963 geflogen. Nun befassen sich neben Rußland auch Deutschland, Japan und China mit ihrer Entwicklung. Der Typ >Airfish 3< ist seit diesem Jahr in Australien im kommerziellen Einsatz. Dieses BEF kann mit zwei Steuerleuten (nicht Piloten!) sechs Passagiere oder entsprechende Fracht transportieren. Wesentlich größere Fahrzeuge sind bereits entwickelt, müssen aber erst einen finanziellen Erfolg garantieren.

Schiffbau. In der Werft von St. Nazaire in Frankreich wird der Kiel für das in *16. Jänner 2002*
Zukunft größte Passagierschiffe der Welt gelegt. Die >Queen Mary II< der
Cunard-Reederei wird 345 Meter lang sein und eine Seitenhöhe von 72 Metern
haben. Sie wird 2600 Passagiere befördern können. Mit ihrer Gas-Diesel-
Maschinenanlage erreicht das Schiff eine Geschwindigkeit von 30 Knoten. Es
ist damit nach der >United States< das schnellste große Passagierschiff. Die
Fertigstellung ist für 2004 geplant.
Binnenschiffahrt. In den USA wird die Umweltbelastung durch den Schiffs- *März 2002*
verkehr untersucht. Auf den Flüssen Mississippi/Missouri gleicht die Belastung
durch den Ausstoß der Dieselmotoren in etwa jener einer stark befahrenen
Autobahn. Der Güterverkehr entwickelt in den USA wird zu 24% mit der Binnenschiffahrt abgewickelt, gegenüber 27% auf der Straße. Eine Verlagerung
des Gütertransports auf die Straße ist jedoch unmöglich, da die Transporttonne
dort die zehnfache Menge an Treibstoff verbraucht.
Antarktis. Auf dem Rückweg von einer verspäteten Versorgungsfahrt zu den *Juli/August 2002*
russischen Forschungsstationen in der Antarktis friert das deutsche Versor-
gungsschiff >Magdalena Oldendorff< (GT 18.630) im Packeis ein. Zunächst
werden die an Bord befindlichen Forscher und ein Teil der Besatzung vom
eisverstärkten Hilfsschiff >S. A. Agulhas< (GT 5350) der südafrikanischen
Marine mit Hubschraubern geborgen. Dann holt der Eisbrecher >Almirante
Irizar< (11.810 t) der argentinischen Marine den Versorger nach langem Be-
mühen aus dem Eis.
Raumfahrt. Die internationale Raumstation ISS wird neben den Personen- *29. Juni 2002*
raumgleitern auch von russischen Frachtraumschiffen mit Nachschubgütern
versorgt. An diesem Tag dockt wieder ein russischer „Progreß"-Raumfrachter
mit 2,5 Tonnen Lebensmitteln, Trinkwasser und Treibstoff an der ISS an.
Technik. Das in Australien gebaute BEF (Boden-Effekt-Fahrzeug) „Flights- *September 2002*
hip" hat seine Einsatzreife erreicht und ist in Serienproduktion. Die ersten vier
Fahrzeuge werden an die Malediven geliefert. Diese BEF sind ideal für die
Verbindung von vielen kleinen Inseln mit nicht zu rauher See.

In diesem Kapitel verwendete Literatur
(weitere Nachschlagewerke siehe Anhang in diesem Band):

Almanach, Der Fischer Weltalmanach, Jg. 1991-2002, Fischer Taschenbuch Verlag, Frankfurt/Main
Binnenschiffahrt, Great Lakes Seaway Review, Boyne City 1998
Binnenschiffahrt, The St.Lawrence Seaway, Traffic Report, Ontario, Cornwall 1998
Faller, P. (Hrsg.), Transportwirtschaft im Umbruch, Linde, Wien 1999
Fishwick, S., Low flying boats, Amateur Yacht Research Soc., Thorpe Bay 2001
Graf, K. (Hrsg.), Seeschiffahrtsstraßenordnung , Busse+Seewald, Herford 1998
Hochseeschiffahrt, The World Bulk Trades 1999, Fearnleys, Oslo 2000
Hochseeschiffahrt, Shipping Statistics Yearbook 1999, Institut für Seeverkehrswirtschaft, Bremen 2000
Schiffsliste, Register of Ships 1999-2000, 3 Bde., Lloyd's, London 1999
Witthöft, H. J., Container, eine Kiste macht Revolution, Koehler, Hamburg 2000

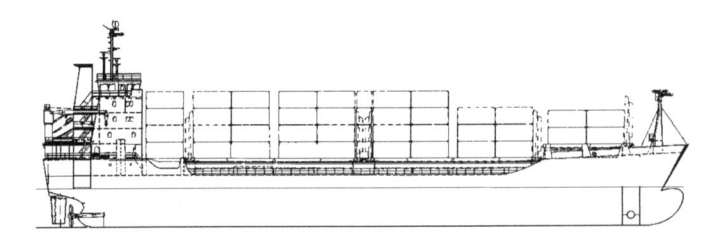

22. Vorschau

Es ist reizvoll zu versuchen, einen Blick in die Zukunft zu werfen. Wie wird sich die Schiffahrt im 21. Jahrhundert entwickeln, welche Tendenzen sind heute schon abzusehen und was ist noch Zukunftsmusik ? Eine Vorschau über die Entwicklung der Kriegsflotten wird am Ende des siebten Bandes erfolgen. Hier soll die zivile Schiffahrt kurz beleuchtet werden.

Der Beginn des 3. Jahrtausends

Bei den Hochseeschiffen gibt es einen großen Gegensatz zwischen den Handelsschiffen und den Kriegsschiffen. Für Kriegsschiffe ist im Zeitalter der Flugzeuge und Raketen eine hohe Geschwindigkeit nicht mehr von taktischem Vorteil. Bei der **Güterschiffahrt** ist sie aber von unschätzbarer Bedeutung. Bei den globalen Transporten sind riesige Kapitalmengen auf den Schiffen gebunden. Es macht für Reeder, Kunden oder Lieferanten einen großen Unterschied, ob die Güter z.B. von Australien nach Europa oder Nordamerika 40 oder 20 Tage unterwegs sind. Die Zinsdifferenz für die Kapitalbindung von 20 Tagen mehr oder weniger ist oft sehr groß und manchmal bei der Konkurrenz in den Preisen schwer unterzubringen. Dies trifft besonders für hochwertige Güter im Containerverkehr, aber auch in geringerem Maße für Massengüter zu.

Die Wirtschaft drängt daher die Konstrukteure und den Schiffbau, Frachtschiffe mit wesentlich höheren Geschwindigkeiten zu bauen, ohne die Treibstoffkosten nennenswert zu erhöhen. Neue Rumpfformen und Strahlantriebe mit Unterwasserdüsen sind teilweise schon in der Erprobung und könnten zusammen mit kürzeren Hafenliegezeiten durch weitere Automatik bei Laden und Löschen die Zeit des Gütertransports, der Umlaufzeiten der Schiffe und dadurch den Kapitalbedarf verringern.

Anders ist es bei den **Passagierschiffen**. Die Kreuzfahrtschiffe brauchen keine extrem hohe Geschwindigkeit. Eine ruhige Lage in der See durch Stabilisatoren und ein großes Freizeitangebot in jeder Richtung und nach allen Wünschen ist hier entscheidend. Die Spezialisierung auf Nichtraucherschiffe, Sportlerschiffe, Seniorenschiffe, Wellness-Schiffe und ähnliches wird weiter voranschreiten. Schwimmende Städte mit Appartements als Dauerwohnsitz sind in Planung, das erste, die >Residensea<, befindet sich schon in Bau. Sie sollen den Bewohnern die Möglichkeit geben, alle paar Monate den Wohnsitz zu wechseln, ohne umziehen zu müssen. Seit dem 11. September 2001 wird auch auf die Sicherheit größerer Wert gelegt werden müssen. Die Piraterie war gegen Ende des 20. Jahrhunderts schon wieder im Zunehmen. Sie hat aber bisher fast nur Frachtschiffe und kleine Fahrzeuge betroffen. Nun müssen aber auch die großen Luxusschiffe der Gefahr von Terroranschlägen ein größeres Augenmerk zuwenden.

Die Fährschiffe werden immer größer und bieten bereits neben dem Personen- und PKW-Transport zusätzlich Stellflächen für Container an, die es eilig haben. Diese Schiffe werden weiterhin auf hohe Geschwindigkeit ausgelegt sein. Daneben wird es immer mehr Fährschiffe im RoRo-Dienst zum Transport von LKW mit Containern geben, vor allem in inselreichen Seegebieten wie Insulinde und der Karibik, wo sich das Umladen der Container im Zeitablauf nicht rentiert.

Für den schnellen Passagierdienst in küstennahen Gebieten werden die Luftkissenfahrzeuge (Hovercraft) immer mehr durch Tragflügelboote mit Geschwindigkeiten bis zu 60 Knoten (100 km/h) ersetzt werden. Auch für Flüsse sind Luftkissenfahrzeuge kaum geeignet, da bei der hohen Geschwindigkeit die Gischt die Sicht an die Ufer verhindert. Eine Weiterentwicklung der Tragflügelboote sind die Bodeneffekt-Fahrzeuge, die mit Geschwindigkeiten bis zu 200 km/h den Schnellverkehr in küstennahen Gebieten und in inselreichen Seegebieten übernehmen könnten.

In der **Hochseefischerei** stehen ebenfalls noch große Umwälzungen bevor. Schon die Römer haben an den Meeresküsten Salzwasserfische gezüchtet. Im 20. Jahrhundert ist mit der Zucht von Lachsen aus Zuchtbecken an den Fjorden von Norwegen und Kanada begonnen worden. Dies ist aber nur der Anfang. Gegen die Überfischung in den Randmeeren ist nur eine sorgfältige Pflege und Zucht von Hochseefischen das richtige Mittel.

Die weitgehende Ausrottung der Wale, deren wichtigste Nahrung der Krill, eine Spezies des Planktons ist, hat diese Kleinsttiere vor allem in den Gewässern um die Antarktis gewaltig zunehmen lassen. Forschungsschiffe der großen Seefahrernationen sind dort mit der Untersuchung nach einer wirtschaftlichen Verwertung des Planktons beschäftigt. Da dies ein eiweißreicher Nährstoff ist, kann er für die Ernährung der Menschheit noch von großer Bedeutung werden. Vielleicht gibt es bald in den Regalen der Lebensmittelgeschäfte Planktonkonserven.

Eine große Zukunft kann man der **Unterwasserforschung** voraussagen. Im 20. Jahrhundert wurden zunächst die küstennahen Gebiete nach versunkenen Schiffen (vor allem mit Schätzen an Bord) abgesucht und eine große Anzahl von ihnen, allein im Mittelmeer über 1000, gefunden und zum Teil auch gehoben und untersucht.

Mit der Entwicklung der Tieftauchgeräte (durch Beebe, Piccard, Ballard) wird nun auch nach Schiffswracks in großen Tiefen geforscht. Aber auch die Tiefseeflora- und fauna, Tiefseeströmungen und der Meeresboden harren der genaueren Untersuchung. Mit Hilfe der Tieftauchboote und von Fernsehrobotern ist noch eine Reihe von neuen Erkenntnissen zu erwarten.

Die Erforschung der Erdoberfläche über und unter Wasser wird im 3. Jahrtausend wohl abgeschlossen werden. Gleichzeitig ist der Ausgriff in den Weltraum im Gang.

Meine eigene Meinung ist mir aber nicht kompetent genug. Es folgen daher meiner Vorschau die Stellungnahmen von Fachleuten aus den Gebiet der Seefahrt und des Transportwesens. Für ihre Aufsätze bin ich ihnen sehr dankbar.

Peter Faller

Die Schiffahrt – auch künftig Kostenführer unter den Verkehrsträgern

Schon bisher waren die Transportpreise der Seeschiffahrt, bedingt durch deren günstiges Kostenbild, eine Herausforderung für die Landverkehrsträger. Die Ursachen für den herausragend kostengünstigen Seetransport liegen zum einen in der Größe der Schiffseinheiten (Kriterium *Massenleistungsfähigkeit*), zum anderen in der Natur des Trägermediums Wasser, auf dem zum Bewegen von Transportobjekten nur relativ wenig Vortriebsenergie erforderlich ist. Kalkulationsbeispiele belegen, daß der Gütertransport auf dem Seeweg zu Preisen angeboten werden kann, die bei etwa 5 bis 10% jener Preise liegen, mit denen der Verlader bei den Landverkehrsträgern – gleiche Entfernung vorausgesetzt – rechnen muß.

Dieser Kostenvorsprung der Seeschiffahrt wird auch in Zukunft wirksam sein. Mit der zunehmenden Globalisierung der Märkte werden Industrie und Handel die interkontinentalen Produktionskostenunterschiede noch weit stärker als bisher ausnützen. Die Verlagerung von Produktionsstufen in die Niedriglohnländer bringt diesen Ländern einen Entwicklungsimpuls und wirkt damit im Sinne eines Abbaus der Einkommensdisparitäten. Überall dort, wo die relativ lange Transportdauer – mit den aus ihr resultierenden Zinskosten für das gebundene Kapital – durch die Seefrachtraten kompensiert werden kann, wird die Seeschiffahrt ihre starke Position in der logistischen Systemplanung halten und weiter ausbauen können.

Für die Binnenstaaten und -regionen (*land-locked countries/regions*) ist diese Botschaft allerdings weniger erfreulich. Sie stehen als Wirtschaftsstandorte in einem sich künftig weiter verschärfenden Wettbewerb zu den Küstenzonen, die sowohl beschaffungs- als auch absatzseitig vom Seeverkehr unmittelbar Gebrauch machen können. Für Binnenregionen werden daher leistungsfähige Transportwege von und zu den Seehäfen zu einer Frage des langfristigen Überlebens im internationalen Standortwettbewerb, es sei denn, die betroffene Region erzielt ihre Wertschöpfung primär durch wissensbasierte Dienstleistungen (Beratung, Betreuung, Ausbildung, Forschung, Software-Entwicklung u.ä.). Für den Ausnahmetypus der sogenannten High-Tech-Region ist selbstverständlich der Informationstransport wichtiger als der Gütertransport.

Anschrift des Autors:
em. o. Univ.-Prof. Dr. Peter Faller, Institut für Transportwirtschaft der Wirtschaftsuniversität Wien, Augasse 2-6, A-1090 Wien

Hanspeter Stabenau

Seeschiffahrt – Integrationsfaktor globaler Wertschöpfungsketten

Die Ökonomie steht vor einem Quantensprung in der globalen Arbeitsteilung. Die Herabsetzung der Fertigungstiefe in der Industrie, die Ausdehnung der Sortimente im Handel und die Qualifizierung von Frachtführern und Spediteuren zu logistischen Dienstleistern führt zu völlig neuen Anforderungsprofilen an das unternehmerische Managment von Prozessketten.
Der Erfolg des einzelnen Unternehmens wird in Zukunft in steigendem Umfang von der Integration des gemeinsamen Wertschöpfungsprozesses der beteiligten Unternehmen in den individuell gestalteten Prozessen abhängen. Dabei spielen drei Elemente eine entscheidende Rolle:

1. Der Zeitfaktor – wobei die Herabsetzung der Durchlaufzeiten von Materialien, Waren und individuellen Produkten – vom Rohstoff bis zum Kunden - eine entscheidende Rolle spielen.
2. Die technologische Entwicklung der Infra- und Suprastrukturen in den Verkehrssystemen mit dem Schwerpunkt der Intermodalität über Standardisierung und Automatisierung der Umschlaglager und Transportsysteme.
3. Die Informationssysteme, die alle Elemente miteinander verbinden, die Prozesse planen, steuern und kontrollieren.

Die Seeschiffahrt wird in ihrer Weiterentwicklung zu hochleistungsfähigen **Schiffseinheiten in völlig neue Größenordnungen** vorstoßen, um das quantitative Wachstum der Weltwirtschaft bei diesem Quantensprung der Arbeitsteilung zu bewältigen. Die Integration der Verkehrssysteme in globale Netzwerke, die **totale Abstimmung von Technik und Organisation**, sind die entscheidenden Faktoren der Steigerung der Wertschöpfungspotenziale weltweit!
Das führt zu neuen Kooperationsformen zwischen den in der Logistik agierenden Partnern. Reedereien, Hafenbetriebe, Hinterlandverkehrsträger, Spediteure etc. werden hochleistungsfä-

hige Produkte aus „einer Hand" den Kunden in Industrie und Handel anbieten. Der damit verbundene Produktivitätsschub ist ein wachstumsförderndes Element für die Weltwirtschaft.

Anschrift des Autors:
Dr. Hanspeter Stabenau, Emmastraße 21, D-28213 Bremen
Stiftung DAV - Deutsche Aussenhandels- und Verkehrs-Akademie

Heiner Hautau

Perspektiven der Schiffsgrößenentwicklung in der Containerschiffahrt zu Beginn des 3. Jahrtausends

Vorbemerkungen
Seit Beginn der interkontinentalen Containerschiffahrt im Jahr 1966 hat der technische Fortschritt im Seeverkehr zu einer **erheblichen Verbilligung** internationaler Verkehrsleistungen beigetragen. Dies hat zur Folge, daß der Welthandel und die damit einhergehende internationale Arbeitsteilung sich weiter intensivieren, internationale Märkte sich erweitern und die Nachfrage nach Seeverkehrsleistungen weiter stimuliert wird. Hierdurch wird der Übergang zu stückkostensenkenden größeren Schiffen möglich, wobei durch den Wettbewerb im Seeverkehr eine bessere Ausnutzung der Kapazitäten und somit weitere relative Preissenkungen im Weltseeverkehr zu erwarten sind.
Die aktuelle Situation der Containerschiffahrt unterstreicht diese Entwicklung, wobei Modernisierung und Expansion der Flotte einem raschen Wandel unterliegen. Bereits in absehbarer Zeit werden Containerschiffe zwischen 6000 und 8000 TEU auf den Pazifik-Routen, zwischen Europa und Fernost, und wahrscheinlich auch auf den Pendulum-Diensten zwischen der Ostküste der USA, Südostasien und durch den Suezkanal die Regel sein. Neue Szenarien und technische Studien verweisen sogar darauf, daß die Ladekapazitäten von Containerschiffen auf eine Größe von bis zu 15.000 TEU anwachsen werden.
Dieser Trend zu großen Schiffseinheiten fordert die führenden Welt-Containerhäfen heraus, größere Wassertiefen, längere Liegeplätze, ausreichende Stellflächen an Land sowie eine größere Zahl von Containerbrücken mit größerer Reichweite vorhalten zu müssen. Darüber hinaus bedarf es weiterer logistischer Anstrengungen in der Koordinierung der Feeder-Aktivitäten sowie der landseitigen Transportkette zwischen Überseelinien, Spediteuren, Verladern und Häfen.
Auf die nordwesteuropäischen Nordseehäfen kommt damit eine Periode bedeutender Veränderungen zu, wobei die etablierten Haupthäfen durch entsprechende Anpassungsmaßnahmen in der Lage sein werden, sich erhöhte Volumina und Marktanteile zu sichern. Als kritischer Engpaß für die Wettbewerbsfähigkeit von Hamburg und Bremerhaven als bedeutsamste deutsche Containerhäfen zeichnen sich hier die nautischen Gegebenheiten der Fahrwassertiefe ab. Die Sicherung der deutschen Wettbewerbsposition gegenüber den ARA-Häfen (Amsterdam, Rotterdam, Antwerpen), insbesondere Rotterdam, legt daher die Errichtung eines Tiefwasserhafens in der deutschen Bucht nahe.

Ökonomische Rahmenbedingungen

Die internationale Containerschiffahrt erhält ihre Impulse aus den Entwicklungen der Weltwirtschaft. Diese ist im gegenwärtigen Stadium der Globalisierung u.a. durch einen schneller als die Weltproduktion expandierenden Welthandel gekennzeichnet, was durch eine zunehmende internationale Arbeitsteilung ausgelöst wird.

Parallel zu der Entwicklung des Welthandels vollzogen sich bedeutsame Innovationen im Containerschiffbau. In einem Zeitraum von 30 Jahren verlief die Entwicklung der Schiffsgröße von Containerschiffen der ersten Generation mit 1000 TEU zu den heutigen Super-Post-Panamax-Schiffen bis zu 8000 TEU.

Mit der Erhöhung der Schiffsgrößen und deren Ladekapazität kann in der Regel eine Reduktion der operativen Transportkosten pro Containerstellplatz durch Realisierung von Skalenvorteilen erreicht werden. Beim Übergang von der 3. Containerschiffgeneration (4000 TEU) auf die 4. Generation (6000 TEU) konnte bei Vollauslastung ein operativer Kostenvorteil von 20 v.H. erzielt werden, der sich beim Übergang auf die jetzige 5. Generation (8000 TEU) noch weiter fortsetzen wird.

Die künftige Generation von Großcontainerschiffen mit Abmessungen von ca. 350 m Länge, 15 m Schiffstiefgang und 43 m Breite stößt in den meisten Häfen der Welt auf nautische Restriktionen, die nur durch einen Ausbau der Seewasserstraßen und Hafenfazilitäten überwunden werden können. Hier sind ökonomische und ökologische Grenzen gesetzt.

Die Dimensionierung der neuen Containerschiffe stößt auch hinsichtlich der vorhandenen infra- und suprastrukturellen Kapazitäten der Häfen zur Abfertigung dieser Schiffe auf weitere Restriktionen. Um weitere Produktivitätssteigerungen beim Löschen der 8000 TEU Schiffe erreichen zu können, muß das Schiff gegebenenfalls von zwei Seiten bedient werden. Dies erfordert außer entsprechenden Containerbrücken auch sogenannte Dockterminals mit entsprechend großen Stellkapazitäten für den Containerumschlag.

Die sogenannten „economies of density" resultieren aus der Degression der Fixkosten bei steigender Auslastung der gegebenen Schiffskapazität. Die Skalenvorteile der neuen Großcontainerschiffe kommen somit nur dann zur vollen Geltung, wenn eine hohe Kapazitätsauslastung dieser Schiffe gewährleistet ist. Dies wird nur dann der Fall sein, wenn die Anlaufhäfen ein entsprechend hohes Transportaufkommen sicherstellen, was nur bei einer starken Zentralfunktion mit einem hohen Potential an see- und landseitigen Ladungsaufkommen gewährleistet ist.

Die ökonomische Fragestellung der Optimierung der Schiffsgröße vollzieht sich im Spannungsfeld der sinkenden Kosten des Seetransports durch den Wirkungseffekt der „economies of scale" und den steigenden Hafenkosten für die Be- und Entladung bei zunehmender Schiffsgröße, was auch als „diseconomies of scale" bezeichnet wird. Die Zielsetzung einer optimalen Schiffsgröße besteht dann darin, die gesamten Transportkosten zu minimieren.

Anschrift des Autors:

Prof. Dr. habil. Heiner Hautau, Institut für Verkehrswissenschaft der Universität Hamburg, Von-Melle-Park 5, D-20146 Hamburg

Akio Imai

Megaship Era?

As said „Bigger is always the best", big mergers und acquisitions have been seen in the transportation industry over the world. This is not only an observation with respect to the organizational structure but also with respect to „vehicle" in charge of transportation.
As far as the maritime shipping is concerned, there has been steadily a tremendous growth in ship size. Once seen in the tramp-shipping such as tanker, bulk carrier, the growth is now seen in the freight liner shipping. The large ship size benefits in hauling cost per ton, however this advantage is offset to a large degree by handling cost in port. However, a substantial transport demand per vessel has been growing especially by mergers and alliances for the sake of competitiveness in the market.

The previous standards for large container ships were ship sizes of up to about 4,800 TEUs in the transatlantic, and up to about 6,000 TEUs on transpacific and Asia/Europe routes with few exceptions. The exceptions, which were the trend of the megaship with capacity of over **10,000 TEUs, are now likely to become the standard.**

The presence of the megaship is motivated by the fact that a magnitude of advantage in hauling cost overcomes a magnitude of disadvantage in handling cost in port. The state-of-the art technologies are employed to realize seamless container distribution through the gate between sea and land, especially in Europe. They achieve enormous cost savings in labour.

However there is no guarantee that such existing technologies facilitate huge volume handling within a very limited time in port. The gigantic mass of containers in transportation at a time does not put a pressure only on operation. Due to intermodalism, ensuing transports emanates from a deep-sea hub: shortsea shipping and rail transport.

Port operation is responsible not only for quick loading and unloading but also for rapid delivery from/to these secondary transports. Furthermore, as far as ensuing transport is concerned, other hauling cost issues arise. Typical is rail capacity. As soon as a batch of huge container volumes arrives in port, it is supposed to be dispatched to final destinations without any delay. Unlike sea transport (without a few exceptions), the rail hauling capacity is restricted by not only vehicle capacity but also track capacity. Such a transport infrastructure issue is also raised at sea, besides the water depth in harbour. Most European ports were developed along rivers where big vessels are confined to the allowance for tide, which prevents from flexible approach to ports.

After all, the issue on the appearance of the **megaship** is not necessarily limited to itself. It is possible **when all relevant issues** are overcome.

Anschrift des Autors:

Akio Imai, Kobe University of Mercantile Marine, 5-1-1 Fukue, Higashinada, Kobe 658-0022, Japan; oder: World Maritime University, PO Box, S-201 24 Malmö, Schweden

Franz Pisecky

Die kontinentale Erschließungsfunktion der Binnenschiffahrt wird noch zunehmen

Das Dampfschiffszeitalter, das im frühen 19. Jahrhundert begann, bewirkte bezüglich der verkehrsmäßigen Erschließung von Ländern und Kontinenten Pionierleistungen von größter Reichweite. Man denke nur an das Einzugsgebiet der großen Ströme von Nordamerika, Rußland und besonders an Westeuropa und den Donauraum. Die österreichische Donau-Dampfschiffahrt (DDSG) war nicht nur eine der ersten in Europa, sondern war binnen weniger Jahrzehnte die größte Binnenschiffahrtsreederei der Welt. Sie brachte für Südosteuropa die Ablöse des bis dahin noch vorherrschenden Saumpfad- und Karawanentransportes durch planmäßig verkehrende Schiffsverbände und in weiterer Folge deren Kombination mit einem expandierenden Netz von Eisenbahnverbindungen (siehe Karte von Mitteleuropa vom Jahr 1845). Zugleich war die DDSG die Gründergesellschaft für die später größte Dampfschiffreederei im östlichen Mittelmeerraum, den Österreichischen Lloyd Triestino. Ebenso wie am Rhein war auch an der Donau die Schiffahrt ein Katalysator der industriellen Entwicklung, wobei dies im Hinterland der großen traditionellen Seehäfen am Atlantik und, bedingt durch die reichen Rohstoffvorkommen, in Westeuropa wesentlich rascher vor sich ging. Es war aber symptomatisch, daß sich trotz der Erdölfelder in Rumänien und Galizien der umschlaggrößte Binnenhafen von Österreich-Ungarn nicht an der Donau lag, sondern Aussig an der Elbe war, über das via Hamburg die Erdölimporte aus den USA kamen.

Den großen Durchbruch für die Wechselwirkungen zwischen Binnenschiffahrt und industrieller Konzentration, aber auch zwischen Binnenschiffahrt, Seeschiffahrt, Seehäfen sowie den großen Landverkehrsträgern Schiene und Straße zur Verkehrserschließung brachte sodann das 20. Jahrhundert. Vielfach befanden sich diese drei Verkehrsträger, insbesondere seit der Massenmotorisierung, untereinander im Wettbewerb. Der große Vorteil der Binnenschiffahrt liegt in ihrer ungleich größeren Beförderungskapazität für Massengüter und gebündeltes Stückgut, ihrem geringen Energieverbrauch, ihrer Kostengünstigkeit, ihrer Umweltverträglichkeit und dem Mehrzweckcharakter der Wasserstraßen. Problematisch ist die relativ längere Transportdauer und die geographisch bedingte geringere Möglichkeit der Flächenbedienung. Im Zuge der in den letzten Jahrzehnten eingetretenen Umschichtungen und Rationalisierungen der industriellen Produktionssysteme sowie der Globalisierung der Bezugs- und Absatzmärkte haben nicht nur die damit verbundenen Kostenfaktoren an Bedeutung zugenommen, sondern wurde der Zeitfaktor der Beförderung vielfach vom „Just in Time"-Organisationsprinzip für die industrielle Erzeugung bestimmt, das heißt von der Forderung „nach der richtigen Ware bzw. Warenbestandteile am richtigen Ort zur richtigen Zeit". Wesentlich und auch für die Kostenrechnung ausschlaggebend wurden damit die Qualität und die Pünktlichkeit der Beförderungsleistung, welche die Kontinuität des Erzeugungsvorganges gewährleisten sollte, unter höchstmöglicher Vermeidung von größerer Lagerhaltung. Verschiedentlich wurde es nunmehr sogar als Vorteil erachtet, wenn der Transporteur zugleich eine gewisse Lagerfunktion erfüllt.

Eine entscheidende Zäsur brachte der Einzug des Containers in das Transportgeschehen. Dies galt zunächst vor allem für hochwertige Fertigwaren und deren Bestandteile, in wachsendem Umfange aber auch für Ladungen, die wie z.B. Holzstämme und dgl. vorher als Massengut galten. Zunächst entwickelten sich die Seehäfen zu internationalen Zentren des Containerumschlags. Dann folgten aber in steiler Wachstumskurve die Binnenschiffahrt und die Binnenhäfen diesem Trend. Dies gilt sowohl für die Zubringerfunktion der Logistikkette überseeischer Importgüter als auch im Export und im Verteilerverkehr. Allein im Einzugsbereich des Rheins hat zur Jahrhundertwende das Jahresvolumen des Containertransportes mit dem Binnenschiff nahezu fünf Millionen TEU erreicht.

Von wesentlicher Bedeutung ist der Ausbau der Infrastruktur bzw. des Wasserstraßennetzes. Ein Jahrzehnt nach der Eröffnung der Schlüsselstrecke der Rhein-Main-Donau-Transversale ist etwa Rotterdam der wichtigste Seehafen für Österreich geworden. Die wachsenden wirtschaftlichen Verflechtungen der internationalen Märkte und handelspolitischen Großraumbildungen bringen eine gewaltige Expansion des Güteraustausches mit sich. Dies bewirkt trotz forciertem Ausbau die Gefahr von Verkehrsinfarkten der Überlandverbindungen von Schiene und Straße mit allen ihren wirtschafts- und umweltbelastenden Auswirkungen. Unter diesen Gesichtspunkten ist die Binnenschiffahrt eine unverzichtbare und an Bedeutung zunehmende Komponente des Transportgeschehens im Rahmen der wachsenden Mobilität von Menschen und Gütern in einer künftigen Welt. Die Aufgabe der Raum- und Verkehrserschließung, die ihr am Anfang der Dampfschiffahrt zukam, hat nunmehr unter geänderten technischen und wirtschaftlichen Bedingungen und Größenordnungen von heute neue gestaltende Aktualität gewonnen. **Am Ausbau der Wasserstraßen für den Europaverkehr wird kein Weg vorbeiführen.**

Wenn auch unter anderen Vorzeichen, so haben sich in der Personenschiffahrt Parallelen zur Entwicklung im Wasserstraßen-Güterverkehr ergeben. Die Dampfschiffahrt übernahm im frühen 19. Jahrhundert nicht nur im Nah- sondern vornehmlich auch im Fernverkehr in ungleich höherer Verkehrsdichte die Funktion der einstigen „Ordinari"-Boote aus der Zeit der Ruderschiffahrt, die ja im Reiseverkehr fast ausschließlich in der Talfahrt agierte. Das erste Kartenwerk der 1. DDSG über den Donauraum und die Westküste des Schwarzen Meeres aus dem Jahr 1837 war zugleich eine Fahrplanübersicht mit genauen Angaben über die Fahrzeiten von Linz über Wien, Preßburg und Budapest bis nach Istanbul. Eine rege fahrplanmäßige Passagierschiffahrt entstand auf allen großen Binnengewässern der ganzen Welt. Auf der Donau gab es noch bis in das 20. Jahrhundert für den Lokalverkehr eine tägliche „Postschiffahrt". Durch die Motorisierung im Straßenverkehr wandelte sich schließlich die Passagierschiffahrt auf den Binnengewässern wie in der Hochseeschiffahrt zur Ausflugs- und Kreuzschiffahrt.

Der Wunsch, Länder und Kontinente mit einem „schwimmenden Hotel" kennen zu lernen, erfaßt immer breitere Gesellschaftsschichten. Jedes Jahr werden modernere Flußschiffe und vermehrte Binnenreisen per Schiff angeboten. Der Trend wird noch weiter steil nach oben gehen.

Zugleich zeigt der Sporttourismus eine ständig steigende Tendenz. Zu den traditionellen Segel-, Ruder- und Paddelbooten kommen nun auch Hausboote, Motorboote und Surfer.

Anschrift des Autors:

Prof. Dr. Franz Pisecky, Konsulent der OÖ. Landesregierung, Scharitzerstr. 2, A-4020 Linz

Anhang

31. Bedeutende erhaltene Schiffe
von den Anfängen bis zum 19. Jahrhundert

Schiffe von denen mindestens die Hälfte der ursprünglichen Bausubstanz erhalten ist, keine Nachbauten.

Name	Baujahr	Länge	Breite	Liegeplatz	Bemerkung
Cheops-Totenschiff	ca. 2565	43,40	5,90	Museum neben der Pyramide	1954 gefunden, neuwertig
Nydam-Schiff Klinkerboot	ca. 400 n. Chr.	19,00	3,20	Museum Schleswig	1863 gefunden
Oseberg-Schiff Wikingerschiff	ca. 800	21,50	5,10	Museum Oslo-Bygdøy	1903 geborgen
Gokstad Schiff Wikingerschiff	ca. 870	24,00	5,10	Museum Oslo-Bygdøy	1880 entdeckt
Bremer Kogge Frachtschiff, Hanse	ca. 1380	23,20	7,60	Museum Bremerhaven	1962 entdeckt, restauriert
>Wasa< schwedische Galeone	1628	45,00	11,30	Museum Stockholm	1959 gefunden 1961 gehoben
>Victory< Linienschiff	1765	68,90	15,80	Hafen Portsmouth	Royal Navy, auf Schiffsliste
>Philadelphia< Kanonenboot	1775	16,30	4,70	Smithonian Institution, Washington	1935 geborgen, restauriert
>Bergantin Real< Jacht	1778	29,30	4,00	Museo de Marinha Lissabon	Galeere der Könige
>Goldener Schwan< Zeremonienschiff	ca. 1790	44,90	3,20	Prunkschiff der Regierung von Thailand	in Gebrauch, restauriert
>Constitution< Fregatte	1797	62,20	13,30	Museumsschiff in Boston, Massachusetts	um 1975 restauriert
>Foudroyant< Fregatte	1817	54,90	12,30	Schulschiff in Portsmouth	ohne Masten und Takelage
>Unicorn< Fregatte	1824	50,60	12,20	Museumsschiff in Dundee	ohne Masten und Takelage
>Charles W. Morgan< Walfänger	1841	32,20	8,40	Mystic Seaport Museum Connecticut, USA	letzter originaler Walfänger
>Brunel< Dampfschlepper	1844	16,50	4,20	Museumsschiff und Schlepper in Exeter	noch in Betrieb
>Don Ferdinando II e Gloria< Fregatte	1843	50,00	12,00	Museumsschiff in Lissabon	nach Brand 1963 restauriert

Name	Baujahr	Länge	Breite	Liegeplatz	Bemerkung
>Great Britain< Raddampfer	1845	88,10	15,20	Dock in Bristol	wird seit 1970 restauriert
>Rigi< Raddampfer	1847	38,10	8,20	Verkehrsmuseum in Luzern, Schweiz	bester Zustand
>Constellation< Korvette	1855	61,90	12,70	Museumsschiff in Baltimore, Maryland	ähnlich Fregatte >C.< von 1790
>Skibladner< Raddampfer	1856	50,10	5,10	Mjøsa See, Norwegen	1984 noch in Fahrt
>Warrior< Panzerfregatte	1860	118,60	17,80	Museumsschiff in Portsmouth/GB	fertig restauriert
>Jylland< Korvette	1860	64,10	13,10	Museumsschiff in Ebeltoft, Dänemark	fertig restauriert
>Yavari< Schraubendampfer	1862	41,10	5,20	Hulk am Titicacasee	Originalzustand
>Star of India< Segelschiff	1863	62,60	10,70	Museumsschiff in San Diego, USA	restauriert
>Hunley< Unterseeboot	1864	18,00	2,00	geplant, Museumsschiff in Charleston	1995 entdeckt gut erhalten
>Huascar< Monitor	1865	57,90	10,80	Museumsschiff in Talcahuano, Chile	gehoben und restauriert
>Grönland< Forschungsschiff	1867	25,80	6,00	Museumsschiff in Bremerhaven, Deutschland	fahrfähig
>Buffel< Monitor	1868	62,70	7,60	Museumsschiff in Rotterdam	restauriert
>Schorpionen< Küstenpanzer	1868	62,50	11,90	Hulk in Den Helder	guter Zustand Wohnschiff
>Anna Rodge< Ketsch	1868	30,00	6,50	Heimathafen Harstad, Norwegen	2002 noch in Fahrt
>Cutty Sark< Teeklipper	1869	70,70	12,00	Themse, London	seit 1957 Museumsschiff
>Yapura< Schraubendampfer	1871	39,00	6,10	Hulk am Titicaca-See	Originalzustand
>Gisela< Raddampfer	1872	48,80	9,50	Traunsee, Österreich	noch 2002 in Fahrt
>Gjøa< Forschungsschiff	1873	21,00	6,25	Museumsschiff in Oslo Bygdøy	bestens erhalten
>Fenian Ram< Unterseeboot	1881	10,30	2,50	Freiluft in Paterson, New Jersey	guter Originalzustand
>Olympia< Kreuzer	1892	104,90	16,20	Museumsschiff in Philadelphia	Originalzustand
>Fram< Forschungsschiff	1892	39,00	11,00	Museumsschiff in Oslo Bygdøy	Originalzustand
>Turbinia< erstes Turbinenschiff	1894	31,50	2,70	Museumsschiff in Newcastle	restauriert

32. Die Welthandelsflotte im 19. Jahrhundert

Tonnage der Schiffe in Nettoregistertonnen

Jahr	Dampfschiffe	Motorschiffe	Segelschiffe	gesamt
1800	–	–	4,026.000	4,026.000
1820	20.000	–	5,814.000	5,834.000
1840	368.000	–	9,012.000	9,380.000
1860	1,710.000	–	14,890.000	16,600.000
1870	3,040.000	–	12,900.000	15,040.000
1880	5,880.000	–	14,400.000	20.280.000
1890	8,296.000	–	9,166.000	17,462.000
1900	13,857.000	–	6,674.000	20,531.000
1910	23,046.000	–	4,624.000	27.670.000
1914	28,108.000	146.000	3,686.000	31,940.000
1920	32,603.000	590.000	3,022.000	36,215.000
1924	35,963.000	1,206.000	2,241.000	39,410.000
1927	35,286.000	2,576.000	1,709.000	39,571.000

Zahlen aus Encyclopaedia Britannica 1929
Die durchschnittliche Größe der Schiffe (Dampfer über 100 NRT, Segler über 50 NRT) wächst von 292 NRT im Jahr 1874 auf 563 NRT (ca. 1000 BRT bei Passagierschiffen und 1400 BRT bei Frachtern) im Jahr 1904. Die Größe der Schiffe scheint gering, aber man liest immer nur von den riesigen Schnelldampfern, die Masse der Schiffe sind jedoch kleine Küstenfahrzeuge.

33. Die britische Handelsflotte im 19. Jahrhundert

Jahr	Segelschiffe		Dampfschiffe		Gesamt	
	Anzahl	Nettotonnage	Anzahl	Nettotonnage	Anzahl	Nettotonnage
1800	?	1,689.800	–	–	?	1,689.800
1810	20.253	2,210.700	–	–	20.253	2,210.700
1819	21.973	2,449.000	24	2.550	21.997	2,451.550
1829	18.823	2,170.500	287	29.500	19.110	2,200.000
1841	22.382	2,832.000	790	95.680	23.172	2,927.680
1850	24.799	3,396.800	1.185	168.340	25.984	3,565.140
1860	25.663	4,204.360	2.000	454.300	27.663	4,658.660
1870	23.189	4,577.900	3.178	1,112.900	26.367	5,690.800
1880	19.938	3,851.000	5.247	2,723.500	25.185	6,574.500
1890	14.181	2,936.000	7.410	5,042.500	21.591	7,978.500
1900	10.773	2,096.500	12.000	10,442.700	19.982	9,304.200

Zahlen aus Encyclopaedia Britannica 1929

34. Britische Exporte während der Kontinentalsperre

nicht erfaßt ist jedoch der nicht unbeträchtliche Schmuggel
Werte in Pfund Sterling

Jahr	Nordeuropa	Spanien	Portugal	Mittelmeer	Irland
1805	10,320.000	50.000	1,850.000	1,410.000	5,000.000
1806	7,570.000	30.000	1,700.000	2,960.000	4,510.000
1807	5,090.000	30.000	970.000	2,920.000	5,070.000
1808	2,160.000	860.000	430.000	5,570.000	5,890.000
1809	5,700.000	2,380.000	800.000	6,960.000	5,450.000
1810	7,700.000	1,400.000	1,130.000	5,210.000	4,210.000
1811	1,500.000	1,230.000	4,650.000	5,450.000	5,020.000

Jahr	Asien	Afrika	USA	restl. Amerika	Summe
1805	2,900.000	760.000	11,010.000	7,770.000	41.700.000
1806	2,940.000	1,160.000	12,390.000	10.880.000	44,140.000
1807	3,360.000	770.000	11,850.000	10.440.000	40.480.000
1808	3,520.000	630.000	5,240.000	16,590.000	40.880.000
1809	2,870.000	800.000	7,260.000	18,010.000	50,240.000
1810	2,980.000	600.000	10.920.000	15,640.000	49,980.000
1811	2,940.000	340.000	1.840.000	11,940.000	34,920.000

E. F. Heckscher, The Continental System, Oxford 1922

Mit Nordeuropa inklusive Frankreich reduziert sich der Seehandel durch die Kontinentalsperre auf ein Minimum. Mit Spanien lebt der Seehandel durch die Vertreibung der Franzosen ab 1808 wieder auf. Beim Vorstoß der Franzosen nach Portugal geht der Handel mit diesem Land kurzzeitig zurück. Mit den USA beginnen die Schwierigkeiten ab 1808 (Durchsuchung von US-amerikanischen Schiffen), mit Kriegsbeginn bricht er fast gänzlich ab. Den Seehandel mit Lateinamerika kann Großbritannien weitgehend an sich ziehen. Von diesen britischen Exporten geht fast die Hälfte nach Brasilien, der Rest nach den spanischen Besitzungen.

35. Die Handelsflotte der USA im 19. Jahrhundert

Jahr	Dampfschiffe		Segelschiffe		Gesamt	
	Anzahl	Bruttotonnage	Anzahl	Bruttotonnage	Anzahl	Bruttotonnage
1830	?	64.470	?	*1,127.300	?	1,191.770
1840	?	202.340	?	*1,978.400	?	2,180.740
1850	?	525.950	?	*3,009.500	?	3,535.450
1860	?	868.000	?	*4,486.000	?	5,354.000
1870	3.524	1,075.000	17.534	2,363.000	21.058	3,438.000
1880	4.717	1,211.500	16.830	2,366.000	21.547	3,577.500
1890	5.965	1,859.000	15.164	2,109.000	21.129	3,968.000
1900	6.818	2,653.500	13.271	1,885.000	20.324	4,538.500

* Bei diesen Jahren sind Fahrzeuge der Binnenschiffahrt mitgezählt.

36. Einfuhr von Baumwolle nach Großbritannien

(in Ballen)

Jahr	nach Liverpool						GB
	aus USA	Ostindien	Ägypten	Brasilien	andere	L. gesamt	Gesamt
1820	272.574	7.668	–	161.628	16.823	458.693	571.651
1825	419.490	15.060	71.486	140.057	82.820	728.913	820.883
1830	570.808	12.276	11.023	161.225	38.538	793.870	871.487
1835	700.359	54.560	26.255	106.071	50.785	938.030	1,081.253
1840	1,155.270	92.643	34.594	64.035	53.984	1,400.528	1,599.500
1845	1,370.455	86.888	64.127	107.051	11.549	1,640.070	1,855.700
1850	1,084.644	198.138	83.052	152.498	3.820	1,522.152	1,749.300

Die Rohbaumwolle aus den Südstaaten der USA verdrängt die Baumwolle aus Brasilien, für die höhere Frachtkosten anfallen. Nur nach dem schlechten Erntejahr 1850 in den USA weichen die Händler wieder zum Teil auf brasilianische Wolle aus. Die Wolle aus Ostindien erlangt ebenfalls immer größere Bedeutung. Beinahe die gesamte Baumwolle nach Großbritannien wird von den Reedern aus Liverpool importiert.

37. Entwicklung des Außenhandels der USA bis zum Sezessionskrieg

Werte in Millionen Dollar

Gesamter Seehandel mit:	1821	1831	1841	1851	1860
Großbritannien und Irland	46	77	96	211	340
Frankreich	10	17	41	55	105
Kuba	11	13	17	23	46
britische Kolonien in Amerika	2	4	8	18	46
Deutscher Bund	3	5	6	16	36
Brasilien	1	4	9	18	27
China	7	4	4	9	22

Import der größten Häfen	1821	1831	1841	1851	1860
New York	23	57	75	111	248
Boston	14	14	20	32	41
Philadelphia	8	12	10	14	14
New Orleans	3	9	10	12	22
Baltimore	4	4	6	6	9

Export der größten Häfen	1821	1831	1841	1851	1860
New York	13	25	33	86	145
New Orleans	7	16	34	54	107
Mobile	-	2	10	18	38
Boston	12	7	11	12	17
Philadelphia	7	5	5	5	5
Baltimore	3	4	4	5	9

New York ist der überragende Hafen, New Orleans ist vorwiegend Ausfuhrhafen (Baumwolle), Boston Einfuhrhafen (Industriegüter).

Tonnage	1821	1831	1841	1851	1861
Gesamttonnage im Seehandel	1,298.000	1,267.000	2,230.000	3,772.000	5,353.000
davon Dampfschiffe	-	68.000	175.000	583.000	867.000
Schiffbau der USA	55.000	85.000	118.000	298.000	212.000

38. Seehandel der Niederlande im Jahr 1829

Darin enthalten sind auch die Häfen von Belgien, das damals noch zu den Niederlanden gehört. Anzahl der Schiffe, deren Tonnage und der Anteil der niederländischen Schiffe in Prozent.

Schiffe aus	Anzahl	Niederländer %	Tonnage	Niederländer %
Deutscher Bund	1.823	50%	118.000	55%
Rußland	753	33%	114.000	
Schweden/Norwegen	815	45%	115.000	27%
Großbritannien	1.981	39%	182.000	39%
Dänemark	308	31%	15.000	36%
Frankreich	347	56%	33.000	52%
Portugal	59	93%	6.000	92%
Spanien	44	57%	5.000	53%
Italien	43	37%	7.000	27%
Levante	40	63%	7.000	55%
außerhalb Europa	561	34%	144.000	33%

Schiffe nach	Anzahl	Niederländer %	Tonnage	Niederländer %
Deutscher Bund	1.562	38%	119.000	37%
Rußland	303	54%	47.000	44%
Schweden/Norwegen	762	36%	117.000	21%
Großbritannien	2.174	38%	213.000	35%
Dänemark	138	15%	12.000	17%
Frankreich	370	61%	31.000	62%
Portugal	117	41%	19.000	20%
Spanien	74	58%	9.000	44%
Italien	20	50%	3.000	49%
Levante	6	83%	1.000	83%
außerhalb Europa	336	57%	87.000	61%
unbekannt	784	66%	74.000	54%
Summe der ein- und auslaufenden Schiffe	13.489	43%	1,477.000	39%

39. Die schnellsten Passagierschiffe 1838 – 1952 im Nordatlantik (Blaues Band)

Jahr	Schiff	Flagge	nach Westen	nach Osten
1838	>Great Western<	Großbritannien	8,9 kn	10,2 kn
1851	>Baltic<	USA	12,9 kn	
1852	>Arctic<	USA		13,0 kn
1872	>Adriatic<	Großbritannien	14,5 kn	
1873	>Baltic<	Großbritannien		15,1 kn
1875	>City of Berlin<	Großbritannien	15,2 kn	15,4 kn
1876	>Britannic<	Großbritannien	15,4 kn	15,9 kn
1882	>Alaska<	Großbritannien	17,0 kn	17,1 kn
1884	>Oregon<	Großbritannien	18,5 kn	18,4 kn
1888	>Etruria<	Großbritannien	19,5 kn	19,3 kn
1889	>City of Paris<	Großbritannien	20,0 kn	20,0 kn
1893	>Campania<	Großbritannien	21,1 kn	21,3 kn
1898	>Kaiser Wilhelm der Große<	Deutschland	22,3 kn	22,3 kn
1900	>Deutschland<	Deutschland	23,0 kn	23,3 kn
1907	>Lusitania<	Großbritannien	24,0 kn	23,6 kn
1909	>Mauretania<	Großbritannien	26,0 kn	23,9 kn
1924	>Mauretania<	Großbritannien		26,2 kn
1929	>Bremen<	Deutschland	27,8 kn	27,9 kn
1933	>Rex<	Italien	28,9 kn	
1933	>Bremen<	Deutschland		28,5 kn
1935	>Normandie<	Frankreich	30,0 kn	30,3 kn
1938	>Queen Mary<	Großbritannien	31,0 kn	31,7 kn
1952	>United States<	USA	34,5 kn	35,6 kn

verkürzter Auszug aus: Bonsor, North Atlantic Seaway, Band 5

40. Personenbeförderung nach Amerika durch deutsche Dampfschiffahrtsgesellschaften im 19. Jahrhundert

zu über 90 Prozent nach Nordamerika, der Rest nach Mittel- und Südamerika

Jahr	HAPAG	Lloyd Bremen	Hamburg-Süd	Summe
1858	9.270	–	–	9.270
1863	12.290	9.710	–	22.000
1868	38.600	41.900	–	80.500
1873	50.900	68.400	3.030	122.330
1878	26.220	43.000	7.080	76.300
1883	67.300	132.600	7.400	207.300
1888	57.500	161.400	9.300	228.200

41. Schiffsverkehr zwischen deutschen und britischen Häfen 1815–1860

Aus Großbritannien in deutschen Häfen einlaufende Schiffe

Jahr	Deutschland ohne Preußen		Häfen von Preußen	
	Zahl	Tonnage	Zahl	Tonnage
1815	626	76.800	664	138.900
1820	990	126.100	826	147.900
1825	1.575	187.800	1.901	372.000
1830	1.602	205.900	1.386	242.400
1835	1.153	157.900	788	149.700
1840	1.995	254.400	2.109	350.700
1845	2.228	321.000	1.816	306.000
1850	3.234	520.000	2.366	365.500
1855	3.957	732.600	2.907	544.300
1860	4.583	956.900	3.348	607.800

Aus dem Deutschen Bund nach Großbritannien auslaufende Schiffe

Jahr	Deutschland ohne Preußen		Häfen von Preußen	
	Zahl	Tonnage	Zahl	Tonnage
1815	907	118.800	440	86.100
1820	970	127.500	389	68.100
1825	1.232	140.700	1.008	196.850
1830	1.488	186.000	721	124.100
1835	1.267	187.500	674	129.900
1840	2.056	255.400	1.486	251.400
1845	2.488	332.300	1.775	303.700
1850	3.441	527.400	1.753	272.600
1855	3.996	670.600	2.441	451.800
1860	4.649	848.800	2.682	486.700

Wie zu erwarten nimmt der Seehandel zwischen den beiden Ländern nach der Aufhebung der britischen Navigationsakte ab 1850 einen großen Aufschwung.
Nichtpreußische Häfen sind die alten Hansestädte Hamburg, Bremen und Lübeck sowie die Häfen von Mecklenburg, Oldenburg und Hannover.

42. Güterumschlag fremder Flaggen in Triest

in Prozent

Land	1818		1835	
	Einfuhr	Ausfuhr	Einfuhr	Ausfuhr
Osmanisches Reich	20,8%	5,7%	13,5%	13,0%
Großbritannien	19,9%	3,5%	18,1%	10,5%
Kgr. Sizilien	8,4%	3,1%	10,0%	4,0%
Kirchenstaat	4,0%	11,3%	5,6%	10,0%
Kgr. Sardinien	1,4%	1,8%	1,0%	1,3%
Toskana	1,4%	1,8%	0,8%	0,6%
USA	6,8%	1,9%	7,4%	2,7%
Niederlande	*	2,7%	0,9%	0,7%
Frankreich	*	1,1%	3,7%	1,0%
Ionische Inseln	*	0,9%	1,0%	1,6%
Ägypten	**	**	5,9%	2,1%
Griechenland	**	**	2,7%	2,5%
Rußland	–	–	3,7%	1,6%
Brasilien	*	*	14,2%	0,4%
Deutschland	–	–	0,6%	2,8%
Spanien	*	*	0,8%	0,6%

* im Zehntelpromille-Bereich
** 1818 bei Osmanischem Reich

Die Schiffe der westlichen Nationen bringen meistens Güter nach Triest für Bankanweisungen und holen dafür Waren aus der Levante oder aus Italien. Daher ist der Import der Ausländer nach Triest größer als der Export. Dies wird von den Schiffen unter österreichischer Flagge zum Teil ausgeglichen.

43. Gründungsstatuten der HAPAG 1847

Fast alle Dampfschiffahrtsgesellschaften werden als Aktiengesellschaften gegründet. Als Beispiel werden hier die ersten drei Paragraphen der Statuten gebracht. Die AG wird am 27. Mai 1847 von dem Schiffsmakler Johann A.G. Bolten, den Kaufleuten Ernst Merck, Ferdinand Laeiß, Adolf Godeffroy, A. Halle, Carl Woermann und einigen anderen gegründet.

§ 1) *Die Hamburg-Amerikanische Packetfahrt-Aktien-Gesellschaft bezweckt die regelmäßige Verbindung Hamburgs mit Nordamerika mittelst Segelschiffe unter Hamburger Flagge, und werden zu diesem Zwecke, soweit das Kapital der Gesellschaft reicht, die erforderlichen Schiffe gebaut und gekauft, nötigenfalls gechartert. Die Schiffe sind zunächst für die Fahrt von und nach Newyork bestimmt.*
§ 2) *Die Gesellschaft besteht aus den Inhabern von Aktien jede à Mark Banko 5000 und beginnt ihre Tätigkeit, wenn 60 Aktien, also ein Kapital von Mark Banko 300.000 gezeichnet*

sind. Die Direktion hat das Befugnis, die Zahl der Aktien auf 80 zu erhöhen. Eine eventuelle weitere Vermehrung der Aktien durch Beschluß der Generalversammlung bleibt vorbehalten.
§ 3) Nur solche Personen sind zu Aktieninhabern qualifiziert, welche im hamburgischen Nexu stehen. Auch hat die Direktion darauf zu achten, daß die Schiffe nach Maßgabe des Regulativs über die Verhältnisse des Brunshauser Zolles als ganz im Eigentum hamburgischer zollfreier Bürger befindlich betrachtet werden können.
u.s.w.

Zu dieser Zeit gibt es in Brunsbüttel noch einen Elbzoll, von dem nur Hamburger Bürger und Schiffe befreit sind. Käme fremdes Kapital in die HAPAG, würde die Zollfreiheit in Frage gestellt sein. In die Dampfschiffahrt steigt die Gesellschaft erst später ein.
Erster leitender Direktor wird Adolf Godeffroy, der dieses Amt für 33 Jahre ausübt.
Die ersten Schiffe sind die Segler >Deutschland<, >Nordamerika<, >Rhein< und >Elbe<. Die >Deutschland< tritt die erste Fahrt der HAPAG am 15. Oktober 1848 mit Kurs New York an. Sie hat 90 Passagiere und etwas Fracht an Bord.
Dem Betrieb einer Dampfschiffslinie steht die Direktion zunächst skeptisch gegenüber, da eine solche ohne Subvention noch nicht kostendeckend zu betreiben ist.

Eine hamburgische Mark Banko hat je 16 Schilling zu je 12 Pfennige. Die Mark Banko ist eine Rechenmünze.
Das lateinische nexus bedeutet Zusammenhang, Verbindung, Verflechtung.

44. Der Außenhandel von Frankreich im Jahr 1850

Handelspartner	Schiffe ein- u. ausl.	Tonnage gesamt	Importwert in Francs	Exportwert in Francs
Großbritannien	6.089	433.000	111,181.000	312,119.000
Algier	1.776	189.000	6,263.000	67,372.000
Türkei	542	119.000	54,266.000	31,677.000
Sardinien	1.195	71.000	91,245.000	71,732.000
Martinique	185	42.000	11,045.000	14,805.000
Insel Bourbon	133	39.000	18,309.000	11,591.000
Spanien	486	38.000	43,861.000	86,629.000
Brasilien	177	37.000	17,088.000	27,234.000
spanisch Amerika	155	37.000	26,394.000	10,330.000
Barbareskenstaaten	330	36.000	21,808.000	4,937.000
Kgr. beider Sizilien	238	35.000	22,581.000	17,097.000
Ägypten	147	34.000	9,586.000	10,533.000
britisch Ostindien mit Australien	90	29.000	33,274.000	4,287.000
Guadeloupe	134	29.000	9,322.000	11,251.000
Rußland	207	28.000	27,255.000	20,146.000
Deutscher Bund *	268	26.000	53,975.000	66,629.000
Toskana	451	25.000	12,281.000	24,533.000
Afrika, Westküste	138	24.000	4,502.000	2,128.000
Niederlande	178	22.000	22,801.000	14,911.000

Handelspartner	Schiffe ein- u. ausl.	Tonnage gesamt	Importwert in Francs	Exportwert in Francs
USA Ostküste **	89	20.000	132,130.000	278,354.000
USA Westküste (Goldsucher)	28	13.000	45.000	7,586.000
Mexiko	96	19.000	3,616.000	21,129.000
Rio de la Plata	116	17.000	10,753.000	13,580.000
Belgien **	216	15.000	156,620.000	113,690.000
Haiti	82	15.000	8,250.000	3,481.000
Senegal	110	14.900	3,920.000	6,321.000
Peru	34	11.000	6,381.000	12,603.000
Portugal	72	8.000	2,414,000	3,898.000
Chile	25	7.400	4,273.000	14,023.000
franz. Guyana	34	6.100	1,311.000	2,029.000
Venezuela	30	5.300	2,937.000	3,497.000
Uruguay	24	5.200	988.000	2,220.000
Österreich	37	4.100	6,932.000	10,357.000
Schweden	34	3.800	5,840.000	1,265.000
franz. Indien	14	3.700	3,333.000	475.000

* Der größere Teil der Waren geht über Flüsse und Landstraßen.
** Das Verhältnis zwischen Tonnage und Wert der transportierten Waren ist unglaubwürdig. Bei Belgien kann der Großteil der Güter (in solcher Menge?) zu Land transportiert worden sein. Die USA müßten ja lauter Edelmetalle und Luxuspelze, Frankreich lauter Parfums verschifft haben. Oder es ist die Zahl der Schiffe und deren Tonnage viel zu gering.

45. Die Häfen der USA im Jahr 1885

Schiffsverkehr und wichtigste Exportgüter

Der bei weitem größte Hafen der Vereinigten Staaten und der zweitgrößte der Welt ist New York. An ein- und auslaufenden Schiffen werden registriert:

Hafen	einlaufend	auslaufend	Summe
New York	8,460.000 t	8,240.000 t	16,700.000 t
Baltimore	nur Hochsees. 627.000 t	nur Hochsees. 739.000 t	3,681.000 t
New Orleans	nur Hochsees. 704.000 t	nur Hochsees. 678.000 t	2,618.000 t
Boston	1,152.000 t	975.500 t	2,127.500 t
Philadelphia	?	?	2,050.000 t
San Francisco	?	?	1,893.000 t
Savannah	?	?	1,398.000 t
Charleston	?	?	881.000 t

Bei New York ist der Anteil der Küstenschiffahrt nach den einlaufenden Schiffen (1887/15.224) geschätzt, die Binnenschiffahrt aber nicht enthalten. Die Binnen- und Küstenschiffahrt ist in den Zahlen nur bei Baltimore enthalten. Es ist auch nicht sicher, ob überall anders die Küstenschiffahrt enthalten ist. Aus dem begleitenden Text bei: Dorn, Die Seehäfen des Weltverkehrs, ist dies aber zu schließen. Der Anteil der Flaggen in der Hochseeschiffahrt von New York im Jahr 1888 ist wie folgt:

Land	Dampfschiffe/Tonnage		Segelschiffe/Tonnage		Summe/Tonnage	
Großbritannien	2393	4,266.000	2507	1,388.000	4900	5,654.000
USA	488	782.000	2156	883.000	5244	1,665.000
Deutschland	657	1,452.000	200	107.000	857	1,559.000
Norwegen	232	97.000	395	270.000	627	367.000
Frankreich	193	642.500	13	7.000	206	649.500
Belgien	160	459.000	3	4.000	163	463.000

Bei der Tonnage liegen Großbritannien mit 5,650.000 Tonnen, die USA mit 1.665.000 und Deutschland mit 1,560.000 Tonnen klar voran. Es folgt Frankreich mit 650.000 Tonnen.
Boston führt Lebendvieh aus, New York Getreide, Lebendvieh, Rohbaumwolle, Erdöl und Holz, Philadelphia Rohöl, Baltimore Getreide, Mehl, Tabak, Obst- und Gemüsekonserven, Savannah Rohbaumwolle, New Orleans Rohbaumwolle und San Francisco Getreide und Früchte.
Im Osten der USA haben noch Portland, Charleston, Mobile und Galveston einige Bedeutung. Am Stillen Ozean sind Seattle, Tacoma und Los Angeles als Endpunkte von transkontinentalen Bahnlinien Häfen mit Zukunft.

46. Der Seehandel der USA 1887/88

Handelspartner	Ausfuhr in Dollar	Einfuhr in Dollar
Großbritannien	358,238.000	177,898.000
Deutschland	55,621.000	78,422.000
Frankreich	37,784.000	71,365.000
Kanada/Britisch Nordamerika	34,432.000	43,084.000
Belgien	24,636.000	9,837.000
Niederlande	15,983.000	12,356.000
Spanien	14,310.000	5,190.000
Italien	12,726.000	18,402.000
Australien	11,076.000	5,028.000
Kuba	9,724.000	49,319.000
Mexiko	9,242.000	17,330.000
britisch Westindien	7,450.000	12,551.000
Brasilien	7,064.000	53,710.000
China	4,581.000	16,691.000
Japan	4,208.000	18,622.000
Britisch Ostindien	3,746.000	18,406.000

Handelsgüter	Ausfuhr in Dollar	Handelsgüter	Einfuhr in Dollar
Rohbaumwolle	223,017.000	Zucker	79,761.000
Weizen und Mehl	111,019.000	Kaffee	60,508.000
Fleisch u. Milchprodukte	93,059.000	Eisen- und Stahlwaren	48,993.000
Erdöl	47,042.000	Wollwaren	47,719.000
Tabak	25,515.000	Flachs, Hanf, Jute	41,605.000
Holz und Holzwaren	23,063.000	Chemikalien	39,016.000
Eisen- und Stahlwaren	17,763.000	Seidenwaren	33,351.000

Handelsgüter	Ausfuhr in Dollar	Handelsgüter	Einfuhr in Dollar
Mais	13,356.000	Häute und Pelzwerk	30,675.000
Baumwollwaren	13,013.000	Baumwollwaren	28,918.000
Vieh	11,578.000	Früchte und Nüsse	20,502.000
Leder und Lederwaren	9,583.000	Rohseide	19,932.000
Kupfer und Kupferwaren	8,877.000	Gummi u. Guttapercha	16,067.000

Zur Einfuhr kommen noch Tee, Holzwaren, Wolle und Schmuckwaren dazu. Die Verschiffung von Industrieerzeugnissen und Erdöl nimmt stark zu. Auch eine eigene Baumwollindustrie ist im Aufbau, um den eigenen Rohstoff zu verarbeiten.

47. Schiffsverkehr im Vereinigten Königreich im Jahr 1888

Ein- und auslaufende Schiffe in den 15 größten Häfen von Großbritannien und Irland. Bei London sind die in Ballast auslaufenden Schiffe nicht registriert worden. Die Gesamtzahlen sind daher hochgerechnet. Die Basiszahlen stammen aus: A. Dorn, Die Seehäfen des Weltverkehrs, Wien, 1891

Hafen	Dampfschiffe		Segelschiffe		Gesamt	
	Schiffe	Tonnage	Schiffe	Tonnage	Schiffe	Tonnage
London	34.000	20,000.000	74.000	5,800.000	108.000	25,800.000
Liverpool	26.015	13,717.000	8.772	2,420.000	34.798	16,137.000
Newcastle	20.973	11,879.000	11.141	2,179.000	32.114	14,058.000
Cardiff	15.996	9,586.000	10.746	2,794.000	26.542	12,380.000
Glasgow	15.882	5,441.000	2.959	443.000	18.841	5,884.000
Kingston upon Hull	7.049	3,911.000	3.243	706.000	10.292	4,617.000
Dublin	11.475	3,437.000	3.662	539.000	15.137	3,976.000
Belfast	13.109	3,001.000	5.868	660.000	18.977	3,661.000
Greenock	?	?	?	?	15.313	3,256.000
Southampton	12.587	2,912.000	6.581	333.400	19.168	3,245.400
Bristol	9.100	1,864.000	7.724	632.600	6,824	2,496.600
Edinburgh-Leith	3.731	1,758.000	2.085	277.600	5.816	2,035.600
Dover	5.818	1,437.000	1.170	122.800	6.988	1,559.800
Aberdeen	4.076	1,225.000	1.279	204.600	5.355	1,429.600
Harwich	4.016	1,242.000	2.106	115.800	6.122	1,357.800

Diese Zahlen umfassen die Hochseeschiffahrt, die Küstenschiffahrt, aber nicht die Binnenschiffahrt. In London werden alle Güter der Welt umgeschlagen. Newcastle und Cardiff sind die Ausfuhrhäfen für Kohle. Zum Schiffsverkehr nach dem Industriegebiet am Clyde müßte man die Zahlen von Glasgow und Greenock addieren. Es ist allerdings nicht sicher, ob in den Zahlen von Greenock nicht auch Weiterfahrten nach Glasgow enthalten sind.
Ehemals bedeutende Häfen wie Gloucester, Exeter und Plymouth scheinen in dieser Statistik nicht mehr auf.

48. Die größten Häfen der Welt im Jahr 1888

Tonnage der ein- und auslaufenden Schiffe ohne Binnenschiffahrt in BRT

Hafen	Tonnage	Hafen	Tonnage
London	25,800.000	New York	16,700.000
Liverpool	16,137.000	Newcastle	14,058.000
Cardiff	12,380.000	Istanbul	10,830.000
Marseille	9,665.000	Glasgow und Greenock	9,140.000
Hongkong	8,907.000	Hamburg	8,703.000
Singapur	6,622.000	Genua	6,435.000
Montevideo	6,355.000	Donaumündung *	6,007.000
Le Havre	5,365.000	Schanghai	5,300.000
La Valetta auf Malta	5,275.000	Sydney	4,748.000
Kingston upon Hull	4,617.000	Rio de Janeiro	4,500.000
Bilbao	4,460.000	Kopenhagen	4,399.000
Buenos Aires	4,060.000	Dublin	3,976.000
Barcelona	3,940.000	Bordeaux	3,867.000
Lissabon	3,800.000	Baltimore	3,681.000
Belfast	3,661.000	Neapel	3,503.000
Montreal	3,350.000	Odessa	3,302.000
Southampton	3,245.000	Smyrna	3,161.000
Bombay	3,160.000	Alexandria	3,150.000
Cadiz	3,058.000	Kiel	2,966.000
Bremen mit Bremerhaven	2,952.000	Palermo	2,776.000
Kanton	2,745.000	Triest	2,735.000
New Orleans	2,618.000	Havanna	2,596.000
Dünkirchen	2,592.000	Livorno	2,592.000
Chen-chiang/Zhen-jiang	2,530.000	Colombo	2,515.000
Algier	2,482.000	Brindisi	2,375.000
Quebec	2,370.000	Valencia	2,358.000
Syra/Syros	2,340.000	San Juan de Porto Rico	2,317.000
Malmö	2,313.000	Messina	2,248.000
Kobe	2,241.000	Melbourne	2,200.000
Jokohama	2,200.000	Valparaiso	2,200.000
Wuhu am Yang-tse-kiang	2,158.000	Kalkutta	1,905.000
Adelaide	1,900.000	San Francisco	1,893.000

* Häfen Sulina, Braila und Galatz

Bei den Angaben über manche Häfen ist es nicht eindeutig klar, ob der Verkehr der Binnenschiffahrt mitgerechnet ist. Bei der Tonnage fällt dies aber nicht ins Gewicht. Bei der Zahl der Schiffe macht dies aber einen großen Unterschied. Die Zahl der ein- und auslaufenden Schiffe wurde daher weggelassen, da sonst das Bild gänzlich verzerrt wird.

49. Außenhandel von Indien im 19. und 20. Jahrhundert

vor allem nach Europa, USA, China und Japan ohne Kapitaltransfer bis zum Zweiten Weltkrieg (Wert in neuen Rupien)

Jahr	Import nach Indien	Export aus Indien	Index ab 1834	Index ab 1834
1834	42,610.000	79,930.000	100,0	100,0
1839	58,310.000	108,630.000	136,8	135,8
1844	107,540.000	165,900.000	252,3	207,5
1849	103,000.000	173,120.000	241,7	216,5
1854	127,430.000	189,270.000	299,0	236,7
1859	242,650.000	279,600.000	569,4	349,7
1864	281,500.000	680,270.000	660,6	851,0
1869	329,270.000	524,710.000	772,7	656,4
1874	362,220.000	563,590.000	850,0	705,1
1879	411,660.000	672,120.000	966,1	840,8
1884	557,030.000	832,550.000	1.307,2	1.041,5
1889	691,970.000	1.034,600.000	1.623,9	1.294,3
1894	735,290.000	1.089,140.000	1.725,5	1.362,5
1899	753,040.000	1.090,830.000	1.767,2	1.364,6
1904	1.044,130.000	1.577,220.000	2.450,3	1.973,1
1909	1.225,510.000	1.879,680.000	2.878,3	2.351,5
1914	1.449,310.000	1.821,780.000	3.401,2	2.279,1
1919	2.217,020.000	3.360,220.000	5.202,9	4.203,7
1924	2.533,650.000	4.002,430.000	5.945,9	5.007,1
1929	2.497,070.000	3.189,900.000	5.860,1	3.990,6
1934	1.345,820.000	1.554,970.000	3.158,3	1.945,3
1939	1.652,920.000	2.135,740.000	3.879,1	2.671,8

Indien wird neben einem Exportland auch ein immer wichtigeres Importland für die Industrie in Europa und Amerika, später auch von Japan. Der Exportüberschuß an Handelsgütern geht daher vom Mittelalter (80%) über das 18. Jahrhundert (um 60%) auf rund 25% vor dem Ersten Weltkrieg zurück.

Nach dem Krimkrieg (1853–56) übernimmt Indien die Lieferungen von Ölsaaten, Hanf und Flachs, die bisher Rußland geliefert hat, daher ein kurzer zusätzlicher Aufschwung in den Exporten. Die Weltwirtschaftskrise in den dreißiger Jahren des 20. Jahrhunderts ist nicht zu übersehen. Vor 1834 gibt es noch keine für ganz Indien vergleichbaren Zahlen.

50. Die wichtigsten Exportgüter aus Indien im 19. und 20. Jahrhundert

Wert in neuen Rupien

Jahr	Indigo	Opium	Baumwolle	Tee	Jute, roh und verarbeitet
1813/14	15,600.000	1,200.000	4,000.000	–	–
1820/21	11,300.000	12,100.000	5,600.000	–	–
1830/31	26,700.000	19,900.000	15,300.000	–	–
1850/51	18,400.000	59,700.000	22,000.000	270.000	2,990.000
1860/61	20,200.000	90,500.000	56,400.000	1,270.000	6,200.000
1870/71	31,800.000	116,900.000	190,800.000	10,800.000	21,900.000
1880/81	29,500.000	143,200.000	111,500.000	30,700.000	55,700.000
1890/91	30,700.000	92,600.000	165,300.000	55,000.000	100,800.000
1900/01	21,400.000	94,500.000	101,300.000	96,800.000	187,300.000
1910/11	3,300.000	127,600.000	360,500.000	124,600.000	324,900.000
1920/21	4,100.000	25,200.000	416,700.000	121,500.000	693,600.000
1930/31	–	–	464,100.000	260,000.000	447,700.000

Indigo wird vom synthetischen Farbstoff verdrängt, Opium geht fast ausschließlich nach China und Insulinde, bei der Baumwolle verschwinden die Fertigwaren, es handelt sich fast ausschließlich um Rohbaumwolle, die Teekultur wird erst spät eingeführt und findet gute Bedingungen an den Südhängen des Himalaja, Jute wird neben Baumwolle zum wichtigsten Exportgut. Ab 1900 übertreffen China und Japan Großbritannien als Abnehmer von Baumwollgarn.

51. Wichtige Einfuhrgüter nach Indien

Wert im Verhältnis zueinander

Jahr	Baumwollgarn	Baumwollstoffe	Metalle	Maschinen	Eisenbahnmaterial	Mineralöl
1850/51	9,0%	31,5%	16,8%	–	–	–
1860/61	7,4%	39,6%	10,6%	–	8,1%	–
1870/71	10,1%	47,0%	8,1%	–	4,4%	–
1880/81	7,4%	45,5%	7,5%	–	2,2%	–
1890/91	5,2%	37,9%	8,4%	3,0%	4,5%	3,3%
1900/01	3,1%	33,8%	8,6%	2,9%	4,8%	4,3%
1910/11	2,3%	31,1%	11,2%	3,7%	4,6%	2,5%
1920/21	4,0%	26,4%	12,1%	6,7%	4,2%	2,5%
1930/31	1,9%	13,5%	9,7%	8,7%	–	6,4%
1933/34	2,2%	13,1%	8,2%	11,1%	–	5,1%

Indien führt Baumwollstoffe ein, bis die eigene maschinelle Produktion anläuft. Zum Bau des großen Eisenbahnnetzes werden die meisten Lokomotiven aus Großbritannien eingeführt. Mineralöl kommt vom Persischen Golf. Die Luxusgüter aus Europa und Nahost fallen nicht ins Gewicht.

52. Schiffsverkehr auf den großen Kanälen

Jahr	Nord-Ostsee-Kanal		Suezkanal		Panamakanal		St. Lorenz-Seeweg	
	in 1000 Nettoregistertonnen							
	Schiffe	NRT	Schiffe	NRT	Schiffe	NRT	Schiffe	NRT
1870	-	-	486	436	-	-		
1875	-	-	~1.200	2,010	-	-		
1880	-	-	~1.600	3,057	-	-		
1882	-	-	3.198	5,074	-	-		
1885	-	-	3.624	6,336	-	-		
1890	-	-	~3.500	6,783	-	-		
1895	°11.646	°1,105	3.434	8,448	-	-		
1897	23.108	2,469	2.986	7,899	-	-		
1905	33.147	5,796	4.116	13,134	-	-		
1913	53.382	10,349	5.085	20,033	-	-		
1929	49.000	21,740	6.206	26,120	6.413	23,870		
1936	46.451	19,172	5.575	24,032	5.487	19,656		8,300
1950	32.496	16,255	11.751	81,796	5.652	27,743		
1956	48.994	28,767	16.244	129,248	8.198	40,472		10,200
1962	59.265	38,276	18.518	197,838	11.149	65,379		26,000
1975	60.281		12.205		13.609	127,780	~8.000	44,300
1985		53,400		259,700				47,500
1997							2.809	*36,824

* 36,824.000 Tonnen beförderte Güter.
° Der Nord-Ostsee-Kanal wird erst im Juni 1895 eröffnet, die Zahlen des ersten Jahres betreffen daher den Zeitraum Juli 1895 bis März 1896.
Der Panamakanal geht 1914 in Betrieb.
Der Suezkanal ist als Folge des Dritten Nahostkriegs von Juni 1967 bis Juni 1975 unpassierbar.
Die Zahlen von 1975 betreffen daher das Wirtschaftsjahr 1975/76.
Der neue St. Lorenz-Seeweg wird im Jahr 1959 eröffnet. Danach steigen die Transporte auf das Dreifache.

53. Der Suezkanal ab 1869

Die Verkürzung des Seeweges nach Bombay in Indien beträgt gegenüber dem Seeweg rund um das Kap der Guten Hoffnung in Seemeilen:

Ausgangshafen	um das Kap	durch den Suezkanal	Ersparnis
Istanbul	14.700	4350	10.350
Saloniki	14.560	4300	10.260
Malta	14.130	4990	9140
Triest	14.420	5660	8760
Marseille	13.675	5745	7930
Cadiz	12.584	5384	7200

Ausgangshafen	um das Kap	durch den Suezkanal	Ersparnis
Lissabon	12.950	6050	6900
Bordeaux	13.670	6770	6900
Le Havre	14.030	7130	6900
London	14.400	7500	6900
Liverpool	14.280	7380	6900
Amsterdam	14.400	7500	6900
St.Petersburg	15.850	8950	6900
New York	15.000	9100	5900
New Orleans	15.600	9000	6600

Im Jahr 1888 passieren 3440 Schiffe mit 9,438.000 BRT und 6,640.000 NRT den Kanal. Davon entfallen auf folgende Flaggen:

Land	Schiffe	NRT	BRT	Kanalgebühr in Francs
Großbritannien	2625	5,223.000	7,335.000	50,474.000
Frankreich	187	387.000	577.000	4,008.000
Italien	146	268.000	396.000	2,752.000
Deutschland	163	238.000	393.000	2,321.000
Niederlande	121	218.000	296.000	2,131.000
Österreich-Ungarn	58	123.000	173.000	1,185.000
Spanien	26	63.500	90.100	642.500
Norwegen	39	49.300	68.000	468.800
Rußland	16	27.600	45.400	297.600
Türkei	29	22.500	31.700	262.800

54. Bedeutende meereskundliche Forschungsfahrten 1870 bis 1939

Land	Schiff(e)	Dauer	Forschungsgebiete	Leiter
GB	>Challenger<	1872–1876	alle drei Ozeane	C. W. Thomson
Österr.-Ung.	>Tegetthoff<	1872–1874	Arktis	Payer/Weypr.
Deutschland	>Gazelle<	1874–1876	alle drei Ozeane	von Schleinitz
USA	>Tuscarora<	1873–1876	nördl. Stiller Ozean	Belknap
GB	>Buccaneer<	1886ff	mittlerer Atlantik	Buchanan
Rußland	>Vitiaz<	1886–1889	Atlantik und Pazifik	Makarow
Deutschland	>National<	1889	Nordatlantik	Hensen
USA	>Albatros<	1889–1904	mehrere Fahrten Atl. u. Paz.	Agassiz
GB	>Investigator<	1890–1900	Indischer Ozean	
GB	>Penguin<	1891–1903	Stiller Ozean	
Norwegen	>Fram<	1893–1896	Nordpolar-Meer	Nansen
Deutschland	>Valdivia<	1898–1899	Atlantik und Ind. Ozean	Schott
Belgien	>Belgica<	1898	Antarktis	de Gerlache
GB	>Sherard Osborne<	1900–1901	Indischer Ozean	
Deutschland	>Gauß<	1901–1903	Antarktis	von Drygalski
Schweden	>Antarctic<	1902–1903	Antarktis	Nordenskjöld

Land	Schiff(e)	Dauer	Forschungsgebiete	Leiter
GB	>Scotia<	1903–1904	Antarktis	Bruce
Dänemark	>Thor<	1905–1905 1908–1910	Nordatlantik, Mittelmeer	
Deutschland	>Planet<	1906ff	Atlantik u. Indischer Ozean	Brennecke
Frankreich	>Pourquoi Pas?<	1909–1910	Antarktis	Charcot
Norwegen	>Maud<	1918–1925	Arktis	Sverdrup
Japan	>Schintoku Maru<	1924–1933	Stiller Ozean	
Deutschland	>Meteor<	1925–1927	Atlantik	Merz, Defant
Japan	>Mansyu<	1925ff	Stiller Ozean	
Niederlande	>Willebrord Snellius<		Insulinde	van Riel
Dänemark	>Dana<	1928–1930	alle drei Ozeane	Schmidt
Norwegen	>Norvegia<	1928–1931	Antarktis	Isachsen
Deutschland	>Bremen< u.a. Auslandskreuzer	1928–1930	alle drei Ozeane	
USA	>Marion<	1928ff	Baffin-Meer	Smith
USA	>Carnegie<	1928–29	Stiller Ozean	Fleming
GB	>Challenger<II	ab 1932	Atlantik und Stiller Ozean	Ritchie u.a.
USA	>Atlantis<	1933–1938	Golf von Mexiko, Nordatl.	Bigelow
Deutschland	>Altair<	1938	Nordatlantik	Defant

GB = Großbritannien
Österr.-Ung. = Österreich-Ungarn
Atl. = Atlantik
Paz. = Pazifik
Weypr. = Weyprecht

55. Die Handelsflotten im Jahr 1874

Noch übertrifft nicht nur die Zahl der Segelschiffe, sondern auch ihre Tonnage jene der Dampfschiffe bei weitem. Dies sind die Dampfschiffe von über 100 NRT und die Segelschiffe von über 50 NRT nach dem Büro Veritas, Frankreich zusammengerechnet.

Land	Dampfschiffe		Segelschiffe		gesamt	
	Schiffe	NRT	Schiffe	NRT	Schiffe	NRT
Großbritannien	3.002	1,991.000	20.538	5,384.000	23.540	7,375.000
USA*	613	504.000	6.869	2,182.000	7.482	2,686.000
Norwegen	212	37.000	4.464	1,349.000	4.576	1,386.000
Italien	110	61.000	4.343	1,228.000	4.453	1,289.000
Deutschland	220	188.000	3.483	853.000	3.703	1,041.000
Frankreich	315	205.000	3.780	736.000	4.095	941.000
Spanien	212	105.000	2.674	510.000	2.886	615.000
Niederlande	107	70.000	1.418	385.000	1.525	455.000
Schweden	195	54.000	1.905	361.000	2.100	415.000
Griechenland	9	4.000	2.072	407.000	2.072	411.000

* Bei den USA sind die Schiffe auf den Großen Seen mitgerechnet, nicht aber die große Zahl der Dampfschiffe auf den Flüssen.
Rußland verfügt über 144 Dampfschiffe mit 70.000 NRT, Österreich-Ungarn über 81 Dampfschiffe mit 56.000 NRT. Beide Staaten haben aber kleinere Segelflotten, um unter die zehn größten Handelsflotten zu gelangen.
Die durchschnittliche Größe der Schiffe, Dampfschiffe und Segler, beträgt 292 NRT. Sie steigt in den nächsten 30 Jahren auf 563 NRT.

56. Bevölkerungsentwicklung im 19. Jahrhundert

Die Zunahme der Bevölkerung in den wichtigsten Handelsnationen vom Beginn des 19. Jahrhunderts bis zum Ersten Weltkrieg. Die Zahlen sind gerundet für die jeweiligen Territorien.

Jahr	Großbritannien ohne Irland	Frankreich	Deutscher Bund Deutsches Reich	Österreich* ohne Ungarn	USA
1811	11,800.000	30,000.000	21,500.000	13,000.000	7,500.000
1821	14,100.000	30,500.000	24,000.000	14,000.000	9,800.000
1831	16,300.000	32,600.000	27,500.000	15,600.000	13,500.000
1841	18,500.000	34,200.000	30,500.000	16,600.000	17,400.000
1851	20,800.000	35,800.000	33,200.000	17,500.000	23,500.000
1861	23,100.000	37,400.000	35,600.000	18,800.000	32,000.000
1871	26,100.000	36,500.000	41,050.000	20,400.000	41,000.000
1881	29,700.000	37,400.000	45,500.000	22,200.000	50,800.000
1891	33,000.000	38,100.000	50,000.000	23,900.000	64,000.000
1901	37,000.000	38,500.000	57,000.000	26,200.000	78,000.000
1911	40,800.000	39,200.000	65,200.000	28,800.000	94,000.000

* Österreichische Reichshälfte westlich der Leitha mit Deutsch Österreich, Böhmen, Mähren, Österreichisch Schlesien, Galizien und Norditalien.
Im Jahr 1871 geht Elsaß und Lothringen von Frankreich an Deutschland. Zu Österreich diesseits der Leitha gehört zunächst fast ganz Norditalien, das allmählich bis auf Friaul und Istrien an Italien verloren geht. Bosnien und Herzegowina, seit 1879 von Österreich-Ungarn verwaltet, ist nicht mitgerechnet.
Die Vermehrung der Bevölkerung in einem Jahrhundert auf mehr als das Doppelte verursacht einen gewaltigen Anstieg im Personen- und Güterverkehr.
Bei den USA sind 1911 rund zehn Millionen Schwarze in der genannten Zahl enthalten, im Jahr 1811 waren es noch rund sechs Millionen.

57. Die Handelsflotten vor und nach der Jahrhundertwende

in NRT

Die Dampfschiffe beginnen die Segelschiffe, zwar noch nicht an der Zahl, aber im Schiffsraum zu überholen. Die wichtigsten Handelsflotten der Welt setzen sich wie folgt zusammen:

Land	Dampfschiffe		Segelschiffe		Gesamt	
1888	Zahl	NRT	Zahl	NRT	Zahl	NRT
Großbritannien	6636	4,081.000	15.111	3,214.000	21.747	7,296.000
Norwegen	515	121.000	6.755	1,381.000	7.269	1,503.000
Deutschland	717	470.000	3.094	769.000	3.811	1,240.000
Frankreich	894	506.000	14.253	465.000	15.147	972.000
USA *	200	183.000	1.330	760.000	1.530	943.000
Italien	254	182.000	6.727	732.000	6.981	915.000
Rußland	602	104.000	4.662	476.000	5.264	580.000
Schweden	959	125.000	2.885	374.000	3.844	500.000
Spanien	368	264.000	3.123	200.000	3.491	465.000
Dänemark	281	89.000	2.877	172.000	3.158	262.000
Niederlande	105	105.000	516	153.000	621	259.000
Österreich-Ungarn	131	86.000	4.233	126.000	4.364	212.000

* ohne Große Seen und ohne Binnenschiffe

Die Flotte der Dampfschiffe von Großbritannien ist bei weitem größer als die aller anderen Länder zusammen. Die Flotte der Niederlande, die einst die größte der Welt war, rangiert nur an elfter Stelle.

HINWEIS: Bei den Vergleichen der Größe der Handelsflotten werden bis 1870 meist Tonnen Laderaum, dann bis zum Ersten Weltkrieg NRT und ab dann BRT verwendet.

Die größten Handelsflotten der Welt setzen sich in diesem Jahr wie folgt zusammen:

Land	Dampfschiffe		Segelschiffe		Gesamt	
1908	Zahl	NRT	Zahl	NRT	Zahl	NRT
Großbritannien	11.361	10,018.000	9.510	1.470.000	20.871	11,465.000
Deutschland	1.922	2,265.000	2.679	533.000	4.571	2,790.000
Norwegen	1.573	812.000	5.718	758.000	7.291	1,570.000
Japan	2.139	1,115.000	4.728	365.000	6.867	1,481.000
Frankreich	1.554	739.000	15.639	662.000	17.193	1,402.000
Rußland	1.299	501.000	5.196	564.000	6.495	1,066.000
Italien	589	526.000	4.874	468.000	5.463	995.000
USA *	442	602.000	992	269.000	1.434	871.000
Schweden	1.090	188.000	1.852	253.000	2.942	742.000
Dänemark	641	402.000	3.266	121.000	3.907	523.000
Spanien	504	423.000	304	28.000	808	451.000
Niederlande	292	397.000	435	49.000	727	447.000
Österreich-Ungarn	275	310.000	1.447	25.000	1.722	335.000

* Ohne Binnenschiffe

Die Flotte auf den Großen Seen ist weit größer als die Hochseeflotte. Die noch vorhandenen Segelschiffe werden im Ersten Weltkrieg weitgehend aufgebraucht oder versenkt. Die vielen kleinen Dampfschiffe von Schweden verkehren auf den Binnenseen und in den Schärengewässern.

58. Die größten Reedereien im Jahr 1908

unter 85.000 NRT nicht vollständig

Reederei	Staat	Schiffe	NRT
Hamburg Amerika-Linie (HAPAG)	Deutschland	200	539.000
Norddeutscher Lloyd Bremen	Deutschland	152	390.000
Pittsburgh Steamship Company	USA	105	326.000
British India Steam Navigation Company	Großbritannien	111	277.000
Peninsular & Oriental Steam Nav. Co. (P&O)	Großbritannien	61	223.000
Ismay, Imrie & Co. (White Star)	Großbritannien	30	218.000
Holt, A. & Company	Großbritannien	57	200.000
Nippon Yusen K.K.	Japan	91	189.000
Elder, Dempster & Company	Großbritannien	105	187.000
Ellerman Lines Ltd.	Großbritannien	79	187.000
Messagieres Maritimes	Frankreich	67	174.000
Currie, Donald & Company	Großbritannien	50	161.000
Furness, Withy & Company Ltd.	Großbritannien	86	157.000
Navigatione Generale Italiana	Italien	107	154.000
Deutsche Dampfschiffahrtsges. „Hansa"	Deutschland	51	149.000
Leyland, F. & Company Ltd.	Großbritannien	37	140.000
Cayser, Irvine & Company (Clan Line)	Großbritannien	50	131.000
Hamburg Südamerikanische Dampfsch. Ges.	Deutschland	51	130.000
Harrison, T. & J.	Großbritannien	39	127.000
Companie Générale Transatlantique	Frankreich	66	123.000
Österreichischer Lloyd Triest	Österreich-Ungarn	64	120.000
Cunard Steam Ship Company Ltd.	Großbritannien	25	119.600
Royal Mail Steam Packet Company	Großbritannien	46	119.600
Usmar, J.H.	Großbritannien	44	119.000
DDSG „Kosmos"	Deutschland	37	115.000
Gilchrist, J. C.	USA	34	113.500
Canadian Pacific Railway Company	Großbritannien	42	111.700
Allan-Linie	Großbritannien	30	107.000
Pacific Steam Navigation Comp.	Großbritannien	43	103.600
Chargeurs Rúnis, Comp. Française de Nav.	Frankreich	33	91.600
Ropner, R.& Co.	Großbritannien	45	90.000
Maclay & Mc Intyre	Großbritannien	43	89.500
Union Steam Ship Co. of New Zealand, Ltd.	Großbritannien	67	88.300
Bordes, Ant. Dom & Fils	Frankreich	40	87.900
Austro-Americana	Österreich-Ungarn	36	87.300
Deutsch-Australische DSG	Deutschland	31	86.000
Forende Dampskibs Selskab	Dänemark	132	83.200
Nederlandsch-Amerikanische Stoomfaart Mij.	Niederlande	16	72.200
Russische Schiffahrts- u. Handels-Gesellschaft	Rußland	73	68.800
Osaka Schosen Kabuschiki Kaischa	Japan	107	68.400
Anglo-Saxon Petroleum Co. Ltd.	Großbritannien	30	67.800
Nederland Stoomfaart Maatschappij	Niederlande	21	62.800
Wilhelmsen, Wilhelm	Norwegen	31	60.400

59. Die größten Seehäfen der Welt 1911

in Netto-Registertonnen

Meist wird in den Statistiken die Tonnage der ein- und auslaufenden Schiffe addiert. Da fast jedes Schiff dabei zweimal registriert wird, ist hier die Summe durch zwei dividiert!!

Hafen mit Reihung		Gesamtverkehr	Auslandsverkehr
1)	New York	* 27,000.000	13,674.000
2)	London	19,663.000	13,163.000
3)	Liverpool mit Birkenhead	14,613.000	11,389.000
4)	Hamburg	12,961.000	11,867.000
5)	Antwerpen	12,015.000	11,999.000
6)	Newcastle mit Shields	*** 11,802.000	7,461.000
7)	Rotterdam	11,194.000	10,614.000
8)	Cardiff	*** 10,738.000	6,251.000
9)	Hongkong	10,182.000	10,182.000
10)	Istanbul/Konstantinopel	ca. 9,850.000	ca. 6,000.000
11)	Marseille	9,770.000	8,423.000
12)	Neapel	ca. 9,400.000	ca. 8,500.000
13)	Buenos Aires	ca. 9,300.000	ca. 6,000.000
14)	Schanghai	ca. 9,200.000	ca. 6,000.000
15)	Las Palmas	ca. 8,500.000	** ca. 8,000.000
16)	Montevideo	ca. 8,500.000	ca. 7,000.000
17)	Colombo	ca. 8,400.000	** ca. 8,000.000
18)	Singapur	ca. 8,000.000	ca. 5,800.000
19)	Lissabon	ca. 7,800.000	ca. 7,200.000
20)	Genua	ca. 7,000.000	ca. 6,700.000
21)	Rio de Janeiro	ca. 6,800.000	ca. 5,500.000

*geschätzt, da Binnenschiffahrt nicht bekannt   ** Durchgangshäfen   *** Kohlehäfen

60. Binnenhäfen in Deutschland 1910

Transport von Schiffen und Flößen in Tonnen

Hafen	Fahrzeuge	Tonnen Umschlag
Duisburg-Ruhrort	63.800	20,570.000
Hamburg	87.150	12,610.000
Berlin	59.170	5,850.000
Mannheim	22.460	4,800.000
Emden	14.930	2,220.000
Ludwigshafen	14.160	2,500.000
Charlottenburg	24.810	2,560.000
Frankfurt am Main	12.840	1,830.000
Bremen	4.920	620.000

Vorsicht! Hier handelt es sich um kleine Fahrzeuge und nicht um Tonnage wie bei den Hochseeschiffen, sondern um die transportierten Güter in Tonnen.

61. Das Liniennetz der HAPAG 1913

Fahrtgebiete	Zahl der Linien		
1) Nordamerikadienst			
Von Hamburg nach Nordamerika	10		
Von Hamburg nach Mexiko	1		
Von Genua nach Nordamerika	1		
Summe		12	
2) Westindiendienst			
Von Hamburg nach Westindien	6		
Von Hamburg nach Mexiko	4		
Von Nordamerika nach Westindien und Südamerika	5		
Westindien Kolonialverkehr	1		
Summe		16	
3) Südamerikadienst			
Von Hamburg nach Brasilien	6		
Von Hamburg zum La Plata	3		
Von Nordamerika nach Brasilien	2		
Summe		11	
4) Westamerikadienst (mit Kosmos)	5	5	
Summe Amerikafahrt			44
5) Ostasiendienst			
Von Hamburg nach Ostasien (mit Hansa)	2		
Von Hamburg über Ostasien nach Nordamerika (mit Hansa)	1		
Von New York über Suezkanal nach Ostasien (in Kooperation)	1		
innerhalb Ostasien	3		
Summe		7	
6) Indischer Dienst			
Von Hamburg nach Vorderindien (mit Hansa)	3		
Von Hamburg zum Roten Meer und Persischen Golf	1		
Summe		4	
Summe Asienfahrt			11
7) Afrikadienst			
Von Hamburg nach Westafrika (mit Wormann und D.O.L.)	14		
Von Nordamerika nach Westafrika	1		
Summe		15	15
8) Europadienst			
Küste, Bäderfahrt, Riviera im Winter	4		
Summe		4	4
HAPAG Liniendienst, Summe			**74**

62. Zahl der 1913 in New York gelandeten Passagiere

nach der amtlichen Statistik der Einwanderungsbehörde

Reederei	Reisen	Personen
Norddeutscher Lloyd (aus Bremen und Genua)	147	218.000
Hamburg-Amerika-Linie (Hamburg, Neapel)	103	185.200
Cunard-Linie (Liverpool, Fiume, Le Havre)	88	124.800
White Star (Liverpool, Southampton, Neapel)	94	98.100
Compagnie Générale Transatlantique (Le Havre)	106	91.250
Red Star (Antwerpen)	59	89.750
Holland-Amerika-Linie (Rotterdam)	49	69.750
Anchor Line (Glasgow, Neapel)	68	48.600
Austro Amerikana (Triest, Mittelmeer)	38	42.600
Fabre-Linie (Mittelmeer)	45	41.000
Navigatione Generale Italiana (Genua, Mittelmeer)	17	32.700
Sicula Americana (Mittelmeer)	16	28.900
Russische Linie (Libau)	29	28.600
Lloyd Italiano (Mittelmeer)	18	28.200
American Line (Southampton)	40	26.700
La Veloca (Mittelmeer)	14	22.900
Lloyd Sabaudo (Mittelmeer)	14	21.000
Skandinavisch-Amerikanische Linie (Kopenhagen)	31	19.350
Italia (Mittelmeer)	12	13.900
Uranium S.S.Co. (Rotterdam)	22	11.100
Lamport & Holt	41	7.200
Hellenic T.St.N.Co. (Piräus)	7	5.250
Atlantic Transport Line (London)	49	4.100
Norwegische Linie (Christiania/Oslo)	8	3.900
National S.N.Co. (Piräus)	5	3.300
Cia. Transatlantica (Barcelona)	12	2.950
andere Reedereien	1162	69.000
Summe	2294	1,338.200

Die vielen Fahrten mit geringen Passagierzahlen werden von gemischten Fracht- und Passagierschiffen durchgeführt.
Von der Gesamtzahl der Passagiere benützen 152.400 die I. Klasse, 230.400 die II. Klasse und die restlichen 955.400 das Zwischendeck, meist Auswanderer.

63. Die Handelsflotten vor und nach dem Ersten Weltkrieg

in BRT

Land	Dampf- und Motorschiffe 1914	Dampf- und Motorschiffe 1920
Großbritannien	20,524.000	20,143.000
Deutschland	5,135.000	419.000
USA mit großen Seen und Flüssen	4,330.000	14,574.000
Norwegen	1,957.000	1,980.000
Frankreich	1,922.000	2,963.000
Japan	1,708.000	2,996.000
Niederlande	1,472.000	1,773.000
Italien	1,430.000	2,118.000
Österreich-Ungarn	1,016.000	0
Schweden	1,015.000	996.000
Spanien	884.000	937.000
Griechenland	821.000	497.000
Dänemark	770.000	719.000
Welthandelsflotte	45,404.000	53,905.000

gezählt sind alle Schiffe über 100 BRT aus Lloyd's Register

64. Die Handelsflotten vor und nach dem Zweiten Weltkrieg

in BRT

Land	Dampf- und Motorschiffe 1939	Dampf- und Motorschiffe 1951
Großbritannien	20.100.000	21.200.000
USA mit großen Seen und Flüssen	11.300.000	27.200.000
Norwegen	4.800.000	5.700.000
Japan	5.600.000	2.200.000
Deutschland (BRD)	4.500.000	1.000.000
Italien	3.200.000	2.900.000
Niederlande	3.000.000	3.100.000
Frankreich	2.900.000	3.200.000
Griechenland	2.000.000	1.500.000
Schweden	1.800.000	2.100.000
Sowjetunion	1.300.000	2.200.000
Dänemark	1.100.000	1.200.000
Spanien	900.000	1.100.000
Panama (Billigflagge)	600.000	3.400.000
Welthandelsflotte	68.510.000	87.245.000

In der Folge sind keine derartigen Tabellen mehr zu erstellen, da alle großen Reedereien ihre Schiffe in Ländern mit Billigflaggen registrieren lassen.

65. Der Weltfischfang 1935

Die statistischen Unterlagen sind sehr mangelhaft. Vor allem für Südamerika und Südafrika liegen keine Zahlen vor. Die Angaben sind daher nur als Richtwerte zu betrachten. Wenn Daten von anderen Jahren verwendet worden sind, ist es in Klammer vermerkt.

Land	Fang in Tonnen	Fahrzeuge	über 100 BRT	Beschäftigte
Groß-Japan (1934)	5,000.000	360.000	124	1,500.000
Sowjetunion (1936)	1) 1,714.000		114	
USA (1936)	1,450.000		175	118.000
Norwegen	1,036.600	80.000	155	114.000
Großbritannien mit Irland	1,021.000	18.000	1.695	72.000
Kanada	2) 476.600			2) 83.000
Deutschland	469.000	11.750	535	24.500
Spanien (1933)	401.700	30.600		
Peru	3) 300.000			
Island	266.100	3) 4.000	40	3) 10.000
Frankreich	264.000	18.800	429	64.500
Portugal	214.700	14.100	-	55.000
Chile	3) 150.000			
Argentinien	3) 150.000			
Dänemark mit Grönland	140.000	17.400	44	25.000
Niederlande	119.000	3.470	186	
Schweden	104.100	19.700	24	24.000
Südafrika	3) 80.000			
Italien (1936)	2) 75.000			2) 156.000
Belgien	36.300	510	55	2.100
Finnland	23.500	9.750	-	7.400
Türkei	3) 20.000			
Neuseeland	18.500		-	1.700
Polen	17.100	810	-	1.600
Lettland	10.000		-	4.050
Jugoslawien (1933)	7.000	5.600	-	
Litauen (1931)	2.100			

1) Der größere Teil aus dem Kaspischen Meer
2) einschließlich der Binnenfischerei
3) reine Schätzungen

66. Die größten Welthäfen um 1936

Hier ist **nicht** der Güterumschlag, sondern die Tonnage der ein- und auslaufenden Schiffe in Netto Register Tonnen angegeben. Die Summe dieser Tonnage wurde durch Zwei dividiert, um Doppelzählungen zu vermeiden. In manchen Fällen standen Angaben über die Tonnage im Küstenverkehr nicht zur Verfügung. Der Auslandsverkehr wurde dann nach Schätzung aufgerundet. Eine Bewertung der Häfen nach ihrer Bedeutung ist trotzdem möglich.

Hafen	Land	Jahr	Schiffsverkehr
New York	USA	1935	24,000.000
London	Großbritannien	1936	23,000.000
Antwerpen	Belgien	1935	22,000.000
Rotterdam	Niederlande	1936	20,440.000
Hongkong	Großbritannien/China	1936	20,000.000
Hamburg	Deutschland	1936	18,970.000
Kobe	Japan	1936	18,000.000
Marseille	Frankreich	1936	16,500.000
Port Said 1)	Ägypten	1936	16,110.000
Singapur	Britisch Indien	1936	15,180.000
Liverpool	Großbritannien	1936	14,600.000
Buenos Aires	Argentinien	1936	13,390.000
Jokohama	Japan	1936	13,200.000
Modschi/Kitakyushu 3)	Japan	1936	13,000.000
Le Havre	Frankreich	1936	12,700.000
Baku 2)	Sowjetunion	1934	12,480.000
Southampton	Großbritannien	1936	11,900.000
Montevideo	Uruguay	1935	11,800.000
Osaka	Japan	1936	11,600.000
Vancouver	Kanada	1934/35	11,200.000
Rio de Janeiro	Brasilien	1935	11,200.000
Schanghai	China	1936	11,000.000
Sydney	Australien	1935/36	10,480.000
Genua	Italien	1936	9,260.000
Neapel	Italien	1936	9,100.000
Cherbourg	Frankreich	1936	8,800.000
Las Palmas 1)	Kanarische Ins./Spanien	1934	8,400.000
Montreal	Kanada	1934/35	8,200.000
Dairen 5)	Liaotung/Japan	1936	8,000.000
Algier	Algerien/Frankreich	1936	7,760.000
Cardiff	Großbritannien	1936	7,500.000
Barcelona 4)	Spanien	1935	7,200.000
Kopenhagen	Dänemark	1936	7,070.000

Hafen	Land	Jahr	Schiffsverkehr
Durban	Südafrikanische Union	1936	6,950.000
Glasgow	Großbritannien	1936	6,900.000
Bremen mit Bremerhaven	Deutschland	1936	6,800.000
Washington	USA	1935	6,700.000
Oran	Algerien/Frankreich	1936	6,670.000
Kapstadt	Südafrikanische Union	1936	6,640.000
Lissabon	Portugal	1936	6,500.000
Manila	Philippinen/USA	1936	6,500.000
Hull	Großbritannien	1936	6,300.000
Havanna	Kuba	1935	6,300.000
Los Angeles	USA	1935	6,200.000
Alexandria	Ägypten	1936	5,650.000
Triest	Italien	1936	5,510.000
Plymouth	Großbritannien	1936	5,500.000
Batavia/Djakarta	Niederländisch Indien	1936	5,400.000
Oslo	Norwegen	1936	5,380.000
Göteborg	Schweden	1936	5,300.000
Constanta	Rumänien	1936	5,225.000
Cork mit Cobh	Irland	1935	5,200.000
Dünkirchen	Frankreich	1936	4,950.000
Soerabaya	Java, Niederl. Indien	1936	4,930.000
Gdingen/Gdynia 6)	Polen	1936	4,920.000
Haifa	Palästina/brit. Mandat	1936	4,780.000
Semarang	Java, Niederl. Indien	1936	4,700.000
Santa Cruz de Teneriffa	Kanarische Ins./Spanien	1934	4.550.000
Piräus	Griechenland	1936	4,500.000
Casablanca	Marokko/Frankreich	1936	4,430.000
Saigon	franz. Indochina	1935	4,430.000
Venedig	Italien	1936	4,430.000
Amsterdam	Niederlande	1936	4,280.000
Halifax	Kanada	1934/35	4,270.000

1) Hauptsächlich Durchgangshäfen. Dank der größeren Reichweite der Dampf- und Motorschiffe ist Colombo kein Bunkerhafen mehr.
2) Zu 90% Öltransport über das Kaspische Meer zum Verbrauch in der Sowjetunion.
3) Wichtigster Sitz von Reedereien, Schwerindustrie und Fischerei in Japan.
4) Im Bürgerkrieg wichtiger Nachschubhafen für Güter aus der Sowjetunion.
5) Nachschubhafen für die japanische Armee in der Mandschurei.
6) Verdrängt Danzig als Haupthafen für Polen.

67. Welthandel im Jahr 1937

Anteil der großen Handelsnationen in Prozenten

Land	Ein- und Ausfuhr	nur Einfuhr	nur Ausfuhr
Großbritannien	13,96%	17,36%	10,23%
USA	12,17%	11,21%	13,20%
Deutschland	8,73%	8,09%	9,40%
Frankreich	5,13%	6,33%	3,84%
Japan	4,88%	5,02%	4,72%
Kanada	3,43%	2,93%	3,95%
Belgien mit Luxemburg	3,40%	3,40%	3,40%
Niederlande	2,84%	3,16%	2,51%
Britisch Indien	2,58%	2,20%	3,00%
Italien	2,44%	2,69%	2,18%
Argentinien	2,38%	1,78%	3,02%
Australien	2,07%	1,83%	2,33%
Schweden	2,00%	1,99%	2,01%
Britisch Malaya	1,78%	1,47%	2,10%
China mit Mandschurei	1,76%	1,90%	1,61%
Tschechoslowakei	1,53%	1,41%	1,65%
Niederländisch Indien	1,51%	1,01%	2,05%
Schweiz	1,35%	1,52%	1,17%
Dänemark	1,34%	1,33%	1,35%
Südafrikanische Union	1,32%	1,84%	0,78%
Brasilien	1,30%	1,23%	1,38%
Sowjetunion	1,13%	0,95%	1,32%
Norwegen	0,99%	1,18%	0,80%
Österreich	0,96%	1,01%	0,91%
Neuseeland	0,92%	0,82%	1,02%
Polen mit Danzig	0,89%	0,88%	0,90%
Übrige Länder	17,22%	15,46%	19,17%
Summe	100,00%	100,00%	100,00%

68. Die größten Seeschiffsreedereien Juni 1938

eigene und gecharterte Schiffe in BRT

Reederei/Sitz	Staat	Hauptsächlicher Dienst	Fahrtziele	Tonnage BRT
Staatliche Flotte/Moskau	UdSSR	Passagier, Fracht, Tank	Europa, Asien, Binnenschiffahrt	1,298.000
U.S. Maritime Com./Washington	USA	Fracht, Tank	ganze Welt	1,075.000
HAPAG/Hamburg	D	Fracht, Passagier	Amerika, Indien, Australien	744.000
Brit. India Steam/London	GB	Passagier, Fracht	Indien, Australien, Afrika	670.000
N.Y. Kabushiki K./Tokio	Japan	Passagier, Fracht	Amerika, Insulinde	657.000
Standard Oil/ New York	USA	Tanker	Iran, Karibik, Mittelmeer	629.000
Norddt. Lloyd/Bremen	D	Passagier, Fracht	Amerika, Ostasien, Australien	610.000
Lloyd Triestino/Triest	Italien	Passagier, Fracht	Asien, Afrika, Australien	603.000
Shosen Kabushiki/Osaka	Japan	Passagier, Fracht, Tank	Tramp, Asien, Amerika	581.000
British Tanker Co./London	GB	Tankerfahrt	Iran, Palästina	577.000
A. Holt & Co./Liverpool	GB	Fracht	Amerika, Ostasien, Insulinde	565.000
Ellerman Lines/Liverpool	GB	Fracht, Passagier	Mittelmeer, Afrika, Indien	530.000
Comp. Gén. Transatl/Paris	F	Passagier, Fracht	Nord- und Mittelamerika	509.000
Ang.Saxon Pet. Co./London	GB	Tankerfahrt	Iran, Karibik, Mittelmeer	502.000
Cunard S.S. Co./Liverpool	GB	Passagier, Fracht	Asien, Kanada, Mittelmeer	486.000
Pittsburgh S.S. Co./Ohio	USA	Fracht	Nordamerika, Große Seen	484.000
Società Navigatione/Genua	Italien	Passagier, Fracht, Tank	Amerika	477.000
P.& O. Steam N. Co./London	GB	Passagier, Fracht	Mittelmeer, Asien, Ozeanien	476.000
Furness L. Ltd./Liverpool	GB	Fracht, Passagier	Amerika, Mittelmeer, Ostasien	436.000
Union Castle/London	GB	Passagier, Fracht	Nordamerika, Südafrika	412.000
Comp Mess. Maritimes/Paris	F	Passagier, Fracht	Mittelmeer, Ostasien, Ozeanien	387.000
Hamburg-Süd/Hamburg	D	Fracht, Passagier	Südamerika	354.000
Socony Oil Co./New York	USA	Tanker	Karibik, Mittelmeer, Iran	341.000
Canadian Pacific/Montreal	Kanada	Passagier, Fracht	GB, Ostasien, Australien	325.000
Bank-Lines/London	GB	Fracht	Indien, Südamerika, Afrika	325.000
Kgl.Paketvaart/Amsterdam	NL	Passagier, Fracht	Indonesien, Malakka	321.000
W.Wilhelmsen/Oslo	Norwegen	Fracht	Amerika, Afrika, Asien	316.000
Lykes Bros.Co./New York	USA	Fracht	Europa, Afrika, Asien	316.000
Royal Mail/London	GB	Passagier, Fracht	Südamerika	314.000

The Clan Line/London	GB	Fracht	ganze Welt	300.000
Kgl. Ndl. Stoomb./Amsterdam	NL	Passagier, Fracht	Mittel- Südamerika, Mittelmeer	295.000
Hansa/Bremen	D	Fracht	Iberien, Indien, Iran	286.000
Brit. Admiralität/London	GB	Fracht, Tanker	ganze Welt	272.000
Shaw Savill & A./London	GB	Fracht, Passagier	Australien, Neuseeland	254.000
Gulf Oil Co./New York	USA	Tanker	Iran	226.000
Lloyd Brasileiro/Rio de J.	Brasilien	Passagier, Fracht	Europa, Nordamerika	221.000

D = Deutschland
F = Frankreich
GB = Großbritannien
NL = Niederlande

69. Passagierschiffe mit über 20.000 BRT im Liniendienst zwischen Europa und Nordamerika, Afrika und Asien, 1945 bis 1977

viele sind anschließend noch im Kreuzfahrtgeschäft tätig.

Linienfahrt zwischen Europa und Nordamerika

Schiffsname (Tonnage)	Alter	1945	1950	1955	1960	1965	1970	1975
>Queen Elisabeth< (83.700)	1940	46					68	
>America< (26.500)	1940	46			64			
>Queen Mary< (80.800)	1936	47				67		
>Nieuw Amsterdam< (36.300)	1938	47					71	
>Mauretania< (35.700)	1939	47			62			
>Britannic< (26.700)	1930	48		60				
>Ile de France< (43.200)	1927		49	58				
>Caronia< (34.200)	1948		49			68		
>Europa/Liberté< (49.700)	1930		50		61			
>Independence< (23.700)	1951		51			68		
>Constitution< (23.700)	1951		51			68		
>United States< (53.300)	1952		52				69	
>Andrea Doria< (29.100)	1952			53	56 gesunken			
>Olympia< (23.000)	1953			53			70	
>Kungsholm/Europa< (26.700)	1952			53				72
>Cristoforo Colombo< (29.200)	1954			54				73
>Empress of Britain< (25.500)	1956				56	64		
>Carinthia< (22.000)	1956				56		68	
>Sylvania< (22.000)	1957				57		68	
>Empress of England (25.600)	1957				57		70	
>Gripsholm< (22.000)	1957				57		66	
>Statendam< (24.300)	1957				57		66	
>Rotterdam< (38.600)	1959					59	69	
>Pasteur/Bremen< (29.300)	1939					59	69	
>Orania< (41.900)	1960					60		73

Schiffsname (Tonnage)	Alter	1945	1950	1955	1960	1965	1970	1975
>Leonardo da Vinci< (33.300)	1960				60		?	
>Canberra< (45.300)	1961				61			73
>Empress of Canada< (27.300)	1961				61			73
>France< (66.300)	1961				62			74
>Shalom/Hanseatic< (25.300)	1964					64	69	
>Michelangelo< (45.900)	1965					65		74
>Raffaello< (45.900)	1965					65		74
>Queen Elisabeth <II (65.900)	1968						69 72	

Ab den sechziger Jahren wird die Konkurrenz des Langstreckenflugzeugs übermächtig. Die jüngeren Passagierschiffe werden nach und nach zu Kreuzfahrtschiffen umgebaut. Am Nordatlantik ist 1974 die Zeit der Passagier-Linienschiffe zu Ende. Auf den anderen Meeren halten sie sich noch ein wenig länger. Eine Zeitlang sind auch Fahrten rund um die Welt beliebt, für die die Schiffe noch einige Jahre Verwendung finden. Manche werden als Hotelschiffe und schwimmende Unterkünfte eingesetzt.

Linienfahrt von Europa nach Südamerika

Name (Tonnage)	Alter	1945	1950	1955	1960	1965	1970	1975
>Andes< (25.700)	1939		48		59			
>Giulio Cesare< (27.100)	1951		51					73
>Augustus< (27.100)	1952		52					74
>Vera Cruz< (21.800)	1952		52		60			
>Santa Maria< (20.900)	1953			53 56				
>Reina del Mar< (20.200)	1956				56		63	
>Amazon< (20.400)	1960				60		68	
>Aragon< (20.400)	1960				60		69	
>Arlanza< (20.400)	1960				60		69	

Linienfahrt von den USA nach Südamerika

Schiffsname (Tonnage)	Alter	1945	1950	1955	1960	1965	1970	1975
>Brasil< (22.100)	1958				58		69	

Linienfahrt von Europa nach Ostasien und Ozeanien

Schiffsname (Tonnage)	Alter	1945	1950	1955	1960	1965	1970	1975	1980
>Willem Ruys< (21.100)	1947	47		57					
>Orcades< (28.200)	1948	48					72		
>Dominion Monarch< (27.200)	1939	48			62				
>Himalaya< (28.000)	1949		49		63				
>Rangitoto< (21.800)	1949		49				69		
>ChU S An< (24.200)	1950		50					73	
>Rangitane< (21.900)	1949		50			67			
>Oronsay< (27.600)	1951			51			?		
>Iberia< (29.600)	1954			54			72		
>Arcadia< (29.700)	1954			54			?		
>Orsova< (28.800)	1954			54				74	

Schiffsname (Tonnage)	Alter	1945	1950	1955	1960	1965	1970	1975	1980
>Galileo Galilei< (27.900)	1963					63			77
>Guglielmo Marconi< (27.900)	1963					63			77
>Oxfordshire< (20.600)	1957					64		73	

Linienfahrt von Europa nach Südafrika

Schiffsname (Tonnage)	Alter	1945	1950	1955	1960	1965	1970	1975	1980
>Capetown Castle< (27.000)	1938	47				67			
>Pretoria Castle< (28.700)	1948	48				69			
>Edinburgh Castle< (28.700)	1948	48					?		
>Pendennis Castle< (28.600)	1958				59		?		
>Windsor Castle< (37.600)	1960				60				77
>Inf. Dom Henrique< (23.300)	1961				61			76	
>Transvaal Castle< (32.700)	1961				62				77

70. Die Welthandelsflotte am 1.August 1968

Schiffe von 300 BRT und darüber, einschließlich der U.S. Reserveflotte von rund sieben Millionen BRT. Bei Deutschland Bundesrepublik plus DDR.

Land	Schiffe	Tonnage in BRT	je Schiff	Tragfähigkeit
Liberia B	1.599	25,575.200	13.000	41,801.000
Großbritannien und Nordirland	2.326	21,280.700	9.150	29,869.000
Norwegen	1.612	19,295.000	11.900	30,968.000
Japan	3.477	18,196.300	5.230	28,106.000
USA	2.105	17,917.600	8.520	25,650.000
Sowjetunion	1.842	9,332.400	5.070	12,678.000
Griechenland	1.253	8,111.900	6.470	11,032.000
Italien	1.021	6,557.100	6.440	9,147.000
Deutschland	1.975	6,333.200	3.210	10,810.000
Frankreich	604	5,496.500	9.100	7,664.000
Panama B	749	5,265.400	7.030	8,068.000
Niederlande	1.261	5,182.300	4.110	7,337.000
Schweden	622	4,635.900	7.450	6,796.000
Dänemark	629	3,037.100	4.830	4,613.000
Spanien	611	2,426.800	3.970	3,418.000
Indien	245	1,945.000	7.950	2,833.000
Brasilien	309	1,352.600	4.370	1,918.000
Jugoslawien	235	1,292.700	5.500	1,824.000
Polen	249	1,242.700	5.000	1,759.000
Finnland	277	1,040.300	3.760	1,572.000
Argentinien	167	986.100	5.900	1,358.000
Philippinen	142	836.800	5.890	1,173.000
Hongkong	115	829.600	7.210	1,229.000

Land	Schiffe	Tonnage in BRT	je Schiff	Tragfähigkeit
Formosa/Taiwan	148	808.800	5.460	1,147.000
Belgien	94	771.800	8.200	1,273.000
China VR	198	766.700	7.230	1,030.000
Australien	137	739.300	5.400	1,024.000

B = Billigflaggen

71. Weltschiffbau 1975 und 1990

in 1000 BRT

nach Schiffstypen

1975	Tanker	Erz/Öl-Frachter, Massengüter	allg. Frachter	Containerschiffe	Flüssiggas und Chemie	Fischereifahrzeuge	übrige Schiffe	ganzer Schiffbau 1975
Schiffe	401	229	605	17	64	717	696	2.730
Tonnage	22,725	6,248	2,776	231	842	593	787	34,302
Anteil	66,4%	18,3%	8,1%	0,7%	2,5%	1,7%	2,3	100,0%

Der Weltschiffbau hat einen Spitzenwert erreicht, der in diesem Jahrhundert nicht mehr überschritten wird.

nach Ländern

1975	Japan	Deutschland	Schweden	Großbritannien	Frankreich	Norwegen	Niederlande	Dänemark
Schiffe	930	237	47	114	59	138	143	58
Tonnage	16,991	2,849	2,187	1,169	1,150	1,052	1,028	969
Anteil	49,7%	8,3%	6,4%	3,4%	3,4%	3,1%	3,0%	2,8%

Bei Deutschland sind Bundesrepublik und DDR addiert

nach Schiffstypen

1990	Tanker	Erz/Öl-Frachter, Massengüter	allg. Frachter	Containerschiffe	Flüssiggas und Chemie	Fischereifahrzeuge	übrige Schiffe	ganzer Schiffbau 1990
Schiffe	151	123	350	68	117	498	365	1672
Tonnage	5,079	5,536	1,598	1,655	789	334	894	15,885
Anteil	32,0%	34,9%	10,1%	10,4%	5,9%	2,1%	5,6%	100,0%

nach Ländern

1990	Japan	Südkorea	Deutschland	Jugoslawien	Dänemark	Italien	Spanien	Brasilien
Schiffe	633	110	97	25	29	27	97	7
Tonnage	6,824	3,460	856	457	395	372	363	256
Anteil	43,0%	21,8%	5,4%	2,9%	2,5%	2,3%	2,3%	1,6%

Japan und Südkorea haben den Großteil des Weltschiffbaues an sich gezogen. Ehemals bedeutende Schiffbaunationen sind aus dem Werftgeschäft gedrängt worden wie die USA (Anteil 0,1%!), Großbritannien (0,8%), Frankreich (0,4%) oder Norwegen mit (0,5%).

72. Containerumschlag nach Ländern 1974

Menge in TEU (Twenty foot Equivalent Unit)

Land	TEU	Land	TEU
USA	5,382.537	Spanien	188.340
Japan	1,906.832	Singapur	153.411
Großbritannien	1,640.758	Israel	150.170
Niederlande	1,173.000	Portugal	114.714
BRD	736.975	Sowjetunion	90.791
Hongkong	726.215	Neuseeland	71.091
Australien	690.112	Philippinen	65.773
Puerto Rico	678.650	Norwegen	63.000
Belgien	507.958	Finnland	46.969
Kanada	502.894	Griechenland	46.530
Taiwan	388.923	Südafrika	37.464
Frankreich	345.274	Malaysia	34.950
Italien	316.188	Jamaika	31.200
Schweden	231.617	Brasilien	26.432
Irland	202.816	Polen	24.726
Dänemark	194.102	Andere	21.401

Der ganze Containerumschlag beträgt daher bereits 16,791.913.
Die zehn größten Containerhäfen in diesem Jahr nach dem Umschlag an TEU sind:

New York, USA	1,658.000	Oaklana, USA	545.000
Rotterdam, Niederlande	1,116.000	Seattle, USA	430.000
Kobe, Japan	839.000	Bremen/Bremerhaven	420.000
Hongkong	726.000	Tokio, Japan	371.000
San Juan, Puerto Rico	679.000	Hampton Roads, USA	362.000

Der Ausbau der neuen Containerhäfen ist im vollen Gange.

73. Die größten Welthäfen 1975 und 1996

ohne Ölverladestellen wie Ras Tanura in Saudi Arabien, die Insel Kharg in Persien oder Curaçao in der Karibik.

	1975			1997	
Nr.	Hafen	Umschlag in t	Nr.	Hafen	Umschlag in t
1)	Rotterdam/NL	269,300.000	1)	Singapur	314,165.000
2)	Kobe/Japan	133,900.000	2)	Rotterdam/NL	284,358.000
3)	New York/USA	120,300.000	3)	Komplex New Orleans	233,995.000
4)	Jokohama/Japan	117,300.000	4)	Chiba/Japan	177,811.000
5)	Chiba/Japan	114,000.000	5)	Schanghai/VR China	170,000.000
6)	New Orleans/USA	109,100.000	6)	Hongkong	157,299.000
7)	Komplex Marseille	109,000.000	7)	Nagoja/Japan	137,064.000
8)	Nagoja/Japan	86,600.000	8)	Kobe/Japan	135,519.000
9)	Kawasaki/Japan	85,600.000	9)	Ulsan/Südkorea	129,467.000
10)	Le Havre/F	84,100.000	10)	Jokohama/Japan	126,488.000
11)	Baton Rouge/USA	75,000.000	11)	Inchon/Südkorea	116,001.000
12)	Houston/USA	72,500.000	12)	Kwangyang/Südkorea	112,690.000
13)	Themsemündung	71,900.000	13)	Antwerpen/Belgien	106,526.000
14)	Milford Haven/GB	60,400.000	14)	Osaka/Japan	104,641.000
15)	Vitória/Brasilien	57,600.000	15)	Long Beach/USA	99,386.000
16)	Philadelphia/USA	55,900.000	16)	Kitakyushu/Japan	98,277.000
17)	Singapur	52,900.000	17)	Pusan/Südkorea	97,598.000
18)	Hamburg/D	51,500.000	18)	Tokio/Japan	92,197.000
19)	Genua/Italien	51,300.000	19)	Komplex Marseille	90,712.000
20)	Antwerpen/Belgien	50,500.000	20)	Kaohsiung/Taiwan	83,232.000
21)	Baltimore/USA	45,400.000	21)	Richards B./Südafrika	78,993.000
22)	Osaka/Japan	45,000.000	22)	Hamburg/Deutschland	70,920.000
23)	Norfolk/GB	44,200.000	23)	Houston/USA	69,395.000
24)	Augusta/Italien	43,200.000	24)	Newcastle/Australien	66,991.000
25)	Tampa/USA	36,000.000	25)	Los Angeles/USA	62,744.000

D = Deutschland
F = Frankreich
GB = Großbritannien

Die Aufsteiger der letzten 20 Jahre sind Singapur, Schanghai, Hongkong, Kaohsiung, Richards Bay und die Häfen von Südkorea. In Europa sind Rotterdam, Marseille, Le Havre, die Themsemündung, Milford Haven, Genua und Augusta auch Ölentladehäfen. Vitória ist Verladehafen für brasilianisches Eisenerz.

74. Weltfischfang 1982 und 1995

Ertrag aus dem Fischfang in der Hohen See, den Küsten- und Binnengewässern mit Krustentieren und ohne Säugetiere nach FAO Angaben.

	1982			1995	
Nr.	Land	Fang in Tonnen	Nr.	Land	Fang in Tonnen
1)	Japan	10,775.100	1)	VR China	24,433.000
2)	Sowjetunion	9,956.700	2)	Peru	8,943.000
3)	VR China	4,926.700	3)	Chile	7,591.000
4)	USA	3,988.300	4)	Japan	6,758.000
5)	Chile	3,673.000	5)	USA	5,634.000
6)	Peru	3,452.000	6)	Indien	4,904.000
7)	Norwegen	2,499.900	7)	Rußland	4,374.000
8)	Indien	2,335.200	8)	Indonesien	4,118.000
9)	Dänemark *	2,281.700	9)	Thailand	3,502.000
10)	Südkorea	2,281.300	10)	Norwegen	2,808.000
11)	Indonesien	2,020.000	11)	Südkorea	2,688.000
12)	Thailand	1,920.000	12)	Philippinen	2,269.000
13)	Philippinen	1,787.700	13)	Dänemark	2,041.000
14)	Nordkorea	1,550.000	14)	Nordkorea	1,850.000
15)	Mexiko	1,506.000	15)	Island	1,616.000
16)	Kanada	1,389.300	16)	Mexiko	1,358.000
17)	Spanien	1,351.000	17)	Spanien	1,320.000
18)	Vietnam Süd	1,000.000	18)	Taiwan	1,288.000
19)	Großbritannien **	901.500	19)	Malaysia	1,240.000
20)	Brasilien	850.000	20)	Vietnam	1,200.000
21)	Taiwan	820.000	21)	Bangladesch	1,170.000
22)	Island	788.700	22)	Argentinien	1,149.000
23)	Frankreich ***	764.500	23)	Großbritannien	1,003.000
24)	Bangladesch	724.800	24)	Kanada	901.000
25)	Malaysia	682.600	25)	Marokko	846.000
26)	Ecuador	636.500	26)	Myanmar/Burma	832.000
27)	Südafrika	624.300	27)	Brasilien	800.000
28)	Polen	604.900	28)	Frankreich	793.000
	Weltfischfang	76,773.000		Weltfischfang	112,910.000

* mit Färöer Inseln und Grönland
** ohne die Kanalinseln und ohne die Insel Man
*** ohne Binnenfischerei

75. Welthandelsflotte 1983 und 1998

Seeschiffe mit über 300 BRZ nach ISL - Institut für Seeverkehrswirtschaft und Logistik in Bremen. Tonnage in 1000 BRZ

1983				1998			
Nr.	Land	Schiffe	BRZ	Nr.	Land	Schiffe	BRZ
1)	Liberia (B)	2099	67,547	1)	Panama (B)	4834	89,262
2)	Japan	4181	37,923	2)	Liberia (B)	1599	58,714
3)	Griechenland	2787	35,862	3)	Griechenland	1199	25,093
4)	Panama (B)	3747	31,222	4)	Bahamas (B)	1070	24,952
5)	Großbritannien	1248	19,765	5)	Zypern (B)	1533	22,996
6)	Norwegen	759	19,409	6)	Malta (B)	1312	22,581
7)	Sowjetunion	3007	18,036	7)	Norwegen	1170	22,017
8)	USA *	1051	16,604	8)	Singapur	968	18,472
9)	Frankreich	391	10,280	9)	Japan	3510	16,928
10)	Italien	937	9,513	10)	VR China	2045	14,947
11)	Deutschland **	1273	7,954	11)	USA	375	9,773
12)	VR China	893	7,506	12)	Philippinen	935	8,675
13)	Spanien	712	7,061	13)	Rußland	1755	7,749
14)	Singapur	636	6,787	14)	Großbritannien	460	7,314
15)	Indien	421	6,011	15)	St. Vincent (B)	885	7,231
16)	Brasilien	421	5,600	16)	Südkorea	742	6,951
17)	Südkorea	612	5,274	17)	Indien	390	6,571
18)	Dänemark ***	571	4,891	18)	Deutschland	632	6,547
65)	Schweiz	34	319	66)	Schweiz	20	434
80)	Österreich	17	102	93)	Österreich	26	87
	Welthandelsfl.	34.732	387,979		Welthandelsfl.	38.500	743,611

* Mit Reserveflotte von 1.300.000 BRT
** BRD und DDR
*** einschließlich Färöer-Inseln
(B) Länder mit Billigflaggen-Fluchttonnage der Industrieländer
Die Tabelle zeigt einen scheinbaren Rückgang der Tonnage der Flotten der Industrieländer. Die meisten Schiffe sind aber in Staaten mit Billigflaggen registriert.

76. Die größten Containerhäfen im Jahr 1983

nach Aufnahmekapazität

Hafen	Terminalfläche in m²	Lagerfläche in m²	TEU Aufnahme
Rotterdam, Niederlande	14,500.000	?	?
Rashid, VAE	5,500.000	4,400.000	?
New York + New Jersey, USA	5,434.000	?	?
Damman, Saudi Arabien	5,000.000	1,800.000	?
London, Großbritannien	4,800.000	?	?
Hongkong, China	4,770.000	?	?
Port Kelang, Malaysia	3,830.000	2,420.000	3.800
Liverpool, Großbritannien	3,650.000	2,266.000	15.000
Oakland, USA	3,605.000	1,308.000	?
Los Angeles + Long Beach, USA	3,137.000	?	47.850
Hamburg, Deutschland	3.125.000	?	?
Bremen + Bremerhaven, D	2,770.000	790.000	36.900
Koper, Slowenien	2,000.000	1,500.000	?
Tokio + Jokohama, Japan	1,970.000	?	?
Antwerpen, Belgien	1,720.000	920.000	59.000
Charleston, USA	1,563.000	?	?
Seattle, USA	1,483.000	?	?
Honolulu, USA	1,460.000	?	?
Göteborg, Schweden	1,450.000	520.000	52.000
Kobe, Japan	1,420.000	?	?
Manila, Philippinen	1,194.000	416.000	12.700
Montreal, Kanada	982.000	?	?
Kaohsiung, Taiwan	980.000	392.000	?
Kapstadt, Südafrika	970.000	51.500	8.300
Sydney, Australien	873.000	416.000	30.000
Melbourne, Australien	743.000	301.000	15.700
Pusan, Korea	630.000	360.000	?
Amsterdam, Niederlande	450.000	130.000	5.000

D = Deutschland
Weder die Gesamtfläche noch die Lagerfläche geben eine genaue Aussage über den Umschlag, sie sind aber ein Hinweis auf die Möglichkeiten.
Viele Daten sind leider nicht verfügbar.
Der größte Umschlag in TEU im Anhang 1998

77. Die größten Werften der Welt um 1995

nach Lloyd's Register of Ships 1999/2000 und Weyer's Flottentaschenbuch 1999/2001
erstellt Februar 2001

In den letzten zehn Jahren (1989–1998) gebaute große Schiffe. Passagierschiffe mit über 50.000 BRT, Tanker mit über 160.000 BRT, Erzfrachter mit über 100.000 BRT, Massengutschiffe mit über 100.000 BRT, Containerschiffe mit über 60.000 BRT, RoRo-Schiffe mit über 45.000 BRT, Tiefseebohrschiffe über 60.000 BRT und die wichtigsten Kriegsschiffe.

Land	Werft	Schiffsbauten
Japan	Mitsubishi in Kobe Shimonoseki, Jokohama und Nagasaki	3 Kreuzer, 3 Fregatten, 10 Tanker, 10 Flüssiggastanker, 14 Containerschiffe, 1 RoRo-Schiff
	Ishikawashima in Tokio, und Kure	7 Containerschiffe, 1 Kreuzer, 4 Fregatten
	Kawasaki in Sakaide	6 Flüssiggastanker, 4 Containerschiffe
	Chiba Werke in Ichihara	8 Flüssiggastanker, 1 Containerschiff
	Hitachi Zosen in Nagasu und Maizuru	6 Tanker, 3 Fregatten
	Ariake Werke in Nagasu	2 Erzfrachter
	Apama in Yokosuka	2 Tanker
	Mitsui in Ichihara und Tamano	1 Massengutfrachter, 2 Fregatten
	Sumitomo in Uraga	3 Fregatten
Südkorea	Hyundai in Ulsan	7 Massengutfrachter, 2 Tanker, 2 Gastanker, 20 Containerschiffe, 3 Erz-/Ölfrachter, 8 RoRo-Schiffe, 2 Erzfrachter, 1 Flüssiggastanker
	Daewo in Okpo	6 Massengutschiffe, 5 Erz-/Ölfrachter, 6 Containerschiffe, 3 RoRo-Schiffe, 2 Erzfrachter
	Samsung in Koje	6 Massengutfrachter, 2 Containerschiffe, 2 Bohrschiffe
	Hanjin in Pusan	10 Containerschiffe
Italien	Fincantieri in Monfalcone, Venedig und Castellamare	12 Passagierschiffe, 3 Erzfrachter, 4 RoRo-Schiffe
	Sestri, Genua	2 RoRo-Schiffe
	CNR in Riva Trigoso	2 Fregatten
Finnland	Kvaerner in Helsinki, Turku Warnow(D), Fjellstrand und Floro(N)	9 Passagierschiffe, 4 Flüssiggastanker
Dänemark	Stahlbau Odensee	12 Containerschiffe
Deutschland	Howaldt Dt.Werke in Kiel	6 Containerschiffe, 1 Fregatte
	J. L. Mayer in Papanburg	4 Passagierschiffe
	Vulkan in Bremen	1 Passagierschiff, 2 Containerschiffe, 2 Fregatten

Land	Werft	Schiffsbauten
	Blohm & Voss in Hamburg	1 Fregatte
	Thyssen NSW in Emden	2 Fregatten
Frankreich	Chantiere de l'Atlantique in St. Nazaire	6 Passagierschiffe, 6 Fregatten
	Staatswerft Brest	Flugzeugträger >Charles de Gaulle<, 2 Fregatten
	Staatswerft Cherbourg	3 U-Schiffe
	Staatswerft Lorient	6 Fregatten
Rußland	Yantar, Kaliningrad	5 Kreuzer, 1 Fregatte
	Zdanov, St. Petersburg	8 Kreuzer
	Werft 402, Severodvinsk	12 U-Schiffe
	SMP, Severodvinsk	10 U-Schiffe
	Komsomolsk	6 U-Schiffe
	Werft 112, Gorki	2 U-Schiffe
	Werft 532, Kertsch	4 Fregatten
USA	Newport News, Shipbdg.	Flugzeugträger >Abraham Lincoln<, George Washington<, >John C. Stennis<, >Harry S. Truman<, 13 U-Schiffe
	Ingalls in Pascagoula	27 Kreuzer, 7 Landungsschiffe
	Bath Ironworks	20 Kreuzer
	Gen. Dynamics in Groton	14 U-Schiffe
	Avondale in New Orleans	8 Landungsschiffe
Großbrit.	Swan Hunter in Wallsend	6 Fregatten
	Vickers-Armstrg, Barrow	7 U-Schiffe
	Yarrow in Scotstoun	14 Fregatten
Spanien	Bazan in Ferrol und Cartagena	Flugzeugträger >Principe de Asturias<, 4 Fregatten, Flugzeugträger >Chakri Naruebet< für Thailand
	Astilleros Espan., in Cadiz	1 Tanker
China	Hudong, Schanghai	9 Fregatten
	Jiangnan, Schanghai	1 Containerschiff, 2 Kreuzer
	Zhonghua, Schanghai	6 Fregatten, 2 Fregatten für Thailand
	Staatswerft Dalian	6 Fregatten
Niederlande	de Schelde in Vlissingen	9 Fregatten
Indien	Mazagon in Bombay	3 Kreuzer, 1 Fregatte
	Garden Reach in Kalkutta	2 Fregatten

Große Werften wie Harland & Wulff in Belfast scheinen in dieser Liste nicht mehr auf. Japan und Südkorea haben fast den ganzen Bau von großen Handelsschiffen an sich gezogen. Ob die neuen Werften in Südkorea die schnelle Expansion finanziell verkraften, ist abzuwarten. In Rußland, den USA und Großbritannien überleben nur die Werften, die für die eigene Marine Aufträge zum Bau von Kriegsschiffen bekommen.

78. Welthäfen mit dem größten Güterumschlag 1998/99

nach dem Institut für Seeverkehrswirtschaft und Logistik in Bremen
aber ohne die reinen Erdölverlade- und Entladehäfen im Persischen Golf, im Roten Meer, vor
Nigeria und Venezuela sowie in Westeuropa und Japan
Zahlen in Millionen Tonnen für 1999

Hafen	Umschlag	Anmerkung
Singapur	326,049	Zentralumschlag für Ostasien
Rotterdam, Niederlande	299,154	mit Ölhafen
South Louisiana, USA	222,550	New Orleans und Umgebung
Long Beach mit Los Angeles	220,819	Long Beach allein 119,312
Tokio mit Yokohama	199,853	Yokohama allein 114,538
Shanghai, VR China	170,000	1998
Hongkong	168,838	Umschlag für Südchina
Chiba, Japan	164,741	mit Ölhafen
Ulsan, Südkorea	148,332	1998
Nagoya, Japan	133,038	
Kwangyang, Südkorea	131,059	
Antwerpen, Belgien	115,654	mit Binnenschiffahrt
Kaohsiung, Taiwan	110,722	
Inchon, Südkorea	108,227	Hafen für Souel
Pusan, Südkorea	107.757	
Houston, USA	97,758	1998, mit Erdöl
Marseille, Frankreich	90,258	auch Erdölhafen
Kitakyushu, Japan	87,346	1998, Schwerindustrie
Richards Bay, Südafrika	86,210	Erzverladung
Osaka, Japan	85,391	
Corpus Christi, USA	84,525	Erdöl und Küstenschiffahrt
Kobe, Japan	82,278	1998 noch 100,048
Dampier, Australien	82,528	Erzausfuhr
Hamburg, Deutschland	81,037	
Dalian, VR China	75,150	1998
Newcastle, Australien	72,711	Schwerindustrie
Vancouver, Kanada	71,213	
Tubarao, Brasilien	67,406	
Port Hedland, Australien	65,431	Eisenerz und Salzverschiffung
Le Havre, Frankreich	63,922	
Weserhäfen, Deutschland	37,627	
Wilhelmshaven, Deutschland	39,731	¾ Öleinfuhr
Lübeck, Deutschland	17,542	
Rostock, Deutschland	17,406	

79. Die Häfen mit dem größten Containerumschlag 2000 und 1994

nach ISL, nur Containerumschlag, Löschen, Laden und Durchgang

Hafen	Land	TEU 2000	TEU 1994
Hongkong	Hongkong/China VR	18,100.000	11,050.000
Singapur	Singapur	17.040.000	10,399.000
Long Beach + Los Angeles	USA	9,480.200	5,381.000
Pusan	Südkorea	7,615.070	3,232.000
Kaohsiung	Taiwan	7,425.830	4,900.000
Rotterdam	Niederlande	6,300.000	4,442.000
Schanghai	VR China	5,613.000	1,092.000
Tokio + Jokohama	Japan	5,198.720	4,125.000
Hamburg	Deutschland	4,248.250	2,742.000
Antwerpen	Belgien	4,082.330	2,208.000
Tanjung Priok/Djakarta	Indonesien	3,368.630	1,164.000
Port Kelang	Malaysia	3,206.430	944.000
New York/New Jersey	USA	3,178.310	2,034.000
Dubai Hafenkomplex	Vereinigte Arab. Emirate	3,058.870	1,882.000
Felixstowe	Großbritannien	2,800.000	1,230.000
Bremer Häfen	Deutschland	2,712.420	1,503.000
Gioia Tauro (1)	Italien	2,652.700	-
San Juan	Puerto Rico	2,392.750	1,580.000
Manila	Philippinen	2,288.600	1,275.000
Kobe (2)	Japan	2,265.990	2,705.000
Laem Chabang (3)	Thailand	2,195.000	333.000
Yantian	VR China	2,139.680	~500.000
Quingdao	VR China	2,120.000	~900.000
Algeciras/La Linea	Spanien	2,009.120	1,004.000
Keelung/Chi-lung	Taiwan	1,954.570	2,047.000
Nagoja	Japan	1,904.660	1,224.000
Oakland	USA	1,776.920	1,491.000
Colombo	Sri Lanka	1,732.850	973.000
Xingang/Tientsin	VR China	1,708.000	~800.000
Seattle	USA	1,488.000	1,180.000
Genua	Italien	1,500.630	512.000
Le Havre	Frankreich	1,486.110	873.000
Huangpu/Kanton	VR China	1,429.000	~600.000
Tacoma	USA	1,380.000	1,026.000
Barcelona	Spanien	1,364.000	605.000
Port of Virginia/Hampton R.	USA	1,340.000	894.000
Valencia	Spanien	1,308.000	467.000
Melbourne	Australien	1,290.320	884.000
Dublin (1998)	Irland	1,191.000	515.000
Bangkok	Thailand	1,073.510	1,337.000

(1) Neuer Hafen. (2) Rückgang des Umschlags nach dem großen Erdbeben von 1995.
(3) übernimmt einen Teil des Umschlags von Bangkok.

80. Die Welthandelsflotte am 1. Jänner 1999 nach den Besitzern

Nach ISL kontrollieren zehn Nationen 68% der Welthandelsflotte.
Gerechnet sind Schiffe mit 1000 BRZ und darüber.
3349 Schiffe mit zusammen 34,100.000 BRZ der Welthandelsflotte von 750,900.000 BRZ konnten keinen bestimmten Nationen zugeordnet werden.

Rang	Sitz der Mehrheitseigentümer	Gesamttonnage in dwt Tonnen	Tonnage unter der eigenen Flagge	Tonnage unter fremder Flagge
1)	Griechenland	127,300.000	43,154.000	84,100.000
2)	Japan	93,800.000	19,695.000	74,100.000
3)	Norwegen	52,200.000	28,024.000	24,200.000
4)	USA	43,500.000	10,560.000	32,900.000
5)	VR China	36,200.000	20.683.000	15,600.000
6)	Hongkong	31,700.000	5,554.000	26,100.000
7)	Deutschland	26,100.000	9,457.000	16,600.000
8)	Südkorea	25,600.000	7.065.000	18,600.000
9)	Schweden	21,100.000	1,653.000	19,400.000
10)	Großbritannien	19,200.000	5,510.000	13,700.000
11)	Singapur	17,817.000	10,658.000	7,159.000
12)	Taiwan	17,625.000	7,590.000	10,035.000
13)	Rußland	14,151.000	7,417.000	6,734.000
14)	Dänemark	12,993.000	6,749.000	6,244.000
15)	Indien	11,821.000	10,332.000	1,490.000
16)	Saudi-Arabien	11,199.000	1,019.000	10,180.000
17)	Italien	10,965.000	6,817.000	4,147.000
18)	Türkei	8,945.000	8,374.000	571.000
19)	Brasilien	8,212.000	6,015.000	2,198.000
20)	Belgien	7,515.000	3.000	7,512.000

Die Tonnage der Handelsschiffe unter fremden Flaggen ist in den letzten fünf Jahren um sieben Prozent angestiegen, jener unter der eigenen Flagge um zwei Prozent gesunken.
Die oben angeführten Staaten haben ihre Schiffe in folgenden fremden Ländern registriert: Panama (32,6%), Liberia (21,0%), Bahamas (8,9%), Malta (8,7%), Zypern (7,6%), Marschall-Inseln (2,7%), St. Vincent in der Karibik (1,9%), Bermudas (1,8%) und in übrigen Ländern (15,1%). Frachtschiffe sind viele in Panama registriert, Tanker meist in Liberia und Passagierschiffe in den Bahamas. In Zypern sind viele Massengutfrachter registriert.

81. Die Welthandelsflotte am 1. Jänner 1999 nach Flaggen

Rang	Land	Schiffe	BRZ	tdw	TEU
1)	Panama	4920	95,825.000	145,196.000	1,041.000
2)	Liberia	1628	59,350.000	95,081.000	462.000
3)	Griechenland	1131	25,387.000	43,790.000	118.000
4)	Bahamas	1103	25,965.000	39,622.000	255.000
5)	Malta	1362	23,805.000	39,273.000	140.000
6)	Zypern	1187	21,599.000	32,989.000	125.000
7)	Singapur	977	19,738.000	31,147.000	284.000
8)	Norwegen	684	19,241.000	29,929.000	122.000
9)	Japan	3378	16,389.000	23,153.000	63.000
10)	VR China	2067	15,041.000	22,230.000	148.000
11)	USA	363	9,222.000	12,704.000	231.000
12)	Philippinen	924	8,228.000	12,579.000	43.000
13)	Marshall-Inseln	135	6,703.000	11,517.000	71.000
14)	Indien	381	6,370.000	10,625.000	27.000
15)	St. Vincent	879	7,078.000	10,478.000	79.000
16)	Hongkong	282	6,151.000	10,261.000	86.000
17)	Deutschland	697	7,968.000	9,792.000	659.000
18)	Türkei	884	5,892.000	9,549.000	39.000
19)	Großbritannien	479	7,197.000	9,365.000	125.000
20)	Taiwan	220	5,328.000	8,366.000	143.000
21)	Südkorea	692	5,231.000	8,095.000	71.000
22)	Rußland	1671	6,743.000	8,075.000	71.000
23)	Bermudas	107	4,819.000	7,833.000	38.000
24)	Italien	623	6,353.000	7,750.000	64.000
25)	Malaysia	488	5,154.000	7,566.000	70.000
26)	Dänemark	499	5,658.000	7,059.000	229.000
27)	Brasilien	204	4,037.000	6,702.000	227.000
28)	Frankreich	215	4,225.000	6,331.000	51.000
29)	Iran	166	3,203.000	5,617.000	17.000
30)	Niederlande	652	4,485.000	5,095.000	186.000
31)	Indonesien	1041	2,864.000	4,013.000	15.000
32)	Kuwait	58	2,397.000	3,878.000	18.000
33)	Antigua & Barbuda	558	2,743.000	3,572.000	201.000
34)	Thailand	413	1,932.000	3,108.000	23.000
35)	Rumänien	213	1,982.000	2,915.000	13.000
36)	Belize	698	1,767.000	2,558.000	12.000
37)	Australien	106	1,845.000	2,459.000	8.000
38)	Ägypten	207	1,316.000	1,976.000	10.000
39)	Schweden	237	2,604.000	1,921.000	28.000
40)	Cayman-Inseln	76	1,218.000	1,885.000	9.000
65)	Schweiz	18	422.000	732.000	2.000
95)	Österreich	22	68.000	98.000	4.000
112)	Ungarn	2	15.000	20.000	1.000

82. Die größten Passagierschiffe aller Zeiten

Linien-, Kreuzfahrtschiffe und Fähren über rund 20.000 BRT/BRZ
Stand 2001

Name	Land	fertig	Größe	Bemerkung
>Queen Mary II.<	GB	2002	150.000 BRZ	2600 Pass./1250 Besatzung
>Explorer of the Sea<	USA	2000	137.300 BRZ	3100 Pass./1180 Besatzung
>Voyager of the Sea<	USA	1999	137.300 BRZ	
>Golden Princess<	GB	2001	108.800 BRZ	
>Grand Princess<	GB	1997	108.800 BRZ	
>Carnival Triumph<	USA	1998	101.350 BRZ	
>Carnival Destiny<	USA	1996	101.350 BRZ	
>Norwegian Dawn<	USA	2002	92.000 BRZ	
>Norwegian Star<	USA	2001	91.700 BRZ	
>Constellation<	USA	2001	90.230 BRZ	Gasturbinenantrieb
>Summit<	USA	2001	90.230 BRZ	Gasturbinenantrieb
>Infinity<	GB	2001	90.230 BRZ	Gasturbinenantrieb
>Millenium<	GB	2000	90.230 BRZ	Gasturbinenantrieb
>Serenade of the Seas<	USA	2003	90.090 BRZ	
>Brilliance of the Seas<	USA	2002	90.090 BRZ	
>Radiance of the Seas<	USA	2001	90.090 BRZ	
>Carnival Legend<	USA	2002	88.500 BRZ	
>Jewel of the Seas<	USA	2004	88.000 BRZ	
>Costa Atlantica<	Italien	2000	85.700 BRZ	
>Queen Elisabeth<	GB	1940	83.700 BRT	9/13. Jän. 1972 ausgebrannt
>Disney Magic<	USA	1998	83.300 BRZ	
>Disney Wonder<	USA	1998	83.300 BRZ	
>Queen Mary<	GB	1936	80.800 BRT	Hotelschiff in den USA
>Normandie<	Frankreich	1935	79.300 BRT	10. Februar 1942 ausgebrannt
>Rhapsody of the Sea<	Norwegen	1997	78.500 BRZ	
>Vision of the Seas<	Norwegen	1998	78.300 BRZ	
>Costa Olympia<	Italien	1997	78.200 BRZ	
>Norwegian Sun<	USA	2001	78.000 BRZ	
>Sea Princess<	GB	1998	77.400 BRZ	
>Dawn Princess<	GB	1997	77.400 BRZ	
>Sun Princess<	GB	1995	77.400 BRZ	
>Norwegian Sky<	Norwegen	1999	77.100 BRZ	
>Mercury<	USA	1997	76.500 BRZ	
>Galaxy<	Griechenland	1996	76.500 BRZ	
>Aurora<	GB	2000	76.000 BRZ	
>Super Star Virgo<	Singapur	1998	75.300 BRZ	
>Super Star Leo<	Singapur	1998	75.300 BRZ	
>Costa Victoria<	Italien	1996	75.200 BRZ	
>Enchantment of the Seas<	Norwegen	1997	74.100 BRZ	

Name	Land	fertig	Größe	Bemerkung
>Majesty of the Seas<	Norwegen	1992	73.900 BRZ	
>Monarch of the Seas<	Norwegen	1991	73.900 BRZ	
>Grandeur of the Seas<	Norwegen	1996	73.900 BRZ	
>Constellation<	Griechenland	1997	73.800 BRZ	
>Sovereign of the Seas<	Norwegen	1988	73.200 BRT	
>Century<	Griechenland	1995	70.600 BRZ	
>Paradise<	USA	1998	70.400 BRZ	
>Elation<	USA	1998	70.400 BRZ	
>Inspiration<	USA	1996	70.400 BRZ	
>Imagination<	USA	1995	70.400 BRZ	
>Fascination<	USA	1994	70.400 BRZ	
>Sensation<	USA	1993	70.400 BRZ	
>Ecstasy<	USA	1991	70.400 BRZ	
>Fantasy<	USA	1990	70.400 BRZ	
>Crown Princess<	GB	1990	69.800 BRZ	
>Regal Princess<	GB	1991	69.800 BRZ	
>Oriana<	GB	1995	69.200 BRZ	
>Splendour of the Seas<	Norwegen	1996	69.100 BRZ	
>Legend of the Seas<	Norwegen	1995	69.100 BRZ	
>France<	Frankreich	1961	66.300 BRT	
>Queen Elisabeth II.<	GB	1968	65.900 BRT	
>Star Princess<	GB	1988	63.500 BRZ	
>Silja Europa<	Finnland	1993	59.900 BRZ	
>Rotterdam< 3	Niederlande	1997	59.700 BRZ	
>Pride of Rotterdam<	GB	2001	59.925 BRZ	Nordseefähre
>Pride of Hull<	GB	2001	59.925 BRZ	Nordseefähre
>European Vision<	GB	2001	58.600 BRZ	
>European Stars<	GB	2002	58.600 BRZ	
>Silja Serenade<	Finnland	1990	58.400 BRZ	Ostseefähre
>Silja Symphony<	Finnland	1991	58.400 BRZ	Ostseefähre
>Bismarck<	Deutschland	1920	56.600 BRT	1920 an GB
>Statendam< 4	Niederlande	1993	55.500 BRZ	
>Maasdam<	Niederlande	1993	55.500 BRZ	
>Ryndam<	Niederlande	1994	55.500 BRZ	
>Veendam<	Niederlande	1996	55.400 BRZ	
>Vaterland<	Deutschland	1914	54.300 BRT	1920 an GB
>United States<	USA	1952	53.300 BRT	38 kn, 1999/38.200 BRZ
>Costa Romantica<	Italien	1993	53.000 BRZ	
>Costa Classica<	Italien	1991	52.900 BRZ	
>Imperator<	Deutschland	1913	52.100 BRT	1920 an GB
>Bremen<	Deutschland	1929	51.700 BRT	16. März 1941 ausgebrannt
>Rex<	Italien	1932	51.100 BRT	9. September 1944 versenkt
>Crystal Symphony<	Japan	1995	51.000 BRZ	

Name	Land	fertig	Größe	Bemerkung
>Europa< I	Deutschland	1930	49.700 BRT	1946 an Frankreich
>Republicca di Pisa<	Italien	1987	48.700 BRZ	Passagier und RoRo
>Republicca di Venezia<	Italien	1987	48.600 BRZ	Kombi Passagiere/Fracht
>Nordic Empress<	Norwegen	1990	48.600 BRZ	
>Crystal Harmony<	Japan	1990	48.600 BRZ	
>Conte di Savoia<	Italien	1932	48.500 BRT	11. September 1943 versenkt
>Britannic<	GB	1915	48.200 BRT	21. November 1916 versenkt
>Celebration<	USA	1987	47.300 BRZ	
>Jubilee<	USA	1986	47.300 BRZ	
>Zenith<	Griechenland	1992	47.300 BRZ	
>Horizon<	Griechenland	1990	46.800 BRZ	
>Cinderella<	Schweden	1989	46.400 BRZ	Ostseefähre
>Titanic<	GB	1912	46.300 BRT	14. April 1912 gesunken
>Holiday<	USA	1985	46.100 BRZ	
>Aquitania<	GB	1914	45.600 BRT	
>Olympic<	GB	1911	45.300 BRT	
>Michelangelo<	Italien	1965	45.900 BRT	
>Raffaello<	Italien	1965	45.900 BRT	
>Royal Princess<	GB	1984	44.600 BRZ	
>Canberra<	GB	1961	45.300 BRT	
>Ile de France<	Frankreich	1927	43.200 BRT	
>Skåne<	Schweden	1998	42.600 BRZ	Kombifähre
>Republicca di Amalfi<	Italien	1989	42.600 BRZ	Passagier und RoRo
>Republicca di Genova<	Italien	1988	42,600 BRZ	Passagier und RoRo
>L'Atlantique<	Frankreich	1931	42.500 BRT	4. Jänner 1933 ausgebrannt
>Empress of Britain<	GB	1931	42.300 BRT	28. Oktober 1940 versenkt
>Seaward<	Norwegen	1988	42.300 BRZ	
>Westerdam<	Niederlande	1986	42.100 BRZ	ab 1989 verl. 53.900 BRZ
>Oriana<	GB	1960	41.900 BRT	
>Scandinavia<	Schweden	1982	40.100 BRT	
>Star Pisces<	Panama	1990	40.100 BRZ	Passagier und RoRo
>Athena<	Schweden	1989	40.000 BRZ	Ostseefähre
>Kalypso<	Schweden	1990	40.000 BRZ	Ostseefähre
>Dreamward<	Norwegen	1992	39.200 BRZ	
>Windward<	Norwegen	1993	39.200 BRZ	
>Splendid<	Italien	1994	39.100 BRZ	Mittelmeerfähre
>Sky Princess<	GB	1984	38.900 BRT	
>Stena Scandinavica<	Schweden	1988	38.800 BRZ	Ostseefähre
>Rotterdam< 2	Niederlande	1959	38.600 BRT	
>Aida< 2	Deutschland	1997	38.600 BRZ	?
>Aida<	Deutschland	1996	38.600 BRZ	
>Royal Viking Sun<	GB	1989	37.800 BRZ	
>Mariella<	Schweden	1985	37.800 BRZ	Ostseefähre

Name	Land	fertig	Größe	Bemerkung
>Olympia<	Schweden	1985	37.800 BRZ	Ostseefähre
>Song of America<	Norwegen	1982	37.600 BRT	
>Windsor Castle<	GB	1960	37.600 BRT	
>Europa< 2	Deutschland	1981	37.000 BRT	
>Nieuw Amsterdam<	Niederlande	1938	36.300 BRT	
>Nils Holgerson< 2	Deutschland	2001	36.500 BRZ	Ostsee-Kombifähre
>Peter Pan< 2	Deutschland	2001	36.500 BRZ	Ostsee-Kombifähre
>Mecklenburg-Vorp.<	Deutschland	1996	36.185 BRZ	Ostseefähre
>Mauretania< 2	GB	1939	35.700 BRT	
>Tropicale<	USA	1981	35.200 BRT	
>Paris<	Frankreich	1921	34.600 BRT	19. April 1939 ausgebrannt
>Silja Festival<	Finnland	1986	34.400 BRT	Ostseefähre
>Columbus<	Deutschland	1922	34.400 BRT	1920 an GB
>Amorella<	Schweden	1988	34.400 BRZ	Ostseefähre
>Isabella<	Schweden	1989	34.400 BRZ	Ostseefähre
>Caronia<	GB	1948	34.200 BRT	
>Crown Odyssey<	Norwegen	1988	34.200 BRZ	
>Noordam<	Niederlande	1984	33.900 BRT	
>Nieuw Amsterdam< 2	Niederlande	1983	33.900 BRT	
>Seafrance Rodin<	Frankreich	2001	33.800 BRZ	Kanalfähre
>Svea<	Schweden	1985	33.800 BRZ	Ostseefähre
>Wellamo<	Finnland	1986	33.800 BRZ	Ostseefähre
>Leonardo da Vinci<	Italien	1960	33.300 BRT	
>Olau Britannia<	Deutschland	1990	33.300 BRZ	Nordseefähre
>Olau Hollandia<	Deutschland	1989	33.300 BRZ	Nordseefähre
>Finnjet<	Finnland	1977	32.900 BRT	Ostseefähre, Gasturbine
>Majestic<	Italien	1993	32.700 BRZ	Mittelmeerfähre
>Transvaal Castle<	GB	1962	32.700 BRT	
>Roma<	Italien	1926	32.600 BRT	19. April 1945 versenkt
>Augustus<	Italien	1927	32.600 BRT	25. September 1944 Blockschiff
>Finnhansa<	Finnland	1994	32.500 BRZ	Ostseefähre
>Finnpartner<	Finnland	1994	32.500 BRZ	Ostseefähre
>Finntrader<	Finnland	1995	32.500 BRZ	Ostseefähre
>Transeuropa<	Deutschland	1995	32.500 BRZ	Kombifähre
>Royal Majesty<	Griechenland	1992	32.400 BRZ	
>Columbus< 2	Deutschland	1923	32.400 BRT	19. Dezember 1939 selbst vers.
>Statendam<	Niederlande	1917	32.200 BRT	20. Juli 1918 versenkt
>Mauretania<	GB	1907	31.900 BRT	
>Kronprins Harald<	Norwegen	1987	31.900 BRZ	Fähre Oslo–Kiel
>Norsea<	GB	1987	31.800 BRT	Nordseefähre
>Norsun<	Niederlande	1987	31.600 BRT	Nordseefähre
>Lusitania<	GB	1907	31.600 BRT	7. Mai 1915 versenkt
>Olympic Champion<	Griechenland	2000	31.500 BRZ	Ägäisfähre

Name	Land	fertig	Größe	Bemerkung
>Konigin Beatrix<	Niederlande	1986	31.200 BRZ	Nordseefähre
>Pasiphae<	Griechenland	1998	31.000 BRZ	Ägäisfähre
>Peter Pan<	Deutschland	1986	30.800 BRZ	Ostseefähre
>Eugenio Costa<	Italien	1966	30.600 BRT	
>Superfast VIII<	Griechenland	2001	30.300 BRZ	Kombifähre, 30 Kn
>Superfast VII<	Griechenland	2001	30.300 BRZ	Kombifähre, 30 Kn
>R-Fife<	Liberia	2000	30.300 BRZ	
>R-Four<	Liberia	1999	30.300 BRZ	
>R-Three<	Liberia	1999	30.300 BRZ	Nichtraucherschiff
>R-Two<	Liberia	1998	30.300 BRZ	Nichtraucherschiff
>R-One<	Liberia	1998	30.200 BRZ	Nichtraucherschiff
>Polonia<	Bahamas	1995	29.900 BRZ	Fährschiff
>Stena Jutlandica<	Schweden	1996	29.700 BRZ	Kombifähre
>Paglia Orba<	Frankreich	1994	29.700 BRZ	Korsikafähre
>Arcadia<	GB	1954	29.700 BRT	
>Iberia<	GB	1954	29.600 BRT	
>Statendam< 2	Niederlande	1929	29.500 BRT	11. Mai 1940 ausgebrannt
>Pasteur<	Frankreich	1939	29.300 BRT	
>Stockholm< 2	Schweden	1941	29.300 BRT	an Italien, 6.7.1944 vers.
>Cristoforo Colombo<	Italien	1954	29.200 BRT	
>Superfast IV<	Griechenland	1998	29.100 BRZ	Schnell-Kombifähre, 28 kn
>Superfast III<	Griechenland	1998	29.100 BRZ	Schnell-Kombifähre, 28 kn
>Andrea Doria<	Italien	1952	29.100 BRT	25. Juli 1956 gesunken
>Orsova<	GB	1954	28.800 BRT	
>Stena Danica<	Schweden	1983	28.700 BRT	Kombifähre
>Asuka<	Japan	1991	28.700 BRZ	
>Pretoria Castle<	GB	1948	28.700 BRT	
>Edinburgh Castle<	GB	1948	28.700 BRT	
>Europa< 3	Deutschland	1999	28.600 BRZ	
>Pendennis Castle<	GB	1958	28.600 BRT	
>AretoU S A<	Griechenland	1995	28.400 BRZ	Ägäisfähre, Paß + RoRo
>Orcades<	GB	1948	28.200 BRT	
>Champlain<	Frankreich	1932	28.100 BRT	17. Juni 1940 versenkt
>Silver Shadow<	USA	2000	28.000 BRZ	
>Stockhom<	Schweden	1939	28.000 BRT	20. Dezember 1938 ausgebrannt
>Himalaya<	GB	1949	28.000 BRT	
>Galileo Galilei<	Italien	1963	27.900 BRT	1998 ausgebrannt
>Guglielmo Marconi<	Italien	1963	27.900 BRT	
>Georgic<	GB	1932	27.800 BRT	
>Kriti I<	Griechenland	1979	27.700 BRT	Ägäisfähre
>Cap Arcona<	Deutschland	1927	27.600 BRT	3. Mai 1945 versenkt
>Oronsay<	GB	1951	27.600 BRT	
>Oceanic<	Panama	1965	27.600 BRT	

Name	Land	fertig	Größe	Bemerkung
>Empress of Canada< 2	GB	1961	27.300 BRT	
>Robert Ley<	Deutschland	1939	27.300 BRT	24. März 1945 ausgebrannt
>Dominion Monarch<	GB	1939	27.200 BRT	
>Caribou<	Kanada	1986	27.200 BRZ	Fähre nach Neufundland
>Joseph and Clara Sm.<	Kanada	1989	27.200 BRZ	Fähre nach Neufundland
>Kriti II<	Griechenland	1979	27.200 BRT	Ägäisfähre
>Giulio Cesare<	Italien	1951	27.100 BRT	
>Augustus<	Italien	1952	27.100 BRT	
>Belgenland<	Belgien	1918	27.100 BRT	
>Capetown Castle<	GB	1938	27.000 BRT	
>Prometheus<	Griechenland	2001	27.000 BRZ	Mittelmeerfähre
>Norstar<	Niederlande	1974	26.900 BRT	Nordseefähre
>Britannic< 2	GB	1930	26.900 BRT	
>Robin Hood<	Deutschland	1995	26.800 BRZ	
>Nils Dacke<	Dänemark	1988	26.800 BRZ	Ostseefähre
>Scandinavia<	USA	1981	26.700 BRT	
>Kungsholm< 3	Schweden	1953	26.700 BRT	
>Pacific Venus<	Japan	1998	26.500 BRZ	
>America<	USA	1940	26.500 BRT	
>Pride of Dover<	GB	1987	26.400 BRZ	Fähre Dover–Calais
>Pride of Calais<	GB	1987	26.400 BRZ	Fähre Dover–Calais
>Norland<	GB	1974	26.300 BRT	Nordseefähre
>Kydon< 2	Griechenland	1990	26.000 BRZ	Ägäisfähre
>Empress of Japan<	GB	1930	26.000 BRT	
>Finlandia<	Schweden	1984	25.900 BRT	Ostseefähre
>Silvia Regina<	Schweden	1981	25.900 BRT	Ostseefähre
>Olympic Challanger<	Griechenland	2001	25.800 BRZ	
>Olympic Voyager<	Griechenland	2000	25.800 BRZ	
>Conte Grande<	Italien	1928	25.700 BRT	
>Andes<	GB	1939	25.700 BRT	
>George Washington<	Deutschland	1909	25.600 BRT	17. Juni 1951 ausgebrannt
>Empress of England<	GB	1957	25.600 BRT	
>Athlone Castle<	GB	1936	25.600 BRT	
>Kaunas<	Litauen	1989	25.600 BRZ	Ostseefähre
>Empress of Britain<	GB	1956	25.500 BRT	
>Sterling Castle<	GB	1936	25.500 BRT	
>Wilhelm Gustloff<	Deutschland	1938	25.500 BRT	30. Jänner 1945 versenkt
>Shalom<	Israel	1964	25.300 BRT	
>Fantastic<	Italien	1996	25.200 BRZ	
>Lafayette<	Frankreich	1930	25.200 BRT	4. Mai 1938 ausgebrannt
>Viking Saga<	Norwegen	1980	25.100 BRT	
>Stena Germanica<	Schweden	1986	25.000 BRZ	
>Hamburg< 2	Deutschland	1969	25.000 BRT	

Name	Land	fertig	Größe	Bemerkung
>Normandie<	GB	1992	24.900 BRZ	Kanalfähre
>Nils Holgersson<	Dänemark	1987	24.700 BRZ	Ostseefähre
>Northern Star<	GB	1962	24.700 BRT	
>Robin Hood<	Dänemark	1989	24.700 BRZ	Ostseefähre
>Translubeca<	Deutschland	1991	24.700 BRZ	
>Kais. Auguste Victoria<	Deutschland	1906	24.600 BRT	
>Bretagne<	Frankreich	1989	24.500 BRZ	Biskayafähre
>Olympic Voyager<	Griechenland	1999	24.500 BRZ	
>Vistafjord<	Norwegen	1973	24.500 BRT	
>Adriatic<	GB	1906	24.500 BRT	
>Conte Biancamano<	Italien	1925	24.400 BRT	
>Statendam< 3	Niederlande	1957	24.300 BRT	
>Duilio<	Italien	1923	24.300 BRT	10. Juli 1944 versenkt
>Manhattan<	USA	1932	24.300 BRT	
>Washington<	USA	1933	24.300 BRT	
>ChU S An<	GB	1950	24.200 BRT	
>Sagafjord<	Norwegen	1965	24.000 BRT	
>Rotterdam<	Niederlande	1903	24.100 BRT	
>Vulcania<	Italien	1928	24.000 BRT	
>Saturnia<	Italien	1927	23.900 BRT	
>Baltic<	GB	1904	23.900 BRT	
>Visby<	Schweden	1980	23.800 BRT	Kombifähre in Ostsee
>Superfast I<	Griechenland	1995	23.700 BRZ	Schnell-Kombifähre, 27 kn
>Superfast II<	Griechenland	1995	23.700 BRZ	Schnell-Kombifähre, 27 kn
>Independence<	USA	1951	23.700 BRT	
>Constitution<	USA	1951	23.700 BRT	
>Stratheden<	GB	1937	23.700 BRT	
>Strathallan<	GB	1938	23.700 BRT	21. Dezember 1942 versenkt
>Orcades<	GB	1937	23.500 BRT	10. Oktober 1942 versenkt
>Orion<	GB	1935	23.400 BRT	
>Stathmore<	GB	1935	23.400 BRT	
>Fuji Maru<	Japan	1989	23.300 BRZ	
>Infante Dom Henrique<	Portugal	1961	23.300 BRT	
>Gripshom< 2	Schweden	1957	23.200 BRT	
>Olympia<	Griechenland	1953	23.000 BRT	
>Tropicale<	Liberia	1981	22.900 BRT	
>Queen of Bermuda<	Bermuda	1933	22.600 BRT	
>Strathnaver<	GB	1931	22.500 BRT	
>Strathaird<	GB	1932	22.500 BRT	
>Deutschland<	Deutschland	1998	22.500 BRZ	
>Monarch of Bermuda<	Bermuda	1931	22.400 BRT	
>Vilnius<	Litauen	1987	22.300 BRZ	Kombifähre in Ostsee
>Amerika<	Deutschland	1905	22.200 BRT	

Name	Land	fertig	Größe	Bemerkung
>Alcantara<	GB	1927	22.200 BRT	Motorschiff
>Monte D´Oro<	Frankreich	1991	22.100 BRZ	Korsikafähre
>Asturias<	GB	1926	22.100 BRT	Motorschiff
>Brasil<	USA	1958	22.100 BRT	
>Carinthia< 2	GB	1956	22.000 BRT	
>Sylvania<	GB	1957	22.000 BRT	
>Minnetonka<	GB	1924	22.000 BRT	
>Mersey Viking<	Italien	1997	21.900 BRZ	Adriafähre
>Nippon Maru<	Japan	1990	21.900 BRZ	
>Orient Venus<	Japan	1990	21.900 BRZ	
>Royal Viking Star<	Norwegen	1972	21.900 BRT	
>Royal Viking Sky<	Norwegen	1973	21.900 BRT	
>Royal Viking Sea<	Norwegen	1973	21.900 BRT	
>President Hoover<	USA	1931	21.900 BRT	10. Dezember 1937 gestrandet
>President Cooldge<	USA	1931	21.900 BRT	26. Oktober 1942 versenkt
>Rangitane<	GB	1949	21.900 BRT	
>Vera Cruz<	Portugal	1952	21.800 BRT	
>Giulio Cesare<	Italien	1922	21.800 BRT	11. September 1944 versenkt
>Rangitoto<	GB	1949	21.800 BRT	
>Tariq Ibn Ziyad<	Algerien	1995	21.700 BRZ	Kombifähre
>Ivernia<	GB	1955	21.700 BRT	
>Minnewaska<	GB	1923	21.700 BRT	
>Saxonia<	GB	1954	21.600 BRT	
>Birka Princess<	Schweden	1986	21.500 BRZ	Ostseefähre
>Empress of Canada<	GB	1922	21.500 BRT	14. März 1943 versenkt
>Tirpitz<	Deutschland	1920	21.500 BRT	1920 an GB
>New York<	Deutschland	1927	21.500 BRT	3. April 1945 versenkt
>Danielle Casanova<	Frankreich	1989	21.300 BRZ	Korsikafähre
>Shota Rustaveli<	Ukraine	1968	21.300 BRT	
>Sassnitz<	Deutschland	1989	21.200 BRZ	Eisenbahnfähre
>Hamburg< I	Deutschland	1926	21.100 BRT	
>Kungsholm< II	Schweden	1953	21.100 BRT	
>Willem Ruys<	Niederlande	1947	21.100 BRT	
>Cedric<	GB	1902	21.000 BRT	
>Celtic<	GB	1901	20.900 BRT	erstes über 20.000 BRT
>Santa Maria<	Portugal	1953	20.900 BRT	22. Jänner 1961 gekapert
>Albert Ballin<	Deutschland	1923	20.800 BRT	
>Mooltan<	GB	1923	20.800 BRT	
>Maloja<	GB	1923	20.800 BRT	
>Virginia<	USA	1928	20.800 BRT	
>Dakota<	USA	1905	20.700 BRT	7. März 1907 gestrandet
>Astor<	Panama	1987	20.600 BRT	
>Deutschland<	Deutschland	1923	20.600 BRT	3. Mai 1945 versenkt

Name	Land	fertig	Größe	Bemerkung
>Minnesota<	USA	1904	20.600 BRT	
>Oxfordshire<	GB	1957	20.600 BRT	
>Cap Polonio<	Deutschland	1921	20.600 BRT	
>Nevasa<	GB	1956	20.500 BRT	
>Flandre<	Frankreich	1952	20.500 BRT	
>Pennsylvania<	USA	1929	20.500 BRT	
>Ferderico C.<	Italien	1958	20.400 BRT	
>Amazon<	GB	1960	20.400 BRT	
>Aragon<	GB	1960	20.400 BRT	
>Arlanza<	GB	1960	20.400 BRT	
>Warwick Castle<	GB	1931	20.400 BRT	14. Nov. 1942 versenkt
>Radisson Diamond<	Japan	1992	20.300 BRZ	SWATH (Doppelrumpf)
>Carinthia< I	GB	1925	20.300 BRT	
>California<	USA	1928	20.300 BRT	Turbo-Elektrik-Maschine
>Kungsholm< I	Schweden	1928	20.200 BRT	
>Southern Cross<	GB	1955	20.200 BRT	
>Franconia<	GB	1923	20.200 BRT	
>Reina del Mar<	GB	1956	20.200 BRT	
>Laconia<	Griechenland	1930	20.100 BRT	1963 ausgebrannt
>Carnarvon Castle<	GB	1926	20.100 BRT	
>Winchester Castle<	GB	1930	20.100 BRT	
>Duchess of Atholl<	Kanada	1928	20.100 BRT	10. Okt. 1942 versenkt
>Duchess of Bedford<	Kanada	1928	20.100 BRT	
>Trelleborg<	Schweden	1982	20.000 BRT	Kombifähre
>Duchess of York<	Kanada	1929	20.000 BRT	12. Juli 1943 versenkt
>Duchess of Richmond<	Kanada	1928	20.000 BRT	25. Jän. 1953 ausgebrannt
>Oranje<	Niederlandes	1939	20.000 BRT	
>Antilles<	Frankreich	1953	19.800 BRT	8. Jänner 1971 gestrandet
>Transfinnlandia<	Deutschland	1981	19.500 BRT	Kombifähre

GB = Großbritannien; vers. = versenkt; Pass. = Passagiere
Namen und Daten aus Lloyd's Register of Shipping 1999-2000, A. Kludas, Die großen Passagierschiffe der Welt, 5 Bde. plus Ergänzung und D. Hornsby, Ocean Ships, 1996; ferner Nauticus, diverse Jahrgänge sowie aus Schiffahrt International 1997 ff.
Hier sind nur die Daten der Fertigstellung angegeben. Durch Umbauten, Umklassifizieren und Verlängerung sind später weitere Schiffe auf die Größe über 20.000 BRT/BRZ dazugekommen. Eine absolute Vollständigkeit der Liste kann nicht garantiert werden.
Ebenso kann für die richtige Angabe des Landes nicht garantiert werden, da die Flagge nichts aussagt, die Besitzverhältnisse der Reedereien kaum mehr zu durchschauen sind und ständig wechseln.

83. Welthandelschiffe, Bestand 1998

nach Lloyd's Register of Ships 1999/2000

Es sei darauf hingewiesen, daß oft für jedes einzelne Handelsschiff eine eigene Gesellschaft gegründet wird, die Besitzverhältnisse daher schwer zu klären sind. Ich habe mich daher darauf beschränkt, nur das Land, bei dem es registriert ist, zu nennen.

Außerdem ist zu bedenken, daß manches Handelsschiff oft alle paar Jahre verkauft wird. Jeder Besitzer gibt ihm einen neuen Namen. Ältere Schiffe haben daher mehrere Ex-Namen. Ich habe darauf verzichtet, alle anzuführen.

Im Laufe der Zeit sind für die Größe der Handelsschiffe die verschiedensten Maßeinheiten verwendet worden, die für die Bemessung der Zölle und Hafengebühren nötig gewesen sind. Die erste Basis ist das Faß (engl. Ton), daher Tonne als Raum- und nicht Gewichtseinheit. Erst im 19. Jahrhundert wurde die Unterscheidung in beladenes Schiff (Brutto) und leeres Schiff (Netto) getroffen. Die Kriegsschiffe sind immer nach ihrem Gewicht (Wasserverdrängung) bemessen worden. Die Schiffsvermessung ist aber Sache der jeweiligen Nation und daher nicht einheitlich gewesen. Erst seit 18. Juli 1982 gibt es die internationale Konvention für die Schiffsvermessung, die 1969 ausgehandelt worden ist und nun bereits allgemein anerkannt wird. Heute gelten:

1) Die Brutto Register **Zahl**, BRZ (engl. gross ton), als Nachfolge der Brutto Register Tonne, BRT, um die Verwechslung mit der Gewichtstonne zu vermeiden. Die Art der Raumvermessung der BRZ unterscheidet sich nur geringfügig von der alten BRT und ist daher durchaus vergleichbar.
2) Die Netto Register Zahl, die entsprechend der alten Netto Register Tonne den Raum des leeren Schiffes angibt.
3) Das Totgewicht (engl. tonnes dead wight – tdw), das das Gewicht des Schiffes samt Ladung, Besatzung, Ausrüstung und Treibstoff beladen bis zur oberen Sommermarke angibt. Dies entspricht daher der BRZ, aber als Gewicht und nicht als Raum. Es ist mit der Standardverdrängung der Kriegsschiffe vergleichbar.

Die Handelsschiffe sind in den Tabellen nach verschiedenen Schiffstypen aufgegliedert. Dazu sind die Angaben im Lloyd's Register of Ships verwendet worden. Auf die dort angegebene Unterteilung in Klassen ist verzichtet worden. Auch bei den Typen sind ähnliche, wie zum Beispiel Kranschiffe für verschiedene Zwecke, in eine Liste zusammengezogen worden. Alle Schiffstypen, bei denen es keine Schiffe über 10.000 BRT gibt, sind nur summarisch am Ende der Liste genannt. Alle Typen mit über 10.000 BRZ haben eine eigene Tabelle. Bei manchen Schiffstypen gibt es nur wenige Schiffe, die Tabelle ist daher kurz. Viele Schiffstypen wie allgemeine Frachter oder RoRo-Schiffe sind so zahlreich, daß die Liste auf **eine** Seite beschränkt ist, auf der die größten Schiffe angeführt sind. Bei den Tankern, Massengutfrachtern und Containerschiffen, den wichtigsten Handelsschiffen dieser Jahrtausendwende, sind die jeweils größten auf **zwei** Seiten namentlich angeführt. Trotz dieser Beschränkung ist diese Auflistung noch umfangreich genug für die zur Verfügung stehende Seitenzahl.

Massengutfrachter
zum Teil auch Schwergut

Name	Land	Baujahr	BRT/BRZ	tdw
>Port Hedland Maru<	Panama	1986	123.958	251.190
>Ocean Universe<	Südkorea	1988	123.020	245.610
>Berge Pacific<	Norwegen	1986	118.491	231.850
>Elbe Ore<	Bahamas	1983	113.342	224.220
>Gargantua<	Zypern	1983	113.272	224.670
>Kazusa<	Panama	1988	112.895	227.180
>K.Dahlia<	Panama	1989	110.779	207.060
>Marigold<	Liberia<	1990	110.779	207.250
>Alexander Carl<	Panama	1993	110.627	208.190
>Pos Bravery<	Panama	1992	110.593	207.100
>Pos Dedicator<	Panama	1993	110.593	208.390
>Hanjin Dampier<	Südkorea	1989	110.541	207.350
>Hanjin Gladstone<	Liberia	1990	110.541	207.390
>Ocean Vanguard<	Panama	1984	110.489	206.260
>Caspia<	Panama	1989	110.352	207.785
>Golden Bell<	Liberia	1990	110.352	207.670
>K. Camellia<	Panama	1990	110.352	207.870
>Silver Bell<	Liberia	1989	110.350	207.670
>Jedforest<	Bahamas	1997	108.083	211.485
>Kildare<	Liberia	1996	108.083	211.320
>Lauderdale<	Bahamas	1996	108.083	211.200
>Kenryu Maru<	Japan	1987	108.000	215.140
>Suruga Maru<	Japan	1987	107.943	215.160
>Senho<	Panama	1985	107.915	214.260
>New Harmony<	Panama	1982	106.812	208.740
>Stonegate<	Panama	1984	107.083	187.010
>Shin-Hoh<	Panama	1982	106.771	208.950
>Hyundai Continental<	Südkorea	1988	101.466	200.270
>Hyundai Universal<	Südkorea	1990	101.604	200.050
>Brazil Star<	Panama	1983	100.912	201.230
>Reliance Ocean<	Hongkong	1980	100.845	194.400
>World Vale<	Liberia	1982	100.801	194.940
>Chiribetsu<	Panama	1986	100.070	200.690
>Elgin<	Liberia	1981	99.417	194.690
>Sunny Wealth<	Panama	1985	98.968	194.470
>Japan Apricot<	Japan	1985	98.943	194.203
>Ocean Irene<	Singapur	1986	97.352	194.740
>Ormond<	GB	1986	96.794	167.030
>Taunton<	GB	1986	95.835	186.320
>K. Jasmine<	Panama	1987	95.748	188.330
>Hanjin Sydney<	Südkorea	1987	95.513	188.125

Name	Land	Baujahr	BRT/BRZ	tdw
>Lowlands Sunrise<	Panama	1988	95.291	186.880
>Katsuragi Maru<	Japan	1986	94.785	188.000
>Ocean Queen<	Südkorea	1987	94.666	187.860
>Atagosan Maru<	Japan	1989	94.068	179.660
>Sinfonia<	Panama	1991	93.788	184.400
>Mu Gung Wha<	Panama	1988	93.710	186.000
>Hanjin Melbourne<	Südkorea	1987	93.643	186.260
>Newforest<	Liberia	1996	93.629	185.690
>Concord Spirit<	Philippinen	1986	93.509	181.880
>Magnolia<	Panama	1985	93.479	172.650
>Cape Jacaranda<	Panama	1995	93.398	183.860
>Chia Maru<	Japan	1989	93.310	182.010
>Niitaka Maru<	Japan	1988	93.131	180.970
>Hadera<	Liberia	1983	93.052	166.010
>North Gate<	Panama	1984	93.049	179.420
>Hyundai Olympia<	Südkorea	1987	93.005	186.330
>Magandang Ilog<	Panama	1985	93.000	171.250
>Kaien<	Singapur	1986	92.986	161.210
>Irongate<	Panama	1982	92.614	179.620
>Huang Shan<	Marshall-Inseln	1984	92.568	166.010
>Harriet Maru<	Panama	1982	92.308	177.750
>Alpha Centauri<	Hongkong	1985	92.300	179.840
>Heiryu Maru<	Japan	1990	92.197	182.710
>Pytchely<	Liberia	1996	92.194	179.870
>Quorn<	Liberia	1996	92.194	179.870
>Garland<	Panama	1986	92.191	179.800
>Ocean Park<	Südkorea	1986	91.961	166.660
>Daewoo Spirit<	Südkorea	1985	91.945	166.870
>Berge Atlantic<	Norwegen	1998	91.962	171.880
>Leopold LD<	Frankreich	1996	91.657	165.055
>Gerard LD<	Frankreich	1994	91.651	165.290
>Euterpia<	Liberia	1992	91.642	165.240
>Jean LD<	Frankreich	1993	91.642	165.130
>Fortune 22<	Liberia	1993	91.188	172.970
>Carbunesti<	Liberia	1990	91.164	171.875
>Comanesti<	Liberia	1989	91.164	171.875
>Ferosa<	St. Vincent	1992	90.991	173.150
>Asakasan<	Hongkong	1998	90.876	179.300
>Dyna Mercury<	Hongkong	1998	90.876	179.385

Erdöltanker

Zahlreiche große ausrangierte Tanker aber auch extra für den Zweck neu gebaute Schiffe finden als Öllager bei Bohrinseln Verwendung. Sie sind hier nicht registriert.

Name	Land	Baujahr	BRT/BRZ	tdw
>Sea Giant<	Liberia	1979	261.453	555.060
>Jahre Viking<	Norwegen	1979	260.851	564.730
>Kapetan Giannis<	Griechenland	1977	247.160	516.900
>Kapetan Michalis<	Griechenland	1977	247.160	516.420
>Nissei Maru<	Japan	1975	238.517	484.280
>Sea World<	Bahamas	1978	237.768	491.120
>Stena King<	GB	1978	218.593	457.930
>Stena Queen<	GB	1977	218.593	457.840
>Kapetan Giorgis<	Griechenland	1976	218.447	456.370
>Kapetan Panagiotis<	Griechenland	1977	218.447	457.060
>Empress des Mers<	Bahamas	1976	203.110	423.680
>Auriga<	Liberia	1976	203.043	410.590
>Mira Star<	Liberia	1975	202.881	423.640
>Hellespont Grang<	Marshall-Ins.	1976	201.658	421.680
>Red Seagull<	GB	1976	200.598	406.260
>Pacific Blue<	Panama	1977	199.430	413.840
>Hellespont Embassy<	Marshall-Ins.	1976	199.210	406.490
>Media Star<	Liberia	1977	199.172	411.510
>Chevron South America<	GB	1976	198.951	413.160
>Kapetan Hiotis<	Griechenland	1977	198.534	413.100
>Kapetan Hatzis<	Griechenland	1976	198.427	412.600
>Marine Atlantic<	Liberia	1979	192.707	404.530
>Marine Pacific<	Liberia	1979	192.707	404.530
>Sea Sovereign<	Liberia	1978	188.947	402.939
>Sea Splendour<	Bahamas	1978	188.947	409.400
>Berge Pioneer<	Norwegen	1980	188.728	360.700
>Berge Enterprise<	Norwegen	1981	188.728	360.700
>New Explorer<	Liberia	1976	188.018	390.040
>Hellespont Capitol<	Griechenland	1976	187.421	381.910
>Hellespont Paramount<	Marshall-Ins.	1977	187.421	375.870
>Jahre Venture<	Norwegen	1975	185.398	392.800
>Dena<	Iran	1975	178.257	372.200
>Eaton<	Liberia	1977	170.520	367.100
>Berge Ingerid<	Norwegen	1977	169.752	357.350
>Guardian<	Norwegen	1977	169.658	357.650
>Stena Companion<	Bahamas	1977	169.593	357.020
>Kraka<	Bahamas	1978	169.401	357.600
>Ta'kuntah<	Bahamas	1978	169.401	357.630
>Essex<	Liberia	1975	168.955	362.120
>Sahara<	Liberia	1974	168.524	356.400

Name	Land	Baujahr	BRT/BRZ	tdw
>Volans<	Liberia	1975	168.524	362.110
>Jahre Pollux<	Norwegen	1976	168.380	367.130
>Stavros G. L.<	Griechenland	1976	167.349	357.050
>Tina<	Griechenland	1976	167.349	355.020
>Atlantic Liberty<	Panama	1995	164.373	281.560
>Atlantic Prosperity<	Panama	1995	164.373	310.000
>Regal Unity<	Marshall-Ins.	1997	164.371	309.970
>Sovereign Unity<	Marshall-Ins.	1996	164.371	309.890
>New Vision<	Liberia	1994	164.251	279.860
>New Wisdom<	Liberia	1993	164.251	298.030
>Ghawar<	Bahamas	1996	163.882	300.360
>Hawtah<	Bahamas	1996	163.882	300.360
>Ramlah<	Bahamas	1996	163.882	300.360
>Safaniyah<	Bahamas	1997	163.882	300.360
>Watban<	Bahamas	1996	163.882	300.360
>Irving Galloway<	Barbados	1997	163.720	300.955
>Irving Primrose<	Barbados	1997	163.720	300.955
>Ocean Guardian<	Liberia	1993	162.361	290.930
>Al Bali Star<	Liberia	1994	162.181	291.435
>Libra Star<	Liberia	1993	162.181	291.435
>Phoenix Star<	Liberia	1993	162.181	291.435
>Atlantic Blue<	Panama	1978	162.048	338.000
>Bourgogne<	Luxemburg	1996	161.287	296.230
>Raven<	Marshall-Ins.	1996	160.348	301.650
>Olympic Lagacy<	Griechenland	1996	160.129	302.800
>Olympic Loyalty<	Griechenland	1993	160.129	303.180
>Berge Stadt<	Norwegen	1994	160.467	306.950
>Eagle<	Marshall-Ins.	1993	160.347	284.490
>Berge Stavanger<	Norwegen	1993	160.299	306.470
>Berge Sigval<	Norwegen	1993	160.214	306.430
>Frank A.Shrontz<	Bahamas	1998	160.036	310.000
>Al Funtas<	Kuwait	1983	160.010	290.080
>Kazimah<	Kuwait	1982	160.010	290.085
>Osprey<	Marshall-Ins.	1999	160.000	280.000
>Carina Star<	Liberia	1994	159.766	305.670
>Hydra Star<	Liberia	1994	159.766	305.950
>Golden Victory<	Panama	1999	159.423	300.155
>New Vanguard<	Hongkong	1998	159.423	300.060
>New Vista<	Hongkong	1998	159.423	300.150

Flüssiggastanker

Name	Land	Baujahr	BRT/BRZ	tdw
>Al Hamra<	Liberia	1997	116.703	73.050
>Mraweh<	Liberia	1996	116.703	72.950
>Mubaraz<	Liberia	1996	116.703	72.950
>Umm al Ashtan<	Liberia	1997	116.703	72.950
>Al Wajbah<	Japan	1997	111.161	72.350
>Al Rayyan<	Japan	1997	111.128	69.550
>Al Wakrah<	Japan	1998	111.124	72.450
>Broog<	Japan	1998	111.123	72.340
>Zekreet<	Japan	1998	111.124	72.320
>Al Khor<	Japan	1996	111.083	72.180
>Al Zubarah<	Japan	1996	111.079	72.560
>Al Khaznah<	Liberia	1994	110.895	71.540
>Ghasha<	Liberia	1995	110.895	71.590
>Ish<	Liberia	1995	110.895	71.930
>Shahamah<	Liberia	1994	110.895	71.930
>Ekaputra<	Liberia	1990	109.258	78.990
>Northwest Swift<	Japan	1989	107.146	67.020
>Northwest Swallow<	Japan	1989	106.717	62.510
>Golar Spirit<	Liberia	1981	106.577	80.240
>Northwest Seaeagle<	GB	1992	106.283	67.000
>Northwest Shearwater<	GB	1991	106.283	66.800
>LNG Flora<	Japan	1993	106.151	67.550
>LNG Vesta<	Japan	1994	105.708	68.520
>Northwest Sanderling<	Australien	1989	105.010	66.810
>Northwest Sandpiper<	Australien	1993	105.010	66.770
>Northwest Snipe<	Australien	1990	105.010	66.695
>Northwest Stormpetrel<	Australien	1994	105.010	66.875
>Dwiputra<	Bahamas	1994	104.968	70.590
>Hyundai Greenpia<	Panama	1996	103.764	71.680
>Hyundai Utopia<	Panama	1994	103.764	71.910
>Y.K.Sovereign<	Panama	1994	103.764	72.020
>Wakaba Maru<	Japan	1985	102.511	69.850
>Banshu Maru<	Japan	1983	102.390	65.055
>Echigo Maru<	Japan	1983	102.380	67.220
>Dewa Maru<	Japan	1984	102.376	67.055
>Senshu Maru<	Japan	1984	102.330	69.590
>Kotowaka Maru<	Japan	1984	97.788	70.839
>Bishu Maru<	Japan	1983	97.395	69.990
>Gimi<	Liberia	1976	96.235	72.480

Erz-/Ölfrachter

Name	Land	Baujahr	BRT/BRZ	tdw
>Alster Ore<	Liberia	1988	171.924	305.890
>Ruhr Ore<	Liberia	1987	171.924	305.840
>Docefjord<	Liberia	1986	159.534	310.700
>Tijuga<	Liberia	1987	159.534	310.690
>Grand Phoenix<	Panama	1986	154.098	290.790
>Jose Bonifacio<	Brasilien	1974	137.950	270.360
>Weser Ore<	Liberia	1974	134.366	278.730
>Omiros<	Zypern	1973	114.910	227.410
>Mykonos<	Malta	1981	101.135	194.110
>Algarrobo<	Norwegen	1984	90.747	149.830
>Eirini L<	Griechenland	1982	90.747	149.640
>Macedonia I<	Malta	1974	89.547	169.320
>Hydra<	Liberia	1975	89.468	168.940
>Nordic Apollo<	Liberia	1983	89.421	129.020
>Peregrine VI<	Liberia	1976	89.421	129.020
>Front Breaker<	Liberia	1991	89.004	169.150
>Front Climber<	Singapur	1991	89.004	169.150
>Front Driver<	Liberia	1991	89.004	169.150
>Front Guider<	Singapur	1991	89.004	169.150
>Front Leader<	Singapur	1991	89.004	169.150
>Front Rider<	Singapur	1992	89.004	169.150
>Front Striver<	Singapur	1992	89.004	169.200
>Front Viewer<	Singapur	1992	89.004	169.150
>Veni<	Zypern	1979	88.279	172.280
>Kimizuru<	Panama	1976	87.910	172.165
>Waasland<	Luxemburg	1986	86.374	164.100
>Cattleya Star<	St. Vincent	1975	85.385	158.570
>Princess Nadia<	Panama	1987	84.788	152.330
>Princess SU S Ana<	Panama	1986	84.788	152.295
>Maraca<	Brasilien	1981	78.543	133.750
>Muriae<	Brasilien	1979	78.543	133.750
>Mafra<	Brasilien	1980	77.929	133.750
>Lassia<	St. Vincent	1977	74.139	137.570
>Dageid<	Bahamas	1975	73.924	132.415
>Libra Albacora<	Brasilien	1977	72.437	132.010
>Presidente Tancredo Neves<	Brasilien	1978	72.437	131.660
>Pergrine X<	Liberia	1983	70.872	135.160
>Danat Qatar<	Qatar	1982	70.814	135.160

Containerschiffe

Name	Land	Baujahr	BRT/BRZ	tdw
>Sally Maersk<	Dänemark	1998	91.560	104.750
>Sine Maersk<	Dänemark	1998	91.560	104.700
>Sofie Maersk<	Dänemark	1998	91.560	104.700
>Sovereign Maersk<	Dänemark	1997	91.560	104.700
>Susan Maersk<	Dänemark	1997	91.560	104.700
>Svendborg Maersk<	Dänemark	1998	91.560	104.700
>Karen Maersk<	Dänemark	1996	81.488	84.900
>Kate Maersk<	Dänemark	1996	81.488	84.900
>Katrine Maersk<	Dänemark	1997	81.488	84.900
>Kirsten Maersk<	Dänemark	1997	81.488	90.460
>Knud Maersk<	Dänemark	1996	81.488	84.900
>Regina Maersk<	Dänemark	1996	81.488	84.900
>P&O Nedlloyd Stuyvesant<	GB/Ndl.	2000	80.950	88.700
>P&O Nedlloyd Kobe<	GB/Ndl.	1998	80.942	88.670
>P&O Nedlloyd Rotterdam<	GB/Ndl.	1998	80.942	88.670
>P&O Nedlloyd Southampton<	GB/Ndl.	1998	80.942	88.670
>NYK Canopus<	Panama	1998	76.847	82.275
>NYK Castor<	Panama	1998	76.847	82.275
>NYK Sirius<	Panama	1998	76.847	82.270
>NYK Andromeda<	Panama	1998	75.637	81.820
>NYK Antares<	Panama	1997	75.637	81.820
>Ever Ultra<	Panama	1996	69.218	63.390
>Ever Union<	Panama	1997	69.218	63.390
>Ever Unique<	Panama	1997	69.218	63.390
>Ever Unison<	Panama	1996	69.218	63.390
>Ever United<	Panama	1996	69.218	62.390
>Hanjin London<	Südkorea	1996	66.687	67.300
>Hanjin Beijing<	Südkorea	1996	66.654	67.115
>Hanjin Berlin<	Südkorea	1997	66.403	67.240
>OOCL Singapore<	Hongkong	1997	66.086	67.470
>OOCL Netherlands<	Hongkong	1997	66.086	67.470
>OOCL America<	Liberia	1995	66.046	67.740
>OOCL Britain<	Hongkong	1996	66.046	67.960
>OOCL California<	Liberia	1995	66.046	67.760
>OOCL China<	Liberia	1996	66.046	67.625
>OOCL Hongkong<	Hongkong	1995	66.046	67.640
>OOCL Japan<	Liberia	1996	66.046	67.750
>Hanjin Paris<	Panama	1997	65.643	67.270
>Hanjin Washington<	Panama	1996	65.643	67.270
>Hanjin Oslo<	Panama	1998	65.469	68.990
>Hanjin Rome<	Panama	1998	65.469	68.955

Name	Land	Baujahr	BRT/BRZ	tdw
>Chuanhe<	Panama	1997	65.140	69.285
>Jinhe<	Panama	1997	65.140	69.285
>Wanhe<	Panama	1997	65.140	69.285
>Yuehe<	Panama	1997	65.140	69.285
>Yubhe<	Panama	1997	65.140	69.285
>APL China<	Marshall-Inseln	1995	64.502	66.520
>APL Japan<	Marshall-Inseln	1995	64.502	66.520
>APL Korea<	USA	1995	64.502	66.520
>APL Philippines<	USA	1996	64.502	66.640
>APL Singapore<	USA	1995	64.502	66.520
>APL Thailand<	USA	1995	64.502	66.520
>Hyundai Discovery<	Panama	1996	64.054	51.120
>Hyundai Fortune<	Panama	1996	64.054	68.360
>Hyundai Freedom<	Panama	1996	64.054	68.540
>Hyundai General<	Südkorea	1996	64.054	68.360
>Hyundai Highness<	Südkorea	1996	64.054	68.380
>Hyundai Independence<	Panama	1996	64.054	68.540
>Hyundai Liberty<	Panama	1996	64.054	68.540
>President Adams<	USA	1988	61.926	54.655
>President Jackson<	USA	1988	61.926	54.665
>President Kennedy<	USA	1988	61.926	54.665
>President Polk<	USA	1988	61.926	54.700
>President Truman<	USA	1988	61.926	54.700
>Maas<	Liberia	1995	60.133	62.905
>NYK Altair<	Panama	1994	60.117	63.160
>NYK Procyon<	Panama	1995	60.117	63.180
>NYK Vega<	Panama	1995	60.117	63.010
>Mosel<	Japan	1995	58.923	61.490
>Bremen Express<	Singapur	1972	57.803	48.000
>Kasuga I<	Panama	1976	57.567	44.540
>Frankfurt Express<	Singapur	1981	57.540	51.540
>Galveston Bay<	USA	1984	57.075	58.940
>Nedlloyd Holland<	USA	1984	57.075	58.940
>OOCL Innovation<	USA	1985	57.075	58.940
>OOCL Inspiration<	USA	1985	57.075	58.870
>Sea-Land Atlantic<	USA	1985	57.075	58.940
>Sea-Land Integrity<	USA	1984	57.075	58.940
>Sea-Land Performance<	USA	1985	57.075	58.870
>Sea-Land<	USA	1985	57.075	58.870

RoRo-Frachter/Autotransporter

Name	Land	Baujahr	BRT/BRZ	tdw
>Atlantic Conveyor<	Bahamas	1985	58.438	51.650
>Aquarius Leader<	Panama	1998	57.623	22.815
>Atlantic Companion<	Schweden	1984	57.255	51.650
>Atlantic Compaß<	Schweden	1984	57.255	51.650
>Atlantic Concert<	Schweden	1984	57.255	51.650
>Atlantic Cartier<	Bahamas	1985	56.358	51.650
>Asian Captain<	Panama	1998	56.729	21.470
>Asian Chorus<	Panama	1997	56.729	15.800
>Asian Empire<	Panama	1998	56.729	21.480
>Asian King<	Panama	1998	55.729	21.510
>Asian Grace<	Südkorea	1996	55.680	21.420
>Asian Legend<	Panama	1996	55.680	21.420
>Asian Parade<	Panama	1996	55.680	21.420
>Asian Vision<	Panama	1997	55.680	21.420
>Taronga<	Norwegen	1996	54.826	48.990
>Repubblica del Brasile<	Italien	1998	54.000	23.800
>Auto Atlas<	Südkorea	1988	52.422	23.070
>Auto Banner<	Südkorea	1988	52.422	23.050
>Auto Champ<	Südkorea	1988	52.422	23.090
>Auto Diana<	Bahamas	1988	52.422	23.050
>Repubblica Argentina<	Italien	1998	51.925	39.180
>Alioth Leader<	Panama	1998	51.790	14.910
>Texas<	Norwegen	1984	49.326	44.080
>Arcadia Highway<	Panama	1995	49.012	15.510
>Tagus<	Norwegen	1985	48.357	21.900
>Terrier<	Norwegen	1982	47.947	17.860
>Atlantic Spirit<	Liberia	1987	47.287	15.940
>Bellona<	Panama	1985	45.495	15.160
>Major Stephen W.Pless<	USA	1983	45.408	21.230
>PFC.Eugene A.Obregon<	USA	1982	45.408	25.070
>Sgt.Matej Kocak<	USA	1981	45.408	24.030
>Aniara<	Singapur	1978	45.037	12.178
>Asian Beauty<	Panama	1994	44.818	13.310
>Asian Glory<	Panama	1994	44.818	13.360
>PFC. Dewayne T. Williams<	USA	1985	44.543	22.450
>Sgt. William P. Button<	USA	1986	44.543	26.520
>1st Lt. Baldomero Lopez<	USA	1985	44.543	22.450
>1st Lt. Jack Lummus<	USA	1986	44.543	22.450
>2nd Lt. John P. Bobo<	USA	1985	44.543	22.450

Frachter für Stückgut

Die größeren Schiffe sind meist Schleifholztransporter für die Papierindustrie. Die Masse der Stückgutschiffe hat eine Größe von 3000-15.000 BRZ

Name	Land	Baujahr	BRT/BRZ	tdw
>Eden Maru<	Panama	1989	50.489	57.380
>Nacre<	Panama	1988	48.717	65.520
>Daishowa Maru<	Panama	1986	48.566	59.300
>Hachinohe<	Philippinen	1987	46.484	62.300
>Forestal Esperanza<	Panama	1990	44.452	53.680
>Grouse Arrow<	Bahamas	1991	44.398	42.280
>Hokuetsu Endeavor<	Panama	1999	44.300	53.800
>Keoyang Noble<	Panama	1997	43.181	48.620
>Keoyang Majesty<	Panama	1997	42.989	48.620
>Forest Princess<	Panama	1998	41.484	51.150
>Global Oji<	Philippinen	1998	41.484	43.870
>Forest Sovereign<	Liberia	1975	41.305	47.150
>Yu Yoh<	Panama	1989	40.396	45.880
>Daio Azalea<	Panama	1995	40.330	49.580
>Forest Creator<	Panama	1996	40.328	49.865
>Globulus<	Panama	1995	40.328	49.575
>Ariso<	Panama	1996	40.324	49.890
>Meridian<	Panama	1996	40.322	48.820
>Sierra Guardian<	Philippinen	1996	40.322	48.790
>Daio Creation<	Philippinen	1998	40.259	50.060
>Hokuetsu Delight<	Philippinen	1997	40.259	50.000
>Crimson Venus<	Panama	1996	40.252	49.670
>Hokuetsu Bright<	Panama	1996	40.252	49.690
>Crimson Mercury<	Panama	1995	40.251	49.500
>Daio Discovery<	Panama	1998	40.245	49.970
>Forest Kishu<	Panama	1996	40.245	50.050
>Mimosa Dream<	Philippinen	1996	40.169	48.310
>Regno Marinus<	Panama	1990	40.169	48.820
>Crimson Jupiter<	Panama	1996	39.901	48.200
>Daio Excelsior<	Panama	1997	39.901	48.180
>Daio Copihue<	Philippinen	1996	39.695	46.890
>Daio Papyrus<	Panama	1995	39.560	46.900
>Daio Robin<	Panama	1996	39.560	46.910
>Forest Pioneer<	Panama	1998	39.548	51.300
>Iwanuma Maru<	Panama	1991	39.199	47.050
>Dixie Monarch<	Panama	1991	39.023	44.680
>Grandis<	Panama	1991	39.023	44.710
>Forest Wave<	Panama	1991	38.894	45.750

Fahrzeugtransporter

Name	Land	Baujahr	BRT/BRZ	tdw
>Hercules Leader<	Panama	1998	58.449	21.520
>Libra Leader<	Panama	1998	57.674	22.000
>Cygnus Leader<	Panama	1998	57.623	22.800
>Delphinus Leader<	Panama	1998	57.391	21.510
>Don Carlos<	Schweden	1997	56.893	14.930
>Don Pasquale<	Schweden	1997	56.893	14.930
>Don Quijote<	Schweden	1998	56.893	14.930
>Cattleya Ace<	Vanuatu	1988	56.823	18.760
>Grande Africa<	Italien	1998	56.650	26.195
>Hual Trader<	Bahamas	1998	56.816	21.500
>Grande America<	Malta	1997	56.642	26.170
>Hual Trident<	Bahamas	1995	56.164	21.420
>Hual Trooper<	Bahamas	1995	56.164	21.410
>Don Juan<	Schweden	1995	55.598	15.200
>Titus<	Schweden	1994	55.598	15.200
>Turandot<	Schweden	1995	55.598	15.200
>Jinsei Maru<	Japan	1990	55.489	17.910
>Hojin<	Vanuatu	1990	55.470	18.110
>Queen Ace<	Panama	1988	55.423	18.780
>Eternal Ace<	Panama	1988	55.380	18.700
>Camellia Ace<	Panama	1994	55.336	18.940
>Cougar Ace<	Singapur	1993	55.328	18.920
>Marina Ace<	Panama	1987	54.332	17.320
>Hual Favorita<	Norwegen	1987	53.578	20.600
>Hual Margarita<	Norwegen	1988	53.578	16.390
>Hual Tribute<	Bahamas	1988	53.578	21.835
>Orion Diamond<	Vanuatu	1982	53.251	15.400
>Otello<	Schweden	1992	52.479	29.150
>Fontana<	Panama	1977	52.214	16.600
>Falstaff<	Schweden	1985	51.858	28.070
>Faust<	USA	1985	51.858	28.050
>Green Point<	USA	1994	51.819	14.930
>Grande Europa<	Malta	1998	51.714	18.460
>Grande Mediterraneo<	Italien	1998	51.714	18.430
>Hume Highway<	Panama	1985	51.235	16.170
>Princess Highway<	Panama	1986	51.233	16.190
>Global Highway<	Japan	1982	51.087	15.150
>Tristan<	Schweden	1985	51.071	28.070
>Century Leader No5<	Japan	1986	50.867	15.540

Erzfrachter

Name	Land	Baujahr	BRT/BRZ	tdw
>Berge Stahl<	Norwegen	1986	175.720	364.770
>Neckar Ore<	Liberia	1997	155.051	322.460
>Peene Ore<	Liberia	1997	155.051	322.400
>Bergeland<	Norwegen	1992	154.030	322.940
>Athesis Ore<	Italien	1991	131.479	260.820
>Auriga<	Italien	1990	131.479	260.780
>Lyra<	Italien	1991	131.479	260.830
>Main Ore<	Liberia	1982	129.077	267.890
>Seiko Maru<	Japan	1979	127.599	247.870
>Onoe Maru<	Japan	1989	116.427	233.020
>Shinzan Maru<	Japan	1987	115.741	201.000
>Boca Grande<	Venezuela	1973	113.160	199.690
>Berge Athene<	Norwegen	1979	112.947	225.160
>Kunisaki Maru<	Japan	1988	110.039	227.960
>Berge Nord<	Norwegen	1997	107.512	220.350
>Japan Linden<	Japan	1985	102.395	196.800
>Onga Maru<	Japan	1985	101.222	198.910
>Lambert Maru<	Japan	1986	98.661	197.980
>Giant Step<	Panama	1985	98.587	197.060
>Ohtaka Maru<	Japan	1984	97.183	197.090
>Kiho<	St. Vincent	1976	89.262	169.520
>Sishen<	Panama	1977	88.675	170.000
>Arcadia 1<	Panama	1973	88.174	165.040
>China Steel Innovator<	China/Taiwan	1984	74.743	135.040
>China Steel Realist<	China/Taiwan	1984	74.743	134.970
>African<	Marshall-Inseln	1977	73.328	137.060
>Pacific Jasmin<	Liberia	1976	73.141	140.320
>S. G. C. Seawind<	Malta	1976	73.039	137.240
>Jasmin<	Panama	1981	72.096	131.990
>Daghild<	Bahamas	1976	71.968	135.830
>Taharoa<	Liberia	1978	66.162	128.640
>River Princess<	Vanuatu	1975	60.669	114.645
>Iolcos Mariner<	Panama	1978	59.791	115.150
>Silver Toy<	Panama	1982	56.062	105.580
>River Boyne<	Australien	1982	51.035	76.310
>River Embley<	Australien	1983	51.035	76.360
>Shoho Maru<	Japan	1995	48.950	88.900
>Bulkgulf<	Malta	1982	46.545	81.660
>Mishima<	Panama	1987	36.417	69.235

Kühlschiffe

Name	Land	Baujahr	BRT/BRZ	tdw
>Winter Wave<	Schweden	1979	16.003	15.100
>Winter Moon<	Bahamas	1979	15.834	15.200
>Winter Sea<	Bahamas	1980	15.834	15.200
>Winter Star<	Bahamas	1979	15.834	15.200
>Winter Sun<	Bahamas	1979	15.834	15.200
>Winter Water<	Bahamas	1979	15.833	15.100
>Snow Cape<	Bahamas	1973	14.512	12.780
>Snow Crystal<	Bahamas	1973	14.512	15.710
>Snow Delta<	Bahamas	1972	14.512	12.780
>Snow Drift<	Bahamas	1973	14.512	15.710
>Snow Flower<	Bahamas	1972	14.512	12.780
>Ditlev Lauritzen<	Dänemark	1990	14.406	16.950
>Albemarle Island<	Bahamas	1993	14.061	14.160
>Barrington Island<	Bahamas	1993	14.061	14.140
>Charles Island<	Bahamas	1993	14.061	14.140
>Duncan Island<	Bahamas	1983	14.061	14.140
>Skriveri<	Panama	1980	13.876	11.560
>Straume<	Panama	1974	13.876	11.420
>Andra<	Panama	1984	13.575	12.280
>Amer Choapa<	Zypern	1987	13.312	12.850
>Chaiten<	Norwegen	1988	13.312	12.840
>Swan Chacabuco<	Norwegen	1990	13.099	12.970
>Dominica<	Bahamas	1993	13.077	13.980
>St. Lucia<	Bahamas	1993	13.077	13.980
>Chiquita Belgie<	Bahamas	1992	13.049	13.930
>Chiquita Deutschland<	Bahamas	1991	13.049	13.930
>Chiquita Italuia<	Bahamas	1992	13.049	13.930
>Chiquita Nederland<	Bahamas	1991	13.049	13.960
>Chiquita Scandinavia<	Bahamas	1992	13.049	13.930
>Chiquita Schweiz<	Bahamas	1992	13.049	13.910
>Soumijos Ilanka<	Litauen	1970	13.004	11.780
>Spring Delight<	Hongkong	1984	12.783	9.890
>Spring Dragon<	St. Vincent	1984	12.783	9.910
>Summer Breeze<	GB	1985	12.660	13.610
>Summer Flower<	GB	1984	12.659	13.560
>Summer Meadow<	GB	1985	12.659	13.580
>Summer Wind<	GB	1985	12.659	13.640
>Spring Bear<	Bahamas	1984	12.615	9.470
>Snow Land<	Panama	1972	12.595	15.590

LASH-Frachter
(Lighter Abord Ship)

Name	Land	Baujahr	BRT/BRZ	tdw
>Development Driller<	Zypern	1979	48.370	37.850
>Production Driller<	Zypern	1978	48.370	37.850
>Hickory<	St. Vincent	1989	38.282	40.800
>Willow<	Liberia	1987	37.467	40.880
>Quan Yin<	Kambodscha	1985	37.464	40.800
>Atlantic Forest<	Liberia	1984	37.460	40.880
>Acadia Forest<	Liberia	1969	36.021	49.060
>Rhine Forest<	Liberia	1972	35.826	44.800
>Banda Sea<	Singapur	1982	29.594	13.280
>Robert E. Lee<	USA	1974	28.580	41.580
>Sam Houston<	USA	1974	28.580	41.580
>Stonewall Jackson<	USA	1974	28.580	41.580
>Green Harbour<	USA	1974	28.487	46.890
>Green Island<	USA	1975	28.487	47.040
>Green Valley<	USA	1974	28.487	46.150
>Baco-Liner III<	Deutschland	1984	22.528	21.770
>Baco-Liner I<	Deutschland	1979	22.345	21.800
>Baco-Liner II<	Deutschland	1980	22.345	21.800
>Smit Enterprise<	Malta	1984	17.395	8.730
>Smit Pioneer<	Malta	1984	17.395	8.730
>Developing Road<	Malta	1978	10.941	3.285
>Sha He Kou<	China VR	1978	10.941	3.285
>Boris Polevoy<	Ukraine	1984	10.684	8.640
>Pavel Antokolskiy<	Ukraine	1984	10.684	8.640

Dieser Schiffstyp wird seit mehr als zehn Jahren nicht mehr gebaut

Fischfabrikschiffe

Name	Land	Baujahr	BRT/BRZ	tdw
>Sodruzhestvo<	Rußland	1988	32.096	10.070
>Vsevolod Sibirtsev<	Rußland	1989	32.096	10.200
>Rybak Chukotki<	Rußland	1980	22.283	11.240
>Rybak Kamchatki<	Rußland	1979	22.283	11.240
>Rybak Primorya<	Rußland	1980	22.100	11.240
>Pishchevaya Industriya<	Rußland	1981	22.100	10.890
>Rybak Vladivostoka<	Rußland	1981	22.075	10.890
>Slavyansk<	Rußland	1966	18.339	10.180
>Spassk<	Belize	1965	18.157	10.160
>Severodonetsk<	Rußland	1966	17.866	10.110
>Ocean Phoenix<	USA	1964	17.845	19.300
>Baltiyskaya Slava<	Rußland	1966	16.159	11.010
>Kapitan Kabalik<	Rußland	1969	14.289	10.040
>Rizhskoye Vzmorye<	Rußland	1974	14.289	10.140
>Rybak Baltiki<	Rußland	1972	14.289	10.090
>Tomsk<	Rußland	1969	14.289	10.040
>Sovetskoye Zapolyarye<	Rußland	1969	14.284	9.950
>Severny Polyus<	Panama	1969	14.271	10.040
>Sovetskaya Buryatiya<	Rußland	1974	14.170	10.090
>Sovetskoye Primorye<	Rußland	1971	13.833	9.995
>Sevryba<	Rußland	1965	13.537	9.200
>Dauriya<	Rußland	1964	13.497	9.850
>Fryderyk Chopin<	Estland	1965	13.467	9.800
>Matchkin Shar<	Rußland	1964	13.491	9.120

Ferner zahlreiche Fischtransporter mit Kühleinrichtungen von wenigen 100 BRT bis ungefähr 12.000 BRT

Schwerstgut-Frachter

Name	Land	Baujahr	BRT/BRZ	tdw
>Sevmorput< (auch Eisbrecher)	Rußland	1988	38.226	33.980
>Zhen Hua 3<	VR China	1974	35.987	64.980
>Zhen Hua 2<	St. Vincent	1971	26.775	24.560
>Zhen Hua 3<	VR China	1971	25.504	61.740
>Leon<	Zypern	1979	17.128	22.270
>Miami<	Panama	1979	17.022	22.270
>Happy Buccaneer<	Niederlande	1984	16.341	13.740
>Strong Virginian<	USA	1984	16.169	21.540
>Seahorse<	Singapur	1983	14.215	20.960
>Dock-Express 10<	Niederlande	1979	13.110	12.930
>Dock-Express 11<	Niederlande	1979	13.110	12.930
>Dock-Express 12<	Niederlande	1979	13.110	7.070
>Enchanter<	Panama	1998	10.990	16.070
>Happy Ranger<	Niederlande	1998	10.990	15.065
>Happy River<	Niederlande	1997	10.990	16.070
>Happy Rover<	Niederlande	1997	10.990	15.700
>Sea Baron<	Panama	1982	10.313	10.380

Lebendviehtransporter

Name	Land	Baujahr	BRT/BRZ	tdw
>Mukairish Alsades<	Saudi Arabien	1969	49.849	26.915
>Al Messilah<	Kuwait	1980	38.988	14.200
>Bader III<	Bahamas	1978	36.387	26.760
>Al Kuwait<	Kuwait	1967	34.082	39.270
>Mawashi Al-Gasseem<	Saudi-Arabien	1973	30.435	46.265
>Cormo Express<	Niederlande	1978	25.756	12.710
>Danny F II<	St. Vincent	1976	24.731	14.820
>Mawashi Tabuk<	Saudi Arabien	1977	18.813	23.440
>Marineos<	Ver. Arab. Emirate	1965	14.091	9.540
>El Cordero<	Panama	1967	13.058	7.320
>Al Khaleej<	Kuwait	1985	10.187	10.210

Saug- und Löffelbagger
meist mit Fallboden

Name	Land	Baujahr	BRT/BRZ	tdw
>Queen of the Netherlands<	Niederlande	1998	22.689	24.200
>W. D. Fairway<	Niederlande	1997	22.689	33.500
>Gerardus Mercator<	Luxemburg	1997	18.972	20.330
>Amsterdam<	Niederlande	1996	18.259	23.000
>Pearl River<	Zypern	1994	16.072	24.750
>Hang Yun 6001<	VR China	1979	14.036	14.930
>Hang Yun 6001<	VR China	1980	14.026	14.930
>Goethals<	USA	1937	12.731	?
>Lelystad<	Niederlande	1986	12.116	13.200
>J. F. J. De Nul<	Luxemburg	1992	12.065	16.895
>Goryo No.5<	Panama	1998	11.948	17.500
>Alexander von Humboldt<	Luxemburg	1998	10.451	14.065
>Ham 310<	Niederlande	1985	10.378	14.700
>Geopotes 10<	Niederlande	1970	10.338	16.880
>Prins der Nederlanden<	Niederlande	1968	10.238	12.000
>Geopotes 15<	Niederlande	1985	10.188	15.060

halbtauchende Schwergutfrachter

Name	Land	Baujahr	BRT/BRZ	tdw
>American Cormorant<	USA	1975	38.571	52.090
>Bali Sea<	Singapur	1982	29.594	22.270
>Mighty Servant I<	Niederlande	1983	29.183	40.910
>Transshelf<	Rußland	1987	26.547	34.030
>Swift<	Niederlande	1983	22.835	32.190
>Teal<	Niederlande	1984	22.835	32.100
>Swan<	Niederlande	1981	22.788	30.060
>Tern<	Niederlande	1982	22.788	30.060
>Mighty Servant III<	Niederlande	1984	22.391	27.720
>Mighty Servant II<	Niederlande	1983	21.162	25.740
>Giant 2<*	Niederlande	1977	12.700	24.060
>Giant 3<*	Niederlande	1977	12.700	24.100
>Giant 4<*	Niederlande	1978	12.700	24.130
>Super Servant 4<	Niederlande	1982	12.642	14.140
>Super Servant 3<	Niederlande	1982	10.224	14.140

* halbtauchende Schwerstgut-Hebepontons von 140 Metern Länge und 36 Metern Breite ohne eigenen Antrieb

Eisenbahn-Frachtfähren

Name	Land	Baujahr	BRZ	tdw
>Schleswig-Holstein<	Deutschland	1997	15.187	2.840

Eisenbahnfähren für Personenzüge bei Passagierschiffen

Kranschiffe und Rohrleger
zum Legen von Ölleitungen oder zur Unterstützung von Tiefeseearbeiten

Name	Land	Baujahr	BRT/BRZ	tdw
>Solitaire< 1)	Panama	1972	92.396	127.425
>OHI 5000<	Vanuatu	1985	36.367	41.010
>Pearl Marine<	Panama	1964	34.491	38.420
>Castoro Otto<	Liberia	1976	33.862	10.450
>McDermott Derrick B.50<	Panama	1988	29.722	21.550
>Stanislav Yudin<	Rußland	1985	24.822	5.600
>D.L.B.1601<	Panama	1974	24.380	?
>DB Ocean Builder<	Vanuatu	1957	22.587	30.310
>Loreley<	Panama	1974	21.143	8.800
>Gurban Abasov<	Aserbeidschan	1989	19.813	3.340
>Titan-2<	Ukraine	1985	19.813	3.340
>Truong Sa<	Vietnam	1984	19.813	3.340
>Tolteca<	Mexiko	1955	16.378	31.500
>Huasteco<	Mexiko	1960	16.286	38.940
>Maxita<	GB	1984	15.809	21.860
>Svanen< 2)	Bahamas	1991	13.608	4.080
>Global Seminole<	Vanuatu	1975	11.443	10.970
>Peregrine I<	GB	1982	11.285	7.425
>Sunrise 2000<	Panama	1984	10.648	10.045

1) 1998 zum Rohrleger umgebauter Massengutfrachter
2) Doppelrumpf-Kranschiff nur für Küstengewässer

Kabelleger- und Kabelreparatur-Schiffe

Name	Land	Baujahr	BRT/BRZ	tdw
>Dock-Express 20<	Niederlande	1983	14.413	7.935
>Cable Innovator<	GB	1995	14.277	9.400
>Global Sentinel<	USA	1991	13.201	7.900
>Global Link<	USA	1991	13.201	7.900
>Global Mariner<	USA	1992	12.518	8.260
>C.S.Sovereign<	GB	1991	11.242	7.455
>Long Lines<	USA	1961	12.239	9.460
>Asean Restorer<	Singapur	1994	11.156	5.235
>Cable Retriever<	Singapur	1997	11.026	3.890
>Giulio Verne<	Italien	1983	10.617	10.570
>Seaway Falcon<	GB	1976	10.385	7.500

Tiefwasser-Bohrschiffe

Name	Land	Baujahr	BRT/BRZ	tdw
>MST Odin<	Norwegen	1998	65.167	99.300
>Discoverer Enterprise<	Panama	1998	63.003	69.500
>Deepwater Pathfinder<	Indien	1998	60.083	103.000
>Glomar Explorer<	USA	1973	27.455	40.340
>HLS-2000<	Ver. Arab. Emirate	1963	25.945	37.200
>Discoverer 534<	Panama	1975	16.472	7.400
>Ocean Clipper<	Panama	1977	16.262	11.280
>Discoverer Seven Seas<	Panama	1976	15.718	8.640
>Falcon Ice<	Bahamas	1959	15.228	9.800
>Noble Roger Eason<	Panama	1963	14.484	12.310
>Muravlenko<	Bahamas	1982	13.580	7.245
>Energy Searcher<	St. Vincent	1959	13.469	9.210
>Arktikshelf<	Rußland	1994	13.000	7.640
>Peregrine V<	Bahamas	1981	12.923	7.245
>Noble Leo Segerius<	Panama	1981	11.449	8.140
>Sagar Bhushan<	Indien	1987	11.103	9.110
>Peregrine III<	Bahamas	1976	11.030	7.500
>Peregrine II<	Bahamas	1979	10.930	9.200
>Northern Explorer III<	Liberia	1973	10.860	7.430
>S. C. Lancer<	Panama	1977	10.848	9.190
>Discoverer 511<	Panama	1966	10.282	15.300

Zement-Manipulations-Schiffe

Name	Land	Baujahr	BRT	tdw
>Megabulk<	Panama	1967	54.590	53.880
>Creda<	Liberia	1968	54.369	94.510
>Golden Arrow 1<	Panama	1970	43.733	50.660
>Hilalcement 1<	Kuwait	1976	39.532	76.470
>Seament IX<	Panama	1977	35.277	76.470
>Heracles Spirit<	Liberia	1967	24.529	54.750
>Sealo I<	Panama	1963	22.678	38.350
>Mary Nour<	Panama	1972	20.515	34.200
>Seabulk Hope<	Panama	1972	20.114	33.190
>Seamed Carrier<	Panama	1967	15.369	25.050
>Seament IV<	Panama	1978	11.108	16.080

Zementtransporter 2000 - 10.000 BRT

Eisbrecher

Name	Land	Baujahr	BRT/BRZ	tdw
>Tajmir<	Rußland	1990	20.791	3.580
>Vajgatsch<	Rußland	1990	20.791	3.580
>Arktika<	Rußland	1974	20.664	2.750
>Sibir<	Rußland	1977	20.664	2.750
>Rossija<	Rußland	1985	20.664	2.750
>Sovetskij Soyus<	Rußland	1989	20.646	2.750
>Yamal<	Rußland	1992	20.646	2.750
>Kapitan Sorokin<	Rußland	1977	15.385	5.140
>Kapitan Nikolaev<	Rußland	1978	14.264	5.000
>Admiral Makarow<	Rußland	1975	14.058	7.500
>Krasin<	Rußland	1976	14.058	7.560
>Yermak<	Rußland	1974	14.058	7.560
>Lenin<	Rußland	1959	13.366	3.073
>Kapitan Dranitsin<	Rußland	1980	12.919	4.515
>Kapitan Chlebnikov<	Rußland	1981	12.288	4.420

Kalksteintransporter
zum Teil Selbstlader

Name	Land	Baujahr	BRT/BRZ	tdw
>Koseki Maru<	Japan	1970	23.141	36.790
>Koseki Maru No.2<	Japan	1983	15.631	23.870
>Fu Kuo Hsin No.8<	Taiwan	1973	14.930	22.190
>Hachinohe Maru<	Japan	1993	14.930	22.930
>Asia Cement No.7<	China	1998	12.475	19.650

Raketen-Unterstützungsschiffe

Name	Land	Baujahr	BRZ	tdw
>Sea Launch Commander<	Liberia	1997	50.023	10.430

Schlammtransporter

Name	Land	Baujahr	BRT	tdw
>Da Qing He<	VR China	1957	10.068	16.000

und viele kleinere Schiffe

Steinwurfschiffe

Name	Land	Baujahr	BRT	tdw
>Sandpiper<	Norwegen	1971	14.116	20.370
>Tideway Rollingstone<	Niederlande	1979	13.489	14.310

Palettentransporter

Name	Land	Baujahr	BRT	tdw
>Margit Gorthon<	GB	1977	12.672	14.300

Forschungsschiffe

Name	Land	Baujahr	BRT	tdw
>Polarstern<	Deutschland	1982	12.558	4.370

Zahlreiche Kippenflader von 746 BRT, 1500 tdw auf der Donau (Schiff kippt in der Längsrichtung auseinander).
Walfangschiff gibt es keines mit über 10.000 BRT in Lloyd's Register, auch kleinere konnte ich nicht finden.

Schiffstypen kleiner als 10.000 BRT

Ankerzieher, Ausstellungsschiffe, Bergefahrzeuge, Besatzungstransporter für Bohrinseln, Bojentender, Bohrinselversorger, Depotschiffe für Taucher und Tauchfahrzeuge, Feuerlöschboote, Fischereifahrzeuge, Fischereischutzschiffe, Fischforschungsschiffe, Forschungsschiffe, Kran-Pontone, Lebendfisch-Transporter, Leuchtturmtender, Lotsenboote, Mülltransporter, Mutterschiffe für Forschungs-U-Boote, Nuklear-Treibstofftransporter, Ölpestentferner, Ölverschmutzung-Kontrollschiffe, Palettentransporter, Pulvertransporter, Rohölförderungs-Testschiffe, Sandtransporter, Schlepper, Schnellfähren, Schulschiffe, Schwimmkräne, Seenotkreuzer, Segelschulschiffe, Selbstentlader, Sicherheitsboote für Bohrinseln, Steinwurfschiffe, Tankkähne für die Flüsse von Nordkanada und Alaska und von deren Küstengewässern, Taucher-Mutterschiffe, Tragflügelboote, Wachfahrzeuge, Wassertanker

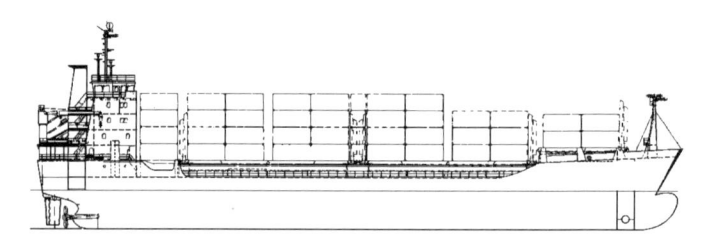

Literaturverzeichnis für alle Kapitel von Band I, II und III

Bücher, Atlanten und Nachschlagewerke

Afrika, The Cambridge History of Africa, 11 Bde., Cambridge Uni Press, Cambridge 1977
Asaert/Bosscher/Bruin/van Hoboken, Maritieme geschiedenis der Nederlanden, 4 Bde., De Boer, Maritiem Bussum 1976
Atlas, Knaurs großer Weltatlas, Droemer Knaur, München 1972
Atlas, Straßen- und Reiseatlas, Europa, Michelin, Clermont-Ferrand 2000
Atlas, Mittelschulatlas, Hölzel, Wien 1952
Atlas, Road Atlas (USA, Kanada, Mexiko), Rand McNally, Chicago 2000
Atlas, Westermanns Atlas zur Geschichte, Westermann, Braunschweig 1956
Baker, J. N. L., A History of Geographical Discovery and Exploration, Cooper Square, New York 1967
Bass, G. F. (Hrsg.), Ships and Shipwrecks of the Americas, a History, Thames and Hudson, London 1988
Braudel, F., Aufbruch zur Weltwirtschaft, Kindler, München 1986
Braudel/Labrousse (Hrsg.), Histoire Économique et Sociale de la France, 4 Bde., Presses Universitaires de France, Paris 1970ff
Brunet, J.-Ch., Manuel du Libraire, 9 Bde., Rosenkilde u. Bagger, Kopenhagen 1966
Cameron, I., Lodstone and Evening Star, Hodder and Stoughton, London 1965
Canny, N. (Hrsg.), The Origins of Empire, The Oxford History of the British Empire, Bd.I., Oxford Uni Press, Oxford 1998
Chichester, F., Atlas of Discovery, Aldus/Jupiter, London 1973
China, The Cambridge History of China, 14 Bde., Cambridge Uni Press, Cambridge 1986
Dudszus/Henriot/Krumrey, Das große Buch der Schiffstypen, 2 Bde., Transpress, Berlin 1987
England, English Historical Dokuments, 12 Bde. (ca.500 – 1914), Eyre & Spottiswoode, London 1955ff
Favier, J. (Hrsg.), Geschichte Frankreichs, Deut.Vlgs.Anstalt, Stuttgart 1989
Fayle, C. E., World's Shipping Industry, Allen & Unwin, London 1933
Haws, D., Schiffe und Meer, Delius,Klasing & Co., Bielefeld 1976
Helmolt, H. F. (Hrsg.), Weltgeschichte, Bibliograph.Institut, Leipzig 1899
Henriot, E., Kurzgefaßte illustrierte Geschichte des Schiffbaues, Delius, Klasing, Bielefeld 1971
Jahrbuch, Köhler's Flottenkalender, Köhler, Minden 1955ff
Jahrbuch, Der Fischer Weltalmanach, Fischer Taschenbuchverlag, Frankfurt/M 1962-2001
Japan, The Cambridge History of Japan, 6 Bde., Cambridge Uni Press, Cambridge 1989ff
Kemp, P. (Hrsg.), Ships & the Sea, Oxford Uni Press, Oxford 1979
Kinder/Hilgemann, DTV-Atlas zur Weltgeschichte, DTV, München 1964
Klinckowstroem, C., Knaurs Geschichte der Technik, Droemer, München 1959
Konstam, A., Atlas versunkener Schiffe, Bechtermünz, Augsburg 1999
Laird Clowes, Wm., The Royal Navy, 7 Bde. (Kapitel Civil History und Voyages and Discoveries), Sampson Low, Marston and Company, London 1897-1903
Lanczkowski, G. (Hrsg.), Geschichte der Religionen, Fischer Tb., Frankfurt/Main 1980
Landström, B., The Ship, Allen & Unwin, London 1961
Lateinamerika, The Cambridge History of Latin America, 11 Bde., Cambridge Uni Press, Cambridge 1984ff
Lateinamerika, Handbuch der Geschichte Lateinamerikas, 3 Bde., Klett-Cotta, Stuttgart 1992
Léon, P. (Hrsg.), Histoire économique et sociale du monde, 6 Bde., Colin, Paris 1977
Lexikon, The Encyclopädia Britannica, 24 Bde, 14. Ausgabe, London 1927ff

Lexikon, Der große Brockhaus, 12 Bde., Brockhaus, Wiesbaden 1953ff
Lexikon, Länderlexikon, 10 Bde., Bertelsmann, Berlin 1976-79
Lexikon, Meyers Konversations-Lexikon, 19 Bände, Bibliographisches Inst., Leipzig 1885ff
Lexikon, Meyers Enzyklopädisches Lexikon, 25 Bände, Bibliographisches Inst., Mannheim 1971ff
Lexikon, Brockhaus Enzyklopädie, 24 Bde., Brockhaus, Mannheim 1986-1994
Lindh, C.A., Die Welt der Seekarten, Ausstellungskatalog, Steinmeyer, Bremen 1983
Lindsay, W. S., History of Merchant Shipping and ancient Commerce, 4 Bde., Sampson Low., London 1874
Mann/Heuß (Hrsg.), Propyläen Weltgeschichte, 11 Bde., Ullstein, Frankfurt/M. 1961
McPherson, K., The Indian Ocean, Oxford Uni Press, Delhi 1995
Nautik, Seefahrt, ein nautisches Lexikon in Bildern, Delius & Klasing, Bielefeld 1963
Neweklowsky, E., Die Schiffahrt und Flößerei im Raum der oberen Donau, O.Ö. Landesverlag, Linz 1964
Norrie/Owram (Hrsg.), A History of the Canadian Economy, Harcourt Brace, Toronto 1996
Oliveira-Marques, History of Portugal, 2 Bde., Columbia Uni Press, New York 1972
Oman, Oman, a seafaring nation, Info. Minist. Oman, Maskat 1979
Ott/Schäfer (Hrsg.), Wirtschafts-Ploetz, Ploetz, Freiburg 1984
Oxford, Oxford History of England, 23 Bde., Clarendon Press, Oxford 1945ff
Pagano, G., English Merchants in Seventeenth-Century Italy, Cambridge Uni Press, Cambridge 1997
Pauly/Wissowa, Real-Encyclopädie des klassischen Altertums, diverse Ausgaben, Metzler, Stuttgart 1893ff
Pemsel, H., Die Donauschiffahrt in Niederösterreich, N.Ö. Pressehaus, St.Pölten 1984
Pemsel, H., Die Schiffahrt auf den Achensee, ARGE öst. Marinegeschichte, Mistelbach 1981
Pohl, F.-W., Geschichte der Navigation, Koehler, Hamburg 1999
Rehbein, E., Zu Wasser und zu Lande, C. H. Beck, München 1984
Röhr, A., Deutsche Marinechronik, Stalling, Oldenburg 1974
Schiffsliste, Register of Shipping 1999-2000, Lloyd's, London 1999
Scholl, L. U. (Hrsg.), Technikgeschichte des industriellen Schiffbaues in Deutschland, 2 Bde., Kabel, Hamburg 1994
Schönknecht/Gewiese, Auf Flüssen und Kanälen, Steiger, Moers 1988
Sella, D., Italy in the Seventeenth Century, Longman, London 1997
Shirley, R. W., The Mapping of the World, Holland Press, London 1983
Stein, W., Kulturfahrplan, DBG, Berlin 1954
Taylor, A. G. R., The Haven-Finding Art, Hollis & Carter, London 1958
Technik, Propyläen Technikgeschichte, 5 Bde., Propyläen, Berlin 1997
Tryckare/Cagner, Seefahrt, nautisches Lexikon in Bildern, Delius, Klasing & Co., Bielefeld (1963)
Wirtschaft, Handbuch der Europäischen Wirtschafts- und Sozialgesch., 6 Bde., Klett-Cotta, Stuttgart 1987-93

Zeitschriften

Asian Shipping, Asia Trade, Hongkong 1978ff
Damals, Magazin für Geschichte und Kultur, dt.Verlags-Anstalt, Stuttgart 1969ff
Geo-Epoche, div. Hefte, Gruner & Jahr, Hamburg
Hansa, deutsche nautische Zeitschrift, Eckhart & Messdorf, Hamburg 1900ff
Hansische Geschichtsblätter, Hans. Geschichtsverein, Lübeck 1871ff
Harbour and Shipping, Progress, Vancouver
Internationale Transportzeitschrift, Rittmann, Basel 1970ff
Marine Forum, Mittler, Hamburg 1990ff

Marine – Gestern, Heute, ARGE für österreichische Marinegeschichte, Mistelbach 1974-1988
Marine-Rundschau, Bernard & Graefe, Berlin 1891-1989
National Geographic, div. Hefte, N.G.Society, Washington 1888ff
Österreich Maritim, Freunde historischer Schiffe, Wien 2001ff
Schiffahrt International , Hansa, Hamburg
Skyllis, Zeitschrift für Unterwasserarchäologie, DEGUWA, Erlangen 1998ff
The American Neptune, Peabody Museum, Salem 1992ff
The International Journal of Nautical Archaeology and Underwater Exploration, Academic Press London, New York 1972ff
The Mariners Mirror, Soc. f. Naut. Research, Greenwich 1911ff

Reichlich benützt wurden die heute unentbehrlichen Auskünfte von Reedereien und Werften über das **Internet**.

Ferner fand die **Kartei** des Autors von alten Büchern über Marinethemen aus den Jahren 1500 bis 1850 und das **Archiv** von Zeitungsausschnitten ab 1962 über alle Gebiete der Seefahrt Verwendung.

Vom Autor besuchte **Vorlesungen** zum Thema, alle gehalten von Professoren in Wien an der Universität.

Professor	Semester	Thema
R. Plaschka	Winter 89/90	Der Zweite Weltkrieg
P. Czendes	Winter 90/91	England im Mittelalter
R. Plaschka	Sommer 91	Eintritt in die Neuzeit
H. Wolfram	Winter 91/92	Von Theoderich d. Gr. bis Karl d. Gr.
L. Höbelt	Winter 92/93	„Der Dreißigjährige Krieg" 1914–1945
J. Dörflinger	Winter 92/93	Geschichte der Kartographie
H. Größing	Sommer 93	Geschichte der Naturwissenschaften
W. Felix	Sommer 93	Die vorislamischen Araber
P. Sievert	Sommer 93	Athen
L. Höbelt	Sommer 94	Bedeutung der Seefahrt für Europas Aufstieg
L. Aigner-Foresti	Winter94/95	Vorrömisches Italien
W. Felix	Winter 94/95	Entdeckungsreisen der Antike
J. Dörflinger	Winter 95/96	Entdeckungsreisen
H. Haselsteiner	Winter 97/98	Türken in Südosteuropa
A. Kohler	Winter 97/98	Spanisch-portugiesische Entdeckungsreisen
K. Lohrmann	Sommer 98	Nordeuropa im frühen Mittelalter
K. Vetter	Winter 98/99	Die niederländische Revolution des 16. Jahrhunderts
L. Höbelt	Winter 98/99	Europa zur See und in Übersee
W. Maleczek	Sommer 99	Frankreich im Mittelalter
L. Höbelt	Sommer 00	Imperialismus

Nachtrag zu Band I

In den letzten Jahren sind durch neue Funde immer mehr Erkenntnisse über den Frühmenschen in Europa gewonnen worden. Neben den schon genannten Speeren aus Schöningen in Niedersachsen sind ungefähr zeitgleiche Relikte von Frühmenschen auf der Iberischen Halbinsel und in Italien festgestellt worden. Es wird daher von manchen Wissenschaftern (Martin Kruckenberg, Als der Mensch zum Schöpfer wurde, Stuttgart 2001) vermutet, daß diese vor 500.000 bis eine Million Jahren über die Straße von Gibraltar als erste „seefahrende" Hominiden von Afrika nach Europa gekommen sein könnten. Die Meerenge von Gibraltar ist zu keiner Zeit in den letzten Millionen Jahren ganz trocken gefallen und war immer mindestens fünf Kilometer breit. Die wahrscheinlichere Annahme ist aber wohl, daß die Frühmenschen über die Landbrücke von der Levante über Kleinasien und über den Balkan nach Mitteleuropa gekommen (Homo Heidelbergensis und Schöningen) und während der Eiszeiten vor der Kälte nach Südeuropa ausgewichen sind, wo sie bessere Lebensbedingungen vorgefunden haben.

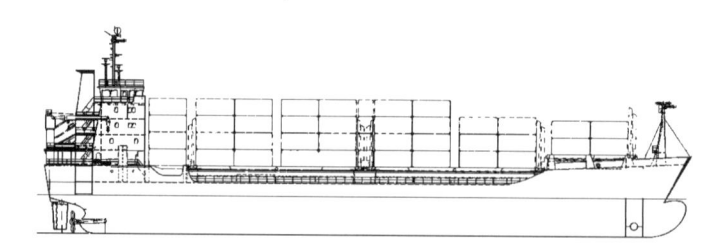

Index Band III

Manche Stichworte liegen in fast allen Kapiteln. Zum leichteren Auffinden, welche Seitenzahl das gewünschte Kapitel mit dem gesuchten Inhalt angibt, wird hier die Reichweite der einzelnen Kapitel angeführt.

17. Die Anfänge der Dampfschiffahrt   871–976
18. Passagierdampfer und Frachtensegler   977–1090
19. Luxusliner fahren um die Wette   1091–1170
20. Kreuzfahrtschiffe, Mammuttanker und Container   1071–1248
21. Der Weg in das dritte Jahrtausend   1249–1302
22. Vorschau   1303–1310

1. Opiumkrieg 946
1. Seerechtskonferenz 1192
1. DDSG 912, 928, 934, 940, 1232, 1244
3. Koalition 871
3. Seerechtskonferenz 1238, 1255
5. US-Flotte 1251
Aaron Manby 914, 915
Abadan 967, 1116, 1142
Aberdeen 1044
Acadia 946
Acadia Forest 1208
Accomodation 892
Achille Lauro 1276
Aden 1063
Adler-Linie 1028
Admiral Nachimow
– *Kreuzfahrtschiff* 1242
– *Panzerkreuzer* 1234
Admiral´s Cup 1192
Admiralen 1114
Admiralitätskarten 916
Aegean Sea 1274
African Steam Ship Company 1000
Afrika 874, 880, 982, 1175, 1229, 1252
Afrique 1134
Agamemnon 1010
Ägypten 871, 1018, 1264
Airfish 3 1300
Ajax 964
Al Horreya 1222
Alaska 888, 904, 908, 982, 987
Albert Ballin 1134
Albert-Kanal 1164
Albuquerque, Afonso de 1246
Alburkah 930
Aldrin jr., Edwin E. 1210

Alecto 964
Alexander Kielland 1234
Alexandra 1086
Alexandria 1060
Algerien 872
Algier 1057
Allan-Linie 1003, 1038, 1046, 1074, 1086
Allan, Alexander 1003
Almirante Irizar 1301
Almirante Izar 1292
Alondra Rainbow 1292
Alvin 1240
Amazon 994
Amazonas 1020
America 996
America´s Cup 996
American Line 1086
Amerika 1022, 1175
Amérique 1036
Amoco Cadiz 1230
Amsterdam 925, 1169
– Zufahrt 1036
Amundsen, Roald 1114, 1133
Amurgrenze 980, 981
Ancona 902
Anders, W. 1206
Andrea Doria 1183, 1191
Andromeda 1052
Anglo Saxon 1016
Angoche 1213
Anker-Linie 998, 1020, 1030, 1038, 1074
Annie Jane 1000
Ansaldo 1154
Anson 1074
Antarktis 908, 916, 932, 942, 945, 948, 1114, 1224, 1280

Antwerpen 946, 966, 1016, 1026, 1116, 1169, 1235
Apama in Yokosuka 1228
Apollo 11 1210
Apollo 18 1224
Apollo 8 1206
Appartementschiff 1294
Arciduca Lodovico 941
Arciduca Ranieri 912
Arctic 1003
Argentinien 1044, 1064, 1146, 1194, 1198, 1270
Argonaut 1078
Arkansas 888
Arktika 1180, 1229
Arktischer Rat 1280
Arktisfahrt 1240
Arktisforschung 1028
Ärmelkanal 900, 1229, 1254
Ärmelkanaltunnel 1274
Armstrong, Neil A. 1210
Arno 996
Aserbaidschan 1290
Asien 874, 1176
Assuan-Staudamm 1112
Atiet Rohoman 996
Atlantic 1022, 1028, 1115
Atlantis 1236
Atlantis II 1240
Atomantrieb 1190, 1192, 1194
Atomschiff 1234
Auguste Victoria 1074
Augustus 1254
Austerlitz 871
Austernzucht 880
Australia 1034
Australien 884, 902, 926, 987, 1006, 1022, 1034, 1040, 1044, 1050, 1144, 1206, 1208, 1268, 1301
– erstes Dampfschiff 934
– Goldfunde 996
– Häfen 1070
– Neuholland 883
– Wollverschiffung 934
Australienfahrt 1080, 1115
Austria 996, 1012
Auswanderer 906, 966, 987, 1116
Auswandererschiffe 877
Autofähre 1210
Autotransporter 1108, 1152
Autoverschiffung 1253
Ayr 922

Bäderverkehr 877, 936
Bagdadbahn 981
Baggerschiff 1292
Bahrain 1276, 1298
Baikalsee 954
Bainbridge 936
Baku 925, 1052, 1290
Balkan 978
Ballard, Robert D. 1240
Ballin, Albert 966, 1052, 1082, 1110
Baltic 1022
Baltimore 1018
Baltimore & Ohio Railroad 1018
Baltimoreklipper 956, 984
Bananenrepubliken 982, 1092
Bangla Desh 1218
Bangor 954
Bantry Bucht 1202
Barbara 1146
Barbareskenstaaten 898
Barcelona 1042
Barents-See 1298
Baron van der Capellen 918
Basra 1070
Bass-Straße 941, 966
Batavian 1086
Bathysphäre 1156
Batillus 1226
Battle of the Pips 1166
Baudin, Nicolas 883
Bauer, Wilhelm 973
Beagle 934
Beaufort-See 908
Beaufort-Windstärke 916
Beaufort, Francis 916
Beaver 942
Beebe, Charles 1156
Belgien 872, 925, 962, 1091, 1146, 1235
Beljajew, Pavel 1198
Bell, Henry 894, 922
Belle Alliance/Waterloo 872
Bellingshausen See 908
Bellingshausen, Fabian G. 908
Beltis 1140
Ben Franklin 1210
Ben Sherrod 942
Benares 930
Bengalen 922, 930
– Opiumexport 886
Berengaria 1124, 1134
Beresina 872
Berge Istra 1224

Berge Stahl 1242
Berge Vanga 1224, 1232
Bergeland 1272
Bergeponton
– *Giant 4* 1300
Bergung 1136, 1292, 1298
Bergungsschiff 1220
– *Mayo* 1298
Berliner Kongreß 977, 980, 1091
Berliner Mauer 1174, 1249
Bernstein, Arnold 1152
Bibby Linie 996
Bilbao 1058
Billigflaggen 1204, 1210
Binnengewässer 1101
Binnenschiffahrt 900, 904, 940, 1018, 1126, 1140, 1196, 1300
– Reiseführer 908
– Verkehrswege 878
– weltweit 1160
Biscoe, John 932
Bismarck 1124
Bismarck, Otto von 977, 979, 1091
Bismark 1240
Black Ball-Linie 904
Blackwallklipper 942
Blagonamerennyi 908
Blaues Band 991, 992, 1102, 1110, 1150, 1160, 1188, 1284
Blohm & Voss 1036, 1037, 1085, 1134, 1150, 1162, 1168, 1198, 1204, 1210
Blohm, Hermann 1036
Blue Marlin 1296
Boatpeople 1228
Bodeneffekt-Fahrzeuge 1300
Bodensee 920, 996, 1006
– erstes Dampfschiff 904
Bohemia 914
Bohrinseln 1196, 1222, 1226, 1228, 1236, 1298
Bohrschiff 1216
Bolivien 1271
Bombay 1056, 1166
Borchgrevink, Carsten E. 1085
Borkum 1300
Bormann, F. 1206
Borneo 953
Borodino 908
Borussia 966
Bosporus 1234, 1271
Boulton & Watt 871, 890
Boundary Waters Treaty 1116

Braila 966, 996
Brandtaucher 973
Brasil Mail 1073
Brasilien 892, 948, 1047, 1142, 1200, 1270
– Ausfuhren 1025, 1124
– Ausfuhrgüter 915
– Häfen 1063
– Kaffeeausfuhr 952
– Schiffsverkehr 958
Breaer 1274
Bremen 930, 966, 972, 1008, 1044, 1057, 1086, 1108, 1116, 1124, 1133, 1150, 1152
Bremer Kogge 1038
Bremer Vulkan 1198
Brennerkanal, Projekt 879
Brent Spar 1278
Breschnew-Doktrin 1173
Breslau 1092
Brest 1169
Bretagne 1230
Brin, Benedetto 1048
Bristol 882, 1025
Britannia 946, 1030
Britannic 1120, 1132
British & American Steam Navigation Company 942
British India Steam Navigation Company 1008
Briton 1000
Brown, Clydebank 1115
Brunel, Isambard 956, 1002
Bruun, Anton 1187
Bückau 1146
Buenos Aires 1064
Buenos Ayrean 1038
Bulk Challange 1280
Burma 920, 998, 1006
Burmeister & Wain 1118
Buschir 1070, 1142
Bush, George 1249
C. A. Larsen 1146
C. O. Stillmann 1150
Cadiz 872, 883, 960
Caledonia 900, 906, 946
Caledonian-Kanal 915
California 968
Callao 953
Cambria 1024
Camp David 1173
Campania 1078
Canadian 1003
Canadian Pacific 1073
Cap Blanco 1115

Cap Polonio 1138
Cap Trafalgar 1025
Cape Breton 936
Cape Cod-Kanal 1132
Captain 1024
Cardiff 1056
Caribia Express 1226
Carnival Destiny 1280
Carol 1226
Carolina 904, 906, 926
Cartagena 981
Carter, Jimmy 1173, 1229, 1292
Carthage 1022
Castillo de Bellever 1238
Castle-Linie 1000, 1073
Cataraqui 966
Cat-Link V 1284
Cavour, Camillo Graf di 978
Cazador 1006
Cedric 1110
Celtic 1106, 1110
Central America 1008
Ceylon 871
Challange 960
Challanger 1242
Challenger 1028, 1236
Challengertief 1194
Chantiere de l'Atlantique 1226
Chargeurs réunis 1073
Charles W. Morgan 953
Charlotte Dundas 879, 886
Charta von Paris 1173
Chesapeake 890
Chicago 950
Chichester, Francis 1194
Chile 940, 1047, 1062, 1070, 1138, 1202, 1271
– erstes Dampfschiff 914
Chili 952
China 873, 936, 938, 946, 954, 970, 981, 1018, 1032, 1095, 1096, 1144, 1172, 1282
– Binnenschiffahrt 1236
– Häfen 1064
– Hochwasser 1288
– Kulturrevolution 1176
– Literatur 968
– Opiumeinfuhr 882
– Vertragshäfen 962
Chinahandel 876, 893
Chittagong 924, 1218
Christensen, Ch. 1114
Christian Radich 1212
Chruschtschow, Nikita 1171

Cimbria 1047
City of Brussels 992
City of Clermont 890
City of Edinburgh 914
City of Glasgow 992, 1002
City of New York 1062
City of Paris 1062
Civetta 928
Cleopatra 1037
Cleopatra's Barge 902
Clipper Adventurer 1292
Clyde 908, 950, 1008
Cockrell, Christopher 1204
code civil 871
Cole 1296
Collins-Linie 1003
Collins, M. 1198, 1210
Colomb, Philip Howard 1076
Colombo 1056
Columbia 946, 968, 1236
Columbus 1126
Columbus Australia 1213
Columbus-Reederei 1213
Comet 894
Comet II 922
Compagnie Générale Transatlantique 1004, 1014, 1074, 1086, 1220
Compania Transatlantica 1073
Compoundmaschine 881
computergesteuerte Segel 1242
Constellation 898
Container/Transportbehälter 1178
Containerfirmen 1284
Containerflotte 1220
Containernormen 1216
Containerschiff 1185, 1191, 1236, 1257
Containerterminals 1238
Containerverkehr 1178, 1190, 1196, 1198, 1200, 1202, 1204, 1206, 1208, 1210, 1213, 1214, 1226, 1229, 1235, 1240, 1252
Contra Costa 1132
Corumbá 998
Cospatrick 1032
Crathie 1080
Crown Princess 1183
Cumberland 884
Cunard-Linie 946, 1044, 1074, 1078, 1112, 1134, 1200, 1206
Cunard White Star 1156, 1160
Cunard, Samuel 946
Curaçao 928, 936, 1166
Cutty Sark 994, 1020

Dalrymple, Alexander 916
Dampfmaschine 871, 875, 938, 964
Dampfschiff 906, 936, 990
Dampfschiffahrt
- Plan einer Atlantiklinie 918
Dampfschiffbau 881
Dampfschiffe 880, 902, 973, 984, 1012, 1030
- Ausstattung 878
- erste Hochseefahrten 878
- geringe Reichweite 880
Dampfschifftonnage 1022
Dampfturbine 1084, 1105, 1114
Dänemark 1047, 1085, 1258
Danzig 938
Darwin, Charles 934
DDR 1096, 1174, 1250
Decatur, Steven 898
Defiance 900
Delphic 1080
Deltaplan 1242
Dempster, John 1022
Denny & Bros. 1144
Derbyshire 1234
Deschimag AG 1150
deutsche Kaiserkrone 871
Deutsche Ostafrika-Linie 967, 1070
Deutsche Werft 1158
Deutscher Bund 872, 873, 898, 932
Deutschland 966, 977, 1014, 1080, 1094, 1096, 1110, 1126, 1133, 1168, 1174, 1212, 1249, 1260
- Außenhandel 1122
- Binnenhäfen 1034, 1272
- Binnenschiffahrt 1052, 1122, 1128, 1160
- Einfuhren 1082
- erstes Dampfschiff 900
- Flottengesetz 1085
- Häfen 1056, 1208
- KdF-Schiffe 1162
- Reedereien 1134, 1162, 1212
- Städte 973
- Werften 1018, 1198
- Zollstellen an Flüssen 910
Devastation 1034
Dhau 880
Diana 890, 924
Dieselmotor 1100, 1105
Discovery 1236
Disraeli, Benjamin 979
Dobrudscha-Kanal 1240
Docks, nasse 972, 1006
Dominion-Linie 1024

Dona Paz 1244
Donaldson-Linie 1024
Donau 934, 966, 1085, 1162, 1246, 1290, 1300
- erstes Dampfschiff 904
Donaukommission 1300
Dorothy 1074
Downs 1032
Dreifachexpansionsmaschine 1072
Drogenfahndung 1230
Dschunke 880
Dschurma 1158
Dumas, Vito 1166
Dumbarton 882
Dumont D´Urville, Jules 924, 942
East End 1296
East India Company 894, 938, 953
Eastland 1132
Ebro 1054
Eclipse 915
Ecuador 962, 1270
Edenmoor 1084
Edgar 1084
Egypt 1016, 1136
Einhandsegler 1166, 1194
Eisbrecher 1025, 1084, 1154, 1229, 1292
Eisbrecher I 1025
Eisenbahn in Europa 958
Eisenbahnfähre 970, 1010, 1107, 1132, 1150, 1213
Eisenerzverschiffung 1244, 1253, 1280
Eisenhower, Dwight D. 1173
Eisernes Tor 1085
Eisfahrt 1210, 1216
Eistransport 888, 932
Eistransporter 876
Elbe 922, 942, 1000, 1036, 1080, 1104, 1124
Elbe Expreß 1200
Elbe Ore 1238
Elbeschiffahrt 914
Elbing 938
Elder Dempster-Linie 1022, 1048, 1086
Elder, Alexander 1022
Elderslie 1048
elektrische Beleuchtung 1036, 1040
Elektroboot 945
Elisabeth 898
Elisabeth Watts 1014, 1018
Elise 900
Emden 915, 1132, 1292
Emigranten 1163
Emigration 964

Empress of Ireland 1130
Emser Depesche 979
Emsmündung 1196
Encounter-Bucht 884
England
– Städte 883
Enterprise 922, 1194
Entkolonialisierung 1175
Entsorgung 1278
Erdbeben 1276
Erdgastanker 1185
Erdöl 984, 1018, 1098, 1110, 1116, 1142, 1162, 1177
Erdölförderung 1146
Erdöltransporte 1253
Erdölvorkommen 1098
Erebus 948, 962
Eridano 912
Erie-Kanal 922
Erie-See 904
Eriksson, John 942
Erin 1016
Erkundung 1164
Erzfahrt 1100
Erz-/Ölfrachter 1107
Erztransporter 1257
ESA 1220
Estonia 1274
EU 1300
Eugenie 998
Euphrat 941
Europa 1038, 1086, 1108, 1116, 1150, 1152, 1191, 1236
– Ausfuhren 929
– Auswanderung 1044
– Binnenschiffahrt 1187
– Industrieproduktion 883
Europagedanke 1173
Europäische Gemeinschaft 1191
Europäische Union 1191
Evergreen-Linie 1240
Evirali 1234
Exmouth 966
Explorer of the Seas 1294
Explosionsmotor 984
Fährschiff 1010, 1181, 1183, 1228, 1254, 1256, 1298
Fährverkehr 1103
Fahrzeiten 1037
Fairland 1200
Falkland-Inseln 956
Falkland-/Malvinas-Inseln 1249

Faschoda-Zwischenfall 979
Favorite 888
Fenian Ram 1042
Ferdinando Primo<(115) 906
Fernfahrt einer Dschunke 954
Ferrol 1270
Feuersbrunst 1086
Feuerschiffe 929
Fincantieri 1280
Finlandia 1240
Finnjet 1228
Finnland 873, 1148, 1260
– Handelsflotte 1076
Fischereiflotten 1288
Fischerei-Forschungsschiff 1224
Fischexport 880
Fischfabrikschiff 1183, 1224, 1246
Fischfang 1046, 1158, 1238, 1276
Fischgründe 1105
Fischmehl 876, 1255
Fitzroy, Robert 934
Flaschenpost 952, 1078
Flettner, Anton 1146
Flinders, Matthew 884
Flor de laMar 1246
Flora 1036
Florida 1116
Flottenrevue in Spithead 1084
Flüchtlinge 1166, 1228, 1232, 1280, 1296
Flüssiggastanker 1240
Flutkatastrophe 1242
Flying Cloud 941, 960
Forerunner 1000
Forfarshire 945
Forschung 883, 884, 890, 906, 908, 916, 924, 929, 932, 934, 941, 945, 948, 953, 962, 998, 1010, 1026, 1078, 1085, 1114, 1133, 1156, 1168, 1187, 1190, 1194, 1206, 1210, 1212, 1220, 1224, 1228, 1230, 1232, 1235, 1240, 1288
Forschung und Handel 888
Forschungsfahrt 896, 900, 904, 942, 1028, 1030, 1037, 1144
Forschungsfahrten 873, 874
Forschungsplattform 1224
Forschungsschiff 1232
Fort Ross 904
Fort Stikine 1166
Forte 1086
Forth and Clyde-Kanal 936
Forward Ho 1020
Frachtdampfer 991

Frachter für Trockengut 1229
Frachtkosten 876
Frachtschiff 1106, 1140
Fram 1078
France 1196, 1220, 1232, 1254
Francia 1040
Francis B. Ogden 942
Francis Smith 942
Frankfurt am Main 872
Frankfurt Expreß 1236
Franklin, John 962
Frankreich 871, 872, 956, 960, 972, 973, 978, 1024, 1042, 1116, 1128, 1212, 1234, 1262
- Außenhandel 940, 1020, 1078
- Binnenschiffahrt 1008
- Dampfschifflinie 967
- Fischfang 968
- Häfen 1057, 1072
- Kanalbau 1000
- Schiffahrtsmonopol 892
- Weinausfuhr 962
- Werften 1010
Franz I. 928
Franz-Joseph-Land 1026
Fraycinet, Luis Claude 904
Freiburg 1168
Friede von Amiens 871
Friede von Campoformio 871
Friede von Fredrikshamn 873
Friede von Luneville 871
Friede von Nanking 954
Friede von Paris 982
Friede von Portsmouth 1092
Friede von Shimonoseki 982, 1080
Friedensvertrag von St. Germain 1133
Friedensvertrag von Versailles 1133
Friedrich der Große 1080
Friedrich Wilhelm 922
Friesenstein 1235
Frigorique 1036
Frontenac 904
Fulton, Robert 890
Funknotruf 1115, 1116
Funkverkehr 1115
Fu-zhou/Fu-chou 1020
Gagarin, Juri 1196
Galapagos-Inseln 934
Galathea 1187
Galatz 966, 996
Galileo Galilei 1254
Ganges 879, 924, 926
Garibaldi, Giuseppe 978

Garonne 1037
Garrett, George 1037
Gasmunition 1168
Gasturbine 1296
Gate City 1191
Gazelle 1030
Gemini 10 1198
General Belgrano 1230
General Dynamics 1190
General San Martin 1138
General Slocum 1114
Genfersee 916, 1112, 1198
Gent 1169
Gent-Kanal 925
Genua 875, 967, 1060
- Schiffsverkehr 898
Geographie 1048
George IV. 924
George Washington 1126
Geroldstein 1152
Geschwindigkeitsmessung 1296
gesellschaftliche Umwälzungen 874
Getreideverschiffung 1246, 1253, 1282
Gibsy Moth III 1194
Gibsy Moth IV 1194
Gisela 1104
Gjøa 1114
Glasgow 882, 894, 906, 950, 1008
Glenn, John 1196
Global Positioning-System 1234, 1296
Globalisierung 1046
Globtik Maru 1216
Gloire 1012
Glomar Challenger 1206
Glomar Explorer 1220, 1232
Glückauf 1052
Goeben 1092
Golar Patricia 1218
Golden Gate 941, 1014
Goldenfels 1210
Goldsucher 878, 968
Golfstrom 1210
Golownin, V. 890
Golownin, W. M. 904
Gorbatschow, Michail 1171, 1249
Gorch Fock 1212
Göta-Kanal 936
Göteborg 894
Gothic 1080
Goya 1168
Grandchamp 1169
Grasbrook 1042

Great Britain 882, 956, 960, 1006
Great Eastern 1002, 1062, 1110
Great Republic 960
Great Western 944
Great Western Steam Ship Comp. 882, 942
Greater Buffalo 1140
Greater Detroit 1140
Greenock 882
Greenpeace 1278
Grenzziehung zur See 1298
Griechenland 872, 902, 945, 1034, 1154, 1235, 1262
- Handelsflotte 938
-- Reeder 894
Griffith, John 960
Griper 908
Großbritannien 871, 872, 877, 890, 906, 914, 916, 918, 920, 924, 926, 953, 966, 970, 972, 979, 1034, 1052, 1056, 1072, 1086, 1110, 1120, 1124, 1188, 1198, 1212, 1224, 1262
- Ausfuhr von Steinkohle 900
- Ausfuhren 890, 1152
- Außenhandel 888
- Auswanderung 998, 1076, 1112
- Baumwolleinfuhr 892, 950
- Binnenschiffahrt 942, 950, 1114, 1188
- Einfuhren 928, 958
- Fischfang 1018
- Getreideeinfuhr 888, 1154
- Häfen 908
- Handelsflotte 994
- im Persischen Golf 1115
- Kanalbau 1080
- Kohleförderung 1160
- Kohleverschiffung 1003, 1006, 1118
- Küstenschiffahrt 883, 914, 953
- Merchant Shipping Act 1002
- Metallverschiffung 884
- Navigationsakte 912, 970
- Nordseeöl 1220
- Postdampfer 914
- Reedereien 1120
- Schiffsverkehr 884
- Schiffsverluste 954
- Seehandel 929, 1122
- Seetransport 1024, 1040
- Versorgungskrise 1098, 1132
- Werften 882, 1010
Große Seen 938, 953, 1268, 1282
Guadalcanal 1242
Guadalquivir 1054

Guano 876, 984
Guayaquil 962
Guerriére 898
Guglielmo Marconi 1254
Guillaume Tell 916
Guion-Linie 1074
Gulbenkian, Calouste 1093
GUS 1250
Gustave Zédé 1063
Gutenfels 1210
Gymnote 1062
Häfen 985, 1202
Häfen in Nordeuropa 1088
Hafenbau 1006
Hafenliegezeiten 1230
Hafenorganisation 1179
Hafenstruktur 1238
Häfenumschlag 1180
Haiti 1133
Hakone Maru 1202
Halifax 1054, 1133
Hamburg 900, 915, 922, 932, 946, 966, 1000, 1016, 1018, 1026, 1028, 1032, 1034, 1036, 1042, 1057, 1062, 1116, 1118, 1276
Hamburg-Süd 1025, 1036, 1073, 1112, 1138, 1208, 1213, 1235
Hamidou Reis 898
Hammonia 967
Handelsflotten 1004, 1022, 1030, 1068, 1084, 1128, 1192
Handelskrieg 1132, 1164
Handelsrouten 1180
Handelsschiffstonnage 1198
Handelsunterseeboot 1133
Hanjin-Reederei 1240
Hannah 968
Hannover 873, 915
Hans Hedtoft 1192
Hansa 1073
Hansa-Reederei 1042, 1200, 1210
Hansa-Reederei II 1042
HAPAG 966, 1025, 1028, 1042, 1044, 1052, 1072, 1074, 1076, 1082, 1110, 1112, 1114, 1124, 1128, 1200, 1204
HAPAG-Lloyd AG 1212, 1216, 1235
HAPAG-Lloyd-Container-Linie 1206
HAPAG-Lloyd-Union 1152
Harland & Wolff 1010, 1020
Harpunenkanone 989, 1014
Hausboote 1182
Havelland 1136
Hawar-Inseln 1276, 1298

Hecla 908
Helena 1074
Helena Sloman 882, 941
Helgoland 900
Helgoland-Abkommen 980
Hellespont 996
Herald of free Enterprise 1242
Heringslogger 1104
Hessen 1168
Heyerdahl, Thor 1168, 1212, 1230
Hill, Samuel 938
Hillary, William 918
Hilton 920
Hitler, Adolf 1094
Hobart 888
Hochdruck-Heißdampfmaschine 1144
Hochseefischerei 1246, 1255
Hochsee-Fischzucht 1183
Hochseeschiffahrt 906
Hoek van Holland 1298
Holland 1084
Holland 1 1128
Holland, John 1042, 1084
Holland-Amerika-Linie 1028, 1298
Holstenstein 1235
Holt-Linie 1048
Hongkong 946, 954, 1066, 1280
Hooghly 926
Houston 1169
Howaldt-Werke 1190
Howaldt-Werke Kiel 1204
Hsin Wah 1150
Hudson 1008
Hudson-Fluß 890, 952
Huelva 1058
Hull 882, 908, 922, 1026, 1298
Humboldtstrom 1270
Hungarian 1012
Hunley 1278
Hydra, Insel 938
Hyundai-Werft 1242, 1272
Ideal X 1190
Idemitsu Maru 1204
Ilala 1036
Ilsenstein 1152
Imo 1133
Imperator 1124
Independentia 1234
India Steam 1042, 1073
Indianer 1251
– Handelsgüter 882

Indien 873, 893, 924, 930, 981, 1040, 1056, 1095, 1097, 1118, 1158, 1214, 1266
– Ausfuhren 926, 998
– Binnenschiffahrt 912
– Seehandel 948
Indigo 893
Indischer Ozean 1042
Indochina 981
Indonesien 1172, 1214, 1266
Indus 879
Industrialisierung 874
Ingenieur Bertin 1232
Inman-Linie 992, 1044, 1074
Insulinde 896, 920, 928
International 1010
International Mercantile Marine Company 1112
International Space Station 1296
internationaler Gerichtshof 1276, 1298
Inuit/Eskimos 880, 1251
Investigator 884
Ionische Inseln 902, 915
Irak 1264
Iraklion 1200
Iran 1095, 1172, 1264
Irland 910, 916
– Hungersnot 964
Iron Bottom Sound 1242
Irrawaddy 1006, 1230
Ishikawashima 1204, 1213, 1216, 1238
Island 1138
Ismailia 1030
Ismay, Thomas Henry 1020
Israel 1097
Istanbul 1058
Italien 872, 978, 1012, 1048, 1082, 1094, 1148, 1154, 1160, 1213, 1262
– Binnenschiffahrt 912
– Häfen 1060
– Handelsflotte 1076
– Küstenschiffahrt 1038
– Werften 1014
Izmit 1292
Jacobi, Moritz H. von 945
Jamaika 1063
James Watt 914, 916
Japan 890, 981, 1008, 1025, 1080, 1095, 1128, 1142, 1154, 1172, 1214, 1278
– Häfen 1064
– Schiffbau 1164
– Vertrag von Kanagawa 1002
– Vertragshäfen 1002

Java 894, 1066
Jean 1003
Jefferson, Thomas 890
Johann Salvator, Erzherzog 1070
John O'Gaunt 941
Joliffe 920
Jones, Alfred Lewis 1048
Jugoslawien 1249
Juno 1086
Jupiter 1130
Kaiser Karl der Große 1085
Kaiser Wilhelm der Große 1082, 1086
Kajak 880
Kalifornien 873, 877, 966, 968, 994
Kalkutta 886, 924, 1056
Kamarura Maru 1214
Kamtschatka 904
Kanada 898, 928, 956, 973, 1004, 1054, 1082, 1213, 1251, 1268, 1290
- Binnenschiffahrt 882, 912
- Holzverschiffung 1013
Kanal von Korinth 1078
Kanalbau 886, 892, 1022, 1047
Kanalbauten 878, 988
Kanton 876, 883, 888, 893, 946, 968
Kaohsiung 1244
Kap Hoorner 994
Kap Trafalgar 871
Kapstadt 1000, 1068
Karibik 1298
Karnak 1026
Kartographie 1198
Kaspisches Meer 925, 1142, 1264
Katamaran 1284
Katapulte 1108, 1152
Katapultschiffe 1108, 1156
Katastrophe 1016, 1112, 1133, 1158, 1166, 1169
Kautschuk 1063
KdF-Schiffe 1103
Kearsage 1109
Kesselexplosionen 944
Kettenschiffahrt 879, 988
Kiel 973
Kieler Howaldtswerke AG 1198
King George V. 1144
King-fa 936
Kingsin-Linie 1025, 1073
Kingston 1063
Kirchenstaat 872, 978
Klipperschiffe 876, 941, 942, 960, 970, 990
Klochow 908

Kobe 1276
Koblenz 900
Kohlestationen 882, 968, 979
Kohleverbrauch 875, 881, 1016, 1022, 1030, 1072
Kohleverschiffung 1234, 1253, 1280
Kohleversorgung 882
Kollision 1037
Köln 900
Kolonialisierungswelle 977, 978, 979, 982
Kolumbien 1150, 1268
Kombischiffe 991
Kompositbau 994
Kon Tiki 1168
Konferenz von Genf 1172
Konferenz von Potsdam 1095
Konferenz von Washington 1093
Kongo-Konferenz 977, 1091
Königin Maria 942
Königl. Paketfahrt Ges. 1073
Kontinentalsperre 871, 875, 888, 902
Kopenhagen 1063, 1118
Korea 1038
Kosmos-Reederei 1026, 1136
Kotzebue, Otto von 900, 908
Krafft, Mikael 1296
Kranschiff 1240
Kreuzfahrt 1138, 1300
Kreuzfahrten 906, 1074, 1103, 1183, 1294
Kreuzfahrtschiffe 1181, 1254, 1256
Krim 1250
Krotkij 908
Krusenstern, Adam J. von 888
Kuba 1062
Kühlcontainerschiff 1218
Kühlschiffe 1036, 1038, 1048, 1107, 1179, 1257
Kura 925
Kure 1164
Kursk 1298
Küstenmeer 1101
Küstenvermessung 942
Kuwait 1264
Kwaerner Masa 1278, 1292
L'Astrolabe 924, 942
La Bougogne 1085
La Valetta 1056
La Zélée 942
Lady Elgin 1013
Lady of the Lake 900
Laeisz Reederei 1118
Lafayette 1166

Lagos 1003
Lake, Simon 1078
Lakonia 1196
Lamoricière 1166
Lancaster-Sund 908
Landenge von Tehuantepec 1268
Lasarew, Michael P. 896, 908
LASH-Schiffe 1179, 1185, 1208, 1257
Lateinamerika 890, 920, 982, 992, 1116
Laurita 1210
Le Géographe 883
Le Havre 966, 967
Le Naturaliste 883
Leichterdienst 1064
Leipzig 872, 1168
Lenin 1180
Leonow, Alexej 1198
Leopard 890
Lesseps, Ferdinand 1022
Leuchttürme 882, 929
Leviathan 970, 1124, 1136, 1138
Lexington 950
Leyland-Linie 1028
Liberia 1280
Libertad 1194
Liberty-Schiffe 1177
Liegezeiten 1178
Lindblad Explorer 1240
Liniendienste 877
Linienschiffahrt 985
Linz 952
Lissabon 1048
List, Friedrich 910
Literatur 926, 1010, 1028, 1070, 1076
 – A Voyage up the Mediterranean 886
Liverpool 882, 908, 910
Livorno 953
Lloyd's Register 916, 994
London 908, 920, 1018
 – Docks 886
Lorcha 880
Lotsen 1230
Louisiana 886
Lovell, J. A. 1206
Lowther Castle 910
Lucania 1078, 1112
Lüderitzbucht 1003
Ludwigs-Kanal 960
Lufthansa 1152, 1156
Luftkissenfahrzeuge 1184, 1190, 1204, 1229,
 1232, 1296
Luna 2 1194

Lüneburg 1208
Lusitania 1115
Luxor 936
Macao 876, 981, 1292
Macedonian 898
MacGregor, John 1020
Machtblöcke 1096
MacKay, Donald 960, 994
Magdalena Oldendorff 1301
Magellanstraße 983, 996
Magicienne 1086
Mahan, Alfred Thayer 1070
Mailänder Erklärung 888
Main 916, 972, 1086
Maine 981
Mainz 1236
Mainzer Akte 934
Majestic 900, 1124
Makarow, Stepan O. 1084
Malayische Halbinsel 930, 980
 – Einwanderung 941
Malta 1063, 1249
Manaos 998, 1064
Manchester 1080
Manco Capac 1213
Mandschurei 980
Manganknollen 1232
Manhattan 1210
Manitobian 1085
Mao ze dong 1095
Marconi, Guglielmo 1086
Margery 900
Maria Dorothea 940
Maria Franziska 938
Mariner 2 1196
Mariner 4 1196
Marokko 1091, 1264
Marseille 960, 996, 1057
Marshall, George C. 1096
Marssonde 1196
Martinique 1112
Maschinenanlage, stärkste 1191
Mashouda 898
Massengüter 1286
Maud 1133
Mauretania 1115
Mauritius/Ile de France 884
Maury, Matthew F. 874, 953, 994
Maxim Gorki 1249
McLean, Malcolm 1178
Medic 1022, 1086
Meerengen 1102

– türkische 1300
Meerengenvertrag 873
Meeresboden 1206, 1253
Meeresfischfarmen 1255
Meereskunde 992
Meier, Hermann H. 1008
Mekong 1274
Melville-Insel 908
Mercury VI 1196
Meridian-Konferenz 1048
Mesoscaph 1196, 1210
Messagieres Maritimes 996, 1046, 1072
Meteor 1144
Mexiko 873, 928, 1068, 1268
Michelangelo 1196, 1228, 1254
Michigansee 1013
Mighty Servant 2 1244
Mighty Servant 3 1244
Mikhail Lermontow 1242
Milford Haven 1200
Minenräumen 1100
Minerva 940
Mir 1214, 1242, 1298
Mirny 908
Mississippi 922, 942, 944
– Wettfahrt 1024
Missouri 888
Mitsubishi 1025, 1164, 1194, 1218, 1246
Mittelamerika 874
Mittellandkanal 1133, 1163
Mittelmeer 872, 941, 1210, 1226
– erstes Dampfschiff 906
– Häfen 945
Mogosaja 1246
Møller Gruppe 1294
Mondflug 1206
Mondlandung 1210
Monfalcone 1280
Monroe-Doktrin 873, 916, 982
Mont Blanc 1133
Monte Olivia 1235
Monte Sarmiento 1235
Montego Bay 1238
Montevideo 1062
Montreal 1054
Monumental City 1000
Morgan, Pierpont 1112
Mosel 972, 1020, 1218
Moselle 944
Motorschiffe, erste 1112
Mozart 1244
Mraweh 1278

München 1232
Münchner Abkommen 1094
Murillo 1028
Murmansk 1300
Musashi 1164, 1194
Museumsschiff 953, 994, 1114, 1128, 1190, 1191, 1194, 1236
Mutsu 1190, 1232
Myanmar/Burma 1266
Mystic Seaport 953
Nachrichtentechnik 992
Nadeschda 888
NAFTA 1251
Nagasaki 888, 1008, 1164, 1194
Naher Osten 1172
Nale Tasih 1288
Nansen, Fritjof 1078
Napoleon 871, 872, 886, 892, 964
Napoleon III. 872, 978, 979
Nares, George 1028
Naronik 1078
Narragansett 1112
NASA 1192, 1210, 1216, 1236
Nashville 1074
Nasser, Gamal Abd el 1172
Natal 1046
Natchez 1024
National Line 1016
NATO 1096, 1250, 1290
Nautilus 1190
Navigation 1102, 1138, 1234
Navigatione Generale 1042, 1073, 1076
Navigationsakte 877, 945
Neckar 954, 972
Negrelli, Alois 1022
Nehru, Jawaharal 1172
Nemi-See-Schiffe 1154
Nessree 1000
Neubraunschweig 898
Neuer Wasserweg 1032
Neufundland 925, 958
Neufundlandbank 1249, 1255, 1276
Neuseeland 1044, 1070, 1268
Neuseeland-Linie 1074
Neva 941
New Era 1004
New Orleans 894
New York 912, 1008, 1126
Newa 888
Newcastle 908, 1056
Newcomen, Thomas 875
Newport News 1074, 1136, 1168, 1191, 1194

Niagara 1010
Niederlande 898, 918, 928, 985, 1050, 1154, 1169, 1238, 1260
- Deltaplan 1242
- erstes Dampfschiff 900
- Fischfang 912, 970
- Häfen 925, 1037
- Reedereien 1134, 1163
Niger 879, 930
Nigeria 1224, 1264
Nil 879
Nippon Yusen Kaisha 1142
Nisseki Maru 1213
Nootka 893
Nordamerika 879, 966, 1116
Nordatlantik 954, 986, 1044, 1076, 1130, 1206
- erste Dampfschiffslinie 942
Norddeutscher Lloyd 1008, 1024, 1036, 1044, 1072, 1074, 1080, 1082, 1085, 1086, 1112, 1126, 1150, 1200, 1204
Nordenskiöld, Adolf E. 1037
Nordostpassage 1038, 1133, 1154, 1180, 1244
Nord-Ostseekanal 1080, 1130, 1202
Nordpol 1229
Nordpol, magnetischer 929
Nordsee 1218, 1226, 1278, 1298
Nordseeöl 1258
Nordwestpassage 906, 1166
Normandie 1152, 1166
Northfleet 1028
Norway 1232
Norwegen 950, 1050, 1060, 1091, 1134, 1158, 1218, 1258
- Fischexport 880
- Handelsflotte 1038
Norwegian Star 1300
Nostalgiefahrten 1182
Notrufsignal 1114
Novara 1010
Novisad 1290
Nyassasee
- erstes Dampfschiff 1036
Obeliskentransport 1037
Oberflächenkondensator 877, 881, 938
Occidental & Oriental 1073
Ocean Liberty 1169
Ocean Miner 1212
Ocean Steam Ship 1073
Oceanic 1020, 1086
Odense 1282, 1294
Oder 1044
Odessa 1058

Odyssee 1163
Ohio 922, 944
Ölbohrung 1222
Ölfeuerung 984, 1098, 1105
Ölschock 1177, 1218
Ölsuche 1178
Öltanker 1150, 1184, 1190, 1192, 1236, 1256
Öltransport 1202
Ölverschiffung 1106
Olympic 1120
Olympic Bravery 1226
Oman 926
Ontario 904
Ontario 2 1132
Ontario-See
- erster Dampfer 904
OPEC 1172, 1218
Opium 886, 893, 894, 930
Opiumklipper 880
Opiumtransport 876
Oregon Territorium 966
Öresund 872, 944, 1008, 1254, 1294
- Schiffspassagen 908
Orient 1037
Orient-Linie 1037, 1073
Oriental 924, 970
Orinoko 944
Osaka Shosen Kaisha 1142
Osmanisches Reich 874, 981, 1052, 1091
Ostafrika-Linie 1073, 1110
Ostblock 1216
Österreich 871, 926, 928, 934, 978, 1133, 1188
- Häfen 964
- Handelsflotte 945
- Seehandelsrouten 904
- Werften 1013
Österreichischer Lloyd Triest 912, 938, 941, 960, 1073
Österreich-Ungarn 978, 1068
- Handelsflotte 1130
- Seehandel 1122
Osteuropa 1174
Ostindische Kompanie 910
Ostseerat 1272
Otkrytie 908
Otto Hahn 1190, 1204, 1232, 1234
Ozeanien 880
Ozeanographie 874
P&O 924, 954, 1006, 1034, 1073, 1130, 1298
P&O Princess Cruises 1300
Pacific 952
Pacific Mail 1073

Pacific Steam 952, 1073
Paddelboot 1020
Padua 1118
Paketfahrtgesellschaften 881
Pakistan 1266
Pakt von Luknow 1092
Palästina 1097
Pamir 1118, 1191
Panamakanal 994, 1130, 1229, 1253, 1292, 1300
Panzerschiffe 992
Papin, Denis 875
Paraguay 1138, 1270
Pariser Deklaration 1006
Pariser Friedenskongreß 979
Pariser Vororteverträge 1092
Parisien 1046
Parry, Mathew C. 1002
Parry, William 908, 916
Passagierschiffahrt 924, 936, 1136, 1300
Passagierschiffe 881, 1163, 1290
Passat 1118
Payer, Julius 1026
Peary, Robert E. 1085
Peking 877
Pélican 1216
Penang 892, 894, 906, 1068
Penhoët 1004
Pennsylvania Portage-Kanal 940
Perlenfischerei 880
Perlfluß 883
Persien 1092, 1142
Persischer Golf 1070, 1115, 1177, 1226, 1229, 1264, 1276, 1298
Personenschiffahrt 1298
Personenverkehr 900, 904
Perth 926
Peru 952, 953, 1146, 1213, 1270
Petit-Smith, Francis 942
Petrolea 1052
Petroleum 984, 1012, 1014
Petropawlowsk 888, 890, 900
Phantom 998
Philadelphia 922, 1026
Philippinen 1097
Phoenix 892
Phoenizia 1086
Piccard, Auguste 1190
Piccard, Jacques 1190, 1194, 1196, 1210
Pioneer 10 1216
Piraterie 985, 1229, 1236, 1290, 1292, 1296
Pisa 1286

Pittsburgh 922
Plankton 1224
Platte 888
Po 912
– erstes Dampfschiff 956
Polen 1140, 1260
Politik 888, 1002
– Wiener Kongreß 896
Pomona 1012
Ponafidin 908
Ponza, Insel 1190
Port Arthur 980
Port Elisabeth 1068
Porto 1048
Portugal 871, 1048, 1262
Postdienst 967
Postverträge 875
Predprijatie 908, 925
President 952
Preußen 871, 912
Pride of Hull 1298
Pride of Rotterdam 1298
Princess Elisabeth 1114
Principe de Asturias 1133
Principessa Mafalda 1150
Prinz Albert 942
Prinz von Oranien 900
Prinzess Alice 1037
Puerto Rico 1063
Qatar 1276, 1298
Queen Elisabeth 1106, 1164, 1166, 1200, 1214
Queen Elisabeth II 1196, 1206
Queen Mary 1152, 1156, 1160, 1166, 1200
Quorra 930
Ra II 1212
RADAR 1166, 1183
Raddampfer 1140
Raffaello 1196, 1228, 1254
Raffles, Stamford 906
Rainbow 960
Rätsel 1213
Rattler 964
Raumfahrt 1192, 1194, 1196, 1198, 1206, 1214, 1216, 1218, 1220, 1236, 1242, 1296, 1298
– Andockmanöver 1198
– Dockmanöver 1224
Reagan, Ronald 1173
Red Fox 1018
Red River 888
Red Star-Linie 1026
Reederei 996, 1298

Regina Margherita 1042
Reichstag 1070
Rekordfahrten 994
Remura 1218
Renaissance Cruises 1298
Repubblica di Pisa 1254
Republic 1022, 1115
Ressel, Josef 928
Resurgam 1037
Rettungsstationen 882
Revolution im Antrieb der Schiffe 874
Rex 1152, 1154
Rhein 908, 922, 945, 960, 966, 994, 1016, 1206, 1238, 1272
– erstes Dampfschiff 900
Rheinkommission 934
Rhein-Main-Donau-Kanal 1272
Rhein-Rhone-Kanal 940, 1242
Rhone 1235
Rickmers, Rickmer C. 938
Riesendock 1218
Riesentanker 1177, 1184, 1194, 1202, 1222
Riga 964, 1036
Rio de Janairo 1063
Rising Star 914
Riunite Italiana 1154
Rob Roy 906
Robert Burns 915
Robert E. Lee 1024
Robert E. Peary 1232
Robert F. Stockton 944
Rohöltransport 1244
Rohölverschiffung 1280
Römische Verträge 1191
Rooseveldt, Nicholas 894
Rooseveldt, Theodore 916
RoRo-Schiffe 1185, 1230, 1257
Rosario 998, 1037
Roskildefjord 1191
Ross, James Clark 948
Ross, John 926, 929
Rotes Meer
– erstes Dampfschiff 930
Rotorschiff 1109, 1146
Rotterdam 925, 966, 1028, 1032, 1068, 1116, 1169
Royal Caribbean Cruises 1254, 1294, 1300
Royal Charter 1012
Royal Clipper 1296
Royal Mail-Linie 946, 1073, 1080
Royal William 936
Ruhr Ore 1244

Ruhrort 960
Rumänien 1240
Rurik 900, 908
Rußland 871, 873, 912, 980, 1124, 1250, 1284
– Binnengewässer 1115
– Binnenschiffahrt 973
– erstes Dampfschiff 898
– Petroleumausfuhr 1052
– Werften 1014
Saale 1086
Sadat, Anwar Al 1222
Saint Raphael 1296
Salier 1044
Salpeter 984
Samson 928
San Juan 1063
Sandelholz 888
Sansibar 926
Santos 1063
Sara 1196
Sarah Sands 882
Saudi Arabien 1272
Savannah 906, 1190, 1192
Savery, Thomas 875
Schanghai 876, 964
Schatt al-Arab 967
Schatzsuche 1234
Schaufelrad 881
Schichau, Ferdinand 938
Schiffahrtsabkommen Österr.-Großbrit. 945
Schiffahrtsgesellschaften 876
Schiffahrtskonferenzen 984
Schiffahrtslinien 1072
Schiffahrtsmonopole 918
Schiffahrtsrouten 1177
Schiffbau 882, 890, 894, 924, 928, 942, 944, 956, 964, 992, 1002, 1013, 1034, 1062, 1072, 1109, 1110, 1115, 1158, 1168, 1191, 1198, 1200, 1204, 1208, 1210, 1213, 1216, 1218, 1222, 1226, 1228, 1232, 1238, 1240, 1242, 1244, 1246, 1257, 1270, 1272, 1278, 1280, 1282, 1286, 1292, 1294
– erste Eisenschiffe 914
– erste Motorschiffe 1112
– Gasturbine 1296
– Hochdruck-Heißdampfmaschine 1144
Schiffbruch 922, 941, 945, 950, 952, 966, 968, 994, 996, 1000, 1002, 1003, 1004, 1006, 1008, 1012, 1013, 1014, 1016, 1018, 1024, 1028, 1032, 1034, 1044, 1047, 1070, 1074, 1078, 1080, 1085, 1114, 1120, 1130, 1132, 1133, 1134, 1138, 1150, 1166, 1191, 1192,

1196, 1200, 1218, 1224, 1226, 1230, 1232, 1234, 1238, 1242, 1274, 1276
- Jahresbilanz 1208
Schiffe
- Ostindienfahrer 880
Schiffsantrieb 1140, 1154
Schiffsführung 1186
Schiffsfund 1038, 1154, 1190, 1191, 1194, 1236, 1246, 1274, 1278, 1286, 1292, 1298
Schiffsfunk 1115
Schiffshebewerk 1163, 1208
Schiffskatastrophe 1244
Schiffsregister 916
Schiffsschraube 886
Schiffssicherheit 1128
Schiffstypen 880
Schiffsvermessung 990, 1138, 1274
Schiffswerften 1258
Schiller 1034
Schischmarew 908
Schleinitz, Freiherr von 1030
Schlepper 879, 881
Schleppzug 1154
Schmuggel 875, 888, 915
Schnelldampfer 987, 991, 1097, 1124, 1152, 1183, 1188, 1196
Schottland 886, 940
Schraubenantrieb 881, 928, 942, 944
Schubverband 1182
Schuykill-Wasserweg 922
Schwabenstein 1235
Schweden 871, 894, 1050, 1148, 1260
- erstes Dampfschiff 902
- Häfen 1060
Schweiz 916
Schwergut 1200
Schwergutfrachter 1257
Schwerstgutfrachter 1296
Schwertransport 1296, 1300
Schwimmdock 1109
Schwimmkran 1108
Scilly-Inseln 1200
Scotland 1013
Sea Cloud 994
Sea Horse 906
Sea Land Service 1191
Sea Witch 956, 960, 994
Seatrain-Linie 1150
Seawise Giant 1228
Sedco 1232
Seehandel 875
Seehandelsrouten 877

Seehundjagd 880, 958
Seekarten 916
Seelandia 1118
Seenotrettung 918, 936, 1024, 1114, 1115, 1186
Seerecht 896, 1008, 1044, 1063, 1068, 1101, 1152, 1176, 1192, 1230, 1238, 1276
Seerechtsdeklaration 980
Seetransport 877, 983, 1222
Seewege 881
Segelrouten 953
Segelschiffe 990, 994, 1040, 1046, 1099, 1118, 1181, 1194, 1296
- Schiffstypen 1012
Segelsport 882, 902, 996, 1054, 1115, 1166, 1186, 1192, 1194, 1212
Senegal 879
Senjawin 908
Seringapatam 942
Séte 1058
Severin, Tim 1228, 1240
Sevmorput 1244
Sewastopol 1250
Sezessionskrieg 982
Shaw, Saville & Albion 1074
Shetland-Inseln 1274
Shreve, Henry M. 900
Siam 924, 1006, 1048
Siam Xanxai 1290
Sibir 1180
Sibirienfahrt 1088
Sibirjakov 1154
Sicherheit 1036, 1040, 1152, 1220
Sicherheitsvorkehrungen 1105
Sicherheitsvorschriften 881, 902, 1184
Signalwesen 1076
Silja Europa 1184
Singapur 906, 920, 954, 1066, 1284
- Seehandel 920
Sinksicherheit 1105
Sir Edward Banks 920
Sir Lancelot 1020
Sirius 944
Sitka 904
Skagerrak 1168
Sklavenfahrten 877
Sklavenhandel 873, 896, 987
Sklaverei 890, 1012
Skylab 1214, 1218, 1236
Slocum, Joshua 1054
Sloman-Reederei 941, 1042
Snake 912

Sodrushestvo 1246
Sojus 1214
Sojus 19 1224
Sondertransport 1085
Sophia Jane 934
Sophie 945
Sounders-Roe SR Nr. 1 1190
Sovereign Maersk 1282
Sovereign of the Seas 941, 1246
Sowjetskaja Rossia 1194
Sowjetunion 1093, 1096, 1162, 1171, 1187, 1222, 1235, 1249
Spacelab 1214
Spanien 871, 872, 883, 910, 980, 1054, 1094, 1220
- Abfall der Kolonien 892
- Häfen 1058
- Küstenschiffahrt 1271
- Schiffahrtslinie 1013
- Seehandel 960
Spes & Fides 1014
Spezialschiffe 876, 1106, 1196
Spezialtransporte 1244
Sport 1020
Spratly-Inseln 1288
Sputnik 1192
St. Brendan 1228
St. Lorenz-Seeweg 996, 1194, 1202, 1286
St. Lorenz-Strom 928, 988
- erstes Dampfschiff 892
St. Louis 1163
St. Margaret 1070
St. Nazaire 1004, 1057
St. Petersburg 926, 970, 1047
St. Petersburg-Kronstadt 1072
St. Roch 1164
Stadt Luzern 942
Stadt Schaffhausen 996
Star Cruises 1254, 1294
Stephanie 904
Stettin 1018
Steuben 1168
Stevens, John 886, 892
Stiller Ozean 888, 890, 968, 1000, 1032, 1202
- erstes Dampfschiff 914
Stinnes Reederei 1138
Stinnes, Mathias 960
Stockholm 1183, 1191, 1194
Stockhomhäxan 902
Storestad 1130
Sträflingstransporte 877
Straße von Malakka 892, 920, 1246, 1298

Straße von Messina 1191
Strathleven 1040
Südafrika 952, 1068, 1228, 1229, 1264
Südamerika 873, 925, 953, 1080, 1235
- Binnenschiffahrt 998
Südchinesisches Meer 1288
Südkorea 1266
Suezkanal 1022, 1172, 1177, 1188, 1202, 1222, 1240
Sultan 1047
Sultana 1016
Sunderland 908
Sunderland/Newcastle 952
Sundpassagen 896
Super Star Leo 1294
Super Star Virgo 1294
Superb 915
Supsa 1290
Süßwassertankschiffe 1292
Suwarow 896
Svanen 1270
Svealand 1218
Swakopmund 1003
Swan Hunter, Newcastle 1115
Swifture 886, 892
Swithiod 1158
Sydney 894
Sydney/Port Jackson 884
Symington, W. 886
Syrien 1286
Taeping 1020
Taiping-Rebellion 981
Taiwan 1096, 1271
Taiwan/Formosa 1080
Takelage 1040, 1078
Tankerflotte 1162
Tankertonnage 1214, 1224
Tankschiff 991, 1038, 1052
Tankschiffahrt 1018, 1100, 1130
Tankschiffbau 1100
Tankschiffe 1098, 1106
Tasmanien 888
Tauchboot 991, 1037, 1042, 1078, 1084
Tauchereinsatz 1136
Taucherglocke 1016
Tayleur 1002
Technik 886, 936, 945, 973, 1010, 1016, 1037, 1038, 1040, 1042, 1062, 1078, 1084, 1112, 1114, 1115, 1118, 1120, 1130, 1146, 1156, 1166, 1190, 1192, 1204, 1296, 1300
- Test Schraube-Schaufelrad 964
Tee 893

Teeklipper 1020
Tegetthoff 1026
Tegucigalpa 1251
Tek Sing 1292
Telegraphenkabel 1010
Telegraphie, drahtlos 992, 1086, 1112
Tempest 998
Terneuzen 925
Terror 948, 962
Thailand 1271
Thames 898, 946
Thermophylae 1020
Thetis 1086
Thompson, C. W. 1028
Tiber 996
Tiefenmessung 1028
Tiefsee 1187, 1194
Tiefseebergbau 1212
Tiefseeforschung 1240
Tiefwasserhäfen 1177
Tigris 1230
Tina Onassis 1190
Titan 1240
Titania 1020
Titanic 1010, 1105, 1120, 1128, 1240
Titicaca-See 1026, 1213
Tito, Josip Broz 1172
Tokyo Bay 1216
Tokyo Maru 1200
Torres-Straße 884
Torrey Canyon 1200
Toskana 953
Totenschiff des Pharao 1190
Touristen-U-Boot 1198
Tragflügelboot 1184, 1191
Trampschiffahrt 985
Trampverkehr 875
Transportrouten 1101
Transportvolumen 988
Traunsee
– erstes Dampfschiff 945
Trawler 989, 1104
Treideln 973
Treppelwege 878
Trevessa 1138
Triest 875, 902, 926, 936, 941, 1016
– Seehandel 902
Trieste 1190, 1194
Trinidad 871
Triogruppe 1214
Trojan 1030
Trollhättankanal 1133

Truk 1242
Truppentransport 1103, 1166
Truppentransporter 1086
Tschiang Kai-schek 1095
Tsingtau 981
Tsushima 1234
Tubal Cain 994
Tula 932
Tunesien 1062
Turbinia 1084
Türkei 1093, 1140, 1271, 1292
– Erdbeben 1292
Turku 1240, 1278, 1292
Two Power Stadard 980
Überfischung 1105
Ukraine 1300
Ulsan 1242, 1272
Umweltkatastrophe 1202, 1226, 1230, 1274
Undine 1020
Unfall 1084
Unfälle 1030, 1208
Unglück 1234, 1298
Union Steam Collier Company 1000
United States 1136, 1188
United States Line 1136, 1240
Universe Apollo 1192, 1194
Universe Ireland 1204
Universe Leader 1192
UNO 1095, 1097, 1171, 1192, 1216, 1250, 1251, 1264
Unterseeboot 973, 1128, 1246
Unterseekabel 1120
Unterwasserkabel 1300
Uranie 904
Urquiola 1226
Uruguay 1062, 1140, 1271
USA 873, 890, 902, 918, 966, 973, 982, 1054, 1092, 1216, 1278
– Ausfuhren 892, 950, 1148
– Ausfuhrgüter 914
– Baumwollausfuhr 967
– Binnenschiffahrt 894, 902, 922, 932, 968, 1013, 1076, 1148
– – Unfälle 940
– Binnenverkehr 910
– Einwanderung 893, 966
– Eisenerzlager 1006
– Eisenhower-Doktrin 1173
– Embargo Act 890
– Erschließung des Westens 948
– Fischfang 948
– Häfen 1050

- Handelsflotte 893
- Küstenschiffahrt 916, 1164
- Mittelmeerdivision 898
- Non Intercourse Act 890
- Schiffbau 1004
- Seehandel 1122
- Sezessionskrieg 1014
- Überseehandel 912
- Werften 1016, 1168

US-Küstenwache 1230
U-Schiff 1190
Usuki Maru 1242
Utopia 1074
Valparaiso 1025, 1062
Vandergrift, Jacob J. 1018
Varjag 1300
Vasco da Gama 998, 1292
Vaterland 1124
Vega 1037
Venedig 875, 902, 1042
- Lagune von 1298
Venezuela 1150, 1272
Venoge 1112
Venussonde 1196
Vera Cruz 1068
Verbundmaschine 1013
Vereinigte Arabische Emirate 1274
Verkehrsregelungen 1253
Verkehrstechnik 1152
Vertrag von Erzerun 967
Vertrag von Kanagawa 1002
Vertrag von London 920
Vertrag von Mossul 1093
Vertrag von Santiago de Chile 1213
Vertrag von St. Petersburg 1092
Vertrag von Tientsin 1040
Vestal 1003
Viborgkanal 1204
Victoria Docks 1006
Victory 929, 1038
Viehtransporter 1228
Vierwaldstädter See 942
Vikingen 1146
Vinlandkarte 1198
Virago 996
Voith-Schneider-Propeller 1154
Voss, Ernst 1036
Voyager of the Seas 1254, 1292, 1294
Vulkan 914
Vulkan, Bremen 1150, 1204, 1236
Vulkan, Hamburg 1124
Vulkan, Stettin 1082, 1110

Vulkanus 1112
Wakama Maru 1240
Wales
- Häfen 912
Walfang 880, 882, 894, 952, 953, 989, 1014, 1108, 1114, 1142, 1146, 1163, 1194, 1274
Walfangkommission 1183
Walfangmutterschiff 1105, 1146
Walfangschiffe 876
Walk in the Water 904
Walsh, Don 1194
Walter Herwig 1224
Wandal 1112
Warschauer Pakt 1096
Wartsilä-Werft 1240
Wasa 1038, 1194
Washington 900
Wasserbau 996, 1242
Wassersport 1186
Wassiljew 908
Watt, James 875
Watt, James jr. 900
Weddell, James 916
Weddellsee 916
Welland-Kanal 879, 928
Weltausstellung 1013
Weltausstellung in Lausanne 1196
Welthäfen 1056, 1160, 1224, 1258
Welthandel 994, 1156, 1162
Welthandelsflotte 1134, 1168, 1187, 1210, 1222, 1228, 1232, 1246, 1288, 1290
Welthandelstonnage 1190
Weltraumfahrt 1187, 1258
Weltraumspaziergang 1198
Weltschiffbau 1186, 1235
Weltwirtschaft 1095
Weltwirtschaftskrise 1094, 1099
- Schiffbau 1156
Werft 938, 1010, 1014, 1109, 1198, 1276
Weser 910, 1008, 1224
Weser Expreß 1200, 1206
West Africa Steam 1073
Westafrika 1296
- Ausfuhren 893
Westeuropa 1174
Westfalen 1156
Westindien 1013, 1226, 1276
Westward Ho 941
Wetterkunde 983
Weyprecht, Carl 1026
White Star-Linie 1020, 1025, 1032, 1044, 1074, 1086, 1110

Whitehaven 908
Wiener Kongreß 872, 875, 879, 896
Wiener Nationalbibliothek
– Kartensammlung 879
Wiener Neustädter-Kanal 886
Wilhelm 920
Wilhelm Gustloff 1162, 1166
Wilkes, Charles 945
William Rockefeller 1136
Willyams, Cooper 886
Wilmington 1074
Wilson Line 1026
Windpark 1300
Windward 1085
Wirtschaftsgemeinschaft 1191
Wladiwostok 980, 1014
Woermann-Linie 1003, 1073, 1114
Woermann, Adolph 1003
Woermann, Carl 967
Wolga 956
Wolga-Don-Kanal 1188
Woschod I 1198

Woschod II 1198
Wostok 908
Wostok I 1196
Wrangel, Ferdinand P. 908
Yamato 1164
Yang-tse-kiang 1066, 1080, 1104, 1236, 1288
– erstes Dampfschiff 1013
Yapura 1026
Yasei Go 1235
Yataro, Iwasaki 1025
Yavari 1026
Yermak 1084
Yokohama 1204
Yokosuka 1008
Yorktown 1242
Young, J. W. 1198
Zealandia 1034
Zédé, Gustave 1062
Zrinyi 940
Zürichsee
– erstes Dampfschiff 940